Studien zum europäischen und deutschen Öffentlichen Recht

herausgegeben von

Christian Calliess und Matthias Ruffert

22

F. Joel Reyes y Ráfales

Die Warenausfuhrfreiheit: ein Beschränkungsverbot

Eine Synthese unionsverfassungsrechtlicher, rechtsökonomischer und rechtsprechungsbasierter Auslegung zu einem „Wettbewerbsgleichheits-Rechtswahlmechanismus“

Mohr Siebeck

F. Joel Reyes y Ráfales, geboren 1988; Studium der Rechtswissenschaften in Bonn; 2008–12 Mitarbeiter am Kirchenrechtlichen Institut, seit 2012 am Strafrechtlichen Institut; Promotionsstipendiat der Studienstiftung des Deutschen Volkes; Forschungsaufenthalte in Brügge, Luxemburg und Florenz; 2015 LL.M. in Cambridge; 2015 AEL-Diploma des EUI Florenz; 2017 Promotion in Bonn; derzeit Rechtsreferendar im OLG-Bezirk Köln und Wissenschaftlicher Mitarbeiter am Strafrechtlichen Institut der Universität Bonn.

ISBN 978-3-16-155333-2
ISSN 2192-2470 (Studien zum europäischen und deutschen Öffentlichen Recht)

Die Deutsche Nationalbibliothek verzeichnet diese Publikation in der Deutschen Nationalbibliographie; detaillierte bibliographische Daten sind im Internet über *http://dnb.dnb.de* abrufbar.

Das Buch wurde von Gulde Druck in Tübingen auf alterungsbeständiges Werkdruckpapier gedruckt und gebunden.

Vorwort

Während des Schwerpunktbereichsstudiums nahm ich verwundert zur Kenntnis, dass der praktischen und theoretischen Prominenz der *Wareneinfuhrfreiheit* eine Marginalisierung der *Warenausfuhrfreiheit* gegenüberstand, die im Bereich der Grundfreiheitendogmatik einzigartig war und starke systemische Spannungen erzeugte. Bei der darauffolgenden, vertieften Befassung mit der Warenausfuhrfreiheit erwies sich, dass an vielen Stellen ganz fundamentale Fragestellungen, z. B. nach der ökonomischen und politischen Bedeutung der Grundfreiheiten innerhalb des europäischen Einigungsprojektes, durchschimmerten und dass eine extensive Auslegung der Warenausfuhrfreiheit diese in der Rechtspraxis erheblich aufwerten könnte.

Im Zuge der daraufhin begonnenen Suche nach einem die Leidenschaft für das Thema teilenden Betreuer war es ein Glücksfall, dass mit Professor Dr. Wulf-Henning Roth, LL.M. (*Harvard*) ein Rechtslehrer in Bonn forschte und unterrichtete, der den im deutschsprachigen Schrifttum meistzitierten Aufsatz zu Art. 35 AEUV verfasst hatte (ZHR 159 [1995], 78). Für die Annahme als Doktorand und die gewissenhafte, anregende und wissenschaftliche Freiheiten gewährende Betreuung bin ich ihm zu tiefem Dank verpflichtet.

Danken möchte ich weiter Professor Dr. DDr. h.c. Matthias Herdegen für die zügige Erstellung des wohlwollenden Zweitgutachtens sowie Professor Dr. Stefan Greiner für die angenehme Leitung des Disputationsgesprächs.

Äußerst großzügig unterstützt hat mich desweiteren Professor Dr. Carl-Friedrich Stuckenberg, LL.M. (*Harvard*), an dessen Lehrstuhl ich seit 2012 beschäftigt bin und der mir wissenschaftliche Freiräume in einem Umfang gewährte, ohne die die Arbeit nicht in dieser Form hätte entstehen können.

Darüber hinaus möchte ich der Studienstiftung des deutschen Volkes meinen Dank aussprechen, die das Projekt ideell wie materiell generös förderte und mir Forschungsaufenthalte in Florenz, Luxemburg, Danzig und Brügge ermöglichte. In die Arbeit flossen darüber hinaus Erkenntnisse ein, die ich im Rahmen eines Masterstudiums an der University of Cambridge gewinnen konnte, welches durch die Kanzlei Clifford Chance gefördert wurde.

Danken möchte ich auch Professor Dr. Christian Calliess, LL.M. Eur. und Professor Dr. Matthias Ruffert für die Aufnahme der Arbeit in die Reihe EuDÖR. Für die Förderung des Drucks der Arbeit bin ich der Konrad-Redeker-Stiftung, der Johanna und Fritz Buch Gedächtnis-Stiftung, Hamburg, sowie dem Stifterverband für die Deutsche Wissenschaft – Programm „Arbeitskreis Wirtschaft und Recht“ – zu Dank verpflichtet.

Besonders möchte ich mich schließlich bei meiner Familie, meinen Freunden sowie allen Kollegen für die Unterstützung bedanken, die ich während der Dissertationsphase auf vielfältige Weise erfuhr.

Die Arbeit wurde im Februar 2016 an der Rheinischen Friedrich-Wilhelms-Universität Bonn eingereicht. Besonders hingewiesen sei auf das nach Einreichung der Arbeit ergangene Judikat *New Valmar*[1].

Fragen, etwa nach der Reichweite des hier vertretenen Auslegungsmodells in Bezug auf künftige Anwendungsfälle von Art. 35 AEUV, können gerne an mich gerichtet werden unter jreyes@uni-bonn.de.

Bonn, im September 2017 F. Joel Reyes y Ráfales

[1] Siehe zu einer Kurzbesprechung in Fn. 817.

„Der Ausnahmebereich für gleichmäßig anwendbare Ausfuhrbeschränkungen ist ein Anachronismus. Er entstand aus einer groben Verallgemeinerung einer verbreitet für verfehlt gehaltenen Entscheidung, deren einzige dogmatische Befestigung inzwischen zerbröckelt ist."

Peter von Wilmowsky[2]

„Free movement of goods (…) is at the intersection of complex and difficult choices between public regulation and market freedom on the one hand and EU and State powers on the other."

Miguel Poiares Maduro[3]

---

[2] *Von Wilmowsky*, EuR 1996, 362 (364); vgl. auch *ders.*, 21.

[3] *Maduro*, in: Rosas/Levits/Bot, 485 (486).

Inhaltsübersicht

Vorwort V

Inhaltsübersicht IX

Inhaltsverzeichnis XIII

Abkürzungsverzeichnis XLIII

Einführung 1

Erster Teil: EuGH-Rechtsprechung zu Art. 35 AEUV 7

1. Kapitel: Rechtsfortbildungsspielräume des EuGH und Funktionen der Rechtsprechungsanalyse 9

2. Kapitel: Judikatur zu Art. 35 AEUV im Kontext Gemeinsamer Marktorganisationen 15

3. Kapitel: Rechtsprechung zu Art. 35 AEUV außerhalb Gemeinsamer Marktorganisationen 45

Zweiter Teil: Auslegung 133

4. Kapitel: Grammatische und entstehungsgeschichtliche Auslegung 135

5. Kapitel: Wirtschaftstheoretische Untersuchungen 159

6. Kapitel: Binnenmarktorientierte Auslegung 233

7. Kapitel: Wettbewerbsgleichheitsanalysen des Warenexports innerhalb der EU 325

8. Kapitel: Interpretative Implikationen der Kompetenzverteilung 345

9. Kapitel: Individualschutzteleologie und demokratietheoretische Bedenken 417

10. Kapitel: Systematische Auslegung, Grundfreiheitenkonvergenz und Gemeinplatzargumente 429

Dritter Teil: Literaturkonzeptionen und Analysen von Modell- und Prüfungsvarianten 561

11. Kapitel: Tatbestandskonzeptionen in der Literatur 563

12. Kapitel: Analysen zu Modell- und Prüfungsvarianten 589

Vierter Teil: Eigene Auslegungskonzeption 621

13. Kapitel: Abstrakte Eigenschaften des vorgeschlagenen Auslegungsmodells 623

14. Kapitel: Fallgruppenspezifische Wettbewerbsgleichheitsmaßstäbe 673

15. Kapitel: Folgefragen auf der Rechtfertigungsebene 721

Zusammenfassung 769

Literaturverzeichnis 811

Sachregister 851

Inhaltsverzeichnis

Vorwort V

Inhaltsübersicht IX

Inhaltsverzeichnis XIII

Abkürzungsverzeichnis XLIII

Einführung 1

Erster Teil: EuGH-Rechtsprechung zu Art. 35 AEUV 7

1. Kapitel: Rechtsfortbildungsspielräume des EuGH und Funktionen der Rechtsprechungsanalyse 9

I. Auslegungs- und Rechtsfortbildungsspielräume des EuGH 9
1. Allgemeine Rechtsfortbildungskompetenz 9
2. Grundfreiheitenspezifische Rechtsfortbildungsspielräume 10
II. Funktionen der Rechtsprechungsanalyse 11
III. Inzidente Behandlung der Beweggründe für die Rspr. im Auslegungsteil 12

2. Kapitel: Judikatur zu Art. 35 AEUV im Kontext Gemeinsamer Marktorganisationen 15

I. Untersuchungsinteresse und methodisches Vorgehen 15

II. Allgemeine Bedeutung Gemeinsamer Marktorganisationen 17
III. Rechtsprechungsanalyse 17
1. GMO echte Pflichten enthaltend und Auslegungsmonopol des EuGH (Hauptzollamt) 17
2. Begründungsduktus und aus GMO abgeleitete Prüfungsmaßstäbe 18
a) Zuständigkeitsverlust, Handelsverkehrsfreiheit und Parallelauslegung (Geddo; van Haaster; SAIL; van den Hazel) 18
b) Markteinheitstopos und zweiter reduzierter Maßstab (Galli) 20
c) Anlehnung an konkrete GMO-Bestimmungen sowie größere Spielräume (Hulst; Tasca; Sadam; Jongeneel Kaas) 21
3. Modifikation der Warenverkehrsfreiheit durch Sekundärrecht (Tasca; Sadam; Charmasson; Kramer; Pigs Marketing; McCarren) 23
a) Unmodifizierte Prüfung (Tasca; Sadam; Holdijk; Nertsvoederfabriek; Delhaize; Belgien/Spanien) 24
b) Keine Erkenntnisse ableitbar aus Charmasson, Simmenthal und Deutsches Milchkontor II 27
c) Bestandteilargument und explizite Anerkennung einer Modifikation des Primärrechts (v. a. Kramer; Pigs Marketing; McCarren) 28
d) Äußere Grenzen der Gestaltungsfreiheit des Unionsgesetzgebers (Henri Ramel; Kommission/Frankreich et al.; Celestini) 32
e) Vriend: Begründung der Divergenz zwischen Groenveld und der GMO-Judikatur 34
4. Ergebnis und Bewertung 35
a) Irrelevanz der Bezugnahme auf die Art. 34, 35 AEUV oder auf die sekundärrechtlichen Äquivalente 35
b) Verankerung des Zuständigkeitsverlustes im primärrechtlichen Agrarrecht und Kritik 35
c) Verlust mitgliedstaatlicher Regelungsgewalt 36
aa) Zuständigkeitsverlust-, Handelsverkehrsfreiheits- und Einheitsmarktformel 37
bb) „Gesamtzusammenhang“ (System) und konkretes Verordnungsregime 38
d) Verhältnis der Art. 34, 35 AEUV zu GMO: Beeinflussbarkeit und Bestandteiljudikatur 39
e) Plädoyer für eine klare Abgrenzung zur Grundfreiheitendogmatik 42
f) Gründe für die Judikatur 42

3. Kapitel: Rechtsprechung zu Art. 35 AEUV außerhalb Gemeinsamer Marktorganisationen....45

I. Bis 08.11.1979 erfolgende Parallelauslegung der Ein- und Ausfuhrfreiheit?....45
II. Die *Groenveld*-Formel im Laufe der Jahre bis zur Rs. *Gysbrechts* 48
1. Groenveld: Geburt der restriktiven Groenveld-Formel....48
a) Groenveld-Formel....49
aa) Wortlaut....49
bb) Nichtdiskriminierung alleinige Voraussetzung?....50
cc) „Spezifische Beschränkung“ statt Diskriminierung....50
dd) Auch mittelbare Diskriminierungen erfasst?....51
ee) Abweichung von der bisherigen st. Rspr.....52
b) Suggestivkraft der Gefahr von Ausfuhrrückgängen....53
c) Rechtfertigung....55
2. „Umgekehrtes“ Euro-Marketing: Kaasfabriek Eyssen; Oosthoek; Smanor....56
a) Kaasfabriek Eyssen....57
b) Oosthoek....59
aa) Art. 34 AEUV....59
bb) Art. 35 AEUV....60
c) Smanor....61
3. Oebel: Begrenztes Beschränkungsverbot?....62
a) Nachtbackverbot....63
b) Ausfahrverbot....64
c) Generalanwalt Capotorti: Groenveld als Ausreißer und Plädoyer für Dassonville....65
4. Holdijk; Jongeneel Kaas; Alsthom; Kommission/Belgien: Irrelevanz von Wettbewerbsbenachteiligungen....67
a) Holdijk....67
b) Jongeneel Kaas....68
c) Alsthom Atlantique....69
d) Kommission/Belgien....71
5. Ausschließlichkeitsrechte (Inter-Huiles; Nertsvoederfabriek; Sydhavnens)....72
a) Inter-Huiles....72
b) Nertsvoederfabriek....74
c) Sydhavnens Sten & Grus....75
d) Faktische Diskriminierung?....76
6. GB-INNO-BM: Einfuhr-, nicht Ausfuhrkonstellation....76
7. Marchandise: Konkretisierung der Groenveld-Formel....77
8. Belgien/Spanien (Rioja); Delhaize; Asda; Ravil: Faktische Diskriminierungen?....78

a) Belgien/Spanien (Rioja); Delhaize ... 79
aa) Offene Diskriminierung ... 79
bb) Sprachliche Verwendung der Groenveld-Formel in Delhaize und Belgien/Spanien (Rioja) ... 80
cc) Rechtfertigung ... 82
aaa) Schutz des guten Rufes als legitimes Ziel ... 82
bbb) Verhältnismäßigkeitsprüfung ... 83
b) Ravil; Asda ... 86
9. ED: „zu ungewiß und zu mittelbar“ ... 87
10. Grilli: Unterbleibende Rationalisierungswirkungen ... 89
a) Nicht erkannte faktische Diskriminierung ... 90
b) Beispiel für unterbleibende Rationalisierungswirkungen einer extensiven Auslegung ... 91
11. Jersey Produce: Relevanz aller Groenveld-Formelelemente? ... 92
12. Zusammenfassung: Das zwischen dem 08.11.1979 und dem 16.12.2008 ergangene Fallrecht ... 93
a) Erster und zweiter Formelbestandteil ... 93
aa) Faktische Diskriminierungen ... 94
bb) Unterschiedslose Beschränkungen ... 96
b) Dritter Formelbestandteil ... 97
13. Durchfuhr-Sonderjudikatur (Schmidberger; Kommission/Österreich; Monsees) ... 99
a) Schmidberger; Kommission/Österreich ... 99
b) Monsees ... 101
c) Zwischenergebnis ... 102
III. *Gysbrechts*: Historische Zäsur ... 103
1. Sachverhalt ... 103
2. Kommission ... 104
3. Generalanwältin Trstenjak ... 105
4. Weitere Stellungnahmen (insbesondere in der Literatur) ... 110
5. Das Urteil ... 112
a) Keine Heranziehung von Keck oder Dassonville ... 112
b) Formale Analyse ... 113
c) Materielle Analyse ... 116
aa) Der Groenveld-Maßstab nach Gysbrechts ... 116
bb) Die Weite des Verbots faktischer Diskriminierung ... 118
cc) Deutung und Entwicklungspotenzial ... 119
aaa) Potenzial für erhebliche dogmatische Änderungen im Fernabsatzrecht ... 119
bbb) Wettbewerbsgleichheitskonzept ... 119
ccc) Marktzugangskonzept und Konvergenz der Grundfreiheiten ... 120

ddd) Bedeutung der Chronologie der erweiternden Auslegung der Warenverkehrsfreiheit ... 121
dd) Privatrechtliche Natur der Regelung ... 122
d) Rechtfertigung ... 123
aa) Verhältnismäßigkeitsprüfung ... 123
aaa) Zahlungsverlangen vor Ablauf der Rücktrittsfrist ... 123
bbb) Verlangen der Kreditkartendaten ... 124
ccc) Kritik ... 125
ddd) Rückschluss auf das Tatbestandsmodell ... 127
bb) Die Tauglichkeit EU-ausländischer Interessen als Rechtfertigungsgrund ... 127
6. Fazit ... 128
7. (Kollisionsrechtliche) Unanwendbarkeit der belgischen Regelung? ... 130

Zweiter Teil: Auslegung ... 133

4. Kapitel: Grammatische und entstehungsgeschichtliche Auslegung ... 135

I. Methodische Vorbemerkung ... 135
II. Der Wortlaut von Art. 35 AEUV und die systematische Normtextanalyse ... 137
1. Die Überschrift von Titel II „Der freie Warenverkehr“ ... 137
2. Art. 26 II AEUV ... 137
3. Systematischer Normtextvergleich von Art. 34 AEUV und Art. 35 AEUV ... 137
4. Die mengenmäßige (Ein- bzw.) Ausfuhrbeschränkung als Bezugspunkt ... 138
5. Maßnahmen mit gleicher Wirkung wie eine mengenmäßige Ausfuhrbeschränkung ... 140
6. Art. 36 AEUV ... 142
7. Diskriminierungen und Art. 35 Alt. 2 AEUV ... 143
8. Beschränkungsverbot und Normtext der anderen Grundfreiheiten ... 144
9. Schlussfolgerungen ... 145
III. Entstehungsgeschichtliche Auslegungsgesichtspunkte ... 146
1. Bedeutung der historischen Auslegungsmethode für das Primärrecht ... 146
2. Fehlen von Vorgänger-/Vorbild-/Parallelnormen ... 147

a) Rückschlüsse aus dem Vergleich GATT – Warenverkehrsfreiheit? 148
aa) Vergleich mit den Normtexten in Art. XI I GATT 1947 und Art. III: 4 GATT 148
bb) Singuläre Fokussierung des GATT auf die Erzeugung von Handelseffizienzen 149
cc) Fehlen nicht-ökonomischer Rahmen- und Begleitziele im WTO-Recht 150
dd) Schlussfolgerungen 150
b) Art. 4 lit. a EGKS-Vertrag; Art. 93 Euratomvertrag 151
c) Zwischenergebnis 151
3. Entwicklungsgeschichte des Art. 35 AEUV 152
a) Die Annahme einer Willensbekundung durch die Änderungsverträge, die Ablehnung des Verfassungsvertrages und der Vertrag von Lissabon 153
aa) Argumente gegen eine Extension von Art. 35 Alt. 2 AEVU 153
bb) Argumente für eine Extension von Art. 35 Alt. 2 AEUV 154
cc) Zwischenergebnis 155
b) Zustimmung nur zur Definitionshoheit des EuGH 155
c) Ergebnis 156
4. Historische Dokumente der europäischen Integration 157

5. Kapitel: Wirtschaftstheoretische Untersuchungen 159

I. Kerrnfrage: Effizienz des Wettbewerbsgleichheits-Rechtswahlmodells? 161
II. Wirtschaftstheoretische Grundlagen der ökonomischen Analyse des Rechts 162
1. Zielstellung(en) der ökonomischen Analyse des Rechts 164
2. Grundlegende Annahmen 164
3. Methoden zur Ermittlung von Allokationseffizienz 165
a) Pareto-Kriterium 166
b) Kaldor-Hicks-Kriterium 167
c) Zwischenergebnis 168
4. Positive und normative Analyse 168
III. Die ökonomische Analyse des Rechts und die Norminterpretation 170
1. Allgemeine Bedeutung innerhalb des Normauslegungs- und -anwendungsvorganges 170
2. Bedeutung innerhalb der drei Stufen der Grundfreiheitenprüfung 172

a) Eingriffs-/Beeinträchtigungsebene ... 172
b) Rechtfertigungsebene ... 173
IV. Grundlagen der Außenhandels- und Wettbewerbstheorie ... 175
1. Grundbegriffe ... 175
2. Wirkungen des Wettbewerbs ... 176
a) Analyse ... 176
b) Schlussfolgerungen ... 179
3. Außenhandelstheorie ... 179
a) Theoretische Begründung ... 180
b) Einwände ... 182
c) Vereinbarkeit einer Wettbewerbsgleichheitsauslegung mit den Freihandelstheorien ... 184
V. Polit-ökonomische Analyse von Exportregulierungen ... 185
1. Ursachen (ausfuhr-)protektionistischer Politik ... 186
2. Ursachen nicht protektionistischer, aber exportschädlicher Politik ... 188
VI. Wettbewerbsgleichheits-Rechtswahlmechanismus und Systemwettbewerb ... 191
1. Theorie des Systemwettbewerbs ... 191
2. Rechtssystemwettbewerb nach der derzeitigen EU-Rechtslage ... 193
3. Untersuchungsziel und bisherige Ergebnisse in der Literatur ... 194
4. Untersuchung ... 196
a) Allgemeine Vor- und Nachteile des Rechtssystemwettbewerbs ... 196
aa) Vorteile ... 196
bb) Kritik ... 200
b) Die Funktionen des Rechtssystemwettbewerbs im Kontext des Wettbewerbsgleichheits-Rechtswahlmechanismus ... 203
aa) Kein Verlust, sondern Verstärkung der Informationsfunktion ... 203
bb) Kein (erheblicher) Verlust der Anreizfunktion ... 203
cc) Kein Verlust der Experimentierfunktion ... 206
dd) Informationskosten für die Unternehmen ... 207
ee) Verstärkter Rechtssystemwettbewerb bei regelungsspezifischer Rechtswahl ... 207
ff) Vermeidung von Umzugskosten ... 208
gg) Transaktionskosten von Unternehmen und staatlichen Stellen? ... 208
aaa) Mehraufwand und -kosten für die Exporteure? ... 208

bbb) Mehraufwand und -kosten für staatliche Stellen? 209
ccc) Besonderes Kostenproblem des „Rosinenpickens“? 212
hh) Mikroökonomische Folgen 213
ii) Wahlrecht zwischen allen Rechtsordnungen, unabhängig von konkretem Wettbewerbsverhältnis? 214
jj) Auswirkungen der Rechtfertigungsprüfung auf den Rechtssystemwettbewerb 215
aaa) Auswirkungen einer erfolgreichen Berufung auf einen Rechtfertigungsgrund 215
bbb) Auswirkungen der Verhältnismäßigkeitsprüfung auf Warenexporteure 215
ccc) Auswirkungen der Verhältnismäßigkeitsprüfung in Bezug auf Drittbetroffene 216
(1) Verhältnismäßigkeitsprüfung als Folge der Rechtswahl bei betroffenen Drittinteressen 216
(2) Vergleich mit der Problemlösungskompetenz mitgliedstaatlicher öffentlicher Stellen 218
(3) (Dysfunktionaler) „Betroffenenwettbewerb“, unberührt von extensiver Auslegung von Art. 35 Alt. 2 AEUV 221
(4) Implikationen für die Konzipierung des Verhältnismäßigkeitstests und des Beeinträchtigungsstandards 221
kk) Schädigung des guten Rufes? 222
aaa) Labeling-doctrine als Lösung 223
bbb) Freiwillige oder verpflichtende Kennzeichnung? 224
ccc) (Strenge) Vorgaben für entsprechende Kennzeichnungspflichten 227
ll) Verstärkung des ruinösen Wettbewerbs („race to the bottom“)? 228
c) Ergebnisse 230
aa) Produkt- und Vermarktungsregelungen 230
bb) Produktionsregelungen 231

6. Kapitel: Binnenmarktorientierte Auslegung 233

I. Das Binnenmarktziel und die systematisch-teleologische Auslegungsmethode 233
II. Meinungslandschaft in der Literatur 238
1. Vorbemerkung 239
2. Frühe Definitionsversuche 240
3. Das Wettbewerbsgleichheitsgebot innerhalb der Ipsen-Grabitz'schen Zieltrias 241
a) Wettbewerbs- bzw. Marktgleichheit von Hallstein über Ballerstedt, Ophüls und Ipsen 242
b) Grabitz' konzeptionelle Nuancierung 243
4. Rezeption und „Wiedererfindungen" der Ipsen-Grabitz'schen Binnenmarktkonzeption 245
a) Ausschließlich oder primär marktfreiheitliche Ansätze (Bleckmann; Füller; Kingreen; Mühl; Schubert; Szydło; Weatherill) 246
b) Besondere tatbestandliche Rolle der Wettbewerbsgleichheit (Behrens; Frenz; Hödl; Müller-Graff; Roth et al.) 250
c) Wettbewerbsgleichheit als Grundlage für das Verbot von (bestimmten) Mehrfachbelastungen (Englisch; Hoffmann; Strassburger) 253
d) Bestätigung der Groenveld-Rspr. trotz Betonung des Systems unverfälschten Wettbewerbs (Epiney) 254
5. Hypothetischer Binnenmarktvergleich 254
6. Gleichsetzung mit dem Herkunftslandprinzip (Steindorff et al.) 256
7. Eingriff in die Regelungskompetenz eines anderen Mitgliedstaates (Weyer) 257
III. Vorbemerkungen und Vorüberlegungen zum Binnenmarktbegriff 258
1. Ersetzung des „Gemeinsamen Marktes" durch den „Binnenmarkt" 258
2. Der Binnenmarkt als „Daueraufgabe" 259
IV. Friedenspolitische Rahmenfunktion des Binnenmarktziels 260
V. Die wohlfahrtsökonomische Zielrichtung des Binnenmarkts 262
1. Repräsentative Gründungs- und Begleitdokumente als Quelle 262
a) Schuman-Erklärung v. 09.05.1950 262
b) Das inoffizielle „Gründungsdokument": der „Spaak-Bericht" v. 21.04.1956 263

c) Erklärung der Bundesregierung v. 21.03.1957 durch den Staatssekretär des Auswärtigen Amtes Hallstein und die Anmerkung des Bundeswirtschaftsministers Erhard ... 266
d) Weißbuch der Kommission „Vollendung des Binnenmarktes“ von 1985 (KOM 85 [310]) ... 267
e) Erklärungen der Konferenz der Regierungen der Mitgliedstaaten v. 28.02.1986 ... 268
f) Europa ’92: Der Vorteil des Binnenmarktes („Cecchini-Bericht“) von 1988 ... 269
g) „Monti-Bericht“: Eine „umfassende“ Strategie für den Binnenmarkt (2010) ... 270
h) Zwischenergebnis ... 271
2. Politiktheoretische Überlegungen und empirische Beobachtungen zur Notwendigkeit eines Integrationsnutzens ... 272
3. Normativer Ausdruck der wohlfahrtsökonomischen Zielsetzung ... 273
4. Schlussfolgerungen ... 274
VI. Normtheoretische Qualität des Binnenmarktziels? ... 275
1. Binnenmarktziel unmittelbar anwendbar und subjektive Rechte verleihend? ... 276
a) Auffassung des EuGH ... 276
b) Diskussion ... 278
c) Schlussfolgerungen ... 279
2. Auslegungsrelevanz ... 279
VII. Überblick über die Rechtsgrundlagen des Binnenmarktziels ... 281
1. Fundamentalbestimmungen und mit dem Binnenmarkt verknüpfte Ziele ... 281
2. Operativbestimmungen ... 282
VIII. Ableitung eines Wettbewerbsgleichheitsgebots aus dem Binnenmarktziel? ... 284
1. EuGH-Rechtsprechung zu Binnenmarktinhalten ... 285
2. Der Binnenmarkt als „Raum ohne Binnengrenzen“ (Art. 26 II AEUV) ... 287
3. Grundsatz einer offenen Marktwirtschaft mit freiem Wettbewerb nach Lissabon ... 289
4. Die soziale Marktwirtschaft als Marktwirtschaft: kein Paradigmenwechsel trotz leichter Akzentverschiebung ... 291
5. Bedeutung des Systems unverfälschten Wettbewerbs ... 292
a) Auslegungsrelevanz des Systems unverfälschten Wettbewerbs als Grundsatz ... 293

aa) Funktion des Systems unverfälschten Wettbewerbs .. 293
bb) Das System unverfälschten Wettbewerbs vor und nach dem Lissabonner Vertrag 293
aaa) Fortbestehende Relevanz qua protokollrechtlicher Inkorporation und Vermittlung durch das Binnenmarktziel 293
bbb) Gleich gebliebene Umsetzungsvorschriften in Art. 101 f., 107 ff. AEUV 296
cc) Aussagen des EuGH zum Verhältnis von Grundfreiheiten und System unverfälschten Wettbewerbs 296
dd) Anhaltspunkte aus der Systematik der Verträge 298
ee) Aus dem Grundsatz des Systems unverfälschten Wettbewerbs ableitbare Vorgaben 298
b) Parallelbetrachtung: Art. 101 AEUV – Grundfreiheiten ... 299
aa) Tatbestandliche Unterschiede und Gemeinsamkeiten 300
aaa) Gemeinsamer Ausgangspunkt: Binnenmarktziel und System unverfälschten Wettbewerbs 300
bbb) Unterschiedliche „Adressatenrichtung“ 300
ccc) Unterschiedliche Kontrollobjekte: Akt öffentlicher Gewalt – Marktverhalten 301
ddd) Teilweise divergierende Anwendungsvoraussetzungen 301
eee) Regelungskompetenz 302
fff) Ökonomische Rechtfertigungsgründe 302
bb) Zwischenfazit: Übertragung nach Einzelfallprüfung 302
cc) Stellungnahme zu einzelnen Elementen 303
aaa) Übertragung des Spürbarkeitserfordernisses (auch: de minimis-Regel/Bagatellklausel) ... 303
bbb) Eignung zur Beeinträchtigung des zwischenstaatlichen Handels (sog. Zwischenstaatlichkeitsklausel) 305
ccc) Subjektives Schutzkonzept: Marktteilnehmer als Binnenmarktagenten 306
6. Flankierende Grundrechte der Grundrechtecharta 306
7. Explizite Gleichbehandlungsvorgaben: Art. 18, 45 II, 50 III, 157, 110 I AEUV 307
8. Anhalte aus kompetenzbegrenzenden Bestimmungen 307
a) (Ausnahmen von der) Rechtsangleichungskompetenz 307
b) Kompetenztrias und Schutz nationaler Identität 308
c) Art. 14, 106 AEUV 309

9. Merkmale des Binnenmarktes ... 309
a) Marktwirtschaftliches System als Grundlage ... 309
b) Kein Deregulierungsgebot ... 311
c) Wettbewerbsgleichheitsgebot ... 312
aa) Wichtigste Anhaltspunkte ... 313
bb) Unmöglichkeit der Herstellung totaler (insbesondere auch faktischer) Wettbewerbsgleichheit ... 315
IX. Ausstrahlung des Wettbewerbsgleichheitsgebots auf die Grundfreiheiten ... 317
X. Rechtssystemwettbewerb kein Teilgehalt des Binnenmarktziels ... 319
XI. Zwischenergebnis ... 320

7. Kapitel: Wettbewerbsgleichheitsanalysen des Warenexports innerhalb der EU ... 325

I. Offene Ausfuhrdiskriminierungen ... 325
II. Faktische Ausfuhrdiskriminierungen ... 327
III. Wettbewerbsungleichheiten und Rechtsdiskriminierungen beim Import ... 329
IV. Rechtliche Wettbewerbsungleichheiten und ein Rechtsordnungs-Wahlrecht ... 329
1. Analyse ... 330
a) Vorteile aus Sicht des Wettbewerbsgleichheitsgebots ... 330
b) Nachteile aus Sicht des Wettbewerbsgleichheitsgebots? ... 331
c) Zwischenergebnis ... 332
2. Fragen zur Anwendungsreichweite ... 333
a) Kein absolutes Abwehrrecht, sondern nur Wahlrecht ... 333
aa) Freiwillige exportstaatliche Befreiung oder Verpflichtung zur Einhaltung zielstaatlicher Standards ... 333
bb) Berufung auf eine ihren Export befreiende Konkurrenzrechtsordnung ... 334
cc) Zielstaat nimmt importierte Waren von seinen Produktstandards aus ... 335
dd) Import- und Exportstaat befreien eine Ware von ihren Rechtsordnungen ... 335
b) Sonderfall der Produktionsregelungen ... 335
c) Verlust von Größenvorteilen durch Ausklammerung reiner Inlandstransaktionen ... 336
aa) Wettbewerbsungleichheiten ... 336
aaa) Produkt- (Smanor-Konstellation) und Produktionsregelungen ... 336

bbb) Vermarktungsregelungen (Oosthoek-Konstellation)? 337
bb) Exkurs: Sonstige Wertungsaspekte 338
3. Reimporte 339
a) EuGH 340
b) Stellungnahme 340
V. Faktische Wettbewerbsungleichheit bei in Herkunfts- und Zielstaat gleicher Regelung 343
VI. Hauptergebnisse 343

8. Kapitel: Interpretative Implikationen der Kompetenzverteilung 345

I. Kompetenztrias 345
1. Grundsatz der begrenzten Einzelermächtigung 346
2. Subsidiaritätsgrundsatz im engeren bzw. „streng rechtlichen Sinn“, Art. 5 I 2, III EUV, Protokoll (Nr. 2) i. V. m. Art. 51 EUV 348
a) Positionen in der Literatur zur Anwendbarkeit auf die Grundfreiheitenauslegung 351
b) Denkbare Anwendungsvarianten einer direkten Applikation 352
c) Ziel und Leitlinien der anzustellenden Prüfung 353
d) Einwände gegen eine Anwendbarkeit auf die Auslegung der Grundfreiheiten 354
e) Tätigwerden (Maßnahme) und geteilte Zuständigkeit 355
aa) Maßnahme bzw. Tätigwerden? 355
bb) Geteilte Zuständigkeit? 356
f) Praktische Relevanz? 358
g) Analogie? 359
h) Zwischenergebnis 360
3. Kompetenzieller Verhältnismäßigkeitsgrundsatz, Art. 5 IV EUV 361
a) Vorliegen einer ausschließlichen Zuständigkeit und einer Maßnahme 362
b) Kompetenzielle Verhältnismäßigkeitsprüfung von Art. 35 Alt. 2 AEUV 363
c) Zwischenergebnis 364
II. (Positive) Rechtsangleichung 364
1. Vergleich der Voraussetzungen 365
2. Vergleich der Rechtsfolgen 367
3. Gesamtbefund 370
4. Schlussfolgerungen 371

5. Sektorspezifische Rechtsangleichungs- und -setzungsermächtigungen 373
III. Gesamtbetrachtung der unvollständigen Kompetenzübertragung auf die EU 376
1. Durch die Änderungsverträge abgesicherte Fallrechtsprechung des EuGH 376
2. Anhaltspunkte in den Verträgen 377
a) Kompetenztrias, Vertragsänderungsverfahren und Flexibilitätsklausel 377
b) Art. 3 IV Ua. 2 S. 2, 4 II, 5 III Ua. 2 EUV (nationale Identität, grundlegende mitgliedstaatliche Funktionen, Loyalitätsgrundsatz) 378
aa) Schutz von Vielfalt (Art. 3 IV Ua. 2 EUV) und nationaler Identität (Art. 4 II 1 EUV) 378
bb) Achtung grundlegender staatlicher Funktionen (Art. 4 III 2 EUV) 380
cc) Der Loyalitätsgrundsatz, Art. 4 III EUV 380
c) Geschriebene Rechtfertigungsgründe und Bereichsausnahmen von den Grundfreiheiten 381
d) Art. 106 AEUV 382
3. Allgemeine Schlussfolgerung 384
4. Konkrete Auslegungsvorgaben 385
a) Tatbestandsebene 385
b) Rechtfertigungsebene 386
IV. Integrationsfaktische, -normative, -finale, -dynamische - schützende und evolutive bzw. vertragsdynamische Auslegungserwägungen 388
1. Vorbemerkung: Beziehungen zwischen Faktizität und Normativität 390
a) Abgrenzung der integrationsdynamischen Auslegung von einer deskriptiven Theorie 390
b) Verbindungen zwischen faktischer und normativer Ebene 391
2. Gründe für die Anerkennungswürdigkeit der integrationsdynamischen Auslegung 391
a) Normative Anknüpfungspunkte 392
aa) Die immer engere Union (Präambeln von EUV und AEUV, Art. 1 II EUV) und das Friedensziel 392
bb) Interpretationsoffenheit des Unionsprimärrechts und die Rechtsfortbildungsspielräume des EuGH 394
b) Für eine integrationsdynamische Auslegung sprechende (primär) faktische Erwägungen 395
c) Die jüngere normative Integrationsgeschichte 397

aa) Primärrechtsentwicklung bis zum Lissabonner Vertrag ... 398
bb) Lissabonner Vertrag ... 399
cc) Reaktionsmaßnahmen auf die Euro-Krise (u. a. Six-Pack, Two-Pack, bail-outs, Stabilitätsvertrag) ... 400
dd) Spannungen während der „Flüchtlingskrise" und im Vorfeld des „Brexit"-Referendums 2016 ... 401
ee) Unterstützung sekundärrechtlicher Entwicklungen durch das Primärrecht ... 403
ff) Zwischenfazit und Rolle des Gerichtshofs ... 404
gg) Die jüngere politisch-gesellschaftliche Einigungsgeschichte ... 406
d) Grundfreiheitenspezifische Überlegungen ... 408
3. Schlussfolgerungen ... 411
a) Allgemeine Schlussfolgerungen ... 411
b) Grundfreiheitenspezifische Schlussfolgerungen ... 412
c) Warenausfuhrspezifische Schlussfolgerungen ... 414
4. Ergebniszusammenfassung ... 415

9. Kapitel: Individualschutzteleologie und demokratietheoretische Bedenken ... 417

I. Grundfreiheitenschutz (auch) um der Marktteilnehmer willen ... 417
1. Interpretative Anhalte und Grenzen ... 417
2. Ableitbare Auslegungsmaximen ... 418
3. Ergebnis ... 420
II. Demokratietheoretische Bedenken für den Fall einer extensiven Auslegung ... 420
1. Primärrechtliche Grundlagen ... 420
2. Grundproblem ... 421
3. Gegenargumente ... 422
a) Kompensierende Legitimation durch die Wähler anderer EU-Staaten? ... 422
b) Legitimation durch Delegation sowie nachträgliche Akzeptanz ... 423
c) Begrenzte bzw. das Vorliegen demokratischer Legitimität überprüfende Verhältnismäßigkeitstests ... 423
d) Abänderbarkeit durch den Unionsgesetzgeber ... 424
e) Parlamentarische (Selbst-)Entmündigung im Interesse der Bevölkerung ... 424
f) Berücksichtigung zielstaatlicher Interessen auf der Grundlage der Maduro'schen Theorie der Nichtrepräsentation ... 425

aa) Externe Kritik: Fragwürdigkeit von Maduros Annahmen ... 425
bb) Interne Kritik: Repräsentationsdefizit in Bezug auf zielstaatliche Verbraucher ... 426
4. Fazit ... 427
5. Zusammenfassung ... 427

10. Kapitel: Systematische Auslegung, Grundfreiheitenkonvergenz und Gemeinplatzargumente ... 429

I. Parallelbetrachtung mit den EU-Grundrechten ... 429
1. Zu prüfende Hypothesen ... 430
2. Vergleich der Tatbestände ... 431
a) Vergleich der Anwendungsbereiche ... 431
aa) Berechtigte und Verpflichtete der Grundfreiheiten sowie Erfordernis eines grenzüberschreitenden Sachverhaltes ... 431
bb) Träger und Adressaten der EU-Grundrechte sowie fehlende Erforderlichkeit eines grenzüberschreitenden Sachverhalts ... 432
b) Vergleich der Voraussetzungen für das Vorliegen einer Grundfreiheitenbeeinträchtigung bzw. eines EU-Grundrechtseingriffs ... 433
c) Zwischenergebnis ... 434
dd) Begrenzte Teilüberschneidungen auf der Anwendungsbereichs- und Rechtfertigungsebene ... 434
3. Unterschiedliche Zwecksetzungen ... 435
4. Methodische Überlegungen ... 435
5. Schlussfolgerungen ... 436
a) Freiheitsrechtliche Grundfreiheitenauslegung kaum vertretbar ... 436
b) Gegenseitige Schutzverstärkung? ... 436
c) Relevanz der Anwendbarkeit der EU-Grundrechte auf die Konstruktion des Grundfreiheitentatbestands? ... 436
d) Im Übrigen: unergiebiges und unschädliches Nebeneinander und Nicht-Nebeneinander ... 438
II. Die Konvergenz der Grundfreiheiten und der case law-Charakter der st. Rspr. ... 438
1. Vorbemerkungen ... 439
2. Die Konvergenzargumentation ... 439
a) Struktur eines Konvergenzargumentes ... 439
b) Abstrakte rechtliche Bedeutung des Konvergenzgedankens: drei Deutungsmodelle ... 440

c) Stellungnahme zum argumentativen Wert des Konvergenzgedankens ... 441
3. Die EuGH-Judikatur als Fallrechtsprechung? ... 442
4. Grundfreiheitenrechtsprechung zu herkunftsstaatlichen Konstellationen ... 445
a) Dienstleistungsfreiheit ... 445
aa) Abgrenzung gegenüber versteckten oder mittelbaren Importkonstellationen ... 445
bb) Diskriminierungsfälle ... 446
aaa) Corsica Ferries I, 13.12.1989 ... 446
bbb) Peralta, 17.05.1994: Anwendung der Groenveld-Elemente auf eine vorgangsbezogene Diskriminierung ... 447
(1) EuGH ... 447
(2) Schlussanträge von Generalanwalt Lenz: faktische Diskriminierungen und Totalverbote umfasst ... 449
ccc) Kommission/Frankreich, 05.10.1994 ... 450
cc) Beschränkungskonstellationen ... 451
aaa) Kommission/Dänemark, 04.12.1986 ... 451
bbb) Alpine Investments, 10.05.1995 ... 452
(1) Hinweis des mitgliedstaatlichen Gerichts auf die Beeinträchtigung der Wettbewerbsgleichheit ... 453
(2) Beschränkungsprüfung ... 453
(3) Interpretationsversuche ... 454
(4) Unbegründetes Übergehen der Groenveld-Formel ... 455
(5) Applizierbarkeit der Keck-Formel ... 456
(6) Schlussanträge von Generalanwalt Jacobs ... 457
(7) Rechtfertigungsprüfung ... 459
(8) Fazit ... 460
ccc) Safir, 28.04.1998 ... 462
ddd) Corsica Ferries III, 18.06.1998 ... 462
eee) ARD, 19.10.1999 ... 464
(1) Nicht diskriminierende Beschränkung der Dienstleistungsfreiheit durch den Herkunftsstaat ... 464
(2) Nicht diskriminierende Produktionsregelung? ... 466
(3) Schlussanträge von Generalanwalt Jacobs ... 467
fff) Gourmet, 08.03.2001 ... 467

(1) Art. 34 AEUV und die Ablehnung der Keck-Formel 467
(2) Verbot einer nicht diskriminierenden Dienstleistungsexportbeschränkung.... 468
ggg) Sea-Land, 13.06.2002 469
hhh) Mary Carpenter, 11.07.2002 470
(1) Beschränkung des Dienstleistungsexportes durch eine Produktionsregelung 471
(2) Fazit und Kritik 472
(3) Exkurs und Vorgriff auf die Arbeitnehmerfreizügigkeit: S. und G., 12.03.2014 473
iii) ITC, 11.01.2007 475
jjj) United Pan Europe, 13.12.2007 477
kkk) Berlington Hungary u. a., 11.06.2015 478
dd) Fazit 480
aaa) Zusammenfassung und Interpretation 480
(1) Diskriminierungskonstellationen 480
(2) Unterschiedslose Beschränkungen vor Alpine, in Alpine und nach Alpine 480
bbb) Parallelbetrachtung mit Art. 35 Alt. 2 AEUV. 482
b) Arbeitnehmerfreizügigkeit 485
aa) Moser, 28.06.1984 485
bb) Bosman, 15.12.1995 486
aaa) Ablehnung einer Diskriminierung 487
bbb) Kontrolle diskriminierungsfreier Beschränkungen des Herkunftsstaates 488
ccc) Interpretation und Erklärungsversuche 489
ddd) Schlussanträge von Generalanwalt Lenz 491
cc) Herkunftsstaatliche vorgangsbezogene Diskriminierungen: Terhoeve (26.01.1999) et al. ... 492
dd) Graf, 27.01.2000 493
ee) Olympique Lyonnais/Olivier Bernard, 16.03.2010.... 494
ff) S. und G., 12.03.2014 495
gg) Fazit 496
aaa) Zusammenfassung 496
bbb) Folgerungen für Art. 35 Alt. 2 AEUV 498
c) Niederlassungsfreiheit 499
aa) Unterschiedslose Beschränkungen 499
bb) Rspr. zu vorgangsbezogenen Diskriminierungen (natürlicher Personen) 500
cc) Irrelevanz niederlassungsregulierender Maßnahmen des Ansässigkeitsstaates 500

dd) Sonderjudikatur zu gesellschaftsrechtlichen Wegzugsfällen 501
ee) Zusammenfassung und Schlussfolgerungen 503
d) Kapitalverkehrsfreiheit? 504
aa) Unterschiedslose Beschränkungen des Herkunftsstaates 505
bb) Verbot vorgangsbezogener Diskriminierungen 505
cc) Veronica, 03.02.1993 506
dd) Fazit 507
e) Grundfreiheitenübergreifendes Fazit zur Rspr. in Herkunftsstaatkonstellationen 508
aa) Zusammenfassung und Interpretation 508
aaa) Diskriminierungen 508
bbb) Unterschiedslose Beschränkungen 509
bb) Ableitungen mit Blick auf Art. 35 Alt. 2 AEUV 510
aaa) Diskriminierungen 510
bbb) Unterschiedslose Beschränkungen 510
5. Grundfreiheitenrechtsprechung zu zielstaatlichen Konstellationen 511
a) Die EuGH-Rechtsprechung zur Wareneinfuhrfreiheit (Art. 34 Alt. 2 AEUV) 511
aa) Rechtsprechung bis zum 10.02.2009 512
bb) „Anhänger-Rechtsprechung" seit dem 10.02.2009 513
aaa) Fallgruppe 3: Gewährleistung eines freien Marktzugangs 514
(1) Darstellung und Interpretation der Rechtsprechung 514
(a) Kommission/Italien („Anhängerfall") v. 10.02.2009 514
(b) Mickelsson & Roos (04.06.2009), Ascafor (01.03.2012), UAB Vilniaus energija (20.09.2014) 515
(c) Relevanz der Keck-Formel (ANETT [26.04.2014], Pelckmans [08.05.2014], Valev Visnapuu [12.11.2015], Scotch Whisky Association [23.12.2015])? 517
(d) Alands Vindkraft AB (01.07.2014) und Essent II (11.09.2014) 520
(2) Zusammenfassung, Interpretation und Schlussfolgerungen in Bezug auf Art. 35 Alt. 2 AEUV 521

(a) Zusammenfassung und Interpretation der Rspr. 521
(b) Übertragbarkeit der Rspr. auf Art. 35 Alt. 2 AEUV? 522
bbb) Fallgruppe 1: Diskriminierungsverbot 525
(1) Rechtsprechung (Ker-Optika [02.10.2010]) 525
(2) Schlussfolgerung in Bezug auf Art. 35 Alt. 2 AEUV 525
ccc) Fallgruppe 2: Anerkennungsgrundsatz 526
(1) Zwei hinreichende Bedingungen 527
(2) Fallkonstellationen und Möglichkeiten einer analogen Anwendung 528
(3) Voraussetzung der Beachtung der exportstaatlichen Inlandsvertriebsstandards 528
(4) Schutz von Drittlandswaren durch den Anerkennungsgrundsatz 529
(5) Schlussfolgerungen in Bezug auf Art. 35 Alt. 2 AEUV 531
cc) Die passive Warenverkehrsfreiheit als Argument für ein Beschränkungsverbot in Bezug auf Art. 35 Alt. 2 AEUV? 531
b) Die sonstige Grundfreiheitenrechtsprechung zu Zielstaatskonstellationen 532
aa) Dienstleistungsfreiheit 532
aaa) Überblick über die Rechtsprechung 532
bbb) Interpretation der Rechtsprechung zu Dienstleistungsimporten 535
ccc) Auf Art. 35 Alt. 2 AEUV übertragbare Wertungen? 536
bb) Niederlassungsfreiheit 537
aaa) Rechtsprechung 537
bbb) Interpretation und Schlussfolgerungen zu Art. 35 AEUV 539
(1) Allgemeine konzeptionelle Parallelbetrachtungen 539
(2) Produktionsregelungen 539
(3) Bedeutung der gesellschaftsrechtlichen Judikatur 540
(4) Centros als Relativierung von Daily Mail und als

Wettbewerbsgleichheits-Rechtswahlauslegung? ... 541
cc) Arbeitnehmerfreizügigkeit ... 542
dd) Kapitalverkehrsfreiheit ... 543
c) Grundfreiheitenübergreifendes Fazit zur Rspr. in Zielstaatskonstellationen ... 544
6. Spürbarkeits- und sonstige Einschränkungskriterien in der Rechtsprechung ... 546
7. Überblick über die Auffassungen der Generalanwälte zu Art. 35 Alt. 2 AEUV ... 551
III. Allgemeine Einwände gegen eine extensive Auslegung ... 554
1. Fehleinschätzungen des nach Art. 35 Alt. 2 AEUV bestehenden Rechtsschutzes? ... 554
2. Überlastung des Gerichtshofs? ... 556
3. „Generalrevision" der mitgliedstaatlichen Rechtsordnungen? ... 557

Dritter Teil: Literaturkonzeptionen und Analysen von Modell- und Prüfungsvarianten ... 561

11. Kapitel: Tatbestandskonzeptionen in der Literatur ... 563

I. Beiläufige, knapp begründete und/oder bereichsspezifische Stellungnahmen ... 564
1. Befürworter einer restriktiven Auslegung ... 564
2. Befürworter einer extensiven Auslegung ... 565
II. Ausführlich(er) begründete Stellungnahmen ... 567
1. Restriktive Auslegungen ... 567
a) Positionen (u. a. Andenas, Beaumont, Bernard, Classen, Eilmansberger, Epiney, Hilson, Hoffmann, Simm, Weatherill) ... 567
b) Kritik ... 569
2. Extensive Auslegungsansätze ... 571
a) Sehr extensive Auslegungsansätze ... 571
aa) Alle Regelungsgruppen einbeziehende Beschränkungsverbotsauslegungen (u. a. Bleckmann, Gormley, Lackhoff, Streil, Tassikas, von Wilmowsky) und Wettbewerbsgleichheitsauslegungen (Grabitz, Rauer) ... 571
bb) Eingriffsmodell Weyers ... 575

b) Extensiver Ansatz Roths (Becker, Cordewener, Enchelmaier, Feiden, Fetsch, Körber, Mojzesowicz, Müller-Graff, Oliver, Nicolaysen, Safari, Schilling, Schubert, Szydło) ... 575
aa) Das Roth'sche Konzept ... 575
bb) Kritik ... 581
c) Extensiver Ansatz Wolframs: „Zugangslandprinzip" ... 582
d) Weniger extensive (meist nur eine Fallgruppe an einem Beschränkungsverbot messende) Ansätze ... 583
aa) Brigola, 2009 (ähnl. Bernard, Khan und Eisenhut, Leible und T. Streinz, Mortelmans, Mühl, R. Streinz, Schroeder, Tesauro, Tryfonidou): „Konvergentes" Marktaustrittsrecht ... 583
bb) Frenz, Kingreen, Jensch: Kontrolle nur von Produktregelungen ... 585
aaa) Positionen ... 585
bbb) Kritik ... 586
3. Nicht kategorisierbarer Ansatz von J. P. H. Donner ... 586

12. Kapitel: Analysen zu Modell- und Prüfungsvarianten ... 589

I. Vorbemerkungen ... 589
II. Die Stellung der zwei zentralen Topoi innerhalb der Grundfreiheitenprüfung ... 590
1. Zuordnung der beiden Topoi zu den Normen bzw. Normbestandteilen der Art. 34–36 AEUV ... 590
2. Verhältnis der beiden Topoi zu den drei Stufen der Grundfreiheitenprüfung ... 591
a) Schutz der mitgliedstaatlichen Kompetenzen ... 591
b) Schutz des Binnenmarktzieles ... 592
III. Konzeptionelle Analyse der Beeinträchtigungs- und Rechtfertigungsebene ... 592
1. Konzeptionelle Überlegungen zur Rechtfertigungsprüfung (insbesondere zur Verhältnismäßigkeitsprüfung) ... 592
a) Testvarianten ... 592
aa) Wegfall oder Modifizierung der Teilprüfungen des Verhältnismäßigkeitsgrundsatzes ... 593
bb) Prozeduralisierung ... 596
b) Leistungsfähigkeit der Verhältnismäßigkeitsprüfung ... 597
2. Konkrete Beeinträchtigungstatbestandsmodelle ... 601
a) Verhältnis von Auslegungsgrundlagen, Grundfreiheitentheorie und Modell ... 601
b) Beschränkungsverbotsauslegungen ... 602

c) Diskriminierungsverbotsauslegungen ... 603
aa) Offene Diskriminierungen ... 604
bb) Faktische Diskriminierungen ... 604
d) Wettbewerbsgleichheitsmodell ... 606
e) Abwandlungen und Einschränkungen von den Grundmodellen ... 607
IV. Aus der bisherigen Analyse abgeleitete Modellanforderungen ... 608
V. „Weiche" Einschränkungskriterien (insbesondere Spürbarkeitskriterien) ... 611
1. Terminologische Vorbemerkungen ... 612
2. Diskussion ... 613
a) Verankerung in der st. Rspr.? ... 613
b) Unverhältnismäßigkeit einer Rechtfertigungsprüfung bei minimalen Binnenmarktbeeinträchtigungen ... 613
c) Unvermeidbarkeit definitorischer Randunschärfen und Herstellung von Transparenz ... 614
d) „Zulässigkeit von Grundfreiheitenverletzungen"? ... 616
e) Parallelbetrachtungen (Wettbewerbsrecht, Art. 114 AEUV, Grundrechte) ... 617
f) Primärrechtskonformität staatlicher Regelungen vom „Zufall" abhängig? ... 617
g) Ablehnung eines makroökonomischen Spürbarkeitskriteriums ... 619
3. Stellungnahme und „Konzeptauftrag" für die eigene Modellkonzeption ... 619

Vierter Teil: Eigene Auslegungskonzeption ... 621

13. Kapitel: Abstrakte Eigenschaften des vorgeschlagenen Auslegungsmodells ... 623

I. Drei weiche Einschränkungskriterien: Konnexität, Spezifität und Spürbarkeit ... 624
1. Vorbemerkung ... 624
2. Normative Einschränkungskriterien der Konnexität und Spezifität ... 625
a) Allgemeine Begründung normativer Einschränkungskriterien zu Art. 35 Alt. 2 AEUV ... 625
b) Das Konnexitätserfordernis: Grundsätzlicher Ausschluss von „Vorfeldregelungen" ... 627
c) Das Kriterium der (Produktions-)Spezifität ... 630
aa) Begründung ... 630
bb) Schlussfolgerungen ... 631

cc) Beispiele (auch aus der Rspr. [Oebel, Holdijk, Groenveld]) ... 634
d) Gewinnung natürlicher Ressourcen als Sonderfall? ... 638
3. Einzelfallbezogenes Spürbarkeitskriterium ... 640
a) Glaubhaftmachung der Spürbarkeit im konkreten Fall ... 641
b) Kursorische Gesamtwürdigung anhand verschiedener ökonomischer Parameter ... 642
c) Verhältnis der Wahrscheinlichkeit zum Schadensquantum ... 643
d) Anwendungsergebnisse nach Fallgruppen ... 644
4. Finalität, Adäquanz und Vorhersehbarkeit irrelevant ... 645
II. Faktische und offene Diskriminierungen ... 645
1. Begründung ... 646
a) Protektionistische Wirkungen und Zwecksetzungen ausfuhrdiskriminierender Maßnahmen ... 646
b) Binnenmarktziel und Loyalitätsgrundsatz gem. Art. 4 III Ua. 2 EUV ... 648
c) Wettbewerbsgleichheitsgebot keine Legitimationsgrundlage ... 648
d) Befunde der Analyse der Rechtsprechung und der grammatischen Auslegung ... 649
e) Rechtsunsicherheiten des Tests faktischer Diskriminierung ... 650
f) Fazit ... 652
2. Hiesiger Auslegungsmaßstab und Verhältnis zur Groenveld-Formel ... 652
3. Differenzieller Test faktischer Diskriminierung ... 654
a) Örtlich-regionale Verkaufsrestriktionen ... 654
b) Verkehrsbeschränkungen ... 654
c) Produktübergreifende faktische Ausfuhrdiskriminierung ... 655
d) Erschweren oder Verbieten von Fernabsatzgeschäften und Absatzförderungsmethoden ... 656
e) Rechtliche Wettbewerbsungleichheiten als gleichzeitige faktische Ausfuhrdiskriminierung ... 656
III. Befürwortung eines Wettbewerbsgleichheits-Rechtswahlmechanismus ... 657
1. Eigenschaften des Wettbewerbsgleichheitsmaßstabs als Rechtswahlinstrument ... 659
2. Einseitige und einheitliche Rechtswahl ... 660
3. „Rosinenpicken“: Unterschiedliche Rechtswahlausübungen in Bezug auf unterschiedliche Normen? ... 661

4. Der „Obertest“ zur Herstellung rechtlicher Wettbewerbsgleichheit ... 662
IV. Faktische Wettbewerbsungleichheit ... 662
1. Konzeptionelle Schwächen ... 663
2. Weitgehende praktische Irrelevanz ... 664
V. Das Grenzübertrittskriterium als einzelfallbezogenes Tatbestandsmerkmal ... 665
1. Begründung ... 666
2. Praktische Ableitungen und Zweifelsfälle ... 667
a) Schutz auch mittelbar am Export Beteiligter ... 667
b) Bloße Möglichkeit eines späteren Exportes nicht ausreichend ... 668
c) Notwendigkeit der Aufspaltung in „Inlands-“ und „Exportproduktionsstätten“? ... 669

14. Kapitel: Fallgruppenspezifische Wettbewerbsgleichheitsmaßstäbe ... 673

I. Produktionsregelungen ... 674
1. Begriff, Ein-, Aus- und Abgrenzung ... 674
2. Einwände gegen die Kontrolle von Produktionsregelungen ... 676
a) Die (Relevanz der) Berührung legitimer herkunftsstaatlicher Interessen (auch im Spiegel der Rspr.) ... 676
b) (Relevanz des) Fehlen(s) einer Doppelregelung (dual burden) ... 679
c) Widerspruch zu den Kriterien der Spezifität und Konnexität? ... 681
3. Schlussfolgerungen ... 681
4. Überblick über den „Produktionsregelungstest“ ... 683
II. (Formale) Produktregelungen ... 684
1. Begründung ... 685
2. Anwendungsreichweite und besonders gelagerte Konstellationen ... 686
a) Produktregelungen stets Spezifität, Spürbarkeit und Konnexität aufweisend ... 686
b) Überblick über besonders gelagerte Fälle ... 686
c) Bindung an Inlandsstandards für den Vertrieb im Herkunftsstaat (Kaasfabriek Eyssen; Smanor) sowie Reimporte ... 687
d) Befreiung von heimischen Produktstandards nur bei tatsächlichem Export ... 688

3. Faktische Wettbewerbsungleichheiten im Zusammenhang mit unterschiedlichen Produkten 688
4. Die Behandlung von Produktregelungen am Beispiel der Rs. Jongeneel Kaas 689
III. Problematische Abgrenzungsfälle 690
1. (Bedingte) Produktions-, Abbau- und Handelsverbote 690
2. Produkteigenschaften beeinflussende Regelungen des Produktionsprozesses 692
3. Prüfungssystematische Problematik und hier vorgeschlagene Behandlung beider Konstellationen 694
a) Abgrenzbarkeit mittels einer zielbezogenen Vorprüfung? 694
b) Pauschale Zuordnung zum Produktionsregelungstest 695
4. Zwischenergebnis 696
5. Exkurs: Möglichkeiten der Rekonzeptionierung je nach Erfahrungen in der Praxis 696
IV. Vermarktungsregelungen 697
1. Abgrenzung und Definition 697
2. Beispiele aus der Praxis (Alsthom, Oosthoek, Alpine Investments analog, Gysbrechts, ED) 698
3. Begründung und Reichweite 699
a) Beeinträchtigung legitimer herkunftsstaatlicher Interessen und Wettbewerbsungleichheiten 699
b) Konvergenzargumentation 700
c) Zwischenergebnis und Schlussfolgerungen 701
4. Vermarktungsregelungen und faktische Wettbewerbsgleichheit 702
5. Behinderung von Euro-Marketing im Inland des Exportstaates (Oosthoek)? 705
6. Sonderbehandlung des (vermarktungsbezogenen) nationalen Sachprivatrechts und des Internationalen Privatrechts? 706
a) Diskussion 707
b) Auf einzelne Rechtsgebiete bezogene Überlegungen 711
aa) Produktionsbezogenes Privatrecht 711
bb) Schuldvertragstypen und sachenrechtliche Institute? 711
cc) Produkthaftungs- und Deliktsrecht? 713
c) Behinderungswirkung dispositiven und kollisionsrechtlich abdingbaren Rechts? 713
d) Keine Bereichsausnahme für das Internationale Privatrecht 714

e) Dilemma zielstaatlicher Rechtsinformationskosten und herkunftsstaatlicher (höherer) Sachrechtskosten 714
7. Der für Vermarktungsregelungen geltende Test im Überblick 714
V. Transportregelungen 715
1. Begründung und Wirkung des Wettbewerbsgleichheits-Rechtswahlmechanismus 716
a) Inlandstransport 716
b) Transport im EU-Ausland 717
2. Beispiele aus der EuGH-Rechtsprechung (Oebel; Monsees; Dusseldorp; C-112/00; C-320/03) 717
a) Oebel, 14.07.1981 717
b) Dusseldorp, 25.06.1998 718
c) Monsees, 11.05.1999 718
d) „Durchfuhrfälle“: Schmidberger v. 12.06.2003, Kommission/Österreich v. 15.11.2005 719
VI. Keine Anerkennung einer Exportfreiheit 719

15. Kapitel: Folgefragen auf der Rechtfertigungsebene 721

I. Der Schutz der Interessen anderer Mitgliedstaaten als Rechtfertigungsgrund 722
1. Tendenzen in der EuGH-Rechtsprechung 723
a) Bauhuis, 25.01.1977 723
b) Kommission/Niederlande, 12.07.1977 724
c) Inter-Huiles, 10.03.1983 725
d) Kommission/Dänemark, 04.12.1986 725
e) Nertsvoederfabriek, 06.10.1987 726
f) van den Burg, 23.05.1990 726
g) Richardt, 04.10.1991 728
h) Alpine Investments, 10.05.1995 729
i) Hedley Lomas, 23.05.1996 730
j) Werner, 17.10.1995 731
k) Compassion, 19.03.1998 732
l) Dusseldorp, 25.06.1998 734
m) Gysbrechts, 16.12.2008 735
n) Nationale Raad van Dierenkwekers en Liefhebbers, 19.06.2008 735
o) Zwischenergebnis 735
2. Anhaltspunkte für eine Unzulässigkeit fremdnütziger Interessenwahrnehmung 736
3. Kriterien für die Abgrenzung von Regelungsansprüchen 739

a) Hauptabgrenzungskriterium: Ort des regulierten oder durch Regulierung geschützten Interesses 739
b) Zu den einzelnen Konstellationen im Anwendungsbereich von Art. 35 Alt. 2 AEUV 739
aa) Relevanz der Exporteursinteressen? 740
bb) Produktregelungen 740
cc) Vermarktungsregelungen 741
dd) Verbote, Produktionsregelungen und sich auf die Eigenschaften eines Produktes auswirkende Produktionsregelungen 742
ee) Unechte Ausnahme 1: Mehrere oder alle Staaten betreffende Interessen 743
ff) Unechte Ausnahme 2: Moralische Verantwortung 744
4. (Echte) Ausnahme 1: Ausdrückliche Beauftragung durch den Zielstaat 746
5. (Echte) Ausnahme 2: Konkludente Beauftragung sowie vermutet gewollte Wahrnehmung fremder Interessen 747
II. Der Schutz des guten Rufes als Rechtfertigungsgrund? 748
1. (Beispiele aus der) EuGH-Rechtsprechung 749
2. Stellungnahme 755
a) Als „ökonomischer Rechtfertigungsgrund" unbeachtlich? 755
b) Problem: Nachteilige Auswirkungen auf nicht an der Rechtswahl beteiligte Unternehmen 758
aa) Unternehmen sind besser in der Lage herauszufinden, was den guten Ruf befördert? 759
bb) Möglichkeit der Kennzeichnung (labeling) 760
cc) Normative Überlegungen 761
aaa) Unvereinbarkeit mit EU-Wirtschaftsverfassung 761
bbb) Mit zum Tatbestandsmodell gewonnenen Auslegungsergebnissen unvereinbar 762
dd) Übertragung der labeling-doctrine auf Exportkonstellationen 763
ee) Zwischenergebnis 763
3. Ausnahmen vom Grundsatz der Unzulässigkeit einer Verfolgung des Schutzes des guten Rufes? 763
4. Verhältnismäßigkeit von den Schutz des guten Rufes bezweckenden Maßnahmen 764
a) Fehlende Erforderlichkeit von Produkt- und Produktionsregelungen gemäß der labeling-doctrine 764
b) Verhältnismäßigkeit der den Schutz des guten Rufes verfolgenden Vermarktungsregelungen 766

c) Ausnahmen von der gleichen Eignung einer Kennzeichnung ... 767
d) Verhältnismäßige Ausgestaltung von Kennzeichnungsvorgaben ... 767
5. Ergebnis: Zulässigkeit von Kennzeichnungsregelungen ... 768

Zusammenfassung ... 769

I. Rechtsprechung zu Art. 35 AEUV ... 769
1. Rechtsprechung im Kontext Gemeinsamer Marktorganisationen (GMO) ... 769
2. Rechtsprechung außerhalb Gemeinsamer Marktorganisationen (GMO) ... 770
II. Grammatische und entstehungsgeschichtliche Analyse ... 772
III. Wirtschaftstheoretische Untersuchungen ... 773
1. Außenhandelstheorie, Wettbewerbstheorie und Neue Politische Ökonomie ... 773
2. (Rechts-)Systemwettbewerb und Wettbewerbsgleichheits-Rechtswahlmechanismus ... 774
IV. Binnenmarktorientierte Auslegung ... 776
V. Konkrete Wettbewerbsgleichheitsanalysen ... 779
VI. Der Schutz mitgliedstaatlicher Kompetenzen in der Systematik der Verträge ... 781
1. Kompetenztrias ... 781
2. Parallelbetrachtungen mit der Rechtsangleichung ... 782
3. Gesamtbetrachtung der Kompetenzverteilung zwischen Mitgliedstaaten und Union ... 783
4. Integrationsdynamische Auslegung ... 784
VII. Grundfreiheitenschutz um der Marktteilnehmer willen ... 786
VIII. Demokratische Bedenklichkeit extensiver Grundfreiheitenauslegung ... 786
IX. Systematische Auslegung ... 787
1. Parallelbetrachtung mit den EU-Grundrechten ... 787
2. Konvergenzbetrachtung ... 788
a) Fazit in Herkunftsstaatskonstellationen ... 789
b) Fazit in Zielstaatskonstellationen ... 790
c) Rechtsprechung zu einschränkenden Kriterien ... 792
X. Gegen eine extensive Auslegung angeführte Gemeinplätze ... 793
XI. Auffassungen in der Literatur ... 794
XII. Modell- und prüfungsanalytische Vorüberlegungen ... 795
1. Die Rechtfertigungsprüfung ... 796

2. Beeinträchtigungstatbestandsmodelle ... 797
3. Analyse „weicher“ Einschränkungskriterien (insbesondere Spürbarkeitskriterien) ... 797
XIII. Eigenes Auslegungsmodell ... 799
1. Die drei weichen Einschränkungskriterien (Konnexität, Spezifität, Spürbarkeit) ... 799
2. Das Verbot von Ausfuhrdiskriminierungen ... 801
3. Der hier vertretene Wettbewerbsgleichheits-Rechtswahlmechanismus ... 802
4. Das Grenzübertrittskriterium ... 803
5. Fallgruppendifferenzierung ... 803
a) Abgrenzung und Definition der Fallgruppen ... 803
b) Der Produktionsregelungstest ... 804
c) Der Produktregelungstest ... 805
d) Vermarktungsregelungen ... 806
XIV. Rechtfertigungsebene ... 807
1. Fremdnützige Interessenwahrnehmung ... 807
2. Schutz des guten Rufes ... 808

Literaturverzeichnis ... 811

Sachregister ... 851

Abkürzungsverzeichnis

a.A.	anderer Auffassung
a. a. O.	am angegebenen Ort
Abs.	Absatz
abw.	abweichend
AcP	Archiv für die civilistische Praxis
a. E.	am Ende
ähnl.	ähnlich
allerd.	allerdings
Alt.	Alternative
Am. J. Comp. L.	American Journal of Comparative Law
anderers.	andererseits
Anm.	Anmerkung
AöR	Archiv des öffentlichen Rechts
Art.	Artikel
Aufl.	Auflage
Aufzähl.	Aufzählung
ausdr.	ausdrücklich
ausf.	ausführlich
Bd.	Band
Bed.	Bedeutung
Begr.	Begründung
BfR	Bundesamt für Risikobewertung
BIP	Bruttoinlandsprodukt
B. U. Int'l L. J.	Boston University International Law Journal
BVerfG	Bundesverfassungsgericht

BVerwG	Bundesverwaltungsgericht
bzw.	beziehungsweise
CDE	Cahiers de Droit Européenne
CMLR	Common Market Law Review
CYELS	Cambridge Yearbook of European Legal Studies
d.	der/die/das
DCCR	Droit de la consummation/Consumentenrecht
dems.	demselben
ders.	derselbe
d. h.	das heißt
dies.	dieselbe(n)
Diss.	Dissertation
DÖV	Die Öffentliche Verwaltung
Duke J. of Comp. & Int'l L.	Duke Journal of Comparative & International Law
DVBl	Deutsches Verwaltungsblatt
e.A.	eine Auffassung
ebf.	ebenfalls
E. B. L. R.	European Business Law Review
eds.	editors
EFSA	European Food Safety Authority
einers.	einerseits
EJCL	European Journal of Consumer Law/Revue Européenne de Droit de la Consummation
EJLS	European Journal of Legal Studies
E. L. J.	European Law Journal
ELR	European Law Reporter
E. L. Rev.	European Law Review
engl.	englisch
entspr.	entsprechend, entsprechenden, entsprechende, entsprechender
ERCL	European Review of Contract Law

et al.	et alii
EU	Europäische Union
EuConst	European Constitutional Law Review
EuGH	Gerichtshof der Europäischen Union
EuGRZ	Europäische Grundrechte-Zeitschrift
EuR	Europarecht
EUV	Vertrag über die Europäische Union
EuZW	Europäische Zeitschrift für Wirtschaftsrecht
EWS	Europäisches Wirtschafts- und Steuerrecht
exemplar.	exemplarisch
f.	der, die, das folgende
ff.	die folgenden
Fn.	Fußnote(n)
Fordham Int'l L. J.	Fordham International Law Journal
FPR	Familie Partnerschaft Recht
franz.	französisch
FS	Festschrift
GA	Generalanwalt
Germ. L. J.	German Law Journal
GewArch	Gewerbearchiv
ggf.	gegebenenfalls
GMO	Gemeinsame Marktorganisation(en)
GPR	Zeitschrift für das Privatrecht der Europäischen Union
GRUR	Gewerblicher Rechtsschutz und Urheberrecht
GRUR Int.	Gewerblicher Rechtsschutz und Urheberrecht: Internationaler Teil
Habil.	Habilitation
Hervorh.	Hervorhebung
Hg.	Herausgeber
Hinw.	Hinweis, Hinweise, Hinweisen
h.L.	herrschende Lehre

h.M.	herrschende Meinung
HSR	Historical Social Research
i. a.	inter alia
ICLQ	International and Comparative Law Quarterly
i. d. S.	in d(ies)em Sinne
i. e.	id est, das ist, das heißt
i. E.	im Ergebnis
i. e. S.	im engeren Sinne
i. F. d.	in Form der
i. F. e.	in Form einer
i. F. v.	in Form von
Int'l J. Constit. L.	International Journal of Constitutional Law
Int'l Rev. L. & Econ.	International Review of Law and Economics
Int'l & Comp. Corp. L. J.	International and Comparative Corporate Law Journal
i. R. v.	im Rahmen von
i. S.	im Sinne
i. S. d.	im Sinne der/des
i. S. e.	im Sinne eines/einer
i. S. v.	im Sinne von
i. Ü.	im Übrigen
i. V. m.	in Verbindung mit
i. W. e.	im Wege einer
i. w. S.	im weiteren Sinne
ital.	italienisch
JA	Juristische Arbeitsblätter
JBl.	Juristische Blätter
JCMS	Journal of Common Market Studies
J. Consum. Policy	Journal of Consumer Policy
JDI	Journal du droit international
JEPP	Journal of European Public Policy

JITE	Journal of Institutional and Theoretical Economics
J. L. & Econ.	Journal of Law and Economics
J. Pub. Econ.	Journal of Public Economics
JuS	Juristische Schulung
Jura	Juristische Ausbildung
JuS	Juristische Schulung
JZ	JuristenZeitung
krit.	kritisch(e)
LFGB	Lebensmittel-, Bedarfsgegenstände- und Futtermittelgesetzbuch
LIEI	Legal Issues of Economic Integration
lit.	Buchstabe
Literaturnachw.	Literaturnachweis(e)
LMuR	Lebensmittel & Recht
m. a. W	mit anderen Worten
Maastr. J. Eur. & Comp. L.	Maastricht Journal of European & Comparative Law
MDR	Monatsschrift für Deutsches Recht
Mich. L. Rev.	Michigan Law Review
MMR	MultiMedia und Recht
m. umf. w. N.	mit umfänglichen weiteren Nachweisen
m. w. N.	mit weiteren Nachweisen
niederländ.	niederländisch
NJW	Neue Juristische Wochenschrift
No.	Number
NTER	Nederlands tijdschrift voor Europees recht
NVwZ	Neue Zeitschrift für Verwaltungsrecht
Nw. J. Int'l L. & Bus.	Northwestern Journal of International Law & Business
NZA	Neue Zeitschrift für Arbeitsrecht
NZBau	Neue Zeitschrift für Baurecht und Vergaberecht
Literaturnachw.	Literaturnachweis(e)

o. Ä.	oder Ähnliche(s)
OJLS	Oxford Journal of Legal Studies
o. V.	ohne Verfasser
RabelsZ	Rabels Zeitschrift für ausländisches und internationales Privatrecht
RdA	Recht der Arbeit
RDC	Revue de Droit Commercial Belge/Tijdschrift voor Belisch Handelsrecht
R. D. C.	Revue des contrats
RDCE	Revista de Derecho Comunitario Europeo
RDUE	Revue du Droit de l'Union Européenne
REDC	Revue européenne de droit de la consommation
RIW	Recht der Internationalen Wirtschaft
RL	Richtlinie
Rn.	Randnummer
RNotZ	Rheinische Notar-Zeitschrift
Rs.	Rechtssache
Rspr.	Rechtsprechung
s.	siehe
S.	Seite
s. a.	siehe auch
s. b. Fn.	Siehe bei Fußnote
SEW	Sociaal-economische wetgiving
Slg.	Sammlung der Rechtsprechung des Gerichtshofes und des Gerichts Erster Instanz
sogl.	sogleich
span.	spanisch
st. Rspr.	ständige Rechtsprechung
Studi int. eur.	Studi sull'integrazione europea
SVR	Straßenverkehrsrecht
teilw.	teilweise
TierSchNutztV	Verordnung zum Schutz landwirtschaftlicher

	Nutztiere und anderer zur Erzeugung tierischer Produkte gehaltener Tiere bei ihrer Haltung
u. a.	unter anderem
unabh.	unabhängig
unveröfftl.	unveröffentlicht
v. a.	vor allem
Verf.	Verfasser
vgl.	vergleiche
VO	Verordnung
West Eur. Polit.	West European Politics
WRP	Wettbewerb in Recht und Praxis
Yale L.J.	Yale Law Journal
YEL	Yearbook of European Law
z. B.	zum Beispiel
ZaöRV	Zeitschrift für ausländisches öffentliches Recht und Völkerrecht
ZEuP	Zeitschrift für Europäisches Privatrecht
ZfRV	Zeitschrift für Europarecht, Internationales Privatrecht und Rechtsvergleichung
ZHR	Zeitschrift für das gesamte Handels- und Wirtschaftsrecht
ZRP	Zeitschrift für Rechtspolitik
z. T.	zum Teil
zurückhalt.	zurückhaltend

Einführung

Die zentrale Fragestellung dieser Arbeit besteht darin, ob (bestimmte) nicht diskriminierende[4] Beschränkungen des Warenexports in andere EU-Mitgliedstaaten als Eingriffe (Beeinträchtigungen) in Art. 35 Alt. 2 AEUV qualifiziert werden sollten. Dies wird hier *bejaht*. Doch wird nicht etwa ein „allgemeiner Deregulierungsmechanismus" befürwortet, sondern ein (hier) sog. *Wettbewerbsgleichheits-Rechtswahlmechanismus*: Dieser gewährt den in andere Mitgliedstaaten exportierenden Unternehmen gegenüber den Herkunftsstaaten der Ware einen Anspruch auf (faktische und vor allem) *rechtliche Wettbewerbsgleichheit* auf den *Zielmärkten*. Beschränkungen werden somit nicht per se als Eingriff in die Ausfuhrdimension der Warenverkehrsfreiheit qualifiziert, sondern nur, insofern sie beim Export in die Zielmärkte auch *wettbewerbsbenachteiligend* wirken. Sofern die Betätigung des Wettbewerbsgleichheits-Rechtswahlmechanismus erfolgreich ist (insbesondere die gerügte Beeinträchtigung von Art. 35 Alt. 2 AEUV nicht gerechtfertigt werden kann), führt dies außerdem nicht zu einer ersatzlosen Streichung der beanstandeten Maßnahme des Exportstaates, sondern nur zu deren „Abwahl", d. h., an die Stelle der als Beeinträchtigung qualifizierten Norm tritt zwingend die gewählte Norm eines anderen Mitgliedstaates.[5]

Eine Grundfreiheitenverletzung setzt nicht nur die Eröffnung des Schutzbereichs und das Vorliegen eines Eingriffs (Beeinträchtigung) voraus, sondern auch die Abwesenheit einer Rechtfertigung. Der Schwerpunkt der Untersuchung liegt auf der (zweiten) Prüfungsebene des *Eingriffstatbestands* (Beeinträchtigungstatbestand). Doch werden auch Fragen auf der vorgelagerten (ersten) Prüfungsebene des *Schutzbereichs* und der nachgelagerten (dritten) Prüfungsebene der *Rechtfertigung* behandelt, sofern hier ein *spezifischer Zusammenhang* besteht zu einer extensive(re)n Auslegung der *Ausfuhrdimension* der Warenverkehrsfreiheit. Zudem kann durch eine Lockerung oder

---

[4] Diskriminierende Maßnahmen werden zwar ebenfalls behandelt, doch kommt ihnen hier nur eine *untergeordnete* Rolle zu. Dies gilt insbesondere für ein Verbot faktischer Diskriminierung. Dieses besitzt nur eine geringe Verbotsreichweite und eine schwache argumentative Fundierung.

[5] Wenn der Mitgliedstaat, auf dessen Rechtsordnung sich der Exporteur erfolgreich beruft, die betreffende Situation überhaupt nicht normiert, ist auch der Exporteur an keinerlei regulatorische Vorgaben gebunden.

Modifizierung der auf der Rechtfertigungsebene vorzunehmenden Prüfungen (vor allem durch eine Abwandlung des Verhältnismäßigkeitsgrundsatzes) eine weite Auslegung des Beeinträchtigungstatbestands wieder eingefangen werden. Um eine größtmögliche Konzentration auf die hier behandelte Fragestellung zu erreichen, werden die allgemeinen Grundfreiheitenlehren als bekannt vorausgesetzt. Ferner wird von deren Richtigkeit ausgegangen. Zugrunde gelegt wird z. B., dass die Grundfreiheiten unmittelbar anwendbar sind und subjektive Rechte verleihen.[6] Auf eine einführende allgemeine Darstellung der Grundfreiheiten wird daher verzichtet.

Die Untersuchung ist dreigeteilt: Während sich im ersten Teil ein umfassendes Bild von der – recht spärlichen – Rechtsprechung zu Art. 35 Alt. 2 AEUV verschafft wird, werden im zweiten Teil umfängliche Auslegungsüberlegungen angestellt, die dann in den dritten Teil münden – die (abstrakte und konkrete) Darstellung des hier entwickelten Prüfungskonzepts für nicht diskriminierende Wettbewerbsungleichheiten des Warenexports. Das in dieser Arbeit vertretene Konzept differenziert dabei nach Fallgruppen. Ein Schwerpunkt liegt auf der besonders kontroversen Fallgruppe der *Produktionsregelungen*.

Der Ansatz, der innerhalb des ersten und zweiten Teils der Arbeit, d. h. des analysierenden Teils verfolgt wird, ist ein *offen-suchender*: Zu frühe Festlegungen auf ein bestimmtes Modell sollen vermieden, Detailkonkretisierungen erst am Ende getroffen werden. Das tatbestandliche Konzept gewinnt erst Schritt für Schritt („Auslegungsmethode für Auslegungsmethode“) an Form. Die nach und nach ermittelten Modellanforderungen und Weichenstellungen können dabei auch widersprüchlich ausfallen und tun dies auch. Auf der anderen Seite werden die Ergebnisse vorgelagerter Auslegungsschritte nicht ignoriert. Bereits gewonnene Erkenntnisse bestimmen, wie *intensiv* geprüft und ob eine gewisse Modellkonzeption durch bestimmte Auslegungsüberlegungen gestützt wird. Mithilfe dieses offenen Untersuchungsansatzes soll erstens vermieden werden, sich (zu früh) auf ein bestimmtes Modell festzulegen, für das vielleicht die bisherigen, aber nicht die späteren Auslegungsergebnisse sprechen. Ein zweiter Vorteil dieser Vorgehensweise liegt darin, dass die angestellten Auslegungsüberlegungen, z. B. die Rechtsprechungsanalysen zu den anderen Grundfreiheiten, gegenüber dem allgemeinen Grundfreiheitendiskurs anschlussfähig(er) sind.

Ein Teil der mit einer extensiven Auslegung einhergehenden Fragen werden hier – soweit ersichtlich – *erstmalig* behandelt. Gerade in Bezug auf die vielzähligen praktischen Implikationen eines extensiven Exportschutzes ist es daher ein Anliegen dieser Arbeit, den *diskursiven Rahmen* abzustecken, d. h., es sollen Konzeptvorschläge unterbreitet und analysiert werden, die als Dis-

---

[6] Auf allgemeine Streitfragen der Grundfreiheitendogmatik ohne diesen spezifischen Untersuchungszusammenhang wird in den Fußnoten verwiesen.

kussionsgrundlage dienen können und von denen in der Praxis dann auf der Grundlage der hier ermittelten Argumente in Richtung einer engeren oder – je nach Standpunkt – auch breiteren Interpretation abgewichen werden kann. Insbesondere können nur bestimmte Fallgruppen einem Beschränkungsverbot unterzogen werden. Die Beleuchtung möglicher praktischer Implikationen dient auch der Abschätzung der *Folgen* einer extensiven Auslegung. Womöglich sind es auch und gerade diese nur schwer zu prognostizierenden praktischen Konsequenzen, die den Gerichtshof bislang von einer Auslegungsangleichung an Art. 34 Alt. 2 AEUV abgehalten haben.

Neue Erkenntnisse, auch in Bezug auf die allgemeine Grundfreiheitendogmatik, können sich daraus ergeben, dass die die Grundfreiheiten beherrschenden Spannungslagen durch die Linse *herkunftsstaatlicher* Hindernisse betrachtet werden. Die Dogmatik der Grundfreiheiten ist bislang zuvorderst aus der Perspektive *zielstaatlicher* Regulierung (re)konstruiert worden.[7] Der Vorteil dieses Perspektivwechsels liegt darin, dass einige, auch weniger bedeutende, argumentative Erwägungen nicht mehr durch andere ausschließlich für Importkonstellationen geltende Abwägungsfaktoren *überlagert* werden: Z. B. richtet die geringe(re) praktische Prävalenz *protektionistischer* Verhaltensweisen im Bereich des Exports den Blick auf ein funktionale(re)s, rechtsökonomisch anspruchsvolleres (und wohl auch kontroverseres) Binnenmarktverständnis.[8] Zudem gewinnen Auslegungsmethoden an Bedeutung, die im Bereich der Importdimension der Grundfreiheiten durch die Präponderanz der (bei Art. 35 Alt. 2 AEUV so nicht existenten) Falljudikatur verdrängt werden.

Die Auslegung von Art. 35 Alt. 2 AEUV wird dabei von einer *doppelten* Unbestimmtheit entscheidend geprägt: Unbestimmt ist erstens der Normtext des *Binnenmarktziels*, was mit Blick auf dessen Stellung als des zentralen Auslegungstopos von Art. 35 Alt. 2 AEUV besonders ins Gewicht fällt. Sodann ist auch der Normtext von Art. 35 Alt. 2 AEUV selbst unpräzise. Darüber hinaus sind die Anhalte für den Schutz der mitgliedstaatlichen Kompetenzen nur *vermittelter* Art, nämlich i. d. S., dass die Kompetenzschutznormen nicht direkt auf die Grundfreiheiten(-interpretation) bezogen sind und nur per analogiam oder als abstrakte Anhalte für die Auslegung herangezogen werden können.[9] Das Unionsrecht ist zudem Ergebnis eines komplexen und über viele Jahrzehnte gewachsenen Kompromisses und weist interpretatori-

---

[7] Dies gilt selbst für dogmatisch zentrale Judikate, denen eine Exportsituation zugrunde lag (wie *Alpine Investments* oder *Bosman*).

[8] In Zielstaatskonstellationen gehen dagegen protektionistische Verhaltensweisen und Binnenmarktdysfunktionalitäten miteinander einher.

[9] Mit *Bleckmann* muss daher eine „vorsichtige Kompetenzabgrenzung zwischen dem Europäischen Gemeinschaftsrecht und dem staatliche [sic!] Bereich anhand des gesamten Inhalts der Verträge und insbesondere ihrer Zwecke einsetzen“, *Bleckmann*, 431.

sche Spannungen und Widersprüche auf.[10] Sodann darf eine Interpretation der Grundfreiheiten nicht *kontextvergessen* sein:[11] Sie darf die gegenwärtigen politischen und ökonomischen Verhältnisse nicht außer Acht lassen. Auf politisch und souveränitätssensiblen Gebieten (wie z. B. im Bereich des Sozial- und des Steuerechts) könnte eine gewisse Zurückhaltung angezeigt sein. Eine besondere Schwierigkeit, aber auch ein gewisser Reiz der Untersuchung liegt entsprechend darin, dass Art. 35 Alt. 2 AEUV bzw. dessen Auslegung grundlegende Fragen der politischen und ökonomischen Organisation der Europäischen Union und ihrer Mitgliedstaaten tangiert.[12] Die sich insgesamt eröffnenden Auslegungsspielräume sind einerseits aus dem Blickwinkel *demokratischer Legitimation* problematisch. Andererseits bieten sie ein interessantes Feld für fruchtbare Verbindungen zwischen den Diskursräumen und gesellschaftlichen Teilbereichen von Politik, Recht und Ökonomie. Im Ergebnis sind die bei der Auslegung zu berücksichtigenden Gesichtspunkte somit nicht nur sehr *zahlreich*, sondern auch stark *heterogen*.[13]

Eine der hier zu leistenden Hauptaufgaben liegt folglich in der Herstellung von *Transparenz* bezüglich des Auslegungsvorganges und der vom Norminterpreten für maßgeblich erachteten Wertungsgesichtspunkte. Wird einer Lösung aus Gründen „praktischer Sinnfälligkeit" und nicht aus systematischen oder grammatischen Überlegungen heraus der Vorzug eingeräumt, muss dies kenntlich gemacht werden.[14] Solchen Auslegungsgesichtspunkten, die weniger stark durch *subjektive* Vorverständnisse geprägt sind, soll hier besondere Aufmerksamkeit gewidmet werden (wie z. B. Wortlaut- und Systemargumenten). Es waren gerade diese Auslegungsmomente, die in der Anfangszeit der europäischen Integration im Vordergrund der Norminterpretation standen, als ein hinreichend dichtes Netz an unionsgerichtlichen Entscheidungen noch nicht existierte.

Rechtspraxis und Literatur haben sich bislang klar auf die *Wareneinfuhrfreiheit* (Art. 34 Alt. 2 AEUV) konzentriert. Art. 35 Alt. 2 AEUV wurde (wenn überhaupt nur) *en passant* behandelt.[15] Der EuGH folgte im Bereich

---

[10] Zu nennen ist hier z. B. der Gegensatz zwischen französischem Interventionalismus in der Agrarpolitik einerseits und deutschem Ordoliberalismus andererseits.

[11] Ähnl. *Weiss*, EuR 2002 Beiheft 1, 155 (172).

[12] Vgl nur *Maduro*, in: Rosas/Levits/Bot, 485 (486): „Free movement of goods (…) is at the intersection of complex and difficult choices between public regulation and market freedom on the one hand and EU and State powers on the other."

[13] *Haft*, 113 ff. taxiert die Grenzen menschlicher Verarbeitungskapazität auf *7 gleichzeitig* berücksichtigungsfähige Elemente.

[14] Der Grundfreiheitendiskurs krankt bisweilen daran, dass pragmatische Erwägungen in systematisch-teleologische Überlegungen *eingekleidet* werden, ohne dass deren schwache Fundierung in den Auslegungsgrundlagen deutlich gemacht wird.

[15] Z. B. ist Art. 35 Alt. 2 AEUV bislang nur eine Monografie gewidmet worden (*Jensch* [2005]), während die Zahl der zu Art. 34 Alt. 2 AEUV ergangenen Literatur national wie international kaum zu überschauen ist.

der Warenausfuhren von 1979 bis 2009 unverändert einem verschiedenen Bedingungen unterworfenen, restriktiv gehandhabten Diskriminierungsverbot. Dabei ist fraglich, ob eine Fortführung dieser Ausfuhrjudikatur noch zeitgemäß erscheint – sofern der Blick auf den seit 1979 stark angestiegenen Integrationsgrad, das gewandelte funktionale, weitaus differenziertere und „anspruchsvollere" Binnenmarktverständnis des 21. Jahrhunderts, die schon seit Jahrzehnten beschworene „Konvergenz der Grundfreiheiten" und den letztendlichen Siegeszug des Marktzugangstests (mit dem 2009 ergangenen „Anhänger"-Judikat[16]) gerichtet wird. Aktualität erfährt das Thema auch durch das 2009 ergangene *Gysbrechts*-Judikat[17], das die Eingriffsreichweite von Art. 35 Alt. 2 AEUV (erstmalig seit 1979) erweitert und eine lebhafte Diskussion in der Literatur ausgelöst hat. In dem (nach Einreichung dieser Arbeit) im Jahr 2016 entschiedenen Fall *New Valmar* bestätigte der Gerichtshof den in *Gysbrechts* eingeschlagenen Weg.[18]

Im Blick behalten werden sollte schließlich auch die enorme *praktisch-politische* Dimension von Export(de)regulierungen (über Art. 35 Alt. 2 AEUV): Die Ausfuhr von Waren ist von fundamentaler Bedeutung für die deutsche Volkswirtschaft, wobei dem Export in *EU-Mitgliedstaaten* eine überragende Bedeutung zukommt. Deutschland ist der größte Warenexporteur der Europäischen Union und führte etwa im Jahr 2013 Waren im Gesamtwert von 1093,1 Milliarden Euro aus.[19] Deutschland erwirtschaftete damit den höchsten Außenhandelsüberschuss in der EU in Höhe von 195 Milliarden Euro (gefolgt von den Niederlanden[20]).[21] 57 % der deutschen Warenausfuhren gingen in andere Mitgliedstaaten.[22] Hohen EU-Exporten entsprechen hohe EU-Importe der anderen Mitgliedstaaten. Eine entsprechende Exportgarantie in Art. 35 Alt. 2 AEUV, die deutschen und anderen (EU-)Unternehmen[23] einen umfassenden Individualrechtsschutz gegen „unnö-

[16] S. b. Fn. 2892 ff.

[17] S. b. Fn. 666 ff.

[18] EuGH, Urt. v. 21.06.2016, Rs. C-15/15, unveröfftl. (*New Valmar*), siehe zu einer Kurzbesprechung in Fn. 817.

[19] Statistisches Bundesamt, Deutscher Außenhandel, Ausgabe 2015, 7.

[20] Der Außenhandelsüberschuss der Niederlande betrug 61,3 Milliarden Euro im Jahr 2013 (proportional gesehen hat der Export für die Niederlanden somit eine *noch* höhere Bedeutung), vgl. Eurostat, International Trade, 2012-2013, abgerufen am 12.01.2016 unter http://ec.europa.eu/eurostat/statistics-explained/index.php/File:International_trade,_2012-13_YB14-de.png. Es nimmt daher nicht Wunder, dass die wichtigste Art. 35 Alt. 2 AEUV betreffende EuGH-Entscheidung *Groenveld* auf einem Vorabentscheidungsersuchen eines *niederländischen* Gerichts beruht (Gleiches gilt z. B. auch für die ähnliche Konstellation *Kaasfabriek Eyssen* [Ausfuhr von Schmelzkäse]).

[21] Statistisches Bundesamt, Deutscher Außenhandel, Ausgabe 2015, 7.

[22] Statistisches Bundesamt, Deutscher Außenhandel, Ausgabe 2015, 13.

[23] Der Großteil der deutschen Ausfuhren wird von Großunternehmen erbracht, Statistisches Bundesamt, Deutscher Außenhandel, Ausgabe 2015, 18.

tig" hürdenreiche nationale Exportregulierungen gewährt, ist daher von enormer praktischer und wohlfahrtsökonomischer Relevanz, und zwar sowohl für die Exporteure als auch für (mittelbare) Importeure wie Verbraucher und für die mitgliedstaatlichen Fisken, z. B. im Fall höherer Steuereinnahmen und geringerer Arbeitslosigkeit.

Es sei darauf hingewiesen, dass in der vorliegenden Untersuchung nur auf das *Primärrecht*, nicht auf etwaiges, den Rückgriff auf Art. 35 Alt. 2 AEUV gegebenenfalls versperrendes Sekundärrecht eingegangen wird. Soweit Sekundärrecht existiert, müssen und dürfen mitgliedstaatliche Maßnahmen nur dann an Art. 35 Alt. 2 AEUV gemessen werden, wenn das Sekundärrecht den Mitgliedstaaten Regelungsspielräume eröffnet (z. B. im Falle einer Mindestharmonisierung)[24] oder wenn es unwirksam ist oder nachträglich aufgehoben wird. Somit kann Art. 35 Alt. 2 AEUV potentiell in Bezug auf alle Rechtsgebiete Anwendung finden. Die Auslegung von Art. 35 Alt. 2 AEUV wird in dieser Arbeit daher auch in Bezug auf solche Gebiete präzisiert und diskutiert, die derzeit abschließend sekundärrechtlich geregelt sind.

In Zeiten der Nachwehen der internationalen Wirtschafts- und Finanzkrise, der anhaltenden Strukturschwäche der „Peripherieländer", der nicht nur durch den Syrienkrieg ausgelösten Flucht- und Migrationsbewegungen in Richtung Europa, der sich andeutenden politischen Spaltungen zwischen den osteuropäischen Visegrád-Staaten und dem „alten Europa" sowie mit Blick auf die aktuellen Brexit-Verhandlungen mit dem Vereinigten Königreich wirkt ein prosperitätsfördernder Binnenmarkt als *Stabilitätsanker*, der dem europäischen Einigungsprojekt (wieder) Anziehungs- und Strahlkraft verleihen kann. Eine praktisch und ökonomisch überzeugende Interpretation von Art. 35 Alt. 2 AEUV würde einen Beitrag hierzu leisten.

---

[24] Vgl. hierzu die insofern sehr anschauliche (und zu Art. 34 AEUV ergangene) Entscheidung EuGH, Urt. v. 22.06.2017, Rs. C-549/15, unveröfftl. (*E. ON Biofor Sverige AB*), Rn. 43 ff., 72 ff.

Erster Teil

EuGH-Rechtsprechung zu Art. 35 AEUV

1. Kapitel

Rechtsfortbildungsspielräume des EuGH und Funktionen der Rechtsprechungsanalyse

I. Auslegungs- und Rechtsfortbildungsspielräume des EuGH

Die Frage, inwieweit der Gerichtshof befugt ist, über die Auslegung hinaus auch Rechtsfortbildung zu betreiben, determiniert gleichzeitig, welche Spielräume dem Rechtsinterpreten zur Verfügung stehen. Die Frage, ob und inwiefern dem Gerichtshof Auslegungs- und Rechtsfortbildungsspielräume zukommen, berührt mithin alle Auslegungsmethoden und auch das gesamte hiesige Auslegungsunterfangen und greift – mit Blick auf die weiteren und später herangezogenen Auslegungsmethoden – vor.

1. Allgemeine Rechtsfortbildungskompetenz

Eine absolute Grenze, wann die rechtsprechende Tätigkeit den Bereich der Rechts*wahrung* verlässt und in den verbotenen Bereich[25] der Rechts*setzung* eintritt, kann im Unionsrecht ebenso wenig gezogen werden wie im nationalen Recht: Die Grenzen sind fließend[26] und abhängig nicht nur vom kulturellen und nationalen, sondern auch vom persönlichen Vorverständnis. Der Gerichtshof ist – jedenfalls der im deutschen Methodendiskurs gebräuchlichen Terminologie folgend – nicht nur zur Rechts*auslegung*, sondern auch zur Rechts*fortbildung* berechtigt:[27] Gem. Art. 19 I Ua. 1 S. 2 EUV „sichert [er] die Wahrung des Rechts bei der Auslegung und Anwendung der Verträge",[28]

---

[25] *Mayer*, in: Grabitz/Hilf/Nettesheim, Art. 19 EUV Rn. 31; vgl. auch *Neuner*, in: Riesenhuber, 3. Aufl., § 12 Rn. 9. Freilich handelt es sich bei dieser Feststellung um eine in Grenzbereichen unbestimmte Aussage mit Blick auf die schwierige Frage der Abgrenzung von gerichtlicher Rechtsfortbildung und -setzung.

[26] *Calliess*, NJW 2005, 929 (930); *Everling*, JZ 2000, 217 (225).

[27] Allerdings unterscheidet der Gerichtshof selbst *nicht* zwischen diesen beiden Kategorien, sondern kennt nur die beides umfassende *Interpretation* von Recht, vgl. nur *Röthel*, in: Riesenhuber, 3. Aufl., § 11 Rn. 21, 30; *Roth*, RabelsZ 75 (2011), 787 (820).

[28] Vgl. zur Anerkennung der Rechtsfortbildungskompetenz des Gerichtshofs nur *Di Fabio*, ZEW-Vortrag, 11 f.; *Everling*, in: FS von der Groeben, 111 (129); *ders.*, JZ 2000, 217 (220); *Kutscher*, in: Gerichtshof der Europäischen Gemeinschaften, I-4 (I-49); *Mayer*, in: Grabitz/Hilf/Nettesheim, Art. 19 EUV Rn. 30; *Pechstein/Drechsler*, in: Riesenhuber, 3.

worin zu Recht auch ein Verweis auf außertextliche Rechtsquellen gesehen wird.[29] Die Absicherung der Rechtsfortbildungsbefugnis ergibt sich auch aus der Anerkennung des Wertes der Rechtsstaatlichkeit in Art. 2 S. 1 EUV. Der Gerichtshof nimmt bei der Rechtsfortbildung auch den an die Unionsorgane gerichteten Integrationsauftrag wahr.[30] Die bisweilen moderierende, bisweilen aktive Rolle des Gerichtshofs war von den Mitgliedstaaten auch schon bei Unterzeichnung der Römischen Verträge absehbar und gewollt.[31] Sie ist nicht zuletzt darin begründet, dass der Primärrechtgeber aufgrund der erheblichen sozio-kulturellen Unterschiede zwischen den Mitgliedstaaten teils undurchsichtige, sinnleere und/oder widersprüchliche Formelkompromisse eingehen musste, die vom EuGH überwunden, ausgefüllt und moderiert werden müssen.[32] Die in der Gegenwart immer stärkere Sensibilität gegenüber Kompetenzabwanderungen muss auf der anderen Seite zu einem behutsameren Vorgehen anhalten als in den Gründungszeiten, in denen der grundsätzliche Integrationskonsens stark war.[33] Berücksichtigt werden muss zudem neben dem horizontalen[34] auch das *vertikale* Kompetenzgefüge, das sich in der Trias des Prinzips begrenzter Einzelermächtigung, des Verhältnismäßigkeits- und des Subsidiaritätsgrundsatzes manifestiert.[35]

2. *Grundfreiheitenspezifische Rechtsfortbildungsspielräume*

Der Primärrechtgeber hat im Bereich der Grundfreiheiten darauf verzichtet, dem EuGH am Anfang oder später detaillierte und komplexe Vorgaben zu machen.[36] Auch wurden die Grundfreiheiten – trotz ihrer faktischen Umgestaltung durch den EuGH – weitgehend unverändert belassen. Sogar elementare Institute wie die ungeschriebenen Rechtfertigungsgründe (die sog. zwingenden Erfordernisse), die zu den kaum mehr wegzudenkenden Bestandteilen

---

Aufl., § 7 Rn. 56 ff.; *Röthel*, in: Riesenhuber, 3. Aufl., § 11 Rn. 11; *Roth*, RabelsZ 75 (2011), 787 (819, 821); *Stotz*, in: Riesenhuber, 3. Aufl., § 22 Rn. 15.

[29] *Calliess*, NJW 2005, 929 (930).

[30] Vgl. auch *Pechstein/Drechsler*, in: Riesenhuber, 3. Aufl., § 7 Rn. 56 ff.

[31] *Neuner*, in: Riesenhuber, 3. Aufl., § 12 Rn. 8; *Pechstein/Drechsler*, in: Riesenhuber, 3. Aufl., § 7 Rn. 57 ff.; *Roth*, RabelsZ 75 (2011), 787 (802).

[32] *Calliess*, NJW 2005, 929 (933); *Everling*, JZ 2000, 217 (221); *Mayer*, in: Grabitz/Hilf/Nettesheim, Art. 19 EUV Rn. 70.

[33] Ebenso *Calliess*, NJW 2005, 929 (933); *Mayer*, in: Grabitz/Hilf/Nettesheim, Art. 19 EUV Rn. 42; *Neuner*, in: Riesenhuber, 3. Aufl., § 12 Rn. 8.

[34] S. zu restringierenden Erwägungen mit Blick auf die horizontale Gewaltenteilung b. Fn. 2322 ff. Mit Blick auf funktionale Erwägungen ist die Begrenztheit der Ausstattung und damit der Erkenntnispotenziale im Vergleich zum bessere Möglichkeiten besitzenden Parlament und Rat zu gewärtigen. S. in Fn. 2326.

[35] *Calliess*, NJW 2005, 929 (930); *Neuner*, in: Riesenhuber, 3. Aufl., § 12 Rn. 9.

[36] Freilich tat er dies – zumindest in der Anfangszeit der europäischen Integration –, weil ihm vorschwebte, dass der EWG-Gesetzgeber die Spieräume der Verträge ausfüllen würde.

der Grundfreiheitendogmatik gehören und überdies die Kompetenzen der Mitgliedstaaten *schützen*, haben keinen Eingang in das (geschriebene) Primärrecht gefunden. Die geringen Änderungen durch die Änderungsverträge können somit als stillschweigendes „Abnicken" der extensiven EuGH-Rechtsprechung und damit implizit auch der *dahinter stehenden Methodik* angesehen werden. Dies gilt zumal mit Blick auf die wechselhafte Rechtsprechung und die unterschiedliche Handhabung Prae-*Keck* und Post-*Keck*. Zudem wurde mit dem Urteil in der Rechtssache *Groenveld* von der Verwendung der *Dassonville*-Formel auch für Art. 35 AEUV abgesehen. Die Liste expliziter und impliziter Rechtsprechungsänderungen sowie -schwankungen könnte hier noch beliebig fortgesetzt werden. In all diesen Fällen ist der Gerichtshof vom Primärrechtgeber weder korrigiert noch auf eine bestimmte Linie festgelegt worden.[37] Das weitgehende Nichttätigwerden des Primärrechtgebers bzw. die vielen Änderungsverträge, die die Grundfreiheiten unberührt ließen, belegen, dass die Auslegungs- und Rechtsfortbildungsspielräume des EuGH vom Primärrechtgeber anerkannt worden sind.[38] Der Primärrechtgeber hätte seine Vertragsänderungen etwa detaillierter gestalten, auf unbestimmte Begriffe verzichten oder bestimmte Rechtsprechungsentwicklungen dezidiert korrigieren können.[39] Speziell mit Blick auf die Art. 34 Alt. 2, 35 Alt. 2 AEUV kommt die große Unbestimmtheit hinzu, die deren Wortlaut kennzeichnet und als Delegation der Konkretisierungsbefugnis an den EuGH zu deuten ist.[40]

II. Funktionen der Rechtsprechungsanalyse

Die Rechtsprechungsanalyse von Art. 35 AEUV erfüllt drei Funktionen: Erstens geht es im Sinne einer Voruntersuchung darum, ein „Gefühl" für die unterschiedlichen Spannungslagen, die bei EU-Exportsituationen auftreten, zu entwickeln. Dieses soll den Blick dafür schärfen, ob eine erweiterte Auslegung zu praktisch sinnvollen Ergebnissen führt. Auch veraltete oder beiläufige Nebenformeln oder Begründungen für eine bestimmte Auslegungspraxis können sich als Ideenfundus für die spätere eigene Konzeptionalisierung von Art. 35 Alt. 2 AEUV erweisen. Zweitens geht es ganz praktisch um eine Er-

---

[37] In der Grundtendenz zustimmungswürdig weist der gegenwärtige deutsche EuGH-Richter *von Danwitz* aber darauf hin, in der Praxis habe sich erwiesen, dass es sich bei der Korrektur von EuGH-Rechtsprechung durch Änderung des Primärrechts um einen „praktisch nicht wirklich gangbare[n] Weg" handele, *von Danwitz*, EuR 2008, 769 (775).

[38] S. umf. zum Argument der Bestätigung der Rechtsprechung durch das Schweigen des Primärrechtgebers speziell im Kontext von Art. 35 Alt. 2 AEUV b. Fn. 931 ff.

[39] S. umf. zum Gesichtspunkt der Anerkennung und Delegation der Auslegungsbefugnisse auf den EuGH b. Fn. 896.

[40] S. hierzu b. Fn. 896.

mittlung der Reichweite und des Status quo der gegenwärtigen Rechtsprechung zu Art. 35 Alt. 2 AEUV, d. h. darum, was aktuell gem. Art. 35 Alt. 2 AEUV verboten *ist* und wie Art. 35 Alt. 2 AEUV vom EuGH interpretiert wird – wobei der Frage, ob der EuGH jemals *faktische* Diskriminierungen und *unterschiedslose* Beschränkungen als unter Art. 35 Alt. 2 AEUV fallend eingeordnet hat, besondere Bedeutung zukommt. Gerade die in der Anfangszeit entschiedenen Fälle sind hierbei von besonderem Interesse. Hier konnte der EuGH noch nicht auf eine st. Rspr. (anstelle von Sachargumenten) verweisen.[41] Drittens fügt sich die Rechtsprechungsanalyse in das allgemeine Anliegen ein, zu prüfen, ob es interpretative Anhalte gibt, eine weite Auslegung in der Zukunft zu befürworten. Aufgrund der case law-Funktion[42] der EuGH-Rechtsprechung würde z. B. eine Auslegung von Art. 35 Alt. 2 AEUV in Richtung eines Marktzugangskonzeptes natürlich eher für eine Beschränkungsverbotsauslegung sprechen als eine sehr enge, nur auf offene Diskriminierungen beschränkte Auslegung.

Die Gliederung der Rechtsprechungsdarstellung erfolgt auf der obersten Gliederungsebene *thematisch* – d. h., es wird getrennt nach Urteilen bzw. Urteilsabschnitten, bei denen Gemeinsame Marktorganisationen den Inhalt von Art. 35 AEUV beeinflusst haben, und solchen, bei denen dies nicht der Fall gewesen ist, bei denen es also um die Auslegung von Art. 35 AEUV außerhalb einer GMO geht. Innerhalb dieser beiden Gliederungseinheiten erfolgt die Darstellung *chronologisch*.

III. Inzidente Behandlung der Beweggründe für die Rspr. im Auslegungsteil

Die Gründe, die den Gerichtshof (außerhalb GMO) bewogen haben, eine bestimmte Rechtsprechung zu entwickeln, an ihr festzuhalten oder sie zu ändern, werden inzident im Auslegungsteil der Arbeit behandelt,[43] denn der Auslegungsteil setzt sich umfassend mit den (objektiv) denkbaren Gründen und Gegenerwägungen für die verschiedenen Positionen auseinander, auch derjenigen des Gerichtshofs.[44]

---

[41] Auf der anderen Seite war die Anfangszeit der EuGH-Rechtsprechung durch noch kürzere, noch apodiktischere Begründungspraxen gekennzeichnet.

[42] S. zur methodischen Anerkennungswürdigkeit von Rechtsprechung als Argument umf. b. Fn. 2397 ff. und speziell zur case law-Funktion b. und in Fn. 2414 ff.

[43] Es sei darauf hingewiesen, dass der EuGH die Beweggründe für seine Judikatur grundsätzlich nicht offen gelegt und allenfalls punktuell angedeutet hat.

[44] Eine begrenzte Ausnahme wird mit Blick auf die Rechtsprechung zu Gemeinsamen Marktorganisationen (GMO) gemacht (s. n. Fn. 243), d. h,. dort werden die Gründe für die Judikatur kurz analysiert, weil eine objektive Auslegung diesbezüglich an keiner Stelle in dieser Arbeit vorgenommen wird. In Bezug auf die GMO-Fälle ersetzt die Betrachtung der

Gründe den Auslegungsteil. Eine oberflächliche Betrachtung der Frage war notwendig, um zu klären, welche *inhaltliche* Position der EuGH in Bezug auf Art. 35 AEUV verfolgt und ob die GMO-Judikatur auch Ausdruck seiner allgemeinen Haltung zu Art. 35 AEUV ist.

2. Kapitel

Judikatur zu Art. 35 AEUV im Kontext Gemeinsamer Marktorganisationen

Fraglich ist, wie der EuGH die Art. 34, 35 AEUV im Kontext von Gemeinsamen Marktorganisationen (GMO) auslegt und ob es sich hierbei um einen Unterfall der Grundfreiheitenrechtsprechung oder um einen speziellen Rechtsprechungsstrang handelt, der von Ersterem strikt zu trennen ist.[45] Ersteres könnte insbesondere Implikationen für die *allgemeine* Reichweite der Art. 34 f. AEUV enthalten.

I. Untersuchungsinteresse und methodisches Vorgehen

Der EuGH beschäftigte sich in einer ersten Phase mit der Bedeutung von mit Art. 34, 35 AEUV im Wesentlichen oder wörtlich gleichlautenden Verordnungsbestimmungen im Rahmen agrarrechtlicher Gemeinsamer Marktorganisationen und prüfte sie gemeinsam mit den Art. 34, 35 AEUV oder anstelle derselben (*Geddo*[46], *van Haaster*[47]). Der Sekundärrechtgeber wollte bis zum Eintritt der unmittelbaren Wirkung zum 01.01.1970 nicht auf den Schutz der Art. 34, 35 AEUV verzichten (das Ende der sog. Übergangszeit wurde festgelegt in ex-Art. 8 EWG)[48] oder er war sich womöglich unsicher darüber, wie weit die Verpflichtungen wirklich gingen[49]. Folglich erlangten die Art. 34, 35 AEUV *unmittelbar* erst in Bezug auf solche Gebiete an Bedeutung, für die *nach* dem 01.01.1970 Sekundärrecht erlassen wurde.[50] Die zu den sekundär-

[45] Die GMO-Rechtsprechungslinie ebenfalls für klärungsbedürftig haltend *Füller*, 17, 237–240.

[46] S. b. Fn. 59 ff.

[47] S. n. Fn. 65 ff.

[48] Vgl. *Gormley*, in: Arnull et al., 365 (367).

[49] Die Judikatur, die die Grundfreiheiten mit unmittelbarer Anwendbarkeit ausstattete und als subjektive Rechte konzipierte, erfolgte erst später.

[50] S. hierzu insges. *Jensch*, 130 f.; *Müller-Graff*, in: von der Groeben/Schwarze/Hatje, Vor Art. 34 bis 37 AEUV Rn. 18 ff. Nach der einleuchtenden Auffassung des EuGH wollte der Sekundärrechtgeber nichts an der Rechtslage ändern, als er die in Art. 34, 35 AEUV aufgeführten Verbote nicht mehr in das Sekundärrecht aufnahm (nach dem 01.01.1970). Die sekundärrechtliche Replizierung sei nur aus „methodischen" Gründen unterlassen worden, weil die Rechtssetzungsorgane keine überflüssigen Normen schaffen wollten,

rechtlichen Ersatzbestimmungen ergangenen Judikate sind auch für das Verständnis der Rechtsprechung zu den Art. 34 f. AEUV von Relevanz. Denn nicht nur waren die Bestimmungen inhaltlich (oder sogar wörtlich) identisch, auch hat der EuGH in GMO-Konstellationen formal nicht differenziert zwischen einer Auslegung der sekundärrechtlichen und der primärrechtlichen Verbote, sondern die Rspr. undifferenziert übertragen.

Daneben sind EuGH-Entscheidungen von Interesse, die GMO-Verordnungen ohne solche Entsprechungsnormen zum Gegenstand haben, sofern der EuGH dort indirekt oder direkt zu den Art. 34, 35 AEUV Stellung nimmt. Nach allgemeiner Auffassung wendet der Gerichtshof nämlich spätestens seit dem Ergehen des *Groenveld*-Urteils[51] zwei unterschiedliche Maßstäbe für Art. 35 Alt. 2 AEUV an, je nachdem, ob der Verfahrensgegenstand in den Anwendungsbereich einer GMO fällt und die GMO den Verfahrensgegenstand regelt oder nicht (*Groenveld*-Formel außerhalb GMO, *Dassonville*-Maßstab innerhalb GMO). Genauer zu untersuchen ist, wann diese Sonderjudikatur eingreift, ob sie stets den gleichen Inhalt und die gleiche Reichweite besitzt und ob an ihr zu Recht festgehalten wird. Die bloße *Berührung* eines Gegenstandes, der von einer GMO reguliert wird, genügt dem EuGH in einigen Urteilen nämlich noch nicht, um die Anwendung einer abweichenden Auslegung zu legitimieren (vgl. nur *Delhaize*[52], *Jongeneel Kaas*[53]; s. a. *Inter-Huiles*[54]). Fraglich ist zudem, ob im Anwendungsbereich einer GMO einfach die zu Art. 34 AEUV entwickelte Rechtsprechung mit all ihren Einschränkungen und Spezifizierungen auf Art. 35 AEUV übertragen werden kann oder ob es sich hierbei um ein *differenzierteres* Vorgehen handelt. Die wichtigste (aber nicht die einzige) Frage ist, welche Gründe es waren, die den EuGH zu dieser abweichenden Auslegung bewegt haben und ob das dem Rechtsinterpreten etwas über die *Groenveld*-Formel verrät (Begründung; Reichweite).

Die Frage, inwieweit eine Urteilspassage sich auf Bestimmungen der GMO oder auf Vorschriften der Warenverkehrsfreiheit bezieht (bzw. unter deren Überschrift erfolgt), könnte zunächst als relevant erscheinen. Es könnte hierdurch angezeigt werden, auf Grundlage welcher Argumente welche Urteilsstränge entwickelt wurden und ob die Übertragung auf eine bestimmte Konstellation logisch richtig ist. Es könnte aber auch sein – dies ist zu untersuchen –, dass die Zuordnung *willkürlich* erfolgt oder – schwächer – zumindest keinen selbständigen Aussagewert besitzt und dass die Normzitierung häufig mit der genauen Fassung des Klagevorbringens bzw. beim Vorabent-

EuGH (Fn. 148), Rn. 53/54 (*Pigs Marketing Board/Redmond*); angedeutet auch in EuGH (Fn. 145), Rn. 53/54 (*Kramer*).

[51] EuGH, Urt. v. 08.11.1979, Rs. 15/79, Slg. 1979, 3409 (*Groenveld*).

[52] S. b. Fn. 128 ff., 471 ff.

[53] S. b. Fn. 105 ff.

[54] S. b. Fn. 434 ff.

scheidungsverfahren mit dem Vorlageersuchen zusammenhängt und somit nichts über die Übertragbarkeit oder Nichtübertragbarkeit aussagt.

II. Allgemeine Bedeutung Gemeinsamer Marktorganisationen

Gemeinsame Marktorganisationen bilden die erste Säule der Gemeinsamen Agrarpolitik (GAP) der Europäischen Union, welche in den Art. 38 ff. AEUV geregelt ist. Nach Art. 39 I AEUV ist es das Ziel der Gemeinsamen Agrarpolitik, die Produktivität der Landwirtschaft zu erhöhen, der landwirtschaftlichen Bevölkerung eine „angemessene Lebenshaltung" zu ermöglichen, die Märkte zu stabilisieren, die Versorgung mit Lebensmitteln zu gewährleisten und angemessene Verbraucherpreise sicherzustellen. Das Instrumentarium der Gemeinsamen Marktorganisation sieht dabei vor (Art. 40 I AEUV), gemeinsame Wettbewerbsregeln zu erlassen (Ua. 2 lit. a), die einzelstaatlichen Marktordnungen zu koordinieren (Ua. 2 lit. b), eine „Europäische Marktordnung" zu schaffen (Ua. 2 lit. c) und alle sonstigen zur Erreichung der Ziele der GAP „erforderlichen Maßnahmen" zu treffen (Art. 40 II Ua. 1 AEUV). Die dritte Variante – Art. 40 I Ua. 2 lit. c AEUV – beschreibt die GMO, die heutzutage nahezu alle Agrarerzeugnisse abdecken.[55] Mit den am 01.07.1967 in Kraft getretenen Verordnungen wurden erstmals GMO geschaffen.[56] Nach mehreren Reform(versuch)en ist die Gemeinsame Marktorganisation seit dem Jahr 2007 nicht mehr in 21 nach Lebensmittelgruppen organisierte Bereiche mit eigenständigem Verordnungsrecht segmentiert, sondern wird nur noch von der Verordnung 1234/2007 gesteuert.

III. Rechtsprechungsanalyse

1. GMO echte Pflichten enthaltend und Auslegungsmonopol des EuGH (Hauptzollamt)

In der Rs. *Hauptzollamt Bremen-Freihafen/Krohn* vom 18.06.1970[57] legt der EuGH den *Grundstein* für die spätere Intensivierung der unionsrechtlichen Kontrollmaßstäbe im Anwendungsbereich der GMO. Er stellt fest, dass die Mitgliedstaaten die „tarifliche Einordnung" einer Ware nicht selbst im Wege der Auslegung bestimmen und keine „verbindliche[n] Auslegungsregeln"

[55] *Thiele*, in: Calliess/Ruffert, Art. 40 AEUV Rn. 11.
[56] EuGH, Urt. v. 17.02.1970, Rs. 31/69, Slg. 1970, 25, Rn. 1, 15 (*Kommission/Italien*).
[57] EuGH, Urt. 18.06.1970, Rs. 74/69, Slg. 1970, 451 (*Hauptzollamt Bremen/Krohn*).

aufstellen dürfen.[58] Er sagt damit implizite, dass die Mitgliedstaaten echten Verpflichtungen unterliegen, denen zufolge der EuGH die (alleinige) Auslegungskompetenz besitzt und die Verbote auch echte Einschränkungen der mitgliedstaatlichen Handlungsspielräume enthalten.

2. Begründungsduktus und aus GMO abgeleitete Prüfungsmaßstäbe

a) Zuständigkeitsverlust, Handelsverkehrsfreiheit und Parallelauslegung (Geddo; van Haaster; SAIL; van den Hazel)

In der Rs. *Geddo*[59] nimmt der EuGH nach der Feststellung, dass die VO 359/67/EWG eine GMO konstituiere[60], nicht zu Art. 34, 35 AEUV Stellung, sondern zum sekundärrechtlichen Verbot „mengenmäßige[r] Beschränkungen" und „Maßnahmen gleicher Wirkung" nach Art. 23 I der *Verordnung* 359/67/EWG.[61] Das seiner Auffassung nach dort enthaltene Verbot beschreibt er bemerkenswert ausführlich und fasst es formal weit: Verboten seien u. a. „sonstige Behinderungen ohne Rücksicht auf ihre Bezeichnung oder ihre Anwendungsart, die sich in gleicher Weise auswirken" wie die „gänzliche oder teilweise Untersagung der Einfuhr, Ausfuhr oder Durchfuhr".[62] Diese Formel interpretiert er *materiell* jedoch eng und fasst darunter nicht die verfahrensgegenständliche Maßnahme. Zur Begründung stellt er entscheidend auf die „Gesamtsystematik" ab,[63] obwohl er auch auf relativ unbestimmte konkrete Verordnungsbestimmungen Bezug nimmt. Werden diese Vorgaben etwa mit dessen Äußerungen zu Art. 35 AEUV außerhalb GMO vor Ergehen des Urteils *Groenveld*[64] verglichen, scheint es, als würde der EuGH hier inhaltlich nicht differenzieren zwischen Fällen innerhalb und solchen außerhalb der GMO.

In der nach *Geddo* entschiedenen Rs. *van Haaster*[65] bezieht sich der EuGH auf sekundärrechtliche Äquivalentbestimmungen und nicht auf die Art. 34, 35 AEUV. Auf der Grundlage der „Gesamtheit gemeinschaftsrechtlicher Maßnahmen" entwickelt er den Grundsatz der „Freiheit des Handelsverkehr[s]",[66] mit dem er den Zuständigkeitsverlustgrundsatz nun in anderem sprachlichen Gewand präsentiert. Systematisch *verschmilzt* die konkret vom EuGH be-

---

[58] EuGH (Fn. 57), Rn. 8, 10.

[59] EuGH, Urt. v. 12.07.1973, Rs. 2/73, Slg. 1973, 866 (*Geddo*).

[60] EuGH (Fn. 59), Rn. 4.

[61] Entscheidender Maßstab ist nicht das primärrechtliche Agrarrecht, sondern das entsprechende Verordnungsrecht, das eine „konkrete Ausgestaltung" von Art. 40 EWG darstelle, EuGH (Fn. 59), Rn. 4.

[62] EuGH (Fn. 59), Rn. 7.

[63] EuGH (Fn. 59), Rn. 4.

[64] S. umf. b. Fn. 244 ff.

[65] EuGH, Urt. v. 30.10.1974, Rs. 190/73, Slg. 1974, 1123 (*van Haaster*).

[66] EuGH (Fn. 65), Rn. 8/12.

leuchtete Regelung[67] mit dem aus der Gesamtsystematik gewonnenen[68] Grundsatz des Zuständigkeitsverlustes. Ein „solches System" schließe alle Maßnahmen im Sinne der – 3 Monate vorher veröffentlichten – *Dassonville*-Formel aus, weshalb die nationale Vorschrift unzulässig sei.[69] Es fällt auf, dass der EuGH hier stärker als vorher die Bedeutung konkreter Vorschriften im System prononciert. Es zeigen sich hier somit erste, wenngleich leichte, Irregularitäten.

Gegenstand des Ausgangsverfahrens der vor *van Haaster* und *Geddo* entschiedenen Rs. *SAIL*[70] war ein Strafverfahren gegen einen Milchproduzenten, der gegen das italienische Gebot verstieß, seine Milch nur an Milchzentralen zu verkaufen, die diese an die Bevölkerung weitervertrieben. Nach Prüfung der Verordnungen 804/68/EWG und 2622/69/EWG kommt der EuGH zu dem Ergebnis, dass eine „unvollständige", Marktordnung nichtsdestotrotz „endgülti[g]"[71] sei und daher ausreiche, um nationale Marktordnungsregelungen zu verdrängen (ob immer oder nur in bestimmten Fällen wird anhand der nachfolgenden Judikatur zu überprüfen sein).[72] Er interpretiert dabei nicht Art. 35 AEUV, nach dem das Vorlagegericht jedoch auch nicht gefragt hatte, sondern stellt auf eine „spezielle Verordnungsvorschrift"[73] im Kontext des gesamten maßgeblichen *Normengeflechts* ab („aus *allen* diesen Vorschriften erhellt [Hervorh. d. *Verf.*]"[74]). Entscheidend ist also der „Gesamtzusammenhang"[75]. In der Sache deutet er seinen später erheblich ausgebauten Maßstab vom Zuständigkeitsverlust an.[76]

In der ca. 5 Jahre nach *SAIL* entschiedenen Rs. *van den Hazel*[77] stellt der EuGH zwar fest, dass sich die Mitgliedstaaten „aller Maßnahmen zu enthalten" haben, die von einer gemeinsamen Marktorganisation „abweichen oder

---

[67] Es geht um Art. 10 der Verordnung Nr. 234/68, der mengenmäßige Beschränkungen und Maßnahme gleicher Wirkung im innergemeinschaftlichen Handel verbietet. Dieser beziehe „sich in erster Linie [aber] auf die Vermarktung" und nicht auf die Produktion, EuGH (Fn. 65), Rn. 5/6.

[68] EuGH (Fn. 65), Rn. 7: Die Auslegung müsse im „Rahmen der vom Vertrag selbst aufgestellten Grundsätze anhand der Zielsetzungen der Verordnung" durchgeführt werden.

[69] EuGH (Fn. 65), Rn. 18: „nach seiner Stellung im System" unzulässig.

[70] EuGH, Urt. v. 21.03.1972, Rs. 82/71, Slg. 1972, 119 (*Sail*).

[71] EuGH (Fn. 70), Rn. 14.

[72] EuGH (Fn. 70), Rn. 14.

[73] EuGH (Fn. 70), Rn. 15.

[74] EuGH (Fn. 70), Rn. 14.

[75] EuGH (Fn. 70), Rn. 9 ff.: „Die Bedeutung der genannten Bestimmungen lässt sich nur aus dem *Gesamtzusammenhang* der Verordnungen gewinnen, denen diese Bestimmungen angehören [Hervorh. d. *Verf.*]"

[76] EuGH (Fn. 70), Rn. 14: „war es allein Sache der Gemeinschaftsbehörde, über die vorläufige Beibehaltung einzelstaatlicher Organisations-, Interventions- oder Kontrollsysteme aller Art (...) zu entscheiden".

[77] EuGH, Urt. v. 18.05.1977, Rs. 111/76, Slg. 1976, 902 (*van den Hazel*).

sie verletzen“,[78] er folgt indes (zumindest formal) nicht dem Ansinnen von Generalanwalt *Mayras*,[79] die *Dassonville*-Formel anzuwenden, und setzt sich damit von der Rs. *van Haaster* ab, in der er die *Dassonville*-Formel zitierte[80]. Der Systemgedanke spielt wiederum eine tragende Rolle und kommt hier prononciert zum Ausdruck.[81]

b) Markteinheitstopos und zweiter reduzierter Maßstab (Galli)

In der Rechtssache *Galli*[82] geht es um ein Vorabentscheidungsersuchen, das im Rahmen eines italienischen Strafverfahrens gestellt wurde, innerhalb dessen einem italienischen Unternehmer vorgeworfen wurde, gegen nationale Preisregelungen verstoßen zu haben. Hier wird nicht nur der argumentativ wichtige Topos vom einheitlichen Markt entwickelt, sondern auch ein neben den Handelsverkehrsfreiheitsgrundsatz tretender *abgeschwächter zweiter* Kontrollmaßstab, der eingreift, wenn ein Sachgebiet überhaupt nicht normiert wird. Unter dem Stichwort des „*einheitlichen* Getreide*marktes* [Hervorh. d. *Verf.*]“ nimmt der EuGH aber vorher Bezug auf den Gedanken, dass die einzelnen Marktteilnehmer vorbehaltlich besonderer Vorgaben im Rahmen der GMO *einheitlichen* Wettbewerbs- und insbesondere Produktions- und Vermarktungsbedingungen unterworfen sein sollen.[83] *Einheitlich* bedeutet in diesem Zusammenhang: nicht tangiert von abweichenden mitgliedstaatlichen Maßnahmen, womit der EuGH aber im Ergebnis nur eine *weitere* Formel bzw. einen Topos für den mitgliedstaatlichen Zuständigkeitsverlust verwendet, der gleichzeitig auch ein Begründungselement enthält. Wie im Urteil *van Haaster* zieht der Gerichtshof die *Dassonville*-Formel heran.[84] Der EuGH

[78] EuGH (Fn. 77), Rn. 13. Die ex-Art. 30 ff. EWG legt der EuGH dabei ausdrücklich nicht aus, diesbezügliche Ausführungen „erübrigten“ sich (angesichts der Beantwortung der anderen Vorlagefragen), EuGH (Fn. 77), Rn. 28.

[79] Generalanwalt *Mayras*, Schlussanträge v. 28.04.1977, Slg. 1977, 913 (916) – *van den Hazel*.

[80] S. b. Fn. 69.

[81] EuGH (Fn. 77), Rn. 14–18: Der EuGH stellt dabei u. a. auf Erwägungsgründe, Kommissionsmitteilungen, einzelne Verordnungsbestimmungen und vor allem die grundlegende Zielsetzung und Konzeption einer GMO ab. Wörtlich heißt es a. a. O. in Rn. 17/18: Es „ergibt sich sowohl aus der allgemeinen Systematik der Verordnungen als auch aus ihren Bestimmungen, dass die Marktorganisation für das fragliche Erzeugnis, was den Binnenhandel der Gemeinschaft angeht, auf der Freiheit des Handelsverkehrs unter Bedingungen des lauteren Wettbewerbs beruht.“ Der EuGH entwickelt hier somit nicht aus konkreten, einzelnen Bestimmungen die Maßgaben, unter die er subsumiert. Zwar weist er in Rn. 19 seines Urteils auch konkret auf Art. 2 der VO 123/67 EG hin, im selben Satz verweist er aber auch auf die „durch die gemeinsame Marktorganisation“ geschaffene „Handelsregelung“.

[82] EuGH, Urt. v. 23.01.1975, Rs. 31/74, Slg. 1975, 47 (*Galli*).

[83] EuGH (Fn. 82), Rn. 8.

[84] EuGH (Fn. 82), Rn. 15.

nimmt erneut Bezug zum Systemgedanken („Rahmen setzt, der es gestattet, allen Eventualitäten Herr zu werden“[85]) und führt Bestimmungen und Erwägungsgründe an, um die nach seiner Auffassung auch hier gegebene Einschlägigkeit der Handelsverkehrsfreiheitsformel zu begründen, die jedoch nicht für Eingriffe der Gemeinschaft gelte.[86] Die Handelsverkehrsfreiheitsformel wird hier vergleichsweise robust formuliert: Das „bloße Bestehen einer gemeinsamen Marktordung“ führe dazu, dass „den Mitgliedstaaten die Möglichkeit abgeschnitten“ werde, mit „Hilfe einseitiger Maßnahmen (...) in den geregelten Bereich überzugreifen“.[87]

Sofern ein Gebiet allerdings *überhaupt nicht* normiert werde, wie vorliegend die *Einzelhandels-* und *Verbraucher*ebene, gelte ein „reduzierter“ Maßstab, wonach Preisbildungseingriffe zulässig seien, solange sie nicht die „Ziele und das Funktionieren der infrage stehenden gemeinsamen Marktorganisation gefährden“.[88]

c) Anlehnung an konkrete GMO-Bestimmungen sowie größere Spielräume (Hulst; Tasca; Sadam; Jongeneel Kaas)

In der Rs. *Hulst*[89] ging es um zwei auf den Kauf bzw. Verkauf von Blumenzwiebeln erhobene Abgaben, deren Aufkommen für die Blumenzwiebelbranche eingesetzt wurde. Die den Sektor regulierenden GMO-Verordnungen sahen „ein System von Qualitätsnormen und eine Handelsregelung für den betroffenen Sektor“[90] vor. Die Rs. *Hulst* ist ein Beispiel für die inneren Schwankungen der GMO-Judikatur und den Ermessenspielraum, den sich der EuGH in späteren Entscheidungen zunehmend bei der Beurteilung einer Regelung einräumt, der hier zu einer größeren Toleranz gegenüber der mitgliedstaatlichen Regelung führt und zwischen der Zuständigkeitsverlustformel aus *van Haaster*[91] und dem reduzierten Maßstab in *Galli*[92] liegt. In Ermangelung einer Spezialregelung[93] zieht der Gerichtshof erneut den Systemgedanken heran.[94] Es gehe hier um eine Sicherstellung von „Absatz (...) und (...) Stabilität der Märkte“[95], und zwar – dies leuchtet zwischen den Zeilen durch –

[85] EuGH (Fn. 82), Rn. 9/11.
[86] EuGH (Fn. 82), Rn. 12–14, 16.
[87] EuGH (Fn. 82), Rn. 25/28.
[88] EuGH (Fn. 82), Rn. 32/34. Diesen „Reservemaßstab“ weniger großzügig verstehend *Gormley*, in: Arnull et al., 365 (368).
[89] EuGH, Urt. v. 23.01.1975, Rs. 51/74, Slg. 1975, 80 (*Hulst*).
[90] EuGH (Fn. 89), Rn. 19/24.
[91] S. b. Fn. 66.
[92] S. b. Fn. 88.
[93] EuGH (Fn. 89), Rn. 19/24.
[94] EuGH (Fn. 89), Rn. 25/29: „Sinn und Zweck der Verordnung“.
[95] EuGH (Fn. 89), Rn. 25/29, s. a. b. Rn. 19/24.

über den *verordnungsrechtlich konkret vorgezeichneten Weg.*[96] Auch auf der Subsumtionsebene zeigt der EuGH eine größere Bereitschaft, die Zwecksetzung und Geeignetheit der nationalen Regelung zu beurteilen.[97] Aufgrund dieses engen Maßstabs sei die nationale Marktordnung im Ergebnis nur unzulässig, insofern sie die verordnungsrechtlichen Qualitätsnormen unterlaufe[98] oder diskriminierend ausgestaltet sei.[99]

In der ca. 1 Jahr nach *Hulst* entschiedenen Rs. *Tasca*[100] sah eine nationale Marktordnung nach Wertschöpfungsstufe (Produktion, Lager, Handel) differenzierende Höchstpreise für Zucker vor, hierzu parallel gelagert war das unmittelbar danach ergangene Judikat *Sadam*[101]. Die Prüfungsmaßstäbe des EuGH stellen sich insgesamt *zurückhaltender* dar und auch die Besonderheiten der nationalen Regelung werden stärker gewürdigt, womit der EuGH an *Hulst* anknüpft.[102] Er bedient sich am Anfang von *Tasca* (und von *Sadam*) zwar wieder des Einheitlichkeitsargumentes.[103] Wie in *Galli* bleibt der Zuständigkeitsverlust jedoch begrenzt, und der Gerichtshof zieht nur den *Reservemaßstab* heran.[104]

In dem Fall *Jongeneel Kaas*[105] wiederum schrieb eine niederländische Regelung niederländischen Käseproduzenten vor, welche Käsesorten sie für den Inlands- und Auslandsvertrieb inklusive der Ausfuhr in EU-Mitgliedstaaten herstellen durften und welche Eigenschaften der hergestellte Käse aufweisen musste, z. B., wie viel Wasser- und Fettgehalt er besitzen durfte. Daneben sah die Regelung vor, dass der Käse in bestimmter Weise gekennzeichnet werden musste. Das Vorlagegericht wollte wissen, ob bereits die *Existenz* einer GMO entsprechenden Produkt- und Verpackungsvorschriften entgegenstand, ob-

---

[96] EuGH (Fn. 89), Rn. 19/24, 30/32. Ebenso *Gormley*, in: Arnull et al., 365 (368).

[97] EuGH (Fn. 89), Rn. 25/29, 30/32. Ebenso *Gormley*, in: Arnull et al., 365 (368).

[98] EuGH (Fn. 89), Rn. 30/32.

[99] EuGH (Fn. 89), Rn. 30–36. Interessant ist der Hinweis des EuGH, dass die Regelung dem Ausfuhrabsatz diene und die niederländischen Ausfuhren in dem konkreten Sektor 90 % der Gesamtausfuhren der Gemeinschaft in Bezug auf das spezifische Produkt ausmachen, EuGH (Fn. 89), Rn. 19/24. Der erste Gesichtspunkt hatte wohl auch in der Rs. *Groenveld* (s. umf. b. Fn. 303 ff.) eine wichtige Rolle bei der Meinungsbildung des EuGH gespielt und scheint von erheblicher Überzeugungskraft zu sein.

[100] EuGH, Urt. v. 26.02.1976, Rs. 65/75, Slg. 1976, 292 (*Tasca*).

[101] Das unmittelbar danach ergangene Urteil *Sadam* (EuGH, Urt. v. 26.02.1976, Rs. 88–90/75, Slg. 1976, 324) war sowohl in der Urteils- als auch in der Sachverhaltsstruktur parallel angelegt.

[102] Ebenso *Gormley*, in: Arnull et al., 365 (368 f.).

[103] EuGH (Fn. 100), Rn. 8; EuGH (Fn. 101), Rn. 8.

[104] EuGH (Fn. 100), Rn. 9–14; EuGH (Fn. 101), Rn. 9–14. Im Ergebnis erklärt der Gerichtshof die Maßnahme für unzulässig, EuGH (Fn. 100), Rn. 12–24; EuGH (Fn. 101), Rn. 12–24.

[105] EuGH, Urt. v. 07.02.1984, Rs. 237/82, Slg. 1984, 483 (*Jongeneel Kaas*). Siehe zu Teil 2 der Kommentierung von *Jongeneel Kaas* b. Fn. 400 ff.

wohl die GMO in Bezug auf diese konkreten Aspekte keine Regelungen enthielt, sondern nur zu anderen Fragen Festsetzungen traf. Die GMO enthielten allerdings Vorschriften, die *dasselbe Ziel*, nämlich das der *Absatzförderung*, verfolgten: Für bestimmte Käsesorten sah sie Lagerungsbeihilfen und in Bezug auf Drittstaatenkäse Einfuhrabschöpfungen vor sowie Ausfuhrerstattungen für in Drittländer ausgeführten EU-Käse. Insbesondere die Kommission stützte auf diesen Aspekt ihre Argumentation, dass eine nationale Politik, die ebenfalls Absatzförderung zum Ziel habe, unzulässig sei, mithin die Produkt- und Kennzeichnungsregelungen gegen die GMO verstießen.[106] Der EuGH bestätigt zwar hier seine st. Rspr., nach der sich die Mitgliedstaaten im Falle des Bestehens einer GMO aller Maßnahmen zu enthalten hätten, die „von dieser Regelung abweichen oder sie verletzen können“[107]. Dies bedeutete aber nicht im Sinne der Zuständigkeitsverlustrechtsprechung bzw. der Handelsverkehrsfreiheitsformel, dass nun der gesamte Sektor der Käseproduktion und des Käsehandels von nationalen Maßnahmen frei zu bleiben hätte, d. h., das „Schweigen“ begründe kein „System völliger Produktionsfreiheit“[108]. Eine Ausschlusswirkung würde entsprechende „gemeinschaftsrechtliche Vorschriften“[109] voraussetzen.[110] Vielmehr sei dieser Bereich einfach nicht normiert und daher in das Regelungsermessen der Mitgliedstaaten gestellt. Erneut macht der Gerichtshof damit klar, dass es letztlich auf die konkrete Intention und Systematik ankommt und dass ein pauschaler Verlust der Regelungsgewalt nicht aus der bloßen Existenz einer GMO abgeleitet werden kann. Die Frage der Reichweite der Ausschlusswirkung ist daher von der konkreten Regelung mit den jeweiligen gesetzgeberischen Motiven und mit der Systematik und Teleologie sowie der praktisch-mikroökonomischen Sinnfälligkeit je nach Produktionssektor abhängig.[111]

*3. Modifikation der Warenverkehrsfreiheit durch Sekundärrecht (*Tasca*;* Sadam*;* Charmasson*;* Kramer*;* Pigs Marketing*;* McCarren*)*

Während der Gerichtshof zu Beginn seiner Judikatur die Überlagerung der Warenverkehrsfreiheit nur implizit feststellte oder gar den gegenteiligen Ein-

[106] EuGH (Fn. 105), Rn. 10.
[107] EuGH (Fn. 105), Rn. 12.
[108] EuGH (Fn. 105), Rn. 13.
[109] EuGH (Fn. 105), Rn. 16.
[110] Diese Rechtsprechung wird einige Zeit später in EuGH, Urt. v. 25.11.1986, Rs. 148/85, Slg. 1986, 3470, Rn. 14 (*Forest*) bestätigt. Anders als *Gulmann*, Schlussanträge v. 16.01.1992, Rs. 237/82, Slg. 1992, I-3687, Rn. 26 Fn. 17 (*Delhaize*) meint, hat der EuGH diese Aussage in *Forest* indes nicht im Kontext von Art. 35 Alt. 2 AEUV getroffen, da die mitgliedstaatliche Maßnahme – wie der EuGH ausdrücklich in Rn. 16 feststellt – nicht für die Ausfuhr gilt.
[111] Vgl. EuGH (Fn. 105), Rn. 15; vgl. hierzu auch Generalanwalt *Gulmann* (Fn. 110), Rn. 26 Fn. 17 (*Delhaize*).

druck vermittelte, äußerte er sich in späteren Entscheidungen hierzu zunehmend eindeutiger.

a) Unmodifizierte Prüfung (Tasca; Sadam; Holdijk; Nertsvoederfabriek; Delhaize; Belgien/Spanien)

In den frühen Entscheidungen *Tasca* und *Sadam* legte der EuGH Art. 34 AEUV bzw. dessen Äquivalentbestimmung getrennt von seinen GMO-Feststellungen dar und verzahnte sie, anders als zuvor, nicht mit dem GMO-Teil (Einheitlichkeitsargument, Reservemaßstab). Und obwohl er die *Dassonville*-Formel zitierte (ohne ihren Namen zu nennen), reduzierte er ihren Maßstab auf ein bloßes Verbot der *Verunmöglichung* und *Diskriminierung* von Einfuhren, ohne dabei die Zuständigkeitsverlustrechtsprechung zu nennen,[112] sodass er auch in der Sache davon auszugehen scheint, dass das Verbot *unmodifiziert* (von der GMO) zur Anwendung gelangt.[113]

In dem sechs Jahre später entschiedenen Judikat *Holdijk*[114] prangerte ein Magermilcherzeuger die ihm dadurch entstehenden Wettbewerbsnachteile an, dass er strengeren Tierschutzvorschriften genügen musste als seine ausländischen Konkurrenten. Es ging um eine Regelung, die eine bestimmte Größe für Boxen vorschrieb, in denen Mastkälber gehalten wurden. Mit steigender Größe der Boxen sank die Zahl der auf einem bestimmten Raum haltbaren Kälber. Mithin stiegen durch die Regelung die Produktionskosten pro Kilogramm verzehrfertigem Kalbfleisch, was für den belasteten Produzenten nachteilige Folgen hatte, wenn in anderen EU-Ländern niedrigere Standards galten und die im EU-Ausland unter günstigeren Bedingungen hergestellten Waren auf dem heimischen Markt mit den höherpreisigen Kalbfleischprodukten konkurrieren durften. Weder das Vorlagegericht noch der Gerichtshof beziehen sich auf eine konkrete GMO. Bemerkenswerterweise prüfte der Gerichtshof den Rechtskreis der GMO und von ex-Art. 34 EWG hintereinander und damit isoliert. Er setzt sie nicht, wie es der Bestandteilformel entspräche, in Beziehung zueinander.

Sehr beachtlich sind die Ausführungen zu den Wirkungen der einschlägigen GMO: Diese bewirke nicht, das die „landwirtschaftlichen Erzeuger jeder nationalen Regelung entzogen" seien, die „Umfang und Kosten der nationalen Produktion und damit das Funktionieren des Gemeinsamen Marktes in diesem Sektor beeinflussen" könne.[115] Auch wenn der Gerichtshof hier nur mit der GMO argumentierte – und die Frage von ex-Art. 34 EWG ausdrücklich in einem eigenen Abschnitt behandelte –, so ist doch inhaltlich eine klare

---

[112] EuGH (Fn. 100), Rn. 26/28; EuGH (Fn. 101), Rn. 33/36.

[113] Implizit *Körber*, 142.

[114] EuGH, Urt. v. 01.04.1982, Rs. 141–143/81, Slg. 1982, 1299 (*Holdijk*); s. zu Teil 2 b. Fn. 395 ff.

[115] EuGH (Fn. 114), Rn. 12.

Beeinflussung der GMO-Maßstäbe durch ex-Art. 34 EWG festzustellen. Die Entscheidung wurde schlecht begründet: Mit dem Reservemaßstab hätte wohl dasselbe Ergebnis erzielt werden können. Eine wichtige Rolle scheint der Umstand gespielt zu haben, dass auf überhaupt keine *konkrete* GMO(-Vorschrift) verwiesen wurde. Insofern war die Frage des Vorlagegerichts sehr abstrakt, und der Gerichtshof sah keinen Regelungszweck einer konkreten Maßnahme in Gefahr.

Im Urteil *Jongeneel Kaas*[116] integrierte der EuGH ex-Art. 34 EWG nicht in die GMO-Prüfung, sondern prüfte ex-Art. 34 EWG erst im Anschluss an die Ausführungen zu den Wirkungen der GMO, und zwar in unmodifizierter Weise.[117] Die der Auslegung von ex-Art. 34 EWG zugrunde gelegte *Groenveld*-Auslegung lebt also wieder auf, wenn die GMO für einen bestimmten Bereich keine oder nur sehr zurückhaltende Vorgaben machte.

In der Rs. *Nertsvoederfabriek*[118] musste der EuGH über eine niederländische Vorschrift entscheiden, nach der die Behandlung von Geflügelschlachtabfällen ausschließlich den Inhabern einer (niederländischen) administrativen Zerkleinerungsgenehmigung vorbehalten war. Dabei müssen diejenigen Betriebe, bei denen der Abfall anfällt, diesen kostenlos an die Gemeinde abgeben, die den Abfall an die Genehmigungsinhaber weiterreicht. Da diese Genehmigung ausschließlich niederländischen Betrieben erteilt worden war, stellte diese Regelung ein implizites Ausfuhrverbot dar. Gegen die Regelung wehrte sich ein niederländisches Unternehmen, das Geflügelschlachtabfälle zerkleinert hatte, ohne hierzu berechtigt worden zu sein.[119] Der EuGH weist ausdrücklich darauf hin, dass der streitige Sachverhalt keine Berührungspunkte mit den GMO besitze – mit Ausnahme der die Art. 34 f. AEUV wiederholenden Bestimmungen.[120] Auf die Bedeutung der verschiedenen GMO geht der EuGH erst wieder im Rahmen der Rechtfertigung ein und führt dort aus, dass die Existenz einer GMO für einen bestimmten Agrarsektor nicht per se jedwede das Funktionieren des Marktes beeinflussende nationale Regelung ausschließe.[121] Zum Teil wird davon ausgegangen, der Gerichtshof habe in

---

[116] EuGH (Fn. 105).

[117] EuGH (Fn. 105), Rn. 22.

[118] EuGH, Urt. v. 06.10.1987, Rs. 118/86, Slg. 1987, 3883 (*Nertsvoederfabriek*). S. a. Generalanwalt *Da Cruz Vilaça*, Schlussanträge v. 14.05.1987, Rs. 118/86, Slg. 1987, 3894 (*Nertsvoederfabriek*); *Steiner*, E. L. Rev. 13 (1988), 336 (339 f.). S. zur Bedeutung der Rs. außerhalb GMO b. Fn. 445 ff.

[119] Die beiden eine GMO statuierenden Verordnungen (VO 827/68; VO 2777/75, von denen nur eine maßgeblich ist; der EuGH lässt offen, welche) wiederholen zwar die in den Art. 34, 35 AEUV niedergelegten Verbote, EuGH (Fn. 118), Rn. 9. Dennoch legt der EuGH in Abweichung zu seiner bisherigen Judikatur allein letztere aus, EuGH (Fn. 118), Rn. 10 f.

[120] EuGH (Fn. 118), Rn. 8.

[121] EuGH (Fn. 118), Rn. 12.

der Rs. *Nertsvoederfabriek* angedeutet, dass Art. 35 AEUV fortan im Rahmen einer GMO nicht mehr anders (sondern im Sinne der *Groenveld*-Formel) auszulegen sei, weil die beschriebene Regelung nach der in Rn. 9 des vorliegenden Urteils geäußerten Auffassung des Gerichtshofs „allein unter dem Gesichtspunkt" von Art. 34, 35 AEUV zu betrachten sei.[122] Die Ausführungen des EuGH sind im Lichte der im Vorfeld abgegebenen Erklärungen der *Nertsvoederfabriek* und der Kommission insofern umso bedeutsamer, als beide von der Geltung des Handelsverkehrsfreiheitsgrundsatzes ausgehen.[123] Eine systematische Betrachtung der EuGH-Rechtsprechung legt jedoch einen anderen Grund nahe: Wie in der Rechtssache *Jongeneel Kaas*[124] und in Anlehnung an die Schlussanträge von Generalanwalt *Da Cruz Vilaça*[125] geht der Gerichtshof davon aus, dass die Mitgliedstaaten ihrer Regelungskompetenzen nicht durch die bloße *Existenz* einer GMO verlustig gehen – wie dies die Formel von der Handelsverkehrsfreiheit und dem Zuständigkeitsverlust sonst nahelegten –, sondern erst dann, wenn auch der *konkrete Bereich*, auf den sich das Anliegen bezieht, geregelt wird, und zwar in einer Weise, mit der sich nicht das Fortbestehen mitgliedstaatlicher Regulierungskompetenz in der jeweiligen Frage vertrüge. Für die hiesige Interpretation spricht auch die nachfolgende Rechtsprechung, die an der Weitergeltung der GMO-Sonderjudikatur keinen Zweifel lässt.[126] Neu ist jedoch, dass der Gerichtshof nicht den reduzierten Maßstab wiederholt. *Nertsvoederfabriek* könnte damit ein weiteres Beispiel für die Flexibilität darstellen, die sich der Gerichtshof im Rahmen der GMO-Dogmatik zuerkennt. Auf der anderen Seite könnte *Nertsvoederfabriek* – wie *Holdijk* – auch als schlecht *begründetes* Judikat angesehen werden. Ein Hinweis auf den Reservemaßstab wäre zu begrüßen gewesen. Der Gerichtshof hätte die Maßnahme im Ergebnis nichtsdestotrotz für zulässig erachten können.

In den trotz des unterschiedlichen Entscheidungsausgangs[127] parallel gelagerten Fällen *Delhaize*[128] und *Belgien/Spanien*[129] ging es um eine spanische

---

[122] *Roth*, ZHR 159 (1995), 78 (81); Generalanwalt *Gulmann* (Fn. 110), Rn. 26 Fn. 17 (*Delhaize*).

[123] Zit. nach dem Sitzungsbericht, Slg. 1987, 3884 (3887 ff.).

[124] S. b. Fn. 107 ff.

[125] Schlussanträge v. 14.05.1987, Rs. 118/86, Slg. 1987, 3894 (3898), Rn. 26 f., 30, 34.

[126] Unglücklich ist dabei in der Tat die Formulierung in Rn. 9 („*Da* diese Bestimmungen die […] wiederholen [Hervorheb. d. *Verf.*]"), die die Tatsache, dass die Art. 34, 35 AEUV von den GMO-Verordnungen „wiederholt" würden, als (alleinigen) Grund für die hier erfolgende isoliert-unbeeinflusste Auslegung von Art. 35 AEUV anzuführen scheint. Da Art. 35 Alt. 2 AEUV in unmodifizierter Weise zur Anwendung gelangt, ist die Rs. *Nertsvoederfabriek* auch für das Verständnis des EuGH betreffend die allgemeine Reichweite von Art. 35 Alt. 2 AEUV von Relevanz, s. zu dem dies behandelnden Teil 2 b. Fn. 445 ff.

[127] In der Rs. *Delhaize* wurde die Regelung als Verletzung von Art. 35 Alt. 2 AEUV gewertet, in der Rs. *Belgien/Spanien* nicht.

Regelung, nach der Weinbauerzeugnisse, die die Ursprungsbezeichnung „denominación de origen“ tragen, die Zusatzbezeichnung „calificada“ erhalten, wenn sie u. a. von lizenzierten Keltereien im Ursprungsgebiet Rioja abgefüllt und in den Verkehr gebracht wurden. Der Gerichtshof leitet seine Feststellungen unmittelbar mit der Prüfung von Art. 35 Alt. 2 AEUV ein,[130] und auch die Beschränkungsprüfung orientiert sich allein an der klassischen Dogmatik zu Art. 35 Alt.2 AEUV und nicht an den Rechtsprechungsgrundsätzen zu GMO.[131] Erst auf der Rechtfertigungsebene geht der EuGH auf die GMO-VO 823/87 ein.[132] Seine Andeutung, dass es „Sache jedes Mitgliedstaats [sei], innerhalb der von der Verordnung gezogenen (...) Grenzen die Voraussetzungen festzulegen, von denen“[133] eine Ursprungsbezeichnung abhänge, ist mit Blick auf die Schlussanträge des Generalanwaltes *Gulmann*[134] wohl so zu deuten, dass die GMO keine hinreichend konkreten Vorschriften in dieser Frage bereithält und auch ansonsten so unbestimmt oder Freiräume offenlassend ist, dass die Handelsverkehrsfreiheitsformel mit dem umfassenden mitgliedstaatlichen Zuständigkeitsverlust nicht eingreifen kann. Denn wenn es besagte „Grenzen“ gibt, scheint zumindest der reduzierte Maßstab doch zu gelten.[135]

b) Keine Erkenntnisse ableitbar aus Charmasson, Simmenthal *und* Deutsches Milchkontor II

In *Charmasson*[136] war fraglich, ob eine mitgliedstaatliche Marktordnung gestützt auf ex-Art. 38 II EWG die Vorschriften über den gemeinsamen Markt – genauer: die Vorschriften über den schrittweisen Abbau der Kontingentierungen – derogieren konnte. Die im Urteil *Charmasson* gemachte Feststellung, dass auch agrarrechtliche und somit unter die Art. 38 ff. AEUV fallende Sachverhalte nicht von den Vorschriften über die Warenverkehrsfreiheit freigestellt sind, ist im Lichte des Verfahrensgegenstandes zu betrachten: Es ging um *mitgliedstaatliche* Marktordnungen. Der Gerichtshof war also

---

[128] EuGH, Urt. v. 09.06.1992, Rs. C-47/90, Slg. 1992, I-3669 (*Delhaize*). S. zu Teil 2 b. Fn. 470 ff.

[129] EuGH, Urt. v. 16.05.2000, Rs. C-388/95, Slg. 2000, I-3146 (*Belgien/Spanien* [*Rioja*]).

[130] EuGH (Fn. 129), Rn. 43 ff. (*Belgien/Spanien*); EuGH (Fn. 128), Rn. 16, 21 ff. (*Delhaize*).

[131] S. daher zur weiteren Prüfung von Art. 35 AEUV b. Fn. 470 ff.

[132] EuGH (Fn. 128), Rn. 16; EuGH (Fn. 129), Rn. 43 ff. (*Belgien/Spanien*).

[133] EuGH (Fn. 128), Rn. 16; ähnl. EuGH (Fn. 129), Rn. 43 ff. (*Belgien/Spanien*).

[134] Generalanwalt *Gulmann* (Fn. 110), Rn. 23–25 (*Delhaize*).

[135] Auf der anderen Seite führt die Verordnung 823/87 auch nicht zum Gegenteil: Sie *erlaubt* nicht etwa eine Verletzung der Grundfreiheiten, EuGH (Fn. 128), Rn. 24–26. Ebenso Generalanwalt *Gulmann* (Fn. 110), Rn. 22.

[136] EuGH, Urt. v. 10.12.1974, Rs. 48/74, Slg. 1974, 1383, Rn. 14/15 f. (*Charmasson*).

angehalten, die Effektivität des Unionsrechts im Verhältnis zum mitgliedstaatlichen Recht zu beurteilen. Zur Begründung verweist der EuGH auf Art. 38 II AEUV, wonach die Warenverkehrsfreiheit grundsätzlich auch auf „landwirtschaftliche Erzeugnisse" Anwendung findet, soweit in den ex-„Artikeln 39 bis 46 [EWG] nicht anderes bestimmt"[137] sei. Dass das *Sekundärrecht* und die *gemeinschaftlichen* Marktordnungen womöglich anders zu beurteilen sind und die Vorschriften über den gemeinsamen Markt *modifizieren* können, ist in *Charmasson* somit gerade nicht festgestellt worden.

Entgegen dem ersten Anschein ist die Rs. *Simmenthal*[138] ähnlich unergiebig: Der EuGH prüft hier, ob die von ihm zitierten Normen (ex-Art. 30 ff. EWG, damit identische VO-Bestimmungen von GMO für Rindfleisch[139], zwei Verordnungen zur Regelung viehseuchen- und –gesundheitsrechtlicher Fragen[140]) darüber Aufschluss geben, ob eine Maßnahme gleicher Wirkung vorliegt, wenn systematische gesundheitspolizeiliche Kontrollen von Rindfleisch bei der Ein- und Ausfuhr vorgenommen werden.[141] Der Gerichtshof stützt sein Ergebnis in *Simmenthal* allein auf die Warenverkehrsfreiheit und die *Dassonville*-Formel und nicht auf die GMO.[142] Hieraus sollten jedoch keine weiteren Schlüsse gezogen werden, weil der Gerichtshof hier vielmehr dem Grundsatz der Prozessökonomie gefolgt zu sein scheint und eine offensichtliche Maßnahme gleicher Wirkung – systematische Kontrolle der Ein- und Ausfuhr von Waren an der Grenze – als solche ohne weitere Prüfung abgelehnt hat.[143] Im gleichen Licht gesehen werden sollte die Entscheidung *Deutsches Milchkontor II*[144]: Auch hier misst der EuGH systematische Ausfuhrkontrollen – auch wenn sie nicht an der Grenze, sondern im Inland durchgeführt werden – ohne Eingehen auf die speziellen Rechtsprechungsgrundsätze zu GMO am Maßstab von Art. 35 AEUV.

c) Bestandteilargument und explizite Anerkennung einer Modifikation des Primärrechts (*v. a.* Kramer*;* Pigs Marketing*;* McCarren)

Im Ausgangsverfahren von *Kramer*[145] ging es um niederländische Fischer, die gegen bestimmte vom niederländischen Recht vorgeschriebene Fangquoten

---

[137] EuGH (Fn. 136), Rn. 6/8.

[138] EuGH, Urt. v. 15.12.1976, Rs. 35/76, Slg. 1976, 1872 (*Simmenthal*).

[139] Art. 12 der VO 14/64/EWG und Art. 22 der VO 805/68/EWG (beide betreffen die GMO für Rindfleisch).

[140] VO 64/432/EWG, 64/433/EWG.

[141] EuGH (Fn. 138), Rn. 9.

[142] EuGH (Fn. 138), Rn. 12/14.

[143] Gleich gelagert und daher gleich beurteilt werden muss die Rs. *Denkavit I*, Urt. v. 08.11.1979, Rs. 251/78, Slg. 1979, 3371.

[144] EuGH, Urt. v. 15.04.1997, Rs. C-272/95, Slg. 1997, I-1905 (*Deutsches Milchkontor II*).

[145] EuGH, Urt. v. 14.07.1976, Rs. 3, 4, 6/76, Slg. 1976, 1279, Rn. 53/54 *(Kramer).*

verstießen, weshalb sich das Vorlagegericht in der Pflicht sah, die Vereinbarkeit dieser niederländischen Bestimmungen mit zwei nach 1970 erlassenen Verordnungen (2141/70, 2142/70) und mehreren Artikeln der Verträge zu überprüfen, darunter auch die ex-Art. 30, 34 EWG und die agrarrechtlichen ex-Art. 38 bis 47 EWG.

Zunächst verweist der Gerichtshof indirekt auf seine „Bestandteilrechtsprechung", wonach die primärrechtlichen Verbote der Warenverkehrsfreiheit auch bei Fehlen entsprechend wiederholender verordnungsrechtlicher Vorschriften nicht „verdrängt" werden, und zwar weder durch das Sekundärrecht allein noch durch das Primärrecht (etwa das Agrarrecht, Art. 38 ff. EWG/AEUV) in Verbindung mit den jeweiligen die GMO statuierenden Verordnungen; vielmehr ergebe sich ihre Anwendbarkeit aus ex-Art. 8 VII i. V. m. ex-Art. 38 bis 46 EWG.[146] Der EuGH stellt sodann fest, dass die Frage der „Beschränkung" von dem „durch die grundlegende Gemeinschaftsregelung in dem betreffenden Sektor errichteten Gesamtsystem und von den Zielsetzungen dieser Regelung ab[hänge]".[147] Im Hinblick auf die vorher erfolgte Argumentation, die „Bestandteilhypothese" und eine grammatische Analyse der Gerichtshofsterminologie ist davon auszugehen, dass der EuGH mit der das „Gesamtsystem" errichtenden „grundlegenden Gemeinschaftsregelung" die entsprechenden GMO statuierenden Verordnungen meint. Hiermit spricht der Gerichtshof nun ausdrücklich aus, dass die primärrechtlichen Verbote mengenmäßiger Beschränkungen und Maßnahmen gleicher Wirkung durch sekundärrechtliches und damit normhierarchisch untergeordnetes Verordnungsrecht in ihrer Verbotsreichweite *modifiziert* werden können. Wird davon ausgegangen, dass auch der Unionsgesetzgeber an Art. 35 AEUV gebunden ist, wäre dieses Argument nur über einen Rekurs auf das primärrechtliche Agrarrecht in den Art. 38 ff. EWG/AEUV „zu retten", die dieses erlaubten; das tut der EuGH jedoch nicht. Auch konterkariert eine *getrennte* Prüfung sowohl grammatisch als auch inhaltlich seine „Bestandteilrechtsprechung": Träten die Art. 34, 35 AEUV tatsächlich an die Stelle entsprechend gleichlautender Verordnungsbestimmungen und überlagerten diese, so widerspräche eine getrennte Prüfung dem systematischen Zusammenhang. Insofern scheint der EuGH selbst nicht ganz von seiner Bestandteilthese überzeugt zu sein und sieht systematische Friktionen, wenn er sie auch nicht konsequent behandelt.

In den beiden wichtigen und bekannten Entscheidungen *Pigs Marketing Board/Redmond*[148] und *McCarren*[149] ging es um die verordnungsrechtlich geregelte Erzeugung und Vermarktung von Schweinefleisch. Zunächst bestä-

---

[146] EuGH (Fn. 145), Rn. 53 f.

[147] S. hierzu schon EuGH (Fn. 145), Rn. 50 f.

[148] EuGH, Urt. v. 29.11.1978, Rs. 83/78, Slg. 1978, 2347 Rn. 53/54 (*Pigs Marketing Board*).

[149] EuGH, Urt. v. 26.06.1979, Rs. 177/78, Slg. 1979, 2161 (*McCarren*).

tigt der EuGH auch hier inhaltlich und formal die Handelsverkehrsfreiheits- und Zuständigkeitsverlustformel.[150] Noch prononcierter als in *Kramer* spricht der Gerichtshof aus, dass ex-Art. 38 II EWG die Vorrangigkeit der „Bestimmungen des Vertrages über die gemeinsame Agrarpolitik [vor den] sonstigen Vorschriften über die Errichtung des gemeinsamen Marktes"[151] feststelle, (die ex-Art. 30, 34 EWG gehören zu diesen „sonstigen Vorschriften über die Errichtung des gemeinsamen Marktes"). *Pigs Marketing/Redmond* und *McCarren* sind daneben der Ort, an dem der EuGH seine „Bestandteilargumentation" erstmalig voll zur Entfaltung bringt. Neben dem oben genannten Hinweis auf ex-Art. 38 II EWG bildet die „Bestandteilargumentation" die theoretische Grundlage für die inhaltliche Modifikation der Art. 34, 35 AEUV durch die sekundärrechtlichen GMO: Die ex-Art. 30, 34 EWG seien als „Bestandteil der gemeinsamen Marktorganisation anzusehen"[152]. Trotz der Vorrangigkeit der GMO sollen die ex-Art. 30, 34 EWG also noch zur Anwendung gelangen, sofern sie der GMO nicht widersprechen. Was dies (systematisch) *genau* bedeutet, erklärt er in den diesem Satz nachfolgenden Ausführungen nicht. Vielmehr führt er weiter aus, welche Vorgaben dieses Normenkonglomerat genau hervorbringt.

Als Beispiel für eine in den 90ern entschiedene Rechtssache, in der der EuGH die klassische Bestandteiljudikatur der 1970er Jahre vollständig übernimmt, sei *Fishermen's Organisations*[153] genannt. Der Gerichtshof stellt in diesem Judikat aber auch klar, dass die GMO von dem Grundsatz des Zuständigkeitsverlustes Ausnahmen vorsehen und die Mitgliedstaaten zu handelsbeschränkenden Maßnahmen ermächtigen können, wobei das klassische Urteil

[150] EuGH (Fn. 148), Rn. 56 f. (*Pigs Marketing Board*); EuGH (Fn. 149), Rn. 14 f. (*McCarren*). Deutlich wird in *Pigs Marketing*, dass es dabei eben nicht nur um die *allgemeine Rechtsbefolgungspflicht* der Mitgliedstaaten geht, sondern um einen darüber hinausgehenden Freiheitsmaßstab, EuGH (Fn. 148), Rn. 56 f. (*Pigs Marketing Board*): Ausdrücklich sagt der Gerichtshof in *Pigs Marketing*, dass „festzuhalten [sei], dass die gemeinsame Marktorganisation für Schweinefleisch ebenso wie die übrigen gemeinsamen Marktorganisationen auf dem Grundsatz eines offenen Marktes beruht, zu dem jeder Erzeuger freien Zutritt hat und auf dessen Funktionieren ausschließlich mit dem in dieser Organisation vorgesehenen Instrumentarium Einfluss genommen wird." Die gleiche Aussage findet sich in *McCarren*, EuGH (Fn. 149), Rn. 18.

[151] EuGH (Fn. 148), Rn. 37/40 (*Pigs Marketing Board*). EuGH (Fn. 149), Rn. 9 (*McCarren*).

[152] EuGH (Fn. 148), Rn. 55 (*Pigs Marketing Board*); EuGH (Fn. 149), Rn. 10 (*McCarren*).

[153] EuGH, Urt. v. 17.10.1995, Rs. C-44/94, Slg. 1995, I-3133 (*Fishermen's Organisations*). Das Vereinigte Königreich hatte hier, gestützt auf Entscheidung 92/593, die Tage begrenzt, an denen bestimmte Schiffe fischen dürfen und verfügt, dass die Maschen in den Fangnetzen vergrößert werden mussten. Hiergegen wandte sich die *National Federation of Fishermen's Organisations*.

Pigs Marketing Board/Redmond zitiert wird.[154] Als Beispiel für das Festhalten an den klassischen Grundsätzen der GMO-Judikatur in den *2000er* Jahren lässt sich *Freskot*[155] ansehen: Der Gerichtshof verweist nicht nur auf die Handelsverkehrsfreiheits- und Zuständigkeitsverlustformel[156], sondern auch auf die Bestandteiljudikatur und gewinnt sein Ergebnis aus einer ausführlichen Analyse von Zielsetzung und Systematik der GMO, was ihm eine weitreichende Auslegungsfreiheit gewährt.[157]

Fragkopoulos[158] stellt die bis heute *letzte* Entscheidung dar, in der der EuGH über einen Fall urteilen musste, in dem Art. 35 AEUV und GMO aufeinandertrafen, und das *Fragkopoulos*-Judikat ist auch insofern besonders, als es nach der bis heute letzten Entscheidung zu Art. 35 AEUV außerhalb einer GMO – *Gysbrechts*[159] – erging. Die *Groenveld*-Formel über die spezifischen Ausfuhrbeschränkungen wendet der EuGH ausdrücklich nicht an. Nachdem er auf Art. 1 der VO 2201/96 verweist, stellt er fest, dass getrocknete Weintrauben der gemeinsamen Marktorganisation nach ex-Art. 34 EG (Art. 40 AEUV) unterliegen.[160] „In einem solchen Fall"[161] werde eine Maßnahme mit gleicher Wirkung wie eine mengenmäßige Beschränkung bei Erfülltsein der *Dassonville*-Formel angenommen. Auch in der Sache betrachtet der Gerichtshof daher eine „potenziell[e]"[162] Behinderung als ausreichen.[163] Der Gerichtshof zitiert hier nicht die klassische GMO-Judikatur, sondern belässt es bei der Zitierung der *Dassonville*-Formel. Er zitiert auch nicht die *Keck*-Formel – die vorliegend auch nicht erfüllt wäre, da es um eine sich auf die Produktzusammensetzung auswirkende Regelung geht bzw. der Marktzugang behindert ist. Es ist im Ergebnis unklar, warum der EuGH die Rechtsprechungsgrundsätze zu GMO nicht zitiert – wie er dies etwa in *Freskot*[164] tut – und diese nur verkürzend unter Bezugnahme auf die *Dassonville*-Formel wiedergibt (was zu kritisieren ist[165]) und insbesondere nicht wichtige Rechtssachen wie *Pigs*

---

[154] EuGH (Fn. 153), Rn. 52 f.

[155] EuGH, Urt. v. 22.05.2003, C-355/00, Slg. 2003, I-5263 (*Freskot*).

[156] EuGH (Fn. 155), Rn. 19, 26 f.

[157] EuGH (Fn. 155), Rn. 20 ff. Eine getrennte Prüfung von GMO und Warenverkehrsfreiheit lehnt der Gerichtshof dabei explizit ab, EuGH (Fn. 155), Rn. 38.

[158] EuGH, Urt. v. 03.03.2011, C-161/09, Slg. 2011, I-946 (*Fragkopoulos*).

[159] EuGH, Urt. v. 16.12.2008, C-205/07, Slg. 2008, I-9947 (*Gysbrechts*).

[160] EuGH (Fn. 158), Rn. 27.

[161] EuGH (Fn. 158), Rn. 27.

[162] EuGH (Fn. 158), Rn. 27.

[163] Aufgrund des Vorliegens einer GMO ist es daher verfehlt *Fragkopolous* als Nachweis dafür heranzuziehen, dass der EuGH nun bei unterschiedslos anwendbaren Maßnahmen eine großzügigere Auslegung von Art. 35 Alt. 2 AEUV vornimmt: Dies blendet aus, dass es sich um einen „GMO-Fall" handelt, für den Sondergrundsätze gelten. So aber *Woods/Watson*, 398.

[164] S. b. Fn. 155 ff.

[165] S. b. Fn. 244 f.

Marketing Board/Redmond zitiert, obwohl er in der Sache demselben extensiven Ansatz folgt.[166] Aus der formalen Divergenz sollten daher (noch) keine Schlussfolgerungen gezogen werden. Womöglich haben hier (ähnliche) prozessökonomische Erwägungen (wie in *Simmenthal* und *Deutsches Milchkontor II*[167]) eine wichtige Rolle gespielt oder – aus Sicht des Bericht erstattenden Richters – die Spezifität dieses Rechtsprechungsstrangs, die zur Lösung des Falles nicht notwendigerweise durchdrungen werden musste.[168]

d) Äußere Grenzen der Gestaltungsfreiheit des Unionsgesetzgebers (Henri Ramel; Kommission/Frankreich *et al.;* Celestini)

Trotz Einschlägigkeit des ex-Art. 38 II EWGV erkennt der Gerichtshof aber auch äußere Grenzen der Gestaltungsfreiheit des Unionsgesetzgebers für die Ausgestaltung einer GMO an, nämlich dann, wenn der Unionsgesetzgeber praktisch diametral im Widerspruch zum Gemeinsamen Markt stehende Ermächtigungsnormen erlässt wie in *Ramel*[169]: Dort stellt der Gerichtshof fest, dass eine Verordnungsbestimmung unzulässig ist, die den Mitgliedstaaten die Einführung von Zöllen und Abgaben gleicher Wirkung erlaubt.

In *Kommission/Frankreich*[170] betont der Gerichtshof, dass „nationale Maßnahmen, selbst wenn sie eine gemeinsame Politik der Gemeinschaft unterstützen, nicht gegen eines der Grundprinzipien der Gemeinschaft, im vorliegenden Fall das des freien Warenverkehrs, verstoßen dürfen, ohne durch vom Gemeinschaftsrecht anerkannte Gründe gerechtfertigt zu sein“[171]. Trotz der hierin liegenden formalen Distanzierung von der Bestandteiljudikatur – eine Abweichung durch Sekundärrecht wird unter einen Rechtfertigungszwang gestellt – und der damit bekräftigten Fortführung von *Henry Ramel* kann mit Blick auf nachfolgende Judikatur festgestellt werden, dass hierin andererseits

---

[166] Es wird hier auch nicht der sonst deutliche GMO-*Systembezug* des Prüfungsmaßstabs klar. Auf der anderen Seite wird dieser im Rahmen der Rechtfertigung hergestellt, EuGH (Fn. 158), Rn. 34 ff.

[167] S. b. Fn. 138 ff.

[168] Interessant ist die Bemerkung des Gerichtshofs zur grundsätzlichen Anwendbarkeit der ungeschriebenen Rechtfertigungsgründe auf Art. 35 AEUV: Unter Zitierung der Entscheidung *Gysbrechts* (s. umf. zur Rs. *Gysbrechts* b. Fn. 666 ff.) stellt er fest, dass eine „nationale Maßnahme“, die gegen Art. 35 AEUV verstoße, durch zwingende Erfordernisse des Allgemeininteresses gerechtfertigt sein könne (EuGH [Fn. 158], Rn. 51). Dass der EuGH die zwingenden Erfordernisse in *Fragkopoulos* als Rechtfertigungsgrund zulässt, erscheint folgerichtig, da er hier ja auch den weiten Beschränkungstatbestand aus *Dassonville* verwendet. Wenn jedoch *Gysbrechts* so verstanden wird, dass dort die grundsätzliche Anwendbarkeit der zwingenden Erfordernisse auf Fälle faktischer Diskriminierung festgelegt wird, dann ist nachvollziehbar, wenn der Gerichtshof diese erst recht auf den vorliegenden Fall nicht diskriminierender Beschränkungen heranzieht.

[169] EuGH, Urt. v. 20.04.1978, Rs. 80, 81 /77, Slg. 1978, 927 (*Ramel*).

[170] EuGH, Urt. v. 23.02.1988, Rs. 216/84, Slg. 1988, 793 (*Kommission/Frankreich*).

[171] EuGH (Fn. 170), Rn. 19.

auch kein Paradigmenwechsel gesehen werden sollte.[172] Diese kontroverse Formel gebraucht der EuGH auch in einigen nachfolgenden Entscheidungen[173]. In Rn. 15 von *van der Tas* erfolgt zunächst etwa wiederum der Hinweis auf die Formel aus (Rn. 18 und) Rn. 19 der Rs. C-216/84. In Rn. 16 von *van der Tas* wird interessanterweise festgestellt, dass eine Maßnahme, die die „vollständige Wirksamkeit der Gemeinschaftsrichtlinien" sicherstellen wolle, „keine einseitige" Maßnahme sei, wenn sie dem „Ziel der Richtlinie" entspreche, die sie „durchführen" wolle. Ein echtes „Durchführen" einer Richtlinie und mithin ein explizites Erlaubtsein durch Sekundärrecht können mithin doch von Primärrecht befreien – was wiederum auf der klassischen Linie der Bestandteiljudikatur liegt. Auch verwendet der Gerichtshof die Formel nach den frühen neunziger Jahren nicht mehr. Auch in der Sache zeigt die zitierte Folgejudikatur, dass der Gerichtshof mit der neuen Formel aus der Rs. 216/84 *keine* Rechtsprechungsänderung bezweckt hat, sondern, an seiner st. Rspr. festhaltend, von der Primärrechts-, genauer: Warenverkehrsfreiheitsrelevanz, der sekundärrechtlichen GMO-Regelungen ausgeht. Die Gemeinschaft bzw. Union besitzt im Agrarsektor nicht nur die Zielhoheit, sondern auch die Auswahlbefugnis hinsichtlich der Instrumente und Modalitäten, mit denen sie ihre Ziele erreichen will. Die Mitgliedstaaten dürfen sich folglich nicht (vor allem nicht pauschal) auf mit den GMO erstrebte Ziele berufen, um selber in die Agrarmärkte eingreifen zu können – erst recht nicht, um vom Primärrecht abweichen zu dürfen. Die bloße Umsetzung von Sekundärrecht, wie oben etwa das Verfolgen von Richtlinienzielen, ist ihnen jedoch nicht verboten (auch wenn dieses zu Markteingriffen berechtigt).

Im 1997 entschiedenen Fall *Celestini*[174] schließlich, bei dem die zugrunde liegende GMO für Wein im Grundsatz die Durchführung systematischer Kontrollen erlaubte, weist der Gerichtshof darauf hin, dass Vorschriften, „die zum abgeleiteten Gemeinschaftsrecht gehören", „möglichst" im Einklang mit den „Bestimmungen des Vertrages und den allgemeinen Grundsätzen des

---

[172] Interessanterweise wurde die Grenze noch nicht einmal in *Kommission/Frankreich* praktisch relevant: Wie der Gerichtshof selbst in den Rn. 21 ff. feststellt, erlaubt Art. 5 der maßgeblichen VO 1898/87 den Mitgliedstaaten nur ihre Regelungen aufrechtzuerhalten im Hinblick auf Art. 2 der VO; ausdrücklich nicht dispensiert wird aber von den „allgemeinen Bestimmungen des Vertrages". Somit werden gerade keine *primärrechts*relevanten Regelungen von der VO normiert; ihre Wirkungen bleiben – zumindest nach ihrem ausdrücklichen Wortlaut und im Hinblick auf die verfahrensgegenständlichen Erzeugnisse – *sekundärrechtsintern*.

[173] EuGH, Urt. v. 14.07.1988, Rs. 407/85, Slg. 1988, 4233, Rn. 26 (*3 Glocken*); EuGH, Urt. v. 14.07.1988, Rs. 90/86, Slg. 1988, 4285 (*Zoni*); EuGH, Urt. v. 11.05.1989, Rs. 76/86, Slg. 1989, 1021, Rn. 20 (*Kommission/Deutschland*); EuGH, Urt. v. 02.02.1989, Rs. 274/87, Slg. 1989, 229, Rn. 21 (*Kommission/Deutschland II*); EuGH, Urt. v. 06.11.1990, Rs. C-86/89, Slg. 1990, 3891, Rn. 19 (*Italien/Kommission*); EuGH, Urt. v. 08.10.1992, Rs C-143/91, Slg. 1992, I-5045, Rn. 15 (*van der Tas*).

[174] EuGH, Urt. v. 05.06.1997, Rs. C-105/94, Slg. 1997, I-2971 (*Celestini*).

Gemeinschaftsrechts auszulegen“[175] seien, wozu auch das Verbot von Maßnahmen gleicher Wirkung gehöre.[176] Dies bedeute konkret, dass sie nicht diskriminierend und verhältnismäßig sein sollten und die bereits im Ursprungsstaat durchgeführten Kontrollen berücksichtigen müssten. Wird diese Formel mit der in *Kommission/Frankreich* verglichen, zeigt sich größere Zurückhaltung („möglichst“).

e) Vriend*: Begründung der Divergenz zwischen* Groenveld *und der GMO-Judikatur*

Die Entscheidung *Vriend*[177] verdient insofern besondere Aufmerksamkeit, als es hier um ein Urteil geht, das noch zu einer vor 1970 erlassenen Verordnung ergangen ist (VO 234/68/EWG), aber nach dem wegweisenden Urteil in der Rs. *Groenveld*[178] vom 08.11.1979, sodass die Entscheidung nicht mehr damit gerechtfertigt werden kann, dass beide Maßstäbe (also innerhalb und außerhalb GMO) sowieso identisch seien (was sie auch vorher *materiell* nicht waren[179]). Es ist damit der Ort, an dem die folgenreiche und entscheidende Abweichung zwischen der allgemein zu Art. 35 AEUV ergehenden und der im Anwendungsbereich einer GMO ergehenden Rechtsprechung aufgetreten ist.[180] Die Gesamtregelung,[181] d. h. die entsprechenden Verordnungsbestimmungen im Verein mit den primärrechtlichen Verboten der Warenverkehrsfreiheit,[182] lässt den EuGH zu dem Schluss gelangen, dass die *Dassonville*-Formel Anwendung finden müsse, wobei der EuGH auf den Handelsverkehrsfreiheitstopos Bezug nimmt.[183] Die *Dassonville*-Formel, die die Divergenz zwischen beiden Maßstäben so augenfällig macht, zitiert der EuGH interessanterweise indes nicht. Er nimmt jedoch Bezug auf die Bestandteiljudikatur.[184] Seinen weiten Verbotsmaßstab charakterisiert er dadurch, dass mit der GMO „alle nationalen Bestimmungen oder Praktiken unvereinbar [seien], die die Ein- oder Ausfuhrströme dadurch ändern können, dass sie die Erzeuger daran hindern, die betreffenden Erzeugnisse frei in den Verkehr zu bringen.“[185]

---

[175] EuGH (Fn. 174), Rn. 32.

[176] EuGH (Fn. 174), Rn. 33.

[177] EuGH, Urt. v. 26.02.1980, Rs. 94/78, Slg. 1980, 328 (*Vriend*).

[178] EuGH (Fn. 51).

[179] S. b. Fn. 235.

[180] Vgl. *VerLoren van Themaat*, RM Themis-4/5 (1980), 378 (392).

[181] Abermals rekurriert der Gerichtshof auf den Systemgedanken, EuGH (Fn. 177), Rn. 6.

[182] EuGH (Fn. 177), Rn. 10.

[183] EuGH (Fn. 177), Rn. 8.

[184] EuGH (Fn. 177), Rn. 7.

[185] EuGH (Fn. 177), Rn. 9.

4. Ergebnis und Bewertung

Die in der Anfangszeit (bis zum 08.11.1979) ergangene Rechtsprechung des Gerichtshofs ist die wichtigste und prägendste für die Entwicklung der GMO-Dogmatik und das Verhältnis der GMO zu Art. 34, 35 AEUV und damit auch für das Verständnis von Art. 35 AEUV. Hier ist die strukturelle Divergenz aufgetreten, die bis heute die st. Rspr. bildet. Die nachfolgende Judikatur der 1980er, 1990er und 2000er hat diese Rechtsprechung – bei kleineren formalen Divergenzen – bestätigt.[186]

a) Irrelevanz der Bezugnahme auf die Art. 34, 35 AEUV oder auf die sekundärrechtlichen Äquivalente

Anders als die vor dem 01.01.1970 erlassenen Verordnungen enthält das nach dem 01.01.1970 erlassene Sekundärrecht keine Art. 34, 35 AEUV wiederholenden Bestimmungen.[187] Die Rechtsprechungsanalyse hat ergeben, dass es keinen Unterschied macht, ob noch die sekundärrechtlichen Äquivalentbestimmungen oder „schon" bzw. auch die Art. 34, 35 AEUV ausgelegt werden. Vielmehr überträgt der EuGH die zu den sekundärrechtlichen Äquivalentbestimmungen ergangenen Rechtsprechungsstränge auf die Art. 34, 35 AEUV bzw. differenziert er nicht danach, ob er gerade eine Äquivalentbestimmung oder die Art. 34, 35 AEUV auslegt (*Geddo*[188], *Tasca* und *Sadam*[189]).[190] Aus diesem Umstand kann folglich für die weitere Rechtsprechungsanalyse keine Erkenntnis gewonnen werden.

b) Verankerung des Zuständigkeitsverlustes im primärrechtlichen Agrarrecht und Kritik

In *Pigs Marketing Board/Redmond* und in *McCarren* stellt der Gerichtshof fest, dass die Vorschriften über die Errichtung des gemeinsamen Marktes durch das im Rahmen der gemeinsamen Agrarpolitik erlassene Sekundärrecht überlagert werden (können).[191] Normhierarchisch ist es möglich, dass sich Recht auf ein und derselben Hierarchiestufe beeinflusst oder gar gegenseitig aufheben kann, weil bestimmte Normen innerhalb der Hierarchie höherrangiger sind als andere. Ein Beispiel hierfür ist die Ewigkeitsgarantie des Grundgesetzes in Art. 79 III GG. Auf Bedenken stößt indes eine Praxis, die dem

---

[186] S. zu dem hiesigen Erklärungsversuch für die GMO-Rspr. n. Fn. 243.

[187] Vgl. hierzu schon b. Fn. 46 ff.

[188] S. n. Fn. 59 ff.

[189] S. b. Fn. 112 f.

[190] Dies steht im Einklang mit der Feststellung des EuGH, dass der Sekundärrechtgeber die Art. 34, 35 AEUV wiederholende Normen in GMO nur aus methodischen Gründen nicht mehr repliziert hat, s. in Fn. 50.

[191] S. b. Fn. 151 ff.

Sekundärrechtgeber praktisch eine *Dispositionsfreiheit* über Teile des Primärrechts gibt. Ein Wegbereiter hierzu ist der in st. Rspr. herangezogene[192] und mehrdeutige Bestandteiltopos. Analog würde dies z. B. bedeuten, dass grundgesetzliche Normen ohne die erhöhten Anforderungen einer Grundgesetzänderung (Art. 79 GG) auf der Grundlage einer grundgesetzlichen Ermächtigung abgeändert werden könnten. Im Bereich der EU ist dieses mit Blick auf die weitaus höheren Anforderungen an eine Änderung der Verträge in Art. 48 EUV umso gravierender (v. a. das Einstimmigkeitserfordernis in Art. 48 IV EUV). Es ist zweifelhaft, ob eine solche Abdingbarkeit von dem Primärrechtgeber überhaupt gewollt war, als Art. 38 II AEUV geschaffen wurde. Im Ergebnis sollte der EuGH Art. 38 II AEUV daher restriktiv auslegen und die allgemeine Grundfreiheitendogmatik anwenden, die mit Blick auf die Rechtfertigungsgründe genügend Spielräume lässt, um agrarrechtlichen Besonderheiten Rechnung zu tragen. Auf gleiche Bedenken würde eine Argumentation stoßen, die darauf abstellt, dass der EuGH nach dem Ende der Übergangszeit nur bestrebt war, die Kontinuität seiner Rspr. in Anbetracht der Tatsache zu sichern, dass der Sekundärrechtgeber nur deshalb keine sekundärrechtlichen Äquivalentbestimmungen zu den Art. 34, 35 AEUV eingefügt hat, weil diese nunmehr unmittelbar anwendbar waren.[193] Diese Argumentation überzeugt deshalb nicht, weil die Art. 34, 35 AEUV nach dem Ende der Übergangszeit nicht etwa ein „Ersatz" für die sekundärrechtlichen Äquivalentbestimmungen, sondern normhierarchisch höherrangig sind. Vielmehr sind umgekehrt die sekundärrechtlichen Bestimmungen stets Ersatzbestimmungen gewesen für die primärrechtlichen Verbote.

c) Verlust mitgliedstaatlicher Regelungsgewalt

Schon sehr früh hat der Gerichtshof damit begonnen, weitreichende mitgliedstaatliche Zuständigkeitsverluste auf die GMO zu stützen. Umgesetzt hat er dies mittels verschiedener interpretativer und argumentativer Figuren und der Etablierung entsprechender Textbausteine und Formeln. Mit Blick auf die Reichweite des Zuständigkeitsverlustes stützt er sich dabei zwar immer wieder auf die GMO (und somit auf den Willen des Sekundärechtsetzers). Letztlich steht die Reichweite des Zuständigkeitsverlustes aber durch den sehr geschickten Einsatz verschiedener (und im Laufe der Zeit einem leichten Wandel unterzogener) Argumentationsfiguren und Interpretationstechniken in einem weitreichenden Ermessen des EuGH.

---

[192] S. b. Fn. 145 ff.
[193] S. in Fn. 50.

aa) Zuständigkeitsverlust-, Handelsverkehrsfreiheits- und Einheitsmarktformel

Schon in *Hauptzollamt Bremen-Freihafen/Krohn*[194] (18.06.1970) entscheidet der EuGH, dass Begriffe aus einer GMO nicht selbst im Wege der Auslegung von den Mitgliedstaaten bestimmt und keine „verbindliche[n] Auslegungsregeln" aufgestellt werden dürften.[195] Diese Auslegungsbefugnis füllt er in *SAIL*[196] damit aus, dass die Mitgliedstaaten ihrer Regelungszuständigkeit im Anwendungsbereich einer GMO vorbehaltlich spezieller Regelungen im Grundsatz verlustig gehen (Zuständigkeitsverlustformel).[197] In *Pigs Marketing/Redmond* und in *McCarren*[198] schließlich stellt er die weitreichende Formel auf, „dass die gemeinsame Marktorganisation für Schweinefleisch ebenso wie die übrigen gemeinsamen Marktorganisationen auf dem Grundsatz eines offenen Marktes beruht, zu dem jeder Erzeuger freien Zutritt hat und auf dessen Funktionieren ausschließlich mit dem in dieser Organisation vorgesehenen Instrumentarium Einfluss genommen wird."[199] Ein weiterer Topos, mit dem der EuGH den Zuständigkeitsverlust dann charakterisiert, ist der von der *Freiheit des Handelsverkehrs*, den die GMO bezweckten und der nur dort begrenzt sei, wo die Verordnungen nicht selbst Einschränkungen hiervon vorsähen (*van den Hazel*[200]; *Pigs Marketing Board/Redmond*[201]; *McCarren*[202]; *Vriend*[203]). Der Topos des *einheitlichen* Marktes schließlich, der einheitliche Wettbewerbs-, Produktions- und Vermarktungsbedingungen fordert,[204] fungiert für diese beiden Topoi als Begründungselement.

Während der Gerichtshof dann in den 1980er Jahren mit *Kommission/Frankreich* zunächst den Anschein erweckte, als wolle er die Normenhierarchie wiederherstellen und den unbedingten Vorrang der Warenverkehrsfreiheit vor dem agrarrechtlichen Sekundärrecht garantieren,[205] hat nachfolgende Rechtsprechung gezeigt, dass der Gerichtshof in der Sache nicht von seiner Rechtsprechung der 1970er Jahre abweicht und diese an einigen Stellen höchstens formal anders darstellt und nur größere (und letztlich seinem

[194] EuGH (Fn. 57).
[195] EuGH, Urt. 18.06.1970, Rs. 74/69, Slg. 1970, 451, Rn. 8, 10.
[196] EuGH (Fn. 70).
[197] S. b. Fn. 70 ff.
[198] S. b. Fn. 148 ff.
[199] EuGH (Fn. 148), Rn. 56 f.
[200] S. b. Fn. 81.
[201] S. b. Fn. 148 ff.
[202] S. b. Fn. 148 ff.
[203] S. b. Fn. 183.
[204] S. b. Fn. 83. Diese Rechtsprechung zitiert der Gerichtshof auch in *Tasca* und *Sadam* (s. b. Fn. 103), allerdings scheint er bei diesen beiden Rechtssachen atypischerweise einen insgesamt zurückhaltenderen Maßstab zugrunde zu legen, s. b. Fn. 104 f.
[205] S. b. Fn. 170 ff.

Ermessen unterliegende) Toleranzräume anerkennen möchte: Die Handelsverkehrsfreiheits- und Zuständigkeitsverlustformel verwendet der Gerichtshof etwa in C-281/87, C-35/88, C-110/89 und C-61/90[206] und in *Fishermen's Organisations*[207] sowie *Freskot*[208]. An seiner Bestandteilrechtsprechung hält er z. B. in *Fishermen's Organisations*[209] und *Freskot*[210] fest.[211] Eine geringere Kontroll- und Eingriffsintensität erreicht er über verschiedene Begründungstechniken. Der Gedanke systematischer Auslegung, der ihm in der Anfangszeit beim Ausbau seiner Zuständigkeitsverlustrechtsprechung half, wird später zum Eintrittstor für größere Spielräume der Mitgliedstaaten. An diesen Stellen wird die Rechtsprechung jedoch insofern inkohärent, als sie zur Erzielung des gewünschten Ergebnisses stärker auf einzelne Regelungen und gerade nicht mehr auf das Gesamtsystem Bezug nimmt.

bb) „Gesamtzusammenhang" (System) und konkretes Verordnungsregime

Als generelle Beobachtung lässt sich daher feststellen, dass der Gerichtshof zunächst auf systematische und teleologische Gesichtspunkte rekurriert und sich nicht auf *einzelne* Verordnungsbestimmungen beruft, um sein Ergebnis zu stützen, sondern seine Rechtsprechung aus einer *Gesamtschau* der Bestimmungen destilliert, mithin aus dem normativen Rahmen. Auch handelt es sich dabei nicht um eine bloße Wiederholung einzelner Verordnungsvorgaben, sondern um etwas darüber Hinausgehendes. Entsprechende Argumentationslinien lassen sich in *SAIL*[212], *van Haaster*[213], *Galli*[214], *Geddo*[215], *Kramer*[216], *van den Hazel*[217] und *Vriend*[218] und – dem Wortlaut, aber nicht der Sache nach – in *Hulst*[219] finden. Je nach Fall kann auch eine *unvollständige* Marktordnung genügen, um nationale Marktordnungsregelungen zu verdrän-

---

[206] EuGH, Urt. v. 29.11.1989, C-281/87, Slg. 1989, 4028, Rn. 16 (*Kommission/Griechenland*); EuGH, Urt. v. 12.07.1990, C-35/88, Slg. 1990, I-3125, Rn. 29 (*Kommission/Griechenland*); EuGH, Urt. v. 30.05.1991, Rs. C-110/89, Slg. 1991, 2659 (*Kommission/Griechenland*); EuGH, Urt. v. 07.04.1992, C-61/90, Slg. 1992, 2407, Rn. 22 (*Kommission/Griechenland*).

[207] S. b. Fn. 154.

[208] S. b. Fn. 156.

[209] S. b. Fn. 154.

[210] S. b. Fn. 157.

[211] Ebenso in EuGH, Urt. v. 13.07.1994, Rs. C-131/93, Slg. 1993, I-3303, Rn. 7 (*Kommission/Deutschland*).

[212] S. b. Fn. 75 f.

[213] S. b. Fn. 66.

[214] S. b. Fn. 85.

[215] S. b. Fn. 63.

[216] S. b. Fn. 147.

[217] S. b. Fn. 81.

[218] S. b. Fn. 181.

[219] S. b. Fn. 93 ff.

gen, wenn sie nur *endgültig* (und verbindlich) ist. Entsprechend judizierte der EuGH in der Rs. *SAIL.*[220]

Im Laufe der Jahre mit verschiedenen Fällen konfrontiert, nutzt der Gerichtshof wie angedeutet jedoch auch seinen Auslegungsspielraum in der Weise, dass er sich mal näher, mal weniger eng an das konkrete Verordnungssystem anlehnt.[221] Die Weite oder Enge der Vorgaben ist hiernach nicht pauschal für alle GMO festgelegt, sondern vom *jeweiligen Sektor* (Schweinefleisch, Fischerei etc.) *und* von dessen *Deutung* durch den EuGH abhängig. Durch diese Interpretationstechnik gewinnt der Gerichtshof einen *weiten Auslegungsspielraum*. Es ist offensichtlich, dass ein solches Vorgehen hohe Rechtsunsicherheit erzeugt. Z. B. sei an den reduzierten Maßstab in *Galli* erinnert, wonach, wenn eine bestimmte Handelsebene von der GMO ausgenommen sei, nur der reduzierte Maßstab gelte, bei dem die „Ziele und das Funktionieren der in Frage stehenden gemeinsamen Marktorganisation" nicht gefährdet werden dürften.[222] Hingewiesen sei auch auf *Hulst*[223], *Tasca* und *Sadam*[224], *Kramer*[225] und *Jongeneel Kaas*[226], *Nertsvoederfabriek*[227] und *Delhaize*[228]: In den letzten drei Fällen hat der Gerichtshof die allgemeine (restriktive und diskriminierungsbezogene) Grundfreiheitendogmatik zu Art. 35 Alt. 2 AEUV angewendet, wenn eine GMO einen *bestimmten Bereich* nicht normierte, auch wenn der Gegenstand ansonsten in irgendeiner Weise von einer GMO *berührt* worden ist (etwa weil eine andere Wertschöpfungsstufe normiert wird). Auch wenn der EuGH es in diesen Fällen nicht explizit ausspricht, so sind letztendlich doch (*seine* Auffassung von) Natur, Zielsetzung und Systematik der GMO entscheidend.

d) Verhältnis der Art. 34, 35 AEUV zu GMO: Beeinflussbarkeit und Bestandteiljudikatur

Für seine Rechtsprechung zu den GMO spielen die Art. 34, 35 AEUV bzw. ihre sekundärrechtlichen Äquivalentvorschriften eine wichtige Rolle. Der Gerichtshof kann diese nutzen, um eine (tatsächliche oder vermutete) Intention des Sekundärrechtsetzers rechtsfortbildend oder noch rechtsauslegend umzusetzen. Die nichtsdestotrotz *instrumentelle* Rolle der Art. 34, 35 AEUV

---

[220] S. b. Fn. 71 ff.
[221] *Gormley*, in: Arnull et al., 365 (368 f.).
[222] S. b. Fn. 88.
[223] S. b. Fn. 98 ff.
[224] S. b. Fn. 104.
[225] S. b. Fn. 147.
[226] S. b. Fn. 107 ff.
[227] S. b. Fn. 120 ff.
[228] S. b. Fn. 130 ff. Ein weiterer Fall, in dem diese Praxis vorgefunden werden kann, ist EuGH (Fn. 211), Rn. 7 (*Kommission/Deutschland*). Allerdings ging es hier um eine Einfuhrkonstellation.

kann daran erkannt werden, dass der Gerichtshof diese im Zweifel auch trotz ihrer normhierarchischen Überordnung *einschränkend* auslegt, wenn er eine solche Intention in der GMO-Verordnung zu erkennen meint, oder im Gegenteil sogar noch weitgehender eine Handelsfreiheit anerkennt, als es die Art. 34, 35 AEUV tun würden.

In *Galli*[229], *van Haaster*[230], *Vriend*[231] und *Fragkopoulos*[232] setzt der EuGH seine Zuständigkeitsverlustrechtsprechung mit der *Dassonville*-Formel gleich, jedoch ohne ihren Ursprung *Dassonville* zu benennen; und in *van den Hazel*[233] folgt er der Sache nach zwar der *Dassonville*-Auslegung, er nennt die Formel aber nicht ausdrücklich.[234]

Seine Ausführungen zu Art. 34, 35 AEUV bzw. ihren sekundärrechtlichen Äquivalenten durchsetzt er mit GMO-spezifischen Textbausteinen, sodass er nicht einfach zwei Regimes parallelisiert, sondern ein *Mischregime* entwickelt, das auch *von Urteil zu Urteil variiert*: Zur Kennzeichnung etwa der Art. 34, 35 AEUV verwendet er bisweilen auch exklusiv zu GMO entwickelte Textbausteine; mal importiert er auch Rechtsprechungsstränge aus Grundfreiheitskontexten, in denen keine GMO gegeben war, und bisweilen führt er die Besonderheiten einer bestimmten GMO sogar als Argument dafür an, dass herkömmlichen Rechtsprechungspfaden nicht zu folgen sei.

Die Applikation der *Dassonville*-Formel ist hier zu kritisieren: Die systematische Einbettung, die nach Auffassung des EuGH gegeben ist, führt zu einer – entweder erweiternden oder verengenden – *Modifizierbarkeit* durch den Verordnungsgeber. Der EuGH schaut sich die genaue Systematik der Verordnung an und auch, ob es eine Spezialvorschrift gibt, die das jeweilige Verhalten erlaubt oder verbietet (*van Haaster*[235]). Zu kritisieren ist die Applikation der *Dassonville*-Formel zudem aus dem Grunde, dass sie verdunkelt, woher und warum ein entsprechender Zuständigkeitsverlust eintritt oder eben nicht eintritt. Es scheint zwei Versionen der *Dassonville*-Formel zu geben: eine innerhalb und eine außerhalb von GMO. Denn die genaue Reichweite der *Dassonville*-Formel hängt in GMO-Fällen von dem *konkreten Verordnungssystem* ab. Außerhalb GMO ist die *Dassonville*-Formel zudem (meist) insofern enger, als der durch sie bewirkte Zuständigkeitseingriff nicht in so

---

[229] S. b. Fn. 84.

[230] S. b. Fn. 69.

[231] S. b. Fn. 183.

[232] S. b. Fn. 162 f.

[233] S. b. Fn. 79 f.

[234] Inkohärent und von der späteren Rechtsprechung nicht weiter verfolgt und hier daher nicht weiter relevant ist wohl die Handhabung der *Dassonville*-Formel in den (fast identischen und in kurzer Zeit nacheinander ergangenen) Urteilen *Tasca* und *Sadam*, in welchem er die auf ein Diskriminierungsverbot reduziert und sie strikt trennt von der GMO-Zuständigkeitsverlustrechtsprechung (s. b. Fn. 112).

[235] S. b Fn. 65 ff.

prononcierter Weise vom EuGH formuliert und angewendet wird wie häufig innerhalb GMO. Es besteht daher aus mehreren Gründen keine Deckungsgleichheit. Dass die *Dassonville*-Formel mit zwei (oder gar mehreren) unterschiedlichen Inhalten existiert, ist aus Gründen von Transparenz und Rechtssicherheit höchst kritikwürdig.

Die skizzierte „Argumentationsdurchmischung" findet sich in archetypischer Form etwa in *Kramer*[236]: Zunächst betont der Gerichtshof, dass die in Art. 34, 35 AEUV niedergelegten Verbote als Bestandteil der GMO in einem Bezugsverhältnis zum durch die „Gemeinschaftsregelung (...) [errichteten] Gesamtsystem und (...) [seinen] Zielsetzungen" stünden (in der Rs. *Pigs Marketing/Redmond* sagt der EuGH ausdrücklich, dass die „Artikel 30 und 34 (...) als *Bestandteil* der gemeinsamen Marktorganisation anzusehen sind [Hervorheb. d. Verf.]"[237]; ebenso in *McCarren*[238] und *Vriend*[239]). Unmittelbar darauf argumentiert er wiederum ausschließlich warenverkehrsfreiheitsintern, indem er auf den Umstand verweist, dass die Fangquoten nur kurzfristige Produktionsbeschränkungen zur Folge hätten, langfristig aber einen „optimalen und gleichbleibenden Ertrag der Fischerei" sicherstellten.[240]

Als vorläufiges Ergebnis ist festzuhalten, dass es zumindest *materiell* nicht auf die genaue Formulierung der Vorlagefrage ankommt, wenn GMO betroffen sind, und auch nicht darauf, ob die Art. 34, 35 AEUV direkt als verordnungsrechtliche „Kopie" oder überhaupt nicht zur Anwendung gelangen. Auch die Auswahl der eigentlichen Zwischenobersätze erscheint praktisch irrelevant und wird, wenn überhaupt, allenfalls durch die Tatsache beeinflusst, ob bezüglich der entscheidungserheblichen GMO schon einmal ein Judikat ergangen ist, das bestimmte Textbausteine verwendet hat oder nicht. Die Auslegung von Art. 35 AEUV kann auch nicht auf die einfache Formel gebracht werden, dass der EuGH innerhalb GMO der *Dassonville*-Formel und außerhalb der *Groenveld*-Formel folgt.

Es ist somit gerade nicht so, dass die *Dassonville*-Formel die Praxis des EuGH charakterisiert und quasi „zufällig" mit der Abwehrrichtung der GMO-Regimes übereinstimmt. Das GMO-Regime ist ein Sonderregime, das sich von den Grundfreiheiten emanzipiert hat – falls es überhaupt einmal mit diesen übereinstimmte – und nur auf der Grundlage einer tiefgehenden Beschäftigung mit der GMO-Judikatur erschlossen werden kann.

Wenn der Gerichtshof das GMO-Regime für nicht determinierend hält, wendet er die allgemein zu Art. 34, 35 AEUV entwickelte Grundfreiheitendogmatik an (wie in *Jongeneel Kaas*[241], *Nertsvoederfabriek*[242] und *Delhai-*

---

[236] EuGH (Fn. 145), Rn. 56/59.
[237] EuGH (Fn. 148), Rn. 55.
[238] S. n. Fn. 152.
[239] S. b. Fn. 184.
[240] EuGH (Fn. 145), Rn. 56/59.
[241] S. b. Fn. 107 ff.

ze[243]). Solche Urteile stellen somit Erkenntnisquellen für die Weiterentwicklung der Grundfreiheitendogmatik dar.

e) Plädoyer für eine klare Abgrenzung zur Grundfreiheitendogmatik

Eine Verkürzung der GMO-Judikatur auf die Formel, dass die zu Art. 34 AEUV außerhalb GMO ergangene Rspr. auch für Art. 35 AEUV im Kontext GMO gilt, ist falsch. Wie gezeigt ist es ebenso falsch, davon auszugehen, dass im Kontext GMO praktisch die *Dassonville*-Judikatur außerhalb GMO aus dem Jahre 1974 „eingefroren“ worden und bis heute gültig sei. Der Gerichtshof sollte daher versuchen, die Terminologie der Art. 34, 35 AEUV zu vermeiden und eine klare Abgrenzung zur Grundfreiheitendogmatik vorzunehmen. Dies würde zu größerer Konsistenz innerhalb der (GMO-)Rechtsprechung beitragen und trüge auch den normhierarchischen Bedenken Rechnung. Letztlich ist die Judikatur im Spiegel der Rechtsprechungsgeschichte nachvollziehbar, aber im Licht der in den letzten 40 Jahre stattgefundenen Entwicklungen stark zu kritisieren. Bereits die Tatsache einer „gespaltenen“ Auslegung an sich – also die unterschiedliche Auslegung ein und derselben Norm oder Formel je nach Kontext – ist geeignet, Rechtsunsicherheit hervorzurufen, umso mehr bei einem supranationalen Gericht.

f) Gründe für die Judikatur

Der Einsatz seiner verschiedenen dogmatischen Figuren erlaubt dem Gerichtshof, mit großer *Flexibilität* bei der Bewertung unionsrechtlicher Fragen vorzugehen. Wenn er GMO für lückenhaft hält und sich von einer restriktiveren Judikatur Integrationsgewinne erhofft, kann er sich auf die weitreichende Zuständigkeitsverlust- und Handelsverkehrsfreiheitsformel stützen und diese, wenn sie nur eine schwache Basis im jeweiligen Rechtsakt findet, über die *Dassonville*-Formel mitbegründen. Auf der anderen Seite kann er sich, wenn er eine „integrationsaktivistischere“ Judikatur aus praktischen oder rechtlichen Gründen ablehnt, systematisch entweder eng an einzelne Bestimmungen der GMO anlehnen, wenn sie seine Argumentation stützen, oder argumentieren, dass die GMO lückenhaft sei und daher keine Maßstäbe für die Beantwortung der jeweiligen Frage bereithalte. Eine Berufung auf die Warenverkehrsfreiheit kann er dann mit dem Argument parieren, dass die Warenverkehrsfreiheit einen Bestandteil der restriktiv aufzufassenden GMO darstelle oder, im Falle von Art. 35 Alt. 2 AEUV, dass dieser unmodifiziert angewendet werden müsse (weil die GMO eben keine entsprechenden Regelungen vorsieht), was aufgrund des dort (bisher) geltenden sehr engen Diskriminierungsmaßstabs ebenfalls die Zulässigkeit einer Regelung zur Folge hat.

[242] S. b. Fn. 120 ff.
[243] S. b. Fn. 130 ff.

Durch die Vielzahl der Argumentationsfiguren verschafft sich der Gerichtshof also erhebliche Flexibilität. Gründe für dieses hohe Bedürfnis des EuGH nach Flexibilität könnten pragmatisch erstens darin gesehen werden, dass der EuGH eigene Auslegungsspielräume erweitern möchte, um seine eigene Stellung zu stärken und (angebliche oder tatsächliche) Lücken im Sekundärrecht auffüllen zu können. Gerade der grundsätzlich interventionistisch ausgerichtete Agrarsektor setzt ein *dichtes Netz* von Normen voraus. Eine solche Normdichte konnte in der Anfangszeit der Integration mit Blick auf die Verteilungskämpfe zwischen den Agrarindustrien der verschiedenen Mitgliedstaaten und den vorherrschenden unterschiedlichen normpolitischen Vorstellungen wohl nur schwer erreicht werden.

3. Kapitel

Rechtsprechung zu Art. 35 AEUV außerhalb Gemeinsamer Marktorganisationen

I. Bis 08.11.1979 erfolgende Parallelauslegung der Ein- und Ausfuhrfreiheit?

Während es im ersten Abschnitt um die Auslegung der Entsprechungsnormen von Art. 34, 35 AEUV bzw. ihr Zusammentreffen mit den GMO ging, soll nun die Auslegung von Art. 35 AEUV (ex-Art. 34 EWG) untersucht werden, wenn keine GMO tangiert wird. Da die unmittelbare Wirkung der Grundfreiheiten erst zum 01.01.1970 eingetreten ist, geht es somit allein um die nach diesem Termin ergangene Rechtsprechung. Untersucht werden soll zunächst der Zeitraum bis zum Ergehen des grundlegenden Urteils *Groenveld*[244]. Nach allgemeiner Auffassung legte der EuGH Art. 35 AEUV bis dahin *einheitlich* im Sinne eines Beschränkungsverbots aus und führte erst danach die Differenzierung zwischen von GMO erfassten und sonstigen Bereichen ein.[245]

Tatsächlich entschied der EuGH in der Sache ausschließlich über *Diskriminierungen*: *International Fruit Company*[246] handelte von „Ausfuhrlizenzen oder ähnlichen Verfahren gleich welcher Art"[247]; und in der parallel gelagerten Sache *Bauhuis*[248] wurde ausschließlich auf die auf Exportwaren erhobenen Gebühren Bezug genommen, die von den Exportstaaten im Interesse der Zielstaaten erhoben wurden, die damit im Zielstaat stattfindende Gesund-

---

[244] EuGH (Fn. 51).

[245] Vgl. Generalanwalt *Mengozzi*, Schlussanträge v. 16.09.2010 – C-161/09, Rn. 44; Generalanwältin *Trstenjak*, Schlussanträge v. 17.07.2008, Rs. C-205/07, Slg. 2008, I-9947, Rn. 30 f. (*Gysbrechts*); EuGH (Fn. 258), Rn. 16/17 (*Bouhelier*). Generalanwalt *Capotorti* bezeichnet in seinen Schlussanträgen zur Rs. *Groenveld* (Fn. 51) die Beschränkungsrechtsprechung des EuGH zu ex. Art. 34 EWG (Art. 35 Alt. 2 AEUV) demnach auch als „gefestigte Rechtsprechung", Generalanwalt *Capotorti*, Schlussanträge v. 27.09.1979, Rs. 15/79, Slg. 1979, 3417 (3419).

[246] EuGH, Urt. v. 15.12.1971, Rs. 51–54/71, Slg. 1971, 1107 (*International Fruit Company*).

[247] EuGH (Fn. 246), Rn. 8/9.

[248] EuGH, Urt. v. 25.01.1977, Rs. 46/76, Slg. 1977, 6 (*Bauhuis*).

heitskontrollen finanzierten. Folglich ging es um eine diskriminierende Ausfuhrbeschränkung.[249]

Sacchi[250] betraf ein dem italienischen Staat eingeräumtes Ausschließlichkeitsrecht in Bezug auf Fernsehausstrahlungen. Der Gerichtshof hielt die Warenverkehrsfreiheit für verletzt, wenn das staatliche Unternehmen beim Handel mit Materialien wie Tonträgern und Filmen sein Monopolrecht benutzt, um zugunsten inländischer „Erzeugnisse [zu] diskriminier[en]“[251]. Dass der Gerichtshof in *Sacchi* „Maßnahmen über die Vermarktung von Waren (…), deren beschränkende Wirkungen den Rahmen der solchen Maßnahmen eigentümlichen Wirkungen überschreiten“ bzw. Maßnahmen, die außer „Verhältnis (…) zu dem angestrebten Ziel“ stünden,[252] als Maßnahmen gleicher Wirkung einordnet, ist mit Blick auf die ausdrückliche Begrenzung des Maßstabs der Warenverkehrsfreiheit auf eine *diskriminierende* Regelung nicht von Relevanz.

Das Urteil *Dassonville*[253] dagegen war insofern von begrenzter Bedeutung, als das vorlegende tribunal de première instance ausdrücklich nach der Auslegung der „Artikel 30, 31, 32, 33, 36“[254] EWG und nicht nach der von ex-Art. 34 EWG gefragt hatte[255] und es um eine Einfuhrkonstellation ging. Andererseits: Dies macht es schwierig, allein aus der Entscheidung *Dassonville* die Reichweite der dort getroffenen Aussagen abzuleiten, war doch die sog. *Dassonville*-Formel[256] „handelsvorgangsneutral“ formuliert, indem sie „mengenmäßige Beschränkung[en]“[257] definierte und gerade nicht das Präfix „Ein“ verwandte, obwohl ex-Art. 30 EWG mengenmäßige „Einfuhrbeschränkungen“ verbietet.

---

[249] Vgl. auch zu den Implikationen hinsichtlich der *fremdnützigen Interessenwahrnehmung* b. Fn. 3944 ff. Schließlich sei auf EuGH, Urt. v. 16.03.1977, Rs. 68/76, Slg. 1977, 515 (*Kommission/Frankreich*) verwiesen: Auch hier ging es um Ausfuhrmodalitäten und damit um eine diskriminierende Regelung.

[250] EuGH, Urt. v. 30.04.1974, Rs. 155/73, Slg. 1974, 409 (*Sacchi*).

[251] EuGH (Fn. 250), Rn. 7/8.

[252] EuGH (Fn. 250), Rn. 7/8.

[253] EuGH (Fn. 51).

[254] EuGH (Rn. 51), Rn. 1.

[255] Vgl. hierzu insgesamt *Weyer*, Freier Warenverkehr und nationale Regelungsgewalt in der Europäischen Union, S. 52 f. m. w. N.

[256] EuGH (Rn. 51), Rn. 5: „Jede Handelsregelung der Mitgliedstaaten, die geeignet ist, den innergemeinschaftlichen Handel unmittelbar oder mittelbar, tatsächlich oder potentiell zu behindern, ist als Maßnahme mit gleicher Wirkung wie eine mengenmäßige Beschränkung anzusehen.“ Eine Sezierung der Formel findet sich bei *Jensch*, Die Warenausfuhrfreiheit des EG-Vertrags, S. 115 ff.

[257] EuGH (Rn. 51), Rn. 5.

Schließlich wäre auch das bekannte Urteil *Bouhelier*[258] überinterpretiert, wenn hieraus die Anerkennung eines Beschränkungsmaßstabs abgeleitet würde: In *Bouhelier* ging es um zur Ausfuhr bestimmte Uhren, die nicht ausgeführt werden durften, weil die Exporteure weder ein Prüfungszeugnis noch eine Ausfuhrlizenz vorlegen konnten, die beide nur ausgestellt werden, wenn das Produkt bestimmte Qualitätsanforderungen erfüllt. Dieses Erfordernis galt nur für exportierte, nicht für im Inland verkaufte Uhren. Interessanterweise war es Aufgabe der die Uhren kontrollierenden öffentlichen Anstalten, „den technischen Fortschritt zu fördern sowie bei der Leistungssteigerung und der Sicherung der Qualität in der Industrie mitzuwirken"[259]. Der EuGH ließ sich jedoch von dieser industriepolitischen Begründung – anders als womöglich in *Groenveld*[260] – nicht überzeugen.[261] Der Gerichtshof stellt klar, dass die *Dassonville*-Formel auch für Art. 35 Alt. 2 AEUV Gültigkeit beansprucht und definiert die Maßnahmen mit gleicher Wirkung wie mengenmäßige *Ausfuhr*beschränkungen in der Weise, wie er in der Rechtssache *Dassonville* Maßnahmen mit gleicher Wirkung wie mengenmäßige *Einfuhr*beschränkungen definiert hat.[262] Der EuGH betont jedoch den *diskriminierenden* Charakter der verfahrensgegenständlichen Regelung und klassifiziert sie als „willkürliche Ungleichbehandlung"[263]. Der EuGH hat damit formal zwar die Geltung der *Dassonville*-Formel für Art. 35 Alt. 2 AEUV anerkannt.[264] Aufgrund des (erneuten) Vorliegens einer Diskriminierung kann allerdings auch aus *Bouhelier* nicht geschlossen werden, dass hiermit auch ein Beschränkungsverbot für Art. 35 Alt. 2 AEUV gelten soll.[265]

---

[258] EuGH, Urt. v. 03.02.1977, Rs. 53/76, Slg. 1977, 197 (*Bouhelier*). Vgl. zu *Bouhelier* *Barnard*, 74; *Jensch*, 120 ff.; *Weyer*, 53. Interessant sind die Schlussanträge von Generalanwalt *Capotorti* in *Bouhelier* (Schlussanträge v. 19.01.1977, Rs. 53/76, Slg. 1977, 207 [209 f.] – *Bouhelier*): Seine Kritik an der *Groenveld*-Formel in seinen Schlussanträgen zur Rs. *Oebel* zeichnet sich nämlich schon in seinen Schlussanträgen zu *Bouhelier* ab: *Capotorti* betont nämlich die „Einheit des Marktes" (210). In der Sache führt er sie zwar „nur" gegen eine Ausfuhrdiskriminierung ins Feld. Auf deren Grundlage könnte aber gegen (bestimmte) Ausfuhrbeschränkungen vorgegangen werden.

[259] Zit. nach dem Tatbestand des Urteils *Bouhelier*, Slg. 1977, 198.

[260] S. b. Fn. 301 ff.

[261] Dies könnte damit zusammenhängen, dass die Maßnahme hier weniger geeignet schien, die französischen Gesamtexporte zu fördern, wohingegen der Vortrag in *Groenveld* wohl größere Plausibilität beanspruchen konnte.

[262] EuGH (Fn. 258), Rn. 13–17.

[263] Denn die Regelung gelte „nur für zum Export bestimmte Erzeugnisse" und nicht für „Erzeugnisse, die in dem Mitgliedstaat selbst in den Handel kommen", EuGH (Fn. 258), Rn. 13/15. Der EWG-Vertrag stehe „Ausfuhrlizenzen oder ähnlichen nur für den Export vorgeschriebenen Verfahren" entgegen (Rn. 16/17). Vgl. auch *van Calster*, E. L. Rev. 25 (2000), 335 (336).

[264] Vgl. *Barnard*, 74; *van Calster*, E. L. Rev. 25 (2000), 335 (336); Generalanwältin *Trstenjak* (Fn. 245), Rn. 30 Fn. 14 (*Gysbrechts*).

[265] Ebenso *Jensch*, 123.

In einer Gesamtschau aller Judikate kann zwar nicht mit letzter Sicherheit festgestellt werden, dass der Gerichtshof ex-Art. 34 EWG in der Zeit vor Ergehen des *Groenveld*-Judikats wirklich im Sinne eines Beschränkungsverbots interpretiert hat. In der Sache ging es nämlich durchgängig um Diskriminierungen.[266] Dafür, dass er dies getan hat, sprechen jedoch die weit formulierten Verbotsmaßstäbe in *Saachi*, *Dassonville* und vor allem *Bouhelier*. Dies könnte als Hinweis interpretiert werden, dass der EuGH seine weite Importrechtsprechung auf ex-Art. 34 EWG übertragen wollte. Auf der anderen Seite erscheint die *Dassonville*-Formel bisweilen als ein nicht wörtlich zu nehmender *Platzhalter* für die *bisherige Rechtsprechung*, ohne dass aus ihr etwas *Selbständiges* zu schlussfolgern wäre. Insofern würde die Rs. *Groenveld* nicht die Zäsur darstellen, als die sie später angesehen wurde:[267] Die Unterschiede wären von Anfang an in den unterschiedlichen Rechtsprechungslinien zu Art. 34, 35 AEUV angelegt gewesen und später nur zunehmend deutlicher artikuliert worden.

II. Die *Groenveld*-Formel[268] im Laufe der Jahre bis zur Rs. *Gysbrechts*[269]

1. Groenveld*: Geburt der restriktiven* Groenveld*-Formel*

In den Niederlanden war zur Zeit des Verfahrens die Vorrätighaltung, Be- und Verarbeitung (ohne Ausnahmebewilligung) von Pferdefleisch für Wurstwaren vertreibende Fleischgroßhändler verboten. Im Ausgangsverfahren ging es um eine abgelehnte Ausnahmebewilligung für einen Pferdefleischgroßhändler.[270] Die *Produktschap voor Vee en Vlees*, die dieses Verbot verordnungsrechtlich erlassen hatte, trug vor, dass der Wegfall der Regelung *Ausfuhrrückgänge* zur Folge haben könnte, die anders als mit dem verfahrensgegenständlichen Verbot nicht abgewendet werden könnten.[271] Auch das Vorlagegericht wies darauf hin, dass das Verbot nach der Begründung der dem Verfahren zugrunde liegenden Verordnung den Zweck habe, einem generellen Einfuhrverbot anderer Staaten für Fleischprodukte aus den Niederlanden zuvorzukommen, und dass ein Ausfuhrverbot alleine nicht ausreiche.[272] Ge-

[266] *Kovar*, JDI 1981, 111 (114).

[267] Vor allem hat der Gerichtshof in *Groenveld* überhaupt *erstmalig Gelegenheit* gehabt, Art. 35 AEUV restriktiv zu interpretieren.

[268] EuGH (Fn. 51).

[269] EuGH (Fn. 159).

[270] EuGH (Fn. 51), Rn. 1 f.

[271] *Produktschap voor Vee en Vlees*, zit. nach dem Tatbestand des *Groenveld*-Judikats, Slg. 1979, 3410 (3412 f.); vgl. auch EuGH (Fn. 51), Rn. 3.

[272] Zit. nach dem Tatbestand des *Groenveld*-Urteils, Slg. 1979, 3410 (3411).

neralanwalt *Capotorti*[273] und die Kommission[274] dagegen qualifizierten die Regelung als Maßnahme gleicher Wirkung. Generalanwalt *Capotorti* zieht den in der *Dassonville*-Formel verkörperten allgemeinen Beschränkungsmaßstab sowie die *Cassis*-Formel heran.[275] *Capotorti* hält auch indirekte und mittelbare Ausfuhrhindernisse für erfasst.[276] Er bezweifelt, ob der Schutz des guten Rufes ein legitimes Ziel im Sinne der *Cassis*-Rechtsprechung darstellen kann.[277] Nach Auffassung der Kommission und Generalanwaltes *Capotortis* könne die Maßnahme, jedenfalls mit Blick auf die Möglichkeit einer Kennzeichnung, nicht gerechtfertigt werden.[278]

Hinsichtlich der Produktion und Ausfuhr von Pferdefleischwurst stellt sich die Regelung als ein *Produktionsverbot* dar.[279]

a) Groenveld-*Formel*

aa) Wortlaut

Nach der Zitierung von ex-Art. 34 EWG[280] entwickelt der Gerichtshof seine viel beachtete und bis zum heutigen Tag den Ausgangspunkt seiner Prüfung von ex-Art. 34 EWG bildende „*Groenveld*-Formel“: „Diese Bestimmung bezieht sich auf nationale Maßnahmen, die *spezifische* Beschränkungen der Ausfuhrströme bezwecken oder bewirken und damit unterschiedliche Bedingungen für den Binnenhandel innerhalb eines Mitgliedstaats und seinen Außenhandel schaffen, so dass die nationale Produktion oder der Binnenmarkt des betroffenen Staates zum Nachteil der Produktion oder des Handels anderer Mitgliedstaaten einen besonderen Vorteil erlangt. [Hervorheb. d. *Verf.*]“[281]

---

[273] Generalanwalt *Capotorti* (Fn. 245), 3418 f. (*Groenveld*).

[274] Zit. nach dem Tatbestand des *Groenveld*-Judikats, Slg. 1979, 3410 (3413).

[275] Generalanwalt *Capotorti* (Fn. 245), 3418 ff. (*Groenveld*). Auf der Beeinträchtigungsebene sei demnach maßgeblich, ob die Maßnahme ein „beträchtliches Hemmnis für den innergemeinschaftlichen Handel mit den betroffenen Erzeugnissen bildet“.

[276] Generalanwalt *Capotorti* (Fn. 245), 3418 f. (*Groenveld*).

[277] Generalanwalt *Capotorti* (Fn. 245), 3420 (*Groenveld*).

[278] Generalanwalt *Capotorti* (Fn. 245), 3420 f. (*Groenveld*); Kommission, zit. nach dem Tatbestand des *Groenveld*-Judikats, Slg. 1979, 3410 (3413).

[279] Vgl. umf. zur rechtlichen Behandlung von Produktionsverboten (als Produktionsregelungen) b. Fn. 3803 ff.

[280] EuGH (Fn. 51), Rn. 6.

[281] EuGH (Fn. 51), Rn. 7. In der englischen Fassung definiert der Gerichtshof die Formel wie folgt: „That provision concerns national measures which have as their specific object or effect the restriction of patterns of exports and thereby the establishment of a difference in treatment between the domestic trade of a Member State and its export trade in such a way as to provide a particular advantage for national production or for the domestic market of the State in question at the expense of the production or of the trade of other Member States.“ Die französische Urteilsversion definiert die Maßnahmen gleicher Wirkung wie folgt: „Cette disposition vise les mesures nationales qui ont pour objet ou pour

Weil die verfahrensgegenständliche Regelung nicht danach differenziert, wohin die Waren verkauft werden (In- wie Ausland sind gleichermaßen betroffen), sondern „generell anwendbar" sei, sei die Formel vorliegend nicht erfüllt und mithin keine Maßnahme mit gleicher Wirkung wie eine mengenmäßige Einfuhrbeschränkung gegeben.[282]

bb) Nichtdiskriminierung alleinige Voraussetzung?

Der EuGH lässt die Maßnahme bereits deshalb aus dem Tatbestand ausscheiden, weil sie nicht diskriminiert.[283] Dies könnte damit erklärt werden, dass eine Maßnahme ja bereits dann aus dem Tatbestand herausfällt, wenn nur eine von mehreren *notwendigen* Bedingungen nicht gegeben ist. Auf der anderen Seite könnte damit entgegen dem Formelwortlaut angedeutet werden, dass dies die *einzig notwendige* und gleichzeitig einzige hinreichende Bedingung ist.

Dieser Eindruck wird mit Blick auf das Ende des Urteils bestätigt:[284] Hier wird das niederländische Verbot für zulässig gehalten, wenn es „keinerlei unterschiedliche Behandlung zwischen für zur Ausfuhr bestimmten Erzeugnissen und innerhalb des betreffenden Mitgliedstaats vermarkteten Erzeugnissen beinhaltet." Im Gegensatz zum ersten Punkt ist diese Passage eindeutiger, denn würde die *Groenveld*-Formel in ihrer Gesamtheit ernst genommen, wäre eine Maßnahme auch bei Vorliegen einer Diskriminierung zulässig, wenn der inländischen Wirtschaft hierdurch kein Vorteil verschafft werden würde.

Schon im Urteil *Groenveld* kann sich also nur schwer des Eindrucks erwehrt werden, dass es einzig und allein auf das Vorliegen einer *Diskriminierung* ankommt und nicht auf die weitere Voraussetzung, dass die inländische Wirtschaft einen Vorteil erlangt.[285]

cc) „Spezifische Beschränkung" statt Diskriminierung

Ein weiterer bemerkenswerter Umstand ist der genaue Wortlaut der Formel, die sowohl in der deutschen als auch in der englischen, französischen und

---

effet de restreindre spécifiquement les courants d'exportation et d'établir ainsi une différence de traitement entre le commerce intérieur d'un État membre et son commerce d'exportation, de manière à assurer un avantage particulier à la production nationale ou au marché intérieur de l'État intéressé, au détriment de la production ou du commerce d'autres États membres."

[282] EuGH (Fn. 51), Rn. 7; vgl. auch EuGH (Fn. 51), Rn. 8 („generelle Charakter").

[283] EuGH (Fn. 51), Rn. 7.

[284] EuGH (Fn. 51), Rn. 9.

[285] Vgl. *Szydło*, CMLR 47 (2010), 753 (759); *Van Calster*, E. L. Rev. 25 (2000), 335 (336).

niederländischen Fassung den Begriff der Diskriminierung vermeidet,[286] obwohl der Begriff in der Rechtsprechung des Gerichtshofs geläufig ist:[287] Es wird von „spezifische[r] Beschränkung", „specific object or effect the restriction of patterns of export", „pour objet ou pour effet de restreindre spécifiquement les courants d'exportation", „specifieke beperking" sowie von „unterschiedliche[n]" Bedingungen, „difference in treatment", „différence de traitement", „ongelijke behandeling" gesprochen. Womöglich wurde dieser Begriff deshalb verwendet, weil er in der bisherigen Judikatur noch nicht verwandt wurde, sodass er mit gewünschten Begriffsinhalten „aufgeladen" werden konnte und der Gerichtshof nicht an etwaige Interpretationstraditionen gebunden war. Gleichzeitig zeigt das Wort „spezifisch" an, dass das „bloße" Vorliegen einer Beschränkung von Anfang an für nicht ausreichend erachtet, sondern eine gewisse Qualifikation verlangt wurde.

dd) Auch mittelbare Diskriminierungen erfasst?

Schließlich könnte noch die Frage gestellt werden, inwieweit der Gerichtshof mit der vorliegenden Formel von Anfang an ein Verbot unmittelbarer *sowie mittelbarer* Diskriminierung statuiert hat.[288] Eine alleinige Betrachtung des *Wortlautes* der Formel, die auch die englische und französische Fassung mitberücksichtigt, kann wohl nur zu dem Ergebnis kommen, dass *auch mittelbare* Diskriminierungen verboten sind.[289] Diese werden gemeinhin definiert als Maßnahmen, die in der Regel Ausfuhrsachverhalte treffen, ohne wortwörtlich an solche anzuknüpfen.[290] Durch das Wort „bewirken" bzw. „effect" und „effet" werden auch die rein faktischen Konsequenzen unabhängig von der Zielrichtung miteinbezogen. Auch die restlichen Bestandteile der Formel beziehen sich auf die faktischen Folgen und nicht auf die Zielrichtung (unterschiedliche Bedingungen schaffen, Vorteil erlangen).

Fraglich ist, zu welchem Ergebnis eine Analyse in der *Sache* kommt: Da dem Urteil ein konkreter Sachverhalt zugrunde liegt, der entsprechend konkret beurteilt werden musste, kommt es darauf an, ob vorliegend eine mittelbare Diskriminierung gegeben war – bzw. genauer, ob eine solche nach Auffas-

---

[286] Interessanterweise taucht der Begriff der Diskriminierung an keiner Stelle im Urteil auf.

[287] Wie z. B. das Urteil *Saachi* zeigt, s. b. Fn. 251.

[288] Erst recht sind dann natürlich auch unterschiedslose Beschränkungen nicht erfasst, *Füller*, 241 Fn. 20; *Szydło*, CMLR 47 (2010), 753 (788). Für ein Verständnis als Verbot unmittel- wie mittelbarer Diskriminierung *Becker*, in: Schwarze/Becker/Hatje/Schoo, 3. Aufl. 2012, Art. 35 AEUV Rn. 9 ff.; *Weyer*, 110; a.A. *Richters*, Diskriminierung, 239 ff.; *Szydło*, CMLR 47 (2010), 753 (756); die Frage als nicht geklärt ansehend *Alexander*, CMLR 17 (1980), 282 (285). S. zu einer die *gesamte* Rspr. einbeziehenden Analyse umf. b. Fn. 591 ff.

[289] A.A. *Szydło*, CMLR 47 (2010), 753 (756).

[290] S. umf. b. Fn. 3471 ff.

sung des Gerichtshofs vorlag. Denn wenn ihm ein Subsumtionsfehler unterlaufen ist, ist sein diesbezügliches Ergebnis nicht aussagekräftig. Der Gerichtshof scheint wohl nicht vom Vorliegen einer faktischen Diskriminierung auszugehen, obwohl eine faktische Diskriminierung tatsächlich gegeben war. Dass das Verbot den örtlichen Einzelhandel nicht betrifft (der ja ganz überwiegend nur im Inland sein Fleisch vertreibt), ist für ihn explizit irrelevant.[291] Es scheint dabei ein *formalistisches* Verständnis durch. Ihm ist die Motivation für die Herausnahme des Einzelhandels egal („was auch immer sein Zweck sei"[292]). Für ihn ist nur die Regelung des Großhandels von Relevanz.

Diese Differenzierung vermag kaum zu überzeugen: Es geht sowohl beim Einzelhandel als auch beim Großhandel um den Verkauf von Pferdefleischwurst. Der Unterschied liegt allein darin, dass der Einzelhandel ganz überwiegend an niederländische und nicht an EU-ausländische Verbraucher verkauft, worauf auch schon Generalanwalt *Capotorti* hingewiesen hat.[293] Das diskriminierende bzw. grenzüberschreitende Moment selbst ist also der Unterschied.[294] Der Fleischgroßhandel – gerade der Exportnation der Niederlande[295] – ist zu einem erheblichen Teil auf den *Export ausgerichtet.*

Dass der EuGH also zwischen beidem differenziert und die darin liegende faktische Diskriminierung nicht für verboten erklärt, spricht für ein *eng* zu verstehendes und grundsätzlich nur offene Diskriminierungen umfassendes Diskriminierungsverbot.

ee) Abweichung von der bisherigen st. Rspr.

Wie wenig die Entscheidung mit der bisherigen Linie des EuGH zu vereinbaren ist, zeigt etwa der Kommentar von *Timmermans*, der in seinem im Jahr 1981 erschienen Aufsatz ganz selbstverständlich davon ausgeht, dass es sich bei *Groenveld* um einen Ausreißer handele und dass in Zukunft unabhängig von *Groenveld* auch für Art. 35 AEUV die *Dassonville-Cassis*-Rechtsprechung Anwendung finde.[296] Und auch Generalanwalt *Capotorti*

---

[291] EuGH (Fn. 51), Rn. 8 a. E.

[292] EuGH (Fn. 51), Rn. 8.

[293] Generalanwalt *Capotorti* (Fn. 245), 3418 f. (*Groenveld*).

[294] Ebenso *von Wilmowsky*, EuR 1996, 362 (364 Fn. 10); *ders.*, 21 Fn. 65; ähnl. auch *Eilmansberger*, JBl. 1999, 434 (449); a.A. wohl *Wyatt*, E. L. Rev. 5 (1980), 473 (475, 484 f.).

[295] Z. B. waren die Niederlande im Jahr 2013 derjenige Staat, der in absoluten Zahlen die meisten Waren nach Deutschland portiert hat, vgl. Statistisches Bundesamt, Deutscher Außenhandel, Ausgabe 2015, 11.

[296] *Timmermans*, in: Kommission, 259 (294); ähnl. *Oliver*, CMLR 19 (1982), 217 (239): „such a radical break from the previous case law on Articles 30 and 34 that there was reason to think that it might not be followed by the full Court"; ebf. krit. *Alexander*, CMLR 17 (1980), 282 (285), der allerd. unkrit. und in verfehlter Weise neben *Dassonville* auch auf den GMO-Fall *van Haaster* verweist; krit. auch *Defossez*, CDE 2009, 409 (417 f.);

geht in seinen Schlussanträgen zur Rs. *Groenveld* wie selbstverständlich davon aus (freilich unter Zitierung eines zu Art. 34 Alt. 2 AEUV ergangenen Urteils[297]), dass die *Dassonville-Cassis*-Rechtsprechung zugrunde zu legen sei.[298] Entsprechend trägt *Capotorti* in seinen Schlussanträgen zur Rs. *Oebel* vor, dass das Urteil *Groenveld* nicht „von den besonderen Umständen des Falles losgelöst werden könne [und solle, Anm. d. *Verf.*]“[299]. Ebenso ging die Kommission in ihren schriftlichen Erklärungen davon aus, dass das Vorliegen eines solchen Hindernisses für die Vermarktung von Pferdefleischerzeugnissen eine Maßnahme gleicher Wirkung i. S. v. Art. 35 Alt. 2 AEUV darstelle.[300]

b) Suggestivkraft der Gefahr von Ausfuhrrückgängen

Eine besondere Suggestivkraft könnte der (in der Sache unbegründete[301]) Vortrag der *Produktschap voor Vee en Vlees*[302] gespielt haben, nach dem der Wegfall der Regelung die Gefahr von *Ausfuhrrückgängen* begründen könnte, die anders als mit dem verfahrensgegenständlichen Verbot nicht abgewendet werden könnten.[303] Auch das Vorlagegericht wies darauf hin, dass das Verbot nach der Begründung der dem Verfahren zugrunde liegenden Verordnung den Zweck habe, einem generellen Einfuhrverbot anderer Mitgliedstaaten für Fleischwaren aus den Niederlanden zuvorzukommen, und dass ein Ausfuhrverbot alleine nicht ausreiche.[304] Der EuGH glaubte sich daher womöglich[305]

Gormley, in: Terryn/Straetmans/Colaert, 277 (283); die Entscheidung dag. für mit der *Cassis*-Rechtsprechung im Einklang haltend *Eilmansberger*, JBl. 1999, 434 (448 Fn. 329); dem EuGH aus teleologischen Gründen ebf. zust. *Wyatt*, E. L. Rev. 5 (1980), 473 (475, 484 f.); die Entscheidung ebf. für eine radikale Abweichung haltend, aber aus Sachgründen (nur in Bezug auf Art. 35 Alt. 2 AEUV) wohl für vertretbar haltend *VerLoren van Themaat*, SEW 1980, 141 (142 f.): „Deze argumentatie lijkt in haar opbouw fundamenteel af te wijken van het befaamde Dassonville-arrest“. *Barents*, in: Mortelmans/Stuyck, 445 f. hingegen scheint der Entscheidung eine gewisse Orientierungswirkung für die Zukunft in Bezug auf Ausfuhrbehinderungen zuzusprechen, obwohl auch er die Inkohärenz mit der bisherigen Judikatur hervorhebt.

[297] EuGH, Urt. v. 13.03.1979, Rs. 119/78, Slg. 1979, 976, Rn. 22 (*Peureux*).

[298] Generalanwalt *Capotorti* (Fn. 245), 3419 (*Groenveld*).

[299] *Generalanwalt Capotorti* (Fn. 258), 2016 (*Oebel*). In *Oebel* (Fn. 355) lehnt *Capotorti* daher auch eine Verallgemeinerung der *Groenveld*-Formel auf ein Nachtarbeitsverbot ab (s. umf. b. Fn. 381 ff.).

[300] Zit. nach dem Tatbestand des *Groenveld*-Judikats, Slg. 1979, 3410 (3413).

[301] S. b. Fn. 314 ff.

[302] *Produktschap voor Vee en Vlees*, zit. nach dem Tatbestand des *Groenveld*-Judikats, Slg. 1979, 3410 (3412 f.); vgl. auch EuGH (Fn. 51), Rn. 3.

[303] Andeut. *VerLoren van Themaat*, SEW 1980, 141 (142).

[304] Zit. nach dem Tatbestand des *Groenveld*-Urteils, Slg. 1979, 3410 (3411).

in der paradoxen Situation, dass er sein eigentliches Ziel – die Handelsförderung – unterminieren würde, wenn er die von ihm entwickelten Instrumente wie gewohnt zur Anwendung brächte. Wichtig ist dabei, dass das verfahrensgegenständliche Verbot in *Groenveld keinerlei protektionistische* Qualität aufgewiesen hat. *Groenveld* könnte ein Beleg dafür sein, dass der EuGH auch bei dem weit ausgelegten Art. *34* Alt. 2 AEUV eigentlich eine Bekämpfung *protektionistischer* Verhaltensweisen im Sinn hatte, und zwar solcher, denen die protektionistische Qualität nicht (gerichtsfest) nachgewiesen werden konnte. Die (zu) weite Fassung der Auslegung von Art. 34 Alt. 2 AEUV würde es ihm ermöglichen, diskriminierende Regelungen auch dann zu erfassen, wenn ein gerichtsfester *Nachweis* einer einfuhrdiskriminierenden Tendenz nicht erbringbar ist.

Die Gefahr, dass die eigene Rechtsprechung gar zu *Handelsrückgängen* führen könnte, dürfte in *Groenveld* einige *Suggestivkraft* entfaltet haben. Insofern könnte die *Groenveld*-Entscheidung den besonderen Umständen des Falles geschuldet und auch gar nicht zur Generalisierung gedacht gewesen sein.[306] Diese Generalisierung scheint vielmehr erst erheblich *später* vom EuGH entschieden und kommuniziert worden zu sein.[307] Hierfür spricht auch, dass der EuGH seinem Urteil in der Rs. *Kaasfabriek Eyssen* nicht die *Groenveld*-Formel zugrunde legt,[308] sondern erst in der Rs. *Oebel* auf die *Groenveld*-Formel Bezug nimmt.[309] Schließlich handelte es sich nur um eine von drei Richtern getragene Kammerentscheidung.[310]

Die Verfestigung der *Groenveld*-Formel zur st. Rspr. könnte vor allem den zwei folgenden Umständen geschuldet gewesen sein: erstens der fehlerhaften Begründung eines vor dem Hintergrund der Stellungnahmen im mündlichen Verfahren nicht völlig unplausibel erscheinenden (aber nach hier vertretener Auffassung nicht überzeugenden) Ergebnisses; und zweitens der späteren Generalisierung dieses „verbreitet für verfehlt gehaltenen“[311] Judikates durch

---

305 Die Kommission hatte die Schwächen dieser Argumentation während des Verfahrens ausdrücklich angesprochen, zit. nach dem Tatbestand der Rs. *Gysbrechts*, Slg. 1979, 3410 (3413).

306 Andeut. *Barents*, CMLR 18 (1981), 271 (303); *ders.*, in: Mortelmans/Stuyck, 445 f.; *Gormley*, in: Terryn/Straetmans/Colaert, 277 (285); *VerLoren van Themaat*, RM Themis-4/5 (1980), 378 (391); a.A. *Defossez*, CDE 2009, 409 (418 f.).

307 Vgl. *Roth*, ZHR 159 (1995), 78 (82); *Stuyck*, CMLR 30 (1993), 847 (856 f.); *von Wilmowsky*, EuR 1996, 362 (364).

308 S. b. Fn. 319 ff.

309 S. b. Fn. 360 ff.

310 Vgl. b. Fn. 326 ff. Ebf. hierauf hinweisend *von Wilmowsky*, EuR 1996, 362 (364). Entsprechend äußert *Wyatt*, E. L. Rev. 5 (1980), 473 in seiner Urteilsanmerkung zur Rs. *Groenveld* die Vermutung, dass das Urteil in Plenarbesetzung anders ausgefallen wäre; s. a. *Oliver*, CMLR 19 (1982), 217 (239).

311 *Von Wilmowsky*, EuR 1996, 362 (364).

die Nachfolgerechtsprechung, die die Formel aus ihrem begrenzten Fallkontext herausgerissen hatte.

c) Rechtfertigung

Nach Auffassung des EuGH ist in *Groenveld* bereits der Tatbestand nicht erfüllt. Infolgedessen muss der EuGH nicht dazu Stellung nehmen, ob es sich beim Schutz des guten Rufes um ein legitimes Ziel im Rahmen der Rechtfertigung handelt. Seine Ausführungen in Rn. 9 deuten darauf hin, dass er zu der Frage der Berechtigung dieser Politik nicht explizit Stellung nehmen wollte. Es kommt seiner Auffassung nach allein darauf an, dass das Verbot nicht zwischen Inlands- und Exporthandel differenziere. Aus den tatbestandsbezogenen Ausführungen kann abgeleitet werden, dass der EuGH der Verfolgung dieses Ziels nicht kritisch gegenübersteht – sonst hätte er den Tatbestand wohl weniger eng gefasst.[312] Eine andere Interpretation der Vorgehensweise des EuGH erscheint zu formalistisch. Und gerade in *Groenveld* bestand auch noch kein Druck, von einer etwaigen st. Rspr. abzuweichen. Im Gegenteil hat der EuGH sich in *Groenveld* von seiner Rspr. zu Art. 34 Alt. 2 AEUV distanziert.[313]

Fraglich ist, ob die Maßnahme hier verhältnismäßig gewesen wäre, sofern der EuGH den Tatbestand für eröffnet gehalten und den Schutz des guten Rufes als legitimes Ziel anerkannt hätte. Zu überprüfen ist zunächst, ob ein *Ausfuhrverbot* ein gleich geeignetes und milderes Mittel gewesen wäre. Hier ist zu differenzieren zwischen der Herstellung von Pferdefleisch und der Produktion anderer Fleischwaren in Fabriken, in denen gleichzeitig auch Pferdefleisch hergestellt wird. In Bezug auf die Herstellung von Pferdefleisch macht es keinen Unterschied, ob ein Ausfuhrverbot oder ein Verbot des Vorrätighaltens und Bearbeitens erlassen wird. Beides verunmöglicht den industriellen Fleischverarbeitungsbetrieben die Ausfuhr. In Bezug auf die Herstellung *anderer Fleischsorten* (wie Schweinefleisch) wäre ein Ausfuhrverbot ein milderes Mittel, weil Produzenten zugleich für das Inland oder Länder, die Pferdefleischwurst zulassen, Pferdefleischwurst herstellen und weitere Fleischwaren produzieren und damit die Produktion rationalisieren können. Ein Ausfuhrverbot ist jedoch nicht so gut geeignet wie ein Verbot des Vorrätighaltens und Bearbeitens, weil Letzteres leichter für die gesundheitspolizeilichen Behörden kontrollierbar ist. Es ist schwieriger zu kontrollieren, wenn in ein und derselben Fabrik verschiedene Fleischsorten verarbeitet werden.

---

[312] Vgl. *Roth*, in Bulterman et al., 73 (78); *VerLoren van Themaat*, SEW 1980, 141 (142); vgl. auch *Roth*, ZHR 159 (1995), 78 (82).

[313] Mit Blick auf die vom Gerichtshof verwendete Sprache kommt die positive Haltung gegenüber dem Ziel des Schutzes des guten Rufes leicht zurückhaltender zum Ausdruck als in *Jongeneel Kaas*, s. b. Fn. 4131 ff. Nach hier vertretener Auffassung ist der Schutz des guten Rufes kein legitimes Ziel, s. umf. b. Fn. 4116 ff.

Wenn die Produktionen getrennt sind, kann beispielsweise schon die Zulieferung überprüft und festgestellt werden, ob ein Verstoß vorliegt, weil jedes Auffinden von Pferdefleisch (inklusive der Zulieferung hiervon) indiziert, dass ein Verbotsverstoß beabsichtigt wird. Ein Ausfuhrverbot wäre hier daher keine gleich geeignete Maßnahme.

In Betracht kommt jedoch – in Bezug auf beide Fleischsorten – das mildere Mittel der *Kennzeichnung*: Eine Kennzeichnung stellt ein wirksames Mittel dar, mit der der Befürchtung entgegengetreten werden kann, dass Verbraucher Fleischwaren aus den Niederlanden nicht mehr kaufen würden, wenn sie sich nicht sicher sein können, dass darin kein Pferdefleisch enthalten ist.[314] Bei einer Kennzeichnung sind die Verbraucher in der Lage, nicht gewollte Waren zu identifizieren. Insbesondere hatte die Kommission darauf hingewiesen, dass Länder ohne ein Verbot wie die Niederlande – z. B. Dänemark – auf dieselben Märkte exportieren.[315] Auf der Grundlage einer präzisen Kennzeichnung können die Verbraucher sowohl entscheiden, ob sie Pferdefleisch konsumieren wollen, als auch, ob sie andere Fleischwaren (wie Schweinefleisch) von Fabriken kaufen wollen, in denen auch Pferdefleisch verarbeitet wird.

2. „Umgekehrtes" Euro-Marketing: Kaasfabriek Eyssen; Oosthoek; Smanor

In *Kaasfabriek Eyssen*, *Oosthoek* und *Smanor* ging es jeweils in der Sache um die Frage, ob eine mitgliedstaatliche Regelung eine Maßnahme gleicher Wirkung i. S. v. Art. 35 Alt. 2 AEUV darstellen kann, wenn hier eine sog. umgekehrte Euro-Marketing-Situation vorliegt. Eine umgekehrte Euro-Marketing-Situation beschreibt einen Fall, in dem sich ein Händler oder Produzent, der seine Produkte sowohl im Inland als auch in das EU-Ausland verkauft, infolge einer *nur* für den *Inlandsverkauf* geltenden Regelung unterschiedlicher Produktions- oder Vermarktungstechniken bedienen muss, je nachdem, ob er exportiert oder seine Waren im Inland verkauft. Analytisch muss hier zwischen zwei Fragen unterschieden werden: Erstens ist fraglich,

---

[314] Ebenso die Kommission, zit. nach dem Tatbestand der Rs. *Gysbrechts*, Slg. 1979, 3410 (3413); Generalanwalt *Capotorti* (Fn. 245), 3420 (*Groenveld*); *Alexander*, CMLR 17 (1980), 282 (285); ganz allgemein ebf. *Barents*, in: Mortelmans/Stuyck, 445. Vor allem ist eine solche Annahme nicht mit der vom EuGH in anderen Fällen vertretenen labeling-doctrine vereinbar (die auch aus normativen und nicht nur rein empirisch-faktischen Gründen vorzuziehen ist, vgl. umf. b. Fn. 4212 ff.). Diese labeling-Rspr. enthält eine implizite Abwägung (i. S. e. Verhältnismäßigkeitsprüfung i. e. S.), die dem freien Warenverkehr im innerunionalen Handel Vorrang einräumt vor einem *absoluten* Irreführungsschutz. Diese Abwägung müsste konsequenterweise – sofern eine vergleichbare Interessenlage besteht – auch für Exportregelungen gültig sein. Vgl. zur labelling doctrine in der Rechtsprechung des EuGH nur die Nachw. b. *Müller-Graff*, NJW 1993, 13 (20 Fn. 111); s. a. *von Heydebrand und der Lasa*, E. L. Rev. 16 (1991), 391 (405 ff.).

[315] Zit. nach Generalanwalt *Capotorti* (Fn. 245), 3420 (*Groenveld*).

ob ein hinreichender Grenzüberschreitungsbezug existiert. Zweitens geht es um die Frage, ob eine hinreichende Beschränkung oder Diskriminierung vorliegt.

a) Kaasfabriek Eyssen[316]

In *Kaasfabriek Eyssen* ging es darum, dass in den Niederlanden verkaufter Schmelzkäse nicht den Zusatzstoff Nisin enthalten durfte. Dies galt sowohl für eingeführten als auch für in den Niederlanden hergestellten Schmelzkäse. Exportierter Schmelzkäse war dagegen vom Anwendungsbereich ausgenommen. Ein niederländischer Schmelzkäsehersteller wehrte sich gegen das für das *Inland* geltende Verbot mit dem Argument, es handle sich bei der Vorschrift um eine Maßnahme i. S. v. Art. 35 Alt. 2 AEUV, weil für In- und EU-Ausland *unterschiedliche Produktionen* geschaffen werden müssten (Schmelzkäse mit und ohne Nisin).[317]

Die Auffassung, die der EuGH zur Reichweite von Art. 35 Alt. 2 AEUV einnimmt, wird in *Kaasfabriek Eyssen* letzten Endes nicht vollständig transparent: Der EuGH scheint (unausgesprochen) tatsächlich der umgekehrten bzw. analogen Euro-Marketing-Argumentation des Schmelzkäseherstellers[318] zu folgen und mithin von einer extensiven Auslegung von Art. 35 Alt. 2 AEUV auszugehen: Der EuGH spricht (in Anlehnung an die Vorlagefrage) von den „Vertragsbestimmungen über den freien Warenverkehr"[319], ohne genau zu sagen, ob er die Wareneinfuhr- bzw. -ausfuhrfreiheit oder beide Freiheiten meint. Sodann spricht er nur vom „Binnenhandel"[320], ohne zu differenzieren zwischen eingeführten und im Inland hergestellten Schmelzkäseprodukten. In Rn. 11 bezieht sich der EuGH aber ausschließlich auf die Einfuhr. In der letzten Rn. 17 geht es dem EuGH aber ausdrücklich wieder um „im Inland hergestellte" Schmelzkäseprodukte und in Rn. 16 stellt der EuGH unmissverständlich klar, dass es *nur Art. 36 AEUV* sei, weshalb das Verbot der Art. 34 Alt. 2 AEUV *und Art. 35 Alt. 2 AEUV* nicht eingreife. Der EuGH scheint im Ergebnis tatsächlich der Auffassung zuzuneigen, dass das fragliche Verbot mit Blick auf die im Inland hergestellten und für das Inland bestimmten Produkte eine Beeinträchtigung von Art. 35 Alt. 2 AEUV darstellt.[321] Hierfür sprechen auch die Schlussanträge von Generalanwalt *Warner*, der das Vorliegen einer Beschränkung von Art. 35 Alt. 2 AEUV analog

---

[316] EuGH, Urt. v. 05.02.1981, Rs. 53/80, Slg. 1981, 410 (*Kaasfabriek Eyssen*).

[317] S. d. Darstellung des Herstellers bei Generalanwalt *Warner*, Schlussanträge v. 27.11.1980, Rs. 53/80, Slg. 1980, 424 (427) – *Kaasfabriek Eyssen*; vgl. auch EuGH (Fn. 316), Rn. 7.

[318] S. b. Fn. 317 f.

[319] EuGH (Fn. 316), Rn. 9.

[320] EuGH (Fn. 316), Rn. 9 f.

[321] Wie *Weyer*, 250.

der Euro-Marketing-Argumentation in Abhängigkeit von den „tatsächlichen Umständen“[322] ebenfalls für „denkbar“[323] hält. Die Frage des Grenzüberschreitungsbezuges problematisiert der Gerichtshof in *Kaasfabriek Eyssen* erst gar nicht.

Der EuGH bewegt sich mit seiner Einordnung außerhalb der *Groenveld*-Formel. Er folgt einer extensive(re)n Interpretation. Er zitiert die *Groenveld*-Formel auch nicht. Die Maßnahme kann auch nicht als mittelbare *faktische Diskriminierung* im Verhältnis zu den nicht exportierenden (und ihren Käse nur in den Niederlanden verkaufenden) Schmelzkäseproduzenten qualifiziert werden:[324] Denn die Situation der Inlandshersteller unterscheidet sich insofern von der der Exporteure, als sie nicht *zwei* Märkte bedienen wollen (mit einer entsprechenden Vergrößerung des Absatzmarktes), sodass es an einer *hinreichend gleichen* Situation mangelt, die diskriminiert würde. Mangels Vorliegen einer Diskriminierung scheint der EuGH in *Kaasfabriek* also einem *Beschränkungsverbot* zuzuneigen.

Dass die Rs. *Kaasfabriek* keinen Einfluss auf die nachfolgende Judikatur entfaltet hat, kann damit erklärt werden, dass es – wie bei den Durchfuhrfällen[325] – um eine in vielerlei Hinsicht atypische und leider auch (gewollt?) intransparente Entscheidung geht: Erstens äußert sich der EuGH eben nur *en passant* zu Art. 35 Alt. 2 AEUV und definiert diesen nicht. Und zweitens stellte das niederländische Verbot *eindeutig* eine Beeinträchtigung von *Art. 34 Alt. 2 AEUV* dar, sodass es auf die Verletzung von Art. 35 Alt. 2 AEUV nicht ankam. Es scheint, als habe der EuGH nur eine oberflächliche Prüfung von Art. 35 Alt. 2 AEUV vorgenommen. Nicht unwahrscheinlich ist, dass er die *Groenveld*-Formel noch nicht einmal bei der (inneren) Entscheidungs*findung* berücksichtigt hat, zumal die am Verfahren beteiligten Richter der ersten[326] und nicht (wie im *Groenveld*-Verfahren) der zweiten Kammer[327] angehörten. Das Urteil steht damit noch in der Tradition der Prä-*Groenveld*-Ära. Die *Groenveld*-Formel wird erst im fünf Monate später entschiedenen Urteil *Oebel* zitiert.[328] Dort waren aber auch zwei der drei Richter der *zweiten* Kammer beteiligt.[329] Dies spricht dafür, dass Art. 35 Alt. 2 AEUV in *Kaasfabriek* in der Tat als Beschränkungsverbot ausgelegt wurde (im Sinne der

---

[322] Generalanwalt *Warner* (Fn. 317), 424 (429) – *Kaasfabriek Eyssen*.

[323] Generalanwalt *Warner* (Fn. 317), 424 (429) – *Kaasfabriek Eyssen*.

[324] Ebenso in Bezug auf die gleich gelagerte Rs. *Oosthoek* Generalanwalt *VerLoren van Themaat* (Fn. 334), 4595 (*Oosthoek*).

[325] Dort wurde auch in Bezug auf Art. 35 Alt. 2 AEUV die *Dassonville*-Formel verwandt, s. b. Fn. 641 ff.

[326] Richter waren hier *Koopmans*, *O'Keefe* und *Bosco*, Slg. 1981, 410 (424).

[327] Richter waren hier *Touffait*, *Pescatore* und *Mackenzie Stuart*, Slg. 1979, 3410 (3417).

[328] EuGH (Fn. 355), Rn. 15 (*Oebel*).

[329] Nämlich *Touffait* und *Mackenzie Stuart*, Slg. 1981, 1994 (2011).

analogen Euro-Marketing-Argumentation) und dass erst in *Oebel* der endgültige Schritt hin zur *Generalisierung* der *Groenveld*-Formel gegangen wurde.[330]

b) Oosthoek[331]

In *Oosthoek* ging es um ein niederländisches Zugabeverbot. Ein niederländischer Verleger wollte kostenlose Zugaben an die Abonnenten seines Nachschlagewerkes in den Niederlanden verteilen. Es ging also um eine Absatzförderungsmaßnahme im *Inland*.[332] Das Besondere an *Oosthoek* ist, dass es im gesamten Verfahren und auch in der Vorlagefrage um den Verkauf eines *Exporteurs* im *Inland* geht, also (wie in der Rs. *Kaasfabriek*[333]) um eine „umgekehrte Euro-Marketing-Konstellation". Entsprechend wurde von der Firma *Oosthoek* vorgetragen, dass das Aufgebenmüssen einer *einheitlichen* Absatzförderungsstrategie zu einer Kostensteigerung der Exporte führe.[334]

Der Gerichtshof stellt zunächst fest, dass die Vorlagefrage auf Art. 35 AEUV *und auf Art. 34 AEUV* abziele. Er stellt also sofort einen Zusammenhang mit der *Importfreiheit* her und fragt danach, ob die Anwendung der niederländischen Vorschriften auf Importerzeugnisse zulässig sei.[335]

aa) Art. 34 AEUV

Die eigentliche Bedeutung des *Oosthoek*-Urteils wurde in der Folgezeit in den Äußerungen zu Art. *34* AEUV gesehen: Der EuGH ging davon aus, dass „der für den betroffenen Unternehmer bestehende Zwang, sich entweder für die einzelnen Mitgliedstaaten unterschiedlicher Systeme der Werbung und Absatzförderung zu bedienen oder ein System, das er für besonders wirkungsvoll hält, aufzugeben, selbst dann ein Einfuhrhindernis darstellen kann,

---

[330] Ebenso *von Wilmowsky*, EuR 1996, 362 (364); *ders.*, 21 f.; a.A. *Roth*, ZHR 159 (1995), 78 (82 Fn. 20). Mit dem hier im Grundsatz befürworteten (und später dargestellten) Wettbewerbsgleichheitskonzept wäre zwar die umgekehrte Euro-Marketing-Argumentation des Schmelzkäseherstellers vereinbar (und damit auch das Entscheidungsergebnis des EuGH). Doch sprechen gegen eine solche weitreichende Anerkennung des Wettbewerbsgleichheitsgedankens erhebliche andere Wertungserwägungen, vgl. hierzu umf. b. Fn. 1915 ff. m. w. N. S. b. Fn. 3769 ff. zur Würdigung von *Kaasfabriek Eyssen* im Lichte des in dieser Arbeit vertretenen Modells.

[331] EuGH, Urt. v. 15.12.1982, Rs. 286/81, Slg. 1982, 4575 (*Oosthoek*); vgl. *Weyer*, 250 f.

[332] Ebenso *Weyer*, 250.

[333] EuGH (Fn. 316). Allerdings ging es in *Kaasfabriek* um eine Produktregelung, während es hier um eine Vermarktungsregelung geht.

[334] Generalanwalt *VerLoren van Themaat*, Schlussanträge v. 22.09.1982, Rs. 286/81, Slg. 1982, 4590 (4594 f.) – *Oosthoek*; Tatbestand des EuGH-Urt. v. 15.12.1982, Rs. 286/81, Slg. 1982, 4575 (4579).

[335] EuGH (Fn. 331), Rn. 7.

wenn eine solche Regelung unterschiedslos für inländische und eingeführte Erzeugnisse gilt."[336] Wenn ein Unternehmer also eine einheitliche Werbestrategie verfolgt ([direkte] „Euro-Marketing"-Argumentation), kann er sich gegenüber Behinderungen im Importstaat auf Art. 34 AEUV berufen. Es könnte nun erwogen werden, ob nicht das Aufgebenmüssen einer einheitlichen Produktions- bzw. Vermarktungsstrategie umgekehrt auch die Ausfuhr behindert.

bb) Art. 35 AEUV

In Bezug auf Art. 35 AEUV hat der Gerichtshof jedoch Probleme damit, einen *hinreichenden* Zusammenhang mit der *grenzüberschreitenden Transaktion* festzustellen.[337] Der EuGH „wischt" das gegen diese Überlegung anführbare Argument, dass die Anpassungspflicht im Inland zu einer Kostensteigerung für die Exporte führt, ohne ausreichende Begründung weg:[338] Er stellt nur lapidar fest, dass das Verbot für den Absatz im Inland „nicht in einem Zusammenhang mit der Wareneinfuhr oder -ausfuhr"[339] stehe bzw. damit, dass die niederländische Regelung allein den Inlandsabsatz reguliere.[340] Hierbei zitiert er die *Groenveld*-Formel.[341] Tatsächlich hatte das Verbot aber nach dem unbestrittenen Vortrag der Firma *Oosthoek*[342] zu einer Kostensteigerung für die Exporte geführt. Es gibt also nicht nur grenzüberschreitende Exporttransaktionen, sondern das für das Inland geltende Verbot entfaltet auch Wirkungen auf die Exporttransaktionen. Dass also *überhaupt kein* Zusammenhang besteht, stimmt nicht. Vielmehr hätte der EuGH diese Frage im Wege einer umfassenden *Abwägung* problematisieren[343] oder eine Maßnahme gleicher Wirkung mangels (ggf. mangels hinreichend qualifizierter, etwa *spezifischer*) *Diskriminierung* ablehnen müssen. Auch Generalanwalt *VerLoren van*

---

[336] EuGH (Fn. 331), Rn. 15.

[337] EuGH (Fn. 331), Rn. 9.

[338] S. zur hiesigen Position, auch mit weiteren Querverweisen innerhalb der Arbeit, b. Fn. 1908 ff.

[339] EuGH (Fn. 331), Rn. 9.

[340] EuGH (Fn. 331), Rn. 13.

[341] EuGH (Fn. 331), Rn. 13. Rein sprachlicher, nicht inhaltlicher Natur ist die Abweichung, die darin liegt, dass der EuGH in der deutschen Fassung dieses Judikats – und in keinem anderen Urteil – von einer *besonderen* und nicht wie sonst von einer *spezifischen* Beschränkung der Ausfuhrströme spricht (EuGH [Fn. 331], Rn. 13); die Irrelevanz dieses Umstandes wird auch dadurch belegt, dass der EuGH in der *französischen* Fassung in beiden Judikaten den üblichen Begriff „spécifiquement" verwendet. Der Gerichtshof verwendet die *Groenveld*-Formel in ihrer um die Hälfte des dritten Elements reduzierten Fassung, EuGH (Fn. 331), Rn. 13.

[342] S. d. Nachw. in Fn. 334.

[343] S. zur hiesigen Position, auch mit weiteren Querverweisen innerhalb der Arbeit, b. Fn. 1908 ff.

Themaat scheint seine Schlussanträge nicht auf das Fehlen eines grenzüberschreitenden Sachverhalts zu stützen.[344]

c) Smanor[345]

Bei *Smanor* handelt es sich in der Sache um einen parallel zu *Kaasfabriek Eyssen*[346] liegenden Fall, wobei der Begründungsduktus des EuGH in Bezug auf Art. 35 Alt. 2 AEUV praktisch identisch mit dem in *Oosthoek*[347] ist. Es geht um eine französische Regelung, die es in Bezug auf bestimmte Milchprodukte verbat, diese als „Joghurt" zu verkaufen, wenn sie tiefgekühlt und nicht frisch waren. Die *Smanor SA* bemängelte, dass die französische Regelung ihre Ausfuhren in andere Mitgliedstaaten behindere.[348] In anderen Mitgliedstaaten war der Vertrieb der tiefgekühlten Milchprodukte unter dem Namen „Joghurt" zulässig. Es könnte also wiederum argumentiert werden, dass die Produktion aufgespalten werden muss, was zu Kostensteigerungen für den Export führt.

Der EuGH geht (in Anlehnung an den Vortrag der französischen Regierung[349]) davon aus, dass die französischen Vorschriften „keinen Einfluß auf die Ausfuhr in andere Mitgliedstaaten"[350] entfalteten, weshalb „kein Anlaß besteht, sie im Hinblick auf"[351] Art. 35 Alt. 2 AEUV zu prüfen, denn es gehe nur um auf dem „französischen Markt verkaufte Erzeugnisse"[352]. Er folgt damit den Schlussanträgen von Generalanwalt *Mischo*.[353]

Gerade die von EuGH und Generalanwalt *Mischo* verwendete Formulierung „kein Einfluß" führt aber in die Irre, denn einen *faktischen* Einfluss auf die Ausfuhren besitzen für den Inlandsvertrieb geltende Verbote an Exportunternehmen ja wegen des damit einhergehenden Verlustes an Größenvorteilen (wie schon in *Oosthoek* und *Kaasfabriek* zu beobachten war). Die Ablehnung

---

344 Generalanwalt *VerLoren van Themaat* (Fn. 334), 4594 f. (*Oosthoek*). Er lehnt eine Maßnahme gleicher Wirkung i. S. v. Art. 35 Alt. 2 AEUV ab, weil es an der nach der *Groenveld*-Formel erforderlichen Diskriminierung fehle.

345 EuGH, Urt. v. 14.07.1988, Rs. 298/87, Slg. 1988, 4507 (*Smanor*); vgl. umf. *Weyer*, 251 f.

346 EuGH (Fn. 316).

347 EuGH (Fn. 331).

348 Sitzungsbericht, Slg. 1988, 4490 (4492), *Smanor*.

349 EuGH (Fn. 345), Rn. 7.

350 EuGH (Fn. 345), Rn. 8.

351 EuGH (Fn. 345), Rn. 8.

352 EuGH (Fn. 345), Rn. 8.

353 Generalanwalt *Mischo*, Schlussanträge v. 02.06.1988, Sl.g 1988, 4497, Rn. 4–9 (*Smanor*).

einer Maßnahme gleicher Wirkung könnte somit wiederum nur auf die oben bereits bei *Oosthoek* angeführten Erwägungen gestützt werden.[354]

3. Oebel:[355] *Begrenztes Beschränkungsverbot?*

Im Ausgangsverfahren, das dem vorliegenden Vorabentscheidungsersuchen zugrunde liegt, ging es um ein Nachtback- und Nachtausfahrverbot, das laut der Bundesregierung erstens dem Ziel diente, die Interessen der nichtindustriellen Bäckereien zu schützen, die zu einem arbeitsteiligen Schichtdienst im Gegensatz zu industriellen Großbäckereien nicht imstande sind, und zweitens die Gesundheit der Arbeitnehmer sicherzustellen.[356]

Soweit der Produktionsprozess des Backens selbst betroffen ist, handelt es sich um eine Produktionsregelung.[357] Insofern das Ausfahren der Backwaren betroffen ist, geht es um eine das Inland betreffende Transportregelung[358]. Der EuGH differenziert in seinen Urteilsausführungen zwischen der „Beschränkung der Herstellung“ (Rn. 12–16) und der „Beschränkung der Abgabe, des Austragens und Ausfahrens“ (Rn. 17–20). Generalanwalt *Capotorti* hatte nach ausführlicher Begründung angeregt, nicht an der *Groenveld*-Formel festzuhalten, sondern sowohl das Nachtbackverbot als auch das Nachtausfahrverbot als Maßnahmen gleicher Wirkung einzuordnen.[359]

---

[354] S. b. Fn. 343. Unerheblich ist (die nicht auf das Grenzüberschreitungselement bezogene Erwägung), dass der Verlust von Größenvorteilen dadurch vermieden werden kann, dass *Smanor* einfach auf die Bezeichnung seiner Milchprodukte als „Joghurt“ verzichtet: Dadurch könnte zwar in der Tat vermieden werden, die Produktion aufzuspalten. Doch würde dies dem Unternehmen *Smanor* die Möglichkeit abschneiden, sein nach eigenem Belieben Produkt zu bezeichnen. Schon die geschäftliche Freiheit wird hierdurch beschnitten. Doch muss auf diesen abstrakte(re)n Schutzgehalt gar nicht Rückgriff genommen werden, da offensichtlich ist, dass ein nicht unter der Bezeichnung „Joghurt“ vermarktungsfähiges Produkt auch wirtschaftliche Wettbewerbsnachteile erleiden wird (wenn es das Marktsegment der Joghurts besetzen soll). Eine Maßnahme gleicher Wirkung kann daher nur mit dem Argument abgelehnt werden, dass es sich nicht um eine (ggf. entsprechend qualifizierte) Diskriminierung der Ausfuhr handelt (wenn einem Diskriminierungskonzept gefolgt wird, s. b. Fn. 324), oder (wenn einer Beschränkungsverbotsauslegung gefolgt wird) damit, dass hier aus *Wertungsgründen* eine Ausnahme vorgesehen werden muss, s. schon in Fn. 330 (s. dort auch zu einem weiteren Querverweis).

[355] EuGH, Urt. v. 14.07.1981, Rs. 155/80, Slg. 1981, 1994 (*Oebel*).

[356] EuGH (Fn. 355), Slg. 1981, 1994 (1998).

[357] Vgl. auch b. Fn. 3602 ff. Dieselbe Einordnung vornehmend *Oliver*, CMLR 19 (1982), 217 (240).

[358] Vgl. b. Fn. 3923 ff.

[359] S. umf. b. Fn. 379 ff.

a) Nachtbackverbot

Bei der Prüfung der Produktionsregelung des Nachtbackverbots verwendet der Gerichtshof die *Groenveld*-Formel[360] unter Zitierung von *Groenveld* allerdings ohne den Formelteil „zum Nachteil der Produktion oder des Handels anderer Mitgliedstaaten",[361] womit aber wohl keine Rechtsprechungsänderung intendiert war, wenn die uneingeschränkte Bezugnahme auf die *Groenveld*-Rechtssache betrachtet und die Tatsache berücksichtigt wird, dass einem Vorteil auch ein Nachteil korrespondieren muss.[362]

Interessant ist, dass zwei der drei an der *Groenveld*-Entscheidung beteiligten Richter auch am *Oebel*-Verfahren beteiligt waren.[363] Dies spricht dafür, dass tatsächlich eine (jetzt erst hergestellte) Kontinuität gewollt war und dass der EuGH hier die Generalisierung der *Groenveld*-Formel einleitete,[364] zumal Generalanwalt *Capotorti* eindringlich von einer Generalisierung abgeraten und die *Dassonville*-Formel angewandt hatte[365]. Die Rs. *Oebel* wurde zudem in einer Plenarbesetzung von neun und nicht – wie bei *Groenveld* und *Kaasfabriek* – in einer Kammerbesetzung von drei Richtern entschieden.[366]

Jedenfalls – so kann den Ausführungen des Gerichtshofs in Rn. 16 der vorliegenden Rechtssache entnommen werden – sei die *Groenveld*-Formel nicht erfüllt, wenn die folgenden Voraussetzungen gegeben sind: „Dies trifft offensichtlich auf eine Regelung wie die hier in Rede stehende nicht zu, die in den Bereichen der Wirtschafts- und Sozialpolitik fällt und nach objektiven Kriterien auf sämtliche im Inland ansässigen Unternehmen eines bestimmten Sektors Anwendung findet, ohne irgendeine unterschiedliche Behandlung aus Gründen der Staatsangehörigkeit der Wirtschaftsteilnehmer vorzunehmen und ohne zwischen dem Binnen- und dem Außenhandel des betroffenen Staates zu unterscheiden." Es bleibt unklar, ob der EuGH hier eine abschließende (neue) Definition vornimmt oder ob er lediglich *eine* hinreichende Negativbedingung (von mehreren) darstellt (bei deren Vorliegen die *Groenveld*-Formel *jedenfalls* nicht erfüllt ist). Es fällt auf, dass der EuGH das Fehlen einer Diskriminierung hervorhebt und nicht auf das Fehlen eines Vorteils für die inländische Wirtschaft abstellt. Dies muss er streng genommen auch nicht, wenn alle drei Bedingungen der *Groenveld*-Formel notwendige sind. Dennoch könnte hierin die Andeutung liegen, dass nur das Vorliegen einer Diskriminierung notwendig und hinreichend ist.

---

[360] EuGH (Fn. 355), Rn. 15.

[361] Vgl. *Europäische Kommission*, Der freie Warenverkehr, 26.

[362] *Jensch*, 129.

[363] S. b. Fn. 329.

[364] S. b. und in Fn. 330 m. w. N.

[365] S. b. Fn. 379 ff.

[366] EuGH (Fn. 355), Slg. 1981, 1994 (2011).

Nach dem Vortrag von Herrn *Oebel*, der sich auf entsprechende Feststellungen des deutschen Bundesverfassungsgerichts stützt, könne es zu faktischen Diskriminierungen aufgrund der Regelung in grenznahen Gebieten kommen, da deutsche Bäcker im Gegensatz zu EU-ausländischen keinen Dreischichtbetrieb haben dürften, was einen Wettbewerbsnachteil darstelle.[367] Nach Auffassung des Gerichtshofs dagegen stelle die vorliegende Maßnahme „offensichtlich"[368] weder eine Staatsangehörigkeitsdiskriminierung dar noch unterscheide sie zwischen Binnen- und Außenhandel. Auf das Vorbringen von Herrn *Oebel* geht er nicht ein. Diese „robust" formulierte Ablehnung der Position von Herrn *Oebel* kann nur darauf hindeuten, dass der EuGH Regelungen der vorliegenden Art ausdrücklich nicht als der *Groenveld*-Formel unterfallende faktische Diskriminierungen ansieht.[369]

b) Ausfahrverbot

In dem zweiten Teil des Urteils ging es um eine Beschränkung der „Abgabe, des Austragens und Ausfahrens"[370] an einzelne Verbraucher und Einzelhandelsstellen.[371] Diese Beschränkung hält er für unbeachtlich.

Dagegen erkennt der Gerichtshof hier in kryptischer und knapper Weise (gewollt oder ungewollt) ein *begrenztes Beschränkungsverbot* für ex-Art. 34 EWG insofern an,[372] als ein Verbot in Bezug auf *Lager und Zwischenhändler* nicht mit ex-Art. 30 *und*[373] 34 EWG vereinbar gewesen wäre (tatsächlich fielen diese gar nicht unter das mitgliedstaatliche Verbot[374]). Diese Annahme eines Beschränkungsverbotes wird jedoch (erneut) dadurch relativiert, dass der Gerichtshof ex-Art. 30, 34 EWG *gemeinsam* prüft. Dass der EuGH in diesen Fällen – in denen eine Maßnahme sowieso gegen ex-Art. *30* EWG verstößt, aber auch nach ex-Art. 34 EWG gefragt wird – keine Differenzierung vornimmt, ist eine bereits aus *Kaasfabriek* bekannte Vorgehensweise.[375] Aufgrund der letztendlichen praktischen Irrelevanz der Frage, ob hier eine *Ausfuhr*beschränkung vorliegt (diese ist hier ja eine doppelte: Erstens wäre schon ex-Art. 30 EWG einschlägig und zweitens war eine unzulässige Maß-

---

[367] EuGH (Fn. 355), Slg. 1981, 1994 (1997 f.).

[368] EuGH (Fn. 355), Rn. 16.

[369] S. umf. zu der Frage, ob derartige Wettbewerbsnachteile, wie sie Herr *Oebel* geltend macht, nach *hier* vertretener Auffassung faktische Diskriminierungen der Warenausfuhr darstellen können, umf. b. Fn. 1884 ff.

[370] Überschrift vor EuGH (Fn. 355), Rn. 17.

[371] Die Regelung kann – mit Blick auf die Einordnungen innerhalb des hier vertretenen Modells – als Inlandstransportregelung qualifiziert werden, s. umf. b. Fn. 3924 ff.

[372] Vgl. *Jensch*, 129; *Safari*, ZEuP 2011, 706 (713); *von Wilmowsky*, EuR 1996, 362 (364 f.).

[373] *Jensch*, 129.

[374] EuGH (Fn. 355), Rn. 20.

[375] S. n. Fn. 325.

nahme gar nicht gegeben), ist die Vorgehensweise des Gerichtshofs nachvollziehbar. Ihm kam es nicht entscheidend auf ex-Art. 34 EWG an, weshalb er hier vertiefte Prüfungen und fein differenzierende dogmatische Äußerungen unterlassen hat. Auch spricht gegen die Relevanz der hier stattgefundenen extensiven Auslegung von ex-Art. 34 EWG, dass der EuGH die umstrittene *Groenveld*-Formel im selben Urteil gegen die Auffassung des Generalanwaltes ausdrücklich bestätigt hat. Zudem hat dieser Teil in der Folgerechtsprechung auch keinerlei Relevanz mehr erlangt.[376] Und schließlich spielt der Gerichtshof doch wieder auf ein Diskriminierungselement an, wenn er betont, dass die Regelung *unabhängig vom Niederlassungsort* gelte.[377] Die Auffassung *Jenschs*, dass der Gerichtshof in Bezug auf ex-Art. 34 EWG zwischen Produktionsregelungen und Regelungen über den Warenabsatz differenzieren wollte,[378] ist daher abzulehnen.

c) Generalanwalt Capotorti: Groenveld *als Ausreißer und Plädoyer für* Dassonville

In seinen nach dem *Groenveld*-Urteil abgefassten Schlussanträgen zu *Oebel* tritt Generalanwalt *Capotorti* dem Gerichtshof entschieden entgegen:[379] Wegen der Unterschiede[380] zwischen der *Dassonville*- und *Groenveld*-Formel müsse es sich bei letzterer um eine Art „Ausreißer" handeln,[381] der allenfalls insofern generalisiert werden könne, als er sich auf „restriktive Maßnahmen auf der Produktionsebene [bezieht], deren Auswirkungen auf die Ausfuhren sekundär sind."[382] Er knüpft damit an seine Schlussanträge in der Rs. *Groenveld* an, in der er ebenfalls für eine Anwendung der *Dassonville-Cassis*-Judikatur plädiert hatte (dort freilich noch unwissend, dass der EuGH hier den engen *Groenveld*-Maßstab „erfinden" würde).[383] Da der Produktionsausstoß der Bäckereien infolge des Nachtbackverbots verringert werde, sei die Regelung über die Nachtarbeit ebenso wie das Verbot des Ausfahrens als Maßnahme gleicher Wirkung anzusehen.[384] *Capotorti* differenziert bezüglich der Beschränkungswirkung also nicht zwischen beiden Maßnahmen.[385] Tatbestandlich verlangt *Capotorti* mindestens eine mittelbare Beschränkung der Ausfuhrströme, und zwar unabhängig davon, ob diese durch auf der Produk-

---

[376] *Jensch*, 129.

[377] EuGH (Fn. 355), Rn. 20.

[378] *Jensch*, 129.

[379] Generalanwalt *Capotorti* (Fn. 258) – *Oebel*.

[380] Generalanwalt *Capotorti* (Fn. 258), 2014 f. (*Oebel*).

[381] Generalanwalt *Capotorti* (Fn. 258), 2016 (*Oebel*): „nicht von den besonderen Umständen dieses Falles losgelöst werden kann."

[382] Generalanwalt *Capotorti* (Fn. 258), 2016 (*Oebel*); zust. *Mattera*, 520.

[383] S. b. Fn. 273 ff.

[384] Generalanwalt *Capotorti* (Fn. 258), 2016 ff. (*Oebel*).

[385] Anders als der Gerichtshof, s. b. Fn. 358 ff.

tions- oder auf der Vermarktungsebene ansetzende Regelungen bewirkt werde.[386] Eine Beschränkung der Produktion bzw. Produktionszeiten habe eine mittelbare Beschränkung der Ausfuhrströme ebenso zur Folge wie eine Beschränkung der Auslieferungszeiten.[387] Beide verfahrensgegenständlichen Maßnahmen – die Beschränkung des Ausfahrens und des Verteilens von Backerzeugnissen am frühen Morgen als auch die Beschränkung der Produktion von Backwaren zu bestimmten Zeiten – hält er aber im Endergebnis für gerechtfertigt vor dem Hintergrund der geschriebenen und ungeschriebenen Rechtfertigungsgründe (mit Blick auf die Gesundheit und die Verbesserung der Arbeitsbedingungen der Arbeitnehmer).[388] Das erste Argument *Capotortis* ist die bis dahin ergangene st. Rspr., die für eine Beschränkungsverbotsauslegung spreche. *Capotorti* führt zweitens an, dass eine unterschiedliche Handhabung der Begriffe in Art. 34 Alt. 2 AEUV und Art. 35 Alt. 2 AEUV „Verwirrung"[389] stiften könne. Drittes werde der Handlungsspielraum der Mitgliedstaaten zwar eingeschränkt, aber die Harmonisierung gefördert und der freie Warenverkehr besser geschützt.[390] Der freie Warenverkehr diene dabei dem „Schutz der Interessen der Unternehmer und Verbraucher in der Gemeinschaft"[391].

Auf der Ebene der Kritik ist zu sagen, dass es den Gerichten sehr wohl zuzumuten ist, eine auf einer gefestigten Rspr. beruhende unterschiedliche Auslegung der beiden Begriffe handhaben zu können. Z. B. werden im deutschen Verfassungsrecht mehrere gleichlautende Begriffe – dies ist streng genommen bei Art. 34 Alt. 2 AEUV und Art. 35 Alt. 2 AEUV noch nicht einmal der Fall – problemlos unterschiedlich ausgelegt.[392] Mit Blick auf die heutige Bedeutung und wohl auch Vertrautheit des Europarechts – insbesondere des Primärrechts und der Grundfreiheiten – dürfte dieses Argument umso schwächer sein. Eine *einheitliche* Auslegung (i. S. e. einer Konvergenzauslegung) besitzt keinen *Eigenwert*, sie ist *an sich* nicht schützenswert.[393] Allerdings ergibt sie sich von selbst, wenn sie das Produkt einer Auslegung auf der Grundlage ein und desselben Zieles (hier: des Binnenmarktes) ist.

---

[386] Generalanwalt *Capotorti* (Fn. 258), 2019 (*Oebel*).
[387] Generalanwalt *Capotorti* (Fn. 258), 2016–2018 (*Oebel*).
[388] Generalanwalt *Capotorti* (Fn. 258), 2017 f. (*Oebel*).
[389] Generalanwalt *Capotorti* (Fn. 258), 2016, 2019 (*Oebel*).
[390] Generalanwalt *Capotorti* (Fn. 258), 2016, 2019 f. (*Oebel*).
[391] Generalanwalt *Capotorti* (Fn. 258), 2020 (*Oebel*).
[392] Z. B. wird der Begriff der verfassungsmäßigen Ordnung in Art. 2 I GG anders ausgelegt als der in Art. 9 II, 20 III GG, vgl. *Battis/Gusy*, Rn. 633.
[393] S. b. Fn. 2408 ff.

4. Holdijk; Jongeneel Kaas; Alsthom; Kommission/Belgien: *Irrelevanz von Wettbewerbsbenachteiligungen*

In *Holdijk*, *Jongeneel Kaas* und *Alsthom* kritisierten Verfahrensbeteiligte explizit die Wettbewerbsnachteile, unter denen Exporteure im Inner-EU-Wettbewerb litten, weil sie an höhere Standards gebunden waren als ihre in anderen EU-Staaten ansässigen Konkurrenten.[394] Der Gerichtshof kommt in allen drei Judikaten zu dem Ergebnis, dass derartige Maßnahmen weder auf der Grundlage eines Beschränkungsverbots noch mittels eines weit verstandenen Verbots faktischer Diskriminierung angegriffen werden könnten.

a) Holdijk[395]

Bei den Abmessungsvorschriften über Mastkälberboxen in *Holdijk* handelt es sich um eine klassische Produktionsregelung, die einen Produzenten im Wettbewerb mit anderen Marktteilnehmern benachteiligt.[396] Die Firma *Alpuro* hatte ausdrücklich auf diese Wettbewerbsnachteile hingewiesen und geltend gemacht, dass 90 % der Kalbfleischproduktion für den Export bestimmt seien.[397] Der Gerichtshof zitiert die *Groenveld*-Formel und lehnt das Vorliegen einer Maßnahme gleicher Wirkung mit dem Argument ab, die Vorschriften über die Abmessungen der Mastkälberboxen unterschieden nicht danach, ob die Ware für den Export oder für den Import bestimmt sei.[398] Ein weites, auf den Vergleich von Export- und Inlandshandel bezogenes Verbot faktischer Diskriminierung[399] erkennt der Gerichtshof damit nicht an.

---

[394] Auch die Rs. *Kommission/Belgien* (s. umf. b. Fn. 426 ff.) kann als Beleg für die Irrelevanz von Wettbewerbsnachteilen herangezogen werden, allerdings wurden die Wettbewerbsnachteile in *Kommission/Belgien* von keinem Verfahrensbeteiligten gerügt.

[395] EuGH (Fn. 114); s. zu Teil 1 und dem der Rs. zugrunde liegenden Sachverhalt n. Fn. 114. Das Vorliegen einer GMO hatte den EuGH hier nicht daran gestört Art. 35 Alt. 2 AEUV wie gewohnt (gemäß dem Diskriminierungsstandard der *Groenveld*-Formel) durchzuprüfen.

[396] Diese ist nach hier vertretener Auffassung dem hier entwickelten Produktionsregelungstest zu unterziehen; vgl. auch b. Fn. 3593. *Füllers* Argument (258 f.), dass die Rechtsprechung des EuGH hier nicht überzeugend sei, weil auf den „gegenwärtigen Stan[d] des Gemeinschaftsrechts" hingewiesen werde, geht von einer falschen Annahme aus, da der Gerichtshof hiermit nur darauf hinweisen wollte, dass keine abschließende Harmonisierung vorlag. Er wollte hiermit kein integrationsdynamisches Argument heranziehen.

[397] EuGH (Fn. 114), Rn. 10.

[398] EuGH (Fn. 114), Rn. 11.

[399] S. umf. zu der Frage, ob derartige Wettbewerbsnachteile nach *hier* vertretener Auffassung faktische Diskriminierungen der Warenausfuhr darstellen können, b. Fn. 1884 ff.

b) Jongeneel Kaas[400]

Um eine parallel gelagerte Konstellation ging es in *Jongeneel Kaas*: Zunächst geht der Gerichtshof in *Jongeneel Kaas* davon aus, dass die im Verfahren angeführte GMO in Bezug auf die angegriffenen niederländischen Vorschriften keine abschließende Regelung enthält. Der EuGH legt Art. 35 Alt. 2 AEUV also in der Fassung zugrunde, wie sie *außerhalb* GMO gehandhabt wird. Daher ist *Jongeneel Kaas* auch mit Blick auf die *allgemeine* Reichweite von Art. 35 Alt. 2 AEUV von Relevanz (und nicht „verfälscht“ durch die GMO).[401]

Die angegriffene niederländische Regelung hatte wettbewerbsbenachteiligende Produktregelungen zum Gegenstand: Es durften nur bestimmte Käsesorten mit bestimmten Eigenschaften produziert werden. Die niederländischen Käsehersteller konnten zu Recht vorbringen, dass sie durch diese Vorschriften im Wettbewerb mit britischen Produzenten auf dem Markt des Vereinigten Königreichs benachteiligt wurden, weil sie ihrem Käse 1 % mehr Fett zusetzen mussten als britische Produzenten.[402] Mit Blick auf die Kennzeichnungsregelungen ist unklar, ob die Hersteller hier ebenfalls benachteiligt werden, was der Fall wäre, wenn zielstaatliche Hersteller diesen Vorgaben nicht unterlägen.

Der EuGH erklärt die in der Produktregelung angelegten Wettbewerbsnachteile ausdrücklich[403] für unbeachtlich. Unter der *Groenveld*-Formel führe nur eine Differenzierung zwischen im Inland vertriebenen und im EU-Ausland vertriebenen Käse zur Qualifikation als Maßnahme gleicher Wirkung.[404] Dies beweist, dass der EuGH ein *weites* Verbot *faktischer* Diskriminierung *ablehnt*.[405] Es könnte nämlich eine faktische Diskriminierung darin erblickt werden, dass niederländische Käseexporteure faktisch benachteiigt werden gegenüber ihren Käse innerhalb der Niederlande vertreibenden, niederländischen Käseproduzenten: Wenn Letztere ihren Käse in den Niederlanden vertreiben, stehen sie vor allem mit *niederländischen* Käseproduzenten in Wettbewerb, die *ebenfalls* an die restriktiven niederländischen Regelungen gebunden sind. Sie agieren also unter *gleichen* Wettbewerbsbedingungen.

---

[400] S. zum auf die GMO bezogenen Teil 1 des Urteils, das auch eine Beschreibung der verfahrensgegenständlichen Regelung enthält, b. Fn. 105 ff.

[401] S. hierzu umf. b. Fn. 105 ff.

[402] Vgl. Generalanwalt *Mancini*, Schlussanträge v. 25.10.1983, Rs. 237/82, Slg. 1983, 510 (514) – *Jongeneel Kaas*.

[403] Zur gleichen Einschätzung gelangend *Schilling*, 111.

[404] EuGH (Fn. 105), Rn. 22 f. Krit. *Füller*, 260.

[405] S. umf. zu der Frage, ob derartige Wettbewerbsnachteile nach *hier* vertretener Auffassung faktische Diskriminierungen der Warenausfuhr darstellen können, umf. b. Fn. 1884 ff.

Niederländische Käseexporteure befinden sich wie gezeigt[406] in einer anderen Situation.[407] Darin könnte eine faktische Diskriminierung gesehen werden.[408]

Schließlich scheint der EuGH auch hier das Erfordernis eines Vorteils für die nationale Produktion oder den nationalen Markt trotz dessen formaler Nennung nicht ernst zu nehmen:[409] Mit Blick auf eine diskriminierende Produktkontrolle führt der EuGH nämlich aus, dass schon eine formale Ungleichbehandlung per se, also unabhängig von weiteren Aspekten, unzulässig sei.[410] Bereits in *Jongeneel Kaas* zeigt sich, dass der EuGH dieses Kriterium nicht als *weitere notwendige Bedingung* ansieht, sondern als bloßen Formel-Zusatz, der erfüllt ist, wenn eine Ungleichbehandlung vorliegt.[411]

c) Alsthom Atlantique[412]

Im Vorabentscheidungsverfahren von *Alsthom Atlantique* ging es um einen französischen Kreuzfahrtschiffshersteller (*Alsthom*), der von einem französischen Schiffschraubenhändler (*Sulzer*) Schiffsschrauben bezogen hatte. Ein

---

[406] S. b. Fn. 402.

[407] Es ließe sich zwar an Gesichtspunkte denken, die dieses Ergebnis (dass zwischen exportierten und im Inland vertriebenen Produkten faktisch diskriminiert wird) in Zweifel ziehen. Doch sind diese nicht evident, sodass zu erwarten gewesen wäre, dass der Gerichtshof sie diskutierte, wenn er denn ein Verbot faktischer Diskriminierung anerkannte: Gegen das Vorliegen einer faktischen Diskriminierung könnte z. B. angeführt werden, dass auch die ihre Produkte in den Niederlanden absetzenden Käseproduzenten im Wettbewerb benachteiligt sind, weil eingeführter Käse von den niederländischen Produktstandards ausgenommen war (vgl. Generalanwalt *Mancini* [Fn. 402], 514 [*Jongeneel Kaas*]). Dann wäre jedoch fraglich, ob und in welcher Größenordnung Käse in die Niederlande exportiert würde, der mit dem geregelten niederländischen Käse in Wettbewerb steht.

[408] Mit Blick auf die ebenfalls den Gegenstand des Verfahrens bildenden Kennzeichnungs- und Kontrollverpflichtungen geht der EuGH nicht auf das von ihm selbst zitierte Argument der Kommission ein, die Kennzeichnungspflichten könnten den „Export erschweren, wenn nicht gar unmöglich machen“, EuGH (Fn. 105), Rn. 24. Das Vorliegen einer faktischen Diskriminierung könnte hier mit demselben Argument begründet werden, mit dem soeben eine solche in Bezug auf die Produktstandards hergeleitet wurde. Es kommt zum Ausdruck, dass *unterschiedslose* Beschränkungen – womöglich auch Ausfuhr*versperrungen – per se* zulässig sind.

[409] Generalanwalt *Slynn*, Schlussanträge v. 20.03.1985, Rs. 60, 61/84, Slg. 1985, 2606, 2614 (*Cinéthèque*) meint ähnlich (mit Blick auf die vom EuGH festgestellte Unzulässigkeit einer diskriminierenden Kontrolle), dass das Erfordernis der Schaffung eines Vorteils für die nationale Produktion oder den nationalen Markt „weit auszulegen“ sei.

[410] EuGH (Fn. 105), Rn. 27 f.

[411] S. umf. zu der Frage, ob es ein legitimes Ziel darstellt, eine Qualitätspolitik zu verfolgen, b. Fn. 4116 ff. S. zu einer entspr. Auswertung der Rs. *Jongeneel Kaas* b. Fn. 4136 ff. Sofern mit der Qualitätspolitik das Ziel verfolgt wird, zielstaatliche Verbraucher mit hochqualitativen Waren zu verfolgen, handelt es sich um eine grundsätzlich unzulässige fremdnützige Interessenwahrnehmung, s. hierzu umf. b. Fn. 3949 ff.

[412] EuGH, Urt. v. 24.01.1991, Rs. 339/89, Slg. 1991, I-120 (*Alsthom Atlantique*).

niederländischer Kreuzfahrtschiffsbetreiber hatte zwei mit solchen Schiffsschrauben ausgestattete Schiffe bei *Alsthom* gekauft. Als hieran Mängel aufgetreten waren, nahm er *Alsthom* in Regress, der im Ausgangsverfahren wiederum gegen *Sulzer* klagte. *Alsthom* berief sich dafür auf eine französische Regelung (in der Auslegung des Cour de Cassation), wonach beim Verkauf durch einen gewerblichen Hersteller oder Händler unwiderleglich vermutet wird, dass dieser etwaige versteckte Mängel gekannt hat. Haftungsfreizeichnungen sind unzulässig bei gewerblichen Herstellern und Händlern. Auch das Vertragsverhältnis zwischen *Alsthom* und dem niederländischen Unternehmen bestimmt sich nach französischem Recht. Wenn eine Haftungsfreizeichnung zwischen *Alsthom* und dem niederländischen Unternehmen wirksam ist, ist auch *Sulzer* nicht regresspflichtig.[413] *Sulzer* machte geltend, französische Unternehmen würden faktisch diskriminiert, weil die französische Regelung in keinem anderen Mitgliedstaat existierte, was zu einer Wettbewerbsbenachteiligung führe.

Der Gerichtshof verfehlt (absichtlich?) den Argumentationsgang des Vorlagegerichts: Wie der Generalanwalt ausgeführt hat,[414] geht es nicht um eine *unmittelbare Anwendung* der ex-Art. 2, 3 lit. f EWG-Vertrag, sondern um eine angeregte (Weiter-)Entwicklung von Art. 35 Alt. 2 AEUV *im Lichte* dieser Bestimmungen. Deshalb geht auch der Hinweis des EuGH[415] fehl, ex-Art. 2 EWG könne nicht Quelle selbständiger Rechte und Pflichten des Einzelnen sein. Dasselbe gilt für die Ausführungen des EuGH[416] zu ex-Art. 3 lit. f EWG-Vertrag. Dies gilt schließlich auch für seine Feststellungen zu Art. 35 Alt. 2 AEUV: Der EuGH problematisiert nicht die Tatsache, dass Art. 35 Alt. 2 AEUV auch vor Wettbewerbsverfälschungen schützen könnte (besonders im Licht der eingangs genannten Zielbestimmungen), sondern zitiert nur seine st. Rspr., um dann festzustellen, dass die verfahrensgegenständliche Maßnahme nicht unter die *Groenveld*-Formel falle.[417] Bei der Subsumtion nimmt der EuGH nicht zum zweiten *Groenveld*-Element Stellung,[418] sondern scheint davon auszugehen, dass dieses mit dem ersten identisch ist. Auch wenn der EuGH nicht näher auf die Begründung von *Sulzer* eingegangen ist, ist davon auszugehen, dass eine Wettbewerbsungleichheit nach Auffassung des EuGH nicht genügt, um eine Beschränkung von Art. 35 Alt. 2 AEUV zu begründen, womit er sich einer auf die Vertragsziele gestützten Weiterentwicklung von Art. 35 Alt. 2 AEUV verschließt.[419] Gleichzeitig verneint der

[413] Vgl. *Heimann*, 122 Fn. 596.
[414] Generalanwalt *van Gerven*, Schlussanträge v. 14.11.1990, Rs. C-339/89, Slg. 1990, I-114, Rn. 5 (*Alsthom Atlantique*).
[415] EuGH (Fn. 412), Rn. 8 f.
[416] EuGH (Fn. 412), Rn. 10.
[417] EuGH (Fn. 412), Rn. 13–15; zust. *Füller*, 258 f.; krit. *von Wilmowsky*, 23.
[418] EuGH (Fn. 412), Rn. 15.
[419] Zur selben Feststellung kommend *Remien*, CMLR 38 (2001), 53 (84).

EuGH, dass eine faktische Diskriminierung darin bestehen könnte, dass ein Unternehmen im innerunionalen Wettbewerb durch nachteiliges Herkunftsrecht benachteiligt wird.[420]

In *Alsthom* deutet der EuGH seine Position zudem in Bezug auf zwei weitere Spezialfragen an: Der EuGH gibt keinerlei Hinweis darauf, dass die Maßnahme deshalb nicht zu prüfen sei, weil sie dem *Privatrecht* angehöre.[421] Er lehnt eine Verletzung von Art. 35 Alt. 2 AEUV wegen der seiner Auffassung nach nicht erfüllten *Groenveld*-Formel ab. Er steigt also in die materielle Prüfung ein. Die Rs. *Alsthom* kann als weiterer Beleg dafür angeführt werden, dass es für den EuGH keine Rolle spielt, ob eine Norm dem Privat- oder dem Öffentlichen Recht zugehörig ist.[422] Der EuGH weist „[i]m übrigen" darauf hin, dass die kritisierte Regelung ja bei diesem internationalen Vertrag hätte *abgewählt* werden können.[423] Er scheint damit anzudeuten, dass in diesen Fällen keine Maßnahme gleicher Wirkung vorliegen könne.[424] Indes scheint der EuGH dies nur als *Zusatzerwägung* anzusehen.[425]

d) Kommission/Belgien[426]

In *Kommission/Belgien* sah die verfahrensgegenständliche belgische Regelung ein Zulassungssystem für Sende- sowie Sende- und Empfangsgeräte (von Radio- und Fernsehsendungen) vor, von dem im Hinblick auf ausgeführte Geräte eine vom Ermessen der zuständigen Behörde abhängige Befreiung erlangt werden konnte (die Ausfuhren waren somit rechtlich bessergestellt als der Inlandsvertrieb[427]).

Der EuGH erblickt in der Regelung – ebenso wenig wie Generalanwalt *Tesauro*[428] – keine unterschiedliche Behandlung von Binnen- und Außenhandel, die zu einer spezifischen Beschränkung der Ausfuhrströme führe.[429] Entspre-

---

[420] S. zur Behandlung der Rs. *Alsthom* nach dem hier vertretenen Wettbewerbsgleichheitsmodell b. Fn. 3843 f.

[421] S. hierzu umf. b. Fn. 3863 ff.

[422] Ebenso *Foglar-Deinhardstein*, ZfRV 2005, 22 (24, 27); *Heimann*, 122; *Roth*, VersR 1993, 129 ff.

[423] EuGH (Fn. 412), Rn. 15.

[424] Ebenso *Riesenhuber*, § 3 Rn. 92 ff.

[425] Ebenso *Riesenhuber*, § 3 Rn. 94. Letztlich kann diese Frage unter Zugrundelegung des hier vertretenen Konzepts dahinstehen, da es am praktischen Ergebnis nichts ändern würde, s. hierzu umf. b. Fn. 3899 ff.

[426] EuGH, Urt. v. 24.03.1994, Rs. C-80/92, Slg. 1994, I-1019 (*Kommission/Belgien*).

[427] Vgl. Generalanwalt *Tesauro*, Schlussanträge v. 12.01.1994, Rs. C-80/92, Slg. 1994, I-1022, Rn. 11, 13 (*Kommission/Belgien*).

[428] Generalanwalt *Tesauro* (Fn. 427), Rn. 9–14 (*Kommission/Belgien*).

[429] EuGH (Fn. 426), Rn. 25. Bemerkenswert ist, dass der EuGH wiederum den Halbsatz des dritten *Groenveld*-Kriteriums weglässt, wonach die Produktion oder der Handel anderer Mitgliedstaaten einen Nachteil erleiden muss, EuGH (Fn. 426), Rn. 24.

chend weist der EuGH im Subsumtionsteil (ebenso wie der Generalanwalt[430]) sowohl auf die Geltung der Regelung für Inlands- und Ausfuhrströme als auch auf die unterschiedslose Wirkung der Regelung hin.[431]

Obwohl im Vorfeld des Verfahrens *Kommission/Belgien* zwar – soweit aus den öffentlich zugänglichen Materialien ersichtlich – von keiner Seite darauf eingegangen wurde, stellt *Kommission/Belgien* ein interessantes Beispiel für eine Regelung dar, die nicht nur nicht negativ differenziert zwischen Inlandshandel und Ausfuhr, sondern sogar den Ausfuhrhandel *privilegiert*, sich aber dennoch für den Exporteur aufgrund der Wettbewerbsnachteile als Hindernis[432] erweist, der darin liegt, dass Exporteuren Transaktionskosten in Form von Verfahrenskosten anfallen, die andere Exporteure nicht zu tragen haben.[433]

*5. Ausschließlichkeitsrechte (*Inter-Huiles*;* Nertsvoederfabriek*;* Sydhavnens*)*

Inter-Huiles, *Nertsvoederfabriek* und *Sydhavnens* zeigen die ausfuhrdiskriminierende Qualität von ausschließlich an *inländische* Unternehmen verliehenen Ausschließlichkeits-, Monopol- oder Verwertungsrechten auf.

a) Inter-Huiles[434]

Inter-Huiles lag ein französisches System der Altölverwertung zugrunde, das bestimmten Unternehmen ein Ausschließlichkeitsrecht zum *Einsammeln* des Öls und spezifischen Unternehmen ein Ausschließlichkeitsrecht zur *Beseitigung* des Altöls verlieh. Letztere müssen die Verwertung in ihren *eigenen* Anlagen durchführen. Da die Rechte ausschließlich *französischen* Unternehmen eingeräumt wurden, konnten die Altöle nicht ausgeführt werden. Dem System lag die Richtlinie 75/439 EWG zugrunde, die die Altölverwertung regelte und es den Mitgliedstaaten (unter Einhaltung des Verhältnismäßigkeitsgrundsatzes) erlaubte, solche Ausschließlichkeitsrechte (sowohl in Be-

---

[430] Generalanwalt *Tesauro* (Fn. 427), Rn. 11 (*Kommission/Belgien*).

[431] EuGH (Fn. 426), Rn. 25.

[432] Zulassungs- und Genehmigungserfordernisse stellen bedingte Produktions- bzw. Handelsverbote dar und sind im Ergebnis wie Produktionsregelungen zu behandeln (s. b. Fn. 3803 ff.); die Regelung als Produktregelung einordnend *Weyer*, 251 f.

[433] Auch die Kommission war vom Vorliegen einer Beeinträchtigung von Art. 35 Alt. 2 AEUV ausgegangen, vgl. d. Nachw. b. Generalanwalt *Tesauro* (Fn. 427), Rn. 9 (*Kommission/Belgien*); a.A. *Füller*, 260.

[434] EuGH, Urt. v. 10.03.1983, Rs. 172/82, Slg. 1983, 555 (*Inter-Huiles*). Die Rs. *Rhone-Alpes Huiles* (EuGH, Urt. 09.02.1984, Rs. 295/82, Slg. 1984, 576 [*Rhone-Alpes Huile*]) „entspricht im Wesentlichen derjenigen" in *Inter-Huiles* (Rn. 7). Die nachfolgende Analyse gilt daher bezüglich *Rhone-Alpes Huiles* entsprechend. Parallel zur Rs. *Inter-Huiles* liegt auch EuGH, Urt. v. 07.02.1985, Rs. 183/83, Slg. 1985, 500 (*Kommission/Frankreich*).

zug auf die Sammlung als auch in Bezug auf die Beseitigung bzw. Verwertung) an bestimmte Unternehmen einzuräumen.

Zwar traf die Richtlinie keine explizite Aussage darüber, ob es sich bei den solchermaßen berechtigten Unternehmen um rein inländische oder auch EU-ausländische Unternehmen handeln dürfe. In ihren Zielen war jedoch festgelegt (worauf der EuGH hinweist[435]), dass der *innergemeinschaftliche Warenverkehr nicht gehemmt* werden sollte:[436] „Ausfuhrschranken"[437] sowie eine „Abschottung der Märkte"[438] seien nicht erlaubt. Der EuGH sah die Richtlinie wohl als *eigenständigen* Unzulässigkeitsgrund an, wofür die anschließende Formulierung „um so zwingender"[439] spricht, mit der er die Prüfung von Art. 35 Alt. 2 AEUV einleitet.

Sein Auslegungsergebnis sichert der Gerichtshof nun *zusätzlich* mit *Art. 35 Alt. 2 AEUV* ab, wobei er die *Groenveld*-Formel zitiert.[440] Sprachduktus und Prüfungssystematik erwecken den Anschein, als stünden die auf die Richtlinie bezogene Prüfung und die *Groenveld*-Prüfung *nebeneinander* (weshalb die hier gemachten Äußerungen des EuGH auch mit Blick auf die Analyse der *Groenveld*-Judikatur verwertet werden können). Der EuGH weist darauf hin, dass die Richtlinie sich nicht explizit äußere. Auch lehnt sich die Richtlinie selbst eng an die Warenverkehrsfreiheit an.[441]

Anders als *Szydło* meint,[442] erkennt der EuGH in *Inter-Huiles* auf der Grundlage der *Groenveld*-Formel keinen Beschränkungsverbotsmaßstab für Art. 35 AEUV an: Der EuGH sagt nur, dass ein System von Ausschließlichkeitsrechten, welches diese *ausschließlich inländischen* Unternehmen zuweise (und somit diskriminiert), nicht mit Art. 35 Alt. 2 AEUV vereinbar sei. Im Gegenteil weist der EuGH *kritiklos* darauf hin, dass die Richtlinie die Ein-

---

[435] EuGH (Fn. 434), Rn. 10.

[436] Vgl. hierzu auch Generalanwalt *Rozès*, Schlussanträge v. 10.02.1983, Rs. 172/82, Slg. 1983, I-568 (578 ff.) – *Inter-Huiles*.

[437] EuGH (Fn. 434), Rn. 11.

[438] EuGH (Fn. 434), Rn. 12.

[439] EuGH (Fn. 434), Rn. 12.

[440] EuGH (Fn. 434), Rn. 12. Der EuGH zitiert die *Groenveld*-Formel erneut in ihrer um das Halbelement der dritten Voraussetzung reduzierten Form.

[441] Mit Blick auf die allgemeine GMO-Judikatur bleibt die Begründung des EuGH unbefriedigend: Denn einerseits erweckt er den Anschein, als sei die Richtlinie unvollständig, mithin nicht geeignet um als rechtlicher Maßstab zu fungieren, an dem die nationale Maßnahme gemessen werden kann. Andererseits scheint er sie als selbständigen, neben Art. 35 Alt. 2 AEUV tretenden Rechtswidrigkeitsgrund zu behandeln. Unschlüssig bleibt im Ergebnis der genaue Stellenwert der Richtlinie. Der EuGH scheint den Feinheiten der GMO-Dogmatik – wie in *Simmenthal* (s. b. Fn. 138 ff.) und *Denkavit I* (s. b. Fn. 125 f.) – womöglich aus Gründen der Prozessökonomie nur eine geringere Aufmerksamkeit geschenkt zu haben, weil die Maßnahme, da diskriminierend, sowieso nach Art. 35 Alt. 2 AEUV rechtfertigungsbedürftig ist.

[442] *Szydło*, CMLR 47 (2010), 753 (758 Fn. 17).

räumung von Ausschließlichkeitsrechten grundsätzlich erlaube (sofern dies in nicht diskriminierender Weise geschehe[443]).[444]

b) Nertsvoederfabriek

Obwohl es in der (oben bereits angesprochenen[445]) Rs. *Nertsvoederfabriek*[446] um die Auslegung von Bestimmungen aus GMO-Verordnungen geht, ist *Nertsvoederfabriek* auch für das Verständnis der allgemeinen (also unmodifizierten) Rechtsprechung zu Art. 35 Alt. 2 AEUV von Relevanz, da der EuGH die den Art. 34, 35 AEUV nachgebildeten Bestimmungen identisch auslegt und nicht davon ausgeht, dass die Verordnungen Bestimmungen enthalten, die die konkrete rechtliche Situation beeinflussen würden.[447]

An keiner Stelle zitiert der EuGH die *Groenveld*-Formel. Er gibt sofort das *Subsumtionsergebnis* vor. Die Verpflichtung stelle ein „stillschweigendes Ausfuhrverbot"[448] bzw. eine „Handelsbeschränkung"[449] dar. Der Gerichtshof scheint das Vorliegen einer Maßnahme gleicher Wirkung i. S. v. Art. 35 Alt. 2 AEUV vor diesem Hintergrund für evident zu halten. Für eine von der *Groenveld*-Formel abweichende Auslegung könnte sprechen, dass der EuGH nicht explizit das Kriterium der Ungleichbehandlung anspricht und prüft. Außerdem führt die Tatsache der Existenz eines Ausfuhrverbots für sich genommen nicht schon zum Erfülltsein der *Groenveld*-Formel. Beides wird jedoch relativiert durch die Schilderung des die Ausfuhr ungleich behandelnden *Sachverhaltes*. Womöglich hat der EuGH das Vorliegen einer Diskrimi-

---

[443] EuGH (Fn. 434), Rn. 10.

[444] Wenn der EuGH von einer Beschränkungsverbotsauslegung ausgegangen wäre, hätte er die Richtlinie selbst am Maßstab von Art. 35 Alt. 2 AEUV messen (oder zumindest hierauf eingehen) müssen, zumal deren Zulässigkeit gemessen an einem Beschränkungsverbot höchst fraglich ist: Denn der EuGH sagt, dass ein Ausschließlichkeitsrecht an wenige Unternehmen nicht notwendig sei. Es könne als weniger die Grundfreiheiten beeinträchtigende Regelung ja festgelegt werden, dass den Beseitigungsunternehmen Zuschüsse zuflössen, die nach dem Verursacherprinzip erhoben würden (Rn. 13). Dies spräche aber auch gegen das vom EuGH abgesegnete diskriminierungslose System von Ausschließlichkeitsrechten.

[445] S. zu Teil 1 der Behandlung der Rs. *Nertsvoederfabriek* b. Fn. 118 ff.

[446] EuGH (Fn. 118).

[447] S. b. Fn. 118 ff. S. zum Sachverhalt n. Fn. 118. Zunächst bietet der *Ausgangssachverhalt* keine Anhaltspunkte für das Vorliegen eines EU-Ausfuhrsachverhaltes (worauf auch Generalanwalt *Da Cruz Vilaça* [Fn. 118], Rn. 40 [*Nertsvoederfabriek*] hinweist), weil es um einen *niederländischen* Zerkleinerungsbetrieb ging, der ohne Genehmigung *in den Niederlanden* agierte, mithin um einen rein inländischen Sachverhalt. Jedoch hatte das Vorlagegericht seine Frage in einer Weise gestellt, die auch Ausfuhrsachverhalte einbezog (EuGH [Fn. 118], Rn. 3). Der EuGH hätte die Sache daher, da nicht entscheidungserheblich und somit unzulässig, unbeantwortet lassen sollen.

[448] EuGH (Fn. 118), Rn. 11.

[449] EuGH (Fn. 118), Rn. 11.

nierung (und ggf. der anderen *Groenveld*-Kriterien) für so evident gehalten, dass er eine ausführliche Subsumtion für entbehrlich hielt. Denn *materiell* geht es um eine Maßnahme, die *alle* Kriterien der *Groenveld*-Formel erfüllt. Zunächst wird offen zwischen Inlands- und Ausfuhrströmen differenziert: Während die inländischen Betriebe eine Genehmigung erhalten, ist dies für EU-ausländische Betriebe nicht der Fall. Dass die Genehmigung an bestimmte Voraussetzungen geknüpft ist, ist in diesem Zusammenhang irrelevant, weil *alle privilegierten* Fälle *inländischer* Art sind. Irrelevant ist in diesem Zusammenhang auch – anders als die niederländische Regierung meint[450] –, dass die Privilegierung der inländischen Betriebe erst über den Umweg der Abgabe an die Gemeinde eingreift: Zwar ist es richtig, dass hier *zunächst* ein *totales* (mithin unterschiedsloses) Vermarktungsverbot besteht. Doch dies ist nur das Mittel, um die Privilegierung der Genehmigungsinhaber durchzusetzen. Folgerichtig spricht der EuGH im Leitsatz auch nur diesen Aspekt an.[451] Ein Vorteil (drittes *Groenveld*-Element) entsteht den Genehmigungsinhabern, die in ihren Bezirken ein Monopol besitzen.[452]

c) Sydhavnens Sten & Grus

Sydhavnens Sten & Grus[453] weist Parallelen mit den französischen Altölverwertungsfällen[454] auf, die vom Gerichtshof auch mehrfach zitiert werden. Es ging um zwei dänische Satzungen, die es nur einer begrenzten Anzahl von Zentren erlaubten, ungefährliche Bauabfälle zu verwerten. Jedoch räumten die zuständigen Behörden *nur im Inland liegenden* Zentren Verwertungsrechte ein. Hierdurch gab es keine Möglichkeit, die Abfälle im EU-Ausland zu verwerten. Dass auch die Anzahl der inländischen Zentren begrenzt war (und somit auch inländische Zentren von der Verwertung ausgeschlossen wurden), ändert nichts daran, dass es sich bei der Maßnahme um eine Diskriminierung handelte:[455] *Alle* privilegierten Unternehmen liegen im Inland. Der Gerichts-

---

[450] Zit. nach Generalanwalt *Da Cruz Vilaça* (Fn. 118), Rn. 57 (*Nertsvoederfabriek*).

[451] EuGH (Fn. 118), Rn. 17: „stehen einer (…) Regelung nicht entgegen, die die Abholung und Verarbeitung des ganzen Abfallmaterials den Inhabern einer behördlichen Zerkleinerungsgenehmigung vorbehält und die den Erzeugern von Geflügelschlachtabfällen die Verpflichtung auferlegt, diese als Abfallmaterial nur an zugelassene Zerkleinerungsbetriebe zu veräußern."

[452] Generalanwalt *Da Cruz Vilaça* (Fn. 118), Rn. 8 (*Nertsvoederfabriek*). Vgl. zu der Frage, inwieweit der Gerichtshof in *Nertsvoederfabriek* von einem Verbot fremdnütziger Interessenwahrnehmung ausgeht, b. Fn. 3970 ff.

[453] EuGH, Urt. v. 23.05.2000, Rs. C-209/98, Slg. 2000, I-3777 (*Sydhavnens Sten & Grus*).

[454] S. b. und in Fn. 434 ff.

[455] A.A. wie schon bei *Inter-Huiles* (Fn. 442) *Szydło*, CMLR 47 (2010), 753 (758 Fn. 17).

hof zitiert die (um das dritte Halbelement verkürzte) *Groenveld*-Formel[456] und hält die Regelung in Ermangelung einer Ausnahme für die Ausfuhr für rechtfertigungsbedürftig.[457]

d) Faktische Diskriminierung?

Fraglich ist, ob die in *Inter-Huiles*, *Nertsvoederfabriek* und *Sydhavnens* erfolgte *hundertprozentige* Erteilung von wirtschaftlichen Rechten an inländische Unternehmen eine faktische oder eine rechtliche Diskriminierung darstellt. Da die der Verwaltungspraxis zugrunde liegenden Regelungen neutral formuliert waren, erscheint es naheliegend, eine faktische Diskriminierung anzunehmen, da es nur im *praktischen Ergebnis* zu einem Ausschluss EU-ausländischer Bewerber gekommen ist.

Der Maßnahmebegriff des Art. 35 Alt. 2 AEUV umfasst zwar auch Verwaltungshandeln, das rechtlich diskriminieren könnte. Doch stellte dieses hier ebenfalls nicht auf den Sitz des Unternehmens ab, sondern knüpfte an neutrale Kriterien an.

Es könnte gefragt werden, ob sich ein Mitgliedstaat seiner *Groenveld*-Nichtdiskriminierungspflicht entledigen kann, indem er die Ermächtigungs*norm* neutral formuliert und erst auf der Ebene der Verwaltungspraxis *ausschließlich* inländischen Unternehmen Ausschließlichkeitsrechte einräumt.

Da es jedoch in allen drei Fällen zum *hundertprozentigen* Ausschluss EU-ausländischer Betriebe gekommen ist (und noch nicht einmal einem oder zwei EU-ausländischen Unternehmen Verwertungsrechte eingeräumt wurden), handelt es sich mit Blick auf den *Ausprägungsgrad* der faktischen Diskriminierung um einen Fall faktischer Diskriminierung, der einer rechtlichen Diskriminierung *sehr nahe* kommt. Ein Begriff faktischer Diskriminierung, wie ihn der EuGH im Bereich der anderen Grundfreiheiten zugrunde legt, ist somit in *Inter-Huiles*, *Nertsvoederfabriek* und *Sydhavnens* nicht anerkannt worden. Eine sehr geringfügige interpretative Ausweitung der *Groenveld*-Formel ist aber zu bejahen.

6. GB-INNO-BM:[458] *Einfuhr-, nicht Ausfuhrkonstellation*

In der Rechtssache ging es um ein luxemburgisches Verbot, bei Werbeaktionen für Sonderangebote sowohl auf den Vorpreis als auch auf die Dauer des Sonderangebots hinzuweisen. Dieses wurde auf einen belgischen Händler angewandt, der in Luxemburg für seinen Supermarkt in Belgien geworben hatte.

---

[456] EuGH (Fn. 453), Rn. 34.
[457] EuGH (Fn. 453), Rn. 37, 39–43.
[458] EuGH, Urt. v. 07.03.1990, Rs. 362/88, Slg. 1990, I-683 (*GB-INNO-BM*).

Nach Auffassung des EuGH erlaube die Warenverkehrsfreiheit den Verbrauchern, sich gegen Behinderungen ihres Ansässigkeitsstaates zu wenden, die es ihnen verwehren, in einen anderen Mitgliedstaat zu reisen und dort unter denselben Bedingungen einzukaufen wie die ortsansässige Bevölkerung. Dies umfasse auch Behinderungen des Zugangs zu Werbematerial, weshalb die Regelung rechtfertigungsbedürftig sei.[459]

In der Literatur wird der Fall *GB-INNO-BM* teilweise angeführt, um nachzuweisen, dass der Gerichtshof im Bereich der Warenverkehrsfreiheit bereits einmal dem Zielstaatsprinzip gefolgt ist, mithin auch eine die Warenströme nicht diskriminierende Maßnahme als Beeinträchtigung von Art. 35 AEUV anerkannt hat.[460]

Dem ist jedoch klar zu widersprechen, denn es geht vielmehr um einen unter Art. *34* AEUV fallenden *Einfuhr*sachverhalt: Es handelt sich nicht um eine Maßnahme des Herkunftslandes der Ware (Belgien), sondern um eine Maßnahme des Zielstaates (Luxemburg), weil sie sich an luxemburgische Verbraucher als potenzielle Kunden gerichtet hat.[461]

7. Marchandise*: Konkretisierung der* Groenveld-*Formel*

Die *Marchandise*[462] zugrunde liegende belgische Regelung verbot es, Arbeitnehmer sonntags nach 12 Uhr in Einzelhandelsgeschäften zu beschäftigen. Der Schwerpunkt des Urteils liegt auf der Prüfung von Art. *34* Alt. 2 AEUV. Das Urteil erging noch vor *Keck*. Der EuGH überprüft die Regelung daher im Licht von Art. 34 Alt. 2 AEUV auf ihre Verhältnismäßigkeit.[463]

Der Gerichtshof äußert sich knapp zu Art. 35 Alt. 2 AEUV. Er zitiert mit Blick auf Art. 35 Alt. 2 AEUV nicht die *Groenveld*-Formel, sondern fragt nur danach, ob die Maßnahme „objektiv anwendbar ist“[464]. Die *dritte* Voraussetzung wird (überhaupt) nicht zitiert oder geprüft und scheint irrelevant zu sein. Es kommt demnach nur auf das Vorliegen einer (entsprechend qualifizierten) Diskriminierung an.

---

[459] EuGH (Fn. 458), Rn. 8 ff.

[460] *Wolfram*, 272.

[461] Ebenso *Feiden*, 262 Fn. 987. Umf. zu den Implikationen der Auslegung zu Art. 34 Alt. 2 AEUV *Reese*, 67 ff. Eine ähnliche (ebenfalls abzulehnende) Argumentation stellt darauf ab, dass aus der Bindung der „Herkunftsstaaten der Verbraucher“ (dieses sind ja die Zielstaaten der Ware) auf die Bindung auch der Herkunftsstaaten der Exporteure geschlossen werden könne, s. hierzu und zur hier vertretenen Gegenansicht umf. b. Fn. 3019 ff. S. zu der Frage, ob Luxemburg auch die (auf der Rechtfertigungsebene relevant werdende) *internationale Zuständigkeit* besaß, die Werbetätigkeit auf seinem Gebiet zu regulieren, vor und b. Fn. 4080.

[462] EuGH, Urt. v. 28.02.1991, Rs. C-332/89, Slg. 1991, I-1037 (*Marchandise*).

[463] EuGH (Fn. 462), Rn. 11 ff.

[464] EuGH (Fn. 462), Rn. 16.

Informationen lassen sich aus *Marchandise* auch im Hinblick auf die *Reichweite* des applizierten Diskriminierungsverbotes ableiten: Der Gerichtshof fragt, ob die Maßnahme „bezweckt, die Handelsströme zwischen den Mitgliedstaaten zu regeln“[465]. Der EuGH interpretiert also den ersten Teil des ersten Formelelements der *Groenveld*-Formel[466] tatsächlich im Sinne einer *Absicht*.

Zum Zweiten fragt der EuGH danach, ob die Maßnahme „aufgrund objektiver Kriterien auf sämtliche Geschäfte eines bestimmten Sektors anwendbar ist, ohne zwischen den Waren, die der Verbraucher an Ort und Stelle verwenden will, und denen, die er auszuführen wünscht, zu unterscheiden.“[467] Der Gerichtshof bezieht sich hier wohl auf den zweiten Teil des ersten Formelelements der *Groenveld*-Formel[468] und interpretiert diesen eng. Es scheint, als müsse für das zweite Element ebenfalls eine *offene* Diskriminierung i. d. S. gegeben sein, dass die Differenzierung *im Recht angelegt* ist. Der zweite Teil des ersten Formelelements unterschiede sich vom ersten dann darin, dass er nicht von einer (nachweisbaren) Zwecksetzung begleitet wird. Der EuGH verwendet also im Bereich von Art. 35 AEUV nicht den Maßstab faktischer Diskriminierung, den er im Bereich der anderen Grundfreiheiten heranzieht[469] (wobei schon fraglich ist, ob hier überhaupt noch von faktischen Diskriminierungen im Sinne der sonstigen Grundfreiheitenjudikatur gesprochen werden kann). Durch den unmittelbaren Kontrast zwischen der extensiven Rspr. zu Art. 34 Alt. 2 AEUV einerseits und der restriktiven Interpretation von Art. 35 Alt. 2 AEUV andererseits wird der Eindruck, dass Art. 35 Alt. 2 AEUV bewusst eng interpretiert wird, noch verstärkt.

8. Belgien/Spanien (Rioja); Delhaize; Asda; Ravil: *Faktische Diskriminierungen?*

In allen vier Verfahren ging es darum, dass nach dem jeweiligen mitgliedstaatlichen Recht auch die marktfähige *Verarbeitung* des Produkts in einer bestimmten Region im Inland stattfinden muss, damit diese Produkte eine bestimmte Qualitätsbezeichnung erhalten können.

---

465 EuGH (Fn. 462), Rn. 17.

466 Gemeint ist damit: „spezifische Beschränkungen der Ausfuhrströme bezwecken“ (EuGH [Fn. 51], Rn. 5 [*Groenveld*]).

467 EuGH (Fn. 462), Rn. 17.

468 Gemeint ist damit: „spezifische Beschränkungen der Ausfuhrströme (…) bewirken“ (EuGH [Fn. 51], Rn. 5 [*Groenveld*]).

469 S. b. der Konvergenzanalyse (b. Fn. 2397 ff.) umf. zur Handhabung der faktischen Diskriminierung im Bereich der anderen Grundfreiheiten bzw. der Einfuhrdimension der Warenverkehrsfreiheit

a) Belgien/Spanien (Rioja); Delhaize

Belgien/Spanien (*Rioja*)[470] und *Delhaize*[471] teilen dieselbe faktische und rechtliche Ausgangssituation.[472] Auch die Feststellungen des Gerichtshofs weisen weitgehende Parallelen auf. Der entscheidende Unterschied besteht darin, dass die mitgliedstaatliche Regelung über die geschützte Herkunftsbezeichnung bei der Rs. *Belgien/Spanien* als von Art. 36 AEUV gedeckt und verhältnismäßig angesehen wird, wohingegen sie bei *Delhaize* als ungerechtfertigte Beschränkung von Art. 35 Alt. 2 AEUV bewertet wird. Es unterscheiden sich dabei nicht die rechtlichen Maßstäbe, sondern die *Subsumtionen*. In *Belgien/Spanien* (*Rioja*) nimmt der Gerichtshof das Urteil *Delhaize* ausführlich zur Kenntnis,[473] und auch die dortige ungewöhnlich ausführliche Begründung zeigt, dass sich der EuGH der Gegensätzlichkeit seiner Tatsachenfeststellungen in den beiden Verfahren bewusst war.

Der EuGH zieht seine zu GMO entwickelten Rechtsprechungsgrundsätze bei Art. 35 Alt. 2 AEUV nicht heran, sondern prüft Art. 35 Alt. 2 AEUV unabhängig vom Vorliegen einer GMO.[474] Er zitiert die *Groenveld*-Formel und zieht hier zur Definition und Subsumtion auch nicht die GMO-Dogmatik heran. Die VO wird in beiden Rechtssachen aufbautechnisch auch erst *nach* der Anwendung der *Groenveld*-Formel geprüft[475] und zudem auch im Ergebnis für *irrelevant* erklärt.[476]

aa) Offene Diskriminierung

Es handelt es sich nach hiesiger Auffassung auch hier (wie in den Rs. *Ravil*[477] und *Asda*[478]) um *offene* Diskriminierungen, da die mitgliedstaatliche Regelung ein Abfüllen in einem anderen Mitgliedstaat und mithin die dieser vorgelagerte und hierzu erforderliche Ausfuhr unter Beibehaltung der Ursprungsbezeichnung *immer* verbietet, wohingegen dieses in *bestimmten Gebieten* des Herkunftsstaates (unter Beibehaltung der Qualitätsbezeichnung) erlaubt ist.[479] Die privilegierten Konstellationen sind m. a. W. *per definitio-*

---

470 EuGH (Fn. 129).

471 EuGH (Fn. 128). S. zu Teil 1 der Besprechung von *Delhaize* b. Fn. 127 ff.

472 Ebenso *Benedict*, B. U. Int'l L. J. 21 (2003), 373 (388); *Spaventa*, CMLR 38 (2001), 211 (218 f.).

473 EuGH (Fn. 129), Rn. 20–26 (*Belgien/Spanien*).

474 S. b. Fn. 131 ff.

475 EuGH (Fn. 129), Rn. 43 ff. (*Belgien/Spanien*); EuGH (Fn. 128), Rn. 16, 21 ff. (*Delhaize*).

476 EuGH (Fn. 129), Rn. 43 ff. (*Belgien/Spanien*); EuGH (Fn. 128), Rn. 26 (*Delhaize*).

477 EuGH, Urt. v. 20.05.2003, Rs. C-469/00, Slg. 2003, I-5085 (*Ravil*).

478 EuGH, Urt. v. 20.05.2003, Rs. C-108/01, Slg. 2003, I-5163 (*Asda*).

479 *Belgien/Spanien* wohl wie hier qualifizierend *Szydło*, CMLR 47 (2010), 753 (757): „direct discrimination". Unklar bleibt die Qualifikation von *Delhaize* von *Eilmansberger*, JBl. 1999, 434 (449): „Schlechterstellung" und *Füller*, 263: „Diskriminierung" sowie

nem ausschließlich inländischer Art, und zwar durch die Anknüpfung an ein im Inland gelegenes Ortsmerkmal.[480] Hieran ändert auch nichts, dass die Ware dann (also ohne die denominación) „nur" seltener gekauft wird: Die Beschränkungswirkung ist eine von der Ungleichbehandlung zu trennende Frage (wie *ED* beweist[481]).[482]

bb) Sprachliche Verwendung der Groenveld-*Formel in* Delhaize *und* Belgien/Spanien *(*Rioja*)*

In der Rs. *Delhaize* zitiert der EuGH die um das dritte Halbelement reduzierte *Groenveld*-Formel unter Verweis auf die Rs. *Jongeneel*[483].[484] „Genau dies"[485] – also das Erfülltsein der so wiedergegebenen *Groenveld*-Formel – sei bei der vorliegenden Regelung der Fall. „Eine solche Regelung"[486] bewirke „näm-

Cordewener, 283 (letzterer scheint einer extensiven Interpretation des Urteils *Delhaize* krit. gegenüberzustehen). Dag. von einer faktischen Diskriminierung ausgehend *Stuyck*, CMLR 30 (1993), 847 (855 f., 858).

[480] Vgl. Generalanwalt *Gulmann* (Fn. 110), Rn. 29 (*Delhaize*); *Enchelmaier*, CMLR 41 (2004), 825 (830) bestreitet dies in seinem Kommentar zu den Rs. *Asda* und *Ravil* u. a. mit der Argument, nicht die Ausfuhr, sondern die Verarbeitung werde benachteiligt. Aber es ist nicht ersichtlich, warum der bloß regelungstechnische Umstand von Bedeutung sein soll, dass z. B. bei einem Produkt, das auf Verarbeitung angewiesen ist, statt eines Ausfuhrverbotes ein Verbot der Verarbeitung im EU-Ausland statuiert wird. Die Verarbeitung ist bei solchen Produkten so eng mit der Ausfuhr verbunden, dass es hier vertretbar erscheint, zu sagen, dass die Ausfuhr selbst rechtlich diskriminiert wird. Das zweite Argument von *Enchelmaier*, CMLR 41 (2004), 825 (830 f.) stellt darauf ab, dass das Produkt die „denominación" auch dann verliert, wenn *andere* Bedingungen nicht erfüllt werden, etwa wenn bestimmte Verfahrensweisen nicht eingehalten werden. Auch hier hilft es aber, sich folgenden hypothetischen Fall vorzustellen: Verliert eine Regelung, die Ausfuhren verbietet, ihre Eigenschaft als Ausfuhrdiskriminierung auch in der Konstellation, in der die „denominación" nicht nur dann verloren geht, wenn die Ware ausgeführt wird, sondern auch wenn bestimmte Verfahrensweisen nicht eingehalten werden (wie in der Rs. *Monsees*, vgl. b. Fn. 653 ff.)? Es geht also um das Beispiel, dass eine hypothetische „denominación" von mehreren Bedingungen abhängt (u. a. der Herstellungsweise), aber eben notwendig auch davon, dass die Ware bis zur Fertigstellung nicht ausgeführt wird. Das Vorliegen einer offenen Diskriminierung kann hier nicht bestritten werden (entspr. auch die hiesige Qualifikation in der Rs. *Monsees*, s. b. Fn. 656 ff.).

[481] S. b. Fn. 544 ff.

[482] A.A. wohl *Enchelmaier*, CMLR 41 (2004), 825 (831) in seinem Kommentar zu den Rs. *Asda* und *Ravil*. Im Übrigen liegt auch die Annahme einer Beschränkungswirkung nahe: Entweder wird auf den *rechtlichen* Nachteil abgestellt oder auf die Einschränkung der *Unternehmerfreiheit* des Exporteurs oder auf negative Verbraucherreaktionen infolge des Fehlens der Qualitätsbezeichnung und die damit einhergehenden Umsatzeinbußen, die sich wiederum in niedrigeren Ausfuhren niederschlagen.

[483] EuGH (Fn. 105).

[484] EuGH (Fn. 128), Rn. 12 (*Delhaize*).

[485] EuGH (Fn. 128), Rn. 13 (*Delhaize*).

[486] EuGH (Fn. 128), Rn. 14 (*Delhaize*).

lich"(!)[487] eine „spezifische Beschränkung der Ausfuhrströme von nicht abgefülltem Wein und verschafft insbesondere den im Erzeugungsgebiet gelegenen Abfüllbetrieben einen besonderen Vorteil."[488] In Rn. 14 der Rs. *Delhaize* scheint es also, als ob das *zweite* Element der *Groenveld*-Formel keine Rolle (mehr) spielt, da es in der Begründung nicht genannt wird.

In der Rs. *Belgien/Spanien* (*Rioja*) geht der EuGH zunächst ausführlich auf die rechtliche und faktische Ausgangssituation ein und gibt insbesondere die Kernaussagen des Urteils *Delhaize* wieder, u. a. den besagten Abschnitt (die genannte Rn. 14), in dem der EuGH das halbe dritte und gesamte erste Element der *Groenveld*-Formel heranzieht, um das Vorliegen einer Maßnahme gleicher Wirkung zu begründen.[489] Im Rahmen der Gründe[490] zitiert der EuGH bei der Prüfung des Vorliegens einer Maßnahme gleicher Wirkung nun nicht die gesamte *Groenveld*-Formel, sondern verweist nur – im Stil, aber eben nicht mit dem Inhalt der besagten Rn. 14 der Rs. *Delhaize* – auf den Eindruck (weil die 3-Elemente-*Groenveld*-Formel in den Gründen nicht zitiert wurde), dass das *dritte* Element gar keine Rolle mehr spielt – was umso mehr verwundert, als ein Vorteil für die inländische Produktion hier offensichtlich gegeben war und es daher ein Leichtes gewesen wäre, dessen Vorliegen „abklappernd" festzustellen. Zwar stimmt der Begründungsduktus der Rs. *Belgien/Spanien* (*Rioja*) stärker mit der tatsächlichen *Handhabung* der *Groenveld*-Formel in der st. Rspr. überein – insofern nämlich de facto auf das ganze dritte Element verzichtet wird –,[491] nichtsdestotrotz zeigen aber die beiden Rechtssachen in der Gegenüberstellung, dass die Rspr. des EuGH generell Inkohärenzen aufweist.[492] Dies spricht dafür, hieraus nur mit Vorsicht Rückschlüsse zu ziehen.

Auf der anderen Seite sei hier schon darauf hingewiesen, dass der EuGH in *Asda* und *Ravil* in der Subsumtion ebenfalls das dritte Formelelement zur Gänze weglässt[493] – allerdings hat er in beiden Rechtssachen, wie bereits in *Delhaize*, schon vorher in der Definition die *gesamte Groenveld*-Formel zitiert. Die Rs. *Asda* und *Ravil* vereinen also Elemente von *Delhaize* und *Rioja*.[494]

---

[487] EuGH (Fn. 128), Rn. 14 (*Delhaize*).

[488] EuGH (Fn. 128), Rn. 14 (*Delhaize*).

[489] EuGH (Fn. 129), Rn. 21 (*Belgien/Spanien*).

[490] EuGH (Fn. 129), Rn. 36 ff. (*Belgien/Spanien*).

[491] Entsprechend gehen *Barnard*, 72; *Oliver*, in: ders., 137; *ders./Enchelmaier*, CMLR 44 (2007), 649 (685); *Oliver/Martínez Navarro*, in: Barnard/Peers, 325 (341) davon aus, dass mit der „*Rioja*-Formel" die eigentliche Praxis des EuGH wiedergegeben wird. *Oliver*, in: ders., 136, 140 begrüßt dies.

[492] *Oliver/Martínez Navarro*, in: Barnard/Peers, 325 (341).

[493] S. b. Fn. 530 ff.

[494] In einer Fußnote zu seinen Schlussanträgen stellt *Gulmann* die Auslegung von Art. 35 Alt. 2 AEUV durch den EuGH infrage: Nach seiner Auffassung würde die *Groenveld*-

cc) Rechtfertigung[495]

Zunächst erkennt der Gerichtshof die Argumentation der spanischen, italienischen und portugiesischen Regierungen[496] in *Belgien/Spanien* (*Rioja*) nicht an, wonach es darum gehe, den Ursprung eines Produktes auszuweisen, das eben nur dann ganz in der Region Rioja hergestellt worden sei, wenn es auch dort abgefüllt werde.[497] Dies ist auf der Grundlage seiner Interpretation des Verfahrensgegenstandes nur konsequent, denn er versteht die denominación als *Qualitäts*siegel spezifisch bearbeiteter und abgefüllter Rioja-Trauben; und wenn ein Wein aus diesen Rioja-Trauben hergestellt und in einer Weise bearbeitet wird *wie* in der Region Rioja, dann wäre eine Nichterteilung der denominacion eine unbegründete Diskriminierung.

aaa) Schutz des guten Rufes als legitimes Ziel

Spanien hatte schon in *Delhaize* vorgebracht, die streitige Regelung diene der Qualitätsförderung.[498] Der EuGH kritisiert dieses Vorbringen nicht als illegitim, sondern weist nur auf die nicht erwiesene Eignung der „Lokalisierung der Abfülltätigkeiten“[499] zum Zwecke der Steigerung der Qualität (also auf die Unverhältnismäßigkeit des Maßnahmeeinsatzes) hin. Auch wenn der EuGH dies in *Delhaize* nicht ausdrücklich feststellt, scheint er diesen Rechtfertigungsgrund damit wohl – vorbehaltlich seiner verhältnismäßigen Realisierung – zu akzeptieren.

Letztendlich bestätigt wird dies im *Rioja*-Urteil, in dem der EuGH die Regelung für gerechtfertigt erklärt. Im *Rioja*-Urteil stellt der EuGH mehrfach

---

Formel keine Regelungen erfassen, in denen eine Pflicht der *Erzeuger selbst* statuiert werde, das Ursprungserzeugnis abzufüllen, obwohl es sich hierbei „ohne weiteres [um] unberechtigte Hemmnisse für den freien Warenverkehr“ (Generalanwalt *Gulmann* [Fn. 110], Rn. 31 Fn. 21 [*Delhaize*]) handele. Zu sonstigen Fällen bezieht *Gulmann* keine Stellung. Ob die von *Gulmann* angesprochene Fallgruppe aber tatsächlich nicht unter die *Groenveld*-Formel fällt, könnte mit dem Argument bezweifelt werden, dass auch hier wiederum *alle begünstigten* Produzenten im Inland ansässig wären (sodass in der von ihm angesprochenen Fallkonstellation eine Diskriminierung vorläge). Doch da *Gulmann* den von ihm skizzierten Fall eben nicht als der *Groenveld*-Formel unterfallend ansieht, scheint er (generell) für eine extensive Auslegung von Art. 35 Alt. 2 AEUV im Sinne eines auch bestimmte *unterschiedslose* Beschränkungen erfassenden Verbots zu votieren, s. a. *Gulmann*, in: Rodríguez Iglesias, 169 ff.

[495] Zunächst weist der Gerichtshof in beiden Rechtssachen darauf hin, dass Art. 18 der VO 823/87 nicht als „Rechtfertigungsgrund“ für „den Vertragsbestimmungen über den Warenverkehr zuwiderlaufen[de]“ Bestimmungen herangezogen werden könne, vgl. EuGH (Fn. 128), Rn. 24–26 (*Delhaize*); EuGH (Fn. 133), Rn. 43–46 (*Belgien/Spanien*).

[496] EuGH (Fn. 129), Rn. 47 f. (*Belgien/Spanien*).

[497] EuGH (Fn. 129), Rn. 49 (*Belgien/Spanien*).

[498] EuGH (Fn. 128), Rn. 22 (*Delhaize*).

[499] EuGH (Fn. 128), Rn. 23 (*Delhaize*).

fest, dass eine Regelung, deren Ziel es ist, die Qualität des Weines zu schützen, d. h. dessen spezifische Eigenschaften, ein legitimes Anliegen verfolgt.[500] Dieses helfe dabei, die Absatzchancen des Produktes zu sichern und trittbrettfahrende dritte Produzenten von einer rufschädigenden Nutzung der Ursprungsbezeichnung abzuhalten.[501] Wenn der Schutz des guten Rufes bezweckt werde, müsse es darum gehen, dass das Produkt bestimmte Qualitätseigenschaften aufweise.[502]

bbb) Verhältnismäßigkeitsprüfung

Die Verhältnismäßigkeitsprüfung ist nun diejenige Stelle, an der sich die beiden Urteile maßgeblich voneinander unterscheiden: Der Gerichtshof stellt in *Delhaize* (in Anlehnung an die Schlussanträge von Generalanwalt *Gulmann*[503]) mehrfach und knapp fest, dass die Eignung der Maßnahme nicht nachgewiesen worden sei: Es sei weder erwiesen, dass die Maßnahme dem Wein besondere Eigenschaften verleihe oder diese erhalte,[504] noch, dass sie die Qualität des Weines beeinflusse.[505] Im EU-Ausland gebe es zudem einen äquivalenten Schutz: Ein umfangreiches und effektives System gemeinschaftlichen Sekundärrechts stelle diesen sicher.[506]

Im *Rioja*-Verfahren kommt der Gerichtshof nun aufgrund „neue[r] Gesichtspunkte"[507] zum gegenteiligen Ergebnis und hält die Regelung für gerechtfertigt.[508] Die (sehr ausführliche[509]) Verhältnismäßigkeitsprüfung dreht

---

[500] EuGH (Fn. 129), Rn. 49 ff. (*Belgien/Spanien*).

[501] EuGH (Fn. 129), Rn. 54 f. (*Belgien/Spanien*).

[502] EuGH (Fn. 129), Rn. 56 (*Belgien/Spanien*). In *Delhaize* und in *Rioja* weist der Gerichtshof ausdrücklich auf den Konnex des Schutzes des guten Rufes mit dem Schutz des gewerblichen und kommerziellen Eigentums nach Art. 36 S. 1 AEUV hin, EuGH (Fn. 128), Rn. 16 (*Delhaize*); EuGH (Fn. 129), Rn. 54 (*Belgien/Spanien*); ebenso Generalanwalt *Saggio*, Schlussanträge v. 25.03.1999, Rs. C-388/95, Slg. 1999, I-3125, Rn. 21 (*Belgien/Spanien*); dies dag. offenlassend Generalanwalt *Gulmann* (Fn. 110), Rn. 34 f. (*Delhaize*).

[503] Generalanwalt *Gulmann* (Fn. 110), Rn. 36 f. (*Delhaize*).

[504] EuGH (Fn. 128), Rn. 19 (*Delhaize*).

[505] EuGH (Fn. 128), Rn. 23 (*Delhaize*).

[506] EuGH (Fn. 128), Rn. 20 f. (*Delhaize*).

[507] EuGH (Fn. 129), Rn. 52 (*Belgien/Spanien*).

[508] Unklar bleibt, ob der Gerichtshof zu einer anderen Schlussfolgerung gelangt ist, weil die Behauptung nun *substanziiert* wurde (*Spaventa*, CMLR 38 [2001], 211 [216 f.]; Generalanwalt *Saggio* (Fn. 502), Rn. 32 [*Belgien/Spanien*]) vom auf der Rechtfertigungsebene darlegungs- und beweispflichtigen Mitgliedstaat (hierfür spricht, dass der EuGH mehrfach vom Fehlen eines hinreichenden Nachweises spricht, s. b. Fn. 504 f.) oder ob der EuGH diese Informationen schon vorher besaß und entsprechende Erwägungen schon in *Delhaize* angestellt hatte und nun lediglich zu einer anderen *Bewertung* gelangt ist. Für Letzteres könnte die Tatsache sprechen, dass von den 11 an der Rs. *Rioja* beteiligten Richtern nur

sich zentral um die Frage, ob die Abfüllung in der Region Rioja tatsächlich notwendig ist, um die Qualität des Produktes sicherzustellen.[510] Der Gerichtshof lehnt dabei eine Kennzeichnungslösung des Inhalts ab, dass Weine unabhängig davon, ob sie innerhalb oder außerhalb der Region (insbesondere im EU-Ausland) abgefüllt worden sind, die denominación erhalten. Der Gerichtshof verweist zunächst auf sekundärrechtliche Harmonisierungsmaßnahmen, denen dieselbe Intention zugrunde liegt wie der spanischen Maßnahme (Schutz des guten Rufes).[511] Der EuGH will hieraus wohl eine zusätzliche Legitimation der mitgliedstaatlichen Maßnahme ableiten. Entscheidend ist nun für den Gerichtshof erstens, dass die Unternehmen in der Region Rioja nach Auffassung des EuGH „über eine spezielle Erfahrung und vor allem eine vertiefte Kenntnis der spezifischen Eigenarten des betreffenden Weines verfügen"[512], und zweitens, dass die Unternehmen im EU-Ausland nicht denselben hohen Kontrollen unterlägen.[513] Die Gemeinschaftsregelungen böten keinen äquivalenten Schutz.[514] Der Ruf der Weine mit der denominación würde daher durch schlechtere EU-ausländische Produkte geschädigt.[515] Die „Herkunftsbezeichnung" ist in diesem Sinne eben nicht (nur) eine Herkunftsbezeichnung im wortwörtlichen Sinne, sondern auch ein Kürzel für bestimmte *Eigenschaften*, d. h. für eine bestimmte *Qualität* (Qualitätssiegel). Daher sei die Maßnahme erforderlich.[516]

Das Judikat *Kommission/Belgien* (*Rioja*) ist zu kritisieren: Es sollten hier die Interessen sämtlicher Hersteller berücksichtigende Lösungen gefunden werden.[517] Als milderes Mittel kommen insbesondere Alternativkennzeichnungen in Betracht: Es könnte als Ausfluss des in Art. 35 Alt. 2 AEUV verankerten Diskriminierungsverbotes gesehen werden, dass die Mitgliedstaaten für abtrennbare und in sich geschlossene Prozesse des Herstellungsvorganges, bei denen nachfolgende Prozesse im EU-Ausland wahrgenommen werden können, *eigene* Schutzbezeichnungen zur Verfügung stellen müssen, wenn sie

---

einer auch an der Rs. *Delhaize* beteiligt war: nämlich der *Spanier Rodríguez Iglesias*, der zur Zeit des Urteils *Rioja* Präsident des Gerichtshofs war.

[509] EuGH (Fn. 129), Rn. 49–78 (*Belgien/Spanien*).

[510] Dem EuGH zust. *Benedict*, B. U. Int'l L. J. 21 (2003), 373 (393 f.).

[511] EuGH (Fn. 129), Rn. 53 (*Belgien/Spanien*).

[512] EuGH (Fn. 129), Rn. 65 f. (*Belgien/Spanien*).

[513] EuGH (Fn. 129), Rn. 67 (*Belgien/Spanien*). Ebenso Generalanwalt *Saggio* (Fn. 502), Rn. 29 f. (*Belgien/Spanien*).

[514] EuGH (Fn. 129), Rn. 68–74 (*Belgien/Spanien*). Ebenso Generalanwalt *Saggio* (Fn. 502), Rn. 31 (*Belgien/Spanien*).

[515] EuGH (Fn. 129), Rn. 77 (*Belgien/Spanien*). Ebenso Generalanwalt *Saggio* (Fn. 502), Rn. 36 (*Belgien/Spanien*).

[516] EuGH (Fn. 129), Rn. 76 (*Belgien/Spanien*).

[517] Dabei wird in der Praxis kein allzu großer Unterschied liegen zwischen erstens einer relativierenden Kennzeichnung der denominacion und zweitens einer Alternativkennzeichnung.

nicht die Unzulässigkeit des *Gesamtsystems* gefährden wollen. Z. B. könnte das hier bedeuten, dass für lege artis hergestellten, aber noch unabgefüllten Wein das Kennzeichen „denominación de origen" reserviert und es durch den Zusatz „calificada" qualifiziert würde, wenn auch der Abfüllprozess nach den hohen Standards erfolgte (ohne dass dies im Herkunftsland geschehen muss). Dasselbe gilt für Parmaschinken in *Asda* und Grana Padano in *Ravil*.[518] Sofern es das spanische Recht nicht erlauben würde, dass ein EU-ausländisches Unternehmen dem Regelungsausschuss Rioja beitritt und entsprechende Kontrollen bei sich durchführen lässt, um die denominación de origen calificada zu erlangen,[519] hätte der EuGH Spanien deshalb hierzu zu verurteilen. Spanien muss dabei *alles Zumutbare* tun, damit äquivalente Kontrollen auch im EU-Ausland durchgeführt werden können. Der in den Rs. *Asda* und *Ravil* gegebene Hinweis, es wäre „kaum vorstellbar, dass die Vertreter der Inhaber der Bezeichnung solche Kontrollen in den anderen Mitgliedstaaten wirksam einrichten könnten"[520], überzeugt in dieser Pauschalität nicht.[521] Es könnte z. B. erwogen werden, dass sich auch eine Reihe *geografisch nahe gelegener* EU-ausländischer Verarbeitungsunternehmen zusammenschließen und entsprechende Kontrollen vornehmen. Auch könnte an EU-ausländische Verarbeitungsunternehmen gedacht werden, die in *Grenzgebieten* zum Herstellungsgebiet angesiedelt sind. Es ist auch nicht ersichtlich, warum EU-ausländisches Kontrollpersonal nicht entsprechend geschult werden kann.[522]

---

[518] S. b. Fn. 494 f.

[519] Dem scheint so zu sein, vgl. die umf. Darstellung der Rechtslage in Spanien bei EuGH (Fn. 133), Rn. 2 ff. (*Belgien/Spanien*).

[520] EuGH (Fn. 477), Rn. 60 (*Ravil*); EuGH (Fn. 478), Rn. 75 (*Asda*).

[521] Auch Generalanwalt *Alber*, Schlussanträge v. 25.04.2002, Rs. C-469/00, Slg. 2002, I-5057, Rn. 55 ff. (*Ravil*), Schlussanträge v. 25.04.2002, C-108/01, Slg. 2002, I-5124, Rn. 80, 90 ff. (*Asda*) bezweifelt in Bezug auf Grana Padano-Käse und Parmaschinken, dass EU-ausländisches Personal nicht geschult und die vorgeschriebenen Verfahrensweisen auch im EU-Ausland durchgeführt werden können.

[522] Wegen der augenfälligen Inkohärenzen (und dem entsprechenden Vortrag von Generalanwalt *Alber* [Fn. 521], Rn. 60 [*Ravil*]; Rn. 82 [*Asda*]) geht der EuGH darauf ein, dass das Reiben von Padano Käse bzw. das Schneiden von Parmaschinken außerhalb des Erzeugungsgebietes auf der Ebene des Einzelhandels und der Gastronomie möglich sei. Allerdings überzeugt die Gegenargumentation, dies geschehe „vor den Augen des Verbrauchers" (EuGH [Fn. 477], Rn. 60 [*Ravil*]; EuGH [Fn. 478], Rn. 77 [*Asda*]) nicht: Wie soll der Verbraucher etwa die in *Ravil* (in Rn. 56) vom EuGH ausführlichst referierten Produkteigenschaften (z. B. Partikel unter 0,5 mm dürfen höchstens 25 % des Käses ausmachen) des sodann geriebenen Käses zuverlässig beurteilen und allein auf den Vorgang des [„schlechten"] Reibens zurückführen können?

b) Ravil; Asda

Die Rs. *Ravil*[523] und *Asda*[524] weisen große Übereinstimmungen mit dem faktischen und rechtlichen Rahmen von *Delhaize*[525] und *Rioja*[526] auf und sind inhaltlich fast identisch beurteilt worden (jedenfalls, was Art. 35 Alt. 2 AEUV angeht) wie die Rs. *Rioja*. Auf die zu *Rioja-Delhaize* gemachten Ausführungen kann daher weitgehend verwiesen werden.[527] *Ravil* liegt ein Vertrag zwischen Italien und Frankreich zugrunde, die sich gegenseitig einander verpflichtet haben, die Regelungen des jeweils anderen zum Schutz bestimmter Ursprungsbezeichnungen anzuerkennen. Die Ursprungsbezeichnung darf hiernach nur verliehen werden, wenn der Käse im Erzeugungsgebiet gerieben und verpackt wird. Italien hatte eine Regelung erlassen, wonach die Bezeichnung Grana Padano nur in Bezug auf Käse erworben werden konnte, der auch im Ursprungsgebiet gerieben wurde. Bei *Asda* ging es um die italienische Vorgabe, dass geschnittener Parmaschinken, um als solcher vermarktet werden zu dürfen, auch in Parma geschnitten werden müsse. Beide Urteile wurden am selben Tag veröffentlicht. Nach hier vertretener Auffassung handelt es sich in dem Fall – wie schon in *Ravil* und *Asda*, die dortige Begründung gilt auch hier[528] – um offene Diskriminierungen.[529]

Der EuGH zitiert hier zwar die um das dritte Halbelement gekürzte *Groenveld*-Formel (ohne „zum Nachteil der Produktion oder des Handels anderer Mitgliedstaaten"),[530] in der Begründung verwendet er aber – wie in *Rioja*[531] – nur das erste und zweite Formelement und lässt das dritte komplett weg und knüpft bereits daran die Feststellung des Vorliegens einer Maßnahme gleicher Wirkung.[532] Dies wird allerdings dadurch relativiert, dass der EuGH wie in *Delhaize* vorher bei der Definition die gesamte, nur um das dritte Halbelement gekürzte *Groenveld*-Formel zitiert.[533]

Die Rechtfertigungsprüfung weist sehr große Übereinstimmungen mit der Rs. *Rioja* auf:[534] Der Schutz von Ursprungsbezeichnungen diene dem Erhalt

---

[523] EuGH (Fn. 477).

[524] EuGH (Fn. 478)

[525] EuGH (Fn. 135).

[526] EuGH (Fn. 133).

[527] S. b. Fn. 471 ff.

[528] S. b. Fn. 477 ff.

[529] A.A. *Enchelmaier*, CMLR 41 (2004), 825 (830 f.). Wie hier wohl auch *Szydło*, CMLR 47 (2010), 753 (757): „direct discrimination". S. a. Generalanwalt *Alber* (Fn. 521), Rn. 47–53 (*Ravil*); Generalanwalt *Alber* (Fn. 521), Rn. 70–75 (*Asda*).

[530] EuGH (Fn. 477), Rn. 40 (*Ravil*); EuGH (Fn. 478), Rn. 54 (*Asda*).

[531] S. hierzu und zu möglichen Implikationen hieraus b. Fn. 489 ff., 493.

[532] EuGH (Fn. 477), Rn. 43 (*Ravil*); EuGH (Fn. 478), Rn. 58 (*Asda*).

[533] EuGH (Fn. 477), Rn. 40 (*Ravil*); EuGH (Fn. 478), Rn. 54 (*Asda*).

[534] Der EuGH verweist wiederum (s. in Fn. 502) auf den Schutz des gewerblichen und kommerziellen Eigentums in Art. 36 S. 1 AEUV, worunter nach seiner Auffassung auch

des guten Rufes des Produktes über die Gewährleistung einer bestimmten Produktqualität, was wiederum die Absatzchancen bei den Verbrauchern sichere. Wenn Dritte sich der Ursprungsbezeichnung bedienen könnten, ohne die hohen Produktstandards einhalten zu müssen, würde der erworbene Ruf Schaden nehmen. Es muss daher sichergestellt werden, dass die Produkte die sie auszeichnenden spezifischen Eigenschaften auch tatsächlich besitzen.[535] Das Reiben bzw. Schneiden übt dabei einen großen Einfluss auf die Qualität des Produktes aus. Zudem folgt die Produktion genauen Inhalts- und Verfahrensvorgaben.[536] Entsprechende Kontrollen seien im EU-Ausland nicht möglich (was zu bezweifeln ist[537]).[538] Und wiederum hält der EuGH eine Kennzeichnungslösung für nicht gleich geeignet, weil sie nicht den Ruf *aller* Schinken- bzw. Käsehersteller effektiv schützen würde.[539]

Eine Kennzeichnungslösung wäre in der Tat widersprüchlich.[540] Mit den Produkt- bzw. Herkunftsbezeichnungen werden bestimmte Eigenschaften verbunden. Würden nun die Produkte in einer Weise beschriftet, die das mit der Produktkennzeichnung Ausgedrückte relativierte, würde das Produkt widersprüchlich gekennzeichnet, was den mühsam aufgebauten guten Ruf zerstörte. Die Bedeutungsreichweite der Kennzeichnung würde geändert.

Die oben vorgetragene[541] Kritik an der Position des Gerichtshofs gilt hier entsprechend.

9. ED:[542] *„zu ungewiß und zu mittelbar“*[543]

In *ED* ging es um ein italienisches Unternehmen, das sich gegen eine italienische Bestimmung gewehrt hatte, welche das landesspezifische Mahnverfahren nur innerhalb der landeseigenen Jurisdiktion erlaubte.

Ursprungsbezeichnungen fielen, und auf entsprechendes Sekundärrecht, das ebenfalls auf den Schutz des guten Rufes qua Ursprungsbezeichnungen abziele, EuGH (Fn. 477), Rn. 47–49 (*Ravil*); EuGH (Fn. 478), Rn. 62–64 (*Asda*).

[535] EuGH (Fn. 477), Rn. 49 ff. (*Ravil*); EuGH (Fn. 478), Rn. 64 ff. (*Asda*). Vgl. auch b. Fn. 510, 512 ff.

[536] EuGH (Fn. 477), Rn. 52 ff. (*Ravil*); EuGH (Fn. 478), Rn. 67 ff. (*Asda*). Vgl. auch b. Fn. 512 f.

[537] Auch Generalanwalt *Alber* (Fn. 521), Rn. 55 ff. (*Ravil*); Rn. 80, 90 ff. (*Asda*) bezweifelt, dass EU-ausländisches Personal nicht geschult und die vorgeschriebenen Verfahrensweisen auch im EU-Ausland durchgeführt werden können.

[538] EuGH (Fn. 477), Rn. 60 f. (*Ravil*); EuGH (Fn. 478), Rn. 75 f. (*Asda*). S. zu Einwänden hiergegen umf. schon b. Fn. 519 ff.

[539] S. b. Fn. 515.

[540] S. hierzu schon umf. b. Fn. 515 f. A.A. Generalanwalt *Alber* (Fn. 521), Rn. 74 ff. (*Ravil*); Rn. 108 ff. (*Asda*).

[541] S. b. Fn. 517 ff.

[542] EuGH, Urt. v. 22.06.1999, Rs. 412/97, Slg. I-1999, 3874 (*ED*), Rn. 35–49, 56; vgl. a. b. Fn. 3571 ff.

[543] EuGH (Fn. 542), Rn. 11.

Der EuGH zitiert zunächst die *Groenveld*-Formel.[544] Er stellt sodann fest, dass „für die Wirtschaftsteilnehmer je nachdem unterschiedliche Verfahrensvorschriften gelten, ob sie Waren innerhalb des betroffenen Mitgliedstaats liefern oder sie in andere Mitgliedstaaten ausführen."[545] Es handelt sich hierbei um eine *rechtliche*, nicht um eine faktische Diskriminierung:[546] Die Unterscheidung zwischen Export- und Inlandshandel ist *im Recht* verankert, da der Geltungsbereich des Mahnverfahrens *territorial* festgelegt ist. Alle Exporttransaktionen werden vom Mahnverfahren ausgeschlossen, alle Inlandstransaktionen einbezogen.

Der EuGH bejaht zwar eine Diskriminierung, er verneint aber (wie Generalanwalt *Cosmas*[547]) eine daraus resultierende hinreichende Handelsbehinderung, da die Vorschrift „zu ungewiß und zu mittelbar"[548] sei, als dass sie den Handel zwischen den Mitgliedstaaten behindern könnte (interessanterweise hatte *Cosmas* diese Wendung mit dem Kriterium der *Spürbarkeit* gleichgesetzt).[549] Ausschlaggebend ist für den EuGH, dass die Regelung für Marktteilnehmer kein *ausreichendes* Hindernis aufbaut, Ware in das EU-Ausland zu verkaufen (und somit eben nicht spürbar ist), und dass es ihm nicht sehr *wahrscheinlich* erscheint, dass die Regelung die Marktentscheidungen beeinflusst.[550] Der bloß *regelungstechnische* Umstand, dass die Maßnahme erst auf der *prozessualen Ebene ansetzt*, erscheint *für sich genommen* dagegen irrelevant (und nur vermittelt, aufgrund des Spürbarkeitserfordernisses, bedeutsam).[551] Da der EuGH die Maßnahme letztlich unter Rekurs auf ein Spürbar-

---

[544] EuGH (Fn. 542), Rn. 10. Er verwendet sie dabei in der um die Hälfte des dritten Definitionselements gekürzten Fassung.

[545] EuGH (Fn. 542), Rn. 11.

[546] Wie hier *Szydło*, CMLR 47 (2010), 753 (786 f. Fn. 86); *Feiden*, 263 Fn. 988 wertet die Maßnahme dagegen als „faktische Diskriminierung".

[547] Generalanwalt *Cosmas*, Schlussanträge v. 21.01.1999, Rs. C-412/97, Slg. 1999, I-3847 (*ED*), Rn. 53–56. Dagegen hat der EuGH sich anders als der Generalanwalt zu Neben- und Annexrechten in Form des allgemeinen Diskriminierungsverbotes sowie des „allgemeinen Grundsatzes des Rechtsschutzes" keine Stellung genommen.

[548] EuGH (Fn. 542), Rn. 11.

[549] Generalanwalt *Cosmas* (Fn. 547), Rn. 53 f. (*ED*); ebenso *Roth*, in: Baur/Mansel, 47 (52); krit. *Epiney*, NVwZ 1999, 1072 (1077). In seiner übrigen Grundfreiheitenjudikatur verwendet der Gerichtshof das „zu ungewiss und zu mittelbar"-Kriterium im Grundsatz nicht in Bezug auf diskriminierende Regelungen (s. umf. b. Fn. 3153 ff.).

[550] *Epiney*, NVwZ 1999, 1072 (1077) sieht in der Rs. *ED* nicht die Anerkennung eines Spürbarkeitskriteriums, sondern es sei nur festgestellt worden, dass „konkrete Anhaltspunkte" vorliegen müssten.

[551] In der Rs. *ED* könnte zudem zum Ausdruck kommen, dass der EuGH der dritten Voraussetzung keine entscheidende Bedeutung beimisst, da er nur das Vorliegen einer Diskriminierung feststellt, die er mit „zwar" einleitet, bevor er die Regelung aufgrund der fehlenden Spürbarkeit für unschädlich erklärt (insofern bestünde eine Ähnlichkeit zur Rs. *Gysbrechts*). Andererseits ist diese Schlussfolgerung nicht sicher, da der EuGH das Erfüllt-

keitskriterium ausklammert, ist nicht davon auszugehen, dass er Verfahrensrecht pauschal aus dem Anwendungsbereich der Grundfreiheiten ausklammern möchte.[552] Seine Begründung ist nicht kategorischer Art, und er prüft vorher auch die *Groenveld*-Formel.[553]

Generalanwalt *Cosmas* wendet die *Groenveld*-Formel *vorgeblich* uneingeschränkt und kritiklos in der Rs. *ED* an.[554] Tatsächlich *umgeht* er die spezifischen Restriktionen der *Groenveld*-Formel aber – hierauf weist er auch en passant hin[555] –, indem er das allgemeine Diskriminierungsverbot in Art. 18 AEUV und „einen allgemeinen Grundsatz des Rechtsschutzes“ als Annexdurchsetzungsrecht zu den Grundfreiheiten konstruiert.[556]

10. Grilli: *Unterbleibende Rationalisierungswirkungen*

In *Grilli*[557] ging es um das strafbewehrte (deutsche) Verbot, ein Fahrzeug mit italienischem Überführungskennzeichen zu versehen und nach Italien zu transportieren (indem es eigenhändig dorthin gefahren wird).

Zunächst weisen Kommission,[558] Generalanwalt[559] und Gerichtshof[560] in *Grilli* darauf hin, dass die Informationen des Vorlagegerichts nicht genügten, um die Vorlagefrage in ihren Einzelheiten zu bearbeiten. Es scheint, als hätten sowohl der Gerichtshof als auch Generalanwalt *Léger* es daher vermieden, eine *konkrete Bewertung* der (Inhalte der) verfahrensgegenständlichen Regelung vorzunehmen und nur *abstrakte Auslegungshinweise* ohne Fallbezug gegeben.

Der EuGH zitiert[561] und erläutert die *Groenveld*-Formel, wonach diese „im Unterschied zu Artikel 28 EG [heutiger Art. 34 AEUV, Anm. d. *Verf.*], (...)

---

sein der *Groenveld*-Formel möglicherweise hat dahinstehen lassen mit Blick auf die sowieso fehlende Spürbarkeit der Regelung.

[552] Ebenso *Roth*, in: Baur/Mansel, 47 (52); vgl. auch b. Fn. 3877.

[553] „Nachfeldregelungen“ werden vom hier vertretenen Gebot rechtlicher Wettbewerbsgleichheit nicht pauschal ausgeklammert (s. b. Fn. 3570 ff.). Da ein Spürbarkeitskriterium grundsätzlich nicht auf Diskriminierungen (s. b. Fn. 3627 f.), Produkt- und auf Vermarktungsregelungen (s. b. Fn. 3629) Anwendung finden sollte, hätte der Gerichtshof die Maßnahme nach hier vertretener Auffassung auf ihre Rechtfertigung untersuchen sollen. Im *Ergebnis* wie hier wohl *Feiden*, 263 Fn. 988.

[554] Generalanwalt *Cosmas* (Fn. 547), Rn. 52–56.

[555] Generalanwalt *Cosmas* (Fn. 547), Rn. 56.

[556] Generalanwalt *Cosmas* (Fn. 547), Rn. 35–49, 56.

[557] EuGH, Urt. v. 02.10.2003, Rs. 12/02, Slg. 2003, I-11596 (*Grilli*).

[558] EuGH (Fn. 557), Rn. 28.

[559] Generalanwalt *Léger*, Schlussanträge v. 15.05.2003, Rs. 12/02, Slg. 2003, I-11587 (*Grilli*), Rn. 16.

[560] EuGH (Fn. 557), Rn. 36, 44 f.

[561] EuGH (Fn. 557), Rn. 41. Er zitiert dabei die *gesamte Groenveld*-Formel und nicht – wie in Teilen der bisherigen Rechtsprechung – die um das dritte Halbelement reduzierte Formel. Interessanterweise hatte die Kommission daher – eben in Übereinstimmung mit

nur die nationalen Maßnahmen verbietet, die eine unterschiedliche Behandlung der zur Ausfuhr bestimmten Erzeugnisse und der innerhalb des betreffenden Mitgliedstaats vermarkteten Erzeugnisse vorsehen."[562] Fraglich ist, ob der EuGH hiermit die *einzig notwendige und hinreichende* Bedingung beschrieben hat. Hiergegen spricht jedoch, dass der EuGH später explizit verlangt, dass das Vorliegen *aller* drei Formelbestandteile untersucht wird, und zwar in einer Weise, die sich in den meisten anderen Urteilen nicht findet.[563] Es ist unklar, was aus diesen widersprüchlichen Aussagen zu schlussfolgern ist. Im Licht der Vorrechtsprechung und mit Blick darauf, dass der EuGH nur eine „abstrakte Arbeitsanweisung" an das Vorlagegericht gibt und die Voraussetzungen nicht selber prüft, scheint es sich nur um einen an „lip service" erinnernden abstrakten Hinweis auf die Elemente der *Groenveld*-Formel zu handeln, ohne dass damit ein echter materieller Inhalt verbunden werden sollte.[564]

a) Nicht erkannte faktische Diskriminierung

Exporteure werden häufig gut mit EU-ausländischen Vorschriften und behördlichen Verfahren vertraut sein. Sie werden solche daher im Gegensatz zu den im Inland vertreibenden Händlern *häufiger nutzen*. In dem Verbot, sich auf eine entsprechende exporteursfreundliche Vorschrift zu berufen, liegt eine faktische Diskriminierung: Denn exportierende Händler können nicht zu denjenigen Stellen gehen, mit denen sie jeweils am besten vertraut sind. Der Zweck der deutschen Regelung – die Halter- und Fahrerfeststellung[565] – wird in gleicher Weise durch das italienische Überführungskennzeichen erfüllt.[566]

---

der vorherigen Rechtsprechung – eine Auslegung auf der Grundlage der *reduzierten* Formel vorgenommen, EuGH (Fn. 557), Rn. 27–35.

[562] EuGH (Fn. 557), Rn. 42, s. a. Rn. 45.

[563] EuGH (Fn. 557), Rn. 45.

[564] Ebenso *Defossez*, CDE 2009, 409 (436).

[565] Vgl. hierzu das ähnliche Verfahren OLG Bamberg, Urt. v. 25.09.2007, Az. 2 Ss1/07, BeckRS 2007, 17000, in dem es um die Überführung eines mit einem österreichischen Überführungskennzeichnen versehenen Fahrzeugs von Belgien nach Tschechien ging.

[566] Entsprechend empfiehlt die Kommission in ihrer „Erläuternde[n] Mitteilung zu den Zulassungsverfahren für Kraftfahrzeuge, die aus einem Mitgliedstaat in einen anderen verbracht wurden" (2007/C 68/04), „dass der Herkunftsmitgliedstaat auf seinem Hoheitsgebiet auch Kurzzeitkennzeichen und Zulassungsbescheinigungen des Bestimmungsmitgliedstaates anerkennen sollte." Dies ergebe sich „aus dem Grundsatz des freien Warenverkehrs und der Richtlinie über Zulassungsdokumente". Die Kommission hat zwischenzeitlich einen Verordnungsvorschlag vorgebracht „zur Vereinfachung der Verbringung von in einem anderen Mitgliedstaat zugelassenen Kraftfahrzeugen innerhalb des Binnenmarkts" (2012/0082). Die enge Auslegung von Art. 35 Alt. 2 AEUV führt zu der absurden, aber im Einklang mit einem engen Verständnis von Art. 35 Alt. 2 AEUV stehenden Entwicklung, dass nach deutschem Recht nunmehr Überführungskennzeichen anzuerkennen sind, wenn Deutschland nicht Ausfuhr-, sondern nur Transitstaat ist (vgl. hierzu *Holm/Liebermann*,

Dass in der Sache eine faktische Diskriminierung vorliegt, die der EuGH nicht als solche kennzeichnet oder prüft, kann – im Gegensatz zu den anderen Rechtssachen – nicht als impliziter Hinweis darauf gedeutet werden, dass der EuGH von einem engen Diskriminierungsverbotsverständnis ausgeht (in dessen Rahmen faktische Diskriminierungen nicht verboten sind), denn der EuGH vermeidet es, konkrete Bewertungen vorzunehmen und nimmt auch keine (wirkliche) Sachprüfung vor.[567] Nach dem Ergehen der EuGH-Entscheidung prüfte auch das Vorlagegericht nicht das Vorliegen einer faktischen Diskriminierung.[568]

b) Beispiel für unterbleibende Rationalisierungswirkungen einer extensiven Auslegung

Grilli ist ein markantes Beispiel dafür, welche begrüßenswerten Rationalisierungswirkungen von einem weiten Verständnis von Art. 35 Alt. 2 AEUV ausgehen würden, das auch (bestimmte) unterschiedslose Beschränkungen umfassen würde. Durch die enge Auslegung von Art. 35 Alt. 2 AEUV ist es Deutschland erlaubt, selbst äquivalente Überführungskennzeichen nicht anerkennen zu müssen und Überführungskennzeichen inkohärenterweise nur für den Fall anzuerkennen, dass Deutschland nicht (erster) Ausfuhr-, sondern nur Transitstaat ist.[569]

Das in erster Instanz über die Strafbarkeit entscheidende Amtsgericht ging aufgrund der *undeutlichen Formulierung* des maßgeblichen italienisch-deutschen Abkommens vom Vorliegen eines unvermeidbaren und mithin Straflosigkeit bewirkenden *Verbotsirrtums* aus.[570]

Herr *Grilli* wurde mit einem Strafbefehl von 1500 DM bestraft. Die Revisionsinstanz, das Bayerische Oberste Landesgericht, hielt eine strafrechtliche Sanktion im vorliegenden Fall für *unverhältnismäßig* im Sinne der Vorgaben

---

SVR 2008, 161 [165] m. w. N.). Inwiefern die der Regelung zugrunde liegenden Zwecke hier weniger wichtig und daher entbehrlich sein sollen, verbleibt schleierhaft.

567 Dies gilt wohl auch trotz des Hinweises des Vorlagegerichts auf eine Ungleichbehandlung, s. in EuGH (Fn. 557), Rn. 18.

568 BayObLG, Urt. v. 22.03.2004, Az. 1 St RR 135/03, BeckRS 2004, 03751; dasselbe gilt für das Parallelverfahren BayObLG, Beschl. v. 11.03.2004, Az. 1 ObOWi 427/03, NStZ-RR 2004, 182 (183). Mit Blick auf die nicht zum Gegenstand des Vorlageverfahrens gemachte und offen diskriminierende Vorschrift des § 28 III StVZO rechtfertigt der Senat dies in unvertretbarer Weise unter Rückgriff auf Art. 36 AEUV, da eine „Überprüfung der Vertrauenswürdigkeit einer Firma durch deutsche Behörden im Ausland praktisch nicht möglich" sei. Mit dem Loyalitätsgrundsatz, der auch die Pflicht zur Behördenkooperation umfasst, ist dies nicht vereinbar. Spätere Judikatur hat sich von der Auffassung des BayObLG ausdrücklich distanziert, vgl. OLG Bamberg, Urt. v. 24.05.2012, Az. 2 Ss OWi 219/12.

569 S. in Fn. 566.

570 EuGH (Fn. 557), Rn. 12 f.

des EuGH hinsichtlich verhältnismäßiger Sanktionen.[571] In der Tat stößt eine strafrechtliche Sanktion hier – als ein Bürger eines anderen Mitgliedstaates sich an das Recht seines Mitgliedstaates gehalten und ein Überführungskennzeichen von diesem erhalten hat, während der umgekehrte Fall zulässig ist – auf Bedenken, besonders wenn die Höhe der Strafe von 1500 DM berücksichtigt wird. Diese Strafe hätte der EuGH – angenommen er hätte die Maßnahme prüfen können – mit Blick auf die konkreten Umstände des Einzelfalles ohne Zweifel auch dann für unverhältnismäßig erklärt, wenn das Ziel an sich ein legitimes wäre (was hier wohl aufgrund der Äquivalenz der EU-ausländischen Zulassung abzulehnen ist). Aufgrund seiner (zu) engen Auslegung von Art. 35 Alt. 2 AEUV kann er hierzu aber misslicherweise nicht Stellung nehmen.

11. Jersey Produce: *Relevanz aller* Groenveld-*Formelelemente?*

Im Vordergrund von *Jersey Produce*[572] steht die Frage, ob die verfahrensgegenständlichen primärrechtlichen Bestimmungen nicht schon deshalb ausgeschlossen sind, weil es sich bei der durch Verwaltungspflichten erschwerten Ausfuhr von Waren aus den kleinen britischen Inseln auf die Hauptinsel Großbritannien – der Inlandshandel war hiervon ausgenommen – um einen reinen innerstaatlichen Sachverhalt handelte.[573]

Der EuGH zitiert – wie schon in der vorher ergangen Rs. *Grilli* und in der nachfolgenden Rs. *Gysbrechts* – die *gesamte Groenveld*-Formel[574] und erklärt

---

[571] Vgl. EuGH (Fn. 557), Rn. 19 ff.

[572] EuGH, Urt. v. 08.11.2005, Rs. C-293/02, Slg. 2005, I-9580 (*Jersey Produce*).

[573] EuGH (Fn. 572), Rn. 31 ff. Mit Blick auf den Einwand, dass es sich um einen rein innerstaatlichen Sachverhalt handelt, erklärt der EuGH zwar einerseits, dass die kleineren Inseln und die Hauptinsel als einem Mitgliedstaat zugehörig zu betrachten sind (EuGH [Fn. 572], Rn. 54). Andererseits handelt es sich hierbei um einen bloßen lip service, weil der EuGH die bloße Möglichkeit des Reexportes ausreichen lässt, um den Anwendungsbereich von Art. 35 AEUV zu eröffnen (EuGH [Fn. 572], Rn. 79). Auf der anderen Seite ist die Lösung nachvollziehbar: Wird z. B. angenommen, dass die gesamte *Exportinfrastruktur* (Zwischenlager, Großhändler etc.) auf der Insel Großbritannien liegt und dadurch mittelbar der Export vereitelt wird, weil die Ware nicht zu den Großhändlern gelangen kann, sondern die Verkehrsfähigkeit des Produktes auf einem Teil des eigenen Territoriums beschränkt bleibt, so bestehen für ausländische Abnehmer andere Bedingungen, denn sie werden de facto komplett ausgeschlossen von den auf Jersey hergestellten Kartoffeln. Kein Gegenargument ist dabei die Tatsache, dass Importeure in Großbritannien in gleicher Weise belastet werden wie solche im EU-Ausland: Denn *alle bevorteilten* Nachfrager sind im *Inland* (Jersey). Der Generalanwalt hatte sich der Frage, ob ein rein innerstaatlicher Sachverhalt vorliegt, *ausschließlich* gewidmet und die Anwendbarkeit schließlich – ohne auf Art. 35 Alt. 2 AEUV einzugehen – *abgelehnt*, Generalanwalt *Léger*, Schlussanträge v. 03.05.2005, Rs. C-293/02, Slg. 2005, I-9547 (*Jersey Produce*).

[574] EuGH (Fn. 572), Rn. 73.

alle drei Voraussetzungen ausdrücklich für gegeben.[575] Trotzdem vermag auch *Jersey Produce* den Verdacht nicht entkräften, dass es letztlich nur auf das Vorliegen einer Diskriminierung ankommt. Der Gerichtshof musste hier von *Groenveld* nicht abweichen, da alle drei Voraussetzungen in der Tat gegeben waren. Insofern „klapperte" der EuGH womöglich einfach alle Voraussetzungen „ab".

In Rn. 74 von *Jersey Produce*[576] wiederum deutet der EuGH an, dass die erste Alternative des ersten Formelbestandteils (spezifische Ausfuhrbeschränkung bezwecken) in der Tat eine Absicht voraussetzt, den Export zu regulieren.

12. Zusammenfassung: Das zwischen dem 08.11.1979 und dem 16.12.2008 ergangene Fallrecht

An dieser Stelle werden die Ergebnisse der Analyse der Rechtsprechung aus der Zeit zwischen dem 08.11.1979 (Urteilszeitpunkt von *Groenveld*) und dem 16.12.2008 (Urteilszeitpunkt von *Gysbrechts*) zusammengefasst (wobei die in diesen Zeitraum fallende Durchfuhrjudikatur gesondert dargestellt wird[577]).[578] Die Auffassungen der Generalanwälte zu Art. 35 Alt. 2 AEUV werden später grundfreiheitenübergreifend zusammengefasst und verglichen.[579]

a) Erster und zweiter Formelbestandteil

Die betrachtete Maßnahme muss eine „spezifische Beschränkung der Ausfuhrströme bezwecken oder bewirken" und „damit [d. h. mit der spezifischen Beschränkung der Ausfuhrströme, Anm. d. *Verf.*] unterschiedliche Bedingungen für den Binnenhandel innerhalb eines Mitgliedstaats und seinen Außenhandel schaffen".

In *Marchandise* macht der Gerichtshof mit Blick auf den ersten Formelbestandteil[580] deutlich, dass ein Bezwecken einer spezifischen Ausfuhrbeschränkung eine *wirkliche Absicht* voraussetzt, die Handelsströme zu regeln.[581] Eine „bloße" offene Diskriminierung ohne entsprechende Absicht

[575] EuGH (Fn. 572), Rn. 75 f.

[576] „Im vorliegenden Fall ist unstreitig, dass die Verpflichtungen aufgrund des Gesetzes von 2001 speziell zur Regelung der gewerblichen Ausfuhr von Kartoffeln in das Vereinigte Königreich dienen, während die zum Verbrauch auf dem Markt von Jersey bestimmte Erzeugung nicht unter das Gesetz fällt," EuGH (Fn. 572), Rn. 74.

[577] S. b. Fn. 641 ff.

[578] Die Judikatur zu den anderen Grundfreiheiten und zur Zielstaatsdimension der Warenverkehrsfreiheit (Art. 34 Alt. 2 AEUV) wird an späterer Stelle im Rahmen von Konvergenzbetrachtungen behandelt, s. b. Fn. 2397 ff.

[579] S. b. Fn. 3165 ff.

[580] „[S]pezifische Beschränkung der Ausfuhrströme bezwecken oder bewirken".

[581] S. n. Fn. 464.

genügt hiernach nicht. Diese würde (erneut nach *Marchandise*) vielmehr unter die „Bewirkensalternative" fallen. *Jersey Produce* bestätigt Letzteres.[582]

In *Alsthom* scheint der EuGH davon auszugehen, dass das zweite *Groenveld*-Element[583] mit dem ersten identisch ist.[584] Es kommt demnach auf das (alternativ hinreichende) Bezwecken oder Bewirken einer spezifischen Ausfuhrbeschränkung an.[585] Dies bestätigt auch *Delhaize*.[586] *Grilli* sollte dabei nicht als Beleg für eine „Rückkehr" zur gesamten *Groenveld*-Formel gedeutet werden.[587] Dagegen deutet *Jersey Produce* eine Bedeutsamkeit aller drei Formelbestandteile an.[588]

Im Ergebnis spricht vieles dafür, allein dem ersten Element Bedeutung zuzuerkennen. Es ist schwer vorstellbar, dass der EuGH eine offene Diskriminierung, bei der das zweite Element nicht erfüllt ist, nicht unter die *Groenveld*-Formel subsumieren würde. Vollständige Klarheit besteht hierüber jedoch nicht. Die diesbezügliche Formulierungspraxis scheint von der *Besetzung* der jeweils *entscheidenden Kammer* abzuhängen.

Der Gerichtshof wendet die „rule of remoteness" („zu ungewiss und zu mittelbar") auf die *Groenveld*-Formel an, also (ausnahmsweise[589]) auch auf *diskriminierende* Regelungen (*ED*[590]).

aa) Faktische Diskriminierungen

Fraglich ist, ob der Begriff der spezifischen Ausfuhrbeschränkung, wie ihn der EuGH *bis* zur Rs. *Gysbrechts* verwendet hat, über den Fall der offenen Diskriminierung hinaus auch die rein faktische Diskriminierung erfasst.[591]

---

[582] S. n. Fn. 575.

[583] „[D]amit unterschiedliche Bedingungen für den Binnenhandel innerhalb eines Mitgliedstaats und seinen Außenhandel schaffen".

[584] S. b. Fn. 418.

[585] Dies soll nicht bedeuten, dass der Begriff der spezifischen Ausfuhrbeschränkung seinerseits grammatisch sehr klar wäre. Es müsste daher das erste Element um die Formel ergänzt werden „wie in der Rechtsprechung des EuGH interpretiert". Letztendlichen Aufschluss über die genaue Reichweite gibt nämlich nur das case law des EuGH.

[586] S. n. Fn. 488.

[587] S. b. Fn. 562 ff.

[588] S. b. Fn. 575.

[589] S. b. Fn. 3153 ff.

[590] S. b. Fn. 547 ff.

[591] Dies annehmend *Gundel*, JA 2009, 558 (559); *ders.*, in: Ruffert (Hrsg.), Europäisches Sektorales Wirtschaftsrecht (EnzEuR Bd. 5), § 8 Rn. 11; *Oliver*, in: ders., 140; *Oliver/Martínez Navarro*, in: Barnard/Peers, 325 (342); *Roth*, ZHR 159 (1995), 78 (82); *Shuibhne*, 196; *Vaitkevičiūtė*, Jurisprudencija 2006 10 (88), 49 (56); a.A. *Lenaerts*, in: Terryn/Straetmans/Colaert, 95 (113); *Mattera*, 517 (im Jahr 1990); *Stuyck*, EJCL 10 (2012), 343 (350 f.); *ders.*, in: Festschrift Roth, 625 (626 f.) und wohl auch Stellungnahme der Kommission v. 26.07.2007 zur Rs. *Gysbrechts*, Rn. 53; zweifelnd *Alexander*, CMLR 17 (1980), 282 (285).

Die Rechtspraxis des EuGH zeigt, dass der Gerichtshof primär rechtliche Diskriminierungen unter die *Groenveld*-Formel subsumiert hat. Diejenigen faktischen Diskriminierungen, die er als Maßnahme gleicher Wirkung i. S. v. Art. 35 Alt. 2 AEUV qualifiziert hat, *kommen* einer rechtlichen Diskriminierung *praktisch gleich* und unterscheiden sich erheblich von den (viel weniger diskriminierenden) Maßnahmen, die er in *Gysbrechts* und im Rahmen der anderen Grundfreiheiten als faktische Diskriminierungen eingeordnet hat.

Schon in *Groenveld*[592] scheint der EuGH von einem sehr engen – gar formalistischen – Verständnis auszugehen und faktische Diskriminierungen überhaupt nicht für verboten zu halten,[593] obwohl eine solche eindeutig vorlag.[594] Auch die kurz nach *Groenveld* ergangene Rs. *Oebel* – in der nach hiesiger Auffassung erst die Instituierung und Generalisierung der *Groenveld*-Formel stattfand – spricht klar gegen ein Verbot faktischer Diskriminierung. Der Gerichtshof scheint das entsprechende Vorbringen Herrn *Oebels* gar für abwegig zu halten.[595]

Von einem engen Verständnis geht der EuGH auch in *Holdijk*[596] und *Jongeneel Kaas*[597] aus: Mit der dort zugrunde gelegten Reichweite von Art. 35 Alt. 2 AEUV wäre ein Verbot faktischer Diskriminierung mit der Reichweite, wie es sonst anerkannt ist, nicht vereinbar. *Holdjik*[598], *Jongeneel Kaas*[599] und *Alsthom*[600] belegen insbesondere, dass der EuGH ein auf *Wettbewerbsungleichheit* gestütztes Verbot faktischer Diskriminierung bzw. ein Verbot fakticher Diskriminierung, das so definiert ist, dass es solche Wettbewerbsungleichheiten verbietet, nicht anerkennen (bzw. entwickeln) möchte.

Erheblich gegen das Verbotensein einer faktischen Diskriminierung spricht auch *Marchandise*: Dort äußert der Gerichtshof, dass selbst die Bewirkensalternative des ersten Formelelements verlangt, dass die Differenzierung *im Recht* begründet ist.[601]

Die in *Delhaize*[602], *Belgien/Spanien* (*Rioja*)[603], *Ravil*[604] und *Asda*[605] abgeurteilten Maßnahmen stellen nach hier vertretener Auffassung schon gar keine bloß faktisch diskriminierenden Maßnahmen dar.

---

[592] EuGH (Fn. 51).
[593] S. b. Fn. 291 f.
[594] S. b. Fn. 293 ff.
[595] S. b. Fn. 368 f.
[596] S. b. Fn. 399.
[597] S. b. Fn. 404 ff.
[598] S. b. Fn. 399.
[599] S. b. Fn. 409 ff.
[600] S. b. Fn. 420.
[601] S. b. Fn. 467.
[602] EuGH (Fn. 128).
[603] EuGH (Fn. 129).
[604] EuGH (Fn. 477).
[605] EuGH (Fn. 478).

Nur *Inter-Huiles*, *Nertsvoederfabriek* und *Sydhavnens* könnten formal als faktische Diskriminierungen eingeordnet werden, da bei der Erteilung der Ausschließlichkeitsrechte weder die zugrunde liegende Ermächtigungsnorm noch die Verwaltungspraxen auf das Ansässigkeitsmerkmal abstellten. Der EuGH hat die *Groenveld*-Formel hier folglich minimal erweiternd ausgelegt. Auf der anderen Seite stimmt das *praktische Ergebnis* in den genannten Fällen mit demjenigen rechtlicher Diskriminierungen überein. Es kam zum *hundertprozentigen* Ausschluss EU-ausländischer Interessenten von den Ausschließlichkeitsrechten. Ein weitreichendes Verbot faktischer Diskriminierung, wie es der EuGH im Bereich der anderen Grundfreiheiten (oder in *Gysbrechts*[606]) angewandt hat, ist in den genannten Fällen somit nicht anerkannt worden.[607]

Die Rs. *Grilli* erlaubt – trotz des Vorliegens einer faktischen Diskriminierung – überhaupt keine Rückschlüsse (weder in die eine noch in die andere Richtung).[608]

bb) Unterschiedslose Beschränkungen

In *Kaasfabriek*[609] folgt der EuGH wohl einem Beschränkungsverbotsverständnis.[610] Allerdings sollten hieraus keine Schlussfolgerungen gezogen werden: Das *Kaasfabriek*-Judikat stellt sich insgesamt als atypisch dar. Der EuGH geht hier nur knapp und en passant auf ex-Art. 34 EWG ein.[611] Sehr ähnlich ist der zweite Teil des als Beleg für ein Beschränkungsverbot angeführten[612] Urteils *Oebel* zu beurteilen:[613] Auch hier wurde gemeinsam mit Art. 34 AEUV geprüft, und es kam im praktischen Ergebnis nicht auf Art. 35 AEUV an (und zwar im doppelten Sinne). Zudem sprechen gewichtige Gründe dagegen, dass der EuGH implizit ein Beschränkungsverbot anerkannt hat: U. a. hat der Gerichtshof die beschränkende *Produktionsregelung* unter ausdrücklicher Zitierung der *Groenveld*-Formel als *unbeachtliches* Ausfuhrhindernis eingestuft. Im ersten Teil des *Oebel*-Judikats hat der Gerichtshof zudem explizit ein Wettbewerbsgleichheitsverständnis abgelehnt, obwohl hier eine Wettbewerbsungleichheit „par excellence“ gegeben war.

[606] S. b. Fn. 666 ff.
[607] S. n. Fn. 457.
[608] S. b. Fn. 565 ff.
[609] EuGH (Fn. 316).
[610] S. b. Fn. 318 ff.
[611] S. b. Fn. 325 ff.
[612] *Jensch*, 129.
[613] S. hierzu insges. umf. b. Fn. 370 ff.

Speziell ein auf *Wettbewerbsungleichheiten* abstellendes Verbot von Beschränkungen hätte der EuGH in *Holdjik*[614], *Jongeneel Kaas*[615], *Alsthom*[616] und *Kommission/Belgien*[617] anerkennen können. Er tat dies jedoch nicht.

Gegen ein Beschränkungsverbotsverständnis sprechen im Übrigen die Rechtsanwendungsergebnisse in den Fällen *Groenveld* (Produktionsverbot),[618] *Jongeneel Kaas* (Produktregelung),[619] *Holdijk* (Produktionsregelung)[620], *Oosthoek*[621] (umgekehrtes Euro-Marketing), *Inter-Huiles* (Effekt eines Produktionsverbotes),[622] *Smanor* (umgekehrtes Euro-„Marketing" in Bezug auf *Produkt*regelungen)[623], *Alsthom* (Vermarktungsregelung)[624] und *Kommission/Belgien* (bedingtes Produktionsverbot)[625]. In allen diesen Fällen hat der EuGH das Vorliegen einer Maßnahme i. S. v. Art. 35 Alt. 2 AEUV abgelehnt, obwohl jeweils freiheitsverkürzende Maßnahmen vorlagen.

Von den frühen zweideutigen Äußerungen in *Kaasfabriek* und *Oebel* abgesehen, hat der EuGH somit streng an seiner st. Rspr. festgehalten, nach der unterschiedslose Beschränkungen nicht unter die *Groenveld*-Formel fallen.[626]

b) Dritter Formelbestandteil

Zunächst sei mit Blick auf den Zusammenhang zwischen der dritten[627] mit der zweiten Voraussetzung darauf hingewiesen, dass eine Regelung, die we-

---

[614] EuGH (Fn. 114).

[615] EuGH (Fn. 105).

[616] EuGH (Fn. 412).

[617] EuGH (Fn. 426).

[618] S. b. Fn. 291 ff. Nach hier vertretener Auffassung lag sogar eine faktische Diskriminierung, erst Recht eine Wettbewerbsbenachteiligung der Exporteure vor.

[619] S. b. Fn. 403 ff.

[620] S. b. Fn. 397 ff.

[621] S. b. Fn. 338 ff. Hiergegen könnte eingewandt werden, dass der Gerichtshof wohl schon vom Fehlen eines grenzüberschreitenden Sachverhalts ausgeht. Auf der anderen Seite lag ein solcher wie oben gezeigt aber vor. Der Gerichtshof scheint implizit das Vorliegen einer Beschränkung mit Blick auf die auf offene Diskriminierungen reduzierte *Groenveld*-Formel für abwegig zu halten.

[622] S. b. Fn. 442 ff.

[623] S. b. Fn. 345 ff.

[624] S. b. Fn. 419.

[625] S. b. Fn. 428 ff.

[626] Folglich ist die Auffassung von *Safari*, ZEuP 2011, 706 (713 f.), es zeige sich ein „unklares Bild über die Auslegung" von Art. 35 Alt. 2 AEUV durch den EuGH, abzulehnen: Die Unsicherheiten bewegen sich hier im Rahmen der allgemein im Bereich der Grundfreiheitenrechtsprechung anzutreffenden Inkohärenzen, zumal mit Blick auf die Anfangszeit der Rspr., in der die dogmatischen Konzepte generell noch nicht so ausgefeilt waren wie heute.

[627] „[S]o dass die nationale Produktion oder der Binnenmarkt des betroffenen Staates zum Nachteil der Produktion oder des Handels anderer Mitgliedstaaten einen besonderen Vorteil erlangt".

der faktisch noch rechtlich diskriminiert, auch nicht zu einem Vor- und/oder Nachteil für das Inland bzw. EU-Ausland führen kann.[628] Im Gegensatz zum zweiten Formelbestandteil wäre der dritte Formelbestandteil *nicht redundant* (womit allerdings nicht angedeutet werden soll, dass dessen Existenz hier befürwortet wird[629]). Er bewirkt tatsächlich eine *weitere Eingrenzung*. Dies allerdings nur, wenn der EuGH ihn auch wörtlich versteht und tatsächlich anwendet.

Groenveld spricht dabei leicht,[630] *Jongeneel Kaas* entschieden[631] gegen eine Relevanz des dritten Formelbestandteils. Dasselbe gilt für *ED*.[632] In *Marchandise* hat der EuGH das dritte Element wiederum bei der Kurzdefinition der *Groenveld*-Formel komplett ausgelassen,[633] ebenso in *Belgien/Spanien* (*Rioja*) (obwohl ein Vorteil für die inländische Produktion dort offensichtlich gegeben war).[634] Auch in *Asda* und *Ravil* hat der EuGH bei der Subsumtion nur auf das erste und zweite *Groenveld*-Element hingewiesen.[635]

In der gleich wie *Rioja* gelagerten, aber zuvor ergangenen Rs. *Delhaize* stellt der EuGH dagegen explizit das Vorliegen des dritten Elements fest.[636] Dasselbe tut er in *Jersey Produce*.[637]

Grilli wiederum sollte mit Blick auf die widersprüchlichen Aussagen, die der EuGH dort getroffen hat, nicht als Beleg für eine Relevanz des dritten *Groenveld*-Elements herangezogen werden.[638]

In der Gesamtschau zeigt sich, dass das dritte Formelelement in einigen Fällen ausdrücklich nicht als notwendige Voraussetzung behandelt und in anderen Fällen allenfalls als gegeben festgestellt wurde.[639] Es ist somit nicht davon auszugehen, dass der EuGH eine von ihm selbst als diskriminierend eingestufte Maßnahme deshalb aus Art. 35 AEUV herausfallen lassen würde, weil sie das dritte Formelelement nicht erfüllt.[640]

---

[628] Vgl. Generalanwältin *Trstenjak* (Fn. 245), Rn. 38 (*Gysbrechts*).
[629] Das Gegenteil ist der Fall, s. b. Fn. 3651.
[630] S. b. Fn. 283 ff.
[631] S. b. Fn. 409 ff.
[632] S. in Fn. 551.
[633] S. n. Fn. 464.
[634] S. b. Fn. 490 ff.
[635] S. b. Fn. 530 ff.
[636] S. umf. b. Fn. 483 ff.
[637] S. b. Fn. 574 f.
[638] S. b. Fn. 562 ff.
[639] Ebenso *Defossez*, CDE 2009, 409 (434 f.); *Szydło*, CMLR 47 (2010), 753 (759).
[640] S. i. Ü. d. Rechtsprechungsanalyse zur fremdnützigen Interessenwahrnehmung b. Fn. 3953 ff. und zum Schutz des guten Rufes b. Fn. 4119 ff.

13. Durchfuhr-Sonderjudikatur (Schmidberger; Kommission/Österreich; Monsees)[641]

a) Schmidberger[642]; Kommission/Österreich[643]

Der Gerichtshof hat in zwei Rechtssachen judiziert, dass die „Freiheit der Warendurchfuhr"[644] zu gewährleisten sei und dies sowohl aus Art. 34 AEUV als auch aus Art. 35 AEUV abgeleitet.

Interessant ist hierbei dreierlei: Erstens prüft der Gerichtshof Art. 34, 35 AEUV gemeinsam und differenziert nicht zwischen beiden Gewährleistungen.[645] Zweitens verwendet er zu deren Definition einheitlich die *Dassonville*-Formel und bezieht sie *explizit* auf *beide* Gewährleistungen.[646] Er erweckt gar den Anschein, als sei bei Art. 35 Alt. 2 AEUV *stets* und *durchgängig* die *Dassonville*-Formel zur Anwendung gelangt. Drittens prüft er in zwei Durchfuhrentscheidungen wohl unterschiedslose[647] Regelungen, die sowohl den rein innerstaatlichen Warentransport als auch den grenzüberschreitenden betreffen.

Nun könnte mit Generalanwältin *Trstenjak*[648] davon ausgegangen werden, dass der Gerichtshof hier in der Tat zum Ausdruck bringt, dass er auch für Art. 35 Alt. 2 AEUV von einem *Beschränkungsverbot* ausgeht. Hiergegen spricht jedoch stark der *kontextuelle Bezug* der Entscheidungen:[649] Es geht ausschließlich um den *Spezialfall der Durchfuhr*. Hierfür spricht zuvorderst, dass der Gerichtshof sowohl vor als auch nach den Durchfuhr-Entscheidungen an (seiner Interpretation) der *Groenveld*-Formel festgehalten

---

[641] Der EuGH hat die Freiheit der Warendurchfuhr in weiteren Rechtssachen anerkannt, vgl. nur EuGH, Urt. v. 16.03.1983, Rs. 266/81, Slg. 1983, 732, Rn. 16 ff. (*Siot/Ministere delle Finanze*); EuGH, Urt. v. 04.10.1991, Rs. C-367/89, Slg. 1991, I-4645, Rn. 14 (*Richardt*); EuGH, Urt. v. 21.12.2011, Rs. C-28/09, Slg. 2011, I-13567, Rn. 113 ff. (*Kommission/Österreich*). In der Sache gelten hier die nachfolgenden Ausführungen entsprechend. Die nachfolgenden Rechtssachen verdienen aufgrund des dort verwandten Begründungsduktus, der Rückschlüsse auf den Inhalt von Art. 35 Alt. 2 AEUV nahelegt, besondere Aufmerksamkeit.

[642] EuGH, Urt. v. 12.06.2003, Rs. C-112/00, Slg. 2003, I-5694 (*Kommission/Österreich* oder *Schmidberger*).

[643] EuGH, Urt. v. 15.11.2005, Rs. C-320/03, Slg. 2005, I-9907 (*Kommission/Österreich*).

[644] Vgl. nur EuGH (Fn. 643), Rn. 65; EuGH (Fn. 642), Rn. 60 f.

[645] EuGH (Fn. 643), Rn. 63 ff.; EuGH (Fn. 642), Rn. 51 ff.

[646] EuGH (Fn. 643), Rn. 67; EuGH (Fn. 642), Rn. 56.

[647] Es könnte allenfalls eingewandt werden, dass exportierte und importierte Waren besonders häufig betroffen sind von Maßnahmen, die den Transport betreffen und dass inländische Waren insbesondere Schnellstrecken seltener benötigen, um zum Empfänger zu gelangen. Hierauf hat der Gerichtshof allerdings nicht abgestellt.

[648] S. b. Fn. 686 ff.

[649] *Dawes*, 8 German L. J. (2007), 761 (768) spricht von einem „slip of tongue".

hat. Auch bei Art. 34 Alt. 2 AEUV hat er vorher und nachher abweichende Definitionen verwandt und nicht nur auf die *Dassonville*-Formel, sondern auf den Marktzugang abgestellt. Die Entscheidungen stehen mithin in einem *sehr begrenzten thematischen Zusammenhang* und gerade nicht in einem speziellen Ein- oder Ausfuhrzusammenhang. Auch in anderen Rechtsprechungssträngen hält der Gerichtshof zum Teil an veralteten oder starren Definitionsformeln fest, die er in anderen Bereichen schon längst ersetzt hat, wenn es um ganz spezifische Fragen geht.[650]

Fraglich ist sodann, ob die These, dass der EuGH in den Durchfuhrentscheidungen einen Beschränkungsverbotsmaßstab anlegt, überhaupt korrekt ist oder ob es hier nicht vielmehr um faktische Diskriminierungen geht: In beiden Rechtssachen ging es um Autobahnen, die zeitweise gar nicht mehr benutzbar bzw. für den Güterverkehr gesperrt waren. An sich ist heutzutage aber nicht nur der EU-ausländische, sondern auch der rein inländische Warenverkehr von Verkehrsbehinderungen betroffen, nämlich mit Blick auf die heutige Massenindustrieproduktion, mit der eine örtliche Konzentration der Produktionsstätten an bestimmten teilweise weit voneinander entfernten Orten im eigenen Land einhergeht, auch wenn womöglich davon ausgegangen werden muss, dass der EU-ausländische Verkehr selbst im Vergleich zur inländischen *Industrie*produktion leicht überproportional betroffen ist. Jedenfalls werden mit Blick auf die für lokale Märkte herstellenden Produzenten, die meist nur kleinere Strecken zurücklegen und lokale Verkehrswege benutzen, EU-ausländische Produzenten doch *stärker* benachteiligt. In der Rechtssache *Kommission/Österreich* wurde der örtliche Handel sogar explizit von dem Verbot ausgenommen.[651] Insgesamt weisen die verfahrensgegenständlichen Verkehrsbeschränkungen somit eine *leichte faktische Diskriminierungstendenz* auf (die aber, zugegebenermaßen, im Vergleich zur sonstigen Judikatur zu faktischen Diskriminierungen *schwächer* ausgeprägt ist).[652]

Allerdings hat sich der EuGH – dies ist zuzugeben – im Begründungs- und Sprachduktus von einer *einzelfallmäßigen* Diskriminierungsprüfung entfernt und scheint – aufgrund des eben regelmäßig anwesenden Diskriminierungselements – *generell* davon auszugehen, dass entsprechende Verkehrsbeschränkungen (solcher überregionaler Verkehrswege) eine Maßnahme gleicher Wirkung i. S. v. Art. 34 Alt. 2, 35 Alt. 2 AEUV darstellen.

---

[650] Etwa im Bereich der gesellschaftsrechtlichen Wegzugsfreiheit, s. b. Fn. 2817 ff.

[651] EuGH (Fn. 643), Rn. 25; vgl. *Oliver*, in: ders., 137.

[652] S. umf. dazu, wann genau Verkehrsbehinderungen als faktische Diskriminierungen angesehen werden können b. Fn. 3655 ff.; die Maßnahmen in beiden Rechtssachen ohne Einschränkung als Diskriminierung einordnend *Oliver/Martínez Navarro*, in: Barnard/Peers, 325 (341).

b) Monsees[653]

In der Rs. *Monsees* wiederum ging es um eine Regelung, die normierte, dass Schlachttiertransporte in, durch und von Österreich nur bis zum *nächstgelegenen* Schlachthof *in Österreich* durchgeführt werden konnten. Die zweite Zulässigkeitsbedingung war, dass ein solcher Transport einer gewissen Höchstdauer und Höchstdistanz unterliegt. Beide Bedingungen standen nicht unverbunden nebeneinander, sondern waren *kumulativ* zu erfüllen. Es ging somit um eine Transportregelung, und zwar um eine *Doppelregelung*, weil es sich sowohl um eine Inlands- als auch um eine Auslandstransportregelung handelte.[654]

Der Gerichtshof prüft hier ebenso wie der Generalanwalt in seinen Schlussanträgen[655] die Beschränkungswirkung nur kurz und für ex-Art. 30, 34 EWG *gemeinsam*. Hier zeigen sich Parallelen mit den zuvor behandelten Rechtssachen. Auch zitiert der Gerichtshof weder die *Groenveld*- noch die im Rahmen von GMO-Fällen gebrauchten Formeln. Und er spricht von einem „*Hindernis* für internationale Transporte (…) von (…) Österreich [Hervorh. d. *Verf.*]"[656]. Indes zitiert der Gerichtshof, anders als in den beiden zuvor entschiedenen Rechtssachen, *nicht* die *Dassonville*-Formel.

Fraglich ist aber, ob sich aus der *materiellen Qualität* der Regelung – als diskriminierend oder unterschiedslos anwendbar – etwas im Hinblick auf die Position des Gerichtshofs ableiten lässt: Ausfuhrströme sind unter der Geltung der verfahrensgegenständlichen Regelung unmöglich. Die Schlachttiere dürfen *nur in Österreich* geschlachtet werden. Inlandsströme werden zwar ebenfalls beschränkt, sie werden aber nicht unmöglich gemacht, weil sie jedenfalls bis zum nächstgelegenen Schlachthof (unter Berücksichtigung der obigen Entfernungsgrenzen und Maximalzeiten) erlaubt sind. Die Inlandsströme sind mithin in weiterer Form zulässig als die Ausfuhrströme, und die Differenzierung ergibt sich aus dem Recht und knüpft an die Unterscheidung Inland-Ausland an. Es liegt somit eine *rechtliche Diskriminierung* vor.[657]

Da die zweite Zulässigkeitsbedingung – die Höchstdistanz und die Höchstdauer – keine *alternative*, also *für sich genommen hinreichende*, son-

---

[653] EuGH, Urt. v. 11.05.1999, Rs. C-350/97, Slg. 1999, I-2921 (*Monsees*).

[654] S. hierzu und zur Angemessenheit dieser Einordnung mit Blick auf die Betroffenheit herkunftsstaatlicher Interessen b. Fn. 3930 ff.

[655] Generalanwalt *Léger*, Schlussanträge v. 17.12.1998, C-350/97, Slg. 1999, I-2921, Rn. 24 (*Monsees*).

[656] EuGH (Fn. 653), Rn. 23.

[657] Es erscheint zwar theoretisch denkbar, dass am Ort eines bestimmten Schlachtviehproduzenten kein Schlachthof in der Nähe ist, praktisch ist dies aber wohl ausgeschlossen mit Blick auf die Verbreitung landwirtschaftlicher Urproduktions- und Weiterverarbeitungsbetriebe in Österreich und der Landesgröße. Zudem kann für diesen Fall immer noch eingewandt werden, dass – unabhängig vom Vorliegen eines Anwendungsfalls – auf jeden Fall eine *rechtliche* Ungleichbehandlung vorliegt.

dern die *zweite notwendige* Zulassungsbedingung darstellt, handelt es sich bei der Regelung *insgesamt* (also bei beiden Bedingungen zusammengenommen) auch *nicht* um eine *faktische* Diskriminierung. Handelte es sich um eine einzige, für sich genommen hinreichende Bedingung, endete der Transport nur *in der Regel* in Österreich, und dann könnte in der Tat von einer faktischen Diskriminierung gesprochen werden. Auch in der Sache gibt es also einen klaren Unterschied zu den Rs. *Schmidberger* und *Kommission/Österreich*, bei denen allenfalls eine mögliche *faktisch* diskriminierende Tendenz festgestellt wurde.[658]

Es kann somit zwar eine nicht differenzierende und insbesondere nicht die *Groenveld*-Terminologie aufgreifende Wortwahl festgestellt werden. In der Sache ist jedoch keine Änderung der Rechtsprechung zu Art. 35 Alt. 2 AEUV erfolgt. Der EuGH hat in *Monsees* somit nicht entschieden,[659] dass *faktische* Diskriminierungen von Art. 35 Alt. 2 AEUV erfasst werden.[660]

c) Zwischenergebnis

Entgegen anderslautenden Stimmen in der Literatur[661] lag auch der Handhabung der *Groenveld*-Formel in der Rs. *Monsees*[662] kein faktisches Diskriminierungsverbotsverständnis zugrunde.[663] Dagegen scheint in den beiden Durchfuhrfällen *Schmidberger*[664] und *Kommission/Österreich*[665] ein extensiveres Verständnis von Art. 35 Alt. 2 AEUV durch. Dieses ist allerdings im *spezifischen Kontext* begründet und auf diesen *begrenzt*.

---

658 S. b. Fn. 652.

659 A.A. *Oliver/Martínez Navarro*, in: Barnard/Peers, 325 (342); *Cordewener*, 284; *Gundel*, JA 2009, 558 (559 Fn. 7); *Oliver*, in: ders., 140. Vgl. auch b. Fn. 718.

660 Im Ergebnis ist die Regelung zudem jedenfalls insofern unverhältnismäßig, als sie einen Transport zum nächstgelegenen *österreichischen* Schlachthof vorschreibt, s. umf. b. Fn. 3934. Da der Gerichtshof Generalanwalt *Léger* in den hier relevanten Punkten folgt, kann in Bezug auf dessen Schlussanträge auf die zum Urteil gemachte Kritik verwiesen werden. Auch die Schlussanträge *Légers* (Fn. 655) sind im Lichte der Durchfuhr-Sonderjudikatur zu betrachten und sollten daher nicht als Kritik an der *Groenveld*-Judikatur verstanden werden.

661 S. d. Nachw. in Fn. 659.

662 S. b. Fn. 656 ff.

663 S. umf. b. Fn. 656 ff.

664 EuGH (Fn. 642).

665 EuGH (Fn. 643).

III. *Gysbrechts:*[666] Historische Zäsur

Gysbrechts stellt eine (teils verkannte) historische Zäsur in der Rechtsprechungsgeschichte zu Art. 35 Alt. 2 AEUV und neben *Groenveld* die wohl wichtigste und meistdiskutierte Entscheidung in der Rechtsprechungsgeschichte zu Art. 35 Alt. 2 AEUV dar. Für großes Aufsehen hatten schon die Schlussanträge von Generalanwältin *Trstenjak* gesorgt.[667] Das Judikat *Gysbrechts* ist dabei nicht nur deshalb von elementarer Bedeutung, weil es das letzte Judikat ist, das sich substanziell mit Art. 35 Alt. 2 AEUV außerhalb GMO auseinandersetzt und in dem der EuGH von seiner seit 1979 unverändert gebliebenen st. Rspr. durch die Einführung eines *weiten* Verbots *faktischer Diskriminierung* in erheblicher Weise abgewichen ist, sondern auch, weil sich aus den getätigten Aussagen im Verein mit dem Verbotsmaßstab ableiten lässt, dass der EuGH nunmehr wohl ein anderes *Grundkonzept* bei der Interpretation von Art. 35 Alt. 2 AEUV zugrunde legt – nämlich eines, das nicht mehr dem *reinen Antiprotektionismuskonzept* verhaftet ist[668] und mehr einem funktionalen Binnenmarktverständnis folgt, das die grenzüberschreitende Privatautonomie von Anbietern und Nachfragern schützt und stärker angedockt ist an die sonstige Grundfreiheitendogmatik (wobei noch kein Gleichklang mit dieser hergestellt wurde).[669] *Gysbrechts* ist daher umfassend zu analysieren.

1. Sachverhalt

Das zum *Gysbrechts*-Urteil führende Vorabentscheidungsverfahren beruht auf einem Strafverfahren, das gegen die *Santurel Inter BVBA* und ihren Geschäftsführer Herrn *Gysbrechts* wegen Zuwiderhandlungen gegen das belgische Verbraucherschutzgesetz geführt wurde. Nach Art. 80 § 3 des belgischen Verbraucherschutzgesetzes darf vor Ablauf der für Verbraucher bei Fernabsatzgeschäften geltenden Rücktrittsfrist von 7 Tagen keine An-/Zahlung verlangt werden.

---

[666] EuGH (Fn. 159).

[667] S. zu den Schlussanträgen der Generalanwältin umf. b. Fn. 676 ff.

[668] Denn ein weitreichendes Verbot faktischer Diskriminierung kann mit Blick auf den häufig nur schwach berührten Antiprotektionismuszweck (s. b. Fn. 3633 ff.) praktisch nicht gerechtfertigt werden, zumal faktische Diskriminierungen vielfach nur mit besonderen Schwierigkeiten festgestellt werden können (s. b. Fn. 3646 ff.). Die logische Schlussfolgerung hieraus kann also nur sein, dass der EuGH sich einem funktionalen und individuellen Binnenmarktverständnis (wie es hier vertreten wird, s. hierzu im Auslegungsteil) annähert.

[669] Der zur Anwendung gebrachte Test bedient sich zwar der „Grammatik" des Protektionismuskonzepts (durch die Verwendung eines *Diskriminierungs*verbots), in der *Sache* verlässt er dieses Konzept jedoch (mit Blick auf die Reichweite des in *Gysbrechts* zur Anwendung gebrachten Verbots faktischer Diskriminierung).

Santurel – so urteilte das erstinstanzliche Gericht nach entsprechender Rüge der belgischen Wirtschaftsinspektion – habe gegen Art. 80 § 3 des belgischen Verbraucherschutzgesetzes verstoßen, weil es vor Ablauf der Rücktrittsfrist die Kreditkartennummer des Kunden verlangt habe, was es dem Unternehmen *Santurel* ermöglichte, das Geld vor Ablauf der Rücktrittsfrist einzuziehen.

Das von beiden Seiten gegen dieses Urteil angerufene Berufungsgericht hielt die Rüge von *Santurel* jedoch für vertretbar, dass das verfahrensgegenständliche Verbot gegen die Vorschriften über den freien Warenverkehr verstoße, und legte dem Gerichtshof diese Frage zur Vorabentscheidung vor.

Das Berufungsgericht nimmt dabei die Wertung der faktischen Diskriminierung – dieser Umstand erscheint bedeutsam mit Blick auf die gleichlaufende Einschätzung des EuGH – vorweg und stellt in seiner Vorlagefrage fest, dass das Gesetz „auf den Handel mit Waren im eigenen Land nicht die gleichen tatsächlichen Auswirkungen hat wie auf den Handel mit Staatsangehörigen eines anderen Mitgliedstaats“[670]. Auf diese Wertung des Berufungsgerichts rekurriert der EuGH später auch ausdrücklich.[671]

Es geht im Ergebnis um zwei verschiedene (wenngleich miteinander zusammenhängende) Maßgaben: erstens um das Verbot, vor Ablauf der Rücktrittsfrist eine An-/Zahlung zu verlangen, zweitens um das Verbot, vor Ablauf der Rücktrittsfrist die Kreditkartendaten abzufragen, das selbst dann gilt, wenn das Unternehmen sich verpflichtet, die Kreditkarte nicht vor Ablauf der Rücktrittsfrist zu belasten.

2. *Kommission*

Die Kommission geht davon aus, dass die *Groenveld*-Formel nach der Auslegungstradition des Gerichtshofs vorliegend nicht erfüllt ist, obwohl sie die Auffassung teilt, dass sich die verfahrensgegenständliche Regelung stärker auf die Ausfuhren auswirke als auf den Handel innerhalb Belgiens, d. h., sie geht erstens vom Vorliegen einer faktischen Diskriminierung aus und zweitens davon, dass faktische Diskriminierungen nicht von der *Groenveld*-Formel erfasst seien.[672]

Im Gegensatz zu ihren schriftlichen Einlassungen, in denen die Kommission kritiklos die *Groenveld*-Formel anwendet,[673] schlug sie während der mündlichen Verhandlung eine Reformulierung der Definition von Art. 35 Alt. 2 AEUV vor, wonach Maßnahmen gleicher Wirkung im Sinne von Art. 35 Alt. 2 AEUV solche seien, die eine „Beschränkung der Ausfuhr zur Folge haben und den Handel innerhalb eines Mitgliedstaats und die Ausfuhr unter-

---

670 EuGH (Fn. 159), Rn. 16.
671 EuGH (Fn. 159), Rn. 42.
672 Stellungnahme der Kommission v. 26.07.2007 zur Rs. *Gysbrechts*, Rn. 52–55.
673 Stellungnahme der Kommission v. 26.07.2007 zur Rs. *Gysbrechts*, Rn. 50–58.

schiedlich behandeln"[674]. In der Sache stellt die Kommission also ein Verbot faktischer und rechtlicher Diskriminierung auf. Unter diese neue Definition von Art. 35 Alt. 2 AEUV solle nun auch die verfahrensgegenständliche Regelung fallen.[675]

3. *Generalanwältin* Trstenjak[676]

Trstenjak weist darauf hin, dass der Gerichtshof in *Bouhelier* zur Konkretisierung von Art. 35 AEUV die *Dassonville*-Formel herangezogen hat.[677] Anschließend referiert *Trestenjak* die bisherige Rechtsprechung zur *Groenveld*-Formel und verweist darauf, dass deren drei Elemente miteinander verbunden seien, und subsumiert hierunter:[678] Dabei erachtet *Trstenjak* keines der drei Formelelemente für erfüllt. Insbesondere liege in der Regelung (anders als die Kommission[679] meine) keine faktische Diskriminierung: Die Behauptung, dass die Geltendmachung von Forderungen im grenzüberschreitenden EU-Verkehr mit besonderen Schwierigkeiten verbunden sei, müsse durch „konkrete Beweise"[680] belegt werden, denn es seien zahlreiche Maßnahmen zur justiziellen Zusammenarbeit getroffen worden. Auch werde ab dem 01.01.2009 die Verordnung 861/2007 über ein europäisches Verfahren für geringfügige Forderungen gelten.[681]

Sodann bringt *Trstenjak* mehrere Argumente gegen die *Groenveld*-Formel vor. Diese versage in Fällen, in denen ein Binnenhandel nicht existiere und die *Groenveld*-Formel mithin *niemals* erfüllt sein könne.[682] Dabei übersieht *Trstenjak*, dass es mit einem Verständnis von Art. 35 Alt. 2 AEUV im Sinne eines *reinen Protektionismusverbots* durchaus vereinbar wäre, die Ausfuhr in

---

[674] Zit. nach den Schlussanträgen von Generalanwältin *Trstenjak* (Fn. 245), Rn. 21 (*Gysbrechts*) und den Darstellungen im EuGH-Judikat (Fn. 159), Rn. 28.

[675] Interessanterweise geht die Kommission – ohne jede weitere Erklärung – davon aus, dass die zwingenden Erfordernisse auch auf Art. 35 Alt. 2 AEUV, so wie sie ihn definiert hat, anwendbar seien (und somit auf einen Diskriminierungsmaßstab). Es gehe hier auch um ein solches Erfordernis, nämlich den Verbraucherschutz (zit. nach den Schlussanträgen von Generalanwältin *Trstenjak* [Fn. 245], Rn. 21 [*Gysbrechts*] und den Darstellungen im EuGH-Judikat [Fn. 159], Rn. 28). Das Verbraucherschutzziel werde aber nicht in verhältnismäßiger Weise verfolgt. Auch hier unterscheiden sich Schriftsatz und Vorbringen während der mündlichen Verhandlung: Im Schriftsatz hatte die Kommission die Maßnahme, für den Fall, dass sie eine Beeinträchtigung von Art. 34 Alt. 2 AEUV darstelle, noch als verhältnismäßig angesehen, Stellungnahme der Kommission v. 26.07.2007 zur Rs. *Gysbrechts*, Rn. 42–45.

[676] Vgl. Generalanwältin *Trstenjak* (Fn. 245) – (*Gysbrechts*).

[677] Generalanwältin *Trstenjak* (Fn. 245), Rn. 30 (*Gysbrechts*). S. hierzu b. Fn. 258 ff.

[678] Generalanwältin *Trstenjak* (Fn. 245), Rn. 31–40 (*Gysbrechts*).

[679] S. n. Fn. 675.

[680] Generalanwältin *Trstenjak* (Fn. 245), Rn. 37 (*Gysbrechts*).

[681] Generalanwältin *Trstenjak* (Fn. 245), Rn. 35–38 (*Gysbrechts*).

[682] Generalanwältin *Trstenjak* (Fn. 245), Rn. 43 (*Gysbrechts*).

Fällen behindern zu dürfen, in denen keine inländischen Abnehmer davon profitieren können, dass die Auslandsnachfrage künstlich durch ein Ausfuhrverbot weggeschnitten wird. Denn zugunsten des dem Ausfuhrverbot unterliegenden Herkunftsmarktes treten keine protektionistischen Wirkungen ein.[683]

Zweitens beruhen nach *Trstenjak* sowohl Art. 34 AEUV als auch Art. 35 AEUV auf demselben Zweck, nämlich der „Beseitigung der Beeinträchtigungen der Handelsströme innerhalb der Gemeinschaft“[684]. Hiergegen ist einzuwenden, dass eine solche Zweckbestimmung viel zu ungenau ist, als dass sie als stichhaltiges Argument fungieren könnte: Mit einer solchen Definition könnte in der Tat jede mitgliedstaatliche Maßnahme, die in irgendeiner Weise den Handel betrifft, zu einer Beeinträchtigung erklärt werden.[685] *Trstenjak* müsste hier eine holistische Binnenmarktkonzeption entwerfen, auf deren Grundlage begründet werden könnte, warum bestimmte Fälle selbst unter Zugrundelegung eines Beschränkungsverbots nicht auf ihre Rechtfertigung überprüft werden.

Anschließend führt *Trstenjak* an, dass der EuGH in der Rs. *Schmidberger*[686] und in der Rs. *Kommission/Österreich*[687] eine einheitliche Definition für die Ein- und Ausfuhr von Waren herangezogen hat.[688] Andererseits weist *Trstenjak* selbst zu Recht darauf hin, dass es sich hierbei um eine *Sonderjudikatur* handelt, die zwei *Durchfuhr*fälle betraf und die *Groenveld*-Formel in Fällen, in denen es nicht um die Durchfuhr, sondern um die Ausfuhr ging,

---

683 Nach *Oliver* sei das Argument dagegen vernachlässigenswert, weil der von *Trstenjak* geschilderte Fall *praktisch* nicht vorkomme, in: ders., 139.

684 Generalanwältin *Trstenjak* (Fn. 245), Rn. 44 (*Gysbrechts*).

685 S. zu den Schwächen dieser „Definition“ des EuGH b. Fn. 1658 ff.

686 EuGH (Fn. 642), Rn. 55 f.: „Insbesondere sind nach Artikel 30 mengenmäßige Einfuhrbeschränkungen sowie alle Maßnahmen gleicher Wirkung zwischen den Mitgliedstaaten verboten. Desgleichen sind nach Artikel 34 zwischen den Mitgliedstaaten mengenmäßige Ausfuhrbeschränkungen sowie alle Maßnahmen gleicher Wirkung verboten. Nach ständiger Rechtsprechung seit dem Urteil vom 11. Juli 1974 in der Rechtssache 8/74 (Dassonville, Slg. 1974, 837, Randnr. 5) bedeutet dies nach dem Kontext dieser Bestimmungen, dass alle unmittelbaren oder mittelbaren, tatsächlichen oder potenziellen Beeinträchtigungen der Handelsströme innerhalb der Gemeinschaft beseitigt werden sollen.“

687 EuGH (Fn. 643), Rn. 67: „Nach ständiger Rechtsprechung seit dem Urteil vom 11. Juli 1974 in der Rechtssache 8/74 (Dassonville, Slg. 1974, 837, Randnr. 5) sind nämlich die Artikel 28 EG und 29 EG nach ihrem Kontext dahin zu verstehen, dass sie auf die Beseitigung aller unmittelbaren oder mittelbaren, tatsächlichen oder potenziellen Beeinträchtigungen der Handelsströme innerhalb der Gemeinschaft abzielen (vgl. Urteil vom 12. Juni 2003 in der Rechtssache C-112/00, Schmidberger, Slg. 2003, I-5659, Randnr. 56).“

688 Generalanwältin *Trstenjak* (Fn. 245), Rn. 44 (*Gysbrechts*).

weiterverwandt wurde.[689] In beiden Fällen war zudem ein faktisch diskriminierendes Element präsent.[690]

Schließlich – und hierbei handelt es sich wohl um das am besten elaborierte Argument *Trstenjaks* – verweist sie auf den Gedanken der Konvergenz und die ansonsten bestehenden Widersprüche gegenüber der Rechtsprechung zu den anderen Grundfreiheiten:[691] Sie stimmt der Feststellung von Generalanwalt *Capotorti* zu, dass eine unterschiedliche Auslegung von Art. 34 und 35 AEUV „Verwirrung"[692] zu stiften geeignet sei.[693] Laut der EuGH-Rechtsprechung zu den anderen Grundfreiheiten setzten diese – mittlerweile – keine Ungleichbehandlung voraus, sondern könnten auch durch nur beschränkende Maßnahmen beeinträchtigt werden.[694]

Aus diesen Gründen votiert *Trstenjak* für eine Neufassung der Definition von Art. 35 Alt. 2 AEUV, und zwar grundsätzlich im Sinne einer Angleichung an Art. 34 Alt. 2 AEUV.[695] Sie lehnt dagegen eine eigenständige Definition ab, da hierdurch ein Widerspruch zur sonstigen Rechtsprechung entstünde und geeignete Kriterien entwickelt werden müssten.[696] Letztlich ist sie dabei aber inkonsequent, denn sie schlägt insofern eine Neukonzeptionierung vor, als sie die *Keck*-Formel auch auf unterschiedslose Versperrungen oder unmittelbare Behinderungen des Marktaustritts anwenden möchte,[697] was gerade nicht einer *analogen* (sinngemäßen und nicht wortwörtlichen) An-

---

[689] Generalanwältin *Trstenjak* (Fn. 245), Rn. 44 (*Gysbrechts*) unter Verweis auf die Rs. *Jersey Produce* (Fn. 572), Rn. 73. Vgl. auch *Oliver*, in: ders., 137; *Roth*, CMLR 47 (2010), 509 (520).

[690] S. umf. zur (sehr begrenzten) argumentativen Bedeutung der Durchfuhrrechtsprechung im Hinblick auf eine extensive Auslegung von Art. 35 Alt. 2 AEUV b. Fn. 641 ff. und zu möglichen faktischen Diskriminierungen, die in Verkehrsbeschränkungen liegen können b. Fn. 3655 ff.

[691] Generalanwältin *Trstenjak* (Fn. 245), Rn. 45 ff. (*Gysbrechts*).

[692] Generalanwältin *Trstenjak* (Fn. 245), Rn. 45 (*Gysbrechts*).

[693] S. b. Fn. 369.

[694] Generalanwältin *Trstenjak* (Fn. 245), Rn. 45, 47 f. (*Gysbrechts*).

[695] Krit. *Micklitz/Reich*, VuR 2008, 349 (350); *Oliver*, in: ders., 140.

[696] Generalanwältin *Trstenjak* (Fn. 245), Rn. 49–52 (*Gysbrechts*). Das Erfordernis der Entwicklung neuer Kriterien für den Fall einer Neukonzeptionierung ist kein Gegenargument, sondern weist nur auf die von Rechtsprechung und Rechtswissenschaft zu bewältigende Aufgabe hin, neue Kriterien zu entwickeln und zu evaluieren. Der erste Aspekt – dass sonst Widersprüche zur sonstigen Rechtsprechung entstünden – überzeugt ebenfalls nicht: Erforderlich ist nicht, dass ein- und dieselbe Maßnahme von beiden Grundfreiheiten in gleicher Weise erfasst wird; ebenfalls nicht erforderlich ist, dass der zu entwickelnde Test bei allen Grundfreiheiten identisch ist; vielmehr kommt es darauf an, dass die *Wertungsgrundlagen*, also die theoretischen Begründungen weitestgehend *gleich* sind. Diese müssen dann auf die unterschiedliche Lebenssachverhalte erfassenden Grundfreiheiten transponiert werden. Letztlich tut *Trstenjak* auch genau dies, wenn sie die *Keck*-Formel modifiziert.

[697] Generalanwältin *Trstenjak* (Fn. 245), Rn. 57 ff., 65 (*Gysbrechts*).

wendung der *Keck*-Formel auf Ausfuhrkonstellationen entspräche.[698] Auch sollten Maßnahmen ausgeklammert werden, deren Wirkungen „zu ungewiss und zu mittelbar“[699] seien. Die Übertragung der Rechtsprechung zu Art. 34 Alt. 2 AEUV auf Art. 35 Alt. 2 AEUV bedeute, dass die *Dassonville*-, die *Keck*- und die *Cassis*-Formel übertragen und zunächst *semantisch* angepasst werden müssten, d. h., „einführen“ müsste durch „ausführen“, „Marktzutritt“ durch „Marktaustritt“ ersetzt werden.[700]

Die erste Anpassung *Trstenjaks* – die Einführung einer de minimis-Formel (im Sinne einer „zu ungewiss und zu mittelbar“-Formel) – dient wohl dazu, die Gruppe der Produktionsbedingungen auszuklammern. Dies lässt sich an den von *Trstenjak* beispielhaft aufgeführten Regelungen ablesen, die infolge der Anwendung einer de-minimis-Formel nach ihrer Auffassung nicht mehr unter Art. 35 Alt. 2 fielen (Arbeitsbedingungen; Herstellungsbedingungen; weit von der Ausfuhr entfernte Maßnahmen, die die Herstellungskosten erhöhen[701]). Für die zweite Anpassung – die Erfassung auch nicht diskriminierender Verkaufsmodalitäten, soweit sie den Marktzugang beeinträchtigten – führt *Trstenjak* wieder mehrere Erwägungen an: Sie verweist zunächst darauf, dass sich auch Verkaufsmodalitäten stark marktzugangsbehindernd auswirken könnten und dass die h.L. Art. 34 AEUV so interpretiere, dass er Schutz gegen Marktzutrittsbeschränkungen biete.[702] Zudem wirkten die meisten Verkaufsmodalitäten nicht marktzugangsbeschränkend im Hinblick auf Art. 34 AEUV, wohingegen die Warenausfuhr durch bestimmte Verkaufsmodalitäten „unmittelbarer“[703] beschränkt werde. Zuzustimmen ist *Trstenjak* in Bezug auf die Erwägung, dass diese stärkere Auswirkung damit zusammenhänge, dass letztlich die Bedingungen des Zielmarktes entscheidend dafür sind, ob eine Regelung sich als Marktaustrittsbehinderung auswirke.[704] Leider zieht die Generalanwältin hieraus nicht die einzig richtige Schlussfolgerung, das Vorliegen einer Behinderungswirkung *stets* davon abhängig zu machen, wie sich die Lage für das ausgeführte Produkt auf dem *Zielmarkt* darstellt.

Schließlich führt *Trstenjak* für die von ihr befürwortete Abweichung von der (traditionellen) *Keck*-Formel an, dass die Hauptgefahren für Art. 35 Alt. 2 AEUV im Bereich der Verkaufsmodalitäten und nicht der Produktanforderungen lägen, weil es bei Letzterem an einem dual burden fehle.[705] Dies ist

[698] S. umf. b. Fn. 2521 ff.
[699] Generalanwältin *Trstenjak* (Fn. 245), Rn. 55 f. (*Gysbrechts*).
[700] Generalanwältin *Trstenjak* (Fn. 245), Rn. 53, 58 (*Gysbrechts*).
[701] Generalanwältin *Trstenjak* (Fn. 245), Rn. 54–56 (*Gysbrechts*).
[702] Generalanwältin *Trstenjak* (Fn. 245), Rn. 60 (*Gysbrechts*).
[703] Generalanwältin *Trstenjak* (Fn. 245), Rn. 61 (*Gysbrechts*).
[704] Generalanwältin *Trstenjak* (Fn. 245), Rn. 62–64 (*Gysbrechts*).
[705] Generalanwältin *Trstenjak* (Fn. 245), Rn. 64 (*Gysbrechts*).

verfehlt: Im Wettbewerb auf dem Zielmarkt benachteiligende Produktregelungen können in gleicher Weise den Export behindern.[706]

Anschließend prüft *Trstenjak* die verfahrensgegenständliche Maßnahme anhand der von ihr entwickelten Konzeption für Art. 35 Alt. 2 AEUV: Die semantisch veränderte *Keck*-Formel sei nicht erfüllt, mithin komme es auf das Vorliegen einer (unterschiedslosen) Marktzutrittsbehinderung an:[707] Sowohl das Verbot, im Vorhinein bei einem Fernabsatzgeschäft eine Zahlung verlangen zu können, als auch das Verbot, die Kreditkartennummer erfragen zu dürfen, führten beim Verkäufer zu einer (bei Ausfuhren in gleichem Maße wie beim Inlandsfernabsatz gegebenen) Unsicherheit, die die Ausfuhren verringere.[708]

Letztlich zeigt die Prüfung *Trstenjaks* die Schwächen des Marktzugangstests exemplarisch auf: Es wird eben doch auf die Verringerung des Ausfuhrvolumens abgestellt. Es ist kaum möglich, zwischen den Marktaustritt behindernden Regelungen und den die Ausfuhren nur nachteilig betreffenden, den *Marktaustritt* aber nicht behindernden Regelungen zu differenzieren. Es kann nur zwischen (generell oder im Einzelfall) gewichtigeren oder weniger gewichtigen Behinderungen der Ausfuhr unterschieden werden. Der Marktzugangstest bedarf der Konkretisierung und ist als Definition untauglich.[709]

Schließlich prüft *Trstenjak* die Rechtfertigung der nationalen Regelung und ihrer Auslegung durch die nationalen Gerichte im Hinblick auf die verhältnismäßige Verfolgung des zwingenden Erfordernisses des Verbraucherschutzes:[710] Während das Verbot, eine Zahlung im Vorhinein zu verlangen, nach *Trstenjak* verhältnismäßig sei, sei das Verbot, die Kreditkartennummer zu verlangen, unverhältnismäßig. Letzteres begründet die Generalanwältin letztlich mit Überlegungen auf der *dritten* Stufe der Verhältnismäßigkeitsprüfung, d. h. damit, dass die Auslegung der Regelung durch die nationalen Stellen mit Blick auf die Interessen des Warenexporteurs unangemessen sei: Der Verkäufer werde *überhaupt nicht* durch die belgische Regelung geschützt.[711] Zudem sei die Einbuße für den Verbraucher minimal, da die Gefahr missbräuchlicher Verwendung durch den Verkäufer minimiert sei: In Belgien bestehe hiergegen eine wirksame strafrechtliche Sanktion, und Art. 8 der Richtlinie 97/7 verpflichte die Mitgliedstaaten, dafür Sorge zu tragen, dass Verbraucher im Falle einer missbräuchlichen Verwendung eine Erstattung erhalten könnten.[712]

---

[706] S. b. Fn. 3772 ff. m. w. N.

[707] Generalanwältin *Trstenjak* (Fn. 245), Rn. 66–73 (*Gysbrechts*).

[708] Generalanwältin *Trstenjak* (Fn. 245), Rn. 73 f. (*Gysbrechts*).

[709] S. umf. b. Fn. 2970 ff.

[710] Generalanwältin *Trstenjak* (Fn. 245), Rn. 76 ff (*Gysbrechts*).

[711] Generalanwältin *Trstenjak* (Fn. 245), Rn. 85, 87 (*Gysbrechts*).

[712] Generalanwältin *Trstenjak* (Fn. 245), Rn. 86 (*Gysbrechts*). S. umf. zur Kritik an der Verhältnismäßigkeitsprüfung von Generalanwältin *Trstenjak* b. Fn. 786 ff.

4. Weitere Stellungnahmen (insbesondere in der Literatur)

Die herrschende Meinung in der Literatur hält die Entscheidung *Gysbrechts* für einen Paradigmenwechsel oder zumindest für etwas, was einem solchen sehr nahe kommt. Auch wenn teilweise (mit Enttäuschung) festgestellt wird, dass der EuGH formal an der *Groenveld*-Formel festgehalten habe, wird ganz überwiegend doch ein *anderer Zungenschlag* festgestellt: Der mitgliedstaatlichen Maßnahme komme jedenfalls nach dem „Geist der *Groenveld*-Kriterien (...) keine Relevanz“[713], die Maßnahme sei also nicht tatbestandsmäßig im Sinne der Groenveld-Judikatur.[714]

Eine bedeutende Untergruppe von Autoren geht (wie nachgewiesen zu Recht[715]) davon aus, dass der EuGH mit der Rs. *Gysbrechts* nun erstmals ein Verbot faktischer Diskriminierung im Rahmen von Art. 35 Alt. 2 AEUV anerkannt hat.[716] Nach einer verbreiteten Meinung[717] sei dagegen schon vor-

---

[713] *Schinkels*, LMK 2009, 275639; ganz ähnl. *Defossez*, CDE 2009, 409 (450): „Dans une application ‚pure‘ de *Groenveld* (…) cette mesure n’aurait sans doute pas pu être qualifiée de mesure d’effet équivalent“; *Stennot*, SEW 2009, 402 (403).

[714] Eine (z. T. ganz) erhebliche Ausweitung der Rspr. (aber [z. T. explizit] noch keine Gleichsetzung mit Art. 34 Alt. 2 AEUV) im *Gysbrechts*-Judikat erkennend *Brigola*, EuZW 2009, 479 (482): „sehr großzügige Interpretation der Vorgaben aus dem ‚Pferdefleisch-Urteil‘“; *ders.*, EuZW 2017, 5 (7); *Barnard*, 70, 101: „the Court appeared to modify its approach“; *Capitant*, in: Pingel, Art. 29 CE Rn. 2: „abandonné cette interpretation afin de rapprocher“; *Dawes,* E. L. Rev. 34 (2009), 639 (642): „new test“; *Defossez*, REDC 2009, 549 (554); *ders.*, RDC 2009, 389 (390); *ders.*, CDE 2009, 409 (448 ff., 451, 460 f.); *Dietz/T. Streinz*, EuR 2015, 50 (53); *Ebers*, 490 f.; *Ehlers*, in: ders., 4. Aufl., § 7 Rn. 30 („vorsichtige Annäherung“); *Horsley*, 218; *Kaczorowska*, 560 f.; *Lenaerts*, in: Terryn/Straetmans/Colaert, 95 (113); *Mengozzi*, Studi int. eur. 2009, 201 (205); *Pechstein*, 450; *Rodrigues*, CDE 2009, 217 (230); *Safari*, ZEuP 2011, 706 (719); *Schinkels*, LMK 2009, 275639; *Slot*, Ars aequi 2009, 753 („nieuwe definitie“); *Stennot*, SEW 2009, 402 (403); *Stöbener/Stöbener/Wendel*, Jura 2012, 671 (672); *Stuyck*, in: Howells/Schulz, 115 (140 Fn. 69); *ders.*, in: FS Roth, 625 (636); *Tenenbaum*, R. D. C. 2009, 1217; *Terryn*, DCCR 2008, 111 (114); *Woods/Watson*, 398; s. a. Generalanwalt *Saugmandsgaard Oe*, Schlussanträge v. 21.04.2016, Rs. 15/15, unveröfftl., Rn. 56 (*New Valmar*): „Ansatz (…) abgemildert“; differenzierend *Randelzhofer/Forsthoff*, in: Grabitz/Hilf/Nettesheim, Art. 56/57 AEUV Rn. 161 f.

[715] S. umf. b. Fn. 591 ff. und in Fn. 718.

[716] *Barnard*, 103; *Becker*, in: Schwarze/Becker/Hatje/Schoo, Art. 35 AEUV Rn. 12; *Craig/de Búrca*, 651; *Dashwood/Dougan/Rodger/Spaventa/Wyatt*, 434, 459; *Dawes,* E. L. Rev. 34 (2009), 639 (642); *Gundel*, JA 2009, 558 (560); *Korte*, 228; *Oliver*, in: ders., 140; *Rigaux*, Europe 2009, 28 (29); *Roth*, CMLR 47 (2010), 509 (514, 517, 519); *Stuyck*, EJCL 10 (2012), 343 (350 f.); *ders.*, in: FS Roth, 625 (636); *Szydło*, CMLR 47 (2010), 753 (755); ebenso *Tryfonidou*, E. L. Rev. 35 (2010), 36 (53 f.), nach der die Maßnahme zwar indistinctly applicable (…) albeit (…) indirectly discriminatory“ war; vgl. auch *Connor*, Germ. L. J. 13 (2012), 679 (745 Fn. 540); darin die Andeut. einer Parallelisierung mit *Keck* und dah. mit Art. 34 AEUV sehend *Wenneras/Boe Moen*, E. L. Rev. 35 (2010), 387 (393); *Oliver* weist darauf hin, dass das Urteil nicht ganz eingeschätzt werden könne, Fordham

her einmal (etwa in der Rechtssache *Monsees*[718]) eine faktische Diskriminierung für mit Art. 35 AEUV unvereinbar gehalten worden.

Andere betrachten *Gysbrechts* als das Judikat, das die Parallelisierung von Art. 34, 35 AEUV herbeigeführt habe: Es werde nur noch „pro forma" am Kriterium der spezifischen Ausfuhrbeschränkung festgehalten.[719] *Dawes* sieht nunmehr jede unterschiedslos anwendbare Maßnahme von Art. 35 Alt. 2 AEUV erfasst.[720] Äußerst interessant ist die Meinungsäußerung des aktuellen Präsidenten des Europäischen Gerichtshofs, *Koen Lenaerts*, der *Gysbrechts* höchstselbst als Teil der Großen Kammer mitentschieden hatte: *Lenaerts* hält – ebenfalls parallelisierend und in Anlehnung an das Marktzugangskonzept – nun Markt*austritts*beschränkungen für von Art. 35 Alt. 2 AEUV erfasst und „entnimmt" dem *Gybsrechts*-Judikat „erste Hinweise" auf ein Marktzugangskonzept.[721]

Generalanwältin *Trstenjak* dagegen geht in einem von ihr (zusammen mit *Beysen*) nach dem Urteil veröffentlichten Beitrag davon aus, dass der Gerichtshof ihrem Antrag auf eine Neumodellierung von Art. 35 Alt. 2 AEUV nicht gefolgt sei. Auch eine Neuausrichtung qua erweiterter *Handhabung* scheint GA *Trstenjak* wohl nicht in *Gysbrechts* zu erkennen,[722] worin ihr andere (wie *Weatherill*[723], *Epiney*[724], *Sánchez González*[725] und *Shuibhne*[726])

Int'l L. J. 33 (2011), 1423 (1471 Fn. 242); s. a. Generalanwältin *Kokott*, Schlussanträge v. 21.03.2013, Rs. C-566/11 u. a., Slg. 2013, 0000, Rn. 64 (*Iberdrola SA, u. a.*); Generalanwalt *Saugmandsgaard Oe* (Fn. 714), Rn. 59 (*New Valmar*).

[717] S. d. Nachw. in Fn. 591.

[718] So *Oliver/Martínez Navarro*, in: Barnard/Peers, 325 (342). Nach hier vertretener Auffassung ist dies nicht korrekt: Es handelte sich in der Rs. *Monsees* (Fn. 653) um eine *offene* Diskriminierung, vgl. umf. b. Fn. 656 ff. Etwas anderes gilt für die „österreichischen Durchfuhrfälle" (s. umf. b. Fn. 577 ff.). Allerdings handelt es sich hierbei um eine nicht verallgemeinerungsfähige Sonderjudikatur (s. b. Fn. 647 ff.). Auch die Rechtssachen *Delhaize* (Fn. 128), *Kommission/Belgien* (Fn. 129 [*Rioja*]), *Ravil* (Fn. 477) und *Asda* (Fn. 478) enthalten – entgegen vereinzelter Stimmen in der Literatur – nur offene, nicht faktische Diskriminierungen, vgl. b. Fn. 477 ff.

[719] *De Vries*, NTER 2009, 121 (130); *Leible/T. Streinz*, in: Grabitz/Hilf/Nettesheim, Art. 35 AEUV Rn. 16 f.; *Rigaux*, Europe 2009, 28: „La Grande Chambre résorbe (…) l'étrange dissymétrie"; *Streinz*, in: Lebensmittelrechts-Hdb. III Rn. 124a; in diese Richtung „nur" tendierend *Defossez*, REDC 2009, 549 (555); ähnl. *Slot*, Ars aequi 2009, 753 ff.; krit. dag. *Shuibhne*, 196.

[720] *Dawes*, 34 E. L. Rev. (2009), 639 (642): „[The Court encompasses] not only discriminatory measures but any indistinctly applicable measures which may ‚affect' free movement."; *ders.*, RDUE 2009, 139 (141): „La Cour fait ainsi entrer dans le champ d'application (…) mesures indistinctement applicables qui restreignent l'accès au marché."

[721] *Lenaerts*, in: Terryn/Straetmans/Colaert, 95 (113); sehr ähnl. *Stuyck*, EJCL 10 (2012), 343 (350 f., 354).

[722] *Trstenjak/Beysen*, EuR 2012, 265 (276 m. Fn. 40).

[723] *Weatherill*, ERCL 2009, 149 (156).

folgen. Generalanwältin *Kokott* äußert sich in ihren Schlussanträgen zur Rs. *Iberdrola, SA u. a.* (im Jahr 2013) knapp zu Art. 35 AEUV und geht davon aus, dass der EuGH in *Gysbrechts* ein (reines) Verbot faktischer Diskriminierung anerkannt hat. Doch behandelt GA *Kokott* Art. 35 AEUV hier eher beiläufig und konzentriert sich primär auf die maßgebliche Richtlinie.[727]

5. Das Urteil

Zunächst sei darauf hingewiesen, dass der Gerichtshof ausdrücklich vom Vorliegen einer sekundärrechtlichen Mindestharmonisierung und nicht von einer die Anwendbarkeit der Grundfreiheiten ausschließenden und abschließenden Regelung, also einer *Voll*harmonisierung, ausgeht,[728] weshalb er die belgische Regelung am Maßstab der Warenausfuhrfreiheit prüft. Ein Einfuhrsachverhalt liegt nach seiner Auffassung nicht vor (auch andere Grundfreiheiten prüft er nicht),[729] worin er Generalanwältin *Trstenjak* folgt[730].

a) Keine Heranziehung von Keck *oder* Dassonville

Vorab sei dabei auf einen relevanten Nebengesichtspunkt hingewiesen: Die *Keck*-Formel scheint der EuGH in *Gysbrechts* nicht auf die Ausfuhrdimension der Warenverkehrsfreiheit übertragen zu wollen (im Sinne einer sinngemäßen Anwendung).[731] Einmal mehr – wie in *Alpine*[732] – verwahrt sich der Gerichtshof gegen eine Verbreiterung des Anwendungsbereichs von *Keck*: Auf ein entsprechendes Vorbringen von *Santurel*, das darauf hinwies, dass eine faktisch diskriminierende Maßnahme wie die vorliegende auf der Grundlage der *Keck*-Formel als Maßnahme gleicher Wirkung qualifiziert werden müsse,[733] geht er nicht ein. Es scheint, als ob er deren Wirkungen auf dasjenige zu begrenzen sucht, das ohne eine (explizite) Rechtsprechungsänderung gerade noch vertretbar erscheint. Dies stimmt auch mit seiner Judikatur zu Art. 34 AEUV überein: Die dort nun in st. Rspr. herangezogene dreigliedrige Formel aus *Kommission/Italien* (*Anhänger*) weist klar über die *Keck*-Formel hinaus und marginalisiert und beschränkt *Keck* auf wenige evident (und nach

---

[724] *Epiney* bejaht unspezifisch ein „Festhalten" an der *Groenveld*-Formel, NVwZ 2009, 1139 (1142).
[725] Vgl. *Sánchez González*, RDCE 33 (2009), 635 (641).
[726] *Shuibhne*, 196.
[727] Generalanwältin *Kokott* (Fn. 716), Rn. 64 (*Iberdrola SA, u. a.*).
[728] EuGH (Fn. 159), Rn. 33–35.
[729] EuGH (Fn. 159), Rn. 36 f.
[730] Generalanwältin *Trstenjak* (Fn. 245), Rn. 25–27 (*Gysbrechts*).
[731] Vgl. *Slot*, Ars aequi 2009, 753 (755).
[732] S. b. Fn. 2519 ff.
[733] EuGH (Fn. 159), Rn. 18.

dem Marktzugangstest sowieso) auszusondernde Fälle.[734] Insofern weist die Rs. *Gysbrechts* über ihren konkreten Gegenstand hinaus und läutet die *Anhänger*-Judikatur ein. Auch zitiert der EuGH an keiner Stelle die *Dassonville*-Formel.[735]

b) Formale Analyse

Zunächst könnte bei oberflächlicher Betrachtung die Schlussfolgerung gezogen werden, der Gerichtshof bewege sich bei seiner Auslegung im Rahmen seiner st. Rspr.: Er geht formal weder auf den Appell der Generalanwältin, die eine Abkehr von der *Groenveld*-Formel und eine (modifizierte) Parallelauslegung mit Art. 35 AEUV forderte,[736] noch auf den Vorschlag der Kommission ein, die nur eine Begrenzung der Ausfuhren und eine faktische und/oder rechtliche Diskriminierung verlangte,[737] und zitiert ohne jede Klarstellung die *Groenveld*-Formel unter Verweis auf Rn. 7 des *Groenveld*-Judikats.[738]

Auch ist festzustellen, dass der EuGH die *Groenveld*-Formel in ihrer *vollständigen* Form zitiert: Zwar hat er in den beiden vorher ergangenen Rechtssachen *Jersey Produce* und *Grilli* ebenfalls die vollständige *Groenveld*-Formel, insbesondere die vollständige *dritte* Voraussetzung zitiert („so dass die nationale Produktion oder der Binnenmarkt des betroffenen Staates zum Nachteil des Handels oder der Produktion anderer Mitgliedstaaten einen besonderen Vorteil erlangt").[739] Noch in den davor ergangenen Rechtssachen *ED*, *Sydhavnens*, *Ravil* und *Asda* hatte der EuGH die dritte Voraussetzung nur in *verkürzter* Form wiedergegeben („so dass die nationale Produktion oder der Binnenmarkt des betroffenen Staates einen besonderen Vorteil erlangt").[740]

Der EuGH sagt sodann *nicht*, dass nationale Maßnahmen, die die Vorgaben von Rn. 7 des *Groenveld*-Judikats erfüllen, *auch heute noch* als Maßnahmen mit gleicher Wirkung wie eine mengenmäßige Ausfuhrbeschränkung anzusehen *sind*, sondern er *beschreibt* die Gerichtspraxis *retrospektiv*: „Hierbei sind nationale Maßnahmen (…) [die die *Groenveld*-Voraussetzungen erfüllen] als Maßnahmen mit gleicher Wirkung wie eine mengenmäßige Ausfuhrbeschränkung *eingestuft worden* [Hervorheb. d. *Verf.*]."[741] Die Beschreibung erfolgt damit im *Perfekt* (und zwar auch in anderen Sprachen wie z. B.

---

[734] S. b. Fn. 2927 ff.
[735] *Slot*, Ars aequi 2009, 753 (755).
[736] Generalanwältin *Trstenjak* (Fn. 245), Rn. 41–67 (*Gysbrechts*).
[737] S. b. Fn. 675.
[738] EuGH (Fn. 159), Rn. 40.
[739] S. d. Nachw. b. und in 561 und Fn. 574.
[740] S. d. Nachw. b. Fn. 456, 527, .
[741] EuGH (Fn. 159), Rn. 40.

der englischen, niederländischen, französischen und spanischen Version).[742] Diese Darstellung in einer *Vergangenheitsform* ist in der Geschichte der *Groenveld*-Formel *einzigartig*.[743] Die Darstellungsweise stellt somit zunächst einmal – wertungsneutral formuliert – eine *Abweichung* dar. Der Gerichtshof hätte die *Groenveld*-Formel auch – wie bisher – einfach ohne jeden weiteren Kommentar im *Präsens* darstellen können und damit formal ein Festhalten an seiner Rspr. signalisieren können. Dies tut er jedoch nicht. Auf der anderen Seite nutzt er – sprachenübergreifend – nicht das Tempus des Präteritums.[744] Das Präteritum hätte eine stärkere Distanzierung signalisiert. Das Perfekt dagegen drückt eine gewisse Verbindung des Vergangenen zur Gegenwart aus. Wird die formale Auffälligkeit mit der in der Sache stattfindenden Extension von Art. 35 Alt. 2 AEUV kombiniert, zeigt sich eine gewisse Distanzierung von der bisherigen Rspr. Das Perfekt könnte womöglich am ehesten so gedeutet werden, dass damit mehr eine *Weiterentwicklung* der Rspr. eingeleitet und nicht ein *Bruch* mit der Vorrechtsprechung vollzogen werden soll.

Der EuGH nimmt in den nun folgenden Ausführungen – anders als in den zuvor ergangenen Rechtssachen *Jersey Produce*[745] und *Grilli*[746] – nicht auf einzelne Teile der *Groenveld*-Formel Bezug und subsumiert nicht unter diese.[747] Auch dies kann – ebenso wie die Zitierung der *Groenveld*-Formel im Perfekt – als Distanzierung von der *Groenveld*-Formel gedeutet werden.

Der EuGH stellt unmissverständlich fest, dass er eine faktische Diskriminierung darin erblickt, dass die Ausfuhren tatsächlich stärker betroffen sind als der Inlandsabsatz.[748] „Daher“(!) liege eine Maßnahme mit gleicher Wirkung wie eine mengenmäßige Ausfuhrbeschränkung vor.[749] M. a. W. stellt eine faktische Diskriminierung der Ausfuhrströme für sich genommen und somit ohne jegliche weitere Wirkungen oder Qualifikationen eine Maßnahme gleicher Wirkung i. S. v. Art. 35 Alt. 2 AEUV dar.

---

[742] Generalanwalt *Mengozzi* (Fn. 245), Rn. 48 (*Fragkopoulos*): „Groenveld-Rechtsprechung in Erinnerung gerufen“.

[743] Die Atypizität dieser Vorgehensweise verdeutlicht ein Vergleich mit der zuvor entschiedenen Rechtssache *Jersey Produce* (EuGH [Fn. 572], Rn. 73), in der der EuGH die *Groenveld*-Formel als „ständig[e] Rechtsprechung“ bezeichnet, *zwei* Referenzurteile benennt und im Präsens darlegt, sowie mit der Rs. *Grilli* (EuGH [Fn. 557], Rn. 41), in der der EuGH die *Groenveld*-Formel ebenfalls im Präsens darstellt und auf seine „ständig[e] Rechtsprechung“ verweist.

[744] A.A. *Leible/T. Streinz*, in: Grabitz/Hilf/Nettesheim, Art. 35 AEUV Rn. 16.

[745] EuGH (Fn. 572), Rn. 74 ff.

[746] EuGH (Fn. 557), Rn. 41.

[747] *Brigola*, EuZW 2009, 479 (481); *Dauses/Brigola*, in: Dauses, C. I Rn. 201; *Leible/T. Streinz*, in: Grabitz/Hilf/Nettesheim, Art. 35 AEUV Rn. 16; *Pechstein*, 450; *Roth*, CMLR 47 (2010), 509 (514); Generalanwalt *Mengozzi* (Fn. 245), Rn. 48 (*Fragkopoulos*).

[748] EuGH (Fn. 159), Rn. 43.

[749] EuGH (Fn. 159), Rn. 44.

Der EuGH stellt zunächst darauf ab, dass die verfahrensgegenständliche Maßnahme dem Verkäufer ein „wirksames Instrument [nehme], um sich gegen das Risiko der Nichtzahlung zu schützen“[750]. Diese direkt im Anschluss an die Zitierung der *Groenveld*-Formel platzierte Feststellung mutet *freiheitsrechtlich* an. Die Aussage ist nicht *vergleichender* Art. Insofern ähnelt die Passage den Schlussanträgen von Generalanwältin *Trstenjak*, die das Vorliegen einer (rechtlichen sowie faktischen) Diskriminierung abgelehnt, aber eine Behinderung des Marktaustritts bejaht hat.[751] Die diesen Absatz enthaltende Rn. 41 kann jedoch nicht isoliert betrachtet werden, denn der EuGH präzisiert seine Ausführungen in der nachfolgenden Rn. 42. Würde Rn. 41 alleine stehen, müsste in der Tat davon ausgegangen werden, dass nunmehr ein Beschränkungsverbot anerkannt worden ist. Dies wäre jedoch eine unvollständige Würdigung: Der EuGH weicht von den Schlussanträgen der Generalanwältin ab und bejaht mit der Kommission sowie mit dem Vorlagegericht ausdrücklich das Vorliegen einer *faktischen* Diskriminierung, die er auch als solche anspricht: „die Folgen eines solchen Verbots [seien] im Allgemeinen beim grenzüberschreitenden Direktverkauf an die Verbraucher, insbesondere über das Internet, schwerwiegender“; „betrifft es tatsächlich (...) die Ausfuhren (...) stärker“. Der EuGH wollte schon dort auf die *besondere Bedürfnissituation* von Exporteuren in Fernabsatzkonstellationen (besonderes Risiko des Nichteintreibenkönnens einer Forderung) mit dem Argument hinweisen, dass den Exporteuren hier ein wirksames Instrument vorenthalten werde, das in der Lage wäre, ihre faktisch schlechtere Position zu kompensieren.

Im Ergebnis scheint es, als sei aus dem ursprünglichen Entwurf des Judge Rapporteur nach der délibération ein freiheitsrechtlich formulierter Textbaustein übrig geblieben, der Teil einer *gänzlich* freiheitsrechtlichen Prüfung war, die die Schlussanträge *Trstenjaks* übernommen hatte. Doch ist dies nur eine Vermutung, die nicht belegt werden kann.

Dass der EuGH die *Groenveld*-Formel, nachdem Kommission und Generalanwältin deren Änderung gefordert haben, im Perfekt zitiert und er danach nicht unter die einzelnen Elemente der Formel subsumiert, sondern nur auf das Vorliegen einer faktischen Diskriminierung abstellt und auch im Ergebnis das Vorliegen einer *Groenveld*-Ausfuhrbeschränkung feststellt und dabei ausschließlich an die Gesetzesformulierung von Art. 35 AEUV anknüpft („Maßnahme mit gleicher Wirkung wie eine mengenmäßige Ausfuhrbeschränkung“), zeigt, dass er die *Groenveld*-Formel nicht bestätigen und zum Ausdruck bringen wollte, dass *ganz unabhängig* davon, was in der Vergan-

---

[750] EuGH (Fn. 159), Rn. 41.

[751] Generalanwältin *Trstenjak* (Fn. 245), Rn. 35–40, 73–75 (*Gysbrechts*).

genheit (möglicherweise) gegolten hat,[752] es jedenfalls für die *Zukunft* ausreichen soll, dass eine Norm die Ausfuhr faktisch gegenüber dem Inlandsabsatz diskriminiert. *Gysbrechts* stellt damit eine *historische Zäsur* innerhalb der Judikatur zur Ausfuhrdimension der Warenverkehrsfreiheit dar. Der EuGH wollte sich dabei nicht durch die Vergangenheit für die Zukunft festlegen lassen, sondern mit *Gysbrechts* einen zumindest in Bezug auf faktische Diskriminierungen klar *neuen* Richtpunkt schaffen, an den fortan angeknüpft werden kann.

c) Materielle Analyse

aa) Der Groenveld-*Maßstab nach* Gysbrechts

Mit der Rs. *Gysbrechts* hat der EuGH nun unmissverständlich klar- und festgestellt, dass auch faktische Diskriminierungen geringen Schweregrades und auch volatiler Art (parallel zu solchen im Rahmen der anderen Grundfreiheiten anerkannten) erfasst werden (und eben nicht mehr nur, wie vorher, offene Diskriminierungen oder solche faktische Diskriminierungen, die einer offenen praktisch gleichkamen[753]). Damit wird die *Groenveld*-Formel *de facto abgeschafft*: Es wird nicht nur nicht mehr verlangt, dass die Maßnahme protektionistisch wirkt. Darüber hinaus muss die Diskriminierung weder eine offene sein noch muss sie – wenn sie faktischer Art ist – in irgendeiner (vor allem: in einer von der *sonstigen* Grundfreiheitendogmatik abweichenden) Weise qualifiziert sein. Es sollte bei einer solchen teils sogar widersprüchlichen Verformung der Definitionselemente der Klarheit halber zukünftig nicht mehr von der Geltung der *Groenveld*-Formel gesprochen werden. Dies bedeutet andererseits auch nicht, dass jede (noch so entfernte) faktische Diskriminierung vom EuGH als prima facie unzulässig gewertet werden wird.[754] Den besten Orientierungspunkt dürfte dabei die Judikatur zu den anderen Grundfreiheiten bieten.[755]

---

[752] Also z. B. unabhängig davon, ob in der Vergangenheit eine protektionistische Wirkung erforderlich war oder die Diskriminierung in der Norm selbst angelegt sein musste (mit einem gewissen offen-diskriminierenden Charakter). Eine Rolle könnte dabei gespielt haben, dass die spezielle Rechtsprechungshistorie des eher unbekannten Art. 35 Alt. 2 AEUV den meisten Richtern wohl nicht ohne Weiteres vertraut war. Der Gerichtshof war sich womöglich selbst nicht ganz klar darüber, ob nach der *Groenveld*-Formel *faktische* Diskriminierungen verbotsauslösend sind und wenn ja *welche genau*.

[753] S. b. Fn. 591 ff.

[754] Vgl. zum *hier* vertretenen Diskriminierungskonzept b. Fn. 3650 ff. (Begründung b. Fn. 3632 ff.).

[755] S. hierzu umf. innerhalb der Konvergenzanalysen b. Fn. 2397 ff.

Entsprechend war in *Gysbrechts keines* der drei *Groenveld*-Elemente – in ihrer Auslegung durch die bisherige st. Rspr. – gegeben.[756] Wenn in jeder offenen Diskriminierung zumindest eine faktische Diskriminierung *angelegt* ist, wird das gesamte erste *Groenveld*-Element obsolet:[757] Wenn schon faktische Diskriminierungen ausreichen, bedarf es nicht des Hinzutretens weiterer Umstände (eben des bei offenen Diskriminierungen typischen offenen Angelegtseins in der diskriminierenden Norm). Wenn schon das erste Element die offene und die faktische Diskriminierung erfasst, bedarf es auch nicht mehr des zweiten Elements bzw., wenn das zweite Element die Situation einer faktischen Diskriminierung umschreibt, bedarf es nicht mehr des ersten Elements. Je nach Sichtweise ist also nunmehr das erste oder das zweite *Groenveld*-Element überflüssig. Auch hier gilt: Es sollte der Klarheit halber die *Groenveld*-Formel insgesamt ersetzt werden durch eine Formulierung, die deutlich macht, dass offene wie faktische Diskriminierungen nunmehr verboten sind, und zwar in einer Weise, die an die sonstige Grundfreiheitendogmatik angeschlossen ist.

Der EuGH hat das dritte *Groenveld*-Element weder explizit noch implizit geprüft.[758] Tatsächlich waren über das Mindestmaß einer jeden faktisch und/oder offen diskriminierenden Maßnahme liegende protektionistische Wirkungen auch nicht vorhanden.[759] Geht es nur um die protektionistischen Wirkungen, die sowieso mit *jeder* Diskriminierung der Ausfuhrströme verbunden sind, hat auch das dritte Element der *Groenveld*-Formel seine Bedeutung eingebüßt und ist ebenfalls faktisch überholt.[760]

Der EuGH hat den Vorschlag der Kommission implizite anerkannt: Hinreichend ist nunmehr alternativ das Vorliegen einer offenen oder (weit verstandenen) faktischen Diskriminierung. Die Struktur der *Groenveld*-Formel ist zusammengebrochen. Weitere qualifizierende Umstände müssen nicht

---

[756] Ebenso *Tenenbaum*, R. D. C. 2009, 1217 (1221); Generalanwältin *Trstenjak* (Fn. 245), Rn. 34 ff. (*Gysbrechts*), die allerdings mit abweichender Begründung zu demselben Ergebnis gelangt und wohl auch faktische Diskriminierungen für unter die *Groenveld*-Formel subsumierbar erachtet.

[757] Vgl. *Brigola*, EuZW 2009, 479 (481); *Defossez*, CDE 2009, 409 (451 f.).

[758] *Roth*, CMLR 47 (2010), 509 (514); *Schinkels*, LMK 2009, 275639.

[759] Ebenso Generalanwältin *Trstenjak* (Fn. 245), Rn. 39 (*Gysbrechts*). Vgl. auch *Becker*, in: Schwarze/Becker/Hatje/Schoo, Art. 35 AEUV Rn. 12; *Brigola*, EuZW 2009, 479 (482).

[760] *Barnard*, 103 („apparently been dropped"); *Defossez*, CDE 2009, 409 (452); *Gormley*, in: Terryn/Straetmans/Colaert, 277 (285 f.); *Haratsch/Koenig/Pechstein*, Rn. 872; *Roth*, CMLR 47 (2010), 509 (514); *Stöbener/Stöbener/Wendel*, Jura 2012, 671 (672); *Terryn*, DCCR 2008, 111 (113); *Woods/Watson*, 398; schon 2001 hierzu *Oliver*, EuZW 2001, 257. Nach *Roth*, CMLR 47 (2010), 509 (514) handele es sich nunmehr nur noch um ein *Beispiel* für eine spezifische Ausfuhrbeschränkung, nach *Brigola*, EuZW 2009, 479 (482) um einen „Annex", nach *Gormley*, in: Terryn/Straetmans/Colaert, 277 (286) um eine „illustration".

hinzutreten.[761] Es könnte nunmehr von einem de facto instituierten *Gysbrechts*-Maßstab gesprochen werden. Aufgrund der vielfältigen Distanzierungssignale ist auch nicht klar, ob der EuGH überhaupt noch einmal *Groenveld* als geltende (aber durch *Gysbrechts* modifizierte) Auslegung zitieren wird oder ob er nur noch auf *Gysbrechts* abstellen wird.[762]

bb) Die Weite des Verbots faktischer Diskriminierung

Es gibt verschiedene Arten von faktischen Diskriminierungen und mithin auch verschieden weitreichende Diskriminierungsverbote – nämlich weniger und weiter reichende Verbote faktischer Diskriminierung. Ein Überblick über die seit *Groenveld* entschiedenen Fälle und über die entsprechenden Rechtsanwendungsergebnisse des EuGH zeigt, dass der EuGH *bislang* einem *sehr engen* Verbot zuneigte,[763] das er nun geändert hat. Diese Auffassung vertritt wohl auch die Kommission, der zufolge die vorliegende Maßnahme keine spezifische Ausfuhrbeschränkung bewirke oder bezwecke.[764] Dagegen nehme die verfahrensgegenständliche Maßnahme nach ihrer Auffassung eine unterschiedliche Behandlung der Ausfuhrströme vor, sodass sie als faktische Diskriminierung (im weiten Sinne) unter die von ihr vorgeschlagene Definition falle.[765] Derselben Auffassung war die belgische Regierung, die einerseits einräumte „dass die im Ausgangsverfahren in Rede stehende Bestimmung stärker den Geschäftsverkehr mit in anderen Mitgliedstaaten ansässigen Personen einschränke [und] (…) das vom Lieferanten zu tragende Risiko höher sei"[766], aber es sich andererseits „nicht um eine Maßnahme [handele], mit der eine spezifische Beschränkung der Ausfuhrströme bezweckt oder bewirkt werde"[767], weshalb die Regelung mit Art. 35 AEUV vereinbar sei.

---

[761] A.A. wohl *Wasserer*, ELR 2009, 136 (140).

[762] Entsprechend hat Generalanwältin *Kokott* (Fn. 716), Rn. 64 (*Iberdrola SA, u. a.*) in ihren Schlussanträgen aus dem Jahr 2013 nur das Verbot faktischer Diskriminierung aus *Gysbrechts* zitiert und nicht *Groenveld.* Nach *Stuyck*, EJCL 10 (2012), 343 (351) gehe der EuGH nun von *zwei* Tests aus. Zwischenzeitlich (d. h. nach Abschuss dieser Arbeit im Februar 2016) hat sich mit dem Ergehen des *New Valmar*-Judikats letzteres bestätigt: Der EuGH zitierte in *New Valmar* nur noch das (Verbot faktischer Diskriminierung aus dem) *Gysbrechts*-Judikat (EuGH [Fn. 18], Rn. 36).

[763] S. umf. b. Fn. 591 ff. Entsprechend geht *Enchelmaier*, in: Oliver, 213 davon aus, dass der *Groenveld*-Fall – würde er heute entschieden – womöglich als faktische Diskriminierung gewertet würde.

[764] Stellungnahme der Kommission v. 26.07.2007 zur Rs. *Gysbrechts*, Rn. 53.

[765] Stellungnahme der Kommission v. 26.07.2007 zur Rs. *Gysbrechts*, Rn. 54 f., die allerdings gleichfalls darauf hinweist, dass in bestimmten Fällen eine Zahlungseintreibung im EU-Ausland möglicherweise sogar *einfacher* ist als in Belgien. Ebenfalls von einer Diskriminierung ausgehend *Brigola*, EuZW 2009, 479 (481 f.); w. Nachw. in Fn. 716 ff. A.A. dag. *Schöndorf-Haubold* GPR 2008, 237 (239).

[766] Zit. nach EuGH (Fn. 159), Rn. 22.

[767] Zit. nach EuGH (Fn. 159), Rn. 27.

Die diskriminierenden Wirkungen der verfahrensgegenständlichen Maßnahme in *Gysbrechts* sind weder besonders stark, noch handelt es sich um einen Fall, bei dem das Verbot offener Diskriminierung durch eine spezielle Formulierungstechnik umgangen werden sollte. Es geht vielmehr um eine überhaupt nicht beabsichtigte Benachteiligung, die zudem von Faktoren abhängig ist, auf die die belgische Regierung keinen Einfluss hat und die sich auch in dynamischer Weise über die Zeit hinweg ändern, nämlich um Möglichkeiten der grenzüberschreitenden Forderungsgeltendmachung z. B. durch im Wege der Harmonisierung geschaffene Rechtsverfolgungsinstrumente in grenzüberschreitenden Konstellationen. Diese Auslegung tendiert in Richtung eines *funktionalen, nicht repressiven* Binnenmarktverständnisses, das nicht Diskriminierungen *pönalisieren*, sondern sie ohne Vorwurf zum (faktischen) Nutzen der Binnenmarkthändler und -verbraucher instrumentell aufspüren und beseitigen möchte. Insbesondere ist die Diskriminierung nicht in der *Norm* angelegt, sondern eine neutral formulierte Norm entfaltet unterschiedliche faktische Wirkungen zu Lasten der Ausfuhr.

cc) Deutung und Entwicklungspotenzial

aaa) Potenzial für erhebliche dogmatische Änderungen im Fernabsatzrecht

Gysbrechts besitzt das Potenzial erhebliche Veränderungen zu bewirken, sodass zukünftig womöglich nicht mehr im Einzelfall geprüft wird, ob eine (faktische) Diskriminierung vorliegt, sondern bestimmte *Typen* von Maßnahmen *generell* als rechtfertigungsbedürftig eingestuft werden: Die Argumentation würde dann immer mehr darauf abstellen, dass der grenzüberschreitend Tätigwerdende in besonderem Maße auf Instrumente der Absatzförderung und Forderungsdurchsetzung angewiesen ist oder in besonderem Maße von restriktiven Verbraucherschutzregelungen betroffen wird.[768] In ähnlicher Weise kann die langsame Herausbildung des Beschränkungsmaßstabs bei Art. 34 Alt. 2 AEUV gedeutet werden. Z. B. könnte der Exporteur argumentieren, dass er benachteiligt werde, weil er seine Waren über größere Distanzen verschicken müsste, was mit höheren Versandkosten verbunden sei. Daher würden ihn kostspielige Verbraucherschutzvorgaben härter treffen als seine Konkurrenten im Zielstaat. Letzten Endes wird die Frage, welche Regelungen vom EuGH zukünftig als Maßnahme gleicher Wirkung qualifiziert werden, davon abhängig sein, ob die verschiedenen am Prozess der Europarechtsentwicklung beteiligten Akteure das Potenzial von *Gysbrechts* erkennen und nutzen (zuvorderst private Unternehmen und die nationalen Vorlagegerichte), und davon, inwieweit der EuGH bereit ist, seiner *Gysbrechts*-Argumentation auch in andersartigen Fallgestaltungen zu folgen und kreative Argumentationen anzuerkennen.

[768] Vgl. *Tenenbaum*, R. D. C. 2009, 1217 (1221).

bbb) Wettbewerbsgleichheitskonzept

Fraglich ist, ob mit (dem in) *Gysbrechts* (anerkannten, weiten Verbot faktischer Diskriminierung) sogar ein Wettbewerbsgleichheitskonzept vereinbar wäre, also ein Modell, das eine Maßnahme gleicher Wirkung immer dann bejaht, wenn herkunftsstaatliches Recht den Exporteur im Wettbewerb auf dem Zielmarkt benachteiligt. *Gysbrechts* und *Santurel* beklagen ausdrücklich den Wettbewerbsnachteil, den sie infolge des belgischen Verbraucherschutzrechts erlitten, wobei sie ihre Situation mit der von Anbietern in den Niederlanden verglichen: Im Gegensatz zum belgischen Recht erlaubten die niederländischen Vorschriften eine Anzahlung während der Widerrufsfrist.[769]

Logisch-theoretisch widerspruchslos könnte das Wettbewerbsgleichheitskonzept grundsätzlich als mit der im Judikat herangezogenen Tatbestandskonzeption vereinbar angesehen werden. Der EuGH führt in Rn. 43 aus: „Selbst wenn ein Verbot (...) für alle inländischen Wirtschaftsteilnehmer gilt, betrifft es tatsächlich jedoch die Ausfuhren (...) stärker als den Absatz der Waren auf dem inländischen Markt." Herkunftsstaatliche (Produkt-, Vermarktungs- oder Produktions-)Standards, die „höher" sind als die im Zielstaat geltenden, treffen die Ausfuhren in diesem Sinne „tatsächlich stärker" als den Absatz der Waren auf dem inländischen Markt.[770]

Praktisch liegen zwischen einer solch weitreichenden Interpretation des Diskriminierungsverbotes und dem *Gysbrechts*-Judikat jedoch noch Unterschiede. Eine solche Änderung hätte der EuGH wohl auch klarer kommuniziert.[771] Und in *Gysbrechts* hat der EuGH ja gerade versucht zu vermeiden, mit einem Schlag derart weitreichende Änderungen der Rechtsprechung vorzunehmen und den Weg einer behutsamen Weiterentwicklung gewählt.[772]

ccc) Marktzugangskonzept und Konvergenz der Grundfreiheiten

Der EuGH hat den Vorschlag *Trstenjaks*, die Marktzugangslehre auf Art. 35 Alt. 2 AEUV zu übertragen (und damit die Konvergenz der Grundfreiheiten[judikatur] zu befördern), formal nicht explizit bestätigt. Auf der anderen Seite finden sich Anklänge, die in diese Richtung deuten,[773] zumal auch Diskriminierungsverbote wie das in *Keck* bisweilen als Verlängerung oder Ausdruck des Marktzugangskonzepts gedeutet werden. Es könnte eingewandt

---

[769] Stellungnahme der Kommission v. 26.07.2007 zur Rs. *Gysbrechts*, Rn. 11.

[770] Andeut. *Reich/Micklitz*, VuR 2008, 349 (350).

[771] Insbesondere hat der EuGH seine Rechtsprechung nicht ausdrücklich geändert, *Tryfonidou*, E. L. Rev. 35 (2010), 36 (53 f.).

[772] Für eine Weiterentwicklung bedürfte es entsprechender Vorlagefragen, die womöglich explizit auf diese Zusammenhänge hinwiesen und dem EuGH damit Gelegenheit geben würden, eine entsprechende Dogmatik zu entwickeln.

[773] S. b. Fn. 750. Ebenso *Dietz/T. Streinz*, EuR 2015, 50 (70); *Slot*, Ars aequi 2009, 753; *Stuyck*, EJCL 10 (2012), 343 (351); s. a. schon d. Nachw. in Fn. 719.

werden, dass der entscheidende Unterschied des Marktzugangskonzepts ja gerade darin besteht, dass keine Diskriminierung erforderlich ist. Auf der anderen Seite kann eine Diskriminierung sehr wohl eine Marktzugangsbehinderung verursachen, d. h., die Anerkennung eines weiten Verbots faktischer Diskriminierung kann *eine Ausprägung* eines (umfassenderen) Marktzugangsrechts darstellen. Die Stellungnahmen des derzeitigen EuGH-Präsidenten *Lenaerts* deuten ebenfalls in Richtung des Marktzugangskonzepts.[774] Und das Marktzugangskonzept[775] ist – vergröbernd dargestellt und Differenzierungen en détail einmal ausblendend[776] – das herrschende Paradigma in der Grundfreiheitenjudikatur des letzten Jahrzehnts (und zwar sowohl in herkunfts- als auch in zielstaatlichen Konstellationen) und wird vom Gerichtshof als Mittel der Wahl für eine Extension angesehen. *Gysbrechts* daher allein auf seine Bedeutung für faktisch diskriminierende Maßnahmen zu reduzieren, was für sich genommen schon eine höchst bedeutsame Änderung ist mit Blick auf die vielen angesprochenen Implikationen, erscheint im Ergebnis daher als zu formalistisch und zurückhaltend. Auf der anderen Seite spricht der bisherige Weg einer „Politik der kleinen Schritte" dafür, dass der EuGH seine Dogmatik zu Art. 35 Alt. 2 AEUV nur behutsam weiterentwickeln wird. Denkbar ist z. B., dass das Verbot faktischer Diskriminierung auf weitere Fallgruppen erstreckt wird und sich ein Beschränkungstatbestand nur sehr langsam und begrenzt auf bestimmte Fallgruppen entwickeln wird.[777]

ddd) Bedeutung der Chronologie der erweiternden Auslegung der Warenverkehrsfreiheit

Interessant ist auch die Chronologie der erweiternden Auslegung der Warenverkehrsfreiheit zu Ende des ersten Jahrzehnts des 21. Jahrhunderts: Die Entscheidung *Kommission/Italien* (*Anhänger*), mit der der EuGH die neue „Anhänger-Formel" für die Auslegung von Art. 34 Alt. 2 AEUV ins Leben rief, mit der er Art. 34 Alt. 2 AEUV endgültig als Marktzugangsrecht ausleg-

---

[774] S. b. Fn. 721.

[775] Eine Autoren ziehen in Fällen, in denen es um *herkunftsstaatliche* Belastungen geht, den Begriff der Markt*austritts*behinderung (statt der Markt*zugangs*behinderung) vor, vgl. z. B. *Brigola*, EuZW 2009, 479 ff. Doch setzt eine Behinderung des Marktaustritts (aus dem Herkunftsstaat) entweder eine Nichtbehinderung des Marktzugangs (zum Zielstaat) voraus oder eine Marktzugangsbehinderung ist die Folge einer Marktaustrittsbehinderung. Auch hat der EuGH in einigen wichtigen Judikaten, in denen es um *herkunftsstaatliche* Hindernisse ging, von einer Beeinträchtigung des Markt*zugangs* gesprochen, vgl. nur b. Fn. 2499 (*Alpine Investments*) oder b. Fn. 2736 (*Bosman*).

[776] S. zu einer umf. und auch die Differenzierungen en détail berücksichtigenden Auswertung der Judikatur b. Fn. 2397 ff.

[777] Vgl. *Dauses/Brigola*, in: Dauses, C. I Rn. 199. Lockerer Umgang mit der Dogmatik" sei „manchmal der erste Schritt zu ihrer Preisgabe" meint auch *Schinkels*, LMK 2009, 275639.

te,[778] erging im Februar 2009. Das *Gysbrechts*-Judikat erging im Dezember 2008. 8 von 11 Richtern (inklusive des früheren EuGH-Präsidenten *Skouris*, des damaligen Kammerpräsidenten *Jann* und des aktuellen EuGH-Präsidenten *Lenaerts*) waren an *beiden* Entscheidungen beteiligt. In diesen beiden Entscheidungen kam es zu einer Ausweitung der Begriffsdefinitionen. Es erscheint möglich, dass der Gerichtshof den endgültigen Siegeszug des Marktzugangskonzepts aus taktischen Gründen nicht in einer Export-, sondern in einer Importkonstellation aussprechen wollte.[779] Er konnte sich dort einer stärkeren Zustimmung seitens der Literatur und der Mitgliedstaaten sicher sein. In Bezug auf Art. 34 Alt. 2 AEUV befand sich der Gerichtshof mit Blick auf eine Rechtsprechungsänderung auf „sichererem Terrain" (praktisch näherte er sich ja „nur" einer Judikatur an, die er schon früher, vor *Keck*, vertreten hatte[780]). Diese Reihenfolge könnte von Einfluss gewesen sein für die Auslegung von Art. 35 Alt. 2 AEUV. Die *Anhänger*-Formel galt noch nicht, als der Gerichtshof in *Gysbrechts* über Art. 35 Alt. 2 AEUV urteilte. Dies könnte einer der Gründe sein, warum der Marktzugangs- bzw. -austrittsansatz in *Gysbrechts* nicht prononcierteren Ausdruck gefunden hat.

dd) Privatrechtliche Natur der Regelung

Gysbrechts beruht zwar auf einem öffentlich-rechtlichen Vorgang: Im zugrunde liegenden Rechtsstreit ging es um ein Vorgehen der belgischen Wirtschaftsinspektion gegen einen privaten Händler und nicht um einen zivilrechtlichen Streit zwischen *Santurel* und einem Kunden. Dennoch handelt es sich *auch* um eine *privatrechtliche* Norm, die die Rechte und Pflichten von Privatrechtssubjekten normiert, und auch die Rüge der belgischen Wirtschaftsinspektion basiert auf einem fehlerhaften Verhalten in privatrechtlichen Verhältnissen. Der EuGH hat die privatrechtliche Natur der verfahrensgegenständlichen belgischen Norm mit keinem Wort gewürdigt, obwohl in der Lehre umstritten ist, ob privatrechtlichen Normen eine Sonderbehandlung im Rahmen der Grundfreiheitenprüfung zuteilwerden sollte.[781] Auf der anderen Seite betraf das *Verfahren an sich* ein *öffentlich-rechtliches* Verhältnis: ein *Strafverfahren*. Da der EuGH auf diese Frage noch nicht einmal einge-

---

[778] S. b. Fn. 2879 ff.

[779] Eine interessante – wenngleich nicht auflösbare – Spekulation ist die Frage, wie *Gysbrechts* abgeurteilt worden wäre, wenn umgekehrt zunächst das *Anhänger*-Judikat und dann erst *Gysbrechts* vom EuGH entschieden worden wäre. Mit Blick auf die Akzeptanz der *Anhänger*-Judikatur erscheint es denkbar, dass der EuGH ein abgeschwächtes Marktzugangs- bzw. -austrittskonzept auf Art. 35 Alt. 2 AEUV übertragen hätte. Allerdings ist dies nur Spekulation.

[780] S. b. Fn. 727 ff.

[781] S. hierzu umf. b. Fn. 3863 ff.

gangen ist (weder hier noch in *Alsthom*[782] noch in anderen Rechtssachen[783]) ist davon auszugehen, dass er diesem Umstand keine Bedeutung beimisst.[784]

d) Rechtfertigung

Der EuGH prüft trotz Vorliegens (und Feststellens!) einer faktischen Diskriminierung das Vorliegen eines ungeschriebenen Rechtfertigungsgrundes (d. h. das Vorliegen eines zwingenden Erfordernisses). Dies kann als schwaches Indiz dafür angeführt werden, dass der EuGH Art. 35 Alt. 2 AEUV auch auf der Ebene des Beeinträchtigungstatbestands erweiternd auslegt.[785]

aa) Verhältnismäßigkeitsprüfung

Die Verhältnismäßigkeitsprüfung erlaubt Rückschlüsse auf die Tatbestandsebene. Sie ist hier daher nicht nur um ihrer selbst willen von analytischer Bedeutung.

aaa) Zahlungsverlangen vor Ablauf der Rücktrittsfrist

Dass die verfahrensgegenständliche Regelung es verbiete, vor Ablauf der Rücktrittsfrist eine Zahlung zu verlangen, hält der EuGH für verhältnismäßig.[786] Dies ist zustimmungswürdig: Wie auch Generalanwältin *Trstenjak* ausführt,[787] dient dies dem Schutz des Verbrauchers vor den mit einem Rücktritt einhergehenden Prozess- und Rückforderungsrisiken im transnationalen Verkehr.[788] Zudem muss der Verbraucher *früher* zahlen und erleidet damit – einen quantitativ zwar regelmäßig unbedeutenden – aber doch tatsächlichen

---

[782] S. b. Fn. 421 f.

[783] S. b. Fn. 3869 ff.

[784] Da privatrechtliche Regelungen nach hier vertretener Auffassung (s. b. Fn. 3863 ff.) nicht aus dem Beeinträchtigungstatbestand von Art. 35 Alt. 2 AEUV ausgeklammert werden, kann die Spezialfrage, wie mit *öffentlich-rechtlich* durchgesetzten Privatrechtsnormen umzugehen ist, hier dahinstehen.

[785] Vgl. *Dietz/T. Streinz*, EuR 2015, 50 (53); *Safari*, ZEuP 2011, 706 (713). Je weiter die Handhabung im jeweiligen Fall von einer offenen Diskriminierung entfernt ist, umso wahrscheinlicher erscheint es, dass der EuGH von seinem in einigen Urteilen ausgesprochenen und inkohärent gehandhabten Verbot, Diskriminierungen über die zwingenden Erfordernisse zu rechtfertigen, abweicht (nach h.M. ist zu unterschieden zwischen nicht über das zwingende Allgemeininteresse rechtfertigungsfähigen rechtlichen und rechtfertigungsfähigen faktischen Diskriminierungen, s. allg. zu dieser traditionellen Streitfrage d. Nachw. in Fn. 3946). Verbreitert der Gerichtshof also die Schranken, könnte er damit also auch eine Extension des Tatbestands indizieren. Interessanterweise hat der Gerichtshof in der nach *Gysbrechts* ergangenen GMO-Konstellation *Fragkopoulos* bei der Heranziehung der zwingenden Erfordernisse auf *Gysbrechts* verwiesen (s. in Fn. 168).

[786] EuGH (Fn. 159), Rn. 45–56.

[787] Generalanwältin *Trstenjak* (Fn. 245), Rn. 79 (*Gysbrechts*).

[788] Vgl. auch *Reich/Micklitz*, VuR 2008, 349 (351).

wirtschaftlichen Nachteil (und der Verkäufer erhält einen Vorteil); und der Verbraucher trägt für die Zeit des Rücktritts das Insolvenzrisiko des Verkäufers.[789] Es ist zwar genauso denkbar, die Interessen von Verkäufer und Verbraucher anders zu gewichten, dass also auch eine Pflicht zur Zahlung vor Ablauf der Rücktrittsfrist verhältnismäßig ist, dies heißt aber nicht, dass dies die rechtlich *einzig mögliche* Ausgestaltung wäre. Beides sollte zulässig sein.

bbb) Verlangen der Kreditkartendaten

Dagegen sei das (von den belgischen Gerichten im Wege der Auslegung ermittelte) Verbot, die Kreditkartennummer des Verbrauchers zu verlangen, unverhältnismäßig (im engeren[790] und damit auch im weiteren Sinne):[791] Die Ausführungen des EuGH sind hier im Gegensatz zu den Schlussanträgen von Generalanwältin *Trstenjak*[792] an den entscheidenden Stellen[793] kurz und kryptisch. Der EuGH bringt nach hiesiger Interpretation zum Ausdruck, dass er die rechtliche Würdigung der Generalanwältin[794] teilt, dass das Verbot unverhältnismäßig *i. e. S.* (also unangemessen) sei.

Zunächst stellt der EuGH explizit fest, dass das Verbot des Verlangens der Kreditkartennummer zum Schutz der Verbraucher geeignet sei[795] und fragt, ob das Verbot auch erforderlich sei,[796] wobei diesbezüglich auf die Praxis des Gerichtshofs hinzuweisen ist, nach der regelmäßig im Rahmen oder im Kontext der Erforderlichkeitsprüfung auch die Verhältnismäßigkeit im engeren Sinne (Angemessenheit) überprüft wird und eher seltener als selbständiger Prüfungsschritt.[797]

Ein weiterer Anhaltspunkt hierfür ist, dass er das Verbot der Einziehung des Zahlungsbetrages als geeignet *und* verhältnismäßig bezeichnet.[798] Durch diese nebeneinander erfolgende Bewertung scheint der EuGH zu indizieren, dass er beide Kategorien nicht konfundiert und daher nicht die Verhältnismäßigkeit i. w. S. (also die Verhältnismäßigkeitsprüfung insgesamt mit ihren drei Unterstufen), sondern die Verhältnismäßigkeit *i. e. S.* meint.

---

[789] *Reich/Micklitz*, VuR 2008, 349 (351).
[790] Ebenso *Wasserer*, ELR 2009, 136 (141).
[791] EuGH (Fn. 159), Rn. 57–62.
[792] Generalanwältin *Trstenjak* (Fn. 245), Rn. 82–89 (*Gysbrechts*).
[793] S. b. Fn. 800 ff.
[794] Generalanwältin *Trstenjak* (Fn. 245), Rn. 84 f., 87, 88 (*Gysbrechts*).
[795] EuGH (Fn. 159), Rn. 52, 59.
[796] EuGH (Fn. 159), Rn. 53.
[797] Vgl. z. B. EuGH (Fn. 2742), Rn. 45 (*De Agostini und TV Shop*); s.i.Ü. d. Nachw. b. *Roth*, in: Dauses, E. I Rn. 107, 207.
[798] EuGH (Fn. 159), Rn. 61.

In seinem Ergebnissatz weist der EuGH das Verbot auch als nicht erforderlich zurück,[799] was erneut darauf hindeutet, dass er von der Unangemessenheit der Regelung ausgeht.

Schließlich hatte schon Generalanwältin *Trstenjak* das Verbot als unverhältnismäßig zurückgewiesen, und der EuGH distanziert sich von dieser Einschätzung nicht, sondern folgt der von ihr vorgeschlagenen Unterscheidung zwischen beiden Verboten.

Nachdem der EuGH nun noch einmal iteriert, dass das Verbot der Zahlung vor Ablauf der Rücktrittsfrist verhältnismäßig sei,[800] resümiert er („Folglich"[801]), dass das Verbot der Kreditkartennummernforderung „über das für die Erreichung des verfolgten Zwecks erforderliche Maß hinaus[geht]"[802].

Aus der Verhältnismäßigkeit der einen Regelung folgt jedoch nicht zwingend die Unverhältnismäßigkeit der anderen Regelung. Das Verbot der Kreditkartennummernabfrage vor Ablauf der Rücktrittsfrist stellt einen *zusätzlichen* Schutz dar und keinen, der das Verbot der Zahlung vor Ablauf der Rücktrittsfrist *ersetzen* soll: Es besteht das Risiko, dass der Verkäufer den Betrag rechtswidrig mithilfe der Kreditkartennummer abbucht.[803]

Die nicht wenigen Randnummern, die der Verhältnismäßigkeitsprüfung gewidmet werden, vermögen daher nicht über den Eindruck hinwegzutäuschen, dass hier „etwas fehlt". Es scheint, als sei hier die entscheidende Begründung bzw. Subsumtion in einem späteren Urteilsstadium entfernt worden. Nicht unwahrscheinlich ist, dass die Große Kammer hier über die genaue Begründung keine Einigkeit erzielen konnte, sondern nur über das Ergebnis der Bewertung als unverhältnismäßig, oder dass die stark rechtspolitisch anmutende Wertung verdeckt und daher nicht konkret benannt werden sollte. Dieser Eindruck wird dadurch verstärkt, dass die Ausführungen der Generalanwältin genau in diese Leerstelle passen würden, weil diese sich dort ausführlich mit den *faktischen* Vor- und Nachteilen der konkreten Regelung auseinandersetzt.[804] Zudem hat der EuGH nur eine Randnummer zuvor die Generalanwältin zitiert (allerdings in anderem Kontext, nämlich bei der Frage, welches Ziel das zweite Verbot verfolgt[805]).

---

[799] EuGH (Fn. 159), Rn. 62.

[800] EuGH (Fn. 159), Rn. 61.

[801] EuGH (Fn. 159), Rn. 62.

[802] EuGH (Fn. 159), Rn. 62.

[803] Vgl. *Epiney*, NVwZ 20009, 1139 (1142); *Micklitz/Reich*, CMLR 46 (2009), 471 (500 f.); *Safari*, ZEuP 2011, 706 (708 Fn. 2).

[804] Generalanwältin *Trstenjak* (Fn. 245), Rn. 84–88 (*Gysbrechts*).

[805] EuGH (Fn. 159), Rn. 59.

ccc) Kritik

In der Sache sind das Ergebnis des EuGH und die Begründung der Generalanwältin, was das Verbot der Kreditkartennummernabfrage angeht, zu kritisieren:[806] Die Mitgliedstaaten besitzen das Recht, über das nach ihrer Auffassung angemessene Schutzniveau zu entscheiden. Insbesondere handelt es sich in der der Rechtssache zugrunde liegenden Richtlinie nur um eine Mindest-, nicht um eine Vollharmonisierung. Die Spielräume auf der Ebene der Verhältnismäßigkeit dürfen nicht derart verengt werden, dass für verschiedene Lösungen kein Raum mehr ist. Dies ist eine unzulässige „Vollendung des Binnenmarktes ‚mit der Brechstange'"[807]. Anhand der Schlussanträge der Generalanwältin kann klar erkannt werden, wie über die Brücke der Angemessenheitsprüfung in den Bereich der Rechtspolitik vorgedrungen wird, obwohl doch die dritte Stufe der Verhältnismäßigkeitsprüfung die politisch sensibelste ist und nur mit besonderer Zurückhaltung angegangen werden sollte.

Der (wirtschaftlich regelmäßig stärkere) Verkäufer kann seine Zahlung einklagen. Er wird nicht etwa *rechtlos* gestellt durch die Auslegung der belgischen Gerichte. Der Verbraucher wird im Falle des Missbrauchs der Kreditkartendaten auf den Prozessweg verwiesen, obwohl der Verkäufer in der Regel rechtlich besser beraten und materiell eher in der Lage ist, einen transnationalen[808] Gerichtsprozess zu führen. Manche Verbraucher würden ihr Widerrufsrecht aufgrund der damit verbundenen Kosten und Hindernisse – gerade wenn es um kleinere Beträge geht – womöglich nicht ausüben.[809] Es könnte sogar argumentiert werden, dass dieser geringere Verbraucherschutz dazu führt, dass Verbraucher von grenzüberschreitenden Geschäften abgehalten werden. Dass der Verkäufer also schutzlos gestellt und der Verbraucher sehr stark geschützt wird – so expliciter die Generalanwältin[810] –, stimmt nicht: Der Verkäufer wird statt des Verbrauchers auf den Prozessweg verwiesen. Eine andere Ansicht verengt den Blickwinkel verfehlterweise auf die verfahrensgegenständlichen Regelungen.

Natürlich ist eine von der belgischen Regelung abweichende Lösung, die den Verkäufer stärker und den Verbraucher weniger stark schützt (und damit den grenzüberschreitenden Verkehr womöglich dadurch stärkt, dass Verkäufer vor dem Hintergrund dieser Sicherheit eher gewillt sind, zu exportieren),

---

[806] Ebenso *Epiney*, NVwZ 20009, 1139 (1142); *Micklitz/Reich*, CMLR 46 (2009), 471 (500 f.).

[807] *Reich/Micklitz*, VuR 2008, 349 (351).

[808] Diesen Umstand hervorhebend *Micklitz/Reich*, CMLR 46 (2009), 471 (501); *dies.*, VuR 2008, 349 (351).

[809] *Epiney*, NVwZ 20009, 1139 (1142); vgl. auch Stellungnahme der Kommission v. 26.07.2007 zur Rs. *Gysbrechts*, Rn. 42.

[810] Generalanwältin *Trstenjak* (Fn. 245), Rn. 87 (*Gysbrechts*).

ebenfalls *zulässig*. Sie ist aber nur *eine* von *mehreren* zulässigen Lösungen. EuGH und Generalanwältin *Trstenjak* setzen hier vielmehr ihre eigene Bewertung an die Stelle derjenigen der Mitgliedstaaten, was umso mehr verwundert, als es hier nicht um eine den Marktaustritt vollständig verhindernde, sondern nur um eine einschränkende Regelung ging.[811] Dies steht im diametralen Gegensatz zu seiner Äußerung, dass es „Aufgabe der Mitgliedstaaten [sei] (…), wie dieses Risiko der Nichterfüllung (…) aufzuteilen“[812] sei angesichts des Vorliegens einer bloßen Mindestharmonisierung. Die hier akzeptierten Angemessenheitsgrenzen spiegeln also nicht die Eingriffsintensität wider,[813] obwohl diese von entscheidender Bedeutung dafür sind, welchem Belang der Vorrang in der Abwägung zugewiesen wird. Die vorgenommene scharfkantige Angemessenheitsprüfung ist aus (vertikal- und horizontal-)legitimatorischer Sicht äußerst problematisch.

ddd) Rückschluss auf das Tatbestandsmodell

Auch wenn Rechtfertigungs- und Tatbestandsprüfung prüfungssystematisch zu trennen sind und auch vom EuGH getrennt behandelt werden, ist auffällig, dass der EuGH dem Recht des Exporteurs auch im Rahmen der Abwägung auf der Ebene der Verhältnismäßigkeit eine hohe Bedeutung zuspricht. Auch hier deutet sich ein Paradigmenwechsel im Sinne eines größeren praktischen Stellenwertes von Art. 35 Alt. 2 AEVU an.

Noch hervorstechender ist die *eigene* Durchführung einer *fein differenzierenden* Verhältnismäßigkeitsprüfung. Dies steht im klaren Gegensatz zu der ansonsten betonten Praxis, diese Aufgabe den nationalen Gerichten zukommen zu lassen.

Insgesamt lässt sich daher ein Gleichklang erkennen zwischen der Gewichtung von Art. 35 Alt. 2 AEUV auf der Tatbestandsebene und der Gewichtung auf der Rechtfertigungsebene.

bb) Die Tauglichkeit EU-ausländischer Interessen als Rechtfertigungsgrund

Während der EuGH in der Rs. *Alpine Investments* noch betonte, dass die Interessen anderer Mitgliedstaaten vom Herkunftsstaat nicht als legitimes

---

[811] Ebenfalls von der Angemessenheit der belgischen Regelung ausgehend Stellungnahme der Kommission v. 26.07.2007 zur Rs. *Gysbrechts*, Rn. 42, 44; a.A. ist die Kommission dag. während der mündlichen Verhandlung, zit. nach den Schlussanträgen von Generalanwältin *Trstenjak* (Fn. 245), Rn. 21 (*Gysbrechts*) und den Darstellungen im EuGH-Judikat (Fn. 159), Rn. 28.

[812] EuGH (Fn. 159), Rn. 55.

[813] Gemeint ist damit konkret, dass z. B. eine Marktzugangs*versperrung* stärkere Eingriffe rechtfertigen kann bzw. Eingriffe in wichtigere Rechtsgüter, als eine leichte Marktzugangs*behinderung*.

Ziel verfolgt werden könnten,[814] hat er die Interessen der zielstaatlichen Verbraucher in *Gysbrechts* kommentarlos als legitimes Ziel behandelt.[815] Da der EuGH diese Frage überhaupt nicht problematisiert, scheint es allerdings, als habe der EuGH diesen Aspekt schlichtweg übersehen.

6. Fazit

Die *Groenveld*-Formel ist *formal* wie *materiell überholt*. Der Klarheit halber sollte zukünftig vom *Gysbrechts*-Kriterium oder -maßstab gesprochen werden. Dabei ist zum jetzigen Zeitpunkt unklar, welche *Formel* der EuGH in Zukunft zitieren wird (bislang musste der EuGH Art. 35 Alt. 2 AEUV nicht mehr in einem keine GMO-Konstellation betreffenden Verfahren definieren[816]). Da der EuGH seine st. Rspr. nur sehr selten *explizit* korrigiert (wie im Ausnahmefall *Keck*), dürfte damit zu rechnen sein, dass ein Abschied von *Groenveld* nur *stillschweigend* erfolgt. Aus dem Fehlen eines entsprechenden Hinweises (dass die st. Rspr. geändert werde) kann also nichts abgeleitet werden. In kommenden Verfahren könnte der EuGH Rn. 43 des *Gysbrechts*-Judikats zitieren und nur danach fragen, ob eine Maßnahme die Ausfuhren tatsächlich stärker betreffe als „als den Absatz der Waren auf dem inländischen Markt".[817]

---

[814] S. b. Fn. 3996 f.

[815] Krit. hierzu *Roth*, CMLR 47 (2010), 509 (510). Ebenso *de Vries*, NTER 2009, 121 (129); s. umf. zu diesem Aspekt b. Fn. 3949 ff. Darauf, dass es hier um zielstaatliche Interessen geht, deutet auch ein Blick auf die für ein entsprechendes Privatrechtsverhältnis – im Ausgangsverfahren von *Gysbrechts* ging es allerdings um ein *Strafverfahren*; dieses wurde nur *initiiert* aufgrund einer privaten Anzeige im Rahmen eines zivilrechtlichen Verhältnisses – wohl bestehende (s. b. Fn. 823 ff.) kollisionsrechtliche Zuständigkeit des Zielstaates, vgl. *Roth*, CMLR 47 (2010), 509 (518); *Schinkels*, LMK 2009, 275639.

[816] *Fragkopoulos* (Fn. 158) betraf eine GMO-Konstellation, sodass hier in Übereinstimmung mit der st. Rspr. die *Dassonville*-Formel zitiert und angewandt wurde.

[817] So mittlerweile geschehen im *New Valmar*-Judikat (EuGH [Fn. 18], Rn. 36). Das *New Valmar*-Judikat zeugt davon, dass der EuGH an dem mit *Gysbrechts* eingeleiteten Richtungswechsel festhalten möchte (zur selben Einschätzung gelangend *Van Cleynenbreugel*, B) 2.), und belegt die hohe praktische Bedeutung eines ausfuhrbezogenen Verbots faktischer Diskriminierung. Der Entscheidung lag ein belgisches, sich an Unternehmen im niederländischen Sprachgebiet richtendes Gebot zugrunde, Rechnungen, auch bei grenzüberschreitenden Geschäften, in niederländischer Sprache abzufassen (Rn. 20). Die Regelung setzt nicht am eigentlichen Exportvorgang an, sondern bezieht sich auf die Rechnungsstellung, also auf den *Vollzug* bzw. den *Abschluss* der Transaktion (vgl. aber Generalanwalt *Saugmandsgaard Oe* [Fn. 714], Rn. 68 [*New Valmar*]); der das Geschäft zustande bringende Vertrag konnte nach belgischem Recht auch in einer anderen Sprache abgefasst werden (mit diesem Argument versuchte die belgische Regierung [vergeblich] die Beschränkungsqualität der Maßnahme in Frage zu stellen, Rn. 39). Der EuGH folgt in seiner Argumentation in *New Valmar* den Schlussanträgen von Generalanwalt *Saugmandsgaard Oe* [Fn. 714], Rn. 65 ff. [*New Valmar*]) und dessen weitem, transaktionskostenbasiertem Argumentationsansatz (EuGH, Rn. 40: „kann eine solche Regelung jedoch die

In der Sache hat der EuGH ein Verbot faktischer und offener Diskriminierung anerkannt, und zwar unabhängig von etwaigen protektionistischen oder sonstigen Wirkungen oder – in Bezug auf faktische Diskriminierungen – unabhängig von einer bestimmten Form. Die Nähe zur von der Kommission vorgeschlagenen Definition ist dabei hervorzuheben. Zudem hat der EuGH nicht nur prinzipiell ein Verbot faktischer Diskriminierung anerkannt, sondern auch ein *weitreichendes*, d. h., selbst dann, wenn der abzulehnenden Auffassung gefolgt würde, dass der EuGH auch bisher schon ein Verbot faktischer Diskriminierung bei Art. 35 Alt. 2 AEUV anerkannt hat, so handelt es sich hierbei um eines ganz anderer Reichweite.

Rückschlüsse lässt auch die Tatsache zu, dass der EuGH – auch bei Art. 35 Alt. 2 AEUV – bereit ist, feine Differenzierungen im Rahmen der Verhältnismäßigkeitsprüfung vorzunehmen und dem Recht des Exporteurs aus Art. 35 Alt. 2 AEUV im Rahmen der Angemessenheitsprüfung ein hohes Gewicht

Gefahr des Bestreitens und der Nichtzahlung der Rechnungen erhöhen“). Die darin zu erblickende, den *Gysbrechts*-Ansatz fortschreibende Aufweitung des Eingriffsbegriffs des Art. 35 Alt. 2 AEUV bestätigt sich auch mit Blick auf die in *New Valmar* gebrauchten, zum Teil in Richtung eines Beschränkungsverbotes weisenden *Formulierungen* (EuGH, Rn. 42: „beschränkende Wirkungen auf den Handel“ bzw. „effets restrictifs“, „davon abhalten könnten“ bzw. „qui sont de nature à dissuader“; EuGH, Rn. 47: „Beschränkung“ bzw. „restriction“) sowie die Tatsache, dass der EuGH jede „Auswirkung“ („incidence“) auf die Vertragbeziehung „mag diese auch noch so unbedeutend sein“ („même d'importance mineure“) für ausreichend erachtet. Der zuletzt genannte Hinweis (das Vebot jeder „noch so unbedeutende[n] Beschränkung“) erfolgt gleich an 2 Stellen (Rn. 37, 46). Der Verweis auf die allgemeine Grundfreiheitendogmatik („der AEU-Vertrag [verbietet] jede auch noch so unbedeutende Beschränkung einer der in ihm vorgesehenen Grundfreiheiten“, Rn. 37) könnte als Andeutung zu interpretieren sein, dass der Gerichtshof die Sonderjudikatur zu Art. 35 Alt. 2 AEUV beenden möchte. Der EuGH qualifiziert die Regelung allerdings ausdrücklich als faktisch *diskriminierend* (Rn. 43), so dass er in der *Sache* – aus seiner Sicht – nicht über das Bestehen eines Verbots *unterschiedsloser* Warenausfuhrbeschränkungen entscheiden musste. Ausdrücklich hat er das Bestehen eines solchen Verbots weder im Wege eines obiter dictums festgestellt noch hat er eine entsprechend weite Grundformel statuiert, die unterschiedslose Beschränkungen und (faktische) Diskriminierungen erfasst hätte; insbesondere hat er nicht – wie es seiner st. Rspr. zu Art. 34 Alt. 2 AEUV entspricht – die ein Einfuhrbeschränkungsverbot statuierende *Dassonville*- oder die dreigliedrige „Anhänger“-Formel (s. b. Fn. 2892 ff.) zitiert (und dann auf Art. 35 Alt. 2 AEUV übertragen). Zu konstatieren ist, dass das in *Gysbrechts* entwickelte *weite* Verbot faktischer Diskriminierung mit *New Valmar* wie erwartet konsolidiert wurde. Es bildet fortan mithin einen integralen Bestandteil der Rechtsprechungsdogmatik zu Art. 35 Alt. 2 AEUV. Die Warenausfuhrdogmatik wurde hierdurch erheblich an die allgemeine Grundfreiheitendogmatik angenähert (ebenso *Brigola*, EuZW 2017, 5 [8 ff.]). Dafür, dass es sich bei *New Valmar* nicht um einen (neben *Gysbrechts* ja dann *weiteren*) „Ausreißer“ handelt, spricht die Besetzung des Spruchkörpers: An der Entscheidung der Großen Kammer wirkten der Präsident des EuGH, *Koen Lenaerts*, sowie Vizepräsident *Tizzano* und zwei Kammerpräsidenten mit. Hiervon ausgehend erscheint in der Zukunft eine weitere Annäherung der Judikatur zu Art. 35 Alt. 2 AEUV an die des Art. 34 Alt. 2 AEUV wahrscheinlich.

einzuräumen. Er verwirft auch dort nicht mehr nur offensichtlich unzulässige protektionistische Regelungen als unverhältnismäßig. Der Extension auf der Tatbestandsebene entspricht somit eine gesteigerte Bedeutung auf der Rechtfertigungsebene.

Der Gerichtshof scheint dem Rat des am *Gysbrechts*-Verfahren beteiligt gewesenen EuGH-Richters und derzeitigen EuGH-Präsidenten *Lenaerts* gefolgt zu sein, nach dem in schwierig zu beantwortenden Fällen von konstitutioneller Bedeutung *schrittweise* vorgegangen werden sollte.[818] Zudem dürfen der zeitliche Zusammenhang und der Kontext nicht außer Acht gelassen werden: Die *Anhänger*-Formel war noch nicht ins Leben gerufen, sondern formal galt noch die *Dassonville-Cassis-Keck*-Trichotomie. Dies könnte dafür sprechen, dass der EuGH heutzutage noch prononcierter die Dogmatik von Art. 34 Alt. 2 AEUV auf Art. 35 Alt. 2 AEUV übertragen würde.[819]

Diese Methode der schrittweisen Änderung erlaubt dem EuGH auch, Reaktionen in Literatur und Praxis abzuwarten und notfalls frühzeitig korrigierend einzugreifen.[820] Tatsächlich fordert die h.M. in der Literatur eine noch weitergehende Extension von Art. 35 Alt. 2 AEUV.

Es sei darauf hingewiesen, dass schon die in *Gysbrechts* explizit enthaltenen Aussagen erhebliche praktische Implikationen besitzen, die – trotz der bereits vergangenen Zeit – erst noch vollständig rezipiert werden müssen.[821]

Ein weiterer Gesichtspunkt, der in der Zukunft maßgeblich die Entwicklung bestimmen wird, ist das Verhalten von privaten Klägern (insbesondere finanzstarken großen Exportunternehmen) und von *Vorlagegerichten*: Diese

---

[818] *Lenaerts*, in: Terryn/Straetmans/Colaert, 95 (117): „it is best for the CJEU in hard cases of constitutional importance to follow an *incremental* approach [Hervorheb. d. *Verf.*]."

[819] Die Große Kammer war sich möglicherweise auch uneins, wie stark die mit *Gysbrechts* kommunizierte und ins Werk gesetzte Rechtsprechungswende sein sollte, *Gormley*, in: Terryn/Straetmans/Colaert, 277 (290). Die Mehrheit war vielleicht zu einer erheblichen Erweiterung bereit, wollte aber mit *Gysbrechts* noch nicht die volle Angleichung herbeiführen, und zwar umso mehr vor dem Hintergrund, als der Fall bereits durch ein Rekurrieren auf ein weit verstandenes Diskriminierungsverbot „gelöst" werden konnte.

[820] Vgl. hierzu die Aussage des deutschen Richters *Thomas von Danwitz* im Interview mit *Baron van Lijnden*, Richter am EuGH, Interview v. 25.11.2013, Seite 2, abgerufen am 27.03.2015 unter http://www.lto.de/recht/job-karriere/j/richter-eugh-thomas-von-danwitz-auswahlverfahren/2/.

[821] *Gormley*, in: Terryn/Straetmans/Colaert, 277 (289 f.) weist allerdings zu Recht auf die Relativierung der unmittelbaren Bedeutung des Judikats hin (vgl. auch *Schinkels*, LMK 2009, 275639; *ders.*, in: Stürner, 113 [124]), die durch Art. 9 III 1 der kürzlich in Kraft getretenen Richtlinie 2011/83 im Hinblick auf Fernabsatzgeschäfte herbeigeführt wird, nach dem es den Mitgliedstaaten untersagt ist, eine Erfüllung der vertraglichen Verpflichtungen vor Ablauf der Widerrufsfrist zu verbieten. Andererseits dürfen die Mitgliedstaaten nach S. 2 von Art. 9 III RL 2011/83/EU entsprechende Verbote bei „außerhalb von Geschäftsräumen geschlossenen Verträgen" aufrechterhalten. Die belgische Verbraucherschutzregelung ist mittlerweile aufgehoben worden, *Stuyck*, in: FS Roth, 625 (634 Fn. 52).

steuern die Entwicklung nicht nur über das Vorlegen von Fällen, in denen dem EuGH Gelegenheit gegeben wird, seine Dogmatik zu Art. 35 Alt. 2 AEUV zu entwickeln. Auch können sie dem EuGH entsprechende faktische Wertungen an die Hand geben, die die Relevanz von Art. 35 Alt. 2 AEUV steigern. Hierfür ist *Gysbrechts* ein Musterbeispiel: Das Vorlagegericht hatte explizit die faktisch ungleichen Wirkungen der Regelung hervorgehoben.[822] Vor diesem Hintergrund (und der allgemeinen Aufgabenverteilung zwischen Vorlagegerichten und EuGH) war es für den EuGH ungleich schwerer, die Anerkennung als Maßnahme gleicher Wirkung zu versagen.

7. (Kollisionsrechtliche) Unanwendbarkeit der belgischen Regelung?

Weder Generalanwältin *Trstenjak*[823] noch der Gerichtshof haben sich zur international-privatrechtlichen Anwendbarkeit der belgischen Verbraucherschutzvorschrift in *Gysbrechts* geäußert. Zweifelhaft wäre die Anwendbarkeit der belgischen Vorschrift unter den folgenden Prämissen: Erstens muss es bei dem Strafverfahren auch um einen Inner-EU-Export von *Santurel* und *Gysbrechts* gegangen sein (wovon mit Blick auf die das Verfahren auslösende Anzeige des betroffenen französischen Verbrauchers *Delahaye* auszugehen ist). Die strafrechtliche Beurteilung müsste – es ging um ein von der Wirtschaftsinspektion eingeleitetes Strafverfahren – zweitens bedingt sein durch die (international-)privatrechtliche Anwendbarkeit der belgischen Verbraucherschutzvorschrift.[824] Drittens müsste das Kollisionsrecht zur Unanwendbarkeit des belgischen Verbraucherschutzrechts führen.

Die belgische Verbraucherschutzvorschrift war in dem das Strafverfahren auslösenden Sachverhalt möglicherweise wegen Rechtswahl (Art. 6 II, 3 Rom-I-VO) oder durch Anknüpfung nach Art. 6 I Rom-I-VO[825] unanwendbar.[826] Anders wäre die Rechtslage, wenn die Voraussetzungen von Art 6 I lit. a, b Rom-I-VO nicht gegeben gewesen wären und keine Rechtswahl stattgefunden hätte, sondern Art. 4 I lit. a Rom-I-VO anzuwenden gewesen wäre, der auf das (belgische) Herkunftsrecht verweist. Auch eine lauterkeitsrechtliche Qualifikation gem. Art. 6 I Rom-II-VO käme in Betracht, wobei die belgische Verbraucherschutzvorschrift dann an der vollharmonisierenden (Art. 4) Richtlinie über unlautere Geschäftspraktiken[827] hätte gemessen werden

[822] S. b. Fn. 670 f.

[823] Generalanwältin *Trstenjak* (Fn. 245), Rn. 20 (*Gysbrechts*) geht nur auf die Ausführungen der Kommission ein, die in Bezug auf die Einfuhrrelevanz der Regelung gemacht wurden. Auf die international-privatrechtlichen Ausführungen der Kommission bezüglich Waren*ausfuhren* geht *Trstenjak* nicht ein.

[824] Vgl. *Safari*, ZEuP 2011, 706 (717); *Schinkels*, LMK 2009, 275639.

[825] Insbesondere die Art. 6 lit. a oder b Rom-I-VO hätten dann gegeben sein müssen.

[826] *Schinkels*, LMK 2009, 275639; *ders.*, in: Stürner, 113 (123 f.).

[827] RL 2005/29/EG.

müssen,[828] was wohl zu deren Unzulässigkeit geführt hätte, da der Gerichtshof pauschale mitgliedstaatliche Verbotsvorschriften in Bezug auf nicht im Annex der UWG-Richtlinie aufgeführte Verhaltensweisen in st. Rspr. für unzulässig erklärt[829]. Dagegen kann die belgische Regelung, vorausgesetzt, Zielstaatenrecht wäre grundsätzlich anwendbar gewesen, wohl nicht auf die Eingriffsnorm des Art. 9 II Rom-I-VO gestützt werden, da der Schutz der zielstaatlichen Verbraucher aus Sicht des Herkunftsstaates wohl nicht „sein" öffentliches Interesse betrifft (Art. 9 I Rom-I-VO).[830] Folglich kann die umstrittene[831] Frage, ob Art. 9 Rom-I-VO bei Einschlägigkeit von Art. 6 Rom-I-VO anwendbar ist, dahinstehen.

Die Anwendbarkeit der belgischen Vorschrift ist damit – auch mit Blick auf ähnliche Konstellationen – zweifelhaft. Völlig ausgeschlossen ist sie indes nicht. Daneben kommt ein nicht-zivilrechtsakzessorisches strafrechtliches oder öffentlich-rechtliches Verhältnis in Betracht, das sich faktisch auf die Vertragspraxis auswirkt (Art. 1 I 2 Rom-I-VO, 1 I Rom-II-VO).

Auf die Möglichkeit der Rechtswahl gehen weder die Generalanwältin noch der EuGH ein, und das, obwohl die Kommission dies in ihren schriftlichen Einlassungen explizit als einen Umstand anführte, der einer Qualifikation als Maßnahme gleicher Wirkung entgegenstehe.[832] Weder die Generalanwältin noch der EuGH nennen diesen Punkt in ihrer Zusammenfassung der Position der Kommission.[833] Zusätzliche Relevanz erfährt dieser Punkt mit Blick auf die Rs. *Alsthom*, in der der EuGH die Dispositivität der Regelung als *Zusatz*-Argument dafür angeführt hat, warum die Regelung keine Maßnahme gleicher Wirkung darstelle.[834]

---

[828] *Schinkels*, in: Stürner, 113 (123 f. Fn. 46).

[829] Vgl. nur EuGH, Urt. v. 23.04.2009, Rs. C-261/07 und C-299/07, Slg. 2009, I-2949 (*VTB-VAB NV*) m. w. N.

[830] *Schinkels*, in: Stürner, 113 (124 Fn. 47).

[831] Vgl. nur *Martiny*, MüKo 6. Aufl. 2015, Bd. X, Art. 9 Rom-I-VO Rn. 87 f.; *Safari*, ZEuP 2011, 706 (717 Fn. 65); *Schinkels*, in: Stürner, 113 (124 Fn. 47) jew. m. w. N.

[832] Stellungnahme der Kommission v. 26.07.2007 zur Rs. *Gysbrechts*, Rn. 56.

[833] Entweder wollten beide ein Eingehen hierauf vermeiden, weil dann eine Auslegungsänderung von Art. 35 Alt. 2 AEUV weniger gut vertretbar gewesen wäre oder beide wollten die Frage, ob die Dispositivität der Regelung etwas an der Beeinträchtigungswirkung ändert, nicht entscheiden oder es wurde sich eng an der Vorlagefrage angelehnt, die dieses nicht problematisierte. Auch könnte es sein, dass der EuGH sich primär auf die Schlussanträge der Generalanwältin gestützt und die schriftlichen Anträge der Kommission nicht (vertieft) zur Kenntnis genommen hat, da die Zusammenfassung der Position der Kommission im EuGH-Urteil sich anlehnt an die Zusammenfassung der Position der Kommission in den Schlussanträgen der Generalanwältin.

[834] S. b. Fn. 424 ff.

Zweiter Teil

Auslegung

Im Folgenden werden die maßgeblichen Auslegungsgesichtspunkte daraufhin untersucht, welches Auslegungskonzept zu Art. 35 Alt. 2 AEUV sie am ehesten stützen, wobei der *Schwerpunkt* der Analyse auf der Vertretbarkeit des (sogl. grob skizzierten) sog. *Wettbewerbsgleichheitsmodells*[835] liegt (und damit auf der Frage, ob bestimmte *unterschiedslose* Beschränkungen als Maßnahmen gleicher Wirkung anerkannt werden sollten). Die zur Verfügung stehenden Modelle können grob in vier Kategorien eingeteilt werden:[836] Es gibt Modelle, die auf das Vorliegen einer *Belastung* des Warenexportes abstellen, ohne dass ein *Vergleich* angestellt werden muss (Beschränkungsverbotskonzepte). Zweitens sind Modelle zu prüfen, die auf einen Vergleich zwischen Inlandshandel (im Exportstaat) und Exporthandel abstellen ([Ausfuhr-]Diskriminierungsverbotskonzepte). Drittens kommt ein Modell in Betracht, das danach fragt, ob Exportwaren Wettbewerbsnachteile besitzen im Wettbewerb auf den EU-Importmärkten, wenn und weil sie Belastungen vonseiten ihres Exportstaates unterliegen, die die mit ihnen auf den Importmärkten konkurrierenden Wettbewerber (die in anderen Exportstaaten oder im Importstaat ansässig sind) nicht zu tragen haben (Wettbewerbsgleichheitskonzept).[837] Auch hier ist ein Vergleich anzustellen. Indes bezieht er sich auf Regelungen *unterschiedlicher* und *nicht ein und desselben* Mitgliedstaates.[838]

---

[835] Dieses wird hier im Ergebnis auch befürwortet, s. b. Fn. 3664 ff.

[836] S. zu einer vertieften Darstellung der Modelle b. Fn. 3456 ff.

[837] Die Wirkungsweise des Modells sei anhand des folgenden Beispiels verdeutlicht: Vorbehaltlich der Rechtfertigung wäre es z. B. EU-Staat A nicht erlaubt, den in A ansässigen Exporteur E höheren Produktstandards zu unterwerfen (etwa in Bezug auf produktbezogene Schadstoffe), als diejenigen, denen sein in EU-Staat C ansässiger Konkurrent F vonseiten Cs unterliegt, wenn diese beide miteinander auf dem Markt von EU-Importstaat B konkurrieren. Dasselbe gilt, wenn Konkurrent G in B ansässig ist und nur den niedrige(re)n Standards von B unterworfen ist.

[838] Zu Beginn der ökonomischen Analyse wird dieses „Arbeitsmodell" weiter konkretisiert (indem ein Rechtswahlrecht abgeleitet wird aus dem Recht des EU-Warenexporteurs auf umfassende Wettbewerbsgleichheit, d. h. dem Warenexporteur wird erlaubt, sich gegenüber dem Exportstaat auf die Rechtsordnung eines anderen Mitgliedstaats zu berufen, sodass er die eigene Rechtsordnung durch die gewählte ersetzen kann [und etwa nur die Produktspezifikationen eines anderen Mitgliedstaats einzuhalten verpflichtet ist bei der Warenausfuhr]; dies gilt natürlich nur vorbehaltlich einschlägiger Rechtfertigungsgründe), s. umf. vor Fn. 958.

Schließlich ist viertens zu erwägen, ob bestimmte Lebenssachverhalte *überhaupt keiner* Kontrolle unterzogen werden sollten. Diese vier Grundmodelle bilden die *Arbeitsgrundlage* für die nachfolgenden Auslegungsüberlegungen.[839]

[839] Aus diesen Modellen können vielfältige Mischmodelle und Untermodelle gebildet werden. Die Gesamtheit der zur Verfügung stehenden konzeptionellen Optionen wird nach der Vornahme der Auslegungsüberlegungen detailliert analysiert (s. b. Fn. 3456 ff.) und sodann das mit den gewonnenen Auslegungsergebnissen am besten zu vereinbarende Modell gewählt.

4. Kapitel

Grammatische und entstehungsgeschichtliche Auslegung

I. Methodische Vorbemerkung

Zunächst sei der relative Stellenwert der grammatischen Auslegung im Verhältnis zu den anderen Auslegungsmethoden bestimmt, denn die hier gewonnenen Ergebnisse müssen in Beziehung gesetzt werden zu den im Rahmen der anderen Auslegungsmethoden gewonnenen Ergebnissen, aus denen letztlich eine Synthese gebildet werden muss. Der Wortlaut gibt (auch nach der Rechtsprechung des Gerichtshofs) Rahmen und Grenze der Auslegung vor.[840] Wie im nationalen Recht beginnen die Interpretationsbemühungen beim Wortlaut der Norm.[841] Eine Auslegung ohne Berücksichtigung des Wortlautes ist logisch auch gar nicht möglich. Sie würde ins Leere greifen. Es muss ein erster grundlegender Sinnbezug hergestellt werden. Zugleich spielt der Wortlaut im Europarecht anerkanntermaßen zwar eine Rolle, allerdings nach allgemeiner Auffassung eine weniger wichtige als System und Teleologie.[842] *Je bestimmter* der Wortlaut gefasst ist, *umso eher* können aus ihm auch Erkenntnisse abgeleitet werden.[843] Ist der Wortlaut *sehr bestimmt*, kommt als Abweichungsmöglichkeit allenfalls eine teleologische Reduktion in Betracht, ansonsten legt der Wortlaut den Sinngehalt *verbindlich* fest.[844] Bei eher unbe-

---

[840] *Bleckmann/Pieper*, in: Dauses, B. I Rn. 5 f. m. w. N.; vgl. andererseits aber *Lutter*, JZ 1992, 593 (600).

[841] Ebenso *Dauses*, in: ders., P. II Rn. 91; *Everling*, JZ 2000, 217 (222 f.); *Franzen*, 446; *Kingreen*, Struktur, 86; *Leisner*, EuR 2007, 689 (701); *Pechstein/Drechsler*, in: Riesenhuber, 3. Aufl., § 7 Rn. 17 ff.; *Roth*, RabelsZ 75 (2011), 787 (799); *Stotz*, in: Riesenhuber, 3. Aufl., § 22 Rn. 12.

[842] Hierzu insges. *Bleckmann/Pieper*, in: Dauses, B. I Rn. 5 ff.; *Dederichs*, EuR 2004, 345 (349) *Gaitanides*, in: von der Groeben/Schwarze/Hatje, Art. 19 EUV Rn. 42 ff.; *Kingreen*, Struktur, 86; *Mayer*, in: Grabitz/Hilf/Nettesheim, Art. 19 EUV Rn. 53; *Wegener*, in: Calliess/Ruffert, Art. 19 EUV Rn. 12 jew. m. w. N. Vgl. als praktisches Beispiel etwa die Argumentation von *Lackhoff/Raczinski*, EWS 1997, 109 (114 f.) bezüglich einer extensiven Interpretation von Art. 35 Alt. 2 AEUV.

[843] *Bleckmann/Pieper*, in: Dauses, B. I Rn. 5 f., 10 m. w. N.; *Dederichs*, EuR 2004, 345 (353 f.); *Leisner*, EuR 2007, 689 (701).

[844] Vgl. *Bleckmann/Pieper*, in: Dauses, B. I Rn. 7, 10; *Dederichs*, EuR 2004, 345 (353 f.); *Leisner*, EuR 2007, 689 (701).

stimmten Texten ist dagegen (notwendig) stärker auf *andere* Auslegungsmethoden zurückzugreifen.[845] Existieren *mehrere verbindliche Sprachfassungen*, begegnet die grammatische Auslegung besonderen Schwierigkeiten.[846]

Der Wortlautinterpretation wurde insbesondere in der Anfangszeit der europäischen Wirtschaftsintegration, als es nur wenig und kaum ausdifferenzierte Rechtsprechung gab, erhebliche Relevanz beigemessen.[847] Dagegen nimmt heute vielfach die *Fallrechtsprechung* die Rolle ein, die vorher die Wortlautinterpretation besetzt hat (dabei werden Passagen von EuGH-Urteilen ihrerseits grammatisch ausgelegt, wie dies im *Keck*-Judikat geschehen ist).[848] Dieses und die sich nachfolgend zeigende Unbestimmtheit des Wortlautes von Art. 35 Alt. 2 AEUV führen jedoch nicht nur zu Problemen bei der Sinn- und Inhaltsermittlung, sondern auch zu problematischen horizontal und vertikal *legitimatorischen* Spannungen. Eine Orientierung am Wortlaut bringt vor diesem Hintergrund den Respekt vor dem Unionsgesetzgeber und Primärrechtgeber und die begrenzte Rolle der Rechtsprechung im Rahmen des unionalen institutionellen Gleichgewichts zum Ausdruck.[849] Sofern der Gerichtshof zudem eine bestimmte Frage im Recht der Grundfreiheiten nicht in st. Rspr. (ggf. auch abweichend vom Wortlaut) entschieden hat, müssen Anhaltspunkte gewonnen werden, für die auch der Wortlaut herangezogen werden sollte. Sodann kann der Wortlaut herangezogen werden, um – wie hier – Kritik an der Rechtsprechung zu üben und deren Ergebnisse zu kontrollieren. Vielfach wird zur Begründung eines bestimmten Rechtsprechungsergebnisses in einem der Grundlagenurteile der Wortlaut herangezogen. Später wird sodann nur noch auf dieses grundlegende Judikat verwiesen. Das Rekurrieren auf das Grundlagenjudikat kann in diesen Fällen als mittelbare Verweisung auf das Wortlautargument verstanden werden. Über viele Jahre erfolgende „Verweisungsketten" von Urteilen können dazu führen, dass dieses Argument sodann in Vergessenheit gerät. Hier kann ein Rekurs auf den Wortlaut dazu dienen, sich die eigentliche Quelle der Autorität eines Argumentes noch mal vor Augen zu führen und die Legitimität der Nachfolgejudikatur ggf. infrage zu stellen. Schließlich soll hier ja gerade ein *Alternativkonzept* geprüft werden. Wird sich aus dem „sicheren Schoß" der Rechtsprechung begeben, leben die sonst durch das case law verdrängten Auslegungs-

---

[845] *Bleckmann/Pieper*, in: Dauses, B. I Rn. 11.

[846] *Everling*, JZ 2000, 217 (222 f.).

[847] Vgl. nur die frühen Analysen von *Fasshold*, 23 ff.; *Graf*, 48 ff.; *Marx*, 64 ff.; *Ose*, 110 ff.; *Röhling*, 35 ff.; *Roth*, 35 ff.; umf. w. Nachw. b. *Müller-Graff*, in: von der Groeben/Schwarze/Hatje, Art. 34 AEUV Rn. 29, der dort unterscheidet zwischen „(einschränkenden) Diskriminierungslehren und (ausdehnenden) Wirkungslehren".

[848] S. umf. zur Argumentation mit der EuGH-Judikatur („Konvergenzauslegung") b. Fn. 2397 ff.

[849] *Grundmann*, RabelsZ 75 (2011), 882 (907).

methoden (insbesondere die in der Grundfreiheitendogmatik kaum noch eine Rolle spielende grammatische Auslegung) wieder auf.[850]

Daneben ist auf die systematische Normtextanalyse zurückzugreifen, die Überschneidungen mit der systematischen Auslegung besitzt: Bei der systematischen Normtextauslegung werden aus dem an verschiedenen Stellen des Normtextes erfolgenden Gebrauch gleicher oder unterschiedlicher Termini Rückschlüsse gezogen.

II. Der Wortlaut von Art. 35 AEUV und die systematische Normtextanalyse

1. Die Überschrift von Titel II „Der freie Warenverkehr"

Titel II, zu dem Art. 34 f. AEUV gehören, ist mit „Der freie Warenverkehr" überschrieben (und insofern parallel formuliert zu Titel IV. „Die Freizügigkeit, der freie Dienstleistungs- und Kapitalverkehr") – dies kann als Hinweis verstanden werden auf ein der Warenverkehrsfreiheit (und den anderen Grundfreiheiten) zugrunde liegendes *liberalisierungspolitisches* Verständnis.[851]

2. Art. 26 II AEUV

Art. 26 II AEUV verweist inhaltlich auf die Grundfreiheiten, wenn er sagt, dass der „freie Verkehr von Waren" in einem „Raum ohne Binnengrenzen (…) gewährleistet" ist. Die Wendung „freie[r] Verkehr" wird jedoch relativiert durch den Zusatz „gemäß den Bestimmungen der Verträge". Der Verkehr kann insofern auch „nur" frei sein von Diskriminierungen (und nicht von unterschiedslosen Beschränkungen), wenn die „Bestimmungen der Verträge" dies eben anordneten. Auch aus der Wendung „ohne Binnengrenzen" ergibt sich aufgrund des Verweises auf die Bestimmungen der Verträge nichts anderes.

3. Systematischer Normtextvergleich von Art. 34 AEUV und Art. 35 AEUV

Die Normtexte von Art. 34, 35 AEUV sind bis auf die Präfixe „Ein-" bzw. „Aus-" vor dem Wortteil „-beschränkungen" identisch und entsprechen auch

[850] Sofern der Wortlaut mehrerer Normen im Vergleich miteinander bestimmt wird – und etwa danach gefragt wird, wie derselbe Begriff in unterschiedlichen Kontexten verwandt wird –, ergeben sich Überschneidungen mit der systematischen Auslegung, s. zur systematisch-teleologischen Auslegung b. Fn. 1277 ff. und zur systematischen Auslegung b. Fn. 2342 ff.

[851] Vgl. *Hoffmann*, 31; a.A. *Graf*, 70 ff.; krit. auch *Mühl*, 200 f.

ihren ursprünglichen Vorgängerbestimmungen in ex-Art. 30, 34 EWG-Vertrag.[852]

Nun hätte es sich – so könnte argumentiert werden – angeboten, beide Normen – wie bei den anderen Grundfreiheiten[853] – in einem einheitlichen Artikel zusammenzufassen, der Ein- und Ausfuhrbeschränkungen sowie alle Maßnahmen gleicher Wirkung verböte. Genau das hatte auch Art. III-153 VerfEU vorgeschlagen.[854] Und auch das Verbot von Ein- und Ausfuhrzöllen und Abgaben gleicher Wirkung ist in einem einzigen Artikel, gar in einem einzigen Absatz niedergelegt (Art. 28 I AEUV). Hieraus könnte geschlossen werden, dass eine abweichende Auslegung, wenn nicht vom Primärrechtgeber mitintendiert, dann doch zumindest akzeptiert wurde.

Dies wäre jedoch nur so, wenn sich nicht sachliche Gründe für diese Aufspaltung finden ließen: Diese liegen darin, dass für die praktisch von Anfang an für weitaus relevanter gehaltene Einfuhrdimension der Warenverkehrsfreiheit von der Ausfuhrdimension abweichende Übergangsvorschriften in den ex-Art. 31–33 EWG-Vertrag gegolten haben[855].[856] Aus der Aufspaltung kann mithin nicht darauf geschlossen werden, dass eine unterschiedliche Auslegung intendiert war.

4. Die mengenmäßige (Ein- bzw.) Ausfuhrbeschränkung als Bezugspunkt

Der Bezugspunkt der Maßnahmen *gleicher* Wirkung sind die sog. mengenmäßigen Ausfuhrbeschränkungen. Bevor also zu den Maßnahmen mit kontingent*gleicher* Wirkung Stellung genommen wird, muss daher der Sinngehalt (des heutzutage praktisch kaum mehr relevanten[857]) Art. 35 Alt. *1* AEUV geklärt werden.[858] Der grundlegende grammatische Sinn dieses Terminus gilt allgemein als unstrittig und klar: Gemeint sind Kontigentierungen, die mit Mengen- oder Wertangaben die Anzahl bzw. Größe der Ausfuhrmengen begrenzen.[859] Z. B. würde eine auf ein Land bezogene Liter- oder Tonnenbegrenzung der Wein- oder Fischausfuhren hierunter fallen.

---

[852] Vgl. *Snell/Andenas*, Int'l & Comp. Corp. L. J. 2 (2000), 361 (377).

[853] Vgl. *Snell/Andenas*, Int'l & Comp. Corp. L. J. 2 (2000), 361 (376).

[854] Dieser lautet: „Mengenmäßige Einfuhr- und Ausfuhrbeschränkungen sowie alle Maßnahmen gleicher Wirkung sind zwischen den Mitgliedstaaten verboten." S. zu möglichen Schlüssen aus einer entwicklungsgeschichtlichen, das Scheitern des Verfassungsvertrages einbeziehenden Betrachtung b. Fn. 898 ff.

[855] Ohne die Übergangsvorschriften hätte der plötzliche Eintritt der Warenverkehrsfreiheit Angebotsschocks verursacht, die die Existenz der unvorbereiteten Wirtschaftszweige gefährdet hätte, vgl. *Gebauer*, 66.

[856] *Roth*, in: Schwarze, 313 (325).

[857] Vgl. *Heermann*, 15.

[858] *Röhling*, 43.

[859] Vgl. nur *Leible/T. Streinz*, in: Grabitz/Hilf/Nettesheim, Art. 34 AEUV Rn. 55; *Müller-Graff*, in: von der Groeben/Schwarze/Hatje, Art. 34 AEUV Rn. 19 jew. m. w. N.

Der Bezug zur Ein- bzw. Ausfuhr macht zunächst deutlich, dass die Ware über die Grenze verbracht werden muss bzw. soll (wenn sie es infolge des Verbots nicht kann). Es ergibt sich also schon aus dem Begriff der mengenmäßigen Ein- bzw. Ausfuhrbeschränkung das Erfordernis eines grenzüberschreitenden Sachverhalts.[860] Zudem sind „alle Maßnahmen gleicher Wirkung" nur „*zwischen* den Mitgliedstaaten verboten [Hervorh. d. *Verf.*]".[861]

Obwohl es Schwierigkeiten bereitet, *totale Ein- bzw. Ausfuhrverbote* grammatisch noch als „Beschränkung" zu fassen,[862] ist unstrittig, dass auch diese als „‚Nullkontingent[e]'"[863] unter Art. 35 Alt. 1 AEUV fallen, was sich aus einem argumentum a maiore ad minus ergibt und wofür auch Art. 36 S. 1 AEUV angeführt werden kann, der davon ausgeht, dass die „Artikel 34 und 35 (…) Ausfuhr- und Durchfuhrverboten" entgegenstehen. Für Art. 35 Alt. 1 AEUV hat dies der EuGH in der Rs. *Hedley Lomas* bestätigt.[864] Strittig ist allein, ob die grammatische Auslegung dafür spricht, dass auch ein *unterschiedsloses* Absatz- bzw. Produktionsverbot als Maßnahme gleicher Wirkung einzustufen ist.[865]

Mengenmäßige Beschränkungen sind unstrittig auch dann unzulässig, wenn die Kontingente erst gar nicht ausgeschöpft werden. Sie werden also wegen ihres *potenziell* beschränkenden Effekts verboten.[866] D. h. unabhängig davon, ob im Rahmen von Art. 34 Alt. 2, 35 Alt. 2 AEUV auf die Diskriminierungs- oder Behinderungswirkung abgestellt wird (hierzu sogl.), muss diese nicht tatsächlich eintreten, sondern es genügt, dass sie eintreten *kann*. Eine *potenzielle* Wirkung genügt also.

Nach dem Wortsinn fallen unter „mengenmäßige Beschränkungen" auch *Behinderungen* der Ausfuhr nach Menge und/oder Wert, die Ausfuhren, sofern sie das Kontingent überschreiten, nur *schwieriger* machen (etwa bestimmte Anforderungen an die Produktzusammensetzung statuieren). Es sind also nicht nur Ausfuhrverbote, sondern auch kontigentierende Ausfuhr*behinderungen* unzulässig.[867] Diese Behinderungswirkung könnte den Anknüpfungspunkt der zu ermittelnden *gleichen Wirkung* i. S. v. Art. 35 Alt. 2 AEUV darstellen. Zudem müsste auf diese zugegebenermaßen seltenen speziellen Arten von mengenmäßigen Beschränkungen bei der Auslegung von

---

[860] Ebenso *Lackhoff/Raczinski*, EWS 1997, 109 (114 f.). S. umf zum Kriterium des grenzüberschreitenden Sachverhalts b. Fn. 3705 ff.

[861] Vgl. nur *Hödl*, 67.

[862] Vgl. *Jensch*, 82.

[863] *Müller-Graff*, in: von der Groeben/Schwarze/Hatje, Art. 34 AEUV Rn. 21.

[864] S. b. Fn. 4003.

[865] Vgl. *Müller-Graff*, in: von der Groeben/Schwarze, Art. 34 AEUV Rn. 22; Art. 35 AEUV Rn. 10; für eine Erfassung auch durch Art. 35 Alt. 1 AEUV etwa *Roth*, 36.

[866] *Fasshold*, 23; *Marx*, 64; *Ose*, 125 f.; *Röhling*, 43.

[867] Vgl. *Bode*, 66; *Evans*, ICLQ 32 (1983), 577 (580); *White*, CMLR 26 (1989), 235 (242); diese Interpretation daher auch befürwort. *Ulmer*, GRUR Int. 1973, 502 (507).

Art. 34 Alt. 2, 35 Alt. 2 AEUV nicht zurückgegriffen werden, denn es ist auch die Argumentation möglich, dass einer Behinderung immer auch eine teilweise und zumindest potenzielle Marktzugangs- bzw. -austritts*versperrung* immanent ist: Jede Art der Regulierung kann psychisch oder tatsächlich einen Transaktionsvorgang beeinflussen und die Transaktionsvolumina reduzieren und damit – wie mengenmäßige Beschränkungen – zu einer Reduktion der gehandelten Ware führen. Selbst wenn davon ausgegangen wird, dass Kontingente im Regelfall diskriminieren (hierzu sogl.), entfalten diese Diskriminierungen immer *auch* eine zumindest potenzielle *Behinderungswirkung*.

Kontigentierungen treffen im Regelfall *nur* die Export- bzw. Importprodukte, sind also *in der Regel diskriminierend.*[868] Diese diskriminierende Wirkung ist die *zweite* Wirkung, an die angeknüpft werden könnte (i. R. v. Art. 35 Alt. 2 AEUV). Sofern allerdings ein inländischer Handel des Produkts bzw. (bei Art. 35 Alt. 2 AEUV) eine inländische Nachfrage nach dem Produkt nicht existiert, sind Ein- bzw. Ausfuhrkontingente nicht diskriminierend und doch unstrittig verboten.[869]

Mit Blick auf den an die Wirkung anknüpfenden Art. 35 Alt. 2 AEUV ist daher die Frage, an *welche* Wirkung anzuknüpfen ist[870] bzw. ob die diskriminierende Wirkung überhaupt eine Wirkung ist oder sie vielmehr nur die *Form* darstellt.

5. Maßnahmen mit gleicher Wirkung wie eine mengenmäßige Ausfuhrbeschränkung

Die Brücke zur mengenmäßigen Ausfuhrbeschränkung wird geschlagen durch die Wendung „gleicher Wirkung". Es geht also nach dem offensichtlichen Wortlaut um eine *wirkungsbezogene* Betrachtung.[871] Demnach sind *Form*[872] und Zielsetzung der Maßnahme irrelevant.[873] Oben wurde die Frage aufgeworfen, ob an die Wirkung der bloßen Ausfuhr*behinderung* anzuknüpfen ist oder an die *regelmäßig* damit einhergehende *diskriminierende* Qualität der Maßnahmen. Zunächst ist erneut darauf hinzuweisen, dass es sich bei der diskriminierenden Qualität nur um eine *Regel*wirkung handelt, nicht um eine *stets* eintretende. Selbst wenn die Diskriminierungsqualität also für auf

---

[868] *Bode*, 63; *Fasshold*, 24; *Marx*, 82; *Plötscher*, 174 f.; *Seidel*, NJW 1967, 2081 (2084); *White*, CMLR 26 (1989), 235 (242).

[869] *Fasshold*, 23; *Marx*, 82; *Röhling*, 49 f.

[870] Ebenso *Marx*, 83.

[871] Vgl. *Müller-Graff*, in: von der Groeben/Schwarze, Art. 34 AEUV Rn. 37; vgl. auch zu den Unterschieden zum anders konstruierten, da auf die Modalität bzw. Form abstellenden Art. XI GATT b. Fn. 917 ff.

[872] *Bleckmann*, 427 f.; *Graf*, 49; *Fasshold*, 22, 24.

[873] *Oliver*, CMLR 19 (1982), 217 (223).

Art. 35 Alt. 2 AEUV übertragbar gehalten würde, müsste es dennoch Fälle geben, in denen nicht diskriminierende Maßnahmen verboten wären. Diese Argumentation kann aber auch – wie oben angedeutet – von Grund auf abgelehnt werden: Es könnte vorgebracht werden, dass die *Disparatheit* der Wirkungen schon zur *Form* gehört und nicht zur – ja allein zu übertragenden – Wirkung oder dass Art. 35 Alt. 2 AEUV nicht an *diese*, sondern an eine *andere* Wirkung anknüpft (nämlich die der Ausfuhrbehinderung unabhängig von ihrer Disparatheit)[874].

Dieselbe Kritik kann gegen den Ansatz *Weilers*[875] angeführt werden, der argumentiert, dass das Besondere, das die mengenmäßigen Beschränkungen ausmache, darin zu erblicken sei, dass bei ihnen eben *ganz genau* bestimmt werden könne, wie viele Waren gehandelt werden dürfen und wie viele nicht, und dass daher – mit Blick auf den Wortlaut der Art. 34 Alt. 2, 35 Alt. 2 AEUV – nur echte *Verbote* als Maßnahmen gleicher Wirkung zu qualifizieren seien und nicht „bloße" *Behinderungen.* Zunächst kann hiergegen wiederum[876] eingewandt werden, dass auch bei mengenmäßigen Beschränkungen, die kein Nullkontigent darstellen, nicht ganz klar ist, wie viele Waren betroffen werden, da das Kontingent möglicherweise *nicht voll ausgeschöpft* wird, sodass alle Handelswilligen ihre Transaktionen trotz Quote durchführen können. Selbst die (Wirkung der) Kontigentierung ist also nicht so bestimmt, wie *Weiler* meint, sondern sie enthält einen Unsicherheitsfaktor (wie Behinderungen). Die „bestimmten" Wirkungen sind nur *unter bestimmten Voraussetzungen* so festgelegt, wie *Weiler* schreibt. Unter bestimmten Voraussetzungen wirken aber auch *Behinderungen* wie Kontingente. Dies relativiert diesen angeblichen fundamentalen Unterschied. Nun könnte argumentiert werden, dass diese Wirkungen *immer noch irgendwie anderer Art* seien. Dann ist allerdings fraglich, ob nicht erneut Wirkung und Form vermengt werden.[877] Und selbst wenn auch hier wiederum unterstellt würde, dass es um die Wirkung und nicht nur um die Form gehe,[878] könnte zwischen *mehreren verschiedenen* Wirkungen unterschieden und überlegt werden, ob die Urheber der Verträge nicht eine *ganz bestimmte* Wirkung im Blick hatten, nämlich die

---

[874] *Hoffmann*, 33 f.; *White*, CMLR 26 (1989), 235 (242).

[875] *Weiler*, in: Craig/de Búrca, 349 (360).

[876] Vgl. b. Fn. 866.

[877] Die Sprache, die *Weiler*, in: Craig/de Búrca, 349 (360) verwendet, deutet zudem darauf hin, dass er den sehr spezifischen Fokus von Art. 34 Alt. 2, 35 Alt. 2 AEUV allein auf die Wirkung aus dem Blick verliert, wenn er etwa davon spricht, dass bloße Behinderungen „wirklich nicht gleich" seien („really not equivalent"). Um die *allgemeine* Gleichheit der beiden Maßnahmen geht es aber nicht, sondern allein um die Gleichheit der *Wirkungen.*

[878] Der nachfolgende Satz ist nun doppelt bedingt aufgrund der vorher ausgeführten zwei Gegenargumente.

der Behinderung, die je nach (Markt-)Umständen potenziell die Wirkung eines Verbots haben kann.

Wird bei Art. 35 Alt. 2 AEUV von gleicher Wirkung ausgegangen, müsste es auch dort genügen, dass eine Maßnahme nicht *nachweislich* die Ausfuhren reduziert, sondern sie zu behindern nur *geeignet* ist. Denn auch bei Art. 35 Alt. 1 AEUV – an dessen Wirkung sich Art. 35 Alt. 2 AEUV ja orientiert – muss die Behinderungs- bzw. Verbotswirkung nicht tatsächlich eingetreten sein, denn mengenmäßige Ein- und Ausfuhrbeschränkungen sind auch dann unzulässig, wenn das zur Verfügung stehende Kontingent *nicht ausgeschöpft* wird.[879]

6. Art. 36 AEUV[880]

Art. 36 S. 1 AEUV spricht von „Ausfuhrbeschränkungen", die nach Art. 35 AEUV verboten seien. Hiermit könnte ausgesagt werden, dass Beschränkungen nach Art. 34, 35 AEUV verboten seien und dass der Begriff der Beschränkung ja nach seinem *Wortsinn* auch unterschiedslose Maßnahmen erfasse.[881] Denn Art. 36 S. 1 AEUV nennt nicht die Qualifikation „mengenmäßige", sodass davon auszugehen ist, dass hiermit auch die Maßnahmen gleicher Wirkung gemeint sein sollen. Art. 36 S. 1 AEUV bezieht sich jedoch auf die Art. 34, 35 AEUV und somit auf die *dort einbezogenen* Beschränkungen und Verbote, womit (neben den Kontigentierungen) auch diskriminierende Beschränkungen gemeint sein könnten. Er sagt nicht, dass Art. 34, 35 AEUV generell alle (Warenverkehrsfreiheits-)Beschränkungen verböten. Mangels jedweder Qualifikation können hieraus somit keinerlei weitergehende Erkenntnisse abgeleitet werden. Es geht eben um die in Art. 35 Alt. 2 AEUV gemeinten Ausfuhrbeschränkungen.[882]

Auch aus der *Art* der in Art. 36 S. 1 AEUV aufgezählten *Rechtsgüter* kann nicht abgeleitet werden, dass die Art. 34, 35 AEUV auch *unterschiedslose* Maßnahmen erfassen:[883] Es sind durchaus diskriminierende Maßnahmen denkbar, die unter die dort genannten Gründe fallen können.[884] Dass sie nur *selten* darunter fallen werden, würde nur den *Ausnahmecharakter* von Art. 36 AEUV bestätigen. Aus dem Wortlaut von Art. 36 S. 1 AEUV kann aber abge-

---

[879] *Evans*, ICLQ 32 (1983), 577 (579 f.); *Graf*, 52; *Röhling*, 43; *Roth*, 42 f.; vgl. auch *Oliver*, CMLR 19 (1982), 217 (223).

[880] Zwar hat die *Cassis*-Judikatur die Schrankensystematik grundlegend umgestaltet. Im ursprünglichen Vertragszustand war sie jedoch nicht vorgesehen. Insofern kann die Systematik der Art. 34, 35 AEUV – Art. 36 AEUV zumindest mit Blick auf die ursprüngliche Sicht der Vertragsverfasser betrachtet werden.

[881] Krit. *Hoffmann*, 32.

[882] Vgl. *Graf*, 64.

[883] A.A. *Bleckmann*, 431; *Jensch*, 108 m. w. N.

[884] Ebenso *Marx*, 82 f., abw. aber auf S. 106 f.

leitet werden, dass auch totale Ausfuhrverbote gegen Art. 35 AEUV verstoßen.

Die Tatsache, dass *willkürliche* Diskriminierungen von einer Rechtfertigung gem. Art. 36 S. 2 AEUV ausgeschlossen werden, bedeutet zugleich, dass Diskriminierungen – zumindest in bestimmten Fällen – von Art. 34 f. AEUV erfasst werden (fraglich ist dabei jedoch, ob es hier nur um diskriminierende mengenmäßige Beschränkungen oder diskriminierende Maßnahmen gleicher Wirkung geht).[885]

Sodann kann aus dem Nebeneinander von „willkürlicher Diskriminierung" und „verschleierter Beschränkung" in Art. 36 S. 2 AEUV geschlussfolgert werden, dass es neben den Diskriminierungen auch noch (weitere) Beschränkungen geben muss.[886] Würden alle Beschränkungen (inklusive der Kontigentierungen in Art. 35 Alt. 1 AEUV) Diskriminierungen darstellen, wäre der zweite Teil überflüssig. Doch könnte es hier auch um (die oben angesprochene kleine Gruppe der) diskriminierungslose(n) Kontigentierungen gehen (und nicht um unterschiedslose Maßnahmen gleicher Wirkung). Auf das Vorhandensein nicht diskriminierender Maßnahmen gleicher Wirkung kann hieraus folglich nicht geschlossen werden.

Schließlich kann aus der Art der in Art. 36 S. 1 AEUV aufgezählten Rechtsgüter geschlossen werden, dass die Grundfreiheiten nicht nur auf Feldern wirken, für die die EU auch eine Rechtssetzungskompetenz besitzt, sondern auch außerhalb solcher Gebiete.[887] Dies spricht gegen die Anerkennung *thematischer* Bereichsausnahmen (ähnlich derjenigen, die im Bereich der anderen Grundfreiheiten für die öffentliche Gewalt existieren wie in Art. 51 AEUV).[888]

7. Diskriminierungen und Art. 35 Alt. 2 AEUV

Oben wurde bereits festgestellt, dass aus dem Begriff der Maßnahmen mit gleicher Wirkung wie eine mengenmäßige Ausfuhrbeschränkung nicht mit Sicherheit abgeleitet werden kann, ob hiermit nur diskriminierende Maßnahmen gemeint sind. Es kann nämlich sein, dass nicht die *Diskriminierungswirkung* von mengenmäßigen Ausfuhrbeschränkungen übertragen werden soll, sondern die Wirkung der Ausfuhrbehinderung.

Die auf den ersten Blick sinnfällige Erwägung, dass in den anderen Grundfreiheitsbestimmungen ausdrückliche Diskriminierungsverbote enthalten sind, nicht aber in Art. 35 AEUV, setzt das Definitionsergebnis bereits voraus. Denn ob Art. 35 AEUV ein Diskriminierungsverbot enthält, wäre noch

[885] *Graf*, 106 f.; *Mühl*, 203, 205; *Plötscher*, 163.

[886] *Hoffmann*, 38; *Ulmer*, GRUR Int. 1973, 502 (507).

[887] Dies gilt gerade im Hinblick auf den EWG-Vertrag, der im Vergleich zum heutigen Rechtszustand nur wenige Kompetenzzuweisungen enthielt.

[888] *Valta*, 439, 458.

zu prüfen. Der einzige gesicherte Unterschied liegt darin, dass Art. 35 AEUV nicht – wie die anderen Grundfreiheiten – ein *explizites* Gleichbehandlungsgebot bzw. ein *in gewisser Art und Weise formuliertes* enthält, sondern abweichend konzipiert ist. Dies muss aber nicht zwingend inhaltlichen Umständen geschuldet sein, sondern kann auch redaktionelle Gründe haben oder darin begründet sein, dass die anderen Grundfreiheiten nach der ursprünglichen Absicht des Primärrechtgebers kein oder kein *so weites* Beschränkungsverbot statuieren, sodass das Verbotensein jeder Diskriminierung dort explizit hervorgehoben werden musste.

Der Ausschluss *willkürlicher* Diskriminierung aus Art. 36 AEUV belegt nur, dass Art. 35 AEUV *insgesamt* auch Diskriminierungen verbietet. Er sagt aber nichts darüber aus, ob auch Art. 35 *Alt. 2* AEUV Diskriminierungen verbietet (dies könnte sich also auch auf Art. 35 *Alt. 1* AEUV beziehen). Zwar stellt er auf wirkungsgleiche Maßnahmen ab, die zu übertragende Wirkung könnte jedoch nicht die der Diskriminierung sein.

Es kann somit aufgrund des Textbefundes allein nicht eindeutig festgestellt werden, ob Diskriminierungen auch nach Art. 35 Alt. 2 AEUV verboten sind.

8. Beschränkungsverbot und Normtext der anderen Grundfreiheiten

Die begriffliche Fassung von Art. 34, 35 AEUV ist eine andere als die von Art. 45 I, II; 49 Ua. 1; 56 Ua. 1; 63 I AEUV: Nach Art. 45 I AEUV ist die „Freizügigkeit der Arbeitnehmer" gewährleistet, nach Art. 49 Ua. 1 S. 1 AEUV sind die „Beschränkungen der freien Niederlassung (…) nach Maßgabe der folgenden Bestimmungen verboten", nach Art. 56 Ua. 1 AEUV sind die „Beschränkungen des freien Dienstleistungsverkehrs (…) nach Maßgabe der folgenden Bestimmungen verboten", und nach Art. 63 I AEUV sind im „Rahmen der Bestimmungen dieses Kapitels (…) alle Beschränkungen des Kapitalverkehrs", nach Art. 63 II AEUV „alle Beschränkungen des Zahlungsverkehrs (…) verboten." Bei systematischer Wortlautbetrachtung gehen die Art. 34, 35 AEUV somit weniger in Richtung einer umfassenden Freiheitsgewährleistung als die Normtexte der anderen Grundfreiheiten. Auf der anderen Seite verbieten die Arbeitnehmerfreizügigkeit, die Dienstleistungs- und die Niederlassungsfreiheit ausdrücklich Diskriminierungen in Art. 45 II, 49 II, 57 III AEUV. Diese Bestimmungen könnten neben einer umfassenden Freiheitsgewährleistung in Art. 45 I, 49 II, 56 I AEUV als obsolet angesehen werden,[889] sodass in Bezug auf die Warenausfuhr- und -einfuhrfreiheit im Gegenschluss eine Freiheitsinterpretation eher möglich wäre.[890] Auf der ande-

[889] Vgl. *Hoffmann*, 31. Denn jede Diskriminierung enthält auch eine Beschränkung. Das diskriminierende an der Diskriminierung ist, dass sie diese Beschränkung eben nur für *bestimmte* Marktteilnehmer anordnet.

[890] Vgl. *Evans*, ICLQ 32 (1983), 577 (589).

ren Seite könnte es sich hier aber auch nur um eine *symbolische* Heraushebung besonders verpönter Freiheitseinschränkungen handeln.

Einerseits sind die anderen Grundfreiheiten textlich *weiter* gefasst, weil *alle* Beschränkungen adressiert werden und nicht – wie bei Art. 34, 35 AEUV – solche mit einer *bestimmten Wirkung*. Andererseits wird diese Weite wiederum eingeschränkt durch den Zusatz „nach Maßgabe der folgenden Bestimmungen" und durch das – zumindest streng genommen – überflüssige Verbieten von Diskriminierungen.

Die Vertragsväter haben in Art. 34, 35 AEUV wohl den Begriff der Diskriminierung bewusst vermieden. Hiermit könnte in der Tat signalisiert worden sein, dass eine andere (eben *weitere*) technische Ausgestaltung bezweckt wurde, die auch unterschiedslose Beschränkungen erfasst oder zumindest miterfasst.[891]

9. Schlussfolgerungen.

Die Orientierung von Art. 35 Alt. 2 AEUV an den Wirkungen von Art. 35 Alt. 1 AEUV spricht dafür, *jedenfalls in einem Teil der Fälle* über ein Verbot der Diskriminierung hinauszugehen. Der grammatische Befund spricht für ein mindestens bereichsweises (liberalisierungsrechtliches) Verbot unterschiedsloser Beschränkungen.[892] Dem Text können dagegen keine Anhaltspunkte entnommen werden zur *Reichweite* oder zu *spezifischen Merkmalen* dieses Verbots.

Was das Umfasstsein diskriminierender Regelungen angeht, ergibt die grammatische Auslegung kein eindeutiges Ergebnis.[893] Diese wären aber jedenfalls mit der grammatischen Auslegung *vereinbar*.

Der Begriff der Maßnahmen gleicher Wirkung wie mengenmäßige Beschränkungen eröffnet Raum für vielfältige Interpretationsmöglichkeiten.[894] Viele Anhaltspunkte können in verschiedene Richtungen gedeutet werden. Mit den Worten des EuGH ist der Normtext durch seine „allgemeine Fassung"[895] gekennzeichnet.[896] Fraglich ist, welche Schlussfolgerungen hieraus gezogen werden sollten: Zunächst könnte in der unbestimmten Fassung eine Delegation der Konkretisierungsbefugnisse an die Unionsorgane und insbe-

---

891 *Roth*, 35; vgl. auch *Mühl*, 205.

892 Im Ergebnis zust. *Roth*, 40; vgl. auch *Graf*, 48 ff.

893 Vgl. *Dörr*, RabelsZ 54 (1990), 677 (680); *Jarass*, EuR 1995, 202 (212); *Mühl*, 202 f., 205.

894 Auch *Weiler*, in: Craig/de Búrca, 349 (360) erkennt im Endeffekt einen grammatischen Auslegungsspielraum des EuGH und damit die Vertretbarkeit der anderen Interpretationsvariante an („hermeneutic leeway").

895 EuGH (Fn. 258), Rn. 10/11 (*Bouhelier*).

896 Vgl. nur *Dörr*, RabelsZ 54 (1990), 677 (680); *Hilson*, E. L. Rev. 24 (1999), 445 f.; *Roth*, 30 ff.; *ders.*, RabelsZ 75 (2011), 787 (800); *Weyer*, 2; *White*, CMLR 26 (1989), 235 (242).

sondere den EuGH erblickt werden. Die Delegation der Konkretisierungsbefugnis an den EuGH könnte daher bedeuten, dass dieser zu einer behutsamen Weiterentwicklung des Unionsrechts berufen sein soll. Dafür spricht weiters, dass die extensive und teils wechselhafte Rechtsprechung des EuGH nicht durch die Mitgliedstaaten sanktioniert, sondern womöglich im Hinblick darauf sogar bestätigt wurde, dass die Rechtsprechung nie korrigiert wurde und dass an der unbestimmten Fassung von Art. 35 Alt. 2 AEUV bis heute auch durch den Primärrechtgeber festgehalten wurde. Eine weitere Schlussfolgerung ist bereits oben angesprochen worden:[897] Aus der Unbestimmtheit des Normtextes kann abgeleitet werden, dass nicht der Wortlaut, sondern primär Aspekte systematisch-teleologischer Art die Auslegung von Art. 35 Alt. 2 AEUV anleiten sollten.

III. Entstehungsgeschichtliche Auslegungsgesichtspunkte[898]

1. Bedeutung der historischen Auslegungsmethode für das Primärrecht

Die historische Auslegung besitzt für das Verständnis des Primärrechts – u. a. wegen des Fehlens und Unbekanntseins offizieller Gründungsdokumente[899] – auch und vor allem nach Ansicht des Gerichtshofs eine *eingeschränkte* Bedeutung; bedeutungslos ist sie (nach umstrittener) Auffassung (die nicht vom Gerichtshof geteilt wird) indes nicht.[900] Eine Schwierigkeit der historischen Auslegung im Unionsrecht liegt im kompromisshaften Charakter des Unionsrechts begründet: Es besteht die Gefahr, dass Stellungnahmen einzelner Regierungen einen einseitigen und verfälschenden Einfluss ausüben.[901] Das Zeugnis der an der Aushandlung der Verträge Beteiligten ist oft unzuverläs-

---

[897] S. b. Fn. 844 ff.

[898] Siehe umfassend zum zeitgeschichtlichen Hintergrund der Verträge die Dissertation von *Pfeil*.

[899] *Bleckmann/Pieper*, in: Dauses, B. I Rn. 40 f. m. w. N.; *Pechstein/Drechsler*, in: Riesenhuber, 3. Aufl., § 7 Rn. 33.

[900] Vgl. zu ablehnenden und befürwortenden Stellungnahmen *Bleckmann/Pieper*, in: Dauses, B. I Rn. 40 ff.; *Dauses*, in: ders., P. II Rn. 92, 97; *Dederichsen*, EuR 2004, 345 (358 f.); *Everling*, in: FS von der Groeben, 111 (126); *Gaitanides*, in: von der Groeben/Schwarze/Hatje, Art. 19 EUV Rn. 57; *Jensch*, 98 f.; *Kingreen*, Struktur, 87; *Kutscher*, in: Gerichtshof der Europäischen Gemeinschaften, I-4 (I-22 ff.); *Leisner*, EuR 2007, 689 ff.; *Mayer*, in: Grabitz/Hilf/Nettesheim, Art. 19 EUV Rn. 66; *Nicolaysen*, Europarecht I, 102 f.; *Pechstein/Drechsler*, in: Riesenhuber, 3. Aufl., § 7 Rn. 33 ff.; *Potacs*, EuR 2009, 465 (471 f.); *Riesenhuber*, in: ders., 3. Aufl., § 10 Rn. 32; *Stotz*, in: Riesenhuber, 3. Aufl., § 22 Rn. 13; *Thalmann*, EuR 2012, 452 (464); *Wegener*, Calliess/Ruffert, Art. 19 EUV Rn. 12 jew. m. w. N.

[901] *Gaitanides*, in: von der Groeben/Schwarze, Art. 220 EG Rn. 57; *Lutter*, JZ 1992, 593 (600).

sig oder fällt je nach Delegation oder sogar innerhalb von Delegationen unterschiedlich aus.[902] In Bezug auf die jüngeren Vertragsänderungen sollte der entstehungsgeschichtlichen Auslegung jedoch *stärkere* Betrachtung zukommen (auch der EuGH zieht die historische Auslegungsmethode nun häufiger heran[903]), schon weil die jüngeren Änderungsverträge eben noch nicht (so stark) faktisch überholt sind,[904] aber auch, weil mittlerweile eine erheblich höhere Verfahrenstransparenz gegeben ist und die Entstehungsmaterialien einsehbar sind.[905]

Aufgrund der relativen Bedeutung der historischen Auslegung ist sie möglichst an andere Auslegungsmethoden anzuknüpfen, damit sie an deren Wirkkraft partizipieren kann. Dafür bietet sich die *subjektiv-teleologische* Auslegung an. Das subjektiv bestimmte Telos einer Norm kann anhand entstehungsgeschichtlicher Erwägungen ermittelt werden. Insbesondere *technische* Begriffe, die im Hinblick auf einen bestimmten Vorbildvertrag getroffen wurden – hier in Bezug auf das GATT –, können anhand entstehungsgeschichtlicher Erwägungen ermittelt werden.

Ein gewisses Spannungsfeld ergibt sich mit Blick auf die Integrationsfinalität der Union. Die „Unionsverfassung“ ist auf Weiterentwicklung und Integrationsvertiefung angelegt. Das historische Verständnis *soll geradezu überholt* werden.[906] Die Integrationsfinalität *selbst* ist jedoch ebenfalls ein historisches Produkt. Um sie zu verstehen, muss auch die Entstehungsgeschichte in den Blick genommen werden. Die späteren Änderungsverträge passen zudem Rechtswirklichkeit und Rechtszustand immer wieder aneinander an. Hier wird der Integrationsauftrag immer wieder an „hard law“ rückangebunden.[907]

2. Fehlen von Vorgänger-/Vorbild-/Parallelnormen

Bis auf die (sogl. zu besprechende) Norm des Art. XI GATT gab es zur Zeit der Aushandlung der Römischen Verträge keine Verträge oder Gründungsdokumente, die den Art. 34 Alt. 2, 35 Alt. 2 vergleichbare Normen enthielten.[908]

---

[902] *Everling*, in: FS von der Groeben, 111 (126).

[903] *Pechstein/Drechsler*, in: Riesenhuber, 3. Aufl., § 7 Rn. 34 m. w. N.

[904] Vgl. *Wendel*, ZaöRV 2008, 803 (806 f.).

[905] Vgl. *Leisner*, EuR 2007, 689 (696 f.); *Wendel*, ZaöRV 2008, 803 (806 f.).

[906] Vgl. *Bleckmann*, NJW 1982, 1177 (1181); *Dauses*, in: ders., P. II Rn. 97; *Gaitanides*, in: von der Groeben/Schwarze, Art. 19 EUV Rn. 57; *Jensch*, 98 f.: *Leisner*, EuR 2007, 689 (694); *Nicolaysen*, Europarecht I, 103 f.; *Pechstein/Drechsler*, in: Riesenhuber, 3. Aufl., § 7 Rn. 13, 33; *Wendel*, ZaöRV 2008, 803 (810).

[907] Einige exemplarische Dokumente zur Entstehung und Entwicklung des *Binnenmarktkonzepts* werden an anderer Stelle analysiert (s. umf. b. Fn. 1515 ff.).

[908] Vgl. *Dashwood/Dougan/Rodger/Spaventa/Wyatt*, 408; *Müller-Graff*, in: von der Groeben/Schwarze/Hatje, Vor Art. 34–37 AEUV Rn. 24; *Rauer*, 173 m. w. N.

Die Herkunft der Warenverkehrsfreiheitsterminologie – insbesondere der Maßnahmen kontingentgleicher Wirkung – lässt sich nicht ganz aufklären.[909]

a) Rückschlüsse aus dem Vergleich GATT – Warenverkehrsfreiheit?

Das Allgemeine Zoll- und Handelsabkommen (GATT) wurde am 30.10.1947 in Genf abgeschlossen. Es stand den Vertragsparteien folglich bei Abschluss der Römischen Verträge vor Augen. Es wird daher auch in der Lehre davon ausgegangen, dass die Vorschrift des Art. XI GATT einen gewissen Einfluss auf den Primärrechtgeber ausgeübt hat.[910] Aber auch heutzutage wird eine „behutsame Übertragung von Lösungskonzepten zwischen den beiden Rechtsmaterien"[911] aufgrund des ähnlichen Zielkonfliktes zwischen Warenverkehr und nationalem Interesse für möglich erachtet.[912]

aa) Vergleich mit den Normtexten in Art. XI I GATT 1947 und Art. III: 4 GATT

Sowohl Art. XI I GATT als auch Art. 35 Alt. 1 AEUV verbieten – in der Terminologie des EU-Primärrechts – mengenmäßige Ausfuhrbeschränkungen (jeweils vorbehaltlich der Rechtfertigung).[913] Darüber hinaus enthält das GATT kein Verbot unterschiedsloser Beschränkungen.[914] Nach der Einfuhr greift nur das Prinzip der Inländerbehandlung nach Art. III: 4 GATT.[915] Dieses diene der Schaffung gleicher Wettbewerbsbedingungen zwischen eingeführten und gleichartigen inländischen Waren.[916]

Im Bereich der Einfuhr wird aus dem Nebeneinander von Art. XI GATT und Art. III: 4 GATT gefolgert, dass als mengenmäßige Beschränkung – unabhängig von einer Diskriminierung – nur solche Maßnahmen einzustufen sind, die *wegen* und nicht nur anlässlich des *Grenzübergangs* ergriffen werden.[917] Dies gilt auch für die in Art. XI I GATT ebenfalls genannten und

---

[909] *Schorkopf*, EuR 2009, 645 (648).

[910] Vgl. nur *Jensch*, 97 Fn. 275; *White*, CMLR 26 (1989), 235 (239 ff.); s. a. *Steindorff*, 29 f. in Bezug auf Art. 7 EWG und *Cottier/Oesch*, in: Gaines et al., 141 (165) in Bezug auf Art. III und Art. XX GATT. Es wird im Folgenden nur auf den Originalvertrag von 1947 Bezug genommen. Nach 1957 geschlossene Ergänzungsabkommen – vgl. etwa die Liste von *Quick*, 90 – konnten naturgemäß keinen Einfluss mehr nehmen auf die früher abgeschlossenen Römischen Verträge.

[911] *Leible/T. Streinz*, in: Grabitz/Hilf/Nettesheim, Art. 34 AEUV Rn. 12.

[912] *Weiler*, in: Craig/De Búrca, 349 ff.

[913] Vgl. *Schorkopf*, EuR 2009, 645 (647).

[914] *Gaines/Egelund Olsen/Engsig Sørensen*, in: dies., 1 (14).

[915] Vgl. *Dederer*, 181; *Krajewski*, 93, 98 f.; *Leible/T. Streinz*, in: Grabitz/Hilf/Nettesheim, Art. 34 Rn. 12; *Quick*, 85 ff., 156 ff.; *Thiedemann*, 7 f.

[916] *Weiss*, EuR 2002 Beiheft 1, 155 (164) m. w. N.; Panel Report „United States – Measures Affecting Alcoholic and Malt Beverages" v. 16.03.1992, Rn. 5.30.

[917] *Krajweski*, 98 f.; *Thiedemann*, 8; *White*, CMLR 26 (1989), 235 (240).

zunächst an die Maßnahmen gleicher Wirkung erinnernden sog. „anderen Maßnahmen“. Ein innerstaatliches Verkaufsverbot, das auch durch ein Einfuhrverbot (mit-)durchgesetzt wird (eben für den Teil der Waren, die eingeführt wurden), ist hiernach ebenso *zulässig* wie alle anderen innerstaatlichen Regeln nicht-fiskalischer Art.[918] Konkret bedeutet dies gemäß dem Wortlaut von Art. III: 4 GATT, dass „alle Gesetzesbestimmungen, Verwaltungsanordnungen oder Vorschriften bezüglich des Verkaufs, des Verkaufsangebotes, des Ankaufs, der Beförderung, Verteilung und Verwendung dieser Erzeugnisse auf dem inneren Markt“ grundsätzlich zulässig sind, sofern sie nicht diskriminieren. Letztlich kann diese Einschränkung auch am Wortlaut von Art. XI GATT festgemacht werden: Dieser spricht von Verboten und Beschränkungen „*bei* der Einfuhr (...) oder *bei* der Ausfuhr [Hervorheb. d. *Verf.*]“. Wiederum zeigt dies, dass an die *Modalität* der Maßnahme angeknüpft wird.

Dies hat weitreichende Folgen für die Ausfuhr, für die es keine Entsprechung gemäß dem einfuhrbezogenen Art. III: 4 GATT gibt, sondern nur den Art. XI GATT: Auch hier wird ein allgemeines Produktionsverbot nicht erfasst.[919] Und auch alle sonstigen Maßnahmen, die in nicht diskriminierender Weise die Ausfuhr betreffen, stellen keine Verletzung des für die Ausfuhr allein maßgeblichen Art. XI GATT dar. Dazu gehören exportstaatliche Produktions-, Produkt- und Vermarktungsregelungen. Ausfuhren werden im GATT also nur *rudimentär* geschützt.

bb) Singuläre Fokussierung des GATT auf die Erzeugung von Handelseffizienzen

Während es bei der *Interpretation* des GATT als gewöhnlichem internationalen Vertrag ausschließlich um *handelspolitische* Effizienzgesichtspunkte geht (allenfalls kann hier noch der Gesichtspunkt der Entwicklungshilfe für sich entwickelnde und am wenigsten entwickelte Länder berücksichtigt werden), steht bei den europäischen Verträgen von Anfang an die Integrationsfinalität mit dem Ziel einer engeren politischen Union mit im Vordergrund.[920] Natürlich kann das Integrationsprojekt nur gelingen, wenn es Erfolge zeigt (Output-Legitimation). Insofern laufen beide Ziele – Integrationsfinalität und handelspolitische Effizienz – im Rahmen der europäischen Integration parallel. Es sind aber z. B. Situationen denkbar, in denen eine bestimmte Auslegungsänderung keine Handelseffizienzvorteile oder gar -nachteile mit sich bringt, dafür aber gewichtige Integrationsvorteile beschert, was den EuGH dazu bewegen könnte, seine Interpretation anzupassen.[921] Dies ist mit Blick auf das GATT – abgesehen von Fällen der Entwicklungshilfe – undenkbar.

---

[918] *Krajweski*, 98 f., 93; vgl. auch *Weiss*, EuR 2002 Beiheft 1, 155 (163).
[919] *Krajewski*, 98.
[920] Vgl. *Weiss*, EuR 2002 Beiheft 1, 155 (156).
[921] S. hierzu insges. *Gaines/Egelund Olsen/Engsig Sørensen*, in: dies., 1 (9).

Vielmehr richtet sich dessen Interpretation ausschließlich nach den allgemeinen Grundsätzen internationalen Rechts und seiner spezifischen Teleologie. Daher sind auch die für eine solche Integrationsfinalität nötigen Rechtsfortbildungsspielräume des EuGH (u. a. z. B. die Anerkennung ungeschriebener verfassungsrechtlicher Grundsätze) auf der Ebene des GATT-Rechts nicht vorhanden.[922] Judicial activism ist im Bereich des GATT daher ebenfalls unangebracht. Seiner begrenzten Zwecksetzung entsprechend besitzt die WTO auch nicht die den freien Handel begleitende institutionelle Infrastruktur, die etwa Harmonisierung in einer Weise voranbringen kann, wie es die EU vermag.

cc) Fehlen nicht-ökonomischer Rahmen- und Begleitziele im WTO-Recht

Damit einher geht das Fehlen nicht-ökonomischer Rahmen- oder „Begleitwerte“, die in den EU-Verträgen dezidiert und detailliert ausgeführt, jedoch im Recht der WTO nicht festgelegt werden.[923]

dd) Schlussfolgerungen

Der Begriff der Maßnahmen gleicher Wirkung scheint *bewusst* gewählt worden zu sein, und zwar in *extensiver* Sinnrichtung: In Bezug auf unterschiedslose Beschränkungen erfolgte eine Entscheidung für einen völlig anderen Ansatz, der die *Form* und die *Modalität* – wie sie in Art. XI I GATT 1947: *Anknüpfung am Grenzübergang* enthalten sind – für unbeachtlich und allein die *Wirkung* für ausschlaggebend erachtet, womit die Voraussetzungen für eine sehr weite Handhabung gelegt worden sind.[924] Auf Modalität und Form der mitgliedstaatlichen Maßnahme nehmen die Art. 34 Alt. 2, 35 Alt. 2 AEUV nicht Bezug. Ohne diese Wirkungsorientierung wäre die heutige Rechtsprechung zu Art. 34 AEUV nicht denkbar gewesen. Gerade diese Wirkungsorientierung der Grundfreiheiten könnte aber dafür sprechen, auch nicht intendierte, unverhältnismäßige Handelsbehinderungen (auf Ausfuhrseite) zu bekämpfen.

Es sei zudem darauf hingewiesen, dass die Art. 34 f. AEUV überflüssig wären, wenn die durch sie verbotenen Maßnahmen schon nach dem von allen EWG-Staaten unterzeichneten GATT-Vertrag unzulässig wären, was ebenfalls für eine extensive Auslegung der Art. 34 f. AEUV spricht.

Aus der Tatsache, dass das GATT bezüglich der Ausfuhr von Waren noch nicht einmal ein Verbot diskriminierender Regelungen kennt[925] – wenn sie

---

[922] *Gaines/Egelund Olsen/Engsig Sørensen*, in: dies., 1 (14, 17).
[923] *Weiss*, EuR 2002 Beiheft 1, 155 (171).
[924] Vgl. *Jensch*, 97 Fn. 275; *Schorkopf*, EuR 2009, 645 (648).
[925] Und dieses bildet das Herzstück des GATT, vgl. nur *Cottier/Oesch*, in: Gaines et al., 141 ff.

denn nicht unter das Verbot in Art. XI GATT fallen –, kann geschlussfolgert werden, dass die Ausfuhr im europäischen Primärrecht erheblich *stärker* und – aufgrund der von Anfang an bestehenden Parallelität des Wortlautes von Art. 34 AEUV und Art. 35 AEUV – *auch in gleichem Maße* wie die Einfuhr geschützt werden sollte und dass diesbezüglich eine klare Abgrenzung zum GATT vorgenommen wurde. Auch dies spricht wiederum für die Wirkungsbezogenheit der Art. 34 f. AEUV (und ein funktionales Binnenmarktverständnis), da Staaten im Regelfall weniger Anreize verspüren, ihre Exporte zu behindern. Die Existenz von Art. 35 Alt. 2 AEUV ist ein Signal dahingehend, dass auch diese eher „unwahrscheinlichen" Fälle einbezogen werden sollen.

Es ist davon auszugehen, dass die Art. 34, 35 AEUV nicht hinter dem Schutz des GATT zurückstehen sollten. Es wird davon auszugehen sein, dass sie auch über mengenmäßige Beschränkungen hinaus Diskriminierungen verbieten.[926]

Schließlich besitzt das Integrationsziel in den Europäischen Einigungsverträgen von Anfang einen Eigenwert, wohingegen das GATT kein vergleichbares politisches Ziel kennt. Sofern in der erweiterten Auslegung ein integrativer Mehrwert (auch outputlegitimatorischer Art) zu erblicken ist, kann der EuGH eine behutsame Rechtsfortbildung und auch die Kontrolle von handelspolitisch nicht so schwerwiegenden Maßnahmen grundsätzlich mit seinem Integrationsauftrag begründen. Und er verfügt – dies sei noch einmal betont – auch über erhebliche Rechtsfortbildungsspielräume. Der EuGH ist eingebettet in ein größeres Projekt und eine ambitioniertere institutionelle Infrastruktur.

b) Art. 4 lit. a EGKS-Vertrag; Art. 93 Euratomvertrag

Der am 18.04.1951 in Paris unterzeichnete Vertrag über die Europäische Gemeinschaft für Kohle und Stahl hat in Art. 4 lit. a ebenfalls lediglich „mengenmäßige Beschränkungen" verboten, Maßnahmen gleicher Wirkung hingegen nicht. In Art. 4 lit. b EGKS-Vertrag war nur ein Diskriminierungsverbot enthalten.[927] Auch Art. 93 EAGV (Euratomvertrag) verbietet nur „mengenmäßige Beschränkungen der Ein- und Ausfuhr". Auch hieraus könnte darauf geschlossen werden, dass der Begriff der Maßnahmen gleicher Wirkung bewusst extensiv gewählt worden war.

c) Zwischenergebnis

Nur der *EWG*-Vertrag sah ein Verbot auch von Maßnahmen gleicher Wirkung vor, und das, obwohl den Mitgliedstaaten durchaus bekannt war, dass der grenzüberschreitende Warenverkehr durch eine Vielzahl von im Voraus

[926] Vgl. *Steindorff*, 29 f.

[927] Vgl. hierzu umf. *Grunwald*, 99 ff.; *Seidel*, NJW 1967, 2081 (2082 Fn. 2).

kaum abschließend aufzählbaren Maßnahmen beeinträchtigt werden konnte. Wahrscheinlich wurde beim GATT von einer solchen begrifflichen Offenheit abgesehen, weil es eben nicht nur unmöglich war, abschließend festzulegen, welche Maßnahmen die Mitgliedstaaten künftig ergreifen werden, sondern auch, weil der *Kompetenzverlust*, der mit der Einfügung des Begriffs der Maßnahmen gleicher Wirkung einhergeht, ebenfalls *nicht bestimmbar* war (und noch ist).[928] Ähnliche Bedenken erheben sich derzeit im Zusammenhang mit dem TTIP-Abkommen: Auch hier wird davor zurückgeschreckt, zu extensive Klauseln zu schaffen, da nicht genau abgeschätzt werden könne, wie weitreichend die damit einhergehen Kompetenzverluste seien und wie stark die Eingriffe in demokratische Entscheidungsprozesse ausfallen würden.[929] Vor diesem Hintergrund ist eine (potenzielle) extensive Auslegung von Art. 35 Alt. 2 AEUV dann aber gerechtfertigt: Die Mitgliedstaaten waren sich der möglichen Implikationen eben *bewusst* – zumal bei einer sich über viele Jahre erstreckenden und kontinuierlich erfolgenden Weiterentwicklung und Rechtsfortbildung, zumal mit Blick auf die von Anfang an gegebene Offenheit und Integrationsfinalität[930] der Verträge.

3. Entwicklungsgeschichte des Art. 35 AEUV

Die hier relevanten die Warenverkehrsfreiheit betreffenden Normen sind im Wesentlichen seit dem Abschluss der Römischen Verträge am 25.03.1957 gleich geblieben, geändert haben sich mit den neuen Verträgen lediglich die Artikelnummern.

Der bisher erreichte Integrationsgrad im Recht der Grundfreiheiten und speziell in Bezug auf Art. 34, 35 AEUV könnte durch die Zustimmung der Mitgliedstaaten zu den die Art. 34, 35 AEUV unberührt lassenden[931] Änderungsverträgen, jüngst durch den Lissabonner Vertrag, bestätigt worden sein, d. h. das Schweigen in den Änderungsverträgen könnte eine rechtlich bedeutsame Handlung darstellen, die signalisiere, dass alles beim Alten bleiben könne und solle.[932] Eine Rückkehr zu einem sehr engen Gesamtverständnis der Grundfreiheiten könnte vor diesem Hintergrund unzulässig erscheinen.

---

[928] *Veelken*, EuR 1977, 311 (312).

[929] Vgl. nur *Brühl*, Süddeutsche Zeitung v. 30.04.2014, 21; *Jessen*, ZEIT ONLINE v. 12.06.2014, abgerufen am 31.07.2014 unter http://www.zeit.de/2014/24/ttip-freihandels abkommen-demokratie.

[930] S. hierzu b. Fn. 2157 ff.

[931] Siehe hierzu umfassend die Genese bei *Leible/T. Streinz*, in: Grabitz/Hilf/Nettesheim, Art. 34 AEUV Rn. 4 ff.

[932] Nach *Grabitz* ist die Einfügung von Art. 8a EWG-Vertrag mittels der EEA „abgesichert“ worden, *Grabitz*, in: Festschrift Steindorff, 1229 (1232); vgl. auch *Roth*, in: Schwarze, 313 (327); s. aber andererseits *Roth*, RabelsZ 75 (2011), 787 (833). Vgl. zu dem allgemeinen methodischen Argument der Legitimation extensiver Auslegung oder von Rechtsfortbildung durch gesetzgeberisches Unterlassen *Kirchner*, in: Festschrift Schäfer, 37 (39).

Die Zusammenfassung der Art. 34, 35 AEUV zu einem einheitlichen Artikel – wie in dem Verfassungsvertrag, was für eine Auslegungsangleichung sprechen könnte[933] – wurde explizit nicht übernommen, was bedeuten könnte, dass die restriktive Auslegungspraxis des EuGH bezüglich Art. 35 Alt. 2 AEUV mit dem Lissabonner Vertrag fixiert werden sollte.[934]

a) Die Annahme einer Willensbekundung durch die Änderungsverträge, die Ablehnung des Verfassungsvertrages und der Vertrag von Lissabon

Es könnte zunächst unterstellt werden, dass durch die Änderungsverträge tatsächlich ein Wille der Vertragsstaaten in Bezug auf die Auslegung der Grundfreiheiten bekundet wurde, der feststellbar ist und auslegungsrelevant sein soll.

aa) Argumente gegen eine Extension von Art. 35 Alt. 2 AEVU

Es könnte einerseits argumentiert werden, dass die *restriktive* Rechtsprechung zu Art. 35 AEUV durch die Änderungsverträge bestätigt werden sollte. Diese enthielten keinerlei *konkreten* Impuls, eine Auslegungs- bzw. Inhaltsänderung von Art. 35 AEUV herbeizuführen. Schon vor dem Lissabonner Vertrag wurde der EuGH nicht durch eine Primärrechtanpassung dazu angehalten, eine Auslegungsänderung vorzunehmen. Außerdem wurde der Verfassungsvertrag (gemeinsam mit der Zusammenfügung der Art. 34, 35 AEUV) abgelehnt. Und drittens schließlich hat der Lissabonner Vertrag Art. III-153 VV, der die Art. 34, 35 AEUV zusammengefasst hätte, nicht übernommen. Umso bedeutsamer wird die Nichtänderung von Art. 35 AEUV, wenn die durchaus vorhandenen Konstellationen betrachtet werden, in denen die Mitgliedstaaten

---

[933] *Frenz*, Bd. 1, Rn. 700; *Woods*, 108. A.A. *Leible/T. Streinz*, in: Grabitz/Hilf/Nettesheim, Art. 34 AEUV Rn. 7; differenzierend *Roth*, in: Schwarze, 313 (326, 329), der zwar eine Angleichungs*intention* verneint, aber gleichzeitig davon ausgeht, dass es dem Gerichtshof zumindest „erleichtert" werde, seine Rechtsprechung zu korrigieren, weil ein und derselbe Begriff in ein und derselben Regelung „nur schwer eine unterschiedliche Bedeutung zugemessen werden könne, je nachdem ob es um die Ausfuhr oder Einfuhr geht."

[934] Vgl. *Becker*, in: Schwarze/Becker/Hatje/Schoo, Art. 35 AEUV Rn. 2. Daneben gibt es noch weitere Änderungen des Verfassungsvertrages, die der Lissabonner Vertrag nicht aufgegriffen hat: Die Warenverkehrsfreiheit sollte im Zuge des Verfassungsvertrages hinter die Personenverkehrsfreiheiten gestellt werden, worin eine (nach hiesiger Auffassung jedoch abzulehnende) Ab- bzw. Aufwertung gesehen werden könnte, vgl. *Blanke*, in: ders./Mangiameli, 369 (379); *Leible/T. Streinz*, in: Grabitz/Hilf/Nettesheim, Art. 34 AEUV Rn. 7; *Nowak*, EuR 2009 Beiheft 1, 129 (168); *Roth*, in: Schwarze, 313 (317). Insbesondere werden auch aus der derzeitigen Abfolge der Grundfreiheiten keine Rückschlüsse auf ihre Wertigkeit gezogen, vgl. *Roth*, in: Schwarze, 313 (317). Auch sollten die Grundfreiheiten insgesamt vorangestellt werden, was als Aufwertung gedeutet werden könnte, vgl. *Nowak*, EuR 2009 Beiheft 1, 129 (168) m. w. N.

korrigierend eingegriffen haben.[935] Daraus lässt sich entnehmen, dass zumindest kein *starker* Impuls bestand, Art. 35 Alt. 2 AEUV zu extensivieren.

bb) Argumente für eine Extension von Art. 35 Alt. 2 AEUV

Sehr naheliegend erscheint es, aus den Art. 35 AEUV unberührt lassenden Änderungsverträgen sowie aus der Nichtübernahme von Art. III-153 VV *überhaupt keine* Schlüsse zu ziehen: Die Frage der Auslegungsangleichung von Art. 34, 35 AEUV bzw. der Warenausfuhrfreiheit insgesamt hat überhaupt keine Rolle bei den einzelnen Primärrechtsänderungen gespielt und erst recht nicht beim Scheitern des Verfassungsvertrages. Im Vordergrund des Scheiterns des Verfassungsvertrages standen andere Probleme, insbesondere die durch den Verfassungsvertrag transportierte Staatssymbolik.

Nun könnte eingewandt werden, dass es ein Leichtes gewesen wäre, Art. III-153 VV in den Lissabonner Vertrag zu übertragen, und weitestgehend eine Orientierung am Verfassungsvertrag erfolgte. Wenn der Regelung keine entscheidende Bedeutung beigemessen werden sollte, hätte es nahegelegen, diesen Artikel zu übertragen. Womöglich wurde der Frage aber keine praktische Bedeutung beigemessen, und es sollte einfach nur das mit dem Lissabonner Vertrag geändert werden, was unabdingbar oder bloß kosmetischer Natur war (z. B. die Ersetzung der Gemeinschaftsbegriffe durch den Unionsbegriff).[936] Vielleicht wurde auch überhaupt nicht bemerkt, dass sich aus dieser Textänderung materielle Implikationen für die Reichweite von Art. 35 Alt. 2 AEUV ergeben könnten.

Vor allem muss dabei berücksichtigt werden, dass der Wortlaut von Art. 34 AEUV und Art. 35 AEUV (mit Ausnahme der Präfixe „Ein-" bzw. „Aus-") identisch ist. Der Primärrechtgeber hat also die grundlegenden Voraussetzungen geschaffen, mit denen er zeigen kann, dass er davon ausgeht, dass beide Vorschriften von ihm mit ähnlicher Reichweite ausgestattet werden könnten und sollten.

Gleichzeitig erscheint es denkbar, die Änderungsverträge als Argument dafür anzusehen, dass trotz der Nichtübernahme von Art. III-153 VV die *extensive* Grundtendenz bestätigt oder zumindest akzeptiert werden sollte, die die Rechtsprechung zu den Grundfreiheiten *insgesamt* kennzeichnet. Aus dieser allgemeinen Grundtendenz könnte mit Blick speziell auf Art. 35 AEUV abgeleitet werden, dass die enge Auslegung zu verwerfen ist, weil sie dieser – durch die Änderungsverträge ja abgesegneten – Grundtendenz widerspricht.

Auch ist nicht davon auszugehen, dass die Mitgliedstaaten durch die Nichtkorrektur der Rechtsprechung ein affirmatives Signal bezüglich *jeder*

---

[935] Vgl. hierzu m. w. N. *Calliess*, NJW 2005, 929 (932).

[936] Z. B. bestimmte Textänderungen des Entwurfs des Verfassungskonvents als „Verfassungsästhetik" und systematische Umstellungen als „symbolisc[h]" bezeichnend *Roth*, in: Schwarze, 313 (328 f.).

noch so unbedeutenden dogmatischen Verästelung aussenden wollten. Der Primärrechtgeber hat generell davon abgesehen, punktuell in das Recht der Grundfreiheiten einzugreifen, und erst recht nicht fundamentale dogmatische Entwicklungen in der EuGH-Rechtsprechung korrigiert.[937] Zudem handelt es sich bei den Grundfreiheiten um traditionell der Konkretisierungsbefugnis des EuGH anheimgestellte subjektive Rechtsschutzgewährleistungen.

Ein generelles Argument dafür, dass die Nichtänderung von Primärrecht interpretativ bedeutungslos ist, liegt darin, dass sich eine Änderung der Verträge bei 28 Mitgliedstaaten als äußerst aufwendig gestaltet und dass die Vetoposition eines jeden Mitgliedstaates die Beibehaltung des Status quo viel wahrscheinlicher macht.[938]

cc) Zwischenergebnis

Wird im Ergebnis von einer (irgendwie gearteten) Auslegungsrelevanz ausgegangen und die Nichtübernahme von Art. III-153 VV hypothetisch ausgeblendet, ist eine Extension von Art. 35 AEUV im Sinne einer Anpassung an die anderen Grundfreiheiten erheblich besser mit der unterstellten Intention vereinbar als eine Restriktivierung der anderen Grundfreiheiten, die eine große Praxisrelevanz besitzen, den Rechtsalltag der mitgliedstaatlichen Institutionen im hohen Maße prägen und diesen daher bei den nachträglichen Vertragsänderungen wortwörtlich vor Augen standen.

b) Zustimmung nur zur Definitionshoheit des EuGH

Womöglich wurden mit den Änderungsverträgen keine konkreten Norminhalte, sondern einfach die *Auslegungsfreiheit* des EuGH und der ihm übertragene Auslegungsauftrag bestätigt, die Grundfreiheiten inhaltlich zu konkretisieren. In der Nichtregulierung käme m. a. W. eine weitreichende Delegation der Konkretisierungskompetenz an den EuGH zum Ausdruck.[939] Hierfür spricht

---

[937] So stellt *Roth*, in: Schwarze, 313 (322 f.) in Bezug auf einen Entwurf für den Verfassungsvertrag z. B. fest, dass vielfach das Bestreben festzustellen sei, alles beim Alten zu belassen, auch wenn bestimmte Normen mittlerweile ihre normative Bedeutung verloren hätten.

[938] *Roth*, RabelsZ 75 (2011), 787 (833).

[939] Vgl. *Nowak*, EuR 2009 Beiheft 1, 129 (167 f.); andeut. auch *Roth*, in: Schwarze, 313 (327). Natürlich ist die Unbestimmtheit der Normen auch Kompromisszwängen geschuldet. Wenn sich nicht auf einen *konkreten* Kompromiss geeinigt werden kann, wird absichtlich unbestimmt formuliert und von der jeweiligen Seite gehofft, dass später der eigenen *Interpretation* der Norm zum Erfolg verholfen werden kann (*von Simson*, in: FS von der Groeben, 391 [392 f.]). Ein weiterer Grund ist die Natur der Verträge als Verfassung *im Werden* (*von Simson*, in: FS von der Groeben, 391 [393]). Das Entscheidende ist aber, dass die *Grundfreiheiten* im Laufe der Zeit von den Institutionen und Mitgliedstaaten auf vielfältige Weise immer mehr der Konkretisierungskompetenz speziell des *Gerichtshofs* überlassen wurden.

insbesondere, dass der EuGH auch bei seinen Rechtsprechungsänderungen – wie derjenigen in der Rs. *Keck* – oder bei Abweichungen vom dem, was der Primärrechtgeber ursprünglich intendierte,[940] nie korrigiert wurde.

c) Ergebnis

Es lassen sich nur wenige Schlussfolgerungen ableiten: Zunächst sollten weder aus der Tatsache, dass Art. 35 AEUV über Jahre hinweg nicht geändert wurde, noch aus der Überlegung, dass Art. III-153 VV erst abgelehnt und dann nicht vom Lissaboner Vertrag aufgegriffen wurde, Konsequenzen gezogen werden. Art. 35 AEUV dürfte – auch vor dem Hintergrund der restriktiven EuGH-Rechtsprechung – keine Rolle gespielt haben während der Vertragsänderungsverfahren. Damit ein anderes Ergebnis vertretbar erschiene, müssten konkrete Hinweise vorliegen.

Zwei Erwägungen liegen nichtsdestotrotz nahe: Mit den Änderungsverträgen wurde das System des Primärrechts z. T. sehr erheblich verändert. Dass dies im Recht der Grundfreiheiten *nicht* stattfand, ist also etwas *Besonderes*. Es sollte daher ganz grundsätzlich davon ausgegangen werden, dass die weiten Rechtsfortbildungs- und Auslegungsbefugnisse in Bezug auf die Grundfreiheiten, wie sie sich der Gerichtshof im Laufe der Zeit zuerkannt hat, bestätigt wurden. Zudem kann die Grundfreiheitendogmatik als System, als *Ganzes*, in der Reichweite seiner praktisch spürbaren Abwehrwirkungen ebenfalls als bestätigt angesehen werden, der EuGH hat die Untätigkeit der Rechtssetzungsorgane kompensiert, und zwar in einem Maße, das so nicht vorhersehbar war.[941] Das haben die Mitgliedstaaten – ganz bewusst – hingenommen.

Eine Rechtsprechungsänderung der von *diesem System* abweichenden Ausnahmejudikatur zu Art. 35 Alt. 2 AEUV (und eine Anpassung an seine extensive Rechtsprechung zu Herkunftsstaatskonstellationen bei anderen Grundfreiheiten[942]) erscheint vor diesem Gesamthintergrund legitim. Im Ergebnis sind die gemachten Ableitungen jedoch vage und schwach, sodass die entstehungsgeschichtliche Betrachtung dafür spricht, den weiteren Auslegungsgrundlagen verstärkte Aufmerksamkeit zukommen zu lassen.

---

[940] So berichtet der EuGH-Richter *Everling*, in: FS von der Groeben, 111 (115), der in der für Niederlassungen und Dienstleistungen zuständigen Arbeitsgruppe bei den Verhandlungen der Römischen Verträge mitgearbeitet hat, davon, dass die Beteiligten stets davon ausgingen, dass z. B. die Niederlassungsfreiheit nicht *unmittelbar* anzuwenden sei, sondern richtlinienrechtlich konkretisiert werden müsse. Der EuGH jedoch hat dem Diskriminierungsverbot in Bezug auf die Niederlassungsfreiheit schon in EuGH, Urt. v. 21.06.1974, Rs. 2/74, Slg. 1974, 631 (*Reyners*) unmittelbare Wirkung verliehen. Wie hier *Schubert*, 147.

[941] Ebenso *Everling*, in: FS von der Groeben, 111 (129 f.).

[942] S. b. Fn. 2431 ff.

4. Historische Dokumente der europäischen Integration

Die vorbereitenden Dokumente des EWG-Vertrages legen nahe, dass die Auslegung des Begriffs der „Maßnahmen gleicher Wirkung“ diese möglichst effektuieren sollte.[943] Da das wichtigste Dokument[944] aus der Zeit vor Abschluss der Verträge – der Spaak-Bericht – keine konkreten Bezugnahmen auf den Begriff der Maßnahmen gleicher Wirkung enthält,[945] sondern nur das allgemeine Binnenmarktverständnis konturiert, werden der Spaak-Bericht und andere begleitende Dokumente bei der Auslegung des Binnenmarktziels behandelt und etwaige Anhaltspunkte für das Verständnis von Art. 35 Alt. 2 AEUV dort ausgeführt.[946]

---

943 *Schorkopf*, EuR 2009, 645 (648).
944 S. b. Fn. 1527.
945 S. b. Fn. 1537.
946 S. b. Fn. 1515 ff.

5. Kapitel

Wirtschaftstheoretische Untersuchungen

Auch außerhalb des kartellrechtlichen „more economic approach"[947] gehört das Anstellen wirtschaftstheoretischer (Vor-)Untersuchungen zu einem immer breiter, reflektierter und häufiger herangezogenen Ansatz in der rechtswissenschaftlichen Forschung, und zwar auch im Bereich der Grundfreiheiten.[948] Als wichtigste Einflüsse der ökonomischen Theorie auf das Recht der europäischen Integration sind „die Neue Politische Ökonomie (public choice), die ökonomische Theorie der Verfassung und die Untersuchungen zum Systemwettbewerb"[949] zu nennen, die auch hier im Zentrum stehen werden. Eine ökonomisch vorteilhafte Auslegung stützt die Akzeptanz sowie die Output-Legitimation der Rechtsprechung und des Integrationsprojektes der EU insgesamt. Befriedigend ist die Gesamtsituation der ökonomischen Analyse der Grundfreiheiten – dies sei vorausgeschickt – jedoch nicht: So stellten etwa die beiden Wirtschaftswissenschaftler *Kerber* und *van den Berg* kürzlich zu den wichtigsten Topoi der wirtschaftstheoretischen Grundfreiheitenargumentation fest: „a lot of theoretical and empirical research has been done"; und: „One clear result is that all initially discussed theses about the general positive or negative effects of centralization, decentralization or regulatory competition have been proved wrong. It very much depends on the type of regulation, on a number of specific conditions, and also on the applied conflict-of-laws rules, whether a more centralized or decentralized solution should be recommended, or whether regulatory competition can lead to more positive than negative effects (or *vice versa*)."[950]

---

[947] D.i. eine „Auslegung der Tatbestandsmerkmale unter ökonomischen Aspekten", *Haratsch/Koenig/Pechstein*, Rn. 1107.

[948] Vgl. nur *Füller*, 17 ff., 150 ff.; *Franck*, in: Riesenhuber, 3. Aufl., § 5 Rn. 47–51; *Frenz*, Bd. 1, 5 ff.; *Jensch*, 37 ff., 235 ff.; *Snell*, 35 ff.; *Weatherill/Beaumont*, 34 f. Die nachfolgenden, *generellen* Ausführungen zur ökonomischen Analyse der Grundfreiheiten stimmen ganz oder teilweise mit einem vorab gedruckten Aufsatz über die „Applikationsmöglichkeiten der ökonomischen Analyse des Rechts auf die Europäischen Grundfreiheiten" überein *Reyes y Ráfales*, BRJ 2014, 41–46.

[949] *Kirchner*, in Grundmann, 99 (101).

[950] *Kerber/van den Bergh*, in: Lianos/Odudu, 121 (133).

Die Schwierigkeiten und Risiken, die mit einer interdisziplinären Betrachtung einhergehen, sind bekannt.[951] Dies macht das Unterfangen so kontrovers:[952] Interdisziplinäres Wissen sickert zum Teil mit *zeitlicher Verschiebung* in die fachbezogenen Diskurse ein.[953] Soll der juristischen Arbeit aber ein realitätsgerechtes Bild von der Wirklichkeit über die Realwissenschaften vermittelt werden, dürfen dort nicht längst falsifizierte Theorien zur Anwendung gelangen.[954] Zudem muss innerdisziplinären (Prognose- und Ermittlungs-)Unsicherheiten Rechnung getragen werden, damit sie nicht unkritisch als „empirisch belegt" in eine andere Disziplin gelangen.[955] Problematisch ist, dass nicht nur der juristische Diskurs, sondern auch der ökonomische Paradigmenwechseln und innerer Uneinigkeit unterliegt.[956]

Betrachtungen rechtlicher Interpretationsvarianten durch Ökonomen leiden häufig darunter, dass die rechtliche Situation nicht in all ihren Nuancierungen bekannt ist und häufig vergröbernde und falsche rechtliche Alternativen miteinander verglichen werden. Die Untersuchung wirtschaftlicher Implikationen von Interpretationsvarianten durch Juristen wiederum ist häufig deshalb defizitär, weil mit veralteten oder einseitigen Wirtschaftstheorien gearbeitet wird oder weil von Ökonomen ermittelte Erkenntnisse aus ihrem speziellen Kontext gerissen und generalisiert werden. Gleichzeitig kann es keine Lösung sein, ökonomische Erkenntnisse und Methoden einfach zu ignorieren und mit reinen Common-Sense-Analysen zu arbeiten. Diese können selbst defizitären wirtschaftlichen Analysen unterlegen sein. Eine unabdingbare Voraussetzung muss es aber sein, dass die eigenen wirtschaftlichen Überlegungen, gerade aufgrund der oben genannten Gründe, *transparent* erfolgen, was Nachprüfbarkeit und Kritik ermöglicht. Zudem darf sich die Analyse nicht darin erschöpfen, die allgemeinen Vor- und Nachteile des Freihandels zu skizzieren.[957] Sie muss so weit wie möglich *konkrete Modelle* beleuchten. Dies soll im Folgenden versucht werden.

---

[951] *Engel*, in: Ehlers/Fehling/Pünder, § 2 Rn. 1 ff.; *Fleischer*, RabelsZ 75 (2011), 700 (725).

[952] Vgl. nur *Fleischer*, RabelsZ 75 (2011), 700 (724).

[953] Vgl. *Engel*, in: Ehlers/Fehling/Pünder, § 2 Rn. 1 ff.; *Franck*, in: Riesenhuber, 3. Aufl., § 5 Rn. 2; *Künzler*, 538. Das gleiche Ergebnis für den parallel gelagerten Bereich des Völkerwirtschaftsrechts (inbesondere dem GATT- und WTO-Recht) feststellend, *Krajewski*, in: von Aaken/Schmid-Lübbert, 1 (17 Fn. 27): „Gerade in [sic!] völkerwirtschaftsrechtlichen Schrifttum besteht eine Tendenz nur auf die einfachen und klassischen Modelle der Theorie der komparativen Kostenvorteile abzustellen, ohne die Erkenntnisse der neuen Außenwirtschaftstheorie zu berücksichtigen."

[954] *Franck*, in: Riesenhuber, 3. Aufl., § 5 Rn. 2; *Kirchner*, in: Riesenhuber, 2. Aufl., § 5 Rn. 5.

[955] *Engel*, in: Ehlers/Fehling/Pünder, § 2 Rn. 1, 9; *Franck*, in: Riesenhuber, 3. Aufl., § 5 Rn. 2; *Kirchner*, in: Riesenhuber, 2. Aufl., § 5 Rn. 5.

[956] *Fleischer*, RabelsZ 75 (2011), 700 (725).

[957] So aber z. B. *Jensch*, 37 ff.

Die Vor- und Nachteile des Binnenmarktes sind von vielen Seiten (häufig generalisierend) wissenschaftlich bearbeitet und dargestellt worden. In *dieser* Untersuchung geht es um ökonomische Implikationen verschiedener Auslegungen *speziell* der *Warenausfuhrfreiheit* und ihrer Funktion innerhalb des ökonomischen Grundkonzepts, das der europäischen Wirtschaftsintegration zugrunde liegt. Dabei sind die Vor- und Nachteile *konkreter* unterschiedlicher *Auslegungen* (im Spannungsfeld von Wettbewerbsgleichheit und Systemwettbewerb) zu beleuchten. Ein kurzes Eingehen auf die der europäischen Integration zugrunde liegenden wirtschaftstheoretischen Grundannahmen erscheint dennoch unvermeidbar.

I. Kernfrage: Effizienz des Wettbewerbsgleichheits-Rechtswahlmodells?

Eine die gesamte nachfolgende ökonomische Analyse von Art. 35 Alt. 2 AEUV durchziehende Dialektik ist die zwischen *Wettbewerbsgleichheit* und *Systemwettbewerb*. Die Hauptfrage ist, ob und, falls ja, wie beides *kombiniert* werden kann und ob eine etwaige Kombination *wohlfahrtsoptimal* wäre (im Vergleich zu den bekannten Alternativen). Wettbewerbsgleichheit wird als Mittel gesehen, wie ein level playing field geschaffen werden kann und sich Effizienzvorteile (von Unternehmen) im privaten Wettbewerb bestmöglich entfalten können. Bei Vollharmonisierung führt eine Wettbewerbsgleichheit ermöglichende, aber statische Ordnung jedoch zu *anderen Ineffizienzen*: Wenn alle Normen harmonisiert werden, entfällt das Entdeckungs-, Experimentier- und Anreizverfahren des (System- oder) *Staatenwettbewerbs* um das beste „öffentliche Produkt“: die präferenzoptimale Rechtsordnung. Wenn 28 Mitgliedstaaten unterschiedliche Rechtsordnungen (als „Produkte“) „anbieten“ und sich gegenseitig „Kunden“ streitig machen können (d. h. Unionsbürger, die eine Rechtsordnung auswählen), könnte es wahrscheinlicher sein, dass hierbei effiziente Rechtsordnungen entwickelt werden, als dann, wenn die EU ein „Rechtsordnungsmonopol“ besitzt (und nur eine Rechtsordnung anbietet). Effizienzoptimal wäre hiernach eine *Kombination* beider Aspekte. Doch ist Wettbewerbsgleichheit im Europarecht bislang weitgehend mit (Systemwettbewerb ausschließender) *Vollharmonisierung gleichgesetzt* worden. Fraglich ist, ob diese Einschätzung zutreffend ist. Die hier im Ergebnis vertretene These ist, dass Wettbewerbsgleichheit und Systemwettbewerb auch *kombiniert* werden können.

Es gibt nach hiesiger Auffassung nämlich noch einen *weiteren Verwirklichungsweg* der Wettbewerbsgleichheit: Wettbewerbsgleichheit kann insofern geschaffen werden, als alle miteinander im Wettbewerb stehenden Exporteure *dasselbe Recht* besitzen, zwischen den Rechtsordnungen zu *wählen*, sodass sie das Recht bzw. einzelne Regelungen ihres Exportstaates durch das eines anderen Mitgliedstaates (mithin durch eine der anderen 27 mitgliedstaatlichen Rechtsordnungen) ersetzen können. Der Exportstaat dürfte nur die Einhaltung der gewählten Rechtsordnung durch den Exporteur überprüfen. Im Ergebnis agierten die Unternehmen möglicherweise dann zwar unter unterschiedlichen Rechtsbedingungen (eben weil sie selbst unterschiedliche *Wahlen* treffen), doch bestünde im *Ausgangspunkt* insofern Wettbewerbsgleichheit, als alle Unternehmen dieselbe Rechtsordnung *hätten wählen können*. Gleichzeitig wird der Systemwettbewerb als Innovationsmotor und Disziplinierungsmechanismus aufrechterhalten. Natürlich gälte ein solches Rechtswahlrecht nur vorbehaltlich einer Rechtfertigung (auch dies wird bei der Detailanalyse zu berücksichtigen sein). Dieser Mechanismus sei im Folgenden als *Wettbewerbsgleichheits-Rechtswahlmechanismus* bezeichnet. Er ist im Folgenden näher zu beleuchten und auf seine *ökonomische* Vorzugswürdigkeit hin zu untersuchen.

II. Wirtschaftstheoretische Grundlagen der ökonomischen Analyse des Rechts

Die hier interessierenden Bereiche der Wirtschaftstheorie und Wirtschaftspolitik sind Subdisziplinen der Volkswirtschaftslehre.[958] Anliegen der Wirtschaftstheorie ist es, Ursache-Wirkungs-Zusammenhänge im Verhalten von wirtschaftlichen Akteuren, bei Vorgängen des Wirtschaftslebens sowie bei gesamtökonomischen Prozessen zu beschreiben, zu erklären und zu prognostizieren.[959] Die Theorie der Wirtschaftspolitik untersucht als angewandte Wissenschaft dagegen auf der Grundlage wirtschaftstheoretisch gewonnener Erkenntnisse den Erfolg wirtschaftspolitischer Maßnahmen zur Erreichung vorformulierter Ziele und beschäftigt sich daher mit Ziel-Mittel-Relationen. Das Recht der Grundfreiheiten stellt ein wirtschaftsordnungspolitisches[960] Mittel dar.

---

[958] *Engelkamp/Sell*, 37; *Rogall*, 31.

[959] *Engelkamp/Sell*, 407; *Rogall*, 46. Je nach Betrachtungsgegenstand teilt sie sich selbst wieder in Subdisziplinen wie die Wettbewerbs- und die Preistheorie auf, vgl. hierzu ausführlich *Blum*, in: ders. et al., 1 (3 ff.).

[960] Innerhalb der Wirtschaftspolitik kann wiederum unterschieden werden zwischen Wirtschaftsordnungs- und Wirtschaftsprozesspolitik: Während erstere langfristig orientiert den Rahmen wirtschaftlicher Entscheidungen auf makro- (z. B. grundgesetzliche Finanzverfassung) oder mikroökonomischer Ebene (z. B. Eigentumsordnung, Gesellschaftsrecht) festlegen möchte, sucht letztere durch schnell oder mittelfristig wirkende Mittel bestimmte Ergebnisse vermittels eines Eingriffs in konkrete makro- oder mikroökonomische Wirtschaftsprozesse herzustellen, *Engelkamp/Sell*, 409 f.

Die in den (70er Jahren in den USA entwickelte[961]) ökonomische Analyse des Rechts[962] gilt im angelsächsischen Raum als das „dominierende Paradigma"[963] der heutigen Rechtswissenschaft.[964] Dagegen ist nicht nur im deutschsprachigen,[965] sondern auch im europäischen[966] Schrifttum in den Rechtswissenschaften häufig eine gewisse Distanz gegenüber wirtschaftstheoretisch fundierten Instrumenten anzutreffen[967] (obwohl in den letzten Jahrzehnten und insbesondere in Deutschland[968] und Großbritannien[969] eine Öffnung für diese Methoden stattfindet[970]). Speziell in Bezug auf das Unionsrecht findet eine wirtschaftstheoretische Fundierung der Argumentation– vom Kartell- und Wettbewerbsrecht abgesehen – kaum statt. Auch der EuGH vermeidet es, seine Urteilsausführungen wirtschaftstheoretisch zu fundieren. Allerdings sollte ihm dies mit Blick auf die Schwierigkeiten nachgesehen werden, sich trotz seiner heterogenen Besetzungsstruktur nicht nur auf einen Ergebnis-, sondern auch einen Begründungskonsens zu verständigen.[971]

---

[961] *Sauerbruch*, 94 m. w. N. *Baumann*, RNotZ 2007, 297 (298) verweist auf *Posners* Economic analysis of law, 1. Aufl. 1973.

[962] Umf. Literaturnachw. b. *Sauerbruch*, 81 Fn. 381. Die Debatte um den Nutzen der ökonomischen Analyse überlappt sich mit dem Diskurs um die Bedeutung des Effizienzkriteriums im Recht, die als „formales Konzept (...) [die] Optimalität von Maßnahmen im allgemeinen und Regulierungen, Rechtsnormen, Legislativ- und Exekutivakten im (rechtlich) besonderen im Hinblick auf ein bestimmtes Zielsystem und unter Beachtung von Nebenbedingungen" beinhaltet, *Van Aaken*, in: dies./Schmid-Lübbert, 89 (107); vgl. auch *Van Aaken*, in: FS Schäfer, 651 (652) m. w. N.; zum Effizienzkriterium *Eidenmüller*.

[963] *Salzberger*, in: FS Schäfer, 23 (24): „dominant paradigm". *Salzberger* erklärt dies unter anderem damit, dass die ökonomische Analyse des Rechts ein Gegenstand sei, über den sich Rechtswissenschaftler der ganzen Welt unabhängig von ihren unterschiedlichen Rechtsordnungen austauschen und sich gegenseitig verstehen könnten (36).

[964] Die ökonomische Theorie erobert auch andere Wissensgebiete wie die Politik- und Sozialwissenschaften mit der Neuen Politischen Ökonomie oder der Institutionenökonomie, vgl. *Salzberger*, in: FS Schäfer, 23 (26).

[965] Vgl. *Baumann*, RNotZ 2007, 297 ff.; *Engel*, in: Ehlers/Fehling/Pünder, § 2 Rn. 1 ff.; *Kirchner*, in: Festschrift Schäfer, 37 (38); *ders.*, in: Riesenhuber, 2. Aufl., § 5 Rn. 52; vgl. beispielhaft die Position *Lipperts*, 384–386.

[966] *Van Aaken*, in: FS Schäfer, 651 (651, 655 f.) m. w. N.

[967] Die Aussage von *Hertig*, Int'l Rev. L. & Econ. 11 (1991), 331 ff. („There is at the present time no clearly established European Community (EC) law and economics movement.") kann auch heute noch Geltung beanspruchen und wird ca. ein Jahrzehnt später von *Füller,* 18 Fn. 14 bestätigt.

[968] Vgl. *Hertig*, Int'l Rev. L. & Econ. 11 (1991), 331 ff.;

[969] Vgl. *Arnull*, in: ders./Eeckhout/Tridimas, 415 (417 ff.).

[970] S. umfassend *Hertig*, Int'l Rev. L. & Econ. 11 (1991), 331 ff.; vgl. auch *Maduro*, 151 ff.

[971] *Franck*, in: Riesenhuber, 3. Aufl., § 5 Rn. 60 f.

1. Zielstellung(en) der ökonomischen Analyse des Rechts

Welches *Ziel* auf seine effiziente Verfolgung und Durchsetzung untersucht werden soll, liegt außerhalb der ökonomischen Analyse und muss von außen festgelegt werden, die ökonomische Analyse kann das Ziel nicht vorgeben.[972] Wirtschaftstheoretische sowie -politische Betrachtungen untersuchen zumeist das Ziel der richtigen Allokation knapper Güter,[973] wobei es um Art und Quantität der zu produzierenden Güter, die Verteilung des Produzierten sowie den Einsatz der Produktionsfaktoren geht.[974] Die ökonomische Analyse kann aber auch auf andere Ziele wie das der *Nutzen*maximierung ausgerichtet werden (obwohl sich einige Ziele besser mit wirtschaftstheoretischen Instrumenten untersuchen lassen als andere[975]).[976]

2. Grundlegende Annahmen

Die wirtschaftstheoretischen Grundlagen sowie die faktischen Prämissen werden im Folgenden nur insofern dargestellt, als sie für das Verständnis oder als Voraussetzung für die späteren Analysen von Bedeutung sind: Die neoklassische Ökonomik folgt, auf der Grundlage eines methodischen Individualismus, der Sicht, dass individuelle Akteure unter den Bedingungen knapper Güter in rationaler Weise ihre Eigeninteressen verfolgen und damit Allokationseffizienz – als erstrebenswertes Ziel – herbeiführen. Sofern es um Kollektiventscheidungen geht, werden diese unter Betrachtung der Individualentscheidungen untersucht.[977] Wenn also an späterer Stelle überlegt wird, ob Wettbewerbsgleichheit durch Rechtswahl zu effizienteren Ergebnissen führt, dann bilden die genannten Voraussetzungen die Grundlage für Prognosen, wie sich die Marktteilnehmer in Reaktion auf die erweiterte Auslegung von Art. 35 Alt. 2 AEUV verhalten werden.

Nach dem Coase-Theorem bzw. der Transaktionskostentheorie wird eine effiziente Allokation durch eine Minimierung der Transaktionskosten – das sind bei Verträgen die Informations-, Verhandlungs-, Vertragsgestaltungs- und Abwicklungkosten sowie die Kosten, die für die Kontrolle von Erfüllungspflichten und einer Modifikation bei geänderten Bedingungen entstehen – erreicht.[978] Im Idealfall der Nichtexistenz von Transaktionskosten können

---

[972] *Christl*, 153; *Salzberger*, in: FS Schäfer, 23 (31).

[973] *Wiesmeth*, in: Blum et al., 21 (22 ff.); *Hüther/Hafemann*, in: Härtel, § 14 Rn. 2; *Schäfer/Ott*, XXXIII.

[974] *Wiesmeth*, in: Blum et al., 21 (22); *Schilling*, 94 m. w. N.

[975] Etwa ist das Ziel der Nutzenmaximierung nur wenig geeignet, da es schlecht gemessen werden kann, *Salzberger*, in: FS Schäfer, 23 (30).

[976] *Salzberger*, in: FS Schäfer, 23 (31).

[977] *Füller*, 151 ff.; *Hassemer*, 228 f.; *Kirchner*, in: Riesenhuber, 2. Aufl., § 5 Rn. 38–40.

[978] Vgl. *Coase*, J. L. & Econ. 3 (1960), 1 (44); s. a. *Baumann*, RNotZ 2007, 297; *Chang*, 155; *Ehlers*, in: ders./Fehling/Pünder, § 1 Rn. 32 f.; *Franck*, in: Riesenhuber, 3. Aufl., § 5

die Güteraustauschprozesse ungehindert stattfinden, und es kann sich die optimale Güterallokation realisieren.[979] Eine Minimierung der Transaktionskosten kann durch eine entsprechende (d. h. wirtschaftstheoretisch informierte) Gestaltung der rechtlichen Rahmenbedingungen erreicht werden. Die Transaktionskostentheorie spielt hier insofern eine Rolle, als versucht werden muss, diese Kosten zu berücksichtigen, wenn die Grundfreiheiten als Gestaltungsinstrument analysiert werden. In der späteren Analyse müssen z. B. (die Kosten für) das Erlangen von Rechtsinformationen (über die ggf. durch die Anwendung der Grundfreiheiten komplexer gewordene Rechtslage) und die (Kosten der) Durchsetzung von Rechten (wie den Grundfreiheiten) gebührend berücksichtigt werden.

Es ist infrage gestellt worden, inwiefern das traditionelle Bild des allein an Nutzenmaximierung interessierten und stets rational handelnden Homo oeconomicus innerhalb eines sozialen Systems der Realität entspricht: Als *alleinige* Erklärungshilfen sind hiernach Nutzenorientierung und Rationalität zur Beschreibung der Handlungsmotivation und Handlungsausführung unzureichend, die Motive von Individuen sind weitaus vielfältiger und ihre Handlungen in bestimmten Situationen irrational.[980] Die behavioristische Richtung[981] geht ebenso wie die Neue Institutionenökonomik daher von einer eingeschränkten Rationalität (bounded rationality) aus.[982] Da es hier um das hinter den Grundfreiheiten stehende Grundkonzept geht, mithin um *makroökonomische* Modellüberlegungen, werden die behavioristischen Einwände im Folgenden keine Rolle mehr spielen. Die vom Behaviorismus vorgebrachte Annahme der *bounded* rationality genügt als Grundlage für die weiteren Schritte, zumal es bei der Warenausfuhrfreiheit vor allem um Markttransaktionen geht, bei denen die klassischen Annahmen (Eigennutzverfolgung, Rationalität) eine höhere Validität aufweisen als in anderen Lebensbereichen.

3. Methoden zur Ermittlung von Allokationseffizienz

Fraglich ist, mit welchen „Tests" eine Allokationseffizienz festgestellt werden kann. Es geht dabei um die Frage, ob der Gebrauch des „gesunden Verstandes" (*Common-Sense*-Analyse) in der Jurisprudenz in Bezug auf ökono-

---

Rn. 33; *Kirchner*, in: Grundmann, 99 (104); vgl. auch *Sauerbruch*, 86 f., 91 m. w. N.; *Schilling*, 104 m. w. N. Zur Bedeutung von Transaktionskosten für KMU in Bezug auf das internationale Privatrecht vgl. *U. Stein*, in: Grundmann, 669 ff. m. w. N.

979 *Sauerbruch*, 92 f.

980 Vgl. *Franck*, in: Riesenhuber, 2. Aufl., § 6 Rn. 11 f., 42–47; *Hassemer*, 230; *Kirchner*, in: Riesenhuber, 2. Aufl., § 5 Rn. 48, 50–53; *Schäfer/Ott*, XXXVI f.; *Sauerbruch*, 94 ff. m. w. N.

981 *Franck*, in: Riesenhuber, 3. Aufl., § 5 Rn. 11 f., 41–46; *Salzberger*, in: FS Schäfer, 23 (30 f.).

982 *Chang*, 156 ff.; *Franck*, in: Riesenhuber, 3. Aufl., § 5 Rn. 11 f.; *Kirchner*, in: Riesenhuber, 2. Aufl., § 5 Rn. 52.

mische Fragen durch geeignetere Methoden ersetzt werden kann. Die Frage ist deshalb von Bedeutung, weil im Rahmen der späteren Wettbewerbsgleichheitsanalysen stellenweise mehrere potenzielle Ergebnisse (verschiedener Auslegungsmodelle) miteinander verglichen werden müssen und die nachfolgenden Effizienzkriterien zu unterschiedlichen Ergebnissen führen. Es muss sich also für eines entschieden werden.

a) Pareto-Kriterium

Das Pareto[983]-Optimum umschreibt einen Zustand, in dem im Vergleich zum Status quo mindestens ein Individuum bessergestellt ist und keines schlechter und somit pareto-superior[984], bzw., wenn sozio-ökonomisch auf die *Präferenzen* der Individuen abgestellt wird, einen Zustand, in dem die Präferenzen mindestens eines Individuums stärker erfüllt werden und die Präferenzen keines anderen Individuums weniger gut.[985] Problematisch bei der Verwendung des Pareto-Kriteriums in sozio-ökonomischen Zusammenhängen ist, dass beim Widerspruch nur eines Individuums ein Zustand nach diesem Kriterium abzulehnen ist, was – gerade in Gesellschaften mit vielen Mitgliedern – in den allermeisten Fällen zur Beibehaltung des Ist-Zustandes führen wird.[986] Aber auch bei einer rein an Kosten und Gewinn orientierten Handhabung des Pareto-Kriteriums ist mit Blick speziell auf die Auslegung der Grundfreiheiten – zumindest kurzfristig – immer ein Individuum denkbar, das durch eine restriktive oder extensive Auslegung schlechtergestellt wird.[987] Das Kriterium der Pareto-Optimalität gibt zudem keine Auskunft darüber, wie die *Ausgangsbedingungen* aussehen sollen.[988]

Ein Beispiel soll die Ungeeignetheit des Pareto-Kriteriums für die Auslegung der Grundfreiheiten verdeutlichen: Dass die Grundfreiheiten in Bezug auf Importkonstellationen ein Diskriminierungsverbot enthalten, gilt als weitgehend unstrittig. Dessen Geltung sei hier einmal unterstellt. Die Abschaffung von Diskriminierungen bezüglich Importprodukten wird aber dazu führen, dass auf bestimmten Märkten mehr Unternehmen Marktzugang haben werden. Dies führt zu größerer Konkurrenz auf diesen nationalen Teilmärkten. Effizienter wirtschaftende Konkurrenten werden zum Verlust von Marktanteilen bei einheimischen Unternehmen führen, die bislang mit ihren ineffi-

---

[983] Benannt nach dem Mathematiker *Vilfredo Pareto*.

[984] *Franck*, in: Riesenhuber, 3. Aufl., § 5 Rn. 4; *Füller*, 150; *Ismer*, in: van Aaken/Schmid-Lübbert, 69 (81); *Maduro*, 152.

[985] *Franck*, in: Riesenhuber, 3. Aufl., § 5 Rn. 4; *Schilling*, 96 f. m. w. N.; *Van Aaken*, in: dies./Schmid-Lübbert, 89 (93 f.).

[986] *Schilling*, 96.

[987] Vgl. *Franck*, in: Riesenhuber, 3. Aufl., § 5 Rn. 4; *van Aaken*, in: dies./Schmid-Lübbert, 89 (94).

[988] *Van Aaken*, in: dies./Schmid-Lübbert, 89 (94).

zienteren Methoden überleben konnten. Sie verlieren also. Dennoch ist der Vorgang *gesamtwirtschaftlich* gesehen vorteilhaft: Die Verbraucher erhalten mehr und günstigere Produkte, wodurch sie frei gewordene Liquidität für den Einkauf von mehr und besseren Waren einsetzen können. Auf der Angebotsseite werden die Produktionsfaktoren ihrer effizientesten Verwendung zugeführt. Die erhöhte Konkurrenz führt zu stärkerer Innovationstätigkeit und einer immer stärkeren Annäherung der Preise an die Produktionskosten. Diese vom Binnenmarktkonzept – dies sei vorweggenommen – angestrebten Entwicklungen könnten nach dem Pareto-Prinzip nicht stattfinden. Einmal installierte protektionistische Maßnahmen würden fortbestehen, weil ihr Wegfall den individuell Begünstigten schlechterstellen würde. Das Pareto-Kriterium ist somit als Effizienzermittlungsmethode im Bereich der Grundfreiheiten abzulehnen.

b) Kaldor-Hicks-Kriterium

Das Kaldor-Hicks-Kriterium stellt im Gegensatz dazu auf den *Gesamtzustand* der Gesellschaft ab, es ist nicht erforderlich, dass kein Individuum schlechtergestellt wird, sondern das *Saldo* aus den aggregierten Gewinnen und den aggregierten Verlusten von allen Gesellschaftsmitgliedern muss größer sein als im Ursprungszustand vor dem Erlass einer rechtlichen Maßnahme. Dies bedeutet, dass nach dem Kaldor-Hicks-Kriterium die Gewinne der einen Individuen potenzielle Verluste anderer Individuen übersteigen müssen, sodass bei einer hypothetisch gedachten Verlustkompensation die einen Gewinn einstreichenden Individuen den Schaden der Geschädigten würden voll kompensiert können.[989]

Kritisiert wird das Kaldor-Hicks-Kriterium aufgrund der Tatsache, dass es eine Kompensation der Verlierer nur theoretisch prüft und die Kompensation nicht tatsächlich fordert und mithin auch einen Zustand als Kaldor-Hicks-effizient einstufen würde, in dem die Reichen noch reicher und die Armen noch ärmer würden.[990] Die Vermögens*verteilung* ist für das Kaldor-Hicks-Kriterium somit irrelevant.

Fraglich ist seine Zweckmäßigkeit in Bezug auf die Grundfreiheiten: Sofern die infolge der Grundfreiheitenapplikation entstandenen Wohlfahrts- oder Nutzengewinne die Verluste bei gedachter Kompensation der Verlierer durch die Gewinner übersteigen, wäre sie Kaldor-Hicks-effizient. Eine solche Saldierung erscheint auch praktikabel mit Blick auf die anzustellenden Wettbewerbsgleichheits- und Systemwettbewerbsanalysen. Dass bestimmte Zustände aus *ideellen* Gründen vorgezogen werden, sei es, weil sie eine größere demokratische Legitimation besitzen oder weil sie zu einer gerechteren Ver-

---

[989] *Franck*, in: Riesenhuber, 3. Aufl., § 5 Rn. 4; *Lippert*, 384 f.; *Maduro*, 152; *Schilling*, 97 ff. m. w. N.; *Van Aaken*, in: dies./Schmid-Lübbert, 89 (94 f.).

[990] *Schilling,* 99 f. m. w. N.

mögensverteilung führen, kann nichtsdestotrotz berücksichtigt werden: Erstens kann schon bei der Kreierung des Beeinträchtigungstatbestandsmodells zwischen verschiedenen Zielvorstellungen abgewogen werden. Wenn z. B. durch eine Wettbewerbsgleichheitsauslegung starke Unterschiede in der Wohlstandsverteilung zwischen den Mitgliedstaaten herbeigeführt würden mit klaren „Integrationsgewinnern" und „Integrationsverlierern", was dem Integrationsziel schaden würde, kann auf eine restriktive Auslegung, etwa im Sinne der klassischen *Groenveld*-Formel, zurückgegriffen werden. Gleichzeitig können Ausnahmen auf der *Rechtfertigungsebene* anerkannt werden, etwa für Bereiche, die politisch bzw. legitimatorisch besonders sensibel sind. Der Einsatz des Kaldor-Hicks-Kriteriums hilft also nur bei *einer Dimension* des Wertungsvorgangs. Andere Dimensionen der Auslegung können das Ergebnis der Normauslegung noch korrigieren. Vor allem sind die Schwächen des Kaldor-Hicks-Kriteriums nun bekannt. Auf sie ist daher nach der Durchführung der Saldierung zu achten.

Das Kaldor-Hicks-Kriterium kann somit – wenn Allokationseffizienz als Ziel des Binnenmarktes und der Grundfreiheiten anerkannt wird – in der Tat anzeigen, ob eine bestimmte von mindestens zwei zur Verfügung stehenden (also mit anderen Auslegungsgesichtspunkten nicht unvereinbaren) Norminterpretationen größere Allokationseffizienz herbeiführt oder nicht.

c) Zwischenergebnis

Der Blick sei auf drei Gesichtspunkte gelenkt: Erstens sind gemäß dem Kaldor-Hicks-Kriterium und auf der Grundlage der bereits beschriebenen wirtschaftstheoretischen Modelle und Annahmen die Kosten und Gewinne einer bestimmten Interpretationsvariante zu untersuchen. Diese Analyse stattet den Rechtsinterpreten mit fortgeschrittenen Modellen und Theorieannahmen aus, die zu präziseren Vorhersagen führen als die unbewusst oder bewusst angewandten Common-Sense-Analysen. Einzubeziehen sind dabei zweitens Externalitäten und Transaktionskosten sowie ganz grundlegende behavioristische Annahmen. Es geht also um ein möglichst *realistisches* Abbild der ökonomischen Wirklichkeit. Schließlich müssen konkurrierende Zwecksetzungen berücksichtigt und Begrenzungen des Interpretationsspielraums eingehalten werden (wie z. B. die Wortlautgrenze).

4. Positive und normative Analyse

Die *positive* ökonomische Analyse untersucht die Kausalgesetzlichkeiten zwischen zwei Variablen und prognostiziert die Folgen einer Änderung einer bestimmten Variable.[991] Sie ist eine Realwissenschaft.[992] Rechtliche Regelun-

---

[991] *Salzberger*, in: FS Schäfer, 23 (29). *Salzberger* bezeichnet die positive Analyse als die am meisten verwendete (a. a. O.). Vgl. auch *Christl*, 153 f.

gen stellen als unabhängige Variablen für die Akteure Handlungsbedingungen dar, die sie bei der Wahl ihrer Handlungen berücksichtigen.[993] Werden mögliche Norminterpretationen als zu untersuchende Mittel und wird das dem Gesetz zugrunde liegende Ziel als durch die Mittel zu erfüllender Zweck betrachtet, fungiert die positive Analyse als Erkenntnisinstrument dafür, welche Norminterpretation als Mittel den angestrebten Zweck am besten erreicht.[994] Es sind danach – mit den unterschiedlichen Interpretationsmöglichkeiten als in Betracht kommenden Mitteln – „vergleichende Wirkungsanalysen" im Rahmen eines „konsequentialistischen Ansatz[es]"[995] vorzunehmen,[996] bei dem die Wirkungsanalysen in Beziehung gesetzt werden zu den primärrechtlich vorgegebenen Wertungen.[997] Es müssen die denkbaren Interpretationskonzeptionen je nach Erreichung der angestrebten Ziele bzw. der zu schützenden Belange einander gegenübergestellt werden. In diesem Fall ist eine schon aus anderen Bereichen der Rechtsanwendung bekannte Abwägung (wie z. B. bei der Verhältnismäßigkeitsprüfung im Rahmen der Prüfung einer Grundrechtsverletzung) durchzuführen.

Auf der Grundlage der positiven Analyse erteilt die normative Analyse *Handlungsanweisungen,* sie teilt somit mit, welche Norm einer anderen vorgezogen werden sollte, d. h., welche Norm „besser" ist und wie eine „gute" Norm beschaffen sein sollte.[998] Jedoch benötigt eine normative Analyse eine Zielvorgabe, an der sie ihre Handlungsempfehlungen ausrichten kann.[999] Ein Ziel kann die normative Analyse nicht vorgeben.[1000] Die normative Analyse besteht hier darin, ein bestimmtes Interpretationskonzept für Art. 35 Alt. 2 AEUV zu empfehlen.

---

[992] *Kirchner*, in: Riesenhuber, 2. Aufl., § 5 Rn. 8.

[993] *Franck*, in: Riesenhuber, 3. Aufl., § 5 Rn. 10; *Kirchner*, in: Riesenhuber, 2. Aufl., § 5 Rn. 32–36.

[994] Vgl. *Kirchner*, in: Riesenhuber, 2. Aufl., § 5 Rn. 3, 7–9, 13; *Salzberger*, in: FS Schäfer, 23 (29).

[995] Vgl. *Kirchner*, in: Festschrift Schäfer, 37 (43 f., 47). Ähnlich *Van Aaken*, in: FS Schäfer, 651 (654).

[996] *Kirchner*, in: Riesenhuber, 2. Aufl., § 5 Rn. 8; *Ismer*, in: van Aaken/Schmid-Lübbert, 69 (81, 84).

[997] Insofern ist dem *van Aaken*'schen Ansatz zuzustimmen, der Effizienzkritierien bei der Erfüllung verfassungsrechtlicher Prinzipien heranzieht, *dies.*, in: FS Schäfer, 651 (658); vgl. auch *Kirchner*, in: Riesenhuber, 2. Aufl., § 5 Rn. 8, 28–30, 41.

[998] *Christl*, 152–154; *Kirchner*, in: Riesenhuber, 2. Aufl., § 5 Rn. 1; *Salzberger*, in: FS Schäfer, 23 (29 f.); *Schilling,* 93 m. w. N.

[999] Siehe hierzu b. Fn. 972.

[1000] *Salzberger*, in: FS Schäfer, 23 (29 f.).

III. Die ökonomische Analyse des Rechts und die Norminterpretation

1. Allgemeine Bedeutung innerhalb des Normauslegungs- und -anwendungsvorganges

Fraglich ist, wie die anzustellenden ökonomischen Analysen in die methodischen Strukturen der Normauslegung eingepasst werden können. Auf der Ebene der Norm*interpretation* kommt zunächst eine Wirkung im Rahmen der subjektiv-teleologischen Auslegung in Betracht,[1001] wenn ein ökonomisches Ziel primärrechtlich vorgegeben ist, das dann auf seine Erfüllung durch die unterschiedlichen Interpretationsvarianten untersucht werden kann. Die ökonomische Analyse des Rechts trifft – wie eine zu textferne objektiv-teleologische Auslegung insgesamt[1002] – auf verschiedene Vorbehalte:[1003] Es muss davor gewarnt werden, die Grundfreiheiten zu dynamischen Verweisungen auf die jeweils herrschende Wirtschaftstheorie umzufunktionieren. Dies führt zu Rechtsunsicherheit. Auch muss die systematische Geschlossenheit des Rechts respektiert werden: Löst sich das Recht als gesellschaftlich ausdifferenziertes Subsystem auf, kann es seine Aufgaben der Komplexitätsreduzierung nicht mehr bewältigen.[1004] Sodann wäre eine „dynamische Verweisung auf die jeweils diskursbestimmende wirtschaftswissenschaftliche Theorie" demokratisch nicht legitimiert und würde zu einer „Umdeutung" des Rechts führen. Des Weiteren würde das Recht den Richtern (womöglich zu) große Interpretationsspielräume eröffnen. Es muss daher immer eine Einbettung in die Zielpolyfonie des Primärrechts erfolgen.[1005] Die Zielsetzungen einer Norm können sowohl aus der Systematik bzw. der Funktion einer Norm als auch aus ausdrücklich niedergelegten Zielen in den Grundsatzteilen von AEUV und EUV abgeleitet werden.[1006] Auch ist die ökonomische Analyse des Rechts mit einer *integrationsdynamischen* Auslegung – sofern letztere

---

[1001] Vgl. *Eidenmüller*, 452–454; *Engel*, in: Ehlers/Fehling/Pünder, § 2 Rn. 66; *Franck*, in: Riesenhuber, 3. Aufl., § 5 Rn. 52; *Grundmann/Riesenhuber*, JuS 2001, 529 (532); differenzierend *Hartmann*, 46 („Sonderfall" der teleologischen Auslegung). Zum Begriff der subjektiv-teleologischen Auslegung *Puppe*, 144 ff.

[1002] Vgl. b. Fn. 1287.

[1003] Zurückhaltend bezüglich der Heranziehung der objektiv-teleologischen Auslegungsmethode für die Einbringung ökonomischer Effizienzerwägungen etwa *Eidenmüller*, 454–459; *Grundmann/Riesenhuber*, JuS 2001, 529 (532 f.); vgl. auch *Lippert*, 384–386. Befürwortend dag. *Hartmann*, 39 ff.

[1004] Vgl. zur systemtheoretischen Idee operativer Geschlossenheit bei *Luhmann* nur *A. Kirchner*, 106 ff.

[1005] Vgl. *Füller*, 18 Fn. 13; *van Aaken*, in: dies./Schmid-Lübbert, 89.

[1006] *Pechstein/Drechsler*, in: Riesenhuber, § 8 Rn. 27 ff.

anerkannt wird[1007] – verschränkt: Die Integration wird durch die Wohlstandsschaffung mitbewirkt und umgekehrt.[1008]

Kommt es zu zielrelevanten Nebenwirkungen oder betreffen diese ein anderes ebenfalls mit der Norm zu verfolgendes Ziel, muss überprüft werden, ob – und gegebenenfalls wie stark – dieses je nach Interpretationsvariante in Mitleidenschaft gezogen oder gar (zufälligerweise mit-)erfüllt wird.[1009] Die systematisch-teleologische Auslegung muss dabei klären, welche Zielvorstellungen der Norm zugrunde liegen und wie gewichtig diese im Verhältnis zueinander sind. Sofern mehrere Ziele identifiziert werden, muss eine Gesamtabwägung vorgenommen werden, die die ökonomischen Ergebnisse den einzelnen Zielvorstellungen zuordnet und die aus dem Grad, bis zu dem die Ziele erfüllt sind, im Rahmen eines wertenden Vergleichs festlegt, welche Interpretationsvariante sich durchsetzt.[1010] Die abstrakte Abwägung systematisch-teleologischer Konzepte des Primärrechts (wie die Binnenmarktfinalität oder die Kompetenzverteilungsordnung) sowie die konkrete Abwägung hinsichtlich deren Verwirklichung und Abbildung im Fall der Warenausfuhrfreiheit entspricht Abwägungsprozessen, wie sie auch auf der einfachgesetzlichen Ebene in vertypter Form gefunden werden können – etwa auf der Tatbestandsseite im Bereich des Baurechts oder auf der Rechtsfolgenseite im Bereich des Verwaltungsermessens. Der Abwägungsprozess ist auf allen drei Ebenen strukturell derselbe.[1011] Formal handelt es sich – in Bezug auf die Warenausfuhrfreiheit – um den Eingang von Abwägungsprozessen durch unbestimmte Rechtsbegriffe auf Tatbestandsseite.[1012]

Eine weitere Anwendungsmöglichkeit für wirtschaftstheoretische Analysen und Recht ist die Ebene der Subsumtion: Die Wirtschaftstheorie liefert Hypothesen darüber, wie sich Individuen in bestimmten Situationen verhalten (s. o. zur Annahme des methodischen Individualismus, zur Eigennutzhypothese und zu den Einschränkungen). In ihren verschiedenen Disziplinen, z. B. der Wettbewerbstheorie, werden diese Hypothesen verfeinert. Die Wirtschaftstheorie liefert also Instrumente zur Sachverhaltsermittlung,[1013] insbesondere wenn Märkte und Verhalten am Markt zum Tatbestand einer Norm gehören.[1014] Dies ist der Fall beim Wettbewerbsgleichheitsmodell: Dieses stellt darauf ab, ob sich bestimmte Regulierungen des Exportstaates nachteilig für die Exporteure auswirken. Es handelt sich hierbei um ökonomische Sachverhalte, die mit den Mitteln der Wirtschaftstheorie aufklärbar sind.

[1007] S. zu dieser Frage umf. b. Fn. 2157 ff.

[1008] Vgl. hierzu b. Fn. 921, 949 und umf. b. Fn. 2308 ff.

[1009] S. Fn. 991 ff.

[1010] Vgl. *Kirchner*, in: Festschrift Schäfer, 37 (44).

[1011] Ähnl. *E. Hoffmann*, in: van Aaken/Schmid-Lübbert, 135 (140).

[1012] Zu letzterem *E. Hoffmann*, in: van Aaken/Schmid-Lübbert, 135 (136 ff.).

[1013] Vgl. für das Kartellrecht *Ackermann*, in: Riesenhuber, 3. Aufl., § 21 Rn. 18 ff.

[1014] *Franck*, in: Riesenhuber, 3. Aufl., § 5 Rn. 55.

Die Wirtschaftstheorie kann darüber hinaus dabei helfen, bestimmte primärrechtliche Theoriekonzepte und Vertragsfinalitäten begreifbar und operationalisierbar zu machen: Der Binnenmarktgedanke geht von bestimmten wirtschaftstheoretischen Prämissen aus; der internationale Handel wird grundsätzlich für ökonomisch positiv, d. h. wohlfahrts- und wachsstumssteigernd gehalten. Knüpft der Binnenmarktgedanke an eine bestimmte Ideengeschichte an, muss diese verstanden werden. Soll eine bestimmte Norm auf der Grundlage der Binnenmarktfinalität weiterentwickelt werden, bedarf es wirtschaftswissenschaftlicher Vorkenntnisse.

2. Bedeutung innerhalb der drei Stufen der Grundfreiheitenprüfung

a) Eingriffs-/Beeinträchtigungsebene

Nach der positiven ökonomischen Analyse ist zunächst die Ermittlung eines Zwecks erforderlich, anschließend ist zu untersuchen, inwieweit die Suche nach Interpretationsvarianten durch konkurrierende Auslegungsgesichtspunkte begrenzt ist und – sofern mehrere Interpretationsvarianten übrig bleiben – welche dieser Interpretationsvarianten den gegebenen Zweck am besten erfüllt, ohne unzulässige Nebenwirkungen herbeizuführen. Eine der wesentlichen Legitimationsgrundlagen der Europäischen Union ist ihre Bedeutung für die Wohlfahrt(serhöhung und -maximierung) der Mitgliedstaaten: Diese wollen aus der Mitgliedschaft *über dessen friedensstiftende Wirkung*[1015] *hinaus* einen konkreten *Nutzen* erzielen.[1016] Die enge Verflechtung hätte ohne die damit attribuierten Wohlfahrtsvorteile nicht stattgefunden.[1017] Es erscheint unvorstellbar, dass die Mitgliedstaaten einer wirtschaftlich irrationalen, Kosten verursachenden und die Wohlfahrt ihrer Bürger mindernden Einigungsform zugestimmt hätten. Die europäische Einigung *zielt* somit auf eine Wohlstandssteigerung ab (das ist der Zweck i. S. d. der oben genannten positiven Analyse[1018]). Die Wohlfahrtsorientierung ist insofern verzahnt mit der Integrationsorientierung des Binnenmarktes.

Fraglich ist, welchen Grenzen die ökonomische Analyse im Bereich der Grundfreiheiten unterliegt: Der Wortlaut der Warenverkehrsfreiheit ist schon von Natur aus unbestimmt,[1019] und die Warenverkehrsfreiheit ist, wie die anderen Grundfreiheiten auch, durch den *EuGH* für (eine ggf. auch extensive) Auslegung und Rechtsfortbildung „empfänglicher“ gemacht worden. Der EuGH wurde daran auch nicht durch den Primärrechtgeber gehindert: Der Primärrechtgeber hat die (teils selbst vom Gerichtshof geschaffenen) Spiel-

---

[1015] Vgl. hierzu umf. b. Fn. 1501 ff.

[1016] Vgl. umf. b. Fn. 1595 ff.

[1017] S. b. Fn. 1511 ff.

[1018] S. b. Fn. 991.

[1019] S. b. Fn. 895 f.

räume vielfach bestätigt und gerade nicht korrigiert.[1020] Der Rahmen, innerhalb dessen nach einer wohlfahrtsoptimalen Interpretation gesucht werden kann, ist also ein vergleichsweise weiter, sodass sich die Warenverkehrsfreiheit hervorragend für eine positive ökonomische Analyse eignet.[1021]

Im Rahmen einer Fallgruppenbildung kann die ökonomische Analyse dazu beitragen, Konstellationen auszumachen, die besonders schädlich sind und deshalb unter besonders strenge Tests gestellt (und/oder erhöhten Rechtfertigungsstandards unterworfen) werden sollten. Sie könnte – je nach Befund – auch dafür herangezogen werden, zu begründen, warum die Warenverkehrsfreiheit auch auf bislang nicht für tatbestandsmäßig erklärte Fallgestaltungen erstreckt werden sollte oder auf solche, die bislang noch nicht Gegenstand der EuGH-Rechtsprechung waren. Die Menge abstrakt denkbarer Interpretationen und ihrer Zuordnung zu unterschiedlichen Zielvorstellungen im Lichte der nachfolgend angestellten wirtschaftstheoretischen Überlegungen wird umfänglich unten analysiert.[1022]

Wenn ein Interpretationskonzept bzw. Tatbestandsmodell auf mittels ökonomischer Theorie ermittelbare Tatbestandsmerkmale abstellt, insbesondere auf das Verhalten sozialer Akteure in Knappheitssituationen, z. B. beim Marktzugangstest[1023] oder beim Wettbewerbsgleichheitstest[1024], kann die positive ökonomische Analyse für die Subsumtion unter die Tatbestandsmerkmale herangezogen werden.[1025]

b) Rechtfertigungsebene

Auch in Bezug auf die Rechtfertigung können wieder zwei Ebenen unterschieden werden: Erstens kann wiederum eine bestimmte Interpretation qua positive ökonomische Analyse ermittelt werden. Zweitens kann geprüft werden, ob die so ermittelten Modelle hinsichtlich des Rechtfertigungsgrunds erfüllt sind, wenn sie ein Verhalten sozialer Akteure zum Thema haben (dies gilt insbesondere für Teile der Verhältnismäßigkeitsprüfung).

[1020] S. vor Fn. 942.

[1021] Aufgrund der großen interpretativen Spielräume weist die Rechtsanwendung bei den Grundfreiheiten große Ähnlichkeiten mit der Rechts*setzung* auf, die ebenfalls bestimmte politische Ziele möglichst effizient verfolgen möchte und sich hierfür auf fachwissenschaftliche Erkenntnisse stützt, hierzu *Van Aaken*, in: FS Schäfer, 651 (654 ff.). Die sich mit der Einbeziehung der Sozialwissenschaften beschäftigende Sparte der Rechtstheorie ist die Gesetzgebungslehre; zu vermeidbaren Beispielen für gesetzgeberische Fehlleistungen aufgrund ökonomischer Unkenntnis *Van Suntum*, 313 ff.

[1022] S. v. a. b. Fn. 3456 ff., s. a. b. Fn. 3486 ff. und b. Fn. 3420 ff.

[1023] Vgl. *Lach*, 274 f. m. w. N., der den Marktzugangstest als Konkretisierung des Begriffs der Maßnahmen gleicher Wirkung i. S. v. Art. 34 Alt. 2 AEUV daher krit. sieht.

[1024] S. n. Fn. 1014.

[1025] Vgl. *Hartmann*, 33 f.

Die Kenntnis der genauen ökonomischen Ursachen und Vorteile von Exportbeschränkungen (Bewältigung von Rohstoffknappheit; Schutz heimischer Verarbeitungsindustrie; Reduzierung von Leistungsbilanzüberschüssen[1026]) könnte möglicherweise auch ein neues Licht auf ökonomisch motivierte und anerkennungswürdige, aber leider (noch) nicht anerkannte Rechtfertigungsgründe[1027] werfen. Sofern diese ihrerseits wirtschaftlich positive Ergebnisse herbeiführen, die im Sinne des Vertrages liegen, könnten sie doch anerkennungsfähig sein. Die wirtschaftlichen Vor- und Nachteile, insbesondere von zum Schutz des guten Rufes der heimischen Exportindustrie ergangenen Regelungen, sind dabei auch ökonomisch zu analysieren.

Im Rahmen der Überprüfung der Geeignetheit und Erforderlichkeit können Ergebnisse aus der ökonomischen Analyse des Rechts hervorragend genutzt werden:[1028] Ob eine Maßnahme wirklich geeignet, ist ein Ziel zu erreichen, kann mittels ökonomischer Modelle prognostiziert oder festgestellt werden, wenn die Maßnahme bereits in Kraft ist.[1029] Auch im Rahmen der Erforderlichkeit kann prognostiziert werden, ob und inwieweit alternative Mittel, die milder sind, gleich geeignet sind.[1030] Obwohl auch die Prüfungsstufen der Geeignetheit und Erforderlichkeit auf normative Gewichtungen angewiesen sind,[1031] steht bei der Verhältnismäßigkeit im engeren Sinn bzw. der Angemessenheit einer Maßnahme die durch das Recht zu treffende Gewichtungsentscheidung im Vordergrund.[1032] Soweit aber diese rechtliche Gewichtungsentscheidung auf faktischen Umständen und auf der Prognose von faktischen Entwicklungen aufbaut, kann die ökonomische Theorie als ergänzendes Instrument eingesetzt werden.[1033]

[1026] S. umf. b. Fn. 1094 ff.

[1027] Ökonomische Gründe sind nach herrschender Auffassung unbeachtlich, vgl. nur *Epiney*, in: Ehlers, § 8 Rn. 73 ff.

[1028] Zu diesem Aspekt bezogen allerdings auf *national-verfassungsrechtliche* Verhältnismäßigkeitserwägungen *van Aaken*, in: FS Schäfer, 651 (658 ff.); *Bizer*, 6 f.; *Hartmann*, 36; *Drexl*, in: Ott/Schäfer, 333 (340) spricht unspezifisch nur von einer Hilfe bei der Bestimmung der Verhältnismäßigkeit.

[1029] *Hartmann*, 36.

[1030] S. umfass. *Engel*, in: Ehlers/Fehling/Pünder, § 2 Rn. 22–38; *Franck*, in: Riesenhuber, 3. Aufl., § 5 Rn. 60 m. Fn. 141; *Hartmann*, 36. Entsprechende Ansätze finden sich bei EuGH, Urt. v. 25.01.2007, Rs. C-370/05, Slg. 2007, I-1144, Rn. 39 (*Festersen*). Dagegen kann es nicht darauf ankommen, dass alternative Maßnahmen zur Zielerreichung *besser* geeignet sind. Es kommt nur darauf an, ob (mindestens) gleich geeignete alternative Mittel weniger stark in die Grundfreiheit eingreifen. Der Verhältnismäßigkeitsgrundsatz ist kein Optimierungsprinzip.

[1031] Vgl. *Engel*, in: Ehlers/Fehling/Pünder, § 2 Rn. 22–50.

[1032] S. umfass. *Engel*, in: Ehlers/Fehling/Pünder, § 2 Rn. 39–50; *Franck*, in: Riesenhuber, 3. Aufl., § 5 Rn. 60.

[1033] *Engel*, in: Ehlers/Fehling/Pünder, § 2 Rn. 56.

IV. Grundlagen der Außenhandels- und Wettbewerbstheorie

Die Außenhandelstheorie hat im Laufe der Zeit unterschiedliche Hypothesen entwickelt, die erklären sollen, ob die Wohlfahrt von Ländern erhöht wird, die (mehr oder weniger) freien Handel miteinander betreiben, bzw. welche Auswirkungen die unterschiedlichen Kooperations- und Integrationsformen für die Entwicklung der Gesamtwohlfahrt haben.

Bevor die Vorzugswürdigkeit (und damit die Auswirkungen) bestimmter Interpretationsvarianten von Art. 35 Alt. 2 AEUV untersucht wird, sind außenhandelstheoretische und wettbewerbstheoretische Grundlagen zu skizzieren, die die Basis für die späteren spezifischen Wettbewerbsgleichheits- und Systemwettbewerbsanalysen bieten. Das Wettbewerbsgleichheits-Rechtswahlmodell setzt an verschiedenen wettbewerbstheoretischen Erkenntnissen an und versucht, positive Wettbewerbswirkungen des grenzüberschreitenden Handels zu verstärken. Gleichzeitig kann eine Wettbewerbsgleichheitsauslegung ihre heilsamen Wirkungen nicht entfalten, wenn nicht die Grundvoraussetzungen des freien Handels und die Abschaffung von Protektionismus gegeben sind. Z. B. ergibt eine Abschaffung von Exporthindernissen keinen Sinn, wenn der Importstaat das auszuführende Produkt mit einem totalen Einfuhrverbot belegt hat. Der Wettbewerbsgleichheits-Rechtswahlmechanismus stellt somit eine *Fortentwicklung* des Protektionismusverbots und des Freihandelsmodells dar.

1. Grundbegriffe

Für das Verständnis der Außenwirtschaftstheorie bedarf es eines kurzen Eingehens auf einige volkswirtschaftliche Grundlegungen:[1034] Die Außenwirtschaftstheorie ist eine Umformung allgemeiner wirtschaftstheoretischer und wirtschaftspolitiktheoretischer, insbesondere wettbewerbstheoretischer Erkenntnisse unter der besonderen Bedingung räumlicher und politischer Abgegrenztheit von Staaten.

Der Markt organisiert die Güter- und Produktionsfaktorenallokation dezentral über den Preismechanismus.[1035] „Unternehmungen" wandeln nachgefragte Produktionsfaktoren um, verändern sie (Transformation) und offerieren die transformierten Erzeugnisse am Markt.[1036] Die ökonomische Theorie unterstellt, dass Unternehmen Gewinnmaximierung anstreben.[1037]

Sowohl auf der Ebene der mitgliedstaatlichen Rechtsordnungen als miteinander konkurrierende Systeme als auch auf der Ebene der Konkurrenz ein-

---

[1034] Ebenso *Heiduk*, VI; *Hüther/Hafemann*, in: Härtel, § 14 Rn. 1; ähnl. *Neumann*, 30.

[1035] *Wiesmeth*, in: Blum et al., 21 (23 f.).

[1036] *Engelkamp/Sell*, 76.

[1037] *Engelkamp/Sell*, 97.

zelner Unternehmen spielt der *Wettbewerb* eine *zentrale* Rolle.[1038] Wettbewerb ist gekennzeichnet durch eine Situation, in der mehrere Anbieter im Rahmen eines „Rivalitätsprozesses" versuchen, die Marktgegenseite von der Vorzugswürdigkeit ihres Angebotes gegenüber dem eines ihrer Rivalen zu überzeugen. Bei rationaler Entscheidung und vollständiger Information der Marktgegenseite über die Angebote der Wettbewerber obsiegt derjenige, der die Interessen der Marktgegenseite am besten befriedigt.[1039]

Das Hauptanwendungsfeld der internationalen Wettbewerbspolitik liegt im Bereich des Verbotes von Kartellen, in der Fusionskontrolle und in der Verhaltenskontrolle von Unternehmen mit Marktmacht.[1040] Diese Charakterisierung ist jedoch nicht erschöpfend: Die Wettbewerbstheorie und die Theorie der Wettbewerbspolitik können darüber hinaus mitteilen, wie der staatliche Ordnungsrahmen auch außerhalb von Monopolen, Kartellen, Fusionen und marktmächtigen Unternehmen zu organisieren ist, um die volkswirtschaftliche Wohlfahrt zu optimieren. Sie bildet damit eine Grundlage für die Außenwirtschaftstheorie, aus der die zentralen Implikationen für die Warenausfuhrfreiheit abgeleitet werden können.

2. Wirkungen des Wettbewerbs

a) Analyse

Wettbewerb erhöht nach allgemeiner Auffassung grundsätzlich langfristig den Wohlstand.[1041] Der Rückgriff auf die koordinativen Ressourcen aller Marktteilnehmer, mithin auf ihre dezentralen Einzelpläne, erweist sich als vorteilhafter als eine staatliche Zentralplanung.[1042] Je intensiver der Wettbewerb ist, umso größer sind auch der Kostensenkungsdruck und der Anreiz zu Produktivitätssteigerungen. Der stärkere Wettbewerbsdruck führt zu Umstrukturierungen und Rationalisierungshandlungen, beispielsweise zur Verlagerung von Produktionszentren und Unternehmenssitzen an geeignetere Standorte und zur Zusammenfassung mehrerer zersplitterter Produktionen an einen einzigen Standort.[1043] Die konkurrierenden Anbieter werden versuchen, die kostengünstigste Faktorzusammensetzung anzustreben, wodurch die Produktionsfaktoren marktweit dorthin alloziert werden, wo sie am stärksten benötigt werden (d. h., wo die drängendste Knappheit gegeben ist). Sie handeln aus der Motivation heraus, bestehende Marktanteile zu halten, durch

---

[1038] Wettbewerbstheorie beschreibt die beim Wettbewerb stattfindenden Kausalprozesse, Wettbewerbspolitik untersucht, wann und inwiefern bestimmte Maßnahmen mit dem Ziel der Beeinflussung des Wettbewerbs erfolgreich sind.

[1039] Hierzu insgesamt *Engelkamp/Sell*, 149.

[1040] Vgl. *Neumann*, 30.

[1041] Vgl. nur *Neumann*, 28; Cecchini-Bericht, 100, 109.

[1042] Vgl. *Neumann*, 35.

[1043] Cecchini-Bericht, 110 f., 113.

Preissenkungen Marktanteile hinzuzugewinnen und den Gewinn bei gleichbleibendem Preis, aber sinkenden Kosten zu maximieren.[1044] Der Wettbewerb dient als dynamischer Prozess nicht nur der „Entdeckung" des Produktes,[1045] das aufgrund seiner Eigenschaften wie Preis und Qualität die Bedürfnisse des Konsumenten am besten befriedigt. Der Wettbewerb indiziert darüber hinaus, welche Produktsparten die Konsumenten erweitert wissen möchten – ob sie also z. B. lieber Haushaltsprodukte, Nahrungsmittel oder Kraftwagen kaufen möchten. Das Angebot wird dabei mittelbar von den Konsumenten gesteuert (Konsumentensouveränität).[1046] Stärker den Wünschen der Abnehmer entsprechende Produkte finden besseren Absatz und können zu höheren Preisen verkauft werden.[1047] Langfristig werden sich die Preise an den tatsächlichen Stückkosten orientieren.[1048] Andernfalls, d. h. wenn Gewinn erzeugt wird, würden neue Bewerber zum Markteintritt angereizt.[1049] Die Kosten sinken dabei nicht nur für die Endprodukte, sondern auch für die Vorprodukte von Zulieferern.

Das Entstehen einer größeren Produktauswahl hängt nicht nur damit zusammen, dass auf dem Binnenmarkt nunmehr Waren aus einer Vielzahl von Ländern erhältlich sind und dass der Wettbewerb intensiviert wird. Auch steigende Skalenerträge (economies of scale)[1050] machen nun mit hohen Fixkosten verbundene oder in der Entwicklung aufwendige Produkte profitabel und absatzfähig.[1051] Mögliche Absatz- und Umsatzsteigerungen können z. B. von den Unternehmen dazu genutzt werden, nun größere Forschungsprojekte zu unterhalten,[1052] oder es entstehen Forschungskooperationen zwischen Unternehmen mit einer Bündelung der Entwicklungsetats.[1053] Dies erst kann z. B. teure Medikamente oder technische Erfindungen ermöglichen. Beispiele sind auch im Bereich des Flugzeug- und Maschinenbaus, der chemischen Industrie sowie der Automobilbranche zu finden.[1054] Der größere Absatzmarkt erlaubt es bestimmten Produktionssparten, ihre „mindestoptimale Betriebsgröße" ohne eine Monopolbildung zu erreichen.[1055]

[1044] *Engelkamp/Sell*, 150.

[1045] Hierzu insgesamt *Neumann*, 34 ff. unter Bezugnahme auf das *von Hayek* geprägte Diktum des Wettbewerbs als Entdeckungsverfahren (s. hierzu b. Fn. 1151).

[1046] *Blum*, in: ders. et al., 1 (9); Cecchini-Bericht, 100, 109; *Engelkamp/Sell*, 153.

[1047] *Engelkamp/Sell*, 150.

[1048] Cecchini-Bericht, 109.

[1049] *Neumann*, 6.

[1050] Hierzu umfassend Cecchini-Bericht, 106 f.; *Engelkamp/Sell*, 348.

[1051] Vgl. zum zweiten Aspekt insgesamt *Engelkamp/Sell*, 348 f.; s. a. *Wagener/Eger*, 136.

[1052] Cecchini-Bericht, 113 f.

[1053] Cecchini-Bericht, 115 ff.

[1054] *Engelkamp/Sell*, 348.

[1055] *Zapke*, 57 f. m. w. N.; Spaak-Bericht, 13 f.

Zur Erfüllung der oben genannten Funktionen muss der Wettbewerb auch Zerstörungskräfte entfalten.[1056] Um effizientere Produktionen sowie bessere und neuartige Produkte herzustellen, müssen weniger präferenzgemäße Produkte sowie ineffiziente Produktionen und Unternehmen aus dem Markt gedrängt werden. Diese Umbildungsprozesse bedrohen oder vernichten die wirtschaftliche Existenz einiger Marktteilnehmer und bergen für die Arbeitnehmer die Gefahr der Arbeitslosigkeit. Nichtsdestotrotz sind sie im volkswirtschaftlichen Gesamtergebnis mittel- und langfristig vorteilhaft. Die Konsumentenrente steigt und das Humankapital wird realloziert, Beschäftigungslose finden entweder bei einem anderen Unternehmen Arbeit oder müssen sich weiterqualifzieren, um erneut auf dem Faktormarkt „Arbeit“ eingesetzt zu werden.

Besondere Kostensenkungspotenziale zeigen sich bei Monopolen oder Oligopolen.[1057] Mono- oder oligopolistische Strukturen begünstigen ineffiziente Produktionsprozesse, kleine Produktsortimente und hohe Gewinnanteile bei den Preisen, mithin eine geringere Konsumentenrente. Solche Strukturen werden begünstigt oder erzeugt durch hohe oder absolute Marktzugangshindernisse. In dem Moment, in dem keine Marktzugangshindernisse mehr bestehen, werden potenzielle Wettbewerber angereizt, in den Monopolmarkt einzutreten und die in dem Zusammenhang gegebenenfalls beträchtlichen Investitionskosten auf sich zu nehmen.[1058]

Dabei ist die *Regulierung* von Monopolen und marktmächtigen Unternehmen als *Ersatz* für das Instrument des Wettbewerbs nur eine „second best“-Alternative: Die Probleme der Regulierung wurden insbesondere seit den 70er Jahren durch die in den USA entwickelte sog. capture theory beschrieben. Aufgrund der Informationsabhängigkeit der regulierenden Behörden von den zu regulierenden Wirtschaftsunternehmen sowie der Möglichkeit, durch lobbyistische Tätigkeiten auf die Regulierung einzuwirken, wurde die Regulierung immer weniger für geeignet gehalten, ihre Aufgaben zu erfüllen, d. h., das Verhalten in Monopolen und bei Bestehen von Marktmacht zu überwachen und zu regeln, weshalb die Regulierung in den USA seitdem in den meisten Bereichen reduziert wurde (mit Ausnahme der natürlichen Monopole).[1059]

Die wirtschaftliche Integration führt auch international zu höherer Wettbewerbsfähigkeit.[1060] Europäische Unternehmen, die mit dem Binnenmarkt nun einen größeren Markt bedienen, können sich so gegen Konkurrenz aus

---

1056 *Neumann*, 229.
1057 Vgl. Cecchini-Bericht, 109.
1058 *Neumann*, 28.
1059 Vgl. hierzu insgesamt *Neumann*, 194 f.
1060 *Büter*, 26; Cecchini-Bericht, 101.

Staaten wehren, die große, homogene Heimatmärkte abdecken wie den chinesischen oder US-amerikanischen Markt.[1061]

Daneben ist an *fiskalische* Vorteile zu denken: Der Abbau verwaltungsmäßiger Kontrollen führt zu einer Entlastung der öffentlichen Kassen. Intensiverer Wettbewerb wird auch im öffentlichen Auftrags- und Beschaffungswesen stattfinden, was zu sinkenden Preisen für die öffentliche Hand führt.[1062] Mit der Gesamtwirtschaft wachsen auch die Steuereinnahmen. Aufgrund des größeren Marktes wird es für Drittstaatenunternehmen rentabler, sich in einem Mitgliedstaat niederzulassen und am Wettbewerb teilzunehmen,[1063] wodurch nicht nur der Wettbewerb im Binnenmarkt verstärkt wird, sondern auch die Steuereinnahmen steigen.

b) Schlussfolgerungen

Die wohl wichtigste Schlussfolgerung der bisherigen Überlegungen ist, dass eine Maximierung der Wettbewerbsvorteile durch eine höhere Wettbewerbs*intensität* erreicht werden kann, sodass wettbewerbs*politisch* versucht werden sollte, *möglichst viele* Wettbewerber am Markt teilnehmen zu lassen und die Märkte zu vergrößern bzw. mehrere Teilmärkte zusammenzuschließen. Dies gilt gerade für die EU, die (worauf noch näher einzugehen ist[1064]) mit verschiedenen „Sicherheitsventilen" ausgestattet ist, mit denen sie auf klassische Probleme und Härten des Freihandels reagieren kann.

Zweitens zeigt die Wettbewerbstheorie die Bedeutung dezentraler Kompetenzverteilung auf: Nicht der Staat, sondern Unternehmen und Verbraucher sollten so weit wie möglich über Produktion und Nachfrage entscheiden. Der Staat muss jedoch eingreifen, wenn der Markt versagt, z. B. dann wenn Externalitäten auftreten, d. h. Unternehmen und Verbraucher nicht nur Entscheidungen für sich treffen, sondern auch für nicht an der Entscheidung beteiligte Dritte.

3. Außenhandelstheorie

Auch wenn in jüngerer Zeit verstärkt (insbesondere ökologisch) kritische Aspekte der Globalisierung in den Vordergrund nicht nur der Wirtschaftstheorie rücken,[1065] basiert die europäische Wirtschaftsintegration auf einer langen und gefestigten Tradition der Freihandelstheorien. Bei diesen handelt es sich jedoch um Begründungen für die Abschaffung von *Zöllen* und *Protektionismus.* Die weitaus komplexere und umstrittenere Frage,

---

1061 *Snell*, in: Barnard/Peers, 300 (304).
1062 Cecchini-Bericht, 125 ff.
1063 *Büter*, 26.
1064 S. b. Fn. 1088 f.
1065 Vgl. nur *Rogall*, 505 ff. m. w. N.

ob Produktions- oder Vertriebskosten verursachende und damit den Wettbewerb auf den Absatzmärkten potenziell verfälschende Maßnahmen (d. h. Beschränkungen oder Wettbewerbunsungleichheiten) vonseiten des Warenexportstaates abgebaut werden sollten (gem. Art. 35 Alt. 2 AEUV), wird von den Freihandelstheorien jedoch nicht beantwortet. Auf der anderen Seite macht der Abbau unterschiedsloser Beschränkungen oder von Wettbewerbsungleichheiten erst dann Sinn, wenn überhaupt (Frei-)Handel betrieben werden kann. Zudem begründen die Freihandelstheorien das (in dieser Arbeit im Hintergrund stehende) Diskriminierungsverbot. Es soll daher kurz der außenhandelstheoretische Rahmen skizziert werden, auf dem der Güteraustausch zwischen den Mitgliedstaaten in der Union basiert.

a) Theoretische Begründung

Die im Grundsatz wohlstandsfördernden Wirkungen des Freihandels (unter der Voraussetzung „effizienter Märkte“[1066]) und die Schädlichkeit von Protektionismus sind in der modernen Wirtschaftswissenschaft praktisch unumstritten und auch am Beispiel des Gemeinsamen Marktes und der WTO empirisch nachgewiesen.[1067] Nach den Freihandelstheorien führt der Freihandel auf solchermaßen gekennzeichneten Märkten zu einer Vergrößerung der Märkte und zu allokativer Effizienz.[1068] Zentrale Voraussetzung der Freihandelstheorien sind *effiziente* Märkte. Diese werden charakterisiert durch „konstante Skalenerträge und vollkommene Konkurrenz: viele Anbieter und Nachfrager, Markttransparenz, unbeschränkter Marktzutritt, hohe Anpassungsleistungen gegenüber Änderungen und Homogenität der Güter“[1069].

In Reaktion auf den seines Erachtens schädlichen Merkantilismus der Neuzeit hat *Adam Smith* internationalen Handel in solchen Situationen für vorteilhaft erklärt, in denen ein Land bei der Herstellung eines Gutes einen *absoluten* Kostenvorteil besitzt, d. h. für den Fall, dass in einem Land zur Herstellung einer bestimmten Ware weniger Ressourcen aufgewandt bzw. Faktoren eingesetzt werden müssen als in einem anderen Land.[1070] Die Welt insgesamt profitiert, wenn sich die Faktoren an dem Standort der effizienteren Produktion sammeln, weil hier Faktoren übrig bleiben, die für die Herstellung weiterer Güter eingesetzt werden können. Gleichzeitig sinken die Preise für das entsprechende Gut. Die Konsumentenrente steigt. Nach der *Ricardo'*schen Theorie des *komparativen* Kostenvorteils wiederum können zwei Handel führende Nationen selbst dann von der internationalen Arbeitsteilung

---

[1066] *Zapka*, 52.

[1067] Vgl. nur *Borchert*, 46; *Neumann*, 211; *Ribhegge*, 26 f.; *Zapka*, 53. Vgl. auch *Büter*, 26 mit Blick speziell auf den europäischen Binnenmarkt.

[1068] *Ribhegge*, 26 f.

[1069] *Zapka*, 52; unpräzise dag. *Füller*, 21.

[1070] Vgl. nur *Frenz*, Bd. 1, Rn. 5; *Füller*, 20 f.; *Rogall*, 431 f.

profitieren, wenn eine von ihnen „ohne einen [einzigen] absoluten Produktivitäts- oder Kostenvorsprung" bei der Erzeugung einer bestimmten Ware Güter im Tausch mit Waren anbietet, die sie selbst nicht oder nur mit höheren Kosten herstellen kann –[1071] also selbst dann, wenn eine der Nationen von zwei theoretisch gehandelten Gütern beide effizienter herzustellen vermag und die andere beide Güter weniger effizient erzeugen kann.[1072] Entscheidend ist allein, dass die Kostendifferenz bei der Herstellung der beiden Güter in den betrachteten Ländern unterschiedlich ist (unterschiedliche „Produktionskostenrelationen"[1073]).[1074] Das Modell ist übertragbar auf eine Situation mit mehr als nur zwei Handel führenden Nationen. Das *Ricardo'*sche Modell hat die Grundlage für den Freihandel im Vergleich zu *Smith* erheblich verbreitert.

Der Grund, warum Kostendifferenzen bestehen, ist in der *unterschiedlichen Faktorausstattung* der Volkswirtschaften zu sehen, d. h., ein Land, das reich an Arbeitskräften ist, wird sich auf arbeitskraftintensive Produkte konzentrieren, ein anderes, das reich an Kapital ist, auf kapitalintensive (etwa China einerseits, Deutschland andererseits).[1075] Das Faktorproportionentheorem[1076] ergänzt das *Ricardo'*sche Modell um die Erklärung, warum auch bei gleichem technischen Entwicklungsstand und identischen natürlichen Produktionsbedingungen internationaler Warenverkehr dennoch vorteilhaft ist.[1077]

Jedoch ging *Ricardo* davon aus, dass Produktionsfaktoren immobil sind. Im internationalen Handel und insbesondere in der Europäischen Union wird aber auch die *Faktor*mobilität angestrebt. Je größer die Faktormobilität (vollständig ist diese nie gegeben, dies zeigt insbesondere der Fall der geringen Mobilität des Faktors „Arbeit"), desto mehr geht es wieder um *absolute* Kostenvorteile.[1078]

Die bisherigen Ansätze vermochten zu erklären, warum Länder mit unterschiedlichen Entwicklungsstandards und mithin Produktionsfaktorausstattungen miteinander Handel betreiben. Nicht erklärt werden kann auf der Grundlage der bisher genannten Theorien allerdings, warum Länder miteinander Handel treiben, die in beiderlei Hinsicht gleich sind (allerdings ist anzumerken, dass dies praktisch derzeit nicht der Fall ist, sodass entsprechende neue Theorien die bisher genannten ergänzen und nicht ersetzen). Die *neue Außen-*

[1071] *Enchelmaier*, Rn. 3; *Füller*, 21; *Zapka*, 52 f.

[1072] *Borchert*, 27; *Engelkamp/Sell*, 344 ff. Siehe auch dort zu einem Beispiel anhand von Maschinen und Wein und siehe das Beispiel bei *Füller*, 21 Fn. 24.

[1073] *Rogall*, 432.

[1074] *Borchert*, 27 f., *Frenz*, Bd. 1, Rn. 6.

[1075] *Frenz*, Bd. 1, Rn. 7; *Füller*, 21 f.; *Rogall*, 432 f.; *van Suntum*, 210 f.

[1076] *Rogall*, 432 f.; *van Suntum*, 209 ff.

[1077] Es steht somit mitnichten in einem Gegensatz zum Modell *Ricardos* (so aber *Füller*, 21 f.), es ergänzt dieses nur um weitere mögliche Ursachenerklärungen für die unterschiedlichen komparativen Kosten in den einzelnen Volkswirtschaften (ebenso *Jensch*, 39).

[1078] *Borchert*, 42.

handelstheorie[1079] erklärt dies damit, dass bestimmte Unternehmen aufgrund der geringen Größe des Marktes nicht ihre mindestoptimale Betriebsgröße erreichen können, d. h. eine Produktionsmenge, die so hoch ist, dass die Stückkosten minimiert und eine Produktionserweiterung keine Effizienzvorteile mehr bewirken würde. Zudem kann die Produktpalette nunmehr – bei gleichzeitiger Bewahrung maximaler Kosteneffizienz – erweitert werden, d. h. die Nachfrager besitzen größere Auswahlmöglichkeiten und können ihre Nutzungswünsche adäquater realisieren.[1080] Auf einem kleineren Markt müssen sich die Verbraucher entscheiden, ob sie lieber eine große Auswahl oder möglichst günstige Produkte haben möchten.[1081] In dem Fall knüpft die neue Außenhandelstheorie an die oben gemachten wettbewerbstheoretischen Erwägungen an.[1082]

b) Einwände

Zu den klassischen Gegenargumenten gegen den Freihandel gehören u. a. folgende Einwände: Es besteht die Gefahr einer zu großen Abhängigkeit vom Ausland, wenn sich eine Nation – aufgrund entsprechender Kostenvorteile – extrem spezialisiert. Bei Lebensmitteln können diese Gefahren existenzieller Natur sein.[1083] Eine weitere Unzulänglichkeit ist die Nichtberücksichtigung ökologischer Folgen (als externe Kosten).[1084] Zudem sind typische Probleme des Systemwettbewerbs zu gewärtigen: Um international wettbewerbsfähig zu bleiben, könnten die Mitgliedstaaten ihre Sozial- und Umweltstandards reduzieren sowie die Ausgaben für meritorische Güter (wie Bildung und Kultur) absenken.[1085] Treffen hochkompetitive Industrien auf stark unterentwickelte Volkswirtschaften – hier kann etwa an die Anfangszeit der Transformation der ehemaligen Ostblockländer oder an viele afrikanische Staaten gedacht werden –, kann es sein, dass notwendige Anpassungsleistungen nicht mehr erbracht werden können und ganze Regionen ökonomisch verelenden.[1086] Auch moderne Freihandelskritiker bestreiten allerdings weder die globalen Effizienzvorteile des Freihandels noch plädieren sie für dessen Einschränkung, vor allem gibt es keine Kaldor-Hicks-effizientere Alternative.

[1079] Zu ihren wichtigsten Vertretern gehören *Ethier*, *Helpman*, *Krugman*, *Dixit*, *Norman* und *Lancaster*, siehe d. Nachw. bei *Michaelis*, in: Blümle/Francke, 279 (294); s. a. *Füller*, 24 ff.; *Jensch*, 46; *Zapka*, 61.

[1080] Siehe hierzu insgesamt *Michaelis*, in: Blümle/Francke, 279 (294 ff.); vgl. auch *Weatherill*, Consumer Law, 29; *Weatherill/Micklitz*, J. Consum. Policy 16 (1993), 285 ff.

[1081] *Michaelis*, in: Blümle/Francke, 279 (298).

[1082] S. umf. b. Fn. 1050 ff.

[1083] *Engelkamp/Sell*, 347; vgl. *Jensch*, 41 m. w. N.

[1084] *Rogall*, 432.

[1085] *Rogall*, 505 ff.

[1086] Vgl. *Jensch*, 41 m. w. N.

Isolationismus und Protektionismus sind nach immer noch herrschender Auffassung für jedes Land *auf Dauer* schädlicher.[1087]

Den Einwänden ist Folgendes zu entgegnen: Zunächst sei noch einmal darauf verwiesen, dass die Vorteilhaftigkeit des Freihandels *empirisch nachgewiesen* worden ist.[1088] Zudem sollten vorübergehende Nachteile hingenommen werden, wenn die langfristigen Vorteile – wie beim Freihandel – überwiegen. Politische Abhängigkeiten innerhalb der EU sind von der EU bis zu einem bestimmten Maß sogar gewollt und aufgrund der im Vergleich zu sonstigen internationalen Organisationen besonderen kollektiven Handlungs- und Problemlösungsmechanismen in erheblich geringerem Maße problematisch, zumal im Lichte der Verpflichtung zu gegenseitiger Loyalität. Da die EU von Anfang an zuvorderst eine Wirtschaftsgemeinschaft war, ist versucht worden, einen Instrumentenkasten zu entwickeln, mit dem auf möglicherweise auftretende negative Begleiterscheinungen des Freihandels reagiert werden kann. Gerade der Bereich der Agrarerzeugnisse als problematischster Fall gegenseitiger Abhängigkeit ist stark reguliert, wobei die Versorgungssicherheit eines der wichtigsten Ziele dieser Regulierung darstellt. „Marktöffnungsschocks", bei denen hochkompetitive Marktwirtschaften auf weniger entwickelte treffen und diese mit ihren günstigeren Waren „überfluten", können durch eine nur schrittweise Öffnung der Märkte abgemildert werden. Die EU versucht im Rahmen von Beitrittsverhandlungen und entsprechenden Abfederungen in den Beitrittsverträgen, zu starken Schocks vorzubeugen (so stand es den Mitgliedstaaten etwa nach der Osterweiterung frei, die Arbeitnehmerfreizügigkeit für bestimmte Übergangszeiträume einzuschränken). Gleichzeitig entwickelt die EU strukturschwache Gebiete mit verschiedenen finanziellen Mitteln wie Regionalfonds. Die in Abhängigkeit von der wirtschaftlichen Leistungsfähigkeit erbrachte Finanzierung der EU bewirkt zudem eine Art Länderfinanzausgleich und mildert strukturelle Ungleichgewichte. Auch kann im Allgemeinen ein größerer Grad an wirtschaftlicher Konvergenz festgestellt werden, etwa im Vergleich zu Regionen wie Afrika, Teilen Asiens oder Südamerika. Marktversagen darstellende ökologische Kosten, z. B. infolge des in der Regel längeren Transportes, können durch entsprechende Steuern, Gebühren oder Zertifikate internalisiert werden. Die aus dem Systemwettbewerb resultierenden Probleme („race to the bottom") und das Verhältnis des Systemwettbewerbs zu einer extensiven Auslegung von Art. 35 Alt. 2 AEUV

[1087] *Riecke*, Handelsblatt-Interview mit dem Wirtschaftsnobelpreisträger und einem der Begründer einer mathematischen Volkswirtschaftslehre Paul A. Samuelson, Handelsblatt vom 20.09.2004, abgerufen am 05.04.2017 unter http://www.handelsblatt.com/politik/international/handelsblatt-interview-mit-paul-a-samuelson-wir-sollten-das-tempo-der-globalisierung-drosseln/2403184.html. *Samuelson*, beschreibt hier den allgemeinen Konsens in der Volkswirtschaftslehre über die Vorzugswürdigkeit des Freihandels. S. i. Ü. d. Nachw. in Fn. 1065 ff.

[1088] S. b. Fn. 1067.

(etwa i. S. e. Wettbewerbsgleichheits-Rechtswahlmechanismus) werden wegen ihrer Komplexität in einem eigenen Abschnitt behandelt.[1089] Dort zeigt sich jedoch, dass auch diese Bedenken im Ergebnis nicht durchgreifen können.

Für die allgemeine Güterversorgung und die EU im Besonderen bleibt der Freihandel somit das „paradigmatische Leitbild"[1090] der Außenwirtschaftspolitik.[1091] Freilich muss die Situation – insbesondere einzelner und speziell kleinerer Länder – aufmerksam *beobachtet* werden. Selbst vorübergehende Wohlfahrtsverluste als Folge der Wirtschaftsintegration können hier den Integrationskonsens nachhaltig beschädigen. Die EU und die Nationalstaaten verfügen allein oder gemeinsam jedoch über hinreichende politische Mittel und Instrumente, um auf Notlagen dieser Art zu reagieren.

c) Vereinbarkeit einer Wettbewerbsgleichheitsauslegung mit den Freihandelstheorien

Durch das hier vertretene (und später dargestellte) Wettbewerbsgleichheits-Rechtswahlkonzept werden rechtliche Unterschiede in gewissem Umfang neutralisiert. Fraglich ist, ob damit die Voraussetzungen des Freihandels untergraben werden. Dem ist indes aus mehreren Gründen nicht so: Erstens hat die neue Außenhandelstheorie Gründe aufgezeigt, warum Außenhandel selbst bei gleicher Faktorausstattung und technischem Know-how förderlich ist. Zweitens ist die Überlegung, dass irgendwann alle Unterschiede zwischen den Mitgliedstaaten beseitigt wären, in hohem Maße unrealistisch.[1092] *Recht* ist nur *ein* Standortfaktor von mehreren, und dieser würde bei dem hier vertretenen Modell auch nicht völlig harmonisiert werden. Harmonisiert wird nur die Möglichkeit der Rechts*wahl*. Die Unternehmen können jedoch zu sehr unterschiedlichen Wahlentscheidungen gelangen und die Mitgliedstaaten unterschiedliche Regelungen erlassen. Drittens verkennt das Argument, dass Unterschiede bewahrt werden sollten, um internationalen Handel führen zu können, den Existenzgrund internationalen Handels: Rechtliche Regelungen, die keine Funktion besitzen, stellen, ökonomisch betrachtet, nutzlose Kosten dar, denen kein rechtfertigender Gemeinwohlzweck entspricht. Internationaler Handel kann die Folgen solcher Kosten nur *abmildern*, aber nicht beseitigen. Rechtliche Regelungen, für die es leistungsfähigere Äquivalente gibt, sollten gestrichen und nicht bewahrt werden, wenn für deren Bewahrung

---

[1089] S. b. Fn. 1125 ff.

[1090] *Zapka*, 53.

[1091] Ebenso *Borchert*, 46; *Büter*, 26; *Füller*, 27; *Jensch*, 52; *Neumann*, 211; *Ribhegge*, 26 f.; *Wagener/Eger*, 173;*Zapka*, 53.

[1092] Dies gilt insbesondere mit Blick auf *natürliche* Unterschiede wie das Wetter oder geographische Gegebenheiten. Selbst innerhalb zentralistischer Staaten wie Frankreich gibt es regional erhebliche Unterschiede in den ökonomischen Strukturen.

keine sonstigen Gründe sprechen. Und für alle Marktteilnehmer „perfekte“ Regelungen – ihre Existenz einmal angenommen – sollten überall gelten. Überdies führt der Wettbewerbsgleichheits-Rechtswahlmechanismus nicht einfach zur Einebnung von Rechtsunterschieden. Seine Wirkungsdynamik ist erheblich komplexer und mit den Wirkungen des Systemwettbewerbs verwoben (und daher dort umfassend zu behandeln[1093]).

V. Polit-ökonomische Analyse von Exportregulierungen

Fraglich ist, ob es aus Sicht politökonomischer Theorien erklärbar ist, dass Regierungen und Parlamente bisweilen zu (import- und) exportschädlichen Maßnahmen greifen, die sachlich nicht gerechtfertigt werden können. Speziell die public choice-Theorie versucht zu begründen, warum Staaten zu *protektionistischen* Mittel greifen, „obwohl Handelsliberalisierungen im nationalen Interesse eines jeden Staates liegen müssten“[1094] (Paradoxon des Protektionismus[1095]). Protektionismus kann definiert werden als Außenhandelspolitik eines Staates, durch die inländischen Wirtschaftsteilnehmern Vorteile verschafft werden sollen.[1096] Darüber hinaus sollen auch die im Rahmen dieser Untersuchung *viel bedeutenderen* und im Vordergrund stehenden Fälle *nicht protektionistischer* aber in *sonstiger Weise exportschädlicher* staatlicher Verhaltensweisen behandelt werden, und zwar aus zwei Gründen: Erstens sind letztere in der (heutigen) Praxis erheblich prävalenter. Und zweitens wären gerade solche sonst exportschädlichen Verhaltensweisen von der hier geprüften Wettbewerbsgleichheits-Rechtswahlauslegung (von Art. 35 Alt. 2 AEUV) erfasst. Die Analyse von sonst exportschädlichen (nicht protektionistischen) Maßnahmen baut gedanklich auf der Analyse exportprotektionistischer Maßnahmen auf, weshalb letztere zuerst behandelt werden. Kein Gegenstand der nachfolgenden Ausführungen ist indes, ob die Defizienzen des politischen Prozesses dazu führen, dass die getroffenen Entscheidungen *demokratisch nicht legitimiert* sind. Vielmehr soll geklärt werden, ob und, falls ja, warum demokratische Entscheidungsprozesse zu Ergebnissen führen können, die nicht im *ökonomischen* Interesse der Allgemeinheit sind.[1097]

[1093] S. umf. b. Fn. 1125 ff.

[1094] *Krajewski*, in: van Aaken/Schmid-Lübbert, 1 (3) m. w. N.

[1095] Vgl. *Krajewski*, in: van Aaken/Schmid-Lübbert, 1 (2) m. w. N.

[1096] *Füller*, 19 m. w. N.

[1097] S. zu der Frage, ob die Grundfreiheitenkontrolle zu einer demokratisch bedenklichen Machtverschiebung führt b. Fn. 2322 ff.

1. Ursachen (ausfuhr-)protektionistischer Politik[1098]

Nach dem sich am methodologischen Individualismus ausrichtenden *public* choice-Ansatz der Neuen Politischen Ökonomie, der den *private* choice-Ansatz des rational handelnden und an Nutzenmaximierung interessierten Homo oeconomicus auf politische Prozesse und Institutionen überträgt,[1099] richten Politiker oder nicht gewählte Behördenvertreter ihre Entscheidungen nach ihren rationalen Eigeninteressen aus: Ein Politiker handelt in diesem Sinne eigenrational, wenn er seine Chancen auf Wiederwahl sichert bzw. seine Entscheidungen es ihm wahrscheinlich erscheinen lassen, dass er in der Wählergunst aufsteigt. Auf der anderen Seite orientieren sich die Wähler an ihren eigenen Vorteilen, wählen mithin Politiker, die Maßnahmen vorschlagen, die ihnen (d. h. den Wählern) nützlich sind.[1100] Sofern – den bisherigen Untersuchungsergebnissen folgend[1101] – von der grundsätzlichen Vorteilhaftigkeit des Freihandels ausgegangen wird, müsste es im Eigeninteresse der Bürger und mithin auch der Politiker liegen, Freihandel anzustreben. Es könnte daher vermutet werden, dass dennoch stattfindender Protektionismus seinen Grund darin findet, dass *ein bestimmtes Land Nachteile* infolge des Freihandels erleidet, auch wenn der Freihandels*zone insgesamt* Vorteile entstehen (die bisherigen Feststellungen[1102] haben allerdings ergeben, dass dies ein *eindeutiger Ausnahmefall* ist: Freihandel ist – auf lange Sicht – für *alle* beteiligten Länder vorteilhaft[1103]).

Die Neue Politische Ökonomie belegt, dass selbst in Fällen, in denen eine ökonomische Integration für ein Land nachweislich ökonomisch vorteilhaft und Protektionismus nachteilig ist, es immer noch zu protektionistischen Maßnahmen kommen kann.[1104] Hierfür gibt es mehrere Gründe: Zunächst ist es (auch nach der Freihandelstheorie) möglich, dass eine (nicht die Mehrheit bildende) *Gruppe* von Personen bei einer Integration verlieren würde, etwa ineffizient wirtschaftende oder Monopol- bzw. Oligopolrenten beanspruchende einheimische Unternehmen, die durch Importprodukte in einen Preiswettbewerb verwickelt würden. Es ist denkbar, dass diese Gruppe ihre Partikularinteressen gegen die Mehrheitsinteressen durchzusetzen vermag, indem sie erfolgreich gegen eine Wirtschaftsintegration lobbyiert. Denn gerade die von einer Wirtschaftsintegration profitierenden Verbraucher bilden eine sehr *heterogene* Gruppe und sind häufig *schlecht organisiert*, sodass sie vielfach

---

[1098] Zu letzterem *Krajewski*, in: van Aaken/Schmid-Lübbert, 1 (3 ff.).

[1099] *Krajewski*, in: van Aaken/Schmid-Lübbert, 1 (3).

[1100] *Dreher*, JZ 1999, 105 (109); *Thum*, in: Blum et al., 103 ff.; *Reyes y Ráfales*, Rechtstheorie 45 (2014), 35 (40); *Ribhegge*, 39 f.

[1101] S. b. Fn. 1066 ff.

[1102] S. b. Fn. 1066 ff.

[1103] *Krajewski*, in: van Aaken/Schmid-Lübbert, 1 (3) m. w. N.

[1104] *Ribhegge*, 39 ff.

nicht den Einfluss entfalten können, der ihrer eigentlichen ökonomischen Bedeutung entspricht.[1105] Von einer Wirtschaftsintegration nachteilig betroffene Wirtschaftsteilnehmer sind dabei nicht selten *existenziell* gefährdet, insbesondere Arbeitnehmer mit *Jobverlust* bedroht: Die Durchsetzungsfähigkeit im öffentlichen Diskurs rührt erstens von dieser besonders starken *Motivation* her; zweitens sind betroffene Gruppen nicht selten lokal konzentriert.[1106] Wenn sich Unternehmen Gewinne davon versprechen, dass sie lobbyistisch gegen eine Integration intervenieren, handeln sie aus ökonomischer Perspektive dabei nur *rational*, wenn sie auf den politischen Prozess Einfluss nehmen (es sei denn, sie müssen infolge ihrer lobbyistischen Anstrengungen mit negativen Reaktionen vonseiten der Verbraucher rechnen). Bürgern und Verbrauchern mangelt es nicht selten auch an hinreichenden *Informationen*, die sie über die tatsächlichen Effizienzvorteile des Freihandels aufklären. Die *Sichtbarkeit* möglicher Integrationsvorteile ist nicht selten dadurch eingeschränkt, dass die Vorteile sich erst *langfristig* zeigen, und zwar stetig, aber nur *langsam* wirksam werden. Auch wenn die erzielten Vorteile vor allem *gesamtwirtschaftlich* ins Gewicht fallen, also stark *verteilt* sind, können sie sich aus Sicht des einzelnen Verbrauchers als eher *gering* und wenig *fassbar* darstellen. Aufgrund dieses geringen *individuellen* Nutzens übersteigen die Kosten der Information und Gruppenorganisierung für den *einzelnen Verbraucher* die Gewinne einer Wirtschaftsintegration.[1107] Wirtschaftstheoretisch gesprochen ergeben sich „positive externe Effekte"[1108] für solche Bürger, die sich politisch engagieren, was politisch nicht engagierten Bürgern Trittbrettfahren attraktiv erscheinen lässt.[1109] Der politische Druck von Verbraucherverbänden kann folglich schwächer bzw. zu schwach sein (gemessen an der ökonomischen Relevanz) im Vergleich zu demjenigen von kleinen Gruppen mächtiger und sehr gut organisierter Unternehmen.[1110]

Die Fälle protektionistischer Politik speziell der *Warenausfuhr* sind allerdings *überschaubar*. Hier nicht weiter interessierende Sonderfälle bilden zunächst Rüstungs-, Dual-Use- und Kulturgüter, die aus außen- und sicherheits- bzw. kulturpolitischen Gründen im Land verbleiben sollen und bei denen andere Gründe im Vordergrund stehen als die Erzielung eines maximalen Preises.[1111] Klassische Fälle protektionistischer Exportpolitik stellen dagegen Konstellationen dar, in denen in Bezug auf weiterzuverarbeitende Waren oder Rohmaterialien ein Exportverbot mit dem Ziel ausgesprochen wird,

---

[1105] *Franck*, in: Riesenhuber, 3. Aufl., § 5 Rn. 35 f.; *Michaelis*, in: Blümle/Francke, 279 (308 f.); *Ribhegge*, 43; vgl. auch *Gormley*, Restrictions, 1 m. w. N.

[1106] *Engelkamp/Sell*, 360; Monti-Bericht, 28 f.

[1107] *Krajewski*, in: van Aaken/Schmid-Lübbert, 1 (5).

[1108] *Hüther/Hafemann*, in: Härtel, § 14 Rn. 25.

[1109] *Hüther/Hafemann*, in: Härtel, § 14 Rn. 25.

[1110] *Engelkamp/Sell*, 360.

[1111] Vgl. *Jensch*, 42 m. w. N.

diese für die heimische Verarbeitungsindustrie zu reservieren: Indem EU-ausländische Nachfrager vom Angebot weiterzuverarbeitender Waren oder Rohmaterialien ausgeschlossen werden, wird der Nachfragewettbewerb um diese Art von Waren begrenzt, wodurch deren Preise fallen. Hierdurch steigen die Produzentenrenten der weiterverarbeitenden Produzenten, was Arbeitsplätze sichert sowie Steuereinnahmen erhöht. Wenn inländische Anbieter das Vorprodukt bzw. Rohmaterial (wie z. B. die chinesischen seltenen Erden,[1112] Rohöl oder Uran) *ausschließlich* anbieten, wird durch ein Exportverbot bezüglich dieses Gutes erreicht, dass inländische Exporteure eine *Monopolstellung* auf ausländischen Märkten in Bezug auf die verarbeiteten Waren erlangen.

2. Ursachen nicht protektionistischer, aber exportschädlicher Politik

Eine sich rein auf protektionistische Hindernisse konzentrierende Betrachtung würde nicht sämtliche Regelungen erfassen, die für Exporteure ohne hinreichenden sachlichen Grund nachteilig sind. Es ist m. a. W. nicht ausgeschlossen, dass die Exporteure unverhältnismäßigen (insbesondere nicht geeigneten und/oder nicht erforderlichen und/oder nicht angemessenen) Regelungen unterworfen werden.[1113] Die Ursachen von solchen Exporthindernissen wurden in der europarechtlichen Literatur bislang weitgehend ausgeblendet. Zumeist wurde und wird sich auf die klassischen protektionistischen Exporthindernisse konzentriert. Die aufgrund der nachfolgend dargestellten Ursachen entstehenden Hindernisse dürften das Hauptanwendungsfeld für eine Wettbewerbsgleichheits-Rechtswahlauslegung von Art. 35 Alt. 2 AEUV darstellen.

Es ist dabei möglich, sich auf die Theorie der bereits skizzierten Neuen Politischen Ökonomie zu stützen. Die klassische politökonomisch *scheinende* Argumentation, dass ein den *Export* schützendes Rechtsinstrument nicht erforderlich sei, weil die Förderung des Exportes ja im ureigenen Interesse des Exportstaates liege (weshalb es angeblich kaum zu Ausfuhrhindernissen komme),[1114] versagt schon beim Einfuhrprotektionismus.[1115] Die Annahme,

---

[1112] *De Sadeleer*, 305 Fn. 424.

[1113] Vgl. den Gastbeitrag des Chair of the American Chamber of Commerce EU *Hendrik Bourgeois* im Zusammenhang mit dem TTIP-Abkommen in: Handelsblatt v. 30.04.2014, S. 48: „Selbst die demokratischsten und transparentesten Regierungen und Gerichte sind vor Interessenkonflikten nicht gefeit und machen Fehler." An anderer Stelle betont *Bourgeois* das Vorkommen von „willkürliche[n], politisierte[n] und diskriminierende[n] Regierungsentscheidungen".

[1114] Vgl. *J. P. H. Donner*, SEW 1982, 362 (370); *VerLoren van Themaat*, SEW 1980, 141 (142).

[1115] Ein weiterer, ähnlicher Widerspruch in der EuGH-Auslegung des Art. 34 Alt. 2 AEUV einerseits und des Art. 35 Alt. 2 AEUV andererseits liegt darin, dass auch bei Art. 34 Alt. 2 AEUV und den anderen Grundfreiheiten nicht nur protektionistische oder diskrinur im Falle *einheimischer* Gewinnaussichten komme es zu Export behindernden oder verbietenden Politikmaßnahmen, ist bereits oben widerlegt worden: Einfuhrprotektionismus ist für den protektionistisch agierenden Staat langfristig schon allein deshalb nachteilig, weil er mit Vergeltungsmaßnahmen des Exportstaates (Retorsionsmaßnahmen) rechnen muss. Zudem führt Einfuhrprotektionismus zu einer Angebotsverknappung im Importstaat (mit steigenden Preisen und einer geringeren Produktauswahl). Schon in dieser klassischen Konstellation kommt es mithin zu *selbstschädigenden* Verhaltensweisen.

Zur Erklärung *sonst* exportschädlicher Maßnahmen kann zunächst auf *Informationsprobleme* abgestellt werden (mithin auf „Wissensprobleme"): Politikern und Behördenvertretern mangelt es an „vollkommenem" Wissen.[1116] Sie können zwar auf erhebliche Wissensressourcen zurückgreifen, etwa in Form wissenschaftlicher Beratung – z. B. in Deutschland auf den Wissenschaftlichen Dienst des Deutschen Bundestages –, indes bleibt ihr Können und Wissen hinter dem der von ihnen repräsentierten *Gesellschaft* zurück.[1117] Immer wenn auf die überlegene dezentrale Kompetenz der Gesellschaft und ihrer Mitglieder zurückgegriffen werden kann, sollte dies auch getan werden.

Es bestehen jedoch auch „Willensprobleme": Politische Vertreter handeln eben nicht im Auftrag eines unbestimmten „Allgemeininteresses", sondern so, dass sie am meisten von ihrer eigenen Entscheidung profitieren, d. h. ihren Einflussbereich dadurch sichern oder sogar ausbauen, dass ihre Entscheidungen politisch opportun sind, weshalb es in Einzelfällen zu Entscheidungen kommen kann, die nicht im (langfristigen) Gesamtinteresse der Bevölkerung sind (was z. B. der US-amerikanische Haushaltsstreit der Jahre 2013 und 2014 belegt).

Fraglich ist, welche Gründe es dafür geben könnte, dass Politiker es in einigen Fällen für opportun halten, den Export in irrationaler (aber nicht protektionistischer) Weise zu behindern: Zu denken ist an lobbyistische Betätigungen gut organisierter Interessen, etwa an Einflussnahmen großer Verbraucher-, Umwelt- oder Tierschutzverbände.[1118] Diese Einfluss auf die Politiker nehmenden Verbände – bisweilen sind Politiker gar selbst Verbandsmitglieder und -vertreter – haben das Interesse ihrer Mitglieder im Blick und schauen nicht auf die (wirtschaftliche) *Gesamt*verträglichkeit ihrer Lösungen.[1119] Da sie einseitig interessengerichtet sind, werden sie weder über die Expertise

minierende Verhaltensweisen korrigiert werden, sondern auch solche, die schlicht irrational sind, vgl. umf. zur zu den anderen Grundfreiheiten ergangenen Rspr. die Konvergenzanalysen b. Fn. 2397 ff.

[1116] *Wagner*, CMLR 39 (2002), 995 (1000).

[1117] Vgl. *Krajewski*, in: van Aaken/Schmid-Lübbert, 1 (2 ff.).

[1118] Vgl. *von Wilmowsky*, EuR 1996, 362 (374 f.).

[1119] Vgl. nur *Wagner*, CMLR 39 (2002), 995 (1000); s. a. *Roth*, in: Andenas/Roth, 1 (9).

noch über die nötige Sensibilität oder den politischen Willen verfügen, um für diejenige Regelung zu lobbyieren, die ihren Interessen noch volle oder praktisch weitestgehende Durchsetzung verleiht, aber so wenig wie möglich in die Interessen der Exporteure eingreift.[1120] In einigen Fällen kann es auch sein, dass keine organisierte Exportwirtschaft existiert, weil es nicht genügend Personen gibt, die die Möglichkeiten und Ressourcen besitzen, einen neuen im Moment noch durch eine bestimmte Regulierung verschlossenen Markt für sich zu erschließen (u. a. durch Lobbyarbeit in Richtung auf eine Abschaffung einer Regulierung). Auch könnte an neue im Entstehen begriffene oder sehr unbedeutende Industriezweige gedacht werden, denen es an wirksamen Interessenvertretungen und Verbandsorganisationen fehlt. Zudem ist in bestimmten Branchen eine große Heterogenität der Mitglieder und der Interessen gegeben, was eine einheitliche Lobbyarbeit erschwert.[1121] Die Verbraucher in den *Zielländern* sind überhaupt nicht (direkt) im Herkunftsstaat repräsentiert; dasselbe gilt für die Exportwaren beziehenden zielstaatlichen Händler.[1122]

Im Wissen um diese Schwächen des politischen Prozesses stellt sich die Frage, ob ein im Sinne des Wettbewerbsgleichheits-Rechtswahlmechanismus interpretierter Art. 35 Alt. 2 AEUV diese Defizite kompensieren und damit wohlfahrtsökonomisch vorzuziehende Ergebnisse für die Allgemeinheit herbeiführen kann.[1123] Hier wurden die spezifischen Schwächen des *Gesetzgebungs*prozesses analysiert. Die spezifischen Kompetenzen und Schwächen des *Gerichtshofs* wurden hingegen nur angedeutet. Erst nach deren ausführlicher Analyse kann eine abschließende Aussage über die Zuordnung von Kontrollkompetenzen getroffen werden.[1124] Denn es ist offensichtlich, dass auch der Gerichtshof – wie jede Institution – bestimmte institutionelle Schwächen aufweist und Begrenzungen unterliegt. Jeder noch so rationale Rechtsinhalt muss in der Praxis von einer *Institution* konkretisiert und durchgesetzt wer-

---

[1120] In der Folge kann es vorkommen, dass sich Beschränkungen der Warenproduktion und des Exports im Recht „halten", die aus wissenschaftlicher Sicht längst überholt sind, vgl. das Beispiel b. Fn. 3597 ff.

[1121] *Krajewski*, in: van Aaken/Schmid-Lübbert, 1 (5); vgl. auch *Roth*, in: Andenas/Roth, 1 (22).

[1122] *Roth*, in: Andenas/Roth, 1 (22). Keine ausreichende Repräsentation findet auch durch die Exporteure statt, obwohl deren Interessen parallel gelagert sind zu denen der zielstaatlichen Nachfrager, s. zu den Gründen hierfür b. Fn. 2340 f.

[1123] Eine hiervon zu trennende, später behandelte, Frage ist, ob ein solcher Einsatz der Grundfreiheiten auch *demokratietheoretisch legitim* ist, s. umf. b. Fn. 2322 ff. Die hier behandelte Fragestellung ist eine [polit-]*ökonomische*. Vgl. *Krajewski*, in: van Aaken/Schmid-Lübbert, 1 (9): Die Regierungen „erhielten (…) ein Instrument, mit dem sie sich gegen die protektionistischen Ansprüche der organisierten Interessenverbände zur Wehr setzen könnten." Vgl. auch *Majone*, 195; *Menon/Weatherill*, West Eur. Polit. 31 (2008), 397 (404 ff., 407 f.); *Weatherill*, in: Barnard/Odudu, 17 (27).

[1124] S. hierzu umf. b. Fn. 1225 ff.

den. Vorzuziehen wäre eine Lösung, die die *spezifischen* Kompetenzen des Gerichtshofs und die *spezifischen* Inkompetenzen parlamentarisch-demokratischen Entscheidens ausgleichen kann. Womöglich kann auch die Kompetenz einzelner Individuen genutzt werden. Schließlich ist daran zu denken, den EuGH als eine Art „Notfall- oder Back-up-System" in die Entscheidungsprozesse zu integrieren (und ggf. nur mit zurückhaltenden Prüfungskompetenzen auszustatten).

VI. Wettbewerbsgleichheits-Rechtswahlmechanismus und Systemwettbewerb

Eine extensive Auslegung von Art. 35 AEUV i. S. e. Wettbewerbsgleicheits-Rechtswahlmechanismus würde in vielfältiger Weise mit dem Systemwettbewerb,[1125] wie er derzeit in der EU stattfindet, interagieren. Fraglich ist, ob dies zu einer Verstärkung erwünschter Wirkungen führen würde. Die Frage, inwieweit der Topos des Systemwettbewerbs primärrechtlich verankert ist (oder nicht), ist hingegen an anderer Stelle im Rahmen einer primärrechtlich-dogmatischen Analyse zu beantworten.[1126] Der durch eine extensive Auslegung von Art. 35 Alt. 2 AEUV instituierte Rechtswahlmechanismus – dies ist das Ergebnis der nachfolgenden Untersuchungen – erweist sich gegenüber konkurrierenden Konzepten (i. e. der klassischen [also einer restriktiven] Auslegung von Art. 35 AEUV) als generell überlegen.

1. Theorie des Systemwettbewerbs

Die Theorie des Systemwettbewerbs beruht auf einer Marktanalogie.[1127] Damit ein klassischer Systemwettbewerb entstehen kann, muss institutionell erstens gewährleistet sein, dass die Mitgliedstaaten eine unterschiedliche Politik verfolgen können, d. h., es muss eine dezentrale Kompetenzallokation gegeben sein. Zweitens muss es Zuordnungsobjekte geben, die sich zwischen

---

1125 Vgl. aus der mittlerweile (über)reichen – so z. B. *Steindorff*, ZHR 163 (1999), 395 (409 Fn. 37) – Literatur zu den allgemeinen Grundlagen des Systemwettbewerbs nur *Deakin*, CYELS 2 (1999), 231 ff.; *Hopt*, in: Grundmann 307 (319 ff.); *Joerges*, in: Festschrift Steindorff, 1247 ff.; *Kieninger*; *Maduro*, 126 ff.; *Reich*, CMLR 29 (1992), 861 ff.; *Rohe*, RabelsZ 61 (1997), 1 (39 ff., 60 ff.); *Snell*, 35 ff.; *Wagner*, CMLR 39 (2002), 995 ff.; *Weatherill*, in: Tridimas/Nebbia, 14 f. jew. m. w. N. Vgl. auch *Schellhaaß*, in: Grundmann, 401 (417 f.); s. zur Rolle des Systemwettbewerbs in der Europäisierung der Rechtsverhältnisse *Maduro*, Int'l. J. Constit. L. 3 (2005), 332 (339). Insges. krit. *Everling*, in: Hopt, 41 ff.; *Sinn*, J. Pub. Econ. 66 (1997), 247 ff.; s. zum Problem des race to the bottom b. Fn. 1171 ff.

1126 S. b. Fn. 1873 ff.

1127 Vgl. nur *Dreher*, JZ 1999, 105 (108 f.); *Schwartz*, EuR 2007, 194 (195 f.).

den Mitgliedstaaten bewegen bzw. bewegt werden können wie Produkte und Produktionsfaktoren. Die Mitgliedstaaten bieten nun als „öffentliche Güter" ihre „Systeme" an (etwa Infrastruktur, Strenge der Umwelt- und Arbeitsschutzbestimmungen, Lohnkosten, Effizienz der Verwaltung, Bildung, Qualifikation der Arbeitnehmer, Steuerpolitik,[1128] Rechtsstaatlichkeit, Korruption etc.[1129]). Die *rechtlichen* Rahmenbedingungen stellen dabei entscheidende Parameter dieser Systeme dar. Auf dem „Rechtssystemmarkt" können sich die „Nachfrager" nun zwischen verschiedenen Rechtsordnungen entscheiden. Weil die Mitgliedstaaten daran interessiert sind, dass sich jemand für ihr System und damit ihre Rechtsordnung entscheidet – vor allem wenn dies bedeutet, dass erwünschte rechtliche und natürliche Personen sich in ihnen niederlassen (und Steuern zahlen, Arbeitsplätze schaffen etc.) –[1130] werden sie versuchen, ihr Angebot zu optimieren, um ihre „Marktanteile" auf Kosten der mit ihnen konkurrierenden Staaten zu vergrößern. Die Nachfrager entscheiden sich für diejenige Rechtsordnung, die ihre Präferenzen am besten bedient, und geben den Staaten damit gleichzeitig Informationen und Anreize, dass und wie sie ihre Rechtsordnungen (um-)bilden sollen.[1131] Da es hier um einen Systemwettbewerb um die besten *rechtlichen* Rahmenbedingungen geht, wird im Folgenden der engere Begriff des *Rechtssystemwettbewerbs* bevorzugt.

Trotz gewisser faktischer Konvergenztendenzen[1132] gibt es tatsächlich auch in modernen (westlichen) Volkswirtschaften hinreichend unterschiedliche Wachstums-, Wirtschafts- und Marktkonzepte: In der Kapitalismustheorie wird etwa zwischen drei bis sechs verschiedenen Modellen unterschieden, die Staat, Wirtschaft und Gewerkschaften unterschiedliche Rollen und Handlungsspielräume zuweisen.[1133]

Die Frage nach der Vorteilhaftigkeit eines vollständigen oder teilweisen (Rechts-)Systemwettbewerbs ist eng verknüpft mit der ökonomischen Föderalismustheorie (nach ihrem Begründer *Charles Tiebout*).[1134] Sie reicht bis in

---

[1128] Vgl. nur *Müller*, in: Gabriel/Kropp, 691 (706 ff.), der auf den interessanten Umstand hinweist, dass mit der Einführung und Durchsetzung der unionsrechtlichen Beihilfevorschriften, Steuersenkungen zum Teil an die Stelle von Subventionen als Mittel der Standortförderung getreten sind.

[1129] Zu Handlungsfeldern und Zielen der Standortpolitiken vgl. *Müller*, in: Gabriel/Kropp, 691 (702 ff.). Gleichzeitig bilden gute Standortfaktoren einen Indikator für das Wachstumspotenzial einer Volkswirtschaft, *Wälde*, in: Blum et al., 189 (201 f.).

[1130] S. b. Fn. 1176 ff. zu Gründen, warum auch bei Anerkennung eines Rechtswahlmechanismus Systemwettbewerb stattfinden wird.

[1131] Bei dieser Erklärung handelt es sich um einen ersten, sich vorsichtig herantastenden Zugang. Nuancen und Fehlannahmen werden im Folgenden – soweit für den hiesigen Untersuchungszweck (Art. 35 Alt. 2 AEUV)N erforderlich – differenziert(er) dargestellt.

[1132] Vgl. *Schmid*, in: Gabriel/Kropp, 711 ff. m. umf. w. N.

[1133] *Müller*, in: Gabriel/Kropp, 691 ff. m. umf. w. N.

[1134] Ebenso *Deakin*, E. L. J. 12 (2006), 440 (442); *Kerber*, Fordham Int'l L. J. 23 (1999), 217 (222); *ders./van den Bergh*, in: Lianos/Odudu, 121 (126); *Saydé*, CYELS 13 die 50er Jahre zurück und wurde insbesondere in der angelsächsischen und anglo-amerikanischen Literatur diskutiert und findet dort traditionell ihre stärksten Befürworter,[1135] auch wenn zunehmend durch diesen Diskurs geprägte Vertreter – etwa in Deutschland – sich dieser Linie anschließen.[1136] Der Topos des (Rechts-)Systemwettbewerbs ist mittlerweile zu einem der wichtigsten und meistverwandten Argumente der Europarechtswissenschaft aufgestiegen. Mit *Grundmann* handelt es sich um den Aspekt, „der in der wirtschaftswissenschaftlichen Theorie als am stärksten originell und fortschrittsrelevant herausgestrichen wird"[1137]. Innerhalb der Wirtschaftswissenschaft wird der Systemwettbewerb allerdings nicht immer einheitlich bewertet.[1138]

Systemwettbewerb und Wettbewerbsgleichheit stehen in einem komplexen und nur *teilweise* gegensätzlichen Verhältnis zueinander:[1139] Etwa führt eine Ungleichheit in den Standortbedingungen (d. h. fehlende Wettbewerbsgleichheit bzw. fehlende Regulierungsneutralität) dazu, dass der Wettbewerb „verfälscht" wird bzw. jedenfalls nicht gleiche Wettbewerbsbedingungen herrschen, weil das eine Unternehmen z. B. höhere Steuern entrichten muss als das mit ihm in Konkurrenz stehende Unternehmen, das in einem anderen Mitgliedstaat ansässig ist. Von größter Bedeutung und weiter verkomplizierend ist hier aber, dass die *via Rechtswahl* hergestellte *spezielle* Wettbewerbsgleichheit (über Art. 35 Alt. 2 AEUV) bei gleichzeitigem Verbleib von bestimmten Kompetenzen bei den Mitgliedstaaten *fundamental andere* Wirkungen nach sich zieht als eine Wettbewerbsgleichheit, die durch eine *Vollharmonisierung* erreicht wird. Die besonderen Wirkungen der erstgenannten speziellen Wettbewerbsgleichheit stehen im Zentrum der nachfolgenden Überlegungen.

2. Rechtssystemwettbewerb nach der derzeitigen EU-Rechtslage

Ohne dies (schon) hier im Einzelnen nachzuzeichnen, sei die Feststellung vorweggenommen,[1140] dass die Grundfreiheiten, wie sie der EuGH ausgelegt

---

(2010-2011), 365 ff.; *Schmid-Lübbert*, in: van Aaken/dies., 25 (34 f.); *Wagner*, CMLR 39 (2002), 995 ff.; *Weatherill*, in Tridimas/Nebbia, 11 (14).

[1135] Vgl. nur der in *Swansea* lehrende *Snell*, 35 ff.; *Weatherill*, in Tridimas/Nebbia, 11 (14 f.); w. Nachw. b. *Schmid-Lübbert*, in: van Aaken/dies., 25 (34 f.).

[1136] Vgl. z. B. *Kerber*, Fordham Int'l L. J. 23 (1999), 217 ff.; *Wagner*, CMLR 39 (2002), 995 ff.

[1137] *Grundmann*, in: ders., 1 (11).

[1138] Zu einem ähnlichen Ergebnis kommend *Thym*, in: van Aaken/Schmid-Lübbert, 49 (55) m. w. N.

[1139] Vgl. nur *Deakin*, E. L. J. 12 (2006), 440 ff.; *Kerber*, Fordham Int'l L. J. 23 (1999), 217 (236 ff.); *Reich*, CMLR 29 (1992), 861 ff.; *Saydé*, CYELS 13 (2010-2011), 365; *Snell*, CYELS 13 (2010/2011), 415 (434).

[1140] S. zu einer umf. Rechtsprechungsanalyse b. Fn. 2397 ff.

hat, grundsätzlich zu einem Rechtssystemwettbewerb führen (soweit der jeweils betrachtete Bereich nicht vollharmonisiert ist). Die derzeitige Auslegung der Grundfreiheiten erlaubt nämlich grundsätzlich eine diskriminierungsfreie Mobilität der Produktionsfaktoren (Arbeitnehmer, Selbständige, juristische Personen, Kapital) und (End-)Produkte (Dienstleistungen, Waren) und erfüllt damit die (oben skizzierten[1141]) theoretischen Anforderungen an einen funktionierenden Rechtssystemwettbewerb.[1142]

Die weitere Frage, ob eine Vollharmonisierung vorzuziehen ist gegenüber dem Rechtssystemwettbewerb in seiner derzeit geltenden Form oder in der Form, die dieser hätte, wenn der Wettbewerbsgleichheits-Rechtswahlmechanismus gem. Art. 35 Alt. 2 AEUV als st. Rspr. anerkannt werden würde, ist eine interessante, aber hier nicht weiter zu untersuchende *politische* Frage. Diese Entscheidung könnte nämlich nicht über (das *rechtliche* Mittel) eine(r) Auslegung von Art. 35 Alt. 2 AEUV erzwungen werden.[1143]

3. Untersuchungsziel und bisherige Ergebnisse in der Literatur

Die Diskussion um die Wechselwirkung einer extensiven oder restriktiven Interpretation der Grundfreiheiten mit dem Rechtssystemwettbewerb wird teilweise generalisierend geführt und es wird teilweise nicht differenziert zwischen den wirtschaftlichen Auswirkungen der positiven Rechtsangleichung (Rechtssetzung) und den Auswirkungen der Grundfreiheitenanwendung.[1144] Erforderlich ist eine nach Tatbestand und Rechtsfolgen der jeweils betrachteten Norm ausgerichtete Diskussion. Manche Argumente, die generell gegen eine Zentralisierung ins Feld geführt werden, gehen daher in Bezug auf die hier zu behandelnde Frage fehl. Der Rechtssystemwettbewerb wird durch bestimmte Auslegungen der Grundfreiheiten sogar *verstärkt*.[1145] Es

---

[1141] S. b. Fn. 1127 ff.

[1142] Ebenso *Kieninger*, 65 f.

[1143] Am Maßstab einer Wettbewerbsgleichheitsauslegung von Art. 35 Alt. 2 AEUV würde *harmonisiertes* Recht nur darauf hin untersucht werden, ob es faktisch oder rechtlich *diskriminiert*.

[1144] Vgl. *Armstrong*, in: Barnard/Scott, 225 (243 f.).

[1145] Erneut sei auf *Kerbers* zutreffende Feststellung verwiesen: „the problem of regulatory competition [in the context of EU law including the fundamental freedoms] is much more complex than has been seen up until now.“ (*Kerber*, Fordham Int'l L. J. 23 (1999), 217 (244); ähnl. *ders./van den Bergh*, in: Lianos/Odudu, 121 (124); *dies.*, Marburg Papers, 1 (18); vgl. auch *Armstrong*, in: Barnard/Scott, 225 (243 ff.)) Die beiden Wirtschaftswissenschaftler *Kerber* und *van den Berg* stellten zudem kürzlich zu den wichtigsten Topoi der wirtschaftstheoretischen Grundfreiheitenargumention fest (*Kerber/van den Bergh*, in: Lianos/Odudu, 121 (133)): „a lot of theoretical and empirical research has been done“ und: „One clear result is that all initially discussed theses about the general positive or negative effects of centralization, decentralization or regulatory competition have been proved wrong. It very much depends on the type of regulation, on a number of specific conditions, and also on the applied conflict-of-laws rules, whether a more centralized or decentralized geht hier insbesondere nicht darum, ob föderale oder zentralistische Systeme *insgesamt* vorteilhaft oder nachteilig sind.[1146] *Wenn überhaupt* wird in der Literatur – und das auch nur vereinzelt und selten vertieft und insbesondere die Rechtfertigungsebene außer Acht lassend – das Verhältnis der *Wareneinfuhr*freiheit bzw. der anderen Zielstaatsfreiheiten zum Rechtssystemwettbewerb beleuchtet.[1147] Dieses ist allerdings erheblich anderer Natur als das der *Ausfuhr*freiheit(-en).

(Eine extensive Auslegung von) Art. 35 Alt. 2 AEUV steht in einem *anderen* Verhältnis zum Topos des Rechtssystemwettbewerbs als (eine extensive Auslegung von) Art. 34 Alt. 2 AEUV. Mit extensiver Auslegung von Art. 35 Alt. 2 AEUV ist hier ein Wettbewerbsgleichheits-Rechtswahlmodell gemeint, bei dem sich ein Exporteur prinzipiell auf eine der (derzeit) 28 EU-Rechtsordnungen berufen kann. Das häufige Vorliegen einer *Rechtfertigung* (v. a. auf der Grundlage der zwingenden Erfordernisse) wird hierbei nicht – wie nicht selten in der ökonomischen Literatur[1148] – realitätsfremd ausgeblendet, sondern von Anfang an in die Effizienzüberlegungen einbezogen. Es ist dabei denkbar, dass der Rechtssystemwettbewerb verstärkt, substituiert, modifiziert oder abgeschwächt wird.

Abstrakt differenziert werden kann zwischen zwei verschiedenen *Adressaten* des Rechtssystemwettbewerbs: Die Mitgliedstaaten konkurrieren – mit Blick auf die von Art. 35 AEUV überhaupt erfassbaren Regelungen – erstens und vor allem um *exportwillige Unternehmen*. Zweitens können auch die *betroffenen Bevölkerungen* als Adressaten angesehen werden: Diese würden etwa durch den Wegfall von Produktionsregelungen (z. B. Umweltstandards) betroffen werden, wenn in eine extensive Auslegung von Art. 35 Alt. 2 AEUV auch Produktionsregelungen einbezogen würden. Der Systemwettbewerb um die Bevölkerungen (hier: „Betroffene") wird nachfolgend als „Betroffenenwettbewerb" bezeichnet. In Bezug auf beide Gruppen wird nachfolgend auch zu untersuchen sein, inwiefern ein echter Wettbewerb mit Blick auf die Mobilität und Ansiedlungsbereitschaft überhauupt stattfinden kann.

---

solution should be recommended, or whether regulatory competition can lead to more positive than negative effects (or *vice versa*)."

[1146] So aber z. B. *Snell*, 31 ff.

[1147] Vgl. z. B. *Armstrong*, in: Barnard/Scott, 225 (243 f.); *Barnard/Deakin*, in: Barnard/Scott, 197 (204 ff.); *Kerber*, Fordham Int'l L. J. 23 (1999), 217 (239 ff.); *ders.*, in: Grundmann, 67 (88 ff.); *ders./van den Bergh*, in: Lianos/Odudu, 121 ff.; *Saydé*, CYELS 13 (2010-2011), 365 (376); *Schwartz*, EuR 2007, 194 (197 ff.); *Sinn*, J. Pub. Econ. 66 (1997), 247 (264 ff.); *Weatherill*, in: Tridimas/Nebbia, 11 (18).

[1148] Vgl. mit Blick auf Art. 34 Alt. 2 AEUV *Sinn*, J. Pub. Econ. 66 (1997), 247 (264 ff.).

4. Untersuchung

Die nachfolgende Untersuchung zeigt, dass eine erweiterte Auslegung von Art. 35 Alt. 2 AEUV im Sinne eines Rechtswahlrechts mit Blick auf Regelungen, die auf die Interessen der Unternehmen bezogen sind, sogar ein *besseres* Äquivalent bzw. eine *verstärkte Form* des Rechtssystemwettbewerbs an die Stelle des klassischen Rechtssystemwettbewerbs setzt, wofür Stimmen v. a. in der wirtschafts-, aber auch in der rechtswissenschaftlichen Literatur votieren (allerdings ganz überwiegend ohne Bezugnahme auf die Grundfreiheiten oder Art. 35 Alt. 2 AEUV).[1149] Nach *Kerber* ist die Rechtswahl sogar die höchste „Mobilitätsstufe“.[1150]

Ambivalent ist und besonderer Betrachtung bedarf die Frage, inwieweit der Rechtssystemwettbewerb auch mit Blick auf die (soeben genannten) *Betroffenen* durch den Rechtswahlmechanismus ersetzt werden kann und ob auch dieser noch ein entscheidendes Argument für eine restriktive Interpretation von Art. 35 Alt. 2 AEUV darstellen kann. Konkret geht es dabei um die Fallgruppe der Produktionsregelungen.

a) Allgemeine Vor- und Nachteile des Rechtssystemwettbewerbs

Soweit für den hiesigen Zweck erforderlich, sollen zunächst Vor- und Nachteile des Rechtssystemwettbewerbs *unabhängig von Art. 35 Alt. 2 AEUV* behandelt werden, um anschließend zu analysieren, inwiefern diese Wirkungen des Rechtssystemwettbewerbs durch eine extensive Auslegung von Art. 35 Alt. 2 AEUV beeinflusst werden.

aa) Vorteile

Zunächst ist fraglich, ob die mit Blick auf den Rechtssystemwettbewerb vorgebrachten Vorteile einer kritischen Überprüfung standhalten. Später ist zu untersuchen, ob diese Vorteile im Rahmen einer extensiven Auslegung von

---

[1149] Vgl. *Grundmann*, in: ders., 1 (17); *Kerber*, in: Zumbansen/G.-P. Calliess, 297 (307 ff.); *ders.*, Fordham Int'l L. J. 23 (1999), 217 (242); *ders.*, in: Grundmann, 67 (79 ff., 94 ff.); *ders.*/van den Bergh, in: Lianos/Odudu, 121 (137 ff.); *dies.*, Marburg Papers, 1 (7, 14, 17 ff.); *Parisi*, in: Breton/Trebilcock, 65 (68 ff.) jew. m. w. N.; s. a. *Kieninger*, 353 f.; *Kirchner*, in: Grundmann, 99 (111 f.); *Lianos/Gerard*, in: Lianos/Odudu, 173 (221); befürwort. aus juristischer Sicht mit unterschiedlichen Nuancierungen *Meier*, RIW 1987, 841 (845–847); speziell in Bezug auf Art. 35 AEUV: *Schilling*, 135; *Tassikas*, 243 Fn. 316; s. zur Sinnfälligkeit einer „Rechtswahlfreiheit“ zur Bewältigung von produktbezogenen Inländerdiskriminierungen *Schubert*, 188. Vgl. stellvertretend für den – nur eingeschränkt übertragbaren – international-privatrechtlichen Diskurs nur *Rühl*, 347 ff., 423 m. umf. w. N.; vgl. für das Steuerrecht *Heydt*, in: Lehner et al., 25 (32 f.). Krit. *Koenig/Braun/Capito*, EWS 1999, 401 ff.

[1150] *Kerber*, in: Grundmann, 67 (79).

Art. 35 Alt. 2 AEUV tatsächlich verlustig gehen oder nicht sogar verstärkt bzw. besser genutzt werden.

Der Wettbewerb der Rechtssysteme wird in *Hayek*'scher Tradition als „Informationssystem" gesehen (*von Hayek*: „Entdeckungsmechanismus"[1151]), welches den Mitgliedstaaten anzeigt, wie sie ihre Rechtsordnung nach Auffassung der wirtschaftlichen Akteure zu gestalten haben.[1152] Dass hierbei ausreichende Wahlmöglichkeiten vorhanden sind und damit überhaupt eine Entscheidung für unterschiedliche „Rechtsordnungsmodelle" möglich wird, liegt in der wichtigen Voraussetzung der *Dezentralität der Politikerzeugung* begründet. Hierdurch können unterschiedliche Modelle gleichzeitig getestet werden und miteinander in Konkurrenz treten. *Roth* bezeichnet Mitgliedstaaten eines föderalen Systems entsprechend als „Experimentierstationen".[1153] Findet dagegen eine Zentralisierung[1154] der Rechtserzeugung statt, wird auch das innovative Gegeneinander eingestellt, und Lerneffekte gehen verloren.[1155]

Die Dezentralität der Rechtserzeugung verhilft nicht nur dazu, die „präferenzoptimale Rechtsordnung" im Rahmen eines kreativ-experimentierenden Prozesses aufzufinden. Sie ermöglicht es auch, unterschiedliche „Rechtsordnungsnachfrager" (d. h. Unternehmen) mit einem hinreichend breiten „Angebot" an Rechtsordnungen zu versorgen, das den unterschiedlichen Präferenzen der unterschiedlichen Unternehmen bestmöglich gerecht wird.[1156] Es gibt hiernach also nicht „die eine optimale Rechtsordnung", deren Inhalt nur noch bestimmt werden muss. Vielmehr muss es ein Geflecht unterschiedlicher „Regulierungssets" geben, das auch einer heterogenen Unternehmenslandschaft optimale Regulierungsbedingungen anbietet. In einem föderalen System können sich auf diese Weise regionale „Cluster" entwickeln, d. h. Gebiete, in denen eine Spezialisierung auf die Erzeugung bestimmter Produkte erfolgt (wie das kalifornische Silicon Valley oder die slowakische Autofabrikindustrie). Beispielsweise sind die Unternehmen in weniger entwickelten

---

[1151] Vgl. nur *Hayek*, 19.

[1152] *Barnard/Deakin*, in: Barnard/Scott, 197 (199); *Kerber*, in Grundmann, 65 (74); *Portuese*, in: Mathis, 275 (287); *Snell*, 38 m. w. N.

[1153] *Roth*, Freier Warenverkehr, 8 f. m. w. N.; *ders.*, EuR 2007 Beiheft 2, 9 (34 m. w. N.); *ders.*, CMLR 25 (1988), 35 (86 Fn. 190). Ebenso *Barnard/Deakin*, in: Barnard/Scott, 197 (199); *Fauré*, Maastricht J. Eur. & Comp. L. 15 (2008), 433 (437); *Hüther/Hafemann*, in: Härtel, § 14 Rn. 14; *Kieninger*, 381; *Portuese*, in: Mathis, 275 (287); *Snell/Andenas*, Int'l & Comp. Corp. L. J. 2 (2000), 239 (257); *Tryfonidou*, in: Barnard/Odudu, 197 (206, 219).

[1154] Zu einer Betrachtung von Beschränkungsinterpretationen der Grundfreiheiten als Zentralisierungsgeschehen siehe umfassend *Snell/Andenas*, Int'l & Comp. Corp. L. J. 2 (2000), 239 (252 ff.).

[1155] Vgl. *Fauré*, Maastricht J. Eur. & Comp. L. 15 (2008), 433 (437); *Kirchner*, in: Grundmann, 99 (111).

[1156] Vgl. *Kerber*, in Grundmann, 65 (73 f.); *Kieninger*, in: FS Schäfer, 353 (362 f.); *dies.*, 381; m. w. N.

Ländern meist nicht in der Lage, die hohen Regulierungsstandards zu erfüllen, die in hoch entwickelten Industrieländern gelten.[1157] Lokale Stellen sind mit den lokalen Präferenzen am besten vertraut.

Auch teilt der Rechtssystemwettbewerb den Mitgliedstaaten nicht nur mit, wie eine den Präferenzen der Wirtschaftsteilnehmer entsprechende Rechtsordnung aussehen würde, sondern er erzeugt auch *Anreize* für die Mitgliedstaaten, ihre Rechtsordnungen entsprechend ihren Erkenntnissen zu gestalten. Die Mitgliedstaaten stehen im gegenseitigen Wettbewerb und zwingen sich so zur Optimierung, denn Unternehmen werden sich für dasjenige Exportland entscheiden, das ihnen die besten bzw. die *für sie* besten Rahmenbedingungen bietet, womit dieser Mitgliedstaat höhere Steuern und Arbeitsplätze und damit eine größere Volkswohlfahrt generiert.[1158] Bei einem „Rechtssystem*monopol*" – also wenn Unternehmen z. B. nicht ihren Sitz verlegen dürfen und folglich kein Rechtssystemwettbewerb mehr existiert – ist dagegen nur geringe Innovationsfähigkeit zu erwarten.[1159] Eine spezielle Ausprägung dieser Anreizwirkung des Rechtssystemwettbewerbs ist dessen Korrektivfunktion, expansiven Tendenzen im *öffentlichen Sektor* entgegenzuwirken, weil ein wettbewerbsbenachteiligender, d. h. ineffizient großer öffentlicher Apparat unter Verkleinerungsdruck gerät.[1160]

Neben dem Wettbewerb der Mitgliedstaaten um die *Unternehmen* hat es auch immer wieder Versuche gegeben, theoretisch herzuleiten, dass auch ein Systemwettbewerb um die *Verbraucher* geführt wird. Ein solcher Wettbewerb steht mit dem exportstaatsbezogenen Art. 35 Alt. 2 AEUV jedoch in *keinem sachlichen Zusammenhang*, weil etwaige Exportregelungen nicht die eigenen Verbraucher betreffen oder begünstigen würden, sondern die in anderen Mitgliedstaaten (die somit nur von *importstaatlichen* Regelungen tangiert werden). Fraglich ist aber, ob parallel zum Verbraucherwettbewerb eine Art *„Betroffenenwettbewerb"* ausgemacht werden kann. Es geht m. a. W. darum, ob ein Wettbewerb auch in Bezug auf Regelungen herrscht, die nicht nur die Belange der heimischen *Unternehmen*, sondern auch die der durch die *Rechtswahlentscheidung nicht repräsentierten, aber von dieser betroffenen Bevölkerungsteile* treffen. Heimische Interessen anderer Bevölkerungsteile sind insbesondere bei der kontroversen Fallgruppe der *Produktionsregelungen* betroffen, etwa wenn arbeits-, umwelt- oder baurechtliche Schutznormen infolge einer extensiven Auslegung von Art. 35 AEUV gesenkt werden müssen und somit aufgrund der Rechtswahl des Exportunternehmens z. B. Anwohner oder Arbeitnehmer betroffen sind.

[1157] *Snell*, 35 f.; vgl. auch *Fauré*, Maastricht J. Eur. & Comp. L. 15 (2008), 433 (437).

[1158] *Griller*, in: Griller et al., 1 (42 f.); *Snell/Andenas*, Int'l & Comp. Corp. L. J. 2 (2000), 239 (256 f.); *Zapke*, 50 f.

[1159] *Kerber*, in Grundmann, 67 (72 f.).

[1160] Vgl. *Deakin*, CYELS 2 (1999), 231 (243); *Snell*, 227.

Doch erscheint es *realitätsfremd* anzunehmen, dass hier ein Rechtssystemwettbewerb überhaupt stattfindet: Erstens können sich „Betroffene" nur für die *gesamte Rechtsordnung* entscheiden. Sie müssen mithin in das jeweils von ihnen präferierte Land umziehen und die damit verbundenen vielfältigen Vor- und Nachteile abwägen. Dadurch können (einzelne Regelungen bezüglich) einzelne(r) effizient produzierte(r) oder weniger effizient produzierte(r) Waren nicht miteinander in Konkurrenz treten. Je nach betrachtetem Gesetz (bzw. staatlicher Maßnahme) werden die Auswirkungen und die Bedeutung für die Bevölkerung so *gering* sein – zumal ja nur die Exportproduktion betroffen ist –, dass für diese regelmäßig andere Aspekte für den Verbleib im eigenen Land im Vordergrund stehen. Die Mitgliedstaaten erhalten also kein präzises Bild und nur wenig Anreize aus einem Betroffenenwettbewerb. Z. B. wird kein Betroffener wegen etwas höherer oder niedrigerer Lärmschutzstandards in ein anderes Land ziehen.[1161] Inwieweit Rechtssysteme tatsächlich um Betroffene konkurrieren, hängt nämlich auch davon ab, wie hoch die „Umzugsschwelle" ist, d. h., wie groß mögliche (innere) Widerstände gegen einen Umzug sind. Folglich ist auch relevant, wie groß die Anreize sein müssen, um trotz des Umzugsaufwandes seinen Standort zu verändern.[1162] Erschwerend tritt hinzu, dass es sich bei der Europäischen Union – anders als etwa bei den USA – (noch) nicht um einen hinreichend kulturell, sprachlich und wirtschaftlich homogenen Staatenverbund handelt, der einen Staatenwechsel mit einem Umzug innerhalb eines Staates vergleichbar erscheinen ließe.[1163] Gerade für die Bevölkerung spielt die *sozio-kulturelle Verwurzelung* eine entscheidende Rolle (im Vergleich zu Unternehmen, die als *juristische* Personen keine sozialen Kontakte besitzen können). Die persönlich-familiäre Verwurzelung wird einen Umzug umso unattraktiver erscheinen lassen, je (räumlich) weiter das (ehemalige) persönliche Umfeld entfernt ist. Für Menschen mit hoher Ortsbindung wird etwa ein Umzug von Rumänien nach Bulgarien weniger schwerwiegend sein, als einer von Rumänien nach Portugal, selbst wenn Portugal eine präferenzgemäßere Rechtsordnung besitzt. Die persönliche Grenznähe wird eine weitere Rolle spielen. Es kann daher das Fazit gezogen werden, dass dem Rechtssystemwettbewerb um sonstige Bevölkerungsteile i. S. e. „Betroffenenwettbewerbs", wenn überhaupt, nur eine *marginale* Bedeutung zukommt. Der föderalen Struktur kann aber insofern Bedeutung zukommen, als zumindest verschiedene Ordnungen *möglich* sind und die mitgliedstaatlichen Regierungen daher auf ihre Nachbarn und deren un-

[1161] Vgl. im Kontext des Verbraucherwettbewerbs z. B. *Wagner*, CMLR (2002), 995 (1007 f.); etwas anderes mag höchstens in Ausnahmefällen gelten, wie wenn die deutschen Energiekosten im Hinblick auf die Energiewende (und das EEG) doppelt so teuer werden, wie in anderen Mitgliedstaaten.

[1162] Zur Verbrauchermobilität *Schmid-Lübbert*, in: van Aaken/dies., 25 (36) m. w. N.

[1163] Ebenso *Barnard/Deakin*, in: Barnard/Scott, 197 (202); *Hüther/Hafemann*, in: Härtel, § 14 Rn. 13.

terschiedliche Erfahrungen schauen können (dies betrifft die Informationsfunktion des Rechtssystemwettbewerbs).

bb) Kritik

Der Rechtssystemwettbewerb kann auf zwei Arten kritisiert werden, nämlich durch das Herausstreichen seiner Nachteile sowie durch das Widerlegen angeblicher Vorteile.

Andenas und *Snell* argumentieren, dass mithilfe des Systemwettbewerbs Dysfunktionalitäten von Demokratien abgeholfen werden könne, denn Wahlen fänden zu *selten* statt, als dass sie eine konstante Anpassung des Systems an die Präferenzen der Bevölkerung ermöglichen könnten.[1164] Doch dieses Abstellen von *Snell* und *Andenas* allein auf den Kommunikationsmechanismus der *Wahl* überzeugt nicht: Der Wille des Volkes kann auf vielen weiteren formellen, aber vor allem auch *informellen* Kanälen ebenso *zwischen* den Wahlen an die Regierung kommuniziert und von dieser aufgegriffen werden, z. B. durch innerparteiliche Kommunikation mit der „Basis" oder durch den Einfluss der Medien oder von Lobbygruppen und NGOs. Dies gilt im Besonderen im modernen Zeitalter sozialer Netzwerke. Bürgerkommunikation und -beteiligung haben in den letzten Jahren zunehmend an Bedeutung gewonnen, was nicht zuletzt auch verschiedene neue Vorschriften des Lissabonner Vertrags beweisen (z. B. Art. 10 III, IV EUV). Ein markantes Beispiel für die informelle Kommunikation zwischen Volk und Politik ist etwa das Umschwenken der Koalitionsfraktionen nach der Änderung der öffentlichen Meinung in Bezug auf die Nutzung der Atomkraft infolge der Fukushima-Ereignisse.[1165] Die pessimistische und formalistische Geringschätzung demokratischer Informationsübermittlung ist mit grundlegenden Erkenntnissen der Politikwissenschaft und Staatstheorie sowie der Neuen Politischen Ökonomie unvereinbar, die auch *informelles* Mittler- und Kommunikationsgeschehen im Staat einbezieht.

Der Rechtssystemwettbewerb als Optimierungsmechanismus wird überschätzt, weil davon ausgegangen wird, dass er in Bezug auf *einzelne* Vorschriften einen effizienten Disziplinierungsmechanismus ausübt. Unternehmen werden aber zumeist von einem *Bündel* von Vorschriften, die sie betreffen, angezogen oder abgestoßen. Etwas anderes gilt nur für einzelne, hoch bedeutsame und stark voneinander abweichende Vorschriften, die sich sehr stark auf die Wettbewerbsfähigkeit auswirken (etwa bei großen Körperschaftssteuerdifferenzen). In Bezug auf einzelne Vorschriften kann der Rechtssystemwettbewerb somit durchaus zu ineffizienten Ergebnissen führen, wenn diese in der Wahrnehmung der Unternehmen nur von untergeordneter Bedeutung sind. Information und Anreizwirkungen werden durch dieses

---

[1164] *Snell/Andenas*, Int'l & Comp. Corp. L. J. 2 (2000), 239 (256 f.).
[1165] *Reyes y Ráfales*, Der Staat 52 (2013), 597 (599 f.).

„Bündelproblem“[1166] verfälscht. *Kieninger* kommt daher etwa zu dem Ergebnis, dass der klassische Systemwettbewerb ohne Rechtswahl speziell in Bezug auf das *Gesellschafts-* und *Privatrecht* nicht funktioniere.[1167]

Unternehmen müssen, damit sie überhaupt zwischen den Systemen wählen können, über die Rahmenbedingungen, die für sie in den einzelnen Mitgliedstaaten gelten (würden), *informiert* sein. Aber gerade mit Blick auf – nunmehr *28* Rechtssysteme – ist das Vorliegen vollständiger Information unrealistisch.[1168] Allerdings ist hiergegen einzuwenden, dass ein Mitgliedstaat gemäß der public choice-Theorie, wenn er Exportunternehmen anziehen möchte, im Grundsatz[1169] aus seinem Eigeninteresse heraus dafür sorgen wird, dass die Exportunternehmen hiervon Kenntnis erlangen werden, wenn die Kosten der „Informationskampagne“ geringer sind als die Erwartung potenzieller Gewinne, etwa in Form von Steuereinnahmen. Ähnliches gilt für Unternehmen: Diese werden sich informieren, wenn die damit verbundenen Transaktionskosten (i. F. v. Informationskosten) niedriger sind als potenzielle Gewinne. Von beiden Seiten entsteht dabei ein Bedarf nach Transaktionskostenreduzierung, der von privaten wie öffentlichen Initiativen gedeckt wird: Ein Beispiel innerhalb des privaten Sektors sind internationale Unternehmensberatungen. Ein Beispiel aus dem öffentlichen Sektor sind etwa die ausführlichen Informationen, die die EU in Kooperation mit den Mitgliedstaaten Unternehmen und Bürgern zur Verfügung stellt.[1170] In den Bereichen, in denen keine hinreichende Information besteht, dürften die Kosten der Erlangung der Information höher sein als die potenziellen Gewinne. Insofern ist ein Fehlen vollständiger Information bzw. das Unterlassen der Informationsbeschaffung nur ein Zeichen für ein betriebswirtschaftlich und/oder volkswirtschaftlich effizientes Vorgehen. Schließlich handelt es sich bei dem Einwand nur um eine *Einschränkung* eines Pro-Argumentes, nicht um ein Argument dafür, dass der Rechtssystemwettbewerb *schädlich* ist bzw. schädlich*er* als die Situation ohne Rechtssystemwettbewerb: Fehlt es an vollständiger Information, ist dies unschädlich, weil dann nur der *Status quo ante ohne Rechtssystemwettbewerb* existiert.

Einer der in der Tat größten Nachteile des Rechtssystemwettbewerbs wird (schon nach der klassischen amerikanischen Föderalismuskritik[1171]) aber im sog. „race to the bottom“ gesehen, d. h. darin, dass zivilisatorische Standards immer weiter von den einzelnen Gliedstaaten abgesenkt werden, um „ihren“

[1166] *Kieninger*, 381.

[1167] *Kieninger*, 382 f.

[1168] *Saydé*, CYELS 13 (2010-2011), 365 (375); *Wagner*, CMLR 39 (2002), 995 (1007).

[1169] Auf mögliche Gründe für irrationale Handlungsweisen staatlicher Stellen wurden schon hingewiesen (s. b. Fn. 1094 ff.). Doch bilden diese eben die Ausnahme.

[1170] Vgl. nur http://europa.eu/youreurope/business/index_de.htm, abgerufen am 10.09.2015, und http://europa.eu/youreurope/citizens/index_de.htm.

[1171] *Van den Bergh*, in: FS Ott, 327 (331 f.).

Unternehmen einen Wettbewerbsvorteil zu verschaffen, mit der Folge eines für *Dritte* (z. B. die Umwelt) *ruinösen* Wettbewerbs.[1172]

Ein funktionierender Rechtssystemwettbewerb führt des Weiteren zu zusätzlichen aus der Änderung der Rechtsordnung erwachsenden Kosten: Die Anpassung der Rechtsordnungen verlangt eine konkretisierende Rechtsprechung, die Erstellung neuer Rechtsliteratur wie Kommentare sowie Rechtsberatungsbedarf der Betroffenen.[1173] Dieser Aufwand wird noch potenziert, wenn sich nicht nur ständig die Rechtsordnungen *eines* Staates ändern, sondern die Rechtsordnungen der Mitgliedstaaten wechselseitigen Änderungsprozessen unterworfen sind, sodass Rechtsberater nicht nur das eigene dynamische rechtliche Umfeld ständig neu erschließen müssen, sondern auch die des Nachbarrechts und erst recht die Wechselwirkungen und Friktionen zwischen den verschiedenen Rechtsordnungen auflösen müssen. Aus Sicht der Unternehmen wird dadurch die Rechtssicherheit beeinträchtigt, es entstehen Transaktionskosten und die Investitionssicherheit kann vermindert sein.[1174] Andererseits können die mitgliedstaatlichen Stellen die Kosten einer Rechts*änderung* denjenigen einer Rechts*beibehaltung* gegenüberstellen und bei einem unangemessenen Verhältnis am Status quo festhalten (die Gewinne aus einer präferenzgemäße[re]n Rechtsordnung würden dann den Kosten gegenüberstellt, die aus dieser Änderung resultieren). Auch diese Entscheidung findet ja wiederum *im disziplinierenden Rechtssystemwettbewerb* statt. Es könnte zunächst erwogen werden, ob eine „Lösung“ für dieses Problem in einer Zentralisierung der Rechtserzeugung liegt. Doch wäre in dem Fall mit deren klassischen Problemen zu kämpfen: Hier liegen die Probleme in der mangelnden Flexibilität, schnell auf konkrete Bedürfnisse zu reagieren, denn die Änderung zentralisierten Rechts ist in föderalen Systemen immer schwerfälliger als die lokale Rechtserzeugung. Auch haben Unternehmen unter-

---

[1172] *Deakin*, E. L. J. 12 (2006), 440 (443); *Sinn*, J. Pub. Econ. 66 (1997), 247 (258 ff.). Krit., da die Voraussetzungen für ein race to the bottom in der Europäischen Union nicht als gegeben ansehend, *Barnard*, E. L. Rev. 25 (2000), 57 ff.; generell krit. zum race to the bottom-Argument (in globalem Kontext) *Snell*, in: Barnard/Peers, 300 (306), der den eklatanten Mangel an empirischen Belegen beklagt, ebenso *Drezner*, 15 ff. Von politikwissenschaftlicher Seite wird auf Friktionen mit den – europarechtlich ebenfalls institutionalisierten – sozialpolitischen Unionszielen hingewiesen (Art. 3–6 EUV), weil der Staatenwettbewerb zu einem „Sozialabbau“ führe, vgl. nur *Zapka*, 50 f. Da Art. 35 Alt. 2 AEUV in Teilbereichen ähnliche Effekte (im Hinblick auf den ruinösen Wettbewerb) hervorrufen oder womöglich sogar verstärken kann, deren Wirkung aber von Details der Konzeptionalisierung von Art. 35 Alt. 2 AEUV – vor allem auch auf der Rechtfertigungsebene – abhängt, ist die Frage umfassend im Kontext der konkreten Analysen des Wettbewerbsgleichheits-Rechtswahlmodells zu behandeln, s. b. Fn. 1176 ff.

[1173] Vgl. *Carbonara/Parisi*, in: FS Schäfer, 339 (344); *Kieninger*, in: FS Schäfer, 353 (354).

[1174] *Snell*, 44 m. w. N.; *van den Bergh*, in: FS Ott, 327 (334 f.); siehe zur wohlfahrtsmindernden Wirkung von Transaktionskosten schon b. Fn. 978 f.

schiedliche Präferenzen, die durch ein einziges „Einheitsrecht“ nicht berücksichtigt werden könnten. Im Übrigen sei diesbezüglich auf die bereits erfolgte Darstellung der klassischen Stärken des Rechtssystemwettbewerbs verwiesen.[1175]

b) Die Funktionen des Rechtssystemwettbewerbs im Kontext des Wettbewerbsgleichheits-Rechtswahlmechanismus

aa) Kein Verlust, sondern Verstärkung der Informationsfunktion

Fraglich ist, ob eine extensive Auslegung von Art. 35 Alt. 2 AEUV im Sinne eines Wettbewerbsgleichheits-Rechtswahlmechanismus zum Verlust der Informationsfunktion des Rechtssystemwettbewerbs[1176] führt: Dies ist zu verneinen. Unternehmen können ihre Präferenz(tendenz)en auch auf dem Wege einer *Rechtswahl* mitteilen.[1177] Die Staaten können weiterhin unterschiedliche Politiken verfolgen, nur diesmal so, dass (vorbehaltlich der Rechtfertigung) alle Unternehmen in der EU (unabhängig davon, in welchem Mitgliedstaat sie ansässig sind) davon profitieren können, wenn sie eine Ware exportieren. Im Gegenteil ist die *Rechtswahl* als Informationsquelle sogar als Informationssystem *besser geeignet* als das „voting with the feet“: Bei Letzterem kann nur eine Entscheidung für eine Rechtsordnung *insgesamt* erfolgen, ohne dass aus der Unternehmensverlagerung darauf geschlossen werden kann, *warum genau*, d. h. aufgrund *welcher Regelung genau* sich das Unternehmen für die Rechtsverlagerung entschlossen hat. Ganz anders bei einer extensiven Auslegung von Art. 35 AEUV: Hier können *regelungsspezifische* Informationen erlangt werden. In dieser Hinsicht ist eine Wettbewerbsgleichheitsauslegung dem klassischen Rechtssystemwettbewerb klar überlegen.[1178]

bb) Kein (erheblicher) Verlust der Anreizfunktion

Fraglich ist, ob eine Interpretation von Art. 35 Alt. 2 AEUV i. S. d. Wettbewerbsgleichheits-Rechtswahlmechanismus dazu führt, dass die Mitgliedstaaten Anreize[1179] verlieren, ihre Rechtsordnung zu optimieren.[1180] Die Exporteure könnten sich ja – so könnte das Argument lauten – *sowieso* auf die für sie günstigste Rechtsordnung berufen.

[1175] S. b. Fn. 1151 ff.

[1176] S. hierzu b. Fn. 1151 ff.

[1177] S. zur genauen rechstechnischen Ausgestaltung des hier vertretenen Rechtswahlmodells b. Fn. 3677 ff.

[1178] Ebenso *Kerber*, in: Grundmann, 67 (79 f.).

[1179] S. zu den Anreizen im Rahmen des klassischen Systemwettbewerbs b. Fn. 1158 ff.

[1180] Vgl. *Kerber/van den Bergh*, Marburg Papers, 1 (17); *Kieninger*, 103 f., 383; *Parisi/Ribstein*, in: Newman, 236 (241); *Kieninger* ausdr. folgend *Schwartz*, EuR 2007, 194 (205).

Hiergegen sprechen jedoch eine Reihe von Erwägungen: Da eine Rechtswahl gem. Art. 35 Alt. 2 AEUV nach hier vertretener Auffassung nur in Bezug auf den Export ausgeübt werden kann und nicht in Bezug auf den Inlandshandel,[1181] werden die Staaten weiterhin daran interessiert sein, die Gesamtwohlfahrt durch die Verbesserung der Produktionsbedingungen zu verbessern. Denn Exportunternehmen können Größenvorteile nur dann maximal ausnutzen, wenn die Export- und die Inlandsproduktion denselben Rechtsnormen unterworfen sind. Dies gilt umso mehr unter Berücksichtigung der von EU-*Importwaren* ausgehenden *Wettbewerbskräfte*: Diese Waren, die den Schutz von Art. 34 Alt. 2 AEUV genießen, halten die Mitgliedstaaten dazu an, für „ihre" mit den Importwaren konkurrierenden Produzenten möglichst positive rechtliche Rahmenbedingungen zu schaffen, sodass diese nicht einer umgekehrten Diskriminierung unterliegen, die ihre Wettbewerbschancen schmälert.

Zudem dürften diejenigen Unternehmen, die schon in dem Mitgliedstaat ansässig sind, in dem die günstige Rechtsnorm existiert, einen Vorteil im europäischen Wettbewerb besitzen: Sie unterliegen der Norm automatisch und müssen sie nicht erst „wählen" (v. a. auffinden) und gem. Art. 35 Alt. 2 AEUV durchsetzen. Wenn diese Unternehmen im „Heimatland der Norm" ansässig sind, dürfte das in ihrer eigenen Sprache konzipierte Recht für sie zugänglicher sein (womöglich auch, weil hier die meisten Informationen über die Rechtsnorm vorhanden sind), und vor allem ist es ohne (behördliche oder praktische) Verzögerungen anwendbar.

Es sollten dabei auch nicht die (denkbaren) Begrenzungen auf der Beeinträchtigungs- (z. B. de minimis) und der Rechtfertigungsebene[1182] (insbesondere die zwingenden Erfordernisse) außer Acht gelassen werden, innerhalb deren die Mitgliedstaaten nach wie vor in Konkurrenz stehen. Insbesondere bei Produktionsregelungen wird im Regelfall eine Rechtfertigung in Betracht kommen, sodass diesbezüglich der klassische Systemwettbewerb fortbesteht. Unternehmen können mit der Rechtfertigungsprüfung zusammenhängende Unsicherheiten vollständig nur beseitigen, wenn sie in das Land ziehen, aus dem die von ihnen „ausgewählte" Rechtsnorm stammt.

Dies gilt im Besonderen für *kleine und mittlere Unternehmen* (KMU), für die die Transaktionskosten (einer Rechtswahl über Art. 35 Alt. 2 AEUV) im Vergleich zu ihren Umsätzen regelmäßig hoch sein werden, sodass es sich für sie nicht immer lohnen wird, intensive rechtliche Recherchen anzustellen bzw. in Auftrag zu geben.[1183] Wenn Drittinteressen betroffen sind und mithin eine Rechtfertigungsprüfung durchzuführen ist, sind die Kosten noch hö-

---

[1181] S. b. Fn. 1908 ff. m. w. N.

[1182] Ebf. hierauf hinw. *Teichmann*, 127.

[1183] Vgl. *U. Stein*, in: Grundmann, 669 (681 ff.).

her.[1184] In diesen Fällen ist die Ausübung der Grundfreiheit nämlich mit Rechtsdurchsetzungskosten verbunden. Es ist für kleine und mittelgroße Produzenten daher wohl vorteilhafter, wenn sie von vorneherein in dem Mitgliedstaat ansässig sind, in dem die für sie günstigste Rechtsordnung gilt. Auch mit Blick auf KMU bestehen somit Anreize für die Mitgliedstaaten fort, ihre Rechtsordnung möglichst vorteilig zu gestalten.

Des Weiteren stehen die Mitgliedstaaten im infolge der Globalisierung eine immer größere Rolle einnehmenden *internationalen* Wettbewerb mit *Drittstaaten*. Für den Wettbewerb mit (Unternehmen aus) Drittstaaten gilt Art. 35 Alt. 2 AEUV aber nicht. Die Mitgliedstaaten besitzen also Anreize, möglichst günstige Bedingungen für Exportunternehmen zu schaffen, die im Wettbewerb stehen mit Unternehmen aus Drittstaaten.

Sodann besteht *unabhängig* vom Wettbewerb mit den anderen Mitgliedstaaten ein *allgemeiner* Anreiz, möglichst effiziente Rahmenbedingungen zu schaffen: Denn wie oben bereits im Rahmen der public choice-Analysen festgestellt wurde, kommt es den Politikern darauf an, ihre Machtbasis dadurch zu sichern, dass sie die Wohlfahrt ihrer Wählerschaft sicherstellen, und erfolgreiche Exportunternehmen tragen hierzu entscheidend bei (z. B. durch Arbeitsplätze).

Ein weiteres Argument – allerdings ein schwaches – kann darin gesehen werden, dass rechtliche Berater (z. B. britische Kapitalmarktrechtler oder irische Gesellschaftsrechtler), davon profitieren, wenn „ihre" Rechtsordnung gewählt wird, d. h. auch sie werden Druck auf „ihre" Regierungen und Parlamente ausüben, möglichst günstige rechtliche Rahmenbedingungen zu schaffen.[1185]

In der Gesamtschau der Argumente ist davon auszugehen, dass die (wohlfahrts- und effizienzfördernden) Anreize zur Rechtsordnungsoptimierung durch ein Rechtswahlmodell allenfalls leicht verringert werden. Beseitigt werden sie jedoch keinesfalls. Hieraus kann also kein entscheidendes Gegenargument gegen das Wettbewerbsgleichheits-Rechtswahlmodell hergeleitet werden.[1186] Zu bedenken ist auch, dass die Anreize zur Rechtsordnungsopti-

---

[1184] Allg. zur Schwierigkeit der Grundfreiheitendurchsetzung *Schwartz*, EuR 2007, 194 (206).

[1185] *Kieninger*, 89.

[1186] *Hilfsweise* könnte noch auf folgende Überlegung abgestellt werden: Beide Alternativen (also der status quo *ohne* erweiterte Auslegung von Art. 35 Alt. 2 AEUV und der mögliche status futurus *mit* erweiterter Auslegung von Art. 35 Alt. 2 AEUV) müssten *gegenüberstellt* werden: Selbst wenn dabei der eingangs angesprochenen Kritik teilweise gefolgen werden würde, dass die Anreize zur Systemoptimierung für die Mitgliedstaaten leicht vermindert würden, ist erstens zu berücksichtigen, dass zumindest noch *verminderte* Anreize bestehen, und zweitens, dass nur beim Rechtswahlmodell *alle* Unternehmen von der „besten" bzw. der für sie präferenzgemäßen Rechtsordnung profitieren können (vorbehaltlich der Rechtfertigung). Zudem erhalten die Mitgliedstaaten nur beim Rechtswahlmomierung, die die Mitgliedstaaten auch unter Geltung des Wettbewerbsgleichheits-Rechtswahlmechanismus erhalten, regelungsspezifischer Art und damit effektiver sind. Die Mitgliedstaaten werden also dazu angehalten, an den ganz spezifischen Ineffizienzen ihrer Rechtsordnung zu arbeiten.

Schließlich sei noch auf den (eher) *rechtspolitischen* Vorschlag einer Rechtsnutzungsgebühr hingewiesen, mit dem der Primärrechtgeber das Wettbewerbsgleichheits-Rechtswahlmodell sinnvoll ergänzen und unterstützen könnte: Bestmögliche Anreize für die Mitgliedstaaten könnten nämlich durch eine in Art. 35 Alt. 2 AEUV verankerte „Rechtsnutzungsgebühr" erzeugt werden, nach der derjenige Staat, dessen Recht gewählt wird, von dem Exporteur eine Gebührenzahlung verlangen kann. Dann besäßen alle Mitgliedstaaten unmittelbare monetäre Anreize, ihre Rechtsordnung möglichst produzentenfreundlich zu gestalten.[1187] D. h. will ein in Staat A ansässiges Unternehmen U nicht das Produktrecht des Staates A anwenden, sondern das des Staates B, müsste es an Staat B eine Gebühr entrichten. Eine solche Lösung entspräche dem amerikanischen gesellschaftsrechtlichen Modell, bei dem die Bundesstaaten von der Wahl ihres Rechts dadurch profitieren, dass sie die „franchise tax" einziehen können.[1188] Diese Lösung ist nur rechtspolitischer Art, weil es für eine solche Gebühr *keine interpretativen Anhalte* in Art. 35 Alt. 2 AEUV oder in einer anderen Primärrechtsnorm gibt, so dass sie dem Primärrecht nicht im Wege der Auslegung entnommen werden kann, sondern vom Primärrechtgeber normiert werden muss.

cc) Kein Verlust der Experimentierfunktion

Fraglich ist erstens, ob den Mitgliedstaaten die Möglichkeit abhandenkommt, mit verschiedenen rechtlichen Settings zu experimentieren und sich der nützlichen „Trial-and-Error-Methode" zu bedienen. Dies ist zwar die Folge einer *Zentralisierung der Rechtssetzung*. Fraglich ist aber, ob dies auch für eine Wettbewerbsgleichheits-Rechtswahlauslegung von Art. 35 Alt. 2 AEUV gilt: Dies ist nicht der Fall. Den Mitgliedstaaten wird hier gerade nicht die Kompetenz genommen, verschiedene rechtliche Lösungen anzubieten. Sie können also unvermindert experimentieren. Der Prozess des Experimentierens dürfte im Kontext einer extensiven Auslegung von Art. 35 Alt. 2 AEUV sogar noch *dynamischer* sein als beim klassischen Rechtssystemwettbewerb, da nun

---

dell konkrete Informationen über ihr Recht (wie festgestellt wurde, s. b. Fn. 1176 f.). Werden diese Aspekte miteinander abgewogen, zeigt sich, dass das Rechtswahlsystem dem klassischen Systemwettbewerb überlegen ist.

[1187] Ebenso *Kerber*, in: Grundmann, 67 (94 Fn. 62); *ders./van den Bergh*, Marburg Papers, 1 (17 f.); *Kieninger*, 383; *Parisi/Ribstein*, in: Newman, 236 (241). Allg. auf die Notwendigkeit von Meta-Regeln („meta-rules") hinweisend für ein Funktionieren des Systemwettbewerbs *Kirchner*, in: ders./Grundmann/Weatherill, 165 (167).

[1188] Vgl. nur *Kieninger*, 89 m. w. N.

Exporteure aus verschiedenen Ländern „am Experiment teilnehmen“ können. Außerdem ist eine bessere Beurteilung der experimentellen Regelungen möglich, weil Informationen aus verschiedenen Kontexten erlangt werden können (also aus verschiedenen Mitgliedstaaten).[1189]

dd) Informationskosten für die Unternehmen

Das Nichtvorhandensein vollständiger Information auf Seite der Unternehmen trifft eine extensive Auslegung von Art. 35 AEUV *in gleicher Weise* wie den Mechanismus des klassischen Rechtssystemwettbewerbs. Damit spricht dieser Aspekt weder für noch gegen eine extensive Auslegung von Art. 35 AEUV.

ee) Verstärkter Rechtssystemwettbewerb bei regelungsspezifischer Rechtswahl

Eine extensive Interpretation von Art. 35 AEUV würde die oben angesprochene dezentrale Problemlösung(skompetenz) gar nicht infrage stellen. Sie würde *den Unternehmen* ein *Wahl*recht zwischen den verschiedenen mitgliedstaatlichen Rechtsordnungen und der Herkunftsrechtsordnung einräumen. Mithin wäre es in das *Belieben der Unternehmen* gestellt, ob sie die (angeblichen) Vorteile und Nachteile der heimischen Rechtsordnung anerkennen und ausnutzen wollen oder nicht. Der Selektionsprozess würde sich wiederum die dezentrale Expertise des einzelnen Marktteilnehmers zunutze machen.

Im klassischen Systemwettbewerb (nach *Kerber*: „Mobilitätsstufe III“[1190]) können Unternehmen sich nur für *eine* Rechtsordnung, gar für ein *Gesamtsystem* (inklusive faktischer Rahmenbedingungen wie Infrastruktur, Arbeitsbevölkerung) entscheiden. Wenn ihnen daraus Vor- und Nachteile zugleich erwachsen, müssen sie diese miteinander abwägen und insgesamt in Kauf nehmen.

Schon die Möglichkeit, *nur* die (*gesamte*) *Rechtsordnung* eines anderen Mitgliedstaats auswählen zu können (ohne zugleich die anderen faktischen Standortbedingungen mitzuübernehmen), stellt einen wesentlichen Vorteil gegenüber der Mobilitätsstufe III dar. Insofern ist die *immaterielle Natur* von Recht mit Blick auf den Systemwettbewerb ein Glücksfall.[1191]

Dies gilt umso mehr für die Möglichkeit, sich für *einzelne* Normen entscheiden zu können.[1192] Wenn Unternehmen in die Lage versetzt werden, in

---

[1189] Vgl. zu letzterem *Kerber*, in: Grundmann, 67 (95); *ders./van den Bergh*, Marburg Papers, 1 (17).

[1190] *Kerber*, in: Grundmann, 67 (76 ff.).

[1191] Vgl. *Bachmann*, AcP 210 (2010), 424 (485).

[1192] S. a. b. Fn. 3688 ff.

unterschiedlichen Bereichen zwischen unterschiedlichen Rechtsordnungen auszuwählen, können sie sich durch dieses „Rosinenpicken" ein „Rechtsordnungsportfolio" zusammenstellen, das ihre Präferenzen bestmöglich realisiert.[1193] Auf einzelne Änderungen dieses ihres „Rechtsordnungsportfolios" könnten sie reagieren, indem sie sich in Bezug auf die konkret geänderte Norm auf eine andere Rechtsordnung berufen.[1194]

ff) Vermeidung von Umzugskosten

Aufgrund der extensiven Auslegung der Warenausfuhrfreiheit müssen Unternehmen, um von EU-ausländischen Regulierungsstandards zu profitieren, nicht mehr kostenträchtig in das EU-Ausland abwandern, sondern können in ihrem Niederlassungsstaat verbleiben: Auch heute noch sind Umzüge in andere Länder nicht nur in absoluten Zahlen teuer,[1195] sondern auch relativ teurer als ein Umzug innerhalb eines Landes: Zu nennen sind z. B. soziokulturelle Unterschiede, die zu erheblichen Anpassungskosten führen, beispielsweise Sprachbarrieren, ein nicht unwahrscheinlicher (teilweiser) Austausch der Arbeiterschaft sowie unternehmensinterne Restrukturierungen und die Anpassung an ein neues rechtliches Umfeld oder auch die möglicherweise nötige Errichtung von Infrastruktur im neuen Sitzland (wie Autobahnen, Güterverkehrsverbindungen etc.). Diese Kosten sind „versunken"[1196] und haben keinen Mehrwert für die Verbraucher. Die Möglichkeit der Schaffung desselben Anreizsystems, ohne die Verursachung derartiger Umzugskosten ist daher klar dem Modell mit den Umzugskosten vorzuziehen.[1197]

gg) Transaktionskosten von Unternehmen und staatlichen Stellen?

aaa) Mehraufwand und -kosten für die Exporteure?

Fraglich ist, ob Mehraufwände bzw. Mehrkosten für die Exporteure als Argument gegen den Rechtswahlmechanismus angeführt werden können. Dies ist klar zu verneinen: Zwar werden den Unternehmen durch die Rechtswahl und die Informationseinholung nicht unerhebliche Transaktionskosten entstehen. Bei einem Wahl*recht* nach Art. 35 AEUV wären diese Kosten jedoch *nicht zwingend*, sondern die Unternehmen könnten von Fall zu Fall *selber* entschieden, ob Kosten und Nutzen für das konkrete Projekt in einem angemessenen Verhältnis zueinander stehen und ob sie sich, bei einem Überwiegen des Nutzens, für die Rechtswahl entscheiden wollen. Es würde dabei

---

[1193] Vgl. *Kerber/van den Bergh*, Marburg Papers, 1 (17); s. a. *Teichmann*, 127.

[1194] Ähnl. in anderem Kontext *Wagner*, CMLR 39 (2002), 995 (1007 ff.).

[1195] Vgl. nur *Haucap/Wey/Barmbold*, JITE 153 (1997), 510 (513).

[1196] *Haucap/Wey/Barmbold*, JITE 153 (1997), 510 (513).

[1197] Vgl. *Saydé*, CYELS 13 (2010-2011), 365 (394) m. w. N.; *Wagner*, CMLR 39 (2002), 995 (1007 ff.).

abermals die dezentrale Kompetenz der Marktakteure genutzt, die im Rahmen des seinerseits disziplinierenden Unternehmenswettbewerbs stattfindet. Die eventuellen Mehrkosten für die Unternehmen stellen mithin *kein* Gegenargument für ein Wahlrecht dar.

bbb) Mehraufwand und -kosten für staatliche Stellen?

Anders könnte dies im Hinblick auf die volkswirtschaftlichen Ausgaben zu beurteilen sein, die *staatlichen* Stellen entstehen: Eine „Rechtswahl" bedeutet für diese (etwa Gerichte, Verwaltung) einen erheblichen praktischen Mehraufwand aufgrund des für sie fremden Rechts.[1198]

Doch auch gegen dieses gewichtige Argument lassen sich erhebliche Einwände anführen: Zunächst obliegt der Nachweis, dass der Tatbestand von Art. 35 Alt. 2 AEUV erfüllt ist, nicht den Mitgliedstaaten, sondern – in Übereinstimmung mit der allgemeinen Grundfreiheitendogmatik – den Gundfeiheitenberechtigten, also den *Exporteuren*. Diese müssen somit darlegen und beweisen, dass eine Wettbewerbsungleichheit vorliegt, und der Behörde die günstigere EU-ausländische Norm anzeigen, auf die sie sich berufen wollen. Die mitgliedstaatlichen Behörden müssen die Nachweise der Exporteure dann nur noch *prüfen*. Staatlichen Behörden könnte es zudem erlaubt werden, von den Exporteuren zu verlangen, dass diese die gerügte Wettbewerbsungleichheit ausführlich in der Landessprache der Behörde begründen und ggf. ein oder mehrere Rechtsgutachten[1199] anfertigen lassen, die ihre Behauptung stützen und die EU-ausländische Rechtslage darlegen. Die Behörden könnten auch eigenes Personal einsetzen und dies den Exporteuren in Rechnung stellen.

In bestimmten Fällen oder Fallgruppen könnten Behörden, wenn kein relevantes herkunftsstaatliches Interesse betroffen ist, auf etwaige (Nach-) Prüfungen (der Wettbewerbsungleichheit) verzichten und Exportprodukte von (bestimmten) rechtlichen Regelungen *generell* freistellen. Dass es sich hierbei um eine (zumindest in bestimmten Fällen) gangbare Praxis handelt, belegt die Tatsache, dass die Mitgliedstaaten ihre Exporteure derzeit schon häufig von den für den Inlandsvertrieb geltenden Standards befreien.[1200] Statt komplett auf eine Prüfung zu verzichten, könnte in bestimmten Fällen oder Fallgruppen generell auf die Prüfung einer Wettbewerbsungleichheit (oder des Tatbestands insgesamt) verzichtet und stattdessen nur eine Rechtfertigungsprüfung vorgenommen werden. Beide Vorgehensweisen führen zu einer erheblichen Kostenreduktion.

[1198] *Koenig/Braun/Capito*, EWS 1999, 401 (405 f.); *Parisi*, in: Breton/Trebilcock, 65 (69); *Torgersen*, E. B. L. R. 1999, 371 (383); *Wagner*, CMLR 39 (2002), 995 (1010 ff.); s. a. *Kerber/van den Bergh*, Marburg Papers, 1 (17); *Snell*, 97 f.

[1199] *Koenig/Braun/Capito*, EWS 1999, 401 (405 f.).

[1200] S. zu einigen Beispielen bei *Schilling*, 136.

Sodann handelt es sich bei den behördlichen Kosten nicht um ein *speziell* gegen die hiesige Auslegung von Art. *35* Alt. 2 AEUV anführbares Argument: Denn diese Kosten stellen kein *Proprium* einer erweiterten Auslegung der *Warenausfuhrfreiheit* dar. Z. B. greift die Pflicht zur Anerkennung ausländischer Standards und Kontrollen im Rahmen von Art. 34 Alt. 2 AEUV nur ein, wenn die Regelungen des Herkunftsstaates und die des Zielstaates *gleichwertig* sind.[1201] Diese Gleichwertigkeitsprüfung setzt voraus, dass sich die zielstaatlichen Behörden über das exportstaatliche Recht informieren und seine Gleichwertigkeit mit dem eigenen (importstaatlichen Recht) überprüfen. Entsprechende Gegenargumente müssten zur Vermeidung von Wertungswidersprüchen daher auch gegen die extensive Auslegung *anderer Grundfreiheiten* (insbesondere in den praktischen wichtigen *Import-* und *Zielstaats*konstellationen) ins Feld geführt werden.

Daneben sind weitere Methoden der Kostenreduzierung denkbar, die der EuGH in Grundsatzjudikaten ggf. als *rechtfertigungsfähige, verhältnismäßige Beeinträchtigungspraxis* von Art. 35 Alt. 2 AEUV (oder Art. 34 Alt. 2 AEUV) bewerten könnte:[1202] Die wohl effizienteste Methode besteht darin, den Exporteuren *alle Kosten* in Rechnung zu stellen, die den Behörden im Zusammenhang mit der Durchsetzung des Rechtswahlrechts des Art. 35 Alt. 2 AEUV anfallen.

Die Mitgliedstaaten könnten eng kooperieren und ihre staatlichen Ressourcen untereinander aufteilen, etwa indem die Behörden des Staates, dessen Recht gewählt wird, einen Fall bearbeiten oder dem anfragenden Staat die relevanten Rechtsinformationen zukommen lassen.[1203] Sie könnten sich gegenüber anderen Mitgliedstaaten auf das *Loyalitätsgebot* berufen, wenn sie einander um Hilfe ersuchen.[1204] Eine weitere Möglichkeit der Kostenreduzierung bestünde darin, dass die Mitgliedstaaten ihre Rechtsvorschriften und ihre höchstrichterliche Auslegung in allen Sprachen bei einer zentralen Stelle hinterlegen und insbesondere eine europäische Behörde gründen.[1205] Oben wurde auch schon auf die Möglichkeit hingewiesen neues Personal einzustellen oder externe Gutachter (auf Kosten der Exporteure) heranzuziehen.[1206]

[1201] S. umf. zum Anerkennungsgrundsatz des Art. 34 Alt. 2 AEUV b. Fn. 2988 ff.

[1202] Vgl. *Snell*, 98.

[1203] S. umf. m. w. N. insbes. auch zu bereits entwickelten sekundärrechtlichen Instrumenten *Janssens*, 117 f. In dem 2014 zu Art. 34 Alt. 2 AEUV ergangenen Judikat *UAB Vilniaus energija* (EuGH [Fn. 2915], Rn. 55) stellte der Gerichtshof im Rahmen der Verhältnismäßigkeitsprüfung z. B. fest, dass die Mitgliedstaaten einander technische Analysen auf Anfrage zur Verfügung stellen müssten (anstatt diese doppelt durchzuführen), um Belastungen für den Importeur so gering wie möglich zu halten.

[1204] Ebenso *Snell*, 98.

[1205] Vgl. hierzu *Koenig/Braun/Capito*, EWS 1999, 401 (405).

[1206] S. b. Fn. 1199.

Zudem könnte der *Gerichtshof* auf der Rechtfertigungsebene (der Grundfreiheitenprüfung) ansetzen und Druck auf die Mitgliedstaaten ausüben, damit diese effizientere Verwaltungsverfahren bereitstellen: Wenn die Mitgliedstaaten zu Maßnahmen greifen, die ein aus Art. 35 Alt. 2 AEUV fließendes Rechtswahlrecht beeinträchtigen, was nach allgemeinen Grundsätzen eine Rechtfertigungsprüfung nach sich zieht, kann der Gerichtshof den Mitgliedstaaten im Rahmen der Erforderlichkeit als mildere Maßnahme aufgeben, ihre Verwaltungsorganisation kosteneffizienter zu strukturieren. Insbesondere könnte es der Gerichtshof den Mitgliedstaaten aufgeben, in der oben genannten[1207] Weise miteinander zu kooperieren.

Zu berücksichtigen sind auch die *wachsende Konvergenz*[1208] der Rechtsordnungen (besonders auf dem Gebiet der Produkt- und Vermarktungsregelungen) und die eingeschränkten Rechtswahlen, die die Exporteure treffen werden: Es erscheint nicht unwahrscheinlich, dass sich die Rechtswahlen auf einige wenige (zwei bis vier) Modelle konzentrieren werden, etwa einige im Hochpreissektor (für Exporteure hochwertiger Waren) und einige im Niedrigkostenbereich (für Exporteure günstiger Waren). Dass sich die Behörden auf 28 verschiedene Rechtsordnungen einstellen müssen, ist demnach zwar theoretisch möglich, aber praktisch wohl höchst unwahrscheinlich.

Dass es noch weitere hier nicht antizipierte Möglichkeiten der Kostenreduzierung gibt, ist wahrscheinlich. Diese werden sich *in der Praxis* bei der *Umsetzung* des Rechtswahlrechts zeigen. Die unterschiedlichen Erfahrungen und Reaktionen von Unternehmen und Behörden sind daher mitgliedstaatsübergreifend zu *beobachten*. Es ist aufgrund der Knappheit öffentlicher Mittel davon auszugehen, dass die mit der Aufgabe betrauten öffentlichen Stellen versuchen werden, mit den sich aus Art. 35 AEUV ergebenden Verpflichtungen kosteneffizient umzugehen. Dabei werden sich die Rechtswahlprozesse und die andauernde Konfrontierung öffentlicher Stellen mit der Rechtsausübung langsam in bestimmten Verwaltungspraxen und Problemlösungsstrategien verfestigen. Der Gerichtshof kann dann seine Urteilspraxis flexibel an die Probleme und Chancen anpassen.

Wie die Mitgliedstaaten die Rechtswahl organisieren, wird dezentral von ihnen entschieden. Sie stehen damit wiederum miteinander im klassischen Systemwettbewerb: Die Mitgliedstaaten, die die bestmöglichen Lösungen für

---

[1207] S. b. Fn. 1203 ff.

[1208] *Kerber* verweist hierfür darauf, dass auch im „Delaware"-Fall die Anzahl der Rechtsordnungen nicht 50 betrage – wie die Anzahl der amerikanischen Bundesstaaten –, sondern es sich „nur [um] ein[en] überschaubare[n] Kreis" handele, zitiert nach: *Riesenhuber*, Diskussionsbericht, 115 (116). Der Delaware-Effekt beschreibt die Ansiedlung von vielen Unternehmen der USA im Bundesstaat Delaware, um von dem dort günstigen Unternehmensrecht zu profitieren, vgl. umf. *Deakin*, CYELS 2 (1999), 231 (248 ff.); *ders.*, E. L. J. 12 (2006), 440 (446); *Kern*, 45 ff.; ähnl. auch *Lazer*, in: Palgrave, abgerufen am 14.04.2014.

die Bewältigung der Komplexitätsproblematik finden, werden für Unternehmen attraktiver sein (auch weil sie den von ihrem Rechtswahlrecht Gebrauch machenden Exporteuren niedrigere Kosten in Rechnung stellen). Unternehmen werden die behördlichen Kosten bei der Wahl einer anderen Rechtsordnung berücksichtigen.

Es zeigt sich im Ergebnis, dass das Kostenargument, wenn überhaupt, nur wenig relevant ist.[1209]

ccc) Besonderes Kostenproblem des „Rosinenpickens"?

Ein besonderer Fall, in dem es zu praktischen Schwierigkeiten kommen kann, ist der des „Rosinenpickens" bestimmter günstiger Regelungen aus unterschiedlichen Rechtsordnungen, z. B. wenn sich hinsichtlich einer Grundsatznorm auf das Recht des Staates X und hinsichtlich einer Ausnahmevorschrift auf das Recht des Staates Y berufen wird oder weil die gewählte Regelung D auf der Regelung C basiert oder diese impliziert.[1210] Denkbar ist auch, dass der Staat A ein bestimmtes Ziel mit einer Produktionsregelung verfolgt und der Staat B mit einer Vertriebsregelung und dass der Exporteur hier die Regelung des jeweils anderen Staates wählt, so dass das Ziel im Ergebnis überhaupt nicht verfolgt würde. In solchen Fällen könnten Restriktionen der Rechtswahl erwogen werden,[1211] etwa indem nicht einzelne Regelungen, sondern nur ein *Set* von Regelungen oder gar eine ganze Rechtsordnung[1212] ausgewählt werden kann oder indem nur in solchen Bereichen auf EU-ausländische Regelungen zurückgegriffen werden darf, in denen das Normensystem – wie etwa im Zivilrecht – die Berücksichtigung der systematischen und dogmatischen Normzusammenhänge erfordert, wohingegen im Umweltrecht – etwa mit Blick auf bestimmte Richtwerte – wohl eine leichtere Zugänglichkeit und Abtrennbarkeit ausländischer Regelungen gegeben ist. Der EuGH könnte Normgruppen bilden, auf die sich nur *einheitlich* berufen werden könnte (d. h., will jemand sich auf Norm x berufen, müsste er sich zugleich für die Normen y und z entscheiden). Gleiches könnte den Mitgliedstaaten offen stehen (die sich dann mit Unterstützung des EuGH auf einen Rechtfertigungsgrund berufen können). Denkbar wäre es etwa – es sei erneut erwähnt, dass dies nur aus pragmatischen, nicht aus theoretischen oder dogmatischen Gründen geschehen dürfte – zwischen Vermarktungs-, Produkt-

---

[1209] Ebenso *Parisi/Ribstein*, in: Newman, 236 (239).

[1210] Es sei nochmal daran erinnert, dass in der Praxis eine echte Rechtswahl nicht bei allen Normengruppen auftritt (auch wenn das Rechtswahlrecht hier theoretisch auf alle Regelungsgruppen erstreckt wird) aufgrund der teilweisen Einschlägigkeit legitimer Interessen, die einer Rechtfertigungsprüfung standhalten.

[1211] Vgl. *Parisi/Ribstein*, in: Newman, 236 (240 f.).

[1212] Für eine solche Lösung (in anderem Kontext) *Koenig/Braun/Capito*, EWS 1999, 401 (406).

und Produktionsregelungen zu unterscheiden, auf die nur eine *einheitliche* Berufung möglich wäre (z. B. Produktionsrecht von Staat X und Vermarktungsrecht von Staat Y). Zwar treten hierbei Effizienzverluste insofern auf, als nicht um *jede einzelne Regelung* konkurriert werden kann, andererseits erleichtert dies die praktische Rechtsanwendung ganz erheblich.[1213]

Wenn dem Herkunftsstaat Kosten entstehen – z. B. auch durch die Inanspruchnahme des Zielstaates, der von dem Herkunftsstaat Ersatz seiner Kosten verlangt –, könnte dies den Unternehmen in Analogie zur Aufweichung des iura novit curia-Gedankens im deutschen Internationalen Privatrecht[1214] in Rechnung gestellt werden bzw. könnten Produktionsstaaten generell dazu übergehen, Kosten, die durch Kontrollen entstehen, dem produzierenden Unternehmen aufzuerlegen, seien es solche, die in Anwendung des Herkunftsstaatsrechts anfallen, oder solche, die aufgrund der Anwendung einer sonstigen mitgliedstaatlichen Rechtsordnung entstehen. Die Unternehmen könnten die dadurch entstehenden Kosten in ihr Kalkül aufnehmen und selber – somit dezentral und damit rechtsökonomisch effektiver – entscheiden, ob sich der prognostizierte Verwaltungsaufwand im Vergleich zu den Nachteilen „lohnt", die sie durch die exportstaatliche Regelung erleiden. Hinsichtlich des soeben angesprochenen Problems, dass etwaige Gemeinwohlziele vermeintlich nicht mehr verfolgt werden können,[1215] sei auf die (noch zu behandelnde) Rechtfertigungsebene verwiesen.

hh) Mikroökonomische Folgen

Unternehmen werden flexibler und können sich schneller und kostengünstiger auf die schwankenden Wünsche der Märkte und der Verbraucher einstellen. Wenn Verbraucherpräferenzen plötzlich eher die Preishöhe in den Vordergrund stellen, können die Unternehmen sich auf das Regelungsregime eines anderen EU-Landes berufen und zu niedrigeren Preisen anbieten.

Die Produktauswahl wird auch größer werden, weil nun mehr Kombinationen von Regelungen und Standortbedingungen möglich sind: Ein und derselbe Großproduzent kann sein Produktportfolio ohne Umzugsaufwand diversifizieren und mit seinen Mitteln die Gesamtauswahl im Binnenmarkt erhöhen.

[1213] S. zu der hier vorgeschlagenen Lösung für dieses Problem b. Fn. 3688 ff.

[1214] Vgl. zu Letzterem nur *Koenig/Braun/Capito*, EWS 1999, 401 (405 f.); *Parisi*, in: Breton/Trebilcock, 65 (69).

[1215] S. b. Fn. 1210.

ii) Wahlrecht zwischen allen Rechtsordnungen, unabhängig von konkretem Wettbewerbsverhältnis?

Fraglich ist (aus rechtsökonomischer Sicht), ob eine Rechtswahl nur möglich sein sollte, wenn der Exporteur *mit einem konkreten Unternehmen in Konkurrenz steht*, das unter günstigeren rechtlichen Rahmenbedingungen im gleichen Markt aktiv ist, oder ob eine Rechtswahl stets und damit unabhängig von einem solchen konkreten Wettbewerbsverhältnis möglich sein sollte (dies würde bedeuten, dass stets die Berufung auf jede der derzeit 28 Rechtsordnungen möglich wäre). Für letztere Lösung sprechen Anwendungseinfachheit und Rechtssicherheit: Märkte sind heute vielfach sehr schnelllebig und dynamisch. Folglich müssten Exporteure und mitgliedstaatliche Behörden das Marktumfeld fortwährend beobachten, z. B. weil mit dem Wegfall eines Wettbewerbsverhältnis, also mit dem Wegfallen eines Konkurrenten des Exporteurs (z. B. infolge einer Insolvenz oder unternehmerischen Umorientierung), auch das Rechtswahlrecht des Exporteurs entfiele. Exporteure würden unter erheblicher Investitionsunsicherheit leiden und dazu gezwungen sein, ihre Produktion ggf. auf eine andere Rechtsordnung umzustellen. Dies hätte für diese Exporteure wiederum Wettbewerbsnachteile zur Folge gegenüber Wettbewerbern aus EU-Staaten, deren Rechtsordnung sie gerne wählen würden. Auch spricht hierfür die Tatsache, dass im Markt befindliche Unternehmen nicht nur mit solchen in Konkurrenz stehen, die bereits Produkte anbieten, sondern auch mit solchen, die Produkte nur anbieten *könnten*, d. h. die bereits insofern eine Disziplinierung des Marktpreises bewirken, als sie in den Markt jederzeit eintreten könnten und nur eine bestimmte Preisschwelle abwarten. Insofern könnte von *potenziellem Wettbewerb* gesprochen werden. Dafür spricht auch, dass die Durchsetzung einer Grundfreiheit kostspielig, hürdenreich und langwierig ist,[1216] sodass ein ständiges Prozessführen je nach Marktumfeld zu unnötigen und von den Verbrauchern zu tragenden Prozesskosten führen würde. Außerdem könnten dann auch Staaten in den „Wettbewerb um die vorteilhafteste Produktregelung" einsteigen, deren einzige Motivation die Belieferung ihrer Verbraucher mit ihren Präferenzen entsprechenden Produkten wäre, die also ohne jede industriepolitische Motivation (i. S. e. Förderung der eigenen Unternehmen) Produktstandards im Wettbewerb mit den anderen Staaten entwickeln könnten, die einzig und allein der bestmöglichen Versorgung *ihrer* Verbraucher dienen.

[1216] S. b. und i. Fn. 1183 f.

jj) Auswirkungen der Rechtfertigungsprüfung auf den Rechtssystemwettbewerb

aaa) Auswirkungen einer erfolgreichen Berufung auf einen Rechtfertigungsgrund

Sofern eine die Warenausfuhr beeinträchtigende Maßnahme im oben skizzierten Sinne gerechtfertigt werden kann, entzieht dies den Exporteuren – zumindest partiell und in Abhängigkeit von der Strenge der Kontrolle – die Möglichkeit, sich auf andere Rechtsordnungen zu berufen. Die Möglichkeit der Rechtfertigung führt also dazu, dass die spezifische Verstärkungswirkung von Art. 35 Alt. 2 AEUV in Bezug auf den Rechtssystemwettbewerb (i. e. die Rechtswahl) zurückgenommen wird, weil die Exportlandstandards nicht mehr (zur Gänze) von den Exportunternehmen abgewählt werden können, sondern nur noch in dem Umfang, wie sie (gemeint sind die Exportlandstandards) sich als unverhältnismäßig darstellen. Der „Rechtssystemwettbewerb per Wahlmechanismus" findet dann nicht mehr statt, sondern nur noch der klassische Rechtssystemwettbewerb. Da der Rechtfertigungsstandard aber nur erfüllt werden kann, wenn die Interessen des Herkunftsstaates berührt sind,[1217] dient dies – etwa wenn Produktionsregelungen auf ihre Rechtfertigung untersucht würden – dem ggf. legitimen Schutz der Interessen der Herkunftsbevölkerung vor den Folgen einer Nichtregulierung oder geringeren Regulierung der heimischen Exportproduktion.

bbb) Auswirkungen der Verhältnismäßigkeitsprüfung auf Warenexporteure

Die Rolle der Verhältnismäßigkeitsprüfung erweist sich bei näherem Hinsehen als ambivalent. Zunächst kann vom *Ergebnis* her auf die obigen Überlegungen verwiesen werden: Erweist sich eine untersuchte Maßnahme als unverhältnismäßig, lebt der Wahlmechanismus aus Art. 35 AEUV wieder auf, erweist sie sich als verhältnismäßig, gilt dasselbe wie für den Fall einer restriktiven Auslegung von Art. 35 AEUV: Es gibt dann nur noch den klassischen Rechtssystemwettbewerb (ohne Wahlmechanismus).

Fraglich ist aber, welche Rolle der Verhältnismäßigkeitsprüfung als Austarierungsmechanismus zwischen Wettbewerbsgleichheit und den legitimen Interessen der Mitgliedstaaten zukommt. Zunächst kann sie (nach vorzugswürdiger Auffassung) grundsätzlich nur eingreifen, wenn auch wirklich Interessen der *Herkunftsbevölkerung* in Rede stehen (Ausnahmen sind z. B. externe Effekte oder eine Beauftragung durch einen anderen Mitgliedstaat).[1218]

Sofern der EuGH eine Verhältnismäßigkeitsprüfung vornimmt, weil es um die Verfolgung legitimer herkunftsstaatlicher Interessen geht, entscheiden nicht die Exporteure darüber, ob sie eine Norm befolgen werden (durch Beru-

[1217] S. umf. b. Fn. 3944 ff.
[1218] S. umf. b. Fn. 3944 ff.

fung auf den Wettbewerbsgleichheits-Rechtswahlmechanismus), sondern der EuGH. Er muss hierfür im Rahmen der Verhältnismäßigkeitsprüfung Eignung, Erforderlichkeit und Angemessenheit einer Regelung beurteilen. Dass der EuGH in ökonomischen Fragen grundsätzlich nicht die *dezentrale* Kompetenz der Exporteure besitzt, ist offensichtlich. Dieser Punkt streitet nicht für eine Rücknahme von Art. 35 Alt. 2 AEUV, sondern für eine der Rechtfertigungsmöglichkeiten: Den Unternehmen wird die Aufgabe nur delegiert, wenn sie sich über Art. 35 Alt. 2 AEUV umfassend diejenige Regelung aussuchen können, die ihren Präferenzen entspricht. Das Argument größerer dezentraler Kompetenz (der Exportunternehmen) streitet mit Blick auf die Exporteure im Grundsatz für einen *weit gefassten Beeinträchtigungsstandard* und einen *eng gefassten Rechtfertigungsstandard.* Anders als bei Art. 34 Alt. 2 AEUV gibt es bei Art. 35 Alt. 2 AEUV auch viele Fälle, in denen die Interessen des regulierenden Staates *überhaupt nicht* berührt werden. Die Verhältnismäßigkeitsprüfung, die aus verschiedenen Gründen einen Unsicherheitsfaktor darstellen kann,[1219] fällt dann ebenfalls weg. Auch dies spricht für einen weit gefassten Beeinträchtigungstatbestand.

Etwas anderes gilt jedoch (wie nachfolgend zu zeigen ist), wenn die Interessen von *Drittbetroffenen* infrage stehen (was insbesondere bei *Produktionsregelungen* der Fall ist).

ccc) Auswirkungen der Verhältnismäßigkeitsprüfung in Bezug auf Drittbetroffene

(1) Verhältnismäßigkeitsprüfung als Folge der Rechtswahl bei betroffenen Drittinteressen

Unternehmen als Gewinnmaximierer haben ihre *Eigeninteressen* im Blick. Externe Effekte (die sich z. B. auf die an der Produktionsstätte ansässige Wohnbevölkerung oder die Arbeitnehmerschaft oder den Fiskus auswirken) kommen im Gewinnmaximierungskalkül der Unternehmen allenfalls in vermittelter Form vor, d. h. nur insofern, als sie sich auf ihre Gewinnaussichten auswirken, z. B., wenn Verbraucher bestimmte Produkte nicht mehr kaufen, weil ein Unternehmen öffentlich als Umweltverpester oder Ausbeuter von Arbeitskräften gebrandmarkt ist. Die Abwahl von *Produktionsregelungen* betrifft im Regelfall also nicht nur die Exportunternehmen, sondern auch *andere* Bevölkerungsteile.[1220] Die zwei Gruppen der (die Rechtsordnung [Ab])Wählenden und Betroffenen *fallen mithin auseinander.* Dadurch kann

[1219] Unsicherheiten entstehen z. B., wenn die zu beurteilende Frage eine hohe fachliche Komplexität aufweist oder wenn die Prüfungsdichte des EuGH schwankt. Eine weitere Quelle für Unsicherheiten liegt in der Wertungsabhängigkeit vieler Beurteilungen, die innerhalb der Verhältnismäßigkeitsprüfung vorzunehmen sind.

[1220] Vgl. *Koenig/Braun/Capito*, EWS 1999, 401 (404) mit Verweis auf Umweltregelungen.

Art. 35 Alt. 2 AEUV *keine Substitutionswirkung* i. d. S. entfalten, dass nunmehr nicht die Staaten, sondern die Betroffenen qua Rechtswahl sich für das für sie präferenzgemäße Regulierungsset entscheiden. Dies ist letztlich als ein Problem des *Marktversagens* auf dem *Rechtsmarkt* wegen *externer* Kosten zu qualifizieren.[1221] Verschlimmert wird dieses Problem dadurch, dass die Interessen der Unternehmen nicht selten denen der ansässigen oder sonst drittbetroffenen Bevölkerung in Bezug auf externe Kosten wie Umweltvorgaben *entgegengesetzt* sind. Dadurch, dass der Wahlmechanismus bei den Unternehmen liegt, würden also die Interessen der „sonst Betroffenen" (Drittbetroffenen) regelmäßig beeinträchtigt. Wenn den Unternehmen aus der Einhaltung solcher Vorgaben kein Reputationsvorteil erwächst, den die Endverbraucher beim Kauf ihrer Produkte honorieren – was häufig schon am Informationsdefizit und zu hohen Transaktionskosten scheitern wird –, handelt es sich für die Unternehmen um zusätzliche Kosten, die ihnen keine Vorteile bringen, sodass sie regelmäßig an deren Senkung bzw. Nichteinhaltung interessiert sind.[1222] Die Rechtswahl an sich führt also nicht zum Schutz der Drittinteressen. Doch gerade für solche Fälle gibt es das Instrument der Rechtfertigung.[1223] Ob in diesen Fällen also nichtsdestotrotz der Rechtswahlmechanismus eingreifen sollte, hängt davon ab, ob auf der Rechtfertigungsebene den betroffenen Interessen hinreichend Rechnung getragen werden kann oder ob es sich bei der Verhältnismäßigkeitskontrolle um eine „Verschlimmbesserung" der demokratisch zustande gekommenen Entscheidungen handelt.

Schließlich sei noch darauf hingewiesen, dass Unternehmen bei drittbetreffenden Regelungen zumindest insofern einen *Rationalitätsbeitrag* leisten können, als sie nach außen sichtbar solche Regelungen identifizieren können, die *ihren* Interessen am besten dienen – die also zumindest mit Blick auf die Unternehmen die sinnvollste Gestaltung des regulatorischen Rahmens darstellen (denn die Unternehmen werden schließlich auch von Produktionsregelungen betroffen). Es kann z. B. Fälle geben, bei denen zwei denkbare Regelungen in *gleicher Weise* bevölkerungsschützend sind, aber in unterschiedlicher Weise die Interessen der Unternehmen beeinträchtigen. Die Unternehmen könnten hier nicht dezentral das für sie beste Regulierungsset wählen, obwohl die Interessen der Bevölkerung *in keiner Weise* durch die Wahlentscheidung betroffen wären. Mittels der Grundfreiheiten können die Unternehmen solche Regelungen nicht nur identifizieren, sondern auch vor die Gerichte bringen. Sie erfüllen dort somit nicht nur eine *Identifikations-*, sondern auch eine *Kontrollinitiierungsfunktion*. Doch hängt auch dieser Beitrag

---

[1221] Ebenso *Kieninger*, 382; *Parisi*, in: Breton/Trebilcock, 65 (69); *ders./Ribstein*, in: Newman, 236 (238 ff.); vgl. auch *Hopt*, in: Grundmann 307 (321 f.); *Lianos/Gerard*, in: Lianos/Odudu, 173 (221).

[1222] Ebenso *Koenig/Braun/Capito*, EWS 1999, 401 (403) m. w. N.

[1223] Vgl. *Körber*, 32.

davon ab, inwiefern der EuGH auf der Ebene der Verhältnismäßigkeit einen sinnvollen Rationalitäts- und Schutzbeitrag zu leisten vermag.[1224]

(2) Vergleich mit der Problemlösungskompetenz mitgliedstaatlicher öffentlicher Stellen

Mit Blick auf betroffene Drittinteressen geht es um die klassische Fragestellung, inwieweit der EuGH die Mitgliedstaaten bei ihren Rechtfertigungs- und insbesondere Verhältnismäßigkeitsprüfungen sinnvoll kontrollieren *kann* oder ob er nicht schlechtere oder allenfalls gleichwertige Ergebnisse hervorbringt.[1225] Es sei daran erinnert, dass die nachfolgend behandelte institutionelle (Un-)Fähigkeit des EuGH, Fragen der Verhältnismäßigkeit zu entscheiden (und Regelungen der Mitgliedstaaten im Einzelfall nachzuprüfen), nur für einen *Ausschnitt* von Regelungen relevant ist (und sich die nachfolgenden Überlegungen nur auf bestimmte Regelungen beziehen), nämlich dann, wenn es um herkunftsstaatliche Drittinteressen geht, was vor allem bei Produktionsregelungen der Fall ist. M. a. W. muss der EuGH die adäquate Lösung für die *anderen* Konstellationen, in denen es nicht um herkunftsstaatliche Drittinteressen geht wie bei Produktregelungen, nicht selbst auffinden, sondern nur *feststellen*, da diese *hier* im Voraus *abstrakt-generell* analysiert worden ist (das ist der Wettbewerbsgleichheits-Rechtswahlmechanismus in seiner *Reinform*).

Nationalen Parlamenten und exekutiven Ausführungsorganen stehen erhebliche, in größeren Mitgliedstaaten sogar beträchtliche personelle und materielle Ressourcen zur Verfügung wie z. B. in der Bundesrepublik Deutschland in Form des wissenschaftlichen Dienstes oder der Hinzuziehung wirtschaftswissenschaftlicher Sachverständiger. Es handelt sich um *nationale* sowie – je nach innerstaatlicher Zuständigkeit – um *regionale* und *lokale* Stellen, die mit den lokalen Problemen und Gegebenheiten vertraut sind. Sowohl die rechtsprechende Gewalt insgesamt als auch der EuGH im Besonderen sind in Bezug auf sonstige Informationsquellen grundsätzlich weniger gut ausgestattet als Parlamente: Auch sie können Sachverständige heranziehen, allerdings besitzen sie nicht so große Ressourcen wie Parlamente und sind auch mit weniger Personen am Entscheidungsprozess beteiligt. Auf der anderen Seite können diese Nachteile zumindest teilkompensiert werden durch die mehrstufigen Vorabentscheidungsverfahren mit ihren vielfältigen Beteiligungs- und Äußerungsmöglichkeiten auch zugunsten von nicht am Verfahren beteiligten Mitgliedstaaten.

[1224] Vgl. zur „rationalitätsstiftende[n] Wirkung" von Grundfreiheitenrechtsprechung des EuGH *Herdegen*, § 15 Rn. 3, 33; vgl. *Epiney*, NVwZ 2017, 846 (850).

[1225] Vgl. *Maduro*, E. L. J. 3 (1997), 55 (60); vgl. umf. zu einer Analyse der Leistungsfähigkeit des Verhältnismäßigkeitsgrundsatzes und zu mögliche Modifikationen und Varianten b. Fn. 3425 ff.

Allerdings treten diese (komparativen) Schwächen des Gerichtshofs in den Hintergrund, wenn es sich um Fragen handelt, für deren Beantwortung keine besonderen Ressourcen erforderlich sind, weil sie bereits mit den Mitteln der Gerichte bewältigt werden können, d. h., wenn *Fachfragen* nur eine geringe Komplexität besitzen oder die Kontrollmaßstäbe der Verhältnismäßigkeit so modifiziert werden, dass ihre Einhaltung von *Gerichten* sinnvoll überprüft werden kann. Im Sinne des Binnenmarktes kann der Gerichtshof bei seiner Überprüfung von drittbetreffenden Exportregelungen als *Agent* der in den anderen Mitgliedstaaten ansässigen Nachfrager und der Exporteure angesehen werden.[1226] Die Rolle des Gerichtshofs ist institutionell auch insofern nicht einfach durch die mitgliedstaatlichen Behörden oder Parlamente und Regierungen austauschbar, als er *in einem rechtsförmigen Verfahren* und in *sachlicher* und *persönlicher Unabhängigkeit* sowie „nationalen Distanz"[1227] die angemessene Berücksichtigung der genannten Interessen überprüft. Zusätzlich können die Unternehmen durch den in Art. 35 AEUV zu verankernden Rechtswahlmechanismus einen Vorbeitrag leisten, indem sie zumindest diejenige Regelung – nach außen sichtbar und ohne das Bündelproblem – *identifizieren* können, die *ihren* Interessen am besten dient und die sie – aus den von ihnen vorgetragenen Gründen – für nicht verhältnismäßig erachten.

Auch eine *entsprechende Gestaltung der Verletzungsprüfung*[1228] – etwa durch einen Evidenzmaßstab – würde sicherstellen, dass der EuGH nicht in „technische" Fragen der Umsetzung eingreift, sondern *willkürliche*, z. B. die Interessen der Warenexportwirtschaft völlig außer Acht lassende Maßnahmen für unzulässig erklärt, d. h. Maßnahmen verwirft, die gar nicht das Ziel haben, den Export in andere Mitgliedstaaten so wenig wie nötig zu beeinträchtigen. Im Sinne einer *Prozeduralisierung* läge ein weiterer denkbarer Weg in der Distanzierung von einer *Ergebnis*kontrolle und der Vornahme einer *prozeduralen* Kontrolle, sodass der EuGH nur fragt, ob der Weg zur staatlichen Maßnahme durch ein *Vorgehen* gekennzeichnet war, das zumindest in der *Lage* war, rationale Ergebnisse herbeizuführen (z. B. durch Mindestanforderungen für die Verfahrensdauer und -intensität[1229]).[1230] In Fällen *politischen* Versagens kann ein *neutrale(re)s Entscheidungsorgan* für einen hinreichen-

---

[1226] S. a. b. Fn. 2339 ff.

[1227] Gemeint ist, dass der EuGH nicht Teil der öffentlichen Gewalt (nur) eines Mitgliedstaates ist.

[1228] S. zu möglichen Varianten und Modifikationen umf. b. Fn. 3425 ff.

[1229] S. umf. b. Fn. 3441 ff. zu (konzeptionellen Möglichkeiten) einer Prozeduralisierung der Verhältnismäßigkeitsprüfung.

[1230] Vgl. zu entsprechenden Anklängen in der EuGH-Judikatur zu den EU-Grundrechten EuGH, Urt. v. 21.11.1991, Rs. C-269/90, Slg. 1991, I-5495, Rn. 14, 22 f., 25–28 (*Technische Universität München*); EuGH, Urt. v. 09.11.2010, Rs. C-92, 93/09, Slg. 2010, I-11117, Rn. 81 (*Volker und Markus Schecke und Eifert*); vgl. auch d. entspr. Hinw. von *Lenaerts*, in: Terryn/Straetmans/Colaert, 95 (116).

den *Mindestschutz* sorgen,[1231] etwa wenn sich bestimmte Interessengruppen (etwa Umwelt-, Tier- oder Verbraucherschutzorganisationen), die ausschließlich ihre Gruppeninteressen verfolgen, *allein* und unter Nichtberücksichtigung der warenexportwirtschaftlichen Interessen durchsetzen können; solche einseitigen Interessenvertretungen verfügen bisweilen weder über die *Expertise* noch über die nötige *Sensibilität*, um die *export-* bzw. *produktionsschonendste* Auslegung aufzufinden (selbst wenn dies ihren eigenen Zielen in keiner Weise schaden würde).[1232] Mit Blick auf die importstaatlichen Nachfrager können die Grundfreiheiten außerdem als gegenseitiges und in übernationales Recht gegossenes Versprechen der Mitgliedstaaten gedeutet werden, die Prosperitätsinteressen des jeweils anderen zu respektieren. Wenn die Exportwirtschaft eines EU-Staates unverhältnismäßigen regulatorischen Belastungen unterliegt, mindert dies auch den Wohlstand in den anderen EU-Staaten, die von diesen Exporten abhängig sind.[1233]

Dabei wirkt schon die Möglichkeit der Grundfreiheitenverletzung als „Damoklesschwert" (parallel zum Rechtssystemwettbewerb) disziplinierend auf die Mitgliedstaaten ein. Beruft sich ein Unternehmer auf die Rechtsordnung des Zielstaates oder auf die Rechtsordnung eines anderen EU-Mitgliedstaates, muss der Exportsstaat mithin genau prüfen, ob hier ausschließlich ein höheres, in verhältnismäßiger Weise verfolgtes Schutzniveau auf seiner Seite vorliegt – dann läge keine Grundfreiheitenverletzung vor – oder ob seine Maßnahme die ihm durch den EuGH gesteckten Verhältnismäßigkeitsgrenzen überschreitet.

Zudem ist darauf hinzuweisen, dass es die *Systemrationalität* der Grundfreiheiten darstellt – und zwar erst recht in ihrer durch den EuGH fortgebildeten extensivierten Form –, die Mitgliedstaaten „von oben" zu kontrollieren, wenn diese Binnenmarktdivergenzen verursachen. Wenn dafür votiert wird, diese Kontrolle stets möglichst restriktiv auszuüben, müsste dies auch im Rahmen der *Zielstaatsfreiheiten* geschehen (was nicht der Fall ist, wie noch zu zeigen sein wird[1234]). Sonst läge ein *Wertungswiderspruch* vor.

Letztlich ist die Frage, ob wettbewerbsbenachteiligende Produktionsregelungen von Art. 35 AEUV erfasst sein sollten, hier nicht abschließend zu beantworten. Auch *normative* Erwägungen müssen hier Berücksichtigung finden.[1235] Der hier angestellte Vergleich der Problemlösungskompetenzen zeigt jedoch, dass der EuGH je nach Gestaltung der Verhältnismäßigkeitsprüfung auch in Bezug auf Produktionsregelungen eine sinnvolle und (ökonomisch) legitimierbare Funktion ausüben könnte.

[1231] Vgl. *Herdegen*, § 14 Rn. 7.

[1232] S. zu diesem institutionenökonomischen Aspekt b. Fn. 1118 ff.

[1233] Vgl. *Weyer*, 302.

[1234] S. d. umf. Analyse der Rspr. b. Fn. 2876 ff.

[1235] S. b. Fn. 580 ff.

(3) (Dysfunktionaler) „Betroffenenwettbewerb", unberührt von extensiver Auslegung von Art. 35 Alt. 2 AEUV

Fraglich ist, inwiefern der denkbare „Rechtsordnungsoptimierungsmechanismus" des „Betroffenenwettbewerbs" – gemeint ist hiermit die Möglichkeit der Bevölkerung, in Länder abzuwandern, die ihnen „genehmere" Produktionsregelungen besitzen – durch den Wettbewerbsgleichheits-Rechtswahlmechanismus betroffen wäre. Zunächst sei daran erinnert, dass diese Form des Rechtssystemwettbewerbs aufgrund von spezifischen Mobilitätshindernissen allenfalls sehr bedingt funktionieren kann.[1236]

Der EuGH würde den „Betroffenenwettbewerb" im Rahmen einer Wettbewerbsgleichheits-Rechtswahlauslegung gar nicht antasten: Der Gerichtshof wird im Rahmen von Art. 35 Alt. 2 AEUV nur „im Auftrag" der *Exporteure*, nicht „im Auftrag" der *betroffenen Bevölkerung* tätig. Er kann auf der Grundlage eines extensiv ausgelegten Art. 35 Alt. 2 AEUV also gar nicht ein *Untermaß* an (z. B. Umwelt-)Schutz rügen. Dass ein Grundfreiheitenjudikat zu einem effektiveren Schutz der Herkunftsstaatsbevölkerung führt, ist höchstens dessen *mittelbar-faktische Folge* (z. B. wenn eine Schutzregelung mangels Geeignetheit vom EuGH für mit Art. 35 Alt. 2 AEUV unvereinbar erklärt wird und der Mitgliedstaat anschließend eine neue geeignete Regelung schafft). Der Gerichtshof belässt den Mitgliedstaaten jedoch Spielräume in Bezug auf die Höhe des von ihnen angestrebten Schutzniveaus. Er verändert die dezentrale Kompetenzzuordnung hier nicht. Anders als bei der Harmonisierung findet also keine Zentralisierung der Rechtserzeugung statt. Insofern kann der „Betroffenenwettbewerb" also *ungehindert* (von einer extensiven Auslegung des Art. 35 Alt. 2 AEUV) stattfinden.

(4) Implikationen für die Konzipierung des Verhältnismäßigkeitstests und des Beeinträchtigungsstandards

Zunächst kann aus dem oben Gesagten abgeleitet werden, dass der Beeinträchtigungsstandard aus Sicht der Rechtssystemwettbewerbsanalysen im Grundsatz *weit* sein sollte in Bezug auf Regelungen, die die Exportwirtschaft behindern und für die es keine Legitimation gibt, weil keine legitimen Interessen des Herkunftsstaates betroffen sind und somit auch keine Verhältnismäßigkeitsprüfung durchzuführen ist. In diese Kategorie fallen etwa exportstaatliche Produktregelungen. Etwas anderes gilt allerdings in Konstellationen, in denen regelmäßig *Interessen des Regulierungsstaates* durch eine Grundfreiheitenprüfung berührt werden. Dabei muss berücksichtigt werden, dass höchstrichterliche Entscheidungen definitiver Natur sind und nicht durch andere Instanzen abgeändert werden können[1237] und im Falle der EU sogar

[1236] S. b. Fn. 1161 ff.

[1237] *Bell*, in: Birkinshaw/Varney, 277 (281).

einer zu ratifizierenden Primärrechtsänderung bedürfen. Darüber hinaus sind die gerichtlichen Kontrollressourcen (mit Blick auf die allgemeine Knappheit öffentlicher Mittel) begrenzt, Kosten und Nutzen einer gerichtlichen Prüfung müssen also einander gegenübergestellt werden.[1238]

Mit Blick auf die Verhältnismäßigkeitsprüfung ist zu überlegen, ob die oben genannten Aspekte für eine entsprechend restriktive Prüfungsstruktur sprechen und wie diese rechtspraktisch umgesetzt werden können. Eine entsprechend gestaltete Verhältnismäßigkeitsprüfung minimiert Rechtsprechungsfehler.[1239] Die Konzipierung der Verhältnismäßigkeitskontrolle sollte auf die spezifischen Kompetenzen sowie Inkompetenzen des EuGH Rücksicht nehmen. Ungeeignet sind Kriterien, die von den Richtern Entscheidungen zu Themen verlangen, zu denen diese kein Spezialwissen besitzen bzw. zu denen Spezialwissen nötig ist, das nicht schnell angeeignet oder bei dem ein etwaiges Fehlen von Spezialwissen nicht durch Sachverständige kompensiert werden kann.[1240] Dagegen kann eine EuGH-Kontrolle einen sinnvollen Korrekturmechanismus für evidente Fehlergebnisse des demokratischen Prozesses darstellen (dass diese auftreten können, wurde oben schon im Rahmen der institutionenökonomischen Analyse festgestellt[1241]). Auch können die Unternehmen durch einen in Art. 35 AEUV verankerten Rechtswahlmechanismus insofern einen Rationalitätsbeitrag leisten, als sie zumindest diejenige Regelung – nach außen sichtbar und ohne das Bündelproblem – identifizieren können, die *ihren* Interessen am besten dient. Ferner vermögen sie, eine Überprüfung herbeizuführen (Kontrollinitiierungsfunktion). Eine weitere Rationalitätsquelle bietet das Vorabentscheidungsverfahren, in dem die Mitgliedstaaten die Möglichkeit haben, ausführlich auf kontext- und systembedingte Besonderheiten ihrer Regelungslösungen einzugehen. Schließlich kann auch eine *einhellige* Kritik in der Literatur zu einer Disziplinierung des EuGH beitragen.[1242]

Bestehen die Regelungen den Rechtfertigungstest, tritt die Situation ein, wie sie ohne eine extensive Auslegung von Art. 35 Alt. 2 AEUV gegeben wäre (klassischer Rechtssystemwettbewerb). Bestehen Regelungen den Test nicht, wird nur eine evident irrationale Regelung beseitigt.

kk) Schädigung des guten Rufes?

Für Unternehmen könnte es nachteilig sein, wenn Verbraucher nicht mehr sicher sein können, dass ein bestimmtes Produkt die Regulierungsanforde-

---

[1238] *Bell*, in: Birkinshaw/Varney, 277 (281 f.).

[1239] S. hierzu insgesamt *Hilson*, E. L. Rev. 24 (1999), 445 (456); *Russi*, Germ. L. J. 7 (2005), 479 ff.; *Wils*, E. L. Rev. 18 (1993), 475 (489 f.).

[1240] Vgl. *Bell*, in: Birkinshaw/Varney, 277 (280).

[1241] S. b. Fn. 1094 ff.

[1242] Siehe zu diesen drei Argumenten *Snell*, CYELS 13 (2010/2011), 415 (432).

rungen seines Herkunftsstaates erfüllt. Insbesondere Unternehmen in hochentwickelten Ländern mit einem sehr guten Ruf werden ein hohes Interesse daran besitzen, dass die Verbraucher hierauf vertrauen können.[1243] Trittbrettfahrer schädigen diesen guten Ruf und wälzen die Reputationskosten auf andere Unternehmen ab: Einzelne Unternehmen könnten in einem sonst nur hochqualitative Güter exportierenden Land von dem durch hohe und teure Qualitätsstandards erworbenen guten Ruf profitieren wollen, ohne diese selbst einzuhalten, und mithin den Verbraucher irreführen. M. a. W. *externalisieren* diese Unternehmen ihre *Reputationskosten*. Schlechte Produkte schädigen sodann als externe Kosten die Reputation *aller* Unternehmen. Hier könnte nun daran gedacht werden, es den Ausfuhrstaaten zu erlauben, bestimmte Regulierungsstandards *zum Schutz des guten Rufes* verbindlich für alle Exportunternehmen vorgeben zu dürfen. Auf der anderen Seite könnte eine Kennzeichnungspflicht erwogen werden.

Für einen *funktionierenden Rechtssystemwettbewerb* bedarf es der *Information* der Verbraucher über das dem Produkt zugrunde liegende Recht. In vielerlei Hinsicht ist dabei eine Kennzeichnung gar nicht zwingend notwendig (obgleich häufig effizienter): Der Verbraucher erlangt Informationen auch durch Erfahrungen mit dem Produkt und äußerlich sichtbare Beschaffenheiten. *Einige* Eigenschaften kann der Verbraucher aber ohne entsprechende Kennzeichnung nicht in Erfahrung bringen. Z. B. kann es für ihn wichtig sein, dass faire Löhne für die am Produktionsprozess beteiligten Arbeitnehmer gezahlt wurden. Bei einer umfassenden Rechtswahl in Bezug auf die für den EU-Export hergestellten Produkte kann er auch auf das Herkunftszeichen („Made in") nicht mehr vertrauen. Ein Wettbewerb auch in Bezug auf diese unsichtbaren oder schwer in Erfahrung zu bringenden Eigenschaften ist dann kaum mehr möglich.[1244] Abhilfe schafft hier nur eine entsprechende Produktkennzeichnung.

aaa) Labeling-doctrine als Lösung

Beide Probleme – Schädigung des guten Rufes dritter Unternehmen und Schwierigkeiten bei der Verbraucherpräferenzrealisierung wegen mangelnder Information – können durch eine entsprechende (über das Produkt, den Vertrieb und/oder die Produktionsweise informierende) *Kennzeichnung* (*labeling*) behoben werden (und werden dies gegenwärtig auch in Feldern, in denen entsprechendes Sekundärrecht existiert). Es könnte für Art. 35 Alt. 2 AEUV auf der Verhältnismäßigkeitsebene ein Pendant zu der zu Art. 34 Alt.

[1243] Vgl. *Oliver*, 138 f.; *Snell/Andenas*, Int'l & Comp. Corp. L. J. 2 (2000), 239 (260); *dies.*, Int'l & Comp. Corp. L. J. 2 (2000), 361 (376).

[1244] Vgl. zum ähnl. Fall von Versicherungen als (unter die Dienstleistungsfreiheit fallende und für den Verbraucher [anders als bei Waren] per se überwiegend intransparente) *Rechts*produkte *Roth*, Internationales Versicherungsvertragsrecht, 706 f.

2 AEUV kreierten „labeling-doctrine“[1245] entwickelt werden. Wenn die Mitgliedstaaten der Auffassung sind, dass „ihr“ Produktportfolio im Hochqualitätssegment durch die den Unternehmen eingeräumte Möglichkeit bedroht wird, andere Standards zu applizieren, könnte den Mitgliedstaaten im Rahmen der Rechtfertigung[1246] als milderes Mittel vorgegeben werden, nur eine entsprechende Kennzeichnungspflicht einführen zu dürfen.[1247] Die Entscheidung, ob es sich für die Unternehmen dann noch lohnt, eine „schlechtere“ Rechtsordnung heranzuziehen – sie könnten dann gegebenenfalls auch darauf hinweisen, dass ihre Produkte *höheren* Standards (als denjenigen ihres Herkunftslandes), etwa deutschen oder skandinavischen, gerecht werden[1248] – und ihre Produkte deshalb entsprechend (und ggf. anders als für das Inland) zu etikettieren, kann dann den Unternehmen selbst überlassen werden.[1249] Gleichzeitig ist der Verbraucher durch eine informierte Kaufentscheidung in der Lage, regelungsspezifische Informationen und Anreize auch in Bezug auf solche Produkteigenschaften zu liefern, die dem (End-)Produkt nicht angesehen werden können (ob beispielsweise den in der Produktion eingesetzten Arbeitnehmern ein fairer Lohn gezahlt wird).

bbb) Freiwillige oder verpflichtende Kennzeichnung?

Anstatt den Mitgliedstaaten die Möglichkeit einzuräumen, verbindliche Kennzeichnungsregelungen festzusetzen, könnte auch an ein Alternativmodell gedacht werden, bei dem die Exportunternehmen selbständig entscheiden, *ob* sie ihre Produkte kennzeichnen möchten oder nicht, und wenn ja, *in welcher Weise* dies erfolgen soll. Sie sind aber in jedem Fall an das in jedem Mitgliedstaat bestehende Recht gegen unlauteren Wettbewerb gebunden, sodass sie zumindest keine Falschkennzeichnung vornehmen dürfen. Die Mitgliedstaaten könnten – in Anlehnung an die Schlussanträge von Generalanwalt *Capotorti* in der Rs. *Bouhelier*[1250] – das Anbringen gewisser Kenn-

---

[1245] S. b. und in Fn. 4205 ff.

[1246] S. umf. zur Legitimität des Schutzes des guten Rufes als Rechtfertigungsgrund b. Fn. 4116 ff.

[1247] S. hierzu umf. b. Fn. 4205 ff. Das Alternativmodell bestünde darin, dass auch die Wahl des „ob“ und „wie“ der Kennzeichnung den Exportunternehmen vorbehalten bliebe (und die Mitgliedstaaten die Festsetzung von Kennzeichnungspflichten nicht zu erlauben). S. hierzu umf. b. Fn. 1250 ff.

[1248] Zu letzterem *Snell/Andenas*, Int'l & Comp. Corp. L. J. 2 (2000), 361 (376 Fn. 74), die als Beispiel anführen, dass deutsche Bierbrauer schon jetzt auf ihren Produkten damit werben, dass die Produkte nach dem deutschen Reinheitsgebot hergestellt wurden.

[1249] *Roth*, ZHR 150 (1995), 78 (94) spricht von „Waren ‚zweiter Wahl'“ und verlangt anstelle des Topos vom Wettbewerb der Rechtsordnungen einen „Ersatztopos“ (Begriffswahl d. *Verf.*) in Form eines „Wettbewerb[s] der Unternehmen“; ähnl. *Kerber/van den Bergh*, Marburg Papers, 1 (16).

[1250] Generalanwalt *Capotorti* (Fn. 258), 209 f. (*Bouhelier*).

zeichnungen i. S. v. Prüfsiegeln erst nach Durchlaufen einer *freiwilligen* staatlichen Kontrolle erlauben. Unternehmen würden hierzu jedoch nicht gezwungen, sondern dürften auch ohne Prüfung und Qualitätssiegel ihre Produkte exportieren.[1251] Natürlich könnten die Unternehmen ihrerseits private Verbände und Kontrolleinrichtungen bilden, die Qualitätsstandards und unabhängige Prüfverfahren entwickeln und Qualitätssiegel anbieten.[1252]

Diejenigen Exporteure, die sich auf eine weniger hoch angesehene Rechtsordnung „berufen" und ihre Waren unter Einhaltung dieser abweichenden Standards herstellen, werden die Verbraucher wohl regelmäßig im Unklaren belassen wollen. Auch dies ist aber aus rechtsökonomisch-funktionaler Sicht akzeptabel: Den Verbrauchern wird hierdurch angezeigt, dass es sich wohl nicht um eine Rechtsordnung handelt, die Ansehen genießt. Sie sind dann in einer Situation der Unsicherheit. Womöglich fühlen sie sich durch die mangelnde Transparenz fehlinformiert. Aufgrund der (befürchteten) negativen Verbraucherreaktionen werden Unternehmen daher möglicherweise ihre Waren nichtsdestotrotz kennzeichnen.[1253] Wenn die Unternehmen diejenigen sind, die die Kennzeichnung ihrer Produkte bestimmen (über die Wahl einer von Kennzeichnungsregelungen mittels des Rechtswahlmechanismus), entsteht ein Rechtssystemwettbewerb in Bezug auf die Kennzeichnungsregelungen selbst, wohingegen dieser bei Anerkennung eines entsprechenden Rechtfertigungsgrundes eingeschränkt wird.

Dennoch ist fraglich, ob es sich hierbei um ein gleich geeignetes (oder gar geeigneteres) Mittel handelt: Bevor ein Rechtswahlrecht umfassend anerkannt wird, ist den Verbrauchern in den Zielstaaten die Möglichkeit unbekannt, dass Herstellungsort und -recht auseinanderfallen können. Sie werden also zunächst die Herkunftsbezeichnung („Made in") für verlässlich halten und davon ausgehen, dass auch das vollständige Produktionsrecht des Herkunftsstaates beachtet wurde.[1254] Gerade in Bezug auf Produkte aus Hochstandardländern mit hoher Reputation werden die Verbraucher zunächst davon ausgehen, dass auch die Standards des Herkunftslandes eingehalten wurden, und gerade bei solchen Produkten werden Hersteller davon absehen, es

---

[1251] Die französische Regelung in *Bouhelier* (Fn. 258) sah dagegen eine *obligatorische* Kennzeichnung vor.

[1252] Eine staatliche Organisation dieser freiwilligen Selbstkontrolle macht insbesondere in Fällen Sinn, in denen die Transaktionskosten einer privaten Lösung zu hoch sind, z. B. weil es sehr viele Marktteilnehmer gibt oder häufig neue Marktteilnehmer hinzukommen und andere Pleite gehen.

[1253] S. zum Grund hierfür vor Fn. 1259.

[1254] Auch dies ist allerdings schon heutzutage insofern eine Fehlwahrnehmung (und daher natürlich auch angreifbare Einschätzung), als viele Mitgliedstaaten ihre Exportwaren von der für den heimischen Markt maßgeblichen Regulierung freistellen. Auf der anderen Seite dürfte diese Freistellung in der Praxis meist keinesfalls so weitgehend sein, wie sie Art. 35 Alt. 2 AEUV bewirken würde.

freiwillig zu kennzeichnen, wenn sie die Standards nicht beachtet haben. Diese Verbraucherperzeption mag sich eines Tages ändern. Die faktische Situation ist daher konstant zu beobachten. Im Moment sollte es aber den Mitgliedstaaten erlaubt sein, bei einer entsprechenden Auslegungsänderung von Art. 35 Alt. 2 AEUV (hin zu einem Wettbewerbsgleichheits-Rechtswahlmechanismus), Kennzeichnungspflichten zu statuieren, die aber begleitet sein müssen von einer effektiven Verhältnismäßigkeitskontrolle (mit der die fehlende Entscheidungskompetenz der Unternehmen bzw. der sonst durch den Wettbewerbsgleichheits-Rechtswahlmechanismus erzeugte Rechtssystemwettbewerb so gut wie möglich substituiert werden sollte).[1255]

Die praktischen Unterschiede zwischen beiden Auffassungen werden letztlich begrenzt sein, da es in beiden Modellen gewisse Mechanismen gibt, die dem Verbraucher Information bereitstellen.

Wird es nun den Mitgliedstaaten (in ihrer Eigenschaft als Ziel- oder Herkunftsstaat) vor dem Hintergrund einer Wettbewerbsgleichheitsauslegung *erlaubt*, eine verpflichtende Produktkennzeichnung vorzuschreiben, kann es hierbei zu Inkohärenzen kommen, weil bestimmte Mitgliedstaaten hiervon keinen Gebrauch machen werden.[1256] Dieses Problem könnte einfach dadurch gelöst werden, dass differenzierte Kennzeichnungspflichten europaweit einheitlich über Sekundärrecht festgelegt werden (was überwiegend bereits geschehen ist).

Sehr wahrscheinlich ist aber, dass das Sekundärrecht hier gar nicht erforderlich ist: Hochentwickelte Mitgliedstaaten besitzen ein Interesse daran, dass ihr guter Ruf bzw. der ihrer Unternehmen bewahrt wird, weshalb sie eine Kennzeichnung normalerweise zur Verpflichtung machen werden, um solche (Export-)Unternehmen kenntlich zu machen, die zwar in ihrem Land ansässig sind, aber nicht ihre Standards einhalten.[1257] Dies gilt sowohl, wenn sie als Exportstaat legeferieren (bezüglich exportierter Produkte), als auch in der Situation, in der sie als Zielstaat (bezüglich importierter und im Inland vertriebener Produkte) Vorschriften erlassen. Dies wird in der Praxis dazu führen, dass Produkte aus Ländern mit geringerer Reputation entsprechend gekennzeichnet werden müssen, wenn sie Marktzugang in „Hochstandardländern“ erhalten wollen. In „Niedrigstandardländern“ wird es womöglich keine Kennzeichnungspflicht (in ihrer Funktion als Zielstaat) geben, dann sind aber die Waren aus „Niedrigstandardländern“ daran zu erkennen, dass sie eben *keine* Kennzeichnung tragen.[1258] Womöglich werden Verbraucher ungekenn-

---

[1255] S. hierzu sogl. b. Fn. 1261 ff.

[1256] In Bezug auf solche Mitgliedstaaten ist die b. Fn. 1253 beschriebene Situation gegeben.

[1257] Vgl. *Haucap/Wey/Barmbold*, JITE 153 (1997), 510 (524).

[1258] *Haucap/Wey/Barmbold*, JITE 153 (1997), 510 (525). Zuzugeben ist, dass diese Information dann nicht so präzise ist, wie eine Kennzeichnung mit einer genauen Herkunfts- und „Produktionsrechtsangabe“.

zeichnete Produkte auch erheblich weniger nachfragen (etwa weil sie unsicher sind oder weil sie die Unternehmen dazu zwingen wollen, die Herkunft doch anzugeben) als Produkte, die ebenfalls aus einem „Niedrigstandardland" stammen bzw. nach einer „Niedrigstandardlandrechtsordnung" produziert werden, bei denen aber die Herkunft angegeben ist. Dies würde dazu führen, dass auch Exporteure ihre Produkte kennzeichnen, die sich einer weniger angesehenen Rechtsordnung bedienen.[1259] Einer Falschkennzeichnung wird dabei durch das in jedem Mitgliedstaat bestehende Recht des unlauteren Wettbewerbs vorgebeugt.[1260]

ccc) (Strenge) Vorgaben für entsprechende Kennzeichnungspflichten

Da nach hier vertretener Auffassung dann nicht mehr eine Rechtswahl zwischen verschiedenen Kennzeichnungsregelungen vorgenommen werden kann (weil entsprechende Regelungen als gerechtfertigte Beeinträchtigungen von Art. 35 Alt. 2 AEUV zu werten sind), sollte das mitgliedstaaliche Kennzeichnungsrecht einer an *funktionalen* Grundsätzen orientierten *strengen* Geeignetheits- und Erforderlichkeitsprüfung unterliegen. Oben wurde schon darauf hingewiesen,[1261] dass stets zu prüfen ist, ob nicht als milderes Mittel eine freiwillige Kennzeichnung durch die Exportunternehmen in Betracht kommt. Das Kennzeichnungssystem muss des Weiteren, um geeignet zu sein, die Interessen *aller* Exportunternehmen berücksichtigen. Es muss auf den Grundsätzen der *Transparenz*, *Wahrheit* und *Nichtdiskriminierung* (letzteres im technischen und untechnischen[1262] Sinn) basieren. Exportunternehmer dürfen folglich nicht dazu verpflichtet sein, unwahre oder verschleiernde Angaben zu machen. Zudem darf das Kennzeichnungssystem nicht bestimmte Unternehmen privilegieren, sondern es muss *neutral formuliert* sein.[1263] Sonst

---

[1259] Bestimmte Exporteure, die sich auf die hohe Reputation ihrer Marke verlassen können (z. B. für Hochqualitätsgüter bekannte Unternehmen wie Porsche und Jaguar), können andererseits davon absehen, sich eine teuren Rechtsordnung zu unterwerfen (solange wie ihre Marke nicht darunter leidet). Es entscheiden damit Verbraucher und Produzenten (und zwar in effizienterer Weise als die Mitgliedstaaten). Vgl. hierzu insges. *Haucap/Wey/Barmbold*, JITE 153 (1997), 510 (514).

[1260] Vgl. zum deutschen Recht nur d. Bericht v. *Haucap/Wey/Barmbold*, JITE 153 (1997), 510 (524).

[1261] S. n. Fn. 1253.

[1262] Nichtdiskriminierung bedeutet dabei nicht, dass die Exporteure nicht gegenüber den in das *Inland* verkaufenden Produzenten benachteiligt werden dürfen, sondern dass auch innerhalb der Gruppe der Exporteure, nicht diskriminiert werden darf, indem bestimmte Unternehmen durch eine entsprechende Gestaltung des Systems der Kennzeichnungspflichten bessergestellt werden.

[1263] Insbesondere in den Verarbeitungsfällen (siehe d. Nachw. in den Fn. 1264 ff.) ist sichtbar geworden, dass die Mitgliedstaaten durch die Gestaltung des Bezeichnungssystems Produkte privilegieren und benachteiligen können, wenn sie Qualitätssiegel nur bewürde es den Rechtswahlmechanismus unterlaufen. Insbesondere dürfen nicht jene Hersteller privilegiert werden, die nach der Herkunftsstaatsrechtsordnung produzieren. Ob die Wahl der Herkunftsrechtsordnung den Produzenten zum Vorteil gereicht, sollte nämlich allein von den Verbrauchern entschieden und den Produzenten bewertet werden, die hieraus dann betriebsspezifische Schlüsse ziehen. Die Verarbeitungsfälle (*Belgien/Spanien* [*Rioja*][1264], *Delhaize*[1265], *Asda*[1266] und *Ravil*[1267]) veranschaulichen dabei weiter, dass auch Produzenten nicht benachteiligt werden sollten, die nachgelagerte Verarbeitungsprozesse im EU-Ausland durchführen lassen.[1268]

ll) Verstärkung des ruinösen Wettbewerbs („race to the bottom")?

Bereits oben wurde auf die klassische Förderalismuskritik des „race to the bottom"-Effektes hingewiesen.[1269] Bei diesem handelt es sich um einen Unterfall des oben dargestellten Marktversagens, d. h., es geht um die (verstärkte) Beeinträchtigung der Interessen von nicht an der Rechtswahl beteiligten Dritten.[1270] Zunächst ist das „race to the bottom" kein *spezieller* Effekt einer Wettbewerbsgleichheits-Rechtswahlauslegung von *Art. 35 Alt. 2 AEUV*, sondern des klassischen Rechtssystemwettbewerbs. Es geht *hier* aber um diejenigen Verstärkungseffekte, *die im Zuge einer extensiven Auslegung von Art. 35 AEUV* auftreten im Vergleich zu den Effekten, die bei einer restriktiven Auslegung aufträten. Nur solche Nachteile sind hier folglich zu beleuchten.

Auf den ersten Blick erscheint es tatsächlich möglich, dass Verstärkungseffekte durch eine extensive Auslegung von Art. 35 Alt. 2 AEUV vorkommen: Ruinöse Politik, die Unternehmen Sondergewinne auf Kosten Dritter (externe Effekte) beschert, könnte über Art. 35 Alt. 2 AEUV auf die gesamte Union „verteilt" werden, weil nun alle Unternehmen diese Sondergewinne beanspruchen und sich auf die niedrig(st)en Regulierungsstandards berufen könnten. Bereits oben wurde festgestellt, dass eine „Beeinträchtigung" der Interessen der an der Wahlentscheidung beteiligten *Unternehmer* nicht in Betracht kommt. Etwaige Senkungen der Regulierungsvorgaben sind *aus*

---

stimmten Produkten zur Verfügung stellen und sehr ähnlichen Produkten verweigern und keinen äquivalenten alternativen Schutz gewähren.

[1264] EuGH (Fn. 128).

[1265] EuGH (Fn. 129).

[1266] EuGH (Fn. 478) – *Asda*.

[1267] EuGH (Fn. 477) – *Ravil*.

[1268] Ist das Bestehen einer Kontrolle erforderlich, sollten alle Exporteure grundsätzlich die Möglichkeit haben, sich dieser zu unterziehen (um mittelbar also das Siegel erlangen zu können, s. b. Fn. 519 ff.).

[1269] S. b. Fn. 1171 ff.

[1270] S. b. Fn. 1234 f.

deren Sicht daher zu begrüßen.[1271] M. a. W. wird das „race to the bottom" hier zum „race to the best".

Zu den im Rahmen von Art. 35 AEUV zu berücksichtigenden Interessen der Bevölkerung des Herkunftsstaates wurde oben schon Stellung genommen und festgestellt, dass diese durch (entsprechend angepasste) Rechtfertigungsstandards oder eine restriktive Fassung des Beeinträchtigungsmaßstabs berücksichtigt werden können.[1272] Es könnte hier womöglich von einem „race to proportionality" (oder sogar von einem „race to reason", wenn der Verhältnismäßigkeitstest als Rationalisierungsmechanismus angesehen wird) gesprochen werden.

Fraglich ist, ob nicht in Bezug auf die Interessen der zielstaatlichen Bevölkerung ein zu verhinderndes „race to the bottom" stattfindet: Diese erlauben allerdings höchstens eine Rechtfertigung *zielstaatlicher* und nicht exportstaatlicher Maßnahmen. Es kann dabei also, wenn überhaupt, nur um ein Infragestellen der Auslegung von Art. *34* Alt. 2 AEUV (auf der Anwendungsbereichs-, Beeinträchtigungs- und/oder Rechtfertigungsebene) gehen.[1273]

Sowohl mit Blick auf Art. 34 Alt. 2 AEUV als auch auf Art. 35 Alt. 2 AEUV kann zudem der Unterbietungswettbewerb durch *Harmonisierung* gestoppt oder können harmonisierte *Mindeststandards* geschaffen werden, unter die die Mitgliedstaaten nicht fallen dürfen.[1274]

Wenn – anders als hier[1275] – davon ausgegangen wird, dass Art. 35 Alt. 2 AEUV Anreize zum Systemwettbewerb mindert, würden auch die Anreize für die Mitgliedstaaten vermindert, eine ruinöse Politik zu verfolgen, weil ja *alle* Unternehmer – auch die mit Sitz in anderen Mitgliedstaaten – von der Politik profitieren könnten, ohne dass dies für die Mitgliedstaaten günstige Unternehmensverlagerungen provozieren würde.

Wiederum hilfsweise kann argumentiert werden, dass etwaige negative Effekte mit den positiven Effekten der Rationalisierung und Verbesserung der Vorschriften, die infolge der oben geschilderten Aspekte mit der Rechtswahlmöglichkeit einhergehen, abgewogen werden müssen.[1276]

Die letzten drei Aspekte sind allerdings zu vernachlässigen: Die Lösung für durch Art. 34, 35 AEUV verstärkte externe Effekte kann *immanent* inner-

---

[1271] Vgl. nur b. Fn. 1176.

[1272] S. b. Fn. 1225 ff.

[1273] Es sei hier allerdings der Hinweis erlaubt, dass ein race to the bottom bei Art. 34 AEUV, was bisweilen übersehen wird (s. b. Fn. 1148), grundsätzlich auf der Ebene der *Rechtfertigung* verhindert werden kann (was allerdings nicht damit gleichzusetzen ist, dass ein weiter Beeinträchtigungstatbestand von Art. 34 AEUV aus *anderen* rechtsökonomischen Erwägungen heraus unerwünscht sein kann).

[1274] *Büter*, 25; *Griller*, in: Griller et al., 1 (43 f.); *van den Bergh*, in: FS Ott, 327 (331 f.).

[1275] S. b. Fn. 1180 ff.

[1276] Ebenso *Körber*, 31 f.

halb der Prüfung von Art. 34 Alt. 2, 35 Alt. 2 AEUV (auf der Rechtfertigungsebene) gefunden werden. Dem Europäischen Gerichtshof wird dabei auch ein *Mindestmaß* an Kompetenz zugewiesen werden können, sodass Drittinteressen nicht pauschal zu einer Ausklammerung auf Anwendungsbereichs- oder Beeinträchtigungsebene (bzw. vorliegend zu einer restriktiven Auslegung des Begriffs der „Maßnahmen gleicher Wirkung") führen müssen.

c) Ergebnisse

Es hat sich gezeigt, dass der Rechtswahlmechanismus dem klassischen Systemwettbewerb überlegen ist. Zudem hat sich die bisweilen anzutreffende Kritik, dass eine extensive Auslegung der Grundfreiheiten den Wettbewerb zwischen den Mitgliedstaaten unterbindet, zumindest mit Blick speziell auf die hier vertretene Auslegung von Art. 35 Alt. 2 AEUV als unzutreffend herausgestellt.

aa) Produkt- und Vermarktungsregelungen

In Bezug auf Regelungen, die im Grundsatz allein die Interessen der Unternehmen berühren – das sind Produkt- und Vermarktungsregelungen –, ist eine extensive Auslegung von Art. 35 Alt. 2 AEUV im Sinne eines Wettbewerbsgleichheits-Rechtswahlmechanismus der klassischen nationalstaatlichen Lösung und auch dem „vote with the feet"-Prinzip von Art. 34 AEUV ohne Vorbehalte überlegen und daher vorzuziehen. Dies ergibt sich aus einer Reihe von Vorteilen: Wie beim klassischen Rechtssystemwettbewerb und dem „voting with the feet"-Prinzip können die Unternehmen selbst über das für sie angemessene Regulierungsset entscheiden. Gleichzeitig können sie sich nicht nur einheitlich „für einen Staat" entscheiden, sondern sich etwa für die günstige Infrastruktur von Land X und die präferenzoptimale Rechtsordnung des Landes Y entscheiden (wenn sie in X produzieren und sich auf die Rechtsordnung von Y gem. Art. 35 Alt. 2 AEUV berufen). Dadurch wird die Rechtswahl dynamischer und präziser: Es wird transparent, warum und wofür genau sich die Unternehmen entscheiden, wohingegen beim „foot voting" nicht ganz klar ist, ob sie in das Land X z. B. wegen der niedrigeren Steuern umsiedeln oder etwa aufgrund der besseren Ausbildung der Bevölkerung. Ein weiterer Vorteil ist, dass die Rechtswahl (von Y) ohne die nutzlosen Kosten eines Umzuges (von X nach Y) stattfinden kann, wodurch diese Kosten volkswirtschaftlich – zumindest in Bezug auf das Recht – eingespart werden können, und zwar, ohne dass andere Standortvorteile aufgegeben werden müssen (im Beispiel die gute Infrastruktur von X für die ggf. schlechtere Infrastruktur von Y). Durch den Wegfall des Umzugserfordernisses wird der Rechtssystemwettbewerb zudem dynamischer, schneller und anpassungsfähiger. Die Gesamtrationalität des marktwirtschaftlichen Systems kann insofern erheblich gesteigert werden.

bb) Produktionsregelungen

Auch in Bezug auf Produktionsregelungen geht es um die Frage, ob und wie durch den Rechtswahlmechanismus die beiden als positiv erkannten Ziele der Wettbewerbsgleichheit und der Herstellung von Systemwettbewerb optimal ausgenutzt und befördert werden können. Allerdings stellt sich die Lage hier ganz anders und vor allem kontroverser dar als bei der Gruppe der Produktregelungen. Da dritte Interessen betroffen sind – das ist regelmäßig (jedoch nicht immer) der Fall bei Produktionsregelungen –, verkompliziert sich die Situation: Zunächst gilt, wiederum *mit Blick auf die Unternehmen* und *ihre* Interessen, dass diesen am besten gedient ist, wenn sie ihre „Produktionspolitik" *selbst* dezentral bestimmen können, d. h. selbst entscheiden können, an welche Vorschriften sie sich halten wollen. Insofern ist der Wahlmechanismus auch hier dem klassischen Systemwettbewerb vorzuziehen. Mit Blick auf die regelmäßig gegebene Möglichkeit der Rechtfertigung erfüllen die Unternehmen in Bezug auf Produktionsregelungen eine *Identifikationsfunktion* und *Kontrollinitiierungsfunktion*.

Sofern Interessen der *heimischen* Bevölkerung betroffen sind („Drittbetroffene"), kann der Wahlmechanismus *speziell für deren Interessen keinen Substitutionsmechanismus* darstellen, weil diese an der Wahlentscheidung nicht beteiligt sind. Es liegt also ein Fall des Marktversagens vor. Zudem gibt es hier auch keine *indirekte* Substitution, weil die Interessen der heimischen Bevölkerung mit Blick auf Produktionsregelungen nicht regelmäßig mit denen der Unternehmen übereinstimmen.

Sodann spielt der bereits im Rahmen der institutionenökonomischen Analyse erörterte Punkt eine Rolle, dass der EuGH zwar hinsichtlich seiner Ressourcen schlechter als die nationalen Stellen für Entscheidungen insbesondere über sehr fachwissenschaftliche Fragen ausgestattet ist, dass er aber andererseits in neutralerer Weise die Interessen der Exporteure vor Lobbyismus und Interessenanfälligkeit schützen kann und daher gerade bei „politisierten" Fragen eine sinnvolle Kontrollfunktion durchaus ausüben kann und im Übrigen auch die Interessen der *zielstaatlichen* Bevölkerung (Abnehmer, Verbraucher) vertritt.

Aufgrund dieses kontroversen Lagebildes lassen sich für die Fallgruppe der Produktionsregelungen folgende vorsichtige und kompromisshafte Schlussfolgerungen formulieren: Es muss erstens –anders als bei Produktregelungen – Rechtfertigungsmöglichkeiten geben, die den Interessen der drittbetroffenen Herkunftsbevölkerung Rechnung tragen. Zweitens sollte den Unternehmen grundsätzlich die Möglichkeit offenstehen, sie im Wettbewerb benachteiligende Regelungen „anzuzeigen", also zu identifizieren und vor den Gerichten zu kontrollieren. Der EuGH kann drittens vor allem in *politischen* Fragen einen effektiven *Mindestschutz* gewährleisten: Als *neutrale(re)s* Entscheidungsorgan kann er die Prosperitätsinteressen der Exporteure und (vor allem) der *EU-ausländischen Nachfrager* angemessen berücksichtigen. Mit Blick auf *komplexe fachliche* Fragen (jede demokratisch entschiedene fachliche Frage ist gleichzeitig jedoch auch eine politische) dürften nationale Parlamente und Behörden aber in der Regel aufgrund der größeren personellen und materiellen Ressourcen bessere Erkenntnismöglichkeiten besitzen. Die *besonderen institutionellen Stärken und Schwächen* des EuGH als Entscheidungsorgan müssen bei der genaueren Ausformung der auf der Rechtfertigungsebene durchzuführenden Kontrolle, insbesondere bei der Ausgestaltung der Verhältnismäßigkeitsprüfung, berücksichtigt werden. Dies spricht dafür, den mitgliedstaatlichen Stellen im Rahmen der Verhältnismäßigkeit eine großzügige Einschätzungsprärogative einzuräumen und nur bei hinreichend evidenter Fehleinschätzung einzugreifen. Die Mitgliedstaaten dürfen m. a. W. zu unterschiedlichen Lösungen kommen. Aufgrund der grundsätzlichen Legitimität von Produktionsregelungen könnte wegen der mit der Grundfreiheitenprüfung einhergehenden Kosten schließlich daran gedacht werden, den Unternehmen auch im Rahmen der Rechtfertigung die Beweislast aufzubürden oder sie dazu zu verpflichten, die Ungeeignetheit und/oder fehlende Erforderlichkeit einer Regelung *glaubhaft* zu machen.

6. Kapitel

Binnenmarktorientierte Auslegung

I. Das Binnenmarktziel und die systematisch-teleologische Auslegungsmethode

Der systematisch-teleologischen Auslegung[1277] kommt entscheidende Bedeutung bei der Grundfreiheiteninterpretation zu.[1278] Hier sind das Binnenmarktziel (einschließlich des Systems unverfälschten Wettbewerbs)[1279] und der Schutz der mitgliedstaatlichen Kompetenzen mit ihren „Vasallennormen" gegenüberzustellen. Beide Konzepte sind in hohem Maße unbestimmt und werden in ihren Inhalten von einer Vielzahl von Normen konstituiert, die *ihrerseits* unbestimmt sind. Es ist denn auch der maßgebliche Streit in der Grundfreiheitenwissenschaft über *diese* beiden Aspekte geführt worden. Die politische Sensibilität der berührten Kompetenzfelder ist ein weiteres Problem. Das Fehlen eines vom Europäischen Gerichtshof entwickelten kohärenten theoretisch-dogmatischen Überbaus ist ein drittes. Bezüglich mehrerer Theoriekonzepte lassen sich Für- und Gegen-Argumente auffinden, deren Überzeugungskraft nicht zuletzt auch von persönlichen Vorverständnissen des Exegeten abhängt.

Systematische, teleologische und grammatische Auslegungserwägungen gehen häufig ineinander über und können unter mehreren Auslegungsmethoden diskutiert werden.[1280] So kann eine in den Verträgen verankerte (und daher auch systematisch zu berücksichtigende) Zielbestimmung – wie das

---

[1277] *Englisch*, 215–219; *Grundmann/Riesenhuber*, JuS 2001, 529 (532); *Kingreen*, Stuktur, 89 m. w. N.

[1278] Vgl. nur *Dauses*, in: ders., P. II Rn. 92; *Everling*, JZ 2000, 217 (222 f.); *Gaitanides*, in: von der Groeben/Schwarze/Hatje, Art. 19 EUV Rn. 42, 46; *Hoffmann*, 29; *Mayer*, in: Grabitz/Hilf/Nettesheim, Art. 19 EUV Rn. 53; *Pechstein/Drechsler*, in: Riesenhuber, 3. Aufl., § 7 Rn. 39; *Wendel*, ZaöRV 2008, 803 (810) jew. m. w. N. Krit. dag. *Dederichs*, EuR 2004, 345 (354 ff.). S. zur Bedeutung der teleologischen Auslegung auch *Calliess*, NJW 2005, 929; *Mühl*, 49–52; *Potacs*, EuR 2009, 465 jew. m. w. Nachw.

[1279] Dies sind auch die beiden Hauptargumente, auf die im Schrifttum in Bezug auf die unionsrechtliche Unzulässigkeit der Inländerdiskriminierung abgestellt wird, vgl. nur *Behrens* EuR 1992, 145 ff.; *Müller-Graff*, NJW 1993, 13 (18); *Nicolaysen*, EuR 1991, 95 ff.

[1280] Vgl. *Franzen*, 447; *Grundmann*, RabelsZ 75 (2011), 882 (903 f.); *Kutscher*, in: Gerichtshof der Europäischen Gemeinschaften, I-4 (I-42).

Binnenmarktziel (Art. 26 II AEUV) – zugleich an der Teleologie von Art. 35 AEUV teilhaben.

Mit Blick auf die untergeordnete Stellung der (subjektiv-)historischen Auslegung geht es dabei um eine *objektiv*-teleologische Auslegung, die die Inhalte aus den Zielnormen der Verträgen schöpft.[1281] Gleichzeitig sind hier *Sinnfälligkeitserwägungen* i. d. S. zu berücksichtigen, dass der Primärrechtgeber eine Effektuierung bzw. den effet utile[1282] („praktische Wirksamkeit“[1283]) seiner Instrumente gewollt hat.[1284] Insofern handelt es sich um eine *zweite* Bedeutungsebene der objektiv-teleologischen Auslegung, die die Nähe zum praktischen Fall sucht und die im jeweiligen Einzelfall auftretende Widersprüche und absurde Ergebnisse auflösen möchte.[1285] Sodann sind auch die Zwecke zu berücksichtigen, die in der Norm keinen expliziten Ausdruck gefunden haben, aber *selbstverständlich* angestrebt werden wie (Rechts-)Frieden und Gerechtigkeit.[1286] Je weiter sich der Interpret jedoch von solchen evidenten Zwecksetzungen entfernt, umso zurückhaltender sollte er verfah-

[1281] Aufgrund von deren Abstraktheit führt die Anbindung an die Vertragsziele nicht zu einer Reduzierung der Spielräume und Unbestimmtheiten und nähert diese *hier* an die *objektiv*-teleologische Auslegungsmethode an.

[1282] Vgl. zur Bedeutung des effet utile *Bergel*, in: Tichý/Potacs/Dumbrovský, 9 ff.; *Calliess*, NJW 2005, 929; *Dauses*, in: ders., P. II Rn. 95; *Franzen*, 453; *Gaitanides*, in: von der Groeben/Schwarze, Art. 19 EUV Rn. 45; *Kutscher*, in: Gerichtshof der Europäischen Gemeinschaften, I-4 (I-43 ff.); *Mayer*, in: Grabitz/Hilf/Nettesheim, Art. 19 EUV Rn. 57 f.; *Pechstein/Drechsler*, in: Riesenhuber, 3. Aufl., § 7 Rn. 29; *Potacs*, EuR 2009, 465 ff.; *ders./Mayer*, in: Tichý/Potacs/Dumbrovský, 17 ff.; *Streinz*, in: Tichý/Potacs/Dumbrovský, 29. *Rebhahn*, in: Tichý/Potacs/Dumbrovský, 147 (151), *Streinz*, in: Tichý/Potacs/Dumbrovský, 29 (31, 38) und *Tichý*, in: Tichý/Potacs/Dumbrovský, 39 (51) weisen zu Recht auf den interessanten Umstand hin, dass der EuGH den effet utile in den wichtigsten Urteilen zur (Extension der) Warenverkehrsfreiheit kein einziges Mal erwähnt hat.

[1283] *Kutscher*, in: Gerichtshof der Europäischen Gemeinschaften, I-4 (I-43 f.); *Mayer*, in: Grabitz/Hilf/Nettesheim, Art. 19 EUV Rn. 58 m. w. N.; vgl. auch *Bergel*, in: Tichý/Potacs/Dumbrovský, 9 (10).

[1284] Vgl. *Bergel*, in: Tichý/Potacs/Dumbrovský, 9; *Bleckmann*, NJW 1982, 1177 (1179 f.); *ders./Pieper*, in: Dauses, B. I Rn. 48; *Franzen*, 445; *Kirchner*, in: Riesenhuber, 2. Aufl., §5 Rn. 21 m. umf. w. N.; *Puppe*, 146 ff.; *Tichý*, in: Tichý/Potacs/Dumbrovský, 39 (40); *Van Aaken*, in: FS Schäfer, 651 (655); ähnl. für das Steuerrecht *Ismer*, in: van Aaken/Schmid-Lübbert, 69 (70) m. w. N.

[1285] Vgl. *Bergel*, in: Tichý/Potacs/Dumbrovský, 9 (13); *Potacs/Mayer*, in: Tichý/Potacs/Dumbrovský, 17 (21); *Tichý*, in: Tichý/Potacs/Dumbrovský, 39 (40). Da der effet utile auf dem Gedanken basiert, dass eine Norm nicht anwendungsbereichslos bzw. praktisch redundant sein darf, könnte die effet utile-Auslegung auch als Unterform systematischer Auslegung angesehen werden, s. b. *Potacs/Mayer*, in: Tichý/Potacs/Dumbrovský, 17 (21), die die effet utile-Auslegung ebenso wie *Tichý*, in: Tichý/Potacs/Dumbrovský, 39 (53) als *eigenständige* Auslegungsform qualifizieren.

[1286] Vgl. *Bergel*, in: Tichý/Potacs/Dumbrovský, 9; *Lutter*, JZ 1992, 593 (603).

ren, um sich nicht dem Verdacht auszusetzen, im Gewande der Auslegung illegitime Rechtspolitik zu betreiben.[1287]

Mit Blick auf eine Art „innere Ordnung" der Verträge gibt es im geltenden Primärrecht, obwohl bereits mehrfach erwogen, zumindest keine *formelle* Hierarchisierung. Zwischen *formal* höherrangigen „Grundlagen- und Operativbestimmungen" wird weder im Verfassungsentwurf noch im Lissabonner Vertrag unterschieden, obwohl dies im Verfassungskonvent erwogen wurde.[1288] Zudem gibt es die z. B. im Grundgesetz angelegte Differenzierung zwischen der vom Verfassungsgeber erlassenen „Ur-Verfassung" und nachträglichen durch den verfassungsändernden Gesetzgeber initiierten Verfassungsänderungen nicht.[1289] Bei gleichem *formellen* Rang kann jedoch systematisch-zielorientiert eine *interpretative* Abstufung durch den Norm*exegeten* vorgenommen werden, die den einzelnen Vorschriften aufgrund ihres *Sinngehalts* und *Kontextes* unterschiedliche Signifikanz beimisst.[1290]

Die Argumentation mit Zielbestimmungen ist kontrovers.[1291] Sie sind einerseits stark *unbestimmt*.[1292] Andererseits sind sie nach allgemeiner Auffassung von fundamentaler Bedeutung für die Interpretation des Primärrechts. Die hierin liegende Unsicherheit wird verstärkt durch den speziellen Umstand des Art. 35 Alt. 2 AEUV, dass auch die auszulegende Norm selbst in hohem Maße unbestimmt ist. Eine unbestimmte Norm wird also durch ein unbestimmtes Ziel „konkretisiert". Es ist demnach auf jedes konkretisierende Mittel zuzugreifen, das zur Verfügung steht, und zu versuchen, die entscheidenden Wertungen so transparent wie möglich zu gestalten. Gleichzeitig besteht hier das Problem „hermeneutischer Zirkel": Die Norm, die mit Blick auf eine oder mehrere andere Normen zu ergründen versucht wird, ist *selbst* Auslegungsanhalt für letztgenannte.[1293] Wenn etwa die Grundfreiheiten mit Blick auf das Binnenmarktziel konkretisiert werden sollen, ist zu gewärtigen, dass die Auslegung des Binnenmarktgrundsatzes *selbst* im Lichte der systematisch relevanten Grundfreiheiten erfolgt: Art. 26 II AEUV nimmt ausdrücklich auf die Grundfreiheiten Bezug, um den Binnenmarkt zu charakteri-

---

[1287] Vgl. *Eidenmüller*, 487; *Kirchner*, in: Festschrift Schäfer, 37 (47); *Puppe*, 80; *Rebhahn*, in: Tichý/Potacs/Dumbrovský, 147 (158 f.); *Riesenhuber*, in: ders., 3. Aufl., § 10 Rn. 9; *ders./Grundmann*, JuS 2001, 529 jew. m. w. N.

[1288] Vgl. nur *Nettesheim*, EuR 2006, 737 (759 f.).

[1289] *Nettesheim*, EuR 2006, 737 (741).

[1290] Ebenso *Nettesheim*, EuR 2006, 737 (740 f.); *Basedow*, in: FS Everling I, 49 ff.

[1291] *Dann*, EuR 2013 Beiheft 1, 93 (98) argumentiert, dass die Relevanz der Veränderungen in Bezug auf den Grundsatz einer offenen Marktwirtschaft mit freiem Wettbewerb (s. b. Fn. 1680 ff.) von der „argumentativen Nutzung (oder Zerredung)" abhänge.

[1292] *Bleckmann/Pieper*, in: Dauses, B. I Rn. 23; *Dauses*, in: ders., P. II Rn. 99.

[1293] Vgl. nur *Mühl*, 53 m. w. N., insbesondere auch dazu, dass die systematische Auslegung hierdurch nur bedingt und nicht vollständig an Erkenntniswert verliert.

sieren („freie Verkehr [...] gemäß den Bestimmungen der Verträge gewährleistet“).[1294]

Der Binnenmarkt ist der „zentral[e] Pfeiler in der Unionsverfassung“[1295]. Er ist der wichtigste systematisch-teleologische[1296] Topos[1297] für die Grundfreiheitenargumentation im Allgemeinen[1298] und Art. 35 Alt. 2 AEUV im Besonderen:[1299] Nach *Ipsen* sei das Binnenmarktziel „in Aktualität und Intensität automatisch in den Einzelregelungen ‚mit-geschrieben‘[,] die Einzelregelungen [werden] (...) ständig und automatisch ziel-konform (...) [aufgewertet] und verbessert“[1300]. Art. 35 Alt. 2 AEUV kann zur Erreichung wirtschaftspolitischer Ziele wie Allokationseffizienz, Wohlfahrtssteigerung, ökonomischen Wachstums etc. weder Allheilmittel noch Alleinvoraussetzung sein. Innerhalb der (sich immer wieder vor Augen zu führenden) Grenzen kann Art. 35 Alt. 2 AEUV nur *ein spezifisches Instrument* für *spezielle Problemkonstellationen* in einem viel weiter gefassten Instrumentenkasten darstellen. Um auch als praktisch wirksames Instrument zur Bewältigung konkreter Probleme fungieren zu können und um zu eruieren, welchen Platz Art. 35 Alt. 2 AEUV dabei einnehmen kann, müssen also die Finalität des Binnenmarktes und die zur Verfügung stehenden sonstigen Binnenmarktinstrumente bekannt sein – es kommt also auf das an, was schon einmal als „Gesamtverständnis“[1301] bezeichnet wurde. Die abstrakten Reflexionen zum Binnenmarkt und zur unionalen Wirtschaftsverfassung (hier und in anderen Monografien) sind keine ritualisierte Nabelschau einer spezifisch deutsch geprägten Europarechtswissenschaft, sondern stellen ein praktisches Erfordernis dar. Aufgrund dieser besonderen Bedeutung stellt die Konkretisierung des Binnenmarktziels in seiner Auslegungsbedeutung für die Warenausfuhrfreiheit die *entscheidende* Weichenstellung für die weitere Untersuchung dar und muss entsprechend sorgfältig erfolgen. Die Bedeutung im Rahmen der Grundfreiheitenargumentation spiegelt diejenige wider, die dem Binnenmarktgedanken

---

[1294] Vgl. nur *Hoffmann*, 30.

[1295] *Ruffert*, in: Calliess/Ruffert, Art. 3 EUV Rn. 22; *Bast*, in: Grabitz/Hilf/Nettesheim, Art. 26 AEUV Rn. 5: „Schlüsselbegriff“.

[1296] S. hierzu b. Fn. 1277 ff. m. w. N.

[1297] Dagegen wird im angelsächsischen Raum weniger systemdogmatisch-prinzipienorientiert, sondern pragmatisch case law-orientiert argumentiert, vgl. nur die Struktur der Arbeiten von *Gormley*, Restrictions, 1985; *ders.*, EU Law, 2009; *Snell*, 2002; *Weatherill/Beaumont*, 1999.

[1298] Vgl. nur *Englisch*, 219; *Hoffmann*, 39 ff.; *Hödl*, 47 ff.; *Keßler*, 343; *Mühl*, 52 ff.; *Rauer*, 133 ff.; *Roth*, in: FIW, Bd. 160, 21 (34); *ders.*, ZHR 159 (1995), 78 (91 ff.); *Steindorff*, ZHR 158 (1994), 149 (162) jew. m.w. Nachw.

[1299] Vgl. nur *Kort*, JZ 1996 132 (137); *Nicolaysen*, EuR 1991, 95 (106 f.); *Rauer*, 183; *Roth*, ZHR 159 (1995), 78 (91).

[1300] *Ipsen*, Europäisches Gemeinschaftsrecht, § 28 Rn. 21 S. 558.

[1301] *J. P. H. Donner*, SEW 1982, 362 ff. („general conception“); ihm ausdrücklich folgen wollend *Steindorff*, ZHR 148 (1984), 338 ff. („Gesamtverständnis“).

allgemein im Rahmen der Verträge zugeschrieben wird.[1302] Das Binnenmarktziel ist ein Instrument zur Erreichung des Integrationsziels.[1303]

Die in diesem Kontext anzutreffende *Terminologie*vielfalt[1304] – hingewiesen sei z. B. auf die Begriffe des Binnenmarktkonzepts,[1305] -prinzips[1306], -ziels[1307], -finalität[1308], -teleologie und des Raumkonzepts[1309] – spiegelt auch die *Meinungs*vielfalt wider. Bisweilen indiziert die Begriffswahl die argumentative Bedeutung, die der Begriffsverwender dem Binnenmarktgedanken beimisst, bisweilen werden die Begriffe aber auch synonym oder ohne ein besonderes Bedeutungsbewusstsein verwandt. Die Wahl eines neutralen Begriffs zur Umschreibung des „Binnenmarktes" ist Voraussetzung für die Unvoreingenommenheit, die die wissenschaftliche Ermittlung des Inhalts des Binnenmarktbegriffes erfordert. Folglich wird hier (zunächst) der neutrale Begriff des Binnenmarktgedankens, -konzepts und des -ziels[1310] verwandt.

Probleme ergeben sich daraus, dass das Primärrecht vieles in Bezug auf den Binnenmarktgedanken im Unklaren lässt. Infolgedessen besteht zwar eine gewisse Einigkeit über die *grundsätzliche Richtung* des Binnenmarktgedankens; sofern es aber um sehr konkrete und fassbare Inhalte geht, wird die Ableitung konkreter Schlussfolgerungen immer unsicherer. Die Unsicherheiten beziehen sich sowohl auf die Prinzipienqualität des Binnenmarktgedankens als auch auf seine konkreten Begriffsinhalte. Streitig sind auch die Auslegungsrelevanz für die Grundfreiheiten und die Frage, *welche* konkreten Vorgaben aus dem Binnenmarktgedanken für die Grundfreiheitenauslegung gewonnen werden können.

[1302] Nach *Müller-Graff*, in: Dauses, A. I Rn. 116 etwa weise das Primärrecht „das Binnenmarktziel weiterhin als den konzeptionell und faktisch ersten Verwirklichungsweg der Ziele der Union aus"; ebenso *Bleckmann*, MDR 1986, 5; *Basedow*, in: FS Everling I, 49; *Luczak*, 194 m. w. N.

[1303] *Grabitz*, in: FS Ipsen, 645; *Dauses*, EuZW 1990, 8; *Jickeli*, JZ 1995, 57; *Kieninger*, 349; *Luczak*, 194 m. w. N. Vgl. auch EuGH (Fn. 412), Rn. 8 (*Alsthom Atlantique*); EuGH, Urt. v. 29.09.1987, Rs. 126/86, Slg. 1987, 3712 (3715 f.), Rn. 10 (*Giménez Zaera*).

[1304] Z. B. „Binnenmarktkonzept", *Sack/Fasshold*, WRP 1993, 519 (520).

[1305] Vgl. nur *Müller-Graff*, in: Dauses, A. I Rn. 117; *Solbach*, 238 ff.

[1306] Vgl. nur *Füller*, 82.

[1307] Vgl. nur *Müller-Graff*, in: Dauses, A. I Rn. 123; *ders.*, Binnenmarktziel und Rechtsordung; *Nowak*, EuR 2009 Beiheft 1, 129 ff.; *Roth*, ZHR 159 (1995), 78 (91).

[1308] Vgl. nur *Müller-Graff*, NJW 1993, 13 (18); *Randelzhofer/Forsthoff*, in: Grabitz/Hilf/Nettesheim, Art. 45 AEUV Rn. 198; *Hödl*, 61.

[1309] *Müller-Graff*, EuR 2009 Beiheft 1, 105 (109).

[1310] Mit dem Begriff des „Ziels" soll insbesondere noch keine Aussage getroffen werden bezüglich der Verbindlichkeit, unmittelbaren Wirksamkeit oder Auslegungsrelevanz; dies alles ist unten ausführlich zu behandeln.

Eines von mehreren Hauptanliegen dieses Abschnittes ist es, zu zeigen, dass der Binnenmarktgedanke aufgrund seiner Unbestimmtheit[1311] sehr unterschiedlich interpretiert werden kann und dass aus dem Binnenmarktgedanken „abgeleitete“ Ergebnisse häufig eher in den Binnenmarktgedanken *hineingelegte*[1312] Ergebnisse sind, die je nach Sozialisation, rechtspolitischem Standpunkt und gewissen soziokulturellen und -ökonomischen Vorverständnissen und -prägungen des *Interpreten* (bisweilen stark) variieren.

Das (aus dem objektiven Wahrheitsanspruch der Wissenschaften ableitbare) Transparenzgebot erfordert die Kenntlichmachung dieses für die Grundfreiheiteninterpretation elementaren Umstandes. Was rechtspolitisch *erwünscht* ist, sich aber keineswegs *zwingend* aus den Verträgen ergibt, muss als solches kenntlich gemacht werden. Werden bestimmte Folgerungen hingegen als „zwingende Auslegungsergebnisse“ hingestellt, wird eine bestimme argumentative Richtung unberechtigterweise und von vorneherein abgeschnitten. Erst dann kann eine am Wahrheitsanspruch orientierte Auslegung stattfinden.

Im Hinblick auf die anwendungspraktische Ausrichtung dieser Arbeit gilt es, drei Erkenntnisziele zu verfolgen: Zunächst ist die *normhierarchische* Stellung des Binnenmarktziels zu untersuchen und zu prüfen, ob es sich um ein „bloß“ *auslegungsrelevantes* Normkonzept handelt oder um *unmittelbar anwendbares* und *subjektive Rechte einräumendes* Recht, aus dem selbständig und ohne Anknüpfung an weitere Normen konkrete Rechtsfolgen abgeleitet werden können. Zweitens ist zu prüfen, welche mit Blick auf Art. 35 Alt. 2 AEUV relevanten Inhalte der Binnenmarktgedanke besitzt.

II. Meinungslandschaft in der Literatur

Im Folgenden findet eine Annäherung an das Binnenmarktziel statt, indem herrschende Deutungstraditionen in der Literatur analysiert werden. Es zeigt sich dabei ein *wechselseitig beeinflussender Prozess*, bei dem EuGH, Literatur und Primärrechtgeber beteiligt waren. Bestimmte Konzepte waren und sind bis heute von besonderer Wirkmächtigkeit und können über mehrere Generationen von Europarechtlern nachverfolgt werden.

[1311] Ebenso *Rohe*, RabelsZ 61 (1997), 1 (30); *Snell*, in: Barnard/Peers, 300; *ders.*, in: Adams/de Waele/Meeusen/Straetmans, 109 (111).

[1312] Entsprechend leitet z. B. *Friedl Weiss*, EuR 2002 Beiheft 1, 155 (156) seinen Beitrag über den Begriff des Marktzugangs im WTO/GATT-Recht einer- und der EuGH-Rechtsprechung andererseits mit der Ankündigung ein, er wolle dieses Unterfangen „ohne deterministische Anwandlung politologischer oder anderer Art“ angehen. Es scheint, als ob auch *F. Weiss* häufig eine „versteckte Agenda“ hinter sich deskriptiv gebenden wissenschaftlichen Arbeiten vermutet.

1. Vorbemerkung

Interessant sind hier erstens Beiträge und Monografien, die – ohne speziell auf Art. 35 Alt. 2 AEUV einzugehen – ein *Gesamtbild* vom Binnenmarkt entwerfen, das auch durchaus für alle Grundfreiheiten Geltung beansprucht und das auf Art. 35 Alt. 2 AEUV „herunterdekliniert" werden kann. Zweitens sind Beiträge von Interesse, die spezifische Ausführungen machen, d. h. abstrakt auf den Binnenmarkt Bezug nehmen und sich sodann spezifisch auf Art. 35 Alt. 2 AEUV einlassen. Am wertvollsten sind für den hiesigen Untersuchungszweck die – sich leider in der Minderzahl befindenden – Beiträge, bei denen *sowohl* ein *umfassendes* Binnenmarktkonzept entwickelt wird als auch sich *umfassend* und spezifisch zu Art. 35 Alt. 2 AEUV geäußert wird.[1313] Nur bei letzteren Modellen kann festgestellt werden, in welchem Wirkungsverhältnis das Binnenmarktziel zu den Operativbestimmungen steht.

Vielfach wird der Binnenmarktgedanke mit sehr *unbestimmten* und durch *„Abwägungspuffer"* gekennzeichneten Charakterisierungen beschrieben, und es wird vermieden, konkrete Vorgaben aus ihm abzuleiten.[1314] Solche Beschreibungen kennzeichnen zwar wiederum die „Idee" hinter dem Binnenmarkt, sie gehen über eine solche aber auch nicht hinaus und genügen rechtswissenschaftlichen Konkretisierungsansprüchen nicht.[1315] Sie behindern den Diskurs und erschweren Kritik. Zudem ist häufig auch unklar, ob bestimmte Charakterisierungen bloß eine abstrakte Idee kennzeichnen oder bereits konkrete *operable* Inhalte. Es hat in der Folge nur vereinzelt Versuche gegeben, ganz konkrete Inhalte aus dem Binnenmarktgedanken zu gewinnen.

[1313] Es sei vorangeschickt, dass die Literatur zu den Grundfreiheiten und insbesondere zur Warenverkehrsfreiheit eine Fülle angenommen hat, die eine wirklich *vollständige* Auswertung verunmöglicht (*Roth*, in: FS Großfeld, 929). Es soll aber versucht werden zumindest sämtliche *Strömungen* zu rezipieren. Der genannte Befund gilt zudem zuvorderst für die Wareneinfuhrfreiheit. Speziell zum hiesigen Untersuchungsgegenstand – der Warenausfuhrfreiheit – wird sich seltener und meist nur oberflächlich geäußert. Von Bedeutung sind dann jedoch die *Binnenmarktkonzeptionen* zur Wareneinfuhrfreiheit, zu den anderen Grundfreiheiten (insbesondere zur Produktverkehrsfreiheit der Dienstleistungsfreiheit) und zu den Grundfreiheiten insgesamt, soweit sie auf die Warenausfuhrfreiheit transponiert werden können.

[1314] *Kingreen*, Struktur, 14 f. beispielhaft: „Der einzelne soll sich beim Gebrauchmachen von dieser Freiheit *grundsätzlich* nicht an den Grenzen zwischen den nationalen Rechtsordnungen, sondern an der ökonomischen Effizienz ihres Einsatzes orientieren. Das wirtschaftsverfassungsrechtliche Konzept des Binnenmarktes beinhaltet daher das Ziel, den (...) Rechtsunterschieden (…) die Relevanz für das privatautonome Handeln *so weit wie möglich* zu nehmen. Dies impliziert einen *möglichst weitgehenden* Interventionsverzicht der Mitgliedstaaten im Bereich der Wirtschaft (…) Die Territorialität des Rechts wird *zumindest partiell* überwunden [Hervorheb. d. *Verf.*]."

[1315] Schon 1986 zum selben Ergebnis kommend *Bleckmann*, MDR 1986, 5 Fn. 2; ebenso *Steindorff*, ZHR 158 (1994), 149 (163); *Füller*, 100 f.

In der Darstellung der einzelnen Binnenmarktkonzepte wird darauf verzichtet, einzelne Argumente der Autoren *gesammelt* darzustellen und nur in den Fußnoten auf die verschiedenen Autoren hinzuweisen. Vielmehr werden die Ansichten – so komprimiert wie möglich – hintereinander und einzeln dargestellt (sofern es sich nicht um vollständig oder weit überwiegend identische Ansichten handelt), wobei es – unvermeidbar – vereinzelt zu Wiederholungen von Argumenten oder Sichtweisen kommt. Eine noch stärkere Komprimierung hätte zur Folge gehabt, dass die *Verbindungen zwischen* den Argumenten[1316] verloren gegangen wären oder dass diese Gesichtspunkte an späterer Stelle bei der Darstellung der *tatbestandlichen* Reichweite erneut hätten genannt werden müssen.[1317]

Einigkeit besteht – außerhalb von Detailfragen – über die Bedeutung des Marktbegriffes. Im Zentrum rechtswissenschaftlicher Diskussion steht daher zumeist die Frage, was unter einem „gemeinsamen", „einheitlichen" oder „*Binnen*markt" zu verstehen ist. Der Begriff des Marktes wird *faktisch* definiert. Es werden dabei explizit Anleihen bei der Wirtschaftstheorie genommen und der Markt mit abweichenden Formulierungen charakterisiert als „ökonomische Faktizität (...)[, d. h.] als der in gewisser Regelmäßigkeit sich vollziehende Austausch von Gütern oder Dienstleistungen zwischen selbständigen Wirtschaftssubjekten, der aus dem Zusammentreffen von Angebot und Nachfrage resultiert."[1318] Räumlich ist er auf das Gebiet aller Mitgliedstaaten bezogen.[1319]

2. *Frühe Definitionsversuche*

Anstatt wenig bzw. nichts sagender „Definitionen" wurde teilweise – transparent – angenommen, Definition und Inhaltsbestimmung seien unmöglich.[1320] Andere wiederum wollen selber nicht definieren, sondern die Aufgabe an den EuGH delegieren.[1321]

[1316] Z. B. mögen zwei Autoren der Auffassung sein, dass Art. 35 Alt. 2 AEUV nur i. S. e. Diskriminierungsverbots interpretiert werden sollte, doch kann dies auf ganz unterschiedlichen Erwägungen beruhen (z. B. Schutz der mitgliedstaatlichen Kompetenzen einerseits, institutionelle Vorbehalte gegenüber dem Gerichtshof andererseits).

[1317] Bei der Darstellung der Tatbestandskonzepte kann daher in Bezug auf die tiefere binnenmarkttheoretische Begründung auf den nun folgenden Abschnitt verwiesen werden.

[1318] *Ipsen*, Europäisches Gemeinschaftsrecht, § 28 Rn. 12 S. 550 in Anlehnung an *Ballerstedt*, 6. Diese Marktdefinition *Ipsens* wird von *Grabitz* 5 Jahre später vollständig übernommen, in: FS Ipsen, 645. Ähnl. auch *Bleckmann*, RIW 1985, 917 (920); *ders.*, MDR 1986, 5 (6); *Füller*, 69; *Hoffmann*, 41 m. w. N.

[1319] *Ipsen*, Europäisches Gemeinschaftsrecht, § 28 Rn. 12 S. 550 f.; *Bleckmann*, MDR 1986, 5 (6).

[1320] Nachw. bei *Füller*, 69.

[1321] *Müller-Graff*, ZHR 159 (1995), 34 (68 ff.).

Gerade in der Anfangszeit der Integration wurde vielfach auf den Abbau aller Hemmnisse für den (Waren-)Verkehr abgestellt,[1322] allerdings ohne dies zu konkretisieren und mit teilweise sehr unterschiedlichen Bedeutungszuschreibungen.[1323] Gerade aufgrund dieser Unbestimmtheit sind solche Ansätze praktisch bedeutungslos.[1324]

3. Das Wettbewerbsgleichheitsgebot innerhalb der Ipsen-Grabitz'schen *Zieltrias*

Das von *Grabitz*[1325] übernommene Konzept *Ipsens*[1326] einer Zieltrias von *Marktfreiheit, Marktgleichheit* und *System unverfälschten Wettbewerbs* ist zur ideentheoretischen (und teilweise lediglich impliziten[1327]) Grundlage einer Vielzahl von nach *Grabitz* erschienenen Monografien[1328] und Aufsätzen[1329] zur Dogmatik der Grundfreiheiten geworden. Eine vertiefte Betrachtung dieser, zuvorderst innerhalb des *deutschen* Diskurses entwickelten Konzepte erfolgt nachfolgend auch deshalb, weil *Deutschland* – etwa durch *von der Groeben* oder *Hallstein* und unterstützt durch die *Benelux*-Staaten – die Verankerung seiner (damals noch jungen) ordoliberalen Tradition in vielfältiger Weise durchsetzen konnte gegenüber italienisch-französischem Versuchen, stärker interventionistische Elemente in der EU-Wirtschaftsverfassung zu etablieren, was insbesondere im Bereich der Agrarpolitik auch gelungen ist.[1330]

[1322] Etwa *Carstens*, ZaöRV 18 (1958/1959), 459 (474 ff.).

[1323] So verlangt *Carstens*, ZaöRV 18 (1958/1959), 459 (461) einen unbeeinträchtigten, „freien Wettbewerb", ohne zu sagen, ob dieser nur durch absolute Hindernisse oder auch durch relativ schlechtere Wettbewerbsbedingungen „beeinträchtigt" wird.

[1324] Ebenso *Füller*, 69.

[1325] *Grabitz*, in: FS Ipsen, 645 ff.

[1326] *Ipsen*, Europäisches Gemeinschaftsrecht, § 28 Rn. 12 S. 550 f.

[1327] Vgl. etwa *Ebenroth*, in: FS Piper, 133 (144 ff.); *Rauer*, 159 ff.; *Rohe*, RabelsZ 61 (1997), 1 (18 f.).

[1328] Vgl. nur 1997 *Hödl*, 57 ff.; 2000 *Hoffmann*, 42 ff.; 2000 *Füller*, 69 ff.; 2003 *Rauer*, 148 ff.; 2004 *Mühl*, 129 ff.; 2005 *Jensch*, 57 f.; 225 f.; 2009, *Luczak*, 193 ff.; 4. Aufl. 2010 *Borchardt*, Rn. 796 ff.

[1329] Vgl. nur *Reich*, EuZW 1991, 203 (207 f.); *Roth*, ZHR 159 (1995), 78 (91 Fn. 62); vgl. auch *Matthies*, in: FS Everling I, 803 (815), der im Gegensatz zu *Ipsen* und *Grabitz* allerdings nur von einer *beschränkten* Prägung der *Grundfreiheiten* durch diesen im Binnenmarktziel verankerten Teilgehalt ausgeht.

[1330] S. d. Nachw. in Fn. 1522.

a) Wettbewerbs- bzw. Marktgleichheit von Hallstein *über* Ballerstedt, Ophüls *und* Ipsen

Marktgleichheit[1331] meint dabei, dass die Marktteilnehmer auf den *Zielmärkten* gleichbehandelt werden. Der Begriff der Wettbewerbsgleichheit ist demgegenüber *umfassender*: Hiernach sollen die Marktteilnehmer ihre Ware unter den gleichen (rechtlichen) Wettbewerbsbedingungen anbieten können, ohne dass dies auf den Zielmarkt beschränkt wäre.[1332] Der Begriff der (rechtlichen) Chancengleichheit ist mit dem Begriff der Wettbewerbsgleichheit ebenso synonym wie der der Wettbewerbsneutralität[1333]. Die Wettbewerbsgleichheit steht in einer engen Beziehung zum System unverfälschten Wettbewerbs, das die Marktteilnehmer ebenfalls vor Wettbewerbsverzerrungen zu schützen sucht.[1334]

Vor der Instrumentalisierung der Grundfreiheiten als Integrationsinstrumente durch den EuGH (und mithin vor Ergehen des Judikats *Dassonville*) wurde diese Aufgabe jedoch (noch) nicht hauptsächlich den *Grundfreiheiten*, sondern der Rechtsangleichung zugewiesen. Selbst die heute einmütig unter Art. 34 Alt. 2 AEUV subsumierten importstaatlichen Produktstandards wurden z. T.„ da nicht grenzbezogen, aus Art. 34 Alt. 2 AEUV ausgeklammert.[1335]

Nach *Ophüls* (dem ehemaligen Ständigen Vertreter der Bundesrepublik bei der EWG) seien der Gleichheitlichkeit entgegenstehende „künstliche Hemmnisse“[1336] durch die Anwendung der *Grundfreiheiten* umfassend zu beseitigen. Er berichtet von dem Ringen der Verhandlungspartner um den Eingang des Begriffs „marché commun“ anstelle von „marché unique“ in den Montanvertrag.[1337] Sowohl bei der Aushandlung der Montanverträge als auch bei der der Römischen Verträge sei es zu Meinungsverschiedenheiten gekommen, *wie weit* die Angleichung der rechtlich beeinflussten oder beeinflussbaren Wettbewerbsbedingungen gehen sollte.[1338] Entsprechend divergieren auch die aus dieser Zeit stammenden Beschreibungen des Gemeinsamen Marktes durch die Literatur: *Ballerstedt* ging 1955 in Bezug auf die Montanunion von einem *umfassenden* Verständnis des Gemeinsamen Marktes aus, dem zufolge der Gemeinsame Markt in seiner „ideale[n] Reinheit (...) den Inbegriff der Normen darstell[t], welche die Gleichheitlichkeit der die Marktabläufe ord-

---

[1331] Begriff bei *Grabitz*, in FS Steindorff, 1229 (1236).

[1332] *Grabitz/Zacker*, NVwZ 1989, 297 (301); *Grabitz*, in FS Ipsen, 645 (646 f.); *Frenz*, Bd. 1, 28.

[1333] *Frenz*, Bd. 1, 136–138.

[1334] *Grabitz*, in FS Ipsen, 645 (646 f.); *Grabitz*, in FS Steindorff, 1229 (1240 ff.).

[1335] Vgl. z. B. 1971 unter Verweis auf das Instrument der Rechtsangleichung *Meier*, in: Ehle/Meier, B Rn. 130.

[1336] *Ophüls*, ZHR 124 (1962), 136 (160).

[1337] *Ophüls*, ZHR 124 (1962), 136 (160 Fn. 31).

[1338] *Ophüls*, ZHR 124 (1962), 136 (160 Fn. 31).

nenden rechtlichen Bedingungen für alle Partner"[1339] gewährleistet. Dagegen war die Reichweite der „Angleichung der Wettbewerbsbedingungen"[1340] nach *Hallstein* auf das Gebiet der „sogenannten‚Wirtschaftspolitik'" begrenzt.[1341]

Der die Europarechtswissenschaft entscheidend prägende Ansatz *Ipsens* (*Joerges*: „founding father of European law in Germany"[1342]) basiert ebenfalls auf einem im Grundsatz umfassenden Verständnis der Wettbewerbsgleichheit,[1343] das er schon mit dem Begriff des „Binnenmarkt[es]"[1344] charakterisierte, noch bevor dieser Begriff überhaupt Eingang in die Verträge gefunden hatte: „Die vier Freiheiten vermitteln die rechtlichen Voraussetzungen für die Ausübung wirtschaftlicher Tätigkeiten (...) *unter angeglichenen Wettbewerbsbedingungen* [Hervorh. d. *Verf.*]"[1345] und unter Ausschluss von „hoheitliche[n] Behinderungen nationalen Rechts"[1346].

b) Grabitz' *konzeptionelle Nuancierung*

Es ist hauptsächlich das Verdienst von *Ipsens* Schüler *Grabitz*, die dargestellten abstrakten Inhalte zu ordnen, zu vertiefen, theoretisch näher zu begründen, den Grundfreiheiten im Rahmen dieses Systems eine Rolle zuzuweisen und diese Interpretation über die Jahrzehnte evolutiv zu entwickeln. Der Gemeinsame Markt und insbesondere dessen Teilgehalt der Wettbewerbs- bzw. Marktgleichheit durchlaufen als Auslegungsmaßstab für die Grundfreiheiten seit dem Erscheinen von *Grabitz* Dissertation im Jahr 1966 bis zum Ende seines Schaffens (im Jahr 1992) eine Evolution, die auch die z. T. sehr unterschiedliche Rezeption der *Grabitz*'schen Konzepte in der Literatur erklärt. *Grabitz* hat diese Evolution nicht immer transparent gekennzeichnet.[1347]

Um die Entwicklung der deutschen Grundfreiheitenwissenschaft nachzuvollziehen, erscheint es notwendig, diese Entwicklung nachzuzeichnen: In seiner (1966 erschienenen) Dissertation scheint *Grabitz* davon auszugehen, dass die Verträge ein *geschlossenes* und *perfektes System* an Einzelbestimmungen bereitstellten, auf dessen Grundlage der Gemeinsame Markt erreicht

---

[1339] *Ballerstedt*, 9.

[1340] *Hallstein*, Schuman-Plan, 12.

[1341] *Hallstein*, Schuman-Plan, 12.

[1342] *Joerges*, LSE Paper, 8.

[1343] *Ipsen*, Europäisches Gemeinschaftsrecht, § 28 Rn. 12 S. 551 (*Joerges*, LSE Paper, 9 Fn. 13: „*opus magnum*"). *Ipsen* verkennt hier den *Ballerstedt*'schen Ansatz, wenn er vor dessen Purismus warnt, der selber aber wie gezeigt explizit keine „vollständige Gleichheitlichkeit" fordert und nur die „Tendenz [zu rechtlicher Gleichheitlichkeit] (...) als eines der tragenden Prinzipien (...) der Marktverfassung" anerkennen möchte, vgl. *Ballerstedt*, 9.

[1344] *Ipsen*, Europäisches Gemeinschaftsrecht, § 28 Rn. 12 S. 551.

[1345] *Ipsen*, Europäisches Gemeinschaftsrecht, § 28 Rn. 12 S. 551, Rn. 30 S. 566.

[1346] *Ipsen*, Europäisches Gemeinschaftsrecht, § 28 Rn. 30 S. 566.

[1347] Möglicherweise tat er dies, um Widersprüche und Richtungsänderungen nicht überzubetonen.

werde.[1348] Weder den Gemeinsamen Markt noch die Marktgleichheit zieht er jedoch als *Auslegungsrichtlinie* heran.[1349] Es scheint, als besitze der Begriff des Gemeinsamen Marktes – zumindest im Recht der Grundfreiheiten – *keine normative* Kraft.

In seinem (1977 und damit 11 Jahre später erschienenen) Festschriftenbeitrag für *Ipsen* interpretiert er den Gemeinsamen Markt hingegen als ein übergeordnetes *Recht* auf Marktzugang, das über die Teilgehalte der Marktfreiheit, Marktgleichheit und des Systems unverfälschten Wettbewerbs gewährleistet werde.[1350] Warenverkehrs-, Niederlassungs- und Dienstleistungsfreiheit seien im Lichte dieser Gehalte *extensiv auszulegen*.[1351] Das *neben die Einzelbestimmungen* tretende Recht auf Marktzugang ergänze die Dienstleistungs-, Niederlassungs- oder Warenverkehrsfreiheit im Falle von Schutzlücken.[1352]

Am Anfang seines (noch einmal mehr als ein Jahrzehnt später erschienenen [1989/1990]) Festschriftenbeitrags für *Steindorff* stellt er fest, dass „Marktfreiheit und Marktgleichheit durch *unmittelbar wirksame* Normen [Hervorh. d. *Verf.*]" im Bereich der Warenverkehrsfreiheit *verwirklicht* worden seien.[1353] Sofern daher produktions- und anlagenbezogene Umweltnormen eines Mitgliedstaates zu einer Verteuerung führten, die die Absatzchancen einer Ware beseitigten[1354] oder auch nur verringerten, komme wegen der damit einhergehenden Exportbehinderung eine Anwendung von Art. 35 AEUV in Betracht.[1355] Zumindest solche Wettbewerbsverfälschungen oder -ungleichheiten, die einen bestimmten *Schweregrad* erreichen, stellen eine gem. Art. 35 AEUV rechtfertigungsbedürftige Behinderung des Exports dar. *Bestimmte* Gefährdungen der Wettbewerbsgleichheit, nämlich solche, die durch Unterschiede in der Sozial-, Lohn-, Geld-, Währungs- sowie Umweltpolitik hervorgerufen werden könnten, seien aber auf dem Weg der Harmonisierung zu beseitigen.[1356] Die Zieltrias wird also nicht mehr auf eine abstrakte

---

[1348] *Grabitz*, 109.

[1349] Vgl. *Grabitz*, 108 ff.

[1350] *Grabitz*, in FS Ipsen, 645 (646 f.).

[1351] *Grabitz*, in FS Ipsen, 645 (659, 661).

[1352] *Grabitz*, in FS Ipsen, 645 (659, 667). Eine naheliegende Erklärung für diese Kehrtwende könnte sein, dass *Grabitz* ein Jahrzehnt nach seiner Dissertation mit Ernüchterung festgestellt hat (freilich ohne diese Friktion mit seiner Dissertation anzusprechen), dass die bestehenden Instrumente zur Erreichung des Gemeinsamen Marktes nicht die angestrebte Perfektion der Wirtschaftsintegration garantiert und erreicht haben und dass eine am Ziel des Gemeinsamen Marktes orientierte (z. T. extensive) Vertragsauslegung (oder gar Rechtsfortbildung) nunmehr zu dessen Erreichung geboten ist.

[1353] *Grabitz*, in FS Steindorff, 1229 (1234, 1236).

[1354] So (streng) noch 1989 in: NVwZ 1989, 297 (301) mit *Zacker*.

[1355] *Grabitz*, in FS Steindorff, 1229 (1243).

[1356] *Grabitz*, in FS Steindorff, 1229 (1234–1236, 1242 f.). Durch die Absorption von Marktgleichheit, Marktfreiheit und des Systems unverfälschten Wettbewerbs als Teilgehal-

Rolle begrenzt, sondern entfaltet *konkrete tatbestandliche Steuerungswirkungen.*

4. Rezeption und „Wiedererfindungen" der Ipsen-Grabitz'schen *Binnenmarktkonzeption*

Während die *Ipsen-Grabitz'*schen Teilgehalte und meist auch das Marktzugangsmodell bei unterschiedlicher Bezeichnung sowie Schwerpunktsetzung ganz überwiegend auf Zustimmung stoßen (bisweilen auch ohne Bezugnahme auf *Grabitz* oder *Ipsen*), bestehen Divergenzen in Bezug auf die *genaue Reichweite* der Teilgehalte. Es scheint bisweilen, als würde der *Grabitz'*sche Ansatz zwar *begrifflich* rezipiert, nicht aber in seinen (detailreichen) *inhaltlichen* Verästelungen. Von besonderer Bedeutung ist dabei die Frage, inwieweit dem Teilgehalt der *Wettbewerbsgleichheit* eine tragende Rolle für die Interpretation der Warenausfuhrfreiheit eingeräumt und *inwieweit* vor Beeinträchtigungen der Marktfreiheit geschützt wird (Letzteres fragt also danach, ob der Marktzugang *versperrt* sein muss oder ob auch bloße [ggf. sogar nur potenzielle und mittelbare] *Behinderungen* abgewehrt werden können). Dabei werden hier auch solche Ansätze behandelt, die sich zwar nicht explizit auf *Grabitz* und dessen Vordenker berufen, aber seiner Konzeption in der Sache nahestehen.

Während der Schwerpunkt der nachfolgenden Darstellung auf aus dem *Binnenmarktziel abgeleitete Auslegungsvorgaben* für die Grundfreiheiten liegt, werden Stellungnahmen, die sich auf den *Tatbestand* von Art. 35 Alt. 2 AEUV beziehen, erst später[1357] (im Einzelnen) skizziert.

Inhaltlich lässt sich grob zwischen folgenden Grundströmungen differenzieren (wobei die Grenzen hier fließend sind): Nach einer Auffassung komme es (*auch* oder *nur* in Bezug auf *exportstaatliche* Hindernisse) auf eine Beeinträchtigung der *Marktfreiheit* an (was etwa durch die Verwendung des Marktzugangstests signalisiert wird), die aber – je nach Autor – aus einer Beeinträchtigung der *Gleichheit* der Wettbewerbsbedingungen *resultieren* könne.

Eine andere Grundströmung weist der Gleichheit der Wettbewerbsbedingungen – mit unterschiedlicher Terminologie – auch eine Rolle als Tatbestandskriterium zu, sodass deren (ggf. qualifizierte) Beeinträchtigung für das Vorliegen einer Grundfreiheitenbeeinträchtigung ausreiche. Um *import*staatliche (also zielstaatliche) unterschiedslose Beschränkungen konzeptionell einzufangen, müssten diese Vertreter dann auf den Teilgehalt der Marktfreiheit abstellen. In diese Kategorie werden im Folgenden auch Ansichten ein-

te des Gemeinsamen Marktes durch den Binnenmarkt besitzen diese weiterhin und unvermindert Geltung, nunmehr aber unter der Ägide des *Binnenmarktziels*, vgl. *Grabitz*, in FS Steindorff, 1229 (1233 f., 1236, 1241, 1244).

[1357] S. b. Fn. 3219 ff.

geordnet, die *sowohl* marktfreiheitliche *als auch* gleichheitsrechtliche Gehalte auf der *Tatbestandsebene* anerkennen.

Eine dritte Gruppe von Autoren vertritt ebenfalls dezidiert gleichheitsrechtliche Positionen, doch möchten diese hieraus nur die Konsequenz ziehen, *Mehrfach*belastungen im Gegensatz zu *Mehrbelastungen* einzufangen.

a) Ausschließlich oder primär marktfreiheitliche Ansätze (Bleckmann; Füller; Kingreen; Mühl; Schubert; Szydło; Weatherill)

Im Folgenden werden Ansichten behandelt, die auf der Ebene der *Grundfreiheiten*interpretation ausschließlich oder vor allem marktfreiheitliche Gehalte bejahen. Solche Interpretationen stehen dem Modell von *Grabitz* wohl[1358] am nächsten.

Gemäß der Auffassung von *Luczak* könnten die „rechtlichen Integrationsprinzipien des Binnenmarktes (…) in den Elementen *Marktfreiheit*, *Marktgleichheit* und *Wettbewerbsfreiheit* zusammengefasst werden“[1359]. Die Grundfreiheiten seien als Marktzugangsrechte mit einem „freiheitlich-liberalen Aspekt“[1360] zu deuten und garantierten „Gleichheit und Freiheit der Marktbürger“[1361]. In bestimmtem Umfang seien sie wirtschaftliche Handlungsfreiheiten bis hin zu wirtschaftlichen Grundrechten.[1362] Grundfreiheitenkonzeptionell bleibt *Luczak* im Abstrakten.

Auch konkrete grundfreiheitentatbestandliche Ableitungen nimmt dagegen *Mühl* vor: *Mühl* lehnt sich ebenfalls an der *Ipsen-Grabitz'*schen Triade an,[1363] wobei er nur der Marktfreiheit und -gleichheit auch Auslegungsrelevanz für die *Grundfreiheiten* zuspricht.[1364] Die Marktfreiheit lenke nicht die *Bedingungen*, unter denen anzubieten sei, sondern, dass *überhaupt* in den nationalen Teilmärkten angeboten werden könne.[1365] Aufgrund der „föderal[en] Komponente des Binnenmarktes“[1366] könne aber nicht *jede* Rechtsnorm als Behinderung des Marktzugangs angesehen werden.[1367] Die Markt*gleichheit*

[1358] S. b. Fn. 1354 ff. *Grabitz* kann zu der angesprochenen (s. n. Fn. 1357) Gruppe von Autoren gezählt werden, die tatbestandlich zwar primär auf eine Beeinträchtigung der *Marktfreiheit* abstellen, die aber gleichzeitig anerkennen, dass eine solche Behinderung aus einer Beeinträchtigung der *Wettbewerbsgleichheit resultieren* kann.

[1359] *Luczak*, 196 m. w. N.

[1360] *Luczak*, 198.

[1361] *Luczak*, 198.

[1362] *Luczak*, 198 f.

[1363] *Mühl*, 130–142.

[1364] *Mühl*, 129 ff., 142.

[1365] *Mühl*, 135 f.

[1366] *Mühl*, 133, 143 ff., 167

[1367] Dabei könne die Herstellung eines „europaweit einheitlichen Sachrechts“ nicht mit dem Binnenmarktziel durchgesetzt werden, *Mühl*, 133 f.

sei auf die „Schaffung gleicher Wettbewerbsbedingungen gerichtet“[1368]. Doch bezieht sich *Mühl* hierbei ausschließlich auf *Diskriminierungen*, nicht auf exportstaatliche *Wettbewerbsungleichheiten*, für die das Instrument der *Rechtsangleichung* vorbehalten sei.[1369]

Füller spricht sich im Rahmen seines wirtschaftstheoretisch begründeten[1370] „Markteingriffsmodells“[1371] (wie *Mühl*) dagegen aus, über eine Interpretation der Art. 34, 35 AEUV „vollkommene Marktgleichheit“[1372] i. S. rechtlicher Homogenität[1373] herzustellen. Er lehnt sich ebenfalls eng am *Grabitz*'schen System offener Märkte an.[1374]

Damit eng binnenmarkt- und grundfreiheitentheoretisch verwandt ist der Ansatz *Kingreens*, dem zufolge es nach dem „wirtschaftsverfassungsrechtliche[n] Konzept des Binnenmarktes“[1375] „grundsätzlich“[1376] auf die *ökonomische Effizienz* des privatautonomen Handelns ankomme, was einen „möglichst weitgehenden Interventionsverzicht der Mitgliedstaaten im Bereich der Wirtschaft“[1377] impliziere. Dass dieser nur möglichst weitgehend erfolgen solle, begründet *Kingreen* mit einem „Zielkonflikt“:[1378] Es seien „kompetentielle Besonderheiten“[1379] zu berücksichtigen.[1380]

Weatherill nuanciert die wirtschaftstheoretische Basis des Binnenmarkts, wenn er ausführt, dass eine optimale Allokation der Produktionsfaktoren anzustreben sei,[1381] um Größenvorteile auszunutzen, Spezialisierung voranzutreiben und dem Verbraucher ein reiches Angebot an preiswerten und qualitativ hochwertigen Waren zur Verfügung zu stellen.[1382]

Bleckmann setzt wirtschaftstheoretische Konzepte des Neo- und Ordoliberalismus[1383] grundfreiheitentatbestandlich konsequent(er als die bisherigen Autoren) um, wobei er sein Konzept aus den vielzähligen primärrechtlichen

---

[1368] *Mühl*, 137.

[1369] *Mühl*, 138. S. zu *Mühls* Tatbestandskonzept in und b. Fn. 3385 ff.

[1370] Vgl. nur *Füller*, 153 ff., 163.

[1371] Vgl. nur *Füller*, 149 ff. S. zu *Füllers* Tatbestandskonzeption umf. in und b. Fn. 3326 ff.

[1372] *Füller*, 82.

[1373] *Füller*, 82.

[1374] *Füller*, 71.

[1375] *Kingreen*, Struktur, 14; vgl. auch *ders./Störmer*, EuR 1998, 263 (266).

[1376] *Kingreen*, Struktur, 14.

[1377] *Kingreen*, Struktur, 14.

[1378] *Kingreen*, Struktur, 15.

[1379] *Kingreen*, Struktur, 15.

[1380] S. umf. zu *Kingreens* Tatbestandsmodell b. Fn. 3403 ff.

[1381] *Weatherill/Beaumont*, 35.

[1382] *Weatherill*, CMLR 33 (1996), 885 (895, 900); *ders.*, CMLR 36 (1999), 51 (52); *ders./Beaumont*, 35. In Bezug speziell auf die Warenausfuhr äußert sich *Weatherill* divergierend, vgl. b. Fn. 3241 ff. einerseits und b. und in Fn. 3244 ff. andererseits.

[1383] *Bleckmann*, MDR 1986, 5 (6).

Einzelbestimmungen destilliert[1384]: Der Gemeinsame Markt stelle ein Mittel zur Erreichung der primärrechtlich (nunmehr in Art. 3 III Ua. 1 S. 2 EUV) vorgegebenen wirtschaftspolitischen Ziele dar.[1385] Qua egoistischer Nutzenmaximierungsmotivation träfen Angebot und Nachfrage im gesamten EU-Raum durch die Einzelpläne der Marktbürger aufeinander[1386] und nicht durch staatliche Intervention. Die Verträge schüfen nur die „rechtlichen Voraussetzungen“[1387] dieses Marktes, im Übrigen müssten sich staatliche Interventionen auf Fälle des Marktversagens begrenzen.[1388] Sowohl der Abbau von Hindernissen („in dubio pro libertate“[1389]) als auch die Beseitigung von Wettbewerbsverfälschungen infolge der Unterschiede der Rechtsordnungen liege folglich in der Ratio der Verträge.[1390] Nachdem *Bleckmann* zunächst (1985) mit verschiedenen Wettbewerbsgleichheitsansätzen *außerhalb* der Grundfrei-

---

[1384] Insbesondere aus den Grundfreiheiten und dem System unverfälschten Wettbewerbs, vgl. *Bleckmann*, in: FS Lukes, 271 ff.

[1385] *Bleckmann*, MDR 1986, 5 (6); *ders.*, in: FS Lukes, 271 (277).

[1386] *Bleckmann*, RIW 1985, 917 (920).

[1387] *Bleckmann*, MDR 1986, 5 (6).

[1388] *Bleckmann*, MDR 1986, 5 (7).

[1389] *Bleckmann*, EuR 1987, 28 (33); vgl. auch *ders.*, 430 f.

[1390] *Bleckmann*, MDR 1986, 5 (6 f.); *ders.*, in: FS Lukes, 271 ff. *Bleckmann*, MDR 1986, 5 (7): Da die „unterschiedliche Gesetzgebung der Mitgliedstaaten (…) künstliche Unterschiede in den Wettbewerbsbedingungen [schafft], die verhindern, daß dem Wirtschaftsliberalismus entsprechend die soziale Marktwirtschaft die [primärrechtlich angestrebten] wirtschafts[politisch]en Ziele [erreicht werden, müsse eine] (…) Vereinheitlichung der hieraus fließenden rechtlichen Regeln“ stattfinden. Vgl. auch *ders.*, RIW 1985, 917 (920).

heiten „experimentiert“ hat,[1391] vertritt er in *späteren* Arbeiten eine extreme Markt*freiheits*interpretation der Grundfreiheiten.[1392]

Schubert erkennt zwar Marktgleichheit und -freiheit als Teilgehalte (des Gemeinsamen Marktes) an[1393] und betont das Anliegen, die nationalen Teilmärkte zu einem einheitlichen Markt zu verschmelzen,[1394] doch verankert er das Umfasstsein von bestimmten (nämlich „produkt- bzw. faktorbezoge[nen]“[1395]) nicht diskriminierenden „Unterschieden zwischen den Rechtsordnungen“[1396] durch die Grundfreiheiten in *freiheitlichen* und nicht in gleichheitsrechtlichen Teilgehalten des Gemeinsamen Marktes.[1397]

Szydło[1398] sticht insofern heraus, als er zwar das Binnenmarktziel mit der *Wettbewerbsgleichheit* als zentralem interpretativem Wertungsgesichtspunkt konkretisiert,[1399] die mit den nationalen Regelungsgewalten in Einklang gebracht werden müsse.[1400] Seine *grundfreiheitliche* Tatbestandskonzeption (von Art. 35 AEUV) ist aber eindeutig *marktfreiheitlicher* Art.[1401]

[1391] In einem 1985 erschienen Aufsatz wählt *Bleckmann* hierzu allerdings *zunächst* ein anderes Instrument als *Grabitz* und *Ipsen*. Er schlägt dazu drei Ansätze vor, aus denen auszuwählen sei: Es könne ein Grundrecht auf „Wettbewerbsgleichheit“ geschaffen werden (*Bleckmann*, MDR 1986, 5 [9]). Es sei aber auch möglich aus dem Beihilfenverbot ein „generelles Verbot aller staatlichen Maßnahmen (…) [abzuleiten], welche dem Wettbewerb zwischen den Unternehmen verzerren“ (*Bleckmann*, MDR 1986, 5 [9]; *ders.*, in: FS Lukes, 271 [275]). Nach seinem dritten Vorschlag, könnte ex-Art. 3 f EWG-Vertrag (heute im gem. Art. 51 EUV im Primärrechtsrang stehenden Protkoll Nr. 27 normiert) operationalisiert werden, in dem das vor Wettbewerbsverfälschungen schützende System verankert ist, indem dieser zu einer unmittelbar anwendbaren Norm gemacht wird, die über das Beihilfen- und Kartellverbot hinaus Geltung beansprucht (*Bleckmann*, MDR 1986, 5 [9 f.]; *ders.*, RIW 1985, 917 [920]; *ders.*, in: FS Lukes, 271 [273 ff.]). Interessanterweise erwähnt *Bleckmann dort* jedoch *noch* nicht den Weg über eine extensive Auslegung der *Grundfreiheiten*, obwohl er zur Abstützung seiner Argumentation auf die *Cassis de Dijon*-Rechtsprechung verweist, die seiner Auffassung nach ebenfalls Rechtsunterschiede bekämpfe und in den Anwendungsbereich anderer Vertragskapitel hineingreife, *Bleckmann*, MDR 1986, 5 (10).

[1392] *Bleckmann*, EuR 1987, 28 (33); *ders.*, DVBl 1986, 69 (73 f.). S. zum Tatbestandsmodell *Bleckmanns* b. und in Fn. 3273.

[1393] *Schubert*, 339 ff. *Schubert* umschreibt diesen Teilgehalt auch als „allgemeine Wirtschaftsfreiheit“, die bei Schutzlücken eingreife.

[1394] *Schubert*, 155, 339.

[1395] *Schubert*, 346; diesbezüglich garantierten die Grundfreiheiten „spezielle materielle Wirtschaftsrechte“ (187).

[1396] *Schubert*, 344.

[1397] *Schubert*, 155, 345 f.

[1398] S. umf. zum Tatbestandsmodell *Szydłos* b. Fn. 3352 ff.

[1399] *Szydło*, CMLR 47 (2010), 753 (770).

[1400] *Szydło*, CMLR 47 (2010), 753 (786).

[1401] Bei einem Erschweren oder Unattraktivmachen des Warenexportes liege eine Maßnahme gleicher Wirkung vor, *Szydło*, CMLR 47 (2010), 753 (764 f., 778).

b) Besondere tatbestandliche Rolle der Wettbewerbsgleichheit (Behrens; Frenz; Hödl; Müller-Graff; Roth et al.)

Im Folgenden geht es um Ansichten, die dem Binnenmarktteilgehalt der Wettbewerbsgleichheit auch auf der *Tatbestandsebene* Bedeutung zuschreiben.

Roth (dem u. a.[1402] *Becker*[1403], *Enchelmaier*[1404], *Feiden*[1405], *Fetsch*[1406], *Körber*[1407], *Oliver*[1408], *Schilling*[1409] folgen)[1410] bezieht sich in seiner (die fachöffentliche Meinung zu Art. 35 AEUV bis heute maßgeblich prägenden[1411]) Untersuchung (aus dem Jahr 1995[1412] und ebenso in Vorgänger-[1413] und

---

[1402] S. i. Ü. in Fn. 1411.

[1403] *Becker*, in: Schwarze/Becker/Hatje/Schoo, Art. 35 AEUV Rn. 12.

[1404] *Oliver/Enchelmaier*, CMLR 44 (2007), 649 (686); *ders.*, Rn. 64.

[1405] *Feiden*, 258–263.

[1406] *Fetsch*, 96–98.

[1407] *Körber*, 32–34.

[1408] *Oliver*, in: ders., 138 ff.; *ders.*, CMLR 19 (1982), 217 (238–241); *ders.*, CMLR 36 (1999), 783 (802 f.); *ders./Enchelmaier*, CMLR 44 (2007), 649 (686); *ders.*, in: Dony/De Walsche, 1377 (1395 ff.); *Roth/Oliver*, CMLR 41 (2004), 407 (421). *Oliver* hat in (teilweiser) Abgrenzung zu *VerLoren van Themaat* und *Barents* allerdings schon 1982 die Enge der *Groenveld*-Formel kritisiert und eine Dichotomie zwischen (seiner Auffassung nach nicht prima facie verbotenen) Produktions- und (prima facie verbotenen) Vermarktungsregelungen angeregt, in: CMLR 19 (1982), 217 (238–241). Diese frühe Stellungnahme *Olivers* wurde von *Roth* – soweit ersichtlich – nicht rezipiert in dessen ZHR-Aufsatz (Fn. 1412).

[1409] *Schilling*, 141 ff.

[1410] S. umf. zur Tatbestandskonzeption *Roths* b. Fn. 3321 ff.

[1411] Vgl. mit unterschiedlichen Nuancen nur *Becker*, in: Schwarze/Becker/Hatje/Schoo, Art. 35 AEUV Rn. 12; *Cordewener*, 285; *Enchelmaier*, 91 ff. Rn. 64; *Feiden*, 258–263; *Fetsch*, 97 ff.; *Füller*, 248 ff.; *Jensch*, 266; *Keßler*, 293–296; *Kingreen*, in: Calliess/Ruffert, Art. 34–36 AEUV Rn. 129 f.; *Klauer*, 84 f.; *Körber*, 33 f., 343; *Kort*, JZ 1996, 132 (137); *Mojzesowicz*, 175 ff.; *Mortelmans*, in: Kapteyn/McDonnell/Mortelmans/Timmermans/Geelhoed, 643 f.; *Müller-Graff*, in: von der Groeben/Schwarze/Hatje, Art. 35 AEUV Rn. 21 f.; *Oliver*, CMLR 36 (1999), 783 (799 ff.); *ders.*, in: ders., 138 Fn. 306; *Rauer*, 179 ff.; *Szydło*, CMLR 47 (2010), 753 (771 ff.); *Tassikas*, 242 f. Fn. 315; *Wolfram*, 272 Fn. 670; vgl. auch *Defossez*, CDE 2009, 409 (442 f.); *Gormley*, EU Law, 452 Fn. 338; *ders.*, Fordham Int'l L. J. 31 (2007), 1637 (1679); *Waldheim*, 196 Fn. 823. (Überw.) Krit. *Simm*, 181 Fn. 741; *Torgersen*, E. B. L. R. 1999, 371 ff.

[1412] *Roth*, ZHR 159 (1995), 78.

[1413] *Roth*, in: Reichert-Facilides/Jessurun d'Oliveira, 59 (65 Fn. 23); *ders.*, Duke J. of Comp. & Int'l L. 2 (1992), 129 (137 Fn. 62); *ders.*, ZEuP 1994, 5 (30); *ders.*, in: FIW, Bd. 160, 21; *ders.*, in: GS Lüderitz, 635 (655). Ohne krit. Stellungnahme zu herkunftsstaatlichen Freiheitshindernissen EuGH-Judikatur und nicht differenzierend zwischen Produkt-, Produktions- und Vermarktungsregelungen dagegen (*noch?*) in: EuR, 1987, 7 (17 Fn. 180); ZUM 1989, 101 (106); Reichert-Facilides, 1 (17); RabelsZ 55 (1995), 623 (646); sog. noch ausdr. betonend in: CMLR 25 (1988), 35 (82 Fn. 180). Zur Bedeutung des Marktzugangsgedankens im Kontext von Dienstleistungs- und Niederlassungsfreiheit siehe *Roth*, CMLR

Nachfolgebeiträgen[1414]) ausdrücklich auf das *Grabitz'*sche Marktzugangskonzept[1415]. Eine noch stärkere Stellung als bei *Grabitz* nimmt bei ihm die *Markt-* bzw. *Wettbewerbsgleichheit*[1416] ein, für deren Herleitung er auch auf das System unverfälschten Wettbewerbs[1417] zurückgreift und die letztlich in einer *hypothetischen Binnenmarktbetrachtung* wurzele[1418]. Produzenten müsse ermöglicht werden, „auf den Märkten der anderen Mitgliedstaaten zu den dort geltenden Bedingungen zu konkurrieren.“[1419] Der Binnenmarkt ziele darauf

30 (1993), 1251 (1257 f.); *ders.*, in: Reichert-Facilides, 1 (23); *ders.*, in: Andenas/Roth, 1 ff. In seiner 1977 erschienenen Dissertation differenziert *Roth* noch in Bezug auf den Warenexport zwischen voll zu kontrollierenden „protektionistisc[h] oder kartellarti[g]“ wirkenden und sonstigen mitgliedstaatlichen Regelungen, wobei er nur für erstere eine volle Überprüfung durch den EuGH verlangt und für letztere – immerhin(!) –, dass die Regelungen nicht „willkürlich oder grob mißbräuchlich” erscheinen (331).

1414 *Roth*, in: Tridimas/Nebbia, 33; *ders.*, in: Andenas/Roth, 1 (21 ff.); *ders./Oliver*, CMLR 41 (2004), 407; *ders.*, CMLR 47 (2010), 509; *ders.*, in: Schwarze, 313 (325 f.).

1415 *Roth* folgend *Körber*, 343.

1416 *Roth*, in: FIW, Bd. 160, 21 (39, 41); *ders.*, in: GS Knobbe-Keuk, 729 (737 f., 741); *ders.*, in: FS Großfeld, 929 (944 f., 948); *ders.*, in: Tridimas/Nebbia, 33 (39, 48); *ders./Oliver*, CMLR 41 (2004), 407 (418, 420); *ders.*, CMLR 47 (2010), 509 (517); *ders.*, in: GS Lüderitz, 635 (655); in Dauses, 35. EL 2014, E.I. Rn. 183 f., CMLR 25 (1988), 35 (82), 39 (2002), 369 (382) sowie Andenas/Roth, 1 (10, 22 f.) ist *Roth* hinsichtlich der *Dienstleistungs-* bzw. *Niederlassungs*freiheit zurückhaltender in Bezug auf den Stellenwert der Wettbewerbsgleichheit (an letzterer Stelle führt er aus, dass der Grundsatz der Wettbewerbsgleichheit erst *nach* Marktzugang eingreife, bei ersterem dass benachteiligende Standortnachteile im Sinne von Produktions- und Vertriebsregelungen unschädlich seien; dies relativiert er allerdings dadurch, dass er sie für rechtfertigungsbedürftig hält, wenn sie den Zugang zu anderen Märkten spezifisch berühren, was seiner Auffassung nach der Fall sei bei nicht diskriminierenden Vertriebsregelungen, die auch für Dienstleistungsexporte gelte wie in *Alpine Investments* sowie bei vom Herkunftsstaat normierten Verboten von Dienstleistungen, die im Zielstaat erlaubt sind, und bei der Normierung von Produktinhalten. *Roths* zunächst restriktiv anmutende Aussage wird also stark relativiert; anders aber noch zur Dienstleistungsfreiheit in: Tridimas/Nebbia, 33 (43, 47), CMLR 25 (1988), 35 (54 f.) und in: CMLR 40 (2003), 937 (944). In: Bitburger Gespräche 2006/II, 109 f. bezieht *Roth* das Ziel, gleiche Wettbewerbsbedingungen herzustellen, ausschließlich auf das einfuhrstaatliche Diskriminierungsverbot. Der Gedanke der Wettbewerbsgleichheit zwinge aber nicht zum Verbotensein von Inländerdiskriminierungen im Zuge einer Anwendung von Art. 34 AEUV, *Roth*, RabelsZ 55 (1991), 623 (657 f.). *Roth* folgend in Bezug auf den Wettbewerbsgleichheitsansatz: *Keßler*, 295 f.; *Klauer*, 87; *Körber*, 27.

1417 *Roth*, in: FIW, Bd. 160, 21 (39 f.); *ders.*, in: FS Großfeld, 929 (944); *ders.*, in: Andenas/Roth, 1 (10, 14); *dems.* folgend *Körber*, 25, 33.

1418 S. hierzu umf. b. Fn. 1460 ff.

1419 *Roth*, ZHR 159 (1995), 78 (91 f.); *ders.*, ZEuP 1994, 5 (30); *ders.*, in: Tridimas/Nebbia, 33 (39; bezüglich der Dienstleistungsfreiheit 43); vgl. auch *ders.*, EuR 1987, 7 (13); *Roth* folgend *Körber*, 25. S. a. *Keßler*, 295 f.

ab, Allokationseffizienz herbeizuführen[1420] und die Integration der Märkte abzusichern[1421].

Rauer zufolge strebe das Binnenmarktziel einen „Anstieg der Konsumentenrenten im Sinne einer besseren individuellen Güterversorgung“[1422] und Wohlfahrtsmaximierung an[1423].[1424] Auch bei *Rauer* nimmt die Wettbewerbsgleichheit eine überragende und insbesondere auch *grundfreiheitentatbestandliche* Rolle ein. Der Binnenmarkt fordere keine Regulierungsabstinenz oder -reduzierung per se.[1425]

Frenz entwickelt auf der Ebene der Binnenmarkttheorie eines der inhaltlich ausdifferenziertesten Modelle, insbesondere zur Rolle der Wettbewerbsgleichheit i. S. e. Chancengleichheit.[1426] *Frenz* ist der Auffassung, dass schon der *Inhalt* des Binnenmarktzieles durch konkurrierende Auslegungsgesichtspunkte *mitgeprägt* werde und dass das Binnenmarktziel auch durch *neben* ihm stehende Zielbestimmungen begrenzt werde.[1427] Die mitgliedstaatlichen Rechtsordnungen sollten in einer Weise ausgestaltet sein, dass der Wettbewerb nicht „verschoben“[1428] werde.[1429] Leider bleibt die *exakte grundfreiheitentatbestandliche Reichweite* dieser Feststellung unklar: Einerseits stellt *Frenz* heraus, dass der primäre Verwirklichungsweg der Marktgleichheit die *Harmonisierung* sei,[1430] andererseits betont er die Aufgabe der *Grundfreiheiten*, Wettbewerbsgleichheit herzustellen.[1431]

Soweit ersichtlich lehnt sich *Hödl* binnenmarkttheoretisch eng an *Grabitz* an[1432] und legt ebenfalls ein Marktzugangskonzept zugrunde. Entsprechend sei eine aus der Unterschiedlichkeit der Rechtsordnungen resultierende Marktzugangs*versperrung* unzulässig.[1433] Darüber hinaus genüge nach *Hödl* jedoch auch eine Beeinträchtigung der Marktgleichheit (*Hödl*: Unverfälscht-

[1420] *Roth*, in: Bulterman et al, 73 f.

[1421] *Roth*, in: Tridimas/Nebbia, 33 (47).

[1422] *Rauer*, 138.

[1423] *Rauer*, 145.

[1424] *Rauer*, 137 ff.

[1425] *Rauer*, 159.

[1426] S. zum Tatbestandsmodell von *Frenz* b. Fn. 3399 ff. Auf der Ebene der Tatbestandskonzeptionierung lehnt *Frenz* sich teilweise zu wenig an das von ihm entwickelte Theoriekonzept an bzw. Abweichungen hiervon scheinen nur unzureichend begründet zu sein mit Blick auf die in den Tatbestand einbezogenen und ausgeschlossenen Fälle.

[1427] *Frenz*, Bd. 1, Rn. 32.

[1428] *Frenz*, Bd. 1, Rn. 136.

[1429] *Frenz* meint der Sache nach wohl die Unzulässigkeit von Wettbewerbs*verfälschungen*. Es scheint als wolle er diesen Begriff hier vermeiden.

[1430] *Frenz*, Bd. 1, Rn. 28.

[1431] *Frenz*, Bd. 1, Rn. 28.

[1432] *Hödl*, 47 ff.

[1433] *Hödl*, 59, 71.

heit des „Leistungswettbewerbs“[1434]) zur Annahme einer Maßnahme gleicher Wirkung.[1435]

Müller-Graff betont die spezielle *integrationsdynamische* Dimension der Warenverkehrsfreiheit: Die Auslegung von Art. 35 AEUV müsse mit Blick auf die Integrationsfinalität der Union, die Vertragsziele (Wohlstand, Frieden und Gesellschaftsstiftung) und das System unverfälschten Wettbewerbs *stets überprüft* werden.[1436] Auch nach *Behrens* mache die Entwicklung der Grundfreiheiten „zum wesentlichen Teil den Integrationsprozeß“[1437] aus.[1438] Eine Interpretation der Grundfreiheiten im Licht von Markt- und Wettbewerbsgleichheit könnte nach *Behrens* eine Handhabe gegen die Inländerdiskriminierung bieten.[1439]

c) Wettbewerbsgleichheit als Grundlage für das Verbot von (bestimmten) Mehrfachbelastungen (Englisch; Hoffmann; Strassburger)

Eine dritte Gruppe von Autoren erkennt Wettbewerbsgleichheit zwar als tatbestandsrelevanten Binnenmarktteilgehalt an, doch möchte sie tatbestandlich nur Mehrfach-, keine Mehrbelastungen erfassen.

Hoffmann (an den sich *Waldheim* anlehnt[1440]) geht davon aus, dass nicht nur das Binnenmarktziel, sondern auch die von *Grabitz* im Binnenmarktziel verankerten drei Teilgehalte „Vertragszielcharakter“[1441] besäßen.[1442] Auf der Ebene der Tatbestandskonzeption distanziert sich *Hoffmann* von einer *freiheitsrechtlichen* Deutung.[1443] Die im Gegensatz dazu grundfreiheitentatbestandlich relevante *gleichheitsrechtliche* Dimension[1444] bedeute aber „nicht notwendig (...) Gleichheit *allenthalben* [Hervorheb. d. *Verf.*]“[1445], sondern es sei dabei zwischen zwei Gefährdungslagen zu unterscheiden: „Mehrfachbelastungen“[1446] könnten im Gegensatz zu „Mehrbelastungen“[1447] abgewehrt

---

[1434] *Hödl*, 72.

[1435] *Hödl*, 72.

[1436] *Müller-Graff*, in: von der Groeben/Schwarze/Hatje, Art. 35 AEUV Rn. 1, 31.

[1437] *Behrens*, EuR 1992, 145.

[1438] *Behrens*, EuR 1992, 145 (147).

[1439] *Behrens*, EuR 1992, 145 (160 f.). Zu exportstaatlichen Beschränkungen äußert sich *Behrens* jedoch nicht.

[1440] *Waldheim*, 196 ff. in Bezug auf die Dienstleistungsfreiheit.

[1441] *Hoffmann*, 42.

[1442] *Hoffmann*, 43.

[1443] *Hoffmann*, 43 f.

[1444] *Hoffmann*, 43.

[1445] *Hoffmann*, 44.

[1446] *Hoffmann*, 56 ff.; *Waldheim*, 199: „Doppelbelastung“.

[1447] *Hoffmann*, 85 ff.

werden, wobei *Hoffmann* zur Bekämpfung von Mehrbelastungen die Regelungszuständigkeit zwischen Herkunfts- und Zielstaat aufteilt.[1448]

Wie für *Hoffmann*, so ist auch nach Auffassung von *Strassburger* und *Englisch* für die Interpretation des Binnenmarktziels der Topos der *Wettbewerbsgleichheit* entscheidend.[1449] Nach Auffassung von *Strassburger* und *Englisch* müsste der Markt jedoch zur Herstellung von Wettbewerbsgleichheit *vollständig dereguliert* werden – was nicht im Sinne des Primärrechts sei –, denn letztlich benachteilige bzw. bevorteile *jede Rechtsnorm* bestimmte Marktakteure.[1450] Auf der Tatbestandsebene distanzieren sie sich insofern von *Hoffmann*, als sie nur *bestimmte* inhaltlich übereinstimmende Mehrfachbelastungen einfangen wollen. Sie teilen die Regelungszuständigkeit somit nicht einfach auf.[1451]

d) Bestätigung der Groenveld-*Rspr. trotz Betonung des Systems unverfälschten Wettbewerbs* (Epiney)

In ihrer Habilitation zur umgekehrten Diskriminierung weist *Epiney* dem System unverfälschten Wettbewerbs und dem Binnenmarktgedanken eine zentrale Rolle als Auslegungsleitlinie für die Grundfreiheiten zu.[1452] Dieses stehe in einem Zielkonflikt mit den fortbestehenden mitgliedstaatlichen Kompetenzen.[1453] Trotz der zentralen Rolle des Systems unverfälschten Wettbewerbs für ihr Binnenmarkt- und Grundfreiheitenkonzept bestätigt sie aber weitgehend die Diskriminierungsverbotsauslegung des EuGH zu Art. 35 AEUV.[1454]

5. Hypothetischer Binnenmarktvergleich

Einige Autoren wollen als theoretische Grundlage einen hypothetischen Binnenmarktvergleich heranziehen:[1455] Dieser fragt in Bezug auf die Warenverkehrsfreiheit danach, „ob die divergierenden nationalen Regelungen den grenzüberschreitenden Warenverkehr in anderer Weise beeinflussen, als dies idealiter in einem EG-Binnenmarkt mit einheitlichen Regelungen der Fall wäre."[1456] Dieser Ansatz ist in der Sache mit dem der Markt- bzw. Wettbe-

---

[1448] S. b. Fn. 3259 ff.

[1449] *Englisch*, 215 ff.; *Strassburger*, 13 ff.

[1450] *Englisch*, 224 f.; *Strassburger*, 16.

[1451] *Englisch*, 267 ff., 270; *Strassburger*, 63 ff., 80 f.

[1452] *Epiney*, 144 f., 208 ff., 226 f., 339 f.; *dies.*, in: Bieber/Epiney/Haag, § 11 Rn. 1, 67.

[1453] *Epiney*, 213 ff., 227, 231 ff., 339 f.

[1454] *Epiney*, 148 f.; *dies.*, in: Bieber/Epiney/Haag, § 11 Rn. 67 ff.; *dies.*, in: Ehlers, § 8 Rn. 56 ff. S. a. die Kritik b. Fn. 3265 ff.

[1455] Vgl. nur *Sack/Fasshold*, WRP 1993, 519 (520); s. a. *Langner*, RabelsZ 65 (2001), 222 (235).

[1456] *Sack/Fasshold*, WRP 1993, 519 (520).

werbsgleichheit identisch: In einem hypothetischen Binnenmarkt bestünde in Bezug auf die rechtlichen Voraussetzungen des wirtschaftlichen Tätigwerdens Wettbewerbsgleichheit. Dagegen widerspräche ein solcher Ansatz einem Konzept der *Ipsen-Grabitz'*schen Marktfreiheit, die ein Recht auf Marktzugang auch dann erlauben würde, wenn dieser nicht nur für ausländische Anbieter verschlossen ist: Da in einem hypothetischen Binnenmarkt, also in einem gedachten nationalen Einzelmarkt, es durchaus auch Märkte geben kann, die (bis zu einem bestimmten Grad) für alle(!) verschlossen sind – etwa bei „unsittlichen“ Waren wie Pornografie oder gesundheitsgefährdenden Waren wie Drogen –, würde die Marktfreiheit hiergegen ein Mittel eröffnen, jedoch nicht der hypothetische Binnenmarkttest bzw. ein Wettbewerbsgleichheitsmaßstab. Während der hypothetische Binnenmarkttest in der Theorie von mehreren Autoren vertreten wird, finden sich auf der Ebene der Tatbestandsinterpretation unterschiedliche Varianten. Im Übrigen gibt es eine Reihe von Autoren, die zwar der Theorie des hypothetischen Binnenmarkttests folgen, sich aber nicht konkret in Bezug auf Art. 35 AEUV äußern.

Fasshold konkretisiert die Zielvorgabe des Binnenmarktes[1457] für die Grundfreiheiten mittels eines Tests, der danach fragt, ob der Warenaustausch in einem vollendeten, ideal gedachten Binnenmarkt mit einheitlichen Regelungen zu anderen, d. h. für Im- bzw. Exporte günstigeren Marktergebnissen führen würde im Vergleich zum Status quo.[1458] *Fasshold* erkennt hierbei keine Friktionen mit den Rechtsangleichungskompetenzen, da er deren Hauptanwendungsbereich in der Angleichung von warenverkehrsbehindernden Maßnahmen erblickt, die *gerechtfertigt* seien.[1459]

Auch wenn *Roth*[1460] (ihm folgend *Feiden*: „EG-weit-Test“[1461]) dies nicht *theoretisch* verselbständigt und verabsolutiert, geht er ebenso von einer grundsätzlichen Konstruktion der Grundfreiheiten aus, die für Produzenten und Händler eine Situation schaffen wollen, wie sie in einem einheitlichen Binnenmarkt bestünde.[1462] *Roths* Schüler *Ackermann* leitet seine Ergebnisse zwar nicht aus einem *theoretischen* Binnenmarktkonzept ab, er legt seinen

---

[1457] *Fasshold*, 27 ff.

[1458] *Fasshold*, 27 ff.; *Sack/Fasshold*, WRP 1993, 529 (520). In konträrer Richtung zu seinem Beitrag mit *Fasshold* von 1993 äußert sich *Sack* in einem 1994 erschienenen Einzelbeitrag *Sack*, EWS 1994, 37 (46 f.). S. zum Tatbestandsmodell *Fassholds* b. Fn. 3306 ff.

[1459] *Fasshold*, 71 f.

[1460] S. umfassend zu *Roths* Binnenmarktkonzept b. Fn. 1402 ff. und zu seinem Tatbestandskonzept b. Fn. 3321 ff. und der Kritik hieran b. Fn. 3366 ff.

[1461] Vgl. nur *Feiden*, 131.

[1462] Vgl. nur *Roth*, ZHR 159 (1995), 78 (92); *ders.*, in: FS Großfeld, 929 (947); *ders.*, in: Reichert-Facilides, 1 (40); *ders.*, CMLR 30 (1993), 145 (153).; in dies. Richtung, aber leicht abgeschwächt *ders.*, RabelsZ 55 (1991), 623 (664); vgl. auch *ders.*, EuR 1986, 340 (354 f.); 1987, 7 (9, 16); *ders.*, CMLR 30 (1993), 387 (393); *ders.*, CMLR 25 (1988), 35 (52 ff.); *ders.*, ZHR 149 (1985), 679 (685); *Roth* folgend *Feiden*, 131 f., 260 ff.

Ausführungen zu Vermarkungsmodalitäten im Rahmen von Art. 34 AEUV aber mehrfach unausgesprochen einen hypothetischen Binnenmarkttest zugrunde, etwa wenn er ausführt, dass Effizienzeinbußen und der Verlust von Massenproduktionsvorteilen infolge von Regelungs*unterschieden* eine Beschränkung darstellten.[1463]

Nach *Bernhard* gehe es um die „Herstellung grenzüberschreitender Wettbewerbsgleichheit“[1464]: Gewollt sei, dass die „Marktverhältnisse de[m]jenigen eines einzelnen nationalen Marktes möglichst entsprechen“[1465]. Nicht rechtliche Unterschiede (oder: Wettbewerbsverzerrungen), sondern natürliche Standortbedingungen sollten über die Allokation der Produktionsfaktoren entscheiden.[1466]

Mülbert zieht zwar explizit den Gedanken eines hypothetischen Binnenmarktes heran – der Rechtsrahmen für den Warenverkehr solle „den Verhältnissen auf einem rechtlich homogenen Markt“[1467] gleichkommen –, gleichwohl leitet er hieraus aber nicht ein umfassendes Beschränkungsverbot für Art. *35* AEUV ab, sondern hält auf dieser Grundlage, im Sinne *Steindorffs*[1468], nur das in Art. 34 AEUV verortete *Herkunftslandprinzip* für abgesichert.

6. Gleichsetzung mit dem Herkunftslandprinzip (Steindorff et al.)

Nach dem wirkmächtigen Ansatz *Steindorffs*[1469] (dem sich weitere Autoren implizit oder explizit, ganz oder teilweise anschließen wie *Bernard*[1470]; *Classen*[1471]; *Dauses*[1472]; *Ebenroth*[1473]; *Mülbert*[1474]; *Plötscher*[1475]; *Puth*[1476]; *Ro-*

1463 *Ackermann*, RIW 1994, 189 (194).

1464 *Bernhard*, EWS 1995, 404 (406).

1465 *Bernhard*, EWS 1995, 404 (407).

1466 *Bernhard*, EWS 1995, 404 (408). *Bernhard* zieht hieraus aber – soweit ersichtlich – keine Schlussfolgerungen für die Auslegung von Art. *35* AEUV, sondern nur für Art. 34 AEUV.

1467 *Mülbert*, ZHR 159 (1995), 2 (19 f.).

1468 S. b. Fn. 1469 ff.

1469 S. zu *Steindorffs* tatbestandlichem Konzept in und b. Fn. 3223 ff.

1470 *Bernard*, ICLQ 45 (1996), 82 (106–108), allerdings ohne sich auf *Steindorff* zu berufen. S. zu *Bernards* tatbestandlichem Konzept b. Fn. 3244 ff.

1471 *Classen*, EWS 1995, 97 ff.; *ders.*, EuR 2004, 416 ff.; *ders.*, EuZW 2015, 854 ff.; *Classen* weicht insofern von der Ansicht *Steindorffs* ab, als er nur Fälle von dual burden erfassen möchte (100). S. zu *Classens* tatbestandlichem Konzept b. Fn. 3244 ff.

1472 Vgl. *Dauses*, EuZW 1990, 8 (10), nach dem das, „[w]as Binnenmarkt (…) bedeutet, (…) im wesentlichen mit dem Begriff des Herkunftsstaatsprinzips beantwortet“ werden könne (10);

1473 Vgl. nur *Ebenroth*, in: FS Piper, 133 (168).

1474 *Mülbert*, ZHR 159 (1995), 2 (19 ff.).

1475 *Plötscher*, 297.

1476 Z. B. *Puth*, EuZW 2002, 860 (869 f.).

he[1477]; *Solbach*[1478]) sei im Gemeinsamen Markt das Herkunftslandprinzip[1479] verankert (bzw. später im Binnenmarkt).[1480] *Steindorff* leitet keine absolut definierten Teilgehalte aus dem Binnenmarktziel ab, aus denen wiederum konkrete Auslegungsvorgaben für die Warenausfuhrfreiheit gewonnen werden könnten. An einer Stelle deutet er an, dass der Binnenmarkt gegen „Marktaufteilung"[1481] gerichtet sei und die Vorteile „großer Produktionsserien"[1482] über den Binnenmarkt geschützt seien. Theoretisch wird dies allerdings nicht im Sinne z. B. von *Grabitz* verselbständigt und zur generellen Leitlinie erhoben, sondern nur herangezogen, um zu begründen, dass die Fallgruppe unterschiedlicher Produktstandards dem Binnenmarkt zuwiderlaufe.

7. Eingriff in die Regelungskompetenz eines anderen Mitgliedstaates (Weyer)

Nach dem sich stark auf eine Rechtsprechungsanalyse konzentrierenden und konzeptionell wohl allein stehenden Ansatz *Weyers* könne der Normzweck der Warenverkehrsfreiheit zwar nicht mit dem für diese durchaus auslegungsrelevanten Binnenmarktziel gleichgesetzt werden – wie dies zum Teil in der Literatur geschehe –, das Binnenmarktziel stecke aber den Rahmen ab, außerhalb dessen staatliche Maßnahmen nicht mehr in den Anwendungsbereich der Warenverkehrsfreiheit fallen würden.[1483] Normzweck der Warenverkehrsfreiheit sei vielmehr die *Integration der nationalen Märkte*.[1484] Folglich müsse ein unmittelbarer oder mittelbarer Eingriff eines Mitgliedstaates in die *Regelungskompetenz* eines anderen Mitgliedstaates stattfinden, durch den der Wettbewerb der nationalen Märkte bzw. Systeme beeinträchtigt werde.[1485]

[1477] Vgl. nur *Rohe*, RabelsZ 61 (1997), 1 (41, 58).

[1478] *Solbach*, 238 ff.

[1479] *Steindorff*, ZHR 148 (1984), 338 f.

[1480] Vgl. nur *Steindorff*, EuR 1988, 19 (29); *ders.*, ZHR 158 (1994), 149 (162, 165); *ders.*, WRP 1993, 139 (146 f.); *ders.*, ZHR 150 (1986), 687 (689); *Steindorff* folgend *Classen*, EWS 1995, 97 (98); *Bernard*, ICLQ 45 (1996), 82 (106–108); *Mülbert*, ZHR 159 (1995), 2 (19 ff.). Krit. *Roth*, in: GS Lüderitz, 635 ff.

[1481] *Steindorff*, ZHR 150 (1986), 687 (698).

[1482] *Steindorff*, ZHR 150 (1986), 687 (698).

[1483] *Weyer*, 9 f., 85; vgl. zum genauen tatbestandlichen Konzept *Weyers* für Art. 35 Alt. 2 AEUV b. Fn. 3312 ff.

[1484] Vgl. nur *Weyer*, 35; *ders.*, EuR 1998, 435 (443, 460).

[1485] *Weyer*, 301 ff., 344 ff.

III. Vorbemerkungen und Vorüberlegungen zum Binnenmarktbegriff

1. Ersetzung des „Gemeinsamen Marktes" durch den „Binnenmarkt"

Bis zum Vertrag von Lissabon bestand Streit über die Frage, ob der mit der Einheitlichen Europäischen Akte in die Verträge gelangte Binnenmarktbegriff ein Minus, Aliud, Synonym oder Plus[1486] im Verhältnis zum Gemeinsamen Markt darstellt.[1487] Der Binnenmarkt war anfänglich nur als Konzept (Art. 2 E[W]GV), erst später auch als Begriff in die Verträge gelangt.[1488] Mit dem Lissabonner Vertrag hat der Begriff des Binnenmarktes den Begriff des Gemeinsamen Marktes ersetzt. Der Begriff des Binnenmarktes stellt sich als eine Fortschreibung und Verstärkung des Konzepts des Gemeinsamen Marktes dar.[1489] Der Streit um das Verhältnis der beiden Begriffe zueinander hat daher nunmehr nur noch rechts- und *diskurshistorische* Bedeutung.[1490]

Es kann nicht angenommen werden, dass das nunmehr primärrechtlich ausdrücklich als „Plus" angesehene Binnenmarktziel in seiner Auslegungsdirektivkraft hinter derjenigen des Gemeinsamen Marktes zurückfällt, d. h., dass mit der Ersetzung des Gemeinsamen Marktes durch den Binnenmarkt ein „Schritt rückwärts" in Bezug auf den erreichten Integrationsgrad intendiert wurde.[1491] Vielmehr sollte die Verflechtung *verstärkt* werden. Nach der Präambel der den Binnenmarkt in die Verträge einfügenden Einheitlichen Europäischen Akte soll das „Funktionieren der Gemeinschaften (...) verbesser[t]" werden.[1492] Auch der durch die Einheitliche Europäische Akte eingefügte ex-Art. 8a EWG, der erstmals das Binnenmarktziel in die Verträge einfügte, sah die Pflicht zur Verwirklichung des Binnenmarktes „unbeschadet der sonstigen Bestimmungen" vor, wollte also nicht die bisherigen Wirkungen des Gemeinsamen Marktes und der Grundfreiheiten infrage stellen.[1493] Dadurch, dass der Binnenmarkt an die Stelle des Gemeinsamen Marktes getreten war, sollte ausgedrückt werden, dass der Binnenmarkt die vorher im Gemeinsamen Markt verankerten Inhalte und Unterziele absorbierte.

[1486] Vgl. nur *Kahl*, in: Calliess/Ruffert, Art. 26 AEUV Rn. 13.

[1487] Vgl. nur die Nachweise bei *Kahl*, in: Calliess/Ruffert, Art. 26 AEUV Rn. 8 ff.; *Müller-Graff*, in: Dauses, A. I Rn. 125 Fn. 388; *Nowak*, EuR 2009 Beiheft 1, 129 (133 ff.); *Schubert*, 141 ff.

[1488] *Müller-Graff*, in: Dauses, A. I Rn. 121.

[1489] Die Einfügung des Binnenmarktgedankens mit der EEA hat zahlreiche Literaturarbeiten angeregt, vgl. nur *Müller-Graff*, in: Dauses, A. I Rn. 117, 123, 126: „intensivierende Fortentwicklung"; *Dauses*, EuZW 1990, 8 (10); *Frenz*, Bd. 1, Rn. 34 ff. m. umf. w. N.

[1490] Ebenso *Nowak*, EuR 2009 Beiheft 1, 129 (141); *Luczak*, 193 m. w. N.

[1491] Siehe umfassend *Steindorff*, ZHR 150 (1986), 687 (700); *Dauses*, EuZW 1990, 8 (10); *Frenz*, Bd. 1, Rn. 36 f.

[1492] *Steindorff*, ZHR 150 (1986), 687 (700).

[1493] *Steindorff*, ZHR 150 (1986), 687 (700).

Daraus sind eine Reihe von Schlussfolgerungen zu ziehen, die die nachfolgenden Ausführungen inhaltlich und darstellungstechnisch beeinflussen: Inhalte, die mindestens im Konzept des Gemeinsamen Marktes verortet wurden, können als Bestandteil des Binnenmarktes angesehen werden. Der Binnenmarkt wirkt mithin *mindestens* in gleichem Maße auf die (Auslegung der) Grundfreiheiten ein wie der Gemeinsame Markt.[1494]

Während unter den alten Verträgen nur dem Gemeinsamen Markt Auslegungsrelevanz beigemessen wurde, nicht aber dem Binnenmarkt,[1495] muss heute davon ausgegangen werden, dass jene Autoren und die Rechtsprechung *unter den aktuellen Bedingungen* auch dem Binnenmarktziel Auslegungsrelevanz zugewiesen hätten. Auslegungsvorschläge bezüglich der Grundfreiheiten können im Hinblick auf diese Absorption mithin insofern nicht als überholt angesehen werden, als sie ein bestimmtes Maß an Binnenmarktverwirklichung durch die Grundfreiheiten befürworteten. Sie müssen auch heute noch – trotz des durchaus anzuerkennenden geänderten normativen Umfelds und der erheblichen Rechtsfortbildung durch den EuGH – als Auslegungsvorschläge grundsätzlich ernst genommen werden.

2. Der Binnenmarkt als „Daueraufgabe"[1496]

Obwohl der Binnenmarkt laut der Einheitlichen Europäischen Akte bis zum 31.12.1992 hätte verwirklicht werden sollen,[1497] wird er allgemein als „Daueraufgabe"[1498] verstanden, und obgleich zum 31.12.1992 bereits ungefähr 95 % der von der Kommission in ihrem Weißbuch von 14.06.1985 vorgeschlagenen Rechtsakte umgesetzt wurden,[1499] bestehen noch beträchtliche Unterschiede in Bezug auf die rechtlichen Rahmenbedingungen für grenzüberschreitendes Wirtschaften. Der Binnenmarkt muss darüber hinaus auch *bewahrt* werden: Technische Innovationen, neue wissenschaftliche Erkenntnisse oder politische Richtungsänderungen münden in immer wieder neue Regulierungshindernisse.[1500]

[1494] *Frenz*, Bd. 1, Rn. 36 f.

[1495] So etwa *Füller*, 84; *Jensch*, 227, 230.

[1496] *Bast*, in: Grabitz/Hilf/Nettesheim, Art. 26 AEUV Rn. 6; *Kahl*, in: Calliess/Ruffert, Art. 26 AEUV Rn. 33; *Frenz*, Bd. 1, Rn. 25; *Terhechte*, in: Grabitz/Hilf/Nettesheim, Art. 3 EUV Rn. 38.

[1497] *Kahl*, in: Calliess/Ruffert, Art. 26 AEUV Rn. 4.

[1498] *Bast*, in: Grabitz/Hilf/Nettesheim, Art. 26 AEUV Rn. 6; *Kahl*, in: Calliess/Ruffert, Art. 26 AEUV Rn. 33; *Frenz*, Bd. 1, Rn. 25; *Terhechte*, in: Grabitz/Hilf/Nettesheim, Art. 3 EUV Rn. 38.

[1499] Vgl. *Kahl*, in: Calliess/Ruffert, Art. 26 AEUV Rn. 2, 31.

[1500] Vgl. *Müller-Graff*, ZHR 159 (1995), 34 (39 f.).

IV. Friedenspolitische Rahmenfunktion des Binnenmarktziels

Das u. a. mittels der negativen Integration der Grundfreiheiten und der positiven Integration der Rechtsangleichung operationalisierte Binnenmarktziel dient *in letzter Instanz* dem *Friedensgedanken*, er ist dessen Mittel, also dessen „supranationaler Verwirklichungsweg“[1501].[1502] Dieses Ziel rahmt schon die Schuman-Erklärung ein.[1503] Ihr folgt der erste Satz der Einleitung des richtungsweisenden Spaak-Berichts, der eine „harmonischen Entwicklung zwischen den sich vereinigenden Staaten“[1504] als Letztziel europäischer (Wirtschafts-)Integration ausweist. Die Präambel des Arbeitsweisevertrages setzt diese Tradition fort, wenn sie auf den Entschluss der Signatarstaaten hinweist, durch „diesen Zusammenschluß (…) Frieden und Freiheit zu wahren“. Historisch erklären lässt sich diese Rahmenfinalität des Einigungsprozesses durch die Katastrophe des Zweiten Weltkriegs, die bei vielen die Erkenntnis reifen ließ, dass ein nationalistischem Konkurrenzstreben verhaftetes Denken auf engstem geografischem Gebiet einer der Hauptgründe für die Entstehung der zahlreichen europäischen Kriege in den letzten Jahrhunderten war (Krieg als Mittel der Politik),[1505] sodass zukünftig kooperiert werden müsse, weil der nächste ggf. mit Atomwaffen geführte Krieg endgültig die Auslöschung der europäischen Zivilisation zur Folge hätte.[1506]

[1501] *Müller-Graff*, ZHR 173 (2009), 443 (452).

[1502] Vgl. *Bachmann*, AcP 210 (2010), 424 (430); *Bergé/Robin-Olivier*, 87; *Bieling*, 58; *De Búrca*, in: Kochenov/Amtenbrink, 21 (25 f.); *Everling*, JZ 2000, 217 (227); *Frenz*, Bd. 1, Rn. 4; *Grabitz*, 77; *De Búrca*, in: Kochenov/Amtenbrink, 21 ff.; *Everling*, NVwZ 1993, 209 (216); *Hallstein*, Schuman-Plan, 26 ff.; *ders.*, Wirtschaftliche Integration, 6 ff.; *Kirschner*, 102 f.; *Meier*, in: Ehle/Meier, A Rn. 4; *Müller-Graff*, in: Dauses, A. I Rn. 92; *ders.*, ZHR 173 (2009), 443 (452 f.); *Rosas/Armati*, 10; *Ruffert*, in: Calliess/Ruffert, Art. 3 EUV Rn. 15; *Weiler*, Yale L.J. 100 (1991), 2403 (2478); *Wils*, E. L. Rev. 18 (1993), 475 (476 f.); *Zapka*, 19; differenzierend *Jürgens*, 91 f., der auf verschiedene, tiefer liegende Motive hinweist, die so ihren Ausdruck in den Verträgen nicht gefunden haben: Etwa hänge die wirtschaftliche Einigung eng mit der deutschen Wiederbewaffnung zusammen; der Beitritts Großbritanniens sei (von Frankreich später) ermöglicht worden, weil die Angst bestand, dass der deutsche „Wirtschaftskoloss“ sonst nicht kontrolliert werden könne und auch der Maastrichter Vertrag sei eine Reaktion auf das „wiedererstarkte“ Deutschland nach der Wiedervereinigung gewesen. Nach einer umstrittenen These sei auch die Einführung des Euro als „Preis“ für die Wiedervereinigung anzusehen, vgl. *Kröger*, SPIEGEL ONLINE v. 25.09.2010, abgerufen am 01.08.2014 unter http://www.spiegel.de/politik/ausland/historischer-deal-mitterrand-forderte-euro-als-gegenleistung-fuer-die-einheit-a-719608.html.

[1503] S. b. Fn. 1517 ff.

[1504] Spaak-Bericht, 13.

[1505] Vgl. *Bieling*, 58.

[1506] *Nicolaysen*, Europarecht I, 24 ff.

Um dem Friedensgedanken über eine politische Union zum Erfolg zu verhelfen, wählten die geistigen Schöpfer der Verträge den Weg, einen unionsweiten Markt mit einer teilweisen Supranationalisierung und Koordinierung zu errichten. Reiner Intergouvernementalismus wurde für nicht mehr ausreichend gehalten.[1507] Die immer stärkere Verzahnung und das immer stärkere Zutagetreten von Wettbewerbsverzerrungen und Verwerfungen (die sich in jüngerer Zeit insbesondere mit Blick auf die Wirtschafts- und Währungsunion offen manifestiert haben) würde die Mitgliedstaaten gleichsam in einen „Integrationsstrudel“ ziehen, der weitere Integrationsschritte notwendig machte und auch zur Folge hätte (sog. Spill-over-Effekt[1508]). Im Rahmen einer Analogie wurde das Prinzip des Kapitalismus genutzt: Dient dort das individuelle Gewinnstreben, sofern in die richtigen Bahnen gelenkt, dem Gemeinwohl, führen hier die häufig gegebenen Vorteile einer unionsweiten wirtschaftlichen Betätigung (z. B. durch Massenproduktionsvorteile) zu einer stärkeren Vernetzung der Mitgliedstaaten und befördern das Integrations- und Friedensziel.[1509] Eine höhere Vernetzung macht Kriege unprofitabel. Zudem kommt es mit den engeren wirtschaftlichen Kontakten zwischen den Bürgern der einzelnen Mitgliedstaaten auch zum Abbau innerer Grenzen und zur Schaffung eines europäischen Bewusstseins.[1510] Im Grundsatz ist ein höherer Integrationsgrad daher vorteilhaft für das Rahmenziel der Friedensschaffung, sofern der Frieden von den Bevölkerungen auch getragen wird und diese nicht etwa durch bestimmte einheitliche institutionelle und rechtliche Arrangements bei Bestehen unterschiedlicher sozio-kultureller Grundanschauungen entzweit werden.

Obwohl die friedenspolitische Funktion der europäischen Einigung, wie gezeigt, am Anfang der Schaffung einer Wirtschaftsintegration stand, ist das Wohlfahrtsziel die *unmittelbare* Daseinsberechtigung des Binnenmarktes in seiner *konkreten Form.*[1511] Es erklärt *Art* und *Umfang* der *ökonomischen* Integration und gibt den maßgeblichen Auslegungsmaßstab für ein Verständnis der primärrechtlichen *Operativ*bestimmungen vor.[1512] Der Friedensgedanke

---

[1507] Vgl. *Rosas/Armati*, 10.

[1508] So schon 1966 *Grabitz*, 77; *Kingreen*, 13; *Müller-Graff*, in: Dauses, 34. A. I Rn. 131; *Weatherill/Beaumont*, 5.

[1509] Vgl. *Hallstein*, Wirtschaftliche Integration, 15: „Was in der europäischen Integration wirkt, ist (…) die List der Geschichte, die den Nutzen der großräumigen Arbeitsteilung verbündet hat mit der politischen Notwendigkeit“; vgl. auch *Schubert*, 147.

[1510] Ähnl. *Müller-Graff*, Binnenmarktziel, 33 f.; *ders.*, EuR 1989, 107 (118 f.); *ders.*, NJW 1993, 13 (19) jew. m. w. N.; vgl. auch *Schneider*, NJW 1991, 1985 ff.

[1511] Vgl. schon *Grabitz*, 77 („Integration der Volkswirtschaften (…) als primäre[r] (...) Zweck“); s. a. *Bachmann*, AcP 210 (2010), 424 (430); *De Búrca*, in: Kochenov/Amtenbrink, 21 ff.

[1512] Ähnl. *Frenz*, Bd. 6, Rn. 2080.

ist das grundlegendere „Meta-Ziel“[1513], das auch mit anderen Mitteln angestrebt werden könnte und daher für die unmittelbare Interpretation nur in einem *ganz grundsätzlichen* Sinne von Bedeutung ist (etwa als Anhaltspunkt für eine „integrationskluge“ Auslegung[1514]).

V. Die wohlfahrtsökonomische Zielrichtung des Binnenmarkts

Im Folgenden wird untersucht, in welcher Weise und Intensität das Wohlfahrtsziel mit dem Binnenmarkt verknüpft ist, wozu wichtige historische Dokumente beleuchtet, politiktheoretische Zusammenhänge analysiert und einige wichtige Passagen in den Verträgen behandelt werden.

1. Repräsentative Gründungs- und Begleitdokumente als Quelle

Die Existenz und Reichweite einer denkbaren wohlfahrtsökonomischen Zielsetzung des Binnenmarktes soll im Folgenden zunächst anhand einiger repräsentativer Begleit- und Gründungsdokumente untersucht werden. Von besonderem Interesse ist hier die Rolle gleicher Wettbewerbsbedingungen.[1515]

a) Schuman-Erklärung v. 09.05.1950

Die Erklärung des damaligen französischen Außenministers *Robert Schuman*[1516] v. 09.05.1950 mündete im am 21.04.1951 in Paris unterzeichneten EGKS-Vertrag und wird gemeinhin als Geburtsstunde der Europäischen Integration angesehen.[1517] Die Erklärung weist über den EGKS-Vertrag hinaus. Praktisch *alle* fundamentalen Anliegen und Zielverwirklichungswege der europäischen Integration kommen in der Schuman-Erklärung zum Ausdruck: Zunächst wird *Frieden* als abschließendes Ziel der Integrationsbemühungen und der Zweite Weltkrieg als prägendes Ereignis hervorgehoben. Sodann wird festgestellt, dass nur durch „konkrete Tatsachen“[1518] dieses Ziel erreicht werden könne. Erforderlich ist eine echte Souveränitätsbegrenzung mit einer tiefgreifenden Institutionalisierung. Die Kohle- und Stahlgemeinschaft ist dabei nur der *erste* Schritt einer viel weiter gehenden *Föderalisierung*. Eine *Verbesserung der Lebensstandards* wird dabei als Zielverwirklichungsweg dieser Föderalisierung angesehen. Hierfür erforderlich sei eine Stärkung der Industrie. Während behördliche Interventionen zu Beginn der Entwicklung

[1513] *Terhechte*, in: Grabitz/Hilf/Nettesheim, Art. 3 EUV Rn. 29 f.
[1514] S. umf. b. Fn. 2157 ff.
[1515] Für einen umfassenden Überblick *Mortelmans*, CMLR 35 (1998), 101 ff.
[1516] Die Erklärung geht konzeptionell auf *Jean Monnet* zurück.
[1517] *Wurm*, in: Hohls/Schröder/Siegrist, 448.
[1518] Franz.: „réalisations concrètes“.

der EGKS für notwendig erachtet werden, soll die „rationellste Verteilung der Produktion auf dem höchsten Leistungsniveau" später „von selbst"[1519] gewährleistet werden. Hierzu müssten eine „Verschmelzung der Märkte"[1520] und die Lieferung von Kohle und Stahl zu den mitgliedstaatlichen Industrien zu den „gleichen Bedingungen"[1521] stattfinden. Entscheidungen einer zu installierenden Hohen Behörde sollen *bindend* sein:[1522] Hierin ist schon die Konstruktion als *Rechtsgemeinschaft* angelegt.[1523]

b) Das inoffizielle „Gründungsdokument": der „Spaak-Bericht" v. 21.04.1956

Der „Rapport des Chefs de Délégation aux Ministres des Affaires aux Etrangères" (inoffiziell „Spaak-Bericht" genannt) vom 21.04.1956[1524] und seine (inoffizielle, in der Praxis aber in gleichem Maße Einfluss ausübende) englische Zusammenfassung („The Brussels Report on the General Common Market"[1525]) bildeten – obwohl kein *formales* Gründungsdokument[1526] – die gedankliche Grundlage der (wirtschaftlichen) europäischen Integration und prägten die nachfolgenden Integrationsschritte – insbesondere den Abschluss der Römischen Verträge – maßgeblich.[1527] Der Spaak-Bericht war das Ergebnis der Untersuchungen eines durch die Konferenz von Messina eingesetzten Ausschusses unter dem Vorsitz von *Paul-Henri Spaak*, der Möglichkeiten und Chancen einer europäischen Wirtschafts- und insbesondere Energiein-

---

[1519] Franz.: „Progressivement se dégageront les conditions assurant spontanément la répartition la plus rationnelle de la production au niveau de productivité le plus élevé."

[1520] Franz.: „la fusion des marchés".

[1521] Franz.: „aux mêmes conditions".

[1522] Nach Bericht von *Ernst*, in: FS von der Groeben, 93 f. sah *Monnet* die Installierung einer Hohen Behörde als entscheidend für das Gelingen der europäischen Integration an, wohingegen er den Gemeinsamen Markt zu opfern bereit war; dagegen wurde der Gemeinsame Markt jedoch – nicht zuletzt mit Blick auf die positiven deutschen Erfahrungen mit dem Norddeutschen Bund im 19. Jahrhundert – von dem deutschen Verhandlungsbeteiligten *von der Groeben* als Integrationsverwirklichungsweg favorisiert und – vgl. *VerLoren van Themaat*, in: FS von der Groeben, 425 (427) – von den Benelux-Ländern unterstützt. Frankreich und z. T. auch Italien präferierten Interventionismus, *VerLoren van Themaat*, in: FS von der Groeben, 425 (426).

[1523] Dabei ging die Idee der Rechtsgemeinschaft mit der (starken) Stellung des Gerichtshofs als der eines Gerichts nicht zuletzt auf deutsches Drängen zurück, vgl. *von Simson*, in: FS von der Groeben, 391.

[1524] Comité Intergouvernemental créé par la Conférence de Messine, Brüssel 1956.

[1525] Information Service High Authority of The European Community for Coal and Steel Luxembourg, 1956.

[1526] *Frenz*, Bd. 1, Rn. 8; *Füller*, 19.

[1527] Vgl. *Frenz*, Bd. 1, Rn. 8; *Graf*, 59; *Schwintowski*, RabelsZ 64 (2000), 38 (46); *Snell*, in: Barnard/Peers, 300 (308).

tegration untersuchen und an die 6 Außenminister berichten sollte.[1528] Der Spaak-Bericht muss *in seinem historischen Kontext* rezipiert werden: Zunächst steht er nicht auf einem gewachsenen Fundament europäischer Integration (wie heute), sondern ist in einer Zeit tiefsitzender nationaler Ressentiments nach den zwei großen Kriegen entstanden. Die weitreichenden vor allem *institutionellen* Vorschläge mit ihrem beträchtlichem Souveränitätsverzicht erscheinen vor diesem Hintergrund *revolutionär*. Es konnte dabei nicht auf eine „Tool-Box" von erprobten Instrumenten zurückgegriffen werden, sodass es verständlich ist, dass die im Spaak-Bericht genannten rechtlichen und politischen Mechanismen stellenweise inkohärent erscheinen oder im Abstrakten belassen wurden.

Die friedenspolitische Funktion wird nur ein einziges Mal in dem 135 Seiten umfassenden Bericht erwähnt und scheint nur ein *mittelbares* Ziel zu sein. Das den Spaak-Bericht durchziehende Thema ist vielmehr das der *Wohlfahrtsintegration*: Mehrfach bekräftigtes Ziel ist die Steigerung der Lebensstandards und des Wirtschaftswachstums.[1529] Erreicht werden soll dies über eine „Fusion der Märkte"[1530], wobei eine Anlehnung an klassische Konzepte der Außenhandelstheorie erfolgt.[1531] Der Wettbewerb der Unternehmen sollte infolge des Konkurrenzdrucks eine Senkung der Preise sowie eine Rationalisierung der Herstellungsprozesse bewirken.[1532] Von besonderer Bedeutung sind das an mehreren Stellen erfolgende Aufgreifen des Konzepts der *Wettbewerbsgleichheit* als Voraussetzung für wohlfahrtsoptimales Wirtschaften[1533] und die Hervorhebung der Bekämpfung von „Verzerrungen" des Wettbewerbs.[1534] Auf der anderen Seite wird Wettbewerbsgleichheit nur in *bestimmten Kontexten* erwähnt. Einem *allgemeinen Deregulierungsprogramm* wird jedoch eine Absage erteilt und die Kompetenz der Mitgliedstaaten anerkannt, eine im öffentlichen Interesse liegende Ordnung zu schaffen.[1535]

[1528] Vgl. *Schwintwoski*, in: Grundmann, 457 (465); *Strassburger*, 9.

[1529] Spaak-Bericht, 53; zur selben Einschätzung gelangend *Borchardt*, Rn. 788; *Everling*, in: Liber Amicorum Pescatore, 227 (228 f.); *Frenz*, Bd. 1, Rn. 8; *Franck*, in: Riesenhuber, 3. Aufl., § 5 Rn. 20; *Füller*, 19.

[1530] Spaak-Bericht, 13. Zur gleichen Einschätzung gelangend *Snell*, in: Barnard/Peers, 300 (308).

[1531] Es werden zunächst die wohlstandsfördernden Effekte einer Arbeitsteilung zwischen den Mitgliedstaaten gepriesen, Spaak-Bericht, 13. Zur gleichen Einschätzung gelangend *Frenz*, Bd. 1, Rn. 8; *Füller*, 19.

[1532] Spaak-Bericht, 14. Zu einer ähnlichen Einschätzung gelangend *Franck*, in: Riesenhuber, 3. Aufl., § 5 Rn. 20.

[1533] Spaak-Bericht, 13 ff. Zur gleichen Einschätzung gelangend *Franck*, in: Riesenhuber, 3. Aufl., § 5 Rn. 20; *Saydé*, CYELS 13 (2010-2011), 365 (369, 372).

[1534] Spaak-Bericht, 53–64: „distorsion"'; The Brussels Report on the General Common Market, 13–15: „distortion"; s. a. *Everling*, in: Liber Amicorum Pescatore, 227 (228 f.); *Snell*, in: Barnard/Peers, 300 (308).

[1535] Spaak-Bericht, 16; vgl. hierzu auch *Molitor*, in: FS Everling I, 875 ff.

Der *operative* Teil des Spaak-Berichts bleibt vage und weniger ausgefeilt:[1536] Im Kapitel, das Import- und Exportkontingente behandelt, findet sich noch kein Hinweis auf (die Auslegung) ein(es) Verbot(es) von Maßnahmen mit gleicher Wirkung wie eine mengenmäßige (Ein- oder Ausfuhr-)Beschränkung.[1537] Die späteren weitreichenden Einsatzfelder der Art. 34, 35 AEUV werden dort nicht angedeutet.[1538] *An anderer Stelle* werden jedoch parallele Überlegungen getätigt: In der Einleitung wird von Hindernissen „anderer Art"[1539] gesprochen, die dieselbe Wirkung zeitigten wie die abzuschaffenden Zölle, Monopole und Kontingente.[1540] Widersprüchliche Äußerungen finden sich in Bezug darauf, *welche* wettbewerbsverzerrenden Vorschriften eliminiert und welche den Marktkräften überlassen werden sollten.[1541] Es scheint, als habe keine Einigkeit darüber bestanden, *inwieweit* rechtliche Wettbewerbsverzerrungen abgebaut werden sollten. Dass dem Gerichtshof bei der Beseitigung dieser Verzerrungen keine Rolle zugewiesen wird,[1542] überrascht aus mehreren Gründen nicht: Der Spaak-Bericht weist der EuGH-Rechtsprechung institutionell *insgesamt* nur eine *untergeordnete* Rolle

---

[1536] Etwa wird eine nur *schrittweise* stattfindende Abschaffung der Zölle vorgeschlagen, Spaak-Bericht, 14; The Brussels Report on the General Common Market, 1.

[1537] Spaak-Bericht, 35 ff.; The Brussels Report on the General Common Market, 9 f. Zur gleichen Einschätzung gelangend *Fasshold*, 25; *Graf*, 59; *Jensch*, 98; *Rauer*, 173; *Solbach*, 237.

[1538] Im Rahmen eines Abschnitts zur Rechtsangleichung bei Wettbewerbsverzerrungen wird allerdings von ernsthaften Hindernissen für den Waren- und Dienstleistungsverkehr gesprochen, Spaak-Bericht, 64. *Moravcsik*, 156 spricht von *zufälligem* („haphazardly") Eingang des Verbots der Maßnahmen gleicher Wirkung in den EWG-Vertrag (was wenig überzeugend erscheint angesichts des damals bereits existierenden GATT).

[1539] Spaak-Bericht, 16.

[1540] Später wird ausgeführt, dass die Differenzen bei *Rechts-* und *Verwaltungsvorschriften* ernsthafte Hindernisse für die Verwirklichung des freien Waren- und Dienstleistungsverkehrs darstellen können, Spaak-Bericht, 64.

[1541] Z. B. wird ausgeführt, dass Unterschiede in Bezug auf die öffentliche Abgabenlast oder die Sozialsysteme „an sich" unschädlich seien, Spaak-Bericht, 60. Diesen Aspekt betonend *Roth*, 1987 EuR 7, 17; *ders.*, in: Bulterman, 73 f.; *ders.*, CMLR 25 (1988), 35 (82). Auf der anderen Seite hält es der Spaak-Bericht (61–63) durchaus für eine Verzerrung, wenn das Sozialversicherungssystem des einen Konkurrenten steuerfinanziert sei und das eines anderen durch Beiträge der Arbeitgeber finanziert werde.

Es wurden bereits Autoren genannt, die – wie hier – davon ausgehen, dass es das – auch schon im Spaak-Bericht durchscheinende – *Grundkonzept* sei, *rechtsinduzierte* Wettbewerbsverzerrungen zu beseitigen und dass etwaige Ausnahmen (auch im Spaak-Bericht) im Grundsatz nur *transitorischer* Natur sein sollen, etwa wegen des sonst drohenden Wettbewerbsschocks, oder allenfalls wegen ihrer Geringfügigkeit auszublenden sind, vgl. d. Nachw. in Fn. 1533.

[1542] Eine besondere Rolle soll der Kommission zuwachsen, die die Verzerrungen untersuchen und ggf. Subventionen genehmigen soll. Die Rechtsangleichung solle bei der Beseitigung solcher „Verzerrungen" ebenfalls eine besondere Rolle spielen, Spaak-Bericht, 16, 63.

zu.[1543] Die spätere Rolle des EuGH als „Motor" der Integration wurde nicht antizipiert. Auch sieht der Spaak-Bericht noch keine Verbote im Sinne von Art. 34 Alt. 2, 35 Alt. 2 AEUV vor.

Abschließend sind daher weniger die konkreten Maßnahmen von Bedeutung, die der Spaak-Bericht vorschlägt, sondern die *Grundidee* hinter dem angestrebten Einigungsprojekt: Dem Spaak-Bericht entspräche es am ehesten, wenn die heutige institutionelle Architektur für eine Wohlfahrtsintegration i. S. klassischer Außenhandelstheorie genutzt und hierbei dem unverzerrten Wettbewerb europäischer Unternehmen eine Kernrolle zugewiesen werden würde.

c) Erklärung der Bundesregierung v. 21.03.1957 durch den Staatssekretär des Auswärtigen Amtes Hallstein *und die Anmerkung des Bundeswirtschaftsministers* Erhard

Ein weiteres relevantes entstehungsgeschichtliches Dokument kann in der Erklärung der Bundesregierung zu dem Euratom-Vertrag und dem EWG-Vertrag gesehen werden, die von *Walter Hallstein* am 21.03.1957 im Bundestag – und somit nur vier Tage vor der Vertragsunterzeichnung am 25.03.1957 – vorgetragen wurde.[1544] Daneben sind auch die in der danach erfolgenden Aussprache ergangenen Anmerkungen des damaligen Bundeswirtschaftsministers *Erhard* von Bedeutung.[1545] Nach *Erhard* sei eines der „weiterreichenden Ziele (…) [das] einer europäischen Konföderation"[1546], wozu man „bei den europäischen Völkern (…) das Bewußtsein einer unlösbaren Schicksalsgemeinschaft (…) wecken"[1547] wolle. *Erhard* macht deutlich, dass die Verträge als Recht *im Werden* anzusehen seien und es daher maßgeblich darauf ankomme, wie sie in Zukunft interpretiert und gehandhabt würden.[1548] Das

---

[1543] Spaak-Bericht, 25 f.

[1544] Die Erklärung ebenfalls nennend *Fasshold*, 25.

[1545] Dabei müssen diejenigen Aussagen, die eine deutsche Sonderposition darstellen und sich nicht (vollständig) in den Verhandlungen durchgesetzt haben, von denjenigen abgegrenzt werden, die wohl den Konsens aller Unterzeichnerstaaten geprägt haben. Nur letztere sind von Bedeutung.

[1546] *Erhard*, zit. nach Stenographische Berichte der 200. Sitzung des zweiten Deutschen Bundestages vom 21.03.1957, 11342 (11343 A/B).

[1547] *Erhard*, zit. nach Stenographische Berichte der 200. Sitzung des zweiten Deutschen Bundestages vom 21.03.1957, 11342 (11343 A/B).

[1548] Es komme nach *Erhards* Ansicht darauf an, „daß dieser Vertrag im rechten Geist (…) gehandhabt wird. (…) Man kann aus einem solchen Vertragswerk dieses oder jenes machen. Aber wenn wir ein freiheitliches Europa bauen wollen – und dieser Wille steht am Anfang – wird es darauf ankommen, daß die richtigen Menschen mit der richtigen Haltung an dieses Vertragswerk herangehen," *Erhard*, zit. nach Stenographische Berichte der 200. Sitzung des zweiten Deutschen Bundestages vom 21.03.1957, 11342 (11345 A).

wohlfahrtsökonomische Ziel scheint nach *Erhard*[1549] und *Hallstein*[1550] bei allen Vertragsparteien eine wichtige Rolle gespielt zu haben.

Hallstein weist darauf hin, dass sich die Mitgliedstaaten von Anfang an der Bedeutung ihres Schritts hin zur EWG-Werdung bewusst waren und auch der damit einhergehenden gewichtigen Kompetenzverluste in Gegenwart und Zukunft sowie des Umstands, dass die Verträge nach vorne weisen.[1551] Eine extensive Auslegung der Grundfreiheiten durch den EuGH bei gleichzeitiger Nichteinlösung des Integrationsauftrages durch die Rechtssetzungsorgane erscheint vor diesem Hintergrund demokratietheoretisch weniger schwerwiegend. Dass es die Bestimmungen über die mengenmäßigen Beschränkungen bzw. die Maßnahmen mit gleicher Wirkung sind, die die geäußerten Integrationshoffnungen, -erwartungen sowie den Integrationsauftrag ein ganzes Stück weit einlösen würden, scheint aber weder von *Hallstein* noch von *Erhard* antizipiert worden zu sein.[1552]

d) Weißbuch der Kommission „Vollendung des Binnenmarktes" von 1985 (KOM 85 [310])

In ihrem ersten Weißbuch „Vollendung des Binnenmarktes"[1553] bekräftigt die Kommission die Rolle der Wirtschaftsintegration als Vorläufer der „Europäischen Einheit"[1554]. Wiederum wird auf klassische außenhandelstheoretische Theorien Bezug genommen (Ressourcen, Investitionsmittel und Menschen sollten den „wirtschaftlich rentabelsten Bereichen zufließen"[1555]). Der Abbau von Schranken erfolge weder aufgrund von „ideologische[n] noch [von] schönfärberische[n] Gründe[n], sondern (...) [aufgrund der] schlichte[n] Tatsache (...), daß die Fortdauer jedweder Kontrolle an den Binnengrenzen

---

[1549] *Erhard*, zit. nach Stenographische Berichte der 200. Sitzung des zweiten Deutschen Bundestages vom 21.03.1957, 11342 ff.

[1550] *Hallstein*, zit. nach Stenographische Berichte der 200. Sitzung des zweiten Deutschen Bundestages vom 21.03.1957, 11327 (11327 D, 11333 B)

[1551] *Hallstein*, zit. nach Stenographische Berichte der 200. Sitzung des zweiten Deutschen Bundestages vom 21.03.1957, 11327 (11328 C, 11329 B/C); s. a. die Äußerung von *Erhard* b. Fn. 1548.

[1552] *Hallstein* bezeichnet „die Beseitigung der mengenmäßigen Beschränkungen im Handel der Mitgliedstaaten" lediglich als zum Abbau der Zölle hinzutretenden „Ergänzung", *Hallstein*, zit. nach Stenographische Berichte der 200. Sitzung des zweiten Deutschen Bundestages vom 21.03.1957, 11327 (11328 D).

[1553] KOM (85), 310 v. 14.06.1985. Zur Bedeutung des Weißbuchs für das Verständnis des Binnenmarktes *Beutler*, in: Beutler/Bieber/Pipkorn/Streil, 54 f.; *Dauses*, EuZW 1990, 8; *Schubert*, 142 ff.

[1554] KOM (85), 310 v. 14.06.1985, Rn. 221 f.

[1555] KOM (85), 310 v. 14.06.1985, Rn. 8, 157.

die Kosten und Nachteile des aufgespaltenen Marktes verewigt“[1556]. Auch auf Massenproduktionsvorteile wird hingewiesen.[1557]

Die Kommission weist interessanterweise darauf hin, dass die Rolle nichttarifärer Handelsbeschränkungen unterschätzt wurde;[1558] dies würde auch die diesbezüglich bestehende Zurückhaltung des Spaak-Berichts erklären. Implizit[1559] bezieht sich die Kommission auf eine weite Auslegung von Art. 34 Alt. 2 AEUV, wenn sie feststellt, dass es die „generelle Stoßrichtung der Kommission in diesem Bereich [ist] (...), vom Ansatz der Rechtsangleichung wegzukommen und das Gewicht auf die gegenseitige Anerkennung und die Gleichwertigkeit der nationalen Regeln zu legen.“[1560] Rechtsangleichung sei „zu zeitraubend und unflexibel (...) und [würde] Innovationen ersticken“[1561]. Ihre Rolle sei auf solche Felder zu begrenzen, in denen die Mitgliedstaaten aufgrund legitimer Gesundheits- und Sicherheitsinteressen oder aufgrund von zwingenden Erfordernissen tätig würden.[1562] Dadurch, dass unterschiedliche Standards berücksichtigt werden müssen, gehen den Händlern und Produzenten Massenproduktionsvorteile verloren.[1563]

Auf Art. 35 Alt. 2 AEUV geht die Kommission indes nicht ein, sondern sie legt ihren Ausführungen die geltende EuGH-Rechtsprechung zu Art. 35 Alt. 2 AEUV zugrunde[1564] und geht mithin davon aus, dass Umfeldregelungen wie Steuer- und Arbeitsrecht auf dem Weg der Rechtsangleichung zu beseitigen seien.[1565] Eine analoge gegenseitige Anerkennung in Bezug auf *exportstaatliche* Produktstandards[1566] würde jedoch dem *Geist* des Weißbuchs entsprechen.

e) Erklärungen der Konferenz der Regierungen der Mitgliedstaaten v. 28.02.1986

Der Erklärung kommt wie den anderen hier behandelten Dokumenten ebenfalls keine *formell* herausgehobene Bedeutung zu. Als ein unmittelbar mit der Entstehung der Einheitlichen Europäischen Akte verbundenes Dokument

---

[1556] KOM (85), 310 v. 14.06.1985, Rn. 12, 15, 21, 157.

[1557] KOM (85), 310 v. 14.06.1985, Rn. 13.

[1558] KOM (85), 310 v. 14.06.1985, Rn. 6.

[1559] Zur selben Einschätzung gelangend *Mortelmans*, CMLR 35 (1998), 101 (125).

[1560] KOM (85), 310 v. 14.06.1985, Rn. 13.

[1561] KOM (85), 310 v. 14.06.1985, Rn. 64.

[1562] KOM (85), 310 v. 14.06.1985, Rn. 65 f.

[1563] KOM (85), 310 v. 14.06.1985, Rn. 60 ff.

[1564] Vgl. nur KOM (85), 310 v. 14.06.1985, Rn. 77: „Im Einklang mit der Rechtsprechung des Gerichtshofs“.

[1565] KOM (85), 310 v. 14.06.1985, Rn. 13, 20, 150 f.

[1566] Gemeint ist, dass sich Exporteure gegenüber dem Exportstaat auf die Produktstandards eines anderen Mitgliedstaats berufen können.

kommt ihr jedoch informell eine besondere Relevanz zu:[1567] Dort zeigt sich, dass mit der Einfügung des Binnenmarktziels keinesfalls eine Totalharmonisierung bis zu dem Enddatum, zu dem der Binnenmarkt errichtet werden soll, dem 31.12.1992, verbunden war.[1568] Dies belegt die Erläuterung zur Einfügung von ex-Art. 8a EWG in Absatz 2 der Erklärungen der Konferenz der Regierungen, nach der „[d]ie Festsetzung des Termins (...) keine automatische rechtliche Wirkung mit sich“[1569] bringen sollte. Die mit dem Binnenmarktziel angestrebte Vertiefung der Integration sollte vielmehr durch positive Rechtsangleichungsmaßnahmen erreicht werden.[1570]

Auf der anderen Seite sollten mit der Einfügung des Binnenmarktziels aber auch nicht die Grundfreiheiten in ihrer allgemein anerkannten Reichweite infrage gestellt werden. Auch kann daraus, dass mit der Einfügung von ex-Art. 8a EWG keine *Total*harmonisierung bezweckt wurde, nicht geschlussfolgert werden, dass eine Verschärfung der Grundfreiheiten nicht intendiert war: Durch das Erfordernis des grenzüberschreitenden Sachverhalts sowie durch die schon bei Einfügung des Binnenmarktziels anerkannten zwingenden Erfordernisse der Allgemeininteresses und die im Vertrag niedergelegten Rechtfertigungsgründe bestehen – selbst bei einem verschärften Verständnis – noch hinreichend große Spielräume für die mitgliedstaatlichen Regelungsgewalten.

f) Europa ’92: Der Vorteil des Binnenmarktes („Cecchini-Bericht“) von 1988

Der unter der Bezeichnung „Cecchini-Bericht“ bekannte empirisch-volkswirtschaftliche Abschlussbericht von 1988 entstand aus dem Forschungsprogramm „Kosten der Nichtverwirklichung Europas“, das der ehemalige Vizepräsident der EG-Kommission *Lord Cockfield* dem Lenkungsausschuss unter der Leitung von *Paolo Cecchini* antrug.[1571] Es handelt sich hierbei um die wohl „umfassendste Analyse über die möglichen Auswirkungen des Binnenmarktprogramms“[1572].[1573] Der Cecchini-Bericht prägte durch seine Ergebnisse und Handlungsempfehlungen, in informeller Weise die nachfolgenden Integrationsschritte. Auch hier erfolgt eine starke Orientierung an der klassischen außenhandels- und vor allem wettbewerbstheoretischen Lehre:[1574]

[1567] *Dauses*, EuZW 1990, 8 (10).

[1568] Ebenso *Dauses*, EuZW 1990, 8 (10) m. w. N.; vgl. auch *Waldheim*, 248.

[1569] Zweiter Absatz der Erklärungen der Konferenz der Regierungen der Mitgliedstaaten v. 28.02.1986, Amtsblatt der Europäischen Gemeinschaften Nr. L 169/24–28.

[1570] *Dauses*, EuZW 1990, 8 (9, 11).

[1571] Cecchini-Bericht, 13.

[1572] *H. Wagner*, 24.

[1573] Im Gegensatz zur 1991 von *Emerson et al.* durchgeführten Studie „Ein Markt – eine Währung“ untersuchte der Cecchini-Bericht nicht die Folgen und Chancen einer gemeinsamen Währung, *H. Wagner*, 25.

[1574] S. a. schon umf. b. Fn. 1041 ff.

Internationaler Wettbewerb führe zu Preissenkungen und dem Entstehen von Skalenerträgen durch die Vergrößerung der Märkte und den Marktzwang zur Rationalisierung der Herstellungsverfahren.[1575] Die Integration führe zu Wohlstand und zur Verringerung von Arbeitslosigkeit.[1576] *Cecchini* beziffert die Kosten der Marktzersplitterung auf mehr als 400.000.000.000 DM.[1577] Der Cecchini-Bericht spricht für eine möglichst weitreichende Verschmelzung der Märkte und eine Intensivierung des Wettbewerbs als entscheidende Mittel.

g) „Monti-Bericht": Eine „umfassende"[1578] Strategie für den Binnenmarkt (2010)

Der damalige Kommissionspräsident Barroso beauftragte *Mario Monti* mit der Erstellung eines Binnenmarktberichts, da aufgrund der Finanz- und Wirtschaftskrise teilweise in veraltete Nationalismen zurückgefallen und der Binnenmarkt mehr als 18 Jahre nach dem Zieldatum 1992 noch nicht vollendet worden sei.[1579] *Monti* sieht den Binnenmarkt (und sein Funktionieren) als *existenzielle* Voraussetzung für das Gelingen und die Fortführung des europäischen Projektes an. Es sei „wichtig, dass die erwarteten wirtschaftlichen Vorteile zum Tragen kommen."[1580] Nach *Monti* wächst gerade heute, in den Jahren nach der Finanzkrise, die Bedeutung des Binnenmarktes wieder an, weil es sich auch um eine Krise der Wettbewerbsfähigkeit handele, die nur durch eine stärkere Wirtschaftsintegration überwunden werden könne, d. h. um eine „Steigerung der Gesamtproduktivität"[1581]. Nur eine „umfassendere Nutzung des Binnenmarkts als Schlüsselvoraussetzung (...) [verwirklicht] die anvisierten Wohlfahrtsgewinne."[1582] Wie die bisher behandelten Dokumente geht auch der Monti-Bericht von klassischen Konzepten der Außenhandelstheorie aus.[1583] Wettbewerb sei „unerlässlich für die Vielfalt, die Wettbewerbsvorteile und die Produktivitätsgewinne, die der Nährboden für Wachstum und Innovation sind."[1584] Hervorzuheben ist, dass nach *Monti* von klassischen Binnenmarktkonzepten insoweit abzuweichen sei, als nicht nur die klassischerweise in den Blick genommenen Politikfelder Gegenstand der Binnenmarktstrategie werden sollten, sondern zunehmend auch Bereiche wie

---

[1575] Cecchini-Bericht, 17.
[1576] Cecchini-Bericht, 18.
[1577] Cecchini-Bericht, 16.
[1578] Monti-Bericht, 40.
[1579] Monti-Bericht, 3.
[1580] Monti-Bericht, 38, 14.
[1581] Monti-Bericht, 17 f.
[1582] Monti-Bericht, 37.
[1583] Monti-Bericht, 31.
[1584] Monti-Bericht, 102.

„z. B. Justiz und Unionsbürgerschaft."[1585] Das *Neue* an der Binnenmarktstrategie ist ihr *Umfassendsein.*[1586]

Der Warenverkehr mache „75 % der Intra-EU-Handelsströme aus"[1587] und sei aktuell zwar „voll und ganz verwirklicht"[1588]. Dennoch werde er immer wieder gefährdet: erstens aufgrund des Wandels, den Waren infolge von Produktinnovationen, dem Aufkommen „neue[r] Technologien"[1589], sich wandelnden Verbraucherpräferenzen und immer schnelleren Produktlebenszyklen[1590] durchlaufen, zweitens durch die ständige (Weiter-)Entwicklung von Verwaltungs- und Genehmigungsverfahren und drittens durch eine Weiterentwicklung der Märkte und insbesondere der Vermarktungs- und Liefertechniken.[1591] Gerade im letzteren Bereich sieht *Monti* noch gravierende Defizite.[1592]

Nach *Monti* ist einer der Hauptanwendungsbereiche der Warenverkehrsfreiheit demnach wohl derjenige einer *Reservegewährleistung in Übergangszeiten*, in der zwar nationale Regelungen und Verwaltungsverfahren schon bestehen und dynamisch im Werden begriffen sind, eine unionsrechtliche Regelung aufgrund der Neuartigkeit der Thematik ggf. aber noch nicht zustande gekommen ist. Wohl weniger bedeutend ist sie nach *Monti* in Bereichen, die schon lange bekannt sind und als regulierungsbedürftig angesehen werden. Art. 35 AEUV könnte als flexibles, unmittelbar einsetzbares Koordinierungsinstrument verwendet werden.

h) Zwischenergebnis

Obwohl sie nur ein ausschnittsweise repräsentatives Zeugnis darstellen, kann in den vorgenannten Dokumenten neben den Verträgen eine zentrale Informationsquelle für das gesehen werden, was mit dem Binnenmarkt in den verschiedenen historischen Stadien der Integrationsgeschichte bezweckt, erreicht und verbunden wurde.[1593] In allen hier behandelten Dokumenten wird die

---

[1585] Monti-Bericht, 38. Zur gleichen Einschätzung gelangend *Snell*, in: Barnard/Peers, 300 (312), der den Grund darin sieht, dass dem Binnenmarkt durch die Verleihung eines sozialeren Antlitzes eine größere Zustimmung in der Bevölkerung verschafft werden solle.

[1586] Monti-Bericht, 38 ff.

[1587] Monti-Bericht, 61.

[1588] Monti-Bericht, 61.

[1589] Monti-Bericht, 61.

[1590] Unter Produktlebenszyklen wird der Zeitraum zwischen der Markteinführung eines Produktes und seiner Herausnahme aus den Märkten verstanden, vgl. *Runia/Wahl/Geyer/Thewißen*, 138

[1591] Monti-Bericht, 61.

[1592] Monti-Bericht, 62 f.

[1593] Natürlich ist der Binnenmarkt als ein zentrales Thema der Europäischen Einigungsgeschichte und -zukunft noch von einer Vielzahl weiterer Dokumente aufgegriffen und beschrieben worden. Die wesentlichen mit dem Binnenmarkt verbundenen Ideen, Perspek-

wohlfahrtsökonomische Bedeutung des Binnenmarktes auf der Grundlage *klassischer Außenhandels-* und *Wettbewerbstheorien* herausgehoben. *Friedenssicherung* nimmt dabei die Rolle eines *Rahmenziels* ein, das *über die Wohlfahrtsintegration* als Zielverwirklichungsweg erreicht werden soll. Die *konkreten Formen* der (Wirtschafts-)Integration sind jedoch aus dem Binnenmarktziel abzuleiten. Eine wirtschaftstheoretisch offensichtlich *wohlfahrtsschädliche* Auslegung (von Art. 35 AEUV) erschiene vor diesem Hintergrund nur schwer mit dem Binnenmarktziel vereinbar. Von den wirtschaftstheoretischen Grundlagen abgesehen sind die rechtlichen Konzeptionalisierungen meist vage, und gerade in der Anfangszeit spielten die Art. 34 f. AEUV praktisch kaum eine Rolle. Die spätere Bedeutung der Auslegung der Maßnahmen gleicher Wirkung durch den Gerichtshof scheint vor der Entstehung der EWG von keiner Seite antizipiert worden zu sein, auch wenn die gedanklichen Grundlagen durch die Dokumente hindurchscheinen. Angestrebt wird aber eindeutig eine Gemeinschaft des *Rechts*, d. h. mit *bindenden Verpflichtungen*. An vielen Stellen scheint ein Wettbewerbsgleichheitsverständnis durch. Wettbewerbsverzerrungen sollten durch ein „level playing field" ersetzt werden,[1594] wobei z. T. Unsicherheit in Bezug darauf bestand, *wie weit* Wettbewerbsverzerrungen abgebaut werden sollten.

Die Verträge sind von Anfang an als offenes Recht *im Werden* angesehen worden, das über die Schaffung einer Schicksalsgemeinschaft in eine Föderation münden sollte. Diese Offenheit des Rechts lässt die demokratietheoretisch problematische Unbestimmtheit des Binnenmarktziels (und der Art. 34 f. AEUV) weniger dramatisch erscheinen.

Einer der Hauptanwendungsbereiche der Warenverkehrsfreiheit könnte darin gesehen werden, als *flexibel einsetzbares Reserveinstrument in Übergangszeiten* in einem immer dynamischeren, vom technischen Fortschritt geprägten Umfeld zu fungieren, in dem plötzliche Rechtszersplitterungen auftreten können (ein aktuelles Beispiel hierfür ist z. B. das derzeitige Aufkommen selbstfahrender Autos, für die es auf internationaler und europäischer Ebene noch keine speziellen Regelungen gibt).

2. Politiktheoretische Überlegungen und empirische Beobachtungen zur Notwendigkeit eines Integrationsnutzens

Zunächst zeigen die historischen Erfahrungen im Zusammenhang mit der europäischen Integration die Wichtigkeit eines Integrationsnutzens auf: Die beteiligten nationalen Regierungen rechtfertigten ihre Zustimmung zu den

tiven und Visionen dürften jedoch weitestgehend in den vorbeschriebenen Dokumenten verkörpert sein. Zu weiteren Nachweisen siehe *Jensch*, 228 f.

[1594] *Saydé*, CYELS 13 (2010-2011), 365 (369, 372).

Verträgen mit den einhergehenden wohlfahrtsökonomischen Vorteilen.[1595] Auch sind sonstige Integrationsprojekte ohne direkten wirtschaftlichen Vorteil in der Anfangszeit der Integration gescheitert, z. B. die Europäische Verteidigungsgemeinschaft. Zudem erwiesen sich „Unionalisierungen" in anderen Bereichen ohne allgemein anerkannten wirtschaftlichen Nutzen als schwierig, wie etwa die Vorbehalte gegen soziale Rechte der Grundrechtecharta zeigten.[1596]

Diese Reaktionen sind politiktheoretisch erklärbar: Integration ist kein Selbstzweck im Zeitalter moderner Staatenorganisation: Nationalstaaten möchten einen bestimmten Nutzen befriedigen, den sie isoliert nicht erreichen können. Dieser Nutzen ist die notwendige Legitimationsbedingung der Integration, da mit dem Zusammenschluss anderer Staaten zu einem supranationalen Gebilde Hoheitsgewalt abgegeben wird, deren Verlust vor der nationalstaatlichen Öffentlichkeit durch die Erlangung eines *kompensatorischen Integrationsnutzens* gerechtfertigt werden muss.[1597] Mit *Zapka* kann gesagt werden: Wenn „in einem Nationalstaat paradiesische Zustände wie in einem Schlaraffenland [existierten], dann (…) [würde] sich eine wohlfahrtsökonomisch ausgerichtete Integration [erübrigen]."[1598] Wirtschaftlicher Erfolg, Wachstum und Prosperität wirken innerhalb des Nationalstaates und innerhalb der Gemeinschaft von Staaten herrschafts- und systemstabilisierend. Wenn das Binnenmarktprojekt tatsächlich an der Finalität des europäischen Projektes (wesentlich) teilhaben und mithin die Integration befördern will,[1599] kann es nur so interpretiert und ausgefüllt werden, dass die Bürger Wohlfahrtsvorteile erlangen.[1600] Ein weiterer Beleg für die Notwendigkeit eines Integrationsnutzens für das Funktionieren einer Integration von Nationalstaaten ist das Aufkommen europaskeptischer Parteien sowie die Wiedergeburt nationalistischer Ressentiments in vielen Krisenländern während der jüngsten Wirtschafts- und Finanzkrise.[1601]

3. Normativer Ausdruck der wohlfahrtsökonomischen Zielsetzung

Ausdruck gefunden hat die wohlfahrtsökonomische Zielsetzung in einigen grundlegenden Bestimmungen.

[1595] Nachw. zu Reaktionen aus der deutschen Politik und Wirtschaft (z. B. dem BDI) bei *Müller-Graff*, 1989, 5 ff.

[1596] *Kahl*, in: Calliess/Ruffert, Art. 26 AEUV Rn. 31 m. w. N.

[1597] Vgl. *Zapka*, 48 f.

[1598] *Zapka*, 48.

[1599] So die ganz h.M. vgl. nur *Ruffert*, in: Calliess/Ruffert, Art. 3 EUV Rn. 22; *Terhechte*, in: Grabitz/Hilf/Nettesheim, Art. 3 EUV Rn. 18 ff. jew. m. w. N.

[1600] *Nettesheim*, in: Oppermann/Classen/Nettesheim, § 18 Rn. 1; angedeutet bei *Ophüls*, ZHR 124 (1962), 136 (151).

[1601] Ähnl. Monti-Bericht, 28 f.

Nach der Präambel des Arbeitsweisevertrages wurde der Vertrag mit dem Entschluss gefasst, „die stetige Besserung der Leben- und Beschäftungsbedingungen (...) als wesentliches Ziel anzustreben“, die „harmonische Entwicklung“ der „Volkswirtschaften (...) zu fördern“ sowie „den wirtschaftlichen (...) Fortschritt zu sichern“. In der Präambel des Vertrages über die Europäische Union heißt es ebenfalls, dass der „wirtschaftliche Fortschritt“ gestärkt werden solle.

Nach Art. 3 I EUV ist es das Ziel der Union, „das Wohlergehen ihrer Völker zu fördern“[1602] sowie nach Art. 3 III Ua. 1 S. 1 EUV „auf die nachhaltige Entwicklung Europas auf der Grundlage eines ausgewogenen Wirtschaftswachstums (...), eine in hohem Maße wettbewerbsfähige soziale Marktwirtschaft, die auf Vollbeschäftigung (...) abzielt“, hinzuwirken. Die Schaffung einer effizienten wohlfahrtsorientierten Wirtschaftsstruktur stellte eine grundlegende Voraussetzung für die Erreichung dieser Ziele dar.[1603] Hieraus wird aber auch abgeleitet werden können, dass in Fällen des Marktversagens (insbesondere bei externen Effekten) Regulierung stattfinden muss, wenn das Wohlfahrtsziel anders nicht zu erreichen ist.

4. *Schlussfolgerungen*

Aus den bisherigen Überlegungen lassen sich folgende Schlussfolgerungen ziehen: Für das Fortbestehen der Europäischen Union ist es von hoher Bedeutung, dass das von ihr aufrechterhaltene „System“ dazu beiträgt, den Wohlstand der integrierten Nationen zu erhalten und zu vergrößern. Auch weitgehende Kompetenzverluste können womöglich politisch „ausgehalten“ werden, wenn sie ökonomisch für alle beteiligten Nationen vorteilig sind. Beide Aspekte müssen sich zueinander *proportional* verhalten. Normativ ist daher davon auszugehen, dass Auslegungen kaum mit den Verträgen zu vereinbaren sind, die zu Wohfahrtsnachteilen für die Mitgliedstaaten führen.

Entsprechend sollte der Binnenmarktgedanke nicht um seiner selbst willen, um die Integration zu befördern, durchgesetzt werden, sondern Integrationsmaßnahmen sollten stets an ihrer ökonomischen Vorteilhaftigkeit gemessen werden.[1604] Ansonsten würde das, was angestrebt werden soll, nämlich die Herstellung einer europäischen Einheit zu Friedenszwecken, konterkariert: Wirtschaftliche Probleme, die in einen Zusammenhang mit der Europäischen

---

[1602] Der Begriff des Wohlergehens umfasst nicht nur aber vor allem das *wirtschaftliche* Wohl, mit unterschiedlichen Betonungen im Detail *Frenz*, Bd. 6, Rn. 2069 f.; *Müller-Graff*, in: Dauses, A. I Rn. 113; *Ruffert*, in: Calliess/Ruffert, Art. 3 EUV Rn. 21; ähnl. *Terhechte*, in: Grabitz/Hilf/Nettesheim, Art. 3 EUV Rn. 32.

[1603] Vgl. *Szydło*, CMLR 47 (2010), 753 (777).

[1604] Vgl. auch *Franck*, in: Riesenhuber, 3. Aufl., § 5 Rn. 20; *Hertig*, Int'l Rev. L. & Econ. 11 (1991), 331 (333); Monti-Bericht, 38: Es sei „wichtig, dass die erwarteten wirtschaftlichen Vorteile zum Tragen kommen.“

Union gesetzt werden, bedrohen deren Existenz und deren Grundzielsetzung. Eine weitere Integration würde den erreichten Integrationsgrad also in bestimmten Fällen in Gefahr bringen. Im Zweifel – wenn Auslegungsspielräume bestehen, etwa bei einer grammatischen Unbestimmtheit – sollte eine freihandelstheoretisch-wohlfahrtsökonomische Bedeutung gewählt werden, die den durch rechtliche Rahmenbedingungen unverfälschten Wettbewerb der Produktionsfaktoren und Waren im grenzüberschreitenden Handel begünstigt.

Die bisher betrachteten Gesichtspunkte stützen nicht die Annahme, dass der Binnenmarkt auf eine allgemeine Deregulierung abzielt.[1605] Auch verweist der Binnenmarkt nicht dynamisch auf die jeweils geltende Wirtschaftstheorie. Vielmehr geht es speziell um die Beseitigung der Wohlfahrtsnachteile, *die aus der Zersplitterung der Rechtsordnungen und Märkte resultieren*: Herzustellen ist ein „level playing field" i. S. gleicher Wettbewerbsbedingungen.[1606]

VI. Normtheoretische Qualität des Binnenmarktziels?

Damit mögliche generelle grundfreiheitenspezifische sowie Art. 35 AEUV-spezifische Inhalte des Binnenmarktzieles für den Rechtsinterpreten Bindungswirkung entfalten können, muss das Binnenmarktziel mindestens Rechtsqualität und Auslegungsrelevanz besitzen und darf nicht nur einen „bloßen Programmsatz"[1607] darstellen. Fraglich ist darüber hinaus, ob das Binnenmarktziel zur „rechtskategoriale[n] Königsklasse"[1608] gehört, d. h. unmittelbar anwendbar ist und subjektive Rechte einräumt. Sofern das Binnenmarktziel in bestimmtem Umfang eine Anwendung der Warenausfuhrfreiheit ersetzen kann, also unmittelbar anwendbar ist und subjektive Rechte verleiht, bleibt dies nicht ohne Konsequenz für die Warenausfuhrfreiheit. Obwohl hier Art. 35 AEUV untersucht wird und das Binnenmarktziel nicht um seiner selbst willen beleuchtet werden soll, kann es mithin nicht dahinstehen, ob eine unmittelbare Anwendbarkeit (im Sinne einer Ableitbarkeit konkreter Rechtsfolgen [auch für Mitgliedstaaten]) sowie eine subjektive Berechtigung durch das Binnenmarktziel existieren: Etwa könnte das Bedürfnis für eine extensive Auslegung von Art. 35 AEUV entfallen; in diesem Sinne würde eine binnenmarktorientierte Auslegung nicht mehr notwendig sein, weil

---

[1605] Es bestehen erhebliche Zweifel daran, ob eine Deregulierung – wäre sie primärrechtlich gewollt und verankert – überhaupt volkswirtschaftliche Vorteile bringen würde, vgl. hierzu *Molitor*, in: FS Everling I, 875 ff.

[1606] *Saydé*, CYELS 13 (2010-2011), 365 (369, 372).

[1607] Vgl. nur *Kahl*, in: Calliess/Ruffert, Art. 26 AEUV Rn. 15 ff.; *Basedow*, in: FS Everling I, 49.

[1608] *Müller-Graff*, in: Dauses, A. I Rn. 136.

das Binnenmarktziel als eine „self-executing“ Norm binnenmarktwidrigen Zuständen selbst abhelfen würde. Zudem würde eine unmittelbare Anwendbarkeit auch Einfluss hinsichtlich der Auslegungsrelevanz des Binnenmarktziels entfalten.

1. Binnenmarktziel unmittelbar anwendbar und subjektive Rechte verleihend?

a) Auffassung des EuGH

Der EuGH hatte bereits in Bezug auf ex-Art. 2 EWG anerkannt, dass die Unionsorgane grundsätzlich an die primärrechtlichen Zielbestimmungen gebunden sind, mithin, dass das Binnenmarktziel *Rechtsqualität* besitzt.[1609] Zudem hat der EuGH die auslegungsleitende Funktion des Binnenmarktziels anerkannt.[1610] Es handelt sich nicht um einen bloßen Programmsatz.[1611] In mehreren Rechtssachen und in verschiedenen Kontexten hat der EuGH allerdings judiziert, dass ex-Art. 2 EWG keine *unmittelbaren mitgliedstaatlichen Pflichten* begründen könne.[1612] Auch bezüglich des Systems unverfälschten Wettbewerbs hat er eine Pflichtenfolge nicht anerkennen wollen.[1613] In Bezug

---

[1609] EuGH, Urt. v. 20.04.1978, Rs. 80, 81/77, Slg. 1978, 928, Rn. 35/36 (*Commissionaires Réunis*).

[1610] Angedeutet in EuGH, Urt. v. 08.06.1971, Rs. 78/70, Slg. 1971, 488 (499 f.), Rn. 11 f. (*Grammophon*); EuGH, Urt. v. 03.07.1974, Rs. 192/73, Slg. 1973, 732 (745), Rn. 12/13 (*Van Zuylen/HAG*); EuGH, Urt. v. 12.10.1978, Rs. 13/78, Slg. 1978, 1935 (1953 f.), Rn. 24 (*Eggers*); dagegen klar festgestellt in EuGH, Urt. v. 15.06.1976, Rs. 51/76, Slg. 1976, 811 (847 f.), Rn. 8/11 (*EMI Records*); EuGH, Urt. v. 09.02.1982, Rs. 270/80, Slg. 1982, 330 (348 f.), Rn. 16, 18 *(Polydor)*; EuGH, Urt. v. 05.05.1982, Rs. 15/81, Slg. 1982, 1410 (1431 f.), Rn. 33 (*Schul*); EuGH, Urt. v. 15.03.1983, Rs. 319/81, Slg. 1983, 602 (*Kommission/Italien*), Rn. 20. Zum gleichen Ergebnis kommend *Weyer*, 41.

[1611] In Bezug auf das noch heute in Art. 3 III EUV verankerte (Binnenmarktbegleit-)Ziel der Erreichung „wirtschaftlichen und sozialen Zusammenhalts“ geht der EuGH aber von einem bloßen „programmatischen Charakter“ und dem alleinigen Verwirklichungsweg über „Politiken und Handlungen der Gemeinschaft sowie der Mitgliedstaaten“ aus, EuGH, Urt. v. 23.11.1999, Rs. C-149/96, Slg. 1999, I-8425 (*Portugal/Rat*), Rn. 86; A.A. *Reimer*, EuR 2003, 992 (1000 Fn. 65). Hierbei handelt es sich aber aufgrund der Fülle an Äußerungen, die in die entgegengesetzte Richtung weisen, wohl um keine verallgemeinerbare Äußerung, sondern um eine, die sich aus der Eigentümlichkeit des betrachteten Ziels (wirtschaftlicher und sozialer Zusammenhalt) erklärt. In die andere Richtung weisen die expliziten Äußerungen des EuGH in seinem Urt. v. 21.02.1973, Rs. 6/72, Slg. 1973, 218, Rn. 23, 25.

[1612] EuGH (Fn. 412), Rn. 9 (*Alsthom Atlantique*); EuGH, Urt. v. 20.10.1993, Rs. C-297/92, Slg. 1993, I-5211 (*Baglieri*), Rn. 14–17; EuGH, Urt. v. 21.09.1999, C-378/97, Slg. 1999, I-6251 *(Wijsenbeek)*, Rn. 39 f.; in Bezug auf das alte Begleitziel der „Hebung der Lebenshaltung“ in ex-Art. 2 EWG auch EuGH, Urt. v. 29.09.1987, Rs. 126/86, Slg. 1987, 3712 *(Giménez Zaera)*, Rn. 11.

[1613] EuGH (Fn. 412), Rn. 9 (*Alsthom Atlantique*).

auf beide Normkomplexe stellte er stattdessen auf die Umsetzungsnormen ab.[1614]

Bezüglich der an die Unionsorgane gerichteten Pflichten ergibt sich ein ähnliches Bild: Auch hier hat der EuGH keine *selbständigen* Pflichten aus dem Binnenmarktziel abgeleitet. Vereinzelt hat er eine Maßnahme, die schon mit einer unmittelbar anwendbaren Operativbestimmung unvereinbar war, *zusätzlich* als mit dem Binnenmarktziel unvereinbar qualifiziert.[1615] Zudem hat er eine Art „standstill-Verpflichtung"[1616] anerkannt in dem Sinne, dass die Unionsorgane nicht unter einen erreichten Integrationslevel absinken dürfen.

Wettbewerbsbeschränkende Maßnahmen mitgliedstaatlicher Organe, die nicht unter die Art. 107 ff. AEUV fallen, hat der EuGH mehrfach am System unverfälschten Wettbewerbs i. V. m. dem Loyalitätsgrundsatz gemessen und gerade nicht am allgemeinen Binnenmarktgedanken.[1617] Aufgrund der Verankerung des Systems unverfälschten Wettbewerbs im Binnenmarktgedanken wäre der genannte Fall nun der erste und einzige, bei dem der EuGH, formal betrachtet, unmittelbar aus dem Binnenmarktgedanken Rechtsfolgen ableiten würde. Allerdings handelt es sich dabei inhaltlich um eine Ableitung aus dem *System unverfälschten Wettbewerbs* als *eigenständigem* Unter-*Topos* des Binnenmarktkonzepts. Aufgrund dieser Sonderstellung ist diese grundsätzliche Aussage des EuGH mithin nicht generalisierbar.

Die primärrechtliche „Abneigung" gegen die Ableitung konkreter Rechtsfolgen zeigt etwa, dass selbst die für das Binnenmarktkonzept (zumindest semantisch) sehr konkrete Wendung des „Raum[es] ohne Binnengrenzen" in Art. 26 II AEUV im Hinblick auf die spezielleren Vorschriften der Grundfreiheiten und des Art. 77 I lit. a AEUV nicht als unmittelbar anwendbar zu klassifizieren ist.

Der Gerichtshof geht davon aus, dass ex-Art. 2 EWG Privaten keine subjektiven Rechte gewährt.[1618]

Der EuGH erkennt *praktisch* somit nur die *Auslegungsrelevanz* des Binnenmarktzieles an. Die Auffassung des EuGH spielt im Hinblick auf die rechtstheoretische Einordnung eine *zentrale* Rolle, und zwar nicht nur, weil der EuGH das unionale Höchstgericht ist und ihm die generelle Interpretationsbefugnis zugewiesen wurde: Die Unbestimmtheit der Binnenmarktzielnormen zeigt nämlich ebenfalls, dass die Frage, ob und wie das Binnenmarktziel konkretisiert werden soll, an den EuGH delegiert wurde.[1619] Mithin stellt

---

[1614] EuGH (Fn. 412), Rn. 11, 13. Gleiches tat er im EuGH-Urt. v. 18.06.1991, Rs. C-260/89, Slg. 1991, I-2925 (*ERT*), Rn. 39 f.

[1615] S. EuGH (Fn. 1609) – *Commissionaires Réunis*.

[1616] *Ruffert*, in: Calliess/Ruffert, Art. 3 EUV Rn. 4 m. w. N.

[1617] *Lange*, EuR 2008, 3 ff. m. umf. w. N.

[1618] EuGH (Fn. 412), Rn. 10 (*Alsthom Atlantique*); EuGH, Urt. v. 29.09.1987, Rs. 126/86, Slg. 1987, 3712 *(Giménez Zaera)*, Rn. 11.

[1619] Vgl. *Luczak*, 135 Fn. 559 m. umf. w. N.

die Zurückhaltung des EuGH einen gewichtigen und gegen eine extensive Handhabung sprechenden Auslegungsfaktor dar.

b) Diskussion

Zunächst sind in der Tat innerhalb eines Rechtsdokuments wie den Verträgen „rechtlich unverbindliche Ziele (...) in einer Rechtsgemeinschaft schwer vorstellbar“.[1620] Im Grundsatz ist davon auszugehen, dass in die *Form* des Rechts gegossene Willensbekundungen – das Binnenmarktziel ist Teil eines Vertrags und keine bloße Politik- oder Absichtserklärung oder bloßer Erwägungsgrund oder Teil der Präambel – auch *materiell* als Recht gewollt sind. Doch es findet selbst ohne Anerkennung einer unmittelbaren Anwendbarkeit eine Zielverwirklichung statt. Es kann also nicht gesagt werden, dass das Binnenmarktziel ohne die Einräumung unmittelbar anwendbarer subjektiver Rechte unionsrechtlich nicht verwirklicht würde: Das Binnenmarktziel kann immer noch als Auslegungsmaßstab fungieren.

Die Grundfreiheiten stellen *spezifische Instrumente* zur Abwehr mitgliedstaatlicher Maßnahmen dar, die grenzüberschreitendes Handeln behindern.[1621] Bestünde eine Art „universeller Reservemaßstab“,[1622] verlören die Grundfreiheiten an Bedeutung: Auf feine *Abgrenzungen* und *Differenzierungen* und eine ausgefeilte Dogmatik käme es nicht mehr an. Ein derart weit verstandenes und schlagkräftiges Binnenmarktziel würde die Begrenzungen im Recht der Grundfreiheiten (je nach Handhabung mehr oder weniger) einebnen (etwa im Hinblick auf Eingrenzungen des persönlichen Anwendungsbereichs oder auf die Ausklammerung innerstaatlicher Sachverhalte). Sofern ein Reservemaßstab in Form des Binnenmarktzieles existierte, der sämtliche grundfreiheitlichen Schutzgehalte umfasste, würden diese obsolet.

In eine andere Richtung spricht auch nicht Art. 4 III EUV: Als unionsverfassungsrechtliches Ziel wird der Binnenmarktgedanke zwar von dem Handlungs- sowie Unterlassungspflichten statuierenden und an die Mitgliedstaaten adressierten Loyalitätsgebot in Art. 4 III EUV mitumfasst. Dieses legt ausdrücklich fest, dass „alle Maßnahmen zu unterlassen sind, die die Verwirklichung der Ziele der Union gefährden könnten“. Nach dem sehr weiten Wortlaut von Art. 4 III Ua. 3 EUV genügt sogar die bloße *Potenzialität* einer *Gefährdung* („gefährden könnte“).[1623] Auf der anderen Seite sind die Pflichten in Art. 4 III EUV abhängig von der Begründung *anderweitig begründeter* Pflichten.

[1620] *Ruffert*, in Calliess/Ruffert, Art. 3 EUV Rn. 5 m. w. N.; *Kahl*, in: Calliess/Ruffert, Art. 26 AEUV Rn 15 m. w. N.

[1621] Ähnl. *Reimer*, EuR 2003, 992 (1006).

[1622] Ähnl. *Reimer*, EuR 2003, 992 (1006): „Korrektur- und Reservefunktion“.

[1623] Vgl. hierzu auch *Grabitz*, in: FS Ipsen, 645 (653 f.).

Sodann ist das Binnenmarktziel zwar in seinen Grundlinien konkretisiert. Letztlich kann aber auch ein noch so großer Konsens in der Literatur die fehlende Konturierung des Binnenmarktzieles nicht ersetzen. Denn mit der Schlagkräftigkeit, die mit der unmittelbaren Anwendbarkeit einhergeht, würde der EuGH einen praktisch nicht kontrollierbaren Universalmaßstab erhalten, den er beliebig konkretisieren oder zurücknehmen könnte, was die Rechtssicherheit und die Kontrollierbarkeit seiner Entscheidungen durch Wissenschaft und mitgliedstaatliche Verfassungsgerichtsbarkeit beeinträchtigen würde und demokratietheoretisch problembehaftet wäre: Dem EuGH würde eine Machtfülle zuwachsen, die einen erheblichen Eingriff in die Gewaltenteilung darstellen würde.[1624] Gleichzeitig würde die Kontrolle der Mitgliedstaaten als „Herren der Verträge“ in erheblichem Maße reduziert werden. Schließlich sind die allgemein anerkannten Voraussetzungen für die unmittelbare Anwendbarkeit einer Norm – inhaltliche Unbedingtheit und hinreichende Bestimmtheit – jedenfalls mit Blick auf die zweite Voraussetzung nicht gegeben.

c) Schlussfolgerungen

Daher ist grundsätzlich die unmittelbare Anwendbarkeit des Binnenmarktziels zu verneinen.[1625] Mit Blick auf die Mitgliedstaaten können überhaupt keine und mit Blick auf die Unionsorgane nur ausnahmsweise Pflichten anerkannt werden. Dabei kann allenfalls eine „evidente Zielverfehlung“[1626] bzw. eine „völlige Untätigkeit trotz evidenter Erforderlichkeit“[1627] gerügt werden, wobei es sich hierbei nur um einen „hypothetische[n] Grenzfall“[1628] handelt. Privaten sollten durch das Binnenmarktziel keine subjektiven Rechte eingeräumt werden.[1629]

2. Auslegungsrelevanz

Anders ist die Lage mit Blick auf die *Auslegungsrelevanz* des Binnenmarktzieles. Der EuGH hat diese (im Gegensatz zur unmittelbaren Anwendbarkeit)

[1624] Vgl. auch die Überlegungen b. Fn. 2322 ff.

[1625] Ebenso *Rohe*, RabelsZ 61 (1997), 1 (30); Generalanwalt *Alber*, Schlussanträge v. 06.06.2000 – Rs. C-9/99, Rn. 23–25, 50 (*Échirolles*); EuGH, Urt. v. 03.10.2000, Rs. C-9/99, Slg. 2000, I-8224, Rn. 31 a. E. (*Échirolles*).

[1626] *Ruffert*, in Calliess/Ruffert, Art. 3 EUV Rn. 5 m. w. N.; ähnl. *Reimer*, EuR 2003, 992 (1005); ähnl. *Bast* in: Grabitz/Hilf/Nettesheim, Art. 26 AEUV Rn. 8.

[1627] *Bast* in: Grabitz/Hilf/Nettesheim, Art. 26 AEUV Rn. 8.

[1628] *Bast* in: Grabitz/Hilf/Nettesheim, Art. 26 AEUV Rn. 8.

[1629] Dies für Art. 26 AEUV feststellend *Kahl*, in: Caliess/Ruffert, Art. 26 AEUV Rn 15; dies für Art. 3 III 1 AEUV feststellend *Ruffert*, in Calliess/Ruffert, Art. 3 EUV Rn. 5.

anerkannt.[1630] Auch ist an den bereits ausgeführten Gesichtspunkt zu erinnern, dass dem Binnenmarktziel Rechtsqualität zukommt.[1631]

Es ist jedoch einzuräumen, dass die Gefahr mangelnder Kontrolle über den Gerichtshof aufgrund der Unbestimmtheit des Binnenmarktziels auch bei einer Heranziehung des Binnenmarktziels als Auslegungsgesichtspunkt besteht. Diese Gefahr wird allerdings bei einer Heranziehung als Auslegungsmaßstab durch verschiedene Aspekte abgemildert: Das Binnenmarktziel kann nur in den Grenzen der als Operativbestimmungen des Binnenmarktzieles anerkannten Normen wirken, die teilweise konkrete und damit ebenfalls als Anhaltspunkt fungierende Inhalte oder sogar klar bestimmbare Grenzen besitzen. Dies ist freilich bei einigen Normen – auch bei Art. 34 f. AEUV – nicht der Fall mit Blick auf *deren* grammatische Unbestimmtheit.

Die Einbettung der Operativbestimmungen in die Gesamtsystematik der Verträge und die jeweiligen Untersystematiken (also z. B. die Stellung der Warenverkehrsfreiheit innerhalb der Grundfreiheiten insgesamt) reduziert den Auslegungsspielraum zusätzlich. Auch ist das Binnenmarktziel nur *ein* die Inhalte der Grundfreiheiten steuerndes Konzept *von mehreren*, das sich somit gegenüber konkurrierenden Auslegungserwägungen behaupten muss und von diesen begrenzt wird.

Eine weitere „Sicherungsebene“ könnte ein Konsens in der Lehre über gewisse *absolute äußere Grenzen* des Binnenmarktziels darstellen.[1632]

Mehrere Gesichtspunkte sprechen zudem dafür, dass ein gewisser Spielraum des EuGH von den Mitgliedstaaten akzeptiert wurde und wird, sodass gewisse Unsicherheiten hinzunehmen und akzeptiert sind: Der EuGH hat eine weitreichende Interpretation der Grundfreiheiten bereits mehrmals vorgenommen und auch wieder zurückgenommen. Diese schwankende Auslegungspraxis haben die Mitgliedstaaten vertraglich nicht korrigiert. Zudem kann eine *Delegation* der Interpretationskompetenzen an den EuGH in der unbestimmten Fassung von Art. 35 AEUV erblickt werden. Eine gewisse Interpretationsflexibilität ist mit Blick auf das Integrationsziel auch notwendig. Die Mitgliedstaaten können zudem jederzeit korrigierend in die Norminterpretationen des Gerichtshofs eingreifen, indem sie („nur“) die *Operativbestimmungen* des Binnenmarktziels ändern, ohne den Binnenmarkt als *Gesamtkonzept* (und damit tendenziell auch den Gerichtshof) desavouieren zu müssen.

Die Heranziehung des Binnenmarktziels als Auslegungsleitlinie bietet sogar die Chance auf eine *größere* Kontrolle des EuGH, wenn dieser das Binnenmarktziel häufiger als Argument verwendet und daher Inkohärenzen in

[1630] S. b. Fn. 1609 ff.

[1631] S. vor Fn. 1621.

[1632] Allgemein zur „Pflicht“ der Rechtswissenschaft die grundlegenden Ziele des Unionsprimärrechts zu operationalisieren und justiziabel zu machen *Luczak*, 138–140.

der (binnenmarktfinalen) Auslegung von Operativbestimmungen (durch den EuGH) offensichtlich werden und der EuGH hierdurch besser kritisierbar wird.

Im Ergebnis sollte die Auslegungsrelevanz des Binnenmarktziels trotz der sichtbaren Schwierigkeiten bejaht werden.[1633] Jedoch sollte das Binnenmarktziel aufgrund der dargestellten Unsicherheiten nicht *zu große* Steuerungswirkungen entfalten und nur *ein* Steuerungskonzept darstellen, das zwingend durch weitere Auslegungsgesichtspunkte zu ergänzen ist und sich soweit wie möglich an *konkrete* Normgehalte anlehnen sollte. Es sollte sich des Weiteren in den Gesamtrahmen der Verträge einfügen und durch Änderungsverträge bewirkte Akzentverschiebungen widerspiegeln. Schließlich sollten interpretative Entwicklungen und erst recht „Innovationen" schrittweise, langsam und (die Reaktion des Primärrechtgebers und der Lehre) abwartend erfolgen.

VII. Überblick über die Rechtsgrundlagen des Binnenmarktziels

Mit Blick auf die Kontextabhängigkeit des Binnenmarktzieles muss eine Inhaltsbestimmung den größeren Rahmen berücksichtigen, in dem das Binnenmarktziel steht. Diese könnte Anknüpfungspunkte für weitere Analysen bieten.

1. Fundamentalbestimmungen und mit dem Binnenmarkt verknüpfte Ziele

„Die Union errichtet einen Binnenmarkt" gem. Art. 3 III 1 EUV. Die zentrale Positionierung des Binnenmarktziels in Art. 3 III 1 EUV legt Zeugnis darüber ab, dass der Binnenmarkt „[a]llen polemischen Angriffen zum Trotz"[1634] immer noch das „Gravitationszentrum der EU-Rechtsordnung"[1635] bildet und damit ein „Kernstück der Integration"[1636] darstellt. Der Binnenmarkt wird

[1633] H.M. vgl. nur *Ahlfeld*, 24; *Barnard*, E. L. Rev. 26 (2001), 35 (55); *Basedow*, in: FS Everling I, 49 („Leitlinien"); *Bleckmann*, DVBl 1986, 69 (73); *Englisch*, 219 f., 229; *Fremuth*, EuR 2006, 866 ff.; *Grabitz*, in: FS Ipsen, 645 (646); *Hödl* („Auslegungsmaxime"), 69; *Hoffmann*, 40 m. w. N.; *Ipsen*, Europäisches Gemeinschaftsrecht, § 28 Rn. 21, 24 S. 558, 561 („Einzelregelungen werden [...] durch die Zielbestimmungen ständig und automatisch ziel-konform aufgewertet und aufgebessert"); *Jensch*, 227 („Auslegungshilfe"); *Luczak*, 194 m. w. N.; *Mühl*, 142; *Reich*, EuZW 1991, 203 (204: „Auslegungsregel"); *ders.*, ZIP 1993, 1815 (1817 f.); *Reimer* spricht in der Sache gleich von „Steuerungsfunktion" der Unionszielsetzungen, in: EuR 2003, 992 (1003 f.); *Roth*, ZHR 159 (1995), 78 (91); *Ruffert*, in: Calliess/Ruffert, Art. 3 EUV Rn. 9; *Sack/Fasshold*, WRP 1993, 519 (520); *Strassburger*, 32 f.; *Streil*, in: Beutler/Bieber/Pipkorn/Streil, 294; *Stuyck*, in: Dony/De Walsche, 1477; *Weyer*, 9.

[1634] *Ruffert*, in: Calliess/Ruffert, Art. 3 EUV Rn. 22.

[1635] *T. Müller*, 174.

[1636] *Ruffert*, in: Calliess/Ruffert, Art. 3 EUV Rn. 22.

durch verschiedene Rechtsinstitute konstituiert.[1637] Mittelbar konturieren also auch diese den Binnenmarkt, auch wenn sie sprachlich nicht immer wieder auf den Begriff des Binnenmarktes zurückverweisen. Der enge systematische Zusammenhang zwischen Art. 3 III 1 und Art. 3 III 2 EUV zeigt die hinter dem Binnenmarktgedanken stehenden *wirtschaftspolitischen Zielsetzungen* auf, also die mit dem unmittelbaren Ziel des Binnenmarktes verfolgten mittelbaren Ziele der Prosperität, der Wettbewerbsfähigkeit, der sozialen Verantwortung des Marktwirtschaftens, der Vollbeschäftigung sowie der ökologischen Verträglichkeit des unionalen Wirtschaftsmodells. Unter den angesprochenen Zielen finden sich verschiedene *volkswirtschaftliche Parameter.* Die Ziele der *Prosperität* und *Voll*beschäftigung implizieren einen *Optimierungsdruck.* Die Bezugnahme auf Wettbewerbsfähigkeit und Marktwirtschaft kann dabei die Grundlage für ein Binnenmarktmodell bilden, das diese Optimierung über eine Grundfreiheiteninterpretation erreicht, die die *Wettbewerbswirkungen* zu verstärken sucht. Dass die sozial-ökologische Verantwortung des Wirtschaftsmodells hervorgehoben wird, belegt, dass *belangbezogene* Eingriffe zulässig sein müssen (etwa auf der Grundlage der Rechtfertigungsgründe).

2. Operativbestimmungen[1638]

Art. 26 AEUV ist die Norm, die darauf hinweist, *welche* Bestimmungen als Konkretisierungs- und Operativbestimmungen des Binnenmarktkonzeptes verstanden werden können. Sie stellt somit ein *Bindeglied* zur Zielbestimmung des Art. 3 III EUV dar. Nach Art. 26 II AEUV „umfasst der Binnenmarkt einen Raum ohne Binnengrenzen, in dem der freie Verkehr von Waren, Personen, Dienstleistungen und Kapital gemäß den Bestimmungen der Verträge gewährleistet ist." Zu den Rechtsgrundlagen gehören somit auch die die Grundfreiheiten instituierenden Normen in den Art. 28–65 AEUV. Art. 26 I AEUV hebt die besondere Rolle der Rechtsangleichung für den Binnenmarkt hervor, wonach der Binnenmarkt durch den Erlass der „erforderlichen Maßnahmen (…) nach Maßgabe der einschlägigen Bestimmungen der Verträge" verwirklicht und „dessen Funktionieren" gewährleistet (Art. 26 I AEUV) wird.[1639] Insbesondere im Hinblick auf die grundfreiheitlich geschützte Freizügigkeit räumt der Arbeitsweisevertrag Rechtsangleichungskompetenzen in den Art. 46, 48, 50, 52, 53, 59, 62 AEUV ein. Daneben sind die nicht sektorspezifischen allgemeinen Rechtsangleichungskompetenzen in den Art. 114 f. AEUV hervorzuheben.[1640] Hiervon zu trennen sind Kompetenzvorschriften,

---

[1637] Überblick bei *Müller-Graff*, in: Dauses, A. I Rn. 127 ff.

[1638] Siehe hierzu insgesamt auch *Terhechte*, in Grabitz/Hilf/Nettesheim, Art. 3 EUV Rn. 40 ff. m. w. N.

[1639] Vgl. nur *Frenz*, Bd. 1, Rn. 26 f. m. w. N.

[1640] Hierzu umfassend *von Danwitz*, in: Dauses, B. II Rn. 110 f. m. w. N.

die nicht durch die Binnenmarktverwirklichung legitimiert werden wie die Umweltpolitik (Art. 191–193 AEUV), die Politik des Gesundheitswesens (Art. 168 AEUV) und Teilbereiche der Verbraucherschutzpolitik (Art. 169 AEUV), der Katastrophenschutzpolitik (Art. 196 AEUV) und Kulturpolitik (Art. 167 AEUV) sowie der Politik der allgemeinen und beruflichen Bildung, der Jugend und des Sports (Art. 165 f. AEUV).[1641] Gleichwohl sind auch diese Bereiche *mindestens faktisch* binnenmarktrelevant, weil sie die Bedingungen modifizieren, unter denen die grenzüberschreitende Waren- und Faktorallokation stattfindet.

Das Binnenmarktziel impliziert folglich einen engen Zusammenhang zwischen Rechtsangleichung und negativer Integration über die Grundfreiheiten. Es liegt daher nahe, zwischen beiden Instituten *Parallelbetrachtungen* anzustellen, in denen Gemeinsamkeiten, aber auch Unterschiede festgestellt werden können.[1642] Dies gilt umso mehr, als die (zur Sekundärrechtssetzung berechtigenden) Rechtsangleichungsvorschriften detailliert(er)e Vorgaben aufstellen (als die Grundfreiheiten). Auch die die Rechtangleichungskompetenzen konkretisierende EuGH-Rechtspechung sollte in eine Analyse einbezogen werden.

Das System unverfälschten Wettbewerbs steht auch heute noch im Primärrechtrang und ist trotz seiner Streichung aus ex-Art. 3 I lit. g EG aufgrund seiner Aufnahme in das primärrechtlich verbindliche Protokoll (Nr. 27) als Teil des Primärrechts anzusehen, kraft dessen es ausdrücklich Teil des Binnenmarktkonzeptes ist, womit es an dessen Verbindlichkeit und Wirkkraft gem. Art. 3 III 1 EUV teilhat.[1643] Mittelbar sind also auch die Art. 101 ff. AEUV zum Binnenmarktrecht zu zählen. Auch in Bezug auf die wettbewerbsrechtlichen Operativbestimmungen ist zu prüfen, inwieweit eine Parallelbetrachtung in Betracht kommt. Zudem ist zu überlegen, inwieweit das System unverfälschten Wettbewerbs als binnenmarktkonkretisierendes Teilziel betrachtet werden kann, das auf die Grundfreiheiten(-Interpretation) ausstrahlt.[1644]

Einen weiteren binnenmarktrelevanten Normenkomplex bildet die einheitliche Gestaltung der Außenwirtschaft, die sich aus dem Gemeinsamen Zolltarif (Art. 31 AEUV), der Kooperation im Zollwesen (Art. 33 AEUV), der gemeinsamen Außenhandelspolitik (Art. 205 – 207 AEUV, 21 f. EUV) sowie dem Personenverkehr (Art. 3 II EUV, 67 ff., 77 ff. AEUV) ergibt.[1645]

Schließlich gibt es mehrere Normbündel, in denen der Union eigenständige Sachkompetenzen zugewiesen oder Koordinationen von mitgliedstaatlichen

---

[1641] Vgl. *Müller-Graff*, in: Dauses, A. I Rn. 152.

[1642] S. hierzu umf. b. Fn. 2039 ff.

[1643] S. umf. b. Fn. 1707 ff.

[1644] S. umf. b. Fn. 1701 ff.

[1645] *Müller-Graff*, in: Dauses, A. I Rn. 137 f. m. w. N.

Sachpolitiken geregelt werden: Darunter fallen die waren- und dienstleistungsverkehrsbezogenen Sondervorschriften zu Landwirtschaft, Fischerei (Art. 38 ff. AEUV) und Verkehr (Art. 90 ff. AEUV); (auch) am Binnenmarktkonzept orientierte Bestimmungen sind in den Art. 170–172 AEUV zu transeuropäischen Verkehrs- Telekommunikations- und Stromnetzen zu sehen, in Art. 194 AEUV (zur europäischen Energiepolitik), in der Strukturpolitik in den Art. 174 ff. AEUV, in den Vorschriften zur justiziellen Zusammenarbeit in Zivilsachen (Art. 81 AEUV) sowie in den Normen zur Sozialpolitik (Art. 154–161 AEUV) und dem Europäischen Sozialfonds (Art. 162–164 AEUV).[1646]

VIII. Ableitung eines Wettbewerbsgleichheitsgebots aus dem Binnenmarktziel?

Fraglich ist, *welche* Auslegungsleitlinien aus dem Binnenmarktziel für die Grundfreiheiten abgeleitet werden können. Mit Blick auf das spezielle hiesige Anliegen – die Frage der Einbeziehung unterschiedsloser Maßnahmen in Art. 35 Alt. 2 AEUV –, ist vor allem zu prüfen, ob ein *Wettbewerbsgleichheitsgebot* im Binnenmarktziel verankert ist. Dabei wird auch dazu Stellung genommen werden müssen, ob dem Binnenmarktziel ein allgemeines *Deregulierungsgebot* innewohnt.

Das Binnenmarktziel soll hier nicht in allen Verästelungen ausgeleuchtet werden, die keine Wechsel- oder Rückwirkungen mit dem vorliegenden Untersuchungsgegenstand aufweisen. Der Blick muss hier daher hin- und herwandern zwischen abstrakter und warenexportbezogener Binnenmarkttheoretisierung. Das Binnenmarktziel ist schon von Natur aus abstrakt, da es eine ganze Reihe von Instituten und Normen bzw. Normgeflechten umfassen muss (z. B. die Grundfreiheiten, die Rechtsangleichung und die Wettbewerbsvorschriften). Wenn das Binnenmarktziel aber auch Auslegungsvorgaben für *einzelne* Operativbestimmungen aufweist, müssen seine Teilgehalte auch *konkretisierbar* sein. Es ist dabei denk- und vorstellbar, dass es Binnenmarktteilgehalte gibt, die mit Blick auf bestimmte Operativnormen irrelevant sind. Die hiesige Binnenmarktanalyse erhebt daher nicht den Anspruch einer erschöpfenden Ausdeutung des Binnenmarktziels. Die Binnenmarkttheoretisierung erfolgt hier nur insofern, als ein Zusammenhang mit der Interpretation von Art. 35 Alt. 2 AEUV hergestellt werden kann.[1647]

[1646] Hierzu umfassend *Müller-Graff*, in: Dauses, A. I Rn. 139–147 m. w. N.

[1647] Natürlich können bestimmte Auslegungsvorgaben, die sich auf andere Operativbestimmungen als Art. 35 Alt. 2 AEUV beziehen, dennoch hier von Relevanz und daher zu behandeln sein, nämlich, wenn sie mit Art. 35 Alt. 2 AEUV *interagieren* oder eine be-

1. EuGH-Rechtsprechung zu Binnenmarktinhalten

Zunächst ist zu untersuchen, welche Inhalte der *Gerichtshof* im Binnenmarktziel verortet.

Nach Auffassung des EuGH zielte das Primärrecht mit der „Errichtung eines Gemeinsamen Marktes (...) auf den Zusammenschluß der nationalen Märkte zu einem einheitlichen Markt[1648] ab, der die Merkmale eines Binnenmarktes aufweist."[1649] Später weichte er diese Formulierung auf[1650] und sprach nur noch davon, dass der einheitliche Markt, zu dem der Zusammenschluss erfolgen soll, allenfalls den Bedingungen eines „wirklichen Binnenmarktes *möglichst nahekommen* [*Hervorh. d. Verf.*]"[1651] soll, in einer anderen Entscheidung wiederum davon, dass er „*soweit irgend möglich* ein einheitlicher Markt sein soll [*Hervorh. d. Verf.*]"[1652], und in der Rs. *Metro*[1653] sprach er von der Vorgabe, einen „einzigen Markt mit binnenmarktähnlichen Verhältnissen"[1654] zu errichten. Er sei charakterisiert durch die „Beseitigung aller Hemmnisse im innergemeinschaftlichen Handel"[1655]. In einer gutachtlichen Stellungnahme stellte der EuGH wiederum integrationsfinal fest, dass sich „aus den Artikeln 2, 8 a und 102a EWG-Vertrag (…) [ergebe, dass der EWG-Vertrag] eine wirtschaftliche Integration (…) [anstrebt], die in einen Binnen-

---

stimmte binnenmarktfinale Auslegung von Art. 35 Alt. 2 AEUV einen anderen Binnenmarktinhalt *untergraben* würde.

[1648] Dass es ein Ziel der Verträge sei, „den Zusammenschluss der nationalen Märkte zu einem einheitlichen Markt" zu erreichen, wird bereits in EuGH, Urt. v. 08.06.1971, Rs. 78/70, Slg. 1971, 488 (499 f.), Rn. 11 f. (*Grammophon*) und in EuGH, Urt. v. 03.07.1974, Rs. 192/73, Slg. 1973, 732 (745), Rn. 12/13 (*Van Zuylen/HAG*) bzw. mit anderer Diktion („Einheit des Marktes") in EuGH Urt. v. 15.06.1976, Rs. 51/76, Slg. 1976, 811 (847 f.), Rn. 8/11 (*EMI Records*) festgestellt. Schon zum alten Art. 12 EWG stellte der EuGH bereits 1964 fest, dass es um die „Verschmelzung der innerstaatlichen Märkte" bei der „Errichtung eines gemeinsamen Marktes" gehe, EuGH, Urt. v. 13.11.1964, Rs. 90, 91/63, Slg. 1964, 1335 (1347), *Kommission/Luxemburg, Belgien.*

[1649] EuGH, Urt. v. 09.02.1982, Rs. 270/80, Slg. 1982, 330 (348 f.), Rn. 16, 18 *(Polydor*). Nach *VerLoren van Themaat* gehen die verschiedenartigen Binnenmarkt„definitionen" des Gerichtshofs zurück auf *von der Groeben* (*VerLoren van Themaat*, in: FS von der Groeben, 425 [429]) und damit wiederum auf deutsche ordo-politische Traditionen (s. schon b. Fn. 1325 ff.).

[1650] Unpräzise daher *Würfel*, 23 f.

[1651] EuGH (Fn. 1610), Rn. 33 (*Schul*); EuGH, Urt. v. 17.05.1994, C-41/93, Slg. I-1994, 1841 (1847), Rn. 19 (*Frankreich/Kommission*). Wird das reine Faktum betrachtet, dass der Binnenmarkt als Rechtsbegriff eingefügt wurde, dem vorher laut EuGH „nur" möglichst nahe gekommen werden sollte, könnte dies für eine umso stärkere Berücksichtigung der Wettbewerbsgleichheit sprechen, vgl. *Steindorff*, ZHR 150 (1986), 687 (689).

[1652] EuGH, Urt. v. 12.10.1978, Rs. 13/78, Slg. 1978, 1935 (1953 f.), Rn. 24 (*Eggers*).

[1653] EuGH, Urt. v. 25.10.1977, Rs. 26/76, Slg. 1977, 1877 (*Metro/Kommission*).

[1654] EuGH (Fn. 1653), Rn. 20.

[1655] EuGH (Fn. 1610), Rn. 33 (*Schul*); EuGH, Urt. v. 17.05.1994, C-41/93, Slg. I-1994, 1841 (1847), Rn. 19 (*Frankreich/Kommission*).

markt und in eine Wirtschafts- und Währungsunion mündet. Zudem verfolgen die Gemeinschaftsverträge in ihrer Gesamtheit nach Artikel 1 der Einheitlichen Europäischen Akte das Ziel, zu konkreten Fortschritten auf dem Wege zur Europäischen Union beizutragen.“[1656]

Inhaltlich ist hervorzuheben, dass der EuGH somit mehrfach die angestrebte Einheitlichkeit des Marktes betont, die er in einen Gegensatz zu nationalen (Teil-)Märkten stellt. Weiters klingt mehrfach eine gewisse Finalität, vor allem aber eine *Zieloptimalität* des Binnenmarktziels an: Die den Markt regulierende Ordnung sei nicht nur auf dem Weg zum Einheitsmarkt (Finalität), sondern der Binnenmarkt sei auch so weit wie möglich zu vervollkommnen (Optimalität). Diese Aussage kann nur die immense Auslegungsrelevanz des Binnenmarktziels unterstreichen. Sofern keine gegenlaufenden Prinzipien gegeben sind und soweit die den Binnenmarkt konkretisierenden Normen in ihrer Anwendung nicht begrenzt sind, ist der Rechtsinterpret nach der zum Ausdruck kommenden Auffassung des EuGH gehalten, mit dem Instrumentenkasten an Operativbestimmungen für die Verwirklichung des Binnenmarktziels diesem so weit wie möglich Geltung zu verschaffen. Auch hinsichtlich konkurrierender Prinzipien kann daraus geschlossen werden, dass dem Binnenmarktziel eine gewichtige Bedeutung zukommt.[1657]

Bis auf die kryptische Formel der „Beseitigung aller Hemmnisse im innergemeinschaftlichen Handel“ gibt der EuGH außerhalb seiner Rechtsprechung zu den binnenmarktlichen Operativbestimmungen keine Auskunft darüber, wie genau sich ein solcher Einheitsmarkt von den nationalen Märkten unterscheidet und *wie* er verwirklicht werden soll. Gleichwohl ist festzustellen, dass diese Formel, *für sich betrachtet*, einen *freiheitsrechtlichen Anklang* besitzt. Unter „Hemmnissen“[1658] könnten nämlich nicht nur spezifische Belastungen des zwischenstaatlichen Handels und Ungleichbehandlungen gefasst werden, sondern auch die alle Marktteilnehmer gleich belastenden Maßnahmen und Regelungen, die die Freiheit der grenzüberschreitend tätig Werdenden beschneiden. Aufgrund der reichen Rechtsprechung zu den Grundfreiheiten und des Mangels an konkretisierenden Äußerungen zur Bedeutung des „Einheitsmarktes“ sollte dieser Formel allerdings kein zu großes Gewicht beigemessen werden.

Wertend ist zu konstatieren, dass die Inhalte des Binnenmarktziels in der Rechtsprechung des EuGH insgesamt *vage* und *unkonkret* bleiben:[1659] Das Binnenmarktziel scheint ganz allgemein vom EuGH herangezogen zu wer-

---

[1656] EuGH, Gutachten 1/91 v. 14.12.1991, Slg. I-1991, 6099 (6102), Rn. 17 (*Gutachten gemäß Art. 228 EWG-Vertrag*).

[1657] In gewisser Spannung hierzu steht die obige Leitlinie, nach der dem Binnenmarktziel wegen dessen Unbestimmtheit nicht zu große Steuerungswirkungen verliehen werden sollten, s. b. Fn. 1633.

[1658] Zum Vergleich: engl.: „obstacles“, franz.: „entraves“; ital.: „intralcio“.

[1659] Ähnl. *Weyer*, 41 ff. m. w. N.; *Füller*, 69 („politischer Appell“), 155.

den, um eine extensive Vertragsauslegung zu legitimieren. Was unter einem „wirklichen Binnenmarkt" oder unter einem „einheitlichen" Markt zu verstehen ist, führt der EuGH bis auf die schon im Rahmen der Grundfreiheitenauslegung verwandte und ihrerseits – grammatisch betrachtet – unbestimmte Formel der „Beseitigung aller Hemmnisse im innergemeinschaftlichen Handel" nicht aus.[1660] Die Rechtsprechung legt sich hierdurch nicht fest, sie kann die Auslegungsrelevanz „herunterspielen" oder Rechtsprechungswechsel hin zu strengeren Standards legitimieren. Der bisherige Gebrauch des Binnenmarktziels durch den EuGH ermöglicht ihm deswegen *Flexibilität* bezüglich der inhaltlichen Präzisierung insbesondere der Grundfreiheiten, aber auch hinsichtlich der anderen auf dem Binnenmarktgedanken aufbauenden Institute der Verträge. Diese durch den Gerichtshof eröffneten Freiheiten sind denn wohl auch mit ein Grund für die Vielgestaltigkeit der Interpretationsvorschläge im Bereich der Grundfreiheiten.

Die dargestellte EuGH-Rechtsprechung sollte nach hier vertretener Ansicht im Ergebnis für den Rechtsinterpreten daher nur als Anlass genommen werden, den Binnenmarkt in seiner hohen Bedeutung als Auslegungsrichtlinie ernst zu nehmen. Daneben sollte dem die *Grundfreiheiten* konkretisierenden case law[1661] eine hohe Bedeutung zukommen mit Blick auf deren im Ganzen *offensiven* (z. B. unmittelbare Anwendbarkeit anerkennenden und die geschriebenen Ausnahmen restriktiv interpretierenden) Auslegung.[1662]

2. Der Binnenmarkt als „Raum ohne Binnengrenzen" (Art. 26 II AEUV)

Art. 26 II AEUV charakterisiert den Binnenmarkt (u. a.[1663]) als „einen Raum ohne Binnengrenzen", woraus abgeleitet werden kann, dass grenzübertrittsspezifische Belastungen wie Kontrollen, Stichprobennahmen, formelle Hürden und andere *formal am Grenzübertritt* anknüpfende Belastungen unzulässig sind.[1664] Es handelt es sich hierbei zudem um eine den Wettbewerb verfälschende Ungleichbehandlung.[1665]

Zudem kann darin bereits ein *Anhalt* in Richtung auf eine binnenmarktweite Wettbewerbsgleichheit erblickt werden, wenngleich dies bei einer isolierten Betrachtung dieser Norm keine zwingende Deutung ist. Ein Raum ohne Binnengrenzen ist – so könnte angenommen werden – ein Raum, in dem auch

[1660] Ebenso *Füller*, 69.

[1661] S. b. Fn. 2397 ff.

[1662] *VerLoren van Themaat*, in: FS von der Groeben, 425 (430). Auf der anderen Seite geht es in dieser Arbeit ja gerade um eine Konkretisierung der Grundfreiheiten und einer Kritik auch der Judikatur zu den Grundfreiheiten. Um einen Zirkelschluss zu vermeiden, sollen hier daher, soweit möglich, grundfreiheitenabstrakte Gesichtspunkte im Vordergrund stehen.

[1663] Daneben wird Bezug genommen auf die Grundfreiheiten.

[1664] Vgl. nur *Englisch*, 220; *Körber*, 22 f.; *Strassburger*, 10 jew. m. w. N.

[1665] *Englisch*, 228.

die unterschiedlichen Rechtsordnungen keine *materiellen Marktabgrenzungen* kreieren,[1666] jedenfalls insofern, als ein „Rechtskontinuum" herrscht, in dem die Rechtsordnungen keine starr abgegrenzten Rechtsräume bilden, sondern, soweit möglich, aufeinander *abgestimmt* sind und privates Verhalten möglichst nicht durch einen Grenzübertritt (und die dadurch verursachten Rechtsunterschiede) erschwert wird.[1667]

Gleichwohl ist andererseits abzulehnen, dass sich bereits aus Art. 26 II AEUV ein Postulat hinsichtlich der Beseitigung *aller* Rechtsunterschiede ergibt:[1668] Hiergegen sprechen schon – wenn die *Cassis*-Judikatur als nicht vom Primärrechtgeber gewollt einmal ausgeblendet wird – die geschriebenen Rechtfertigungsgründe, bei denen also unterschiedliche Rechtsordnungen hingenommen werden. Gleiches gilt für die entsprechenden Ausnahmen im Bereich der Rechtsangleichung, die etwa in Art. 114 AEUV verankert sind oder sich aus den allgemeinen Grundsätzen in Art. 5 EUV ergeben. Schließlich spricht Art. 26 II AEUV davon, dass der Raum „gemäß den Bestimmungen der Verträge gewährleistet" ist.[1669]

An der Fundamentalfunktion des Binnenmarktes hat sich auch durch die Verschiebung von Art. 26 II AEUV vom Ersten Teil „Grundsätze" in den Dritten Teil „Die internen Politiken und Maßnahmen der Union" im Zuge des Lissabonner Vertrags nichts geändert:[1670] Die Operativbestimmungen (auch „Funktionsgarantien"[1671]) im Recht der Grundfreiheiten, dem Wettbewerbs- sowie Aufsichts- und Rechtsangleichungsrecht bis hin zur Wirtschafts- und Währungsunion sind in ihrer Grundstruktur und z. T. sogar in ihrer konkreten Abfolge erhalten geblieben.[1672] Wenn – wie häufig – von der „Neutralität"[1673] der unionalen Wirtschaftsverfassung die Rede ist, scheint nicht wirklich gewärtigt zu werden, dass diese unmittelbar anwendbaren Operativbestimmungen die These von der Neutralität infrage stellen. Richtig ist, dass die Wirtschaftsverfassung Interventionen erlaubt und diese ins *Ermessen* der Organe stellt.[1674] Dennoch besteht ein entscheidender Unterschied in der EU-

---

[1666] Ähnl. *Englisch*, 220; *Körber*, 24; *Saydé*, CYELS 13 (2010-2011), 365 (369 f.); *Strassburger*, 10; *Tryfonidou*, in: Barnard/Odudu, 197 (216 ff.).

[1667] Vgl *Lackhoff/Raczinski*, EWS 1997, 109 (112).

[1668] Ebenso *Körber*, 22 ff.; *Saydé*, CYELS 13 (2010-2011), 365 (369).

[1669] Vgl. zu letzterem *Tryfonidou*, in: Barnard/Odudu, 197 (216).

[1670] *Kahl*, in: Calliess/Ruffert, Art. 26 AEUV Rn. 7; *Ruffert*, in: Calliess/Ruffert, Art. 3 EUV Rn. 22.

[1671] Vgl. nur *Nowak*, EuR-Beiheft 1 2009, 129 (191).

[1672] Vgl. *Müller-Graff*, ZHR 173 (2009), 443 (449 f.) spricht daher auch vom „verschleierte[n] Antliz der Lissabonner Wirtschaftsverfassung" (so der Titel seines Aufsatzes); vgl. auch *Nowak*, EuR-Beiheft 2 2011, 21 (43 ff.); *Schwarze*, Beiheft 1 2009, 9 (22); speziell zur Kontinuität in Bezug auf die Wirtschafts- und Währungsunion *Häde*, EuR 2009, 200 (202).

[1673] *VerLoren van Themaat*, in: FS von der Groeben, 425 ff.

[1674] *VerLoren van Themaat*, in: FS von der Groeben, 425 (439).

Wirtschaftsverfassung bezüglich der praktischen Bedeutung von Marktwirtschaft und Interventionismus: Letzterer bedarf einer *Betätigung*, Ersterer stellt einen *Automatismus* dar.

Art. 26 II AEUV kann somit als – schwacher – Anhaltspunkt in Richtung auf einheitliche Wettbewerbsbedingungen gewertet werden.

3. Grundsatz einer offenen Marktwirtschaft mit freiem Wettbewerb nach Lissabon

Obwohl der EuGH in der Rechtssache *Échirolles*[1675] dem mit dem Maastrichter Vertrag eingeführten Grundsatz der offenen Marktwirtschaft mit freiem Wettbewerb die unmittelbare Anwendbarkeit mangels hinreichender Bestimmtheit abgesprochen hat,[1676] ist dessen Auslegungsrelevanz, trotz der Schwierigkeiten, den Begriff zu konkretisieren und operationalisierbar zu machen, überwiegend anerkannt.[1677] Die Bestimmungen zur *Wirtschaftsunion*, zu denen der Grundsatz einer offenen Marktwirtschaft mit freiem Wettbewerb gehört, sind im Gegensatz zu denjenigen zur Währungsunion auch für *alle* Mitgliedstaaten verbindlich.[1678] Auch wenn die Bestimmungen über die Wirtschaftsunion formal nicht zum Binnenmarktrecht gehören, konstituieren sie zusammen mit dem Binnenmarkt das primärrechtlich intendierte und den Grundfreiheiten zugrunde liegende *marktwirtschaftliche Grundmodell der Europäischen Union*. In systematischer Hinsicht geben sie somit *mittelbar* auch Hinweise bezüglich der genauen Gestalt des Binnenmarktes.[1679]

Die „wirtschaftsverfassungsrechtliche Systementscheidung“[1680] für eine offene Marktwirtschaft mit freiem Wettbewerb wurde aus dem Zielartikel des ex-Art. 4 I, II EGV in die „fachpolitische[n]“[1681] Vorschriften der Art. 119 I, II, 120 S. 2, 127 I 3, 170 II 1, 173 I Ua. 2 AEUV „verbannt“.[1682] Dafür wird nun im grundlegenden Zielartikel 3 des EUV u. a. das Ziel aufgegeben, auf eine „in hohem Maße wettbewerbsfähige soziale Marktwirtschaft“ hinzuwirken (Art. 3 III Ua. 1 S. 2 EUV). Aus dieser Verlegung könnte geschlussfolgert werden, dass der Gedanke der offenen Marktwirtschaft und des freien

---

[1675] EuGH, Urt. v. 03.10.2000, Rs. 9/99, Slg. 2000, I-8224 (*Échirolles*).

[1676] EuGH (Fn. 1675), Rn. 25; *Hatje*, in: von Bogdandy/Bast, 801 (810).

[1677] EuGH (Fn. 1675), Rn. 25; vgl. nur *Cordewener*, 53; *Drexl*, in: von Bogdandy/Bast, 905 (916–918); *Franck*, in: Riesenhuber, 3. Aufl., § 5 Rn. 18; *Hatje*, in: von Bogdandy/Bast, 801 (811); *Luczak*, 182 ff. m. w. N., s. dort auch zu kritischen Stimmen; *Strassburger*, 11–14; *van Gerven*, in: Dony/De Walsche, 1629 (1631). *T. Müller*, 166 betont die geringe „normative Steuerungskraft“.

[1678] *Müller-Graff*, in: Dauses, A. I Rn. 164.

[1679] Ähnl. *Englisch*, 221; vgl. auch *Frenz*, Bd. 1, Rn. 41; *Füller*, 151; *T. Müller*, 197 f.

[1680] *Nowak*, EuR-Beiheft 2 2011, 21 (33); ähnl. *Hatje*, in: von Bogdandy/Bast, 801 (809 f.).

[1681] *Müller-Graff*, ZHR 173 (2009), 443 (446 f.).

[1682] *Nowak*, EuR-Beiheft 2 2011, 21 (33).

Wettbewerbs in ihrer Auslegungsbedeutung für die Grundfreiheiten begrenzt werden und ggf. nur noch für die Errichtung der Wirtschafts- und Währungsunion von Relevanz sein soll. Dagegen sprechen allerdings mehrere Gesichtspunkte: Zunächst gehört die eng damit zusammenhängende Garantie eines Systems unverfälschten Wettbewerbs weiterhin zum Primärrecht und ist ausdrücklich im Binnenmarkt(-Ziel) inkorporiert.[1683] Zweitens ist die Errichtung einer Wirtschafts- und Währungsunion im Zielartikel des Art. 3 des EUV enthalten, der seinerseits durch Art. 119 I AEUV durch den Grundsatz einer offenen Marktwirtschaft mit freiem Wettbewerb konkretisiert wird. Trotz seiner operativen Stellung unter dem Titel der Wirtschafts- und Währungspolitik formuliert Art. 119 I AEUV, dass die „Tätigkeit der Mitgliedstaaten und der *Union im Sinne des Artikels 3* [Hervorh. d. *Verf.*]“ des EUV dem „Grundsatz einer offenen Marktwirtschaft mit freiem Wettbewerb verpflichtet“ sei. Ganz ähnlich ist der Art. 120 S. 2 AEUV – allerdings schon unter dem Kapitel „Die Wirtschaftspolitik“ – formuliert. Da die Art. 120 bis 126 AEUV die Mitgliedstaaten betreffen, würde eine Beschränkung des Grundsatzes einer offenen Marktwirtschaft mit freiem Wettbewerb auf die Vorschriften der Wirtschafts- und Währungsunion den Art. 119 I AEUV, soweit er an die Union gerichtet ist, anwendungsbereichslos machen.[1684] Die Bedeutung wird zudem in „besonders abweichungsanfällig[en]“[1685] Artikeln der Fachpolitik (Art. 170 II 1, 173 I Ua. 2 AEUV) noch einmal besonders bekräftigt.[1686]

Es ist mithin davon auszugehen, dass der Grundsatz einer offenen Marktwirtschaft mit freiem Wettbewerb auch noch nach Lissabon über die Fachbestimmungen der Art. 119 ff. AEUV hinaus Auslegungsrelevanz für das wirtschaftsverfassungsrechtliche Gesamtsystem des Binnenmarktes besitzt.[1687]

Daneben ist hervorzuheben, dass der AEUV selbst den Grundsatz in Art. 120 S. 2, 127 I 3 in der Weise beschreibt, dass er einen „effiziente[n] Einsatz der Ressourcen“ fördert.

1683 S. b. Fn. 1707 ff.

1684 *Drexl*, in: von Bogdandy/Bast, 905 (917).

1685 *Müller-Graff*, ZHR 173 (2009), 443 (449).

1686 Vgl. hierzu insgesamt *Müller-Graff*, ZHR 173 (2009), 443 (449).

1687 Vgl. *Blanke*, in: ders./Mangiameli, 369 (374 ff.); *Drexl*, in: von Bogdandy/Bast, 905 (917, 957); *Füller*, 151; *Hatje*, in: von Bogdandy/Bast, 801 (811); *ders./Kindt*, NJW 2008, 1761 (1765 f.); *T. Müller*, 197 f.; *Müller-Graff*, ZHR 173 (2009), 443 (449); *Nowak*, EuR-Beiheft 2 2011, 21 (33); *ders.*, EuR-Beiheft 1 2009, 129 (184); *Ruffert*, in: Calliess/Ruffert, Art. 3 EUV Rn. 26; vor Lissabon *Körber*, 821.

4. Die soziale Marktwirtschaft als Marktwirtschaft: kein Paradigmenwechsel trotz leichter Akzentverschiebung

Die Ersteinfügung und Voranstellung der *Sozialen* Marktwirtschaft in den Zielkatalog anstelle der *offenen* Marktwirtschaft *mit freiem Wettbewerb* deutet auf die herausgehobene Rolle dieser Zielvorgabe und muss als *Absicherung* und *leichte Tendenzverschiebung* in Richtung einer stärkeren Berücksichtigung sozialer Gehalte angesehen werden.[1688] Dies gilt umso mehr, als schon bisher soziale Belange vielfältig Berücksichtigung fanden (etwa als Rechtfertigungsgrund für die Grundfreiheiten, im Rahmen des Kartellrechts oder im Rahmen der ex-Art. 136 ff. EG[1689]).[1690] Allerdings bleibt das Ziel *inhaltlich unklar*, woran auch die mittels der Sozialen Marktwirtschaft zu erreichenden Ziele der Vollbeschäftigung und des sozialen Fortschritts nichts ändern.[1691] Auch *deutsche* Deutungstraditionen können im Hinblick auf die heterogenen und eigenständigen Sozialstaatstraditionen der 28 Mitgliedsländer nicht herangezogen werden.[1692] Der EuGH hat in der Rs. C-515/08 auch nicht dem Verlangen von Generalanwalt *Cruz Vilallón* nachgegeben, der eine Berücksichtigung des Belangs der Sozialen Marktwirtschaft auf der Schrankenebene in dem Sinne forderte, dass zwingende Gründe des Allgemeininteresses „nicht mehr eng ausgelegt werden"[1693] sollten, was „in der Praxis bei der Anwendung des Verhältnismäßigkeitsprinzips zum Ausdruck"[1694] kommen solle. Vielmehr hat der EuGH die Rechtfertigungsprüfung wie gewohnt vorgenommen.[1695]

Das Additivum der *Wettbewerbsfähigkeit* der Sozialen Marktwirtschaft könnte noch nichts darüber aussagen, wie diese Marktwirtschaft nach innen gestaltet sein soll, da es um die *internationale* Wettbewerbsfähigkeit der EU geht.[1696] Es könnte allerdings insofern ein Hinweis auf die Gestaltung nach innen entnommen werden, als die internationale Wettbewerbsfähigkeit wohl nur über eine marktwirtschaftliche Wirtschaftsstruktur und hinreichenden Wettbewerb nach innen erreicht werden kann.[1697] Trotz der gestärkten sozialen Ausrichtung bleibt es im und für den Binnenmarkt aber letztlich bei der

---

[1688] *Basedow*, EuZW 2008, 225; *T. Müller*, 165 ff.

[1689] Vgl. *Nowak*, EuR-Beiheft 2 2011, 21 (39 ff.).

[1690] *Hatje*, in: von Bogdandy/Bast, 801 (810 f.); *Luczak*, 388; *Nowak*, EuR-Beiheft 1 2009, 129 (185).

[1691] *Müller-Graff*, ZHR 173 (2009), 443 (450); *Nowak*, EuR-Beiheft 2 2011, 21 (38 ff.).

[1692] Ebenso *Nowak*, EuR-Beiheft 2 2011, 21 (39) m. w. N.

[1693] Generalanwalt *Cruz Villalón*, Schlussanträge v. 05.05.2010, Rs. C-515/08, Slg. 2010, I-9136, Rn. 53 (*Dos Santos Palhota*).

[1694] Generalanwalt *Cruz Villalón* (Fn. 1693), Rn. 53 (*Dos Santos Palhota*).

[1695] EuGH, Urt. v. 07.10.2010, Rs. C-515/08, Slg. 2010, I-9161 (*Dos Santos Palhota*), Rn. 29 ff., 45 ff.

[1696] *Müller-Graff*, ZHR 173 (2009), 443 (447).

[1697] *Ruffert*, in: Calliess/Ruffert, Art. 3 EUV Rn. 25. A.A. wohl *Luczak*, 400 f.

*Markt*wirtschaft als Organisationsform des Güteraustauschprozesses.[1698] Nicht nur semantisch hervorzuheben ist, dass eine Soziale Marktwirtschaft und kein marktwirtschaftlicher Sozialismus angestrebt wird.[1699] Es kann auch hier wiederum darauf verwiesen werden, dass die Operativbestimmungen (wie die Grundfreiheiten, das Kartellrecht etc.) erhalten geblieben sind und das Binnenmarktziel mit seiner Inkorporierung des Systems unverfälschten Wettbewerbs weiterhin im Zentrum des Integrationsprojekts steht. Folglich ist kein wirtschaftsverfassungsrechtlicher Paradigmenwechsel zu verzeichnen.[1700]

5. Bedeutung des Systems unverfälschten Wettbewerbs

Nach im Vordringen befindlicher Auffassung ist die Auslegungsrelevanz der Garantie unverfälschten Wettbewerbs für die Grundfreiheiten anzuerkennen.[1701] Fraglich ist erstens, ob und wie die Grundfreiheiten durch das System

---

[1698] *Franck*, in: Riesenhuber, 3. Aufl., § 5 Rn. 19; *Frenz*, Bd. 6, Rn. 2114 ff.; *Ruffert*, in: Calliess/Ruffert, Art. 3 EUV Rn. 25; ähnl. *Terhechte*, in: Grabitz/Hilf/Nettesheim, Art. 3 EUV Rn. 48. *Basedow*, EuZW 2008, 225 und *Blanke*, in: ders./Mangiameli, 369 (377) sehen *leichte Tendenzen* hin zu einer Abstandnahme von der Selbststeuerung, freilich ohne darin einen Systemwechsel zu erblicken.

[1699] *Nowak*, EuR-Beiheft 2 2011, 21 (43); *Luczak*, 399.

[1700] *T. Müller*, 198.

[1701] Dafür mit unterschiedlichen Betonungen en détail *Behrens*, EuR 1992, 145 (161 f.); *Bleckmann*, in: FS Lukes, 271 ff.; *Cordewener*, 53, 295; *Davies*, Germ. L. J. 11 (2010), 671 ff., 703; *Englisch*, 221 ff.; *Epiney*, 139, 177, 191 ff.; *Fezer*, JZ 1994, 317 (318 f.); *Franck*, in: Riesenhuber, 3. Aufl., § 5 Rn. 18; *Frenz*, Bd. 1, Rn. 14 ff.; *Hödl*, 65 f.; *Ipsen*, Europäisches Gemeinschaftsrecht, § 28 Rn. 24 S. 561; *Körber*, 33; *Lackhoff*, Niederlassungsfreiheit, 100–103, 141 Fn. 623; *ders.*, Wirtschaftsverwaltungsrecht, 47 f.; *ders./Raczinski*, EWS 1997, 109 (112, 114); *Mühl*, 140 f. (allerdings nicht über die Marktgleichheit hinausgehend); *Roth*, in: Dauses, E. I Rn. 7; *Strassburger*, 13; nur andeutend *Behrens*, EuR 1992, 145 (161); *Müller-Graff*, Binnenmarktziel, 27 ff., 38 ff. (allerdings eine ähnliche Wirkung mit einer Konstruktion über ex-Art. 5 II EWG [Art. 4 III Ua. 3 EUV] erzielen wollend); *Roth*, ZHR 159 (1995), 78 (91); *Streil*, in: Beutler/Bieber/Pipkorn/Streil, 294; *Terhechte*, in: Grabitz/Hilf/Nettesheim, Art. 3 EUV Rn. 67; vgl. auch *Gormley*, Restrictions, 232 f.; *Hoffmann*, 99 f.; *Tryfonidou*, in: Barnard/Odudu, 197 (217 f.); *VerLoren van Themaat*, in: FS Günther, 373 (387 f.); s. a. *Kraekel*, 53 ff.; Generalanwältin *Trstenjak* (Fn. 245), Rn. 62 f. (*Gysbrechts*) speziell in Bezug auf die Gruppe der Verkaufsmodalitäten; in Bezug auf Art. 34 AEUV *Nicolaysen*, EuR 1991, 95 (103); *Roth*, in: FIW, Bd. 160, 21 (39 Fn. 120). *Füller* konstatiert in Bezug auf die Allokationsfunktion des Systems „Funktionsgleichheit" mit der Warenverkehrsfreiheit, 77; zurückhaltend *Franzen*, 24 f. *Jensch*, 221 f. und *Hoffmann*, 42 f. jew. m. w. N. weisen darauf hin, dass der im System verankerte Gedanke der Wettbewerbsneutralität im Rahmen des für die Grundfreiheiten auslegungsrelevanten Teilziels der Marktgleichheit berücksichtigt werde. Es sei darauf hingewiesen, dass die Darstellung der Bedeutung des Systems unverfälschten Wettbewerbs hier aufgrund seiner formalen Inkorporierung in das Binnenmarktziel im Rahmen der Darstellung des Binnenmarktes erfolgt.

als *Grundsatz* bzw. *Binnenmarktteilgehalt* beeinflusst werden, und zweitens, ob Erkenntnisse aus einer *Parallelbetrachtung* mit den *Operativbestimmungen* des Systems gezogen werden können.

a) Auslegungsrelevanz des Systems unverfälschten Wettbewerbs als Grundsatz

aa) Funktion des Systems unverfälschten Wettbewerbs

Der EuGH sieht den Wettbewerb als *wohlfahrtssteigernde* Einrichtung an.[1702] Ein *unverfälschter* Wettbewerb liege im öffentlichen Interesse und mehre das Wohl von Verbrauchern und Unternehmen.[1703] Die Vornahme von Güterverteilungsprozessen und Gütertransformationsprozessen durch Private und Unternehmen finde in gegenseitiger Abhängigkeit und Koordination statt.[1704] Das System unverfälschten Wettbewerbs liegt ganz im Sinne der hinter den wirtschaftlichen Zielen stehenden Desiderate der europäischen Wirtschaftsintegration, nämlich durch einen möglichst reinen (d. h. von Wettbewerbsverfälschungen unberührt bleibenden) „Preis-, Rationalisierungs- und Spezialisierungswettbewerb" über den gesamten Unionsmarkt hinweg den Verbrauchern ein qualitativ hochwertiges, differenziertes und günstiges Produktangebot zur Verfügung zu stellen.[1705] Im unverfälschten Wettbewerb werden Allokation und Innovation optimiert.[1706]

bb) Das System unverfälschten Wettbewerbs vor und nach dem Lissabonner Vertrag

aaa) Fortbestehende Relevanz qua protokollrechtlicher Inkorporation und Vermittlung durch das Binnenmarktziel

Das System unverfälschten Wettbewerbs steht trotz seiner (nicht bereits im Verfassungsvertrag vorgesehenen[1707]) Streichung aus ex-Art. 3 I lit. g EG im Primärrechtrang, weil es in das gem. Art. 51 EUV primärrechtlich verbindliche Protokoll Nr. 27 Eingang gefunden hat. Der Binnenmarkt umfasst danach ein System unverfälschten Wettbewerbs.[1708] Fraglich ist, ob die Garantie

---

[1702] EuGH, Urt. v. 17.02.2011, Rs. 52/09, Slg. 2011, I-527, Rn. 20 (*Teliasonera Sverige*): „wirtschaftlichen Wohl der Gemeinschaft beitragen".

[1703] EuGH (Fn. 1702), Rn. 22 (*Teliasonera Sverige*).

[1704] Vgl. EuGH (Fn. 1702), Rn. 23 (*Teliasonera Sverige*).

[1705] *Füller*, 75–77; *Epiney*, 191 ff.; *Hödl*, 65; *Luczak*, 202 f.; *Rösler*, EuR 2008, 800 (821 ff.); *Roth*, CMLR 44 (2007), 1131 (1141).

[1706] Vgl. *Füller*, 75 f.

[1707] Das System unverfälschten Wettbewerbs war in Art. I-3 II VerfEU enthalten.

[1708] Andernfalls wäre die Zielqualität des Systems verloren gegangen, was zur Folge gehabt hätte, dass der auf Zielbestimmungen abstellenden Abrundungskompetenz bei der Normierung der Zusammenschlusskontrolle (VO 139/2004) die Grundlage entzogen worunverfälschten Wettbewerbs infolge der Verlagerung in das Protokoll (Nr. 27), die auf eine Initiative des damaligen französischen Präsidenten *Sarkozy* zurückging,[1709] wenigstens zu einer *Abwertung* geführt hat oder ob dem Verschiebungsakt rechtliche Relevanz abzusprechen ist. Es kann nicht bestritten werden, dass das System „[a]us dem Schauraum für das Publikum (...) in das Hinterzimmer eines Kurzprotokolls"[1710] verschoben wurde und dies eine gewisse „*politische* Signalwirkung [Hervorh. d. *Verf.*]"[1711] zeitigt.

Diese *politische* Signalwirkung ist allerdings von ihrer *rechtlichen* Bedeutung zu trennen: Auch wenn eine Erwähnung in einem Protokoll intuitiv nicht mit einer Aufführung in den beiden Verträgen für „gleichwertig" erachtet werden könnte, statuiert Art. 51 EUV doch ohne jede Einschränkung oder abwertende Formulierung, dass die Protokolle „Bestandteil der Verträge" seien.[1712] Anders als Art. 6 I Ua. 1 EUV, der die EU-Grundrechte für „rechtlich gleichrangig" mit den Verträgen erklärt,[1713] *inkorporiert* Art. 51 EUV sogar das System unverfälschten Wettbewerbs (qua Verweis)[1714]. Wenn der Wortlaut ernst genommen wird, entsteht im Vergleich zum vorherigen Zustand kein *rechtlicher* Unterschied. In dem Wissen um diese Bedeutungslosigkeit de jure wurde diesem Wunsch der französischen Delegation womöglich nachgegeben, um sich im Gegenzug die Unterstützung für andere (auch *rechtlich* folgenreiche) Projekte zu sichern. Zudem lassen sich strukturelle Parallelen mit dem vorherigen Rechtszustand finden: Ex-Art. 3 I lit. g EG enthielt nicht selbst Zielbestimmungen, sondern verwies konkretisierend auf den Zielartikel ex-Art. 2 EG. Schon ex-Art. 3 I lit. g EG partizipierte also schon vorher an der weiter reichenden rechtlichen Wirkung des ex-Art. 2 EG. Im Übrigen hat der EuGH bereits 1973 in *Continental Can* die Auslegungsrelevanz des Systems[1715] herausgestellt und sich gegen eine Interpretation als bloßen „Programmsatz" gewandt[1716]. Auch hat der EuGH[1717] (und entspre-

den wäre. Daraus kann die fortbestehende Zielqualität des Systems abgeleitet werden (wenn auch in unselbständiger Art und Weise). Vgl. hierzu *Müller-Graff*, ZHR 173 (2009), 443 (446).

[1709] Vgl. nur *Behrens*, EuZW 2008, 193; *Drexl*, in: von Bogdandy/Bast, 905 (907); *Nowak*, EuR 2009 Beiheft 1, 129 (189).

[1710] *Müller-Graff*, ZHR 173 (2009), 443 (446).

[1711] *Behrens*, EuZW 2008, 193; *Kahl*, in: Calliess/Ruffert, Art. 26 AEUV Rn. 7; *Ruffert*, in: Calliess/Ruffert, Art. 3 EUV Rn. 26.

[1712] Ähnl. *Nowak*, EuR 2011 Beiheft 2, 21 (31).

[1713] Selbst darin wird aber ganz herrschend keine irgendwie geartete Abwertung gesehen, vgl. nur *Nowak*, EuR-Beiheft 1 2009, 129 (177 f.).

[1714] Hier besteht eine Parallele zu Art. 140 GG, der Teile der Weimarer Reichsverfassung ebenfalls qua Verweis in das Grundgesetz inkorporiert.

[1715] EuGH, Urt. v. 21.02.1973, Rs. 6/72, Slg. 1973, 218 (*Continental Can*), Rn. 23.

[1716] EuGH (Fn. 1715), Rn. 23.

[1717] EuGH, Urt. v. 05.10.1994, Rs. C-280/93, Slg. 1994, I-5039 (*Deutschland/Rat*), Rn. 58 f.

chend die h.M. in der Literatur[1718]) schon lange vor dem Lissabonner Vertrag die Ausstrahlungswirkung der Garantie unverfälschter Wettbewerbsbedingungen auf Teilgehalte des Binnenmarktziels anerkannt, das mit Blick auf die Zielbestimmung des Artikel 3 III EUV weiterhin an zentraler Stelle positioniert ist, und zwar noch vor der neu eingefügten Gewährleistung der Sozialen Marktwirtschaft. Später bezeichnete der EuGH das System als „grundlegendes Verfassungsziel"[1719]. Auch unter dem Lissabonner Vertrag erkennt der EuGH den Primärrechtrang des Systems unverfälschten Wettbewerbs ohne Einschränkung an.[1720] Vorbehaltlich neuer Entwicklungen ist davon auszugehen, dass der EuGH dem System auch weiterhin eine „grundlegende" Bedeutung beimisst.[1721] Auch sind die das System unverfälschten Wettbewerbs und das Binnenmarktziel umsetzenden Operativbestimmungen (Wettbewerbsrecht, Grundfreiheiten, Art. 114 ff. AEUV) weitgehend unverändert beibehalten worden.[1722] Es ist nicht davon auszugehen, dass der Gerichtshof mit Blick auf die formal gleichbleibende rechtliche Klassifizierung hiervon abweichen wird.

Die „Protokolllösung" über Art. 51 EUV sollte daher als eine nicht besonders glückliche redaktionelle Einbeziehungstechnik angesehen und diesem Vorgang – isoliert betrachtet – *rechtliche* Relevanz weitestgehend abgesprochen werden.[1723]

[1718] *Behrens*, EuZW 2008, 193; *Mühl*, 139 ff.; *Jensch* verankert das System des unverfälschten Wettbewerbs (unter der Geltung des Vertrages von Nizza) im Gemeinsamen Markt (227 f.); w. Nachw. b. *Nowak*, EuR 2011 Beiheft 2, 21 (30 f.); a.A. etwa *Grabitz/Zacker*, NVwZ 1989, 297 (301); anderer Meinung ist *Grabitz* allerdings in seinem Festschriftenbeitrag für Steindorff, 1229 (1249).

[1719] EuGH, Urt. v. 29.06.2006, Rs. C-289/04 P, Slg. 2006, I-5884, Rn. 55 (*Showa Denko*); EuGH, Urt. v. 10.05.2007, Rs. C-328/05 P, Slg. 2007, I-3955, Rn. 27 (*SGL Carbon*).

[1720] EuGH (Fn. 1702), Rn. 23 (*Teliasonera Sverige*).

[1721] Ebenso *Nowak*, EuR 2011 Beiheft 2, 21 (31 f.).

[1722] Vgl. *Behrens*, EuZW 2008, 193; *Müller-Graff*, ZHR 173 (2009), 443 (449 f.); s. sogl. b. Fn. 1724 f.

[1723] Ebenso mit unterschiedlichen Nuancen *Basedow*, EuZW 2008, 225; *Behrens*, EuZW 2008, 193; *Drexl*, in: von Bogdandy/Bast, 905 (956 f.); *Hatje/Kindt*, NJW 2008, 1761 (1765 f.); *Kahl*, in: Calliess/Ruffert, Art. 26 AEUV Rn. 7; *T. Müller*, 196 f.; *Müller-Graff*, ZHR 173 (2009), 443 (449 f.); *Nowak*, EuR 2009 Beiheft 1, 129 (189); *ders.*, EuR 2011 Beiheft 2, 21 (31 ff.); *Rabe*, NJW 2007, 3153 (3154); *Ruffert*, in: Calliess/Ruffert, Art. 3 EUV Rn. 26; *Schwarze*, EuR-Beiheft 1 2009, 9 (22); *Streinz*, FPR 2010, 481 (483 f.); *Terhechte*, in: Grabitz/Hilf/Nettesheim, Art. 3 EUV Rn. 41 jew. m. w. N. A.A. wohl *Burgi*, NZBau 2009, 609 (613); *Dann*, EuR 2013 Beiheft 1, 93 (98 f.) m. w. N.; *Luczak*, 405–407; ambivalent auch *Weyer*, 430 ff. Nicht auszuschließen ist allerdings, dass bei Wertungs- und Abwägungsprozessen diese Änderung nicht doch Einfluss auf die EuGH-Judikatur ausüben könnte. Hier kann nur die zukünftige Judikatur abgewartet werden. Bislang zeigen sich etwa im Recht der Grundfreiheiten keine entsprechenden Tendenzen. Der EuGH hat im Gegenteil den Tatbestand etwa bei Art. 34 Alt. 2 AEUV durch seine Anhänger-

bbb) Gleich gebliebene Umsetzungsvorschriften in Art. 101 f., 107 ff. AEUV

Darüber hinaus sind auch die Umsetzungs- und Operativbestimmungen des Systems weitgehend gleich geblieben: Die Union besitzt eine ausschließliche Zuständigkeit für die Festlegung der für das Funktionieren des Binnenmarktes erforderlichen Wettbewerbsregeln (Art. 3 I lit. b AEUV). Das System unverfälschten Wettbewerbs wird erstens durch das Kartellrecht operationalisiert, dessen Art. 101, 102 AEUV bis auf die Ersetzung des Begriffs des Gemeinsamen Marktes durch den des Binnenmarktes auch im Zuge von Lissabon *identisch geblieben* sind. Es wird zweitens durch die nur geringfügig veränderten[1724] Beihilfevorschriften in den Art. 107 ff. AEUV verwirklicht. Auch der die Dienste von allgemeinem wirtschaftlichem Interesse behandelnde Art. 106 AEUV stimmt mit ex-Art. 86 EG fast vollständig überein und hat, wenn überhaupt, nur zu einer stärkeren (vor allem politischen und sekundärrechtlichen) Betonung der Daseinsvorsorge geführt, nicht aber zu einer wirtschaftsverfassungsrechtlichen Neuordnung. Erst recht wurde die grundsätzliche Bindung an die Wettbewerbsvorschriften nicht abgeschafft. Die Betrachtung der Operativbestimmungen zeigt somit, dass auf der Ebene der konkreten Rechtsfolgen keine Änderung im Zuge des Lissaboner Vertrags gewünscht war.

cc) Aussagen des EuGH zum Verhältnis von Grundfreiheiten und System unverfälschten Wettbewerbs

Über die bereits behandelten *abstrakten* Aussagen[1725] hinaus ist fraglich, in welches *Verhältnis* der EuGH das System unverfälschten Wettbewerbs und dessen Operativbestimmungen *speziell* zu den *Grundfreiheiten* stellt. Der Gerichtshof hat sich mehrfach und in unterschiedlicher Weise geäußert und mal auf das System als abstrakten Grundsatz und mal auf die konkreten wettbewerbsrechtlichen Umsetzungsbestimmungen Bezug genommen.

In *van de Haar* führte er aus, dass die Grundfreiheiten und die Wettbewerbsbestimmungen an unterschiedliche Adressaten gerichtet sind und unterschiedliche Maßnahmen adressieren.[1726] Dies deutet eine gewisse grundsätzliche Trennung an. Anschließend stellt er fest, dass Art. 34 AEUV einen „anderen Zweck verfolgt" als Art. 101 AEUV.[1727] Dies könnte in dieselbe Richtung weisen. Allerdings muss diese Passage mit Blick auf den Kontext relativiert werden, ging es doch speziell um die Übertragung einer de minimis-

Rechtsprechung wieder *verbreitert* (s. zur allg. Entwicklung der Grundfreiheitenjudikatur nach Lissabon umf. b. Fn. 2397 ff.).

[1724] Näheres b. *Nowak*, EuR 2011 Beiheft 2, 21 (26 f.).

[1725] S. b. Fn. 1715 ff.

[1726] EuGH, Urt. v. 05.04.1984, Rs. 177, 178/82, Slg. 1984, 1798, Rn. 11 f. (*van de Haar*).

[1727] EuGH (Fn. 1726), Rn. 14 (*van de Haar*).

Schwelle. Der Begriff des Zwecks ist hier in diesem konkreten Sinne (der Übertragung einer solchen Grenze) zu verstehen. Die Unsicherheiten beruhen auf dem irreführenden Begriff „Zweck“, was wohl eine leichte Sinnverfälschung herbeiführt, die in der englischen und französischen Fassung so nicht vorhanden ist[1728].

In der Rs. *Metro* stellt der Gerichtshof einen nicht restlos eruierbaren[1729] Zusammenhang zwischen dem Binnenmarktziel und der Ermöglichung unverfälschter Wettbewerbsbedingungen her.[1730] Nur wenig später spricht er sich deutlicher für einen Zusammenhang aus: In der Rs. *Leclerc*[1731] judiziert er, dass der unverfälschte Wettbewerb neben den ex-Art. 85 ff. EWG durch[1732] die ex-Art. 30 ff. EWG „gewährleistet“[1733] werde. In ähnlicher Formulierung stellt er in zwei späteren Entscheidungen fest, dass es das Ziel des freien Warenverkehrs sei, dass dieser „unter normalen Wettbewerbsbedingungen“[1734] bzw. „unter unverfälschten Wettbewerbsbedingungen“[1735] stattfinde.

1991 stellt der Gerichtshof schließlich fest, dass „die Artikel 30 ff. EWG-Vertrag (...) im Lichte [des Systems unverfälschten Wettbewerbs] (...) auszulegen [sind]; dies bedeutet, daß der in Artikel 3 Buchstabe f EWG-Vertrag enthaltene Wettbewerbsaspekt zu berücksichtigen ist.“[1736]

Zu konstatieren ist, dass sich der EuGH in der *ersten Phase* seiner Rechtsprechung zunächst nicht (klar) positioniert hat und später eine *Gleichsetzung* der *Anwendungsbereiche* von ex-Art. 30 ff. EWG und ex-Art. 85 EWG abgelehnt hat. Mit Ausnahme der Rs. *van de Haar* zeigt die Entwicklung der Rechtsprechung jedoch ohne Ausreißer und Brüche, dass der EuGH zumindest einen *engen Zusammenhang* zwischen den *Zielsetzungen* der Grundfrei-

---

[1728] Dort verwendet er die Begriffe „aim“ bzw. „objectif“.

[1729] *Füller* nimmt hier das Wort der deutschen Sprachfassung „voraussetzen“ wohl zu wörtlich (in der englischen Sprachfassung mehrdeutiger „implies“, ebenso in der franz. „implique“, span. „implica“); auch eine Deutung im Sinne von „es schließt ein“ erscheint denkbar.

[1730] EuGH (Fn. 1653), Rn. 20 (*Metro/Kommission*).

[1731] EuGH, Urt. v. 10.01.1985, Rs. 229/83, Slg. 1985, 17 (*Leclerc*).

[1732] Wie die französische und englische Sprachfassung zeigen (die Verfahrenssprache war französisch!) bezieht sich das missverständliche „*vor allem* (...) durch die Artikel 30 ff. [Hervorh. d. *Verf.*]“ in der deutschen Sprachfassung (das besser als „insbesondere“ übersetzt worden wäre) sowohl auf die ex-Art. 30 ff. EWG als auch auf die ex-Art. 85 ff. EWG. Dies übersieht *Füller*, 74.

[1733] EuGH (Fn. 1731), Rn. 9 (*Leclerc*).

[1734] EuGH, Urt. v. 07.05.1985, Rs. 18/84, Slg. 1985, 1344 (*Kommission/Frankreich*), Rn. 13.

[1735] EuGH, Urt. v. 20.03.1990, Rs. 21/88, Slg. 1990, I-916 (*Du Pont de Nemours Italiana*), Rn. 20.

[1736] EuGH, Urt. v. 19.03.1991, C-202/88, Slg. 1991, I-1259 (*Frankreich/Kommission*), Rn. 41.

heiten und dem System unverfälschten Wettbewerbs erkennt und die Grundfreiheiten u. a. im Lichte des Systems verstanden wissen möchte.[1737]

dd) Anhaltspunkte aus der Systematik der Verträge

Die Verträge enthalten keine gegenläufigen wirtschaftspolitischen Grundsätze, die eine Grundfreiheiteninterpretation im Lichte des Systems als mit dem Geist und der Struktur der Verträge oder einzelner Bestimmungen unvereinbar erschienen ließen. Im Gegenteil stimmen der Grundsatz einer offenen Marktwirtschaft mit freiem Wettbewerb und die Soziale Marktwirtschaft[1738] insofern überein. Auch der Gedanke eines *Binnen*marktes im wortwörtlichen Sinn[1739] (bzw. engl.: „single market“[1740]) ist gerade durch die Abwesenheit mitgliedstaatlich-rechtsinduzierter Wettbewerbsverfälschungen gekennzeichnet.

Zirkelschlüssig wäre es zu sagen, dass das System unverfälschten Wettbewerbs keine Auslegungsrelevanz für die Grundfreiheiten entfalten kann, weil alle Wettbewerbsverzerrungen, die im Lichte des Systems grundfreiheitswidrig wären, schon durch Art. 26 II AEUV erfasst wären, da dieser *alle* Hindernisse und mithin auch *sämtliche* Wettbewerbsverzerrungen erfasste.[1741] Es ist ja gerade fraglich, ob das System unverfälschten Wettbewerbs für das Verständnis der Grundfreiheiten Auslegungsrelevanz entfaltet und ob auch wirklich *alle* Hindernisse und Wettbewerbsverzerrungen infolgedessen grundfreiheitswidrige Beeinträchtigungen darstellen. Zudem wäre die Aussage auch unter Zugrundelegung dieser (noch nachzuweisenden) Prämissen unrichtig: Das System unverfälschten Wettbewerbs hat ja auf jeden Fall noch einen Anwendungsbereich, der nicht von Art. 26 II AEUV erfasst wäre, nämlich als Auslegungsmaxime für die *Wettbewerbsvorschriften*.

ee) Aus dem Grundsatz des Systems unverfälschten Wettbewerbs ableitbare Vorgaben

Im Ergebnis ist somit davon auszugehen, dass die gem. Art. 51 EUV i. V. m. Protokoll (Nr. 27) einen Bestandteil des Primärrechts darstellende Garantie eines Systems unverfälschten Wettbewerbs über das Binnenmarktziel in die Auslegung der Grundfreiheiten einfließt. Sofern die Grundfreiheiten als scharfes Schwert unmittelbar anwendbarer und subjektiv berechtigender Bestimmungen zur Verfügung stehen, d. h., insofern die Operationalisierung des Systems unverfälschten Wettbewerbs auf keine unüberwindbaren Gren-

---

[1737] Zurückhaltender *Füller*, 74.
[1738] Vgl. *T. Müller*, 176.
[1739] S. ausführlich zur hypothetischen Binnenmarktbetrachtung b. Fn. 1844 ff.
[1740] Vgl. nur b. Fn. 1654.
[1741] So aber *Hoffmann*, 100.

zen der Grundfreiheiten trifft (Wortlautgrenze; systematisch eindeutige Vorbehalte) oder andere interpretatorische Anhaltspunkte überwiegen (z. B. kompetenzschützender Art), „will" sich das System auch über die Grundfreiheiten verwirklichen. Als auslegungsrelevanter Binnenmarktteilgehalt sucht es seine Optimalverwirklichung zu erreichen. Mithin ergeben sich schon aus der *abstrakten Garantie* (und nicht erst aus einer Parallelbetrachtung mit den wettbewerbsrechtlichen Operativbestimmungen) Anhaltspunkte für die Auslegung der Grundfreiheiten. Ziel ist es, dass die einzelnen Marktteilnehmer in einen *unverfälschten Wettbewerb* miteinander treten können, auf dass sich der *effizienteste* unter ihnen (und nicht der, der den günstigsten rechtlichen Rahmenbedingungen unterliegt) am Markt durchsetzt.[1742] Ein solcher unverfälschter Wettbewerb ist gegeben, wenn der Unternehmenswettbewerb unter gleichen Wettbewerbsbedingungen stattfindet, sodass sich Produktionseffizienzen im Markterfolg niederschlagen[1743] und die Verbraucher davon profitieren können, wenn ein bestimmter Wettbewerber optimal effizient arbeitet. Gleichzeitig wirkt das System im Verein mit dem Grundsatz einer offenen Marktwirtschaft mit freiem Wettbewerb und dem Grundsatz einer sozialen Marktwirtschaft ganz grundsätzlich auf eine marktwirtschaftliche Ausrichtung hin.

b) Parallelbetrachtung: Art. 101 AEUV – Grundfreiheiten

Fraglich ist, ob sich auch aus einer *konkreten* Parallelbetrachtung der Operativbestimmungen des Wettbewerbsrechts mit den Grundfreiheiten Erkenntnisse für die Auslegung der Grundfreiheiten ziehen lassen – ob also *konkrete* Parallelwertungen vorzunehmen sind.[1744] Der mit der Parallelbetrachtung verbundene Aspekt einer Drittwirkung der Warenverkehrsfreiheit[1745] soll hier

---

[1742] Vgl. *Barents*, CMLR 18 (1981), 271 (274); *T. Müller*, 116.

[1743] Vgl. *Roth*, 11 f.

[1744] Bejahend *Barents*, CMLR 18 (1981), 271 (273 ff.); *Cordewener*, 293 ff.; *Fezer*, JZ 1994, 317 (319, 324); *Fogler-Deinhardstein*, ZfRV 2005, 22 (30); *Hefermehl/Fezer*, in: Hefermehl/Ipsen/Schluep/Sieben, 8 (25 f., 102 ff.); *Mortelmans*, CMLR 38 (2001), 613 ff.; *Sack*, WRP 1998, 103 (117); *Rohe*, RabelsZ 61 (1997), 1 (57); *VerLoren van Themaat*, in: FS Günther, 373 ff.; Generalanwalt *van Gerven*, Schlussanträge v. 29.06.1989, Rs. C-145/88, Slg. 1988, 3865, Rn. 22 f. (*Torfaen*); sympathisierend *Jansson/Kalimo*, CMLR 51 (2014), 523 (540); vgl. auch *Gormley*, 232 f.; *Keßler*, 340 ff.; *Steindorff*, 20 ff.; Generalanwältin *Kokott*, Schlussanträge v. 03.02.2011, Rs. C-403, 429/08, Slg. 2011, I-9090, Rn. 249 (*Football Association Premiere League*); s. a. *Roth*, CMLR 44 (2007), 1131 (1139); *Weyer*, 430 ff. m. w. N.; dag. Krit. *Gormley*, E. B. L. R. 13 (2002), 517 (520); *Graf*, 109.

[1745] Vgl. nur *Gebauer*, 136 f.; *Körber*, 745 ff.; *Mortelmans*, CMLR 38 (2001), 613 ff.; *Roth*, EWS 2013, 16 ff.; *ders.*, in: FS Everling II, 1232 (1242 f.); *ders.*, in: FS Medicus, 393 (404 f.); *Schödermeier*, GRUR Int. 1987, 85 ff.; *Schweitzer*, EuZW 2012, 765 ff. Dabei geht es nicht nur um die Frage des „Obs" einer möglichen Drittwirkung, sondern auch des „Wie": Etwa könnte in Fällen einer Drittwirkung eine Angleichung der Tatbeebenso ausgeblendet werden wie die sich in diesem Zusammenhang stellende Frage der Konkurrenz[1746]. Es geht darum, ob sich Schlussfolgerungen mit Blick auf die Interpretation des Tatbestands der Grundfreiheiten ableiten lassen.[1747] Von besonderem Interesse sind die Fragen, ob das ungeschriebene Tatbestandsmerkmal der Spürbarkeit übertragen werden sollte und ob sich Anhalte aus einer Parallelbetrachtung mit der Voraussetzung der Eignung zur Beeinträchtigung des zwischenstaatlichen Handels ergeben.

aa) Tatbestandliche Unterschiede und Gemeinsamkeiten

aaa) Gemeinsamer Ausgangspunkt: Binnenmarktziel und System unverfälschten Wettbewerbs

Zumindest einen Seitenblick legt das *beide* Normengruppen *überwölbende Ziel* des Binnenmarktes nahe,[1748] weshalb zwischen beiden Normengruppen regelmäßig auch ein enger Zusammenhang gesehen wird.[1749] Auch wurde bereits festgestellt, dass das *System* unverfälschten Wettbewerbs zumindest als abstrakter Grundsatz auf die Grundfreiheiten ausstrahlt (und natürlich auch auf die Wettbewerbsvorschriften).

bbb) Unterschiedliche „Adressatenrichtung“[1750]

Schon der Gerichtshof hatte in *van de Haar* die *unterschiedliche Adressatenrichtung* beider Normengruppen betont: Art. 101 f. AEUV sind *zuvorderst* an *Unternehmen* und deren Vereinigungen gerichtet.[1751] Aus Art. 101 f. AEUV ergibt sich in Verbindung mit Art. 4 III EUV nur eine an die Mitgliedstaaten

standselemente erwogen werden, vgl. zur Übertragung des Spürbarkeitserfordernisses für Fälle der Drittwirkung *Roth*, EWS 2013, 16 (26) und s. auch in Fn. 1754.

[1746] Von paralleler Anwendbarkeit (und keinem Vorrangverhältnis) der Art. 34 ff. AEUV und Art. 101 f. AEUV ausgehend *Fezer*, JZ 1994, 317 (319); *Hefermehl/Fezer*, in: Hefermehl/Ipsen/Schluep/Sieben, 8 (26); *Müller-Graff*, in: von der Groeben/Schwarze/Hatje, Art. 34 AEUV Rn. 307, 335 ff. und der EuGH (s. d. Nachw. b. *Roth*, EWS 2013, 16 [23 Fn. 79]). Für einen Vorrang des Wettbewerbsrechts votierend *Roth*, EWS 2013, 16 (23).

[1747] S. d. umf. Untersuch. v. *Körber*, 745 ff.

[1748] Vgl. *Barents*, CMLR 18 (1981), 271 (273 f.); *Fezer*, JZ 1994, 317 (319); *Greaves*, Fordham Int'l L. J. 29 (2005), 690 (696); *Mortelmans*, CMLR 38 (2001), 613 (623, 647); *Stuyck*, in: Dony/De Walsche, 1477 ff. (1496); *Weyer*, 445; Generalanwalt *van Gerven* (Fn. 1744), Rn. 22 (*Torfaen*).

[1749] Vgl. nur *Barents*, CMLR 18 (1981), 271 (273 f.); *Hefermehl/Fezer*, in: Hefermehl/Ipsen/Schluep/Sieben, 8 (25); *Schweitzer*, EuZW 2012, 765 (767 ff.).

[1750] *Mühl*, 140 f.

[1751] *Gormley*, 229; *Jensch*, 176; *Mortelmans*, CMLR 38 (2001), 613 (623); *Mühl*, 140 f.; *Stuyck*, in: Dony/De Walsche, 1477 ff. (1485); Generalanwalt *van Gerven* (Fn. 1744), Rn. 22 (*Torfaen*); EuGH (Fn. 1726), Rn. 11 (*van de Haar*).

gerichtete „*Annexpflicht*“, wonach die Mitgliedstaaten keine Kartellabsprachen erleichtern, vorschreiben oder verstärken dürfen.[1752]

Die Grundfreiheiten wiederum sind *primär* an die *Mitgliedstaaten* adressiert[1753] und wirken nur in den (begrenzten) Fällen der Drittwirkung gegenüber Privatpersonen.[1754]

Art. 106 II AEUV bestätigt diese Trennung von Privatem und Öffentlichem, wenn er festlegt, dass Unternehmen, die mit der Erbringung von Dienstleistungen im allgemeinen wirtschaftlichen Interesse betraut sind, auch in bestimmtem Umfang an die Grundfreiheiten gebunden sind.[1755]

Die in Ausnahmefällen vollzogene Aufhebung dieser Trennung ändert nichts an der *grundsätzlichen* Adressatenrichtung der beiden Normgruppen.

ccc) Unterschiedliche Kontrollobjekte: Akt öffentlicher Gewalt – Marktverhalten

Aus dem unterschiedlichen Adressatenkreis sowie aus der staatlichen Stellen und privaten Marktteilnehmern je eigenen Verhaltenslogik ergibt sich eine weitere erhebliche Differenz mit Blick auf das *Objekt* der Kontrolle: Von den Art. 101 f. AEUV werden am Individualinteresse ausgerichtete Marktentscheidungen privater Marktteilnehmer überprüft, wohingegen es bei Art. 35 AEUV zuvorderst um im Allgemeininteresse liegende Akte öffentlicher Gewalt geht.

ddd) Teilweise divergierende Anwendungsvoraussetzungen

Auf der Ebene des Tatbestandes existieren erhebliche Unterschiede: Während der Tatbestand in Art. 101 f. AEUV *mehrere* Tatbestandsvoraussetzungen besitzt, verlangt Art. 35 Alt. 2 AEUV zumindest auf der Ebene der Beeinträchtigung grundsätzlich „nur“ die Existenz einer „Maßnahme gleicher Wirkung“ .

Der Tatbestand der Wettbewerbsvorschriften ist auch *enger* gefasst: Die Qualität der Maßnahme wird eingegrenzt (verhindern, einschränken oder

---

[1752] Vgl. *Jensch*, 176; *Mortelmans*, CMLR 38 (2001), 613 (619 ff., 622); *Obert*, GRUR Int. 1999, 1017 (1033); *Weiß*, in: Calliess/Ruffert, Art. 101 AEUV Rn. 14; *Weyer*, 444 f. jew. m. w. N.

[1753] EuGH (Fn. 1726), Rn. 12 (*van de Haar*); *Gormley*, 229; *Stuyck*, in: Dony/De Walsche, 1477 ff. (1485); *White*, CMLR 26 (1989), 235 (264 f.).

[1754] Die Tatsache, dass die Grundfreiheiten mit Blick auf die Drittwirkungsfälle sich teilweise auch an Privatpersonen richten, könnte wenn überhaupt *nicht generell* für eine Parallelauslegung angeführt werden, sondern eben nur für die Fälle, in denen Private grundfreiheitlichen Bindungen unterliegen, ebenso *Körber*, 763 f.; *Thomas*, NVwZ 2009, 1202 (1204 f.). Zudem – so wendet *Oliver* ein – rechtfertigt sich die stärkere Bindung in diesen Fällen aus der staatsähnlichen Stellung, CMLR 36 (1999), 783 (791 Fn. 29).

[1755] Vgl. *Roth*, EWS 2013, 16.

verfälschen) und durch Regelbeispiele verdeutlicht. Auch die Art der Maßnahme (Vereinbarungen, Beschlüsse, aufeinander abgestimmte Verhaltensweisen) wird spezifiziert.[1756] Diese doch vergleichsweise spezifische oder auch enge Fassung spricht gegen eine Analogisierung.[1757] Aufgrund der Inbezugnahme von Privaten (und der damit einhergehenden Beeinträchtigung persönlicher Freiheit) muss jedoch schon aus Gründen der Bestimmtheit bei den Wettbewerbsvorschriften ein höherer Grad an Konkretisierung verlangt werden.

Ebenfalls unterschiedlich gehandhabt[1758] wird die Frage der (makroökonomischen) Spürbarkeit – selbst wenn ein Spürbarkeitskriterium für *entsprechend* (also im mikroökonomischen Sinn) anwendbar gehalten würde:[1759] Aufgrund der subjektiven Ausrichtung der Grundfreiheiten[1760] wird eine volkswirtschaftliche Handhabung eines de minimis- bzw. Spürbarkeitskriteriums im Kontext der Grundfreiheiten sowohl von der Rechtsprechung[1761] als auch von der Literatur *einhellig* abgelehnt.

eee) Regelungskompetenz

Ein ganz erheblicher Unterschied liegt darin, dass Unternehmen grundsätzlich nicht zur Steuerung (bzw. „Regelung“) des Wettbewerbs *legitimiert* sind, wohingegen die grundsätzliche Ordnungs- und Regelungsgewalt der Mitgliedstaaten nicht infrage steht und nur in Einzelfällen korrigiert werden soll.[1762]

fff) Ökonomische Rechtfertigungsgründe

Während es im Wettbewerbsrecht grundsätzlich um *ökonomische* Rechtfertigungsgründe (Art. 101 III AEUV) geht, sind diese im Recht der Grundfreiheiten verpönt (wenn sie nicht in vermittelter Weise einem nichtökonomischen Ziel dienen)[1763]

bb) Zwischenfazit: Übertragung nach Einzelfallprüfung

Aus dem Vorhergesagten lässt sich keine generelle Leitlinie des Inhalts ableiten, dass Grundfreiheiten und Wettbewerbsrecht *stets* oder *nie* gleichlaufen

---

[1756] EuGH (Fn. 1726), Rn. 11 (*van de Haar*); vgl. auch *Weyer*, 37 ff., 444 ff.

[1757] Vgl. *Thomas*, NVwZ 2009, 1202 (1205); s. a. Generalanwalt *van Gerven* (Fn. 1744), Rn. 22 (*Torfaen*).

[1758] Auf diesen Unterschied hinweisend *Gormley*, 229; vgl. auch *Mortelmans*, CMLR 38 (2001), 613 (633 f.).

[1759] S. hierzu b. Fn. 1765 ff. und Fn. 3490 ff.

[1760] S. b. Fn. 2308 ff.

[1761] S. b. Fn. 3143.

[1762] *Weyer*, 446.

[1763] S. umf. b. Fn. 4164 ff. sowie in Fn. 4174.

sollten. Beide Normengruppen zeichnen sich durch gewichtige Gemeinsamkeiten und Unterschiede aus. Letztlich muss daher die *einzelne Sachfrage* betrachtet und überlegt werden, ob die Argumente, die für eine bestimmte primärrechtliche Vorgabe oder Auslegung bei der Normengruppe 1 (Wettbewerbsrecht) angeführt werden, auch für die Normengruppe 2 (Grundfreiheiten) sachargumentative Überzeugungskraft besitzen. Nachfolgend werden daher *einzelne* wettbewerbsrechtliche Parallelüberlegungen vorgenommen und die hier angesprochenen Fragen *abschließend* an späterer Stelle behandelt. Wichtig ist nichtsdestotrotz die Feststellung, dass die *Teleologie* des Systems unverfälschten Wettbewerbs, die auch das Binnenmarktziel prägt, auch in den wettbewerbsrechtlichen Operativbestimmungen präsent ist und dafür spricht, zumindest eine die Besonderheiten der Grundfreiheiten berücksichtigende Übertragung zu *prüfen*.

cc) Stellungnahme zu einzelnen Elementen

aaa) Übertragung des Spürbarkeitserfordernisses (auch: de minimis-Regel/Bagatellklausel[1764])

Fraglich ist, ob über die rein hypothetischen Wirkungen hinaus auch geringfügige Behinderungen auf der Grundlage einer entsprechenden Anwendung des Spürbarkeitserfordernisses ausgeklammert werden sollten.[1765] *VerLoren van Themaat* etwa hat schon früh eine solche Anwendung des Spürbarkeitskriteriums auf die Ausfuhr „nicht direkt“[1766] betreffende Behinderungen erwogen. Der EuGH hat es in der Rs. *van de Haar* explizit abgelehnt, „geringfügi[ge]“[1767] Behinderungen auszuklammern. Allerdings hat der EuGH in einigen Judikaten Kriterien anerkannt, die einem Spürbarkeitskriterium entsprechen.[1768]

Im Rahmen von Art. 101 AEUV stellt die Kommission quantitativ auf die Größe des Marktanteils der an einer Maßnahme beteiligten Unternehmen ab.[1769] Ein solches Kriterium steht bei Art. 35 AEUV nicht zur Verfügung. Die dadurch entstehende Rechtsunsicherheit könnte gegen eine entsprechende

---

[1764] *Stockenhuber*, in: Grabitz/Hilf/Nettesheim, Art. 101 AEUV Rn. 217.

[1765] W. Nachw. in Fn. 1744 und s. zu einer holistischen, auch außerhalb einer Parallelwertung liegenden Betrachtung hinsichtlich der Frage der Anerkennungswürdigkeit eines Spürbarkeitskriteriums und ähnlicher Kriterien b. Fn. 3490 ff.

[1766] *VerLoren van Themaat*, in: FS Günther, 373 (384 f.); ebenso *Fezer*, JZ 1994, 623 (624); vgl. auch *Chalmers*, ICLQ 42 (1993), 269 (293); *Evans*, ICLQ 32 (1983), 577 (581).

[1767] EuGH (Fn. 1726), Rn. 13 f. (*van de Haar*).

[1768] S. ausf. b. Fn. 3144 ff.

[1769] Vgl. zu den unterschiedlichen Bezeichnungen nur *Stockenhuber*, in: Grabitz/Hilf/Nettesheim, Art. 101 AEUV Rn. 219 ff. m. w. N. und die Bekanntmachung der Kommission ABl. 2001 C 368/13 .

Anwendung des Spürbarkeitserfordernisses sprechen.[1770] Es dient im Rahmen von Art. 101 AEUV u. a. dazu, die Kommission zu entlasten.[1771] Doch auch bei Art. 101 AEUV stellt jedenfalls der *Gerichtshof* auf eine *Gesamtwürdigung* aller rechtlichen und tatsächlichen Umstände ab, wobei er der Frage des Marktanteils eine Indizfunktion beimisst[1772] und vereinzelt sogar *qualitative* Momente berücksichtigt.[1773] Eine solche *wertende Gesamtwürdigung* ist auch bei Art. 35 AEUV möglich. Die bei Art. 101 AEUV verwandten Kriterien können hier zwar nicht eins zu eins auf die Grundfreiheiten übertragen werden, eine Komplementärfunktion kann aber etwa die Erhöhung der Kostenlast einnehmen.[1774] Zudem ist es auch bei den Grundfreiheiten denkbar, ökonomische Kriterien heranzuziehen.

Thomas wendet ein, dass ein Spürbarkeitskriterium bei Art. 101 AEUV seine Berechtigung habe, weil Private durch die Anwendung des Kartellrechts (anders als Staaten durch die Grundfreiheiten) *persönliche Freiheitseinbußen* erleiden würden,[1775] und *Hojnik* und *Oliver* sekundieren, der Staat habe „höheren" Ansprüchen zu genügen als Private[1776]. Doch ist hierauf zu erwidern, dass auch der „Freiheitsraum" von Staaten schutzwürdig ist und dieser Gedanke durch das mit dem Maastrichter Vertrag eingefügte *kompetenzielle* Verhältnismäßigkeitsprinzip (neben dem Subsidiaritätsgrundsatz) eine ausdrückliche Anerkennung gefunden hat.[1777] Eine „entgrenzte" Grundfreiheitsbestimmung widerspräche dem. Zweitens ist in der *kollektiven* Freiheit eines Gemeinwesens immer auch die *private* Freiheit des Einzelnen wirksam, die schon aufgrund des geringeren Bestimmtheitsgrades der Grundfreiheiten in illegitimer Weise eingeschränkt würde.

Auch in Art. 101 AEUV geht es nicht darum, dass der Zweck des Wettbewerbsrechts in bestimmten („nicht so wichtigen") Fällen um der Freiheit willen „geopfert" wird. Vielmehr ist der Zweck bei fehlender Spürbarkeit erst *gar nicht beeinträchtigt*. Anders formuliert genügt die bloße theoretische Denkbarkeit einer Wettbewerbsbeeinträchtigung nicht, sondern es bedarf der Substanziierung. Ein entsprechendes de minimis-Kriterium hätte aber bei Art. 35 AEUV genau diesen Zweck: eben bloß theoretisches Fürmöglichhalten nicht ausreichen zu lassen, sondern eine Substanziierung zu verlangen.

Auch bei Art. 101 AEUV kommt es im Rahmen der Marktanteilsbetrachtung darauf an, ob die Maßnahme für *einzelne* Wettbewerbsteilnehmer wett-

---

[1770] Vgl. *Snell/Andenas*, Int'l & Comp. Corp. L. J. 2 (2000), 361 (371 m. w. N.); *Thomas*, NVwZ 2009, 1202 (1205).

[1771] *Frenz*, Hb. 1, Rn. 903.

[1772] *Stockenhuber*, in: Grabitz/Hilf/Nettesheim, Art. 101 AEUV Rn. 223 m. w. N.

[1773] *Weiß*, in: Calliess/Ruffert, Art. 101 AEUV Rn. 87.

[1774] Vgl. *Cordewener*, 295 f. m. w. N.

[1775] *Thomas*, NVwZ 2009, 1202 (1204).

[1776] *Hojnik*, EJLS 6 (2013), 25 (38 f.); *Oliver*, CMLR 36 (1999), 783 (791).

[1777] S. b. Fn. 2019 ff.

bewerbsbeschränkende Wirkungen entfaltet. Es wäre daher unpassend, zu fragen, ob eine bestimmte staatliche Maßnahme, losgelöst von einer den einzelnen Marktteilnehmer in den Blick nehmenden Betrachtung, ein bestimmtes Quantum erreicht. Vielmehr muss darauf abgestellt werden, ob sie für den *einzelnen Marktteilnehmer* hinreichend abschreckend ist (was auch anhand quantitativer Kriterien entschieden werden kann).

Die Frage einer Übertragung des Spürbarkeitskriteriums auf (und Anpassung an) die Grundfreiheiten kann zwar letztlich nur im Rahmen einer *alle* Aspekte einbeziehenden *holistischen* Betrachtung entschieden werden.[1778] Maßgeblich werden dabei *funktionale* Argumente sein (u. a. praktische Realisierbarkeit, Vorteile). Doch legen die hiesigen Überlegungen eine Übertragung des Spürbarkeitskriteriums nahe. Zudem konnten aus ihnen auch Gestaltungsvorschläge gewonnen werden (*Individual-*, nicht *Kollektiv*spürbarkeit).

bbb) Eignung zur Beeinträchtigung des zwischenstaatlichen Handels (sog. Zwischenstaatlichkeitsklausel)

VerLoren Van Themaat leitet aus einer Parallelbetrachtung mit dem Kriterium der Eignung zur Beeinträchtigung des zwischenstaatlichen Handels ab, dass auch unterschiedslose Maßnahmen vom Verbot der Art. 34 f. AEUV erfasst werden.[1779]

In st. Rspr.[1780] verlangt der Gerichtshof für das Erfülltsein der Zwischenstaatlichkeitsklausel, dass „sich anhand einer Gesamtheit objektiver rechtlicher oder tatsächlicher Umstände mit hinreichender Wahrscheinlichkeit voraussehen läßt, daß die Vereinbarung unmittelbar oder mittelbar, tatsächlich oder der Möglichkeit nach den Warenverkehr zwischen Mitgliedstaaten beeinflussen kann."[1781] Die Formel weist – bis auf die Wendung „beeinflussen"[1782] – große Parallelen mit der *Dassonville*-Formel auf.[1783]

Aus mehreren Gründen überzeugt eine entsprechende Anwendung dieser Definition auf Art. 35 Alt. 2 AEUV nicht: Zunächst hat der Gerichtshof sogar im Bereich der extensiver ausgelegten Schwestervorschrift des Art. 34 Alt. 2 AEUV mittlerweile eine teilweise restriktivere Position als in *Dassonville* eingenommen.[1784] Zweitens kommt der Zwischenstaatlichkeitsklausel eine

---

[1778] S. hierzu in Fn. 3128 ff. und b. Fn. 3490 ff. und Fn. 3611 ff.

[1779] *VerLoren van Themaat*, in: FS Günther, 373 (385 f.).

[1780] S. nur die Nachw. b. *Stockenhuber*, in: Grabitz/Hilf/Nettesheim, Art. 101 AEUV Rn. 209.

[1781] EuGH, Urt. v. 30.06.1965, Rs. 56/65, Slg. 1965, 284 (303) – *Société Technique Minière*.

[1782] Vgl. hierzu *Weyer*, 433 m. w. N.

[1783] Vgl. Generalanwalt *van Gerven* (Fn. 1744), Rn. 21 (*Torfaen*); *Barents*, CMLR 18 (1981), 271 (273 f.); *Gormley*, E. B. L. R. 13 (2002), 517 (520); *Körber*, 751; *Mortelmans*, CMLR 38 (2001), 613 (623); *Usher*, CMLR 38 (2001), 1519 (1532).

[1784] S. umf. zur st. Rspr. zu Art. 34 Alt. 2 AEUV b. Fn. 2879 ff.

andere Funktion zu als den „Maßnahmen gleicher Wirkung“ bei Art. 34 f. AEUV: Als doppelfunktionale Voraussetzung dient sie erstens dem *kollisionsrechtlichen* Zweck der Abgrenzung von nationalem und unionalem Kartellrecht[1785] und steht zweitens als sachliche Voraussetzung neben dem zusätzlichen Erfordernis einer (spürbaren) Wettbewerbsbeschränkung. Auch betrifft sie („nur“) Unternehmen, deren Handeln *grundsätzlich nicht legitimiert* ist, wenn es *andere* Personen (und Marktteilnehmer) negativ tangiert.

ccc) Subjektives Schutzkonzept: Marktteilnehmer als Binnenmarktagenten

Auch das System unverfälschten Wettbewerbs und das Wettbewerbsrecht zeugen davon, dass das Binnenmarktrecht die Koordinierung der faktischen Marktprozesse in die Hände souveräner *Marktteilnehmer* legt und für das Funktionieren des Wettbewerbs ihre *Entscheidungsautonomie* bewahren möchte. Damit legt in letzter Instanz auch das Wettbewerbsrecht das Schicksal des Binnenmarktes in die Hand des *Einzelnen*. Dieses Schutzkonzept entspricht dem *subjektiv*-rechtlichen Charakter der Grundfreiheiten.[1786]

6. Flankierende Grundrechte der Grundrechtecharta

Die gem. Art. 6 I EUV mit den Verträgen rechtlich gleichrangige Grundrechtecharta ist nicht in den Binnenmarkt eingegliedert. Formal kann sie den Binnenmarkt somit nicht konkretisieren.

Berufsfreiheit (Art. 15 EUGRCh), unternehmerische Freiheit (Art. 16 EUGRCh) und das Eigentumsgrundrecht (Art. 17 EUGRCh) stützen die privatautonome Angebots- und Nachfragetätigkeit der Unionsbürger neben den Grundfreiheiten jedoch faktisch ab.[1787] Mit Blick auf die typischerweise durch die Grundfreiheiten abgesicherten Lebenssachverhalte waren die EU-Grundrechte (wie in vielen anderen Gebieten, in denen es zu einer Schutzverdoppelung gekommen ist[1788]) allerdings bislang nur von sehr geringer Bedeutung.

[1785] *Stockenhuber*, in: Grabitz/Hilf/Nettesheim, Art. 101 AEUV Rn. 206 m. w. N.; Generalanwalt *van Gerven* (Fn. 1744), Rn. 22 (*Torfaen*).

[1786] S. hierzu b. Fn. 2308 ff.

[1787] *Hatje*, in: von Bogdandy/Bast, 801 (812 f.); *Luczak*, 203 ff.; s. i. Ü. umf. zum Verhältnis der Grundfreiheiten zu den EU-Grundrechten b. Fn. 2347 ff.

[1788] Vgl. z. B. nur das Recht auf Zugang zu Dokumenten mit der großen Bedeutung von Art. 15 AEUV und RL 2001/1049 und der praktischen Bedeutungslosigkeit von Art. 42 EUGRCh.

7. Explizite Gleichbehandlungsvorgaben: Art. 18, 45 II, 50 III, 157, 110 I AEUV

Neben den speziell aufgeführten Diskriminierungsverboten der Grundfreiheiten (in den Art. 45 II, 50 III AEUV) verbietet Art. 18 AEUV jede Ungleichbehandlung aus Gründen der Staatsangehörigkeit, und Art. 157 AEUV gebietet die Gleichstellung von Mann und Frau im Erwerbsleben. Eine abgabenbezogene Gleichbehandlung gebietet zudem Art. 110 I AEUV.

In vielfältigen Bereichen erklärt der AEUV die Gleichbehandlung der Marktteilnehmer somit für konstitutiv.[1789]

8. Anhalte aus kompetenzbegrenzenden Bestimmungen

a) (Ausnahmen von der) Rechtsangleichungskompetenz

Bis auf die Einfügung eines Titels zum Schutz des geistigen Eigentums in Art. 118 AEUV und die Ersetzung des Begriffs des Gemeinsamen Marktes durch den des Binnenmarktes wurden die Rechtsangleichungskompetenzen (in Art. 114, 115 AEUV)[1790] trotz der großen Kritik[1791] am Tabakwerbeurteil II des EuGH,[1792] das weitreichende Rechtsangleichung ermöglicht, unverändert belassen.[1793] In ihnen ist – insofern das Binnenmarktziel prägend[1794] und den Auslegungsbefund in Bezug auf das Wettbewerbsrecht[1795] stützend – nach st. Rspr. des EuGH ausdrücklich das Gebot der *Abschaffung von Wettbewerbsverfälschungen* verkörpert.[1796]

Verschiedentlich wurden in den *Ausnahmebestimmungen* zu den Rechtsangleichungskompetenzen (im engeren Sinne: Art. 27, 114 II, IV, V[1797] AEUV; im weiteren Sinne: Art. 5 III EUV i. V. m. Protokoll [Nr.2], Art. 5 IV EUV; Art. 6 I Ua. 1 EUV i. V. m. EuGRCh) Hinweise auf einen „imperfekten"[1798] oder „unvollkommenen"[1799] Binnenmarkt erblickt. Aus diesen Best-

---

[1789] *Hatje*, in: von Bogdandy/Bast, 801 (813).

[1790] S. zu einer Parallelbetrachtung der Rechtsangleichungskompetenzen mit den Grundfreiheiten b. Fn. 2039 ff.

[1791] Vgl. nur *Jahn*, NJW 2008, 1788 (1789); *Stein*, EuZW 2007, 54 ff.

[1792] EuGH, Urt. v. 12.12.2006, Rs. C-380/03, Slg. 2006, I-11631 (*Deutschland/Parlament und Rat*).

[1793] *Nowak*, EuR-Beiheft 1 2009, 129 (169).

[1794] Ebenso *Epiney*, 195 f.; *Mojzesowicz*, 194; s. b. Fn. 1828 ff. und b. Fn. 2049 ff.

[1795] S. b. Fn. 1742 f.

[1796] S. umf. b. Fn. 2049 ff.

[1797] Allerdings war Art. 114 IV, V AEUV – bislang – nur von geringer praktischer Relevanz und er wird abgeschwächt durch Art. 114 III AEUV, der eine Berufung auf Art. 114 IV, V gerade verhindern soll vgl. *Tietje*, in: Grabitz/Hilf/Nettesheim, Art. 114 AEUV Rn. 154, 160.

[1798] *Kahl*, in: Calliess/Ruffert, Art. 114 AEUV Rn. 12.

immungen kann in der Tat abgeleitet werden, dass der Binnenmarkt nicht um jeden Preis durchzusetzen ist. Dass eine *Ausnahme* gemacht wird, zeigt jedoch, dass die Befürchtung besteht, dass das Binnenmarktkonzept (in seiner jeweiligen Ausprägung als Rechtsangleichungskompetenz) ohne die Statuierung dieser Ausnahmen womöglich einschlägig und mithin eine Rechtsangleichung zulässig wäre. Das Binnenmarktkonzept wird nicht durch die Ausnahmen *definiert*, sondern *extern begrenzt*.

b) Kompetenztrias und Schutz nationaler Identität

Die Kompetenztrias – bestehend aus dem Grundsatz begrenzter Einzelermächtigung (Art. 5 II EUV), dem Subsidiaritätsgrundsatz (Art. 5 III EUV i. V. m. Protokoll [Nr. 2]) und dem kompetenziellen Verhältnismäßigkeitsgrundsatz (Art. 5 IV EUV i. V. m. Protokoll [Nr. 2]) – ist insofern nicht weiterführend mit Blick auf das Binnenmarktziel, als er nicht binnenmarkt*immanent* wirkt. Er stellt sich als *externe* Begrenzung dar.

Der Grundsatz der begrenzten Einzelermächtigung[1800] tangiert ein primärrechtlich verfolgbares Ziel nicht. Wird also die Gewährleistung von Wettbewerbsgleichheit als Ausfluss des Binnenmarktziels anerkannt, ist auch der Grundsatz der begrenzten Einzelermächtigung erfüllt.

Ähnliches gilt für den Subsidiaritätsgrundsatz:[1801] Abgesehen von dessen geringer praktischer Relevanz[1802] betrifft er nur die *Art und Weise* der Zielumsetzung. Darüber hinaus wäre eine Wettbewerbsgleichheitsauslegung per definitionem nur vonseiten der Unionsorgane umsetzbar, was sich bei der Anwendung des Subsidiaritätsgrundsatzes auf Art. 114 AEUV zeigt.[1803]

Eine Ausnahme besteht auch nicht mit Blick auf den kompetenzbezogenen[1804] Verhältnismäßigkeitsgrundsatz.[1805] Geeignetheit und Erforderlichkeit betreffen erneut nur die *Art und Weise* der Zielverwirklichung und sind damit für die Inhaltsbestimmung ungeeignet. Auch eine Angemessenheitsprüfung des Binnenmarktziels setzt bereits festgelegte Zielvorgaben voraus, die in ein bestimmtes Verhältnis zueinander gebracht werden.

Schließlich ist zu erwägen, ob sich Anhalte aus dem Schutz der nationalen Identität (Art. 4 II EUV)[1806] ergeben. Mit dem Schutz der nationalen Identität wäre sicher nicht ein Wettbewerbsgleichheitsgebot vereinbar, das zur Eineb-

---

[1799] Vor allem *Rohe*, RabelsZ 61 (1997), 1 (30 ff., 47); *Steindorff*, ZHR 158 (1994), 149 ff., 160 ff.; ebf. *Jickeli*, JZ 1995, 57 (61); s. zum Begriff auch *Simm*, 170 ff.

[1800] S. hierzu umf. b. Fn. 1940 ff.

[1801] S. hierzu umf. b. Fn. 1952 ff.

[1802] S. b. Fn. 1969.

[1803] S. b. Fn. 1996.

[1804] Zu dieser Bezeichnung *Bast*, in: Grabitz/Hilf/Nettesheim, Art. 5 EUV Rn. 66.

[1805] S. hierzu umf. b. Fn. 2020 ff.

[1806] S. hierzu umf. b. Fn. 2103 ff.

nung *jeglicher* nationalen Unterschiede führen würde. Eine solche Situation kann jedoch gar nicht auftreten, eben wegen der Existenz des mit Rechtsqualität versehenen Art. 4 II EUV: Dieser kann auch in verschiedener Art und Weise bei der Auslegung und Anwendung der Binnenmarktoperativnormen Berücksichtigung finden, etwa in Bezug auf die Grundfreiheiten im Rahmen der geschriebenen und ungeschriebenen Rechtfertigungsgründe oder der Bereichsausnahmen für öffentliche Gewalt.

c) Art. 14, 106 AEUV

Die Bestimmungen über die Betätigung öffentlicher Unternehmen in den Art. 14, 106 AEUV heben trotz des in ihnen niedergelegten Mindestschutzes nicht grundlegende EU-wirtschaftsverfassungsrechtliche Richtungsentscheidungen, zuvorderst die Entscheidung für eine wettbewerblich-marktwirtschaftliche Ordnung, auf. Sie führen auch nicht zu einer anderweitig auszufüllenden wirtschaftsverfassungsrechtlichen Leerstelle. Vielmehr ist im Binnenmarkt *grundsätzlich* vom *marktwirtschaftlichen Wettbewerb* auszugehen. Dienste von allgemeinem wirtschaftlichem Interesse können nur *unter bestimmten Voraussetzungen* vom System unverfälschten Wettbewerbs abweichen. Abweichungen sind somit – auch nach Lissabon – unter *Rechtfertigungszwang* gestellt. Die Verträge suchen dabei, die Verträglichkeit mit der Binnenmarktverfassung einer solchen Betätigung sowohl bei der Frage des „Ob“ als auch der des „Wie“ sicherzustellen. An dieser grundlegenden Weichenstellung ändert auch eine praktische Expansion oder größere institutionelle Unterstützung solcher Betätigungen nichts. Schließlich sagen die Art. 14, 106 AEUV nichts darüber aus, wie die Güterallokation in Bereichen stattfinden soll, in denen ihre Voraussetzungen *nicht* erfüllt sind. Hier bleibt es somit beim wettbewerbsbasierten marktwirtschaftlichen Allokationsmodus.

9. Merkmale des Binnenmarktes

Eine Synthese aller relevanten Aspekte ergibt einen wie folgt gekennzeichneten Binnenmarkt.

a) Marktwirtschaftliches System als Grundlage

Grundlage[1807] der Allokationsoptimalität bezweckenden[1808] Güterverteilung im Binnenmarkt ist ein marktwirtschaftliches System,[1809] innerhalb dessen

[1807] Hiervon zu trennen ist die Frage, ob der Binnenmarkt das System auch rechtlich gegen Eingriffe absichert und garantiert, hierzu sogl. b. Fn. 1816 ff.

[1808] Vgl. für eine Deutung des Binnenmarktes als *Wohlfahrtskonzept* mit unterschiedlichen Nuancierungen *Bernard*, CMLR 33 (1996), 633 (636 f.); *Bleckmann*, RIW 1985, 917 (920); *ders.*, in: FS Lukes, 271 (277); *Borchardt*, 802; *Dauses*, EuZW 1990, 8; *Davies*, Germ. L. J. 11 (2010), 671 (688); *Defossez*, CDE 2009, 409 (442); *Englisch*, 223; *Epiney*,

Mitgliedstaaten und Union nicht selber Angebot und Nachfrage im Sinne einer Plan- und Zentralverwaltungswirtschaft schaffen,[1810] sondern Private die Güter- und Produktionsfaktorenzuteilung unter Wettbewerbsbedingungen mithilfe eines Marktes als „anonyme[m] Koordinationsverfahren"[1811] und über den Preis als Koordinationsmedium vornehmen.[1812] Marktteilnehmer versuchen, ihre Eigeninteressen via Gewinnmaximierung zu befriedigen.[1813] Hierfür ist erforderlich, dass ihnen im Grundsatz auch die Früchte ihrer Tätigkeit zufließen (Konsumenten- und Produzentenrente).[1814] Staatliche Stellen haben die Aufgabe, die *allgemeinen gesellschaftlichen und wirtschaftlichen Voraussetzungen* wie (Schul-)Bildung zu schaffen, Marktversagen zu korrigieren (wie bei Monopolen und Kartellen) und ein leistungsfähiges Rechtssystem bereitzustellen. Fehlendes Kapital o. Ä. wird als ökonomische Faktizität dagegen grundsätzlich nicht staatlicherseits bereitgestellt.[1815]

209; *Füller*, 160; *Grabitz*, 77; *ders./von Bogdandy*, JuS 1990, 170; *Ipsen*, Europäisches Gemeinschaftsrecht, § 28 Rn. 1 S. 545 f.; *Kahl*, in: Calliess/Ruffert, Art. 26 AEUV Rn. 31; *Lackhoff*, Wirtschaftsverwaltungsrecht, 51 f.; *Luczak*, 421; *T. Müller*, 159; *Müller-Graff*, EuR 2009 Beiheft 1, 105 (109); *ders.*, in: Dauses, A. I Rn. 130; *ders.*, in: von der Groeben/Schwarze/Hatje, Vor Art. 34 bis 37 AEUV Rn. 3; *Pache*, in: Schulze/Zuleeg/Kadelbach, § 10 Rn. 3; *Seiler*, 352; *Strassburger*, 9, 36; *Tietje*, in: Grabitz/Hilf/Nettesheim, Art. 114 AEUV Rn. 25 ff., 51; *Wuermeling*, integration 2006, 229 f.; *Zapka*, 14, 65. Mittelbar streben ebenso die Grundfreiheiten, als Binnenmarktoperativbestimmungen, nach Wohlfahrtsoptimierung, vgl. nur *Bleckmann*, in: FS Lukes, 271 (277); *Franck*, in: Riesenhuber, 3. Aufl., § 5 Rn. 47; *Füller*, 153 ff.; *Müller-Graff*, in: von der Groeben/Schwarze/Hatje, Vor Art. 34 bis 37 AEUV Rn. 3.

[1809] Heute wohl ganz h.M., vgl. mit unterschiedlichen Nuancen *Blanke*, in: ders./Mangiameli, 369 (370 ff.); *Bleckmann*, in: FS Lukes, 271 (277); *Böttger*, 191; *Franck*, in: Riesenhuber, 3. Aufl., § 5 Rn. 18; *Frenz*, Bd. 6, Rn. 2113 ff.; *Grabitz/von Bogdandy*, JuS 1990, 170 ff.; *Körber*, 12 f., 821; *Luczak*, 256; *Müller-Graff*, Binnenmarktziel, 56 ff.; *Rohe*, RabelsZ 61 (1997), 1 (32); *Tassikas*, 184; *Tietje*, in: Grabitz/Hilf/Nettesheim, Art. 114 AEUV Rn. 51 f.; vgl. auch schon 1961 *Hallstein*, Wirtschaftliche Integration, 12 ff.; 1976 *Marx*, 139–143.

[1810] Vgl. *Bleckmann*, MDR 1986, 5 (6 f.); *Englisch*, 224; *Füller*, 82 f.; *Hatje*, in: von Bogdandy/Bast, 801 (813 f.); *Mühl*, 132 f.; *Müller-Graff*, Binnenmarktziel, 33; *Strassburger*, 11 f. Sich sogar für ein Verbot planwirtschaftlicher Wirtschaftsmodelle durch die unionale Wirtschaftsverfassung aussprechend *Frenz*, Bd. 6, Rn. 2114; *Hatje* a. a. O., 811, 852; *T. Müller*, 157.

[1811] *Hatje*, in: von Bogdandy/Bast, 801 (813 f., 810); *Luczak*, 189.

[1812] *Bleckmann*, in: FS Lukes, 271 (277); *Englisch*, 220 ff.; *Hatje*, in: von Bogdandy/Bast, 801 (820); *Kingreen*, EuGRZ 2004, 570 (574); *Lackhoff/Raczinski*, EWS 1997, 109 (111); *Luczak*, 186, 202 f.; *Müller-Graff*, EuR 1989, 107 (118 f.); *ders.*, in: Dauses, A. I Rn. 117; *Schubert*, 339; vgl. auch *Roth*, EWS 2013, 16 (24).

[1813] Vgl. *Basedow*, EuZW 2008, 225.

[1814] Hierzu ausführlich *Englisch*, 222.

[1815] *Englisch*, 224.

b) Kein Deregulierungsgebot

Nach dem Gesagten basiert das Binnenmarktziel auf der Existenz eines marktwirtschaftlichen Systems. Entsprechend dürfte die Etablierung einer *Planwirtschaft* durch die Europäische Union und wohl auch durch einen Mitgliedstaat als *stärkster* denkbarer Eingriff in die Marktfreiheit primärrechtswidrig sein, weil dies dem Binnenmarkt die Grundlage entzöge.[1816]

Fraglich ist, ob das Binnenmarktziel von dieser äußersten Grenze abgesehen auch *sonstigen Eingriffen in die Marktfreiheit* entgegensteht. Dies ist zu verneinen.[1817] Das Binnenmarktziel stellt kein *allgemeines Deregulierungsversprechen* der Mitgliedstaaten an die Union bzw. an die anderen Mitgliedstaaten dar.[1818] Dass der Binnenmarkt einer Regulierung nicht per se entgegensteht, zeigen schon die unionalen Rechtssetzungskompetenzen.[1819] Zudem belegen die *spezifischen* Operativbestimmungen des Systems unverfälschten Wettbewerbs in den Art. 101 I AEUV und Art. 107 I AEUV, dass der Schutz des Wettbewerbs kein Schutz vor staatlicher Regulierung an sich ist, sondern nur vor *ungleichen* Beeinflussungen der Wettbewerbschancen und -bedingungen der einzelnen Teilnehmer.[1820] Des Weiteren belegt die Einfügung des Ziels der *Sozialen* Marktwirtschaft, dass der Binnenmarkt sozialverträglich gestaltet sein soll und dass seine Defekte für die Schwächeren ausgeglichen werden können und sollen, was nur durch Regulierung möglich ist.[1821] Gleiches gilt für andere konkurrierende Zielbestimmungen, die Regulierung voraussetzen, z. B. für den in Art. 3 III Ua. 1 S. 2 EUV verankerten Umweltschutz oder für den Schutz der grundlegenden Werte, auf denen die Union gründet in Art. 2 S. 1 EUV[1822].

Für die Anerkennung marktfreiheitlicher Gehalte spricht nur, dass der EuGH die Grundfreiheiten in verschiedenen Judikaten tatsächlich marktfreiheitlich ausgelegt hat und insbesondere auch sein Marktzugangskonzept freiheitsrechtliche Dimensionen aufweist.[1823] *Versperrungen* des Marktzugangs versagt er dabei regelmäßig seine Anerkennung.[1824] Auf der anderen Seite

---

[1816] S. schon in Fn. 1810 a. E.

[1817] Daher ist auch eine Interpretation von Art. 35 Alt. 2 AEUV als „Exportfreiheit" nicht anzuerkennen, s. umf. b. Fn. 3939 ff.

[1818] Vgl. nur *Bernard*, CMLR 33 (1996), 633 (638); *Davies*, Germ. L. J. 11 (2010), 671, 688; Generalanwalt *Fennelly*, Schlussanträge v. 15.06.2000, Rs. C-376/98 und C-74/99, Rn. 99 (*Deutschland/Parlament und Rat*); vgl. andererseits *Haratsch/Koenig/Pechstein*, Rn. 1104 („größtmögliche Maß an wirtschaftlicher Handlungsfreiheit").

[1819] Ähnl. *Strassburger*, 13 m. w. N.

[1820] *Englisch*, 223.

[1821] *Englisch*, 229.

[1822] *T. Müller*, 159 f.

[1823] S. b. Fn. 2872 ff. und b. Fn. 3123 f.

[1824] Vgl. auch *Shuibhne*, E. L. Rev. 27 (2002), 408 (412).

können die meisten seiner Entscheidungen *gleichheitsrechtlich rekonstruiert* werden.[1825]

Schließlich ist auch auf die nachfolgend ausgeführten[1826] Hinweise auf die Existenz eines *Wettbewerbsgleichheitsgebots* zu verweisen. Während ein Marktfreiheitsmaßstab auch Wettbewerbsungleichheiten erfassen würde, gilt dasselbe nämlich nicht umgekehrt.[1827]

c) Wettbewerbsgleichheitsgebot

Anzuerkennen ist ein generelles unionsrechtliches Binnenmarktgebot auf Herstellung von Gleichheit der rechtlichen Rahmenbedingungen im grenzüberschreitenden Verkehr,[1828] das als ein spezifisch unionsrechtliches Wohl-

---

[1825] *Englisch*, 243 Fn. 256.

[1826] S. b. Fn. 1828 ff.

[1827] S. zu dem Gedanken der egalitären Freiheitsbeschneidung *Englisch*, 225 f.; s. zur Interdependenz von Wettbewerbsfreiheit und -gleichheit auch *Chalmers*, E. L. Rev. 19 (1994), 385 (392).

[1828] Vgl. mit unterschiedlichen Nuancierungen und Einschränkungen – z. T. auch bezogen auf das Gebot der Inländergleichbehandlung – nur *Arndt*, JuS 1994, 469 (473); *ders.*, ZIP 1994, 188 (190 f.); *Bernhard*, EWS 1995, 404 (406); *Bleckmann*, in: FS Lukes, 271 ff.; *ders.*, RIW 1985, 917 ff.; *Bode*, 63; *Caspar*, EuZW 2000, 237 (240 f.); *Chalmers*, E. L. Rev. 19 (1994), 385 (392, 397); *Davies*, Germ. L. J. 11 (2010), 671 ff., 699; *Eberhartinger*, EWS 1997, 43 (44); *Enchelmaier*, 91 ff. Rn. 64; *Englisch*, 222 ff.; *Everling*, in: Liber Amicorum Pescatore, 227 (232); *ders.*, EuR 1982, 301 (313 f.); *Frenz*, Bd. 1, Rn. 28; *Füller*, 100, 160; *Hertig*, Int'l Rev. L. & Econ. 11 (1991), 331 (332); *Hödl*, 61, 73; *Kieninger*, 348 f.; *Körber*, 25; *Mönch*, NJW 1982, 2689; *Möstl*, EuR 2002, 318 (334 f.); *Mojzesowicz*, 104; *Saydé*, CYELS 13 (2010-2011), 365 ff.; *Schwartz*, in: FS von der Groeben, 333 (357); *Tietje*, in: Grabitz/Hilf/Nettesheim, Art. 114 AEUV Rn. 81; *Tryfonidou*, in: Barnard/Odudu, 197 (218 f.); Generalanwalt *Geelhoed*, Schlussanträge v. 10.09.2002, Slg. 2002, I-11461, Rn. 145 ff. (*British American Tobacco*); vom Ansatzpunkt ähnl. *Lackhoff*, Niederlassungsfreiheit, 94, 100–103, 141 Fn. 623; *ders./Raczinski*, EWS 1997, 109 (114); *Luczak*, 189, 202 f.; s. a. *Cordewener*, 53; *Mestmäcker*, in: Grundmann, 53 (62); *Roth*, ZHR 159 (1995), 78 (92); *ders.*, in: FS Großfeld, 929 (947), der allerdings die Gruppe der Produktionsregelungen von dem Gebot ausnimmt (Fn. 3342); *Simm*, 183; ähnl. wie *Roth* auch *Feiden*, 47 ff.; *Strassburger*, 13 ff.; *Tietje*, in: Grabitz/Hilf/Nettesheim, Art. 114 AEUV Rn. 1, 4 ff., 81; implizit *Ackermann*, RIW 1994, 189 (194); *Seiler*, 349; *Wilde*, in: Festschrift Rothoeft, 201 (218 f.); andeutend *Blanke*, in: ders./Mangiameli, 369 (375); *Mortelmans*, CMLR 35 (1998), 101 (117); *Tryfonidou*, in: Barnard/Odudu, 197 (215 ff.); differenzierend *Bernard*, CMLR 33 (1996), 633 (637); *Marx*, 169; *Reich*, CMLR 29 (1992), 861 (877 ff., 895 f.); siehe im Kontext v. a. des Wettbewerbsrechts *T. Müller*, 117; siehe zu entsprechenden Stellungnahmen der Generalanwaltschaft *Maduro*, Schlussanträge v. 23.05.2007, Slg. 2007, I-10784, Rn. 33 (*Viking*); vgl. zu Urteilen mehrerer französischer Gerichte d. Nachw. b. *Lach*, 369 f. und *Jarvis*, 161, 174. Zu Überschneidungen mit anderen in der Grundfreiheitenwissenschaft vertretenen (primär) gleichheitsrechtlichen Ansätzen, insbesondere zu dem der Marktgleichheit s. d. Nachw. in Fn. 1845 und *Hoffmann*, 42 f.; *Saydé*, CYELS 13 (2010-2011), 365 ff. bezeichnet den Ansatz der Wettbewerbsgleichheit als „regulatory neutrality". Krit. zum Wettbewerbsgleichheitsansatz *Classen*, EWS fahrtskonzept angesehen werden kann und sich, soweit nicht derogiert, durch die gesamte Struktur der europäischen Wirtschaftsintegration zieht. Als allgemeines Gebot nimmt es im Grundsatz zwar alle Primärrechtsgewährleistungen in Bezug, diese müssen aber auch in ihrer spezifisch funktionalen und systematischen Einbettung sowie unter Berücksichtigung ihrer Begrenzungen gedeutet werden. Durchbrechungen des Wettbewerbsgleichheitsgebots – wie sie in den (geschriebenen Rechtfertigungsgründen der Grundfreiheiten oder den Ausnahmen von der Rechtsangleichung) offensichtlich werden – sind daher zulässig und je nach Vertragskontext gewollt.[1829] Sie bleiben aber nichtsdestotrotz *deviante* und *begründungsbedürftige* Ausnahmen.

Dem Binnenmarktziel als *spezifischem Rechtskonzept* wächst dabei die Funktion zu, die Gefahren für das Funktionieren des unionsweiten marktwirtschaftlichen Systems zu beseitigen, die sich aus einem Wirtschaften *über mehrere Ländergrenzen und Rechtsordnungen* hinweg ergeben. Die Bekämpfung der Gefahren, die hiermit in keinem Zusammenhang stehen, obliegt dagegen den Mitgliedstaaten. M. a. W. soll – wie nachfolgend begründet wird – im Ideal des Binnenmarktes nicht *mehr* aber auch nicht *weniger* als *ein* Regulierer tätig sein. Nur die natürlichen (und nicht die rechtlichen[1830]) Standort*vorteile* sowie betriebswirtschaftliche Effizienzen[1831] sollen sich im Marktergebnis abbilden und von allen genutzt werden.[1832]

Übertragen auf die Grundfreiheiten bedeutete dies, dass Händler („künstlich“) in eine solche Situation versetzt werden. Marktteilnehmer sollen also weder besser noch schlechter stehen, als sie in einem gedachten „EU-Superstaat“ mit einem einzigen nationalen Markt stünden[1833] (ohne Gliedstaaten und mithin ohne rechtliche Verzerrungen aus der Segmentierung in Teilmärkte und nationale Rechtsordnungen).

aa) Wichtigste Anhaltspunkte

Der Gedanke der Unverfälschtheit der Wettbewerbsbedingungen ist nicht nur ein das *Wettbewerbsrecht* prägender Grundsatz, sondern taucht an *vielfältigen*

1995, 97 (105); *Heermann*, 187. Bei den genannten Nachw. wird die Wettbewerbsgleichheit teilw. im Kontext oder in Bezug auf *positive* Angleichungsmaßnahmen oder in Bezug auf negative nur in restriktiverer Form herangezogen. Es wird also z. T. zwischen unterschiedlichen Begriffsebenen unterschieden, exemplar. *Kieninger*, 348 f.

[1829] Rechtsangleichung wird z. B. durch eine extensive Wettbewerbsgleichheitsauslegung schon aufgrund der zahlreichen Derogationsgründe (Rechtfertigungsgründe z. B.) nicht obsolet.

[1830] *Ballerstedt*, 9; wie *Ballerstedt Ophüls*, ZHR 124 (1962), 136 (159 f.); *Bernhard*, EWS 1995, 404 (408); *Lackhoff*, Niederlassungsfreiheit, 101; *Strassburger*, 36, 75.

[1831] Ebenso *Englisch*, 222; *Grabitz,/von Bogdandy*, JuS 1990, 170.

[1832] *Bernhard*, EWS 1995, 404 (408); *Grabitz,/von Bogdandy*, JuS 1990, 170.

[1833] S. b. Fn. 1844 ff. auch mit Querverweisen zu entsprechenden Ansätzen in der Literatur.

Stellen im Primärrecht auf (vgl. nur Art. 18, 44 I, 49 II, 50 II lit. h, 57 III, 95, 101 I lit. d, 102 lit. c, 107 110 I, 116, 173 III Ua. 2, 348 I AEUV, 51 EUV i. V. m. Protokoll [Nr. 27]).[1834] Auch die Rechtsangleichungsvorschriften in Art. 114, 115 AEUV zieht der EuGH bei Vorliegen von Wettbewerbsverzerrungen heran.[1835]

Für eine Verankerung der Wettbewerbsgleichheit als Teilgehalt des Binnenmarktziels spricht darüber hinaus die primärrechtlich abgesicherte (Art. 120. S. 2, 127 I 3 AEUV), entstehungsgeschichtlich mehrfach angedeutete,[1836] objektiv-teleologisch[1837] begründete (d. h. tatsächlich zweckmäßige) sowie subjektiv-teleologische wohlfahrtsökonomische Ausrichtung[1838] des Binnenmarktes: Jede (wettbewerbsverzerrende) Regulierung stellt einen Eingriff in die privatautonome Entscheidungsfindung der Marktteilnehmer und mithin in den Funktionsmechanismus der marktwirtschaftlichen Güterallokation dar. Aufgrund der wohlfahrtsökonomischen Ausrichtung des Binnenmarktes sind die Ergebnisse der ökonomischen Voruntersuchungen[1839] zu berücksichtigen. Ungleiche Wettbewerbsbedingungen verhindern, dass die (betriebsökonomischen oder aus natürlichen Standortbedingungen resultierenden) Effizienzvorteile der effizientesten Unternehmen ausgenutzt und an die ebenfalls *geschützten*[1840] (EU-ausländischen) Verbraucher weitergegeben werden. Ineffiziente(re) Unternehmen können sich ggf. sogar gegenüber betriebswirtschaftlich effizienteren (aber nachteiligeren rechtlichen Bedingungen unterliegenden) Konkurrenten durchsetzen und diese verdrängen und mittelbar die Konsumentenrente schmälern.

Es könnte erwogen werden, ob die oben angesprochenen[1841] Vorschriften nicht deshalb gegen eine *allgemeine* „Wettbewerbsgleichheitsnorm" sprechen, weil sie womöglich durch die Anerkennung eines Wettbewerbsgleichheitsgebots *obsolet* würden. Doch sind das Binnenmarktziel und dessen Wettbewerbsgleichheitsgebot ja gerade nicht unmittelbar anwendbar, sondern als reiner *Auslegungs*grundsatz anzusehen:[1842] Er setzt Einzelbestimmungen voraus, zu deren Konkretisierung er herangezogen werden kann. Er endet dagegen dort, wo die Auslegungsspielräume der Einzelbestimmungen voll ausgeschöpft sind bzw. wo es keine Operativbestimmungen gibt. Durch ihren

---

[1834] Vgl. *Englisch*, 222 f.; *Strassburger*, 39.

[1835] S. b. Fn. 2050 ff. und b. Fn. 2076.

[1836] S. b. Fn. 1594, 1606.

[1837] Die objektiv-teleologische Zweckmäßigkeit (s. zu dieser Auslegungsmethode b. Fn. 1282 ff.) wurde bereits im Rahmen der wirtschaftstheoretischen Untersuchungen festgestellt, s. b. Fn. 1034 ff. und 1125 ff.

[1838] S. b. Fn. 1808.

[1839] S. b. Fn. 1034 ff. und 1125 ff.

[1840] Vgl. *Roth*, in: Andenas/Roth, 1 (9).

[1841] S. b. Fn. 1834.

[1842] S. b. Fn. 1607 ff.

begrenzten Anwendungsbereich begrenzen die genannten Vorschriften das Wettbewerbsgleichheitsgebot, geben ihm Konturen und machen es abwägungsfähig und derogierbar. Im Funktionsmechanismus oder in zum Einschreiten berechtigenden Tatbestandsmerkmalen der Operativbestimmungen selbst kann zudem bereits eine Abwägung mit konkurrierenden Zielbestimmungen getroffen sein: Z. B. kann die Tatsache, dass nur *erhebliche* Wettbewerbsverzerrungen zur Rechtsangleichung berechtigen, als Kompromiss zwischen dem Respekt vor den mitgliedstaatlichen Kompetenzen und dem Wettbewerbsgleichheitsgebot verstanden werden.[1843]

Der EuGH hat – dies wurde oben bereits festgestellt[1844] – in st. Rspr. seit Langem judiziert, dass das Binnenmarktziel, soweit möglich, ein Ergebnis anstrebe, das dem eines einzigen Marktes möglich nahekommt oder diesem gar entspricht. In einem einzigen Markt gelten aber für alle Marktteilnehmer dieselben Bedingungen.[1845] Aus dieser hypothetischen Binnenmarktbetrachtung heraus kann auch ein Wettbewerbsgleichheitsgebot rekonstruiert werden.[1846]

Zudem wurde bereits auf Art. 26 II AEUV verwiesen, nach welchem der Binnenmarkt einen Raum ohne Binnengrenzen darstellt, in dem die unterschiedlichen Rechtsordnungen grundsätzlich keine *materiellen Marktabgrenzungen* kreieren sollen.[1847]

bb) Unmöglichkeit der Herstellung totaler (insbesondere auch faktischer) Wettbewerbsgleichheit

Das Gebot der Wettbewerbsgleichheit verlangt die Herstellung eines von Regelungs*gefällen* unberührten Marktraumes. Anbieter sollen zu den gleichen Bedingungen anbieten können wie ihre in anderen Mitgliedstaaten ansässigen Konkurrenten. In der Grundfreiheitenwissenschaft wird ganz überwiegend angenommen, dass ein *vollendeter* Binnenmarkt mit vollständiger Wettbe-

[1843] Zudem sollte berücksichtigt werden, dass das Primärrecht eine *gewachsene* Rechtsordnung ist, deren Systematik nicht nur von Konsenszwängen (grundsätzlich Einstimmigkeit erforderlich zur Änderung der Verträge), sondern auch von ungeschriebenem aber praktisch sehr bedeutungsvollen Richterrecht geprägt ist. Es kann nicht erwartet werden, dass dieses eine in jeder Hinsicht systematisch stimmige Form besitzt (wie etwa manche einfach-gesetzliche Normen auf der nationalen Ebene) und z. B. keine redundanten Normen erhält oder ein- und demselben Begriff in unterschiedlichen Normkontexten dieselbe Bedeutung verleiht.

[1844] S. b. Fn. 1648 ff.

[1845] Vgl. mit unterschiedlicher Betonung *Bast*, in: Grabitz/Hilf/Nettesheim, Art. 26 AEUV Rn. 9, 12; *Bernhard*, EWS 1995, 404 (407); *Fasshold*, 27 ff.; *Roth*, CMLR 30 (1993), 145 (153); *Sack/Fasshold*, WRP 1987, 529 (520). S. umf. zu Stimmen in der Literatur, die eine hypothetische Binnenmarktbetrachtung befürworten, b. Fn. 1455 ff. m. w. N.

[1846] S. b. Fn. 1456.

[1847] S. b. Fn. 1666.

werbsgleichheit nur dann,[1848] aber eben *schon* dann existieren könne, wenn für alle Marktteilnehmer *eine* Marktordnung gelte.[1849]

Allerdings wird bei einer solchen Argumentation übersehen, dass sogar in einer *einzigen* Marktordnung keine *vollständige* Wettbewerbsgleichheit hergestellt werden kann: Selbst wenn für mehrere Marktteilnehmer die gleichen oder dieselben Vorschriften gelten, können Marktteilnehmer *faktisch* unterschiedlich betroffen sein.[1850] Etwa belasten einheitlich geltende Mindestpreisregelungen sehr günstige Produkte herstellende Produzenten stärker als die Produzenten teurer, aber hochqualitativer Produkte.[1851] Absolute (rechtliche und faktische) Wettbewerbsgleichheit kann folglich nur in einem *vollständig deregulierten* Markt existieren.[1852] Das Primärrecht negiert aber nicht den grundsätzlichen staatlichen (bzw. unionalen) Regelungsanspruch.[1853] Eine vollständige Lösung dieses Problems würde voraussetzen, dass maßgeschneiderte Rechtsfolgen für die Situation eines jeden Wettbewerbers im Wege der Gleichheitsbetrachtung zu ermitteln wären. Eine solche Ermittlung ist aber weder praktisch möglich (und realistisch) noch in dieser Reichweite vom Binnenmarkt vorgegeben.[1854] Totale Wettbewerbsgleichheit ist daher nur ein praktisch unerreichbares *Ideal*.

Es ist jedoch nicht ersichtlich, warum nicht bereits eine *Verbesserung* von Wettbewerbsgleichheit angestrebt werden sollte (und nicht nur eine Alles-oder-Nichts-Lösung). Bereits eine „bloße" *Milderung* von (insbesondere gravierenden) Ungleichheiten im grenzüberschreitenden Verkehr sollte daher genügen.[1855] Insbesondere sollten auch *faktische* Wettbewerbsungleichheiten[1856] als rügefähig anerkannt werden (im obigen Beispielfall von Mindestpreisregelungen[1857] wäre ein faktischer Wettbewerbsgleichheitsmaßstab daher erfüllt).

[1848] *Borchardt*, Rn. 798; *Englisch*, 211; *Frenz*, Bd. 1, 28; *Hoffmann*, 46; *Strassburger*, 15, 76 f.

[1849] Vgl. nur *Borchardt*, Rn. 798; *Frenz*, Bd. 1, 28; *Strassburger*, 15.

[1850] *Englisch*, 224 f.; *Strassburger*, 15.

[1851] *Englisch*, 224; *Strassburger*, 15 Fn. 48.

[1852] *Englisch*, 225; *Strassburger*, 15 f.

[1853] S. b. Fn. 1816 ff.

[1854] Vgl. *Englisch*, 224 f.

[1855] *Englisch*, 246, 816 bejaht nur eine – begrenzte – *Teil*marktneutralität; vgl. *Hoffmann*, 44 f.; *Frenz*, Bd. 1, Rn. 31.

[1856] S. umf. b. Fn. 3699 ff.

[1857] S. b. Fn. 1851.

IX. Ausstrahlung des Wettbewerbsgleichheitsgebots auf die Grundfreiheiten

Das Wettbewerbsgleichheitsgebot strahlt (nach umstrittener, aber verbreiteter Auffassung, allerdings mit unterschiedlichen Nuancierungen en détail[1858]) über das Binnenmarktziel auf die *Grundfreiheiten* (einschließlich der Warenausfuhrfreiheit) aus.[1859]

Damit werden die Ergebnisse der (noch anzustellenden) weiteren Auslegungsuntersuchungen *nicht präjudiziert*, die (formal unabhängig vom Binnenmarktziel) ebenfalls für die Existenz des Wettbewerbsgleichheitsgebots (als Auslegungsleitlinie) sprechen könnten.[1860] Dem Wettbewerbsgleichheitsgebot würde in diesem Fall weiteres Gewicht zuwachsen.

Zur Begründung kann nicht nur darauf verwiesen werden, dass es sich bei den Grundfreiheiten um *zentrale Binnenmarktoperativbestimmungen*[1861] han-

---

[1858] Vgl. mit unterschiedlichen Nuancen nur *Sack*, EWS 1994, 37 (46) in Bezug auf Art. 34 AEUV.

[1859] Für eine am Ziel der Wettbewerbsgleichheit orientierte Auslegung der Grundfreiheiten bzw. eine am Ziel der Marktgleichheit orientierte Interpretation mit unterschiedlichen Nuancierungen und z. T. unter Beschränkung auf das Gebot der Inländergleichbehandlung (also die Zielstaatsdimension) *Behrens*, EuR 1992, 145 (161 f.); *Bleckmann*, in: FS Lukes, 271 f.; *Caspar*, EuZW 2000, 237 (240 f.); *Cottier/Oesch*, in: Gaines et al., 141 (146); *Davies*, Germ. L. J. 11 (2010), 671 ff., 689, 699; *Eberhartinger*, EWS 1997, 43 (44); *Enchelmaier*, 95 Rn. 64; *Everling*, EuR 1982, 301 (307); *Frenz*, Bd. 1, Rn. 28; *Hödl*, 73; *Horsley*, JCMS 2012, 267 (280); *Lackhoff*, Wirtschaftsverwaltungsrecht, 47–49; *Leible/T. Streinz*, in: Grabitz/Hilf/Nettesheim, Art. 35 AEUV Rn. 11; *Meier*, RIW 1987, 841 (845 f.); *Mojzesowicz*, 104; *Mühl*, 148 f.; *T. Müller*, 117; *Roth*, in: Andenas/Roth, 1 (48); *Teichmann*, 124; *Tietje*, in: Grabitz/Hilf/Nettesheim, Art. 114 AEUV Rn. 1, 4 ff.; *Wilde*, in: Festschrift Rothoeft, 201 (218 f.); Generalanwalt *Jacobs* (Fn. 2604), Rn. 76 (*ARD*), s. b. Fn. 2604 f.; andeutungsweise bei EuGH, Urt. v. 29.03.2011, Rs. C-565/08, Slg. 2011, I-2101, Rn. 51–53 (*Kommission/Italien*); EuGH, Urt. v. 12.07.2012, Rs. C-602/10, unveröfftl., Rn. 80 (*SC Volksbank România*); s. a. *Cordewener*, 53; *Gormley*, 232; *Körber*, 746, 748; *Simm*, 183; Generalanwalt *Fennelly* (Fn. 1818), Rn. 88 Fn. 100 (*Deutschland/Parlament u. Rat*); EuGH, Urt. v. 11.06.1991, Rs. 300/89, Slg. 1991, I-2895, Rn. 15 (*Kommission/Rat* auch: *Titandioxid*); in Bezug speziell auf Art. 34 AEUV *Arndt*, JuS 1994, 469 (473); *ders.*, ZIP 1994, 188 (190 f.); *Barents*, CMLR 18 (1981), 271 (286); *Hoffmann*, 42 f.; *Mühlbert*, ZHR 78 (1995), 2 (20); mit Einschränkungen *Feiden*, 47 ff.; Wettbewerbsgleichheit nur in Form der Inländergleichbehandlung anerkennend *Schöne*, RIW 1989, 450 (453); krit. *Chalmers*, E. L. Rev. 19 (1994), 385 (397); *Classen*, EWS 1995, 97 (105); *Heermann*, 187. In den die These der Wettbewerbsgleichheit befürwortenden Arbeiten wird allerdings nur selten ausdrücklich oder implizit Bezug genommen auf die Warenausfuhren. S. i. Ü. umf. zu den Auffassungen in der Literatur bezüglich der Auslegung von Art. 35 Alt. 2 AEUV b. Fn. 3220 ff.

[1860] In diesem Fall würde es *mehrere* Gründe geben, die für die Existenz eines Wettbewerbsgleichheitsgebots sprechen.

[1861] S. b. Fn. 1295, 1638.

delt, die sogar explizit in der grundlegenden Konkretisierungsnorm zum Binnenmarkt – Art. 26 II AEUV – genannt werden. Auch das System unverfälschten Wettbewerbs spricht, wie bereits angesprochen, hierfür.[1862]

Auch wurde oben festgestellt, dass das Binnenmarktziel u. a. das wirtschaftliche Wohlergehen der der Mitgliedstaaten zum Ziel hat und die mit der Vergrößerung des Marktes einhergehenden Möglichkeiten zur besseren Güterallokation soweit wie möglich (vor abträglicher rechtlicher Verzerrung) schützen möchte.[1863] Gerade dies kann aber durch eine entsprechende Heranziehung der Grundfreiheiten erreicht werden, wie die Analyse des Rechtswahlmechanismus bei Art. 35 Alt. 2 AEUV gezeigt hat.[1864] Diese funktional-objektiv-teleologische Erwägung spricht somit erheblich für die hiesige Auslegung.

Es könnte (erneut[1865]) eingewandt werden, dass in Bezug auf die Grundfreiheiten mit der Einfügung der Inländergleichbehandlungsgebote in den Art. 44 I, 49 II, 57 III AEUV ja *spezielle* Entscheidungen getroffen wurden. Ein allgemeiner Auslegungsgrundsatz, der via Interpretation der Grundfreiheiten zu einem Ergebnis führt, das die Reichweite dieser Bestimmungen noch weit überträfe, erschiene nur schwer mit dem Gedanken der Spezialität vereinbar. Die oben genannten Gegenerwägungen greifen auch hier: Die in den Operativbestimmungen getroffenen Konkretisierungen des Wettbewerbsgleichheitskonzepts könnten Beleg dafür sein, dass der Primärrechtgeber die Abwägung zwischen Wettbewerbsgleichheitsgebot und konkurrierenden Erwägungen *dort selbst* getroffen hat, während er im Rahmen *unbestimmter*[1866] Normen wie Art. 34, 35 AEUV diese Abwägung dem (für die Interpretation des Primärrechts gem. Art. 19 I EUV zuständigen) Gerichtshof überlässt und diesem damit auch die Möglichkeit eröffnet, diese Abwägungen in Abhängigkeit integrationsrelevanter Umstände zu treffen und über die Zeit zu verändern. Zudem hat der Gerichtshof die Systematik des Primärrechts verändert, ohne dass der Primärrechtgeber hiergegen eingeschritten ist,[1867] und elementare Entwicklungen in einer Tragweite angestoßen, wie das nur dem Primärrechtgeber zustünde. Das *geschriebene* Recht im streng wörtlichen Sinne gibt daher nur einen *Teil* der Primärrechtrealität wieder und kann daher auch nicht als systematisch logisch strukturierte und innerlich geschlossene Ordnung behandelt werden. Mit den strengen methodischen Postulaten der systematischen Auslegung wie denen der Nichtredundanz,[1868] Vollständig-

[1862] S. b. Fn. 1742 f.
[1863] S. b. Fn. 1836 ff.
[1864] S. b. Fn. 1178 ff.
[1865] S. schon in Bezug auf das Wettbewerbsgleichheitsgebot n. Fn. 1840.
[1866] S. b. Fn. 895 f.
[1867] S. n. Fn. 896.
[1868] Vgl. nur *Puppe*, 129 ff.

keit[1869] und systematischen Ordnung[1870] kann in Bezug auf die Grundfreiheiten mithin nur bedingt gearbeitet werden.

Auch wenn es in der Rechtsprechung zu Entscheidungen gekommen ist, die ausschließlich *freiheitsrechtlich* begründet werden können (wie z. T. etwa in den Sonntagsverkaufsfällen[1871]), zeigt sich jedoch ganz erheblich auch die Tendenz, *Schlechterstellungen* des zwischenstaatlichen Verkehrs umfassendst abzuwehren.[1872] Wettbewerbsgleichheit ist in umfassenden Freiheitsgewährleistungen jedenfalls als *Minus* enthalten („Freiheit in bestimmten Situationen"), nämlich dann wenn eine Freiheitsverkürzung gleichzeitig eine Wettbewerbsungleichheit enthält.

Erneut betont sei, dass es hier „nur" um die Betrachtung des Binnenmarktziels geht. Die weiteren nachfolgenden Auslegungsuntersuchungen können diesen Befund (formal unabhängig vom Binnenmarktziel) bestätigen (bzw. verstärken) und/oder abschwächen.

X. Rechtssystemwettbewerb kein Teilgehalt des Binnenmarktziels

Manche Äußerungen erwecken den Eindruck, als sei der Rechtssystemwettbewerb selbst primärrechtlich garantiert und vom Binnenmarkt mitintendiert.[1873] Nach hier vertretener Auffassung[1874] ist der Rechtssystemwettbewerb aber allenfalls ein *Nebenprodukt* der Binnenmarktgewährleistungen[1875] und erfüllt nur eine *dienende* Funktion: Mithilfe des politökonomischen Mechanismus des Rechtssystemwettbewerbs können den Binnenmarktgewährleistungen zugrunde liegende Wertungen und/oder Ziele *umgesetzt* werden. Was damit gemeint ist, sei an folgendem Beispiel verdeutlicht: Wenn der Binnenmarkt eine wohlfahrtsökonomische Zielrichtung besitzt (weil ein ökonomisches erfolgreiches System letztlich dem Integrationsziel und damit dem Letztziel des Friedens zuträglich ist) und der Rechtssystemwettbewerb sich

---

[1869] Vgl. nur *Puppe*, 131 f.

[1870] Vgl. nur *Puppe*, 132 f.

[1871] Vgl. nur die Rs. *Marchandise* b. Fn. 462 ff.

[1872] Vgl. hierzu nur die Auswertung der Rspr. b. Fn. 2397 ff.

[1873] Vgl. z. B. *Frenz*, Bd. 6, Rn. 3365; *Roth*, CMLR 25 (1988), 35 (82); *Tietje*, in: Grabitz/Hilf/Nettesheim, Art. 114 AEUV Rn. 31.

[1874] Ebenso *Barnard/Deakin*, in: Barnard/Scott, 197 f.; *Kerber*, Fordham Int'l L. J. 23 (1999), 217 (221, 249); *Kieninger*, 350; *Kirchner*, in: Grundmann, 99 (111 f.); *Körber*, 821; *Müller-Graff*, in: von der Groeben/Schwarze/Hatje, Art. 35 AEUV Rn. 22; *Roth*, in: Andenas/Roth, 1 (22); *Saydé*, CYELS 13 (2010-2011), 365 (376); *Schwartz*, in: FS von der Groeben, 333 (357); *ders.*, EuR 2007, 194 (205); *Vogel*, in: Scherzberg, 218 (224); vgl. auch *Mestmäcker*, in: Grundmann, 53 (62).

[1875] Ähnl. *Teichmann*, 384.

als Weg erweist, dieses Ziel zu erreichen, ohne dabei gegen andere Ziele oder Wertungen (wie die Wortlautgrenze) zu verstoßen, spricht dies dafür, eine Auslegung zu wählen, die den Rechtssystemwettbewerb stützt. In dem Moment, in dem sich der Rechtssystemwettbewerb aber als den Unionszielen abträglich erweist bzw. es eine bessere Alternative gibt,[1876] sollte nicht mehr am Rechtssystemwettbewerb festgehalten werden. Es wird hier davor gewarnt, ohne Grund, unnötig Interpretationsflexibilität aufzugeben, indem der Rechtssystemwettbewerb selbst in den Rang eines Unionszieles erhoben wird. In den Verträgen gibt es auch keine konkreten Bezugnahmen auf den Rechtssystemwettbewerb. Mit Blick auf den im Lichte des Binnenmarktzieles ausgelegten Art. 35 Alt. 2 AEUV ist also letztlich entscheidend, welche Auslegung sowohl mit den Auslegungsgrundlagen (Binnenmarktziel, Wortlaut etc.) vereinbar als auch wohlfahrtsökonomisch überzeugend[1877] ist. Es hat sich dabei bereits gezeigt, dass Wettbewerbsgleichheit (in Form des Rechtswahlmechanismus) und Rechtssystemwettbewerb nicht generell unvereinbar sind, sondern in verschiedener Form miteinander interagieren und wohlfahrtsökonomisch begrüßenswerte Ergebnisse herbeiführen und Dynamiken entfalten können.[1878]

XI. Zwischenergebnis

Wie die Art. 34, 35 AEUV ist auch der Binnenmarktgedanke entscheidend geprägt von seiner *Unbestimmtheit*, was abermals die Auslegungsfreiheit des EuGH (auch in Bezug auf die Grundfreiheiten) verstärkt (mit Blick auf Art. 35 Alt. 2 AEUV sind somit sowohl die Operativnorm als auch ihr wichtigster Auslegungstopos hochgradig unbestimmt). Diese Unbestimmtheit kann gleichzeitig als Delegation der Auslegungskompetenz an den EuGH interpretiert werden. Die Auslegung des Binnenmarktziels ist stark abhängig von Sozialisation, rechtspolitischem Standpunkt und soziokulturellen und -ökonomischen Vorverständnissen und -prägungen. Das Gebot wissenschaftlicher Transparenz erfordert die Kenntlichmachung dieses für die Grundfreiheiteninterpretation bedeutsamen Umstandes: Was zuvorderst *rechtspolitisch* erwünscht ist, sich aber keineswegs (zwingend) aus den Verträgen ergibt, muss als solches gekennzeichnet werden. Sonst verschwimmen die Grenzen

[1876] Vgl. zu einer eingehenden Kritik nur *Hüther/Hafemann*, in: Härtel, § 14 Rn. 29 ff.; *Wagner*, CMLR 39 (2002), 995 (1006 ff.).

[1877] S. hierzu die bereits angestellten Überlegungen zum Verhältnis von Art. 35 Alt. 2 AEUV zum Rechtssystemwettbewerb b. Fn. 1176 ff. und die noch vorzunehmenden konkreten Wettbewerbsgleichheitsanalysen b. Fn. 1881 ff.

[1878] S. b. Fn. 1176 ff.

zur Rechtspolitik oder die Grundfreiheiteninterpretation erschöpft sich darin, die praktisch „am sinnvollsten erscheinende" Auslegung „aufzufinden".

Das von *Grabitz* übernommene Konzept *Ipsens* einer Zieltrias von *Marktfreiheit*, *Marktgleichheit* und *System unverfälschten Wettbewerbs* ist zur ideentheoretischen Grundlage einer Vielzahl von nach *Grabitz* erschienenen Monografien und Aufsätzen zur Dogmatik der Grundfreiheiten geworden und hat damit wohl den stärksten Einfluss auf den (vor allem deutschen) Grundfreiheitendiskurs ausgeübt, zumal der deutsche ordoliberale Ansatz entscheidende Impulse entfaltet hat in Bezug auf die Verfassung der EWG. Über Einzelheiten bestand und besteht gleichwohl Dissens, speziell, was den Grad der Ausprägung von Marktfreiheit und Marktgleichheit anbelangt. *Umfassende* Wettbewerbsgleichheit (auch im Verhältnis Exporteur – Zielstaatskonkurrenten) wird dabei nur von *wenigen* Autoren anerkannt. Einige Autoren, die Wettbewerbsgleichheit nicht als einen Interpretationsanhalt ansehen, nehmen aber im Fall von (bestimmten) Wettbewerbsungleichheiten eine (gleichzeitige) Beeinträchtigung der Marktfreiheit an (z. B. Umschlagen in Marktzugangsbehinderung). Auch aus der bisweilen vertretenen Theorie des hypothetischen Binnenmarktvergleichs kann ein Wettbewerbsgleichheitsgebot rekonstruiert werden.

Dadurch, dass der Binnenmarkt an die Stelle des Gemeinsamen Marktes getreten ist, sollte ausgedrückt werden, dass der Binnenmarkt die vorher im Gemeinsamen Markt verankerten Inhalte und Unterziele absorbiert. Die Analyse der vorbereitenden und begleitenden Dokumente zu den Verträgen und der politischen Rahmenbedingungen hat ergeben, dass der Binnenmarkt wohlfahrtsökonomischen Traditionen auf der Grundlage klassischer Außenhandelstheorien folgt, wobei der Friedenszweck mittelbare, aber gewichtige Bedeutung besitzt. Die Verträge sind von Anfang an als *offenes* Recht *im Werden* projektiert worden mit dem Ziel, über die Schaffung einer *Schicksalsgemeinschaft* eine *Föderation* zu gründen. Wird dies berücksichtigt, erscheint die Unbestimmtheit der Warenverkehrsfreiheit und des Binnenmarktziels *demokratietheoretisch* weniger problematisch. Die betrachteten Dokumente lassen keine definitiven Schlüsse auf den Inhalt des Binnenmarktzieles oder die Art. 34 f. AEUV zu. Ihre spätere herausgehobene Bedeutung wurde von den Beteiligten nicht antizipiert. An einzelnen Stellen wird der Gedanke der Wettbewerbsgleichheit hervorgehoben, aber nicht als überwölbendes Prinzip und auch nur in spezifischen Kontexten. Es bleibt unklar, wie weit die Beseitigung rechtlicher Wettbewerbsverzerrungen gehen soll. Die wenigen konkreten Hinweise deuten aber im Grundsatz darauf hin, dass es generell nicht um Wohlfahrtsoptimierung schlechthin geht, sondern um eine Beseitigung der *spezifischen* Wohlfahrtsnachteile, die aus der *Zersplitterung der Rechtsordnungen und Märkte resultieren*, d. h. darum, ein „level playing field" zu schaffen (gleiche Wettbewerbsbedingungen). Eines der Hauptanwendungsfelder der Warenverkehrsfreiheit könnte darin gesehen werden, als *flexibel einsetzbares Reserveinstrument zur Bekämpfung (plötzlich) auftretender Rechtszersplitterungen in Übergangszeiten* in einem dynamischen vom technischen Fortschritt geprägten Umfeld in Fällen zu fungieren, in denen der Unionsgesetzgeber noch nicht eingeschritten ist.

Vor allem der mangelnden Bestimmtheit wegen ist eine *unmittelbare Anwendbarkeit* des Binnenmarktziels mit Blick auf die Mitgliedstaaten abzulehnen und in Bezug auf die Unionsorgane nur ganz ausnahmsweise anzuerkennen. Das Binnenmarktziel besitzt aber *Auslegungsrelevanz* (auch nach Auffassung der h.L. und des EuGH). Die aus der Unbestimmtheit resultierenden Gefahren sind hier durch mehrere Faktoren abgemildert. Dennoch sollten die Steuerungswirkungen des Binnenmarktziels trotz seiner *überragenden* Bedeutung für die Auslegung der Grundfreiheiten *begrenzt* werden und Rechtsprechungsänderungen nur *schrittweise* erfolgen, wobei sich soweit wie möglich an *konkrete Norminhalte* angelehnt werden sollte. Der Gerichtshof hat den Binnenmarkt in st. Rspr. als *Einheitsmarkt* definiert, der an die Stelle nationaler Teilmärkte trete und in dem *alle Hemmnisse* des innerunionalen Handels zu beseitigen seien, worin ein freiheitsrechtlicher Anklang erblickt werden könnte. Freilich hat er dies nie *wörtlich* verstanden. De facto hat der EuGH das Binnenmarktziel *nicht* definiert.

Das System unverfälschten Wettbewerbs steht trotz seiner Streichung aus ex-Art. 3 I lit. g EG im Primärrechtrang, weil es in das gem. Art. 51 EUV primärrechtlich verbindliche Protokoll Nr. 27 Eingang gefunden hat. Die Verlegung in das Protokoll besitzt primär *politische*, nicht rechtliche Relevanz. Das System unverfälschten Wettbewerbs strahlt als *abstrakter Binnenmarktteilgehalt* auf die (Interpretation der) Grundfreiheiten aus und zielt auf die Herstellung eines unter *gleichen Wettbewerbsbedingungen stattfindenden Unternehmenswettbewerbs* ab. Die Parallelbetrachtung zu den *operativen* Wettbewerbsvorschriften wiederum hat ergeben, dass trotz *partieller Zielparallelität* (hinsichtlich des Binnenmarktziels und des Systems unverfälschten Wettbewerbs) aufgrund der Unterschiede zwischen beiden Normengruppen eine Übertragung von Wertungen nur im *Einzelfall* in Betracht kommt. Der primärrechtlich (seit den 1990er Jahren) stetig verstärkte Schutz der mitgliedstaatlichen Kompetenzen (z. B. durch Subsidiaritätsgrundsatz, Schutz nationaler Identität etc.) wirkt dagegen nur *extern* auf das Binnenmarktziel ein und führt zu einer Ziel*abwägung* bei der Interpretation von Operativbestimmungen wie Art. 35 Alt. 2 AEUV. Er ist somit zur Bestimmung des Inhalts des *Binnenmarktzieles* ungeeignet.

Die in den Verträgen aufzufindenden Charakterisierungen des Binnenmarktes belegen, dass dieser (weiterhin) auf der *Marktwirtschaft* als Güterallokationsmodus basiert. Güter werden auf der Grundlage *privater* Angebots- und Nachfragetätigkeit alloziert. Die Etablierung einer *Planwirtschaft* sowohl durch die Europäische Union und als auch durch einen Mitgliedstaat wäre daher primärrechtswidrig, weil sie dem Binnenmarkt jede Grundlage entzöge. Von diesem Extremfall abgesehen geht der Binnenmarkt von der grundsätzlichen *Zulässigkeit* von Regulierung aus (marktfreiheitliche Gehalte sind daher abzulehnen).

Es geht vielmehr um die Beseitigung der *spezifischen* Nachteile, die sich beim Wirtschaften *über mehrere Rechtsordnungen hinweg* ergeben (was mit Blick auf Art. 35 Alt. 2 AEUV gegen die Anerkennung einer *Exportfreiheit* spricht). Im Ideal des Binnenmarktes sollen sich nur die natürlichen (und nicht die rechtlichen) Standortvorteile sowie die betriebswirtschaftlichen Effizienzen im Marktergebnis abbilden und von allen genutzt werden. Marktteilnehmer sollen nicht schlechter, aber eben auch nicht besser stehen, als sie in einem echten Binnenmarkt stünden.

Entsprechend ist dem Binnenmarktziel ein auf *Gleichheit der rechtlichen Rahmenbedingungen im grenzüberschreitenden Verkehr* gerichtetes *Auslegungsgebot* immanent, das sich, soweit nicht derogiert, durch die gesamte Struktur der europäischen Wirtschaftsintegration zieht und als spezifisch unionsrechtliches Wohlfahrtskonzept angesehen werden kann. Als Auslegungsgebot wirkt es nur über und ist eingegrenzt durch die das Binnenmarktziel umsetzenden *Operativbestimmungen* und ihre Derogationsnormen (und ist gerade nicht unmittelbar anwendbar, was seine Bedeutung relativiert). Dass *totale* Wettbewerbsgleichheit praktisch nicht hergestellt werden kann, ist unschädlich. Ausreichend ist, dass faktische und rechtliche Wettbewerbsungleichheiten *in pragmatischer Weise* beseitigt, d. h. soweit wie möglich gemildert werden.

Konsequenterweise strahlt der Binnenmarktteilgehalt der Wettbewerbsgleichheit auch auf die *Grundfreiheiten* aus, die die zentralen Binnenmarktoperativbestimmungen darstellen. Das Wettbewerbsgleichheitsgebot kann sich – speziell in seiner Wirkungsvariante als Rechtswahlmechanismus für Exportfälle – somit in Bezug auf Art. 35 Alt. 2 AEUV sowohl auf objektiv-teleologische Erwägungen stützen (mit Blick auf die wirtschaftstheoretischen Voruntersuchungen) als auch auf den systematisch-teleologischen Haupttopos (das Binnenmarktziel). Die konkrete Ausformung des Beeinträchtigungstatbestandes von Art. 35 Alt. 2 AEUV ist damit jedoch noch nicht abschließend präjudiziert: Aufgrund der Einbettung des Binnenmarktzieles in die primärrechtliche Wirtschaftsverfassung und der speziellen Stellung von Art. 35 Alt. 2 AEUV in den Verträgen (z. B. mit Blick auf das Verhältnis von Art. 35 Alt. 2 AEUV zur Rechtsangleichung oder zu den EU-Grundrechten) ist das Auslegungsergebnis noch von weiteren Auslegungserwägungen abhängig. Der Rechtssystemwettbewerb ist dagegen *kein* primärrechtliches Ziel. Sofern sich der Rechtssystemwettbewerb als den Unionszielen abträglich erweist, sollte folglich nicht mehr an ihm festgehalten werden. Als wirtschaftstheoretische Erwägung kann der Rechtssystemwettbewerb *Berücksichtigung* finden im Rahmen *funktionaler* Auslegungsüberlegungen.

7. Kapitel

Wettbewerbsgleichheitsanalysen des Warenexports innerhalb der EU

Nachdem soeben die Bedeutung des Wettbewerbsgleichheitsgebots als (eine) Auslegungsleitlinie festgestellt wurde, ist im Folgenden en détail zu klären, in welchen Fällen entsprechende Wettbewerbsungleichheiten beim Inner-EU-Warenexport auftreten und ob diese, aus Sicht des Wettbewerbsgleichheitsgebots, beseitigt werden sollten. Dafür müssen denkbare Transaktionen gedanklich durchgespielt werden. Das Vorliegen einer Wettbewerbsungleichheit (im Inner-EU-Warenexport) *indiziert* m. a. W. eine Konstellation, in der Art. 35 Alt. 2 AEUV im Grundsatz eingreifen sein sollte. Jede Ausnahme von diesen Grundsätzen ist *rechtfertigungsbedürftig* (und -fähig, je nach Gewicht des gegenläufigen Auslegungsgesichtspunktes). Der Wettbewerbsgleichheitsmaßstab führt regelmäßig zu einleuchtenden Ergebnissen.

Anderweitige Auslegungsgesichtspunkte sollen nur in Konstellationen behandelt werden, in denen das Vorliegen einer Wettbewerbsungleichheit evidenterweise nicht maßgeblich sein kann, weil sonstige Wertungserwägungen in ihrer Bedeutung klar im Vordergrund stehen.[1879] Zweifelsfälle sollen dagegen an späterer Stelle umfassend im Kontext des jeweiligen Wertungsgesichtspunktes beleuchtet werden.[1880]

I. Offene Ausfuhrdiskriminierungen

Fraglich ist, ob Ausfuhrdiskriminierungen im Sinne der (klassischen) *Groenveld*-Formel gleichzeitig Wettbewerbsungleichheiten darstellen.[1881]

EU-ausländische Nachfrager müssen einen höheren Preis für dieselbe Ware zahlen oder können die Waren – je nach Grad der Exportdiskriminierung –

[1879] Hierdurch soll vermieden werden, dass umfassende, aber irrelevante Wettbewerbsgleichheitsanalysen angestellt werden.

[1880] Es sei erneut auf den terminologischen Umstand verwiesen, dass der Begriff der *Wettbewerbsgleichheit* immer auf das Verhältnis der Exporteure zu den auf dem *Zielmarkt* tätigen Produzenten und Händlern bezogen ist, während der Begriff der *Diskriminierung* immer auf das Verhältnis der Exporteure zu auf dem *Inlands-* bzw. *Herkunftsmarkt* tätigen Produzenten und Händlern bezogen ist.

[1881] Vgl. *Englisch*, 246 f.

überhaupt nicht nachfragen, obwohl ihre Güterknappheit ggf. genauso drängend ist wie die der Nachfrager im Herkunftsstaat, die auf nicht diskriminierte (und damit günstigere) Waren zurückgreifen können. Auf nachgelagerten Wertschöpfungsstufen – sofern solche vorhanden sind – kommt es damit zu Folgebenachteiligungen, weil die die Güter abnehmende Verarbeitungsindustrie im EU-Ausland gegenüber der Güter abnehmenden Verarbeitungsindustrie im Inland benachteiligt wird und etwaige Effizienzvorteile nicht an die Verbraucher weitergeben kann, sondern diese dazu nutzen muss, ihre Nachteile auszugleichen.

Können sie diese Nachteile nicht ausgleichen, werden sie langfristig ihre Marktposition verlieren und somit keine Produkte bei den (diskriminierten) Warenexporteuren mehr nachfragen. Mittelbar kann die offene Diskriminierung mithin zu Wettbewerbsnachteilen für die exportierenden Produzenten gegenüber den nicht exportierenden führen und ebenfalls für die im Herkunftsstaat ansässigen Produzenten, sofern die exportierten Waren weiterverarbeitet werden und die Weiterverarbeitungsindustrien im Herkunfts- und im Zielstaat miteinander in Konkurrenz stehen, also beide Wettbewerber auf demselben sachlichen und räumlichen Markt tätig sind. Mittelbar stehen also nicht nur die im Zielstaat ansässigen Produzenten und die im Herkunftsstaat ansässigen Exporteure miteinander im Wettbewerb, sondern auch die im Herkunftsstaat ansässigen Produzenten, die nicht exportieren, mit den herkunftsstaatlichen Produzenten, die sehr wohl exportieren. Mithin führt die herkunftsstaatliche offene Diskriminierung also *unter bestimmten Voraussetzungen* ebenfalls zu Wettbewerbsungleichheit – allerdings *atypischerweise* und ausnahmsweise zwischen den exportierenden und den nicht exportierenden *heimischen* Produzenten (weshalb hier zur Klarstellung besser von *mittelbarer* [im Gegensatz zu unmittelbarer] Wettbewerbsungleichheit gesprochen werden sollte).[1882] In diesen Fällen fließen die Produktionsfaktoren demnach auch nicht zum effizientesten Hersteller, sondern zum für das Inland Produzierenden. Zudem werden etwaige Produktionseffizienzen nicht an die Verbraucher weitergegeben.

Aus dem oben Gesagten wird schließlich auch deutlich, dass es auf der *nachgelagerten Wertschöpfungsstufe* ebenfalls zu Wettbewerbsungleichheiten kommt, die allerdings *für Art. 35 Alt. 2 AEUV* nicht an sich von Relevanz sind – dies soll klargestellt sein –, sondern eben nur, wenn sie (mittelbar) zu Ungleichheiten für die *Exporteure* führen. Die Tatsache, dass zwischen verschiedenen Herstellern des Herkunftsstaates diskriminiert wird, sagt dagegen für sich genommen noch *nichts* darüber aus, ob durch die Maßnahme im

[1882] Allerdings werden diese Effekte regelmäßig nur in Bezug auf bereits *bestehende* Industrien eintreten, weil es für sich in einer solchen Lage befindende Exporteure – je nach Umorientierungskosten – rationaler ist, künftig für das Inland und nicht mehr für den Export zu produzieren.

Verhältnis zu für den Zielstaat produzierenden Herstellern mit Sitz im Zielstaat eine Wettbewerbsungleichheit hergestellt wird. Darüber kann eine Aussage erst dann getroffen werden, wenn bekannt ist bzw. die Frage in den Test einfließt, welches Recht im Zielstaat gilt.[1883]

Im Ergebnis sind (mittelbare!) Wettbewerbsungleichheiten somit zwar auch in der Konstellation offener Diskriminierung zu gewärtigen, allerdings sind diese bedingt, vermittelt und praktisch nicht (so) relevant (wie die [unmittelbaren] Wettbewerbsungleichheiten, die bei ungleichen Wettbewerbsbedingungen im Verhältnis von EU-ausländischen zu heimischen Marktteilnehmern auf dem Zielmarkt auftreten). Dies bedeutet allerdings nicht, dass in einer offenen Diskriminierung nicht *zugleich* auch eine (*unmittelbare*) rechtliche Wettbewerbsungleichheit liegen kann, sofern die Zielstaatsrechtsordnung günstiger als die Herkunftsstaatsrechtsordnung in Bezug auf Exporte ausgestaltet ist. Das Vorliegen einer offenen Diskriminierung ist aber nicht vom Vorliegen einer Wettbewerbsungleichheit abhängig.

II. Faktische Ausfuhrdiskriminierungen

Fraglich ist, ob sich auf der Grundlage eines (ggf. weit ausgelegten) Verbots *faktischer Ausfuhrdiskriminierung* gegen Wettbewerbsungleichheiten[1884] gewehrt werden kann, ob also ein Wettbewerbsgleichheitsmaßstab neben einem (entsprechend ausgelegten) Verbot faktischer Ausfuhrdiskriminierung obsolet wird. Es könnte darauf abgestellt werden, dass der Exportstaat *Ungleiches gleich*behandelt,[1885] nämlich die herkunftsstaatlichen Produzenten, die in das EU-Ausland vertreiben, und die herkunftsstaatlichen Produzenten, die ihre Waren im Inland verkaufen: Die Diskriminierung besteht dann darin, dass der Herkunftsstaat unverändert an seinen höheren Regulierungsanforderungen festhält, obwohl die heimischen Produzenten im Zielstaat Wettbewerbsnachteile besitzen. Obwohl Inlandsvertrieb und EU-Auslandsvertrieb dann formal gleichbehandelt werden, liegt tatsächlich eine Erschwerung oder gar eine Verunmöglichung des Exports in Märkte vor, in denen der eigene Exporteur mit Marktteilnehmern konkurrieren muss, die infolge niedrigerer Standards Wettbewerbsvorteile genießen.

[1883] S. zu dieser Frage sogl. b. Fn. 1884 ff.

[1884] Gemeint sind hier nicht die atypischen mittelbaren Wettbewerbsungleichheiten (s. b. Fn. 1882), vor denen das Verbot offener Diskriminierung schützen kann (also im Verhältnis der Exporteure zu den im Herkunftsstaat ansässigen und ihre Waren im Herkunftsstaat absetzenden Produzenten und Händlern), sondern die unmittelbaren Wettbewerbsungleichheiten im Verhältnis des Exporteurs zu den im Zielstaat ansässigen Produzenten und Händlern, die ihre Waren im Zielstaat absetzen.

[1885] *Weatherill*, CMLR 33 (1996), 885 (902).

Zunächst sei die Situation betrachtet, in der im Exportstaat (X) sowohl für Exporteure (bzw. für den Export bestimmte Waren) als auch für die nicht exportierenden Produzenten (bzw. für das Inland bestimmte Waren) einheitliche Standards gelten und diese Standards noch *unter* dem Niveau des Zielstaates (Y) liegen und nunmehr der Exportstaat für alle Waren – also sowohl für die exportierten als auch für die im Inland vertriebenen – die Standards erhöht, allerdings nicht höher als das Niveau im Zielstaat. Zu Wettbewerbsungleichheiten kommt es in diesem Fall nicht, da die Standards ja immer noch unter den Zielstaatsstandards liegen oder gleich hoch sind.[1886]

Anders liegt indes die folgende Konstellation, in der die Standards im Exportstaat X für alle Produzenten (auch für die exportierenden) gleich sind und nun in gleichem Maße erhöht werden, allerdings mit dem Unterschied (zum vorherigen Fall), dass die Standards bereits auf dem Niveau der Zielstaatsstandards oder sogar darüber liegen. Anders als oben ist der Wettbewerbsgleichheitsmaßstab hier erfüllt, da die Exporteure nicht zu den Bedingungen des Zielstaates anbieten können. Mit Blick auf das Vorliegen einer faktischen Diskriminierung ist zwischen zwei (Unter-)Konstellationen zu differenzieren: Sofern aus Y nach X importiert wird und die Importeure aus Y an die Standards von X gebunden sind, agieren alle Händler in X – also solche aus X wie aus Y – unter den gleichen rechtlichen Bedingungen. Damit stehen die nach X verkaufenden Produzenten aus X besser als die Exporteure in X, denn diese werden bei ihrem Angebot in Y benachteiligt. Hier tritt also eine faktische Diskriminierung auf. Sofern die Importeure aus Y bei ihrem Import nach X aber nicht an die Standards von X gebunden sind, kommen sie ebenfalls in den Genuss von Sondervorteilen in X. Dann besitzen sowohl die Inlandsproduzenten auf dem Markt von X als auch die Exporteure auf dem Markt von Y einen Wettbewerbsnachteil. In dieser Unter-Konstellation kommt es mithin

[1886] In diesem Fall kommt es wohl auch nicht zu faktischen Ausfuhrdiskriminierungen: Die Exportunternehmen müssen Verluste hinnehmen. Sie hatten vorher Sondervorteile (infolge der niedrigeren Standards) und haben diese nun ganz oder teilweise verloren. Es ist zu erwarten, dass die Exportindustrie im EU-Ausland weniger Waren absetzt und womöglich ihre Produktion auf das Inland verlagert. Sofern auch Waren von Zielstaat Y in den Herkunftsstaat X importiert werden, die an die Standards von Y gebunden sind, verlieren auch die Hersteller in X ganz oder teilweise Sondervorteile gegenüber den Importeuren aus Y. Sind die Importeure aus Y nicht gebunden an die Standards von Y, sondern nur an die von X, müssen die Produzenten aus X sogar unter *schlechteren* Bedingungen anbieten als die nach Y exportierenden Exporteure aus X, da nunmehr *alle* in X unter den gleichen Wettbewerbsbedingungen anbieten. Falls die Exporteure in X dagegen durch Y gezwungen werden sich an die Standards von Y zu halten, ist jede Rechtsänderung in X irrelevant: Sie müssen dann in jedem Fall nach den Standards von Y anbieten. Mit guten Gründen kann mithin davon ausgegangen werden, dass in der genannten Konstellation (Erhöhen niedrigerer Herkunftsstandards in Richtung der Zielstaatsstandards für alle Produzenten von X) keine faktische Diskriminierung auftritt.

zu *keiner* faktischen Diskriminierung (wohl aber zu einer Wettbewerbsungleichheit).

Ein auf den Test faktischer Diskriminierung gestütztes Wettbewerbsgleichheitskonzept scheitert auch dann, wenn eine inländische Produktion im Zielstaat *gar nicht existiert*.[1887]

Zudem wird die an sich einfache Prüfung – Vergleich von Exporteuren und Zielstaatsproduzenten – aufgeteilt in *zwei Prüfungen*: Zusätzlich müssen Exporteure und für das Inland herstellende Produzenten verglichen werden. Hierdurch wird die Rechtsanwendung unnötig verkompliziert.

Im Ergebnis wird deutlich, dass das Verbot faktischer Ausfuhrdiskriminierung – obwohl es einen Teil der Wettbewerbsungleichheitsfälle erfasst – insgesamt nicht geeignet ist, als Substitut für ein Wettbewerbsgleichheitskonzept zu fungieren: Es erfasst nicht sämtliche Fälle, die von einer Wettbewerbsgleichheitsauslegung abgedeckt würden, und ist in der Anwendung auch umständlicher.

III. Wettbewerbsungleichheiten und Rechtsdiskriminierungen beim Import

Eine *importstaatliche* Rechtsdiskriminierung liegt vor, wenn staatliche Regelungen oder Maßnahmen *nur* für *Import*produkte Kosten erzeugen. In Fällen von *importstaatlichen* Diskriminierungen geht die Diskriminierung (anders als bei *exportstaatlichen* Diskriminierungen) *immer* auch mit einer Wettbewerbsbenachteiligung einher.[1888]

IV. Rechtliche Wettbewerbsungleichheiten und ein Rechtsordnungswahlrecht

Die zentrale Fragestellung dieser Arbeit ist die nach der Behandlung (herkunftsstaatlicher) rechtlicher Wettbewerbsungleichheiten für Warenexporteure, die in Konkurrenz mit Anbietern aus anderen EU-Mitgliedstaaten stehen. Im Folgenden werden zunächst die wettbewerbsbezogenen Vorteile einer Wettbewerbsgleichheits-Rechtswahlauslegung dargelegt. Anschließend wird gezeigt, dass die mit einer Wettbewerbsgleichheitsauslegung einhergehenden wettbewerbsbezogenen Nachteile gegenüber den wettbewerbsbezogenen Vorteilen marginal erscheinen.

[1887] S. zu diesem von Generalanwältin *Trstenjak* vorgebrachten Argument b. Fn. 682.

[1888] Ebenso *Englisch*, 247.

1. Analyse

a) Vorteile aus Sicht des Wettbewerbsgleichheitsgebots

Für den Fall, dass den Herstellern und Produzenten ein Wahlrecht zwischen den 28 mitgliedstaatlichen Rechtsordnungen eingeräumt wird,[1889] können Exporteure mit konkurrierenden Anbietern auf dem Zielmarkt (die im Zielmarkt selbst oder in anderen Mitgliedstaaten ansässig sind) unter *gleichen Wettbewerbsbedingungen konkurrieren.* Selbst dann, wenn (streng) gefordert werden würde, dass eine solche Berufung nur erlaubt ist, wenn die *gesamte Produktion ausschließlich auf den Export ausgerichtet* wird, können Effizienzvorteile, die größer sind als die Effizienzverluste, die mit dieser ggf.[1890] stattfindenden Aufspaltung der Produktion wegen des Verlustes von Massenproduktionsvorteilen einhergehen,[1891] von den Produzenten ausgenutzt werden. Produzenten werden nämlich nicht zur Rechtswahl (einer anderen Rechtsordnung als die des Herkunftsstaates) *gezwungen.* Sie können die Vorteile mit den Nachteilen vergleichen und sich dann für die für sie günstigste Variante entscheiden. Diese Annäherung bzw. Angleichung der Wettbewerbsbedingungen schafft (bzw. nähert die Realität) eine(r) Situation (an), in der das betriebswirtschaftlich oder aufgrund von nicht rechtlichen Standortvorteilen *kostengünstiger* wirtschaftende Unternehmen im Markt obsiegt.[1892] Die Effizienzvorteile dieses Unternehmens können dann im gesamten Binnenmarkt von allen *Nachfragern* (und insbesondere von *Verbrauchern*) *ausgenutzt* werden (vorbehaltlich einer gerechtfertigten zielstaatlichen Beschränkung von Art. 34 Alt. 2 AEUV). Sofern angenommen wird, dass Exporteure sich die Rechtsordnung, nach der sie sich bei der Produktion und beim Handel richten wollen, innerhalb der EU *aussuchen* können, werden insbesondere auch Wettbewerbsverzerrungen zwischen (potenziellen[1893]) *Exporteuren* aus *unterschiedlichen* Mitgliedstaaten beseitigt. Bei einem reinen Herkunftslandprinzip bestehen dagegen Wettbewerbsverzerrungen zwischen den Exporteuren aus den verschiedenen Mitgliedstaaten.[1894] Durch die allen Exporteuren

---

[1889] S. schon d. Nachw. in Fn. 1149.

[1890] Es ist auch denkbar, dass ein Exporteur *nur* das EU-Ausland beliefert.

[1891] Hierzu *Kleier*, RIW 1988, 623 (628); s. zu der Frage, ob dies den Exporteur dazu berechtigt, sich auch in Bezug auf den *Inlandshandel* auf Art. 35 Alt. 2 AEUV zu berufen b. Fn. 1908 ff.

[1892] Der Begriff der Effizienz bezieht dabei auch Vorteile mit ein, die aus günstigeren Standortbedingungen herrühren (ausgenommen natürlich solche rechtlicher Art), wie z. B. eine bessere Infrastruktur oder günstigere physikalische Bedingungen (z. B. viel Wind bei Windkraft).

[1893] S. umf. zur Begründung, warum auch solche Rechtsordnungen wählbar sein sollten, in denen kein Anbieter sitzt, der mit dem Exporteur auf dem Zielmarkt konkurriert, vor und b. Fn. 1216.

[1894] *Englisch*, 244 f.; *Strassburger*, 76.

eingeräumte Möglichkeit, sich die Rechtsordnung auszusuchen, bestehen gleiche Wettbewerbsbedingungen insofern, als alle im Ausgangspunkt dasselbe Recht besitzen: die Rechtswahl. Für ein Rechtswahlmodell spricht auch, dass Produzenten schon derzeit unter Ausnutzung des Herkunftslandprinzips in eine bestimmte Rechtsordnung „hineinwandern" (durch *physischen* Umzug, gestützt auf die Niederlassungsfreiheit), sich deren Rechtsordnung „zunutze machen" und in der gesamten Union nach den Standards des (neuen) Sitzstaates anbieten können. Dass mittels Art. 35 Alt. 2 AEUV nun nicht mehr die gesamte Produktion *verlegt* werden muss, ist gesamtökonomisch vorteilhafter, weil die *Umzugskosten* zu einem großen Teil „verlorene" Kosten sind, die auf die Verbraucher umgelegt werden müssen.

Ein umfassendes Rechtswahlrecht ergibt sich auch aus der Überlegung, dass ein *Zielstaatsprinzip* (i. S. e. umgekehrten Anerkennungsprinzips[1895]) in Verbindung mit dem (direkten) Anerkennungsprinzip zu einer umfassenden Rechtswahl führt: Denn hiernach kann eine in ein beliebiges EU-Zielland exportierte Ware in andere EU-Staaten weitervertrieben werden. Wenn ein solcher *Weitervertrieb* aber erlaubt ist, dann stimmt dies *praktisch* damit überein, dass den Exporteuren erlaubt werden kann, die Ware *direkt* nach einer *beliebigen* mitgliedstaatlichen Rechtsordnung herzustellen und in ein Wunschland auszuführen und der Zielstaat diese Waren als rechtmäßig hergestellt und in den Vertrieb gebracht im Sinne der Cassis-Rechtsprechung akzeptieren muss.[1896]

b) Nachteile aus Sicht des Wettbewerbsgleichheitsgebots?

Zunächst auf dem Inlandsmarkt abgesetzte und nach strengeren Herkunftslandstandards hergestellte Produkte inländischer Hersteller unterliegen Wettbewerbsnachteilen gegenüber den auf dem Zielstaatsmarkt abgesetzten und nach milderen Zielstaatsstandards hergestellten Produkten (oder solchen eines Exporteurs aus einem anderen Mitgliedstaat), wenn die im Zielstaat in Verkehr gebrachten Produkte *weiterverkauft* werden sollen. Hier könnte erwogen werden, ob nicht aufgrund der *potenziellen späteren* Ausfuhr eine Berufung auf Art. 35 Alt. 2 AEUV zugelassen werden sollte.[1897] Doch handelt es sich hierbei nicht um einen *Nachteil* einer Wettbewerbsgleichheits-Rechtswahlauslegung, sondern um ein (potenzielles) *weiteres Anwendungsfeld* dieser Auslegung. Die Ermöglichung rechtlicher Wettbewerbsgleichheit durch den Rechtswahlmechanismus führt zu einer *Milderung* von Wettbe-

---

[1895] Gemeint ist, dass sich Exporteure (nur) auf die Rechtsordnung des *Zielstaates* berufen können.

[1896] Hierzu für den Sonderfall von Bierzusatzstoffen im Anschluss an EuGH, Urt. v. 12.03.1987, Rs. 178/84, Slg. 1987, I-1262, Rn. 32 (*Kommission/Deutschland* [*Reinheitsgebot Bier*]) *Meier*, RIW 1987, 841 (845–847).

[1897] Dies wird hier i. E. aber abgelehnt, s. n. Fn. 580.

werbsungleichheiten, ohne dass hieraus *neue* Wettbewerbsungleichheiten *resultieren*.

Fraglich ist, ob eine Wettbewerbsgleichheits-Rechtswahlauslegung von Art. 35 Alt. 2 AEUV mit einer Inländer*nachfrager*diskriminierung einhergeht.[1898] Nachfrager können nicht von den günstigen Rechtsordnungen in anderen Ländern profitieren: Sie können von den *heimischen Herstellern* nicht so günstige (ggf. Zuliefer-)Produkte erhalten wie ihre Konkurrenten im EU-Ausland. Es könnte erwogen werden, ob das Inlandsangebot abnimmt, weil sich nunmehr mehr Produzenten dafür entscheiden, das EU-Ausland zu bedienen. Sinkendes Angebot hat steigende Preise zur Folge. Es ist aber fraglich, warum eine profitable Inlandsproduktion nach Inlandsstandards durch eine EU-Auslandsproduktion durch Zielstaatsstandards *ersetzt* werden sollte. Viel wahrscheinlicher ist, dass die Inlandsproduzenten ihre Kapazitäten *ausweiten* und *nebeneinander* für den Zielstaat und den Herkunftsstaat produzieren, wenn *beide* Produktionen *profitabel* sind. Möglicherweise entstehen in bestimmten Produktionsbereichen, die nicht aufgespalten werden müssen (z. B. Verwaltung), sogar *Synergieeffekte* und *Größenvorteile*. Es ist auch nicht so, dass die Zielstaatsmärkte aus rechtlichen Gründen in irgendeiner Weise von Natur aus für die heimischen Hersteller profitabler sind. Diese sehen sich dort nämlich derselben Wettbewerbssituation wie im Inland ausgesetzt: Sie besitzen im EU-Ausland keine Sondervorteile, sie können nur auf dem *gleichen* Niveau mit den dort ansässigen Herstellern konkurrieren. Wenn nun überlegt wird, dass der Inlandshersteller mit seinen Produkten aus dem heimischen Markt auf den Zielstaat „flüchtet" unter Berufung auf Art. 35 Alt. 2 AEUV, weil er für den heimischen Markt nicht profitabel produzieren kann, dann geht auch kein Angebot verloren, denn auch ohne (eine extensive Auslegung von) Art. 35 Alt. 2 AEUV hätte der Hersteller seine Produktion im Laufe der Zeit wegen seines nicht profitablen Angebots eingestellt.

c) Zwischenergebnis

Das Wettbewerbsgleichheitsgebot spricht in Bezug auf Art. 35 Alt. 2 AEUV dafür, ein *umfassendes* Wahlrecht (zwischen *allen* 28 mitgliedstaatlichen Rechtsordnungen) anzuerkennen.[1899]

[1898] *Englisch*, 244 geht davon aus, dass eine Inländerdiskriminierung dadurch entsteht, dass der sich auf Art. 35 Alt. 2 AEUV Berufende auch für das Inland nach den Zielstaatsstandards herstellt; dies wird *hier* aber gar nicht gefordert,

[1899] Von einem echten Wahlrecht kann allerdings nur gesprochen werden, falls keine Spürbarkeit verlangt wird. Sofern Spürbarkeit verlangt wird, ist eine Rechtswahl nur möglich, wenn auch der Spürbarkeitstest erfüllt ist. Zudem gilt diese Rechtswahl immer nur vorbehaltlich der Einschlägigkeit eines Rechtfertigungsgrundes. In Fallgruppen, bei denen regelmäßig Rechtfertigungsgründe einschlägig sind, wie bei Produktionsregelungen, kommt es – im praktischen Ergebnis – regelmäßig nicht zu einer Rechtswahl.

2. Fragen zur Anwendungsreichweite

a) Kein absolutes Abwehrrecht, sondern nur Wahlrecht

Die Abwehrfunktion des Art. 35 Alt. 2 AEUV ist aber nie eine *absolute,* d. h., der Exporteur kann sich keinesfalls von *jedweder* Regulierung befreien (also Art. 35 Alt. 2 AEUV gegen die Produktstandards des Herkunftsstaats und Art. 34 Alt. 2 AEUV gegen die Produktstandards des Zielstaates einsetzen). Er kann immer nur verlangen, so gestellt zu werden wie seine Konkurrenten, also kann der Herkunftsstaat von dem sich auf Art. 35 Alt. 2 AEUV Berufenden verlangen, dass dieser sich an die Zielstaatsrechtsordnung oder an eine andere Exportrechtsordnung hält. Ansonsten würde nicht Wettbewerbsgleichheit hergestellt, sondern der Exporteur würde bessergestellt werden. Außerdem wäre dies mit dem Binnenmarktgedanken nicht vereinbar, der keine Schlechter-, aber auch keine Besserstellung verlangt. Grundrechtsähnliche bzw. freiheitsrechtliche Tests sind hiermit nicht vereinbar. Auf der Grundlage dieser Grundsätze sind die folgenden Spezialkonstellationen zu lösen, in denen ein Mitgliedsstaat oder mehrere für Import- und/oder Exportprodukte *Sonderregelungen*[1900] vorsehen.

aa) Freiwillige exportstaatliche Befreiung oder Verpflichtung zur Einhaltung zielstaatlicher Standards

Nimmt der Herkunftsstaat seinen Warenexport von den für den Inlandsvertrieb geltenden Regelungen aus, kann der Zielstaat seine Regelungen voll zur Anwendung bringen, ohne nach (dem *Cassis*-Standard des) Art. 34 Alt. 2 AEUV daran gehindert zu werden, denn ansonsten würde der Exporteur im Ergebnis *keiner materiellen*[1901] Regelung unterliegen.[1902] Er käme also in den Genuss eines Sondervorteils.

[1900] Gemeint ist, dass Export- und/oder Importprodukte nicht denselben Regelungen unterworfen werden wie einheimische Händler, die ihre Waren in das Inland verkaufen (also in EU-Staat A ansässiger Exporteur X, der seine Waren nach EU-Staat B verkauft, wird von A anders behandelt als der in A ansässige Händler Y, der seine Waren nach A verkauft).

[1901] Mit „materiell" ist gemeint, dass die Ware der Herkunftsstaatsrechtsordnung und der Zielstaatsrechtsordnung zwar „formal" unterliegt, aber dass die Regelungen, die für den *Inlandsvertrieb* im Herkunfts- und Zielstaat gelten, nicht auf exportierte bzw. importierte Ware angewendet werden.

[1902] Mit Blick auf die *Cassis*-Formel fehlt es dann daran, dass eine Ware rechtmäßig hergestellt und/oder in den Verkehr gebracht wurde, s. a. b. Fn. 3003 ff. Das an den Zielstaat adressierte Diskriminierungsverbot des Art. 34 Alt. 2 AEUV bleibt von der exportstaatlichen (Nicht-)Regulierung freilich unberührt. S. zum umgekehrten Fall – also einer Berufung auf Art. 35 Alt. 2 AEUV, obwohl der Zielstaat importierte Produkte als gleichwertig anerkennt – b. Fn. 1905.

Der Exporteur sollte aber stattdessen auch verlangen können, nach den für den Inlandsvertrieb im *Herkunftsstaat* geltenden Standards herzustellen (um sich beispielsweise entsprechenden Kontrollen zu unterziehen, wofür er sich gegenüber dem Herkunftsstaat auf die Warenverkehrsfreiheit berufen kann[1903]), und sich dann gegenüber dem Zielstaat auf den Anerkennungsgrundsatz gem. Art. 34 Alt. 2 AEUV berufen. Der Grund hierfür liegt darin, dass er sonst gegenüber Herstellern in anderen EU-Staaten, die ihre Produktion nicht aufspalten müssen und eine *einheitliche* Produktion für Inland und EU-Ausland betreiben können, benachteiligt würde.

Hiermit gleichzubehandeln ist der Fall, dass der Exporteur vom Exportstaat verpflichtet wird, (nur) die *materiellen zielstaatlichen* Standards anstelle der für den Inlandsvertrieb im Herkunftsstaat geltenden einzuhalten.[1904] Auch hier sollte der Exporteur verlangen können, seine Waren nach den für den Inlandsvertrieb im Exportstaat geltenden Regelungen herzustellen und sie anschließend unter Berufung auf den Anerkennungsgrundsatz des Art. 34 Alt. 2 AEUV im Importstaat einzuführen.

bb) Berufung auf eine ihren Export befreiende Konkurrenzrechtsordnung

Hiermit gleichzubehandeln sind Fälle, in denen eine *Konkurrenzrechtsordnung* ihre Exportprodukte von den dort für den Inlandsvertrieb geltenden Vorgaben *freistellt* und sich ein in einem anderen Mitgliedstaat ansässiger Exporteur auf diese Konkurrenzrechtsordnung gem. Art. 35 Alt. 2 AEUV beruft. Ein solcher Fall ist z. B. gegeben, wenn sich ein Exporteur aus Staat A auf die freistellenden Exportstandards von Staat C berufen möchte, um nach Staat B einzuführen. In diesem Fall sollte der Exporteur die Wahl haben, ob er nach den Zielstaatsstandards von B oder ob er nach denen von C herstellen möchte, die für den Vertrieb von C nach C gelten (und natürlich sollte er auch nach den Standards von A herstellen können). Er kann sich aber keinesfalls (auf der Grundlage von Art. 35 Alt. 2 AEUV) auf die Exportfreistellung von C berufen und sich dann *zusätzlich* gegen die Zielstaatsstandards von B wenden (unter Berufung auf den [direkt oder analog angewandten] Grundsatz gegenseitiger Anerkennung in Art. 34 Alt. 2 AEUV), weil er ansonsten im Endergebnis *keiner* Rechtsordnung unterliegen würde und nicht Wettbewerbsgleichheit, sondern *Sondervorteile* für sich in Anspruch nähme.

[1903] Hier für könnte er sich auf die Warenverkehrsfreiheit berufen.

[1904] Dies verstößt schon insofern gegen die hiesigen Wettbewerbsgleichheitsmaßstab für Art. 35 Alt. 2 AEUV, als es den Exporteuren nicht ermöglicht wird nach einer *sonstigen* (der verbleibenden 26) EU-Rechtsordnung(en) herzustellen.

cc) Zielstaat nimmt importierte Waren von seinen Produktstandards aus

Wie im umgekehrten Fall[1905] ist die Konstellation zu behandeln, in der der *Zielstaat* Importwaren generell gem. Art. 34 Alt. 2 AEUV als gleichwertig anerkennt und nicht das Vorliegen der im Zielstaat für den Inlandsvertrieb geltenden Standards verlangt. Auch in diesem Fall darf sich nicht *zusätzlich* gegen die *herkunftsstaatlichen* Standards gem. Art. 35 Alt. 2 AEUV gewehrt werden. Andernfalls würde wiederum nicht Wettbewerbsgleichheit hergestellt, sondern ein Sondervorteil gewährt.

Aus Gründen der Wettbewerbsgleichheit mit den Zielstaatshändlern sollte es den Exporteuren in dieser Konstellation aber auch erlaubt sein, ihre Waren zu den Bedingungen herzustellen, zu denen die im Zielstaat ansässigen Hersteller ihre Waren für den *Zielstaat* herstellen. Folglich können sie sich auch in dieser Konstellation von den herkunftsstaatlichen Standards gem. Art. 35 Alt. 2 AEUV befreien lassen, wenn sie gleichzeitig nach den zielstaatlichen Inlandsvertriebsstandards produzieren.

Im Ergebnis ändert sich hier im Vergleich zum Normalfall also nichts.

dd) Import- und Exportstaat befreien eine Ware von ihren Rechtsordnungen

Sollte der unwahrscheinliche Fall eintreten, dass sowohl der Exportstaat Exportwaren als auch der Zielstaat Importwaren von ihren für den Inlandsvertrieb geltenden Regelungen befreien, also eine exportierte und importierte Ware *materiell überhaupt keiner* Rechtsordnung unterliegt,[1906] sollte sich erneut nichts im Vergleich zum Normalfall ändern: Der Exporteur sollte sich entscheiden können, ob er die für den Inlandsvertrieb im Herkunftsstaat geltenden Standards einhält oder die im Zielstaat für den dortigen Inlandsvertrieb geltenden Standards. Das Problem ist, dass Art. 34 Alt. 2, 35 Alt. 2 AEUV nur *Rechte* und *keine Pflichten* enthalten. Folglich kann den Art. 34 Alt. 2, 35 Alt. 2 AEUV hier kein rechtlich relevanter Inhalt entnommen werden. Es bleibt damit bei dem misslichen Ergebnis, dass der Produzent *gar keinen* Anforderungen unterliegt.

b) Sonderfall der Produktionsregelungen

Eine Wettbewerbsgleichheitsbetrachtung spricht gegen eine Sonderregelung i. S. e. Bereichsausnahme für die Gruppe der Produktionsregelungen in Bezug auf Art. 35 Alt. 2 AEUV. Auch hier führen strengere inländische Standards zu sich auf dem Zielmarkt auswirkenden Wettbewerbsungleichheiten. Die Situation ist allerdings insofern eine besondere, als mitgliedstaatliche

---

[1905] S. zum umgekehrten Fall – also einer Berufung auf Art. 34 Alt. 2 AEUV, obwohl der Herkunftsstaat exportierte Produkte freistellt – b. Fn. 1902.

[1906] *Formal* unterliegt die Ware *beiden* Rechtsordnungen (s. in Fn. 1901 zur Abgrenzung zwischen formalem und materiellem Unterliegen unter eine Rechtsordnung).

Kompetenzen im Regelfall (erheblich) berührt sind (anders als etwa bei Produktregelungen). Die Frage kann hier nicht letztverbindlich entschieden werden: Es müssen beide Aspekte im Rahmen einer holistischen Analyse abgewogen und weitere Auslegungsgesichtspunkte einbezogen werden.[1907]

c) Verlust von Größenvorteilen durch Ausklammerung reiner Inlandstransaktionen[1908]

Diejenigen Hersteller, die den günstigsten regulatorischen Rahmenbedingungen unterliegen, können sowohl das Inland als auch das EU-Ausland zu ihren (günstigen) Standards beliefern und damit Größenvorteile auch aus der Belieferung ihres eigenen Marktes ausnutzen, wohingegen nachteiligeren Regulierungsbedingungen unterliegende Exporteure zumindest in Bezug auf ihren Inlandsvertrieb an die strengeren Standards gebunden sind und damit zwischen Export- und Inlandsproduktion unterscheiden müssen, was den Verlust von Größenvorteilen mit sich bringt („umgekehrtes Euro-Marketing-Argument" aus *Oosthoek*[1909] und *Smanor*[1910]). Fraglich ist, ob sich die Exporteure nicht auch auf Art. 35 Alt. 2 AEUV berufen können sollten, wenn sie die für den Inlandsvertrieb im Herkunftsstaat geltenden Standards angreifen wollen, weil ihnen sonst Größenvorteile verloren gehen, aus denen für sie Wettbewerbsnachteile bei dem Export in den Zielstaat resultieren.[1911]

aa) Wettbewerbsungleichheiten

aaa) Produkt- (Smanor-Konstellation) und Produktionsregelungen

Entsprechende Situationen treten vor allem bei *Produkt-* (*Smanor*[1912]) und *Produktions*regelungen auf. Verdeutlicht sei dies anhand des folgenden Beispiels: Ein im Staat B ansässiger Produzent X kann ggf. *einheitlich* nach den günstigeren (Produkt- und Produktions-)Standards seines Ansässigkeitsstaates B herstellen und seine Produkte in das Inland (nach B) und in den Staat A eines konkurrierenden Exporteurs Y vertreiben, wobei er einheitlich nach denselben Produkt- und Produktionsstandards von B produzieren kann. Etwaige höhere Produktionsstandards von A gelten nicht für das Gebiet von B, und etwaigen höheren Produktstandards von A für das Gebiet von A kann X

[1907] Einige zentrale (Gegen-)Argumente werden b. Fn. 3723 ff. behandelt; i. Ü. wird über die gesamte Arbeit verteilt immer wieder geprüft, inwieweit der Auslegungsbefund für oder gegen die Einbeziehung von Produktionsregelungen spricht.

[1908] *Weyer*, 248 ff. bezeichnet eine Maßgabe, die solche Fälle einbeziehen würde, als „Einheitlichkeitsprinzip".

[1909] S. b. Fn. 332 ff.

[1910] S. b. Fn. 345 ff.

[1911] *Weyer*, 233, 345.

[1912] S. b. Fn. 345 ff.

unter Berufung auf den Anerkennungsgrundsatz[1913] gem. Art. 34 Alt. 2 AEUV entgehen (gerichtlich für unanwendbar erklären lassen wegen Verstoßes gegen Art. 34 AEUV). Dagegen ist sein Konkurrent Y an die Produkt- und Produktionsstandards von A gebunden, und zwar sowohl in Bezug auf den Inlandsvertrieb nach A als auch auf den Exportvertrieb nach B. Wenn sich Y in Bezug auf seinen *Export* nach B auf Art. 35 Alt. 2 AEUV beruft und nach den Standards von B herstellen kann, ist er in Bezug auf den *Inlandsvertrieb* immer noch an die Standards von A gebunden. Wenn Y nun seine Produktion *aufspaltet* und nach unterschiedlichen Standards produziert (je nachdem, ob die Ware für den Export nach B oder das Inland A bestimmt ist), gehen ihm *Größenvorteile* verloren. Er muss sich somit entscheiden zwischen Größenvorteilen einerseits („teureres" A-Recht) und kostengünstigeren Produkt- und Produktionsstandards für den Export („günstigeres" B-Recht für den Export). Y besitzt so lange einem Wettbewerbsnachteil gegenüber X, wie er sich nicht auch in Bezug auf den *Inlandsvertrieb nach A* gem. Art. 35 Alt. 2 AEUV von Produkt- und Produktionsstandards von A befreien lassen und nach den Standards von B produzieren kann.

bbb) Vermarktungsregelungen (Oosthoek-*Konstellation)?*

Mit Blick auf die Gruppe der *Vermarktungsregelungen* (*Oosthoek*[1914]) wird das Problem entschärft: Günstigere *vermarktungsbezogene* Rahmenbedingungen des Ansässigkeitsstaates können nicht mit der Ware in den Zielstaat „exportiert" werden. Der Importstaat wird regelmäßig seine Vermarktungsregelungen auch gegenüber dem Importeur durchsetzen können, weil diese entweder bereits keine Beeinträchtigung von Art. 34 Alt. 2 AEUV darstellen (Keck-Ausnahme) oder etwaige Beeinträchtigungen gerechtfertigt sind.

In Einzelfällen ist aber auch hier eine Benachteiligung denkbar: Wenn Mitgliedstaat A strengere Vermarktungsregelungen besitzt als die Mitgliedstaaten B und C und die Standards von B und C identisch sind, dann kann ein Exporteur aus C nach B exportieren, ohne seine Vermarktungstechniken anpassen zu müssen (was ihm Größenvorteile einbringt), und er kann in das Inland von C zu günstigeren Bedingungen vertreiben als ein Exporteur aus A, der nach A Waren vertreibt. Wenn der Exporteur aus A Waren nach B exportiert, muss er zudem seine Vermarktungstechniken anpassen (was ihm einen Verlust von Größenvorteilen beschert). Andererseits muss ein Exporteur aus C, wenn er Waren nach A vertreibt, ebenfalls seine Vermarktungstechniken anpassen (wenn A auch Importeure an seine Standards bindet), was zum Verlust von Größenvorteilen führt. Möglicherweise sind die Märkte von C und A nämlich nicht vergleichbar (etwa weil C ein sehr kleiner Mitgliedstaat ist

---

[1913] S. umf. zum Anerkennungsgrundsatz b. Fn. 2988 ff.
[1914] S. b. Fn. 338 ff.

oder weil das Produkt auf C nicht nachgefragt wird), sodass die angeblichen Größenvorteile für den Exporteur aus C gering sind oder gar nicht existieren.

Wird der direkte reziproke Fall betrachtet, also dass ein Exporteur aus B nach A exportiert, so ist auch dieser gezwungen seine Vermarktungstechnik anzupassen, wenn er nach A exportiert. Eine Ausnahme gilt allerdings, wenn Mitgliedstaat A die Importeure (im konkreten Fall aus B) von seinen Regelungen ausnimmt.

Anders als bei der Gruppe der Produktregelungen ist also mit Blick auf die Anwendung von Vermarktungsregelungen für den Inlandsvertrieb eines Exporteurs schon sehr zweifelhaft, ob hier mangels Wettbewerbsungleichheit überhaupt der Tatbestand von Art. 35 Alt. 2 AEUV erfüllt ist.

bb) Exkurs: Sonstige Wertungsaspekte

Gleichwohl kann diese tatsächliche (oder in Bezug auf Vermarktungsregelungen mögliche) *grenzüberschreitende* und damit nach dem hiesigen Grundkonzept eigentlich unzulässige Wettbewerbsungleichheit nicht dazu führen, dass *auch für den innerstaatlichen Verkehr* nach der Zielstaatsordnung produziert werden kann (und zwar mit Blick auf Produkt-, Produktions- und Vermarktungsregelungen):[1915] Erstens ist der *Konnex* mit dem zwischenstaatlichen Handel und mit dem Substrat von Art. 35 Alt. 2 AEUV hier zu mittelbar.[1916] Zudem könnte argumentiert werden, dass es sich um *zwei verschiedene* Transaktionen in dem Sinne handelt, dass die Wettbewerbsgleichheit nicht im Vorfeld oder bei der Transaktion *einer* Ware betroffen wird, sondern dass sich die Ungleichheit erst aus dem *Zusammenwirken mit einer anderen* Warentransaktion ergibt und dass eine solche Herleitung einer Wettbewerbsungleichheit die äußerste Grenze von Art. 35 Alt. 2 AEUV überschreitet.

Vor allem würde eine Einbeziehung einen starken Eingriff in die mitgliedstaatlichen Kompetenzen darstellen, da es hier primär um *herkunftsstaatliche Drittinteressen* geht, an deren Schutz der Herkunftsstaat ein legitimes Interesse besitzt (Belange der inländischen Verbraucher und der mit dem Exportunternehmen im Inland konkurrierenden Unternehmer). Zielstaatliche Interessen sind nur insofern betroffen, als etwaige Verluste von Größenvorteilen die zielstaatliche Konsumentenrente schmälern.

Ein solch weites Hineinreichen der primär auf die grenzüberschreitende Transaktion abzielenden Grundfreiheiten mit derart starken und flächendeckenden Kompetenzeinbußen erscheint vertikal- und horizontallegitimatorisch problematisch, vertragsfinal nicht gewollt und der Öffentlichkeit wohl auch nur schwer vermittelbar. Auch eine Lösung auf der Rechtfer-

---

[1915] Vgl. auch die Behandlung dieser Frage im Kontext der fallgruppenspezifischen Ausführungen b. Fn. 3787 ff. und b. Fn. 3853 ff.

[1916] S. umf. zum Konnexitätskriterium b. Fn. 3557 ff.; in *Oosthoek* hatte auch der Gerichtshof Zweifel am Vorliegen eines grenzüberschreitenden Sachverhalts, s. b. Fn. 338.

tigungsebene erscheint hier nicht überzeugend, da die Verhältnismäßigkeitsprüfung, um dieses auszugleichen, so stark abgeschwächt werden müsste, dass sie nur noch eine *Scheinkontrolle* darstellen würde.

Schließlich würde dies zu einer Vielzahl von Inländerdiskriminierungen[1917] führen. Ein Exporteur könnte sich in Bezug auf seinen *gesamten Inlandsvertrieb* von den Regelungen des Herkunftsstaates gem. Art. 35 Alt. 2 AEUV befreien lassen, wenn er nur eine *einzige* Exporttransaktion glaubhaft machen würde.

Im Ergebnis ist in umgekehrten Euro-Marketing-Konstellationen mithin eine Berufung auf Art. 35 Alt. 2 AEUV nicht möglich.

3. Reimporte

Die Zulässigkeit von Reimporten ist *unabhängig von Art. 35 Alt. 2 AEUV* von Relevanz, wenn inländische Hersteller das *Inland* nicht zu den günstigen Bedingungen des Zielstaates (oder einer anderen EU-Rechtsordnung) beliefern können, es aber der Exportstaat seiner Exportproduktion freiwillig freistellt, zu den Bedingungen des Zielstaates für den Zielstaat herzustellen.[1918] Dann könnten die heimischen Produzenten ein Interesse daran haben, ihre zu Zielstaatsstandards hergestellten Produkte vom Zielstaat wieder in den Herkunftsstaat einzuführen. Denn nur so können sie Wettbewerbsungleichheiten auf dem Heimatmarkt kompensieren, die daraus resultieren, dass Importeure aus anderen EU-Staaten Produkte in ihren Herkunftsstaat einführen können (gem. Art. 34 Alt. 2 AEUV), die unter Bedingungen erzeugt wurden, die unter denen des Herkunftsstaates liegen.

In Verbindung mit Art. 35 Alt. 2 AEUV wird die Frage nach der Zulässigkeit von Reimporten auch dann relevant, wenn diejenigen Waren, die für den Export bestimmt sind, gem. (einem extensiv ausgelegten) Art. 35 Alt. 2 AEUV nach der (ggf. günstigeren) Rechtsordnung des Zielstaates oder eines anderen EU-Staates hergestellt und dann unter Berufung auf Art. 34 Alt. 2 AEUV wieder eingeführt werden sollen.

[1917] Gemeint ist der Fall, dass sich ein in A ansässiger Exporteur in Bezug auf seinen *Inlandsvertrieb* nach A von bestimmten Regelungen befreien lässt auf der Grundlage von Art. 35 Alt. 2 AEUV und damit gegenüber denjenigen Wettbewerbern in A einen Vorteil erhält, die nicht exportieren und somit an die Standards von A gebunden sind.

[1918] Verdeutlicht sei dies an folgendem Beispielsfall: Exporteur X möchte Waren in Zielstaat B exportieren und sich dabei nur an die ggf. niedrigeren bzw. günstigeren (Produkt- und Produktions-)Standards des Zielstaates B halten, um diese sodann in seinen Heimatstaat A zu reimportieren, ohne nach dem Reimport die höheren bzw. teureren Standards von A einhalten zu müssen (indem er sich gegenüber As Produktstandards auf Art. 34 Alt. 2 AEUV beruft). Dass er sich beim Export nach B nur nach den Standards von B richten muss, kann entweder aus einer freiwilligen Freistellung von Exportwaren von A resultieren oder aus einer erfolgreichen Berufung gegenüber A auf (einen extensiv ausgelegten) Art. 35 Alt. 2 AEUV.

In beiden Konstellationen existiert mithin ein Anreiz, zu Zielstaatsstandards hergestellte und in einen Zielstaat bereits ausgeführte Produkte in den Herkunftsstaat zu reimportieren. Es besteht allerdings ein wesentlicher Unterschied: Bezüglich der Exportprodukte, die sich nicht auf der Grundlage von Art. 35 Alt. 2 AEUV von den mitgliedstaatlichen Regelungen lossagen können, sondern bei denen die herkunftsstaatliche Rechtsordnung selbst – als „freie Entscheidung" – die Befreiung anordnet, kann der Herkunftsmitgliedstaat das „Problem" dadurch lösen, dass er die Freistellung für den Export wieder *zurücknimmt* bzw. die Freistellung für Exportprodukte zurücknimmt, die reimportiert werden sollen. Dies kann ein Mitgliedstaat dagegen bei der von Art. 35 Alt. 2 AEUV *erzwungenen* Freistellung des Exportes nicht.

a) EuGH

Der Gerichtshof lässt auch reimportierten Waren den Schutz der Warenverkehrsfreiheit angedeihen,[1919] es sei denn sie sind „allein zum Zwecke ihrer Wiedereinfuhr ausgeführt worden (...), um eine gesetzliche Regelung wie die hier vorliegende zu umgehen"[1920].[1921] Die Ausnahme wurzelt in einer „Missbrauchsjudikatur", nach der eine Berufung auf die Grundfreiheiten allein zur Umgehung des eigenen nationalen Rechts nicht zulässig ist.[1922] In der Rs. *Milk* konkretisiert der EuGH diese „Missbrauchsjudikatur" in Bezug auf Reimportfälle mit der Formel, dass ein „Missbrauchsfall" jedenfalls dann nicht vorliege, wenn der Exporteur nicht an der Wiedereinfuhr beteiligt war.[1923]

b) Stellungnahme

Mit Blick auf die bisherigen Auslegungsüberlegungen zu Art. 35 Alt. 2 AEUV stellen sich Reimporte als problematisch dar, weil die als relevant ermittelten Gesichtspunkte in *konträre* Richtungen weisen: Diejenige Anbie-

---

[1919] EuGH (Fn. 1731), Rn. 26 (*Leclerc*); EuGH, Urt. v. 01.07.1993, Rs. C-207/91, Slg. 1993, I-3741, Rn. 26 (*Euro-Pharm*); EuGH, Urt. v. 11.12.2003, Rs. C-322/01, Slg. 2003, I-14951, Rn. 130 f. (*DocMorris*).

[1920] EuGH (Fn. 1731), Rn. 27 (*Leclerc*); EuGH, Urt. v. 27.06.1996, C-240/95, Slg. 1995, I-3196, Rn. 10 (*Schmitt*); EuGH, Urt. v. 09.09.2003, Rs. C-137/00, Slg. 2003, I-8005, Rn. 114–117 (*Milk Marque*); EuGH (Fn. 1919), Rn. 129 (*DocMorris*).

[1921] Vgl. *Fuhrmeister*, 6; *Hanika*, MedR 2000, 63 (69 f.); *Janda*, in: Ruffert (Hrsg.), Europäisches Sektorales Wirtschaftsrecht (EnzEuR Bd. 5), § 9 Rn. 103; *Körber*, 69 f., 116; *Oliver/Enchelmaier*, CMLR 44 (2007), 649 (683 f.); s. a. *Heinemann*, PharmR 2001, 180 (180); *Koenig/Engelmann/Sander*, GRUR Int. 2001, 919 (919 f.); *Reich*, NJW 1984, 2000 (2000); *Streinz/Ritter*, in: Dauses, C. V Rn. 59, 61; *S. Wagner*, PharmR 2001, 174 (175).

[1922] St. Rspr., vgl. nur EuGH, Urt. v. 03.12.1974, Rs. 33/74, Slg. 1974, 1300, Rn. 13 (*van Binsbergen*); EuGH, Urt. v. 09.03.1999, Rs. C-212/97, Slg. 1999, I-1484, Rn. 24 (*Centros*); w. Nachw. b. *Körber*, 69 Fn. 66 und in den Randnummern der zitierten EuGH-Urteile.

[1923] EuGH (Fn. 1919), Rn. 130 (*DocMorris*).

terbenachteiligung, die daraus resultiert, dass ein EU-Produzent einheitlich für In- und EU-Ausland nach der günstigsten (bzw. einer günstigeren) EU-Rechtsordnung produzieren kann (und ihm dadurch Größenvorteile entstehen) und ein anderer nur für das EU-Ausland,[1924] würde beseitigt. Auch die Effizienznachteile der Hersteller, die sich daraus ergeben, dass für ein bestimmtes Produkt bestimmte Nachfrager wegfallen und somit kein unionsweiter Nachfragewettbewerb entstehen kann, werden ausgeräumt. Schließlich wird es Fälle geben, in denen nicht *von vorneherein* geplant war, die Ware wieder einzuführen, sondern in denen die Marktsituation auf „natürlichem" Wege die Reallokation im ursprünglichen Herkunftsstaat anzeigt, weil etwa mehrere Zwischenhändler zwischengeschaltet oder die Weitervertriebszeiträume entsprechend lang sind, sodass sich in der Zwischenzeit Nachfrageschwankungen ergeben.

Für den Herkunftsstaat ist im Hinblick auf die reimportierte Ware, bis auf die Tangierung seiner Regelungsgewalt für einen *materiell innerstaatlichen* Sachverhalt, kein Unterschied zu sonstigen, unter Berufung auf Art. 34 Alt. 2 AEUV eingeführten Waren festzustellen: In der „klassischen" Importkonstellation des Art. 34 Alt. 2 AEUV produziert ein Importeur nach seinen herkunftsstaatlichen Standards eine Ware und führt sie (ohne Anpassung an die Importrechtsordnung) ein. Die erst in jenen Staat ausgeführte und dann wieder eingeführte Ware entspricht in jeder Hinsicht der sich direkt auf Art. 34 Alt. 2 AEUV berufenden Ware: Sie erfüllt *dieselben* Standards. Dann stellt sich die Frage, warum die im Zielstaat produzierte Ware nicht mit derjenigen aus dem Herkunftsstaat gleichgestellt werden soll, die wieder reimportiert wird. Verbraucher werden mit denselben Waren konfrontiert, die Interessen des Mitgliedstaates sind – im Hinblick auf die betroffenen Verbraucher – in gleicher Weise berührt. Es könnten sogar zwei Handelsgeschäfte zwischen Herkunfts- und Zielstaat konstruiert werden, bei der die Ware im Herkunftsstaat verbleibt, etwa weil vertraglich festgelegt wird, dass die Ware für den Zielstaatshändler vom Herkunftsstaatproduzenten *aufbewahrt* wird.

Im Ergebnis sind aber wohl die (durch das Unionsrecht ja mitkonstituierte) Wettbewerbsungleichheit und Allokations*ineffizienz* (leider und unbefriedigenderweise[1925]) dennoch hinzunehmen, die in der Zulässigkeit eines Vorgehens gegen Reimporte liegt, denn *materiell* geht es um die von den Grundfreiheiten eben nicht erfassten *Inlands*konstellationen.[1926] Auch wenn zwei

---

[1924] S. b. Fn. 1908 ff.

[1925] Im Anwendungsbereich von Art. *34* AEUV für den Fall der Inländer*angebots*diskriminierung ein ähnliches Unzufriedenheitsurteil aussprechend *Schilling*, JZ 1994, 8 (9).

[1926] Vgl. *Körber*, 69 Fn. 67; *Oliver/Enchelmaier*, CMLR 44 (2007), 649 (683 f.). Dementsprechend hält *Hilson*, E. L. Rev. 24 (1999), 445 (459) den Rückfluss von nach Zielstandards hergestellten Produkten auf den eigenen Markt für ein entscheidendes Argument gegen eine extensive Auslegung von Art. 35 AEUV – allerdings ohne auf die hier befürwortete Lösung einzugehen.

faktische Grenzüberschreitungsvorgänge zwischengeschaltet sind: Art. 35 Alt. 2 AEUV zielt nicht auf „Pseudo-Grenzüberschreitungen“ ab, sondern auf materielle, „echte“ Ausfuhrfälle. Schon theoretisch ist es schwierig, die künstlichen von den unabsichtlichen Fällen der Rückallokation zu unterscheiden. Erst recht scheitert ein solcher Ansatz *in der Praxis*. Es kann schlicht nicht zuverlässig festgestellt werden, ob ein Ausfuhrvorgang von Anfang an nur dazu diente, die innerstaatlichen Vorschriften zu *umgehen*, oder ob sich die Vorzugswürdigkeit einer Reallokation der Ware im Ursprungsland im Rahmen eines normalen Nachfragewettbewerbs spontan und ungeplant erst später ergeben hat.[1927] Die zu formale Einschränkung des EuGH – es liege kein Missbrauchsfall vor, wenn Exporteur und Reimporteur unterschiedliche Personen seien – ermöglicht eine missbräuchliche Berufung auf Art. 35 Alt. 2 AEUV und ist als Abgrenzungskriterium denkbar ungeeignet:[1928] Exporteur und Reimporteur können kollusiv zusammenwirken, um das innerstaatliche Recht zu umgehen.

Es ist den Mitgliedstaaten – mit Blick auf Art. 34 Alt. 2 AEUV – mithin genauso erlaubt, Reimporte zu verbieten, wie – mit Blick auf Art. 35 Alt. 2 AEUV – ihre Inlandsstandards auf Produkte anzuwenden, die tatsächlich für das Inland hergestellt werden und zu Umgehungszwecken in das EU-Ausland verbracht werden. Würden Reimporte dagegen erlaubt (was hier abgelehnt wird), müsste es den inländischen Herstellern und Händlern auch erlaubt werden, sich gegen infolge von Art. 34 Alt. 2 AEUV auftretende Inländerdiskriminierungen zu wehren, weil der Sache nach in den Reimport-Fällen ebenfalls das Kriterium der Grenzüberschreitung aufgegeben wurde. Es gibt keinen sachlichen Grund, der die Ungleichbehandlung rechtfertigen könnte, die darin läge, dass nur zum Zweck der Wiedereinfuhr ausführende Händler und Hersteller von den Inlandsvorgaben freigestellt würde, wohingegen für unmittelbar in das Inland vertreibende Händler ein anderes Rechtsregime gilt.

Allerdings bedeutet dies *nicht*, dass ein irgendwie geartetes, unmittelbar anwendbares unionsprimärrechtliches *Verbot* von Reimporten eingreift, sondern nur, dass die Reichweite des Beeinträchtigungstatbestands von Art. 34 Alt. 2 AEUV in dem Sinne reduziert wird, dass den *Mitgliedstaaten* eine Beschränkung der Einfuhr von Reimporten *erlaubt* ist.[1929] Den Mitgliedstaaten sollte dabei (in ihrer Funktion als Exportstaaten) erlaubt werden, anzuordnen, dass nach Exportstandards hergestellte Produkte zwecks besserer Kontrollierbarkeit zwingend *gekennzeichnet* werden müssen.[1930]

[1927] *Oliver/Enchelmaier*, CMLR 44 (2007), 649 (683).

[1928] *Oliver/Enchelmaier*, CMLR 44 (2007), 649 (683).

[1929] An die Vorgaben eines engen Diskriminierungsverbotes, das z. B. nicht den Anerkennungsgrundsatz enthält, muss sich der Mitgliedstaat gleichwohl halten.

[1930] Vgl. zu diesem Vorschlag *Schilling*, 144.

V. Faktische Wettbewerbsungleichheiten

Bisher wurden nur *rechtliche* Wettbewerbsungleichheiten als unzulässig angesehen (d. h. Konstellationen, in denen die *Rechtsordnungen* der Mitgliedstaaten divergierten). Dagegen wurde in noch keiner Fallgruppe eine herkunftsstaatliche Regelung für unzulässig erachtet, die inhaltlich nicht von einer zielstaatlichen Regelung abweicht. Es ist aber durchaus denkbar, dass ein Exporteur, der inhaltlich gleichen Regelungen des Herkunfts- und des Zielstaates unterliegt, *faktisch* im Wettbewerb mit seinen Konkurrenten aus dem Zielstaat oder mit seinen Konkurrenten aus anderen EU-Exportstaaten auf dem Zielstaatsmarkt benachteiligt wird. Hier kann eine Orientierung an die im Rahmen von Art. *34* Alt. 2 AEUV entwickelten Fallgruppen zur faktischen Diskriminierung erfolgen. Z. B. können sich totale Werbeverbote (vonseiten des Export- *und* des Zielstaates) zugunsten zielstaatlicher Anbieter auswirken.[1931]

VI. Hauptergebnisse

Der Maßstab grenzüberschreitender Wettbewerbsgleichheit *indiziert* diejenigen Konstellationen, in denen der Beeinträchtigungstatbestand von Art. 35 Alt. 2 AEUV erfüllt sein sollte. Ausnahmen von den auf dieser Grundlage gefundenen Ergebnissen sollten *begründungsbedürftig* sein.

Offene Diskriminierungen des Herkunftsstaates (d. h. herkunftsstaatsseitige offene Differenzierungen zwischen Export und Inlandsvertrieb) können zu *mittelbaren* Wettbewerbsungleichheiten[1932] für die heimische Exportindustrie führen, müssen es aber nicht. Ein Warenexporte einbeziehendes Verbot offener Ausfuhrdiskriminierung kann somit nicht allein auf das Bestehen einer Wettbewerbsungleichheit gestützt werden.

Ein Verbot *faktischer* Ausfuhrdiskriminierung ist insgesamt nicht geeignet, als *Substitut* für einen *rechtlichen Wettbewerbsgleichheitsmaßstab* zu fungieren: Es deckt nicht sämtliche Fälle ab, die von einer Wettbewerbsgleichheitsauslegung umfasst würden, und ist in der Anwendung auch umständlicher.

[1931] S. umf. zur Fallgruppe der faktischen Wettbewerbsungleichheit b. Fn. 3699 ff. und zu faktischen Diskriminierungen n. Fn. 3651 ff. S. zu faktischen Wettbewerbsungleichheiten im Kontext von Produktregelungen b. Fn. 3795 ff. und im Kontext von Vermarktungsregelungen b. Fn. 3846 ff.

[1932] Der Begriff der Wettbewerbsungleichheiten wird hier so gebraucht, dass er sich auf das Verhältnis Exporteur – Konkurrent auf dem Zielmarkt bezieht, wohingegen sich der Begriff der Diskriminierung immer auf das Verhältnis Exporteur – Konkurrent (des Exporteurs) im Herkunftsstaat bezieht.

Die Herstellung rechtlicher Wettbewerbsgleichheit auf den Zielmärkten trägt dazu bei, dass sich das *effizienteste* Unternehmen im Binnenmarkt durchsetzt. Mit Blick auf das Zusammenspiel des (in Art. 34 Alt. 2 AEUV verankerten) Anerkennungsgrundsatzes und dem (in Art. 35 Alt. 2 AEUV niedergelegten) Recht, nach der Zielstaatsordnung herzustellen, ist es nur konsequent den Exporteuren *unmittelbar* und *stets* zu erlauben (unter Berufung auf Art. 35 Alt. 2 AEUV), ihre Ware nach einer *beliebigen* EU-Rechtsordnung herzustellen und auszuführen. Hierfür spricht aus mehreren Gründen auch das Wettbewerbsgleichheitsgebot. Es kann sich daher stets auf alle 26 (potenziellen) „Konkurrenz"-Rechtsordnungen, auf die Zielstaatsrechtsordnung und die Herkunftsstaatsrechtsordnung berufen werden.

Die Wettbewerbsgleichheitsanalyse spricht für die Einbeziehung auch der kontroversen Fallgruppe der *Produktionsregelungen.* Hinsichtlich des *Inlandsvertriebs* („umgekehrtes Euro-Marketing") sollte trotz der dann fortbestehenden Wettbewerbsungleichheiten nicht eine Berufung auf Art. 35 Alt. 2 AEUV möglich sein. Dass der Exporteur seine Produktion aufspalten muss (in eine Inlands- und eine EU-Auslandsproduktion), ist *kein Gegenargument* gegen eine allgemeine Wettbewerbsgleichheitsauslegung für Art. 35 Alt. 2 AEUV (die Inlandsfälle nicht einbezieht): Exporteure erhalten durch letztere eine *zusätzliche* Handlungsoption. Sie können auch weiterhin an einer einheitlichen Produktion nach den ggf. teureren Herkunftslandstandards festhalten.

Es ist den Mitgliedstaaten ebenfalls zu erlauben, Reimporte zu verbieten. In Fällen, in denen ein Mitgliedstaat oder mehrere Sonderregelungen für Import- oder Exportprodukte vorsehen, kann der Exporteur bzw. Importeur verlangen, so gestellt zu werden, wie er stünde, wenn diese Sonderregimes nicht existierten. Er darf indes keine Sondervorteile, sondern nur Wettbewerbsgleichheit für sich in Anspruch nehmen.

Etwaige fortbestehende Wettbewerbsungleichheiten vermögen – mangels besserer Alternativen – nichts am Ergebnis der Vorzugswürdigkeit einer Wettbewerbsgleichheits-Rechtswahlauslegung zu ändern: Denn die hier geprüfte Auslegung führt zur *Milderung* von Wettbewerbsungleichheiten, ohne dass *neue* Ungleichheiten durch sie erzeugt würden.

8. Kapitel

Interpretative Implikationen der Kompetenzverteilung

An dieser Stelle sollen Überlegungen veranschaulicht und Ideen aus der (vor allem öffentlich-rechtlichen[1933]) Literatur besprochen werden, die den Schutz der mitgliedstaatlichen Kompetenzen zum Ziel haben und Schlussfolgerungen aus der allgemeinen „Kompetenzordnung"[1934] ableiten. Es geht dabei um das Anliegen, darzulegen, dass, warum und inwieweit die Warenverkehrsfreiheit bzw. die Grundfreiheiten nicht unmittelbar die Herstellung eines einzigen einheitlichen Marktes mit *identischen* Entscheidungs- und Wettbewerbsparametern zu bewirken suchen, sondern *auch* Raum für unterschiedliche Gestaltungsoptionen der Mitgliedstaaten lassen.

I. Kompetenztrias

Die sog. Subsidiarität i. w. S.[1935] wird durch die „Kompetenztrias"[1936] der Subsidiarität i. e. S., des Grundsatzes der begrenzten Einzelermächtigung und des Verhältnismäßigkeitsgrundsatzes konstituiert: Diese drei Untergrundsätze bauen aufeinander auf und sind miteinander verschränkt.[1937] Art. 5 EUV als deren Normierungsort wird als „Schlüsselnorm" für die Konturierung des Kompetenzgefüges der Union angesehen.[1938]

Eine Kompetenzprüfung erfolgt denn auch dreistufig: Nach dem zuerst zu prüfenden Grundsatz der begrenzten Einzelermächtigung kann die Union nur dort handeln, wo sie durch die Verträge hierzu ermächtigt wird, ansonsten verbleibt es bei der Zuständigkeit der Mitgliedstaaten. Sie muss zudem die Ausübung ihrer Kompetenzen begründen.[1939] Anschließend werden die kom-

[1933] Archetypisch *Kingreen*, Struktur.

[1934] *Calliess*, in: Calliess/Ruffert, Art. 5 EUV Rn. 1.

[1935] Unter Subsidiarität „i.w.S." wird z. T. allerdings auch eine Anwendung des Subsidiaritätsgrundsatzes i. e. S. über dessen engen Anwendungsbereich hinaus verstanden, für ein solches Verständnis etwa *Seiler*, 336 ff.

[1936] *Ritzer/Ruttloff*, EuR 2006, 116 (118); vgl. auch *Mühl*, 145; *Trstenjak/Beysen*, EuR 2012, 265 f.

[1937] *Bickenbach*, EuR 2013, 523 (526 f.).

[1938] *Calliess*, in: Calliess/Ruffert, Art. 5 EUV Rn. 4; *Mühl*, 144 ff.

[1939] *Bickenbach*, EuR 2013, 523 (526 f.).

plexer strukturierten Grundsätze der Subsidiarität i. e. S. und der Verhältnismäßigkeit geprüft.

1. Grundsatz der begrenzten Einzelermächtigung

Aus dem Grundsatz der begrenzten Einzelermächtigung können nur *sehr weite* Grenzen für die Grundfreiheitenauslegung abgeleitet werden. Für eine inhaltliche *Feinjustierung* bietet er keine Anhaltspunkte.

Der Grundsatz der begrenzten Einzelermächtigung besagt, dass die Union nur dort handeln darf, wo sie hierzu durch die Verträge ermächtigt wird, ansonsten verbleibt es bei der Zuständigkeit der Mitgliedstaaten. Sie muss die Ausübung ihrer Kompetenzen zudem begründen.[1940] Es geht um die Frage des „Ob" des Handelndürfens.[1941]

Wird der Grundsatz der begrenzten Einzelermächtigung *direkt* auf die Auslegung der Grundfreiheiten angewandt, besagt er die Selbstverständlichkeit, dass der EuGH nur im Rahmen der Verfahren tätig werden darf, die ihm sowieso zugewiesen sind,[1942] und negativ-integrierend nur dort vorgehen kann, wo ihm dies die Grundfreiheiten erlauben. Dies sagt allerdings nichts darüber aus, *wann* (genau) die Grundfreiheiten ihm dies erlauben.[1943]

Es ließe sich an eine umfassende Bereichsausnahme der Grundfreiheiten für alle diejenigen Kompetenzbereiche denken, in denen der Union keine Legislativkompetenz übertragen wurde. Damit würden allerdings die Grundfreiheiten grundlegend und in erheblicher Weise beschnitten: Die Grundfreiheiten würden in ihrer grundlegenden Systemrationalität verändert – ihr Anliegen ist es ja gerade, einen rechtsgebietsübergreifenden *Mindestschutz* zu garantieren – und diametral der st. Rspr. des Gerichtshofs widersprechen, in der das Vorliegen einer Legislativkompetenz nie als Voraussetzung für ein Eingreifen der Grundfreiheiten angesehen wurde.[1944] Auch würde hiergegen die Existenz der geschriebenen Bereichsausnahmen sprechen, aus denen e contrario geschlossen werden kann, dass außerhalb ihres Anwendungsbereichs keine grundsätzlichen Ausnahmen anzuerkennen sind. Die Frage, ob das Nicht-/Vorliegen von Rechtsangleichungskompetenzen bzw. ihre genaue

---

[1940] *Bickenbach*, EuR 2013, 523 (526 f.).

[1941] *Ritzer/Ruttloff*, EuR 2006, 116 (118).

[1942] Vgl. *Horsley*, JCMS 2012, 267 (274 f.).

[1943] Vgl. *Jürgens*, 197.

[1944] Z. B. sichtbar in EuGH, Urt. v. 12.07.2001, Rs. C-368/98, Slg. 2001, I-5382 (*Vanbraekel u. a.*) und EuGH, Urt. v. 26.01.1999, Rs. C-18/95, Slg. 1999, I-374, Rn. 33–35 (*Terhoeve*) zum Sozialversicherungsrecht sowie in EuGH, Urt. v. 11.06.2015, Rs. C-98/14, unveröfftl., Rn. 34 (*Berlington Hungary u. a.*) zum Steuerrecht, vgl. *Kanitz/Steinberg*, 2003, 1013 (1020 f.) m. w. N. Der EuGH hebt dies in st. Rspr. sogar explizit hervor (*Kokott/Ost*, EuZW 2011, 496 [497]; *Reich*, Oslo paper, 7; *Lenaerts*, EuR 2009, 728 [729]), vgl. nur EuGH, Urt. v. 19.05.2009, Rs. C-171, 172/07, Slg. 2009, I-4171, Rn. 18 (*DocMorris II*). S. a. b. Fn. 2058 ff.

Gestalt interpretativ erheblich sein kann, ist unten im Rahmen einer Parallelbetrachtung der Harmonisierungskompetenzen[1945] zu betrachten.

Die Kompetenzverteilung und der Grundsatz der begrenzten Einzelermächtigung werden unterlaufen, wenn einzelne Rechtsangleichungskompetenzen zu *Globalermächtigungen* werden.[1946] Dann könnte stets eine Berufung auf die Ermächtigung erfolgen, und die mitgliedstaatlichen Kompetenzen und die Kompetenz*zuordnung* würden praktisch entwertet. Dies ist zunächst eine die *Legislativtätigkeit* betreffende Feststellung. Hieraus kann aber auch eine für die *Interpretation* der Grundfreiheiten relevante Vorgabe abgeleitet werden: Das primärrechtliche System der Kompetenzverteilung würde nämlich ebenso umgangen, wenn *negativ*-integrierende Maßnahmen zu erheblich weiteren Kompetenzeinbußen führten, als die Union im Rahmen ihrer *Politik* herbeiführen kann,[1947] oder wenn sie sogar *dasselbe* Ergebnis herbeiführten wie eine Kompetenzverteilung, die den Legislativorganen der Union mehr Kompetenzen zuordnete. Damit ist nicht gesagt, dass *einzelne* negativ-integrierende Maßnahmen nicht zu Ergebnissen führen dürfen, die mit dem Rechtssetzungsrecht nicht zu erzielen wären. Nur darf dies nicht deren *umfassendes* Ergebnis sein, d. h., die Grenzen für die Rechts*setzung* dürfen nicht *generell* und *systematisch* umgangen werden, indem ein Ergebnis erzielt wird, das mit der Abschaffung des Grundsatzes der begrenzten Einzelermächtigung identisch wäre. Aufgrund dieser sehr weiten Grenzen kann der Grundsatz der begrenzten Einzelermächtigung folglich nicht herangezogen werden, um eine fein steuernde inhaltliche Weichenstellung vorzunehmen.

Auch ist es nicht zulässig, dass die Grundfreiheiten *dasselbe* Ergebnis herbeiführen wie die Kompetenznormen. Wenn deren Ergebnis sowieso über die Grundfreiheiten herbeigeführt würde, wären diese obsolet.

Der Grundsatz der begrenzten Einzelermächtigung zeugt schließlich ganz grundsätzlich davon, welchen Wert die Verträge den mitgliedstaatlichen Kompetenzen einräumen und dass diese nicht ausgehöhlt werden dürfen.[1948] Da es sich hierbei um ein Argument handelt, das Berührungspunkte zu verschiedenen Aspekten der Primärrechtarchitektur aufweist und ganz grundsätzlicher Art ist, wird es umfassend im Anschluss an die nachfolgenden Spezialbetrachtungen behandelt.[1949]

[1945] S. b. Fn. 2039 ff.

[1946] *Bickenbach*, EuR 2013, 523 (539 f.); *Seiler*, 345; EuGH, Urt. v. 05.10.2000, Rs. C-376/98, Slg. 2000, I-8498, Rn. 83 (*Deutschland/Parlament und Rat*).

[1947] Vgl. *Füller*, 172 f.

[1948] Ebenso *Teichmann*, 128.

[1949] S. zu Letzerem umf. b. Fn. 2149 ff.

2. Subsidiaritätsgrundsatz im engeren bzw. „streng rechtlichen Sinn“[1950], Art. 5 I 2, III EUV, Protokoll (Nr. 2) i. V. m. Art. 51 EUV

Auch der Subsidiaritätsgrundsatz i. e. S. ist mit dem Inkrafttreten des Vertrags von Maastricht[1951] am 01.11.1993 in den Fokus der breiten öffentlichen, aber auch der fachwissenschaftlichen Diskussion[1952] geraten[1953] und wurde in der Literatur herangezogen, um das noch nicht einmal ein Jahr nach Inkrafttreten des Maastrichter Vertrages ergangene *Keck*-Judikat[1954] zu erklären.[1955] Der Subsidiaritätsgrundsatz diente dem Ziel, die durch die Einheitliche Europäische Akte entstandene Machtdynamik der Union abzufedern, die aus der Einführung des Mehrheitsprinzips und der Zuordnung weitreichender Bin-

---

[1950] Zu dieser Formulierung *Möschel*, NJW 1993, 3025 f.

[1951] Verbreitet wird angenommen, der Subsidiaritätsgrundsatz entstamme der katholischen Soziallehre und der diese maßgeblich beeinflussenden Enzyklika „Quadragesimo Anno“, vgl. nur *Bickenbach*, EuR 2013, 523 (535) m. w. N.; *Böttcher/Krawczynski*, 26; *Dashwood*, CMLR 41 (2004), 355 (366 f. Fn. 38); *Davies*, CMLR 43 (2006), 63 (77); *Epiney*, 262; *Jürgens*, 85; *Rauer*, 216; *Ritzer/Ruttloff*, EuR 2006, 116 (118); differenzierend *Seiler*, 330; krit. *von Borries*, EuR 1994, 263 (265); *Lienbacher*, in: Schwarze/Becker/Hatje/Schoo, Art. 5 EUV Rn. 16; *Müller-Graff*, ZHR 159 (1995), 34 (49).

[1952] Der Subsidiaritätsgrundsatz hat seitdem zu unzähligen Literaturarbeiten inklusive einer Vielzahl von Monografien im In- und Ausland angeregt, vgl. die in 2. Aufl. überarbeitete Doktorarbeit von *Calliess*; vgl. auch die Nachw. b. *Franzen*, 58 Fn. 231 ff.; *Füller*, 91 Fn. 118; *Groussot/Bogojević*, in: Azoulai, 234 ff.; *Jürgens*, 83 ff.; *Müller-Graff*, ZHR 159 (1995), 34 (36 Fn. 3); *Rossi*, in: Biondi/Eeckhout/Ripley, 85 Fn. 1; *Seiler*, 329 Fn. 27; *Tassikas*, 181 ff. jew. m. umf. w. Nachw.

[1953] Vgl. *Müller-Graff*, ZHR 159 (1995), 34 f.

[1954] EuGH, Urt. v. 24.11.1993, Rs. C-267, 268/91, Slg. 1993, I-6126 (*Keck et Mithouard*).

[1955] Vgl. nur *Everling*, JZ 2000, 217 (224); *Herdegen*, § 15 Rn. 11; *Jickeli*, JZ 1995, 57 ff.; *Keßler*, 296 ff.; *Möschel*, NJW 1994, 429 (431); *Mortelmans*, CMLR 35 (1998), 101 (126); *Reich*, ZIP 1993, 1815 (1818); *Remien*, 197 f.; *ders.*, JZ 1994, 349 (353); *Rohe*, RabelsZ 61 (1997), 1 (13, 56 ff.); vgl. auch *Barnard*, E. L. Rev. 26 (2001), 35 (55); *Bornkamm*, GRUR Int. 1994, 297; *Tryfonidou*, in: Barnard/Odudu, 197 (206); umf. w. Nachw. b. *Mojzesowicz*, 207 ff.; *Solbach*, 143 Fn. 484; *Steinke*, 77 f. Abl. *Franzen*, 65; *Heimann*, 225 f.; *Hoffmann*, 53 Fn. 200; *Mojzesowicz*, 209 f.; *Rauer*, 218 Fn. 469; *Seiler*, 349 Fn. 90; *Solbach*, 147; *Weyer*, in: Scholz, 190 (192 f.). *Keßler*, 298 f., *Mojzesowicz*, 209 f. und *Solbach*, 146 f. weisen richtigerweise darauf hin, dass das *Keck*-Judikat allein schon deshalb nicht (und zwar weder direkt noch analog) auf dem Subsidiaritätsgrundsatz gründen kann, weil die Rechtssache *Keck* noch vor dem Inkrafttreten des Maastrichter Vertrages anhängig geworden ist und sowohl eine vorherige Geltung als ungeschriebener Rechtsgrundsatz als auch eine Rückwirkung abzulehnen sind und auch vom EuG abgelehnt wurde, Urt. v. 21.02.1995, Rs. T-29/92, Slg. 1995, II-295, Rn. 330 (*Spo u. a./Kommission*). Es scheint als habe der EuGH die Bedenken der Mitgliedstaaten Ernst genommen, materiell widergespiegelt und im Rahmen einer integrationsorientierten bzw. vertragsdynamischen Auslegung auf seine Interpretation von Art. 34 Alt. 2 AEUV auswirken lassen, s. a. b. Fn. 2212.

nenmarktkompetenzen resultierte.[1956] Als Kompensationsmittel dient er letztlich auch der Vermeidung einer Rückübertragung von Kompetenzen an die Mitgliedstaaten.[1957] Nachfolgend geht es um die spezielle Applikation des Subsidiaritätsgrundsatzes auf Inhalt und Prozess der Auslegung der Grundfreiheiten und speziell der Warenausfuhrfreiheit.

Der Subsidiaritätsgrundsatz i. e. S. ist von seiner analogen oder politischen Anwendung und von der Idee eines „weiter verstandenen, liberalen Subsidiaritätsprinzip[s]“[1958], welches die *individuelle* Liberalität der einzelnen Bürger absichert, abzugrenzen. Unter Subsidiarität im *allgemeinen Sinne* wird verstanden, dass „der kleineren Einheit der Vorrang im Handeln (...) gegenüber der größeren Einheit nach Maßgabe ihrer Leistungsfähigkeit“[1959] zukomme. Der Subsidiaritätsgrundsatz ist niedergelegt in den Art. 5 I 2, III, 51 EUV i. V. m. Protokoll (Nr. 2). Das gem. Art. 5 IV Ua. 2, 51 EUV im Primärrechtrang stehende Protokoll (Nr. 2) nimmt ausschließlich Bezug auf Gesetzgebungsakte i. S. v. Art. 289 AEUV[1960] und ist daher – trotz seiner Adressierung an „[j]edes Organ“ (Art. 1) – hier zumindest nicht unmittelbar von Bedeutung.[1961] Der Subsidiaritätsgrundsatz wurde durch die Verträge von Amsterdam und Lissabon primärrechtlich ausgebaut und gestärkt.[1962]

Der Gerichtshof hält Art. 5 III EUV im Einklang mit der nunmehr gesamten h.L.[1963] zu Recht für im Grundsatz rechtsverbindlich[1964] und justiziabel[1965], was von Teilen in der Literatur[1966] (zumindest für bestimmte Berei-

---

[1956] Hierzu insgesamt *Calliess*, in: Calliess/Ruffert, Art. 5 EUV Rn. 1 ff.; *Müller-Graff*, ZHR 159 (1995), 34 (55); vgl. auch *Bickenbach*, EuR 2013, 523 (525); *Groussot/Bogojević*, in: Azoulai, 234.

[1957] *Bickenbach*, EuR 2013, 523 (548).

[1958] *Füller*, 99; *Körber*, 164; *Lienbacher*, in: Schwarze/Becker/Hatje/Schoo, Art. 5 EUV Rn. 16.

[1959] *Calliess*, in: Calliess/Ruffert, Art. 5 EUV Rn. 20; vgl. auch *Bickenbach*, EuR 2013, 523 (535); *Seiler*, 330. Verkürzend dag. *Mühl*, 157.

[1960] Vgl. *Bast*, in: Grabitz/Hilf/Nettesheim, Art. 5 EUV Rn. 51.

[1961] A.A. unter Verkennung des systematischen Zusammenhangs *Mühl*, 155.

[1962] *Bickenbach*, EuR 2013, 523 ff.; *Calliess*, in: Calliess/Ruffert, Art. 5 EUV Rn. 1.

[1963] *Albin*, NVwZ 2006, 629 (631); *Bickenbach*, EuR 2013, 523 (546); *von Borries*, EuR 1994, 263 (282 f.); *Dashwood*, CMLR 41 (2004), 355 (368); *Epiney*, 264; *Füller*, 92; *Kadelbach*, in: von der Groeben/Schwarze/Hatje, Art. 5 EUV Rn. 46; *Kingreen*, 107; *Lienbacher*, in: Schwarze/Becker/Hatje/Schoo, Art. 5 EUV Rn. 28 ff.; *Müller-Graff*, ZHR 159 (1995), 34 (56 f.); *Ritzer/Ruttloff*, EuR 2006, 116 (122); *Schilling*, YEL 14 (1994), 203 (211 f.); *Weatherill/Beaumont*, 559; *Zuleeg*, in: von der Groeben/Schwarze, Art. 5 EGV Rn. 35; differenzierend *Toth*, E. L. Rev. 19 (1994), 268 ff. Weitere Nachw. bei *Calliess*, 298 ff.

[1964] Nachw. bei *Füller*, 92 Fn. 121 f.; zust. *Albin*, NVwZ 2006, 629 (631); *Bickenbach*, EuR 2013, 523 (546); *Müller-Graff*, ZHR 159 (1995), 34 (56); *Schmidhuber/Hitzler*, NVwZ 1992, 720 (725).

[1965] EuGH, Urt. v. 10.12.2002, Rs. C-491/01, Slg. 2002, I-11550, Rn. 177 ff. (British American Tobacco [Investments] und Imperial Tobacco); EuGH, Urt. v. 12.07.2005, Rs.

che) kritisch gesehen wird. Dass eine Justiziabilität primärrechtlich gewollt und vorausgesetzt wird, zeigt die durch den Lissabonner Vertrag neu eingefügte Klagebefugnis nunmehr deutlich.[1967] Der Subsidiaritätsgrundsatz stellt sich nach allgemeiner Auffassung allerdings mit Blick auf die Rspr. des EuGH[1968] als in der *Praxis* weitgehend *zahnlos* dar,[1969] zumal der EuGH einen *Ermessens-* und *Beurteilungsspielraum* der politischen Organe anerkennt.[1970]

Es handelt sich bei dem Subsidiaritätsgrundsatz nicht um ein materielles „Optimierungsprinzip"[1971]: Der spezifische Regelmechanismus[1972] in Art. 5 III EUV[1973] ist nicht schon dann erfüllt, wenn eine Maßnahme besser auf der Unionsebene erreicht werden kann (positives Kriterium). Erforderlich ist *kumulativ*,[1974] dass das angestrebte Ziel *nicht ausreichend* durch Maßnahmen auf der lokalen oder regionalen Ebene erreicht werden kann (negatives Krite-

---

154, 155/04, Slg. 2005, I-6845, Rn. 99 ff. (*Alliance For Natural Health u. a.*); weitere Nachw. b. *Calliess*, in: Calliess/Ruffert, Art. 5 EUV Rn. 67 ff. und *Ritzer/Ruttloff*, EuR 2006, 116 (121 ff.).

[1966] Vgl. nur *Emiliou*, E. L. Rev. 17 (1992), 383 (403 ff.); *Palacio Gonzalez*, E. L. Rev. 20 (1995), 355 (365 ff.); *ter Stegen*, EuZW 2003, 325 (328); umf. w. Nachw. b. *Calliess*, in: Calliess/Ruffert, Art. 5 EUV Rn. 70 f. Fn. 222–224.

[1967] Ebenso *Lienbacher*, in: Schwarze/Becker/Hatje/Schoo, Art. 5 EUV Rn. 30; *Mestmäcker*, EuR 2011 Beiheft 2, 7 f.

[1968] Vgl. nur EuGH, Urt. v. 25.04.2013, Rs. T-526/10, Slg. 2013, II-0000, Rn. 84 f. (*Inuit Tapiriit Kanatami/Kommission*); EuGH, Urt. v. 05.10.1994, Rs. C-280/93, Slg. 1994, I-5039, Rn. 89 ff. (*Deutschland/Rat*); weitere Nachw. b. *Jürgens*, 166 Fn. 737–744 und *Bast*, in: Grabitz/Hilf/Nettesheim, Art. 5 EUV Rn. 58 Fn. 74

[1969] *Albin*, NVwZ 2006, 629 (631 ff.); *Bickenbach*, EuR 2013, 523 ff.; *Biondi*, in: ders./Eeckhout/Ripley, 213 ff.; *von Borries*, EuR 1994, 263 (282); *Craig*, JCMS 50 (2012), 77 (85); *Dashwood*, CMLR 41 (2004), 355 (368); *Jürgens*, 165–168, 255 f., 265; *Kingreen*, 107 f.; *Payandeh*, CMLR 48 (2011), 9 (34); *Ritzer/Ruttloff*, EuR 2006, 116; *Rohe*, RabelsZ 61 (1997), 1 f.; *Rossi*, in: Biondi/Eeckhout/Ripley, 85 (96); *Seiler*, 331; *Simm*, 148 ff.; *Tridimas*, 183; *Weatherill*, in: Barnard/Odudu, 17 (21); *ders.*, Consumer Law, 22; *ders./Beaumont*, 559; *Weatherill/Micklitz*, J. Consum. Policy 16 (1993), 305; zugespitzt formuliert *Möschel* 1993 (und bis heute gültig) in: NJW 1993, 3025 (3027): „Das „Subsidiaritätsprinzip könnte primär als politisches Palliativ gegenüber denen gedacht sein, welche der Philosophie von Maastricht mit Zurückhaltung begegnen." A.A. *Horsley*, JCMS 2012, 267 (269 ff.).

[1970] Umf. *Kadelbach*, in: von der Groeben/Schwarze/Hatje, Art. 5 EUV Rn. 47; *Zuleeg*, in: von der Groeben/Schwarze, Art. 5 EGV Rn. 35; vgl. auch *von Borries*, EuR 1994, 263 (283 f.); *Epiney*, 264; *Frenz/Ehlenz*, EuZW 2011, 623 (624, 626); *Jürgens*, 165 f.; *Kingreen*, 107; *Lienbacher*, in: Schwarze/Becker/Hatje/Schoo, Art. 5 EUV Rn. 27; *Weatherill/Beaumont*, 30.

[1971] So aber *Keßler*, 297.

[1972] *Calliess*, in: ders./Ruffert, Art. 5 EUV Rn. 42; *Lienbacher*, in: Schwarze/Becker/Hatje/Schoo, Art. 5 EUV Rn. 16 spricht ähnl. von „Effizienzmechanik".

[1973] Ähnl. *Schilling*, YEL 14 (1994), 203 (236).

[1974] Dies wurde durch die Ersetzung von „und daher" durch „sondern vielmehr" deklaratorisch verdeutlicht, vgl. *Jürgens*, 249 f.

rium). Es ist auf den aktuellen Rechtszustand und den abzuschätzenden, zukünftigen abzustellen.[1975] Es muss sich um *autonom* zu erreichende Maßnahmen handeln. *Intergouvernementale Kooperationen* zwischen den Mitgliedstaaten sind außer Acht zu lassen: Der Subsidiaritätsgrundsatz strebt nicht eine Ersetzung der Verträge durch ein Parallelregime an.[1976]

a) Positionen in der Literatur zur Anwendbarkeit auf die Grundfreiheitenauslegung

Im Gegensatz zur *allgemeinen* Bedeutung des Subsidiaritätsgrundsatzes ist die Frage, ob und inwieweit der Grundsatz auf die *Auslegung* und *Anwendung* der *Grundfreiheiten* anwendbar ist, *seltener* Gegenstand wissenschaftlicher Abhandlungen gewesen.[1977] Die große Mehrheit des Schrifttums lehnt hier eine direkte Heranziehung von Art. 5 III EUV sowie eine entsprechende, die sich *eng* am *spezifischen Regelmechanismus* von Art. 5 III EUV orientiert, ab.[1978] Nicht ganz klar ist die Position des Gerichtshofs. EuGH und EuG haben wohl eine Bindung abgelehnt.[1979] Eine kleine Minderheit in der Literatur

---

[1975] *Calliess*, 274; *ders.*, in: ders/Ruffert, Art. 5 EUV Rn. 38.

[1976] *Calliess*, 111 f., 275; *ders.*, in: ders/Ruffert, Art. 5 EUV Rn. 39; *Vedder*, in ders./von Heinegg, Art. 5 EUV Rn. 18.

[1977] Im Gegensatz zur allgemeinen Diskussion zum Subsidiaritätsgrundsatz beschränkten sich laut *Mühl*, 155 die „Argumentationen im Kern auf apodiktische Aussagen“; ähnl. *Füller*, 91, 95 Fn. 139; *Kingreen*, 108; zur selben Feststellung für die Rechtsanwendung gelangend, allerd. unabh. vom Recht der Grundfreiheiten, *Franzen*, 66.

[1978] Vgl. nur Generalanwalt *Lenz*, Schlussanträge v. 20.09.1995, Rs. C-415/93, Slg. 1995, I-4930, Rn. 130 (*Bosman*); *ders.*, Schlussanträge v. 30.04.1996, Rs. C-11/95, Slg. 1996, I-4117, Rn. 60 (*Kommission/Belgien*); *Bast*, in: Grabitz/Hilf/Nettesheim, Art. 5 EUV Rn. 53; *Füller*, 91–100; *Heimann*, 225 f.; *Hilf/Pache*, NJW 1996, 1169 (1177); *Hoffmann*, 52 f.; *Jensch*, 231–233; *Kadelbach*, in: von der Groeben/Schwarze/Hatje, Art. 5 EUV Rn. 32; *Körber*, 163–166; *Lackhoff*, Niederlassungsfreiheit, 439; *Lienbacher*, in: Schwarze/Becker/Hatje/Schoo, Art. 5 EUV Rn. 21; *Mojzesowicz*, 209 f.; *Müller-Graff*, in: von der Groeben/Schwarze/Hatje, Art. 34 AEUV Rn. 9, 245; *ders.*, EuR 2002 Beiheft 1, 7 (32 f.); *Rauer*, 216–218; *Schilling*, YEL 14 (1994), 202 (236 Fn. 211); *Solbach*, 146 f.; *Tassikas*, 189 f.; *Tridimas*, 183 f.; *van Gerven*, in: Dony/De Walsche, 1629 (1635); *Zuleeg*, in: von der Groeben/Schwarze, Art. 5 EGV Rn. 34. Weitere Nachw. b. *Steinke*, 78 Fn. 354 f.

[1979] In der Rs. *Bosman* (EuGH, Urt. v. 15.12.1995, Rs. 415/93, Slg. 1995, I-5040), Rn. 81 hat der EuGH das Eingreifen des Subsidiaritätsgrundsatzes mit einer Erwägung abgelehnt, die auf dessen Regelmechanismus Bezug nimmt; *Horsley*, 76 und *ders.*, JCMS 2012, 267 (272 f.) sowie *Ritzer/Ruttloff*, EuR 2006, 116 (123 f.) ist daher darin zuzustimmen, dass hierin implizit eine grundsätzliche Anwendbarkeit auf die Rechtsanwendung gesehen werden kann (a.A. *Keßler*, 299 f.; *Mojzesowicz*, 210; eine a.A. andeut. *Franzen*, 64). Allerdings ist dies unter Vorbehalt zu sehen, weil der EuGH in einer Randnummer nur beiläufig auf den Subsidiaritätsgrundsatz Bezug nimmt (ebenso *Körber*, 164 Fn. 225; i. E. auch *Calliess*, 103 Fn. 202; *Füller*, 100; *Seiler*, 349 Fn. 93; *Solbach*, 146). Anders könnte das Ergebnis ausfallen, wenn es tatsächlich auf den Subsidiaritätsgrundsatz angekommen (also dieser verletzt worden) wäre. Zudem hat der EuGH *in der Sache* den in Art. 5 IV EUV bezieht sich nicht direkt auf Art. 5 III EUV. Ihre Vertreter argumentieren auf der Grundlage „allgemeiner Subsidiaritätserwägungen“ (exemplarisch: *Schilling*[1980]). Die Anlehnung an den Subsidiaritätsgrundsatz ist in diesen Fällen stark *vermittelter* oder (nur) *begrifflicher* Art.[1981] Schließlich sind die sehr wenigen Stimmen zu nennen, die sich explizit auf Art. 5 III EUV berufen, um die Auslegung der Grundfreiheiten zu steuern.[1982]

b) Denkbare Anwendungsvarianten einer direkten Applikation

Zunächst könnte eine direkte Anwendung des Subsidiaritätsgrundsatzes auf die Auslegung der Grundfreiheiten in einem *institutionellen* Sinne in Erwägung gezogen werden: Unter Tätigwerden wäre das *gerichtliche Auslegen* der Grundfreiheiten zu fassen, ohne dass es darauf ankäme, wie der EuGH den

---

niedergelegten *Verhältnismäßigkeits*grundsatz und nicht den Subsidiaritätsgrundsatz geprüft (was der EuGH selbst andeutet: „das Subsidiaritätsprinzip in der ihm von der deutschen Regierung gegebenen Auslegung“). Ebenso erteilt der EuG einer Heranziehung des Subsidiaritätsgrundsatzes als „allgemeine[m] Rechtsgrundsatz“ eine Absage, Urt. v. 21.02.1995, Rs. T-29/92, Slg. 1995, II-295, Rn. 331 (*Spo u. a./Kommission*). Vgl. zu einer (angeblich) „stillschweigenden“ Applikation des Subsidiaritätsprinzips auf der Rechtfertigungsebene im EuGH-Urteil v. 02.06.2005, Rs. C-174/04, Slg. 2005, I-4949 nur *Horsley*, 77–80.

[1980] *Schilling*, YEL 14 (1994), 202 (215 ff., 247 ff.).

[1981] Nach Auffassung von *Kluth/Rieger* „entspricht“ der „Wettbewerb der Rechtsordnungen dem Subsidiaritätsgrundsatz in Art. 5 Abs. 2“ EUV, GewArch 2006, 1 (2); vgl. auch *Ackermann*, RIW 1994, 189 (193); *Bernard*, ICLQ 45 (1996), 82 (108); *Calliess*, 103 f.; *Classen*, EWS 1995, 97 (105); *Drasch*, 208 („entsprochen“); *Engel*, JZ 2005, 940 (941); *Epiney*, 261 ff.; *Franzen*, 65; *Hilson*, E. L. Rev. 24 (1999), 445 (457); *Hojnik*, EJLS 6 (2013), 25 (41–43); *Rohe*, RabelsZ 61 (1997), 1 (13, 30 ff.); *Schilling*, YEL 14 (1994), 202 (215 ff., 247 ff.); *Snell/Andenas*, Int'l & Comp. Corp. L. J. 2 (2000), 239 (254, 269 f. m. w. N.); *dies.*, Int'l & Comp. Corp. L. J. 2 (2000), 361 (379): „general atmosphere (…) seems to place more emphasis on subsidiarity and limitation“; ebenso *Snell*, 110; *Seiler*, 320 ff., 344 ff. spricht sich für die Ableitung eines (über Art. 5 III EUV hinausgehenden) *allgemeinen* Grundsatzes der Subsidiarität aus, der generell für einen Erhalt der mitgliedstaatlichen Kompetenzen in die im Rahmen der Auslegung vorzunehmende Abwägung eingestellt werden müsse; *Torgersen*, E. B. L. R. 1999, 371 (385); vgl. auch *Keßler*, 303; *Mühl*, 157 f.; *Palacio González*, E. L. Rev. 20 (1995), 355 (361 f.); *Potacs*, EuR 2009, 465 (481); *Remien*, 197 f.; *Rohe*, RabelsZ 61 (1997), 1 (13 ff.); *Safari*, ZEuP 2011, 706 (718); *Strassburger*, 98; *Tryfonidou*, E. L. Rev. 35 (2010), 36 (56); *Waldheim*, 158, 210. Verneinend *Hoffmann*, 52 f.; *Jürgens*, 108–110; *Mojzesowicz*, 211; *Müller-Graff*, ZHR 159 (1995), 34 (74); *Seiler*, 349; s.i.Ü. d. Nachw. in Fn. 1978. *Lienbacher*, in: Schwarze/Becker/Hatje/Schoo, Art. 5 EUV Rn. 16 spricht in diesem Zusammenhang treffend von „Zauberformel“ und „Schlagwort“.

[1982] *Horsley*, JCMS 2012, 267 (274 ff.); *ders.*, 246 ff.; *Kingreen*, 106 ff., 123 Fn. 232; *Remien*, JZ 1994, 349 (353); *Riese/Noll*, NVwZ 2007, 516 (519) jew. m. w. N.; vgl. auch *Schilling*, EuR 1994, 50 (58); *Franzen* möchte den Subsidiaritätsgrundsatz allgemein auf die Rechtsanwendung anwenden (65 ff.); die Auslegung von *Sekundär*recht im Lichte des Subsidiaritätsgrundsatzes befürwortend *Anonym*, CMLR 35 (1998), 1013 (1018).

Inhalt der Grundfreiheiten verstanden wissen will.[1983] Eine solche Heranziehung ist ohne Weiteres aus systematischen und funktionalen Gründen abzulehnen: Die Auslegung des Unionsrechts obliegt gem. Art. 19 I Ua. 1 EUV dem EuGH. Er ist auch für die verschiedenen Verfahren gem. Art. 251 ff., 258 ff. AEUV zuständig.[1984] Eine Nichtentscheidung durch den EuGH wäre eine Rechtsverweigerung.[1985]

Nicht von vorneherein unzulässig erscheint jedoch eine Heranziehung des Subsidiaritätsgrundsatzes i. d. S., dass die *materiell-rechtliche Reichweite*, der *Inhalt* der Grundfreiheiten, innerhalb vorhandener Auslegungsspielräume *restriktiv konkretisiert* wird.[1986] Führt eine solche Prüfung zu dem Ergebnis, dass der von den Grundfreiheiten intendierte Schutz auch von den Mitgliedstaaten gewährleistet werden kann, spricht der Subsidiaritätsgrundsatz dafür, den jeweiligen Fall als nicht tatbestandsmäßig anzusehen.

c) Ziel und Leitlinien der anzustellenden Prüfung

Um festzustellen, ob die Auslegung der jeweiligen Grundfreiheit ihr Ziel i. S. v. Art. 5 III EUV ausreichend verwirklicht, ist es erforderlich, zu bestimmen, *welches Ziel* der Subsidiaritätsprüfung zugrunde zu legen ist und wann *es* ausreichend und wann es effizienter verfolgt wird, d. h., welchen *Inhalt* es besitzt.[1987] Dieses zu bestimmen, ist Aufgabe des EuGH,[1988] der für die Konkretisierung unbestimmter Begriffe nach allgemeinen Grundsätzen zuständig ist. Sofern eine Norm *mehrere* Ziele verfolgt, muss der EuGH entscheiden, *in welchen Fällen welchem Ziel bis zu welchem Maß der Vorzug zu geben* ist. Das auf seine ausreichende Erfüllung hin zu überprüfende Ziel kann *hier* nur eine Auslegung der Grundfreiheiten in der Weise sein, *wie sie der EuGH vornehmen* würde. Der Grund hierfür liegt darin, dass der EuGH bei der Abwägung konfligierender Ziele *für jeden Fall* festlegen muss, *welches Ziel sich in welcher Form* durchsetzt, und dabei auf das *Wirkungsmedium* der Grundfreiheiten festgelegt ist (mit dessen textlichen und systematischen Begren-

---

[1983] S. nur *Horsley*, JCMS 2012, 267 (274) und die dortigen Nachweise. *Füller*, 95 klammert ein solches Verständnis ex ante aus.

[1984] Vgl. auch EuGH, Urt. v. 14.12.1962, Rs. 31, 33/62, Slg. 1962, 1033 (1041–1043) – *Wöhrmann/Kommission*; EuGH, Urt. v. 14.01.1987, Rs. 281/84, Sgl. 1987, 84, Rn. 11 f. (*Zuckerfabrik Bedburg/Rat u. Kommission*); EuGH, Urt. v. 29.07.2010, Rs. C-377/09, Slg. 2010, I-7753, Rn. 14 ff. (*Hanssens-Ensch*).

[1985] Vgl *Müller-Graff*, in: von der Groeben/Schwarze/Hatje, Art. 34 AEUV Rn. 245; *ders.*, ZHR 159 (1995), 34 (74); *dems.* folgend *Kadelbach*, in: von der Groeben/Schwarze/Hatje, Art. 5 EUV Rn. 32; *Keßler*, 306; *Mojzesowicz*, 210; *Zuleeg*, in: von der Groeben/Schwarze, Art. 5 EGV Rn. 34.

[1986] S. nur *Horsley*, JCMS 2012, 267 (274) m. w. N.; *Weyer*, in: Scholz, 190 (192 f.).

[1987] Vgl. *Jürgens*, 109.

[1988] Ebenso *Jürgens*, 109.

zungen). Eine solche Abwägung kann nur *konkrete Auslegungsvorgaben* zum Ergebnis haben.

Der Subsidiaritätsgrundsatz kann auf allen drei Ebenen der Grundfreiheitenprüfung relevant werden: bei der Bestimmung des Anwendungsbereichs, des Beeinträchtigungstatbestands und auf der Rechtfertigungsebene.[1989] Da der EuGH einen Ermessens- und Beurteilungsspielraum der politischen Organe anerkennt,[1990] müsste auch dem EuGH ein gewisser Spielraum zugestanden werden, wenn er den Subsidiaritätsgrundsatz bei der Auslegung der Grundfreiheiten konkretisiert.

d) Einwände gegen eine Anwendbarkeit auf die Auslegung der Grundfreiheiten

Praktisch von allen Befürwortern einer (analogen oder direkten) Anwendung des Subsidiaritätsgrundsatzes auf die Grundfreiheiten wird angeführt, hierdurch könne dem Anliegen Rechnung getragen werden, die mitgliedstaatlichen Kompetenzen effektiv zu schützen.[1991] Mit Blick auf dessen *spezifischen Regelmechanismus* ist jedoch fraglich, ob gerade der *Subsidiaritätsgrundsatz* diese Rolle einnehmen kann. Dabei zeigt auch die Entstehungsgeschichte des Subsidiaritätsgrundsatzes, dass dieser zuvorderst einen Kompensationsmechanismus für den Bereich der *Rechtssetzung* darstellen sollte.[1992] Zudem ist ein Rückgriff auf den Subsidiaritätsgrundsatz gar nicht notwendig: Es gibt vielzählige Anhaltspunkte in den Verträgen, die belegen, dass der Achtung der dezentralen mitgliedstaatlichen Regelungsgewalt eine nicht unerhebliche Bedeutung zukommt.[1993] Aus diesen Anhaltspunkten kann ein „Gegenpol" zur Binnenmarktargumentation abgeleitet werden.[1994]

Es könnte zudem argumentiert werden, dass die aus dem Subsidiaritätsgrundsatz fließenden Begrenzungen der (positiven) Rechtsangleichung umgangen werden, wenn die (negative) „richterrechtliche Rechtsangleichung" an deren Stelle tritt und nicht dem Subsidiaritätsgrundsatz unterworfen ist.[1995] Es könnte sogar erwogen werden, den Subsidiaritätsgrundsatz *erst recht* auf die Auslegung der Grundfreiheiten anzuwenden, weil der EuGH einem Tätigkeits*automatismus* unterliegt, also entscheiden (und damit Kompetenzeinbußen herbeiführen) *muss*, wohingegen die unionalen Rechtssetzungsorgane

---

[1989] Vgl. *Horsley*, JCMS 2012, 267 (277 ff.).

[1990] S. b. Fn. 1970.

[1991] Vgl. nur die Nachw. in Fn. 1981 f.

[1992] S. b. Fn. 1956 f.

[1993] Vgl. *von Borries*, EuR 1994, 263 (272 f.); *Hoffmann*, 53; *Rohe*, RabelsZ 61 (1997), 1 (32); *Seiler*, 330 f.; *Steindorff*, ZHR 163 (1999), 395 (421 ff.).

[1994] S. umf. b. Fn. 2093 ff.

[1995] *Franzen*, 66; *Kingreen*, 109; *Remien*, JZ 1994, 349 (353); *Safari*, ZEuP 2011, 706 (718).

Ermessen besitzen. Hiergegen ist jedoch einzuwenden, dass dem Subsidiaritätsgrundsatz nach allgemeiner Auffassung im Anwendungsbereich der Binnenmarktangleichungskompetenz nach Art. 114 AEUV nur eine *marginale* oder sogar gar keine Bedeutung zukommt, da die Union hier per definitionem die *einzig geeignete* Regulierungsebene ist.[1996] Insbesondere führt der Subsidiaritätsgrundsatz nicht zu einer *Hinterfragung der Ziele*. Die Legitimität des Binnenmarktzieles wird von Art. 114 AEUV vorgegeben.[1997]

e) Tätigwerden (Maßnahme) und geteilte Zuständigkeit

Damit der Tatbestand des Subsidiaritätsgrundsatzes erfüllt ist, muss negativ gewährleistet sein, dass mitgliedstaatliche *Maßnahmen* innerhalb eines Bereichs, der *nicht in die ausschließliche Zuständigkeit* der Union fällt, nicht zur Erreichung des angestrebten Ziels ausreichend sind; und positiv muss gewährleistet sein, dass das angestrebte Ziel besser durch die Union verwirklicht wird.

aa) Maßnahme bzw. Tätigwerden?

Fraglich ist, ob bei der Auslegung und Anwendung der Grundfreiheiten von einer „Maßnahme" bzw. einem „Tätigwerden" der Union im unionsrechtlichen Sinne gesprochen werden kann. Im Mittelpunkt des Begriffs steht zunächst wiederum offensichtlich die Gesetzgebung.[1998] Nach der h.M. kann in der Auslegung von Rechtsnormen allgemein und der Grundfreiheiten im Besonderen kein Tätigwerden i. S. v. Art. 5 III EUV erblickt werden.[1999] Nur

---

[1996] Vgl. zur (praktisch weitgehenden bzw. totalen) Bedeutungslosigkeit des Subsidiaritätsgrundsatz im Rahmen von Art. 114 AEUV mit unterschiedlichen Nuancen *Davies*, CMLR 43 (2006), 63 (75); *Epiney*, NVwZ 2002, 1429 f.; *Frenz/Ehlenz*, EuZW 2011, 623 f.; *Kahl*, in: Calliess/Ruffert, Art. 114 AEUV Rn. 27; *Mestmäcker*, EuR 2011 Beiheft 2, 7 f.; *Müller-Graff*, EuR-Beiheft 1 2002, 7 (33); *Seiler*, 343; *Tietje*, Grabitz/Hilf/Nettesheim, Art. 114 AEUV Rn. 59; *Trüe*, ZaöRV 2004, 391 (418 f.) jew. m. w. N.; vgl. auch *Weyer*, in: Scholz, 190 (194 f.) und Generalanwalt *Fennelly* (Fn. 1818), Rn. 139 (*Deutschland/Parlament und Rat*); EuGH, Urt. v. 09.10.2001, Rs. C-377/98, Slg. 2001, I-7149, Rn. 32 (*Niederlande/Parlament und Rat*).

[1997] Vgl. *Davies*, CMLR 43 (2006), 63 (80 ff.).

[1998] Ebenso *Calliess*, in: Calliess/Ruffert, Art. 5 EUV Rn. 29; *Schilling*, YEL 14 (1994), 202 (236).

[1999] *Hoffmann*, 52 f.; *Körber*, 164; *Kadelbach*, in: von der Groeben/Schwarze/Hatje, Art. 5 EUV Rn. 32; *Mojzesowicz*, 211; *Müller-Graff*, in: von der Groeben/Schwarze/Hatje, Art. 34 AEUV Rn. 245; *ders.*, ZHR 159 (1995), 34 (74); *Schilling*, YEL 14 (1994), 202 (236); *Solbach*, 147; *Zuleeg*, in: von der Groeben/Schwarze, Art. 5 EGV Rn. 34; i. E. ebenso *Lienbacher*, in: Schwarze/Becker/Hatje/Schoo, Art. 5 EUV Rn. 21.

nach einer Mindermeinung handelt es sich auch bei der Auslegung von Unionsrecht und der Grundfreiheiten um ein Tätigwerden.[2000]

Art. 5 III EUV ist im Grundsatzteil (Titel I. Gemeinsame Bestimmungen) niedergelegt, weist also formal keinen speziellen Bezug zu einer bestimmten Organfunktion auf.[2001] Für das Vorliegen einer „Maßnahme" spricht auch, dass die Vorgaben in Art. 5 III EUV nicht speziell an die Rechtssetzungsorgane adressiert sind, sondern an „die Union". Zu den Organen der „Union" gehört aber auch der Gerichtshof, wie Art. 13 I EUV zeigt.[2002] Außerdem spricht Art. 1 des Protokolls (Nr. 2) unbestimmt von [j]ede[m] Organ. Andererseits kann aufgrund des *speziellen systematischen Bezugs* des Protokolls (Nr. 2) zur *Gesetzgebungstätigkeit* i. S. v. Art. 289 AEUV aus der unbestimmten Wendung in Art. 1 („[j]edes Organ") keine Schlussfolgerung abgeleitet werden.[2003] Gegen das Vorliegen einer „Maßnahme" spricht, dass die Wendung des „Tätigwerdens" (engl.: „shall (…) act"; franz.: „intervient"; span.: „intervendrá"; ital.: „interviene"; niederländ.: „treedt (…) slechts op") bzw. der „Verwirklichung von Maßnahmen" in Art. 5 III EUV *sprachlich* nicht zur Tätigkeit der Rechtsanwendung passt.

bb) Geteilte Zuständigkeit?

Erforderlich ist eine nicht-ausschließliche, d. h. geteilte bzw. konkurrierende[2004] Zuständigkeit. Ganz überwiegend wird angenommen, dass es sich bei der letztverbindlichen Auslegung der Grundfreiheiten um eine ausschließliche Zuständigkeit der Union handele, die schon deshalb nicht in den Anwendungsbereich des Subsidiaritätsgrundsatzes falle.[2005]

Was unter einer ausschließlichen und was unter einer geteilten Zuständigkeit zu verstehen ist, wird (nunmehr) in Art. 2 I, II AEUV definiert. In Art. 3

[2000] *Kingreen*, 109 ff.; *Ritzer/Ruttloff*, EuR 2006, 116 (123 f.); ganz allg. die Rspr. nicht von Subsidiaritätsgrundsatz ausnehmend *Schmidhuber/Hitzler*, NVwZ 1992, 720 (721); vgl. auch *Calliess*, in: Calliess/Ruffert, Art. 5 EUV Rn. 30, der sich allerdings in seiner Monografie zum Subsidiaritätsgrundsatz noch ablehnend äußert (103) und insbesondere eine direkte Anwendung des Subsidiaritätsgrundsatzes auf die Grundfreiheiten explizit zurückweist, (103 f.).

[2001] *Mühl*, 156.

[2002] Vgl. *Horsley*, JCMS 2012, 267 (274); vgl. auch *Mühl*, 156.

[2003] S. schon b. Fn. 1961.

[2004] Vgl. *Bickenbach*, EuR 2013, 523 (527); *Möschel*, NJW 1993, 3025 f.

[2005] Generalanwalt *Lenz*, Schlussanträge v. 20.09.1995, Rs. C-415/93, Slg. 1995, I-4930, Rn. 130 (*Bosman*); *ders.*, Schlussanträge v. 30.04.1996, Rs. C-11/95, Slg. 1996, I-4117, Rn. 60 (*Kommission/Belgien*); *Bast*, in: Grabitz/Hilf/Nettesheim, Art. 5 EUV Rn. 53; *Hilf/Pache*, NJW 1996, 1169 (1177); *Mojzesowicz*, 210; *Müller-Graff*, in: von der Groeben/Schwarze/Hatje, Art. 34 AEUV Rn. 245; *ders.*, ZHR 159 (1995), 34 (74); *Solbach*, 146 f.; *Van Gerven*, in: Dony/De Walsche, 1629 (1635); *Zuleeg*, in: von der Groeben/Schwarze, Art. 5 EGV Rn. 34. A.A. *Franzen*, 65 f.; *Kingreen*, 109 ff.; *Ritzer/Ruttloff*, EuR 2006, 116 (123 f.).

AEUV werden die ausschließlichen Zuständigkeiten abschließend aufgezählt. Die *geteilten* Zuständigkeiten werden dagegen nicht abschließend aufgeführt.[2006] Sofern keine Zuordnung vorgenommen wird, ist mit dem Regelfall von einer geteilten Zuständigkeit auszugehen.[2007] Das auszulegende *Rechtsgebiet* stellt keine ausschließliche Zuständigkeit dar.[2008] Art. 4 II lit. a AEUV stuft den *Binnenmarkt* explizit als *geteilte* Zuständigkeit ein. Fraglich ist aber, ob nicht nur das *Rechtsgebiet* der Grundfreiheiten, sondern gerade auch ihre *Auslegung* eine geteilte Zuständigkeit darstellen. Weil die Auslegung der Grundfreiheiten (und des Unionsrechts insgesamt) in den allgemeinen Zuständigkeitsvorschriften nicht explizit als ausschließliche Unionszuständigkeit ausgewiesen wird, könnte ein *mechanisches* Verständnis (das die nachfolgenden und die vorherigen, insbesondere funktionalen Überlegungen ausblendet) zu dem Ergebnis gelangen, dass es sich bei der Auslegung der Grundfreiheiten um eine nicht ausschließliche Zuständigkeit der Union handelt.[2009] Dies würde allerdings voraussetzen, dass die Zuständigkeitsvorschriften die Auslegung von Recht *überhaupt regeln*. Der Begriff der (ausschließlichen) Zuständigkeit wird jedoch nur im Kontext der Rechts*setzung* gebraucht (Art. 2 I, II AEUV), nie im Kontext der Rechts*anwendung*.[2010] Auch die grundlegende Norm des Art. 19 I Ua. 1 EUV umschreibt die Tätigkeit des EuGH, ohne sich an die Systematik oder Terminologie der Zuständigkeitsvorschriften anzulehnen. Dass in der abschließenden Zuständigkeitsnorm des Art. 3 AEUV (auch) kein (mittelbarer) Hinweis auf die Auslegung der Grundfreiheiten enthalten ist, kann vor dem Hintergrund verständlich sein, dass die Auslegung von Unionsrecht gar nicht von diesen Vorschriften geregelt werden sollte.[2011] Die Urheber der Verträge könnten diese Frage für derart fernliegend erachtet haben, dass sie jeden klarstellenden Hinweis für entbehrlich gehalten haben. Kein Gegenargument ist jedoch die Festlegung in Art. 19 I Ua. 1 S. 2 EUV, wonach der EuGH „die Wahrung des Rechts bei der Ausle-

---

[2006] *Calliess*, in: Calliess/Ruffert, Art. 5 EUV Rn. 3, 27; Art. 4 AEUV Rn. 2; *Dougan*, E. L. Rev. 28 (2003), 763 (768 f.).

[2007] *Calliess*, in: Calliess/Ruffert, Art. 4 AEUV Rn. 2.

[2008] So aber Generalanwalt *Lenz*, Schlussanträge v. 20.09.1995, Rs. C-415/93, Slg. 1995, I-4930, Rn. 130 (*Bosman*); *ders.*, Schlussanträge v. 30.04.1996, Rs. C-11/95, Slg. 1996, I-4117, Rn. 60 (*Kommission/Belgien*). S. generell zu diesem Argument *Horsley*, JCMS 2012, 267 (275).

[2009] Ebenso *Mühl*, 156 f.

[2010] Dies räumt auch der Befürworter *Horsley*, JCMS 2012, 267 (274) ein.

[2011] Vgl. *Bast*, in: Grabitz/Hilf/Nettesheim, Art. 5 EUV Rn. 53; *Horsley*, JCMS 2012, 267 (274); *Müller-Graff*, ZHR 159 (1995), 34 (73 f.); *ders.*, in: von der Groeben/Schwarze/Hatje, Art. 34 AEUV Rn. 245; *Seiler*, 349; vgl. auch *Calliess*, 103; *Weyer*, in: Scholz, 190 (192).

gung und Anwendung der Verträge" sichert:[2012] Dies kann nur einer *institutionellen* Anwendung des Subsidiaritätsgrundsatzes entgegengesetzt werden.

f) Praktische Relevanz?

Fraglich ist, ob eine Anwendung des Subsidiaritätsgrundsatzes auf die Auslegung der Grundfreiheiten in der Praxis überhaupt zu einer restriktiveren Auslegung führen würde.

Mit Blick auf die beiden Kriterien in Art. 5 III EUV – nicht *ausreichende* und *bessere* Zielerfüllung – können abstrakt vier Konstellationen unterschieden werden: Ein Ziel kann nicht ausreichend (auf der mitgliedstaatlichen) und besser (auf der unionalen Ebene), nicht ausreichend und nicht besser, ausreichend und besser sowie ausreichend und nicht besser erfüllt werden. Sofern nur eine der beiden Voraussetzungen nicht erfüllt ist, besteht auf der unionalen Ebene keine Handlungsbefugnis. Im ersten Fall (nicht ausreichend und besser) sind die Voraussetzungen von Art. 5 III EUV erfüllt, die Grundfreiheiten müssen also nicht enger gefasst werden. Der EuGH ist „zuständig".

Der Fall einer nicht ausreichenden Zielverwirklichung auf der mitgliedstaatlichen Ebene und einer nicht besseren auf der Unionsebene ist nicht denkbar: Das zugrunde zu legende Ziel wurde ja gerade so definiert, dass ein Schutz der Grundfreiheiten, wie ihn der EuGH gewährleisten würde, gegeben ist.

Würde die Zielverwirklichung auf der mitgliedstaatlichen Ebene *ausreichend*, auf der unionalen Ebene hingegen besser erreicht, müsste eine restriktivere Auslegung gewählt werden. Allerdings ist dieser Fall vorliegend ausgeschlossen: Eine ausreichende Handhabung durch die Mitgliedstaaten ist hier immer auch eine *gleich* effiziente.

Der Fall einer ausreichenden (gleich effizienten [und folglich nicht besseren]) Zielverwirklichung (auf der mitgliedstaatlichen Ebene) ist somit der einzige nicht schon abstrakt ausscheidende Anwendungsfall. Erforderlich ist daher eine auf die Auslegung von Art. 35 Alt. 2 AEUV gestützte, konkrete Analyse: Grundsätzlich besitzen die Mitgliedstaaten die rechtlichen und praktischen Möglichkeiten, Wettbewerbsgleichheit umfassend herzustellen. Mit steigendem Harmonisierungsgrad und einer Änderung der Rechtsprechung zu Art. 35 Alt. 2 AEUV hin zu einem Wettbewerbsgleichheits-Rechtswahlmechanismus könnte einhergehen, dass die Mitgliedstaaten sensibilisiert werden und daher zu einer ausreichenden Zielverfolgung i. S. v. Art. 5 III EUV imstande sind (d. h. zu einem Schutz, den der EuGH über Art. 35 Alt. 2 AEUV gewährleisten würde). Mit Blick auf den *politischen Willen* der Mitgliedstaaten bestehen jedoch erhebliche Unsicherheiten, die nur ausgeräumt werden, wenn Art. 35 Alt. 2 AEUV als *self-executing Norm* mit *Anwendungsvorrang*

[2012] *Hoffmann*, 53; *Jensch*, 223; *Körber*, 164; *Müller-Graff*, in: von der Groeben/Schwarze/Hatje, Art. 34 AEUV Rn. 245.

ausgestaltet ist. Solange keine *äquivalenten subjektiven Rechte* auf der Ebene des mitgliedstaatlichen Rechts existieren, besteht die Gefahr, dass Wettbewerbsgleichheit nicht in *allen* Fällen, insbesondere auch bei schneller technischer Evolution, gewährleistet ist. Ein weiteres strukturelles und praktisch nicht überwindbares Problem liegt darin, dass die Rechtsprechung des EuGH von diesem in vielen Bereichen nicht *im Voraus* konkretisiert werden kann, v. a. in Bezug auf Fragen, die (feine) Verhältnismäßigkeitsanalysen erfordern (die der EuGH in einigen Entscheidungen selbst vornimmt).[2013] Praktisch kann der EuGH seine Rspr. zudem auch nicht ändern bzw. weiterentwickeln, wenn er die Maßstäbe so reduziert, dass eine Frage gar nicht an ihn herangetragen werden kann. Erneut zeigt sich hier, dass sich der Subsidiaritätsmechanismus nicht für eine Anwendung auf die Auslegung der Grundfreiheiten eignet. Die Mitgliedstaaten sind hier somit nicht in der Lage eine ausreichende Verwirklichung des Ziels zu gewährleisten.

g) Analogie?

Fraglich ist, ob Art. 5 III EUV nicht im Wege der *Analogie* eine erhöhte „Argumentationslast zur Begründung der Erforderlichkeit gemeinschaftlicher Aktivitäten“[2014] entnommen werden kann. Eine so verstandene Subsidiarität spräche ganz generell dafür, Anwendungsbereich, Beeinträchtigungs- und Rechtfertigungsmaßstab möglichst kompetenzschonend auszugestalten.[2015] Eine Analogie setzt nach allgemeiner Auffassung das Vorliegen einer planwidrigen Regelungslücke und einer vergleichbaren Interessenlage voraus.[2016]

Beide Voraussetzungen sind vorliegend nicht gegeben: Der Primärrechtgeber hat die Regelung offensichtlich mit Blick auf die *Rechtsetzungs*organe konzipiert. Die rechtsprechende Gewalt hat er an anderer Stelle (umfassend) normiert. Dass der Primärrechtgeber die (so grundlegende) Frage einer kompetenzschonenden Auslegung der Grundfreiheiten „übersehen“ hat und die gegenwärtige Rechtslage *planwidrig* ist, erscheint fernliegend. Darüber hinaus können die mitgliedstaatlichen Kompetenzen auch ohne eine analoge Heranziehung des Subsidiaritätsgrundsatzes in vielfältiger Weise innerhalb der Grundfreiheiten geschont werden.[2017] Es besteht mithin keine Regelungs*lücke*.

[2013] Ein Beispiel hierfür ist etwa die besprochene Rs. *Gysbrechts*, s. n. Fn. 813.

[2014] Vgl. *Remien*, JZ 1994, 349 (353); *Seiler*, 347; *Snell/Andenas*, Int'l & Comp. Corp. L. J. 2 (2000), 239 (269); ähnl. *Mühl*, 157 f.; s. a. schon die Nachw. in Fn. 1981. *Rohe* möchte auf dieser Grundlage nur „unmittelbar binnenmarktwirksame Beschränkungen in den Anwendungsbereich der Grundfreiheiten fallen“ lassen, RabelsZ 61 (1997), 1 (14, 30 ff.).

[2015] *Seiler*, 348 ff.

[2016] Vgl. nur *Regenfus*, JA 2009, 579 ff.; *Riesenhuber*, in: Karakostas/Riesenhuber, 41 (55 ff.), wobei die Terminologie teilweise variiert.

[2017] S. b. und in Fn. 1992 ff.

Es fehlt nach hier vertretener Ansicht nicht nur an einem Tätigwerden und einer geteilten Zuständigkeit, auch müsste der *gesamte Regelmechanismus grundlegend verändert* werden. Eine sinnvolle Analogie würde nämlich implizieren, dass den mitgliedstaatlichen Kompetenzen auch dann der Vorzug gegeben wird, wenn eine mitgliedstaatliche Zielverfolgung nicht zu einer *ausreichenden* (d. h. der des EuGH gleichwertigen[2018]) Zielerfüllung führt. Damit wird jedoch das *Ziel selbst* infrage gestellt. Der Subsidiaritätsgrundsatz stellt aber gerade nicht das Ziel infrage, sondern regelt nur die *Art und Weise* der Zielerfüllung bzw. ordnet die Zielerfüllung einer bestimmten staatlichen Ebene zu (Union oder Mitgliedstaaten). Er schützt die mitgliedstaatlichen Kompetenzen nicht durch einen allgemeinen *Abwägungs*mechanismus, sondern durch einen (spezifischen) *Zuordnungs*mechanismus. Damit fehlt es auch an einer vergleichbaren Interessenlage.

h) Zwischenergebnis

Nach hier vertretener Auffassung ist eine *direkte* Anwendung des Subsidiaritätsgrundsatzes auf die Auslegung des Unionsrechts aus systematischen und funktionalen Gründen abzulehnen. Auch das Vorliegen der Tatbestandsmerkmale des Tätigwerdens und der geteilten Zuständigkeit ist zweifelhaft. Selbst wenn der Subsidiaritätsgrundsatz, trotz dieser Einwände, für anwendbar gehalten und vom Vorliegen einer Maßnahme und einer geteilten Zuständigkeit ausgegangen werden würde, wären die Voraussetzungen des Subsidiaritätsgrundsatzes mangels ausreichender (hier: gleichwertiger) Zielverfolgung durch die Mitgliedstaaten nicht erfüllt. An allen Stellen der Analyse scheint der Umstand durch, dass der Subsidiaritätsgrundsatz auf die *Erzeugung* und nicht auf die *Interpretation* von Recht zugeschnitten ist und in Bezug auf letztere keine sinnvolle Funktion einnehmen kann. Auch ein Analogieschluss in Richtung auf eine allgemeine Pflicht zu kompetenzschonender Auslegung ist abzulehnen: Weder ist ersichtlich, dass der Primärrechtgeber diese Frage übersehen hat, noch ist eine Vergleichbarkeit der Interessenlage gegeben. Bei Art. 5 III EUV handelt es sich um einen *spezifischen Kontrollmechanismus* (für die Rechtssetzung), der nur die *Art* und *Weise* der Zielerfüllung steuert und nicht das zu verfolgende *Ziel* infrage stellt.

[2018] Eine Zielerfüllung ist der des EuGH hier nur gleichwertig, wenn ein Schutz erreicht wird, der dem, den der EuGH über das Medium der Grundfreiheiten gewährleistet, gleichkommt.

3. Kompetenzieller Verhältnismäßigkeitsgrundsatz, Art. 5 IV EUV

Der (vom grundfreiheitenbezogenen Verhältnismäßigkeitsgrundsatz abzugrenzende[2019]) kompetenzielle Verhältnismäßigkeitsgrundsatz in Art. 5 IV EUV dient dem Schutz der mitgliedstaatlichen Autonomie[2020] und stellt nach allgemeiner Auffassung ein *wirksames* rechtliches Instrument dar.[2021] Mit dem „Grundsatz der Verhältnismäßigkeit" in Art. 5 IV EUV wird trotz des restriktiv(er) anmutenden Normtextes[2022] der *klassische dreistufige* Test angesprochen.[2023] EuG und EuGH untersuchen, ob eine Maßnahme geeignet, erforderlich[2024] und verhältnismäßig i. e. S.[2025] ist.[2026] Der EuGH billigt den Unionsorganen einen weiten Ermessensspielraum zu.[2027] Eine Maßnahme darf nicht *offensichtlich* ungeeignet und nicht offensichtlich nicht erforderlich sein.[2028] Das Ziel muss durch die Maßnahme nicht (vollständig) erreicht werden, sondern kann auch nur gefördert werden. Die Verhältnismäßigkeitsprüfung stellt keinen *Optimierungsmaßstab* dar.[2029] Es geht ausschließlich darum, ob eine gewählte Maßnahme geeignet ist, und nicht darum, ob es eine geeignet*ere* gibt. Eine Maßnahme ist erforderlich, wenn von mehreren geeigneten die mildeste Maßnahme gewählt wurde. Verhältnismäßig i. e. S. ist sie,

---

[2019] Insbesondere kann die jeweilige Rspr. nicht einfach übertragen werden, siehe *Bast*, in: Grabitz/Hilf/Nettesheim, Art. 5 EUV Rn. 67; s. a. Generalanwalt *Cruz Villalón*, Schlussanträge v. 12.12.2013, Rs. C-293/12, unveröfftl., Rn. 89 (*Digital Rights Ireland*); *Schwintowski*, in: Grundmann, 457 (476). Unterschiedlich sind beiden Fällen auch Adressat und geschütztes Subjekt.

[2020] *Bast*, in: Grabitz/Hilf/Nettesheim, Art. 5 EUV Rn. 66.

[2021] Vgl. nur *Steindorff*, ZHR 163 (1999), 395 (406); *Tridimas*, 183; ähnl. *Davies*, CMLR 43 (2006), 63 (66); in der Sache ebenso, den Verhältnismäßigkeitsgrundsatz (i. e. S.) aber nicht beim Namen nennend, *Kirschner*, 329; *Schwarze*, EuR 2013, 253 (270 ff.); skeptisch dag. *Möschel*, NJW 1993, 3025 (3027).

[2022] Der Normtext des Art. 5 IV EUV spricht nur davon, dass die Maßnahmen „inhaltlich wie formal nicht über das zur Erreichung der Ziel der Verträge erforderliche Maß" hinausgehen sollen.

[2023] S. nur *Calliess*, 116 f.; *Davies*, CMLR 43 (2006), 63 (81) jew. m. w. N. Dies entsprach schon vor der Einfügung der Worte „Grundsatz der Verhältnismäßigkeit" der Auffassung der h.L., vgl. nur *Lienbacher*, in: Schwarze/Becker/Hatje/Schoo, Art. 5 EUV Rn. 36.

[2024] Vgl. nur EuG, Urt. v. 14.10.2009, Rs. T-390/08, Slg. 2009, II-3967, Rn. 66 (*Bank Melli Iran*); EuGH, Urt. v. 08.06.2010, Rs. C-58/08, Slg. 2010, I-4999, Rn. 52 (*Vodafone*).

[2025] Ebd.

[2026] Vgl. insgesamt *Calliess*, in: ders./Ruffert, Art. 5 EUV Rn. 52; *Davies*, CMLR 43 (2006), 63 (81 ff.); *Lienbacher*, in: Schwarze/Becker/Hatje/Schoo, Art. 5 EUV Rn. 35 ff.

[2027] EuGH, Urt. v. 08.06.2010, Rs. C-58/08, Slg. 2010, I-4999, Rn. 52 f. (*Vodafone*); *Frenz*, Bd. 6, Rn. 2198; *Simm*, 153–155.

[2028] Vgl. nur EuGH, Urt. v. 12.05.2011, Rs. C-176/09, Slg. 2011, I-3755, Rn. 62 (*Luxemburg/Parlament u. Rat*); *Bast*, in: Grabitz/Hilf/Nettesheim, Art. 5 EUV Rn. 73 m. w. N.; *Lienbacher*, in: Schwarze/Becker/Hatje/Schoo, Art. 5 EUV Rn. 41.

[2029] *Reyes y Ráfales*, BRJ 2014, 41 (45 f.).

wenn die „verursachten Nachteile in einem angemessen Verhältnis zu den angestrebten Zielen stehen“[2030].

Mit Blick auf die (Auslegung der) Grundfreiheiten wird aus dem kompetenziellen Verhältnismäßigkeitsgrundsatz zumeist[2031] nur die Vorgabe abgeleitet, die *mitgliedstaatlichen Kompetenzen* (bei der Auslegung der Grundfreiheiten) *stärker zu berücksichtigen*, und nicht gefordert, einzelne Interpretationsvorschläge konkret auf ihre Geeignetheit, Erforderlichkeit und/oder Angemessenheit zu untersuchen.[2032] Andere Autoren ziehen eine Rolle des (kompetenziellen) Verhältnismäßigkeitsgrundsatzes als Interpretationsanhalt überhaupt nicht in Erwägung[2033] oder halten ihn hierzu für ungeeignet.[2034]

a) Vorliegen einer ausschließlichen Zuständigkeit und einer Maßnahme

Der Verhältnismäßigkeitsgrundsatz greift (anders als der Subsidiaritätsgrundsatz) auch bei *ausschließlichen* Zuständigkeiten ein. Darauf, ob die Auslegung der Grundfreiheiten eine *geteilte* Zuständigkeit darstellt, kommt es mithin nicht an. Wie beim Subsidiaritätsgrundsatz spricht jedoch der Begriff „Maßnahme“ eher gegen eine Anwendung des Verhältnismäßigkeitsgrundsatzes auf den vorliegenden Sachgegenstand.[2035] Im Übrigen zeigt die (nachfolgende) konkrete Prüfung, dass der Verhältnismäßigkeitsgrundsatz nicht sinnvoll auf die *Auslegung* von Rechtsnormen angewandt werden kann.

[2030] EuGH (Fn. 2024), 66.

[2031] Eine Ausnahme bildet der Beitrag von *Schwintowski*, in: Grundmann, 457 (476), der allerdings nur die Geeignetheit als Konkretisierungsmaßstab heranzieht; *Jürgens*, 194 wiederum leitet (nur) aus der Verhältnismäßigkeit im engeren Sinne Schlussfolgerungen ab.

[2032] S. *Van Gerven*, in: Dony/De Walsche, 1629 (1635); *Mühl* etwa führt aus, dass und warum der Grundsatz gegenseitiger Anerkennung gegenüber der Harmonisierung den verhältnismäßigeren Weg darstellte (160 f.), er prüft allerdings nicht, ob der Verhältnismäßigkeitsgrundsatz auch zu einer Restriktion der *Grundfreiheiten* führen könne; vgl. auch *Cordewener*, 101: „kaum lösbar[e] Frage“.

[2033] Vgl. nur *Hoffmann*; *Jensch*; *Lackhoff*; *Rauer*. Der kompetenzielle Verhältnismäßigkeitsgrundsatz findet hier noch weniger Aufmerksamkeit als der Subsidiaritätsgrundsatz.

[2034] So *Kingreen*, 112–114, der jedoch schon grundsätzlich die Fundierung des kompetenzgerichteten Verhältnismäßigkeitsgrundsatzes (noch in Bezug auf den alten Art. 5 III EGV) infrage stellt.

[2035] S. zu den im Ergebnis kontroversen Auffassungen zum Subsidiaritätsgrundsatz im Schrifttum schon d. Nachw. i. d. Fn. 1998– sowie speziell zum kompetenziellen Verhältnismäßigkeitsgrundsatz *Bast*, in: Grabitz/Hilf/Nettesheim, Art. 5 EUV Rn. 69; *Potacs*, EuR 2009, 465 (478); *Rohe*, RabelsZ 61 (1997), 1 (81 f.); *Trstenjak/Beysen*, EuR 2012, 265 (267) m. w. N.; impliz. die Anwendbarkeit bejahend *Schwintowski*, in: Grundmann, 457 (476).

b) Kompetenzielle Verhältnismäßigkeitsprüfung von Art. 35 Alt. 2 AEUV

Fraglich ist zunächst, was als „Ziel" einer kompetenziellen Verhältnismäßigkeitsprüfung einzusetzen ist und was als „Mittel": Als „Mittel" in die Verhältnismäßigkeitsprüfung einzustellen sind die verschiedenen *Interpretationsvarianten*. Wie bei der Subsidiaritätsprüfung müssen jedoch die *äußeren Auslegungsgrenzen* (inklusive der Wortlautgrenze) eingehalten werden. Die Grundfreiheiten sind eingebettet in ein Geflecht verschiedener Zielvorgaben, die miteinander abgewogen werden müssen. Zentral ist dabei der Dualismus aus dem Binnenmarktziel[2036] mit dem Wettbewerbsgleichheitsgebot als Teilgehalt[2037] und den mitgliedstaatlichen Kompetenzen. Diese bilden die Ziele der Verhältnismäßigkeitsprüfung.

Die Ziele sind aus sich heraus schon verbindlich. Die am Maßstab des Verhältnismäßigkeitsgrundsatzes zu „testenden" Interpretationsvarianten sind daher schon per definitionem *geeignet*, da sie unter Berücksichtigung der Zielvorgaben gewonnen wurden. Gleiches gilt für die *Erforderlichkeit*: Eine Abwägung widerstreitender Ziele zur Gewinnung von Auslegungsergebnissen setzt voraus, dass ein bestimmtes Ziel nur dann *weniger* erfüllt werden darf, wenn dies dem Zweck dient, ein anderes, konkurrierendes Ziel *stärker* zu befördern. Schließlich ist auch die *Angemessenheitsprüfung* in einer Auslegungsabwägung enthalten: Ein hinreichend gewichtiges Ziel darf nicht zur (stärkeren) Erreichung eines anderen Ziels „geopfert" werden. Da alle diese der Verhältnismäßigkeitsprüfung vorgelagerten Abwägungsentscheidungen also schon getroffen sind, ist eine Verhältnismäßigkeitsprüfung *redundant*.

Die Angemessenheitsprüfung verdeutlicht jedoch, dass *grobe Missverhältnisse* bei der Abwägung widerstreitender legitimer Interessen zu vermeiden sind: Etwa könnte von einer per se einen erheblichen Einschnitt in die mitgliedstaatlichen Kompetenzen darstellenden Grundfreiheitenprüfung abgesehen werden, wenn das Binnenmarktziel nur *marginal* tangiert wäre oder wenn das Binnenmarktziel leicht, die mitgliedstaatlichen Kompetenzen aber in ihrem *Kernbereich* betroffen wären (womöglich in einer den Integrationskonsens schädigenden Weise). Die Angemessenheitsprüfung zeigt hier einige *generelle* Eigenschaften von *Abwägungs*entscheidungen auf. Dies ist insbesondere mit Blick auf die Gruppe der Produktionsregelungen von Bedeutung.[2038]

[2036] Das Binnenmarktziel legt *Schwintowski*, in: Grundmann, 457 (476) einer Verhältnismäßigkeitsprüfung der Grundfreiheiten zugrunde.

[2037] S. b. Fn. 1828 ff.

[2038] S. umf. zur Behandlung der Gruppe der Produktionsregelungen b. Fn. 3723 ff.

c) Zwischenergebnis

Der kompetenzielle Verhältnismäßigkeitsgrundsatz als bereits aus verschiedenen Anwendungskontexten bekannter Maßstab stößt mit Blick auf die Auslegung von Art. 35 Alt. 2 AEUV zunächst auf weniger konzeptionelle Schwierigkeiten als der Subsidiaritätsgrundsatz und verlangt insbesondere keine ausschließliche Zuständigkeit. Jedoch ist auch er auf die Rechts*setzung* zugeschnitten. Eine direkte Anwendung des Verhältnismäßigkeitsgrundsatzes auf die Grundfreiheiteninterpretation ist fruchtlos: Geeignetheits-, Erforderlichkeits- und Angemessenheitsprüfung verlangen die Durchsetzung von sowieso schon für die Auslegung (der Grundfreiheiten) maßgeblichen Maximen.

II. (Positive) Rechtsangleichung

Das Institut der (positiven) Rechtsangleichung – mit ihren Begrenzungen und Ausnahmen einerseits und ihrer Reichweite andererseits – wird regelmäßig als systematischer Auslegungsgesichtspunkt für die Interpretation der Grundfreiheiten herangezogen.[2039] Eine Parallelbetrachtung kann, je nach Befund, sowohl *für* als auch *gegen* eine erweiterte Auslegung sprechen. Die Auslegungsrelevanz parallel liegender Normen ergibt sich schon aus allgemeinen systematischen Grundsätzen. Etwa sollte eine Norm nicht so ausgelegt werden, dass sie den Anwendungsbereich einer anderen Norm *vollständig umschließt*, die *strengere* Voraussetzungen als sie aufweist.[2040] (Positive) Rechtsangleichung kann zu den Grundfreiheiten im Verhältnis instrumentel-

[2039] Vgl. mit im Einzelnen unterschiedlichen Nuancierungen nur *Bleckmann*, 431; *Davies*, Germ. L. J. 11 (2010), 671 (680); *Enchelmaier*, Rn. 5 ff.; *Epiney*, 195 ff.; *Frenz*, Bd. 1, Rn. 31; *Füller*, 172 f.; *Gulmann*, in: Rodríguez Iglesias et al, 169 (174 f.); *Hödl*, 59 f., 67; *Hoffmann*, 49–52; *Hojnik*, EJLS 6 (2013), 25 (42); *Horsley*, JCMS 2012, 267 (279 f., 283); *Jürgens*, 197 ff.; *Körber*, 58 ff.; *Lackhoff*, Niederlassungsfreiheit, 365 f.; *Rauer*, 204 ff.; *Reich*, Oslo Paper, 8; *Röhling*, 47; *Rohe*, RabelsZ 61 (1997), 1 (36); *Roth*, 23 ff.; *ders.*, EuR 1986, 340 (356 f.); *Safari*, ZEuP 2011, 706 (718); *Schmit von Sydow*, NJW 1972, 1022 (1024); *Solbach*, 223 ff., 235 ff.; *Strassburger*, 79 f.; *Streil*, in: Beutler/Bieber/Pipkorn/Streil, 295; *Usher*, CMLR 38 (2001), 1519 (1531 ff.); *van Gerven*, in: Dony/De Walsche, 1629 (1635); *Weatherill*, CMLR 33 (1996), 885 (906); s. a. Generalanwalt *Capotorti*, Schlussanträge v. 16.01.1979, Rs. 120/78, Slg. 1979, 666 (670 f.) – *Cassis de Dijon*; *Graf*, 55 f., 94 f. (allerdings 1972 damit noch vor Ergehen der *Cassis*-Rechtsprechung); zurückhalt. bis abl. *Bleckmann*, GRUR Int. 1982, 172 (175 ff.); *Fasshold*, 71 f.; *Jensch*, 181 f.; *Kingreen*, 91 ff.; *Mühl*, 164–167; *Solbach*, 236 nur bezüglich des *Anwendungsbereiches* der Art. 34 f. AEUV; *Ulmer*, GRUR Int. 1973, 502 (511); abl. auch *Oliver*, CMLR 19 (1982), 217 (221); EuGH, Urt. v. 09.12.1981, Rs. 193/80, Slg. 1981, 3021, Rn. 17 (*Kommission/Italien*).

[2040] Vgl. *Rauer*, 206 m. w. N.

ler *Konkurrenz* oder (strenger) *Alternativität* stehen. Die Überschneidung des Schutzzwecks und eine parallel liegende Funktion beider Institute sollte Anlass sein, zu überprüfen, ob nicht die Auslegung beider Institute *angeglichen* werden sollte (bei Vorliegen entsprechender Auslegungsspielräume). Die (positiven) Rechtsangleichungsvorschriften prägen auch den zentralen systematisch-teleologischen Topos des *Binnenmarktzieles* (Art. 26 I AEUV),[2041] der auf die (Interpretation der) Grundfreiheiten zurückstrahlt. Zugleich erlaubt die Parallelbetrachtung einen Blick auf die *allgemeine* Kompetenzverteilung zwischen Union und Mitgliedstaaten. Der weite Anwendungsbereich des Art. 114 AEUV, dieser „zentrale[n] Vorschrift des Unionsrechts"[2042], zeugt nämlich von einem „weitreichende[n] Verzicht der Mitgliedstaaten auf Ausübung von Gesetzgebungskompetenzen"[2043]. Im Zentrum der nachfolgenden Betrachtungen soll zunächst Art. 114 AEUV stehen. Art. 115 AEUV hat wegen des Einstimmigkeitserfordernisses dagegen weitgehend an Bedeutung verloren und wird nur noch in Bereichen herangezogen, die Art. 114 AEUV wegen dessen Bereichsausnahmen nicht zugänglich sind.[2044] Am Ende werden *sektorbezogene* Rechtsetzungsermächtigungen in den Blick genommen.

1. Vergleich der Voraussetzungen

Art. 114 AEUV weist Kompetenzen nicht sachgegenständlich, sondern *final-funktional* zu[2045] und erfasst primär den freien *Warenverkehr.*[2046] Die „Generalrechtsangleichungskompetenz"[2047] aus Art. 114 AEUV tritt gem. Art. 114 I 1 AEUV als subsidiär gegenüber sektorspeziellen Angleichungskompetenzen[2048] zurück.

Gegenstand der Rechtsangleichung nach Art. 114 AEUV sind nach dessen Wortlaut „Rechts- und Verwaltungsvorschriften der Mitgliedstaaten, welche die Errichtung und das Funktionieren des Binnenmarktes zum Gegenstand haben". Nach allgemeiner Auffassung liegt der für Art. 114 AEUV erforderliche „spezifische Gewinn für den Binnenmarkt"[2049] in dem Abbau von *spürbaren Wettbewerbsverzerrungen* sowie in der Beseitigung von Hindernissen für die Grundfreiheiten.[2050] Insofern, als eben nicht jede, sondern nur *be-*

[2041] S. hierzu schon b. Fn. 1639 ff. und 1790 ff.

[2042] *Tietje*, in: Grabitz/Hilf/Nettesheim, Art. 114 AEUV Rn. 77.

[2043] *Tietje*, in: Grabitz/Hilf/Nettesheim, Art. 114 AEUV Rn. 74.

[2044] Vgl. nur *Tietje*, in: Grabitz/Hilf/Nettesheim, Art. 115 AEUV Rn. 1 f.

[2045] Vgl. nur *Möstl*, EuR 2002, 318 (324) m. w. N.

[2046] *Kahl*, in: Calliess/Ruffert, Art. 114 AEUV Rn. 10.

[2047] *Kahl*, in: Calliess/Ruffert, Art. 114 AEUV Rn. 9.

[2048] Vgl. nur die Auflistung bei *Kahl*, in: Calliess/Ruffert, Art. 114 AEUV Rn. 9.

[2049] *Möstl*, EuR 2002, 318 (340).

[2050] Vgl. nur *Davies*, CMLR 43 (2006), 63 (68); *Kahl*, in: Calliess/Ruffert, Art. 114 AEUV Rn. 22 f.; *Möstl*, EuR 2002, 318 (335 ff.); *Tietje*, in: Grabitz/Hilf/Nettesheim, Art. 114 AEUV Rn. 102 ff.; *Usher*, CMLR 38 (2001), 1519 (1526 ff.); *Weatherill*, in: Tridi-

stimmte Hindernisse und Wettbewerbsverzerrungen ermächtigend wirken (die Wettbewerbsverzerrungen müssen „spürbar"[2051] und „wahrscheinlich"[2052] sein[2053]), besteht eine Parallele zu den verschiedenen Einschränkungstechniken, derer sich der EuGH bei der Auslegung der Grundfreiheiten bedient.[2054] Entscheidend ist bei Art. 114 AEUV die *tatsächliche* Beförderung des Binnenmarktziels, nicht nur das Vorliegen einer entsprechenden *Motivation* hierzu.[2055]

Der Anwendungsbereich von Art. 34 Alt. 2, 35 Alt. 2 AEUV umfasst wegen des Erfordernisses eines grenzüberschreitenden Sachverhalts[2056] keine Fälle der Inländerdiskriminierung, wohingegen Art. 114 AEUV auch hier eingesetzt werden kann.[2057] Daher kann Art. 114 AEUV auch dazu beitragen, die Nachteile zu mildern bzw. zu beseitigen, die daraus resultieren, dass Exporteure nicht reimportieren und Waren nicht (direkt) in das Inland vertreiben können, die nach den Standards eines anderen Mitgliedstaats hergestellt wurden, womit der Verlust von Größenvorteilen einhergeht.

Art. 114 II AEUV sieht eine Bereichsausnahme für „Steuern, die Bestimmungen über die Freizügigkeit und die Bestimmungen über die Rechte und Interessen der Arbeitnehmer" vor. Vorschriften über die Sicherheit und die Gesundheit der Arbeitnehmer werden von Letzterem nach allgemeiner Meinung nicht erfasst.[2058] Art. 168 V AEUV sieht einen Ausschluss der Harmonisierung für Maßnahmen des Gesundheitsschutzes vor.

In Bezug auf die Grundfreiheiten hat der EuGH formal in st. Rspr. immer wieder betont, dass die Frage irrelevant sei, ob ein bestimmter Sachverhalt den Kompetenzbereich der Mitgliedstaaten oder der Union berühre.[2059] Die Grundfreiheiten besitzen hiernach grundsätzlich keine *sektorspezifischen* Ausnahmen. Im Zentrum steht vielmehr die *Wirkung* einer Maßnahme. Wenn „bestimmte Verkaufsmodalitäten" in der Rs. *Keck* ausgenommen wurden,[2060]

---

mas/Nebbia, 11 (27); Generalanwalt *Fennelly* (Fn. 1818), Rn. 83 (*Deutschland/Parlament u. Rat*).

[2051] EuGH, Urt. v. 05.10.2000, Rs. C-376/98, Slg. 2000, I-8498, Rn. 106 (*Deutschland/Parlament und Rat*); EuGH, Urt. v. 11.06.1991, Rs. C-300/89, Slg. 1991, I-2895, Rn. 23 (*Kommission/Rat*).

[2052] EuGH, Urt. v. 05.10.2000, Rs. C-376/98, Slg. 2000, I-8498, Rn. 86 (*Deutschland/Parlament und Rat*).

[2053] So *Hojnik*, EJLS 6 (2013), 25 (42); vgl. auch *Usher*, CMLR 38 (2001), 1519 (1536).

[2054] S. b. Fn. 3128 ff. und vgl. zu dieser Feststellung *Weatherill*, ICLQ 61 (2012), 541 (548).

[2055] *Tietje*, in: Grabitz/Hilf/Nettesheim, Art. 114 AEUV Rn. 96.

[2056] S. b. Fn. 3705 ff.

[2057] *Hödl*, 74; *Keßler*, 319; *Müller-Graff*, in: von der Groeben/Schwarze/Hatje, Art. 34 AEUV Rn. 349; *Solbach*, 237.

[2058] *Kahl*, in: Calliess/Ruffert, Art. 114 AEUV Rn. 10.

[2059] S. b. und in Fn. 1944.

[2060] S. b. Fn. 2885 ff.

dann ist dies nach Auffassung des EuGH in der die Grundfreiheiten nicht (in relevanter Weise) behindernden *Wirkung* solcher Regelungen begründet. Sektorspezifischen Ausnahmen scheint der EuGH besonders skeptisch gegenüberzustehen, wenn es um *diskriminierende* Regelungen geht. In bestimmten souveränitätssensiblen Gebieten (wie dem Steuerrecht[2061] oder im Bereich des Sozialversicherungsrechts[2062]) zeigt sich allerdings (mit Blick auf nicht diskriminierende Regelungen) eine gewisse unausgesprochene *Zurückhaltung* in der Intensität der Kontrolle, die mit Sektoren zu korrelieren scheint, für die auf der Unionsebene wenige bis keine Kompetenzen existieren.

Die Kommission soll gem. Art. 114 III AEUV in den Bereichen „Gesundheit, Sicherheit, Umweltschutz und Verbraucherschutz von einem hohen Schutzniveau“ ausgehen. Hieraus kann ein impliziter Hinweis abgeleitet werden, dass die Rechtsangleichung gerade in solchen Bereichen ansetzen soll, in denen die Grundfreiheiten nicht zu einer Marktintegration führen können, weil berechtigte Interessen in verhältnismäßiger Weise verfolgt werden.[2063] Gleichzeitig besteht *keine Bereichsausnahme* für diese Sachgegenstände. Der Primärrechtgeber scheint davon auszugehen, dass diese Sachgegenstände im Anwendungsbereich der Grundfreiheiten liegen können. Diese Vermutung wird dadurch bestätigt, dass auf den genannten Feldern geschriebene und ungeschriebene Rechtfertigungsgründe für Grundfreiheiteneingriffe existieren.

Eine gemeinsame Betrachtung von Art. 114 IV, V AEUV verdeutlicht zudem, dass die dort genannten typischerweise dem Produktionsrecht zugehörigen Gebiete, so die Arbeitsumwelt und die Umwelt, zwar einen gesteigerten Schutz erfahren, aber nicht i. W. e. Bereichsausnahme ausgeklammert werden.

2. Vergleich der Rechtsfolgen

Die Unionsorgane genießen einen erheblichen *Beurteilungsspielraum* in Bezug auf die Frage, *wie intensiv* die nationalen Rechte angeglichen werden sollen.[2064] Art. 114 AEUV ist nicht – wie Art. 115 AEUV – auf Richtlinien beschränkt, sondern umfasst „Maßnahmen“, worunter auch Verordnungen fallen. Im *Ermessen* der unionalen Gesetzgebungsorgane steht zudem das „*Ob*“ der positiven Rechtsangleichung. Diese findet nicht *automatisch* statt

---

[2061] Umf. *Kokott/Ost*, EuZW 2011, 496 ff.; *Lenaerts*, EuR 2009, 728 (729 ff.) jew. m. w. N. Dabei verwendet der Gerichtshof zwar teilweise Beschränkungsverbotsumschreibungen, in der Sache wendet er aber stets nur ein Diskriminierungsverbot an, *Kokott/Ost*, EuZW 2011, 496 (498) m. w. N.

[2062] Vgl. nur d. Nachw. in Fn. 1944.

[2063] *Hödl*, 61.

[2064] *Tietje*, in: Grabitz/Hilf/Nettesheim, Art. 114 AEUV Rn. 35.

(wie bei den Grundfreiheiten). Mit Blick auf diese zusätzliche Kontrollebene könnte ein weiter Anwendungsbereich hier (bei Art. 114 AEUV) viel eher von den Mitgliedstaaten akzeptiert werden als in Bezug auf unmittelbar anwendbare subjektive Schutzvorschriften (wie die Grundfreiheiten).[2065] Abgeschwächt wird dies jedoch dadurch, dass Art. 114 AEUV „nur" die Durchführung eines *ordentlichen* Gesetzgebungsverfahrens verlangt, bei welchem eine (qualifizierte) *Mehrheit* genügt und *Einstimmigkeit* – anders als bei Art. 115 AEUV – nicht erforderlich ist, sodass einzelne Mitgliedstaaten überstimmt werden können.[2066]

Unterschiedlich ist auch das *Ergebnis* der Rechtsanwendung bzw. (bei Art. 114 AEUV) der Kompetenzbetätigung: Bei Art. 114 AEUV besitzen die Unionsorgane die Kompetenz, die Rechtslage je nach Wunsch – begrenzt allein durch die Unionsgrundrechte und die sonstigen Kompetenzgrenzen – zu *gestalten*, wohingegen Art. 35 Alt. 2 AEUV die Berufung auf eine andere Rechtsordnung ermöglicht (wenn die Auslegung i. S. e. Wettbewerbsgleichheits-Rechtswahlmechanismus zugrunde gelegt wird) oder, nach anderer Auffassung, eine Deregulierung bewirkt. Das Ergebnis von Art. 35 Alt. 2 AEUV kann – im Gegensatz zu dem von Art. 114 AEUV – nie ein *strengerer* Standard sein als der des Exportstaates (was liberalere Mitgliedstaaten wegen der handelshemmenden Wirkungen ggf. ablehnen) und (sofern eine Auslegung von Art. 35 Alt. 2 AEUV i. S. e. Wettbewerbsgleichheits-Rechtswahlmechanismus zugrunde gelegt wird) nie unter das Niveau fallen, das der Mitgliedstaat mit den niedrigsten Standards festsetzt. Im Rahmen der Rechtsangleichung können dagegen nicht nur zwingende, sondern auch sonstige Erfordernisse in verhältnismäßiger Weise verfolgt werden:[2067] In die die Rechtsangleichung ansonsten allein begrenzenden EU-Grundrechte kann bereits aufgrund der „von der Union anerkannten dem Gemeinwohl dienenden Zielsetzungen oder den Erfordernissen des Schutzes der Rechte und Freiheiten anderer tatsächlich entsprechen[den]" Maßnahmen eingegriffen werden (Art. 52 I EUGRCh). Auch übt der EuGH die (Verhältnismäßigkeits-)Kontrolle von Unionsrechtsakten am Maßstab der EU-Grundrechte zurückhaltend aus (zurückhaltender als die Kontrolle mitgliedstaatlicher Maßnahmen am Maßstab Grundfreiheiten).[2068] Dadurch können über die

[2065] Vgl. *Hödl*, 67; *Valta*, 116 (noch stärker wäre dieses Argument, wenn hier Einstimmigkeit erforderlich wäre wie bei Art. 115 AEUV, dementsprechend auch *Roth*, 23 f.).

[2066] Daher wendet z. B. *Weatherill* ein, dass die Einfügung des Erfordernisses der qualifizierten Mehrheit das Bedürfnis nach einer extensiven Auslegung mindere wegen der nicht mehr gegebenen Blockierungsmöglichkeit für jeden Mitgliedstaat, CMLR 33 (1996), 885 (906).

[2067] *Bleckmann*, GRUR Int. 1982, 172 (182).

[2068] Seit dem Lissabonner Vertrag ist jedoch in einigen Gebieten zu beobachten, dass der EuGH die Grundrechtsstandards verschärft hat, vgl. nur EuGH, Urt. v. 08.04.2014, Rs. C-293/12, C-594/12, unveröfftl. (*Digital Rights Ireland*); EuGH, Urt. v. 13.05.2014, Rs. C-

Rechtsangleichung strengere Standards gesetzt, aber auch die Spielräume für die Mitgliedstaaten stärker begrenzt werden, als dies durch die Grundfreiheiten geschieht.

Es bestehen zudem in Bezug auf die Anwendungsergebnisse der beiden Vorschriften *unterschiedliche Abweichungsmöglichkeiten*: Im Regelfall wird der Einsatz von Art. 35 Alt. 2 AEUV dazu führen, dass mitgliedstaatliche Regelungen, sofern ein geschriebenes oder ungeschriebenes legitimes Ziel ersichtlich ist, auf das Maß reduziert werden, das einer *verhältnismäßigen* Lösung entspricht.[2069] Die Mitgliedstaaten dürfen hierbei zu unterschiedlichen Lösungen gelangen und unterschiedliche Schutzniveaus in verhältnismäßiger Weise verfolgen.[2070] Bei Art. 114 AEUV wird hingegen – mit unterschiedlicher Intensität (je nachdem, ob eine Mindest- oder eine Vollharmonisierung stattfindet) – ein *Einheitsmaßstab* festgesetzt, ohne dass hierbei ähnlich viele Möglichkeiten bestehen, von diesem Maßstab unter Berufung auf einen Rechtfertigungsgrund abzuweichen. Zunächst umfassen sowohl Art. 114 IV AEUV als auch Art. 114 V AEUV nicht alle Schutzgüter, die im Rahmen der *nicht abschließenden Cassis*-(Nachfolge-)Rechtsprechung als rechtfertigungstauglich anerkannt sind, sondern nur eine begrenzte, abschließend bestimmte und bei Art. 114 V AEUV sogar noch eine restriktivere Auswahl (was z. T. in Bezug auf Art. 114 IV AEUV bestritten wird,[2071] wogegen aber der Ausnahmecharakter und der klare Wortlaut sprechen). Sodann ist der Anwendungsbereich weitaus enger: Während die Mitgliedstaaten bei Art. 35 Alt. 2 AEUV „nach unten" wie „nach oben" abweichen können, ist ihnen dies bei Art. 114 IV, V AEUV *nur* „nach oben" hin erlaubt.[2072] Unabhängig davon, ob mit e.A. die spezifischen Voraussetzungen des Art. 114 V AEUV auch für Art. 114 IV AEUV zu verlangen sind[2073] – nämlich das Stüt-

---

131/12, unveröfftl. (*Google Spain*). Ebenso *Classen*, EuZW 2015, 854 (858 f.); *Schroeder*, EuZW 2011, 462 ff.; *Weiß*, EuZW 2013, 287 ff.

[2069] Allerdings sind hierbei unterschiedlich intensive und strukturierte Verhältnismäßigkeitstests denkbar, die die Kompetenzen der Mitgliedstaaten in unterschiedlich starker Weise beschneiden, s. b. Fn. 3425 ff.

[2070] Die Grundfreiheiten erzeugen daher *größere Rechtsunsicherheiten* als die Rechtsangleichung, weil das Ergebnis von Verhältnismäßigkeitsprüfungen nicht immer sicher vorhergesagt werden kann und weniger Rechtfertigungsmöglichkeiten in Bezug auf Art. 114 AEUV bestehen als in Bezug auf die Grundfreiheiten (wie sogl. gezeigt wird). Daher kann Art. 114 AEUV (in bestimmten Fällen) zur Ausräumung der mit der Durchführung einer Verhältnismäßigkeitsprüfung einhergehenden Unsicherheiten herangezogen werden, vgl. *Bleckmann*, GRUR Int. 1986, 172 (182); *Körber*, 59 f.; *Lackhoff*, Niederlassungsfreiheit, 365 f.

[2071] S. nur die Nachw. bei *Kahl*, in: Grabitz/Hilf/Nettesheim, Art. 114 AEUV Rn. 170.

[2072] S. a. *Kahl*, in: Grabitz/Hilf/Nettesheim, Art. 114 AEUV Rn. 165.

[2073] Hierfür spricht insbesondere der Ausnahmecharakter und die Art. 114 AEUV zugrunde liegende Finalität wie auch die systematische Betrachtung mit Art. 114 III AEUV, der ja schon für die Rechtsangleichungsmaßnahme ein hohes Schutzniveau fordert, das die zen „auf neue wissenschaftliche Erkenntnisse" und das Vorliegen eines „spezifischen Problems" für den jeweiligen Mitgliedstaat –, gelten diese noch einmal zusätzlich verschärften Voraussetzungen des Art. 114 V AEUV jedenfalls für die *Neueinführung* entsprechend abweichenden mitgliedstaatlichen Vorschriften. Es gibt also Fälle, in denen eine mitgliedstaatliche Maßnahme Art. 35 Alt. 2 AEUV beeinträchtigen kann, aber gerechtfertigt ist, andererseits aber durch Art. 114 AEUV angeglichen werden kann, ohne dass eine gerechtfertigte Abweichung möglich wäre. Folglich kann Art. 114 AEUV in bestimmten Fällen als Instrument dienen, um Wettbewerbsverzerrungen zu beseitigen, die über Art. 35 Alt. 2 AEUV nicht bekämpft werden können.[2074]

Die vorstehende Rechtsfolgenanalyse hat ergeben, dass sich die Rechtsfolgen der beiden betrachteten Gewährleistungen *voneinander unterscheiden*. Dabei ist es nicht einfach so, dass Art. 35 Alt. 2 AEUV die für die Mitgliedstaaten einschneidenderen Rechtsfolgen zeitigt. Vielmehr besitzen die Rechtsfolgen der (positiven) Rechtsangleichung bestimmte Merkmale, die diese als kompetenzinvasiver auszeichnet *und vice versa*.

3. Gesamtbefund

Die beiden Vorschriften greifen *in unterschiedlicher Weise* in die mitgliedstaatlichen Kompetenzen ein. Insgesamt betrachtet entfaltet keine der beiden Vorschriften klar restriktivere Wirkungen bezüglich der mitgliedstaatlichen Kompetenzen als die andere. Die jeweiligen Kompetenzeingriffe wiegen sich auf. Folgende Einzelbeobachtungen stechen dabei heraus: Zunächst lässt sich der Anwendungsbereich von Art. 35 Alt. 2 AEUV leicht so konstruieren, dass er sich mit dem von Art. 114 AEUV überschneidet, etwa indem im Rahmen von Art. 35 Alt. 2 AEUV eine *spürbare Beeinträchtigung der Wettbewerbsgleichheit* verlangt wird. Zweitens umfasst Art. 114 AEUV Inländerdiskriminierungen, die von Art. 35 Alt. 2 AEUV nicht erfasst werden. Drittens verlangt Art. 114 AEUV ein im *Ermessen* stehendes gesetzgeberisches *Tätigwerden* und stellt keinen nur noch gerichtlich geltend zu machenden *Automatismus* dar (wie Art. 35 Alt. 2 AEUV), worin ein zusätzlicher *Kontrollmechanismus* der Mitgliedstaaten gesehen werden kann. Viertens klammert Art. 114 AEUV ausweislich seines Absatzes 2 bestimmte Gebiete i. W. e. Bereichsausnahme aus, wohingegen die Grundfreiheiten nach st. Rspr. grundsätzlich keine Bereichsausnahmen besitzen.[2075] Fünftens findet bei Art. 114 AEUV eine *Rechtsangleichung* statt (in deren Rahmen sowohl höhere als auch niedrigere Standards als die der Mitgliedstaaten festgesetzt werden kön-

Mitgliedstaaten dann ja noch übersteigen müssten, s. umf. *Kahl*, in: Grabitz/Hilf/Nettesheim, Art. 114 AEUV Rn. 171 ff. m. w. N.

[2074] Vgl. *Enchelmaier*, Rn. 5 ff.

[2075] Die Ausübung öffentlicher Gewalt betreffende Bereichsausnahmen existieren nicht im Kontext der Warenverkehrsfreiheit.

nen), wohingegen Art. 35 Alt. 2 AEUV nur eine Rechtswahl zwischen den mitgliedstaatlichen Rechtsordnungen ermöglicht und, bei Vorliegen legitimer Interessen, eine *Verhältnismäßigkeitsprüfung* zur Folge hat, in deren Rahmen unterschiedliche Schutzniveaus erlaubt sind. Sechstens bestehen *erheblich* weniger Rechtfertigungsmöglichkeiten in Bezug auf Art. 114 AEUV als in Bezug auf Art. 35 Alt. 2 AEUV. Siebtens kann aus Art. 114 III AEUV abgeleitet werden, dass der Primärrechtgeber davon ausgeht, dass die Rechtsangleichung auch und vor allem der Ausräumung von *gerechtfertigten* Beeinträchtigungen der Grundfreiheiten dient und damit, in Bezug auf die Grundfreiheiten, von einer *weiten* Anwendungsbereichs- und Beeinträchtigungsebene ausgeht. Achtens werden die in Art. 114 III-V AEUV aufgezählten Gegenstände nicht (i. W. e. Bereichsausnahme) ausgeklammert, sondern „nur" unter gesteigerten Schutz gestellt.

4. Schlussfolgerungen

Die (nachfolgenden und vorherigen) Schlussfolgerungen sollten nicht *absolut* gesetzt werden. Aufgrund der fehlenden Deckungsgleichheit von Art. 114 AEUV und Art. 35 AEUV sowie der teilweisen Widersprüchlichkeit und Komplexität der Aspekte handelt es sich um *Anhaltspunkte*. Diesen kann bei der späteren Gesamtabwägung (mit *weiteren* interpretativen Anhalten) ggf. nur ein schwaches Abwägungsgewicht beigemessen werden.

Da Art. 35 Alt. 2 AEUV wie gezeigt nicht einfach als *kompetenzinvasivere Vorschrift mit niedrigeren Voraussetzungen* qualifiziert werden kann, ist es auch nicht möglich, die grundsätzliche Schlussfolgerung zu ziehen, dass Art. 35 Alt. 2 AEUV grundsätzlich *enger* ausgelegt werden sollte als Art. 114 AEUV. Mit Blick auf die parallele Funktion und Zielsetzung der beiden Vorschriften spricht daher einiges dafür, die Voraussetzungen beider Institute anzunähern und das Erfordernis einer spürbaren Wettbewerbsungleichheit von Art. 114 AEUV auf Art. 35 Alt. 2 AEUV zu übertragen.[2076]

Die Tatsache, dass Art. 114 AEUV nicht zwischen Herkunfts- und Zielstaatskonstellationen unterscheidet, könnte des Weiteren für eine *parallele* Handhabung der Art. 34 Alt. 2, 35 Alt. 2 AEUV sprechen und zeigen, dass eine solche Differenzierung nicht durch Unterschiede in der Sache begründet ist.

Dass in ausgeklammerten Gebieten keine Rechtsangleichungs- bzw. nur Koordinierungs- und Ergänzungsmechanismen bestehen, könnte als Anhaltspunkt gewertet werden, dass in den Mitgliedstaaten keine politischen Mehrheiten für die *unionale* Normierung solcher Gebiete bestehen.[2077] Dementsprechend könnte es in Bezug auf *unterschiedslose Beschränkungen* schwer vertretbar erscheinen, ein Ergebnis durch Art. 35 Alt. 2 AEUV herzustellen,

---

[2076] Ähnl. *Horsley*, JCMS 2012, 267 (280).

[2077] S. umf. zu integrationsdynamischen Erwägungen b. Fn. 2157 ff.

welches mit der weit gefassten *positiven* Rechtsangleichungsermächtigung selbst dann nicht herbeigeführt werden könnte, wenn ein entsprechender politischer Wille hierzu bestünde (wegen Art. 114 II AEUV). Allerdings muss hier stets geprüft werden, ob sektorspezifische Rechtssetzungs- oder -angleichungsermächtigungen bestehen (siehe hierzu sogleich).

Zusätzlich könnte möglicherweise argumentiert werden, dass Grundfreiheiteneingriffe auf diesen Gebieten ein *Regulierungsvakuum* erzeugen würden:[2078] Falls ein bestimmter Bereich durch die Grundfreiheiten wirklich so dereguliert wird, dass hiervon nicht abgewichen werden kann, ist dieser Bereich nur noch mithilfe der Rechtsangleichung zu re(re)gulieren, was aber eben in Fällen einer Bereichsausnahme ebenfalls ausscheidet. Dass ein Regulierungsvakuum entsteht, erscheint aber schon mit Blick auf das Bestehen von Rechtfertigungsgründen unwahrscheinlich, zumal wenn bereits im Rahmen der Grundfreiheitenprüfung (insbesondere auf der Rechtfertigungsebene) berücksichtigt wird, dass auf dem jeweiligen keine Möglichkeiten einer unionalen Rechtssetzung existieren und die Grundfreiheitenprüfug daher kompetenzschonend erfolgt.

In den dann noch verbleibenden Bereichen, in denen eine Rechtsangleichung oder -setzung nicht möglich ist, können die Urteile des EuGH nur noch auf dem hürdenreichen Weg einer *Primär*rechtsänderung korrigiert werden. Auch dieses Argument erscheint jedoch wenig stichhaltig: Dass bestimmte Urteile durch den einfachen Gesetzgeber nicht mehr korrigiert werden können, ist ein *generelles* Merkmal von Urteilen *oberster* Gerichte (insbesondere von Verfassungsgerichten). Gleichwohl dürften die Schwierigkeiten im Kontext der *EU* gravierender sein als auf der *nationalen* Verfassungsebene, weil es auf nationaler Ebene einfacher sein dürfte, einen Konsens über grundlegende Fragen der sozio-kulturellen Ordnung zu erzielen.[2079] Tendenziell spricht die *gänzliche* Herausnahme bestimmter Rechtsgebiete aus Art. 114 AEUV dafür, solche Gebiete auch aus einem Wettbewerbsgleichheits-Rechtswahlmechanismus im Rahmen von Art. 35 Alt. 2 AEUV auszunehmen und hier nur ein *Diskriminierungsverbot* zu statuieren[2080] oder auf solchen Gebieten nur eine zurückhaltende Grundfreiheitenprüfung durchzuführen.[2081]

[2078] *Bast/Rödel*, EuR 2013 Beiheft 1, 5 (9). Dies klingt auch im *Daily Mail*-Judikat an, EuGH, Urt. v. 27.09.1988, Rs. 81/87, Slg. 1988, 5505, Rn. 23 (*Daily Mail*).

[2079] Z. B. besitzen Meinungs- und Pressefreiheit in angelsächsisch geprägten Ländern einen ganz anderen Stellenwert (im Verhältnis zum Schutz der Persönlichkeitsrechte) als in den meisten kontinentalen Rechtsordnungen (wie Frankreich und Deutschland).

[2080] Ebenso *Frenz*, Bd. 6, Rn. 2189; *Körber*, 19; *Valta*, 116. *Jürgens*, 193 f., 198 f. spricht sich mit Blick auf das Prinzip der begrenzten Einzelermächtigung sogar dafür aus, dass eine negativ-integrierende Primärrechtsnorm keine Rechtsfolge zeitigen dürfe, die nicht auch im Wege der positiven Integration hätte herbeigeführt werden können.

[2081] In Bezug auf den Bereich des Gesundheitsschutzes sei auf die Ausführungen nach Fn. 2092 verwiesen.

E contrario kann in Art. 114 II AEUV wiederum ein Anhalt gesehen werden, dass *sonstige* Produktionsregelungen der nicht in Art. 114 II AEUV genannten Art in einen Wettbewerbsgleicheits-Rechtswahlmechanismus gem. Art. 35 Alt. 2 AEUV einbezogen werden können. Die in Art. 114 III-V AEUV genannten Gebiete werden zwar besonders geschützt, doch besteht für die dort genannten Interessen keine Bereichsausnahme. Diese Interessen scheinen daher nicht so schutzwürdig zu sein, dass sie aus (einem Wettbewerbsgleichheits-Rechtswahlmechanismus in) Art. 35 Alt. 2 AEUV ausgeklammert werden sollten.

5. Sektorspezifische Rechtsangleichungs- und -setzungsermächtigungen

Fraglich ist, ob die bisherigen Erkenntnisse im Lichte der sektorspezifischen Rechtsangleichungs- und -setzungsermächtigungen bestätigt werden und/oder ob sich sogar neue Erkenntnisse ergeben. Zu untersuchen ist, ob bestimmte Gebiete, die sich lebenssachverhaltlich mit Exportsachverhalten überschneiden, gegen (jede) unionale Einflussnahme geschützt werden.

Die Vorschriften im Kontext der Arbeitnehmerfreizügigkeit (in Art. 45, 48 AEUV) sehen keine Kompetenzen für die Angleichung der nationalen Arbeitsrechte vor. Hier entspricht der Befund also der schon in Art. 114 II AEUV statuierten Bereichsausnahme. Der thematisch einschlägige Art. 153 AEUV ermächtigt zwar in bestimmten Fällen zum Erlass von Richtlinien und statuiert hierfür kein Einstimmigkeits-, sondern ein Mehrheitserfordernis. Doch gestattet Art. 153 I AEUV nur ein *unterstützendes* und *ergänzendes* Tätigwerden. Überdies ist den Mitgliedstaaten stets gestattet, „strengere Schutzmaßnahmen beizubehalten oder zu treffen", ohne dass hieran, wie in Art. 114 AEUV, erhöhte Anforderungen gestellt würden. Auch schließt Art. 153 II lit. a AEUV „jeglich[e] Harmonisierung" aus und eröffnet in den Fällen der Art. 153 I lit. a-i AEUV nur die Möglichkeit zum Erlass von „Mindestvorschriften". Im Ergebnis wird der obige Befund zu Art. 114 II AEUV (besondere Schutzwürdigkeit des mitgliedstaatlichen Arbeits- und Sozialrechts) bestätigt.

Der im Kontext der Niederlassungsfreiheit stehende Art. 50 II lit. g AEUV dient dem klassischen Ziel der Wettbewerbsgleichheit, nämlich der Nichtverfälschung des Unternehmenswettbewerbs. Die Art. 50 II lit. g, 52 AEUV dienen hier dem Zweck, solche Vorschriften anzugleichen, deren marktspaltende Wirkungen wegen des Eingreifens von Rechtfertigungsgründen nicht durch die Grundfreiheiten bekämpft werden können. Dadurch, dass der Primärrechtgeber also den Bereich des Gesellschaftsrechts nicht für gegenüber der positiven Rechtsangleichung unantastbar erklärt, erscheint es hier vertretbar, eine auch Produktionsregelungen umfassende Auslegung von Art. 35 AEUV zu befürworten, zumal dann, wenn hier nur eine zurückhaltende Verhältnismäßigkeitsprüfung erfolgt.

Indirekte Steuern können nur über die *Einstimmigkeit* voraussetzende Kompetenz des Art. 113 AEUV, direkte nur über die ebenfalls *Einstimmigkeit* erfordernde Vorschrift des Art. 115 AEUV angeglichen werden. Hier werden die mitgliedstaatlichen Kompetenzen also *stark* geschützt. Dies entspricht der Bereichsausnahme des Art. 114 II AEUV und den Sondervorschriften in Art. 192 II lit. a AEUV und Art. 194 III AEUV. Auch von den leges speciales der Art. 30, 110 AEUV werden nur *diskrimierende* steuerrechtliche Regelungen erfasst: Art. 110 AEUV verbietet über seinen Wortlaut hinaus alle ausfuhrdiskriminierenden Abgaben,[2082] wenn es um „im Rahmen eines allgemeinen inländischen Abgabensystems systematisch nach objektiven Kriterien“[2083] erhobene Abgaben geht. Für ausschließlich auf ausgeführte Erzeugnisse angewandte Abgaben ist Art. 30 AEUV lex specialis.[2084]

Der nur eine qualifizierte Mehrheit verlangende Art. 192 I AEUV bestätigt Art. 114 AEUV und zeigt, dass das Umweltrecht *nicht per se* aus dem Rechtsangleichungsprogramm ausgenommen werden soll. Hier kann die Union, außerhalb des ebenfalls auf dem Gebiet des Umweltrechts bei Binnenmarktbeeinträchtigungen einschlägigen[2085] Art. 114 AEUV, mit *qualifizierter Mehrheit* tätig werden.[2086] Der Streit um die Abgrenzung von Art. 192 AEUV und Art. 114 AEUV (die sich nach dem EuGH nach dem Schwerpunkt des Rechtsaktes bemisst[2087]) kann somit dahinstehen.[2088] Maßgeblich ist hier die die Kompetenzen „bewertende“ Grundaussage. Das Umweltrecht sollte folgerichtig nicht pauschal aus Art. 35 AEUV ausgeklammert werden.

Aus Art. 192 II lit. b AEUV lässt sich ableiten, dass den Binnenmarkt beeinträchtigende Maßnahmen auf den Gebieten der Raumordnung, der Wasserressourcen, der Bodennutzung und der Abfallbewirtschaftung ebenfalls nicht aus dem Binnenmarktziel ausgeklammert werden sollen, denn eine einstimmige Entscheidung sei hier nur „*unbeschadet* des Art. 114 [Hervorh. d.

[2082] Vgl. nur EuGH, Urt. v. 29.06.1978, Rs. 142/77, Slg. 1978, 1544, Rn. 21/27 (*Statens Kontrol Med Ædle Metaller / Larsen*); s. a. *Seiler*, in: Grabitz/Hilf/Nettesheim, Art. 110 AEUV Rn. 34 Rn. 17 Fn. 28, 77; *Waldhoff*, in: Calliess/Ruffert, Art. 110 AEUV Rn. 15 Fn. 61 jew. m. w. N.

[2083] *Waldhoff*, in: Calliess/Ruffert, Art. 30 AEUV Rn. 11.

[2084] Vgl. *Seiler*, in: Grabitz/Hilf/Nettesheim, Art. 110 AEUV Rn. 24.

[2085] Vgl. nur EuGH, Urt. v. 11.06.1991, Rs. 300/89, Slg. 1991, I-2895, Rn. 23 ff. (*Kommission/Rat* auch: *Titandioxid*).

[2086] Interessant ist vor diesem Hintergrund, dass für die Verfolgung der umweltpolitischen Ziele in Art. 191 AEUV vor dem Inkrafttreten des Maastrichter Vertrages noch ein Einstimmigskeitserfordernis galt. Dadurch hat der Primärrechtgeber eindeutig signalisiert, dass er bereit ist, Kompetenzeingriffen hier in größerem Umfange hinzunehmen als vorher, s. hierzu und zur entsprechenden Diskussion um die Abgrenzung zu Art. 114 AEUV umf. *Schladebach*, 35 ff.

[2087] Vg . nur EuGH (Fn. 2085), Rn. 22 ff. (*Titandioxid*).

[2088] Vgl. nur *Calliess*, in: ders./Ruffert, Art. 192 AEUV Rn. 82 ff.; s. a. *Schladebach*, 40 ff. jew. m. w. N.

Verf.]“ AEUV erforderlich. Diese Bereiche werden also nicht zur Gänze ausgenommen. Allerdings kann eine Maßnahme außerhalb von Art. 114 AEUV grundsätzlich nur mit *einstimmiger* Entscheidung erlassen werden. Bis auf Art. 192 II lit. a AEUV werden die dort genannten Gebiete aber nicht von Art. 114 II aufgegriffen und im Wege der Bereichsausnahme ausgeklammert. Wenn der Binnenmarkt also berührt ist, bleibt es bei Art. 114 AEUV. Der Schutz ist hier zwar ein stärkerer als im Umweltbereich, aber keineswegs absolut i. S. e. Bereichsausnahme. Daher sollte in Bezug auf die in Art. 192 II lit. b AEUV genannten Gebiete auch für Art. 35 AEUV keine Bereichsausnahme abgeleitet werden.

Auch im Bereich der produktionsrelevanten Regelung der Energieeffizienz findet sich eine binnenmarktunabhängige Harmonisierungskompetenz, die in Bezug auf die Nutzung der Energieressourcen, die Wahl zwischen verschiedenen Energiequellen und die allgemeine Struktur der Energieversorgung (in Art. 192 II lit. c, 194 II Ua. 2 AEUV) ein qualifiziertes Mehrheitserfordernis statuiert.

Von einer bloßen *Koordinierung* der mitgliedstaatlichen Wirtschaftspolitiken geht das System der Art. 119 ff. AEUV aus (Art. 119 I, 121 AEUV). Für die Wirtschaftspolitik gibt es mithin keine ausschließliche Zuständigkeit der Union. Es ist denn auch verschiedentlich versucht worden, die wirtschaftspolitische Zuständigkeitsordnung bei der Bestimmung der Reichweite der Grundfreiheiten zu berücksichtigen.[2089] Vieles spricht daher dafür,[2090] *makroökonomische* Maßnahmen (*Fasshold*: „Globalmaßnahmen“[2091]), die den Exporteur nur sehr mittelbar – etwa durch eine zurückhaltendere Kreditvergabe – betreffen, auszuklammern. Ein solches Ergebnis lässt sich mittels einer Auslegung von Art. 35 Alt. 2 AEUV erzielen, die einen hinreichenden Bezug zur Exporttätigkeit verlangt. Abzulehnen wäre es dagegen, die Grundfreiheiten pauschal und auch bei unmittelbarer Berührung exportrelevanter Tätigkeiten durch einen undifferenzierten Verweis auf die mitgliedstaatliche Zuständigkeit für die Wirtschaftspolitik für nicht einschlägig zu erklären.[2092]

Im Bereich des Gesundheitsschutzes besitzt die EU nur eingeschränkte Möglichkeiten zur Rechtssetzung. Eine Harmonisierung ist hier gem. Art. 168 V AEUV ausgeschlossen. Die Union verfügt hier nur über Rechtssetzungskompetenzen, wenn es sich schwerpunktmäßig um eine Harmonisierungsmaßnahme handelt (e contrario Art. 168 I Ua. 1 AEUV), in den Fällen der Art. 153 I, II AEUV (Gesundheitsschutz in der Arbeitsumwelt), des Art. 169 AEUV (Verbraucherschutz) sowie der Art. 168 IV (z. B. Blut; Organe; Quali-

---

[2089] *Bleckmann*, 431; *Fasshold*, 73–75; *Müller-Graff*, in: von der Groeben/Schwarze/Hatje, Art. 34 AEUV Rn. 351 f.

[2090] Ähnl. *Marx*, 77 f.; *Ulmer*, GRUR Int. 1973, 502 (511); zurückhalt. *Fasshold*, 73–75.

[2091] *Fasshold*, 73–75.

[2092] Ähnl. *Bleckmann*, 431; *Müller-Graff*, in: von der Groeben/Schwarze/Hatje, Art. 34 AEUV Rn. 351 f.

täts- und Sicherheitsstandards für Arzneimittel und Medizinprodukte) und V (unterstützende, koordinierende, ergänzende Kompetenz) AEUV. Der Ausnahmecharakter unionsrechtlicher Regulierung ist im Bereich des Gesundheitsschutzes etwas schwächer ausgeprägt als im Bereich etwa des Steuerrechts, weshalb keine Bereichsausnahme für den häufig produktionsrelevanten Bereich des Gesundheitsschutzes anerkannt werden sollte. Eine gewisse Zurückhaltung im Rahmen der Grundfreitenprüfung erscheint indes angezeigt (etwa auf der Rechtfertigungsebene, indem Spielräumen innerhalb der Verhältnismäßigkeitsprüfung anerkannt werden, oder auf der Tatbestandsebene, innerhalb derer z. B. Spürbarkeitskriterien zur Anwendung gebracht werden).

III. Gesamtbetrachtung der unvollständigen Kompetenzübertragung auf die EU

Im Folgenden soll eine *Gesamt*betrachtung der Kompetenzverteilung zwischen Union und Mitgliedstaaten vorgenommen und ermittelt werden, ob das Gewicht der mitgliedstaatlichen Kompetenzen bestimmte Systemrückschlüsse auf die (Auslegung der) Grundfreiheiten erlaubt.[2093] Die Grundfreiheitendogmatik des EuGH muss mit der Regel in Einklang gebracht werden, dass den Mitgliedstaaten die Entscheidungskompetenz überall dort verbleibt, wo sie nicht eindeutig auf supranationale Unionsorgane delegiert wurde; ferner ist sie damit zu versöhnen, dass die Union in vielen Bereichen eben noch nicht Mitentscheider, geschweige denn Alleinentscheider ist. Die komplexe und fein austarierte Kompetenzsystematik der Verträge, nach der bestimmte Gemeinwohlinteressen gerade nicht oder nur unter sehr engen Voraussetzungen unional geregelt werden dürfen, darf nicht durch extensiv ausgelegte Grundfreiheiten überspielt werden.

1. Durch die Änderungsverträge abgesicherte Fallrechtsprechung des EuGH

Die Hinnahme auch weitreichender Kompetenzeinfälle durch die Aktivierung der Grundfreiheiten seitens des EuGH kann sich in bestimmtem Umfang auf die Legitimation durch die *nicht ändernden* Änderungsverträge wie die EEA oder den Maastrichter Vertrag stützen, die – insofern zusätzlich legitimierend – sogar zusätzliche Kompetenzen auf die Union übertragen und deren Stellung verstärkt haben. Allerdings sind damit nur der *Status quo* und eine grundlegende Auslegungskompetenz des EuGH abgesichert.[2094] Jede weitere

[2093] S. zu der möglichen Schlussfolgerung einer Pflicht zur Berücksichtigung der mitgliedstaatlichen Kompetenzen bei der Konstruktion des Beeinträchtigungstatbestands b. Fn. 2148.

[2094] S. umf. b. Fn. 931 ff.

Extension der (Auslegung der) Grundfreiheiten sollte daher – wenn sie die Kompetenzen der Mitgliedstaaten berührt – *behutsam* erfolgen, damit die Mitgliedstaaten ggf. nachsteuern und judizielle Änderungen korrigieren können.

2. Anhaltspunkte in den Verträgen

a) Kompetenztrias, Vertragsänderungsverfahren und Flexibilitätsklausel

Der Grundsatz der begrenzten Einzelermächtigung[2095] gehört zu den stärksten primärrechtlichen Anhalten für die fortwährend hohe Bedeutung der Bewahrung der mitgliedstaatlichen Kompetenzen und belegt das Fehlen einer Kompetenz-Kompetenz auf der Unionsebene.[2096] Sein Korrelat ist Art. 48 EUV, der für die Schaffung neuer Kompetenzen das dort vorgesehene und mit strengen Verfahrensanforderungen verbundene Vertragsänderungsverfahren normiert und die Stellung der Mitgliedstaaten als Herren der Verträge verfestigt.[2097] Beides zusammen zeigt an, dass jeder Kompetenzeingriff rückführbar sein muss auf einen legitimierenden Delegationsakt der Mitgliedstaaten. Eine lose Kompetenzübertragung kann daher nicht die Grundlage für weitreichende Kompetenzeingriffe darstellen.[2098] Dieses Ergebnis wird auch nicht durch die Flexibilitätsklausel in Art. 352 AEUV relativiert, die in ihrer Bedeutung für die Unionskompetenzen nicht *über*schätzt werden sollte: Sie verleiht schon tatbestandlich keine Kompetenz-Kompetenz.[2099] Vor allem aber müssen ihre extrem starken *prozeduralen Sicherungen* berücksichtigt werden: Nicht nur muss das Europäische Parlament zustimmen, auch müssen alle 28 Mitgliedstaaten einverstanden sein, und die Öffentlichkeit wird durch die frühzeitige Information der Parlamente ebenfalls sensibilisiert.[2100] Auf der Tatbestandsebene ist hervorzuheben, dass Art. 352 AEUV insbesondere als immanentes negatives Tatbestandsmerkmal voraussetzt, dass mit dessen Geltendmachung keine implizite Vertragsänderung bewirkt wird.[2101]

Aus alledem folgt, dass eine *Entleerung* der mitgliedstaatlichen Kompetenzen über eine unbestimmt gefasste und dem EuGH eine „unbegrenzte Auslegung“ ermöglichende Bestimmung unzulässig wäre.[2102]

[2095] S. a. schon b. Fn. 1940 ff.

[2096] Vgl. nur *Mühl*, 146.

[2097] Vgl. nur *Cremer*, in: Calliess/Ruffert, Art. 48 EUV Rn. 19 ff.; *Epiney*, 243; s. a. *Ohler*, in: Grabitz/Hilf/Nettesheim, Art. 48 EUV Rn. 4; *Weatherill*, Germ. L. J. 12 (2011), 827 (847 f.).

[2098] Vgl. *Möschel*, NJW 1993, 3025.

[2099] Ebenso *Kingreen*, 90 f.; *Mühl*, 146 f.

[2100] *M. Rossi*, in: Calliess/Ruffert, Art. 352 AEUV, Rn. 8.

[2101] EuGH, Gutachten v. 28.03.1996, 2/94, Slg. 1996, I-1783, Rn. 30.

[2102] S. schon b. Fn. 1946 ff.

b) Art. 3 IV Ua. 2 S. 2, 4 II, 5 III Ua. 2 EUV (nationale Identität, grundlegende mitgliedstaatliche Funktionen, Loyalitätsgrundsatz)

aa) Schutz von Vielfalt (Art. 3 IV Ua. 2 EUV) und nationaler Identität (Art. 4 II 1 EUV)

„Die Union wahrt [gem. Art. 3 IV Ua. 2 EUV] den Reichtum ihrer kulturellen und sprachlichen Vielfalt". (Der Art. 6 III EU a.F.[2103] ersetzende) Art. 4 II 1 EUV n.F. bestimmt: „Die Union achtet (...) die (...) nationale Identität [der Mitgliedstaaten], die in ihren grundlegenden politischen und verfassungsmäßigen Strukturen einschließlich der regionalen und lokalen Selbstverwaltung zum Ausdruck kommt." Schon im Verfassungsvertrag sollte diese (sich lediglich durch eine andere Übersetzung unterscheidende) Bestimmung dazu dienen, die *äußersten Kompetenzgrenzen* festzulegen, die der Union gesteckt sind (*Dreher*: „Wesensgehaltsgarantie"[2104]).[2105] Mit der Begrenzung der Norm auf die „grundlegenden (...) Strukturen" wird der Gewährleistungsgehalt erheblich begrenzt.[2106] Gemeinhin werden hierzu das Staatsein, die Souveränität, die demokratische, rechtsstaatliche und freiheitliche Ordnung sowie die Menschenrechte und – in Bezug auf Deutschland – die kommunale Selbstverwaltung und die Bundesstaatlichkeit[2107] hinzugezählt, in der Sprache des deutschen Verfassungsrechtsdiskurses: die *Verfassungsidentität*.[2108]

In der jüngeren EuGH-Rechtsprechung (v. a. im Kontext der Freizügigkeit gem. Art. 21 AEUV) ist das Ziel der nationalen Identität als ergänzendes (und nicht als tragendes) Argument angeführt worden, um schon aus allgemeinen

---

[2103] Zur Bedeutung des alten Art. 6 III EUV *Dreher*, JZ 1999, 105 (108); *Rauer*, 213 ff. Dieser wurde noch viel stärker in einem *kulturellen* Sinne aufgefasst. *Dreher* etwa beschreibt „Wissenschaft, Kunst und Religion" als dessen primäre Schutzgegenstände (108). Durch die im Zuge des Lissabonner Vertrags in das Primärrecht gelangte Definition des Begriffs hat sich hierdurch nicht nur eine Begrenzung, sondern auch eine stärkere praktische Anwendbarkeit ergeben. Vgl. zur Rezeption des Schutzes der nationalen Identität als Korrelat zur Europarechtsfreundlichkeit des Grundgesetzes im europäischen Verfassungsverbund *Voßkuhle*, NVwZ 2010, 1 (6).

[2104] *Dreher*, JZ 1999, 105 (108).

[2105] Vgl. nur *von Bogdandy/Schill*, ZaöRV 70 (2010), 701 (725 f.); *Dreher*, JZ 1999, 105 (108); *Puttler*, in: Calliess/Ruffert, Art. 352 AEUV, Rn. 14, 22; diese sehr weit verstehend *Steindorff*, ZHR 163 (1999), 395 (411 ff.); ähnl. wie *Steindorff* auch *Guastaferro*, Jean Monnet Working Paper No. 01/12, 56 ff.; s. a. *Gerhardt*, ZRP 2010, 161 (165): „exzeptionel[l]", „Notfallmechanism[us]".

[2106] *Von Bogdandy/Schill*, in: Grabitz/Hilf/Nettesheim, Art. 4 EUV Rn. 16; *Puttler*, in: Calliess/Ruffert, Art. 352 AEUV Rn. 15.

[2107] Nunmehr anerkannt in EuGH, Urt. v. 12.06.2014, Rs. C-156/13, unveröfftl., Rn. 34 (*Digibet*).

[2108] *Von Bogdandy/Schill*, in: Grabitz/Hilf/Nettesheim, Art. 4 EUV Rn. 16 f.; *Mayer*, Germ. L. J. 15 (2014), 111 (129 ff.); *Puttler*, in: Calliess/Ruffert, Art. 352 AEUV Rn. 16 f.

Rechtfertigungsgründen abgeleitete Ergebnisse argumentativ *abzusichern*.[2109] In der jüngst entschiedenen Rs. *Digibet*[2110] (Vereinbarkeit unterschiedlichen Glücksspielrechts verschiedener deutscher Bundesländer mit der Dienstleistungsfreiheit) scheint das Argument zwar eine gewichtigere Rolle zu spielen, allerdings hätte das Verdikt der Unzulässigkeit (auf der Grundlage der Kohärenzjudikatur[2111]) die *föderale Ordnung Deutschlands* (die unter die Ewigkeitsgarantie des Grundgesetzes fällt) infrage gestellt,[2112] was der explizit in Art. 4 II 1 EUV genannten „regionalen und lokalen Selbstverwaltung" entgegengestanden hätte. Auch *Digibet* spricht also nicht für eine Heranziehung der nationalen Identität als *allgemeiner Auslegungshilfe*. Anders als die unbestimmt gefasste[2113] Vorgängerbestimmung (des Art. 6 III EU a.F.) präsentiert sich Art. 4 II 1 EUV zwar *anwendungsnäher*.[2114] Zudem ist Art. 4 II 1 EUV nun in die Zuständigkeit des Gerichtshofs einbezogen. Doch scheint Art. 4 II 1 EUV mit Blick auf dessen *restriktive thematische* Fassung und dessen Ultima-Ratio-Funktion nur in *ganz fundamentalen Wertbeziehungen* eine (letzte) Grenze vorzugeben. Folglich kann die Garantie nationaler Identität nicht herangezogen werden, um *ganz allgemein* eine restriktivere Handhabung, sogar eine Abstinenz von Angleichungsinstrumenten für den Binnenmarkt anzumahnen.[2115] Sie sollte daher auf der *Anwendungsbereichs*- und *Beeinträchtigungsebene* der Grundfreiheiten grundsätzlich nicht berücksichtigt werden.[2116] Auf der Prüfungsstufe der *Rechtfertigung* kann die Garantie nationaler Identität jedoch herangezogen werden, um legitime Interessen – nämlich die in Art. 4 II 1 EUV genannten – *mit*zubegründen und um im Rahmen

---

[2109] EuGH, Urt. v. 22.12.2010, Rs. C-208/09, Slg. 2010, I-13718, Rn. 92 (*Sayn-Wittgenstein*); EuGH, Urt. v. 12.05.2011, Rs. C-391/09, Slg. 2011, I-3818, Rn. 86 (*Runevič-Vardyn und Wardyn*); EuGH, Urt. v. 16.04.2013, C-202/11, unveröfftl., Rn. 26 (*Anton Las*).

[2110] EuGH (Fn. 2107), Rn. 34 (*Digibet*), Anm. v. *Arendts*, MMR 2014, 556; *Michl*, EuZW 2014, 630.

[2111] Vgl. zum insbesondere im Bereich des Glücksspiels einflussreichen Topos der kohärenten (und andernfalls nicht verhältnismäßigen) Umsetzung eines legitimen Ziels nur EuGH, Urt. v. 10.03.2009, Rs. C-169/07, Slg. 2009, I-1721, Rn. 55 ff. (*Hartlauer*); EuGH, Urt. v. 03.06.2010, Rs. C-258/08, Slg. 2010, I-4757, Rn. 14, 21 ff. (*Ladbrokes*).

[2112] *Michl*, EuZW 2014, 630 (631).

[2113] *Seiler*, 332.

[2114] Die Unbestimmtheit der Vorgängerbestimmung erschwerte die Ableitung konkreter Rechtsfolgen, *Seiler*, 332.

[2115] So aber wohl *Steindorff*, ZHR 163 (1999), 395 (412 ff.), dessen Argumentation jedoch mehr der Rechtspolitik denn der Auslegung nahezustehen scheint.

[2116] Ähnl. wohl *Weatherill*, ICLQ 61 (2012), 541 (546 f.); vgl. auch *Kirschner*, 270 f.; a.A. wohl *Langner*, RabelsZ 65 (2001), 222 (235 Fn. 53). Wenn die Mitgliedstaaten absolute Souveränitätsgrenzen setzen möchten, sollten sie dies viel eher durch Einstimmigkeitserfordernisse tun oder durch die Statuierung von Bereichsausnahmen (ggf. mit speziellem Bezug zu den Grundfreiheiten), vgl. *Dashwood*, CMLR 41 (2004), 355 (381).

der Verhältnismäßigkeitsprüfung die Anforderungen an mitgliedstaatliche Maßnahmen nicht zu hoch anzusetzen, wenn es um die genannten *ganz grundlegenden* Werte geht.[2117]

bb) Achtung grundlegender staatlicher Funktionen (Art. 4 II 2 EUV)

Art. 4 II 2 EUV bezieht sich auf klassische polizeiliche Aufgaben nach innen und außen.[2118] Der Staat soll stets in der Lage sein, gewisse grundlegende Funktionen wahrzunehmen, und diese die Souveränität der Mitgliedstaaten im Kern berührenden Belange sollen auch in der Union von Lissabon von den Mitgliedstaaten geschützt werden können. Insbesondere sollen die Staaten diese polizeilichen Aufgaben nur auf ihrem eigenen Territorium wahrnehmen, wenn nicht explizite Koordinierungsmechanismen vereinbart wurden.[2119] Die Ähnlichkeit im Wortlaut zwischen Art 4 II 2 EUV und Art. 36 S. 1 AEUV fällt dabei auf: Etwa wird in beiden Gewährleistungen der Schutz der „öffentlichen Ordnung" mit demselben Wortlaut angesprochen. Aber auch die Begriffe der nationalen Sicherheit und der der öffentlichen Sicherheit stehen in einem engen Zusammenhang.[2120] Des Weiteren handelt es sich um Aspekte, die geradezu klassischerweise der Rechtfertigungsebene zugeordnet werden und nur punktuelle Eingriffe betreffen. Dies könnte dafür sprechen, dass die in Art. 4 II 2 EUV genannten Rechtsgüter ausschließlich im Rahmen der *Rechtfertigungsprüfung* geschützt werden sollen. Weiters werden die territoriale Unversehrtheit und die nationale Sicherheit gerade in den auf diese Rechtsgüter speziell zugeschnittenen Art. 346–348 AEUV umfassend behandelt. Im Übrigen ist bereits auf die obigen Ausführungen zu Art. 4 II 1 EUV zu verweisen: Es geht auch bei Art. 4 II 2, 3 EUV „nur" um die *grundlegenden* staatlichen Funktionen und nicht um „generelle Kompetenzvorbehalte".[2121]

cc) Der Loyalitätsgrundsatz, Art. 4 III EUV

Der Loyalitätsgrundsatz statuiert eine Handlungs- (Art. 4 III Ua. 2 EUV) und eine Unterlassungspflicht (Art. 4 III Ua. 3 EUV). Gebunden sind sowohl die Mitgliedstaaten als auch die Union. Letzteres ergibt sich aus dem (nach Lis-

---

[2117] Konstruktiv ähnl. allerd. viel weitergehendere Forderungen aus Art. 4 II 1 EUV ableitend *Guastaferro*, Jean Monnet Working Paper No. 01/12, 57 ff. Weitgehend wie hier *von Bogdandy/Schill*, in: Grabitz/Hilf/Nettesheim, Art. 4 EUV Rn. 38; *Weatherill*, ICLQ 61 (2012), 541 (546). *Gormley*, in: Bernitz et al., 303 ff. möchte wohl ausschließlich bestehende Auslegungsgesichtspunkte bekräftigen und Art. 4 III EUV nicht als Quelle selbständiger Auslegungshinweise betrachten.

[2118] Vgl. *Puttler*, in: Calliess/Ruffert, Art. 4 EUV Rn. 21.

[2119] *Von Bogdandy/Schill*, in: Grabitz/Hilf/Nettesheim, Art. 4 EUV Rn. 32.

[2120] *Von Bogdandy/Schill*, in: Grabitz/Hilf/Nettesheim, Art. 4 EUV Rn. 33 f.

[2121] S. b. Fn. 2103 ff.

sabon nunmehr) klaren Wortlaut des Art. 4 III EUV. Die Union wird insofern zu „mitgliedsstaatsfreundliche[m] Verhalten“[2122] verpflichtet. Art. 4 III EUV stellt primär eine „Verstärkernorm“ i. d. S. dar, dass andernorts *bereits statuierte* Pflichten *bekräftigt* werden.[2123] Art. 4 III EUV adressiert ebenfalls die „elementaren Interessen“[2124] der Mitgliedstaaten und umfasst das Teilgebot der *Rücksichtnahme*.[2125] Problematisch ist, dass Art. 4 III EUV nicht *hinreichend bestimmt* gefasst ist, und erschwerend, dass der EuGH diese Lücke nicht durch eine systematische Dogmatik ausgefüllt hat.[2126] Mit Blick auf die Art. 34 Alt. 2, 35 Alt. 2 AEUV bejahen manche Autoren eine Auslegungsrelevanz von Art. 4 III EUV (zumeist allerdings nur ergänzender Art),[2127] andere verneinen sie.[2128] Art. 4 III EUV kann wohl auf der *Rechtfertigungsebene* unterstützend herangezogen werden, um die Berücksichtigungsfähigkeit mitgliedstaatlicher Belange sowie die Notwendigkeit der Durchführung einer grundfreiheitlichen Verhältnismäßigkeitsprüfung primärrechtlich zu fundieren.[2129] Es könnte mit Blick auf Art. 35 Alt. 2 AEUV zudem Folgendes erwogen werden: Weil die Mitgliedstaaten auch gegenseitig einander verpflichtet sind, besitzt der Exportstaat gegenüber dem Importstaat kein legitimes Interesse an wettbewerbsbenachteiligenden Exportregelungen, für die es keine hinreichende Rechfertigung gibt: Denn in diesem Fall sind auch die zielstaatlichen Verbraucher betroffen, auf die der Exportstaat Rücksicht nehmen muss.

c) Geschriebene Rechtfertigungsgründe und Bereichsausnahmen von den Grundfreiheiten

Die geschriebenen Rechtfertigungsgründe in den Art. 36, 45 III, 52 I, 62, 65 I lit. b AEUV zeugen von *potenziell* weitreichenden, aber vom EuGH eng ausgelegten Kompetenzvorbehalten. Die Bereichsausnahmen in den Art. 45 IV, 51 I AEUV beweisen, dass sich Beeinträchtigungen der Grundfreiheiten grundsätzlich einer Rechtfertigungsprüfung stellen müssen und „Gebietsaus-

---

[2122] *Kahl*, in: Calliess/Ruffert, Art. 4 EUV Rn. 105.

[2123] *Gormley*, in: Bernitz et al., 303 (304); *Kahl*, in: Calliess/Ruffert, Art. 4 EUV Rn. 43, 46; vgl. auch *Jürgens*, 135; *Rauer*, 220.

[2124] *Kahl*, in: Calliess/Ruffert, Art. 4 EUV Rn. 105; *Rauer*, 219.

[2125] *Von Bogdandy/Schill,* in: Grabitz/Hilf/Nettesheim, Art. 4 EUV Rn. 111; *Cordewener*, 100; *Jürgens*, 83; *Kahl*, in: Calliess/Ruffert, Art. 4 EUV Rn. 40.

[2126] Ebenso *Kahl*, in: Calliess/Ruffert, Art. 4 EUV Rn. 116.

[2127] So z. B. – allerd. zurückhalt. – *Dreher*, JZ 1999, 105 (106 f.) und *Gormley*, in: Bernitz et al., 303 (304 f.); ebenso *Cordewener*, 99 ff.; *Rauer*, 218 ff.; *Van Gerven*, in: Dony/De Walsche, 1629 (1635); *Waldheim*, 180 f. *Waldheim* sieht im Loyalitätsgebot insbesondere das Herkunftslandprinzip mitbegründet (181).

[2128] So z. B. *Mühl*, 161 ff.

[2129] Ebenso *Cordewener*, 99 ff. Zur allgemein unterstützenden Funktion von Art. 4 III EUV *Gormley*, in: Bernitz et al., 303 (304 f.).

nahmen" die Ausnahme darstellen. Daraus könnte e contrario geschlossen werden, dass außerhalb dieser Spezialregelungen eine Abweichung gerade nicht erlaubt sein soll.[2130] Andererseits hat der EuGH seine Grundfreiheitenjudikatur (sowohl auf der Beeinträchtigungs- als auch auf der Rechtfertigungsebene) progressiv entwickelt. Die genannten Ausnahmen stammen großteils noch aus der Anfangszeit, als diese progressive Entwicklung noch nicht abgesehen werden konnte. Aufgrund der *beidseitigen* Entwicklung (die sowohl die Beeinträchtigungs- als auch die Rechtfertigungsebene betraf) musste der Primärrechtgeber auch nicht nachträglich im Bereich der Schrankenbestimmungen einschreiten. Daher sollten aus der nicht statthabenden Weiterentwicklung nur vorsichtig Schlüsse gezogen werden.

d) Art. 106 AEUV

Art. 106 AEUV soll einen Ausgleich herstellen zwischen der Daseinsvorsorge[2131] einerseits und dem nicht wettbewerbsverfälschten Binnenmarkt andererseits (Art. 3 III EUV; Art. 3 lit. b AEUV; Protokoll [Nr. 27]).[2132] Die Vorschrift ist das Ergebnis eines Kompromisses zwischen marktaffineren nördlichen (u. a. den Beneluxstaaten) und (eher) interventionistisch geprägten südlichen Staaten (zuvorderst Frankreich), die einen größeren öffentlichen Sektor besitzen.[2133] Nach Art. 106 I AEUV sind die Mitgliedstaaten auch dann an das Wettbewerbsrecht gebunden, wenn sie Leistungen am Markt über ausgegliederte Organisationseinheiten anbieten. Art. 106 II AEUV statuiert für bestimmte Fälle eine begrenzte Derogation der Wettbewerbsregeln für Unternehmen, die Dienstleistungen von allgemeinem wirtschaftlichen Interesse erbringen, sowie für Finanzmonopole. Der Schutz von Dienstleistungen von allgemeinem wirtschaftlichen Interesse bildet neben der Sozialen Marktwirtschaft[2134] das zweite „Standbein"[2135] des EU-Sozialmodells.

Der schon bei der Norm*schaffung* und -änderung schwelende Streit um die Abschirmung der Dienste von allgemeinem wirtschaftlichen Interesse (vor allem) gegenüber dem *Wettbewerbsrecht* (der Gerichtshof wendet Art. 106 II

[2130] *Valta*, 460.

[2131] Diesen – deutschen – Begriff verwenden jedoch nicht die Verträge, vgl. *Weiß*, EuR 2013, 669 ff.

[2132] Vgl. mit Blick auf diese gemeinsame Funktion der Art. 37, 106 I, II AEUV *Jung*, in: Calliess/Ruffert, Art. 106 AEUV Rn. 3, 34; *Kingreen*, in: Calliess/Ruffert, Art. 37 AEUV Rn. 2; *Jungbluth*, EuR 2010, 471 (481 f.); s. a. *Schliesky*, 82; *Steindorff*, ZHR 163 (1999), 395 (425 ff.).

[2133] *Emmerich/J. Hoffmann*, in: Dauses, H. II Rn. 69 f., 77 m. w. N.; *Jungbluth*, EuR 2010, 471 (481); *v. Komorowski*, EuR 2015, 310 (311 f.).

[2134] S. zur Bedeutung der Einfügung der sozialen Marktwirtschaft im Zuge von Lissabon für das wirtschaftsverfassungsrechtliche Gepräge der EU b. Fn. 1680 ff. und b. Fn. 1689 ff.

[2135] *Weiß*, EuR 2013, 669 (681 f.).

AEUV auch auf die *Grundfreiheiten* an[2136]) setzt sich im Bereich der Norm*interpretation* fort.[2137] Gerade unrentable Tätigkeiten müssen durch rentable Tätigkeiten quersubventioniert werden, weil Private sonst nur rentable Märkte bedienten und die Nachfrage nach unrentablen, aber notwendigen Dienstleistungen ungedeckt bliebe.[2138] Der von Art. 106 AEUV angestrebte Kompromiss wird von dessen Abs. 2 mittels der Voraussetzung operationalisiert, dass die Erfüllung der dem Unternehmen übertragenen Sonderaufgabe andernfalls „rechtlich oder tatsächlich verhindert" werde. Zweitens müssen die Mitgliedstaaten eine (vom EuGH im Einzelnen unterschiedlich gehandhabte[2139]) Verhältnismäßigkeitsklausel[2140] einhalten.

Insgesamt ist Art. 106 II AEUV als eine *restriktiv* auszulegende und abzuwägende *Bereichsausnahme* anzusehen,[2141] wobei die jüngeren Änderungen des Primärrechts[2142] den starken Ausnahmecharakter abgeschwächt haben.[2143] Nichtsdestotrotz zeigt der Regel-Ausnahme-Mechanismus, dass im Grundsatz eine klare Bindung an das Wettbewerbsrecht besteht.[2144] Bei Art. 106 II AEUV geht es weder um die Einräumung einer Carte blanche noch darum, der öffentlichen Hand die Möglichkeit zu geben, reine Gewinnerzielungsinteressen zu befriedigen. Die Normsystematik zeigt, dass ein Tätigwerden nur unter qualifizierten Voraussetzungen erlaubt ist. Die Gemeinwirtschaft ist daher nicht als ein „gleichberechtigte[s] Wirtschaftsmodell neben die Markt-

---

[2136] EuGH, Urt. v. 23.10.1997, Rs. C-157/94, Slg. 1997, I-5768, Rn. 32 (*Kommission/Niederlande*).

[2137] Vgl. nur die unterschiedlichen Auffassungen in Fn. 2141.

[2138] Vgl. umf. *Frenz*, Bd. 1, Rn. 1295 ff. m. w. N.

[2139] S. d. Nachw. b. *C. Jung*, in: Calliess/Ruffert, 106 AEUV Rn. 54 ff.; *Wernicke*, in: Grabitz/Hilf/Nettesheim, Art. 106 AEUV Rn. 72 ff.

[2140] Vgl. S. 2: „Die Entwicklung des Handelsverkehrs darf nicht in einem Ausmaß beeinträchtigt werden, das dem Interesse der Union zuwiderläuft."

[2141] *Jung*, in: Calliess/Ruffert, Art. 106 AEUV Rn. 34 f.; *Jungbluth*, EuR 2010, 471 (482); *Klotz*, in: von der Groeben/Schwarze/Hatje, Art. 106 AEUV Rn. 57; *Müller-Graff*, EuR-Beiheft 1 2002, 7 (26); *Weiß*, EuR 2013, 669 (677, 681) jew. m. w. N. A.A. etwa *Knauff*, EuR 2010, 725 (730 ff.) m. w. N.: „Vertragsgrundsatz" und „Unionsstrukturprinzip"; ebenso *Schmahl*, GewArch 2011, 96 (102 ff.); vgl. auch *Wernicke*, in: Grabitz/Hilf/Nettesheim, Art. 106 AEUV Rn. 3 m. w. N.

[2142] Die im Zuge des Amsterdamer und des Lissabonner Vertrags eingeführten Änderungen (Verordnungsbefugnis in Art. 14 S. 2 AEUV; Protokoll [Nr. 26]; Art. 36 EUGRCh [Vgl. umf. *Knauff*, EuR 2010, 725 ff.] haben dabei einen „Perspektivwandel" herbeigeführt (*Emmerich/J. Hoffmann*, in: Dauses, H. II Rn. 79; ebenso *Jung*, in: Calliess/Ruffert, Art. 106 AEUV Rn. 34; *Schmahl*, GewArch 2011, 96 ff.).

[2143] *Jungbluth*, EuR 2010, 471 (482); *v. Komorowski*, EuR 2015, 310 ff.; *Schmahl*, GewArch 2011, 96 (108 f.); *Wernicke*, in: Grabitz/Hilf/Nettesheim, Art. 106 AEUV Rn. 39; *Weiß*, EuR 2013, 669 (679).

[2144] Vgl. *Müller-Graff*, EuR 2002 Beiheft 1, 7 (26); *Weiß*, EuR 2013, 669 (677); vgl. auch *Schmahl*, GewArch 2011, 96 (108 f.); a.A. etwa *v. Komorowski*, EuR 2015, 310 (312) jew. m. w. N.

wirtschaft"[2145] gestellt worden. Es hätte hierfür einer grundlegende(re)n Umstrukturierung von Art. 106 II AEUV bedurft. Das genaue Verhältnis der Gemeinwirtschaft zum marktwirtschaftlichen EU-Strukturprinzip kann hier aber letztlich dahinstehen. Die Daseinsvorsorge würde jedenfalls *extern* auf dieses wirken und nicht von innen. Zu dessen Strukturbeschreibung vermag es folglich nichts beizutragen. Wird dieser Gesichtspunkt mit der *Instrumentalität* und *spezifischen Bezogenheit* der Grundfreiheiten auf die marktwirtschaftliche Binnenmarktverfassung kombiniert, kann Art. 106 II AEUV nicht auf die Grundfreiheiten(-auslegung) ausstrahlen. In Betracht kommt somit nur die Rolle einer *externen* Begrenzung (i. S. e. Schrankennorm). Gerade als eine solche externe Begrenzung kann Art.106 II AEUV aber auch dann wirken, wenn Art. 35 Alt. 2 AEUV extensiv ausgelegt wird.

3. Allgemeine Schlussfolgerung

Die Betrachtung der primärrechtlichen Kompetenzverteilung zeigt, dass die Europäische Union (noch) als *Staatenverbund* und nicht als *Bundesstaat* zu charakterisieren ist.[2146] Während die Betonung der mitgliedstaatlichen Kompetenzen zu Beginn der europäischen Einigung noch für *obsolet* gehalten wurde, weil diese den *selbstverständlichen* Status quo darstellten, haben die stete Übertragung neuer Kompetenzen auf die Union durch die Änderungsverträge und die extensive Auslegung des Art. 114 AEUV den Fokus verschoben und dazu geführt, dass mit der Zeit immer mehr *Sicherungsmechanismen* zum Schutz der mitgliedstaatlichen Kompetenzen installiert wurden, die gewährleisten sollen, dass integrationsdynamisch agierende Organe nicht unter Berufung auf unklare Kompetenzermächtigungen die mitgliedstaatlichen Kompetenzen (und den Grundsatz der begrenzten Einzelermächtigung) schleichend aushöhlen. Dogmatisch ist dieser Kompetenzschutz konsolidiert, verfeinert und institutionalisiert worden, wie etwa die neu eingefügten prozessualen Instrumente in Bezug auf die Subsidiarität belegen.[2147]

Die auch auf der Ebene des Unions(primär)rechts zum Ausdruck kommende fortbestehende Bedeutung der mitgliedstaatlichen Kompetenzen spricht

---

[2145] *Müller-Graff*, EuR 2002 Beiheft 1, 7 (26); *Weiß*, EuR 2013, 669 (676 f.); a.A. z. B. *v. Komorowski*, EuR 2015, 310 (312) m. w. N.; s. i. Ü. d. Nachw. in Fn. 2141.

[2146] Ganz h.M., vgl. nur *Epiney*, 236 ff., 270 f. (1995: „Staatengemeinschaft"); *Everling*, CMLR 29 (1992), 1053 (1069 ff.); *Jürgens*, 136 ff. („nach föderativen Grundsätzen strukturiert"); *Roth*, 29 ff.; *Steindorff*, ZHR 148 (1984), 338 (344). Das Wort „föderal" bzw. „federal" hat wegen der im englischsprachigen Raum vorherrschenden spezifisch *bundesstaatlichen* Konnotation keinen Eingang in die Verträge gefunden, s. *Everling*, CMLR 29 (1992), 1053 (1069).

[2147] Nichtsdestotrotz fehlt es materiell mit Blick auf die Grundfreiheiten immer noch an wirksamen Kompetenzschutzinstrumenten für die Steuerung auch der *Interpretation* des Unionsrechts.

dafür, den spezifischen Nutzen einer bestimmten Auslegung für die Warenausfuhr im EU-Binnenmarkt (und mittelbar für das Binnenmarktziel) mit den mitgliedstaatlichen Kompetenzen bei der Konkretisierung der Prüfungsebenen von Art. 35 Alt. 2 AEUV abzuwägen (inklusive der Beeinträchtigungsebene).[2148]

4. Konkrete Auslegungsvorgaben

Weniger und vor allem überwiegend nicht zwingende Anhaltspunkte haben sich dagegen in Bezug auf *konkrete* Auslegungsvorgaben (für Art. 35 Alt. 2 AEUV) ergeben.[2149] Generell ist zu erwägen, dass jede weitere Extension der (Auslegung der) Grundfreiheiten mit Blick auf die Sensibilität und Vorsicht, die den Primärrechtgeber offensichtlich bei der Schaffung und Weiterentwicklung der unionalen Kompetenzordnung angeleitet hat, nur *behutsam* erfolgen sollte. Die Mitgliedstaaten sollten in die Lage versetzt werden, (sich andeutende) judizielle Weiterentwicklungen frühzeitig zu korrigieren.

a) Tatbestandsebene

Unabhängig davon, ob ein Diskriminierungs- oder Beschränkungstest befürwortet wird, sollte nicht jede noch so geringe Wettbewerbsungleichheit zur Rechtfertigungsbedürftigkeit mitgliedstaatlicher Maßnahmen führen, und zwar auch dann, wenn eine extensiv-binnenmarktorientierte Auslegung zugrunde gelegt wird. Ansonsten geraten große Teile der mitgliedstaatlichen Rechtsordnungen unter Rechtfertigungsdruck (von Art. 35 Alt. 2 AEUV), wobei zu gewärtigen ist, dass bereits die *Prüfung* am Maßstab von Art. 35 Alt. 2 AEUV – unabhängig von ihrem Ergebnis – einen erheblichen Eingriff in die mitgliedstaatlichen Kompetenzen (in Form einer Belastung für den Gesetzgeber oder die Verwaltung) darstellt und insbesondere mit einem *Irrtumsrisiko* behaftet ist, das je nach Test unterschiedlich hoch ist. Dieser

---

[2148] Vgl. auch *Ackermann*, RIW 1994, 189 (192 ff.); *Bachmann*, AcP 210 (2010), 424 (432); *Classen*, EuR 2004, 416; *Davies*, Germ. L. J. 11 (2010), 671 (703); *Epiney*, 68 f., 233 ff.; *Fasshold*, 68; *Fetsch*, 393; *Groussot/Bogojević*, in: Azoulai, 234 (249 ff.); *Hilson*, E. L. Rev. 24 (1999), 445 (457); *Hödl*, 68; *Jürgens*, 194; *Mojzesowicz*, 105 f., 211 f.; *Rauer*, 240, 252 f.; *Ross*, E. L. Rev. 20 (1995), 507 (512); *Roth*, 29; *ders.*, in: FS Großfeld, 929 (948); *ders.*, in: Tridimas/Nebbia, 33; *Snell*, 91; *Steindorff*, ZHR 148 (1984), 338 (341, 344 ff.); *Torgersen*, E. B. L. R. 1999, 371 (385); *Van Gerven*, in: Dony/De Walsche, 1629 (1635); s. mit Blick auf die teils ähnlich gelagerte harmonisierende Wirkung der Unionsgrundrechte *Huber*, EuR 2008, 190 ff.; dass dieser Grundkonflikt ganz allgemein mit den Grundfreiheiten zugrunde liegt und eine herausragende Rolle bei deren Interpretation spielen muss, entspricht der praktisch unstrittigen allgemeinen Auffassung, vgl. mit unterschiedlichen Nuancierungen nur *Cordewener*, 58 ff.; *Füller*, 172 f.; *Horsley*, JCMS 2012, 267 (279); *ders.*, 247; *Kingreen*, Struktur, 87 ff.; *Spaventa*, E. L. Rev. 34 (2009), 914 (929); *Weyer*, 344, 447.

[2149] Ebenso *Kingreen*, 99; ähnl. *Mühl*, 149.

Kompetenzbelastung stehen im Falle extrem geringfügiger Beeinträchtigungen der Warenausfuhrfreiheit keine hinreichenden Gewinne für die mit der Norm verfolgten Zwecke gegenüber. Nicht kontrolliert werden sollte z. B. eine ordnungswidrigkeitenrechtliche Regelung, wenn eine Beeinträchtigung von Art. 35 Alt. 2 AEUV darauf gestützt wird, dass dem Manager eines Exportunternehmens auf der Fahrt zum Arbeitsplatz ein Bußgeld auferlegt wird (das in anderen Mitgliedstaaten nicht in dieser Höhe existiert). Es sollte hier ein (an späterer Stelle[2150] noch genauer zu konturierendes) Korrektiv gefunden werden, etwa i. d. S., dass ein erheblicher Konnex zur Warenexporttätigkeit besteht oder dass die Auswirkungen hinreichend gewichtig sein müssen.[2151]

Mit Blick auf das Kriterium eines grenzüberschreitenden Sachverhalts sollte Art. 35 Alt. 2 AEUV nicht auf reine Inlandsfälle angewandt werden, denn auch dies würde zu einem *massiven Eingriff in die mitgliedstaatlichen Kompetenzen* führen,[2152] ohne dass dem (im Regelfall) eine entsprechend starke Beeinträchtigung des Binnenmarktziels entspräche.

Tatbestandliche Anhalte lassen sich auch aus dem im Loyalitätsgrundsatz (Art. 4 III EUV) verankerten Rücksichtnahmegebot ableiten, das auch im Verhältnis der Mitgliedstaaten *untereinander* gilt.[2153] Wenn ein Mitgliedstaat bzw. dessen Bürger erheblich vom Wegfall einer Regelung profitieren, die den grenzüberschreitenden Handel behindert, und dieser Belastung bzw. diesem verhinderten Vorteil kein legitimes Interesse des regulierenden Herkunftsstaates entspricht, spricht der Loyalitätsgrundsatz dafür, dass die Regelung als rechtfertigungsbedürftig qualifiziert werden sollte. Dies gilt etwa in dem Fall, dass die importstaatliche Konsumentenrente durch offensichtlich kein legitimes Ziel verfolgende Regelungen des Exportstaates geschmälert wird.

b) Rechtfertigungsebene

Auf der Rechtfertigungsebene wäre es denkbar, Intensität und Struktur der Verhältnismäßigkeitsprüfung (auch) davon abhängig zu machen, wie stark eine Grundfreiheitenüberprüfung in die mitgliedstaatlichen Kompetenzen eingreift.[2154] Zur Schaffung von Rechtssicherheit könnten hier Fallgruppen

---

[2150] S. umf. b. Fn. 3539 ff.

[2151] A.A. wohl *Lackhoff*, Niederlassungsfreiheit, 443 f. in Bezug auf die Niederlassungsfreiheit. *Lackhoff* möchte jede freiheitsbeschränkende Maßnahme – ohne Einschränkung (durch ein Potenzialitäts-, Finalitäts-, Vorhersehbarkeits-, Spürbarkeits- oder Adäquanzerfordernis) – auf seine Rechtfertigung überprüfen.

[2152] S. schon b. Fn. 1915 ff. mit weiteren Querverweisen innerhalb der Arbeit.

[2153] S. b. Fn. 2122 ff.

[2154] Vgl. zu konzeptionellen Möglichkeiten umf. b. Fn. 3428 ff.

gebildet werden.[2155] Eine solche Modifikation kommt (neben tatbestandlichen Einschränkungen) insbesondere bei der Fallgruppe der Produktionsregelungen in Betracht.

Speziell die Teilprüfung der Verhältnismäßigkeit im *engeren* Sinne führt in bestimmten Fällen dazu, dass legitime mitgliedstaatliche Interessen, obwohl in geeigneter und erforderlicher Weise verfolgt, nicht (auf einem bestimmten Schutzniveau) geschützt werden können. Bei der Frage der Verhältnismäßigkeit im engeren Sinne geht es nicht um die *(Sach-)Rationalität* einer Regelung, sondern um eine *Wertungs- und Abwägungsfrage*. Besonders problematisch ist dies im Falle der kompetenzinvasiven und -sensiblen Fallgruppe der Produktionsregelungen. Als mildernder Umstand könnte gewertet werden, dass sich der Binnenmarkt – je nach Konzeption und Handhabung der Prüfung der Verhältnismäßigkeit im engeren Sinne – nur in Fällen eines *krassen* Missverhältnisses gegenüber legitimen mitgliedstaatlichen Interessen durchsetzt. Die Teilprüfung der Verhältnismäßigkeit im engeren Sinne sollte im Grundsatz daher restriktiv gehandhabt (wenn nicht sogar bei bestimmten Kompetenzfeldern völlig abgeschafft) werden.

Wenn der Union schließlich in bestimmten Bereichen erstens keine Kompetenzen eingeräumt werden, sie zweitens über keine Kompetenz-Kompetenz verfügt und die Verträge drittens von der grundsätzlichen Schutzwürdigkeit bestimmter Interessen ausgehen, können die Grundfreiheiten nicht als Freiheitsgewährleistungen für grenzüberschreitende Konstellationen interpretiert werden, ohne dass entsprechende *Rechtfertigungsmöglichkeiten* existieren. Als schutzwürdig ausgewiesene Gemeinwohlbelange könnten sonst *(überhaupt) nicht* verfolgt werden.[2156] Für nicht in geschriebene Rechtfertigungsgründe normierte Gemeinwohlbelange müssten mithin ungeschriebene Rechtfertigungsgründe oder (auf der Tatbestandsebene) eine Bereichsausnahme für das jeweilige Gebiet anerkannt werden.

[2155] Vgl. *Cordewener*, 98 f.

[2156] Vgl. *Lackhoff*, Niederlassungsfreiheit, 373; *Mühl*, 149.

IV. Integrationsfaktische[2157], -normative, -finale[2158], -dynamische[2159] -schützende und evolutive[2160] bzw. vertragsdynamische Auslegungserwägungen[2161]

Die Europäische Union ist nach der Präambel des Arbeitsweisevertrages mit dem „festen Willen" geschlossen worden, die „Grundlagen für einen immer engeren Zusammenschluss der europäischen Völker zu schaffen".[2162] Der bereits am Anfang der europäischen Einigung stehende „Spill-over-Gedanke", nach dem die Wirtschaftsintegration eine tiefer gehende politische Integration nach sich zieht,[2163] könnte den Primärrechtinterpreten dazu anhalten, bei der *Interpretation* von Unionsrecht im Zweifel gegen die Kompetenzerhaltung der Mitgliedstaaten und für eine weitere Vertiefung der Integration zu „stimmen" (also das Unionsrecht entsprechend extensiv auszulegen),[2164] mithin an der Rolle des EuGH als „Integrationsmotor"[2165] festzuhal-

---

[2157] *Wieland*, NJW 2009, 1841 (1844).

[2158] Vgl. nur *Berramdane/Rossetto*, 198 f.; *Canor*, in: Meng/Ress/Stein, 87 (91); *Herdegen*, in: Bernitz et al., 343 (355).

[2159] Zu den unterschiedlichen Bedeutungsgehalten des Begriffs der „dynamischen" Auslegung *Bleckmann*, NJW 1982, 1177 (1180 f.); vgl. auch *Gormley*, Restrictions, 268; *Roth*, RabelsZ 75 (2011), 787 (804 f.); *Strassburger*, 31 f.

[2160] Vgl. nur *Evans*, ICLQ 32 (1983), 577 (591 ff., 599); *Kutscher*, in: Gerichtshof der Europäischen Gemeinschaften, I-4 (I-44).

[2161] Siehe hierzu insgesamt *Pache*, in: Schulze/Zuleeg/Kadelbach, § 10 Rn. 4 ff. Ähnlich *Kingreen*, in: *von Bogdandy/Bast*, 705 (720): „Interdependenz zwischen Mehrebenennorm und dem politisch-institutionellen Umfeld".

[2162] S. Nachw. bei *Kingreen*, Stuktur, 96; *Meier*, in: Ehle/Meier, A Rn. 1 ff.

[2163] S. b. Fn. 1508.

[2164] Sich mit unterschiedlichen Bezeichnungen und Akzentuierungen für eine integrationsdynamische Auslegung aussprechend *Berramdane/Rossetto*, 195 ff.; *Bleckmann*, EuR 1987, 28 (33); *ders.*, in: FS Constantinesco, 61 ff.; *Calliess*, NJW 2005, 929 (930); *Castro Oliveira*, CMLR 39 (2002), 77 (126); *Cordewener*, 327; *Dauses*, in: ders., P. II Rn. 97; *ders.*, Am. J. Comp. L. 33 (1985), 209 (211); *Davies*, Eric Stein Working Paper No 1/2010, 19; *Erhard*, zit. nach Stenographische Berichte der 200. Sitzung des zweiten Deutschen Bundestages vom 21.03.1957, 11342 (11342 D, 11343 B, 11343 C, 11345 A/B); *Everling*, CMLR 29 (1992), 1053 (1071); *ders.*, in: Liber Amicorum Pescatore, 227 (243 ff.); *ders.*, in: FS von der Groeben, 111 (127 ff.); *ders.*, JZ 2000, 217 (220); *Franzen*, 453; *Gormley*, Restrictions, 267 f.; *Grundmann/Riesenhuber*, JuS 2001, 529 (531 f.); *Hallstein*, zit. nach Stenographische Berichte der 200. Sitzung des zweiten Deutschen Bundestages vom 21.03.1957, 11327 (11328 B, 11328 C, 11329 B, 11329 C); *ders.*, Wirtschaftliche Integration, 18 f. (im Jahr 1961); *Herdegen*, in: Bernitz et al., 343 (354 f.); *Kirschner*, 246 ff.; *Körber*, 165 f.; *Krisch*, 20; *Kutscher*, in: Gerichtshof der Europäischen Gemeinschaften, I-4 ff.; *Müller-Graff*, in: von der Groeben/Schwarze/Hatje, Vor Art. 34 bis 37 AEUV Rn. 3; *Nicolaysen*, Europarecht I, 102 f.; *Ose*, 194; *Pechstein/Drechsler*, in: Riesenhuber, 3. Aufl., § 7 Rn. 11, 33; *Potacs*, EuR 2009, 465 (475); *Rauer*, 2; *Schöndorf-Haubold*, GPR 2008, 237 (243); *Schwarze*, in: FS Pescatore, 637 ff.; *Strassburger*, 31 f.; Generalanwältin ten („in dubio pro libertate“[2166]; „in dubio pro communitate“[2167]). Doch ist dies nicht zwingend: Eine integrationssensible oder kontextbewusste Auslegung könnte in *beide* Richtungen weisen, d. h. in bestimmten Situationen auch eine *restriktivere* Auslegung als vorzugswürdig erscheinen lassen. Dies könnte damit begründet werden, dass sich in Zeiten niedriger Zustimmung zum Integrationsprojekt nur so der fundamentale Integrationskonsens schützen lässt, oder damit, dass einem geringeren Integrationskonsens auch ein niedrigerer Integrationsgrad entspräche (insofern würde es sich um eine den jeweils aktuellen demokratischen Willen stärker berücksichtigende Auslegung handeln).

Zu berücksichtigen ist, dass es *hier* um die Anerkennung einer integrationsdynamischen Auslegung mit Blick speziell auf das Instrument der *Grundfreiheiten* geht, denen ein stärkerer *Finalitätsbezug* und eine ausgeprägtere *Offenheit* eignet als anderen unionsrechtlichen Bestimmungen. Entsprechend könnten die Grundfreiheiten als spezifische Integrationsinstrumente angesehen und dazu herangezogen werden, den bereits erreichten Integrationsgrad weiter zu erhöhen: Die „Entwicklung [der Grundfreiheiten könnte] (...) zum

---

Trstenjak, Schlussanträge v. 08.09.2011, Rs. C-282/10, Rn. 93 (*Dominguez*); *Tridimas*, E. L. Rev. 21 (1996), 199 ff.; vgl. auch *Alter*, Buffet Working Paper; *Bell*, in: Birkinshaw/Varney, 277 (282); *Bergé/Robin-Olivier*, 91; *Bernard*, CMLR 33 (1996), 633 (634); *Epiney*, 339 f.; *Frenz/Ehlenz*, EuZW 2011, 623 (626); *Gormley*, in: Arnull et al., 365 (371); *Kieninger*, 349; *Rohe*, RabelsZ 61 (1997), 1 (40); *Schubert*, 163; *Tietje*, in: Grabitz/Hilf/Nettesheim, Art. 114 AEUV Rn. 1, 7; *Toth*, YEL 4 (1984), 1 (77); *Valta*, 26 f.; *Weatherill*, CMLR 33 (1996), 885 (906); *Wils*, E. L. Rev. 18 (1993), 475 (477). Ganz allgemein für die Berücksichtigung integrationsrelevanter Umstände *MacGowan/Quinn*, EL.Rev. 12 (1987), 163 (178); Generalanwalt *Tesauro*, Schlussanträge v. 27.10.1993, Rs. C-292/92, Slg. 1993, I-6800 (6813 Rn. 25) – *Hünermund*. A.A. wohl *von Danwitz*, Eur 2009, 769 (781); *Neuner*, in: Riesenhuber, 3. Aufl., § 12 Rn. 8, 46. Zurückhalt. *Seiler*, 344; *Snell*, CYELS 13 (2010/2011), 415 (433); krit. *Arnull*, in: ders./Eeckhout/Tridimas, 415 ff.; *Rebhahn*, in: Tichý/Potacs/Dumbrovský, 147 (163); *Roth* scheint einer integrationsdynamischen Auslegung nicht *generell* abl. gegenüber zu stehen, für das *Sekundär*recht verweist er allerdings darauf, dass die Auslegung *auch* am *Kompetenztitel* orientiert sein müsse, s. CMLR 39 (2002), 369 (382 Fn. 44) und *Anonym*, CMLR 35 (1998), 1013 (1017 f.). *Grundmann*, RabelsZ 75 (2011), 882 (910 f., 930) möchte insbesondere auch den Sekundärrechtsetzer an der integrationsorientierten Auslegung beteiligt sehen (etwa durch primärrechtkonkretisierendes Sekundärrecht).

[2165] Vgl. zum Begriff nur *Everling*, in: FS Lukes, 359 (374); *Simm*, 23 m. umf. w. Nachw. Vgl. auch *Dauses*, Am. J. Comp. L. 33 (1985), 209 (230 f.); *Kirchner*, in: Riesenhuber, 2. Aufl., § 5 Rn. 2; *Weiler*, JCMS 31 (1993), 417 ff. Krit. *Neuner*, in: Riesenhuber, 3. Aufl., § 12 Rn. 46.

[2166] *Bleckmann*, EuR 1987, 28 (33).

[2167] Vgl. schon *Ipsen*, NJW 1964, 339 (342); *ders.*, Europäisches Gemeinschaftsrecht, § 5 Rn. 73 f. S. 132; ihm folgend *Bleckmann*, EuR 1987, 28 (33). Ausdr. hiergegen wendend *Ruffert*, in: Calliess/Ruffert, Art. 3 EUV Rn. 3 m. w. N.

wesentlichen Teil den Integrationsprozess"[2168] ausmachen. Die „Verwirklichung einer immer weiter koordinierten Wirtschaftspolitik"[2169] könnte nahelegen, die Grundfreiheiten gleichsam „mitwachsen" zu lassen und „jedenfalls als sehr weite Diskriminierungs- und weitgehend als Beschränkungsverbote"[2170] auszulegen: Die verstärkte Harmonisierungstätigkeit im Bereich der Wirtschaftspolitik würde negativ-integrierend begleitet.[2171] Andererseits könnte *Dassonville-Cassis* als aus einer „anderen [verfassungspolitischen] Epoche"[2172] stammend angesehen und mit Blick auf den gegenwärtigen gesamtpolitischen Kontext und den bereits erreichten Integrationsgrad dafür eingetreten werden, die Grundfreiheiten künftig restriktiver zu fassen.[2173]

Dabei wird auch die Frage zu behandeln sein, ob das (Unions-)Recht nicht sogar *initiierendes* Element i. d. S. sein kann (und sein *soll* [d. h. entsprechend ausgelegt werden soll]), dass normativ-faktische Entwicklungen nicht nur *abgebildet* bzw. *nachvollzogen*, sondern Integrationsimpulse sogar *angestoßen* werden (die dann später wiederum im Recht abgebildet werden können).[2174]

Das Primärrecht könnte dabei eine besondere Offenheit nicht nur für Impulse aus der Sphäre des *Rechts* besitzen (etwa mit Blick auf umgesetzte oder abgelehnte Änderungen der Verträge), sondern auch für das integrationsrelevante *faktische Zeitgeschehen.* Die integrationsdynamische Auslegung wird in der Grundfreiheitendogmatik vielfach innerhalb anderer Rechtsinstitute wie der Binnenmarktinterpretation behandelt[2175] und nicht als eigenständige und voll entwickelte Auslegungsmethode.

1. Vorbemerkung: Beziehungen zwischen Faktizität und Normativität

a) Abgrenzung der integrationsdynamischen Auslegung von einer deskriptiven Theorie

Während die integrationsdynamische *Auslegungsmethode* ein *normatives* Instrument darstellt, können integrationsdynamische Überlegungen auch auf

---

[2168] *Behrens*, 145.

[2169] *Frenz*, Bd. 1, Rn. 41.

[2170] *Frenz*, Bd. 1, Rn. 41; dies für Art. 35 AEUV explizit erwägend *Müller-Graff*, in: von der Groeben/Schwarze, Art. 35 AEUV Rn. 31.

[2171] *Frenz*, Bd. 1, Rn. 41.

[2172] *Kingreen*, in: *von Bogdandy/Bast*, 705 (727, 748).

[2173] Vgl. nur *Arnull*, in: ders./Eeckhout/Tridimas, 415 ff.; *Körber*, 165 f.

[2174] Hierzu insbesondere *Everling*, in: Liber Amicorum Pescatore, 227 (243 f.); *M. Rossi*, in: Calliess/Ruffert, Art. 352 AEUV Rn. 22; vgl. auch *Everling*, in: FS Luke, 359 (374). Nach *Everling*, in: Liber Amicorum Pescatore, 227 (244) könne dies insbesondere durch *schutzpolitische* Bestimmungen erfolgen wie im Bereich des Sozialen, was „Bestand und (…) Zukunft [der Union] über die nur wirtschaftliche Zweckhaftigkeit hinaus legitimieren" könne.

[2175] Vgl. nur *Mühl*, 129.

einer *deskriptiv-theoretischen* Ebene angestellt werden, wie dies z. B. *Wils* tut, der die verschiedenen Entwicklungen in der EuGH-Rechtsprechung zu den Grundfreiheiten integrationsdynamsich *erklärt*: Hiernach sei der jeweils aktuelle „Integrationszustand“ von der EuGH-Rechtsprechung *nachvollzogen* worden – in Phasen stärkerer Integration wurde der nationalen Regulierung somit weniger Toleranz entgegengebracht als in Phasen schwächerer Integration, sodass die Grundfreiheiten auf weitere Rechtsgebiete ausgedehnt oder eingegrenzt wurden.[2176]

Von Danwitz weist auf den zusätzlichen Aspekt hin, dass die individuellen Überzeugungen der Richterpersönlichkeiten „in politischer, wirtschaftlicher und sozialer Hinsicht (…) die richterliche Tätigkeit fraglos prägen“.[2177] Soziokulturelle Anschauungen in den Mitgliedstaaten wirken sich mithin faktisch auch über die individuelle Prägung des *Richters* auf die Urteile aus. Im Folgenden soll es ausschließlich um die *normative* Seite integrationsdynamischer Betrachtungen gehen.

b) Verbindungen zwischen faktischer und normativer Ebene

Das Unionsrecht und seine Auslegung können für faktische Entwicklungen nicht blind sein. Abgesehen von praktischen Notwendigkeiten – das Unionsrecht kann nicht gestaltend wirken, wenn es nicht auf der Ebene der Mitgliedstaaten beachtet, angewendet bzw. umgesetzt wird –, muss mit der auf der europäischen Ebene ganz speziellen Rechtsfortbildungskompetenz (effet utile) behutsam umgegangen werden (v. a. in Zeiten niedriger Zustimmung zum europäischen Integrationsprojekt). Die integrationsdynamische Auslegung kann eine *Verbindung* zwischen *normativer und faktischer* Ebene und damit zwischen den *getrennten gesellschaftlichen Subsystemen* (Recht und Politik) herstellen.[2178]

2. Gründe für die Anerkennungswürdigkeit der integrationsdynamischen Auslegung

Die integrationsdynamische Auslegung ist in Existenz und Reichweite (wie oben behandelt[2179]) *umstritten*. Folglich muss ihre Anerkennungswürdigkeit *begründet* werden.

2176 *Wils*, E. L.Rev. 18 (1993), 475 (485). Vgl. auch *Everling*, JZ 2000, 217 (223).
2177 *Von Danwitz*, EuR 2008, 769 (780)
2178 Vgl. schon 1961 *Hallstein*, Wirtschaftliche Integration, 18 f.
2179 S. b. Fn. 2157 ff.

a) Normative Anknüpfungspunkte

aa) Die immer engere Union (Präambeln von EUV und AEUV, Art. 1 II EUV) und das Friedensziel

Nach den Präambeln des Vertrages über die Europäische Union sowie des Arbeitsweisevertrages hatten die Unterzeichner den „festen Willen, die Grundlagen für einen immer engeren Zusammenschluss der europäischen Völker zu schaffen" (AEUV), bzw. seien die Signatarstaaten „entschlossen, den Prozeß der Schaffung einer immer engeren Union der Völker Europas (...) weiterzuführen" (EUV).[2180] In der Präambel des EUV wird auf die materielle und die formale (nur Letztere ist in Art. 5 III EUV niedergelegt) *Subsidiaritätsidee* Bezug genommen („entsprechend dem Subsidiaritätsprinzip möglichst bürgernah"). Fraglich ist, ob beide textlichen Anhaltspunkte nicht dynamisch, sondern lediglich als eine *Beschreibung* des Ist-Zustandes zu verstehen sind. Für ein dynamisches Verständnis spricht, dass die Passagen in Verträgen verankert sind, mithin in normativen Texten. Sie umschreiben auch nicht ein bestimmtes Ereignis, sondern eine Zielrichtung. Damit umreißen sie den *Geist* der Verträge. Dies kann nur als Hinweis verstanden werden, dass die Verträge als *nach vorne weisender* Prozess anzusehen sind, dessen Ziel auch bei der Handhabung und Auslegung des Primärrechts berücksichtigt werden soll.[2181]

Eine ähnliche Formulierung wie die Präambeln enthält Art. 1 II EUV, wonach der EUV „eine neue Stufe bei der Verwirklichung einer immer engeren Union der Völker Europas dar[stellt]". Auch hier ist dieser Passage eine Einschränkung angefügt („in der die Entscheidungen [...] möglichst bürgernah getroffen werden"). Ein deskriptives Element liegt in der Wendung: „stellt [...] dar". Gleichzeitig wird aber auch hier die Prozess- und Zielhaftigkeit dieses Vorgangs betont („bei der Verwirklichung"). Zudem handelt es sich bei der Passage in Art. 1 II EUV sogar nicht nur um eine Verankerung in einer Präambel, sondern im ersten *Artikel* des Vertrages über die Europäischen Union. Sie ist also *Teil* eines einen Gestaltungsanspruch erhebenden Normtextes. Hervorzuheben ist weiter, dass die Formel, die seit dem Vertrag von Maastricht durchgängig in allen Verträgen enthalten war, aus dem Verfassungsvertrag gestrichen wurde, dann aber Eingang in den Lissabonner Vertrag fand, der ansonsten ja stark an den Verfassungsvertrag angelehnt ist.[2182]

[2180] Die Präambel ebf. als Anhaltspunkt für eine integrationsdynamische Auslegung heranziehend *Calliess*, NJW 2005, 929 (931 f.); *Potacs*, EuR 2009, 465 (474 f.); s. umf. zur Bed. der Präambel *Canor*, in: Meng/Ress/Stein, 87 ff.; s. ebenda zur geringen Rolle in der EuGH-Rechtsprechung (107 ff.).

[2181] Vgl. *Everling*, JZ 2000, 217 (223).

[2182] Vgl. hierzu *Calliess*, in: ders/Ruffert, Art. 1 EUV Rn. 11.

Fraglich ist, ob eine Einschränkung der Integrationsfinalität darin zu sehen ist, dass an allen drei Stellen vom Zusammenschluss der europäischen *Völker* (demoi) und nicht des europäischen *Volkes* (demos) die Rede ist. Doch scheint dieser Gesichtspunkt – wenn überhaupt – eher gegen die Schaffung einer zentralistisch organisierten Demokratie mit entsprechenden Institutionen zu sprechen (z. B. gegen eine extensive Auslegung der Befugnisse des Europäischen Parlamentes) und nicht gegen die extensive Heranziehung eines Instrumentes wie desjenigen der Grundfreiheiten, das auf dem Gedanken der *materiellen*[2183] Subsidiaritätsidee beruht und welches es den Mitgliedstaaten über das Instrument der Rechtfertigung ermöglicht, ihre soziokulturellen Vorstellungen in verhältnismäßiger Weise für ihr eigenes Territorium um- und durchzusetzen und nationale Verfassungs- und Staatssymbolik unberührt lässt.

Eng mit dem Anliegen einer immer engeren Union zusammen hängen die alles überwölbenden (und bereits angesprochenen[2184]) Ziele der Völkerverständigung und Friedensbewahrung, die nach der Großkatastrophe des Zweiten Weltkrieges im Vordergrund standen. Frieden kann auf Dauer nur bewahrt werden, wenn es Möglichkeiten gibt, zwischenstaatliche Spannungen *innerhalb* eines rechtlich-politischen Systems zu kanalisieren und zu verarbeiten. Ein hoher Vernetzungsgrad macht Krieg – der vor 1945 als „Fortsetzung" der Außenpolitik nur mit anderen Mitteln angesehen wurde – zudem *unprofitabel*, was dazu führt, dass selbst das rein nationale Interesse eines jeden Mitgliedstaates gegen Krieg spricht. Im besten Fall entstehen auch eine gewisse *Solidarität* zwischen den Mitgliedstaaten und eine Auflösung nationalstaatlicher Abgrenzung. Dieses alles kann am besten über eine starke Integration erreicht werden, die von den europäischen Bevölkerungen *mitgetragen* wird (nur dann ist die Integration auch von Dauer). Eine *flexible, kontextbewusste* Auslegung kann hierzu einen entscheidenden Beitrag leisten.

Gemäß dem Beschlussentwurf vom 02.02.2016 über das Verhältnis des Vereinigten Königreichs zur Europäischen Union sollten „die Bezugnahmen auf eine immer engere Union der Völker Europas nicht zugunsten einer weiten Auslegung der Zuständigkeiten der Union oder der Befugnisse ihrer Organe gemäß den Verträgen herangezogen werden." [2185] Fraglich ist, ob darin eine Abwertung der oben genannten Bezugnahmen zu sehen ist. Es ist in diesem Zusammenhang daran zu erinnern, dass der (angestrebte) Beschluss nur ein „Instrument zur Auslegung der Verträge"[2186] darstellen würde und –

[2183] S. zum Begriff der materiellen Subsidiaritätsidee b. Fn. 1958.

[2184] S. b. Fn. 1501 ff.

[2185] EUCO 4/16 v. 02.02.2016, Abschnitt C 1. Abs. 2. S. umf. zum Inhalt des Beschlusses b. Fn. 2248 ff.

[2186] EUCO 4/16 v. 02.02.2016, 3. Erwägungsgrund.

im Gegensatz z. B. zu den Zielen der Verträge und zu den Protokollen (Art. 51 EUV) – nicht im Primärrechtsrang stünde.

bb) Interpretationsoffenheit des Unionsprimärrechts und die Rechtsfortbildungsspielräume des EuGH

Die Verfassung der Europäischen Union bilden die (primärrechtlichen) Verträge. In Kompensation ihrer erhöhten Änderungsfestigkeit werden Verfassungstexte von Verfassungsgerichten als „living instrument" ausgelegt und an die jeweiligen Verhältnisse angepasst. Die Situation supranationaler Gebilde unterscheidet sich von der von Nationalstaaten jedoch etwas: Auf der einen Seite besteht hier ein besonderes Bedürfnis nach Flexibilität, weil die Änderung der Verfassungstexte noch schwieriger ist als die einer nationalstaatlichen Verfassung (die EU umfasst 28 Mitgliedstaaten, und Primärrechtsänderungen erfordern Einstimmigkeit sowie die Einhaltung nationalverfassungsrechtlicher Vorgaben); auf der anderen Seite ist die Kompetenzübertragung hier – vor der Bildung eines Bundesstaates – eine bedingte und beschränkte.[2187] Dieser Dualismus spricht für eine erhebliche (nichtsdestotrotz nicht unbegrenzte und behutsame genutzte) Interpretationsflexibilität in Bezug auf das Unionsprimärrecht und für eine Interpretationsrelevanz des politisch-institutionellen Umfeldes.[2188] Gestützt wird dieser Befund durch den Umstand, dass die demokratische Legitimation des Staatenverbundes Europäische Union legitimatorische Schwächen aufweist und daher in besonderer Weise auf *Output*-Legitimation angewiesen ist,[2189] die wiederum nur durch eine *kontextsensible* und -flexible Auslegung eingelöst werden kann (gerade wenn eine solche Auslegung in *beide* Richtungen verstanden wird, d. h. sowohl in begrenzender als auch in extensivierender Weise).[2190] (Primärrechtliche) Integrationsfinalität bedingt hier also Kontextsensibilität.

Zudem besitzt der EuGH unstrittig auch die Organkompetenz der *Rechtsfortbildung* (in Art. 2 S. 1, 19 I Ua. 1 S. 2 EUV).[2191] Diese hat der Gerichtshof über die Jahre mithilfe seiner Fallrechtsprechung auch mehrfach (teilweise implizit) bekräftigt und ausgebaut. Das gilt insbesondere für die (zum Teil wechselhafte) Rechtsprechung zu den Grundfreiheiten. Der Primärrechtgeber hat diese Rolle des Gerichtshofs durch die Änderungsverträge legitimiert,

---

2187 Vgl *Everling*, JZ 2000, 217 (221).

2188 *Grimmel*, EuR 2013, 146 (165) etwa spricht von der „spezifisch europäischen Art und Weise der Interdependenz von Recht und Politik". Doch beschreibt er dieses Phänomen empirisch und äußert sich im Hinblick auf die *politische* Natur seiner Analyse nicht zu einer denkbaren rechtlich-argumentativen Bedeutung.

2189 S. b. Fn. 2322 ff.

2190 Ähnlich *Luczak*, 130 f.; *Majone*, 190 ff.; *Menon/Weatherill*, West Eur. Polit. 31 (2008), 397 (410); *Streinz*, AöR 135 (2010), 1 (27); vgl. auch *De Búrca*, in: Kochenov/Amtenbrink, 21 (31 f.).

2191 S. umf. b. Fn. 25 ff.

indem er Rechtsprechungsergebnisse oder Abweichungen von dem, was ursprünglich mit den Verträgen intendiert war, nicht korrigierte.[2192] Es wurden – wie der Gerichtshof in seinen Grundlagenurteilen *van Gend & Loos*[2193] und *Costa v. E.N.E.L.*[2194] deutlich gemacht hat –, nicht nur konkrete Normen, sondern auch *Organe* von dauerhafter Existenz und mit eigenen *Handlungsspielräumen* geschaffen, die ihren Auftrag in der Gegenwart immer wieder neu interpretieren und erfüllen müssen.[2195]

Die integrationsdynamische Auslegung stellt auf eine Vielzahl faktischer und normativer Anhaltspunkte ab. Sie ist damit von einer hohen Komplexität und geringen Transparenz geprägt. Sie begründet die Gefahr von Richterwillkür, „unbegrenzter" Auslegung, fehlender Nachprüfbarkeit und Kontrollierbarkeit des EuGH sowie von Rechtsunsicherheit. Diese Aspekte sprechen (abstrakt) für eine *restriktive* Handhabung der integrationsdynamischen Auslegung (falls diese hier im Ergebnis anerkannt würde).

b) Für eine integrationsdynamische Auslegung sprechende (primär) faktische Erwägungen

Auch faktisch-politische Umstände sprechen für eine integrationsdynamische Auslegung. Eine integrationsdynamische Auslegung kann dem Unionsrecht zur Gestaltungskraft verhelfen, wenn es diese faktischen Umstände bei der Interpretation berücksichtigt und damit die bestmöglichen Bedingungen dafür schafft, dass das Unionsrecht angewandt wird. Wenn das Unionsrecht in besonderer Weise dafür „anfällig" ist, nicht angewandt zu werden, spräche dies für eine integrationsdynamische Auslegung, mit der Unionsrecht so ausgelegt wird, dass es von den mitgliedstaatlichen Bevölkerungen akzeptiert wird. Denn wenn das Unionsrecht grundsätzlich in Frage gestellt wird, könnten auch Normgehalte zurückgewiesen werden, die ansonsten akzeptiert würden.

Stets unterliegt Recht der Gefahr, nicht befolgt zu werden.[2196] Dies gilt insbesondere, wenn dieses den ausführenden institutionellen Akteuren als nicht sinnvoll erscheint und/oder ihren grundlegenden politischen Überzeugungen widerspricht. Fraglich ist, ob dies im Besonderen für das Unionsrecht gilt. Es gibt eine Vielzahl von Wegen, wie die Rechtswirksamkeit untergraben werden kann, sei es durch enge Auslegung oder Nichtvorlage nach Art. 267 AEUV oder schlichte Nichtberücksichtigung. Insbesondere nationale Gerichte spielen für die Wirksamkeit des Unionsrechts eine zentrale Rolle. Die Kommission besitzt nicht die Ressourcen, um über Vertragsverletzungs-

---

[2192] S. umf. vor und b. Fn. 37 ff.

[2193] EuGH, Urt. v. 15.07.1964, Rs. 6/64, Slg. 1964, 1259 (1268 ff.) – *Costa v. E.N.E.L.*

[2194] EuGH, Urt. v. 05.02.1963, Rs. 26/62, Slg. 1963, 7 (24 ff.) – *Van Gend & Loos.*

[2195] S. umf. *Everling*, in: FS von der Groeben, 111 (128).

[2196] Vgl. *Luczak*, 128 ff. m. w. N.

verfahren eine Vielzahl von alltäglichen Rechtsverletzungen zu überwachen. Bei der Befolgung und Umsetzung von Unionsrecht besteht eine *besondere* Gefahr der Nichtbefolgung: Recht ist ein *Kulturprodukt*. Eine supranationale Organisation mit 28 zum Teil sehr heterogenen Mitgliedern unterschiedlichen Entwicklungsstands (z. B. Rumänien einerseits, Skandinavien andererseits) trägt in besonderer Weise die Gefahr in sich, dass das Unionsrecht in manchen Mitgliedstaaten als fremd empfunden wird und dem gemeinen Rechtsempfinden widerspricht.[2197] Auch die Vollzugsorgane sind in der Regel national. Obwohl große Teile der Europäischen Union erheblich größere Übereinstimmungen aufweisen als andere Weltregionen, spricht die noch immer bestehende kulturelle Heterogenität der Mitgliedstaaten dafür, den verschiedenen kulturell-historischen Identitäten der Mitgliedstaaten ausreichend Raum zu eröffnen, was insbesondere für Gebiete gilt, bei denen besonderen Sensibilitäten vorherrschen, wenn z. B. der Blick auf das Sozial- und Arbeitsrecht in Großbritannien und Deutschland gerichtet wird. Auch hier wird es im Laufe der Zeit zu Verschiebungen kommen. In einigen Bereichen werden regionale Unterschiede im Zuge der Integration der Weltwirtschaft weiter abnehmen, in anderen Bereichen wird es globalisierungskritische Gegenbewegungen geben. Letztlich muss ein lebendiger Dialog zwischen Lebenswirklichkeit und Rechtsinterpretation aufrechterhalten und müssen gesellschaftliche Strömungen auch in der Rechtspraxis wahrgenommen und abgebildet werden, damit möglichen Spannungslagen von vorneherein die Dynamik genommen wird.[2198]

Eine weitere spezifische Gefahr der Union als Staatenverbund besteht darin, dass nationalistische Ressentiments geschürt werden, um innenpolitische Vorteile zu erzielen, wie etwa bei der Praxis des „Spiels über die Bande“. Auf der europäischen Ebene erzielte Erfolge werden von nationalen Parteien für sich reklamiert und eigene Misserfolge als „Diktat“ aus Brüssel, Luxemburg oder Straßburg deklariert (obwohl hieran bisweilen mitgewirkt wurde).[2199]

Es könnte daher davon gesprochen werden, dass der EuGH seinem primärrechtlichen Integrationsauftrag in bestimmten Fällen durch Zurückhaltung sogar *nachkommt*:[2200] In Zeiten integrationsfeindlicher Stimmung könnte eine extensive Handhabung des Unionsrechts einer weiteren Integration *schaden*,

---

[2197] Vgl. *Everling*, JZ 2000, 217 (221).

[2198] Vgl. hierzu insges. *Kirschner*, 285 ff.

[2199] Vgl. *Rauer*, 3 m. w. N.

[2200] Vgl. *Albin*, NVwZ 2006, 629 (635); *Bickenbach*, EuR 2013, 523 (548); *Chalmers*, ICLQ 42 (1993), 269 (294); *Davies*, JEPP Public Policy 19 (2012), 76 (89); *Ritzer/Ruttloff*, EuR 2006, 116; *Simm*, 260; *Tietje*, in: Grabitz/Hilf/Nettesheim, Art. 114 AEUV Rn. 159; *Valta*, 26 f.; *Wieland*, NJW 2009, 1841 (1844); andeut. auch *Seiler*, 352; *von Simson*, in: FS von der Groeben, 391 (404); s. a. *Biondi*, in: ders./Eeckhout/Ripley, 213 (227) mit Blick auf die Gründe für die Etablierung des Subsidiaritätsgrundsatzes in Art. 5 III EUV.

indem sie den Integrationskonsens gefährdet.[2201] Eine judiziell betriebene Integrations*politik* könnte Ressentiments nicht nur in der Lehre heraufbeschwören, sondern auch zur Aufkündigung der Gefolgschaft durch die nationalen Verfassungsgerichte führen und in Rufen nach Kompetenzrückübertragungen oder in der Gründung eines den EuGH kontrollierenden Kompetenzgerichtes münden[2202].[2203] Auf der anderen Seite kann der EuGH in Zeiten stabil hoher Zustimmung in der Bevölkerung bei gleichzeitiger politischer, institutioneller und/oder struktureller Lähmung und Schwäche extensivere Auslegungsmöglichkeiten in Betracht ziehen und damit ebenfalls Unmut von den Institutionen der EU abwenden. Eine dynamisch-flexible Auslegung böte die Chance, das Recht an diese wechselnden Stimmungen anzupassen[2204] und hierdurch die den supranationalen Zusammenschlüssen grundsätzlich inhärente Instabilität zu mildern.[2205]

c) Die jüngere normative Integrationsgeschichte

Um Stellenwert und Richtung der integrationsdynamischen Auslegung näher zu bestimmen, ist es erforderlich, zu untersuchen, ob sich die in den Präambeln von AEUV und EUV sowie in Art. 1 II EUV bekräftigte Integrationsfinalität auch in der jüngeren Geschichte der unionalen Integration widerspiegelt: Fraglich ist erstens, ob in den letzten Jahrzehnten tendenziell (d. h. von punktuellen Rückschlägen abgesehen) nicht nur die fortwährende *Absicht* zur weiteren Integration bestand, sondern ob hierzu auch weitere *konkrete* Schritte unternommen wurden.

Zweitens geht es darum, welche Richtungsimpulse identifiziert werden können, d. h, um die Frage, *wohin* die Integration womöglich strebt oder ob sie auf politische Vorbehalte stoßen könnte und wo deshalb auch bei der (integrationsdynamischen) Auslegung nur mit besonderer Vorsicht vorangeschritten werden sollte. Dem Lissabonner Vertrag als jüngstem Änderungsvertrag sowie den jüngeren Maßnahmen im Zuge der Euro- und Finanzkrise kommt dabei eine besondere Rolle zu.

[2201] Vgl. *Rohe*, RabelsZ 61 (1997), 1 (62); *Tietje*, in: Grabitz/Hilf/Nettesheim, Art. 114 AEUV Rn. 159; *Weatherill*, ERCL 2006, 90 (111).

[2202] S. d. Nachw. bei *Wieland*, NJW 2009, 1841 ff.

[2203] Aus dieser Sicht waren die (freilich zum Sekundärrecht ergangenen) zurückhaltenden Urteile des EuGH in den sozialrechtlichen Konstellationen *Dano* (EuGH, Urt. v. 11.11.2014, Rs. C-333/13, unveröfftl.) und *Alimanovic* (EuGH, Urt. v. 15.09.2015, Rs. C-67/14, unveröfftl.) *integrationsklug*. Der EuGH hat die ihm zur Verfügung stehenden Auslegungsspielräume dort nicht genutzt, vgl. *Kingreen*, NVwZ 2015, 1503 (1505 f.).

[2204] Ähnl. Monti-Bericht, 26.

[2205] *Wils*, E. L.Rev. 18 (1993), 475 (477).

aa) Primärrechtsentwicklung bis zum Lissabonner Vertrag

Der Integrationsgrad in der Union ist trotz wiederholter, signifikanter Rückschläge wie dem Scheitern des Verfassungsvertrages in materiell-funktionaler Hinsicht fortlaufend erhöht worden und die „Gemeinschaftsmethode“[2206], d. h. die Schaffung unabhängiger Institutionen, die Etablierung des Mehrheitsprinzips und die Möglichkeit, unmittelbar anwendbares Recht zu schaffen, auf immer mehr Felder ausgeweitet worden.[2207] Zunächst hat insbesondere die Einheitliche Europäische Akte dem Integrationsprozess viele wichtige Impulse verliehen,[2208] etwa mit Blick auf das Binnenmarktziel oder die bereichsweise Ablösung des Einstimmigkeitsprinzips durch das Erfordernis qualifizierter Mehrheit.[2209]

Der Vertrag von Maastricht hatte zunächst gemischte Ergebnisse hervorgebracht. Neben den Kompetenzsicherungen des Grundsatzes der begrenzten Einzelermächtigung, der Erforderlichkeit und Subsidiarität sind auch zwei der drei Säulen (GASP, Justiz und Inneres) von der Jurisdiktion des Europäischen Gerichtshofs ausgeschlossen worden.[2210] Britische Euroskeptiker hatten später die damit verbundene Hoffnung zum Ausdruck gebracht, sie hätten dem Gerichtshof die „Flügel gestutzt“[2211]. Diesem Gesamttrend schien das *Keck*-Judikat zu entsprechen.[2212] Gleichzeitig hat der Maastrichter Vertrag aber zu weiteren Kompetenzübertragungen geführt[2213] und insbesondere die „neue Stufe bei der Verwirklichung einer immer engeren Union der Völker Europas“ (ex-Art. A II EUV), die Europäische Union geschaffen.[2214] Neben dem Grundsatz einer offenen Marktwirtschaft mit freiem Wettbewerb wurde eine Pflicht zur Koordination der Wirtschaftspolitik instituiert, der Zielverwirklichungsweg der Wirtschafts- und Währungsunion festgelegt sowie das Verbot von Beschränkungen des Kapital- und Zahlungsverkehrs zum unbedingten Grundsatz umgewandelt.[2215] Die Verträge von Amsterdam und Nizza haben die bereits instituierte Kompetenzverteilung im Wesentlichen bestätigt.[2216]

[2206] *Calliess*, in: ders./Ruffert, Art. 1 EUV Rn. 13.

[2207] *Calliess*, in: ders./Ruffert, Art. 1 EUV Rn. 13.

[2208] Vgl. *Snell/Andenas*, Int'l & Comp. Corp. L. J. 2 (2000), 239 (270) mit Blick auf die EEA: „revitalised the political process“.

[2209] Vgl. *Müller-Graff*, Binnenmarktziel, 46 f.

[2210] Zu letzterem *Alter*, 129 ff.

[2211] Übersetzung von *Alter*, 129.

[2212] Vgl. b. Fn. 1954 f.

[2213] Die Einfügung dieser kompensatorisch verstandenen Sicherungsmechanismen führt hierbei zu keinem anderen Ergebnis, ebenso *Rohe*, RabelsZ 61 (1997), 1 (40).

[2214] *Borchardt*, Rn. 24; *Streinz*, Rn. 37 ff.

[2215] Umf. *Müller-Graff*, EuR-Beiheft 1 2002, 7 (21 ff.).

[2216] *Streinz*, Rn. 49 ff., 53 ff.

Durch den Vertrag von Nizza wurde die qualifizierte Mehrheit nochmals ausgeweitet.[2217]

Das Scheitern des Verfassungsvertrages könnte nun als ein – normativ erheblicher – erneuter Rückschritt gedeutet werden. Allerdings würde dies die weitgehende Übernahme seiner Inhalte durch den nun zu beleuchtenden Lissabonner Vertrag ausblenden, der ebenfalls an vielen Stellen Integrationsvertiefungen bewirkt.

bb) Lissabonner Vertrag

Zu Recht erwähnt *Nowak* das „nahezu jedweder Verfassungssymbolik bzw. -semantik und Staatsrhetorik entkleidete"[2218] Erscheinungsbild des Vertrages von Lissabon. Dies könnte eine ausdrückliche Absage der EU-Völker, d. h. des Souveräns an eine weitere Integration darstellen und nicht ohne Einfluss auf eine begleitende dynamische Interpretation des Primärrechts sein. Integrationsakte durch den Gerichtshof würden unter diesem Blickwinkel als „am Souverän vorbei" anzusehen sein.

Jedoch hat der Lissabonner Vertrag zwar symbolisch, nicht aber funktional die Integrationsdynamik herausgenommen[2219] und umfangreiche integrationsvertiefende Änderungen der institutionellen und materiell-rechtlichen Topografie der Union bewirkt.[2220] Es wurde bei der Konzeptionierung des Lissabonner Vertrags *materiell* weitgehend auf den gescheiterten Verfassungsvertrag zurückgegriffen.[2221] Hervorzuheben sind insbesondere die Auflösung der 3-Säulen-Struktur und das fast[2222] vollständige Aufgehen der Politikbereiche in der Europäischen Union.[2223] Zudem wurde die Stellung des Europäischen Parlamentes gestärkt[2224] und damit die unmittelbare Legitimation der Union erhöht. Auch wurde – trotz entsprechender Rufe[2225] – *kein* den EuGH überwachendes Kompetenzgericht installiert. Es ließe sich daher durchaus argumentieren, dass die Mitgliedstaaten sich zwar *symbolisch* der Verschmelzung

---

[2217] *Streinz*, Rn. 54.

[2218] *Nowak*, EuR 2009 Beiheft 1, 129 (130); s. a. *Haratsch/Koenig/Pechstein*, Rn. 37.

[2219] Ebenso *Haratsch/Koenig/Pechstein*, Rn. 37; *Streinz*, FPR 2010, 481 (482 ff.).

[2220] *Nowak*, EuR 2009 Beiheft 1, 129 (130); ähnlich, wenngleich abgeschwächt *Rösler*, EuR 2008, 800 (821 ff.); s. a. *Jürgens*, 257. Als konkretes Feld zu nennen ist z. B. der Bereich der Asylpolitk, vgl. *Funke-Kaiser*, in: Bergmann, Asylpolitik der EU V.

[2221] *Oppermann*, in: ders./Classen/Nettesheim, § 3 Rn. 13 f. m. w. N.: „Inhaltlich wird die Substanz des Verfassungsvertrages 2004 unter äußerlicher ‚Vervölkerrechtlichung' weitgehend übernommen"; ebenso *Haratsch/Koenig/Pechstein*, Rn. 37; *Streinz*, Rn. 63.

[2222] Die Gemeinsame Außen- und Sicherheitspolitik ist in ihrer alten Form erhalten geblieben, wohingegen die Polizeiliche und Justizielle Zusammenarbeit supranationalisiert wurde, vgl. *Streinz*, FPR 2010, 481 (482 f.).

[2223] S. hierzu *Borchardt*, Rn. 33.

[2224] *Bergmann*, in: ders., Lissabon-Vertrag III; *Schäfer*, in: Dauses, A. II Rn. 513.

[2225] S. d. Nachw. b. *Jürgens*, 257 ff.

zu einem Bundesstaat verschlossen haben, nicht aber *funktional*, und im Gegenteil die Verzahnung der Rechtsordnungen materiell weiter vorangetrieben und damit das finale Moment der Europäischen Union bestätigt haben.

Verbreitet wird die „Aufbauphase" der Integration für abgeschlossen gehalten:[2226] Weil es der EuGH versäumt hat, eine systematische Kompetenzschutzdogmatik zu entwickeln,[2227] und weil die Gründungsverträge eine solche ebenfalls nicht vorsahen, sondern die mitgliedstaatlichen Kompetenzen als selbstverständlich voraussetzten,[2228] gehe es nun nicht mehr darum, weitere Kompetenzen auf die Union zu verlagern, sondern die bestehende Kompetenzstruktur und -abgrenzung über Art. 5 EUV hinaus zu effektuieren, sinnvoll zu verwalten und eigenständig dogmatisch und primärrechtlich abzusichern.[2229] Der Lissabonner Vertrag weist insofern voraus. Er entwickelt die Kompetenzabgrenzungsstrukturen weiter.[2230] Zukünftig stehen damit die Effektivierung und Demokratisierung der Union sowie größere Bürgernähe im Vordergrund.[2231]

cc) Reaktionsmaßnahmen auf die Euro-Krise (u. a. Six-Pack, Two-Pack, bail-outs, Stabilitätsvertrag)

Trotz bzw. wegen der steigenden Spannungen während der Euro-Krise und der erforderlich werdenden bail-outs durch EFSF, EFSM und ESM wurde eine engere Koordination der nationalen Wirtschaftspolitiken in der Euro-Zone für erforderlich gehalten, um die anhaltende Krise einzudämmen und einer neuen Krise vorzubeugen:[2232] Mit dem Six-Pack und dem Two-Pack sollte die Haushaltspolitik der Mitgliedstaaten stärker koordiniert[2233] und die Wirtschaftspolitik besser gesteuert[2234] werden, um hiermit erneuten Staats-

---

[2226] Plakativ formuliert *Rossi*, in: Biondi/Eeckhout/Ripley, 85 (106): „the child has grown up".

[2227] *Koopmans*, in: Curtin/Heukels, 43; vgl. auch *Davies*, CMLR 43 (2006), 63 (64 f.).

[2228] *Rossi*, in: Biondi/Eeckhout/Ripley, 85.

[2229] *Davies*, CMLR 43 (2006), 63 ff.; *Rossi*, in: Biondi/Eeckhout/Ripley, 85 (105 f.).

[2230] Z. B. weist das Primärrecht die ausschließlichen Zuständigkeiten der Union nunmehr ausdrücklich aus, was im Schrifttum vielfach als fundamentaler Fortschritt gewertet wird, vgl. nur *Calliess*, in: ders/Ruffert, Art. 3 AEUV Rn. 4; Art. 2 AEUV Rn. 1; *Nettesheim*, in: Grabitz/Hilf/Nettesheim, Art. 2 AEUV Rn. 12; *Pernice*, EuZW 2008, 65. Auch ist eine stärkere prozessuale Einbeziehung der nationalen Parlamente durch die Subsidiaritätsrüge und -kontrolle durch den Lissabonner Vertrag instituiert worden. Ein weiteres Zeichen für ein *gesteigertes* Bewusstsein in Bezug auf den Wert der mitgliedstaatlichen Kompetenzen ist im Ausbau des Schutzes der nationalen Identität zu erblicken (Art. 4 II 1 EUV), s. hierzu schon ausführlich b. Fn. 2103 ff.

[2231] Ebenso *Schäfer*, in: Dauses, A. II Rn. 441.

[2232] Vgl. nur *Hinarejos*, in: Barnard/Peers, 567 (580 ff.) m. w. N.

[2233] Vgl. nur *Hamer*, in von der Groeben/Schwarze/Hatje, Art. 126 AEUV Rn. 44 ff. m. w. N.

[2234] Vgl. nur *Bandilla*, in: Grabitz/Hilf/Nettesheim, Art. 126 AEUV Rn. 22 ff. m. w. N.

schuldenkrisen vorzubeugen und die Wettbewerbsfähigkeit der Volkswirtschaften anzugleichen. Hierin kann eine behutsame – primär sekundärrechtliche – *Vertiefung* der Integration gesehen werden. Allerdings betreffen diese Änderungen vor allem Mitgliedstaaten der *Eurozone*. Auch der nicht bloßes Sekundärrecht darstellende und von drei Mitgliedstaaten nicht unterzeichnete Stabilitätsvertrag (Vertrag über Stabilität, Koordinierung und Steuerung in der Wirtschafts- und Währungsunion) steht als *internationaler* Vertrag *außerhalb* der Vertragsarchitektur.[2235] Aus nur einen Teil der Mitgliedstaaten betreffenden Entwicklungen kann somit nichts für die Union und die Verträge als *Ganzes* geschlussfolgert werden (und Art. 35 Alt. 2 AEUV betrifft eben nicht nur die WWU). Zudem handelt es sich um sehr *spezielle* Maßnahmen, die auf die spezifischen Probleme der WWU zugeschnitten sind (einheitliche Währung bei unterschiedlicher Haushalts- und Wirtschaftspolitik). Eine Generalisierung dieser Tendenzen – in *beide* Richtungen (für und wider Integration) – erschiene daher deplatziert. Als abstraktere, rein deskriptive Schlussfolgerung lässt sich beobachten, wie wichtig die Sicherung der wirtschaftlichen Funktionalität für die Bewahrung des europäischen Integrationsprojektes ist.

dd) Spannungen während der „Flüchtlingskrise" und im Vorfeld des „Brexit"-Referendums 2016

Die jüngste „Flüchtlingskrise" hat – neben der Ukraine-Russland-Krise und dem am 13.01.16 eingeleiteten Rechtsstaatsverfahren gegen Polen[2236] – zu neuen Spannungen und Meinungsverschiedenheiten geführt[2237] und Zweifel an der Konsens- und Handlungsfähigkeit der EU und an der allgemeinen Solidaritätsbereitschaft[2238] geweckt. Mehre Länder haben (2015 und 2016) vorübergehende Grenzkontrollen eingeführt (u. a. Frankreich, Deutschland, Dänemark, Schweden und Österreich); die Grenzkontrollen entfalten schon jetzt negative Auswirkungen auf den Warenaustausch und den Verkehr von Arbeitnehmern.[2239] Zu den wenigen gemeinsamen Maßnahmen, auf die sich bislang zur „Bekämpfung" der Flüchtlingskrise geeinigt werden konnte, gehört der Beschluss des Innenministerrats zur Verteilung von 120.000 Flüchtlingen, der auf der Grundlage der asylrechtlichen Notlagenklausel des Art. 78

[2235] Vgl. nur *Bandilla*, in: Grabitz/Hilf/Nettesheim, Art. 126 AEUV Rn. 40 ff., 120 ff. m. w. N.

[2236] Vgl. die Pressemitteilung der Vertretung der Europäischen Kommission in Deutschland vom 13.01.16, abgerufen am 15.02.16 unter http://ec.europa.eu/deutschland/press/pr_releases/13919_de.htm.

[2237] V. a. zwischen den alten und den neuen Mitgliedstaaten („Ost und West"), vgl. *Kingreen*, NVwZ 2015, 1503.

[2238] Vgl. *Kingreen*, NVwZ 2015, 1503.

[2239] Vgl. nur *Steiner*, Grenzschließungen würden Europa 110 Milliarden Euro kosten, FAZ Online v. 03.02.2016, abgerufen am 15.02.2016 unter http://www.faz.net/-gqe-8d4rn.

III AEUV und nur per Mehrheitsentscheid[2240] getroffen werden konnte.[2241] Der Beschluss hat teilweise starke Gegenreaktionen hervorgerufen. So hat z. B. die Slowakei angekündigt, den Beschluss nicht umzusetzen[2242] und zusammen mit Ungarn Klage vor dem EuGH erhoben,[2243] die am 06.09.2017 abgewiesen wurde.[2244] Auf der anderen Seite haben wichtige Vertreter von EU-Institutionen (wie der niederländische Eurogruppenchef *Dijsselbloem* und der luxemburgische Kommissionspräsident *Juncker*) öffentlich erwogen, finanziellen Druck auf aufnahmeunwillige Mitgliedstaaten auszuüben.[2245] Unterdessen hat die Kommission 40 Vertragsverletzungsverfahren gegen 19 Mitgliedstaaten wegen der Nichteinhaltung bzw. -umsetzung asylrechtlicher Bestimmungen eingeleitet.[2246] Derzeit fehlt es – trotz des existierenden EU-rechtlichen Rahmens – an einem einheitlichen europäischen Aslyverfahren mit einheitlichen Asylstandards. Die anhaltende Flüchtlingskrise offenbart die (noch) beträchtlichen Unterschiede in den soziokulturellen und moralischen Grundanschauungen, speziell in Bezug auf sehr souveränitätssensible Politikbereiche (wie die Asylpolitik) und zwischen „alten" und „neuen" Mitgliedstaaten.[2247] Gleichzeitig verdeutlicht die Flüchtlingskrise die Bedeutung wohlfahrtsökonomischer Vorteile für ein erfolgreiches Vertiefen (bzw. für eine Erhaltung des Status quo) der Integration bzw. die Unwilligkeit zu Solidaritätsleistungen, denen kein nationaler Eigennutz gegenübersteht.

Die Relevanz wohlfahrtsökonomischer Vorteile belegen auch die britischen Reformforderungen, die im Vorfeld des „Brexit"-Referendums erhoben wurden: Angestrebt wurden eine Beschränkung der Freizügigkeit und eine Stärkung des Binnenmarkts sowie der Wettbewerbsfähigkeit.[2248] Der diesbe-

---

[2240] Gegen den Beschluss gestimmt haben Tschechien, die Slowakei, Ungarn und Rumänien. Enthalten hat sich Finnland.

[2241] Entscheidung Nr. 12098/15 des Rates der Europäischen Union vom 22.09.2015.

[2242] *O. V.*, Slowakische Republik kündigt Klage an, FAZ Online v. 23.09.2015, abgerufen am 02.12.2015 unter http://www.faz.net/-i98-886hj.

[2243] *O. V.*, Slowakei klagt gegen EU-Flüchtlingsverteilung, FAZ Online v. 02.02.2015, abgerufen am 02.12.2015 unter http://www.faz.net/-gpf-8avg6; *O. V.*, Ungarn reicht Klage gegen EU-Flüchtlingsverteilung ein, abgerufen am 12.01.2015 unter http://dw.com/p/1HGx0.

[2244] EuGH, Urt. v. 06.09.2017, Rs. C-643/15, 647/15, unveröfftl. (*Slowakei und Ungarn/Rat*).

[2245] *O. V.*, EU erwägt Geld als Druckmittel, tagesschau.de vom 27.10.2015, abgerufen am 02.12.2015 unter http://www.tagesschau.de/ausland/fluechtlinge-eu-121.html.

[2246] Europäische Kommission, Pressemitteilung (IP/15/5699) vom 23.09.2015.

[2247] *Kafsack*, Europas Zerreißprobe, FAZ Online v. 16.01.2016, abgerufen am 18.01.2016 unter http://www.faz.net/-gqg-8cf1h.

[2248] Vgl. nur *O. V.*, Cameron will Freizügigkeit einschränken, FAZ Online v. 10.11.2016, abgerufen am 18.01.2016 unter http://www.faz.net/-gq4-8a0l4; *Schäfer*, Sehnsucht nach Grenzen, FAZ Online v. 07.01.2016, abgerufen am 18.01.2016 unter http://www.faz.net/-gpg-8c44m.

zügliche Entwurf des Ratsbeschlusses vom 02.02.2016 „über eine neue Regelung für das Vereinigte Königreich innerhalb der Europäischen Union“[2249], der mit Blick auf den Ausgang des Referendums nunmehr hinfällig geworden ist (EUCO 4/16, Abschnitt E 2), greift diese Forderungen auf.[2250] Er hätte sich nicht als der befürchtete Rückschritt von grundlegenden Errungenschaften der Europäischen Integration dargestellt:[2251] Insbesondere wird einzelnen nationalen Parlementen in dem Entwurf nicht das Recht eingeräumt, Gesetzgebungsvorhaben im *Alleingang* zu blockieren. Erforderlich sind 55 % der den nationalen Parlementen im Rahmen des Subsidiaritätskontrollmechanismus zugewiesenen Stimmen.[2252] Der geplante sekundärrechtliche Notfallmechanismus zur Aussetzung von Lohnergänzungsleistungen für EU-ausländische Arbeitnehmer ist ebenfalls in verschiedener Weise entschärft worden: Erforderlich ist das Vorliegen einer außergewöhnlichen (Belastungs-)Situation.[2253] Die Aktivierung des Notfallmechanismus bedarf zudem eines Ratsbeschlusses. Arbeitnehmern dürfen entsprechende Leistungen maximal 4 Jahre vorenthalten werden und Aussetzungen von Ergänzungsleistungen sollen (entsprechend der Dauer des Aufenthaltes) abgestuft sein. Die Aussetzung gilt zudem nur für *neu* in den jeweiligen Arbeitsmarkt eintretende EU-Ausländer.[2254] Bei dem Beschluss handelt es sich nur um ein „Instrument zur Auslegung der Verträge“[2255], das nur für den Fall in Kraft treten sollte, dass das Vereinigte Königreich in der EU verbliebe[2256].

[2249] EUCO 4/16 v. 02.02.2016.

[2250] EUCO 4/16, Abschnitt B; Entwurf einer Erklärung des Europäischen Rates zur Wettbewerbsfähigkeit, EUCO 6/16 v. 02.02.2016; Entwurf einer Erklärung der Kommission über einen Mechanismus zur Umsetzung der Subsidiarität und einen Mechanismus zur Umsetzung des Lastenabbaus, EUCO 7/16 v. 02.02.2016, Abs. 4, Abs. 5.

[2251] Vgl. nur *Buchsteiner*, Das Beste beider Welten, FAZ v. 03.02.2016, 2; *Busse*, In Camerons Hand, FAZ v. 03.02.2016, 1; nach Auffassung einiger Kommentatoren handele sich bei den Verhandlungen um ein „Scheingefecht“, vgl. *Bubrowski/Mussler*, Knallharte Scheinverhandlungen, FAZ v. 30.01.2016, 8; *Busse*, Camerons Spiel, FAZ v. 30.01.2016, 10.

[2252] EUCO 4/16, Abschnitt C 3.

[2253] In Abs. 2 des Entwurfes einer Erklärung der Europäischen Kommission zu dem Schutzmechanismus nach Abschnitt D Absatz 2 Buchstabe b des Beschlusses der im Europäischen Rat vereinigten Staats- und Regierungschefs über eine neue Regelung für das Vereinigte Königreich innerhalb der Europäischen Union (Dokument EUCO 9/16 v. 02.02.2016) wird allerdings festgelegt, dass die erforderliche außergewöhnliche Situation „gegenwärtig im Vereinigten Königreich gegeben ist“.

[2254] EUCO 4/16, Abschnitt D 2. b).

[2255] EUCO 4/16, 3. Erwägungsgrund.

[2256] EUCO 4/16, Abschnitt E 2.

ee) Unterstützung sekundärrechtlicher Entwicklungen durch das Primärrecht

Hervorzuheben ist die allgemeine Entwicklung des *Sekundärrechts*: Zwar ist aus normhierarchischen Gründen ein *direkter* Einfluss des Sekundärrechts auf das Primärrecht ausgeschlossen. Primär- und Sekundärrecht beeinflussen sich jedoch *politisch-faktisch* wechselseitig, wie etwa der Mitte der 80er Jahre vorgenommene Strategiewechsel der Kommission belegt (anstelle umfassender Harmonisierung schlug die Kommission eine Beseitigung von Handelshemmnissen auf der Grundlage des Anerkennungsgrundsatzes vor).[2257] Es ist festzustellen, dass das Sekundärrecht kontinuierlich *verdichtet* und auf *neue Politikfelder* ausgedehnt wurde (was auch durch die großzügige Auslegung der Rechtsangleichungskompetenz in Art. 114 AEUV durch den EuGH[2258] ermöglicht wurde).[2259] Diese im Sekundärrecht verkörperten (Be-)Wertungen können primärrechtlich über die Grundfreiheiten aufgenommen, unterstützt und (ggf.) verstärkt werden (im Falle der Mindestharmonisierung bleiben die Grundfreiheiten anwendbar), und andererseits kann auf Gebieten, in denen sich die Legislativorgane einer Harmonisierung strikt verweigert haben, auch im Rahmen der Grundfreiheiten Zurückhaltung geübt werden (z. B. weitgehend im Steuer- und Sozialrecht).

ff) Zwischenfazit und Rolle des Gerichtshofs

Die in der Anfangszeit der europäischen Einigung vom Gerichtshof verfolgte und je nach Blickwinkel auch legitime[2260] „Politik", anstelle des integrationsunfähigen bzw. -unwilligen Unionsgesetzgebers die Rolle eines „Integrationsmotors" einzunehmen,[2261] ist „historisch überholt"[2262]:[2263] Die Integrati-

---

[2257] S. b. Fn. 1559 ff.

[2258] S. b. Fn. 1791 ff.

[2259] Vgl. nur *De Búrca*, in: Barnard/Scott, 181 (184 f.).

[2260] Vgl. *Kingreen*, EuGRZ 2004, 570 (575).

[2261] Vgl. *Baur*, JA 1992, 65 (67); *ders.*, JA 1993, 95 ff.; *Körber*, 166; *Kingreen*, in: *von Bogdandy/Bast*, 705 (711), der auf die dafür in den 70ern ursächlichen Umstände der Beibehaltung des Einstimmigkeitserfordernisses gem. Art. 100 EWG-Vertrag und die Vergrößerung der Gemeinschaft hinweist; vgl. auch *Möschel*, NJW 1994, 429 (430). Zum Teil wird und wurde dem EuGH (auch und vor allem in der Politikwissenschaft) der Wille zugeschrieben, integrations*politische* Fragen entscheiden zu *wollen*, mithin judicial activism zu betreiben. Neuerdings zeichnet sich in der politikwissenschaftlichen Debatte allerdings ein Paradigmenwechsel ab, wonach der EuGH aufgrund des Unwillens und der Unfähigkeit der anderen *politischen* Organe *gezwungen* war bestimmte Entscheidungen zu treffen und ihm der Wille zur *politischen* Gestaltung von der (Rechts- und Politik-)Wissenschaft nur untergeschoben werde, vgl. hierzu umfassend die Ausführungen des Politikwissenschaftlers *Grimmer*, EuR 2013, 146 ff. m. umf. w. N.

[2262] *Luczak*, 137 f.: „[A]ngesichts des heutige Integrationsstandes, der heutigen Regelungsdichte (...) können (...) Strukturen nicht mehr in gleicher Weise Rechtfertigung erfahren, wie damals." Ebenso *Körber*, 166.

onskrise der 1970er ist vorbei, die institutionelle Handlungsfähigkeit verbessert worden,[2264] insbesondere mit Blick auf die Einfügung des Erfordernisses der qualifizierten Mehrheit in Art. 114 AEUV durch die EEA[2265] (wenngleich in jüngerer Zeit durch das Anwachsen auf 28 Mitgliedstaaten sich nunmehr erneut Fragen der Handlungsfähigkeit, etwa mit Blick auf die Anzahl der Kommissare oder in Bezug auf das Einstimmigkeitserfordernis bei Primärrechtsänderungen, stellen). Der „Rahmenvertrag"[2266] der EWG ist durch detailliertere Verträge ersetzt worden. Unter dem alten EWG-Vertrag war der EuGH im Falle von Lücken oder bei unbestimmten Rechtsbegriffen praktisch gezwungen, rechtsgestaltend tätig zu werden.[2267] Ansonsten hätte die Gefahr bestanden, dass mitgliedstaatliche Gerichte die Begriffe uneinheitlich auslegten. Nimmt ein Gericht eine solche Rolle ein, ist dies per se problematisch. Der EuGH konnte sich hierfür jedenfalls so lange auf eine gewisse Legitimation stützen, als eine grundsätzliche Zustimmung zur Integration gesichert war und die Gemeinschaftsinstitutionen in der Zeit der „Eurosklerose" die ihnen durch die Verträge zugewiesene Rolle und damit den Integrationsauftrag nicht erfüllt hatten. Dieser Kontext hat sich nun gewandelt.

Obwohl eine Verbundesstaatlichung mit einer diesen Namen verdienenden Verfassung bislang ausgeblieben ist, ist insgesamt eine stete Vertiefung der Integration festzustellen.[2268] Gleichzeitig sind Kompetenzabgrenzungsinstrumente entwickelt worden. Selbst die Kompetenzabgrenzungsmechanismen könnten aber dergestalt interpretiert werden, dass sie letztlich ebenfalls dem Zweck dienen, den Integrationskonsens zu *bewahren*, indem negative Rückwirkungen prozedural und somit *innerhalb* und nicht *außerhalb* des *Systems* kanalisiert werden. Nach Lissabon befindet sich die Union m. a. W. in einer „post-unionalen" Phase (analog zum Zeitalter des Post-Nationalismus), in der es nicht mehr um das „Ob" des Integrationsprojektes geht und nicht mehr um eine Vertiefung der Integration „um jeden Preis", sondern um die Auffindung *innerer Balance*, d. h. um eine optimale Kompetenzverteilung.[2269] Sofern örtliche Präferenzen auf der lokalen Ebene besser realisiert werden können,

---

[2263] Vgl. *Streinz*, AöR 135 (2010), 1 (27); *Luczak*, 421 f., 137 f. m. umf. w. N. *Roth* hielt etwa die den Maastrichter Vertrag begleitende Debatte um den Erhalt nationaler Souveränität für einen möglichen Grund für den restriktiv(er)en Kurs des EuGH, der in der *Keck*-Entscheidung zum Ausdruck kam, in: FIW, Bd. 160, 21.

[2264] *Kingreen*, in: *von Bogdandy/Bast*, 705 (714); *Körber*, 166.

[2265] *Weatherill*, CMLR 33 (1996), 885 (906).

[2266] *Streinz*, AöR 135 (2010), 1 (27).

[2267] Vgl. hierzu *von Danwitz*, EuR 2008, 769 (773).

[2268] Vgl. *Kingreen*, NVwZ 2015, 1503 (1506).

[2269] Vgl. *Oeter*, ZaÖRV 2015, 733 (749): „stabile Zwischenlage". So spricht sich, laut einer 2016 veröffentlichen „repräsentative[n] 8-Länderstudie", eine Mehrheit der befragten EU-Bürger dafür aus, nationale Kompetenzen in den Bereichen Außen- und Sicherheitspolitik sowie Einwanderung auf die EU zu verlagern, FES-Studie, 15 ff.

soll die lokale Ebene gewählt werden, andernfalls die unionale Ebene.[2270] Die Union, Politiker, Bevölkerungen und Länder müssen sich ihre Integrationsbereitschaft und EU-Zugehörigkeit somit nicht mehr „beweisen", indem sie die Europäische Integration bedingungslos vertiefen, sondern es kann nunmehr sachpolitisch abgewogen werden, welcher Ebene eine Kompetenz am besten zugeordnet werden sollte. Eine solcherart begründete integrationsdynamische Auslegung spricht für eine stärkere Berücksichtigung rechtsökonomisch-funktionaler Erwägungen. Eine weitere Konsolidierung des Integrationsprojektes muss nicht in der Rückwanderung weiterer Kompetenzen bestehen, kann es aber. Diesem Bild einer „reifen" Union entspräche der Gerichtshof, wenn er nicht mehr einfach nur die *extensivste* Auslegung wählte, sondern in Einzelfällen auch den mitgliedstaatlichen Kompetenzen den Vorzug gäbe, wenn dies dem Integrationszweck (und damit der Funktionalität des Gesamtsystems) zuträglicher wäre.

gg) Die jüngere politisch-gesellschaftliche Einigungsgeschichte

Sofern eine integrationsdynamische Auslegung anerkannt wird, kommt es auf die „politisch-gesellschaftliche Integrationsgesamtsituation", d. h. auf die (ablehnende oder affirmative) Haltung von Politik und Gesellschaft zum europäischen Integrationsprojekt an. Hier ist eine Vielzahl von Umständen relevant, die sich zudem in einem steten Wandel befinden. Z. B. könnte der hypothetische Fall vorgestellt werden, dass weitere Integrationsschritte in der Politik und von der Bevölkerung begrüßt werden und auch notwendig zur Erfüllung unionsvertraglich festgelegter Ziele sind, aber eben durch das Handeln der Entscheidungsorgane der Union nicht erreicht werden. In diesem Beispielfall wäre eine stärkere Nutzung der integrationsdynamischen Auslegungsmethode angezeigt.

Einige politikwissenschaftliche Untersuchungen legen nahe, dass eine gewisse *positive emotionale Bindung* trotz der Erschütterungen durch die Wirtschafts- und Finanzkrise existiert.[2271] Andererseits ist diese noch nicht so stark ausgeprägt wie das Bindungsgefühl zum eigenen Nationalstaat,[2272] und es bestehen hierbei erhebliche länderspezifische Unterschiede. Zwischen 2013 und 2015, mit dem (leichten) Abklingen der Wirtschafts- und Finanz-

---

[2270] Dieses Optimierungsprinzip ist nicht im Subsidiaritätsgrundsatz verankert, s. hierzu b. Fn. 1971.

[2271] A.A. m. w. N. *Luczak*, 128: „In Europa gibt es seit geraumer Zeit Anzeichen für eine Erosion des so genannten *permissive consensus*".

[2272] Vgl. zur europäischen Identität und zur noch dominanten Bindung an den Nationalstaat nur die politikwissenschaftliche Untersuchung von *Trüdinger*, in: Gabriel/Kropp, 215 (223, 230) m. w. N.: „EU-Mitgliedschaft heute in allen Mitgliedsländern mehrheitlich unterstützt".

krise in mehreren Ländern der Peripherie,[2273] hatte die Euroskepsis zwischenzeitlich erheblich abgenommen und der Anteil derjenigen, die ein positives Bild von der EU haben, deutlich zugenommen (wie Ergebnisse des Eurobarometers belegen[2274]). Die jüngste Flüchtlingskrise wiederum scheint diesen Trend (leicht) umzukehren.[2275]

Die Frage einer *positiven* Bindung kann aber letztlich (mit Blick auf die Anerkennungswürdigkeit einer integrationsdynamischen Auslegung) *dahinstehen*: Das europäische *Bewusstsein* ist nämlich – unabhängig davon, wie dieses eingeschätzt wird (also eher affirmativ oder eher ablehnend) – gewachsen, d. h. das (wertneutral ausgedrückt:[2276]) *Wissen* um die Bedeutung der Europäischen Union und das Stellungbeziehen haben zugenommen.[2277] Ob es sich dabei um ein kritisches oder befürwortendes Stellungbeziehen handelt, ist in diesem Zusammenhang nicht entscheidend. Der kontroverse Diskurs in Wissenschaft und Politik belegt die gestiegene *Legitimität* des „Elitenprojekt[es]"[2278] der europäischen Einigung.[2279] So widersprüchlich und kontraintuitiv dies auch scheinen mag: Die wachsende Kritik an „Europa" hat das Projekt insgesamt *demokratischer* gemacht und die Legitimität erhöht, weil es nunmehr zunehmend als (fortwährend bekräftigte) Entscheidung der *Bürger* in ihrer Gesamtheit (und nicht mehr nur der Eliten) angesehen werden kann, dass die Union in ihrer heutigen Form (fort-)existiert und nicht schon durch politischen Druck aufgelöst wird. Beispiele für dieses gestiegene Bewusstsein und für die zunehmende Diskussion in und um Europa sind etwa der Aufstieg europakritischer, populistischer Parteien und die damit verbun-

---

[2273] So ist die Arbeitslosenquote in Spanien von 26,20 % im 2. Quartal 2013 auf 21,80 % im 3. Quartal 2015 gesunken, in Griechenland von 27,70 % auf 24,80 % und in Portugal von 17,00 % auf 12,30 % (Quelle: eurostat, aktuelle Statistiken können abgerufen werden mithilfe der Online-Anwendung von eurostat unter http://ec.europa.eu/eurostat/web/main/home; die vorgenannten Daten wurden abgerufen am 19.12.2015).

[2274] Zwischen dem Frühjahr 2013 bis zum Frühjahr 2015 ist der Anteil derjenigen EU-Bürger, die ein „positives Bild" von der EU haben, um 11 % gestiegen. Im Frühjahr 2015 äußerten 38 % der Befragten ein neutrales Bild von der EU zu haben und 41 % sagten, sie hätten ein positives Bild. Nachw. b. Europäische Kommission, Standard-Eurobarometer 83 (Juli 2015), 7.

[2275] Zwischen dem Frühjahr 2015 und dem Herbst 2015 ist der Anteil derjenigen, die ein „positives Bild" von der EU haben um 4 % gesunken (von 41 % auf 37 %) und der Anteil derjenigen, die ein „negatives Bild" mit der EU verbinden um 4 % gestiegen (von 19 % auf 23 %). 38 % haben ein „neutrales Bild" von der EU. Nachw. b. Europäische Kommission, Standard-Eurobarometer 84 (Dezember 2015), 6.

[2276] Vgl. dazu, dass es auch hierauf ankommt, *Halberstam*, E. L. Rev. 30 (2005), 775 (788).

[2277] Vgl. speziell mit Bezug zum EuGH *Weiler*, JCMS 31 (1993), 417 (439 f.).

[2278] Vgl. hierzu *Trüdinger*, in: Gabriel/Kropp, 215 (230).

[2279] *Dann*, EuR 2013 Beiheft 1, 93 (97).

dene scharfe öffentliche Auseinandersetzung.[2280] Der Aufstieg euro(pa)kritischer Parteien belegt, dass der „stillschweigende Nichtangriffspakt" von Teilen der Elite aufgekündigt wurde.

Anders als nach dem Zweiten Weltkrieg erhoffen und erwarten die Unionsbürger mittlerweile *mehr* von der Europäischen Union (und ihrem Recht) als Frieden, grenzüberschreitende Freiheit und fundamentale Wirtschaftsrechte. Integrative Vertiefungen müssen mehr denn je einen outputlegitimierenden, *funktionalen* Mehrwert aufweisen.[2281] Auch in der Lehre zeigen sich Tendenzen, weitere Integrationsschritte zunehmend kritisch zu hinterfragen und auf ihre funktionale Vorteilhaftigkeit zu untersuchen. Während frühe (z. T. stark) integrationsvertiefende Urteile (in Bezug auf Schadensersatz, unmittelbare Anwendbarkeit, Anwendungsvorrang etc.) noch allgemein akzeptiert wurden, werden nunmehr extensive Rechtsfortbildungs- und Interpretationsschritte des EuGH kritisch(er) von der Fachöffentlichkeit beäugt.[2282]

d) Grundfreiheitenspezifische Überlegungen

Sowohl Art. 35 Alt. 2 AEUV[2283] als auch das Binnenmarktziel[2284] zeichnen sich durch einen hohen Grad an textlicher Unbestimmtheit aus, worin eine Delegation inhaltlicher Konkretisierungsbefugnisse an die Unionsorgane zu erblicken ist.[2285] Dies gilt auch vor dem Hintergrund des Lissabonner Ver-

---

[2280] Z. B. hat die euroskeptische Partei AfD die Aufmerksamkeit in Deutschland auf europapolitische Themen gelenkt. Dieser Prozess hat seit der Eurokrise in mehreren Mitgliedstaaten stattgefunden und sich nicht nur auf finanzpolitische Themen, sondern zum Teil auch auf die Integration insgesamt bezogen hat, wie Beispiele in Skandinavien, Irland, Großbritannien oder den südlichen Mitgliedsländern zeigen, vgl. *Bast/Rödel*, EuR 2013 Beiheft 1, 5 ff. Interessanterweise ist bei den Wahlen zum Europaparlament 2014 in Deutschland eine größere Wahlbeteiligung erzielt worden als bei denjenigen des Jahres 2009, vgl. die Online-Anwendung der Webseite des Europäischen Parlaments unter http://www.europarl.europa.eu/elections2014-results/de/country-results-de-2014.html#table01, abgerufen am 16.10.2015.

[2281] Vgl. *Arnull*, in: ders./Eeckhout/Tridimas, 415 f.; *De Búrca*, in: Kochenov/Amtenbrink, 21 ff.; Vgl. auch b. Fn. 1016 ff.

[2282] Vgl. nur *Reich*, Oslo paper, 1 f. m. w. N. Eine vertrauensvollere Auffassung nimmt – auch derzeit – z. B. *Schwarze*, ZEW-Vortrag, 17 ein. Besonderer Unmut entzündete sich am *Mangold*-Urteil des EuGH (Urt. v. 22.11.2005, Rs. C-144/04, Slg. 2005, I-10013 [*Mangold*]), vgl. nur *Herzog/Gerken*, FAZ v. 08.09.2008, 8; *Gerken/Rieble/Roth/Stein/Streinz, R.*, 1 ff. Auch und insbesondere im englischsprachigen Diskurs zeigt sich seit etwa 2 Jahrzehnten ein Umschwung hin zu restriktiveren Interpretationspositionen und Integrationsperspektiven, der an die Stelle einer europawissenschaftlichen Tradition trat, die bis dahin häufig zustimmend in Erscheinung getreten ist, s. umf. m. w. N. *Arnull*, in: ders./Eeckhout/Tridimas, 415 ff.; vgl. auch *Weiler*, JCMS 31 (1993), 417 (430 ff.).

[2283] S. b. Fn. 894 ff.

[2284] S. b. Fn. 1310 ff., 1624.

[2285] S. vor Fn. 897.

trags: Dort wurde sich insbesondere struktureller und kompetenzieller Fragen angenommen, während die Grundfreiheiten trotz einiger klärungsbedürftiger Fragen unverändert belassen[2286] und sogar durch den Verfassungsvertrag angestrebte Änderungen im Recht der Grundfreiheiten (wie die Zusammenfassung der Art. 34, 35 AEUV zu einem Artikel[2287]) zurückgenommen wurden.

Es könnte eingewandt werden, dass der Primärrechtgeber bestimmte Inhalte oder Kontrollstandards in Bezug auf Art. 35 Alt. 2 AEUV auch direkt und explizit hätte verankern können, wenn er deren Anerkennung und Durchsetzung gewollt hätte, und dass eine Änderung der Definition der Maßnahmen gleicher Wirkung im Sinne von Art. 35 Alt. 2 AEUV durch den EuGH vor diesem Hintergrund illegitim ist. Doch beinhaltet die dem EuGH verliehene Konkretisierungskompetenz gerade keine Fixierung *bestimmter Inhalte*, sondern gewährt ihm als Institution die Flexibilität, Inhalte im Laufe der Zeit anzupassen und auf unvorhergesehene Probleme zu reagieren, die nicht schnell und effizient im Wege eines Vertragsänderungsverfahrens gelöst werden könnten. Dies ist einer der Gründe, warum die Grundfreiheiten eine so hohe Prägungskraft besitzen (im Vergleich zu anderen unionsrechtlichen Instrumenten). In den letzten Jahrzehnten verfolgt der Primärrechtgeber in Bezug auf die Grundfreiheiten eine *Politik der Zurückhaltung* bzw. *Nichteinmischung*.

Von der hohen Wirksamkeit der Grundfreiheiten zeugt auch, dass diese aufgrund ihrer langen europagerichtlichen Tradition und speziellen Bezogenheit auf die Wirtschaftsintegration einen weithin akzeptierten Bestandteil des acquis communautaire darstellen: In jahrzehntelanger Praxis geborene Gerichts- und Verwaltungserfahrungen in den Mitgliedstaaten sind institutionell-faktisch fest im Rechtsdenken der europäischen Mitgliedstaaten verankert. Politiker wie nationale Gerichte halten die Grundfreiheiten in der Mehrheit für unabdingbar.[2288]

Eine dritte Wirksamkeitskomponente ist darin zu sehen, dass die Durchsetzung der Grundfreiheiten in den Händen *privater, gewinnorientierter Akteure* liegt (was als großer Vorteil gegenüber der [positiven] Rechtsangleichung anzusehen ist). Die Effektivierung der Grundfreiheiten stellt dabei einen sich selbst effektivierenden Prozess dar: Je stärker die Märkte verflochten sind und die ökonomische Integration vorangeschritten ist, desto mehr fallen Wettbewerbsverzerrungen aufgrund der größeren Bedeutung ausländischer Anbieter und Nachfrager für die Binnenmarktakteure ins Gewicht und desto

---

[2286] Vgl. *Mayer*, ZaöRV 2007, 1141 (1190).

[2287] S. b. Fn. 933 ff.

[2288] Bundeskanzlerin *Angela Merkel* hält die Arbeitnehmerfreizügigkeit für ein „sehr hohes Gut“, zit. nach *Bannas/Kohler*, Die Bundeskanzlerin im F.A.Z.-Gespräch: „Russland wendet sich wieder altem Denken zu“, FAZ.net v. 16.05.2014, abgerufen am 12.01.2016 unter http://www.faz.net/-gpf-7pdrc.

wichtiger werden auch die Grundfreiheiten als Abwehrinstrumente. Die Grundfreiheiten stellen daher eine im Unionsrecht einzigartige *Ressource* dar.[2289] Diese Ressource kann als Vehikel genutzt werden, um andere normative Inhalte zu transportieren und mit hoher Durchsetzungskraft zu verwirklichen, und zwar in weit stärkerem Maße, als dies ein *neu* in die Verträge aufgenommenes subjektiv-wirtschaftsrechtliches Instrument könnte.[2290] Die starke Stellung der Grundfreiheiten und die Wirkungsmacht, die sie dem EuGH verleihen, besitzt eine Akzeptanz, die ein unter den heutigen Rahmenbedingungen neu eingefügtes Instrument gar nicht erwerben könnte. Auch umgekehrt würde eine weitaus schwächere Rolle der Grundfreiheiten, die ganz überwiegend als der Kern der europäischen Wirtschaftsverfassung betrachtet werden, zumindest in Kreisen der Rechtswissenschaft oder in mit dem Unionsrecht vertrauten Kreisen (vor allem der Politik oder grenzüberschreitend tätig werdenden Unternehmen) auf Nichtakzeptanz stoßen.

Sofern der einzelne Marktbürger Wirtschaftsrechte (i. F. v. Grundfreiheiten) aus der EU-Wirtschaftsverfassung ableiten kann, die sein wirtschaftliches Wohlergehen entscheidend fördern, stärkt dies seine *Identifikation* mit dem europäischen Integrationsprojekt. Integrationsgewinne werden nicht nur *makroökonomisch* (etwa i. F. e. niedrigeren Arbeitslosenquote), sondern auch für den *Einzelnen* erfahrbar und schicksalsprägend. Hierdurch befördern die Grundfreiheiten das Integrationsziel.

Durch eine erweiterte Auslegung von Art. 35 Alt. 2 AEUV engagiert sich der einzelne Exporteur grenzüberschreitend, was sein Eigeninteresse mit dem EU-ausländischer Konsumenten *verknüpft*. Hierdurch wird die *Vernetzung* der (Märkte der) europäischen Mitgliedstaaten vorangetrieben. Es werden gemeinsame Interessen, größere gegenseitige Abhängigkeiten sowie (mehr) grenzüberschreitende Kontakte geschaffen. Diese Vernetzung wirkt sich positiv auf die mit der Integration verfolgten Ziele aus (Friedensschaffung bzw. -bewahrung).

Problematisch ist, dass sich mit dem Voranschreiten der europäischen Wirtschaftsintegration immer mehr das Bedürfnis und auch die Möglichkeit ergeben, *fein justierende* Entscheidungen zu treffen. Es geht eben nicht mehr (oder nur sehr selten) um evident wohlfahrtsschädliche und im Interesse der Allgemeinheit abzubauende Kontigentierungen und (eindeutige) Diskriminierungen. Im Vordergrund stehen häufig feine Abgrenzungsfragen sowie weit vom Transaktionsprozess entfernte Regelungssachverhalte (wie z. B. die Gruppe der Verwendungsregelungen bei Art. 34 Alt. 2 AEUV), mithin „hard

---

[2289] Andeutend *Immenga*, in: FS Lukes, 393 (402). Vgl. generell zur Nützlichkeit der Offenheit und damit Wandelbarkeit (bestimmter) rechtlicher Konzepte *Deakin*, HSR 40 (2015), 1 (4 f.).

[2290] Vgl. zur damit angesprochenen und der Systemtheorie entlehnten Selbstreproduktion und -bestätigung des Rechts und seiner Interpretation nur *Deakin*, Review of Law and Economics 7 (2011), 659 (673 ff.).

cases". Die Lösung solcher Auslegungsfragen ist komplexer und detailbezogener. Dies bedingt ein *erhöhtes* Legitimationsbedürfnis. Je mehr sich der EuGH von seiner Rolle als „Anti-Protektionismusgericht" entfernt, umso begründungsbedürftiger wird somit auch eine integrationsdynamisch-extensive Handhabung der Grundfreiheiten.

Im Ergebnis zu konstatieren ist, dass die Grundfreiheiten (und das Binnenmarktziel) in besonderer Weise das Integrationsgeschehen prägen und einer integrationsdynamischen Auslegung zugänglich sind.[2291] Als fester und unangefochtener Bestandteil des acquis besitzen sie eine hohe Prägungs- und Durchsetzungskraft. Gleichwohl birgt eine zunehmende Detailsteuerung durch die Grundfreiheiten auch Gefahren. Es sollte daher im Ergebnis zwar eine integrationsbewusste Auslegung erfolgen, doch muss diese die institutionellen Grenzen des EuGH respektieren.

3. Schlussfolgerungen

Die Rolle des Gerichtshofs muss sich wandeln und hat sich gewandelt. Die extrem integrationsdynamische Funktion als aktiver Beförderer der Integration – wie in der Anfangszeit – darf der EuGH aus legitimatorischen und in der Gewaltenteilung wurzelnden Überlegungen unter Berücksichtigung des heutigen Rechtfortbildungsstandes im Recht der Grundfreiheiten, der stärkeren Bewusstheit der Bevölkerung in Bezug auf europapolitische und europarechtliche Fragen und der größeren Handlungsfähigkeit der politischen Organe nicht mehr einnehmen. Das faktisch-gesellschaftliche wie auch das normative Umfeld hat sich grundlegend geändert. Die Rolle des Gerichtshofs rückt insofern näher an die Tätigkeit der Rechtsfortbildung im klassischen Sinn. Sie behält gleichwohl ihren spezifischen Charakter, schon wegen der Stellung des Gerichtshofs als supranationaler Institution. Es existieren immer noch erhebliche integrationsorientierte Anhaltspunkte. Die integrationsdynamische Auslegungsmethode ist daher im Grundsatz anzuerkennen (insbesondere auch mit Blick auf die Grundfreiheiten). Hieraus lassen sich allgemeine sowie grundfreiheitenspezifische Schlussfolgerungen bzw. Leitlinien für eine integrationsdynamische *Auslegung* ableiten.

[2291] *Behrens*, 145; *Berramdane/Rossetto*, 199 f.; *De Búrca*, in: Barnard/Scott, 181 (182, 185); *Franzen*, 453; *Frenz*, Bd. 1, Rn. 37, 41; *Gormley*, Restrictions, 122, 250; *ders.*, in: Arnull et al., 365 (371); *Müller-Graff*, in: von der Groeben/Schwarze/Hatje, Vor Art. 34 bis 37 AEUV Rn. 3, Art. 35 AEUV Rn. 31; *Rauer*, 2; *Strassburger*, 31 f.; *van Gerven*, in: Dony/De Walsche, 1629 (1632 f.); *Wils*, E. L.Rev. 18 (1993), 475 (477); umf. w. Nachw. etwa b. *Berramdane/Rossetto*, 202 f. Nach *Kingreen*, Struktur, 17 sind „die Grundfreiheiten und ihre Auslegung (…) Sensoren für Stimmungen in den Mitgliedstaaten".

a) Allgemeine Schlussfolgerungen

In den meisten Bereichen entspricht es nicht mehr der rechtlich-politischen Realität, dass bestimmte Entwicklungen und Probleme der europäischen Integration von den Urhebern der Verträge „übersehen" und der Rechtsinterpret daher Lücken füllen und eingreifen muss.[2292] Vielmehr besitzen die Regelungen oftmals einen hohen Detailgrad und stellen sich als Ergebnis langwieriger politischer Aushandlungs- und Abwägungsprozesse dar. Generelle Stärken und Schwächen einer (europäischen) Supranationalisierung sind bekannt. Die politische Ebene der Union ist insgesamt *handlungsfähiger* geworden. Auch das Erfordernis einer qualifizierten Mehrheit (statt Einstimmigkeit) ist als Voraussetzung für die Handlungsfähigkeit unionaler Organe anerkannt. Des Weiteren ist das demokratische (europapolitische) *Bewusstsein* gewachsen. Aus alledem folgt, dass sich der EuGH von *systemumwälzenden Rechtsprechungsinnovationen* distanzieren sollte.[2293]

Der Auftrag der integrationsdynamischen Auslegungsmethode ist aber nunmehr ein *zweiseitiger*: Im Sinne einer systematisch-teleologischen Auslegung muss sie sowohl *kompetenzschonende* als auch *kompetenzerweiternde* Impulse berücksichtigen, und der EuGH sollte mehr von der Rolle eines Binnenmarktpromoters oder -effektuierers in die eines wachsamen Binnenmarktbewahrers oder -verwalters überwechseln und kleinere Organisationsmängel beheben.[2294]

Schließlich sei betont, dass dem Gerichtshof im Rahmen seiner Rechtsfortbildungskompetenz durch die integrationsdynamische Auslegungsmethode größere Interpretationsspielräume zuwachsen als die, die gewöhnlichen nationalen Gerichten offenstehen. Andererseits sei erneut an die hiermit einhergehenden speziellen Gefahren und auf die derzeit vorherrschende Haltung zur EU erinnert. Beides spricht für eine eher restriktive Handhabung der integrationsdynamischen Auslegungsmethode.

b) Grundfreiheitenspezifische Schlussfolgerungen

Bezogen auf die Auslegung der Grundfreiheiten bedeutet die Abstandnahme von systemumwälzenden Rechtsprechungsinnovationen, dass der EuGH die Grundfreiheiten – wenn überhaupt – nur *behutsam* fortentwickeln sollte, insbesondere, wenn seine Rechtsprechung zu erheblichen Umwälzungen im vertikalen und horizontalen Gewaltengefüge führt.

Durch die nunmehr in den Vordergrund tretende Aufgabe des EuGH, die Unionskompetenzen *funktional* überzeugend zwischen den verschiedenen Ebenen zuzuordnen, sollte auch mit Blick auf die Grundfreiheiten die *rechts-*

[2292] Vgl. *Rebhahn*, in: Tichý/Potacs/Dumbrovský, 147 (163).
[2293] Vgl. *Bachmann*, AcP 210 (2010), 424 (484).
[2294] Vgl. *Kirschner*, 297 f.; *Schwarze*, EuR 2013, 253 (254 ff.); *ders.*, ZEW-Vortrag, 7.

ökonomische Sinnfälligkeit einer Auslegungsvariante im Vordergrund stehen.[2295] Der Integrationskonsens kann dauerhaft nur gewahrt werden, wenn die Auslegung und Anwendung des Unionsrechts auch den Interessen der Unionsbürger entspricht und nicht etwa zu Wohlfahrtsverlusten führt, was insbesondere die Erfolge euro- und europaskeptischer Kräfte im Zuge der Wirtschaftskrise belegen. Gleichzeitig geht es in einer „selbstbewussten" Union nicht mehr um Unionsrechteffektuierung *um jeden Preis*, sondern um eine möglichst funktionale Kompetenzverteilung. Dies ist ein weiteres Argument dafür, rechtsökonomische Aspekte stärker zu berücksichtigen.

Drittens sollte das Primärrecht darauf überprüft werden, ob die Verträge bestimmte Kompetenzfelder als *besonders wertvoll* für die Mitgliedstaaten indizieren, d. h. Gebiete, in denen eine Kompetenzausübung auf unionaler Ebene unerwünscht(er) oder nur unter eingeschränkte(re)n Bedingungen möglich ist, weil eine Zentralisierung hier den Integrationskonsens beschädigen könnte. In diesen Fällen sollte überprüft werden, ob – auch im Falle von Binnenmarktbeeinträchtigungen – eine volle oder eine reduzierte oder gar keine Grundfreiheitenkontrolle in Betracht kommt. Vieles spricht dafür, hier weitreichende Spielräume in Bezug auf das von den Mitgliedstaaten verfolgbare Schutzniveau und die Einschätzungsprärogative im Rahmen der Geeignetheit und Erforderlichkeit anzuerkennen sowie ggf. die Stufe der Verhältnismäßigkeit im engeren Sinne ganz wegfallen zu lassen. Gleichzeitig könnte eine möglicherweise in der Zukunft stattfindende Erweiterung der unionalen Kompetenzen auch in diesen Bereichen i. d. S. in der Grundfreiheitenkontrolle widergespiegelt werden, dass die Kontrollstandards hier verschärft werden.

Sofern – anders als hier – von einer freiheitsrechtlichen Natur der Grundfreiheiten ausgegangen wird, könnte überlegt werden, ob nicht eine weitere Kompetenzverlagerung und -ausübung (etwa durch die Schaffung eines europäischen Zivil- und Strafgesetzbuches[2296]) dazu führen sollte, dass nunmehr die *Unionsorgane* einer (*intensiveren*[2297]) Grundfreiheitenkontrolle (komplementiert durch die EU-Wirtschaftsgrundrechte) unterzogen werden, weil die *Union* dann zum Hauptgefährder (auch) für (grenzüberschreitend betätigte) wirtschaftliche Freiheit aufsteigt und nicht mehr die Mitgliedstaaten.[2298] Nach

---

[2295] Ebenso *Everling*, CMLR 29 (1992), 1053 (1071).

[2296] Vgl. nur *Leible*, NJW 2008, 2558; *Ludwigs*, EuR 2006, 370; *Schulze-Lauda*, EuZW 2007, 366.

[2297] Die grundfreiheitlichen Maßstäbe, die der EuGH anlegt, sind (derzeit) wohl (noch) strenger, wenn es um die Überprüfung von mitgliedstaatlichem Recht und nicht um Sekundärrecht geht, vgl. *Ehlers*, in: ders., 4. Aufl., § 7 Rn. 9 (a.A. war *Ehlers* dag. in der Vorauflage: *Ehlers*, in: ders., 3. Aufl., § 7 Rn. 9); *Jarass*, EuR 2000, 705 (723). S. allg. zur Bindung des Unionsgesetzgebers an die Grundfreiheiten die 2009 erschienene Diss. von *Zazoff* und die 1995 erschienene Dissertation von *Schwemer*.

[2298] *Bleckmann*, GRUR Int. 1986, 172 (183); *Luczack*, 137 f.; dag. unter Hinweis auf die dies ausdrücklich negierende australische Rechtsprechung (dort ging es um die Handelsdem Wettbewerbsgleichheits-Rechtswahlmodell kommt hingegen eine freiheitsrechtliche Auslegung auch unter Berücksichtigung integrationsdynamischer Überlegungen nicht in Betracht, weshalb auf der Grundlage dieses Modells eine Beeinträchtigung nur dann vorliegen kann, wenn die Unionsorgane faktisch oder offen diskriminieren, indem bestimmte Regionen ungleich behandelt werden. Mit Blick auf ein Wettbewerbsgleichheitsverständnis des Binnenmarktziels könnte jedoch vertreten werden, dass bereits kleinere Ungleichheiten genügen sollten für die Annahme einer Maßnahme gleicher Wirkung.

c) Warenausfuhrspezifische Schlussfolgerungen

Aus Sicht einer integrationsdynamischen Auslegung ist die Kontrolle von Produktionsregelungen problematisch: Hier geht es um politisch sensible Materien, in denen Eingriffe vonseiten des EuGH auf besonderen Widerstand stoßen dürften: Hierunter fallen insbesondere die Steuergesetzgebung sowie das Arbeitnehmerschutz- und Sozialrecht.[2299] Da es sich in dem Fall nicht nur um Themen handelt, deren „Regulierung" durch den EuGH der Bevölkerung schwer zu vermitteln wäre,[2300] sondern auch um Gebiete, für die die Mitgliedstaaten in den Verträgen in verschiedener Weise Kompetenzsicherungsmechanismen eingebaut haben,[2301] erscheint hier entweder eine Bereichsausnahme oder zumindest eine großzügigere Rechtsfertigungsprüfung angezeigt.[2302]

Zudem verlangt eine integrationsdynamische Auslegung,[2303] dass Art. 35 Alt. 2 AEUV zu ökonomisch möglichst sinnvollen Ergebnissen führt (sofern entsprechende Auslegungsspielräume existieren). Oben wurde der Wettbewerbsgleichheits-Rechtswahlmechanismus als funktional vorteilhaft identifiziert, weshalb er auch aus integrationsdynamischer Sicht zu befürworten ist.

Es wurde des Weiteren festgestellt, dass der EuGH in der *gegenwärtigen* faktischen und rechtlich-institutionellen Situation grundsätzlich nicht tiefgreifende Umwälzungen herbeiführen, sondern das Recht allenfalls behutsam und in Fühlungnahme mit den Mitgliedstaaten fort- und umbilden sollte.[2304] Die politischen Organe der Union sind handlungsfähig. Es gibt keinen in den Verträgen niedergelegten „Überschuss" an nicht eingelöster Integrationsfina-

---

freiheit zwischen den australischen Bundesstaaten) ablehnend *Snell/Andenas*, Int'l & Comp. Corp. L. J. 2 (2000), 239 (269 Fn. 164).

[2299] *Bast/Rödel*, EuR 2013 Beiheft 1, 5 ff. Dem entspricht es, dass die unionale Rechtssetzung auf dem Gebiet des Arbeitsrechts praktisch zum Erliegen gekommen ist, vgl. *Krebber*, in Calliess/Ruffert, Art. 153 AEUV Rn. 3 m. w. N.

[2300] Vgl. *Köcher*, Wirtschaftswoche v. 27.10.2014, 39.

[2301] S. b. Fn. 2058 ff. sowie b. Fn. 2077 ff.

[2302] S. schon n. Fn. 2295.

[2303] S. b. Fn. 2295.

[2304] S. b. Fn. 2293.

lität. In der Bevölkerung besteht ein ausgeprägtes und differenziertes europapolitisches Bewusstsein. Diese Gründe könnten es fraglich erscheinen lassen, ob eine extensive(re) Auslegung von Art. 35 Alt. 2 AEUV (etwa i. S. e. Wettbewerbsgleichheits-Rechtswahlmechanismus) mit einer integrationsdynamischen Auslegung vereinbar wäre. Doch stellt eine erweiternde Auslegung von Art. 35 Alt. 2 AEUV keine (integrationsdynamisch wohl unzulässige) Systemabweichung, sondern eine zulässige Rechtsfortbildung dar: Vielmehr bildet die *Groenveld*-Judikatur die *Systemdevianz*.[2305] Die Unterschiede zwischen der *Gysbrechts*-Auslegung und der Wettbewerbsgleichheits-Rechtswahlauslegung sind erheblich geringer als die zwischen *Groenveld* und einer Wettbewerbsgleichheits-Rechtswahlauslegung.[2306] Außerdem ist das extensivere Verständnis von Art. 35 Alt. 2 AEUV, das der EuGH in *Gysbrechts* zugrunde gelegt hat, überwiegend auf Zustimmung gestoßen. Für einen effektiven und umfassenden Schutz der Exporteure muss es auch hinreichende *dezentrale* Kontrollmechanismen geben: Gerade die *kleinen*, wenig auffälligen, nicht systematischen und durch Verwaltungsakte ins Werk gesetzten Binnenmarktbeeinträchtigungen sind weder dem Vertragsverletzungsverfahren noch den unionalen Legislativorganen zugänglich. Aus Gründen der Gewaltenteilung dürfte der Unionsgesetzgeber hier auch gar nicht eingreifen.[2307]

4. Ergebniszusammenfassung

Während integrationsdynamische Erwägungen auch herangezogen werden können, um die Evolution des Primärrechts ohne jeden normativen Anspruch bloß zu *beschreiben*, geht es *hier* um eine Heranziehung als *Auslegungsmethode*.

Der EuGH sollte die Rolle eines Integrationsmotors aus legitimatorischen und in der Gewaltenteilung wurzelnden Gründen aufgrund der stärkeren europapolitischen Bewusstheit der Bevölkerung, der gestiegenen Handlungsfähigkeit der politischen Organe und der größeren Ausdifferenziertheit und Reflektiertheit der rechtlich-institutionellen Strukturen der EU nicht mehr einnehmen. Es gibt keinen „Überschuss" mehr an nicht eingelöster Integrationsfinalität. In den Vordergrund rückt für den Gerichtshof die Aufgabe *klassischer* Rechtsfortbildung.

Gleichwohl sind für eine integrationsfinale Auslegung sprechende Anhalte nicht vollständig aus den Verträgen entfernt worden, wie die Präambeln von AEUV und EUV sowie Art. 1 II EUV belegen. Das Unionsprimärrecht ist auf

---

[2305] S. umf. zur Konvergenzbetrachtung b. Fn. 2397 ff. Ebensowenig vereinbar ist sie mit der Rs. *Gysbrechts*, s. b. Fn. 753 ff.

[2306] S. b. Fn. 769 ff.

[2307] Zumal die Durchführung von Unionsrecht grundsätzlich in den Händen der *Mitgliedstaaten* liegt (Art. 291 I AEUV), vgl. umf. *von Danwitz*, 302 ff.; *Efstratiou*, in: Karakostas/Riesenhuber, 99 ff. jew. m. w. N.

Interpretationsflexibilität und eine vorsichtige Berücksichtigung des *institutionellen*, *politischen* und *gesellschaftlichen Umfeldes* angewiesen. Dies hängt auch mit der dem Integrationsprojekt inhärenten *Instabilität* zusammen, die in der kulturellen Heterogenität sowie der Interessendiversität gründet. Die jüngere Integrationsgeschichte belegt, dass der Integrationsgrad in materiell-funktionaler Hinsicht trotz wiederholter signifikanter Rückschläge wie dem Scheitern des Verfassungsvertrages fortlaufend erhöht worden ist. Den Grundfreiheiten eignet (auch aufgrund ihrer Ausrichtung auf das Binnenmarktziel) eine besondere *Offenheit* für die integrationsdynamische Auslegungsmethode. Sie haben sich in der Praxis bewährt und besitzen einen hohen Wirkungsgrad.

Die Auswirkungen einer bestimmten Normauslegung im Sinne von Stabilität und Prosperität des europäischen Integrationsprojekts sind für dessen Fortbestand von grundlegender Bedeutung, weshalb eine funktional vorteilhafte, ökonomisch überzeugende Auslegung auch im Lichte integrationsdynamischer Erwägungen vorzugswürdig erscheint. Aufgrund der erheblichen Unsicherheiten, die mit einer integrationsdynamischen Auslegung verbunden sind, sollte von dieser nur in *zurückhaltender* Weise Gebrauch gemacht werden. Daneben zeichnet sie sich durch *Zweiseitigkeit* aus: Es werden sowohl kompetenzschonende als auch kompetenzerweiternde Impulse in der Primärrechtinterpretation abgebildet, sodass sie je nach Befund für eine restriktive und für eine extensive Normauslegung herangezogen werden kann.

Es könnte in der gegenwärtigen Situation fraglich erscheinen, ob eine extensive(re) Auslegung von Art. 35 Alt. 2 AEUV (etwa i. S. e. Wettbewerbsgleichheits-Rechtswahlmechanismus) mit einer integrationsdynamischen Betrachtungsweise vereinbar ist. Doch stellt eine erweiternde Auslegung von Art. 35 Alt. 2 AEUV keine (integrationsdynamisch wohl unzulässige) Systemabweichung dar, sondern eine zulässige Rechtsfortbildung: Vielmehr bildet die *Groenveld*-Judikatur eine *Systemdevianz*. Für einen effektiven und umfassenden Schutz der Exporteure muss es hinreichende *dezentrale* Kontrollmechanismen geben, da weder Vertragsverletzungsverfahren noch die unionalen Legislativorgane einen ausreichenden Schutz gewährleisten können.

Eine integrationsdynamische Betrachtung bestätigt die bereits im Rahmen der Rechtsangleichung gewonnenen Erkenntnisse in Bezug auf politisch sensible Materien, wozu insbesondere die Steuergesetzgebung sowie das Arbeitnehmerschutz- und Sozialrecht zählen, die entweder einer Bereichsausnahme oder einer größere Spielräume eröffnenden Rechtsfertigungsprüfung unterzogen werden sollten.

Das Anwachsen der Unionskompetenzen könnte es schließlich rechtfertigen, nunmehr verstärkt die *Unionsorgane* in den Fokus der Grundfreiheitenkontrolle des EuGH zu nehmen und die Kontrolldichte hier zu erhöhen.

9. Kapitel

Individualschutzteleologie und demokratietheoretische Bedenken

I. Grundfreiheitenschutz (auch) um der Marktteilnehmer willen

Unstrittig ist, dass die Grundfreiheiten nicht nur *objektives* Recht darstellen, sondern dem *Einzelnen* auch *unmittelbar anwendbare Rechte* einräumen. Fraglich ist, ob die Grundfreiheiten eine *individuell schützende Dimension* i. d. S. besitzen, dass der Einzelne – innerhalb der Auslegungsgrenzen – *auch um seiner selbst willen* und nicht nur als *Instrument* des Binnenmarktziels geschützt wird.

1. Interpretative Anhalte und Grenzen

Hierfür kann weitgehend auf die bereits im Rahmen der integrationsdynamischen Auslegung gemachten grundfreiheitenspezifischen Feststellungen verwiesen werden: Dort wurde die besondere integrationsdynamische Ausrichtung des Binnenmarktziels und der Grundfreiheiten festgestellt. Die Ausübung der Grundfreiheiten führt zur Vernetzung der Märkte. Es entstehen grenzüberschreitende Kontakte zwischen verschiedenen Binnenmarktakteuren.[2308] Sofern der einzelne Marktbürger wichtige Wirtschaftsrechte (i. F. d. Grundfreiheiten) aus der europäischen Wirtschaftsverfassung ableiten kann, stärkt dies seine Identifikation mit dem europäischen Integrationsprojekt. Integrationsgewinne werden für den *Einzelnen erfahrbar* und *schicksalsprägend.*[2309] Die (bereits beschriebene[2310]) hohe *Wirksamkeit* und die allgemeine Bekanntheit der Grundfreiheiten als transnationale Wirtschaftsgarantien verstärken diese Wirkungen. Eine individuell schützende Auslegung der Grundfreiheiten kann somit auf das Integrationsziel gestützt werden. Gleichzeitig sind die Grundfreiheiten ausgerichtet auf und limitiert durch das *Binnenmarktziel* und abzugrenzen von den nationalen und den EU-Grundrechten.[2311] Die Grundfreiheiten können daher auch im Lichte einer individuell schützen-

---

[2308] S. umf. n. Fn. 2290.

[2309] S. umf. n. Fn. 2290.

[2310] S. umf. b. Fn. 2287 ff.

[2311] S. hierzu umf. b. Fn. 2347 ff.

den Auslegung keine Wirkungen erzielen, die *über den Binnenmarktzweck hinausgehen*.

Fraglich ist, ob der individuell schützende Charakter der Grundfreiheiten darüber hinaus auf die Gestaltung der Grundfreiheiten als *subjektiver* Rechte gestützt werden kann oder ob die Grundfreiheiten nur deshalb als subjektive Rechte konzipiert wurden, weil eine solche Konstruktion eine größere Durchsetzungskraft in der Praxis verspricht (als das Vertragsverletzungsverfahren und eine Konzipierung als objektives Recht).[2312] Letztlich kann dies nicht beantwortet werden. Mit Blick auf den Befund der integrationsdynamischen Auslegung kann dies jedoch dahinstehen.[2313]

Die Warenverkehrsfreiheit besitzt keinen geringeren menschenrechtlichen bzw. menschenrechtsähnlichen Gehalt als die Personenverkehrsfreiheiten.[2314] Die Warenverkehrsfreiheit knüpft (sinnfälligerweise) deshalb an die Ware an, weil auch protektionistische Verhaltensweisen auf die Ware bezogen sind (und nur sein können). Auch hinter der Herstellung und dem Verkehr von Waren (sogar durch juristische Personen) stehen *natürliche Personen*: Diese wirken als Arbeitnehmer in dem ausführenden Unternehmen oder repräsentieren als Kaufleute sogar das Unternehmen selbst. Auch auf der Seite der Warenempfänger stehen natürliche Personen, insbesondere Verbraucher. Folglich kann eine Störung grenzüberschreitender Warentransaktionen ebenfalls erhebliche negative Wirkungen für natürliche Personen zeitigen. Die personenbezogenen Freiheiten beziehen sich zudem nicht nur auf natürliche Personen, sondern gewähren auch *juristischen* Personen denselben Schutz.[2315] In diesem Fall profitieren natürliche Personen ebenfalls nur vermittelt.

2. Ableitbare Auslegungsmaximen

Hieraus folgt, dass der subjektive Charakter der Grundfreiheiten auch in Bezug auf ihre *Reichweite auslegungsleitend* ist (und mit einem entsprechenden Schutz der Nachfragerinteressen korrespondiert[2316]).[2317] Es handelt sich

[2312] Vgl. zu dieser Ratio der subjektiven Rechtsqualität der Grundfreiheiten *Barnard*, 15 f.; *dies./Peers*, 685; *Halberstam*, E. L. Rev. 30 (2005), 775 ff.; *Weiler*, Yale L.J. 100 (1991), 2403 (2414).

[2313] Argumentativ ähnl. verfährt *Körber*, 173; *Müller-Graff*, EuR-Beiheft 1 2002, 7 (39).

[2314] Wie hier *Szydło*, CMLR 47 (2010), 753 (777 f.). Verschiedentlich wird differenziert zwischen personenbezogenen Grundfreiheiten und der Kapitalverkehrs- und Warenverkehrsfreiheit vgl. *Oliver/Roth*, CMLR 41 (2004), 407 ff.; *Snell*, in: Tridimas/Nebbia, 49 ff. jew. m. w. N.

[2315] *Roth*, EWS 2013, 16 (23).

[2316] Vgl. bei und in Fn. 3019. *Schilling*, 135 möchte aus der Tatsache, dass der EuGH die passive Warenverkehrsfreiheit anerkannt hat, ableiten, dass es auch den Exporteuren zustehen muss im Rahmen von Art. 35 Alt. 2 AEUV zu den Bedingungen des Zielstaates herzustellen; s. hierzu umf. b. Fn. 3020.

gleichwohl nicht um eine *absolute* Auslegungsmaxime. Sie ist *abwägungsfähig* und *limitiert* durch die Reichweite des *Binnenmarktziels*. Eine solche Betrachtungsweise spricht dafür, diejenige Auslegung zu wählen (innerhalb bestehender Auslegungsspielräume), die das transnational wirtschaftende *Individuum* am *effektivsten* schützt. Eine solche Auslegungsmaxime führt aufgrund der systematisch-teleologischen Ausrichtung der Grundfreiheiten auf das Binnenmarktziel letztlich zu einer größeren interpretativen Bedeutung des Binnenmarktziels (bei einer Abwägung mit gegenläufigen Auslegungsgesichtspunkten).

Aus einer individuell schützenden Betrachtung ergibt sich auch, dass das zur Begründung der Rechtsprechung angeführte Argument – oder besser: die *Erklärung* – nicht trägt, dass Mitgliedstaaten ihren Export für gewöhnlich nicht zu benachteiligen pflegen.[2318] Es ist aus Sicht des jeweiligen Marktbürgers irrelevant, wie oft *andere* Marktbürger in binnenmarktwidriger Weise bei der Teilnahme am grenzüberschreitenden Handel behindert werden. Zudem ergibt sich dieses Ergebnis schon aus dem hiesigen funktionalen Binnenmarktkonzept: Wettbewerbsungleichheiten verstoßen gegen das Binnenmarktziel. Eine Binnenmarktverletzung verliert ihre Qualität als Binnenmarktverletzung aber nicht aufgrund der Tatsache, dass sie *selten auftritt*. Entsprechend überzeugen auch *makroökonomische*[2319] Spürbarkeitserwägungen nicht.[2320]

Mit Blick auf die Auslegungsgrenze des (auf Wettbewerbsgleichheit gerichteten) Binnenmarktziels und einer systematischen Auslegung im Verhältnis zu den EU-Grundrechten[2321] kann die individuell schützende Auslegung

---

[2317] Vgl. zur (sich nicht notwendig in der Konstruktion als subjektive Rechte erschöpfenden) subjektiven Dimension der Grundfreiheiten mit unterschiedlichen Nuancierungen *Cottier/Oesch*, in: Gaines et al., 141 (166); *Dörr*, RabelsZ 54 (1990), 677; *Eeckhout*, E. B. L. R. 1998, 267 (270); *Enchelmaier*, Rn. 64; *Füller*, 33; *Jansson/Kalimo*, CMLR 51 (2014), 523 (533); *Kirschner*, 105 f.; *Körber*, 173, 342; *Maduro*, E. L. J. 3 (1997), 55 (71 f.); *ders.*, Webpaper, 11; *Müller-Graff*, EuR-Beiheft 1 2002, 7 (39); *Roth*, vgl. nur *ders.*, in: FS Großfeld, 929 (946 f.); *ders.*, in: Andenas/Roth, 1 (9 Fn. 37, 22 Fn. 96); *ders.*, in: Tridimas/Nebbia, 33 (38); *Oliver/Roth*, CMLR 41 (2004), 407 ff.; *ders.*, EWS 2013, 16 (22); *Schubert*, 147, 162, 164; *Schütze*, 61; *Spaventa*, CMLR 41 (2004), 743 (764 ff.); *Szydło*, CMLR 47 (2010), 753 (777 f.); *Zuleeg*, BB 1994, 581 (582 f.); Generalanwalt *Maduro*, Schlussanträge v. 30.03.2006, Rs. C-158, 159/04, Slg. 2006, I-8137, Rn. 40 (*Alfa Vita*); andeut. auch *Generalanwalt Capotorti* (Fn. 258), 2020 (*Oebel*): der freie Warenverkehr „als ein wirksames Mittel zum Schutz der Interessen der Unternehmer und Verbraucher in der Gemeinschaft"; vgl. zur Einordnung als Grundrechte auch *Drasch*, 203 f. m. umf. w. N.; für eine Differenzierung zwischen der Warenverkehrsfreiheit und der Dienstleistungsfreiheit und der Arbeitnehmerfreizügigkeit *Snell*, in: Tridimas/Nebbia, 49 (55 f.).

[2318] Vgl. nur *Jarvis*, 134; *Roth*, ZHR 159 (1995), 78 (87 f.) m. w. N.

[2319] S. zum Begriff b. Fn. 3531 ff.

[2320] S. a. b. Fn. 3529 ff.

[2321] S. b. Fn. 2347 ff.

dagegen nicht zur Begründung einer *freiheitsrechtlichen* Auslegung angeführt werden.

3. Ergebnis

Die Grundfreiheiten besitzen (über die Stellung als subjektive Rechte hinausgehend) eine *individuell schützende Dimension*, d. h., der Einzelne wird – innerhalb der Auslegungsgrenzen – auch *um seiner selbst willen* geschützt und nicht nur als *Instrument* des Binnenmarktziels. Daher sollte in Bezug auf die materiell-rechtliche Reichweite der Grundfreiheiten diejenige Auslegung gewählt werden, die den Einzelnen am effektivsten schützt. Es sollte dabei nicht zwischen der Warenverkehrs- und den Personenverkehrsfreiheiten differenziert werden. Geschützt werden sowohl die Anbieter als auch die Nachfrager. Der Schutz des Individuums als (abwägungsfähige, nicht absolute) Auslegungsmaxime führt aufgrund der Binnenmarktfinalität der Grundfreiheiten letztlich zu einer größeren interpretativen Bedeutung des Binnenmarktziels. Die individuell schützende Dimension der Grundfreiheiten gründet in der Integrationsfinalität der Grundfreiheiten.

II. Demokratietheoretische Bedenken für den Fall einer extensiven Auslegung

Fraglich ist, ob eine extensive(re) Auslegung von Art. 35 Alt. 2 AEUV aus demokratischer Sicht bedenklich ist, weil sie zu einer Machtverschiebung in Richtung des EuGH führt, die zulasten nationaler Parlamente und Regierungen geht.

1. Primärrechtliche Grundlagen

Zu den „Werte[n], auf die sich die Union gründet, [gehören u. a. die] (…) Demokratie“. „Die Arbeitsweise der Union beruht auf der repräsentativen Demokratie“ gem. Art. 10 I EUV, und gem. Art. 10 II Ua. 1 EUV sind die „Bürgerinnen und Bürger (…) auf Unionsebene unmittelbar im Europäischen Parlament vertreten“. Gem. Art. 10 III EUV haben die Bürgerinnen und Bürger das Recht, am demokratischen Leben der Union teilzunehmen. Nach Art. 1 II, 10 III 3 EUV werden „die Entscheidungen (…) [in der Union] möglichst bürgernah getroffen“. Insgesamt besteht ein Trend, die Entscheidungsverfahren der Union transparenter, inklusiver und damit demokratischer zu machen (in Reaktion auf die Demokratiedefizit-Kritik). Zusätzlich müssen die Unionsorgane das sog. institutionelle Gleichgewicht als Pendant zur grundgesetzlich verankerten Gewaltenteilung (Art. 20 II 2 GG) beachten.[2322]

[2322] *Neuner*, in: Riesenhuber, 3. Aufl., § 12 Rn. 14.

2. Grundproblem

Sowohl das institutionelle Gleichgewicht als auch der allgemein hohe Wert der Demokratie sprechen gegen eine (in der Diskussion bisweilen unterbetonte[2323] und) übermäßige Übertragung von Entscheidungskompetenzen nationaler Parlamente und Regierungen auf den Gerichtshof: Während eine *vertikale* Gewaltübertragung bei entsprechender Kompensation – also unter Berücksichtigung entsprechender Verfahrenserfordernisse wie der Betätigung der pouvoir constituant zur Anpassung des Primärrechts – *demokratietheoretisch* unbegrenzt möglich ist, können Befugnisse in einem demokratischen Gemeinwesen nur in begrenztem Umfang *zwischen* den einzelnen Gewalten (also *horizontal*) umverteilt werden und nur unter Einhaltung bestimmter Bedingungen.[2324] Insbesondere darf sich der Souverän nicht selbst entmündigen (auch nicht über ein demokratisches *Verfahren*). Ein demokratisch bedenklicher Abfluss von Befugnissen zu Gerichten kann auch durch Kompetenzübertragungen auf eine supranationale Organisation stattfinden, wenn die Befugnisse *innerhalb* des integrierten Systems auf die Teilgewalt der Gerichtsbarkeit übertragen werden. Dies gilt selbst für Fälle, in denen *judizielles* Entscheiden mit Blick auf die divergierenden Einzelinteressen von 28 teilweise sehr heterogenen Mitgliedstaaten *sinnfälliger* erscheint als das schwerfällige parlamentarisch-kompromissgebundene Entscheiden. Die sich nach der Sachgerechtigkeit einer Regelung richtende *Output*-Legitimation kann eine mangelnde Input-Legitimation nicht vollständig kompensieren.[2325] Entsprechend muss die Letztverantwortlichkeit auch in solchen Fällen beim Parlament liegen, in denen es sachlich *schlechtere* Entscheidungen trifft als Gerichte.[2326]

[2323] Nach *Grimmel* löse der Gerichtshof „ihrem Wesen nach (…) politische Fragen", EuR 2013, 146 f.; ähnlich *Joliet*, GRUR Int. 1994, 1 (14); *Maduro*, E. L. J. 3 (1997), 55 (57 ff.); *Remien*, JZ 1994, 349 (353); *Rohe*, RabelsZ 61 (1997), 1 (16 f.); *Snell/Andenas*, Int'l & Comp. Corp. L. J. 2 (2000), 239 (265); vgl. auch *Neuner*, in: Riesenhuber, 3. Aufl., § 12 Rn. 9, 14; *Seiler*, 346.

[2324] Der Entzug parlamentarischer Entscheidungskompetenzen begünstigt Demokratie- und Systemverdrossenheit. Das Bewusstsein in einer „gerechten" und „richtigen" politischen Ordnung zu leben, entwickeln Bürger nur, sofern sie den Eindruck besitzen, dass diese selbst gestalten und jederzeit abändern können.

[2325] Vgl. *De Búrca*, in: Kochenov/Amtenbrink, 21 (31 f.).

[2326] Allerdings erscheint es nicht abwegig, dass vielfach vielmehr das *Parlament* bessere Entscheidungen trifft als Gerichte: Im Rahmen der Verhältnismäßigkeit vorzunehmende Geeignetheits- oder Erforderlichkeitserwägungen erfordern zum Teil Prognoseeinschätzungen und wissenschaftliche Untersuchungen. Nationale Parlamente verfügen über beträchtliche(re) wissenschaftliche und technische Ressourcen und Beratungsquellen, vgl. *Neuner*, in: Riesenhuber, 3. Aufl., § 12 Rn. 9; *Snell/Andenas*, Int'l & Comp. Corp. L. J. 2 (2000), 239 (265 f.). Entsprechend fragte der ehemalige EuGH-Richter *Joliet* rhetorisch: „Können wir, die wir dreizehn sind, behaupten, über mehr Weisheit und Intelligenz als alle nationalen Regierungen und Parlamente zu verfügen?", GRUR Int. 1994, 979 (984); vgl.

Eine Tatbestandsextension der Grundfreiheiten (etwa zu Beschränkungsverboten) in Verbindung mit der Figur des Anwendungsvorrangs weist dem EuGH weitreichende Entscheidungsbefugnisse zu: Sofern eine Maßnahme als tatbestandsmäßige Beschränkung qualifiziert wird, müssen sich die Mitgliedstaaten den Verhältnismäßigkeitsvorstellungen der EuGH-Richter unterordnen. Zu berücksichtigen ist, dass die Mitgliedstaaten in der Rolle als Exportstaaten nur in *bestimmten* Fällen ein legitimes Interesse am demokratischen Entscheidenkönnen besitzen: Dies ist der Fall, wenn *erhebliche Drittinteressen* des Exportstaates beeinträchtigt werden (wie in der Regel bei der Fallgruppe der Produktionsregelungen). In Bezug auf Regelungen des Exportstaates, die dessen erhebliche Drittinteressen nicht beeinträchtigen (wie Produktregelungen), bedarf es auch keiner zusätzlichen demokratischen Legitimation. Hier genügt die Zustimmung zu internationalen Verträgen nach den Anforderungen der jeweiligen eigenen nationalen Verfassung.

3. Gegenargumente

a) Kompensierende Legitimation durch die Wähler anderer EU-Staaten?

Wird das Wettbewerbsgleichheits-Rechtswahlmodell zugrunde gelegt, implementiert der Gerichtshof, wenn er eine Beschränkung von Art. 35 Alt. 2 AEUV annimmt, nur das Konzept eines anderen Mitgliedstaates (nämlich dasjenige Konzept, für das sich der Exporteur via Rechtswahl entschieden hat). Im Rahmen des Wettbewerbsgleichheits-Rechtswahlmodells kann eine Regelung nicht *schlechthin* verworfen werden (dies entspräche einer Interpretation von Art. 35 Alt. 2 AEUV i. S. e. Wirtschaftsfreiheit). Insofern greift der EuGH nie *gestalterisch* ein, sondern *erkennt* die gewählten Regelungen *an*. Mithin kann der EuGH auch niemals ganz bestimmte alternative Produktions-, Produkt- oder Vertriebsregelungen via Primärrechtsauslegung oktroyieren. Es könnte daher erwogen werden, ob die Entscheidung des EuGH bei einer Wettbewerbsgleichheits-Rechtswahlinterpretation von Art. 35 Alt. 2 AEUV nicht dadurch legitimiert würde, dass die Regelung jedenfalls in einem anderen Mitgliedstaat auf demokratische Weise geschaffen wurde.

Doch ist dieses Gegenargument deshalb nicht stichhaltig, weil der Staat, dessen Interessen durch die Rechtswahl berührt werden, *diese* andere Lösung nicht gewählt hat, sondern *ein anderes Land*. Die Regelung wurde also nicht von den Betroffenen selbst legitimiert. Die demokratische Legitimation erstreckt sich nur auf den normierenden Mitgliedstaat, der im Übrigen auch nur seine eigenen Interessen abwägt und diskutiert. Durch den Import der Regelung kann mithin nicht gleichsam auch die *demokratische Legitimation* aus dem anderen Mitgliedstaat importiert werden.

---

zum deutschen Verfassungsrecht *Reyes y Ráfales*, Rechtstheorie 45 (2014), 35; *ders.*, Der Staat 52 (2013), 597 (599 f.).

Zweitens ist einzuwenden, dass der EuGH bei betroffenen herkunftsstaatlichen Drittinteressen eine Verhältnismäßigkeitsprüfung durchführt und daher bisweilen nicht die abgewählte Regelung, sondern eine „reduzierte" Version der abgewählten Regelung für zulässig erachten wird (nämlich eine, die die Vorgaben der Verhältnismäßigkeit wahrt), die *in dieser Form* nicht in einem anderen Mitgliedstaat beschlossen worden ist.

b) Legitimation durch Delegation sowie nachträgliche Akzeptanz

Die Mitgliedstaaten haben der Auslegungs- und Konkretisierungskompetenz des EuGH zugestimmt (durch die Schaffung von Art. 19 I EUV[2327] sowie durch die unbestimmte Fassung der Art. 34 f. AEUV[2328] und des Binnenmarktziels[2329]). Gleichzeitig haben sie die rechtsfortbildende Grundfreiheitenjudikatur des EuGH nie korrigiert und durch die entsprechend schweigenden Änderungsverträge legitimiert.[2330] Nichtsdestotrotz bleibt die unbestimmte Fassung der Grundfreiheiten wie des Binnenmarktziels problematisch.

c) Begrenzte bzw. das Vorliegen demokratischer Legitimität überprüfende Verhältnismäßigkeitstests

Die Legitimationseinbußen können dadurch reduziert werden, dass die Verhältnismäßigkeitsspielräume entsprechend weit gefasst (etwa nur Evidenzprüfungen durchgeführt) werden oder indem keine *materielle*, sondern eine *prozedurale* Kontrolle vorgenommen wird, die gerade nicht die sachliche Richtigkeit, sondern die verfahrensrechtliche Berücksichtigung und (materielle[2331]) Repräsentation aller Interessen sicherstellt. Nicht nur führt dies zu einem „Mehr" an demokratischer Legitimität, es belässt den Mitgliedstaaten auch – nach Durchführung eines entsprechenden Verfahrens – weitreichende Spielräume bei der *inhaltlichen* Gestaltung der Normen.

Demokratisch besonders problematisch ist die dritte Stufe der Angemessenheit:[2332] Während bei den ersten beiden Stufen der Verhältnismäßigkeitsprüfung die *Wert*entscheidung des Mitgliedstaates akzeptiert und zugrunde gelegt wird, wird diese hier infrage gestellt, und zwar nicht nur von einer Unionsinstitution, sondern von einem unionalen *Gericht*.

[2327] S. b. Fn. 25 ff.

[2328] S. b. Fn. 894 ff.

[2329] S. b. Fn. 1310 ff., 1624.

[2330] S. b. Fn. 931 ff.

[2331] *Formell* sind alle (exportstaatlichen) Interessen dadurch repräsentiert, dass die Betroffenen ihre Meinungen im Wege der Wahl ausdrücken können. *Materielle* Repräsentation meint, dass diese Interessen auch im Deliberationsprozess eine *Rolle gespielt* haben, also *bedacht* wurden.

[2332] Ebenso *de Sadeleer*, 321.

d) Abänderbarkeit durch den Unionsgesetzgeber

Die Mitgliedstaaten könnten versuchen, den Unionsgesetzgeber zu aktivieren (soweit es nicht um die einer Bereichsausnahme unterliegenden Kompetenzfelder geht) und etwa auf der Grundlage von Art. 114 AEUV eine Harmonisierung anstreben. Problematisch an diesem Weg ist, dass Art. 114 AEUV *Mehrheits*entscheidungen und damit ein Überstimmen einzelner Mitgliedstaaten erlaubt.

e) Parlamentarische (Selbst-)Entmündigung im Interesse der Bevölkerung

Protektionismus ist auf lange Sicht selbstschädigend. Dennoch werden protektionistische Politiken in demokratischen Verfahren beschlossen.[2333] Wenn sich Staaten also gegenseitig durch die Schaffung gemeinsamer Institutionen (wie Gerichten) „versprechen", protektionistische Politiken zu unterlassen, handeln sie (auch) im Interesse ihrer eigenen Bevölkerungen. Zudem beseitigen sie hierdurch der Gefahr, dass sich ein Staat – etwa im Falle eines Regierungswechsels – nicht mehr an getroffenen Vereinbarungen hält. Exporteure und Importeure erhalten hierdurch Planungssicherheit. Entsprechend kann in Bezug auf den Wettbewerbsgleichheits-Rechtswahlmechanismus argumentiert werden: Auch hier ist es für alle Beteiligten vorteilhaft, wenn unverhältnismäßige oder kein legitimes Ziel verfolgende Maßnahmen, die zu Wettbewerbsungleichheiten führen, aufgehoben werden. Und auch hier kann es zu Selbstschädigungen der Mitgliedstaaten kommen und dazu, dass gegenseitige Versprechen der Mitgliedstaaten nicht mehr eingehalten werden.[2334]

Auch im nationalen Kontext gibt es verschiedene Beispiele für Machtbegrenzungen des Parlaments: Parlamentarisches Entscheiden unterliegt der Kontrolle nationaler Verfassungsgerichte. Dabei kann sich das nationale Parlament selbst verfassungsrechtliche Hürden auferlegen, wenn es mit qualifizierter Mehrheit die Verfassung ändert und neue Pflichten normiert. In Deutschland unterliegt auch der verfassungsändernde Gesetzgeber (d. h. eine qualifizierte Mehrheit des Parlaments) bestimmten vom Verfassungsgeber gesetzten Grenzen (den in der Ewigkeitsgarantie [Art. 79 III GG] niedergelegten Inhalten). Der Einzelne wird dabei etwa durch die Grundrechte vom Verfassungsgericht gegen die „Tyrannei der Mehrheit" geschützt, und zwar selbst dann, wenn diese von einer überwältigenden und damit demokratisch stark legitimierten Mehrheit beschlossen wurden.

Die Begrenzung parlamentarischer Entscheidungsgewalt und die Überwachung dieser Grenzen durch Gerichte ist somit fester Bestandteil von und Tradition in modernen demokratischen Staaten. Mit dem Einsatz solcher Begrenzungen wird die Hoffnung verbunden, dass die Interessen der eigenen

[2333] S. b. Fn. 1094 ff.

[2334] Vgl. b. Fn. 1113 ff. und b. Fn. 1225 ff.

Bevölkerung stärker befördert werden, als dies bei orthodoxem parlamentarischem Entscheiden der Fall wäre.

f) Berücksichtigung zielstaatlicher Interessen auf der Grundlage der Maduro'*schen Theorie der Nichtrepräsentation*

Im Rahmen der (in Literatur und Rspr. im Vordergrund stehenden) Zielstaatsdimension der Grundfreiheiten (bei der Warenverkehrsfreiheit: der Importschutz nach Art. 34 AEUV) hat insbesondere *Maduro* die Theorie entwickelt, dass die Grundfreiheiten dem Ausgleich des Repräsentationsdefizits dienten, das darin liege, dass die EU-ausländischen Exporteure nicht im Zielstaat repräsentiert seien, was in der föderalen und sich somit allein auf *national*-parlamentarisches Entscheiden konzentrierenden Staatsstruktur begründet sei.[2335]

In Bezug auf die Exporteure könnte daraus ein Gegenargument zu einer extensiven Auslegung von Art. 35 Alt. 2 AEUV entwickelt werden, denn die Exporteure sind ja – im Gegensatz zu den EU-ausländischen Importeuren – im regulierenden Staat ansässig und können daher dort demokratisch partizipieren, weshalb eine extensive Auslegung hier im Gegensatz zu den Zielstaatsfreiheiten – auf der Grundlage das *Maduro*'schen Paradigmas – abzulehnen wäre.

Abzugrenzen ist dieses (Gegen-)Argument von (damit zusammenhängenden[2336]) institutionen*ökonomischen* Überlegungen: Die hiesige Fragestellung ist *demokratie*theoretischer Art.

aa) Externe Kritik: Fragwürdigkeit von Maduros *Annahmen*

Die Arbeiten *Maduros* sind nicht nur auf Zustimmung gestoßen. Insbesondere *Roth* hat kritisiert, dass die Begründung *Maduros* wohl nicht ausreicht, um das Grundfreiheitenregime zu erklären,[2337] und dass die Theorie nicht das Binnenmarktziel und die Wohlfahrtsinteressen aller Verbraucher und Händler berücksichtigt.[2338] Keineswegs sicher ist zudem, dass sich die Interessen der

---

[2335] *Maduro*, 173 f.; *ders.*, in: Andenas/Roth, 41 (68); *ders.*, E. L. J. 3 (1997), 55 (72, 77 f.); *ders.*, Webpaper, 9 ff., 18 f.; s. a. *Kingreen*, Struktur, 15 f.; *Menon/Weatherill*, West Eur. Polit. 31 (2008), 397 (404).

[2336] Beide Fragen hängen deshalb miteinander zusammen, weil derjenige, der nicht repräsentiert ist bzw. dessen Anliegen ungehört bleiben, auch nicht seine Wohlfahrtsinteressen einbringen und damit zu einer ökonomisch effizienten Regulierung beitragen kann, s. zur institutionenökonomischen Analyse umf. b. Fn. 1098 ff.

[2337] *Roth*, in: Andenas/Roth, 1 (9).

[2338] Zu letzterem *Roth*, in: Andenas/Roth, 1 (9); *ders.*, ZEuP 1994, 5 (30); *ders.*, ZHR 159 (1995), 78 (88); *ders.*, in: FS Großfeld, 929 (947). S. zur Bedeutung des Binnenmarktziels bei *Roth* b. Fn. 1410 ff.; s. zur individuell schützenden Funktion der Grundfreiheiten b. Fn. 2310 ff.

Betroffenen auch im *Ergebnis* abgebildet hätten, wenn sie formal am Verfahren beteiligt gewesen wären. Die Rechtsfolge der Grundfreiheiten ist auch nicht die Schaffung einer zusätzlichen *Beteiligungs*möglichkeit an Entscheidungs*verfahren*, sondern eine *Beseitigung* der grundfreiheitenverletzenden Maßnahme, mithin eine Rechtsfolge *inhaltlicher* Art. Die Grundfreiheiten würden – *Maduros* Theorie zugrunde gelegt – mithin „überschießende" Ergebnisse produzieren.

bb) Interne Kritik: Repräsentationsdefizit in Bezug auf zielstaatliche Verbraucher

Selbst wenn mit *Maduro* davon ausgegangen wird, dass es sich bei seiner Theorie um einen wesentlichen Begründungsstrang für die Legitimation und Reichweitenbestimmung der Grundfreiheiten handelte, also dass es darauf ankommt, dass die am Handel Beteiligten am demokratischen Entscheidungsprozess partizipieren können, könnte eine extensive Auslegung von Art. 35 Alt. 2 AEUV – wie nachfolgend anhand einer internen Kritik gezeigt wird – gerechtfertigt werden: Zunächst könnte eingewandt werden, dass die Exporteure, als die von Art. 35 Alt. 2 AEUV Profitierenden, in ihrem Herkunftsstaat repräsentiert sind, weil sie am politischen Prozess teilnehmen und ihre Interessen einbringen können. Auf der Grundlage von *Maduros* Konzept wäre eine restriktive Auslegung von Art. 35 Alt. 2 AEUV hiernach begründbar und eine extensive Auslegung ungerechtfertigt.

Oben wurde bereits festgestellt, dass der politisch-demokratische Prozess *fehleranfällig* ist und die Mehrheitsmeinung nicht immer korrekt abbildet, sondern in bestimmten Fällen nicht nur irrationale Regulierungskonzepte hervorbringt, sondern bisweilen auch gut organisierte und lobbyierende *Partikularinteressen privilegiert.*[2339] Formal wären die Exporteure somit repräsentiert, materiell jedoch in bestimmten Fällen nur in unzureichender Weise.

Sodann kann auf einen zu Zielstaatskonstellationen *parallelen* Aspekt hingewiesen werden: Die *Verbraucher* der *anderen Zielstaaten* sind – wie die Exporteure in Zielstaatskonstellationen – im Exportstaat *überhaupt nicht repräsentiert.*[2340] Wohlfahrtseinbußen, die sie infolge ungünstiger Regulierungsbedingungen für die Exporteure und mithin eines eingeschränkten Anbieterwettbewerbs erleiden, können sie nicht abhelfen. Es findet sich somit im Bereich der Exportfreiheit ein *Äquivalent* für das von *Maduro* zu Einfuhrkonstellationen entwickelte Nichtrepräsentationsargument.

Nun könnte eingewandt werden, dass die Interessen der (ja sehr wohl repräsentierten) *Exporteure* und Verbraucher *gleichlaufen* – dass also die Interessen der zielstaatlichen Verbraucher *mittelbar* durch die Exporteure repräsentiert würden. Hiergegen ist allerdings zu erinnern, dass die Verbraucher

---

[2339] S. b. Fn. 1113 ff.

[2340] S. *Roth*, in: Andenas/Roth, 1 (22).

zumindest keine mittelbare Repräsentanz genießen, die *ihrer Bedeutung und ihrer Zahl entspricht*: Zumindest formal sind in Demokratien letztlich *Mehrheitsverhältnisse* entscheidend.[2341]

Selbst wenn *Maduros* Konzept somit zugrunde gelegt würde, ließe sich nichtsdestotrotz ein Verbot unterschiedsloser Beschränkungen oder warenausfuhrbezogener Wettbewerbsungleichheiten wegen der Mängel des demokratischen Prozesses und der Nichtrepräsentation der Verbraucher (bzw. sonstigen Nachfrager) der Zielstaaten aufrechterhalten.

4. Fazit

Als Handlungsvorgabe kann abgeleitet werden, dass eine Korrektur demokratisch zustande gekommener Entscheidungen durch ein supranationales Gericht, die herkunftsstaatliche Drittinteressen betrifft, einer (Output-) Legitimierungslast unterliegt. Die Vorgaben des EuGH sollten daher langfristig zu wohlfahrtsoptimalen Ergebnissen führen und damit die fehlende Input-Legitimation durch Output-Legitimation ersetzen. Eine Verhältnismäßigkeitsprüfung auf der Grundlage von Art. 35 Alt. 2 AEUV kann als Kompromiss angesehen werden zwischen den nicht hinreichend repräsentierten Interessen der zielstaatlichen Verbraucher und der exportstaatlichen Exporteure einerseits und dem Interesse der (sonstigen) exportstaatlichen Bevölkerung an freier Selbstbestimmung andererseits. Letzteres ist nur in Teilen betroffen, da aufgrund der speziellen Verhältnismäßigkeitsgebote nicht *bedingungslos* in die Selbstbestimmung der Bevölkerung eingegriffen wird, sondern nur qualifiziert und punktuell. Unzulässig ist es, wenn der EuGH wichtige exportstaatliche Drittinteressen einer engen Verhältnismäßigkeitsprüfung unterzieht, primär Werturteile fällt oder seine Dogmatik nicht behutsam weiterentwickelt, sondern plötzliche, gravierende Änderungen vornimmt.

5. Zusammenfassung

Sowohl der primärrechtliche Schutz der Demokratie (mit der Betonung der Bürgernähe) als auch der Grundsatz des institutionellen Gleichgewichts sprechen gegen eine zu weitreichende Übertragung (national-)parlamentarischer Entscheidungskompetenzen auf den Gerichtshof.

Die (auf eine horizontale Gewaltübertragung gestützten) Bedenken werden durch verschiedene Akte des Primärrechtgebers relativiert, nämlich durch die offene Formulierung des Art. 35 AEUV und des Binnenmarktziels (was als Delegation der Konkretisierungskompetenz gedeutet werden kann) sowie durch die Änderungsverträge, die die rechtsfortbildende (und teils schwan-

[2341] Dies gilt auch für den Fall einer *ökonomischen Formulierung* des Nichtrepräsentationsargumentes, vgl. *Regan*, Mich. L. Rev. 99 (2001), 1853 (1854): Kosten und Gewinne des EU-Auslands werden nicht (direkt) im Exportstaat repräsentiert.

kende) Grundfreiheitenjudikatur nicht korrigiert haben. Legitimatorischen Bedenken kann des Weiteren Rechnung dadurch getragen werden, dass die Verhältnismäßigkeitsprüfung auf typische Defizite des parlamentarisch-demokratischen Entscheidungsprozesses zugeschnitten ist und möglichst nicht in Werturteile der Mitgliedstaaten eingreift. Auch kann Sekundärrecht erlassen werden.

Die Entmachtung von Parlamenten durch eine Kompetenzübertragung auf die Gerichte besitzt (in bestimmten Kontexten) eine lange Tradition und kann (unter bestimmten Bedingungen) ein effektives Mittel zur Wahrung der Interessen der Bevölkerung darstellen.

Schließlich kann auf die Nichtrepräsentation der zielstaatlichen Verbraucher im Exportstaat abgestellt werden. Dass die Interessen der zielstaatlichen Verbraucher und der Exporteure im Regelfall gleichlaufen, ist dabei kein durchschlagendes Gegenargument, da die Exporteure die zielstaatlichen Verbraucher jedenfalls nicht mit dem *Gewicht* vertreten können, das letzteren mit Blick auf ihre Bedeutung zukommen müsste. In diesem Licht stellt sich eine Verhältnismäßigkeitsprüfung als Kompromiss dar zwischen den (nicht repräsentierten) Interessen der zielstaatlichen Verbraucher und der exportstaatlichen Exporteure einerseits und den Interessen der exportstaatlichen Bevölkerung andererseits.

Im Ergebnis unterliegt eine horizontale Gewaltübertragung – auch auf dem Weg der Supranationalisierung – einer (Output-)Legitimierungslast und darf gewisse Grenzen nicht überschreiten.

10. Kapitel

Systematische Auslegung, Grundfreiheitenkonvergenz und Gemeinplatzargumente

Die systematische Auslegung weist Überschneidungen mit der systematisch-teleologischen Auslegung[2342] sowie der systematischen Normtextauslegung auf.[2343] Entsprechend sind die wichtigsten systematischen Erwägungen bereits im Rahmen der systematisch-teleologischen Auslegung angestellt worden.[2344] Die systematische Auslegung besitzt wie die teleologische und die systematisch-teleologische Auslegung eine herausragende Bedeutung.[2345] Systematische Argumente sind im Konzert der Auslegungsmethoden umso kraftvoller, wenn die auszulegende Norm in einem geordneten System residiert, das keine redundanten Inhalte aufweist, technischen Begriffen möglichst stets die gleiche Bedeutung zuschreibt und sinnvoll strukturiert ist. Eine besondere (und noch zu klärende[2346]) Stellung nimmt die Konvergenzauslegung (bzw. case law-Argumentation) ein. Diese fragt nach dem möglichen Einfluss der EuGH-Judikatur bezüglich der anderen Grundfreiheiten auf Art. 35 Alt. 2 AEUV.

I. Parallelbetrachtung mit den EU-Grundrechten

Fraglich ist, ob Schlussfolgerungen aus der Existenz und Reichweite der EU-Grundrechte[2347] für die Reichweite und die Anwendbarkeit der Grundfreiheiten abgeleitet werden können (und speziell für Art. 35 Alt. 2 AEUV).

2342 S. b. Fn. 1280.

2343 Vgl. zur systematischen Normtextanalyse n. Fn. 850.

2344 Dies betrifft solche systematisch relevanten Normen, die auch die Finalität von Art. 35 Alt. 2 AEUV prägen, sowie solche, die zur Feststellung der Finalität von Art. 35 Alt. 2 AEUV abgrenzend herangezogen wurde, als auch diejenigen Normen, bei denen eine systematische Analyse in Form von Parallelbetrachtungen (z. B. zu Art. 114 AEUV oder Art. 101 AEUV) vorweggenommen wurde.

2345 Vgl. zur Relevanz der systematisch-teleologischen Auslegung b. Fn. 1277 ff., 842, 1295 ff.

2346 S. b. Fn. 2397 ff.

2347 Vor Inkrafttreten der Europäischen Grundrechtecharta hat der Gerichtshof bereits ungeschriebene Unionsgrundrechte als allgemeine Rechtsgrundsätze hergeleitet, die er auf der Grundlage gemeinsamer Verfassungsüberlieferungen sowie der EMRK herausgebildet

1. Zu prüfende Hypothesen

Dabei sind zwei systematisch voneinander zu trennende Fragen zu behandeln: Erstens geht es um die Frage, ob EU-Grundrechte oder Grundfreiheiten in einem Vorrang- bzw. Subsidiaritätsverhältnis zueinander stehen – ob also in bestimmten Fällen nur eines der beiden Regime zur Anwendung gelangen sollte.[2348]

Die zweite Frage bezieht sich auf die Auslegungs- und nicht auf die Konkurrenzebene: Ein Blick auf Existenz und Reichweite der Kategorie der Grundrechte könnte zeigen, dass die Grundfreiheiten für ganz bestimmte Falllagen konzipiert worden sind und daher entsprechend ausgelegt werden sollten. Zudem könnte daran gedacht werden, ihre Anwendungsbereiche so zu konstruieren (bzw. dass diese so konstruiert sind), dass keine Überschneidungen auftreten (und sich die oben angedeutete Konkurrenzfrage gar nicht erst stellt). Es erscheint nicht unplausibel, dass der Primärrechtgeber (sofern konstruktiv möglich) zwei subjektiv-öffentliche Rechte so gestaltet hat, dass ihre Anwendungsbereiche komplett voneinander abgrenzbar sind. Gleichzeitig ist fraglich, ob es folgerichtig ist, dass bei zwei Normgruppen, die unterschiedliche Zwecke verfolgen, ein und derselbe Funktionsmechanismus verwendet wird, wenn der Blick auf die prüfungssystematische Konstruktion der Grundfreiheiten und Grundrechte und der teilweise vorgeschlagenen freiheitsrechtlichen Auslegung der Grundfreiheiten gerichtet wird.[2349] Insbesondere ist aus systematischer Sicht eine Auslegung zu vermeiden, bei der eine Normengruppe komplett in einer anderen aufgeht, also neben dieser Normengruppe funktional-praktisch *überflüssig* wird.

Im Vordergrund der argumentativen Überlegungen sollte nicht eine irgendwie geartete formale oder gar formal-grammatische Klassifikation (*Füller*: „Streit um Begriffe"[2350]) der Grundfreiheiten als grundrechtlich, grundrechtsähnlich oder als sonst subjektiv-öffentlich stehen (auch wenn diese

---

hat. Heute sind diese Grundrechte primärrechtlich anerkannt in Art. 6 III EUV. Art. 6 II EUV sieht zwar einen Beitritt zur EMRK vor, dieser hat jedoch noch nicht stattgefunden. Art. 6 I EUV wiederum legt fest, dass die Europäische Grundrechtscharta im Primärrechtsrang steht. Die Europäische Grundrechtscharta ist gegenüber den allgemeinen Grundsätzen vorrangig anzuwenden. Vgl. zu Letzterem *Kingreen*, in: Calliess/Ruffert, Art. 6 EUV Rn. 17 f.; *Schorkopf*, in: Grabitz/Hilf/Nettesheim, Art. 6 EUV Rn. 56. Hierfür wird auf verschiedene Erwägungen und insbesondere auf die Art. 52 III, IV, 53 EUGRCh verwiesen.

[2348] Für die ungeschriebenen Unionsgrundrechte von einem Spezialitätsverhältnis ausgehend *Ehlers*, in: ders., 3. Aufl., § 7 Rn. 18; *ders.*, in: ders., 3. Aufl., § 14 Rn. 13; in: ders., 4. Aufl., § 7 Rn. 14 und in: ders., 4. Aufl., § 14 Rn. 23 schwächt *Ehlers* diese Auffassung dag. dahingehend ab, dass nur noch „zunächst" von den Grundfreiheiten auszugehen sei.

[2349] Vgl. *Jarass*, 2. Aufl. 2013, Ein. Rn. 24 ff.; *Kingreen*, EuR 2010, 338 ff.; *Oliver/Roth*, CMLR 41 (2004), 407 (410); *Roth*, in: FIW, Bd. 160, 21 (34).

[2350] *Füller*, 30.

Auskunft über die Auffassung des Klassifikators gibt),[2351] vielmehr sind *funktionale* und *strukturelle* Überlegungen systematischer Art vorzuziehen.[2352]

2. Vergleich der Tatbestände

a) Vergleich der Anwendungsbereiche

Die unterschiedliche Funktion und Zielstellung der Grundfreiheiten und der EU-Grundrechte drückt sich in verschiedenen fundamentalen Differenzen im Anwendungsbereich aus.

aa) Berechtigte und Verpflichtete der Grundfreiheiten sowie Erfordernis eines grenzüberschreitenden Sachverhaltes

Die Grundfreiheiten richten sich *zuvorderst* an die *Mitgliedstaaten*.[2353] Der EuGH sieht zwar in st. Rspr. auch die Union als an die Grundfreiheiten gebunden an.[2354] Selbst wenn eine solche Verpflichtung auch der Union bejaht würde, zeugt die dem Binnenmarktziel immanente Gleichheitsperspektive – mit dem Ziel der Schaffung gleicher Wettbewerbsbedingungen – davon, dass die Grundfreiheiten (in ihrer Ausformung durch den EuGH) *vor allem* die aus dem Nebeneinander *nationaler* Rechtsordnungen resultierenden Unterschiede beseitigen bzw. abmildern und moderieren sollen.[2355] Dieses Nebeneinander ist eine *genuine* Folge *mitgliedstaatlich-autonomer* Rechtssetzung, die bei unionaler Rechtssetzung nicht auftritt und ja gerade durch die unionale Rechtssetzung beseitigt werden soll.

Im Rahmen der Grundfreiheiten wird weiter anerkannt, dass Private im Wege unmittelbarer Drittwirkung verpflichtet werden können und dass staatliche Einrichtungen grundfreiheitsberechtigt sein können.[2356] Bei beidem handelt es sich um Propria der Grundfreiheiten gegenüber den EU-Grundrechten.

Die Grundfreiheiten setzen im Grundsatz das Vorliegen eines *grenzüberschreitenden* Sachverhalts voraus.[2357]

[2351] In diese Richtung aber wohl *Classen*, EuR 2004, 416.

[2352] Ebenso *Füller*, 28; *Oliver/Roth*, CMLR 41 (2004), 407 (410).

[2353] Ebenso *Ehlers*, in: ders., 4. Aufl., § 7 Rn. 13; *Frenz*, NVwZ 2011, 961; *Jarass*, 2. Aufl. 2013, Einl. Rn. 23; *Kahl/Schwind*, EuR 2014, 170; s. a. *ders.*, EuR 2002, 603 (609 ff.).

[2354] Vgl. nur EuGH, Urt. v. 13.09.2001, Rs. C-169/99, Slg. 2001, I-5925, Rn. 37 (*Schwarzkopf*); EuGH (Fn. 477), Rn. 86 (*Ravil*).

[2355] Vgl. *Frenz*, Bd. 1, Rn. 61; *Kingreen*, EuR 2010, 338 (349 ff.); *ders.*, in: von Bogdandy/Bast, 705 (724 f.); *Kingreen* bezeichnet dies als „transnationale Integration", in: Calliess/Ruffert, Art. 34–36 AEUV Rn. 5 ff.

[2356] Vgl. *Ehlers*, in: ders., 4. Aufl., § 7 Rn. 13 m. w. N.

[2357] *Jarass*, 2. Aufl. 2013, Ein. Rn. 23.

Die Binnenmarktzentrierung der Grundfreiheiten zeigt, dass diese (wenn Art. 18 AEUV i. V. m. Art. 21 AEUV einmal ausgeklammert wird) grundsätzlich einen *ökonomischen* Sinnbezug voraussetzen (auch wenn insbesondere die Freiheiten der Art. 45 ff., 49 ff. und 56 ff. AEUV auch personale Elemente besitzen und mit der Grundfreiheitsanwendung notwendig auch Zugewinne an *persönlicher Freiheit* einhergehen).

bb) Träger und Adressaten der EU-Grundrechte sowie fehlende Erforderlichkeit eines grenzüberschreitenden Sachverhalts

Dagegen sind die EU-Grundrechte in erster Linie an die *Union* adressiert.[2358] Eine Bindung der Mitgliedstaaten an die EU-Grundrechte besteht nach dem maßgeblichen Art. 51 EUGRCh „ausschließlich bei der Durchführung des Rechts der Union",[2359] womit die Durchführung von Primär- und Sekundärrecht gemeint ist. Zur Durchführung gehört die normative, administrative und judikative Umsetzung des Unionsrechts durch Richtlinien umsetzende Gesetze, auf EU-Recht gestützte Administrativakte und EU-Recht auslegende Gerichtsurteile.[2360] Eine sehr weitgehende Anwendungseröffnung ergibt sich aus den Fällen, in denen der Tatbestand[2361] der Grundfreiheiten eröffnet ist, und zwar als Schranke[2362] und als Schranken-Schranke[2363].[2364] Sofern die genann-

---

[2358] Ebenso *Ehlers*, in: ders., 4. Aufl., § 7 Rn. 13; *ders.*, in: ders., § 14 Rn. 13; *Frenz*, NVwZ 2011, 961; *Jarass*, 2. Aufl. 2013, Einl. Rn. 23; *Kahl/Schwind*, EuR 2014, 170 f.; *Kingreen*, EuR 2010, 338 (351 f.); *Lackhoff*, Niederlassungsfreiheit, 375; s. a. *Frenz*, EuR 2002, 603 (609 ff.).

[2359] Zum Verständnis von Art. 51 I 1 EUGRCh sollte nach vorzugswürdiger Auffassung die Rechtsprechung zu den Rechtsgrundsatz-Grundrechten herangezogen werden, weil diese sonst sowieso als Auffanggewährleistungen gem. Art. 6 III EUV zur Anwendung gelangten, vgl. *Jarass*, 2. Aufl. 2013, Art. 51 EUGRCh Rn. 16 f.; vgl. jüngst EuGH, Urt. v. 26.02.2013, Rs. C-617/10, unveröfftl., Rn. 17 ff. (*Fransson*).

[2360] *Jarass*, NVwZ 2012, 457 (459 f.).

[2361] Bei Vorliegen der *Keck*-Ausnahme ist der Tatbestand nicht eröffnet, sodass auch die EU-Grundrechte nicht Anwendung finden können, wie hier *Jarass*, 2. Aufl. 2013, Art. 51 EUGRCh Rn. 21; *Kingreen*, in: Calliess/Ruffert, Art. 51 EUGRCh Rn. 16; *ders.*, in: von Bogdandy/Bast, 705 (742); *Nusser*, 194 ff.; *Schaller*, JZ 2005, 193 f.; *Scheuing*, EuR 2005, 162 (173 ff.); *Stuyck*, CMLR 41 (2004), 1683 (1695 f.); wohl auch *Kahl/Schwind*, EuR 2014, 170 (181); *Ranacher/Frischhut*, 204. In der Rs. *Karner* hat der EuGH jedoch eine als Verkaufsmodalität eingestufte Regelung an den EU-Grundrechten gemessen, vgl. EuGH, Urt. v. 25.03.2004, Rs. C-71/02, Slg. 2004, I-3054, Rn. 43, 48 ff. (*Karner*); anders judizierte er allerdings jüngst sowohl mit Blick auf die Warenverkehrs- als auch in Bezug auf die Dienstleistungsfreiheit im Fall *Pelckmans*, vgl. EuGH (Fn. 2928), Rn. 22–26 (*Pelckmans*). Bei einer „ rein hypothetische[n] Aussicht auf die Ausübung" eines Rechts geht jedoch auch der Gerichtshof davon aus, dass es an dem für die EU-Grundrechtsanwendung hinreichenden Bezug zum Gemeinschaftsrecht fehlt, vgl. EuGH, Urt. v. 29.05.1997, Rs. 299/95, Slg. 1997, I-2637, Rn. 16 (*Kremzow*).

[2362] Vgl. nur EuGH, Urt. v. 14.10.2004, Rs. C-36/02, Slg. 2004, I-9641, Rn. 35 (*Omega*); EuGH (Fn. 642), Rn. 74 (*Schmidberger*).

ten Eröffnungskriterien jedoch nicht erfüllt sind, scheidet eine Kontrolle am Maßstab der EU-Grundrechte aus. In diesem Fall kommen nur etwaige *nationale* Grundrechte in Betracht. Für eine weitergehende Bindung fehlt es an der nötigen Legitimation. Schon der Einsatz als Schranken-Schranke bei den Grundfreiheiten erscheint daher fragwürdig.

Eine unmittelbare Drittwirkung der EU-Grundrechte würde gegen Art. 51 I EUGRCh verstoßen.[2365] Staatliche Stellen kommen zudem grundsätzlich nicht in den Genuss des EU-Grundrechtsschutzes.[2366] Ferner verlangen die EU-Grundrechte nicht das Vorliegen eines grenzüberschreitenden Sachverhalts.[2367] Und schließlich erstreckt sich der EU-Grundrechtsschutz auch auf genuin nicht-wirtschaftliche Sachverhalte.

b) Vergleich der Voraussetzungen für das Vorliegen einer Grundfreiheitenbeeinträchtigung bzw. eines EU-Grundrechtseingriffs

Auch die Reichweite des grundrechtlichen Eingriffsbegriffs einerseits und des grundfreiheitlichen Beeinträchtigungsbegriffs andererseits ist eine unterschiedliche: Für das Vorliegen einer Beeinträchtigung von Art. 35 Alt. 2 AEUV genügen Freiheitseinbußen, die jeden Marktteilnehmer faktisch wie rechtlich in gleicher Weise treffen, nicht.[2368] Die EU-Freiheitsgrundrechte verlangen dagegen keine Vergleichsbetrachtung. Sie stellen auf die Belastungswirkung *an sich* ab.[2369] Es werden in der Grundfreiheitenwissenschaft zwar auch dezidiert liberalisierungsrechtliche Auslegungsansätze vertreten, und auch in der Rechtsprechung des EuGH lassen sich viele Judikate mit liberalisierungsrechtlichen Akzenten finden (insbesondere in Bezug auf Totalverbote). Eine durchgängige, *stete* liberalisierungsrechtliche Auslegung der

---

[2363] Vgl. nur EuGH (Fn. 1614), Rn. 43 (*ERT*); EuGH, Urt. v. 26.06.1997, Rs. C-368/95, Slg. 1997, I-3709, Rn. 24 ff. (*Familiapress*); EuGH (Fn. 2633), Rn. 40 (*Mary Carpenter*); EuGH, Urt. v. 30.04.2014, Rs. C-390/12, unveröfftl., Rn. 35 f. (*Pfleger*); zust. *Kahl/Schwind*, EuR 2014, 170 (189); *Lenaerts*, EuConst 8 (2012), 375 (385); krit. *Kingreen*, EuGRZ 2004, 570 (573, 576); *ders.*, in: von Bogdandy/Bast, 705 (742); *Schaller*, JZ 2005, 193 f.

[2364] Vgl. *Ehlers*, in: ders., 4. Aufl., § 7 Rn. 115, 123; *Frenz*, NVwZ 2011, 961 (964); *Jarass*, 2. Aufl. 2013, Art. 51 EUGRCh Rn. 21 f.; *ders.*, NVwZ 2012, 457 ff.; *Kahl/Schwind*, EuR 2014, 170 (172 ff.) jew. m. w. N.

[2365] *Ehlers*, in: ders., 4. Aufl., § 14 Rn. 81; *Müller-Graff*, ZEW-Vortrag, 30 jew. m. w. N.

[2366] *Ehlers*, in: ders., 4. Aufl., § 14 Rn. 57 m. w. N.

[2367] *Ehlers*, in: ders., 4. Aufl., § 7 Rn. 22.

[2368] Vgl. nur b. Fn. 1818 ff. und b. Fn. 3939 ff.

[2369] Dies bedeutet allerdings nicht, dass beides nicht gleichzeitig anwendbar sein kann und in beides gleichzeitig eingegriffen werden kann. Gerade die Art. 15–17 EUGRCh werden aufgrund der Heranziehung der EU-Grundrechte auch als Schranken-Schranken (s. b. und in Fn. 2363) regelmäßig anwendbar und Gegenstand eines Eingriffes sein, wenn eine Grundfreiheitenbeeinträchtigung vorliegt.

Grundfreiheiten wird allerdings nur sehr vereinzelt vertreten und ist nicht mehr zulässig. Während es noch vertret*bar* erscheint,[2370] *extreme* freiheitsrechtliche Beeinträchtigungen als durch die Grundfreiheiten abwehrbar anzusehen (z. B. totale Produktionsverbote)[2371] oder solche, für die zu vermuten ist, dass mit ihnen eine faktische Diskriminierung einhergeht (es wird dann nur im Einzelfall auf einen *Nachweis* verzichtet), dürfte eine Auslegung, die wirklich *jede* unmittelbare oder mittelbare, abstrakte oder konkrete Berührung des Warenverkehrs als Beeinträchtigung qualifiziert, mit den Auslegungsgrundlagen schlechthin unvereinbar sein.[2372] Selbst bei Einnahme eines liberalisierungsrechtlich akzentuierten Verständnisses gibt es somit nur eine *begrenzte* Überschneidungsfläche in Bezug auf die *Voraussetzungen* einer Grundfreiheitsbeeinträchtigung bzw. eines EU-Grundrechtseingriffs.

c) Zwischenergebnis

Die Normengruppen der Grundfreiheiten und der EU-Grundrechte stehen teilweise nebeneinander und überlappen sich teilweise. Ihr Anwendungsbereich kann nicht klar voneinander abgegrenzt werden. Es wäre mit den Auslegungsgrundlagen unvereinbar, sie in ein (klar abgegrenztes) systematisches Verhältnis der Neben- oder Über-Unterordnung zu bringen.[2373]

dd) Begrenzte Teilüberschneidungen auf der Anwendungsbereichs- und Rechtfertigungsebene

Weder die Anwendung *nur* der Niederlassungsfreiheit bei gleichzeitiger Einschlägigkeit der unternehmerischen Freiheit gem. Art. 16 EUGRCh (wie in *Sokoll-Seebacher*[2374]) noch die Angleichung der Rechtfertigungsmaßstäbe (bei den Art. 15–17 EUGRCh und der Dienstleistungsfreiheit wie in der Rs. *Pfleger*[2375] [und *implizit* natürlich dann auch in *Sokoll-Seebacher*[2376]]) können den obigen Befund infrage stellen, wenn thematisch den Grundfreiheiten entsprechende EU-Grundrechte als Schranken-Schranke[2377] herangezogen werden. Hierbei handelt es sich nur um *Teil*überschneidungen.

[2370] Dies wird hier allerdings nicht vertreten, s. d. Nachw. in Fn. 2368.

[2371] S. b. Fn. 3939 ff.

[2372] Ebenso *Frenz*, EuR 2002, 603 (616 f.); *Kingreen*, EuR 2010, 338 (356). S. i. Ü. b. Fn. 2382.

[2373] Zu derselben Schlussfolgerung gelangend allerd. in anderem Kontext – nämlich dem der Abwägung beider Normgruppen –, *Skouris*, RdA 2009, 25 ff.; nach *Kingreen*, EuR 2010, 338 (352) sind sie „Idealtypen mit Gewissheitsverlusten an den Rändern"; s. hierzu auch *Frenz*, Bd. 1, Rn. 74; *Mühl*, 238 und b. Fn. 2353 ff.

[2374] EuGH, Urt. v. 13.02.2014, Rs. C-367/12, unveröfftl., Rn. 20–23 (*Sokoll-Seebacher*).

[2375] EuGH (Fn. 2363), Rn. 57–60 (*Pfleger*).

[2376] EuGH, Urt. v. 13.02.2014, Rs. C-367/12, unveröfftl., Rn. 20–23 (*Sokoll-Seebacher*).

[2377] S. b. und in Fn. 2363.

3. *Unterschiedliche Zwecksetzungen*

Besonders zu betonen ist die unterschiedliche *Zwecksetzung* der beiden Regimes: Die Grundfreiheiten dienen zuvorderst der Durchsetzung des Binnenmarktziels (und damit einem auch objektiven Belang), wohingegen die Grundrechte persönliche Freiheit zu sichern suchen.[2378] Die Grundfreiheiten besitzen nicht nur einen auf ökonomisch relevante Sachverhalte zugeschnittenen Anwendungsbereich, sondern auch eine faktisch-ökonomische Zielstellung, wohingegen die Grundrechte auch völlig von der Ökonomie losgelöste Freiheit absichern.[2379] Freiheit wird durch die Grundrechte *um ihrer selbst willen* geschützt (was die Legitimität des unionalen Handelns stützt). Dagegen sind die Grundfreiheiten *ihrerseits* legitimationsbedürftig und (ihre Auslegung ist) daher an die Erzielung *wohlfahrtsökonomischer Effekte* und in letzter Instanz an das *Integrationsziel*[2380] gekoppelt.

4. *Methodische Überlegungen*

Die Tatsache allein, dass sich zwei verschiedene Gruppen subjektiv-öffentlicher Rechte mit unterschiedlichen Funktionen und Zielsetzungen teilweise überschneiden, ist irrelevant. Es gibt keinen systematischen Satz des Inhalts, dass die Anwendungsbereiche zweier Normengruppen vollständig voneinander abgrenzbar sein müssen. Auf ein und denselben Sachverhalt können mehrere Normen Anwendung finden, und durch ein und denselben Sachverhalt können mehrere subjektive Rechte berührt sein. Dies gilt im Besonderen, wenn eine parallele Anwendbarkeit bei Normen mit einem *sehr breiten* Anwendungsbereich auftritt[2381] (was z. B. vor allem bei Normen von fundamentaler Bedeutung wie verfassungsrechtlichen Normen der Fall ist) und nicht bei sehr detaillierten und ganz spezielle Fälle in den Blick nehmenden Normen. Entsprechend führt auch die im Zeitalter der „Verfassungsverbünde" anzutreffende Pluralität der Grundrechtssysteme (EMRK, EU-Grundrechte als ungeschriebene Grundsätze, EUGRCh, nationale Grundrechte, internationale Verträge und Konventionen) regelmäßig nicht zur gegenseitigen Verdrängung.

[2378] Vgl. nur *Ehlers*, in: ders., 3. Aufl., § 14 Rn. 13 (dieses Argument zieht *Ehlers* – soweit ersichtlich – in: ders., 4. Aufl., § 14 Rn. 22 nicht mehr heran); *Frenz*, Bd. 1, Rn. 73; *Jarass*, 2. Aufl. 2013, Ein. Rn. 23; *Kahl/Schwind*, EuR 2014, 170 f.; *Kingreen*, EuR 2010, 338 (349 ff.); *ders.*, in: von Bogdandy/Bast, 705 (724 f.); *Mühl*, 238; s. a. *Frenz*, EuR 2002, 603 (608 f., 618).

[2379] Vgl. *Kingreen*, EuR 2010, 338 (349 ff.).

[2380] Ebenso *Müller-Graff*, EuR-Beiheft 1 2002, 7 (34).

[2381] Vgl. *Kingreen*, EuR 2010, 338 (352).

5. *Schlussfolgerungen*

a) Freiheitsrechtliche Grundfreiheitenauslegung kaum vertretbar

Wenn tatsächlich der (hier als unvertretbar[2382] qualifizierten) Auslegung der Grundfreiheiten als umfassende freiheitsrechtliche Gewährleistungen gefolgt und jede Maßnahme seitens der Mitgliedstaaten oder der Union, die die wirtschaftliche Freiheit im grenzüberschreitenden Verkehr (oder gar außerhalb dessen!) behindert, an einer der Grundfreiheiten gemessen würde, käme es dazu, dass viele oder – bei Nichtanerkennung der Voraussetzung eines grenzüberschreitenden Sachverhalts – alle Maßnahmen, die einen Eingriff in die Art. 15, 16, 17 EUGRCh darstellen, zugleich auch eine Beeinträchtigung der Grundfreiheiten bildeten. Die Art. 15, 16, 17 EUGRCh wären dann in weiten Teilen überflüssig (sofern auch auf der Rechtfertigungsebene ähnliche Maßstäbe angelegt würden[2383]). Eine liberalisierungsrechtliche Auslegung der Grundfreiheiten erscheint vor diesem (systematischen) Hintergrund kritisch.[2384]

b) Gegenseitige Schutzverstärkung?

Nach *Frenz* solle es bei einer parallelen Anwendbarkeit der EU-Grundrechte und der Grundfreiheiten zu einer „gegenseitigen Schutzverstärkung"[2385] kommen. Aufgrund der oben festgestellten unterschiedlichen Schutzrichtung von Grundfreiheiten einerseits und Grundrechten andererseits erscheint dies theoretisch nachvollziehbar. Hier sind *verschiedene* teloi und damit unterschiedliche Persönlichkeitssphären betroffen. In der Praxis wird die Schutzverstärkung allerdings nur begrenzte Wirkungen zeitigen, worauf auch die beiden Urteile *Sokoll-Seebacher* und *Pfleger* hinauslaufen[2386].

c) Relevanz der Anwendbarkeit der EU-Grundrechte auf die Konstruktion des Grundfreiheitentatbestands?

Eine weitere wichtige Feststellung liegt darin, dass es nicht nur aus theoretischer, sondern auch aus *praktischer* Sicht eben kein „Nullsummenspiel" ist, ob eine Maßnahme auf der Tatbestands- oder auf der Rechtfertigungsebene abgelehnt wird (ob also z. B. die *Keck*-Ausnahme als Tatbestandsausnahme

---

2382 S. b. Fn. 2372.

2383 Was tatsächlich der Fall ist, vgl. zu den ähnlichen Maßstäben auf der Rechtfertigungsebene *Frenz*, NVwZ 2011, 961 (962 ff.); *Kahl/Schwind*, EuR 2014, 170 (184 ff.) jew. m. w. N.

2384 Ebenso *Kingreen*, EuR 2010, 338 (356).

2385 *Frenz*, NVwZ 2011, 961 (965); *ders.*, Bd. 1, Rn. 82 f.; vgl. auch *Jarass*, 2. Aufl. 2013, Ein. Rn. 26.

2386 S. b. Fn. 2374 ff.

oder als Rechtfertigungsgrund aufgefasst wird[2387]): Das Vorliegen des Tatbestands eröffnet nämlich den Anwendungsbereich der EU-Grundrechte gem. Art. 51 I 1 EUGRCh.

Es könnte nun überlegt werden, hieraus die Vorgabe abzuleiten, den Tatbestand einer Grundfreiheit *generell eng* zu fassen, weil die auf der Tatbestandsebene bewirkte Kompetenzberührung nicht auf der Rechtfertigungsebene wieder „eingefangen" werden kann und schon die Durchführung einer Verhältnismäßigkeitsprüfung für die Mitgliedstaaten – unabhängig von ihrem Ergebnis – kompetenzbelastend ist: Zunächst kann dagegen eingewandt werden, dass hieraus nicht unbedingt der Schluss gezogen werden muss, die *Grundfreiheiten* seien enger zu fassen, vielmehr kann das Problem auch dadurch behoben werden, dass der Anwendungsbereich der *EU-Grundrechte* reduziert wird.[2388] Fraglich ist, ob es nicht eine *sachfremde* Erwägung darstellt, die Grundfreiheiten aufgrund des möglichen Eingreifens der Grundrechte anders auszulegen. Die Reichweite des grundfreiheitlichen Beschränkungsverbots sollte ausschließlich anhand der systematisch-teleologischen Grundlagen der *Grundfreiheiten* entschieden werden. Etwaigen überschießenden Wirkungen der EU-Grundrechte sollte daher *im Rahmen des Rechts der EU-Grundrechte* und somit *grundrechtsimmanent* Rechnung getragen werden (etwa indem diese nicht als Schranken-Schranke herangezogen werden[2389]). Im Regelfall werden zudem die Rechtfertigungs- und speziell die Verhältnismäßigkeitsprüfung beider Institute gleichlaufen und eine Maßnahme, die auch eine Grundfreiheit nicht verletzt, zumindest *thematisch ähnliche* EU-Grundrechte ebenfalls nicht verletzen.[2390] Etwas anderes kann freilich bei thematisch abweichenden Grundrechten gelten wie im Fall *Mary Carpenter*[2391] und in der Rs. *Familiapress*[2392].

Im Ergebnis sollte die Konzeptionierung des Grundfreiheitentatbestands nicht davon abhängig gemacht werden, dass damit gleichzeitig über den Anwendungsbereich der EU-Grundrechte entschieden wird.

[2387] S. in Fn. 2361.

[2388] *Weiler*, in: Craig/de Búrca, 349 (371) geht wohl davon aus, dass diese Erwägung ein *faktischer* Grund war, warum der Gerichtshof mit dem *Keck*-Judikat eine Eingrenzung seiner Judikatur zu Art. 34 Alt. 2 AEUV angestrebt hat. S. zu krit. und zust. Stimmen in Fn. 2363.

[2389] S. hierzu b. und in Fn. 2363

[2390] S. b. Fn. 2374 ff.

[2391] EuGH (Fn. 2633).

[2392] EuGH (Fn. 2363).

d) Im Übrigen: unergiebiges und unschädliches Nebeneinander und Nicht-Nebeneinander

Im Übrigen bleibt es bei der Parallelität und teilweisen Überschneidung und damit bei der *Nullaussage* des Vergleichs in Bezug auf Auslegung und Konkurrenz:[2393] Die Verbindung zwischen beiden Normengruppen ist demnach primär eine faktische.[2394] Es sollte daher auch kein irgendwie gearteter „Auslegungsgleichlauf" beider Rechtsinstitute in Bezug auf Reichweite und Adressaten angestrebt werden.[2395] Mit *Kingreen* besteht daher „keine Konkurrenz im methodischen Sinne"[2396]. Selbst bei Annahme eines Konkurrenzverhältnisses bestünde jedenfalls eine „echte" Konkurrenz (im Sinne einer gleichzeitigen Anwendbarkeit beider Normgruppen).

II. Die Konvergenz der Grundfreiheiten[2397] und der case law-Charakter der st. Rspr.

Nachdem zu Anfang dieser Arbeit bereits die Rechtsprechung zu Art. 35 Alt. 2 AEUV[2398] analysiert wurde, geht es nachfolgend um die zu den anderen Grundfreiheiten (inklusive Art. 34 Alt. 2 AEUV) ergangene Rechtsprechung. Diese könnte mit Blick auf den Konvergenzgedanken von Bedeutung sein: Nach einer in den letzten zweieinhalb Jahrzehnten an Bedeutung gewinnenden Auffassung wird im Rahmen der Interpretation der Grundfreiheiten durch den EuGH in zunehmendem Maße „parallel"[2399] interpretiert.[2400] Bisweilen geht das Verständnis hierbei über ein *deskriptives hinaus*: Manche Autoren wollen dem Konvergenzgedanken eine (bedeutende) *argumentative* Funktion zuschreiben.[2401] Die Tatsache der Übereinstimmung bestimmter Grundfreihei-

---

[2393] Ebenso *Jarass*, 2. Aufl. 2013, Ein. Rn. 25.

[2394] Ebenso *Frenz*, Bd. 1, Rn. 67.

[2395] Vgl. *Mühl*, 238.

[2396] *Kingreen*, EuR 2010, 338 (351).

[2397] Im englischsprachigen Schrifttum ist auch von „uniform interpretation" die Rede, vgl. nur *Snell*, 219.

[2398] S. umf. zur Rspr. zu Art. 35 Alt. 2 AEUV b. Fn. 45 ff.

[2399] S. zu einer präziseren und ausführlicheren Beschreibung b. Fn. 2402 ff.

[2400] Vgl. nur *Jarass* EuR 1995, 202 ff.; 2000, 705 ff. *Mortelmans*, CMLR 38 (2001), 613 (617 ff.) jew. m. w. N. Dagegen Grenzen dieser These ausmachend *Oliver*, 136.

[2401] Vgl. nur *Barnard*, E. L. Rev. 26 (2001), 35 (54 f.); *Brigola*, EuZW 2009, 479 (482 ff.); von „Argument" sprechend *Dauses/Brigola*, in: Dauses, C. I Rn. 206; *Fernandez Martin*, E. L. Rev. 21 (1996), 313 (323); *Haferkamp*, 59 f.; *Leible/T. Streinz*, Art. 34 Rn. 15: „eigenständiger Begründungsansatz"; *Oliver/Enchelmaier*, 666: „are to be avoided"; *Ress/Ukrow*, in: Grabitz/Hilf/Nettesheim, Art. 63 AEUV Rn. 158 Fn. 489; *Roth*, in: Tridimas/Nebbia (48); *ders.*, IPRax 2003, 117 (121); *ders./Oliver*, CMLR 41 (2004), 407 (439 ff.); *Safari*, ZEuP 2011, 706 (714 ff.); *Szydło*, CMLR 47 (2010), 753 (788 f.); *Tassikas*, ten wird dann dafür angeführt, eine bestimmte Auslegung auf eine andere Grundfreiheit zu übertragen. Zum Teil klingen Töne an, die an ein Verständnis als *Rechtsprinzip* erinnern.

Daneben gilt es, die Bedeutung der st. EuGH-Rechtsprechung *innerhalb* der EuGH-Rechtsprechung zu berücksichtigen, d. h. den argumentativen Wert, den der EuGH *selbst* seiner Rspr. beimisst (i. S. e Fallrechtsprechung).

Während sich eine solche Berücksichtigung der EuGH-Judikatur (in begrenztem Umfang) auf die Rechtsfortbildungskompetenz des EuGH berufen könnte, müsste sich eine Konvergenzargumentation auf andere Erwägungen – idealerweise textlicher Art – stützen.

1. Vorbemerkungen

Es werden bei einer Konvergenzauslegung aufgrund der faktischen Unterschiede zwischen den verschiedenen Grundfreiheitenkonstellationen nicht die Rechtsanwendungs*ergebnisse* übertragen, sondern nur die die Rechtsanwendung steuernden *Konzepte* bzw. Auslegungs*prinzipien. Dasselbe Prinzip* kann aufgrund der unterschiedlichen Perspektive der konvergent zu betrachtenden Rechte, also bei ein und demselben Sachverhalt, zu *unterschiedlichen Ergebnissen* führen.[2402] Eine Konvergenzbetrachtung verlangt somit nicht, dass *ein und derselbe Sachverhalt*, sofern subsumiert unter zwei Grundfreiheiten, in beiden Fällen tatbestandsmäßig(/los) und/oder (un/)gerechtfertigt ist, sondern, dass dieselben Prinzipien Anwendung finden und dass, von diesen Prinzipien ausgehend und abstrakt betrachtet, eine äquivalente Schutzrichtung und -intensität gegeben ist.

2. Die Konvergenzargumentation

a) Struktur eines Konvergenzargumentes

Es gibt drei Wege, ein Konvergenzargument infrage zu stellen: Der Konvergenz kann jede argumentative Bedeutung abgesprochen werden. Hierzu wird nachfolgend Stellung genommen. Dieser Weg erscheint insbesondere bei praktisch sehr ähnlichen Konstellationen nicht möglich, mit Blick auf das Gebot des Wertungsgleichklangs (wie nachfolgend gezeigt wird). Es könnte zweitens bestritten werden, dass die Schutzintensität, die „übertragen" werden soll, in dem Maße existiert, wie dies behauptet wird. Es wird also bestrit-

---

242 f., 248; *Tenenbaum*, R. D. C. 2009, 1217 (1221 ff.); *Torgersen*, E. B. L. R. 1999, 371 ff.; *Weatherill*, CMLR 33 (1996), 885 (906); s. a. *Eberhartinger*, EWS 1997, 43 ff.; *Enchelmaier*, OJLS 24 (2004), 155 (168); Generalanwalt *Maduro*, Schlussanträge v. 30.03.2006, Rs. C-158, 159/04, Slg. 2006, I-8137, Rn. 50 f. (*Alfa Vita*); Generalanwältin *Trstenjak* (Fn. 245), Rn. 45 ff. (*Gysbrechts*).

[2402] Ebenso *Roth*, in: GS Knobbe-Keuk, 729 (741 f.) unter Verweis insbesondere auf die Dienstleistungs- und Niederlassungsfreiheit.

ten, dass der Rechtsprechung der zugeschriebene und als übertragbar angesehene Gehalt überhaupt immaniert. Und es könnte drittens angeführt werden, dass die Konstellation(en), zu der (bzw. zu denen) der EuGH Stellung genommen hat, sich erheblich von derjenigen (denjenigen) unterscheidet(/n), auf die das Konvergenzargument angewandt werden soll.[2403] Insbesondere ist fraglich, ob und inwiefern Grundfreiheitenjudikatur zu *Ziel*staatskonstellationen auch auf *Herkunfts*staatskonstellationen übertragbar sind.

b) Abstrakte rechtliche Bedeutung des Konvergenzgedankens: drei Deutungsmodelle

Konvergenz könnte einerseits als ein Konzept bar jeder rechtlichen Eigenrelevanz gedeutet werden und somit nur ein (mehr oder weniger akzeptiertes) deskriptives und allein didaktisch relevantes Faktum darstellen.[2404] Die extreme Gegenposition hierzu wäre die Annahme eines Rechtsprinzips im Sinne eines *Alexy*'schen „Optimierungsgebotes“[2405]. Diese Auffassung würde den Konvergenzgedanken in Bezug auf seine rechtstheoretische Kategorie auf eine *Ebene* mit anderen Prinzipien wie dem Binnenmarktziel heben und – unter Zugrundelegung seiner Abwägungsfähigkeit – maximale Durchsetzungskraft verleihen. In hierzu abgeschwächter, aber verwandter Form kann der Konvergenzargumentation eine Stellung als *selbständiges* Argument[2406] ohne Prinzipienqualität zukommen, das in die bei der Auslegung vorzunehmende Gesamtabwägung eingestellt wird und über die Summe ihrer Teile hinausgeht.[2407] Schließlich – und hier präferiert – kann die Konvergenzargumentation zwar nicht als selbständiges, aber als unselbständiges Argument herangezogen werden: Ein Konvergenzargument geht dann gerade nicht über die Summe seiner argumentativen Bestandteile hinaus. Sind zwei Normen (in den jeweils entscheidungserheblichen Merkmalen) gleich strukturiert und werden sie auf gleiche Sachverhalte angewandt, gebieten nämlich schon allgemeine Grundsätze der systematischen Auslegung sowie das Gebot der Gleichheit vor dem Gesetz die Vermeidung von Wertungswidersprüchen. Es ist fraglich, ob zwischen den Varianten (einer Heranziehung als selbständiges sowie als unselbständiges Argument) erhebliche Unterschiede bestehen. Die Grenzen sind fließend, und insbesondere eine Heranziehung als selbständiges

---

[2403] Vgl. hierzu nur *Torgersen*, E. B. L. R. 1999, 371 (372) m. w. N.; *Weatherill*, CMLR 33 (1996), 885 (906).

[2404] Vgl. *Brigola*, 232; *Jansson/Kalimo*, CMLR 51 (2014), 523 (528); *Jarass*, EuR 2000, 705; *Kugelmann*, EuR 2001, 363 (369); *Trstenjak/Beyer*, EuR 2012, 265 (276).

[2405] *Alexy*, 75 ff.

[2406] S. schon b. Fn. 2401.

[2407] Vgl. etwa die Formel von *Leible* und *T. Streinz*, die den Konvergenzgedanken als „eigenständige[n] Begründungsansatz“ charakterisieren, in: Grabitz/Hilf/Nettesheim, Art. 34 AEUV Rn. 15.

Argument wird praktisch kaum Unterschiede gegenüber einer Heranziehung als unselbständigem Argument aufweisen, wenn erstere die konkreten Grenzen, Unterschiede und Besonderheiten zwischen den Grundfreiheiten mitberücksichtigt und dem Konvergenzgedanken keine überhöhte Bedeutung zuschreibt. Theoretisch sollten beide Argumentationsweisen jedoch streng voneinander unterschieden werden, da eine Ablösung von den argumentativen Grundlagen zu Fehlanwendungen führen kann.

c) Stellungnahme zum argumentativen Wert des Konvergenzgedankens

Die Rechtsanwendung wird durch eine konvergente Auslegung in der Regel vereinfacht und transparenter gemacht.[2408] Die wesentlichen Auslegungsgrundlagen bzw. Wertungsgesichtspunkte sind zudem bei allen Grundfreiheiten – mit Blick auf den Schutz der mitgliedstaatlichen Regelungskompetenz einerseits und das Binnenmarktziel andererseits – dieselben.[2409] Dies ist allerdings kein Gesichtspunkt, der für die Anerkennung eines selbständigen Konvergenzargumentes spricht.

Gegen das Konvergenzargument spricht es, wenn sich die Grundfreiheiten in ihren Auslegungsgrundlagen unterscheiden. Auch – so wird eingewandt – würde es einem für alle Grundfreiheiten gültigen *Prüfungsschema* an der erforderlichen Konkretheit mangeln.[2410]

Für die Konvergenzauslegung wird zudem angeführt, dass durch sie Ergebnisgleichheit erzielt werde, wenn mehrere Grundfreiheiten betroffen seien.[2411] Doch dies ist nicht zwingend: Zwei Grundfreiheiten können aufgrund der faktischen Unterschiede zwischen den geregelten Konstellationen selbst dann zu unterschiedlichen Ergebnissen gelangen, wenn dieselben Wertungen zugrunde gelegt werden.

Eine Heranziehung des Konvergenzgedankens als selbständiges Argument oder gar als Rechtsprinzip ist im Ergebnis abzulehnen:[2412] Wenn für mehrere Grundfreiheiten dieselben Wertungen gelten – und dies ist der Fall mit Blick auf das Binnenmarktziel und die Achtung der mitgliedstaatlichen Regelungsgewalt –, dann ergibt sich eine konvergente Auslegung schon aus Gründen

---

[2408] Vgl. die Ausführungen von Generalanwältin *Trstenjak* (Fn. 245), Rn. 46 (*Gysbrechts*) unter Berufung auf die Schlussanträge von Generalanwalt *Capotorti* in der Rs. *Oebel*; s. a. aus der Literatur *Barnard*, 24; *dies.*, E. L. Rev. 26 (2001), 35 (53); *Jansson/Kalimo*, CMLR 51 (2014), 523 (528); *Shuibhne*, E. L. Rev. 27 (2002), 408 (410); *Szydło*, CMLR 47 (2010), 753 (788 f.); *Torgersen*, E. B. L. R. 1999, 371 (385).

[2409] Vgl. nur *Davies*, Germ. L. J. 11 (2010), 671 f.; *Jensch*, 217 ff.; *Oliver/Enchelmaier*, CMLR 44 (2007), 649 (666); *Roth*, in: Andenas/Roth, 1 (48); *Tenenbaum*, R. D. C. 2009, 1217 (1221 f.).

[2410] Vgl. *Enchelmaier*, YEL 26 (2007), 115 (147 f.).

[2411] *Enchelmaier*, YEL 26 (2007), 115 (148).

[2412] Davon abzugrenzen ist die Deutung der Judikatur des EuGH als *Fallrechtsprechung*, s. b. Fn. 2414 ff.

der Gleichheit der Auslegungsgrundlagen. Wird die Konvergenzargumentation auf die Gleichheit der Auslegungsgrundlagen gestützt, ergibt sie nicht mehr als das, was in sie hineingelegt wurde und was sich sowieso ergäbe, auch wenn die Normen nicht konvergent ausgelegt würden.

Werden Normen mit im Wesentlichen gleichen Auslegungsgrundlagen nicht gleich ausgelegt, verletzt dies schon allgemeine methodische Maßstäbe: Der Gedanke der Gleichheit vor dem Gesetz und das Gebot des Wertungsgleichklangs wären dann verletzt.[2413]

Für eine Heranziehung des Konvergenzgedankens als selbständiges Argument spricht somit nur noch der Gedanke der Anwendungseinfachheit und Transparenz. Sich allerdings aus diesen Gründen über systematische, teleologische und/oder grammatische Erwägungen hinwegzusetzen, erscheint undemokratisch und mit allgemeinen methodischen Standards unvereinbar. Konvergenzüberlegungen sollten folglich nicht als *selbständiges* Argument anzuerkennen sein. Auf den Gedanken der Anwendungseinfachheit sollte *unmittelbar* rekurriert werden.

Dies bedeutet jedoch nicht, dass eine Analyse der Rechtsprechung zu den anderen Grundfreiheiten interpretativ fruchtlos ist: Abgesehen von der (nachfolgend präzisierten) Auslegungsrelevanz als Fallrechtsprechung, ermöglicht eine Konvergenzbetrachtung eine tiefere analytische Einsicht in die die Grundfreiheiten(-judikatur) prägenden Spannungen und Wertungen, weil der Vergleich mehrerer EuGH-Entscheidungen offenlegen könnte, warum der EuGH unterschiedliche Maßstäbe und Rechtsprechungsstränge entwickelt hat.

3. Die EuGH-Judikatur als Fallrechtsprechung?

Von einer Konvergenzbetrachtung abzugrenzen ist eine Heranziehung der EuGH-Judikatur als *Fallrechtsprechung*: Die selbstreferenzielle Argumentationstechnik und die auf selbst entwickelte Inhalte aufbauende Grundfreiheitendogmatik des EuGH können als *case law-ähnlich*[2414] beschrieben werden (*Everling*: „Richterrecht"[2415]). Der EuGH misst seiner eigenen Rspr. einen (erheblichen) argumentativen Wert bei,[2416] was (implizit) in Inhalt und Struktur seiner Urteile zum Ausdruck kommt (und in der nachfolgenden Analyse der Fallrechtsprechung gezeigt wird). Andererseits existiert keine formelle

---

[2413] Vgl. *Snell*, in: Adams/de Waele/Meeusen/Straetmans, 109 (110).

[2414] Vgl. *Everling*, JZ 2000, 217 (219).

[2415] *Everling*, JZ 2000, 217 (218).

[2416] Wie hier mit unterschiedlichen Akzenten im Einzelnen *Dederichs*, EuR 2004, 345 ff.; *Everling*, JZ 2000, 217 (218); *Mühl*, 54 ff.; *Snell*, 222; *Stotz*, in: Riesenhuber, 3. Aufl., § 22 Rn. 54 ff.; *Semmelmann*, E. L. J. 19 (2013), 457 (468 f.); *Toth*, YEL 4 (1984), 1 (70 ff.); umf. w. Nachw. b. *Jacob*, 1 ff. S. a. *Neuner*, in: Riesenhuber, 3. Aufl., § 12 Rn. 24.

Präjudizienbindung (im Sinne der stare decisis-Lehre).[2417] Der Gerichtshof ist nach eigener Auffassung auch jederzeit befugt, seine Rechtsprechung abzuändern (obwohl er dies nur ganz ausnahmsweise tut).[2418] Der EuGH bezieht sich im Gegensatz zu einigen Generalanwälten[2419] auch nicht explizit auf eine (irgendwie geartete) Konvergenz und verwendet bisweilen auch uneinheitliche Termini, um seine Ansätze zu charakterisieren.

Beim ersten Zugriff könnte ein (im *deutschen* Rechtssystem sozialisierter) Norminterpret dagegen versucht sein, die Position des EuGH nur als (wichtige) „weitere Auffassung" anzusehen und damit für rein *deskriptiv* relevant zu halten. Eine die Rechtsprechung ausblendende Untersuchung würde jedoch sowohl die gerichtspraktische Realität verkennen[2420] als auch die durch den Gerichtshof präg*bare* und geprägte Methodik der Unionsrechts- und der Grundfreiheitenauslegung. Ein Auslegungsvorschlag zu den Grundfreiheiten, der den reichen Fundus an Grundfreiheitenrechtsprechung berücksichtigt, verspricht des Weiteren eine größere Aussicht auf Akzeptanz, insbesondere innerhalb der Unionsgerichtsbarkeit und der Rechtswissenschaft der Mitgliedstaaten mit einem common law-System.[2421] Dass der EuGH seiner Rechtsprechung Auslegungsrelevanz beimisst, könnte u. a. auch damit erklärt werden, dass sich die unionsrechtliche Auslegungsmethodik an den verschiedenen nationalen Auslegungstraditionen orientiert[2422] und der case law-Ansatz in Staaten mit einem common law-System (Irland, Vereinigtes Königreich) gepflegt wird.[2423] Zudem gewinnt der EuGH durch diese Praxis an *Flexibilität* und kann integrationsklüger und -dynamischer agieren. Eine argumentative Relevanz der EuGH-Rechtsprechung ist auch aufgrund des (bereits angesprochenen) Umstandes anzuerkennen, dass die Mitgliedstaaten auf verschiedene Art und Weise die besondere Befugnis des EuGH anerkannt haben, die Grundfreiheiten zu konkretisieren und dabei festzulegen, dass der eigenen st. Rspr. eine argumentative Bedeutung zukommt. Die Mitgliedstaaten taten dies u. a. dadurch, dass sie den Wortlaut der Grundfreiheiten (spezi-

---

[2417] S. umf. *Neuner*, in: Riesenhuber, 3. Aufl., § 12 Rn. 10, 23, der die Judikatur als „faktische Rechtsquelle" bezeichnet und damit ihre Zwitterstellung andeutet; vgl. auch *Semmelmann*, E. L. J. 19 (2013), 457 (468 f.); *Stotz*, in: Riesenhuber, 3. Aufl., § 22 Rn. 56.

[2418] *Neuner*, in: Riesenhuber, 3. Aufl., § 12 Rn. 22 ff.; *Stotz*, in: Riesenhuber, 3. Aufl., § 22 Rn. 56 f.

[2419] S. d. Nachw. in Fn. 2401.

[2420] Vgl. nur *Dederichs*, EuR 2004, 345 (347) m. umf. w. Nachw.; s. a. *Stotz*, in: Riesenhuber, 3. Aufl., § 22 Rn. 1 ff., 55.

[2421] *Stotz*, in: Riesenhuber, 3. Aufl., § 22 Rn. 54 ff.

[2422] Vgl. *Everling*, JZ 2000, 217 (218); *Pechstein/Drechsler*, in: Riesenhuber, 3. Aufl., § 7 Rn. 10.

[2423] Vgl. nur die Monografie von *Snell*, der sich auch ausdrücklich auf die Rechtsprechung des EuGH als „case law" bezieht (u. a. 222); s. hierzu auch *Everling*, JZ 2000, 217 (218 f.); *Mühl*, 57.

ell von Art. 35 Alt. 2 AEUV[2424]) und des Binnenmarktziels offen gefasst haben, sowie dadurch, dass sie dem EuGH eine umfassende Rechtsfortbildungsbefugnis übertrugen und die (extensive) Grundfreiheitenrechtsprechung nicht durch Änderungsverträge korrigierten.[2425] Der case law-Ansatz des EuGH garantiert des Weiteren eine gewisse Stabilität, Vorhersehbarkeit und Rechtssicherheit der Rechtsprechung.[2426] Um von einer gefestigten und kohärenten Rechtsprechung des EuGH abzuweichen, bedarf es folglich gewichtiger Auslegungsargumente. Bei einer in sich – oder ggf. auch grundfreiheitenübergreifend – widersprüchlichen Rechtsprechung sind die Anforderungen dagegen geringer.

Auf der anderen Seite darf die Bedeutung der Rechtsprechung nicht überhöht werden. Insbesondere die Literatur muss die Rechtsprechung auch kritisch begleiten und, wo nötig, auch neue Perspektiven eröffnen.[2427] Dies kann sie nur, wenn sie auch auf weitere Auslegungsgesichtspunkte zurückgreifen kann. Kritische Literaturbeiträge können dafür sorgen, dass die demokratisch verantworteten Entscheidungen des Primärrechtgebers berücksichtigt werden und sich nicht in undemokratischer Weise von den Normtexten entfernt wird. Literaturbeiträge, die den EuGH kritisch begleiten – und dies können sie nur, wenn sie die EuGH-Rechtsprechung als nur *ein* Argument von mehreren qualifizieren –, sind mithin auch im Kontext des Unionsrechts unabdingbar.

Gleichzeitig bestehen *praktische* Bedenken dagegen, der EuGH-Rechtsprechung eine übermäßige argumentative Bedeutung zuzusprechen: Kann der EuGH „schalten und walten", wird er nicht unter ausreichenden Begründungs- und Optimierungsdruck gesetzt.

Eine weitere Relativierung der argumentativen Relevanz der EuGH-Rechtsprechung liegt in national-verfassungsrechtlichen Grenzen. Dagegen ist nach der Auffassung des EuGH *jeder* Rückgriff auf die eigene Rechtsprechung zulässig. Er kann hierfür auf die Spezifika der unionalen Auslegung mit der herausgehobenen Bedeutung der teleologischen Auslegungsmethode und des effet utile verweisen. Nach Auffassung des Gerichtshofs haben die Mitgliedstaaten durch Hoheitsübertragung ein Gericht geschaffen, dessen Rechtsprechung zwingend und stets Folge zu leisten ist. Sie haben eine autonome Rechtsordnung sui generis ins Leben gerufen, für deren letztverbindliche Auslegung allein der EuGH zuständig ist. Ein *unbegrenzter* Rekurs auf die eigene Rechtsprechung begründet jedoch die Gefahr *ausbrechender* (und dann nicht bindender) Rechtsakte, sofern die Auffassung zugrunde gelegt wird, dass alle Staatsgewalt, die die Unionsorgane ausüben, *abgeleiteter* Art

---

[2424] S. b. Fn. 895.
[2425] S. umf. b. Fn. 2188 ff.
[2426] *Stotz*, in: Riesenhuber, 3. Aufl., § 22 Rn. 55.
[2427] Vgl. *Everling*, JZ 2000, 217.

ist und daher die Grenzen der Ermächtigungsgrundlage einhalten muss.[2428] Wenn Rechtsprechung selbst zum Argument wird, besteht die Gefahr, dass sie sich irgendwann gänzlich von diesen Grundlagen ablöst.[2429] Sie muss sich daher, um zulässig zu sein, innerhalb gewisser *methodischer Grenzen* bewegen.[2430]

4. Grundfreiheitenrechtsprechung zu herkunftsstaatlichen Konstellationen

Der Rechtsprechung des EuGH zu Beschränkungen der Grundfreiheiten durch den *Herkunftsstaat* erfährt hier besondere Aufmerksamkeit.

a) Dienstleistungsfreiheit[2431]

Der Dienstleistungsfreiheit kommt im Rahmen der Konvergenzbetrachtung mit der Warenausfuhrfreiheit eine herausgehobene Stellung zu: Nicht nur hat sich der EuGH hier explizit zu nicht diskriminierenden Exportkonstellationen geäußert, auch handelt es sich bei der Dienstleistungsfreiheit ebenfalls um eine „Produktverkehrsfreiheit“[2432], die der Warenverkehrsfreiheit *funktional besonders nahe* steht.[2433] In (dem noch näher darzustellenden Judikat) *Alpine Investments* geht es zudem um einen Fall, der sich so auch im Kontext des Warenexportes hätte ereignen können. Eine Divergenz in der Rspr. bzw. Auslegung würde hier mit Blick auf den Aspekt des Wertungsgleichklangs also besonders schwer wiegen. Wie bei der Warenverkehrsfreiheit ist auch bei der Dienstleistungsfreiheit die Diskussion um Exporte nicht so intensiv geführt worden wie in Bezug auf die Importe.[2434]

aa) Abgrenzung gegenüber versteckten oder mittelbaren Importkonstellationen

Vorab ist darauf hinzuweisen, dass es hier nicht um Fälle geht, in denen der Dienstleistungserbringer durch den Wechsel seines Wohnsitzes gegenüber seinem Herkunftsstaat in die Lage eines Importeurs versetzt werden soll und sich dann gegen seinen *ehemaligen* Herkunftsstaat zur Wehr setzt.[2435] In diesem Fall ist sein alter Herkunftsstaat für ihn nunmehr ein *Zielstaat.*

[2428] So aber *Mühl*, 55 f.; vgl. auch *Everling*, JZ 2000, 217 (225 f.) m. w. N.

[2429] Vgl. *Hoffmann*, 27–29.

[2430] Vgl. hierzu nur *Hoffmann*, 153–166, 187–193, 197–202, 206 f., 209–212.

[2431] Überblick bei *Leupold*, Jura 2011, 762 ff.

[2432] Vgl. zum Begriff etwa *Bittner*, 110; *Franzen*, 118; *Dietz/T. Streinz*, EuR 2015, 50 (54); *Leible/T. Streinz*, in: Grabitz/Hilf/Nettesheim, Art. 35 AEUV Rn. 12.

[2433] Nachw. in Fn. 2711. S. umf. zu weiteren strukturellen Parallelen und Unterschieden b. Fn. 2710 ff.

[2434] *Hoffmann*, 196; vgl. auch *Eilmansberger*, JBl. 1999, 434 (449–451); *Körber*, 340–343.

[2435] Vgl. hierzu *Schöne*, RIW 1989, 450 (452) m. w. N.

Ebenso wenig handelt es sich um Exportkonstellationen in Fällen, in denen der *Empfänger* der Dienstleistung behindert oder diskriminiert wird.[2436] In diesem Fall handelt es sich ebenfalls um eine *Import*konstellation. Es könnte hier auch von einer *indirekten* oder *mittelbaren* Importeursbehinderung gesprochen werden, bei der nur der Anknüpfungspunkt ein anderer ist.[2437]

bb) Diskriminierungsfälle

aaa) Corsica Ferries I, *13.12.1989*[2438]

In *Corsica Ferries I* ging es um eine französische Regelung in Bezug auf die Seeschifffahrt, die Fahrten zwischen der Insel Korsika und dem französischen Festland sowie Fahrten zwischen der Insel Korsika und den Häfen anderer Staaten unterschiedlich behandelte.

Nach Auffassung des EuGH „beschränk[t]“[2439] diese Regelung die Dienstleistungsfreiheit, „da sie (…) diskriminier[t]“[2440]. In der darauffolgenden Randnummer erklärt der EuGH, dass es seiner st. Rspr. entspreche, dass „jedes Hemmnis für diese Freiheit, sei es auch von geringer Bedeutung, (…) verboten“[2441] sei. Wird nur die *Diktion* betrachtet, erscheinen die Aussagen widersprüchlich: Einerseits sei „jedes Hemmnis“ verboten, andererseits liege eine Beschränkung deshalb vor, weil *diskriminiert* werde („da“).[2442] In der Sache geht es hier jedoch eindeutig um eine *Diskriminierung*. Auch hat der EuGH in keiner vor *Corsica Ferries I* ergangen Rechtssache eine unterschiedslose Beschränkung angenommen. Aus *Corsica Ferries I* kann im Ergebnis somit nicht abgeleitet werden, dass der EuGH unterschiedslose Beschränkungen vonseiten des Exportstaates als Beeinträchtigung der Dienstleistungsfreiheit wertet.[2443] Anders als in (der nachfolgend behandelten und

[2436] In st. Rspr. ist auch die *passive* Dienstleistungsfreiheit geschützt, vgl. EuGH, Urt. v. 31.01.1984, Rs. 286/82, 26/83, Slg. 1984, 379, Rn. 16 (*Luisi und Carbone*); EuGH, Urt. v. 26.10.1999, Rs. C-294/97, Slg. 1999, I-7463, Rn. 34 (*Eurowings Luftverkehr*). Vgl. für die Warenverkehrsfreiheit in und bei Fn. 3019 ff. und Fn. 458 ff.

[2437] *Drasch*, 162; ähnl. *Randelzhofer/Forsthoff*, in: Grabitz/Hilf/Nettesheim, Art. 56/57 AEUV Rn. 160; *Rosenboom*, 6 f.; *Roth*, in: Dauses, E. I Rn. 187 ff.

[2438] EuGH, Urt. v. 13.12.1989, Rs. C-49/89, Slg. 1989, 4453 (*Corsica Ferries I*).

[2439] EuGH (Fn. 2438), Rn. 7.

[2440] EuGH (Fn. 2438), Rn. 7.

[2441] EuGH (Fn. 2438), Rn. 8.

[2442] A.A. Generalanwalt *Lenz*, Schlussanträge v. 11.05.1994, Rs. C-379/92, Slg. 1994, I-3456, Rn. 90 f. (*Peralta*).

[2443] Nach *Rolshoven*, 262 signalisiert der EuGH schon in *Corsica Ferries I* „bei Art. 49 an seine Auslegung zu Art. 29 anschließen zu wollen.“ Dies ist insofern zweifelhaft, als der Gerichtshof die *Groenveld*-Formel erstmalig in *Peralta* (und dann fortgesetzt in *Kommission/Frankreich*) zur Konkretisierung der Dienstleistungsfreiheit in Diskriminierungskonstellationen heranzieht.

ca. 4,5 Jahre später entschiedenen Rs.) *Peralta* wendet der EuGH jedoch (noch) nicht die *Groenveld*-Voraussetzungen an.

bbb) Peralta, *17.05.1994:*[2444] *Anwendung der* Groenveld-*Elemente auf eine vorgangsbezogene Diskriminierung*

Matteo Peralta wurde angeklagt, weil er gegen italienische Strafvorschriften verstoßen hatte, die es ihm verboten, bestimmte Stoffe vom Schiff ins Meer einzuleiten. Es geht mithin nicht um eine staatsangehörigkeits-, sondern um eine (export-)vorgangsbezogene Diskriminierung.

(1) EuGH

Zunächst stellt der Gerichtshof fest, dass sich der Dienstleistungserbringer gegenüber seinem *Herkunftsstaat* auf die Dienstleistungsfreiheit berufen kann, wenn die Dienstleistungen an einen Dienstleistungsnehmer erbracht werden, der in einem anderen Staat ansässig ist.[2445]

Sodann verweist der Gerichtshof darauf, dass er in einem anderen Urteil (Rs. C-154/89)[2446] beschränkende mitgliedstaatliche Regelungen an einem Beschränkungsverbot gemessen hat.[2447] Obwohl sich der EuGH in der in *Peralta* zitierten Randnummer der Rs. C-154/89 nicht explizit auf Herkunfts- bzw. Zielstaat bezieht, geht es in C-154/89 der Sache nach um eine *zielstaatliche* Maßnahme.

Bevor der EuGH in *Peralta* mit der Beeinträchtigungsprüfung beginnt, stellt er ausdrücklich und in einer eigenen Randnummer fest, dass es um eine Maßnahme des *Herkunfts-* und nicht des Zielstaates gehe. Beide Maßnahmen könnten *nicht gleichgesetzt* werden.[2448]

Sodann definiert der EuGH den Beeinträchtigungstatbestand nicht und geht ohne weitere Erklärungen zur Subsumtionsebene über. Hier prüft er die Voraussetzungen der *Groenveld*-Formel – freilich ohne diese zu zitieren – und hält sie für nicht erfüllt.[2449] Der EuGH scheint den Schlussanträgen von Generalanwalt *Lenz*[2450] somit darin zu folgen, dass die *Groenveld*-Elemente vorliegen müssten.[2451] Beachtlich ist, dass der EuGH nur implizit zu der

---

[2444] EuGH, Urt. v. 17.05.1994, Rs. C-379/92, Slg. 1994, I-1812 (*Peralta*). S. umf. zu den Schlussanträgen von Generalanwalt *Lenz* (Fn. 2442) in *Peralta* b. Fn. 2460 ff.

[2445] EuGH (Fn. 2444), Rn. 40.

[2446] EuGH, Urt. v. 26.02.1991, Rs. C-154/89, Slg. 1991, I-682, Rn. 9 f. (*Kommission/Frankreich*).

[2447] EuGH (Fn. 2444), Rn. 41.

[2448] EuGH (Fn. 2444), Rn. 50.

[2449] EuGH (Fn. 2444), Rn. 51.

[2450] S. b. Fn. 2460 ff.

[2451] Vgl. *Eilmansberger*, JBl. 1999, 434 (450); *Feiden*, 259; *Füller*, 243; *Hatzopoulos*, CMLR 32 (1995), 1427 (1441); *ders.*, CMLR 37 (2000), 43 (69); *Jensch*, 205; *Körber*, 340 wichtigen dogmatischen Frage Stellung nimmt, ob die *Groenveld*-Formel auf die Dienstleistungsfreiheit übertragen werde sollte: Er geht weder auf die Konvergenzargumente des Generalanwaltes[2452] ein, noch führt er aus, dass die *Groenveld*-Formel anzuwenden sei.[2453]

Der Generalanwalt ist noch davon ausgegangen, dass es – unter Berücksichtigung nicht nur des Vorlagebeschlusses, sondern auch der Einlassungen von Herrn *Peralta* – zumindest *faktische* Unterschiede gebe zwischen Transporten in das EU-Ausland und an italienische, also inländische Häfen.[2454] Der EuGH geht auf diese Frage jedoch *noch nicht einmal ein*. Er scheint allein der Ebene der *offenen* Diskriminierung verhaftet zu bleiben, wenn er ausführt, dass die italienische Regelung „objektiv für alle Schiffe"[2455] gelte und „keine unterschiedliche Dienstleistung vor[sehe]"[2456]. Vieles spricht dafür, dass der EuGH jedenfalls faktische Diskriminierungen *der vorliegenden Art* als nicht verboten ansieht, also in Bezug auf die Dienstleistungsfreiheit kein *weites* Verbot faktischer Diskriminierung vertritt.[2457] Auch das Kriterium, wonach ein „Vorteil" für den inländischen Binnenmarkt erforderlich sei, ist nach Auffassung des EuGH nicht gegeben.

Herr *Peralta* verweist in seinem Vortrag auf die mit Blick auf seinen EU-ausländischen Konkurrenten beeinträchtigte Wettbewerbsgleichheit, insofern jener der angegriffenen Regelung nicht unterliege.[2458] Der EuGH stellt hierzu ausdrücklich fest, dass eine solche Wettbewerbsungleichheit nur über das Instrument der *Rechtsangleichung* aufgelöst werden könne.[2459]

Im Ergebnis hat der EuGH Art. 35 Alt. 2 AEUV und die Dienstleistungsfreiheit in Ausfuhrkonstellationen praktisch parallelisiert, auch wenn er dies

---

Fn. 142 f.; *Mojzesowicz*, 97 ff.; *Oliver*, in: Dony/De Walsche, 1377 (1396); *ders./Roth*, CMLR 41 (2004), 407 (418 Fn. 64); *Randelzhover/Forsthoff*, in: Grabitz/Hilf/Nettesheim, Art. 57 AEUV Rn. 167; *Rolshoven*, 268; *Roth*, ZHR 159 (1995), 78 (82 Fn. 23); *Snell*, 107; *ders./Andenas*, Int'l & Comp. Corp. L. J. 2 (2000), 361 (377); *Tassikas*, 242 Fn. 311; *Torgersen*, E. B. L. R. 1999, 371 (378 ff.).

[2452] S. b. Fn. 2462 ff.

[2453] Entsprechend erklärt *Hatzopolous*, CMLR 37 (2000), 43 (69) das *Peralta*-Judikat: „it is clear that [the approach in *Peralta*] (…) was (…) just an uneasy answer to an extremely tenuous preliminary question."

[2454] S. b. Fn. 2470 ff.; ebenso *Füller*, 243 f.; a.A. *Oliver*, in: Dony/De Walsche, 1377 (1396).

[2455] EuGH (Fn. 2444), Rn. 51.

[2456] EuGH (Fn. 2444), Rn. 51.

[2457] Ähnl. geht Generalanwalt *Jacobs* in seinen Schlussanträgen zur Rs. *Alpine Investments* davon aus, dass die Regelung unter eine ungeschriebene de minimis-Regel falle, Generalanwalt *Jacobs*, Schlussanträge v. 26.01.1995, Rs. C-384/93, Slg. 1995, I-1144, Rn. 58 (*Alpine Investments*); vgl. auch *Hatzopoulos*, CMLR 32 (1995), 1427 (1441 f.); *Torgersen*, E. B. L. R. 1999, 371 (378 f.); *Weatherill*, CMLR 33 (1996), 885 (899).

[2458] EuGH (Fn. 2444), Rn. 52.

[2459] EuGH (Fn. 2444), Rn. 52.

nicht ausdrücklich feststellt oder begründet. Er handhabt die *Groenveld*-Formel (wie vor *Gysbrechts* üblich) *eng* und scheint *faktische* Diskriminierungen im Regelfall ebenso wie Wettbewerbsungleichheiten für zulässig zu halten.

(2) Schlussanträge von Generalanwalt Lenz:[2460] *faktische Diskriminierungen und Totalverbote umfasst*

GA *Lenz* bekräftigt in seinen Schlussanträgen an mehreren Stellen, dass er ein Wettbewerbsgleichheitskriterium im Bereich der Grundfreiheiten ablehnt. Dabei untersucht er nicht mögliche Querverbindungen des Systems unverfälschten Wettbewerbs (als Teilgehalt des Binnenmarktziels) mit den Grundfreiheiten, sondern prüft allein, ob sich ein Verbot von Wettbewerbsungleichheiten aus den wettbewerbsrechtlichen Vorschriften der ex-Art. 85 ff. EWG ergebe und bejaht dies nur „nur in ganz bestimmten Fällen"[2461].

GA *Lenz* verweist auf die EuGH-Rspr. zum Verbot nicht diskriminierender Beschränkungen vonseiten des *Zielstaates*, die nach seiner Auffassung „nicht einfach auf Fälle der vorliegenden Art übertragen werden kann"[2462] (womit er sich wohl auf *herkunftsstaatliche* Maßnahmen bezieht). Vielmehr solle die *Groenveld*-Formel zur Anwendung gelangen. Denn hier bestehe nicht das Problem einer dual burden, die für Zielstaatskonstellationen kennzeichnend sei.[2463] Zudem verweist GA *Lenz* auf eine Konvergenzbetrachtung mit der Warenausfuhrfreiheit (und der Rs. *Groenveld*), der Niederlassungsfreiheit (und der Rs. *Daily Mail*)[2464] und *Corsica Ferries I*.[2465] Schließlich bestünde sonst die Gefahr, dass auch alle für den innerstaatlichen Verkehr maßgeblichen Normen miterfasst würden.[2466] Nach Auffassung von GA *Lenz* würden von der *Groenveld*-Formel auch faktische Diskriminierungen erfasst, was GA *Lenz* mit dem Wortlaut „bewirkt" begründet.[2467] Dagegen ist das Vorliegen eines *Vorteils* nach GA *Lenz* entweder nicht relevant oder bereits aus der Ungleichbehandlung zu schlussfolgern.[2468] Eine Sonderrolle komme her-

---

[2460] Generalanwalt *Lenz* (Fn. 2442) – *Peralta*.

[2461] Generalanwalt *Lenz* (Fn. 2442), Rn. 36 f. (*Peralta*).

[2462] Generalanwalt *Lenz* (Fn. 2442), Rn. 82; vgl. *Torgersen*, E. B. L. R. 1999, 371 (380).

[2463] Generalanwalt *Lenz* (Fn. 2442), Rn. 84, 86–88 (*Peralta*). S. zur Kritik an diesem Argument b. Fn. 3016 f.

[2464] Der Verweis auf die Rs. *Daily Mail* überzeugt nicht: Es handelt sich hierbei um eine nicht verallgemeinerungsfähige, stark kritikwürdige Sonderjudikatur (s. umf. b. Fn. 2817 ff., 2834 ff.), die gegen jedwedes ausfuhrbezogene Verbot sprechen würde (auch gegen ein Verbot von Ausfuhr*diskriminierungen*).

[2465] Generalanwalt *Lenz* (Fn. 2442), Rn. 85, 89–93 (*Peralta*).

[2466] Generalanwalt *Lenz* (Fn. 2442), Rn. 88 (*Peralta*). S. umf. zur Kritik an diesem Argument b. Fn. 3209 ff.

[2467] Generalanwalt *Lenz* (Fn. 2442), Rn. 95–98 (*Peralta*).

[2468] Generalanwalt *Lenz* (Fn. 2442), Rn. 46, 87, 93 (*Peralta*).

kunftsstaatlichen Regelungen zu, die die jeweilige Tätigkeit *komplett verbieten*:[2469] Diese seien stets zu kontrollieren, obwohl hier keine Diskriminierung vorliegt (bzw. vorliegen kann). In Anwendung dieser Maßgaben auf den Sachverhalt in *Peralta* lehnt GA *Lenz* das Vorliegen einer offenen Diskriminierung ab.[2470] Er bejaht aber das – nach seiner Auffassung ja ausreichende[2471] – Vorliegen einer faktischen Diskriminierung.[2472]

ccc) Kommission/Frankreich, *05.10.1994*[2473]

Die verfahrensgegenständliche Regelung differenzierte bei der Gebührenfestsetzung zwischen der Ein- und Ausschiffung zwischen zwei Häfen des französischen Inlands und zwischen dem französischen Inland und dem EU-Ausland. Der Sache nach ging es also um eine *offen vorgangsdiskriminierende* Regelung. Dagegen unterschied die verfahrensgegenständliche Regelung nicht nach der *Staatsangehörigkeit* der Dienstleistungsempfänger.[2474]

Das Urteil ähnelt in seiner Struktur insgesamt dem *Peralta*-Judikat (wobei der EuGH in *Kommission/Frankreich* im Gegensatz zu *Peralta* eine Beschränkung bejaht und es in *Kommission/Frankreich* zudem um eine *offene* Diskriminierung geht): Zunächst stellt der EuGH klar, dass auch der Herkunftsstaat durch die Dienstleistungsfreiheit verpflichtet wird.[2475] Sodann konstatiert er an mehreren Stellen den diskriminierenden Charakter der Maßnahme.[2476] Indem der EuGH die *vorgangsbezogene* (da produktbezogene) Diskriminierung in *Kommission/Frankreich* für rechtfertigungsbedürftig erklärt, positioniert er die Dienstleistungsfreiheit in die Nähe der *Warenverkehrsfreiheit* und betont ihren Charakter als *Produktverkehrsfreiheit*.[2477]

Auffällig ist der Hinweis des EuGH auf die Rs. *Gouda* und auf das dort gewährte Recht, von der Dienstleistungs„[f]reiheit tatsächlich Gebrauch zu machen“[2478]. In *Gouda* ging es um eine *nicht diskriminierende* Regelung des *Zielstaates*.

[2469] Generalanwalt *Lenz* (Fn. 2442), Rn. 84 Fn. 62 (*Peralta*).

[2470] Generalanwalt *Lenz* (Fn. 2442), Rn. 95 (*Peralta*).

[2471] S. b. Fn. 2467.

[2472] Generalanwalt *Lenz* (Fn. 2442), 95 f. (*Peralta*). Generalanwalt *Lenz* (Fn. 2442), Rn. 102 f. (*Peralta*) plädiert zudem für eine Anwendung der zwingenden Erfordernisse auch auf die vorliegende diskriminierende Regelung, obwohl er ausdrücklich konstatiert, dass der EuGH auf diskriminierende Regelungen ansonsten nur die geschriebenen Rechtfertigungsgründe anwendet.

[2473] EuGH, Urt. v. 05.10.1995, Rs. C-381/93, Slg. 1995, I-5161 (*Kommission/Frankreich*).

[2474] Vgl. *Hatzopolous*, CMLR 37 (2000), 43 (59, 69 f.).

[2475] EuGH (Fn. 2473), Rn. 14.

[2476] EuGH (Fn. 2473), Rn. 17 f., 21.

[2477] Ebenso *Hatzopolous*, CMLR 37 (2000), 43 (59 f.).

[2478] EuGH (Fn. 2473), Rn. 16.

Obwohl sich der EuGH zunächst ausschließlich auf die Prüfung einer Diskriminierung konzentriert,[2479] stellt er am Ende fest, dass die Regelung „dem Inlandsmarkt und dem Inlandsverkehr des betreffenden Mitgliedstaats einen besonderen Vorteil sichert“[2480].

Wie in *Peralta*[2481] geht der Gerichtshof davon aus, dass die *Groenveld*-Voraussetzungen auch im Rahmen der Dienstleistungsfreiheit maßgeblich seien, und wie in *Peralta* kann sich der Gerichtshof hier auf einen entsprechenden Vortrag von Generalanwalt *Lenz* stützen, der die *Groenveld*-Judikatur expliciter zur Ausdeutung der Dienstleistungsfreiheit heranzieht.[2482]

cc) Beschränkungskonstellationen

aaa) Kommission/Dänemark, *04.12.1986*[2483]

In der allein relevanten Passage ist fraglich, ob sich ein Versicherungsunternehmen dagegen wehren kann, dass der Niederlassungsstaat ein Zulassungserfordernis für Unternehmen statuiert, die im EU-Ausland Dienstleistungen erbringen möchten.[2484] Der EuGH ist der Auffassung, dass „keine Bestimmung des Gemeinschaftsrechts (...) einem Mitgliedstaat“[2485] dies verwehren könne. Hiernach stellt ein Zulassungserfordernis keine rechtfertigungsbedürftige Beschränkung der Dienstleistungsfreiheit dar.[2486] Allerdings zieht der EuGH zur Begründung seines Ergebnisses *Sekundärrecht* heran. Dieses könnte den Rückgriff auf die Grundfreiheiten *gesperrt* haben (der EuGH problematisiert nicht, ob das Sekundärrecht seinerseits mit den Grundfreiheiten

---

[2479] EuGH (Fn. 2473), Rn. 17 f.

[2480] EuGH (Fn. 2473), Rn. 21.

[2481] S. b. Fn. 2451; vgl. auch *Randelzhover/Forsthoff*, in: Grabitz/Hilf/Nettesheim, Art. 57 AEUV Rn. 167 Fn. 371.

[2482] Generalanwalt *Lenz*, Schlussanträge v. 12.07.1994, Rs. C-381/93, Slg. 1994, I-5147, Rn. 35 ff. (*Kommission/Frankreich*). Zur Begründung stellt *Lenz* (wie in *Peralta*) auf Konvergenzerwägungen (und dabei vor allem auf eine Parallele zu Art. 35 AEUV) ab. Für *Lenz* scheint im Vordergrund vor allem die Frage der Diskriminierung zu stehen, obwohl er (wie in *Peralta*) die *gesamte Groenveld*-Formel zitiert. Dagegen kann hier mit Blick auf *unterschiedslose* Regelungen keine definitive Schlussfolgerung gezogen werden. Es ging weder um eine diskriminierungslose Beschränkung noch expliziert der EuGH seine Rspr. in einer Weise, die auf ein Verbot auch unterschiedsloser Beschränkungen schließen lassen könnte, ebenso *Eilmansberger*, JBl. 1999, 434 (450). A.A. *Hatzopolous*, CMLR 37 (2000), 43 (69); und wohl auch *Feiden*, 259 Fn. 974; vgl. auch *Mojzesowicz*, 104; *Rolshoven*, 269.

[2483] EuGH, Urt. v. 04.12.1986, Rs. 252/83, Slg. 1986, 3742 (*Kommission/Dänemark*).

[2484] EuGH (Fn. 2483), Rn. 27 ff.

[2485] EuGH (Fn. 2483), Rn. 28.

[2486] Ebenso *Feiden*, 259 Fn. 974; *Roth*, in: Dauses, E. I Rn. 183; *ders.*, in: Andenas/Roth, 1 (47 f.). In seinen Schlussanträgen v. 20.03.1986, Rs. 252/83, Slg. 1986, 3736 (3740) hält Generalanwalt *van Gerven* das Zulassungserfordernis für eine „im Allgemeininteresse vertretbare Anforderun[g]“.

vereinbar ist). Außerdem erging das Judikat *Kommission/Dänemark* in den 1980er Jahren und mehr als 8 Jahre vor *Alpine Investments*. Im Ergebnis sollten aus *Kommission/Dänemark* daher in Bezug auf das Verbotensein unterschiedsloser Beschränkungen von Dienstleistungsexporten keine Schlüsse gezogen werden.[2487]

bbb) Alpine Investments, *10.05.1995*[2488]

Die viel besprochene[2489] und unterschiedlich von der Literatur interpretierte Rs. *Alpine Investments* markiert eine *Zäsur* und gehört zu einem der (ca. fünf) bedeutendsten Judikate in der Geschichte der Rechtsprechung zu exportstaatlichen Grundfreiheitenbeeinträchtigungen.

In *Alpine Investments* ging es um das an ein niederländisches Unternehmen gerichtete Verbot des „cold calling", „d. h. der Praxis, mit Privatleuten ohne deren vorherige schriftliche Zustimmung telefonisch Kontakt aufzunehmen,

---

[2487] S. zur Würdigung von *Kommission/Dänemark* in Bezug auf die grundfreiheitliche Zulässigkeit fremdnütziger Interessenwahrnehmung b. Fn. 3967 ff.

[2488] EuGH, Urt. v. 10.05.1995, Rs. C-384/93, Slg. 1995, I-1411 (*Alpine Investments*).

[2489] Vgl. aus der reichen Literatur nur *Barnard/Snell*, in: Barnard/Peers, 403 (415); *Becker*, NJW 1996, 179; *Brigola*, 149 ff.; *Classen*, EuR 2004, 416 (421–423); *Cordewener*, 278 ff.; *Da Cruz Vilaça*, in: Andenas/Roth, 25 ff. m. w. N.; *Daniele*, E. L. Rev. 22 (1997), 191 (194 f., 198 ff.); *Davies*, Germ. L. J. 11 (2010), 671 (698 ff.); *Defossez*, CDE 2009, 409 (437 f.); *Eeckhout*, in: De Búrca/Scott, 211 (214–216); *Eilmansberger*, JBl. 1999, 434 (450 f.); *Enchelmaier*, OJLS 24 (2004), 155 (165 ff.); *Glöckner*, in: Harte-Bavendamm/Henning-Bodewig, 3. Aufl. 2013, B. Rn. 44 ff.; *ders.*, GRUR Int. 2000, 29 (35 f.); *Greaves*, E. L. Rev. 23 (1998), 305 (313 ff.); *Hatzopoulos*, CMLR 32 (1995), 1427 ff.; *ders.*, CMLR 37 (2000), 43 (58 ff., 66 ff.); *Hilson*, E. L. Rev. 24 (1999), 445 (458 f.); *Hoffmann*, 194 ff.; *Jensch*, 205–207; *Kingreen*, Struktur, 61 f.; *Kort*, JZ 1996, 132–140; *Lackhoff*, Niederlassungsfreiheit, 131 ff.; *Mojzesowicz*, 98 ff.; *Oliver*, in: Dony/De Walsche, 1377 (1396 f.); *ders./Roth*, CMLR 41 (2004), 407 (417 ff.); *Oliver/Enchelmaier*, CMLR 44 (2007), 649 (686); *Reich*, EuZW 1995, 407 f.; *Remien*, CMLR 38 (2001), 53 (83 ff.); *Ross*, E. L. Rev. 20 (1995), 507; *Roth*, in: Andenas/Roth, 1 (43 ff.); *Rolshoven*, 269–272; *Schilling*, 113 ff.; *Simm*, 178 ff.; *Snell*, 91 ff.; *ders.*, CMLR 47 (2010), 437 (451 f.); *ders./Andenas*, Int'l & Comp. Corp. L. J. 2 (2000), 361 (362 ff.); *Solbach*, 210 ff.; *Spaventa*, CMLR 41 (2004), 743 (751 ff.); *Szydło*, CMLR 47 (2010), 753 (763 ff.); *Torgersen*, E. B. L. R. 1999, 371 (381 ff.); *Waldheim*, 193–200; s. a. *Bernard*, ICLQ 45 (1996), 82 (107); *Brigola*, EuZW 2009, 479 (482 f.); *Davies*, 84–87; *Feiden*, 259 Fn. 975; *Fernandez Martin*, E. L. Rev. 21 (1996), 313 (322 f.); *Fetsch*, 101 f.; *Füller*, 250; *Grundmann*, in: ders., 1 (17 f.); *Körber*, 340 ff.; *Meyer*, GRUR Int. 1996, 697 (706); *Kugelmann*, EuR 2001, 363 (367); *Mortelmans*, in: Kapteyn/McDonnell/Mortelmans/Timmermans/Geelhoed, 643 f.; *Oliver*, CMLR 36 (1999), 783 (803); *Randelzhofer/Forsthoff*, in: Grabitz/Hilf/Nettesheim, Art. 56/57 AEUV Rn. 164; *Roth*, CMLR 47 (2010), 509 (510, 516 f., 520); *ders.*, in: Andenas/Roth, 1 (23); *ders.*, in: Dauses, E. I Rn. 184; *Shuibhne*, 239 f.; *Weatherill*, in: ders./Beaumont, 688 ff.; *ders.*, CMLR 33 (1996), 885 (902 ff.); *Weyer*, 307 ff., 333.

um ihnen verschiedene Finanzdienstleistungen anzubieten“[2490], das vom niederländischen Finanzministerium erlassen wurde.

Das *Alpine Investments*-Judikat lehnt sich eng an die Schlussanträge von Generalanwalt *Jacobs*[2491] an. GA *Jacobs'* Schlussanträge enthalten viele Begründungen, die sich in Leerstellen des Urteils einfügen und daher zur Interpretation der Rechtsprechung herangezogen werden können.

(1) Hinweis des mitgliedstaatlichen Gerichts auf die Beeinträchtigung der Wettbewerbsgleichheit

Das mitgliedstaatliche Vorlagegericht verweist darauf, dass im EU-Ausland ansässige Konkurrenten der *Alpine Investments BV* „nicht zwangsläufig oder jedenfalls nicht in gleicher Weise dem gleichen Verbot unterliegen“[2492], mithin macht es eine Beeinträchtigung der Wettbewerbsgleichheit geltend. In seiner Antwort auf dieses Vorbringen weist der Gerichtshof auf die Rs. *Peralta* und seine dortige Feststellung hin,[2493] dass es für die Annahme einer Beschränkung nicht genüge, dass andere Mitgliedstaaten weniger strenge Vorschriften besäßen.[2494]

Hiergegen ist zu erinnern, dass das mitgliedstaatliche Gericht nicht nur geltend gemacht hat, dass in anderen Mitgliedstaaten *allgemein* weniger strenge Vorschriften existierten, sondern auch auf den spezifischeren Aspekt einging, dass *potenzielle Konkurrenten* der *Alpine Investments BV* nicht der Einschränkung der Verkaufsfreiheit unterlägen, also auf eine Beeinträchtigung der *Wettbewerbsgleichheit* rekurrierte.[2495]

(2) Beschränkungsprüfung

Nach Auffassung des Gerichtshofs sei die Maßnahme vielmehr deshalb als Beschränkung anzusehen, weil sie „den betroffenen Wirtschaftsteilnehmern ein schnelles und direktes Mittel der Werbung und der Kontaktaufnahme mit potentiellen Kunden in anderen Mitgliedstaaten“[2496] nehme.[2497] In dieser wohl

---

[2490] EuGH (Fn. 2488), Rn. 2.

[2491] S. zu den Schlussanträgen von Generalanwalt *Jacobs* b. Fn. 2525 ff.

[2492] EuGH (Fn. 2488), Rn. 26.

[2493] EuGH (Fn. 2444), Rn. 48.

[2494] EuGH (Fn. 2488), Rn. 27; ebenso Generalanwalt *Jacobs* (Fn. 2457), Rn. 39 (*Alpine Investments*).

[2495] Hierauf weist die Konkretisierung des Vorlagegerichts hin: „in denen potentielle Leistungsempfänger ihren Wohnsitz haben“, EuGH (Fn. 2488), Rn. 26.

[2496] EuGH (Fn. 2488), Rn. 28.

[2497] Dagegen kann *Szydło*, CMLR 47 (2010), 753 (764) nicht darin zugestimmt werden, dass die Dienstleistung selbst hier generell verboten („generally prohibited“) und dadurch „immobilisiert“ worden wäre („immobilize“). Auch wenn das Verbot einer bestimmten Werbung schwer wiegen kann, kann im konkreten Fall nicht davon gesprochen werden, dass die Erbringung von Warentermingeschäften durch das Verbot des cold calling *keine* wichtigsten Urteilspassage (Rn. 28) stellt der EuGH somit allein auf die *behindernden Wirkungen* ab, ohne deren *Ungleichheit* zu betonen.[2498]

An späterer Stelle fügt er hinzu, dass die Regelung „den Zugang zum Dienstleistungsmarkt in anderen Mitgliedstaaten"[2499] *unmittelbar beeinflusse*, womit er das Marktzugangskriterium auch im Bereich herkunftsstaatlicher Beschränkungen der Dienstleistungsfreiheit für maßgeblich erklärt.[2500] Der EuGH scheint damit einen *Gleichklang* herstellen zu wollen zwischen der Zielstaats- und der Herkunftsstaatsdimension der Dienstleistungsfreiheit, wofür schon Generalanwalt *Jacobs* plädiert hatte.[2501] Bemerkenswert ist,[2502] dass der EuGH keine *Versperrung* des Marktzugangs fordert, sondern eine *Behinderung* ausreichen lässt, wie seine Wortwahl („beeinflussen"[2503]; „behindern"[2504]) und der Hinweis verdeutlichen, dass nur *eine* Marketingmethode (von mehreren[2505]) verboten werde.

Anders als Generalanwalt *Jacobs*[2506] weist der EuGH (auf der Tatbestandsebene) überhaupt nicht darauf hin, dass es um eine Maßnahme geht, die Verhaltensweisen in einem *anderen* Mitgliedstaat betrifft.

(3) Interpretationsversuche

Eine wesentliche Rolle für die Bejahung einer Beschränkung der Dienstleistungsfreiheit könnte gespielt haben, dass die *Alpine Investments BV* gegenüber ihren im Empfängerstaat ansässigen Konkurrenten in einer Weise benachteiligt wird, die ihre Marktchancen dort *empfindlich* schmälert.[2507] Eine erste (rechtliche) Benachteiligung läge darin, dass die Konkurrenten im Ziel-

---

realistische Chance des Marktzutritts mehr hatte. Etwa hätte die *Alpine Investments BV* schriftlich für sich werben können. Ebenso *Brigola*, 152; Generalanwalt *Jacobs* (Fn. 2457), Rn. 91 (*Alpine Investments*); *Kort*, JZ 1996, 132 (134); *Weatherill*, CMLR 33 (1996), 885 (902).

2498 Krit. zu dieser neuen Rspr. z. B. *Daniele*, E. L. Rev. 22 (1997), 191 (198 ff.).

2499 EuGH (Fn. 2488), Rn. 38.

2500 Vgl. auch *Szydło*, CMLR 47 (2010), 753 (764).

2501 Generalanwalt *Jacobs* (Fn. 2457), Rn. 46 (*Alpine Investments*).

2502 Vgl. *Simm*, 179 f. Krit. dag. *Mojzesowicz*, 102.

2503 EuGH (Fn. 2488), Rn. 38.

2504 EuGH (Fn. 2488), Rn. 37 f.

2505 EuGH (Fn. 2488), Rn. 54.

2506 Generalanwalt *Jacobs* (Fn. 2457), Rn. 51, 55 f. (*Alpine Investments*); ebenso *Da Cruz Vilaça*, in: Andenas/Roth, 25 [30]). Nicht vertretbar erscheint hingegen die Deutung *Jenschs*, der mit Blick auf den internationalen Anwendungsbereich der niederländischen Norm der Auffassung ist, dass eine *spezifische Ausfuhrbeschränkung* vorliegen könne (dies andeutend in: *Jensch*, 206 f.). Eine solche Deutung ist mit dem klassischen, engen Verständnis von Art. 35 AEUV, wie es in der Rspr. (vor *Gysbrechts*) zum Ausdruck gekommen ist, unvereinbar.

2507 Vgl. *Szydło*, CMLR 47 (2010), 753 (767).

staat der Beschränkung durch das cold calling-Verbot nicht unterliegen.[2508] Eine zweite (faktische) Benachteiligung läge darin, dass die im (EU-)Ausland sitzende *Alpine Investments BV* in besonderer Weise von Fernkommunikationsmitteln und der darüber übermittelten Werbung abhängt, wenn sie EU-ausländische Märkte erschließen möchte.[2509] Beide sind für sich genommen selbständige Benachteiligungen im Wettbewerb mit EU-ausländischen Konkurrenten.

Andererseits stellt der Gerichtshof gerade nicht auf Wettbewerbsnachteile ab, sondern auf die beschränkenden Wirkungen, die den Marktzugang behindern. Zudem hat der Gerichtshof den Hinweis des mitgliedstaatlichen Gerichts zurückgewiesen, dass die *Alpine Investments BV* Wettbewerbsnachteilen unterliege.[2510]

(4) Unbegründetes Übergehen der Groenveld-*Formel*

Seine Entscheidung, dass auch unterschiedslose Beschränkungen des *Herkunftsstaates* unter bestimmten Voraussetzungen verboten sein könnten, *begründet* der EuGH *nicht*. Später weist der EuGH zwar (wie Generalanwalt *Jacobs*[2511]) darauf hin, dass er schon in st. Rspr. auch Maßnahmen des Herkunftsstaates für unvereinbar mit der Dienstleistungsfreiheit erklärt hat, so in *Corsica Ferries II*, *Kommission/Frankreich* und *Peralta*. Allerdings problematisiert er nicht, dass in all diesen Fällen eine *Diskriminierung* gegeben war (in *Peralta* und *Kommission/Frankreich* hatte der EuGH sogar die *Groenveld*-Formel zugrunde gelegt), zumal die niederländische und die britische Regierung explizit auf die *Groenveld*-Formelelemente hinwiesen,[2512] die im vorliegenden Fall tatsächlich nicht erfüllt waren. Etwas verständlicher erscheint

---

[2508] Ebenso *Mojzesowicz*, 107; *Oliver/Roth*, CMLR 41 (2004), 407 (418); *Roth*, in: Andenas/Roth, 1 (43); vgl. auch *Körber*, 341 f.

[2509] Andeutend *Oliver/Roth*, CMLR 41 (2004), 407 (420); *Snell*, CMLR 47 (2010), 437 (451 f.); ähnl. *Brigola*, 152: „Die Gesellschaft müsste den Nachweis erbringen können, dass die übrigen, ihr zur Verfügung stehenden Werbeformen für eine wirksame Erreichung der jeweiligen Zielgruppe nicht ausreichen.“ *Brigola* argumentiert hier im Duktus der Einfuhrfreiheitendogmatik. Die zu den Einfuhrfreiheiten entwickelte Rspr., wonach eine nicht mehr wirksame Erreichung der Zielgruppe erforderlich sein muss, wurzelt aber in der eine *faktische Diskriminierung* implizierenden Sichtweise, dass hierdurch *Newcomer* behindert werden, die ja vor allem aus EU-Ausländern bestehen (was ebenfalls keine von Zweifeln freie Annahme ist), wohingegen die Etablierten Inländer seien. Diese Sichtweise stützt sich darauf, dass Werbebeschränkungen bei *Einfuhr*konstellationen für *alle* Marktteilnehmer gelten und nicht nur wie hier nur für eine bestimmte Gruppe (die der Exporteure). *Brigola* erkennt also implizit die Erheblichkeit einer Ungleichbehandlung von Exporteuren und im Zielstaat ansässigen Inländern *durch Regelungen des Herkunftsstaates* an.

[2510] S. b. Fn. 2492 ff.

[2511] Generalanwalt *Jacobs* (Fn. 2457), Rn. 37 (*Alpine Investments*).

[2512] EuGH (Fn. 2488), Rn. 33; Generalanwalt *Jacobs* (Fn. 2457), Rn. 42 (*Alpine Investments*).

dieses Vorgehen im Lichte der Schlussanträge von Generalanwalt *Jacobs*, der dieses Ergebnis auch ausführlich begründete.[2513]

Lapidar erklärt der Gerichtshof, dass das Nichtvorliegen der *Groenveld*-Voraussetzungen – die er wie schon in den anderen Rechtssachen nicht explizit als solche benennt – nichts daran ändere, dass das cold calling-Verbot „eine Beschränkung des grenzüberschreitenden freien Dienstleistungsverkehrs darstellen kann“[2514]. Das, was er zuvor also stets und ausdrücklich als Voraussetzung gefordert hat, scheint also nur eine hinreichende und keine notwendige Bedingung zu sein, auch wenn sich dies in den anderen Rechtssachen anders las.

Anders als Generalanwalt *Jacobs*, der ausführlich auf diese Frage einging,[2515] lässt sich der Gerichtshof nicht zu der Frage ein, ob eine Parallelbetrachtung mit Art. 35 AEUV erfolgen müsse. Es ist damit nicht klar, ob der EuGH den durchaus vorhandenen[2516] Widerspruch (an)erkennt und ob er mit *Alpine Investments* auch eine Rechtsprechungsänderung in Bezug auf Art. 35 Alt. 2 AEUV kommunizieren wollte.[2517] Wird dies jedoch in einen Zusammenhang mit dem Argument von Generalanwalt *Jacobs* gestellt, dass ein *Gleichlauf* der Dienstleistungsfreiheit mit Art. 35 Alt. 2 AEUV nicht notwendig, sondern auch eine *divergierende* Auslegung zulässig sei,[2518] hat der EuGH sich wohl *absichtlich* enthalten und die (zukünftige) Auslegung von Art. 35 Alt. 2 AEUV gerade nicht präjudizieren wollen.

(5) Applizierbarkeit der Keck-*Formel*

Der EuGH verneint die von der niederländischen und der britischen Regierung aufgeworfene Frage, ob die *Keck*-Judikatur auch auf den vorliegenden Fall anwendbar sei,[2519] mit dem Argument, es gehe vorliegend um eine Maßnahme des Herkunftsstaates, sowie damit, dass vorliegend ein grenzüberschreitender Sachverhalt gegeben sei.[2520]

[2513] S. b. Fn. 2530 ff.

[2514] EuGH (Fn. 2488), Rn. 35.

[2515] Generalanwalt *Jacobs* (Fn. 2457), Rn. 52 ff. (*Alpine Investments*).

[2516] In der Sache liegt ein Widerspruch zur Rs. *Oebel* vor. Auch der Prüfungsduktus und die herangezogenen Auslegungsformeln (insbesondere das Marktzugangskriterium) unterscheiden sich stark von denjenigen, die der EuGH bei Art. 35 Alt. 2 AEUV zugrunde legt.

[2517] Ebenso *Hatzopoulos*, CMLR 32 (1995), 1427 (1441); *Schilling*, 121. Wohl bewusst differenzierend zwischen dem Export von Dienstleistungen einerseits und Waren andererseits *Remien*, CMLR 38 (2001), 53 (83 f.).

[2518] S. b. Fn. 2536 f.

[2519] EuGH (Fn. 2488), Rn. 33.

[2520] EuGH (Fn. 2488), Rn. 37. *Roth* und *Oliver* weisen darauf hin, dass der Marktzugang behindert worden sei, weshalb *Alpine Investments* nicht als Absage an *Bosman* gedeutet werden könne, *Oliver/Roth*, CMLR 41 (2004), 407 (419 Fn. 70). Krit. zur Ablehnung der *Keck*-Formel *Kugelmann*, EuR 2001, 363 (367).

In Anlehnung an die in diese Richtung weisenden Schlussanträge von *Generalanwalt Jacobs*[2521] weisen u. a. *Feiden* und *Schilling* zutreffend darauf hin, dass sich Verkaufsmodalitäten mit Blick auf Exportsachverhalte regelmäßig ganz anders auswirken als auf Inlandssachverhalte:[2522] Während in Einfuhrkonstellationen[2523] nicht formal diskriminierend formulierte Verkaufsmodalitäten für *alle* Marktteilnehmer gelten und die einzige Ungleichbehandlung darin bestehen kann, dass bestimmte Marktteilnehmer *faktisch* härter getroffen werden können als andere, führen abweichende Verkaufsmodalitäten des Herkunftslandes dazu, dass für bestimmte Marktteilnehmer *zwei* Normengruppen gelten und für andere nur *eine* Normengruppe oder dass die exportierenden Marktteilnehmer zumindest anderen Bedingungen unterliegen als die im Zielstaat ansässigen.[2524]

(6) Schlussanträge von Generalanwalt Jacobs[2525]

Mit Blick auf den Umstand, dass der EuGH seine Ausführungen in *Alpine Investments* ganz überwiegend nicht begründet und sich andererseits eng an die Schlussanträge von Generalanwalt *Jacobs* anlehnt, können die Argumente von GA *Jacobs* als *Anhalte* herangezogen werden, *warum* der EuGH bestimmte inhaltliche Richtungen eingeschlagen hat.

GA *Jacobs* führt aus, dass das Verbot von cold calling „nichtdiskriminierend"[2526] sei. Die Dienstleistungsfreiheit richte sich in Übereinstimmung mit der st. Rspr. nicht nur gegen den Einfuhr-, sondern auch gegen den Herkunftsstaat (gemäß *Corsica Ferries II*, *Peralta* und *Kommission/Frankreich*[2527]),[2528] was auch für Beschränkungen gelte.[2529] Ob die Belastung vonseiten des Export- oder des Zielstaates herrühre, mache keinen Unterschied.[2530]

[2521] Generalanwalt *Jacobs* (Fn. 2457), Rn. 59–61 (*Alpine Investments*).

[2522] *Feiden*, 262 Fn. 987; *Schilling*, 117 ff.; *Wolfram*, 278; ebenso, allerd. ohne Begründung, *Füller*, 250; *Kort*, JZ 1996, 132 (138); vgl. auch *Simm*, 183 ff. Nicht zuzustimmen ist *Feiden* (und *Fetsch*, 102) allerdings darin, dass herkunftsstaatliche „Produktionsmodalitäten" den zielstaatlichen Verkaufsmodalitäten entsprechen, s. vor Fn. 2968.

[2523] Strittig (und zu verneinen) ist die Frage, ob der EuGH hiermit implizit die Anwendbarkeit der *Keck*-Rechtsprechung auf die Dienstleistungsfreiheit bejaht hat, vgl. nur d. Nachw. b. *Kingreen*, Struktur, 62 Fn. 200; *Mojzesowicz*, 104 Fn. 718 f. Wie hier *Da Cruz Vilaça*, in: Andenas/Roth, 25 (27 ff.); *Waldheim*, 196 m. w. N. A.A. *Snell*, 92.

[2524] S. auch schon in Fn. 2509 die Stellungnahme zur *Keck*-Rechtsprechung.

[2525] Generalanwalt *Jacobs* (Fn. 2457) – *Alpine Investments*.

[2526] Generalanwalt *Jacobs* (Fn. 2457), Rn. 38 (*Alpine Investments*).

[2527] GA *Jacobs* zitiert dabei folgende Urteilspassagen EuGH, Urt. v. 17.05.1994, Rs. C-18/93, Slg. 1994, I-1812, Rn. 30 (*Corsica Ferries II*), EuGH (Fn. 2488), Rn. 40 (*Peralta*) und EuGH (Fn. 2488), Rn. 14 (*Kommission/Frankreich*).

[2528] Generalanwalt *Jacobs* (Fn. 2457), Rn. 37, 49 (*Alpine Investments*).

[2529] Generalanwalt *Jacobs* (Fn. 2457), Rn. 45–47 (*Alpine Investments*).

[2530] Generalanwalt *Jacobs* (Fn. 2457), Rn. 46 (*Alpine Investments*).

GA *Jacobs* begründet seine von ihm „funktiona[l]“[2531] genannte Auffassung mit dem Binnenmarktziel.[2532] Mitgliedstaatliche Interessen könnten zudem auf der Rechtfertigungsebene *ausreichend* Berücksichtigung finden.[2533] Sodann diskutiert GA *Jacobs* eine Konvergenzbetrachtung mit der EuGH-Rechtsprechung zu Art. 35 AEUV und sieht in der *Groenveld*- und in der *Oebel*-Formel bloße Verbote „rechtlich[er] und tatsächliche[r] Diskriminierung“[2534] verkörpert. Es sei jedoch zweifelhaft, ob sich die *Groenveld*-Judikatur auch auf *Marketing*maßnahmen beziehe.[2535] „[W]ie immer sich die Lage in bezug auf Waren gemäß Artikel 34 [EWG] darstellen mag“[2536], sei eine Beschränkung von grenzüberschreitenden Marketingdienstleistungen aber eine Beschränkung der *Dienstleistungsfreiheit*.[2537] Im Ergebnis lehnt GA Jacobs eine Verletzung der Dienstleistungsfreiheit wegen der Einschlägigkeit eines Rechtfertigungsgrundes ab.[2538]

Mit Blick auf die Wirkungen für den grenzüberschreitenden Handel und die betroffenen mitgliedstaatlichen Interessen leuchtet jedoch nicht ein,[2539] warum ein (nicht diskriminierendes) *Produktionsverbot* wie das in *Groenveld* generell zulässig, eine Marketingregelung dagegen rechtfertigungsbedürftig sein soll.[2540] Zudem konkretisiert *Jacobs* das Binnenmarktziel nicht hinreichend und gibt nicht an, warum die vorliegende Marketingmaßnahme gegen dieses verstößt: Die weitreichende Fassung der Binnenmarktdefinition in der EuGH-Rechtsprechung könnte genauso gut herangezogen werden, um eine Extension von Art. 35 AEUV oder Inländerdiskriminierungen im Anwendungsbereich der Dienstleistungsfreiheit zu rechtfertigen. Die „Konkretisierungen“ des Binnenmarktziels bestehen ihrerseits aus unbestimmten Rechtsbegriffen wie denjenigen einer „erheblichen Beschränkung“[2541] oder einer „wesentlichen Behinderung“[2542].

[2531] Generalanwalt *Jacobs* (Fn. 2457), Rn. 47 (*Alpine Investments*).

[2532] Generalanwalt *Jacobs* (Fn. 2457), Rn. 47–49 (*Alpine Investments*).

[2533] Generalanwalt *Jacobs* (Fn. 2457), Rn. 50 (*Alpine Investments*).

[2534] Generalanwalt *Jacobs* (Fn. 2457), Rn. 51–56 (*Alpine Investments*).

[2535] Generalanwalt *Jacobs* (Fn. 2457), Rn. 55 (*Alpine Investments*); zust. *da Cruz Vilaça*, in: Andenas/Roth, 25 (30).

[2536] Generalanwalt *Jacobs* (Fn. 2457), Rn. 56 (*Alpine Investments*).

[2537] Eine Übertragung der *Keck*-Formel lehnt GA *Jacobs* hier mit der Erwägung ab, dass es sich in *Alpine* um Regelungen nicht des *Einfuhr*-, sondern des *Ausfuhr*staates handele und dass ein dual burden entstehen könne bei einer gleichzeitigen Übertragung der *Keck*-Formel auf die Ein- und Ausfuhrdimension der Dienstleistungsfreiheit, vgl. Generalanwalt *Jacobs* (Fn. 2457), Rn. 59–61 (*Alpine Investments*).

[2538] Generalanwalt *Jacobs* (Fn. 2457), Rn. 77 ff. (*Alpine Investments*).

[2539] Ebenso *Mojzesowicz*, 100; *Weatherill*, CMLR 33 (1996), 885 (902).

[2540] Generalanwalt *Jacobs* (Fn. 2457), Rn. 55 (*Alpine Investments*); vgl. auch *Torgersen*, E. B. L. R. 1999, 371 (383).

[2541] Vgl. Generalanwalt *Jacobs* (Fn. 2457), Rn. 47 (*Alpine Investments*).

[2542] Vgl. Generalanwalt *Jacobs* (Fn. 2457), Rn. 48 (*Alpine Investments*).

Zudem *zitiert Jacobs selektiv*, wenn er auf die Rn. 16 f. von *Kommission/Frankreich* verweist:[2543] In *Kommission/Frankreich* ging es um eine *diskriminierende* Regelung. *Jacobs* zitiert nicht die Randnummer 17 f. von *Kommission/Frankreich*, in denen der EuGH das Vorliegen einer Diskriminierung zur *Voraussetzung* macht.[2544]

Es ist auch zweifelhaft, ob die *Peralta* zugrunde liegende Regelung tatsächlich nicht „die Erbringung (…) von Dienstleistungen“[2545] betraf (wie GA *Jacobs* vorbringt). Der EuGH hat in *Peralta* weder darauf abgestellt, dass die verfahrensgegenständliche Regelung ein bestimmtes Gebiet betraf, noch darauf, dass sie zu unbestimmt oder zu indirekt war,[2546] sondern darauf, dass sie nicht (spezifisch) *diskriminierte*.[2547]

(7) Rechtfertigungsprüfung

Die niederländische Regierung berief sich zur Rechtfertigung der Regelung darauf, dass die Regelung „den Ruf der niederländischen Finanzmärkte“[2548] und „die Kapitalanleger“[2549] schützen sollte. Im Vorgriff auf die spätere vertiefte Analyse[2550] ist festzustellen, dass der Herkunftsstaat nach Auffassung des EuGH nicht berechtigt ist, Maßnahmen zu ergreifen, um in anderen EU-Staaten ansässige Verbraucher zu schützen.[2551] Der EuGH spricht sich somit gegen eine fremdnützige Interessenwahrnehmung aus.[2552]

Den Schutz des guten Rufes der *heimischen* Finanzindustrie erachtet der EuGH dagegen für zulässig.[2553] Doch scheint es dem EuGH dabei um die *Funktionsfähigkeit der Kapitalmärkte* zu gehen, auf die der gute Ruf der Finanzindustrie einen Einfluss ausübe.[2554]

[2543] Generalanwalt *Jacobs* (Fn. 2457), Rn. 49 Fn. 29–31 (*Alpine Investments*).

[2544] S. b. Fn. 2479 ff.

[2545] Generalanwalt *Jacobs* (Fn. 2457), Rn. 58 (*Alpine Investments*).

[2546] So aber Generalanwalt *Jacobs* (Fn. 2457), Rn. 58 (*Alpine Investments*).

[2547] Ebenso *Torgersen*, E. B. L. R. 1999, 371 (382).

[2548] EuGH (Fn. 2488), Rn. 41.

[2549] EuGH (Fn. 2488), Rn. 41.

[2550] S. zu der Frage, ob der EuGH in *Alpine* eine fremdnützige Interessenwahrnehmung für zulässig erklärt, b. Fn. 3996 ff., und dazu, ob der EuGH den Schutz des guten Rufes der heimischen (Finanz-)Industrie in *Alpine* als legitimes Ziel ansieht, b. Fn. 4140 ff.

[2551] EuGH (Fn. 2488), Rn. 43 f.

[2552] Zur selben Einschätzung gelangend *Hatzopoulos*, CMLR 32 (1995), 1427 (1443); *Körber*, 236 ff.; *Roth*, CMLR 47 (2010), 509 (517); a.A. *Kort*, JZ 1996, 132 (138 f.). Krit. zur Judikatur des Gerichtshofs *Classen*, EuR 2004, 416 (421 f.).

[2553] EuGH (Fn. 2488), Rn. 42–44.

[2554] Ähnl. *Hatzopoulos*, CMLR 32 (1995), 1427 (1443); nach *Kort*, JZ 1996, 132 (138) sei dies der *alleinige* Grund. *Roth*, in: Bulterman et al., 73 (79) ist wohl so zu verstehen, dass es dem Gerichtshof um beides gehe.

Gleichzeitig betont der EuGH, dass nur der Herkunftsstaat (und nicht der Zielstaat) praktisch dazu in der Lage sei, wirksam gegen cold calling-Praktiken vorzugehen.[2555]

(8) Fazit

Alpine Investments markiert eine *Zäsur*:[2556] Der EuGH verlässt ausdrücklich und entgegen dem Vortrag der niederländischen und der britischen Regierung seine bisher auch im Rahmen der Dienstleistungsfreiheit verfolgte *Groenveld*-Linie und wendet die Dienstleistungsfreiheit auf eine nicht diskriminierende Regelung des Herkunftsstaates an, während er in der nicht einmal ein Jahr zuvor entschiedenen Rs. *Peralta* sogar eine faktische Diskriminierung als unbedenklich qualifiziert hatte.

Leider belässt die Entscheidung im Unklaren, *warum* der EuGH hier abweicht und *wann* er eine Maßnahme *zukünftig* als Beeinträchtigung qualifizieren wird, d. h., von welchem Grundverständnis er ausgeht und ob er nur ganz bestimmte[2557] unterschiedslose Beschränkungen ausklammern möchte (insbesondere nur Vertriebsregelungen[2558]).[2559] Fraglich ist, ob entscheidend war, dass die Möglichkeiten der Kontaktaufnahme durch Fernkommunikationsmittel bei Geschäften beschränkt werden (insbesondere im Sinne einer faktischen Benachteiligung solche Geschäfte, die auf Fernkommunikationswerbung in besonderer Weise angewiesen sind), oder ob er es bereits ausreichen lässt, wenn die Konkurrenten im Zielstaat der streitigen Belastung nicht unterliegen und die Möglichkeiten des Markteintritts hierdurch empfindlich beeinträchtigt werden.[2560] Die Folgejudikatur bestätigt, dass auch weitere Arten von nicht diskriminierenden Beschränkungen des Dienstleistungsex-

---

[2555] EuGH (Fn. 2488), Rn. 48.

[2556] Vgl *Eeckhout*, in: De Búrca/Scott, 211 (214–216); *Hatzopolous*, CMLR 37 (2000), 43 (69); s. a. b. Fn. 2561.

[2557] Nach Generalanwalt *Jacobs* (Fn. 2457), Rn. 58 (*Alpine Investments*) spielt eine entscheidende Rolle, dass die Regelung im Gegensatz zu der in der Rs. *Peralta* nicht zu „entfernt, schwach und indirekt" sei sowie dass es um Marketing gehe.

[2558] Vgl. *Schilling*, 121.

[2559] Ebenso *Hatzopoulos*, CMLR 32 (1995), 1427 (1440); *Jensch*, 207; *Randelzhofer/Forsthoff*, in: Grabitz/Hilf/Nettesheim, Art. 56/57 AEUV Rn. 167; *Rolshoven*, 275; *Szydło*, CMLR 47 (2010), 753 (767 f. Fn. 40); *Weatherill*, in: ders./Beaumont, 713 Fn. 230; weitgehender dag. wohl *Defossez*, CDE 2009, 409 (437); *Fetsch*, 101.

[2560] *Hoffmann*, 199 ff. sieht das Urteil als Ausprägung des seiner Ansicht nach für Verkehrsteilnahmevorschriften geltenden Zielstaatsprinzips. Es wird daher unter Berufung auf das Judikat in *Alpine Investments* vertreten, dass der EuGH dort eine Aufteilung der Regelungskompetenzen vorgenommen habe, sodass nunmehr die Zielstaaten für Vermarktungsregelungen, die Exportstaaten für Produktregelungen zuständig seien, vgl. nur *Snell*, 98; *ders./Andenas*, Int'l & Comp. Corp. L. J. 2 (2000), 361 (362 ff.); s. andererseits mehrere Jahre später *Snell*, CMLR 47 (2010), 437 (451 f.), der dort mehr auf die Behinderung des Marktzugangs abstellt.

ports nach Auffassung des EuGH eine Beeinträchtigung der Dienstleistungsfreiheit darstellen können.

Umso bedeutsamer erscheint die Rechtsprechungsänderung im Licht des Umstands, dass der EuGH eine Verletzung der Dienstleistungsfreiheit im Ergebnis *ablehnt* (durch die Annahme eines Rechtfertigungsgrundes). Der EuGH hätte auch einfach die *Groenveld*-Formel anwenden können, womit er dasselbe Ergebnis erzielt hätte. Dies spricht dafür, dass der EuGH bewusst ein Signal aussenden[2561] und sich – bei Einräumung eines erheblichen Spielraums für die Mitgliedstaaten[2562] – nunmehr eine gewisse *Letztkontrolle* vorbehalten wollte. Auch hierin folgt der Gerichtshof Generalanwalt *Jacobs*, der argumentiert hatte, dass den mitgliedstaatlichen Interessen auf der Rechtfertigungsebene in ausreichendem Maße Rechnung getragen werden könne, und der im Ergebnis, trotz Annahme einer Beschränkung, ebenfalls eine Verletzung der Dienstleistungsfreiheit ablehnte.[2563]

Zum anderen zeigt der Gerichtshof aber auch, dass er keine *maximale* Ausweitung der Dienstleistungsfreiheit auf jede noch so entfernte potenzielle Beeinträchtigung anstrebt. Vielmehr stellen herkunftsstaatliche Maßnahmen nur unter *bestimmten Bedingungen*[2564] eine Beeinträchtigung dar, die der EuGH u. a. „mit unmittelbarer Beeinflussung des Marktzugangs“[2565] umschreibt.

Insgesamt deutet das *Alpine Investments*-Judikat in Richtung einer *insgesamt* extensiveren Auslegung der Dienstleistungsfreiheit in Herkunftsstaatskonstellationen,[2566] was mit Blick auf die enge Anlehnung[2567] der dies ebenfalls befürwortenden[2568] Schlussanträge von Generalanwalt *Jacobs* bestätigt wird.[2569]

2561 Ebenso *Hatzopolous*, CMLR 37 (2000), 43 (69); *Snell*, 110; vgl. auch *Torgersen*, E. B. L. R. 1999, 371 (382).

2562 *Remien*, CMLR 38 (2001), 53 (85).

2563 Generalanwalt *Jacobs* (Fn. 2457), Rn. 50, 77 ff. (*Alpine Investments*).

2564 Er lehnt sich dabei implizit an die entsprechenden Schlussanträge von Generalanwalt *Jacobs* (Fn. 2457) an, Rn. 45, 47 f., 50 („unter bestimmten Umständen“; „*erheblich* beschränkt [Hervorh. d. *Verf.*]“; „wesentlich behindern“; „bestimmte Bedingungen“).

2565 S. b. Fn. 2499.

2566 H.M., vgl. nur *Andenas/Tilmann/Pannier*, E. B. L. R. 16 (2005), 757 (768 f.); *Brigola*, EuZW 2009, 479 (482 f.); *Defossez*, CDE 2009, 409 (437); *Fetsch*, 101 f.; *Hatzopolous*, CMLR 37 (2000), 43 (69 f.); *Jensch*, 206; *Körber*, 340 ff.; *Mortelmans*, in: Kapteyn/McDonnell/Mortelmans/Timmermans/Geelhoed, 643 f.; *Oliver/Enchelmaier*, CMLR 44 (2007), 649 (686); *Roth*, in: GS Lüderitz, 635 (655); *Tryfonidou*, E. L. Rev. 35 (2010), 36 Fn. 90; Generalanwältin *Trstenjak* (Fn. 245), Rn. 47 b. Fn. 38 (*Gysbrechts*); a.A. wohl *Eilmansberger*, JBl. 1999, 434 (450 f.).

2567 Ebenso *Hatzopoulos*, CMLR 32 (1995), 1427 (1432).

2568 S. umf. b. Fn. 2525 ff.

2569 GA *Jacobs*, der anders als GA *Lenz* gefordert hat, die *Groenveld*-Formel nicht auf das Verbot des cold calling anzuwenden, hat womöglich einen entscheidenden Anteil *ccc)* Safir, *28.04.1998*[2570]

Rolshoven sieht in der Rechtssache *Safir* fälschlicherweise eine Herkunftsstaatskonstellation und leitet aus ihr daher Schlussfolgerungen ab, die angeblich im Gegensatz zur *Alpine*-Rechtsprechung stünden.[2571] In *Safir* geht es jedoch nicht um eine Beschränkung durch den Sitzstaat des *Leistenden*, sondern um eine Beschränkung des Staates, in dem der Dienstleistungs*empfänger* ansässig ist: Die Versicherungs*nehmerin* wird zusätzlich belastet und mittelbar auch der Dienstleistungserbringer in einem *anderen Staat*. Der Dienstleistungserbringer ist aus Sicht Schwedens der Dienstleistungs*importeur*. Es handelt sich um einen Fall (der bereits angesprochenen[2572]) *passiven* Dienstleistungsfreiheit. Folglich kann das Judikat in der Rs. *Safir* nicht als Beleg gegen *Alpine* gewertet werden.

ddd) Corsica Ferries III, *18.06.1998*[2573]

Corsica Ferries ist eine Gesellschaft französischen Rechts, die Fährdienste zwischen der Insel Korsika und verschiedenen italienischen Häfen, vor allem La Spezia und Genua, erbringt. *Corsica Ferries* rügt u. a., dass die italienische Verpflichtung, Festmacherdienste zu bestimmten Preisen von festgelegten Festmachergruppen in Anspruch zu nehmen, ihre Warenverkehrs- und Dienstleistungsfreiheit verletze.

Der Fall *Corsica Ferries III* ist insofern außergewöhnlich, als der EuGH (im Rahmen der Prüfung der Warenverkehrsfreiheit) ausnahmsweise die Beschränkungseigenschaft der belastenden Maßnahme (d. h. der Festmacherkosten) anhand von *konkreten prozentualen Berechnungen* bemisst und als „zu ungewiß und zu indirekt“[2574] verwirft:[2575] „Die Inanspruchnahme der Dienstleistungen des Festmachens (…) für die beförderten Waren [bedeuten] zusätzliche Kosten von etwa 0,5 ‰“[2576]. Der EuGH wendet hier ein *einzelfallbezogenes* (*mikroökonomisches*) *de minimis-Kriterium* an (im Gewande der rule of remoteness [„zu ungewiß und zu indirekt“]).

Im Rahmen seiner Prüfung der Dienstleistungsfreiheit betont der Gerichtshof, dass die verfahrensgegenständliche Regelung keine Diskriminierung

---

gehabt an der Änderung der EuGH-Rechtsprechung in Richtung eines Verbots auch unterschiedsloser Beschränkungen des Herkunftsstaates.

[2570] EuGH, Urt. v. 28.04.1998, Rs. C-118/96, Slg. 1998, I-1897 (*Safir*).

[2571] *Rolshoven*, 274.

[2572] S. b. Fn. 2436.

[2573] EuGH, Urt. v. 18.06.1998, Rs. C-266/96, Slg. 1998, I-3981 (*Corsica Ferries III*); s. zu den Schlussanträgen von Generalanwalt *Fennelly* (Fn. 2580) in *Peralta* in Fn. 2589; s. a. *Snell*, 110 Fn. 431; *Torgersen*, E. B. L. R. 1999, 371 (377 f.).

[2574] EuGH (Fn. 2573), Rn. 31.

[2575] EuGH (Fn. 2573), Rn. 31.

[2576] EuGH (Fn. 2573), Rn. 30.

enthalte.[2577] Zweifelhaft ist, ob sich der Gerichtshof auch (bewusst) zur *Ausfuhr*dimension der Dienstleistungsfreiheit äußert:[2578] Es trifft faktisch zu, dass *Corsica Ferries* Beförderungsvorgänge auch *von* Italien nach Korsika und nicht nur von Korsika nach Italien durchführt und dies auch vorgetragen hat. Zudem beziehen sich die Vorlagefragen sowohl auf das Festmachen als auch auf das *Los*machen[2579]. Und Generalanwalt *Fennelly* bezieht sich auch auf Fahrten „*von* (…) italienischen Häfen [Hervorh. d. *Verf.*]“[2580]. Allerdings deuten die Ausführungen des *Gerichtshofs* vor allem auf den *letztgenannten* Verkehrsvorgang (den *Import*) hin: Der Gerichtshof spricht in Rn. 55 von „in einem anderen Mitgliedstaat niedergelassenen Seeschiffahrtsunternehmen“[2581], die die Häfen eines anderen „Mitgliedstaats anlaufen“[2582]. Auch die Formel in Rn. 56, die überdies zwei Einfuhrkonstellationen zitiert, kann zwar ebenfalls auf den Exportvorgang bezogen werden, sie deutet aber ersichtlich auf eine Importkonstellation hin. Hierfür spricht auch, dass das Vorlagegericht in Bezug auf die Warenverkehrsfreiheit nur nach der Vereinbarkeit mit ex-Art. 30 EG-Vertrag fragte,[2583] der EuGH ausdrücklich auch nur die Vereinbarkeit mit ex-Art. 30 EG-Vertrag prüfte und bejahte,[2584] *Corsica Ferries* ex-Art. 34 EG-Vertrag nicht geltend machte und Generalanwalt *Fennelly* die Vereinbarkeit mit ex-Art. 34 EG-Vertrag nicht prüfte.[2585] Kein Contraargument ist dagegen, dass der EuGH wegen des Vorliegens einer Rechtfertigung letztlich dahinstehen lässt, ob eine Beschränkung der Dienstleistungsfreiheit vorliegt: Er scheint hier vielmehr deshalb zu zweifeln, weil die Maßnahme möglicherweise auch in Bezug auf den Dienstleistungsverkehr *zu ungewiss und zu indirekt* sein könnte (aufgrund der bereits dargestellten, geringen quantitativen Bedeutung). Auch GA *Fennelly* hatte eine Behinderung der Dienstleistungsfreiheit aus diesem Grund abgelehnt.[2586] Der EuGH hatte vorher im Einzelnen und mit prozentualen Angaben dargelegt, zu welcher Verteuerung das italienische Monopol mit Blick auf die Beförderungsleistung führt. Auch hat der EuGH ja das Vorliegen einer Beeinträchtigung der Wa-

---

[2577] EuGH (Fn. 2573), Rn. 57 f.

[2578] Vgl. auch *Torgersen*, E. B. L. R. 1999, 371 (378); a.A. wohl *Oliver/Roth*, CMLR 41 (2004), 407 (418 Fn. 64).

[2579] EuGH (Fn. 2573), Rn. 20.

[2580] Generalanwalt *Fennelly*, Schlussanträge v. 22.01.1998, Rs. C-266/96, Slg. 1996, I-3952, Rn. 36 (*Corsica Ferries III*).

[2581] EuGH (Fn. 2573), Rn. 55.

[2582] EuGH (Fn. 2573), Rn. 55.

[2583] EuGH (Fn. 2573), Rn. 20.

[2584] EuGH (Fn. 2573), Rn. 29 ff.

[2585] Generalanwalt *Fennelly* (Fn. 2580), Rn. 25 ff. (*Corsica Ferries III*).

[2586] Generalanwalt *Fennelly* (Fn. 2580), Rn. 44. (*Corsica Ferries III*).

renverkehrsfreiheit wegen ihrer Indirektheit abgelehnt.[2587] Zudem differenziert er auch nicht zwischen der Fahrt von Italien und der Fahrt nach Italien.

Im Ergebnis kann die Rs. *Corsica Ferries III* nicht als eindeutiger Beleg dafür gewertet werden, und zwar weder faktisch noch rechtlich, dass der EuGH auch nicht diskriminierende Ausfuhrbeschränkungen vonseiten des Herkunftsstaates als Behinderung ansieht bzw. dass er die gleichen Maßstäbe für Zielstaats- wie Herkunftsstaatskonstellationen applizieren möchte. Die Rs. ist aber auch kein Beleg *dagegen*.[2588] Eine Ableitung eindeutiger Schlussfolgerungen ist im Ergebnis wegen des Fehlens von spezifischen Ausführungen zu Art. 35 AEUV bzw. zu *export*staatlichen Dienstleistungsbeschränkungen nicht möglich.[2589]

eee) ARD, *19.10.1999*[2590]

Dem Vorabentscheidungsverfahren liegt ein Rechtsstreit um die zulässige Dauer von Werbeunterbrechungen zugrunde. In Abhängigkeit von der Sendezeit eines Films darf eine bestimmte Anzahl von Werbeunterbrechungen erfolgen. Im Ausgangsverfahren wurde Streit darüber geführt, ob in die bei der Berechnung zugrunde zu legende Sendezeit die Werbeunterbrechung selbst eingeht (Bruttoprinzip) oder ob diese herauszurechnen ist (Nettoprinzip).

(1) Nicht diskriminierende Beschränkung der Dienstleistungsfreiheit durch den Herkunftsstaat

Mit Blick auf Warenimporteure, für die im Fernsehen geworben wird, verneint der Gerichtshof zunächst das Vorliegen einer Beeinträchtigung von Art. *34* AEUV mit dem Argument, die *Keck*-Formel sei erfüllt.[2591]

[2587] S. b. Fn. 2574 ff.

[2588] Vgl. *Snell*, 110 Fn. 431; a.A. wohl *Oliver/Roth*, CMLR 41 (2004), 407 (418 Fn. 64).

[2589] In *Corsica Ferries III* äußert sich auch Generalanwalt *Fennelly* (Fn. 2580) nicht spezifisch zu Art. 35 AEUV bzw. zu einer *export*staatlichen Dienstleistungsbeschränkung. Fraglich ist, warum GA *Fennelly* die verfahrensgegenständliche Regelung, die er ausdrücklich als *nicht diskriminierend* einstuft (Rn. 30 f.), in Rn. 26 Fn. 40 als Maßnahme qualifiziert, die *möglicherweise* gegen Art. *35* Alt. 2 AEUV verstoßen könnte. Da Rn. 26 Fn. 40 am *Anfang* seiner Prüfungen steht, in denen er noch das Vorliegen einer Diskriminierung erst *überprüft*, kann seine Aussage nicht als Bekenntnis für ein Verbot auch unterschiedsloser Beschränkungen gewertet werden. Andererseits lässt GA *Fennelly* in keiner Weise erkennen, dass er die Art. 34, 35 AEUV unterschiedlich behandeln möchte.

[2590] EuGH, Urt. v. 29.10.1999, Rs. C-6/98, Slg. 1999, I-7622 (*ARD*); s. zu den Schlussanträgen von Generalanwalt *Jacobs* b. Fn. 2604 ff.; s. a. *Dörr*, EuZW 2000, 84; *ders./Zorn*, NJW 2001, 2837 (2842 ff.); *Kugelmann*, EuR 2001, 363 (367); *Schwarze*, ZUM 2000, 779 (793 f.).

[2591] EuGH (Fn. 2590), Rn. 45–48. *Snell*, 113 weist auf den interessanten, *hier* allerdings nicht relevanten Umstand hin, dass die Tatsache, dass der EuGH keine Beeinträchtigung

Der EuGH stellt aber eine Beschränkung der Dienstleistungsfreiheit fest, weil die Regelung „für die im Sendestaat niedergelassenen Fernsehveranstalter die Möglichkeit einschränkt, Werbung für in anderen Mitgliedstaaten niedergelassene Werbetreibende auszustrahlen."[2592] Hieraus können mehrere Schlussfolgerungen gezogen werden: Erstens geht es um eine *vom Herkunftsstaat herrührende* Beeinträchtigung der Freiheit des Dienstleistungserbringers. Dienstleistungserbringer sind die „im Sendestaat niedergelassenen Fernsehveranstalter", die Werbung für „in anderen Mitgliedstaaten niedergelassene Werbetreibende" ausstrahlen möchten. Zweitens geht es um eine *nichtdiskriminierende* Regelung des Herkunftsstaates, die der EuGH als Beschränkung einstuft.[2593] Denn die Ablehnung der *Keck*-Formel (in Bezug auf die Wareneinfuhr) ist hier gleichbedeutend mit dem Nichtvorliegen einer Dienstleistungsexportdiskriminierung: Da für im EU-Ausland ansässige Dienstleistungsempfänger ausgestrahlte Werbung nur eingeführte Waren betrifft und für im Inland ansässige Dienstleistungsempfänger ausgestrahlte Werbung nur inländische Ware anbelangt, kann aus der Ablehnung der *Keck*-Formel geschlossen werden, dass nach Auffassung des EuGH auch keine Diskriminierung der Dienstleistungsausfuhr gegeben ist. Der EuGH hat somit nicht nur über eine tatsächlich nicht ausfuhrdiskriminierende Maßnahme entschieden, sondern auch über eine, die er *selbst* nicht als solche ansieht (was viel entscheidender ist).[2594]

Interessanterweise geht der EuGH in Bezug auf die Dienstleistungsfreiheit mit keinem Wort auf das Kriterium des Marktzugangs ein.[2595] Stattdessen geht er von einem *weit* verstandenen Begriff der *Beschränkung* aus, der schon durch die bloße Einschränkung der Möglichkeit, Werbung für in anderen Staaten Niedergelassene auszustrahlen, erfüllt ist. Dies spricht eher für ein allgemeines Deregulierungsgebot Prä-*Keck*'scher Art, wie schon Generalan-

---

der Dienstleistungsfreiheit in einer Zielstaatssituation geprüft hat, obwohl auch Dienstleistungsunternehmen durch die Beschränkung der Möglichkeiten zu werben, behindert werden, darauf hindeuten könnte, dass die *Keck*-Formel auf die Dienstleistungsfreiheit in Zielstaatskonstellationen analog anwendbar ist; s. a. *ders./Andenas*, Int'l & Comp. Corp. L. J. 2 (2000), 361 (381).

[2592] EuGH (Fn. 2590), Rn. 49.

[2593] Ganz h.M., vgl. nur *Roth*, in: Dauses, E. I Rn. 185; *ders.*, in: Tridimas/Nebbia, 33 (43); *Snell*, 112; *ders./Andenas*, Int'l & Comp. Corp. L. J. 2 (2000), 361 (380).

[2594] Darauf, dass der EuGH von einer Nichtdiskriminierung ausgeht, deutet hin, dass der EuGH die zwingenden Erfordernisse appliziert (Rn. 50) und dass er nicht auf Vergleichsbetrachtungen abstellt bei seiner Prüfung der Dienstleistungsfreiheit. Auch die Terminologie, derer sich der EuGH bedient, deutet nicht auf eine Diskriminierung hin (Rn. 49 ff.): „beschränkt den freien Dienstleistungsverkehr"; „Möglichkeit einschränkt". Ebenso geht GA *Jacobs* in seinen Schlussanträgen von einer unterschiedslosen Beschränkung aus (s. b. Fn. 2604 ff.).

[2595] *Snell*, 112; *ders./Andenas*, Int'l & Comp. Corp. L. J. 2 (2000), 361 (380).

walt *Jacobs* argumentiert hat.[2596] Auch die Reichweite des Verbots – es liegt wohl in der Tat keine *erhebliche* oder *direkte* Beeinträchtigung des Marktzugangs vor[2597] – zeigt die Weite der vom Gerichtshof applizierten Formel.

Auf der anderen Seite ist bezüglich der Reichweite zu sagen, dass der Gerichtshof prozessökonomisch keine vertieften Ausführungen zur Reichweite der Beschränkung gemacht hat, da die Regelung – jedenfalls und vergleichsweise offensichtlich – *gerechtfertigt* war.[2598] Zudem handelt es sich um eine *Kammerentscheidung.*[2599] Daher sollte dem Judikat nicht zu viel Gewicht beigemessen werden.[2600]

(2) Nicht diskriminierende Produktionsregelung?

Fraglich ist, um was für eine *Art* von Regelung es sich bei der verfahrensgegenständlichen Maßnahme handelt, insbesondere ob es um eine Produkt- oder Produktionsregelung bzw. ein Produktionsverbot[2601] geht.[2602]

Für eine Produktionsregelung könnte sprechen, dass der Fernsehsender eine einzelne Werbung trotz des Nettoprinzips regelmäßig zu der Uhrzeit und in dem Kontext platzieren kann, zu der er dies möchte. Er kann im jeweiligen Zeitfenster nur insgesamt *weniger* Werbung(en) ausstrahlen. Mit *Roth* wird hier also „nur“ die *Quantität* der Werbemöglichkeiten begrenzt.[2603] Es ist andererseits möglich, dass eine bestimmte Werbung mit einer gewissen (Mindest-)Länge wegen des Nettoprinzips während sehr kurzer Sendungen *überhaupt nicht* mehr ausgestrahlt werden kann. Da es wichtig ist, dass eine Werbung in Sendungen hineingeschnitten wird, die von der jeweiligen Zielgruppe angeschaut werden, werden durch die Verschiebung einer Werbung in ein anderes Programm wohl auch die *Eigenschaften der Werbung* verändert (wenn der Sendekontext als Teil der Werbung aufgefasst wird).

Während diese Feststellung angezweifelt werden könnte, führt die quantitative Reduktion jedenfalls dazu, dass nur eine *reduzierte Anzahl* von Produkten „hergestellt“, d. h. Werbungen ausgestrahlt werden können, was für eine Qualifikation als *Produktionsverbot* spricht.

Unabhängig von ihren Auswirkungen auf das *Produkt* steht die Maßnahme einer *Produktionsregelung* aber deshalb nahe, weil sie in die exportstaatlichen *Kompetenzinteressen* eingreift: In *ARD* (und der nachfolgenden Rs.

[2596] S. b. Fn. 2604 ff.

[2597] *Snell*, 112; *ders./Andenas*, Int’l & Comp. Corp. L. J. 2 (2000), 361 (380).

[2598] *Snell*, 114; *ders./Andenas*, Int’l & Comp. Corp. L. J. 2 (2000), 361 (381).

[2599] *Snell*, 114; *ders./Andenas*, Int’l & Comp. Corp. L. J. 2 (2000), 361 (381).

[2600] Ebenso *Snell*, 114.

[2601] Produktionsverbote werden nach dem hiesigen Auslegungsmodell generell wie *Produktionsregelungen* behandelt (s. b. Fn. 3803 ff.).

[2602] Die Regelung als Produktionsregelung qualifizierend *Roth*, in: Dauses, E. I Rn. 185; *ders.*, in: Tridimas/Nebbia, 33 (43 f.).

[2603] *Roth*, in: Tridimas/Nebbia, 33 (44); Dauses, 35. EL 2014, E.I. Rn. 185.

Gourmet) wird eine Regelung des Exportstaates als Beschränkung qualifiziert, die im Grundsatz *legitime Interessen* des Exportstaates betrifft.

Wird diese Judikatur mit der Rechtsprechung zu Art. 35 Alt. 2 AEUV verglichen, die noch nicht einmal einen Beschränkungsmaßstab appliziert, wenn es ausschließlich um die Interessen des *Zielstaates* geht, erscheint die Rspr. bei einer grundfreiheitenübergreifenden Betrachtung stark *inkohärent*.

(3) Schlussanträge von Generalanwalt Jacobs[2604]

Zunächst leitet GA *Jacobs* seine *freiheitsrechtliche* Beschränkungsprüfung damit ein, dass die Regelung zu einer Reduzierung der Werbemöglichkeiten führe. Sodann weist GA *Jacobs* allerdings darauf hin, dass Fernsehveranstalter, für die das Bruttoprinzip gelte, *im Wettbewerb* gegenüber Fernsehveranstaltern in anderen Ländern, die dem Nettoprinzip unterlägen, *benachteiligt* würden, sodass die Möglichkeiten, Werbung anzubieten, „durchaus beeinträchtigt sein"[2605] könnten. Er verweist also auf einen *Zusammenhang* zwischen einer Beeinträchtigung der *Wettbewerbsgleichheit* und dem Vorliegen einer *Beschränkung*.

fff) Gourmet, *08.03.2001*[2606]

In *Gourmet* geht es um ein insbesondere für Rundfunk und Fernsehen geltendes Verbot der Alkoholwerbung. Das Vorlagegericht fragte nach der Vereinbarkeit des Verbots mit Art. 34 AEUV und der Art. 56 AEUV.

(1) Art. 34 AEUV und die Ablehnung der Keck-*Formel*

Zunächst geht der Gerichtshof auf eine mögliche Verletzung von Art. 34 AEUV ein und zitiert die *Keck*-Formel.[2607] Maßgeblich sei, dass *jede* Werbung an Verbraucher verboten sei. Dies behindere „den Marktzugang für Erzeugnisse aus anderen Mitgliedstaaten stärker (...), als es dies für inländische Erzeugnisse tut, mit denen der Verbraucher unwillkürlich besser vertraut ist."[2608] Der EuGH erkennt also – wie *Leible* und *R. Streinz* zu Recht hervorheben – die „Marktzutrittsfunktion und Marktdurchdringungsfunktion"[2609] von Werbung an. Das Komplettverbot führt also nach Auffassung des EuGH, der sich den entsprechenden Vorträgen von Generalanwalt *Jacobs* an-

---

[2604] Generalanwalt *Jacobs*, Schussanträge v. 24.06.1999, Rs. C-6/98, Slg. 1999, I-7602 (*ARD*).

[2605] Generalanwalt *Jacobs* (Fn. 2604), Rn. 76.

[2606] EuGH, Urt. v. 08.03.2001, Rs. 405/98, Slg. 2001, I-1816 (*Gourmet*).

[2607] EuGH (Fn. 2606), Rn. 18.

[2608] EuGH (Fn. 2606), Rn. 19–21.

[2609] *Leible*, EuZW 2001, 253 (254); *Streinz*, JuS 2001, 807 (808).

schließt,[2610] zu einer *faktischen Diskriminierung* EU-ausländischer Erzeugnisse.[2611] Im Anschluss prüft der EuGH eine Rechtfertigung dieser Beeinträchtigung der Warenverkehrsfreiheit gem. Art. 36 AEUV.[2612] Die Überlegung, dass ein *Totalverbot* von Werbung „Newcomer“ faktisch diskriminieren kann, könnte auf Art. 35 Alt. 2 AEUV übertragbar sein (als „faktische Wettbewerbsungleichheit“, wenn der Warenexportstaat jede Art der Werbung [auch im EU-Ausland] verbietet).[2613]

(2) Verbot einer nicht diskriminierenden Dienstleistungsexportbeschränkung

Mit Blick auf die Rolle der Rundfunk- und Fernsehsender geht es – wie in *ARD*[2614] – um eine *Export*konstellation, was der EuGH explizit feststellt.[2615] Die vom Dienstleistungsexporteur erbrachte Leistung an im EU-Ausland ansässige, werbeinteressierte Unternehmen ist das „Zurverfügungstellen von Anzeigenraum“[2616].

Der Gerichtshof stellt fest, dass die Regelung „keinen diskriminierenden Charakter“[2617] besitze. Somit prüft der EuGH bewusst die Vereinbarkeit einer nicht diskriminierenden Maßnahme des Herkunftsstaates mit der Dienstleistungsfreiheit.[2618] Auch zitiert der Gerichtshof die *Alpine*-Rspr. mehrfach.[2619] Damit setzt der Gerichtshof mit seinem Judikat in der Rs. *Gourmet* seine in *Alpine Investments* begonnene und in *ARD* bestätigte Rspr. fort.[2620]

Obwohl die Maßnahme auch hier im Ergebnis gerechtfertigt werden kann und obwohl es auch hier um eine Kammerentscheidung geht, sind die Äußerungen des Gerichtshofs in dem Fall von größerer Bedeutung als die in *ARD*:[2621] Nicht nur wurde *Gourmet* in Besetzung von 5 Richtern entschieden (wohingegen es bei *ARD* drei waren), vielmehr setzt sich der Gerichtshof nun auch ausführlicher und vertiefter mit der Prüfungsstufe der Beeinträchtigung auseinander, was wohl damit zusammenhängt, dass Generalanwalt *Jacobs*

[2610] Generalanwalt *Jacobs*, Schlussanträge v. 13.12.2000, Rs. C-405/98, Slg. 2000, I-1797, Rn. 32 ff. (*Gourmet*).

[2611] Vgl. *Möstl*, EuR 2002, 318 (346); *Tryfonidou*, E. L. Rev. 35 (2010), 36 (54); krit. *Davies*, Germ. L. J. 11 (2010), 671 (693).

[2612] EuGH (Fn. 2606), Rn. 26.

[2613] S. andererseits jedoch b. Fn. 3704.

[2614] S. b. Fn. 2592.

[2615] EuGH (Fn. 2606), Rn. 37.

[2616] EuGH (Fn. 2606), Rn. 36.

[2617] EuGH (Fn. 2606), Rn. 39.

[2618] Ebenso *Roth*, in: Dauses, E. I Rn. 184 Fn. 833.

[2619] EuGH (Fn. 2606), Rn. 37, 39.

[2620] Ebenso *Andenas/Tilmann/Pannier*, E. B. L. R. 16 (2005), 757 (769); *Roth*, in: Tridimas/Nebbia (43 f.); *Spaventa*, CMLR 41 (2004), 743 (754); *Snell*, 112, 114; vgl. auch *Leible*, EuZW 2001, 253 (254 f.); *Streinz*, JuS 2001, 807 (808).

[2621] A.A. *Snell*, 114.

ausdrücklich die Ansicht der norwegischen Regierung und der Kommission zurückgewiesen hat, dass es auf das Vorliegen einer Diskriminierung ankomme.[2622] Die Äußerungen des EuGH sind mithin von dogmatischer Relevanz (und daher einer Generalisierung zugänglich).

Das Werbeverbot stellt ein (mindestens begrenztes) Produktions*verbot* dar.[2623] Ein bestimmtes Produkt – oder jedenfalls eine bestimmte Produkt*variante* – darf nicht hergestellt werden (Alkoholwerbung über die geregelten Medien). Der Dienstleistungsanbieter (Produzent) hat nicht nur mit Nachteilen gegenüber Werbeanbietern in anderen Staaten zu kämpfen, er kann mit ihnen *überhaupt* nicht konkurrieren, weil er sein Produkt erst gar nicht anbieten kann.

Roth ist darin zuzustimmen, dass der *Prüfungsduktus* des Gerichtshofs von einer – kritisch zu sehenden – Weite geprägt ist, die jede Beschneidung der Wirtschaftsfreiheit abzuwehren geeignet ist (vorbehaltlich einer Rechtfertigung).[2624]

Der bereits bei *ARD* angesprochene[2625] Aspekt der Inkohärenz mit Art. 35 AEUV ist in *Gourmet* noch stärker ausgeprägt: Denn der Schutz der *eigenen Bevölkerung* vor der Werbung mit Alkohol stellt ein *gewichtiges, legitimes Interesse des Exportstaates* dar. Dennoch appliziert der Gerichtshof einen Beschränkungsmaßstab. Mit Blick auf die Betroffenheit der mitgliedstaatlichen Kompetenzen stehen Regelungen wie die in *ARD* und *Gourmet* der Fallgruppe der *Produktionsregelungen* nahe.[2626] Übertragen auf Art. 35 Alt. 2 AEUV sprechen *ARD* und *Gourmet* daher dafür, auch Produktionsregelungen und erst recht Produktregelungen in einen Beschränkungsmaßstab einzubeziehen.

ggg) Sea-Land, *13.06.2002*[2627]

In der Rechtssache *Sea-Land* ging es um Gebühren für Hochseeschiffe mit einer Länge von über 41 m, die in den niederländischen Küstengewässern für die niederländische Verkehrsüberwachung bezahlt werden müssen. U. a. klagte im Ausgangsverfahren eine in den Niederlanden ansässige Gesellschaft.

[2622] Generalanwalt *Jacobs* (Fn. 2610), Rn. 70 ff.

[2623] S. hierzu schon in *ARD* b. Fn. 2603. Die Regelung (wie die in *ARD*) als Produktionsregelung einordnend *Roth*, in: Tridimas/Nebbia, 33 (44); *ders.*, in: Dauses, E. I Rn. 185.

[2624] *Roth*, in: Tridimas/Nebbia, 33 (44).

[2625] S. n. Fn. 2603.

[2626] Entsprechend werden Produktionsverbote nach dem hiesigen Auslegungsmodell generell wie *Produktionsregelungen* behandelt (s. b. Fn. 3803 ff.).

[2627] EuGH, Urt. v. 13.06.2002, Rs. C-430, 431/99, Slg. 1999, I-5271 (*Sea-Land*).

Das Vorbringen der Parteien, die Gebühren seien diskriminierend, weist der Gerichtshof mit ausführlicher und überzeugender Begründung zurück, insbesondere die Frage faktischer Diskriminierung.[2628]

Nachdem der Gerichtshof seine st. Rspr. wiederholt, wonach sich ein Unternehmen auch gegenüber seinem Sitzstaat auf die Dienstleistungsfreiheit berufen kann,[2629] stellt er fest, dass die Gebühren die Erbringung von Transportdienstleistungen „behindern oder weniger attraktiv machen kann und daher eine Beschränkung ihres freien Verkehrs darstellt“[2630]. Damit folgt der Gerichtshof der Einschätzung von Generalanwalt *Alber*[2631] und der des Vorlagegerichts[2632].

Die Rs. *Sea-Land* zeugt klar und eindeutig von einem Verständnis der Dienstleistungsfreiheit als Verbot auch unterschiedsloser Beschränkungen vonseiten des Herkunftsstaates. Der Gerichtshof setzt seine in den vor *Alpine Investments* entschiedenen Rechtssachen zur Seeschifffahrt gemachte Rechtsprechung, die in Herkunftsstaatskonstellationen strikt auf einem diskriminierenden Element beharrt hat (*Corsica Ferries I*, *Peralta*, *Kommission/Frankreich*), damit nicht fort.

hhh) Mary Carpenter, *11.07.2002*[2633]

Auch das Urteil in der Rs. *Mary Carpenter* hat in der Literatur – nicht zuletzt auch wegen der Implikationen für den Anwendungsbereich der EU-Grundrechte – hohe Wellen geschlagen.[2634] Hier soll die Frage im Vordergrund stehen, unter welchen Voraussetzungen der EuGH eine Beeinträchtigung der Dienstleistungsfreiheit von Herrn *Carpenter* annimmt.[2635] Auch wenn die Frage der offensichtlichen Grundrechtswidrigkeit der Ausweisung von Frau *Carpenter* den EuGH faktisch sicherlich schon bei der Frage des Vorliegens einer Dienstleistungsbeschränkung *beeinflusst* hat,[2636] geht es

---

2628 EuGH (Fn. 2627), Rn. 34–37.

2629 EuGH (Fn. 2627), Rn. 32.

2630 EuGH (Fn. 2627), Rn. 38.

2631 Generalanwalt *Albers*, Schlussanträge v. 20.09.2001, Rs. C-430, 431/99, Slg. 2001, I-5237 (*Sea Land*), Rn. 97 ff.

2632 EuGH (Fn. 2627), Rn. 20.

2633 EuGH, Urt. 11.07.2002, Rs. C-60/00, Slg. 2002, I-6305 (*Mary Carpenter*).

2634 Vgl. nur *Acierno*, E. L. Rev. 28 (2003), 398; *M. Bleckmann*, 97 ff.; *Britz*, NVwZ 2004, 173; *Egger*, EuZW 2002, 606; *Mager*, JZ 2002, 204; *Montag/von Bonin*, NJW 2003, 2712 (2715); *Nusser*, 26 ff.; *Oliver/Roth*, CMLR 41 (2004), 407 (418 f.); *Puth*, EuR 2002, 860; *Roth*, in: Tridimas/Nebbia, 33 (45 ff.); *Scheuing*, EuR 2005, 162 (165); *Snell*, in: Tridimas/Nebbia, 49 (53 f.); *Spaventa*, CMLR 41 (2004), 743 (766 ff.).

2635 Die Frage der Grundrechtsrelevanz steht hier dagegen nicht im Vordergrund.

2636 Vgl. nur *Roth*, in: Tridimas/Nebbia, 33 (45 f.): „the Court seems to have been overwhelmed and carried away by the human dimension of the case“; vgl. auch *Egger*, prüfungssystematisch bei der Analyse des Tatbestands nicht um diese Frage.[2637]

Die philippinische Staatsangehörige Mary Carpenter erhielt eine Ausweisungsverfügung. Sie war verheiratet mit einem britischen Staatsangehörigen, der Anzeigen in verschiedenen britischen Magazinen und Zeitungen schaltete, und zwar in einem erheblichen Maß auch für EU-ausländische Auftraggeber, weshalb er auch verschiedentlich Reisen in das EU-Ausland zur Unterstützung seiner Dienstleistungen tätigte.

(1) Beschränkung des Dienstleistungsexportes durch eine Produktionsregelung

Völlig zur Recht sieht der Gerichtshof mit Blick auf Herrn *Carpenter* den Schutzbereich der Dienstleistungsfreiheit als eröffnet an: Wie in den Rs. *Alpine Investments*, *Gourmet* und *ARD* ist es nicht erforderlich, dass Herr *Carpenter* sein Herkunftsland bei der Dienstleistungserbringung verlässt – was er allerdings tut; und es werden überdies nicht nur Maßnahmen des Empfänger-, sondern auch des Ansässigkeitsstaates erfasst.[2638] Herr *Carpenter* erbringt dabei einen „erheblichen Teil"[2639] seiner Dienstleistungen „für in anderen Mitgliedstaaten ansässige Personen"[2640].

Zu der Frage, ob die Dienstleistungsfreiheit auch unterschiedslose Beschränkungen vonseiten des Herkunftsstaates verbietet, nimmt der EuGH anders als in *Alpine* und *Gourmet* nicht explizit Stellung. Der EuGH spricht jedoch von „Hindernisse[n]"[2641], bei deren Aufrechterhaltung die Dienstleistungsfreiheit „ihre volle Wirkung nicht entfalten"[2642] könnte.

Die Argumentation des Gerichtshofs zu der Frage eines Zusammenhangs zwischen Ausweisung und Dienstleistungsfreiheitsbeschränkung erfolgt nun zweigleisig: Zum einen verweist der Gerichtshof auf verschiedene Sekundärrechtsakte, in denen zwischen dem Familienleben und der Ausübung der Grundfreiheiten ein Zusammenhang hergestellt wird. Zum anderen spricht er ganz allgemein davon, dass sich die Trennung von Frau *Carpenter* „nachteilig auf ihr Zusammenleben und damit auf die Bedingungen auswirken würde, unter denen Herr *Carpenter* eine Grundfreiheit wahrnimmt."[2643]

EuZW 2002, 606 (607); *Nusser*, 27 f.; *Oliver/Roth*, CMLR 41 (2004), 407 (419 Fn. 69); *Snell*, in: Tridimas/Nebbia, 49 (56) m. w. N.

[2637] Zu Recht weist *Roth* darauf hin, dass der EuGH kein allgemeines Grundrechtskontrollgericht ist, sondern zur Wahrung der Unionsgrundrechte *nur im Anwendungsbereich des Unionsrechts* berufen ist, in: Tridimas/Nebbia, 33 (45).

[2638] EuGH (Fn. 2633), Rn. 29 f.

[2639] EuGH (Fn. 2633), Rn. 37.

[2640] EuGH (Fn. 2633), Rn. 37.

[2641] EuGH (Fn. 2633), Rn. 39, 38.

[2642] EuGH (Fn. 2633), Rn. 39.

[2643] EuGH (Fn. 2633), Rn. 39.

Zunächst ist mit Blick auf die Diktion des Gerichtshofs festzustellen, dass der EuGH von keinerlei (grundsätzlichen) Begrenzungen des Tatbestandes ausgeht und dass er von einem *sehr weiten* Beschränkungsverbot auszugehen scheint, wenn er „nachteilige Auswirkungen“ auf das Familienleben ausreichen lässt. Anders als in den Rs. *Alpine Investments* und *Bosman* zieht der Gerichtshof nicht das Marktzugangskriterium heran. Von einer *unmittelbaren* Beeinflussung des Marktzugangs kann denn auch vorliegend tatsächlich nicht die Rede sein.[2644] Es handelt sich hier um eine „Produktionsregelung“ im weitesten Sinne (eine Umfeldregelung[2645]), die keinen konkreten Bezug zum Dienstleistungsendprodukt, zu dessen Vermarktung oder zu dessen Zustandekommen im engeren Sinne besitzt.[2646]

(2) Fazit und Kritik

Fraglich ist, ob dem EuGH darin gefolgt werden sollte, (ggf. auch gravierende) Auswirkungen einer Maßnahme auf das Familienleben *ohne engeren Bezug* zur Dienstleistungstätigkeit als Beschränkung zu werten. Die ganz h.M. verneint dies.[2647]

Problematisch ist, dass der EuGH in *Mary Carpenter* keinerlei *tatbestandskonzeptionellen Ansatzpunkte* aufzeigt, anhand derer der Einzugsbereich des Beschränkungsbegriffs der Dienstleistungsfreiheit begrenzt werden kann, d. h. es ist nicht ersichtlich, wie und wann der EuGH sehr mittelbare oder sehr geringfügige Beeinträchtigungen ausklammern will, insbesondere rekurriert der Gerichtshof nicht auf den Marktzugangsgedanken.[2648]

Neben der konzeptionellen Schweigsamkeit des EuGH ist auch die in *Carpenter* vorgenommene sachliche Bewertung der Maßnahme als Dienstleistungsexportbeschränkung zu kritisieren. Insbesondere sollten Regelungen wie die vorliegende, die *zu weit entfernt* vom innerunionalen Handel mit Dienstleistungen und nicht mehr dem durch die Dienstleistungsfreiheit geschützten Lebensbereich zuordenbar sind, ausgeklammert werden[2649] – auch wenn es zugegebenermaßen um eine sehr gravierende Belastung des Familienlebens des Dienstleistungserbringers geht, die tatsächlich ersichtlich unverhältnis-

---

[2644] *Snell*, in: Tridimas/Nebbia, 49 (53 f.).

[2645] Vgl. *Roth*, in: Dauses, E. I Rn. 186.

[2646] Ähnl. *Roth*, in: Dauses, E. I Rn. 185; *Spaventa*, CMLR 41 (2004), 743 (767).

[2647] Vgl. nur *Britz*, NVwZ 2004, 173 (176 f.); *Mager*, JZ 2002, 204 (206 f.); *Puth*, EuR 2002, 860 ff.; *Nusser*, 27 f.; *Roth*, in: Tridimas/Nebbia, 33 (46); *ders.*, in: Dauses, E. I Rn. 186; *Scheuing*, EuR 2005, 162 (165 f.).

[2648] So auch *Roth*, in: Tridimas/Nebbia, 33 (46); *ders.*, in: Dauses, E. I Rn. 186; vgl. auch *Britz*, NVwZ 2004, 173 (176 f.).

[2649] Vgl. *Puth*, EuR 2002, 860 (868 f., 873, 875); s. a. *Acierno*, E. L. Rev. 28 (2003), 398 (403 ff.); *Mager*, JZ 2002, 204 (206); *Montag/von Bonin*, NJW 2003, 2712 (2715); *Nusser*, 27 f.; *Snell*, in: Tridimas/Nebbia, 49 (53 ff.).

mäßig war und gar unbillig und ungerecht erscheint.[2650] Die allein maßgebliche *spezifische Funktion* der Dienstleistungsfreiheit als Teilnahmerecht im innerunionalen Verkehr mit Dienstleistungen wird in dieser Konstellation allerdings nicht tangiert.[2651]

Nach der *Mary Carpenter* zugrunde liegenden Wertung ist jedwede an einen Dienstleistungserbringer adressierte staatliche Maßnahme – auch eine, die ihn privat betrifft – geeignet, eine Beschränkung darzustellen.[2652]

Mit Blick auf Produktionsregelungen zeigt *Mary Carpenter*, dass der EuGH grundsätzlich nicht bereit ist, Lebenssachverhalte ex ante im Wege einer Bereichsausnahmen auszuklammern.

Auch überzeugt der Hinweis des EuGH auf das Sekundärrecht nicht, da dieses nur aus Regelungen besteht, die einen *Grenzübertritt* des Grundfreiheitsberechtigten voraussetzen, wohingegen Herr *Carpenter* in seinem Mitgliedstaat ansässig ist und bleiben will.[2653]

(3) Exkurs und Vorgriff auf die Arbeitnehmerfreizügigkeit: S. und G., *12.03.2014*[2654]

Eine strukturell gleich gelagerte und daher hier im Vorgriff auf die Arbeitnehmerfreizügigkeit behandelte Rechtssache hat der Gerichtshof in seinem Urteil *S. und G.* entschieden: Erstens ging es dort um das abgeleitete Aufenthaltsrecht der drittstaatenangehörigen Frau *S*, die ihren Enkel in den Niederlanden für ihren Schwiegersohn betreute. Ihr niederländischer Schwiegersohn lebte in den Niederlanden und arbeitete bei einer niederländischen Firma. 30 % seiner Arbeitszeit ging er jedoch Geschäftsreisen im EU-Ausland nach. Zweitens war der Fall der drittstaatenangehörigen Frau *G* zu entscheiden, die mit einem niederländischen Staatsangehörigen verheiratet war, mit dem sie

---

[2650] Ähnlich *Acierno*, E. L. Rev. 28 (2003), 398 (405); *Puth*, EuR 2002, 860 (875); *Scheuing*, EuR 2005, 162 (166).

[2651] Vgl. *Nusser*, 27 f.; *Puth*, EuR 2002, 860 (875). *Oliver/Roth*, CMLR 41 (2004), 407 (419) und *Roth*, in: Tridimas/Nebbia, 33 (47) möchten auf die Kriterien einer spezifischen Marktzugangsbehinderung oder einer Wettbewerbsbenachteiligung abstellen. Das Kriterium einer Wettbewerbsbenachteiligung würde hier nicht zu dem gewünschten Ergebnis führen, die Regelung in *Mary Carpenter* aus dem Tatbestand auszuklammern. Der Dienstleistungserbringer – der Mann von Frau *Carpenter* – wird im Wettbewerb gegenüber anderen Dienstleistungserbringern benachteiligt, für die die restriktiven (britischen) Ehegattenregelungen nicht gelten. Um zu erreichen, dass die *Carpenter*-Konstellation nicht mehr in den Tatbestand der Dienstleistungsfreiheit fällt, hätte es vielmehr eines *Nähekriteriums* bedurft, das die Beschränkung in eine gewisse Nähe zur geschützten Tätigkeit stellt.

[2652] Vgl. *Roth*, in: Tridimas/Nebbia, 33 (46 f.), der das Beispiel einer Gefängnisstrafe nennt; s. a. *Puth*, EuR 2002, 860 (875).

[2653] Ebenso *Puth*, EuR 2002, 860 (873 f.).

[2654] EuGH, Urt. v. 12.03.2014, Rs. C-457/12, unveröfftl. (*S. und G.*); s. a. b. Fn. 2792 f.

auch ein gemeinsames Kind hatte, das sie betreute. Der niederländische Staatsangehörige war im EU-Ausland als Arbeitnehmer beschäftigt.

Zunächst stellt der Gerichtshof fest, dass die beiden Referenzpersonen von Frau *G* und Frau *S* in den Anwendungsbereich der Arbeitnehmerfreizügigkeit fallen.[2655] Sodann bestätigt der EuGH die Gültigkeit der zur Dienstleistungsfreiheit ergangenen (und in *S. und G.* zitierten) *Mary Carpenter*-Judikatur grundsätzlich in Bezug auf die Arbeitnehmerfreizügigkeit: Die Versagung eines Aufenthaltsrechtes für einen drittstaatenangehörigen Familienangehörigen eines von seinen Grundfreiheiten Gebrauch machenden Unionsbürgers könne dessen Grundfreiheiten beeinträchtigen, sofern die Versagung eine „abschreckende Wirkung“[2656] habe.[2657] Der Gerichtshof stellt klar, dass die Betreuung des eigenen Kindes durch einen „Verwandte[n] in aufsteigender Linie (…) für sich allein“[2658] nicht genügt, damit eine solche abschreckende Wirkung angenommen werden kann, wobei der EuGH darauf hinweist, dass es in *Mary Carpenter* um den „Ehegatten des Unionsbürgers“[2659] ging. Im Übrigen hat er die Würdigung der beiden Ausgangssachverhalte dem nationalen Gericht überlassen.

Bemerkenswert ist hier Mehreres: Der Gerichtshof hat erstens – trotz der großen Kritik im Schrifttum[2660] – seine (zu) weite *Mary Carpenter*-Judikatur bestätigt. Er signalisiert damit, auch in Zukunft an dieser festzuhalten. Hervorzuheben ist sodann, dass der Gerichtshof die *Mary-Carpenter*-Judikatur auf die Arbeitnehmerfreizügigkeit *überträgt* und sie nicht auf die Dienstleistungsfreiheit reduziert. Dies fügt sich ein in die allgemeine Konvergenztendenz (jedenfalls der personenbezogenen Grundfreiheiten). Auch im Fall *S. und G.* geht es zudem um eine Regelung des *Herkunftsstaates*.

Während er in *Carpenter* das Vorliegen einer Beeinträchtigung der Dienstleistungsfreiheit noch in sehr weiter und etwas kryptischer Weise mit dem Bestehen von „Hindernissen“ und „nachteiligen Auswirkungen“[2661] begründet, zu denen die fehlende Aufenthaltserlaubnis führe, verlangt er nun, mit restriktiverer Formulierung eine „abschreckende Wirkung“.

In der Sache deutet er nun vorsichtige *Grenzen* seiner *Carpenter*-Rechtsprechung an: Nicht nur belegt dies die einschränkende Formulierung (nach der eine abschreckende Wirkung notwendig sei), auch weist der Gerichtshof explizit darauf hin, dass die Betreuung eigener Kinder durch Verwandte in aufsteigender Linie nicht genüge. Mit der Voraussetzung einer abschreckenden Wirkung schafft der EuGH eine höhere Hürde als mit einem

---

[2655] EuGH (Fn. 2654), Rn. 38 f.
[2656] EuGH (Fn. 2654), Rn. 43.
[2657] EuGH (Fn. 2654), Rn. 40–44.
[2658] EuGH (Fn. 2654), Rn. 43.
[2659] EuGH (Fn. 2654), Rn. 43.
[2660] S. in Fn. 2647.
[2661] S. b. Fn. 2641–.

Spürbarkeitskriterium. Doch wird dies insofern relativiert, als die *gesamte Fallgruppe* schon *sehr weit entfernt* ist vom Vorgang der Dienstleistungserbringung bzw. von der Arbeitstätigkeit und es um sensible Kompetenzen der Mitgliedstaaten geht. Es ist schon zweifelhaft, ob nicht die gesamte Fallgruppe einem flexiblen Tatbestandskriterium unterfällt und insbesondere als zu ungewiss und zu indirekt gewertet werden sollte. Das Kriterium der abschreckenden Wirkung könnte daher so gedeutet werden, dass der EuGH die *Indirektheit* und *Entferntheit* der Maßnahme dadurch *kompensiert*, dass er eine bloße Beschränkungswirkung nicht genügen lässt, sondern (ausnahmsweise) stärkere Beschränkungswirkungen fordert.

Gleichzeitig bestätigt der EuGH *Carpenter* darin, dass Ehegatten ein Aufenthaltsrecht ableiten können, wenn die berufliche Tätigkeit des mit ihnen verheirateten Unionsbürgers in den Anwendungsbereich einer Grundfreiheit fällt.[2662]

iii) ITC, *11.01.2007*[2663]

Aufgrund der komplexen Rechtsverhältnisse in *ITC* ist es zur genaueren Einschätzung der Reichweite der vom EuGH in *ITC* gemachten Aussagen erforderlich, genau abzugrenzen, wer der Dienstleistungserbringer und wer der Dienstleistungsempfänger ist und wo die Leistung erbracht wird und in welchem Verhältnis mögliche Beschränkungen und Diskriminierungen vorliegen können.

In *ITC* wird ein deutscher Staatsangehöriger durch eine private Arbeitsvermittlung (*ITC*) an einen niederländischen Arbeitgeber vermittelt. *ITC* möchte aufgrund dieser Vermittlung nun einen „Vermittlungsgutschein" bei der Bundesarbeitsagentur einlösen. Das deutsche Sozialgesetzbuch sieht eine Einlösbarkeit des Gutscheins jedoch nur vor, wenn der Vermittelte in eine sozialversicherungspflichtige Beschäftigung *im Geltungsbereich des Gesetzes*, das heißt *auf deutschem Staatsgebiet*, vermittelt wurde.

Bevor der Gerichtshof genauer auf die Natur der Beschränkung eingeht, repetiert er die Formel, dass die Dienstleistungsfreiheit nicht nur *Diskriminierungen* des Empfangsstaates (d. h. Zielstaates) verbiete, sondern auch unterschiedslose Beschränkungen.[2664] Der EuGH geht sodann auf seine st. Rspr. ein, wonach sich ein Dienstleistungserbringer auch gegenüber seinem Ansäs-

---

[2662] Die jüngst entschiedene Rs. *Dogan* (EuGH, Urt. v. 10.07.2014, Rs. C-138/13, unveröfftl.) ist dagegen nicht aufschlussreich, weil sie mit den beiden vorgenannten Entscheidungen nicht vergleichbar ist: Es geht dort erstens um eine Zielstaatskonstellation. Zweitens lag eine Diskriminierung vor.

[2663] EuGH, Urt. v. 11.01.2007, Rs. C-208/05, Slg. 2007, I-213 (*ITC*); s. a. Generalanwalt *Léger*, Schlussanträge v. 05.10.2006, Rs. C-208/05 (*ITC*); vgl. auch *Giesen/Ricken*, NZA 2007, 318.

[2664] EuGH (Fn. 2663), Rn. 55.

sigkeitsstaat auf die Dienstleistungsfreiheit berufen könne, wenn er an einen Empfänger leiste, der in einem anderen Mitgliedstaat ansässig sei.[2665]

Der Gerichtshof qualifiziert die Nichteinlösbarkeit des Vermittlungsgutscheins bei einer Vermittlung in das EU-Ausland als „Beschränkung der Dienstleistungsfreiheit“[2666] – bzw. die Nichteinlösbarkeit könne den Dienstleistungsempfänger „beeinträchtigen“[2667]. Die Dienstleistungserbringung des Arbeitsvermittlers wird insofern behindert, als er seine Dienstleistung nur mit einem bestimmten Produktinhalt bzw. an einem bestimmten Produktort anbieten kann, d. h. nur an Arbeitgeber im Inland.[2668] Generalanwalt *Léger* hatte das Vorliegen einer Beschränkung noch mit dem Argument abgelehnt, eigentlich werde der Arbeitsvermittler gar nicht behindert, weil er auch bei einer Vermittlung in das EU-Ausland noch zivilrechtlich auf den Arbeitssuchenden als Schuldner zurückgreifen könne.[2669] Der EuGH weist darauf hin, dass die Agentur *ITC* nur dann sichergehen könne, für ihre Vermittlungsleistung auch bezahlt zu werden, wenn sie an einen *inländischen* Arbeitgeber vermittelt.[2670]

Fraglich ist, ob es sich in *ITC* um einen *Exportsachverhalt* handelt: Der Arbeitsvermittler *ITC* ist der *Dienstleistungserbringer.*[2671] *Dienstleistungsempfänger* sind die vermittelten *Arbeitnehmer.*[2672] Es könnte sich daher um einen (reinen) *Inlandssachverhalt* handeln. Es besteht insofern ein grenzüberschreitender Bezug, als eine Vermittlung *in das EU-Ausland* (Produktort) weniger attraktiv gemacht wird. Gleichwohl ist Deutschland mit Blick auf Erbringer und Empfänger der Dienstleistung Export- *und* Importstaat.

Auch aus anderen Gründen ist zweifelhaft, ob und inwiefern Schlussfolgerungen aus *ITC* in Bezug auf den Schutz vor unterschiedslosen Dienstleistungsexportbeschränkungen abgeleitet werden können:[2673] Es liegt offensichtlich ein *diskriminierendes Moment* vor,[2674] auch wenn dieses nicht im Ver-

---

[2665] EuGH (Fn. 2663), Rn. 56.

[2666] EuGH (Fn. 2663), Rn. 57.

[2667] EuGH (Fn. 2663), Rn. 58.

[2668] EuGH (Fn. 2663), Rn. 57.

[2669] Generalanwalt *Léger* (Fn. 2663), Rn. 128–130. Das Argument von GA *Léger* entbehrt nicht jeder Plausibilität: Würden Vermittlungsgutscheine nicht existieren, wäre der Vermittler sowieso auf den zivilrechtlichen Weg verwiesen. Der Vermittlungsgutschein stellt eine Leistung dar, zu die der Staat *nicht verpflichtet* ist. Die *generelle* Nichtgewährung dieser Leistung stellt folglich keine Beschränkung der Dienstleistungsfreiheit dar. Dann erscheint es aber nur schwer begründbar, eine teilweise (Nicht-)Gewährung als (nicht diskriminierende) Beschränkung der Dienstleistungsfreiheit einzuordnen.

[2670] EuGH (Fn. 2663), Rn. 59: „ohne Zahlungsausfälle [durch den Arbeitssuchenden] zu riskieren“.

[2671] EuGH (Fn. 2663), Rn. 54, 59.

[2672] EuGH (Fn. 2663), Rn. 58.

[2673] AA *Randelzhofer/Forsthoff*, in: Grabitz/Hilf/Nettesheim, Art. 56/57 AEUV Rn. 167 Fn. 373; *Szydło*, CMLR 47 (2010), 753 (765 f.).

[2674] Vgl. Generalanwalt *Léger* (Fn. 2663), Rn. 133: „Ungleichbehandlung“.

hältnis Dienstleistungserbringer – Dienstleistungsempfänger gegeben ist: EU-ausländische Arbeitgeber, die nicht die Dienstleistungsempfänger darstellen, haben von vorneherein erheblich schlechtere Chancen, dass ein deutscher Arbeitnehmer an sie vermittelt wird. *ITC* wird versuchen eine Vermittlung in das Inland zu erreichen, um das Risiko von Zahlungsausfällen zu minimieren (das ja gerade bei Arbeitssuchenden erhöht ist). Sodann lag mit Blick auf die Arbeitnehmerfreizügigkeit schon eine Diskriminierung vor.[2675] Auf die Dienstleistungsfreiheit kam es mithin nicht mehr an.

jjj) United Pan Europe, *13.12.2007*[2676]

In *United Pan Europe* wurde Betreibern von Kabelübertragungsnetzen im Gebiet Brüssel-Hauptstadt eine Übertragungspflicht für bestimmte Kanäle zu dem Zwecke auferlegt, ein pluralistisches Programmangebot sicherzustellen. Dabei kam dem Umstand Bedeutung zu, dass die Kabelfernsehnetze nur eine bestimmte Bandbreite von ungefähr 40 Kanälen besitzen, von denen ungefähr 20 für diejenigen Rundfunkveranstalter reserviert waren, für die eine Übertragungspflicht bestand. Folglich mussten sich diejenigen Rundfunkveranstalter, die nicht unter die Übertragungspflicht fallen, einem harten Wettbewerb um die verbleibenden 20 Kanäle stellen.[2677]

Kläger des Ausgangsverfahrens waren die Kabelnetzbetreiber, deren Dienstleistung darin bestand, den Rundfunkveranstaltern ihre Netze zur Verfügung stellen. Aus Sicht der dienstleistenden Kabelnetzbetreiber stellten sich die Regelungen als *herkunftsstaatlich* dar. Die Dienstleistung der Rundfunkveranstalter bestand in der Ausstrahlung von Sendungen. Aus Sicht der Rundfunkveranstalter war die Regelung folglich eine *zielstaatliche*.

Der Gerichtshof scheint maßgeblich auf die Situation der *Rundfunkveranstalter* abzustellen, da er nur die Rundfunkveranstalter als Dienstleistungserbringer bezeichnet[2678] und sich in seiner Subsumtion nur auf die Auswirkungen für den Markt*zugang* der Rundfunkveranstalter bezieht.[2679]

Im Übrigen wäre die faktische Diskriminierung der Rundfunkveranstalter, die darin läge, dass die privilegierten Unternehmen ausschließlich im Inland ansässig wären,[2680] in ihrer Kehrseite eine Export*diskriminierung* der Kabelnetzbetreiber.

Szydło leitet dagegen aus den Urteilsausführungen in *United Pan Europe* ab, dass der EuGH ein Verbot unterschiedsloser Dienstleistungsexportbe-

---

[2675] EuGH (Fn. 2663), Rn. 31–36.

[2676] EuGH, Urt. v. 13.12.2007, Rs. C-250/06, Slg. 2007, I-11149 (*United Pan Europe*).

[2677] Generalanwalt *Maduro*, Schlussanträge v. 25.10.2007, Rs. C-250/06, Slg. 2007, I-11138, Rn. 10.

[2678] EuGH (Fn. 2676), Rn. 33.

[2679] EuGH (Fn. 2676), Rn. 34.

[2680] So ausdrücklich der EuGH (Fn. 2676), Rn. 37.

schränkungen bejahe.[2681] In der ersten der drei Randziffern, auf die *Szydło* abstellt, stellt der Gerichtshof klar, dass auch unterschiedslose Beschränkungen des Zielstaates erfasst werden (Rn. 29).[2682] Zweitens führt er aus, dass es unzulässig sei, die Erbringung von Dienstleistungen zwischen Mitgliedstaaten gegenüber der Erbringung von Dienstleistungen innerhalb eines Mitgliedstaates zu erschweren (Rn. 30).[2683] Sodann verweist er darauf, dass die Dienstleistungsfreiheit „Danach" (also nach dem davor Gesagten in Rn. 29, 30) auch gegenüber dem Ansässigkeitsstaat „in Anspruch genommen werden"[2684] könne (Rn. 31). Fraglich ist, ob sich dieses „Danach" auf Rn. 29 und Rn. 30 oder nur auf Rn. 30 bezieht. Naheliegender erscheint, dass es sich nur auf Zweiteres bezieht, da Rn. 29 ausdrücklich auf eine Zielstaatskonstellation referiert und Rn. 30 sowohl auf einen Exportsachverhalt als auch einen Importsachverhalt bezogen werden kann.

Im Ergebnis kann aus der vorliegenden Rechtssache weder ein Argument für noch gegen eine Aufrechterhaltung des Verbotes auch nicht diskriminierender Beschränkungen des Ansässigkeitsstaates abgeleitet werden, weil der EuGH sich in seiner Prüfung auf die importstaatliche Diskriminierung konzentriert hat und das formale Argument *Szydłos* ebenfalls mit Zweifeln behaftet ist.

kkk) Berlington Hungary u. a., *11.06.2015*[2685]

In *Berlington Hungary u. a.* ging es um in Spielhallen betriebene Glücksspielautomaten, deren Besteuerung 2011 zunächst sehr stark erhöht wurde (eine Steuer wurde verfünffacht). 2012 wurde der Betrieb der Automaten in Spielhallen dann ganz verboten (im Gegensatz zu dem Betrieb in Spielkasinos).

Der Gerichtshof prüft die Regelung ausschließlich am Maßstab von Art. 56 AEUV und nicht von Art. 34 AEUV.[2686] Auf den Einwand der ungarischen Regierung hin, dass es an einem grenzüberschreitenden Sachverhalt fehle, antwortet der Gerichtshof, dass die ungarischen Spielhallen auch von *Touristen* besucht würden.[2687] Es handelt sich hierbei um eine *Export*konstellation (der Dienstleistungserbringer ist in dem Mitgliedstaat ansässig, der die gerügte Regelung erlassen hat). Der Gerichtshof hält es zugleich für *denkbar*, dass mit Blick auf möglicherweise in Bezug auf Ungarn niederlassungswillige

[2681] *Szydło*, CMLR 47 (2010), 753 (765 f.).
[2682] EuGH (Fn. 2676), Rn. 29.
[2683] EuGH (Fn. 2676), Rn. 30.
[2684] EuGH (Fn. 2676), Rn. 31.
[2685] EuGH (Fn. 1944) – *Berlington Hungary u. a.*
[2686] EuGH (Fn. 1944), Rn. 29 ff.
[2687] EuGH (Fn. 1944), Rn. 25.

EU-Ausländer auch eine *Zielstaats*konstellation vorliegt.[2688] Da einheimische Anbieter *sicher* betroffen, EU-ausländische dagegen nur *möglicherweise* belastet wären, sollte der Fall in erster Linie als *Exportkonstellation* gewertet werden. In seinen weiteren Urteilsausführungen differenziert der Gerichtshof nicht zwischen Zielstaats- und Herkunftsstaatsdimension der Dienstleistungsfreiheit.

Den Beeinträchtigungsmaßstab charakterisiert der Gerichtshof mittels einer extensiven Formulierung,[2689] die der *Gebhard*-Formel nahekommt. Gleichzeitig betont der EuGH jedoch, dass „zusätzliche Kosten"[2690] allein für die Annahme einer Beschränkung der Dienstleistungsfreiheit nicht genügten. Eine *erdrosselnde*, einem *Verbot nahekommende* Besteuerung hält der Gerichtshof dagegen für rechtfertigungsbedürftig.[2691] D. h., nationale Regelungen, die derart nachteilig sind, dass sie den Dienstleistungsexport *verunmöglichen* bzw. *versperren* (also einem Produktions*verbot* gleichkommen), stellen eine Beschränkung der Dienstleistungsfreiheit dar. Der applizierte Maßstab scheint also ein eher *restriktiver* zu sein. Doch ist vorliegend zu berücksichtigen, dass es sich um eine Regelung auf dem sensiblen Gebiet des *Steuerrechts* handelt,[2692] das der Gerichtshof für gewöhnlich nur einer zurückhaltenden (meist nur auf Diskriminierungen abstellenden) Grundfreiheitenkontrolle unterzieht. Dies erschwert eine Generalisierung der getroffenen Aussagen. Mit Blick auf den spezifischen steuerrechtlichen Kontext spricht jedoch vieles dafür, dass der EuGH im Gegenteil einen *extensiven* Maßstab angelegt hat (da nicht nur das Vorliegen einer Diskriminierung geprüft wurde).

Sodann hat der Gerichtshof konsequenterweise das 2012 erlassene bedingungslose *Verbot* des Betriebs von Spielautomaten in Spielhallen als „Hindernis"[2693] qualifiziert.

Die Entscheidung lässt sich ohne Mühe auf Art. 35 Alt. 2 AEUV übertragen: Auch im Kontext des Warenhandels kommt es häufig vor, dass Touristen oder grenznah Wohnende in andere Mitgliedstaaten reisen und dort Waren erwerben, was rechtlich als Warenexport einzuordnen ist (z. B. Einkauf von Benzin in Luxemburg oder Nahrungsmittel in Polen durch Deutsche). Auch eine *erdrosselnde Besteuerung* – z. B. im Bereich des Umwelt- oder Tabakrechts – ist mit Blick auf Waren denkbar. Aber auch andere die Ausfuhr stark verteuernde Produkt- und Produktionsregelungen sind vorstellbar (z. B. sehr hohe sicherheitstechnische Standards).

[2688] EuGH (Fn. 1944), Rn. 27: „lässt sich keineswegs ausschließen".
[2689] EuGH (Fn. 1944), Rn. 35.
[2690] EuGH (Fn. 1944), Rn. 36.
[2691] EuGH (Fn. 1944), Rn. 39 ff.
[2692] EuGH (Fn. 1944), Rn. 34.
[2693] EuGH (Fn. 1944), Rn. 51.

dd) Fazit

aaa) Zusammenfassung und Interpretation

(1) Diskriminierungskonstellationen

Der EuGH hat in Bezug auf herkunftsstaatliche Maßnahmen schon früh ein Verbot *vorgangsbezogener* Diskriminierung anerkannt (*Corsica Ferries I*, *Kommission/Frankreich*). Aufgrund der *Produktbezogenheit* eines vorgangsbezogenen Diskriminierungskriteriums wird die Dienstleistungsfreiheit hierdurch in die Nähe der *Warenverkehrsfreiheit* gestellt.[2694] *Offene* Diskriminierungen sind nach dieser st. Rspr. ohne jeden Zweifel verboten (*Corsica Ferries I*, *Kommission/Frankreich*). Komplexer stellt sich die Lage (bereits) mit Blick auf die Fallgruppe *faktischer* Diskriminierung dar: *Offensichtliche* und *klassische* Fälle faktischer Diskriminierung ähnlich den Wohnsitzerfordernissen hat der EuGH zwar ebenfalls für verboten erklärt.[2695] In *Peralta* jedoch wandte der EuGH (ohne Begründung) die *Groenveld*-Formel auf eine faktisch diskriminierende Regelung an und lehnte eine Maßnahme gleicher Wirkung mangels Vorliegen der spezifischen *Groenveld*-Voraussetzungen ab (obwohl GA *Lenz* auf der Grundlage der *Groenveld*-Formel zum gegenteiligen Ergebnis gekommen war). Auch in (dem 7 Monate vor *Alpine Investments* entschiedenen Fall) *Kommission/Frankreich* legte der EuGH die *Groenveld*-Voraussetzungen zugrunde. Diese ältere – vor *Alpine Investments* ergangene – Judikatur korrespondiert mit der Rechtsprechung zu Art. 35 Alt. 2 AEUV (vor Ergehen des Urteils *Gysbrechts*), den er in Bezug auf *faktische* Diskriminierungen ebenfalls *eng* ausgelegt hat. In der nach *Alpine Investments* ergangenen Entscheidung *Sea-Land* scheint dagegen ein *extensiveres* Verständnis vom Verbot faktischer Diskriminierung durch, was mit Blick auf die zwischenzeitlich stattgefundene Rechtsprechungsänderung in *Alpine Investments* auch folgerichtig ist.

(2) Unterschiedslose Beschränkungen vor Alpine*, in* Alpine *und nach* Alpine

Die st. Rspr. zur Dienstleistungsfreiheit lief bis zu *Alpine Investments*[2696] parallel mit der st. Rspr. zu Art. 35 Alt. 2 AEUV.[2697] *Alpine Investments* markiert daher eine Zäsur: Seit *Alpine* ist das Vorliegen der *Groenveld*-Elemente nicht mehr notwendige Bedingung für die Annahme einer exportstaatlichen Beschränkung der Dienstleistungsfreiheit. Auch diskriminierungslose Maßnahmen des Exportstaates können die Dienstleistungsfreiheit beschränken,

---

[2694] *Hatzopolous*, CMLR 37 (2000), 43 (59 f.).
[2695] Etwa in EuGH (Fn. 2546) – (*Corsica Ferries II*).
[2696] EuGH (Fn. 2488).
[2697] Ebenso *Torgersen*, E. B. L. R. 1999, 371 (381).

wenn eine „unmittelbar[e] Beeinflussung des Marktzugangs"[2698] vorliegt. Wann *genau* der Marktzugang in diesem Sinne beschränkt wird, bleibt im *Alpine*-Judikat unklar.[2699] Dafür, dass nach dem *Alpine Investments*-Maßstab auch wettbewerbsbenachteiligende herkunftsstaatliche *Produktregelungen* (und nicht nur Vermarktungsregelungen) eine Beschränkung darstellen können, spricht, dass es im Rahmen der Dienstleistungsfreiheit vielfach[2700] (noch) schwierig(er als bei der Warenverkehrsfreiheit) ist, zwischen vertriebs- und produktbezogenen Regelungen zu unterscheiden. Produkt und Vermarktung gehen nicht selten ineinander über.[2701] Es erscheint z. B. vertretbar, die telefonische Kontaktaufnahme in *Alpine Investments* als „ersten Schritt zur Finanzdienstleistung"[2702] anzusehen. Andererseits gilt diese Feststellung nicht ausnahmslos, sondern sie ist abhängig von der Art des konkreten Dienstleistungsproduktes.[2703]

Der in *Alpine* zum Ausdruck gekommene Grundansatz, auch (bestimmte) unterschiedslose Dienstleistungsexportbeschränkungen zu prüfen, wurde seitdem nicht nur mehrfach bestätigt, sondern in der Folgerechtsprechung auch ausgebaut (*ARD*, *Gourmet*, *Sea-Land*, *Mary Carpenter*). Dabei wurden weitere exportrelevante *Fallgruppen* einem Beschränkungstest unterzogen. In den nach *Alpine* entschiedenen Rechtssachen differenziert der Gerichtshof nicht zwischen verschiedenen *Regelungsarten*, etwa nach Produktregelungen, Produktionsregelungen[2704] und Vermarktungsregelungen (oder ähnlichen Konzepten). Insbesondere in *Mary Carpenter* hat er eine „Produktionsregelung" (unter diese Gruppe fällt das gesamte Umgebungsrecht, inklusive Zulassungsrecht[2705]) als Beschränkung qualifiziert, die weit entfernt war vom Prozess der Erzeugung und Vermarktung der Dienstleistung. In der die Arbeitnehmerfreizügigkeit betreffenden, aber parallel zu *Carpenter* liegenden Rs. *S. und G.* hat der EuGH die *Carpenter*-Judikatur fortgesetzt und – *zurückhaltend* – Grenzen angedeutet.[2706] In *ARD* und *Gourmet* ging es um *Produktionsverbote*, die die verfahrensgegenständlichen Regelungen – mit Blick auf die Betroffenheit der legitimen exportstaatlichen Interessen – mit *Produk-*

[2698] S. b. Fn. 2499.

[2699] S. b. Fn. 2557 ff.

[2700] Dies trifft allerdings nicht immer zu, wie das Beispiel einer Fernsehwerbung für Versicherungen zeigt, hierzu *Heimann*, 157.

[2701] Ebenso *Brigola*, 152; *Heimann*, 157; *Kort*, JZ 1996, 132 (136); *Mojzesowicz*, 107; *Simm*, 187; *Snell*, 94; *Torgersen*, E. B. L. R. 1999, 371 (379).

[2702] *Brigola*, 152.

[2703] Besonders schwierig ist die Einordnung bei „Rechtsprodukten" wie Versicherungen, vgl. nur *Roth*, in: Honsell, EurVersR Rn. 43.

[2704] Nach *Körber*, 340 ff.; *Roth*, in: Dauses, E. I Rn. 185 f.; *ders./Oliver*, CMLR 41 (2004), 407 (419) indes sollten Produktionsregelungen – bis auf die Fälle diskriminierender Ausgestaltung – *nie* eine Beschränkung darstellen.

[2705] Vgl. *Körber*, 340 ff.; *Roth*, in: Andenas/Roth, 1 (22).

[2706] S. b. Fn. 2656 ff.

tionsregelungen vergleichbar machen. Und in *Berlington Hungary u. a.* hat der Gerichtshof sogar eine unterschiedslose *steuerrechtliche* Regelung als Beschränkung eingestuft. Es scheint sowohl in der Wortwahl (*ARD*, *Gourmet*, *Sea-Land*, *Mary Carpenter*) als auch in der Sache – also mit Blick auf die als Beschränkung eingestuften mitgliedstaatlichen Maßnahmen (*ARD*, *Mary Carpenter*, *S. und G.*) – ein *extensives* Verständnis des an die Ansässigkeitsstaaten gerichteten Beschränkungsverbots durch. Mit Ausnahme des besonders gelagerten Falles *S. und G.* hat der Gerichtshof keinen Gebrauch gemacht von Spürbarkeits-, de minimis-, Direktheits- oder ähnlichen flexiblen Kriterien.[2707] Dass der EuGH ein solches Kriterium in *S. und G.* verwandt hat (indem er das Vorliegen einer „abschreckende[n] Wirkung“[2708] gefordert hätte), wird insofern relativiert, als die *gesamte Fallgruppe* schon *sehr weit entfernt* ist vom Vorgang der Dienstleistungserbringung bzw. Arbeitstätigkeit und in sensible Kompetenzen der Mitgliedstaaten eingreift. Die Fallgruppe könnte somit *insgesamt* schon einem der genannten flexiblen Kriterien unterfallen (insbesondere zu *mittelbar* sein).

Während der EuGH Wettbewerbsgleichheitserwägungen in *Peralta* explizit für unbeachtlich erklärte, dürfte das Vorliegen einer erheblichen *Wettbewerbsungleichheit* in *Alpine Investments* zumindest mitursächlich dafür gewesen sein, dass der EuGH dort eine Beschränkung angenommen hat.[2709] Auf der anderen Seite übernimmt der EuGH in *Alpine* ausdrücklich kein Wettbewerbsgleichheitskonzept. Es handelt sich dort nur um *einen* auslegungsrelevanten Faktor (von mehreren). Das Engagement von Generalanwalt *Jacobs*, der (in *Alpine Investments*, *ARD*, *Gourmet*) konstant dafür plädiert hat, auch unterschiedslose Beschränkungen am Maßstab der Dienstleistungsfreiheit zu messen, dürfte die Judikatur maßgeblich geprägt gehabt haben. GA *Jacobs* rekurrierte in *ARD* ebenfalls auf Wettbewerbsgleichheitserwägungen.

bbb) Parallelbetrachtung mit Art. 35 Alt. 2 AEUV

Die Warenverkehrsfreiheit und die Dienstleistungsfreiheit regeln den Handel mit den *Resultaten* des Einsatzes von Produktionsfaktoren.[2710] Sie können beide auch Vorleistungen darstellen für die Erzeugung neuer (Waren- und

---

[2707] Ob der EuGH in *Corsica Ferries III* ein entsprechendes Kriterium auf die Dienstleistungsfreiheit anwendet, erscheint zwar naheliegend, jedoch kann dies nicht mit Sicherheit festgestellt werden, s. b. Fn. 2586 f.

[2708] S. b. Fn. 2656 ff.

[2709] Vgl. *Körber*, 340 ff.; *Roth/Oliver*, CMLR 41 (2004), 407 (419); eine diesbezügliche Inkohärenz der Rspr. annehmend *Englisch*, 215.

[2710] *Jensch*, 219.

Dienstleistungs-)Produkte. Als *Produktverkehrsfreiheiten* bestehen zwischen ihnen *strukturelle Gemeinsamkeiten*.[2711]

Die scharfe Abgrenzung *Hilsons*, dass beide Grundfreiheiten insofern verschieden seien, als bei der Warenausfuhr im Gegensatz zum Dienstleistungsexport auch legitime Interessen des Herkunftsstaates berührt sein könnten, überzeugt nicht:[2712] Es lassen sich sowohl Fälle bei der Dienstleistungsfreiheit denken, in denen die Interessen des Herkunftsstaates tangiert sind – etwa die in *Alpine Investments* angeführte Funktionsfähigkeit des heimischen Finanzsystems, der Schutz vor Alkoholwerbung in *Gourmet* oder die Beschränkung von Glücksspiel in *Berlington Hungary u. a.* –,[2713] als auch Fälle bei der Warenausfuhrfreiheit, in denen ausschließlich die Interessen des Zielstaates berührt sind – etwa bei Produktdefinitionen[2714] wie in *Jongeneel Kaas*. Es mag warenexportspezifische Regelungen geben, die im Kontext einer Dienstleistung nicht oder kaum vorstellbar sind und dem Schutz herkunftsstaatlicher Interessen dienen, z. B. für eine Produktionsstätte geltende Umweltvorschriften. Doch ist auch der umgekehrte Fall denkbar: In Bezug auf Dienstleistungen besteht z. B. eine größere Gefahr, dass Reimportverbote (d. h. für den Inlandsvertrieb geltende Produktregelungen) aufgrund der immateriellen Natur von Dienstleistungen nicht effektiv durchgesetzt werden können (z. B. bei Computerprogrammen, deren „Ein-“ und „Ausfuhr“ kaum kontrollierbar ist). Ein weiteres Beispiel für eine die herkunftsstaatlichen Interessen belastende „Produktionsregelung“ im Dienstleistungssektor sind „*Carpenter*-Konstellationen“. *Hilsons* These trägt im Übrigen auch dort nicht, wo es mit Blick auf die Betroffenheit herkunftsstaatlicher Interessen keinen Unterschied macht, ob eine Ware oder eine Dienstleistung gehandelt wird, wie beim Verbot des cold calling in *Alpine Investments*.

In Bezug auf beide Grundfreiheiten können ausnahmsweise berührte Interessen des Herkunftsstaates auf der Rechtfertigungsebene geltend gemacht werden.

Fraglich ist, welche Schlussfolgerungen aus dem Gesagten für die Auslegung von Art. 35 Alt. 2 AEUV gezogen werden können. Die zur Dienstleis-

---

[2711] Vgl. nur *Classen*, EWS 1995, 97 (101); *Drasch*, 199 ff., 362; *Heimann*, 144 f.; *Jarass*, EuR 1995, 202 (205); *Meyer*, GRUR Int. 1996, 697 (706); *Puth*, EuR 2002, 860 (873); *Roth*, in: Reichert-Facilides/Jessurun d'Oliveira, 59 (65); *ders./Oliver*, CMLR 41 (2004), 407 (440); *ders.*, EWS 2013, 16 (23); *Schöne*, RIW 1989, 450 (452 f.); vgl. auch *Eeckhout*, E. B. L. R. 1998, 267 (271); *Roth*, in: Dauses, E. I Rn. 4; differenzierend *Torgersen*, E. B. L. R. 1999, 371 (379 f.).

[2712] *Hilson*, E. L. Rev. 24 (1999), 445 (459). A.A. wie hier *Snell*, 109.

[2713] Ebenso *Snell*, 109.

[2714] Produktregelungen können zwar zum Ziel haben, den guten Ruf der heimischen Exportindustrie zu schützen, doch stellt dies nach hier vertretener Auffassung kein legitimes Ziel dar; es darf hier nur auf (weniger eingriffsintensive) Kennzeichnungsregelungen zurückgegriffen werden, s. umf. b. Fn. 4115 ff.

tungsfreiheit ergangene Auslegung muss jeweils *interpretiert* und an die Warenausfuhr *angepasst* werden. Übertragen wird dabei die *Wertung* (etwa welche Bedeutung der Handelsfreiheit im Vergleich zu den mitgliedstaatlichen Kompetenzen beigemessen wird).[2715] Dagegen wird es nur selten möglich sein, *fallspezifische* Wertungen zu übertragen (denkbar ist dies ausnahmsweise bei Regulierungen oder Verboten von Vermarktungspraktiken, die sowohl für Waren als auch für Dienstleistungen eingesetzt werden). Eine Parallelbetrachtung mit der Judikatur zur Dienstleistungsfreiheit spricht zunächst für die ganz grundsätzliche Schlussfolgerung, Art. 35 Alt. 2 AEUV extensiv(-er) auszulegen.[2716] Strukturell-funktionale Unterschiede, die eine derart abweichende Auslegung von Art. 35 Alt. 2 AEUV wie die gegenwärtige rechtfertigen könnten, sind nicht ersichtlich geworden.

Übertragen werden könnte des Weiteren die Tendenz des Gerichtshofs, *keine Fallgruppe ex ante* von einem Verbot unterschiedsloser Beschränkungen des Exportstaates auszuklammern und stets abzustellen auf die im *Einzelfall* zu gewärtigende *Wirkung* auf das grenzüberschreitende Geschäft. Dabei ist zu berücksichtigen, dass der Gerichtshof im Bereich des Dienstleistungsexports – wie gezeigt – auch Regelungen einer Kontrolle unterzieht, die dem Schutz legitimer Interessen der Mitgliedstaaten dienen. Dies spricht dafür, auch Regelungen einer Kontrolle nach Art. 35 Alt. 2 AEUV zu unterziehen, die zum Schutz legitimer mitgliedstaatlicher Interessen beitragen (z. B. Produktionsregelungen). Dann können bei Art. 35 Alt. 2 AEUV erst recht Regelungen kontrolliert werden, die keine legitimen Interessen des Exportstaates betreffen (wie Produktregelungen).

[2715] Vgl. *Torgersen*, E. B. L. R. 1999, 371 (382).

[2716] Für eine Parallelauslegung der Warenverkehrs- und Dienstleistungsfreiheit generell oder in bestimmten Fällen plädierend *Brigola*, EuZW 2009, 479 (482 f.); *Fetsch*, 96 f.; *Leible*, EuZW 2001, 253 (254 f.); *Mortelmans*, in: Kapteyn/McDonnell/Mortelmans/Timmermans/Geelhoed, 643 f.; *Puth*, EuR 2002, 860 (870); *Roth*, in: Tridimas/Nebbia (48); *ders.*, in: Reichert-Facilides/Jessurun d'Oliveira, 59 (65); *ders.*, CMLR 47 (2010), 509 (520); *Safari*, ZEuP 2011, 706 (714 f.); *Schöne*, RIW 1989, 450 (452 f.); *Szydło*, CMLR 47 (2010), 753 (779 f.); *Weatherill*, CMLR 33 (1996), 885 (901–904); vgl. auch *Europäische Kommission*, Der freie Warenverkehr, 26; *Hatzopolous*, CMLR 37 (2000), 43 (70); *Oliver/Enchelmaier*, CMLR 44 (2007), 649 (686); *Roth*, in: GS Lüderitz, 635 (655); *Tesauro*, YEL 15 (1995), 1 (16). A.A. z. B. *Hilson*, E. L. Rev. 24 (1999), 445 (459, 462); für eine Parallelauslegung allerdings unter Beibehaltung der *Groenveld*-Formel *Bernard*, ICLQ 45 (1996), 82 (107); Generalanwalt *Lenz* (Fn. 2442), Rn. 85, 89, 93 (*Peralta*). *Daniele*, E. L. Rev. 22 (1997), 191 (198 ff.) kritisiert schon die Rspr. zur Dienstleistungsfreiheit und möchte an *Groenveld* festhalten. So weist *Greaves* darauf hin, dass nach dem Judikat in *Alpine Investments* manche Autoren sogar davon ausgegangen sind, dass die *Groenveld*-Rspr. auch für Art. 35 AEUV überholt sei, s. E. L. Rev. 23 (1998), 305 (313 Fn. 44); vgl. in diesem Zusammenhang d. Schlussanträge von GA *Elmer* in *Job Centre* in Fn. 3179.

Der Gerichtshof hat seiner Kontrollbefugnis innerhalb seiner Rspr. zur Dienstleistungsfreiheit zwar Grenzen gesetzt. Doch handelt es sich hierbei nur um *zurückhaltende* Tatbestandsbegrenzungen.

In seinem Judikat zur Rs. *S. und G.* stellt der EuGH innerhalb seiner Tatbestandskonzeption einen unausgesprochenen Zusammenhang her: Aufgrund der schwachen Verbindung des verfahrensgegenständlichen Sachverhalts zum Substrat der Dienstleistungsfreiheit – der Erzeugung und Vermarktung von Dienstleistungen – verlangt der EuGH eine *höhere Beschränkungsschwelle* (nämlich das Vorliegen einer „abschreckenden Wirkung" anstelle einer bloßen Beschränkung oder Spürbarkeit). Daraus könnte in Bezug auf Art. 35 Alt. 2 AEUV schlussgefolgert werden, dort, wo mitgliedstaatliche Kompetenzen nur oberflächlich berührt werden oder die Verbindung zum Substrat von Art. 35 Alt. 2 AEUV nur schwach ist, ebenfalls eine *starke Spürbarkeit* (oder ähnlich hohe Anforderungen) zu verlangen: Solches kommt speziell in Bezug auf (bestimmte) Produktionsregelungen in Betracht.

Mit Blick auf die Rolle, die Wettbewerbsungleichheiten bei der Entwicklung des Beschränkungsstandards der Dienstleistungsfreiheit gespielt haben,[2717] könnte das Vorliegen einer Wettbewerbsungleichheit in Bezug auf Art. 35 Alt. 2 AEUV als *Anhaltspunkt* dafür gewertet werden, dass eine Warenexportbeschränkung vorliegt.

b) Arbeitnehmerfreizügigkeit

Im Kontext der Arbeitnehmerfreizügigkeit gibt es zwar nur wenige Entscheidungen, die (eindeutig) nicht diskriminierende Wegzugskonstellationen betreffen.[2718] Doch hat der EuGH trotz der geringen Anzahl der auswertbaren Judikate klar Stellung bezogen und den im Rahmen der Dienstleistungsfreiheit entwickelten Ansatz, unterschiedslose Beschränkungen einzubeziehen, bestätigt.

aa) Moser, *28.06.1984*[2719]

Gegenstand der Rs. *Moser* ist die Frage, ob es gegen Gemeinschaftsrecht verstößt, wenn einem deutschen Staatsangehörigen verwehrt wird, in den Vorbereitungsdienst für das Grundschullehramt einzutreten, weil dieser Mitglied der Deutschen Kommunistischen Partei ist, und ob dieses nicht dessen Möglichkeiten unzulässig einschränkt, den Beruf eines Grundschullehrers in einem anderen Mitgliedstaat auszuüben.

[2717] S. b. Fn. 2709.

[2718] Zur selben Schlussfolgerung gelangend *Jensch*, 208.

[2719] EuGH, Urt. v. 28.06.1984, Rs. 180/83, Slg. 1984, 2540 (*Moser*); s. a. Generalanwalt *Slynn*, Schlussanträge v. 10.04.1984, Rs. 180/83, Slg. 1984, 2549 (*Moser*); *Jensch*, 208 f.

Die Urteilsausführungen besitzen einen äußerst *formalen*, nicht auf die Wirkung der Maßnahme abstellenden Duktus und orientieren sich vollständig an den Schlussanträgen von Generalanwalt *Slynn*[2720]. Grundlage des Judikats ist die Formel, der zufolge ausländische Staatsangehörige sowie eigene Staatsangehörige, die sich in derselben Situation wie ausländische Staatsangehörige befinden, *nicht diskriminiert* werden dürfen.[2721] Es läge hier daher nur ein „rein intern[er]“[2722] Sachverhalt vor.

Die genaue Reichweite des Urteils bleibt in letzter Instanz unklar: Es ist nicht klar, wie entschieden worden wäre, wenn *Moser* nach *beendeter* Berufsausbildung die Berufstätigkeit (im In- und EU-Ausland) verwehrt worden wäre.

Aufgrund der restriktiven *Begründung* kann aus Moser geschlussfolgert werden, dass der Gerichtshof 1984 noch nicht willens war, nicht diskriminierende Regelungen des *Ansässigkeitsstaates* genauer zu überprüfen. Der Normalfall ist ja gerade, dass sich Personen gegen die Regelungen des Ansässigkeitsstaates wehren. Zudem können vor Abschluss der Berufsausbildung nur rein „hypothetisch[e]“[2723] Sachverhalte vorliegen, weil sich der Betreffende ja vor deren Abschluss noch gar nicht um eine konkrete Stellung bewerben kann. Wenn der Gerichtshof also solche Fälle von vorneherein als „hypothetisch“ ausklammert, bedeutet dies, dass ausbildungsbezogene Regelungen generell ausgeklammert werden.

bb) Bosman, *15.12.1995*[2724]

Die Rs. *Bosman* hat wie das *Alpine*-Judikat aus mehreren Gründen große Wellen in der Literatur geschlagen[2725] und ist neben *Alpine* als weiteres ent-

---

[2720] Generalanwalt *Slynn* (Fn. 2719), 2550 f. (*Moser*).

[2721] EuGH (Fn. 2719), Rn. 14, 16.

[2722] EuGH (Fn. 2719), Rn. 15, 19 f.

[2723] EuGH (Fn. 2719), Rn. 18.

[2724] EuGH, Urt. v. 15.12.1995, C-415/93, Slg. 1995, I-5040 (*Bosman*); s. zu Generalanwalt *Lenz*, Schlussanträge v. 20.09.1995, Rs. 415/93, Slg. 1995, I-4930 (*Bosman*) b. Fn. 2758 ff.

[2725] Vgl. nur *Fernandez Martin*, E. L. Rev. 21 (1996), 313; *Frenz*, Bd. 1, Rn. 1907 ff.; *Daniele*, E. L. Rev. 22 (1997), 191 (194 f.); *Davies*, Germ. L. J. 11 (2010), 671 (699 ff.); *Hilf/Pache*, NJW 1996, 1169; *Jensch*, 209 f.; *Kelber*, NZA 2001, 11 f.; *Kingreen*, 132–134; *Körber*, 264 ff.; *Mojzesowicz*, 112 ff.; *von Münch*, NJW 1996, 3324 (3325); *Nettesheim*, NVwZ 1996, 342; *Persch*, NZA 2010, 986 (987 ff.); *Schroeder*, JZ 1996, 254; *Schubert/Jerchel*, EuZW 2010, 687 (688); *Schulte Westenberg*, 89 ff.; *Shuibhne*, E. L. Rev. 27 (2002), 408 (412 f.); *Simm*, 195 ff.; *Snell*, 98 ff.; *ders./Andenas*, Int'l & Comp. Corp. L. J. 2 (2000), 361 (369 ff.); *Szydło*, CMLR 47 (2010), 753 ff., 763 f., 780; *Torgersen*, E. B. L. R. 1999, 371 (384 f.); *Weatherill*, CMLR 33 (1996), 885 (892 ff.); s. a. *Brechmann*, in: Calliess/Ruffert, Art. 45 AEUV Rn. 49 ff.; *Castro Oliveira*, CMLR 39 (2002), 77 (87 ff.); *Classen*, EuR 2004, 416 (425 f.); *Cordewener*, 278 f.; *Defossez*, CDE 2009, 409 (439 f.); *Feiden*, 217 f., 226 f.; *Forsthoff*, in: Grabitz/Hilf/Nettesheim, Art. 45 AEUV Rn. 271;

scheidendes Urteil im Bereich der herkunftsstaatsbezogenen Grundfreiheitenjudikatur anzusehen und daher mit Blick auf Art. 35 Alt. 2 AEUV ebenfalls von fundamentaler Bedeutung. Im Folgenden liegt der Schwerpunkt auf der Frage, ob der EuGH (bestimmte?) diskriminierungslose Regelungen, die den Wegzug beschränken, für rechtfertigungsbedürftig hält und wie er dies begründet.

Nicht relevant ist hier die Frage der unmittelbaren *Drittwirkung* von kollektive Regelungen erlassenden intermediären Gewalten wie Fußballverbänden. Ebenso wenig soll dem Gegenstand der Ausländerklauseln Relevanz zukommen, weil diese *diskriminierende* Regelungen des *Zielstaates* darstellen. Auch der Frage nach einer *Bereichsausnahme* für den Sport soll hier nicht nachgegangen werden.

Es geht im Verfahren um die Zulässigkeit von hier nicht weiter zu behandelnden Ausländerklauseln, nach denen ein Verein nur eine bestimmte Anzahl von Ausländern aufstellen darf, und um Transferregeln, nach denen ein Fußballer von einem Verein nur unter Vertrag genommen werden darf, wenn der neue Verein an den alten Verein eine Transferentschädigung zahlt. Hiergegen wehrten sich der Berufsfußballer *Bosman* und der Fußallverein *Dunkerque*, der *Bosman* unter Vertrag nehmen wollte.

aaa) Ablehnung einer Diskriminierung

Zunächst bedient sich der Gerichtshof einiger Formeln, die speziell auf den Wegzug *in das EU-Ausland*, d. h. auf diskriminierende Regelungen bezogen sind.[2726]

Wichtig ist mit Blick auf die über den Einzelfall hinausgehende Interpretation des *Bosman*-Urteils, dass der Gerichtshof gar nicht erst auf die Versuche des Generalanwaltes[2727] eingeht, doch noch den diskriminierenden Charakter der Transferregeln nachzuweisen.[2728] Im Gegenteil betont er, dass die „in Rede stehenden Transferregeln“[2729] auch für nicht grenzüberschreitende Transfers gelten. Es kann also mit Blick auf die Interpretation und Generalisierung des Urteils nicht eingewandt werden, der EuGH habe über eine faktisch diskriminierende Regelung judiziert, die er nur nicht (eindeutig) als

Hilson, E. L. Rev. 24 (1999), 445 (452, 454); *Hoffmann*, 203 f.; *Kreuschitz*, in: von der Groeben/Schwarze/Hatje, Art. 45 AEUV Rn. 28 ff.; *Oliver/Enchelmaier*, CMLR 44 (2007), 649 (686); *Oliver/Roth*, CMLR 41 (2004), 407 (417); *Roth*, in: Andenas/Roth, 1 (21); *Shuibhne*, 239 f.; *dies.*, E. L. Rev. 27 (2002), 408 (412); *Snell*, CMLR 47 (2010), 437 (444, 451); *ders.*, in: Tridimas/Nebbia, 49 (52 f.); *Solbach*, 215 f.; *Tryfonidou*, E. L. Rev. 35 (2010), 36 (52); *Wölker/Grill*, in: von der Groeben/Schwarze, Art. 45 EGV Rn. 19.

[2726] EuGH (Fn. 2724), Rn. 95 f.

[2727] Generalanwalt *Lenz* (Fn. 2724), Rn. 152–164 (*Bosman*).

[2728] Ebenso *Nettesheim*, NVwZ 1996, 342 (343); *Weatherill*, CMLR 33 (1996), 885 (893).

[2729] EuGH (Fn. 2724), Rn. 98, 103.

solche benannt habe. Das *Bosman*-Judikat unterscheidet sich somit deutlich von der vorherigen Rspr., die nach Auffassung vieler zwar ebenfalls nicht diskriminierende Regelungen zu einer Beschränkung erklärte, aber es vermied, diesbezüglich deutlich Stellung zu beziehen.[2730]

Auch ist hervorzuheben, dass der Gerichtshof bei seiner Diskriminierungsprüfung nicht nur überprüft, ob Regelungen *unabhängig von der Staatsangehörigkeit* gelten,[2731] sondern auch, ob zwischen dem Wegzugs*vorgang* und *vergleichbaren inländischen Vorgängen* diskriminiert wird,[2732] d. h., er prüft nicht nur die Staatsangehörigkeitsdiskriminierung, sondern auch die „Transaktions-“ bzw. „Wegzugsdiskriminierung“.

bbb) Kontrolle diskriminierungsfreier Beschränkungen des Herkunftsstaates

In seinen darauffolgenden subsumtiven Ausführungen zeigt der EuGH, dass er ein Verbot unterschiedsloser Beschränkungen anerkennt, weil er nicht auf eine *Sonderbelastung* für einen Zutritt zu *EU-ausländischen* Arbeitsmärkten abstellt, sondern auf die *länderübergreifenden* Schwierigkeiten des Vereinswechsels.[2733]

Das Transferverbot ist einerseits kein *absolutes*: Es greift nicht ein bei Zahlung der Transferentschädigung. Es ist andererseits für den Arbeitnehmer nicht von diesem selbst beeinflussbar – der aufnehmende Verein muss die Transferentschädigung entrichten.[2734] Mithin kann die Maßnahme als erhebliche Erschwerung oder Beschränkung des Wegzugs bezeichnet werden.

Auf den Einwand des belgischen Fußballverbandes und der UEFA, wonach die *Keck*-Ausnahme berücksichtigt werden müsse,[2735] repliziert der EuGH, dass der Zugang zum Arbeitsmarkt der anderen Mitgliedstaaten „unmittelbar beeinfluss[t]“[2736] werde. Damit greift der EuGH – wie zuvor schon Generalanwalt *Lenz* in seinen Schlussanträgen[2737] – eine Formulierung auf, die er schon im Urteil *Alpine Investments* benutzt hatte,[2738] und zitiert dieses

---

[2730] Vgl. *Fernandez Martin*, E. L. Rev. 21 (1996), 313 (321); *Hilf/Pache*, NJW 1996, 1169 (1172); *Nettesheim*, NVwZ 1996, 342 (343); *Schroeder*, JZ 1996, 254 (256) jew. m. w. N.; krit. zu dieser Wendung *Classen*, EuR 2004, 416 (426); *Kingreen*, 133 f.; *Torgersen*, E. B. L. R. 1999, 371 (385).

[2731] EuGH (Fn. 2724), Rn. 96.

[2732] Vgl. *Cordewener*, 278 f. Fn. 409.

[2733] EuGH (Fn. 2724), Rn. 99–101.

[2734] *Feiden*, 226.

[2735] EuGH (Fn. 2724), Rn. 102.

[2736] EuGH (Fn. 2724), Rn. 102.

[2737] Generalanwalt *Lenz* (Fn. 2724), Rn. 206 (*Bosman*).

[2738] S. b. Fn. 2499.

Judikat auch.[2739] Dies spricht dafür, dass dem Kriterium einer unmittelbaren Beeinflussung des Marktzugangs eine gewisse *Bedeutung* zukommt.[2740]

Der EuGH *grenzt* sich in *Bosman* vom *Keck*-Judikat *ab*: Im *Keck*-Urteil hat er anders als in *Bosman* erstens nur solche unterschiedslose Maßnahmen für unzulässig erklärt, die den Marktzugang *versperren*, und bloß *behindernde* Regelungen nur dann kontrollieren wollen, wenn diese auch *diskriminierten*. Zweitens wurden in *Keck qualitative* Kriterien entwickelt („bestimmte Verkaufsmodalitäten").[2741] In *Bosman* misst der EuGH die verfahrensgegenständliche Regelung dagegen *unmittelbar* am Marktzugangsmaßstab. Anders als z. B. in *De Agostini und TV Shop*[2742], einem nach *Keck* ergangenen Judikat, verlangt der EuGH in *Bosman* somit keine stärk*ere* Behinderung des Marktzugangs, d. h. eine *diskriminierende*, sondern ihm genügt auch eine nicht diskriminierende (wenngleich unmittelbare) Beeinflussung des Marktzugangs.

ccc) Interpretation und Erklärungsversuche

Ähnlich wie in *Alpine Investments* bleibt die *genaue Reichweite* des in *Bosman* entwickelten Beschränkungsmaßstabs, abgesehen von abstrakten Formulierungen und der Grundsatzaussage (auch unterschiedslose Wegzugsbeschränkungen überprüfen zu wollen), *unklar*:[2743] Dazu trägt erstens bei, dass die Wendung der „unmittelbaren Beeinflussung des Marktzugangs" *unbestimmt* ist.[2744] Zweitens ist vorliegend nur über eine Regelung geurteilt worden, die in *hohem* Maße in die Arbeitsplatzwahlfreiheit eingreift.[2745] Zudem hat auch Generalanwalt *Lenz* betont, nicht „*alle* nichtdiskriminierenden Maßnahmen, die tatsächlich oder potentiell die Freizügigkeit beschränken [Hervorh. im Original]"[2746], einer Rechtfertigungsprüfung unterziehen zu wollen, sondern nur solche, die den „Zugang zur Beschäftigung regeln"[2747].[2748] Es kann daher aus der Rs. *Bosman nicht* abgeleitet werden, dass der Gerichtshof

---

[2739] EuGH (Fn. 2724), Rn. 102 a. E.

[2740] Dies dag. für offen haltend *Schroeder*, JZ 1996, 254 (255).

[2741] Ebenso *Schroeder*, JZ 1996, 254 (255).

[2742] EuGH, Urt. v. 09.07.1995, Rs. C-34–36/95, Slg. 1997, I-3875, Rn. 42–44 (*De Agostini*).

[2743] Ebenso *Nettesheim*, NVwZ 1996, 342 (343); s. a. d. Nachw. in Fn. 2744. *Davies*, Germ. L. J. 11 (2010), 671 (700) geht davon aus, dass *Bosman* benachteiligt wurde im Wettbewerb mit seinen Konkurrenten (d. h. den anderen Profifußballern) bei denen das Verbot des Herkunftsvereins praktisch nicht durchgesetzt werde.

[2744] Vgl. *Schroeder*, JZ 1996, 254 (255); *Snell*, CMLR 47 (2010), 437 (452 f.); *ders./Andenas*, Int'l & Comp. Corp. L. J. 2 (2000), 361 (370 f.).

[2745] Vgl. nur *Szydło*, CMLR 47 (2010), 753 (764, 780); s. a. b. Fn. 2734.

[2746] Generalanwalt *Lenz* (Fn. 2724), Rn. 205 (*Bosman*).

[2747] Generalanwalt *Lenz* (Fn. 2724), Rn. 205 (*Bosman*).

[2748] Vgl. *Cordewener*, 279 f.

die Arbeitnehmerfreizügigkeit zu einem „allgemeinen Verbot (...) *jeglicher* Maßnahmen [ausweitet] (...), die der Ausübung der Freizügigkeit irgendwie entgegenstehen [Hervorh. d. *Verf.*]."[2749]

Der Gerichtshof deutet durch die parallele Formulierung der *kurz hintereinander* entschiedenen Rs. *Alpine* und *Bosman* eine Konvergenz zwischen Art. 56 AEUV und Art. 45 AEUV an.[2750]

Die Entscheidung kann nicht mit einer *dual burden*-Betrachtung erklärt werden: Es geht hier nicht um Hindernisse, die aus einer Überlappung von Rechtsvorschriften verschiedener Urheber herrühren.[2751]

Fraglich ist, ob die Tatsache, dass es nicht um eine *staatliche*, sondern um eine *Verbandsregelung* ging, relevant war für die Entscheidung des EuGH, (nun) auch unterschiedslose Wegzugsbeschränkungen zu kontrollieren. Wäre dies der Fall, könnte die Entscheidung *Bosman* nicht (in Bezug auf staatliche Regelungen) *verallgemeinert* werden. Doch ist kein Grund ersichtlich, warum die Freiheit Privater stärker eingeschränkt werden sollte als die des Staates. Im Gegenteil, plausibel wäre – wenn überhaupt – eine *schwächere* Grundfreiheitenkontrolle von Privaten.

Schließlich überzeugt auch nicht der (schon von Generalanwalt *Lenz* angeführte[2752]) Verweis des Gerichtshofs[2753] auf die Rs. *Daily Mail*[2754]: Zunächst geht es in *Daily Mail* – trotz der dortigen leicht irreführenden *Formulierung* „behindern"[2755] – nicht um eine unterschiedslose Beschränkung, sondern um eine *vorgangsbezogene Diskriminierung*:[2756] Anders als in der Rs. *Bosman* handelt es sich nicht um ein Wegzugshindernis, das sowohl bei einem Wegzug an eine andere Stelle im Inland als auch im EU-Ausland eingreift, sondern um eine Regelung, die *spezifisch* den Wegzug in das *EU-Ausland* betrifft.[2757]

[2749] So aber *Jensch*, 210; *Hoffmann*, 203.

[2750] Nach einer verbreiteten Auffassung entfaltet das Urteil aufgrund des engen Zusammenhangs zwischen den Personenverkehrsfreiheiten nicht nur Wirkung im Hinblick auf die Arbeitnehmerfreizügigkeit, sondern auch auf die eng mit ihr verwandte Niederlassungsfreiheit, vgl. *Hilf/Pache*, NJW 1996, 1169 (1176); *Mojzesowicz*, 117 f.; *Nettesheim*, NVwZ 1996, 342 (343); vgl. auch *Daniele*, E. L. Rev. 22 (1997), 191 (194 f.); *Fernandez Martin*, E. L. Rev. 21 (1996), 313 (321 f.); *Schroeder*, JZ 1996, 254 ff.

[2751] *Mojzesowicz*, 115; *Snell/Andenas*, Int'l & Comp. Corp. L. J. 2 (2000), 361 (369).

[2752] Generalanwalt *Lenz* (Fn. 2724), Rn. 177, 189 (*Bosman*).

[2753] EuGH (Fn. 2724), Rn. 97.

[2754] EuGH (Fn. 2078).

[2755] S. b. Fn. 2811.

[2756] S. hierzu b. Fn. 2808 ff.

[2757] Wie hier *Frenz*, Bd. 1, Rn. 1908 f.

ddd) Schlussanträge von Generalanwalt Lenz[2758]

Generalanwalt *Lenz* führt zur Beurteilung der Frage, ob die nicht diskriminierenden Transferregeln eine Beeinträchtigung der Arbeitnehmerfreizügigkeit darstellen, eine („ungewöhnlich“[2759]) *ausführliche* Auslegung (nach methodischen Standards, wie sie in der deutschen Rechtswissenschaft üblich sind) durch und untersucht hierfür nach einer Analyse der bisherigen Rechtsprechung u. a. Wortlaut und Systematik sowie den Konvergenzzusammenhang mit der Rechtsprechung zu den anderen Grundfreiheiten, wobei er dem Konvergenzgedanken eine hohe Bedeutung zuschreibt und systematisch-teleologischen Argumenten (wie der Argumentation mit dem Binnenmarktziel) nur eine stark untergeordnete.[2760] Er verweist zunächst insbesondere auf die Beschränkungsverbotsauslegung des Gerichtshofs im Bereich der Waren*einfuhr* sowie auf den Dienstleistungs*import.*[2761] Schließlich wendet er sich einer Parallelbetrachtung mit Art. 35 AEUV zu und lässt (wie bereits Generalanwalt *Jacobs* in *Alpine Investments*[2762]) ausdrücklich dahinstehen, ob eine extensive Interpretation der Arbeitnehmerfreizügigkeit mit einer restriktiven Interpretation der Warenausfuhrfreiheit durch die *Groenveld*-Formel vereinbar sei: Für den Fall, dass dies so sein sollte, spricht er sich für ein „Überdenken“ der Rechtsprechung zu Art. 35 AEUV aus.[2763] Die kritischen Schlussanträge von GA *Lenz* und GA *Jacobs* zeugen von den starken systemischen Spannungen, die die *Groenveld*-Judikatur innerhalb der dogmatischen Architektur der Grundfreiheiten erzeugt.

Lenz, der aus diesen Erwägungen heraus ein Beschränkungsverbot ableitet und dieses auf die verfahrensgegenständlichen Transferregeln anwenden möchte, befürwortet einen Marktzugangstest, der nicht *alle* nicht diskriminierenden Maßnahmen umfassen solle.[2764] Dieser ist aber nicht diskriminierungsrechtlich strukturiert – wie ihn der EuGH in der Rs. *Keck* in Bezug auf Marktzugangs*behinderungen* befürwortet[2765] – sondern freiheitsrechtlich[2766].

[2758] Generalanwalt *Lenz* (Fn. 2724) – *Bosman*.

[2759] *Körber*, 264.

[2760] Generalanwalt *Lenz* (Fn. 2724), Rn. 165 ff. (*Bosman*). Ähnlich war schon GA *Jacobs* in *Alpine Investments* vorgegangen, s. b. Fn. 2534 ff.

[2761] Generalanwalt *Lenz* (Fn. 2724), Rn. 197 f. (*Bosman*).

[2762] S. b. Fn. 2536. Jedoch sprach sich GA *Jacobs* im Gegensatz zu GA *Lenz* nicht für eine neue Auslegung von Art. 35 Alt. 2 AEUV aus.

[2763] Generalanwalt *Lenz* (Fn. 2724), Rn. 207 (*Bosman*).

[2764] Generalanwalt *Lenz* (Fn. 2724), Rn. 205 (*Bosman*).

[2765] EuGH (Fn. 1954), Rn. 17 (*Keck und Mithouard*). In Bezug auf die Frage, ob das Urteil in der Rs. *Keck* nicht auch bei der Arbeitnehmerfreizügigkeit zu einer Einschränkung führen müsse, verweist GA *Lenz* auf das Urteil in der Rs. *Alpine Investments*, in dem der Gerichtshof eine Analogie zu der in der Rs. *Keck* gemachten Einschränkung mit dem Argument ablehnte, dass es sich um eine *herkunfts*staatliche und nicht um eine zielstaatliche Beschränkung handele, die den Zugang zum Dienstleistungsmarkt in anderen Mit-

Nicht erforderlich ist also, dass die unmittelbare Beschränkung des Marktzugangs sich für Wegziehende *stärker* auswirke als für im Herkunftsland oder Zielstaat den Verein Wechselnde.[2767]

cc) Herkunftsstaatliche vorgangsbezogene Diskriminierungen: Terhoeve *(26.01.1999[2768]) et al.*

Terhoeve steht exemplarisch für eine Reihe weiterer Entscheidungen, in denen ein Arbeiten im (EU-)Ausland in *diskriminierender* Weise unattraktiv gemacht wird (v. a. im Bereich des Sozialversicherungs- und Steuerrechts).[2769]

Im Ausgangsverfahren von *Terhoeve* ging es um einen niederländischen Arbeitnehmer, der im Jahre 1990 von seinem Arbeitgeber für einen bestimmten Zeitraum nach Großbritannien entsendet wurde und daher zeitweise in den Niederlanden und zeitweise in Großbritannien arbeitete. Er musste in den

---

gliedstaaten unmittelbar beeinflusse, vgl *Generalanwalt Lenz* (Fn. 2724), Rn. 206 (*Bosman*).

2766 Mit freiheitsrechtlich ist gemeint, dass dieser auch *unterschiedslose* Beschränkungen umfasst.

2767 Generalanwalt *Lenz* (Fn. 2724), Rn. 209 f. (*Bosman*).

2768 EuGH (Fn. 1944) – *Terhoeve*; s. a. Generalanwalt *Ruiz-Jarabo Colomer*, Schlussanträge v. 30.04.1998, Rs. C-18/95, Slg. 1998, I-348 (*Terhoeve*); vgl. auch *Castro Oliveira*, CMLR 39 (2002), 77 (88); *Szydło*, CMLR 47 (2010), 753 (762 f. Fn. 25).

2769 Vgl. nur EuGH, Urt. v. 07.07.1988, Rs. 154, 155/87, Slg. 1988-3908, Rn. 14 (*RSVZ/Wolf*); EuGH, Urt. v. 07.03.1991, Rs. C-10/90, Slg. 1993, I-1134 (*Masgio*); EuGH, Urt. v. 15.06.2000, Rs. C-302/98, Slg. 2000, I-4604 (*Sehrer*); EuGH, Urt. v. 26.09.2000, Rs. C-262/97, Slg. 2000, I-7347 (*Engelbrecht*); EuGH, Urt. v. 12.12.2002, Rs. C-385/00, Slg. 2002, I-11838 (*de Groot*); EuGH, Urt. v. 02.10.2003, Rs. C-323/01, Slg. 2003, I-11536 (*van Lent*); EuGH, Urt. v. 17.03.2005, Rs. C-109/04, Slg. 2005, I-2433 (*Kranemann*); EuGH, Urt. v. 15.09.2005, Rs. C-464/02, Slg. 2005, I-7943 (*Kommission/Dänemark*); EuGH, Urt. v. 16.02.2006, Rs. C-185/04, Slg. 2006, I-1455 (*Öberg*). Der Gerichtshof verwendet in diesen Rechtssachen, in denen es um (vorgangs-)diskriminierende Regelungen geht, immer wieder Formulierungen, die sowohl in einem rein beschränkungsrechtlichen (also ein Verbot auch *unterschiedsloser* Beschränkungen umfassenden) Sinne als auch in einem diskriminierungsrechtlichen Sinne verstanden werden können. Wird indes auch die Rspr. zu Fällen einbezogen, in denen es um unterschiedslose Beschränkungen ging, wie in den Rechtssachen *Alpine Investments* (Fn. 2488), *Bosman* (Fn. 2724) und EuGH, Urt. v. 27.01.2000, Rs. C-190/98, Slg. 2000, I-513 (*Graf*), zeigt sich, dass der EuGH dort das Verbot unterschiedsloser Beschränkungen mit der Formel von der „unmittelbaren Beeinflussung des Marktzugangs" umschreibt bzw. in der Rs. *Bernard* (s. b. Fn. 2789 ff.) mit der Formel des „Wenigerattraktivmachens" und in diesen Fällen auch ausdrücklich auf die Abwesenheit jeglicher Diskriminierung hinweist. Entsprechende Äußerungen in Fällen zur Arbeitnehmerfreizügigkeit, denen diskriminierende Regelungen zugrunde liegen, sollten daher *kontextgerecht* eingeordnet werden (unzutreff. dah. *Classen*, EuR 2004, 416 [426]).

Niederlanden nun höhere Sozialversicherungsbeiträge entrichten, als er hätte zahlen müssen, wenn er die *ganze Zeit* in den Niederlanden gearbeitet hätte.

Der EuGH erklärt explizit, dass es keiner irgendwie gearteten (direkten oder indirekten) Anknüpfung an die *Staatsangehörigkeit* bedürfe.[2770] Es genüge, dass die eigenen Staatsangehörigen benachteiligt werden, wenn sie von ihrem Recht auf Freizügigkeit Gebrauch machen. Der Gerichtshof erklärt damit eine *vorgangsbezogene Diskriminierung* für unzulässig.

Dass dennoch von einem Verbot auch unterschiedsloser Beschränkung ausgegangen wird, klingt im Begründungs- und Sprachdukuts des EuGH an[2771] sowie in den entsprechenden Schlussanträgen von Generalanwalt *Ruiz-Jarabo Colomer*[2772] und dem Vorbringen der Kommission[2773].

dd) Graf, *27.01.2000*[2774]

Herr *Graf*, der seine Anstellung in Österreich gekündigt und eine neue Stelle in Deutschland angetreten hatte, wehrte sich unter Berufung auf die Arbeitnehmerfreizügigkeit gegen eine österreichische Regelung, wonach eine sog. Abfertigung in Höhe von zwei Monatsgehältern nur dann hätte gezahlt werden müssen, wenn der Arbeitnehmer die Beendigung des Arbeitsverhältnisses nicht selbst herbeigeführt und seine Kündigung auch nicht zu vertreten gehabt hätte.

Der Gerichtshof, der sich in allen wesentlichen Fragen eng an die Schlussanträge von Generalanwalt *Fennelly* anlehnt,[2775] stellt zunächst fest, dass die gegenständliche Regelung weder direkt noch indirekt an die Staatsangehörigkeit anknüpfe.[2776]

Der EuGH weist explizit darauf hin, dass nach dem *Bosman*-Judikat auch *nicht diskriminierende* Regelungen verboten seien, wenn sie die Freizügigkeit beeinträchtigten.[2777] Der Gerichtshof greift die bereits in *Alpine* und *Bosman* verwandte Formulierung auf, wonach eine „Beeinflussung des Marktzugangs" ausreichend, aber auch erforderlich sei.[2778] Gleichwohl verlangt er – anders als in *Bosman* und *Alpine* – nicht mehr eine *unmittelbare* Beeinflus-

---

[2770] EuGH (Fn. 1944), Rn. 39, 41.

[2771] EuGH (Fn. 1944): „die Ausübung jeder Art von Berufstätigkeit im Gebiet der Gemeinschaft erleichtern sollen" (Rn. 37); „verbotenes Hemmnis" (Rn. 41).

[2772] Generalanwalt *Ruiz-Jarabo Colomer* (Fn. 2768), Rn. 48–53 (*Terhoeve*).

[2773] Generalanwalt *Ruiz-Jarabo Colomer* (Fn. 2768), Rn. 47 (*Terhoeve*).

[2774] EuGH (Fn. 2769) – *Graf*; s. a. Generalanwalt *Fennelly*, Schlussanträge v. 16.09.1999, Rs. C-190/98, Slg. 1999, I-495 (*Graf*) und *Castro Oliveira*, CMLR 39 (2002), 77 (89 f.); *Cordewener*, 279 f. Fn. 412; *Deckert/Schröder*, JZ 2001, 88; *Jensch*, 210 f.; *Snell*, 99 Fn. 369; irreführend *Classen*, EuR 2004, 416 (426 Fn. 65).

[2775] Generalanwalt *Fennelly* (Fn. 2774), Rn. 11 ff. (*Graf*).

[2776] EuGH (Fn. 2769), Rn. 15–17.

[2777] EuGH (Fn. 2769), Rn. 18.

[2778] EuGH (Fn. 2769), Rn. 23.

sung des Marktzugangs.[2779] Das Verbot unterschiedsloser Beschränkung ist damit – jedenfalls aus sprachlicher Sicht – *weiter*.[2780]

Sodann lehnt der Gerichtshof eine Beeinträchtigung vorliegend nicht etwa deshalb ab, weil die Maßnahme weder staatsangehörigkeits- noch vorgangsdiskriminierend sei. Vielmehr wirke sie „zu ungewiß und (...) zu indirekt"[2781] (sog. rule of remoteness), weil der Abfertigungsanspruch von einem „zukünftigen hypothetischen Ereignis"[2782] abhänge, sodass die Abfertigung nicht geeignet sei, den Arbeitnehmer „daran zu hindern oder davon abzuhalten"[2783], sein Arbeitsverhältnis zu beenden und ein neues Arbeitsverhältnis in einem anderen EU-Mitgliedstaat zu beginnen.[2784]

Fraglich ist, wie diese Aussagen zur rule of remoteness zu bewerten sind: Die Aussicht auf die Abfertigung könnte in der Tat einen *Anreiz* darstellen, den eigenen Arbeitsplatz nicht (sofort) zu kündigen, obwohl der Wunsch besteht, eine neue Beschäftigung (ggf. im EU-Ausland) aufzunehmen. Z. B. könnte ein Arbeitnehmer, der im EU-Ausland arbeiten möchte, verzögert wechseln und eine etwaige arbeitgeberseitige Kündigung abwarten (vor allem wenn diese aus betriebsbedingten oder im Verhalten des Arbeitnehmers wurzelnden Gründen wahrscheinlich ist und möglicherweise unmittelbar bevorsteht). Die Aussagen des Gerichtshofs deuten daher in Richtung eines auf individuelle Spürbarkeit abstellenden Verständnisses der rule of remoteness.

ee) Olympique Lyonnais/Olivier Bernard, *16.03.2010*[2785]

Bernard lag eine parallel zu *Bosman* gelagerte Konstellation zugrunde: Aufstrebende junge Spieler erhielten nach französischem Verbandsrecht die Möglichkeit, einen sog. Espoir-Vertrag abzuschließen, an dessen Ende sie verpflichtet waren, mit dem sie als Espoir-Spieler anstellenden Verein einen Profi-Vertrag abzuschließen. Der Perspektivspieler *Bernard* wollte jedoch keinen Profi-Vertrag mit seinem Espoir-Verein eingehen und schloss einen

---

[2779] Vgl *Deckert/Schröder*, JZ 2001, 88 (90).

[2780] Von einer grundsätzlichen Bestätigung der *Bosman*-Judikatur ausgehend *Deckert/Schröder*, JZ 2001, 88 (89); *Forsthoff*, in: Grabitz/Hilf/Nettesheim, Art. 45 AEUV Rn. 272; *Jensch*, 210 f.; *Szydło*, CMLR 47 (2010), 753 (764 f.).

[2781] EuGH (Fn. 2769), Rn. 24 f.

[2782] EuGH (Fn. 2769), Rn. 24.

[2783] EuGH (Fn. 2769), Rn. 24.

[2784] S. hierzu insges. *Horsley*, 157 f.; *Szydło*, CMLR 47 (2010), 753 (764 f.).

[2785] EuGH, Urt. v. 16.03.2010, Rs. C-325/08, Slg. 2010, I-2196 (*Olympique Lyonnais/Olivier Bernard*); s. a. Generalanwältin *Sharpston*, Schlussanträge v. 16.07.2009, Rs. C-325/08, Slg. 2009, I-2180 (*Bernard*); *Eichel*, EuR 2010, 685; *Epiney*, NVwZ 2011, 1425 (1426 f.); *Persch*, NZA 2010, 986 (987 f.); *Schubert/Jerchel*, EuZW 2010, 687 (688).

Vertrag mit dem britischen Verein *Newcastle United* ein. Sein französischer Espoir-Verein *Olympique Lyonnais* klagte daraufhin auf Schadensersatz.[2786]

Der EuGH wiederholt seine Rspr., wonach auch nicht diskriminierende Regelungen eine Beeinträchtigung der Arbeitnehmerfreizügigkeit darstellen können und verweist auf die Rs. *Bosman*.[2787] Die verfahrensgegenständliche Regelung ist in der Tat nicht diskriminierend,[2788] weil auch dann Schadensersatz zu zahlen gewesen wäre, wenn der Espoir-Spieler nicht zu einem ausländischen, sondern zu einem französischen Verein gewechselt hätte.

Der Gerichtshof bemerkt, dass die Freizügigkeit zwar nicht vereitelt werde. Doch sei dies auch gar nicht erforderlich: Eine Beschränkung der Arbeitnehmerfreizügigkeit liege bereits dann vor, wenn die Ausübung des Rechts auf Freizügigkeit „weniger attraktiv"[2789] gemacht werde, womit der EuGH auf die weite *Gebhard*-Formel zurückgreift.[2790] Anders als in *Bosman* verlangt er also keine unmittelbare Beeinflussung des Marktzugangs mehr.[2791]

ff) S. und G., *12.03.2014*[2792]

In der kürzlich ergangenen (und bereits besprochenen) Rs. *S. und G* hat der Gerichtshof seine *Carpenter*-Judikatur auf die Arbeitnehmerfreizügigkeit übertragen. Hier kommt ein *weites Verständnis* des Beschränkungstatbestands zum Ausdruck. Obwohl der Gerichtshof in *S. und G.* eine „abschreckende Wirkung" zur Voraussetzung macht (und damit wie in *Graf* die Grenzen des Beschränkungstatbestands aufzeigt), sind die Begrenzungen *niedrig*, die der Gerichtshof dem Beschränkungsbegriff der Arbeitnehmerfreizügigkeit setzt. Denn schon die *gesamte Konstellation* ist *weit entfernt* vom Substrat der Arbeitnehmerfreizügigkeit,[2793] also von der Suche und Wahl des Arbeitsplatzes und der Ausübung der Berufstätigkeit als Arbeitnehmer. Sodann kann die Übertragung der *Carpenter*-Judikatur als weiterer Anhaltspunkt dafür gewertet werden, dass der EuGH Dienstleistungsfreiheit und Arbeitnehmerfreizügigkeit parallel auslegt.

[2786] Der EuGH wiederholt zunächst seine st. Rspr., nach der auch kollektive Regelungen von privaten Verbänden an Art. 45 AEUV gemessen werden, EuGH (Fn. 2785), Rn. 30–32.

[2787] EuGH (Fn. 2785), Rn. 34 f.

[2788] Ebenso *Safari*, ZEuP 2011, 706 (715).

[2789] EuGH (Fn. 2785), Rn. 36; s. noch deutlicher die Schlussanträge von Generalanwältin *Sharpston* (Fn. 2785), Rn. 39–43 (*Bernard*).

[2790] EuGH (Fn. 3074), Rn. 37.

[2791] S. b. Fn. 2735 ff.

[2792] S. b. und in Fn. 2654 ff.

[2793] S. b. Fn. 2647 ff.

gg) Fazit

aaa) Zusammenfassung

Der Gerichtshof hat seinen nur der Staatsangehörigkeit verhafteten Ansatz aus der Anfangszeit immer mehr zugunsten einer *vorgangsbezogenen* Betrachtungsweise verschoben, bei der gefragt wird, ob der Wechsel in das EU-Ausland gegenüber einer Tätigkeit im Inland bzw. einem Arbeitsplatzwechsel innerhalb des Inlandes diskriminiert wird.[2794] Hier rügt der Gerichtshof auch geringfügige Ungleichheiten in der Behandlung des grenzüberschreitenden Sachverhalts.

Seit 1995 legt der Gerichtshof die Arbeitnehmerfreizügigkeit und die Dienstleistungsfreiheit in herkunftsstaatlichen Konstellationen parallel i. d. S. aus, dass er (bestimmte) unterschiedslose Regelungen als Beschränkung qualifiziert.[2795] In *Bosman* nimmt er Bezug auf *Alpine Investments* und greift die Formel von der *unmittelbaren Beeinflussung des Marktzugangs* auf.[2796] In der Folgerechtsprechung zu *Bosman* reagiert der Gerichtshof (wiederum parallel zur Dienstleistungsfreiheit[2797]) zunehmend *sensibler* und verwendet *immer extensivere* Formeln zur Kennzeichnung des Beschränkungsmaßstabs: In *Graf* (2000) verlangt der EuGH eine Beeinflussung des Marktzugangs, doch muss diese nicht mehr *unmittelbar* sein (wie noch in *Bosman* und *Alpine*).[2798] In *Bernard* (2010) bedient er sich der weiten *Gebhard*-Formel, nach der eine Beschränkung bereits dann vorliegt, wenn das Gebrauchmachen von der Arbeitnehmerfreizügigkeit *weniger attraktiv* gemacht wird.[2799] Sowohl die Parallelauslegung mit der Dienstleistungsfreiheit als auch die immer weiter gehende Extensivierung der Arbeitnehmerfreizügigkeit wird schließlich bestätigt durch die Rs. *S. und G.* (2014), die die bereits im Kontext der Dienstleistungsfreiheit als zu weitgehend kritisierte[2800] *Carpenter*-Judikatur auf die Arbeitnehmerfreizügigkeit überträgt.

Bosman war dabei von Anfang an als ein die Dogmatik der Arbeitnehmerfreizügigkeit neu ordnendes *Grundsatzjudikat* angelegt. U. a. belegen dies die

---

[2794] S. d. Nachw. in Fn. 2768 ff.

[2795] Nach *Schulte Westenberg*, 88 legt der Gerichtshof die Arbeitnehmerfreizügigkeit in Herkunfts- und Zielstaatskonstellationen konvergent aus.

[2796] S. b. Fn. 2738 f., 2750.

[2797] Der Gerichtshof hat in *Alpine Investments* die Formel von der unmittelbaren Beeinflussung des Marktzugangs herangezogen und nachher in verschiedener Weise sprachlich abgeschwächt und extensivere Formeln verwandt, s. b. Fn. 2704 ff.

[2798] S. b. Fn. 2778. Auch in der Rs. *Kommission/Dänemark* (Fn. 2769) verwendet der Gerichtshof die (schwächere) Formel von der (nicht notwendig unmittelbaren) Beeinflussung des Marktzugangs (Rn. 36 f.); allerdings ging es dort um eine vorgangsdiskriminierende Regelung.

[2799] S. b. Fn. 2790.

[2800] S. b. Fn. 2647 ff.

längeren Ausführungen des Gerichtshofs (im Anschluss an die noch fundierteren Schlussanträge von Generalanwalt *Lenz*) und der mehrfache deutliche Hinweis im Urteil auf die *unterschiedslose* Natur der verfahrensgegenständlichen Regelung.

Der Gegenpart zu dem in *Bosman* und *Bernard* gepflegten *Alpine*-Ansatz (wonach eine *unmittelbare Beeinflussung des Marktzugangs* erforderlich ist), ist die Formel von der *zu ungewissen und zu indirekten* Belastung (*Graf*), bei deren Vorliegen keine relevante Beschränkung anzunehmen ist. Allerdings handelt es sich hierbei nur um eine sehr *niedrigschwellige* Tatbestandseingrenzung, denn die verfahrensgegenständliche Maßnahme wies nur eine *geringe Beschränkungsintensität* auf.[2801] Dasselbe gilt für die Rs. *S. und G.*: Zwar hat der Gerichtshof auch hier Tatbestandsbegrenzungen hervorgehoben. Doch sind die dort behandelten Konstellationen *insgesamt* schon, als *Fallgruppe*, sehr *weit entfernt* vom eigentlichen Kernbereich der Arbeitnehmerfreizügigkeit (nämlich der Suche und Wahl des Arbeitsplatzes sowie der Ausübung der Arbeitstätigkeit). Der Gerichtshof hat also sowohl in *Graf* als auch in *S. und G.* nur *äußerst zurückhaltend* Grenzen anerkannt.

Mit Blick auf die *Art* der abgeurteilten Regelungen ist festzustellen, dass der EuGH über erheblich *weniger* Fälle im Bereich der Arbeitnehmerfreizügigkeit als im Bereich der Dienstleistungsfreiheit entschieden hat, was Schlussfolgerungen (im Hinblick auf Art. 35 Alt. 2 AEUV) erschwert, insbesondere angesichts der Unbestimmtheit und Abstraktheit der Auslegungsformeln, mit denen der EuGH die Arbeitnehmerfreizügigkeit charakterisiert. Festzustellen ist des Weiteren, dass der EuGH den Beschränkungstest auch auf Fälle appliziert, in denen es um gewichtige Interessen des Herkunftsstaates geht (*Bernard*, *S. und G.*). Dabei muss die Eingriffsintensität in die Arbeitnehmerfreizügigkeit nicht unbedingt hoch sein, wie z. B. *S. und G.* zeigt.

Die Tatsache, dass die Arbeitnehmerfreizügigkeit im Gegensatz zu Art. 35 Alt. 2 AEUV normstrukturell unmittelbar an *Personen* (Arbeitnehmer) anknüpft, sollte keine Rolle spielen. Der Arbeitnehmerfreizügigkeit eignet (nach umstrittener,[2802] aber vorzugswürdiger Auffassung) kein stärker*er* menschenrechtlicher Bezug als der Warenverkehrsfreiheit.[2803] Beide Grundfreiheiten sind auf die Herstellung des *Binnenmarktes* ausgerichtet. Und die Allokation von Arbeitnehmern ist wie die von Waren *wohlfahrtsökonomisch relevant*.

[2801] Wobei schon fraglich ist, ob der Begriff der Beschränkung hier adäquat ist. Vielmehr ging es um einen psychischen *Anreiz*.

[2802] S. d. Nachw. in Fn. 2314.

[2803] S. b. Fn. 2314 f.

bbb) Folgerungen für Art. 35 Alt. 2 AEUV

Aufgrund der unterschiedlichen faktischen Ansatzpunkte der Arbeitnehmerfreizügigkeit und der Warenausfuhr muss eine Parallelbetrachtung hier stärker als bei der Dienstleistungsfreiheit *abstrakte* (und ggf. im Wege der Interpretation zu gewinnende) *Wertungen* übertragen, wohingegen *fallgruppenspezifische* Parallelüberlegungen auf Schwierigkeiten stoßen. Ein weiteres Problem einer Parallelbetrachtung liegt in der bereits angesprochenen *Rechtsprechungsarmut*.

Sowohl bei der Warenverkehrsfreiheit als auch bei der Arbeitnehmerfreizügigkeit wird durch eine Grundfreiheitenkontrolle in die Kompetenzen des Herkunftsstaates eingegriffen, und gleichzeitig werden Interessen im Zielstaat und die des Grundfreiheitenberechtigten geschützt (etwa das Interesse des zielstaatlichen Arbeitgebers sowie die Interessen des Kunden des zielstaatlichen Arbeitgebers). Hinter den Regelungen in *Bernard* sowie in *S. und G.* stehen im Grundsatz legitime (und politisch bedeutende) soziale Interessen, die der EuGH im Rahmen der Verhältnismäßigkeitsprüfung untersucht.

Mit Blick auf die Rechtsprechung zur Arbeitnehmerfreizügigkeit sollte Art. 35 Alt. 2 AEUV zur Vermeidung von Wertungswidersprüchen[2804] daher grundsätzlich *extensiver* ausgelegt werden und (zumindest bestimmte) unterschiedslose Beschränkungen umfassen. Die Judikatur zur Arbeitnehmerfreizügigkeit setzt der Tatbestandskontrolle (wie die Rspr. zur Dienstleistungsfreiheit) nur *äußer(st)e* Grenzen (*S. und G.*, *Graf*).

Nur wenige[2805] Anhaltspunkte ergeben sich indes in Bezug auf ein Wettbewerbsgleichheitskriterium. Der Gerichtshof hat regelmäßig vielmehr auf die Belastung an sich abgestellt.

[2804] Vgl zu einer (im Einzelnen unterschiedlich weit gehenden) Parallelauslegung beider Grundfreiheiten *Daniele*, E. L. Rev. 22 (1997), 191 (199); *Oliver/Roth*, CMLR 41 (2004), 407 (417 ff.); *Safari*, ZEuP 2011, 706 (714 f.); *Shuibhne*, E. L. Rev. 27 (2002), 408 (412 Fn. 21); *Snell/Andenas*, Int'l & Comp. Corp. L. J. 2 (2000), 361 (376); *Szydło*, CMLR 47 (2010), 753 ff., 763 f., 780; Generalanwalt *Lenz* (Fn. 2724), Rn. 207 (*Bosman*); wohl auch *Hatzopolous*, CMLR 37 (2000), 43 (70); *Tesauro*, YEL 15 (1995), 1 (16); krit. dag. *Hilson*, E. L. Rev. 24 (1999), 445 (462); differenzierend *Oliver/Enchelmaier*, CMLR 44 (2007), 649 (686); s. a. *Classen*, EuR 2004, 416 (425 f.); *Europäische Kommission*, Der freie Warenverkehr, 26; *Fernandez Martin*, E. L. Rev. 21 (1996), 313 (321 ff.); *Kingreen*, 132 f.; *Tassikas*, 244.

[2805] In den Rs. *van Lent* und *Kommission/Dänemark*, in denen es um vorgangsdiskriminierende Regelungen ging, verweist der Gerichtshof im Zusammenhang mit der Herleitung einer Beeinträchtigung der Arbeitnehmerfreizügigkeit explizit auf die Wettbewerbsnachteile, die dem Wanderarbeitnehmer durch die herkunftsstaatliche Regelung entstehen, s. in EuGH (Fn. 2769), Rn. 20 (*van Lent*) und EuGH (Fn. 2769), Rn. 46 (*Kommission/Dänemark*).

c) Niederlassungsfreiheit

aa) Unterschiedslose Beschränkungen

Im Bereich der Niederlassungsfreiheit hat der Gerichtshof noch nicht über „echte" unterschiedslos beschränkende Regelungen des Ansässigkeitsstaates entschieden.[2806] Hieraus abzuleiten, dass der Gerichtshof unterschiedslose Beschränkungen nicht am Maßstab der Niederlassungsfreiheit überprüfen *möchte*, erscheint jedoch voreilig: Dass der EuGH über entsprechende Regelungen noch nicht entschieden hat, ist dem Umstand geschuldet, dass unterschiedslose Beschränkungen des Herkunftsstaates im Gegensatz zu diskriminierenden Regelungen bei der Niederlassungsfreiheit *praktisch kaum vorkommen*. Ist die betreffende Person in ihrem Herkunftsstaat niedergelassen und entfaltet von dort ihre wirtschaftliche Tätigkeit, liegt mit Blick auf diese Niederlassung kein Bezug zu einer „Niederlassungstransaktion" vor, sodass es schon an der Eröffnung des Schutzbereichs fehlt. Die von dieser Niederlassung initiierten grenzüberschreitenden Waren- und/oder Dienstleistungstransaktionen des Niedergelassenen können ggf. an der Warenverkehrs- und/oder Dienstleistungsfreiheit gemessen werden. Wenn eine Tätigkeit von vorneherein komplett verboten ist, stellt sich die Frage nach der *Verlegung* der Niederlassung gar nicht erst.[2807] Die Ausübung einer bestimmten Tätigkeit müsste an sich erlaubt und nur die *Verlegung* der Niederlassung ins EU-Ausland und im *Inland* verboten sein, erst dann läge eine wirklich *unterschiedslose* Beschränkung vor.

Es sind denn auch die bisher entschiedenen Wegzugsfälle vor allem solche, in denen der grenzüberschreitende Vorgang *diskriminiert* wird (d. h. Fälle, in denen die Verlegung in das EU-Ausland schlechtergestellt war). Diese Fälle werden z. T. auch als unterschiedslose Beschränkungen bezeichnet.[2808] Dies ändert aber nichts daran, dass sie sich qualitativ mit Blick auf eine Parallel- und Konvergenzbetrachtung zur Dienstleistungsfreiheit und Arbeitnehmerfreizügigkeit von den dortigen unterschiedslosen Beschränkungen unterscheiden und stattdessen mit den dort als vorgangsdiskriminierend bezeichneten Regelungen vergleichbar sind.

[2806] Vgl. *Eilmansberger*, JBl. 1999, 434 (451 f.); *Jensch*, 217; *Safari*, ZEuP 2011, 706 (715 Fn. 56).

[2807] Dagegen können in diesen Konstellationen die Warenverkehrs-, die Dienstleistungsfreiheit und die Arbeitnehmerfreizügigkeit in ihrer Zielstaatsdimension betroffen sein.

[2808] So etwa *Lackhoff*, Niederlassungsfreiheit, 356 f.

bb) Rspr. zu vorgangsbezogenen Diskriminierungen (natürlicher Personen[2809])

Wie im Bereich der Dienstleistungsfreiheit und der Arbeitnehmerfreizügigkeit erkennt der Gerichtshof nicht nur Diskriminierungen aufgrund der Staatsangehörigkeit, sondern auch *vorgangsbezogene* Diskriminierungen an. Dies hat er in einer Reihe von Judikaten deutlich gemacht.[2810]

Zwar spricht der EuGH hier regelmäßig davon, dass der Herkunftsmitgliedstaat die Niederlassung seiner Staatsangehörigen nicht „behindern"[2811] dürfe, doch ging es in diesen Fällen immer um (vorgangs-)*diskriminierende* Regelungen.

In der Rs. *de Lasteyrie du Saillant* hat der EuGH – wie schon im Bereich der Dienstleistungsfreiheit – klargestellt, dass er mit Blick auf diskriminierende Regelungen kein irgendwie geartetes Spürbarkeitserfordernis anerkennt.[2812] In der Rs. *Viking* hat der EuGH – insofern in dieselbe Richtung deutend – insbesondere die weite *Gebhard*-Formel benutzt, um klarzustellen, wie weit das Verbot vorgangsbezogener Diskriminierung reicht.[2813]

Zudem sind keine protektionistischen Wirkungen entsprechend der *Groenveld*-Judikatur verlangt worden (i. S. e. Vorteils für die inländische Produktion oder den inländischen Handel).[2814] Der EuGH-Rspr. liegt also ein weites, für sich genommen hinreichendes Diskriminierungskriterium zugrunde.

cc) Irrelevanz niederlassungsregulierender Maßnahmen des Ansässigkeitsstaates

Der Gerichtshof hat mehrfach darauf hingewiesen, dass die Niederlassungsfreiheit in ihrer an den Herkunftsstaat gerichteten Dimension nicht gegen

---

[2809] Diesbezüglich sei auch auf die den Wegzug umfassend regelnde Richtlinie 2004/38/EG verwiesen.

[2810] EuGH, Urt. v. 07.07.1988, Rs. 143/87, Slg. 1988, 3890 (*Stanton*), Rn. 9, 13 f.; EuGH, Urt. v. 16.07 1998, Rs. 264/96, Slg. 1998, I-4711 (*ICI*), Rn. 7, 11, 21 f.; EuGH, Urt. v. 13.04.2000, Rs. 251/98 Slg. 2000, I-2805 (*Baars*), Rn. 30 f.; EuGH, Urt. v. 14.12.2000, Rs. C-141/99, Slg. 2000, I-11632 (*AMID*), Rn. 22 f., 28 f.; EuGH, Urt. v. 21.11.2002, Rs. C-436/00, Slg. 2000, I-10847 (*X und Y*), Rn. 31, 36, 38; EuGH, Urt. v. 11.03.2004, Rs. C-9/02, Slg. 2004, I-2431 (*de Lasteyrie du Saillant*), Rn. 46 f.; EuGH v. 15.12.2005, Rs. C-151, 152/04, Slg. 2005, I-11215 (*Nadin u. a.*), Rn. 36; EuGH, Urt. v. 11.12.2007, Rs. C-438/05, Slg. 2007, I-10806 (*Viking*), Rn. 72; vgl. auch EuGH (Fn. 2769), Rn. 13 (*RSVZ/Wolf*); *Reich*, Oslo Paper, 4; *Roth*, in: Stuyck/Abraham/Terryn, 23 (28 f.).

[2811] Vgl. nur EuGH (Fn. 2810), Rn. 21 (*ICI*); EuGH (Fn. 2810), Rn. 21 (*AMID*); EuGH (*de Lasteyrie du Saillant*, Fn. 2810), Rn. 42; s. a. EuGH (Fn. 2078), Rn. 16 (*Daily Mail*); EuGH (Fn. 2444), Rn. 31 (*Peralta*); EuGH (Fn. 2810), Rn. 69 (*Viking*).

[2812] EuGH (Fn. 2810), Rn. 43 (*de Lasteyrie du Saillant*).

[2813] EuGH (Fn. 2810), Rn. 72 (*Viking*): „weniger attraktiv (…) zu machen".

[2814] *Safari*, ZEuP 2011, 706 (715).

Regelungen ins Feld geführt werden kann, die einen Niederlassungswilligen nicht daran hindern, in ein anderes Mitgliedsland überzusiedeln, sondern nur Bedingungen definieren, nach denen die Niederlassung operieren muss. Denn dann liegt ja gerade kein *Gebrauchmachen* von der Niederlassungsfreiheit vor, weil die Niederlassung nicht verlegt wird. Mit Art. 49 AEUV sei es daher vereinbar – so der Gerichtshof in *Peralta* –, wenn ein Mitgliedstaat „unmittelbar oder mittelbar technische Regeln vorschreib[t], die nur für ihn gelten und in den anderen Mitgliedstaaten nicht zwangsläufig zu finden sind."[2815] Das Gleiche gelte für Unterschiede „z. B. in den Lohnkosten, den Sozialabgaben oder dem Steuersystem"[2816].

dd) Sonderjudikatur zu gesellschaftsrechtlichen Wegzugsfällen

In den beiden maßgeblichen Entscheidungen *Daily Mail*[2817] und *Cartesio*[2818] hat der Gerichtshof klargestellt, dass die Mitgliedstaaten in gesellschaftsrechtlichen Wegzugsfällen (in bestimmtem Umfang) vorgangsbezogen diskriminieren[2819] dürfen. Diese Judikatur hat er in *Überseering* bestätigt.[2820] In concreto erlaubt es der Gerichtshof den Mitgliedstaaten festzulegen, ob die nach ihrem Recht gegründeten Gesellschaften ihr Gesellschaftsstatut beibehalten dürfen, wenn sie ihren Verwaltungssitz verlegen.[2821] Dagegen ist es den Mitgliedstaaten vorbehaltlich einer Rechtfertigung[2822] nicht erlaubt, die „Hineinumwandlung"[2823] in einen anderen Mitgliedstaat zu verbieten, d. h., die Verlegung des „tatsächliche[n] Substrat[s]"[2824] in einen anderen Mitglied-

---

[2815] EuGH (Fn. 2444), Rn. 34; s. hierzu auch *Lackhoff*, Niederlassungsfreiheit, 340 ff.

[2816] EuGH (Fn. 2444), Rn. 34.

[2817] EuGH (Fn. 2078) – *Daily Mail*; s. hierzu auch *Braun*, 124 ff.; *Cordewener*, 405 ff.; *Grundmann*, in: ders., 1 (19 ff.); *Jensch*, 212; *Klauer*, 100 f.; *Lackhoff*, Niederlassungsfreiheit, 321 ff.; *Mojzesowicz*, 108 ff.; *Roth*, ZGR 2000, 311 (321 ff.); *ders.*, RabelsZ 55 (1991), 623 (647); *ders.*, in: FS Heldrich, 973 (982 ff.); *ders.*, IPRax 2003, 117 (118 ff.); *ders.*, ZIP 2000, 1597 (1598 f.); *Snell*, in: Tridimas/Nebbia, 49 (60 f.); Generalanwalt *Lenz* (Fn. 2442), Rn. 89 ff. (*Peralta*).

[2818] EuGH, Urt. v. 16.12.2008, Rs. C-210/06, Slg. 2008, I-9641 (*Cartesio*).

[2819] Wie hier von einer Diskriminierung und nicht von einer unterschiedslosen Beschränkung ausgehend *Cordewener*, 410; *Pießkalla*, EuZW 2009, 75 (82); wohl auch *Frenz*, Bd. 1, Rn. 1909; Generalanwalt *Lenz* (Fn. 2442), Rn. 89 ff. (*Peralta*); a.A. dag. *Lackhoff*, Niederlassungsfreiheit, 324, 356 f.; *Mojzesowicz*, 111; differenzierend *Feiden*, 188 ff., 262 ff.

[2820] EuGH, Urt. v. 05.11.2002, Rs. C-208/00, Slg. 2002, I-9943, Rn. 61 ff. (*Überseering*); vgl. *Roth*, IPRax 2003, 117 ff.; *ders.*, in: FS Heldrich, 973 (984 ff.); *ders.*, ICLQ 52 (2003), 177 (206); s. dort auch zu der Frage, ob *Überseering* eine Aufweichung angedeutet hat (die *Cartesio* aber definitiv – in ablehnendem Sinne – beantwortet hat).

[2821] EuGH (Fn. 2818), Rn. 109 f. (*Cartesio*).

[2822] EuGH (Fn. 2818), Rn. 113. (*Cartesio*).

[2823] *Frobenius*, DStR 2009, 487 (488).

[2824] *Frobenius*, DStR 2009, 487 (488).

staat unter den Bedingungen dieses Zuzugsstaates.[2825] Insbesondere darf der Herkunftsstaat nicht die Liquidation und Auflösung verlangen (*Cartesio*).[2826]

Diese Judikatur stellt eine sachlich nicht gerechtfertigte *Bereichsausnahme* dar und ist daher auch in Generalanwaltschaft[2827] und Literatur[2828] zu Recht auf Kritik gestoßen, die sich insbesondere daran entzündet, dass der Gerichtshof hier in Abweichung von seiner Zuzugsrechtsprechung zu Gesellschaften und seiner Wegzugsrechtsprechung zu natürlichen Personen judiziert und sogar von dem sonst so strikt gehandhabten Verbot der Diskriminierung abweicht,[2829] weshalb die Judikatur eine noch stärkere konzeptionelle Anomalie als mit der (zumindest ein Diskriminierungsverbot anerkennenden) Rs. *Groenveld* schafft.[2830] Zudem ist hier – im Gegensatz zu Warenexportkonstellationen – sogar stets ein *protektionistischer Anreiz* gegeben, der ebenfalls für ein weitreichendes Verbot spräche: Sitzstaaten besitzen ein großes Interesse daran, Gesellschaften im eigenen Land zu halten. Da der Gerichtshof in dem Zusammenhang schon den *persönlichen Anwendungsbereich* der Niederlassungsfreiheit verneint, könnte es fraglich erscheinen, ob hieraus Schlüsse in Bezug auf die Reichweite des *Beeinträchtigungstatbestands* der Niederlassungsfreiheit abgeleitet werden können: *Formal* wird dieser nicht angetastet.[2831] Die Interpretationstechnik des EuGH vermag allerdings nichts daran zu ändern, dass der Gerichtshof durch diese Rspr. das Eingreifen eines Diskriminierungsverbotes *im Ergebnis verhindert*. Die kritikwürdige Wegzugsjudikatur stellt (neben der *Groenveld*-Judikatur zu Art. 35 Alt. 2 AEUV) einen (weiteren) Beleg für den *evolutiven* Charakter der Grundfreiheitenrechtsprechung dar, die in Ausnahmefällen in Sackgassen münden kann, die

---

[2825] EuGH (Fn. 2818), Rn. 111 ff. (*Cartesio*).

[2826] EuGH (Fn. 2818), Rn. 112 (*Cartesio*); vgl. hierzu auch *Roth*, ZGR 2000, 311 (325 f.); *ders.*, IPRax 2003, 117 (121 f.).

[2827] Generalanwalt *Poiares Maduro*, Schlussanträge v. 22.05.2008, Rs. C-210/06, Slg. 2008, I-9641, Rn. 25 ff. (*Cartesio*).

[2828] Vgl. nur *Braun*, 259 ff.; *Cordewener*, 410; *Frobenius*, DStR 2009, 487 ff.; *Grohmann/Gruschinske*, EuZW 2008, 463 (464); *Grundmann*, in: ders., 1 (21); *Pießkalla*, EuZW 2009, 75 (81 ff.); *Roth*, in: Dauses, E. I Rn. 114; *ders.*, RabelsZ 55 (1991), 623 (647 f.); *ders.*, in: FS Heldrich, 973 (980 ff., 985 ff.); *ders.*, IPRax 2003, 117 (121); *ders.*, ICLQ 52 (2003), 177 (197, 207); *von Wilmowsky*, RabelsZ 62 (1998), 1 (6 ff.); *Zimmer/Naendrup*, NJW 2009, 545 (546).

[2829] Das *Centros*-Judikat hat das *Daily Mail*-Urteil faktisch etwas „entschärft“, s. b. Fn. 3090 ff. m. w. N.

[2830] *Everling*, JZ 2000, 217 (224) bezeichnet das *Daily Mail*-Judikat als „Rätsel“. *Snell*, in: Tridimas/Nebbia, 49 (60 f.) dagegen begründet diese Differenzierung damit, dass natürliche Personen aufgrund des menschenrechtlichen Bezuges nach der grundsätzlichen Linie des Gerichtshofes mehr Schutz durch die Grundfreiheiten erfahren würden als juristische Personen.

[2831] So z. B. *Jensch*, 212; *Safari*, ZEuP 2011, 706 (715 f.).

sich unter Umständen in der nachfolgenden Rechtsprechung verfestigen (sog. frozen accidents).

ee) Zusammenfassung und Schlussfolgerungen

In Bezug auf die Niederlassungsfreiheit hat der Gerichtshof seine allgemeine Praxis bestätigt, keine Ausnahmen vom Verbot der Diskriminierung anzuerkennen. Insbesondere verlangt er kein Spürbarkeitserfordernis und keine protektionistischen Wirkungen.

Unterschiedslose Beschränkungen des Ansässigkeitsstaates treten praktisch kaum auf.[2832] Gleichwohl bedient sich der EuGH extensiver *Formeln*, die zumindest nach ihrem *natürlichen Wortsinn* auch unterschiedslose Beschränkungen umfassen (*Viking*). Zudem handelt es sich um Auslegungsformeln (wie die *Gebhard*-Formel), die der EuGH auch in Bezug auf die (ja auch unterschiedslose Beschränkungen umfassende) Dienstleistungsfreiheit und die Arbeitnehmerfreizügigkeit verwendet (*Bernard*; *Sea-Land*). Schließlich zieht der Gerichtshof diese Formeln auch im Bereich der Zielstaatsdimension der Niederlassungsfreiheit heran, für die er in st. Rspr. ebenfalls ein Verbot (bestimmter) unterschiedsloser Beschränkungen anerkennt.[2833] Die Rspr. zu wegzugsrechtlichen Niederlassungsfällen kann daher als *ergänzendes* Argument für eine Beschränkungsverbotsauslegung angeführt werden.

Es wurde bereits darauf hingewiesen, dass und warum die gesellschaftsrechtliche Sonderjudikatur stark kritikwürdig ist und zu Recht nahezu einhellig von der Literatur abgelehnt wird.[2834] Als starke Abweichung von der allgemeinen wie besonderen Grundfreiheitendogmatik (sie ist sogar mit der restriktiven *Groenveld*-Rechtsprechung unvereinbar[2835]) sollte diese Rechtsprechungslinie nicht verallgemeinert (und sollten keine Schlüsse in Bezug auf Art. 35 Alt. 2 AEUV abgeleitet) werden.

In diesem Zusammenhang sei auf die (später ausführlich behandelte[2836]) *Centros*-Judikatur verwiesen: Die Anerkennung der Zuzugsfreiheit und ein generöses Herkunftsrecht, das auch Briefkastenfirmen erlaubt, können einen Schutz herbeiführen, der einer Wegzugsfreiheit praktisch nahekommt. Aus dogmatischer Sicht zu betonen ist freilich, dass sich dieser Schutz aus der *Zielstaatsdimension* der Niederlassungsfreiheit ergibt. Die *Centros*-Judikatur dürfte der restriktiven Wegzugsjudikatur geschuldet sein bzw. ermöglicht

---

[2832] S. b. Fn. 2806 ff.

[2833] S. b. Fn. 3068 ff.

[2834] S. d. Nachw. b. Fn. 2817 ff.

[2835] Vgl. *Roth*, IPRax 2003, 117 (121); *ders.*, in: FS Heldrich, 973 (987); s. a. *VerLoren van Themaat*, SEW 1980, 141 (142).

[2836] S. b. Fn. 3090 ff.

Centros dem Gerichtshof wohl auch die Aufrechterhaltung seiner restriktiven Linie in Bezug auf den Gesellschaftswegzug.[2837]

Mit Blick schließlich auf die Gruppe der Produktionsregelungen könnte gefragt werden, ob eine zu extensive Auslegung von Art. 35 Alt. 2 AEUV die von der Judikatur aufgestellten Begrenzungen in Bezug auf die Herkunftsstaatsdimension[2838] der Niederlassungsfreiheit umgehen würde.[2839] Die obige Analyse zeigt jedoch, dass die Niederlassungsfreiheit eine ganz andere *Schutzrichtung* als Art. 35 Alt. 2 AEUV besitzt und ein Vergleich daher schief wäre:[2840] Die Herkunftsstaatsdimension der Niederlassungsfreiheit ist zentriert auf die Verlegung der *Niederlassung*, nicht auf die entfaltete *Tätigkeit*. Die entfaltete Geschäftstätigkeit weist keinen *Bezug* auf zum *Wegzug*. Bei Art. 35 Alt. 2 AEUV verhält es sich umgekehrt: Dessen Fokus liegt auf der von der Niederlassung entfalteten wirtschaftlichen *Tätigkeit*. Die Niederlassung betreffende Hindernisse sind hier nur insofern von Belang, als sie sich auf die Geschäftstätigkeit *auswirken*. Aufgrund dieser erheblichen faktischen und funktionalen Unterschiede kann nicht davon ausgegangen werden, dass ein extensiv ausgelegter Art. 35 Alt. 2 AEUV die st. Rspr. zur Herkunftsstaatsdimension der Niederlassungsfreiheit umgehen würde.

d) Kapitalverkehrsfreiheit?

Unmittelbare Anwendbarkeit erlangte die Kapitalverkehrsfreiheit erst am 01.01.1994 (gem. ex-Art. 73a EG-Vertrag), vorher galt nur die Kapitalverkehrsrichtlinie 88/361/EWG.[2841] Marktbürger konnten vorher keine subjektiven Rechte aus der Kapitalverkehrsfreiheit ableiten.[2842]

Die Normierung der unmittelbaren Anwendbarkeit sollte den bisher durch das Sekundärrecht gewährleisteten Rechtsschutz nicht absenken. Grundsätzlich gilt daher, dass der bisherige sekundärrechtliche Schutz primärrechtlich aufgegriffen wird.[2843] Es handelt sich hierbei freilich nur um eine Auslegungsleitlinie: Aus normhierarchischen Gründen kann Sekundärrecht nicht den Inhalt von Primärrecht determinieren oder beschneiden.[2844]

[2837] Vgl. d. Literaturnachw. in Fn. 3095.

[2838] S. zu einer entsprechenden Analyse der Judikatur zur *Zielstaats*dimension der Niederlassungsfreiheit b. Fn. 3084 ff.

[2839] Vgl. d. Literaturnachw. in Fn. 3085.

[2840] Vgl. *Feiden*, 180 f., 207 ff.

[2841] *Ress/Ukrow*, in: Grabitz/Hilf/Nettesheim, Art. 63 AEUV Rn. 3.

[2842] *Bröhmer*, in: Calliess/Ruffert, Art. 63 AEUV Rn. 3.

[2843] Vgl. *Bröhmer*, in: Calliess/Ruffert, Art. 63 AEUV Rn. 12; *Feiden*, 228 Fn. 866; *Jensch*, 216 m. w. N.

[2844] *Bröhmer*, in: Calliess/Ruffert, Art. 63 AEUV Rn. 12.

aa) Unterschiedslose Beschränkungen des Herkunftsstaates

Der Gerichtshof hat die Kapitalverkehrsfreiheit in jüngerer Zeit in einer Vielzahl von Judikaten zur Anwendung gebracht.[2845] Die zur Charakterisierung der Kapitalverkehrsfreiheit herangezogenen Auslegungsformeln zeigen, dass der EuGH einen *weiten* Beschränkungsbegriff zugrunde legt,[2846] der in *gleicher* Weise an Herkunfts- und Zielstaat adressiert ist und nach seinem *natürlichen Wortsinn* auch unterschiedslose Beschränkungen umfassen würde (z. B. „Maßnahmen […], die geeignet sind […] von Investitionen abzuhalten"[2847]).[2848] Für eine Einbeziehung speziell von *Export*sachverhalten spricht die Erwähnung von Direktinvestitionen von Gebietsfremden im Inland und von Gebietsansässigen im Ausland in der Nomenklatur der RL 88/361.[2849]

Soweit ersichtlich hat der Gerichtshof allerdings bislang ausschließlich über vorgangsbezogene *Diskriminierungen* des Herkunftsstaates entschieden[2850] oder über unterschiedslose Beschränkungen des *Ziel*staates (insbesondere in der *golden share*-Judikatur[2851]). Die insoweit einzig aufschlussreiche Rs. *Veronica* betraf die Rechtslage *vor* der unmittelbaren Anwendbarkeit vom 01.01.1994.[2852]

bb) Verbot vorgangsbezogener Diskriminierungen

Die Kapitalverkehrsfreiheit verbietet vorgangsbezogene Diskriminierungen. U. a. kann dies dem Urteil *X und Y*[2853] entnommen werden: In *X und Y* ging es um die Versteuerung von Aktienübertragungen auf eine juristische Person, an der der Übertragende unmittelbar oder mittelbar Anteile besitzt. Wurden die Aktien auf eine *schwedische* Aktiengesellschaft übertragen, konnte ein Steu-

---

[2845] S. etwa d. Aufzähl. b. *Ress/Ukrow*, in: Grabitz/Hilf/Nettesheim, Art. 63 AEUV Rn. 158 Fn. 495.

[2846] Vgl. nur *Classen*, EuR 2004, 416 (423); *Haferkamp*, 106, 221; *Heimann*, 133; *Hindelang*, 120 m. w. N.; *Ress/Ukrow*, in: Grabitz/Hilf/Nettesheim, Art. 63 AEUV Rn. 158; *von Wilmowsky*, in: Ehlers, § 12 Rn. 6.

[2847] EuGH, Urt. v. 22.11.2012, Rs. C-600/10, Slg. 2012, I-0000, Rn. 14 f. (*Kommission/Deutschland*); EuGH, Urt. v. 08.11.2002, Rs. C-342/10, Slg. 2012, I-0000, Rn. 28, 33 (*Kommission/Finnland*).

[2848] Zur selben Einschätzung gelangend mit unterschiedlichen Nuancierungen *Frenz*, Bd. 1, Rn. 3709; *Hoyer*, 83 ff.; *Körber*, 372; *Ress/Ukrow*, in: Grabitz/Hilf/Nettesheim, Art. 63 AEUV Rn. 158; *Tryfonidou*, E. L. Rev. 35 (2010), 36 (52) jew. m. w. N.

[2849] *Haferkamp*, 106.

[2850] S. sogl. ab Fn. 2853 ff.; zur selben Einschätzung gelangend *Feiden*, 230, 247; *Mojzesowicz*, 120; *Safari*, ZEuP 2011, 706 (715 Fn. 56) jew. m. umf. w. N.

[2851] Vgl. nur EuGH, Urt. v. 13.05.2003, Rs. C-98/01, Slg. 2003, I-4644, Rn. 47 (*Kommission/Vereinigtes Königreich*); EuGH, Urt. v. 11.11.2010, Rs. 543/08, Slg. 2010, I-0000, Rn. 68 (*Kommission/Portugal*).

[2852] S. hierzu umf. b. Fn. 2861 ff.

[2853] EuGH (Fn. 2810).

eraufschub geltend gemacht werden, wohingegen eine Übertragung auf eine *ausländische* juristische Person kein solches Recht nach sich zog.

Zunächst prüft der Gerichtshof die Regelung am Maßstab der Niederlassungsfreiheit,[2854] insofern deren Anwendungsbereich eröffnet ist, d. h., insoweit der Aktieninhaber einen bestimmenden Einfluss auf die Entscheidungen der ausländischen Gesellschaft ausüben kann.[2855] Sodann prüft der EuGH die Vereinbarkeit der Regelung mit der Kapitalverkehrsfreiheit dahingehend, ob der Aktieninhaber keinen bestimmenden Einfluss auf die Entscheidungen der ausländischen Gesellschaft ausüben kann.[2856] Der EuGH hält die Maßnahme in Konvergenz mit seiner Prüfung der Niederlassungsfreiheit für eine rechtfertigungsbedürftige Beschränkung.[2857]

In der Rechtssache *Sanz de Lera*[2858] hat der Gerichtshof über ein Anmeldungs- und Genehmigungserfordernis für die Ausfuhr bestimmter Mengen Hartgeld, Banknoten und Inhaberschecks[2859] entschieden – mithin über Maßnahmen, die als vorgangsbezogene Diskriminierungen des Kapitalverkehrs qualifiziert werden können – und diese als Beschränkungen der Kapitalverkehrsfreiheit eingestuft.[2860]

cc) Veronica, *03.02.1993*[2861]

Im Ausgangsverfahren der Rs. *Veronica* ging es um das an niederländische Rundfunkeinrichtungen gerichtete Gebot, nur die „Befriedigung (…) gesellschaftlicher, kultureller, religiöser oder geistiger Bedürfnisse [der niederländischen Bevölkerung] anzustreben“[2862] und von sonstigen Tätigkeiten abzusehen. Der niederländischen Gesellschaft *Veronica* war vonseiten der Niederlande verboten worden, für eine in Luxemburg gegründete kommerzielle Rundfunksendergesellschaft zu bürgen und ihr finanzielle Mittel zur Verfügung zu stellen. Dieses Verbot galt rechtlich wie tatsächlich *unterschiedslos* und hätte insbesondere auch eingegriffen, wenn es sich nicht um eine luxemburgische, sondern um eine niederländische Gesellschaft gehandelt hätte.[2863]

[2854] EuGH (Fn. 2810), Rn. 33 ff.

[2855] EuGH (Fn. 2810), Rn. 37.

[2856] EuGH (Fn. 2810), Rn. 66 ff.

[2857] EuGH (Fn. 2810), Rn. 70 f.

[2858] EuGH, Urt. v. 14.12.1995, Rs. 163, 165, 250/95, Slg. 1995, I-4830 (*Sanz de Lera*).

[2859] EuGH (Fn. 2853), Rn. 6.

[2860] EuGH (Fn. 2853), Rn. 23–25; vgl. auch EuGH, Urt. v. 23.02.1995, Rs. 358, 416/93, Slg. 1995, I-376 Rn. 25 ff. (*Bordessa*); EuGH, Urt. v. 26.09.2000, Rs. C-478/98, Slg. 2000, I-7613, Rn. 17 f. (*Kommission/Dänemark*) m. w. N.

[2861] EuGH, Urt. v. 03.02.1993, Rs. C-148/91, Slg. 1993, I-513 (*Veronica*).

[2862] EuGH (Fn. 2861), Rn. 3.

[2863] *Jensch*, 216.

Mit Blick auf den Urheberstaat des Verbots handelt sich um einen *Ausfuhrsachverhalt.*[2864]

Der Gerichtshof prüft die streitige Regelung im Lichte sowohl der Dienstleistungs- als auch der Kapitalverkehrsfreiheit. Der Gerichtshof geht insofern atypisch vor, als er die Existenz einer Beschränkung an keiner Stelle feststellt und die mit der niederländischen Maßnahme verfolgten *Ziele* unmittelbar auf ihre Zulässigkeit prüft.[2865] Aus der Prüfung der Rechtfertigung kann gleichwohl geschlossen werden, dass er die Maßnahme als (potenziell) beschränkend qualifiziert. Im Ergebnis hält er die Maßnahme für zulässig, da sie von legitimen Zielen getragen wird.

Es handelt sich um eine vor dem 01.01.1994 (und somit vor dem Eintritt der unmittelbaren Anwendbarkeit) entschiedene Rechtssache, bei der die „Richtlinie des Rates der Europäischen Gemeinschaften vom 11. Mai 1960 in ihrer geänderten Fassung sowie die Richtlinie des Rates der Europäischen Gemeinschaften vom 24. Juni 1988 (88/361/EWG)“[2866] ausgelegt wird. Doch differenziert der Gerichtshof nicht zwischen (primärrechtlich geschützter) Dienstleistung und (sekundärrechtlich abgesichertem) Kapitalverkehr, sondern scheint beides parallelisieren zu wollen. Mit Blick auf die herausgehobene Bedeutung des Sekundärrechts für das Verständnis der Kapitalverkehrsfreiheit[2867] kann das Judikat als wichtiger Anhaltspunkt dafür gewertet werden, dass der EuGH von einem Verbot unterschiedsloser Beschränkungen des Herkunftsstaates auch in Bezug auf die Kapitalverkehrsfreiheit ausgeht.

dd) Fazit

Die Kapitalverkehrsfreiheit weist erhebliche *strukturelle Gemeinsamkeiten* mit der Warenverkehrsfreiheit auf:[2868] Beide Grundfreiheiten stellen nicht auf die die wirtschaftliche Tätigkeit ausübenden *Personen* ab. Schutzgegenstand ist vielmehr das gehandelte Kapital als Produktionsfaktor, das – wie Waren und Dienstleistungen – optimal alloziert werden muss.[2869]

Der Gerichtshof musste noch nicht über unterschiedslose Beschränkungen der Kapitalverkehrsfreiheit durch den Herkunftsstaat entscheiden (seit dem 01.01.1994), sondern nur über vorgangsbezogene Diskriminierungen. Die Urteilsbegründungen und Auslegungsformeln und nicht zuletzt das *Veronica*-Judikat mit seiner Parallelisierung von Dienstleistungs- und Kapitalverkehrs-

---

[2864] *Jensch*, 216.

[2865] EuGH (Fn. 2861), Rn. 9 ff.

[2866] EuGH (Fn. 2861), Rn. 6.

[2867] S. b. Fn. 2843 f.

[2868] Ebenso *Cordewener*, 286; *Glöckner*, EuR 2000, 592 (618 ff.); *Haferkamp*, 82; *Jensch*, 220; *Körber*, 363; *Ress/Ukrow*, in: Grabitz/Hilf/Nettesheim, Art. 63 AEUV Rn. 158.

[2869] Vgl. *Haferkamp*, 82.

schutz sprechen jedoch dafür, dass der Gerichtshof auch unterschiedslose Kapitalverkehrsbeschränkungen des Herkunftsstaates als rechtfertigungsbedürftig qualifiziert. Auch aus einer Parallelbetrachtung mit der Kapitalverkehrsfreiheit kann folglich, zumal mit Blick auf die strukturellen Parallelen, abgeleitet werden, Art. 35 Alt. 2 AEUV extensiver auszulegen. Fallgruppenspezifische Schlussfolgerungen lassen sich freilich nicht ziehen. Auffällig ist jedoch, dass es in *Veronica* um legitime herkunftsstaatliche Interessen ging. Diese liegen parallel zu solchen Interessen, die von einer Überprüfung von Produktionsregelungen am Maßstab von Art. 35 Alt. 2 AEUV betroffen wären.

e) Grundfreiheitenübergreifendes Fazit zur Rspr. in Herkunftsstaatkonstellationen

aa) Zusammenfassung und Interpretation

aaa) Diskriminierungen

Mit dem Begriff der Diskriminierung werden hier nicht nur (direkt oder indirekt) an die Staatsangehörigkeit anknüpfende Regelungen bezeichnet, sondern auch Regelungen, die grenzüberschreitende Vorgänge gegenüber inländischen Transaktionen benachteiligen (vorgangsbezogene Diskriminierungen). Der EuGH hat für alle Grundfreiheiten ein solches Verbot vorgangsbezogener Diskriminierung anerkannt.[2870]

Während der Gerichtshof in der Anfangszeit angedeutet hat, dass er das Verbot der (faktischen) Diskriminierung eng fassen und die *Groenveld*-Formel in Exportkonstellationen auf andere Grundfreiheiten übertragen möchte (*Peralta*; *Kommission/Frankreich*), hat er später einen *extensiveren* Diskriminierungsbegriff zugrunde gelegt, der keine protektionistischen Wirkungen zur Voraussetzung macht (*Sea-Land*; *Viking*). Die gesellschaftsrechtliche Sonderjudikatur im Bereich der Niederlassungsfreiheit[2871] stellt vor diesem Hintergrund einen klaren Wertungswiderspruch dar. Diese Judikatur kann nicht auf andere Grundfreiheiten (einschließlich Art. 35 Alt. 2 AEUV) übertragen werden.

[2870] Vgl. nur EuGH (Fn. 2438) – *Corsica Ferries I*; EuGH (Fn. 2473) – *Kommission/Frankreich*; s. in Bezug auf die Arbeitnehmerfreizügigkeit b. Fn. 2768 ff.; s. in Bezug auf die Niederlassungsfreiheit b. und in Fn. 2809 ff.; s. in Bezug auf die Kapitalverkehrsfreiheit b. Fn. 2853 ff.

[2871] S. b. Fn. 2817 ff.

bbb) Unterschiedslose Beschränkungen

Seit den Grundlagenentscheidungen *Alpine Investments* und *Bosman* aus dem Jahr 1995 hat der Gerichtshof im Bereich der Dienstleistungsfreiheit[2872] und der Arbeitnehmerfreizügigkeit ein herkunftsstaatsadressiertes Beschränkungsverbot zur Anwendung gebracht, nachdem er sowohl in Herkunfts- als auch in Zielstaatskonstellationen über Jahre hinweg nur ein Verbot von (bestimmten) Diskriminierungen anerkannt hat. Nachfolgende Rechtsprechung hat das Beschränkungsverbot schrittweise ausgebaut, extensive(re) Formulierungen verwandt und die Sensibilität des Tests erhöht (z. B. in *ARD*, *Gourmet*, *Mary Carpenter*; *Bosman*, *Graf*, *Bernard*). Während der EuGH anfangs noch eine *unmittelbare* Beeinflussung des Marktzugangs forderte (*Alpine*, *Bosman*), genügte ihm in *Graf* bereits die Beeinflussung des Marktzugangs unabhängig von deren Unmittelbarkeit. Und in *Bernard*, *Sea-Land* und *Berlington Hungary u. a.* war es sogar ausreichend, dass das Gebrauchmachen von der Grundfreiheit (i. S. d. *Gebhard*-Formel) weniger attraktiv gemacht werde. In *ARD* und *Gourmet* genügte, dass Werbemöglichkeiten eingeschränkt werden. In *Carpenter* und *S. und G.* werden zudem Fälle erfasst, die nur in einem *losen Zusammenhang* mit der eigentlichen Dienstleistungs- bzw. Arbeitserbringung stehen. Dies zeigt, dass die *Grenzen*, die der EuGH dem Tatbestand von Dienstleistungsfreiheit und Arbeitnehmerfreizügigkeit setzt, trotz der Anerkennung der rule of remoteness in *Graf* und der scheinbar robusten Formulierung in *S. und G.*, nur *zurückhaltend* bestimmt werden.

Dabei hat sich der Gerichtshof im Bereich der Dienstleistungsfreiheit und der Arbeitnehmerfreizügigkeit davor gescheut, Fallgruppen *generell* von einem Beschränkungsverbot auszunehmen. Dies gilt auch für (erheblich) in die mitgliedstaatlichen Kompetenzen eingreifende Regelungen (*ARD*, *Gourmet*, *Carpenter*; *Bernard*, *S. und G.*, *Berlington Hungary u. a.*). Das (zwar noch vor Inkrafttreten der unmittelbaren Anwendbarkeit der Kapitalverkehrsfreiheit entschiedene, aber auf diese wohl übertragbare) Judikat *Veronica* bestätigt dies für die Kapitalverkehrsfreiheit.

Im Bereich der Niederlassungsfreiheit musste der Gerichtshof nicht über unterschiedslose Beschränkungen entscheiden. Entsprechende Fälle treten in der Praxis kaum auf. Die hier zitierten Auslegungsformeln (einschließlich der *Gebhard*-Formel) umfassen nach ihrem natürlichen Wortsinn auch unterschiedslose Beschränkungen und stimmen mit denjenigen Formeln überein, die der EuGH im Kontext der Dienstleistungsfreiheit und der Arbeitnehmerfreizügigkeit sowie der zielstaatsadressierten Niederlassungsfreiheit heranzieht. Im Kontext der Kapitalverkehrsfreiheit zeigt sich dasselbe Bild: Auch hier hat der Gerichtshof bislang nur über (vorgangs-)*diskriminierende* Regelungen entschieden (mit Ausnahme der Rs. *Veronica*). Doch verwendet der

---

[2872] *Jensch*, 217 ging noch 2006 davon aus, dass dies bei der Dienstleistungsfreiheit noch nicht sicher beurteilt werden könne.

Gerichtshof extensive Formeln[2873], die nach ihrem natürlichen Wortsinn auch unterschiedslose Beschränkungen des Herkunftsstaates umfassen. Die Rs. *Veronica* spricht ebenfalls für ein Verbot unterschiedsloser Kapitalverkehrsbeschränkungen vonseiten des Herkunftsstaates.

Dagegen hat Gerichtshof keine st. Rspr. etabliert, nach der das Vorliegen einer Wettbewerbsungleichheit eine *notwendige* oder *hinreichende* Bedingung (für das Vorliegen einer Beschränkung) darstellt. In *Peralta* hat er eine entsprechende Argumentation sogar explizit abgelehnt. Auf der anderen Seite lassen sich in der Rspr. Hinweise finden[2874], nach denen das Vorliegen einer Wettbewerbsungleichheit einen Anhaltspunkt für das Vorliegen einer Beschränkung darstellen kann.[2875] In *ARD* hat auch GA *Jacobs* auf das Vorliegen einer Wettbewerbsungleichheit zur Begründung des Vorliegens einer Beschränkung abgestellt.

bb) Ableitungen mit Blick auf Art. 35 Alt. 2 AEUV

aaa) Diskriminierungen

Schon mit Blick auf die grundsätzliche Anknüpfung von Art. 35 Alt. 2 AEUV an die Ware und nicht an die Person des Warenexporteurs erscheint eine *vorgangsbezogene* Betrachtungsweise adäquat. Diese Sichtweise wird durch eine case law-Betrachtung umfassend bestätigt.

Die beleuchtete Fallrechtsprechung spricht dafür, auch in Bezug auf Art. 35 Alt. 2 AEUV einen *weiten* Maßstab faktischer Diskriminierung anzuerkennen. Es widerspräche dieser Judikatur, wenn bei diskriminierenden Regelungen eine (erhebliche) Fehlertoleranz eingeräumt würde.

bbb) Unterschiedslose Beschränkungen

Die genannten vielzähligen Anhaltspunkte sprechen in ihrer Gesamtheit grundsätzlich für eine *extensive(re) Auslegung* von Art. 35 Alt. 2 AEUV i. S. e. Einbeziehung auch *unterschiedsloser* Beschränkungen in dessen Tatbestand.

Um Wertungswidersprüche mit der sonstigen Grundfreiheitenjudikatur zu vermeiden, sollte Art. 35 Alt. 2 AEUV grundsätzlich *wirkungsbezogen* interpretiert und ganze Fallgruppen (von Ausnahmen abgesehen) sollten grundsätzlich nicht ex ante ausgeklammert werden. Auszuklammern sind nur Fälle, die jenseits selbst *äußerster* Grenzen liegen. In Betracht kommen hier ausnahmsweise normative Kriterien (*S. und G.*), die auf die (erhebliche) thematische Entfernung einer Regelung zum Vorgang der Herstellung und Ausfuhr

---

[2873] S. b. Fn. 2847.

[2874] Etwa in *Alpine Investments* und in einigen Judikaten im Kontext der Arbeitnehmerfreizügigkeit (s. zu letzterem in Fn. 2805).

[2875] S. schon die Nachw. in Fn. 2709.

einer Ware abstellen, sowie Spürbarkeitserwägungen, nach denen eine Maßnahme i. S. v. Art. 35 Alt. 2 AEUV abzulehnen ist, wenn sie nur eine (sehr schwache) Beschränkungsintensität aufweist (*Graf*). Dass Regelungen dem Schutz legitimer herkunftsstaatlicher Interessen dienen, sollte grundsätzlich und abschließend auf der *Rechtfertigungsebene* berücksichtigt werden und nur ganz ausnahmsweise dazu anhalten, die jeweilige Regelungsgruppe in toto aus dem Tatbestand von Art. 35 Alt. 2 AEUV auszunehmen.

In der Fallrechtsprechung lassen sich schließlich Hinweise finden, wonach die Existenz einer Wettbewerbsungleichheit als genereller *Anhaltspunkt* für das Vorliegen einer Maßnahme gleicher Wirkung i. S. v. Art. 35 Alt. 2 AEUV betrachtet werden kann. Das case law spricht gleichwohl nicht dafür, das Vorliegen einer Wettbewerbsgleichheit zur *notwendigen* Bedingung einer Definition von Art. 35 Alt. 2 AEUV zu erheben, allerdings *auch nicht dagegen*.

5. Grundfreiheitenrechtsprechung zu zielstaatlichen Konstellationen

Fraglich ist, ob sich die Rspr. des EuGH zu Zielstaatsbeschränkungen ganz oder teilweise auf Art. 35 Alt. 2 AEUV übertragen lässt. Herkunftsstaatliche und zielstaatliche Konstellationen unterscheiden sich freilich erheblich. Die *Ergebnisse* der Rspr. zu Zielstaatskonstellationen können daher nicht einfach auf Art. 35 Alt. 2 AEUV übertragen werden. Stattdessen ist zu prüfen, inwieweit die der Rechtsprechung zugrunde liegenden *Wertungen* auf Art. 35 Alt. 2 AEUV übertragbar sind. Diese Wertungen müssen jedoch zunächst *ermittelt* werden. Hierfür ist es zunächst erforderlich, dass die Rspr. zu Zielstaatsbeschränkungen analysiert und interpretiert wird.[2876]

Der Rspr. zu Art. 34 AEUV kommt aufgrund ihrer Stellung als *Schwesterfreiheit* von Art. 35 AEUV eine *besondere Bedeutung* zu.[2877]

a) Die EuGH-Rechtsprechung zur Wareneinfuhrfreiheit (Art. 34 Alt. 2 AEUV)[2878]

Es besteht Einmütigkeit darüber, dass Art. 34, 35 AEUV als Bestandteile der Warenverkehrsfreiheit *gegenseitige strukturelle Bezüge* und *Parallelen* besit-

---

[2876] Die in- und ausländische Rechtswissenschaft hat sich mit der Rechtsprechung zu Zielstaatskonstellationen stark auseinandergesetzt, und zwar in weitaus intensiverer Form als mit den entsprechenden Herkunftskonstellationen, vgl. nur die Monografien von *Brigola*; *Füller*; *Graf*; *Hödl*; *Keßler*; *Körber*; *Mojzesowicz*; *Oliver*; *Piotrowski*; *Richters*; *Rolshoven*; *Roth*; *Steinke*; *Waldheim*; *Weyer*; *Wolfram*.

[2877] Eine Angleichung von Art. 35 Alt. 2 AEUV an Art. 34 Alt. 2 AEUV fordern *Frenz*, Bd. 1, Rn. 1044 ff.; *Keßler*, 295, 307, 340; *Torgersen*, E. B. L. R. 1999, 371; vgl. auch *Weiler*, in: Craig/de Búrca, 349 (363).

[2878] Die nachfolgenden Ausführungen zu Art. 34 Alt. 2 AEUV wurden zum überwiegenden Teil (von *Verf.*) vorveröffentlicht in *Reyes y Rafales*, DVBl 2015, 268 ff.

zen und nicht unabhängig voneinander ausgelegt werden können.[2879] Wie bereits ausgeführt, kommt eine simple Übertragung der Rechtsprechungsergebnisse zu Art. 34 Alt. 2 AEUV nicht in Betracht, sondern es müssen die der Rspr. zugrunde liegenden Wertungen ermittelt und sodann auf Art. 35 Alt. 2 AEUV übertragen werden. Dies setzt zunächst eine eingehende Analyse der Judikatur zu Art. 34 Alt. 2 AEUV voraus.[2880]

aa) Rechtsprechung bis zum 10.02.2009

Der Dogmatik zu Art. 34 Alt. 2 AEUV ist von der Rspr. in mehreren Etappen ausdifferenziert worden. Nachdem der Gerichtshof in den beiden Rechtssachen *Dassonville* (11.07.1974)[2881] und in *Cassis* (20.02.1979)[2882] von einem sehr weiten[2883] (allerdings auch damals trotz der offenen Formulierung schon nicht grenzenlosen[2884]) Beschränkungsverbotsverständnis ausging, hat es der EuGH am 24.11.1993 in dem viel besprochenen[2885] Verfahren *Keck*[2886] „für notwendig [erachtet], seine Rechtsprechung (...) zu überprüfen und klarzustellen“[2887] und festgestellt, dass „entgegen der bisherigen Rechtsprechung die Anwendung nationaler Bestimmungen, die bestimmte Verkaufsmodalitäten beschränken oder verbieten, auf Erzeugnisse aus anderen Mitgliedstaaten nicht geeignet [ist], den Handel zwischen den Mitgliedstaaten im Sinne des Urteils *Dassonville* unmittelbar oder mittelbar, tatsächlich oder potentiell zu behindern, sofern diese Bestimmungen für alle betroffenen Wirtschaftsteilnehmer gelten, die ihre Tätigkeit im Inland ausüben, und sofern sie den Absatz der inländischen Erzeugnisse und der Erzeugnisse aus anderen Mitgliedstaaten rechtlich wie tatsächlich in der gleichen Weise berühren“[2888]. In der Folge war nicht nur die mit dem *Keck*-Judikat verbundene Abgrenzung nach dem Produkt- oder Vertriebsbezug umstritten,[2889] sondern auch die Frage, inwiefern nicht das *Marktzugangskriterium* die eigentliche Trennscheide ist.

[2879] Vgl. nur *Ehlers*, in: ders., 4. Aufl., § 7 Rn. 30; *Füller*, 260.

[2880] Dabei ist nicht unproblematisch, dass es in der Rechtsprechung zu Art. 34 Alt. 2 AEUV mehrere, implizite wie explizite Richtungswechsel und inkohärente Rechtsprechungslinien gegeben hat, die in der Literatur zu unterschiedlichen Interpretationen angeregt haben, vgl. nur *Frenz*, Bd. 1, Rn. 906 ff.

[2881] EuGH, Urt. v. 11.07.1974, Rs. 8/74, Slg. 1974, 838 (*Dassonville*).

[2882] EuGH, Urt. v. 20.02.1979, Rs. 120/78, Slg. 1979, 650 (*Cassis*).

[2883] Zur selben Einschätzung gelangt die ganz h.M., vgl. nur *Brigola*, EuZW 2012, 248; *Roth/Oliver*, CMLR 2004, 411.

[2884] Vgl. nur *Brigola*, EuZW 2012, 248; *Roth/Oliver*, CMLR 2004, 411 (413).

[2885] Vgl. nur *Brigola*, EuZW 2012, 248; *Eberhartinger*, EWS 1997, 43 (49 ff.); *Zuleeg*, BB 1994, 581(586) jew. m. w. N.

[2886] EuGH (Fn. 1954).

[2887] EuGH (Fn. 1954), Rn. 14.

[2888] EuGH (Fn. 1954), Rn. 16.

[2889] Vgl. nur *Kingreen*, EWS 2006, 488 (489 ff.); *Roth/Oliver*, CMLR 2004, 411 (413).

Zudem wurde auch der *Keck*-Formalismus (des Produkt- und Vertriebsbezuges) kritisiert, der dazu führe, dass die Rspr. immer noch nicht vollständig vorhersehbar sei.[2890] Der EuGH hat dabei in der Zeit nach *Keck* immer mehr das Kriterium des Marktzugangs in den Vordergrund gestellt.[2891]

bb) „Anhänger-Rechtsprechung" seit dem 10.02.2009

Beginnend mit der am 10.02.2009 entschiedenen Rs. C-110/05 (*Kommission/Italien*)[2892] hat der Gerichtshof nach verbreiteter Auffassung eine „neue dogmatische Welt"[2893] geschaffen und einen *dreigliedrigen Maßstab* etabliert,[2894] den er in mehreren nachfolgenden Judikaten bis zum heutigen Tag bestätigt hat:[2895] „Aus (...) ständiger Rechtsprechung geht hervor, dass ex-Art. 28 EG die Verpflichtung widerspiegelt, sowohl die Grundsätze der Nichtdiskriminierung [Fallgruppe 1, Anm. d. *Verf.*] und der gegenseitigen Anerkennung von Erzeugnissen, die in anderen Mitgliedstaaten rechtmäßig hergestellt und in den Verkehr gebracht wurden, einzuhalten [Fallgruppe 2, Anm. d. *Verf.*] als auch Erzeugnissen aus der Gemeinschaft einen freien Zugang zu den nationalen Märkten zu gewährleisten [Fallgruppe 3, Anm. d. *Verf.*]."[2896]

Die eigentliche Innovation besteht nicht in der Aufgliederung in diese drei Fallgruppen. Sie liegt vielmehr in der ausdrücklichen und *parallelen* Anerkennung der *dritten Fallgruppe* (Gewährleistung eines freien Marktzugangs).[2897] Der EuGH hat klargestellt, dass er mitgliedstaatliche Regelungen nicht nur auf ihre Rechtfertigungsfähigkeit hin untersuchen möchte, wenn sie diskriminieren bzw. den Marktzugang *diskriminierend* behindern und/oder den Marktzugang *versperren*, sondern auch wenn sie den Marktzugang in unterschiedsloser Weise *behindern*.[2898] Die Fallgruppe 3 ist dabei nicht nur

---

[2890] Vgl. nur *Roth/Oliver*, CMLR 2004, 411 (414).

[2891] *Brigola*, EuZW 2012, 248 (249); *Stuyck*, EJCL, 10 (2012), 343 (354).

[2892] EuGH, Urt. v. 10.02.2009, Rs. C-110/05, Slg. 2009, I-568 (*Kommission/Italien*).

[2893] *Répasi*, EuZW 2011, 430 m. w. umf. N.; ähnl. *Pecho*, LIEI 36 (2009), 257 (260): „landmark case"; *Streinz*, EuZW 2012, 511 (512): „neue Leitentscheidung".

[2894] EuGH (Fn. 2892), Rn. 34–37.

[2895] EuGH, Urt. v. 18.10.2012, Rs. C-385/10, unveröfftl., Rn. 23 (*Elenca*); EuGH, Urt. v. 26.04.2012, Rs. C-456/10, unveröfftl., Rn. 33–37 (*ANETT*); EuGH, Urt. v. 01.03.2012, Rs. C-484/10, unveröfftl., Rn. 53 (*Ascafor und Asidac*); EuGH, Urt. v. 02.10.2010, C-108/09, Slg. 2010, I-12213, Rn. 47–50 (*Ker-Optika*); EuGH, Urt. v. 04.06.2009, C-142/05, Slg. 2009, I-4273, Rn. 24 (*Mickelsson und Roos*); implizit auch EuGH, Urt. v. 18.11.2010, Rs. C-142/09, Slg. 2010, I-11685, Rn. 44 (*Lahousse & Lavichy*).

[2896] EuGH (Fn. 2892), Rn. 34.

[2897] Ähnl. *Albin/Valentin*, EuZW 2009, 178 f.; *Oliver*, Fordham Int'l L. J. 33 (2011), 1423 (1462); *Répasi*, EuZW 2011, 430 (431); a.A. *Purnhagen*, JZ 2012, 742 (744).

[2898] Nach EuGH (Fn. 2892), Rn. 37 werden auch Behinderungen des Marktzugangs erfasst.

ein *Hintergrund-* oder *Überkonzept* für speziellere Beschränkungsstandards, sondern als *Auffangtatbestand* selbst unmittelbar anwendbar, wenn die Fallgruppen 1 und 2 nicht einschlägig sind.[2899]

Die entscheidende von der nachfolgenden Rechtsprechung noch zu beantwortende und auch hier so weit wie möglich zu klärende Frage lautet: *Wann genau* wird der Marktzugang versperrt bzw. behindert?[2900] Die nachfolgende Analyse der Rspr. erfolgt entlang der drei im „Anhänger"-Test aufgezählten Fallgruppen. Begonnen wird mit der Fallgruppe 3, dem Marktzugangstest, der gleichzeitig die konzeptionelle Grundlage für die anderen beiden Fallgruppen darstellt und daher Schlüsse auf die Wertungen zulässt, die der Rspr. zu Art. 34 Alt. 2 AEUV zugrunde liegen. Am Ende der Darstellung einer jeden Fallgruppe werden mögliche Schlussfolgerungen in Bezug auf Art. 35 Alt. 2 AEUV behandelt.

aaa) Fallgruppe 3: Gewährleistung eines freien Marktzugangs

(1) Darstellung und Interpretation der Rechtsprechung

(a) Kommission/Italien *(„Anhängerfall") v. 10.02.2009*[2901]

Die Rs. *Kommission/Italien*, bei der es um ein italienisches Nutzungsverbot für Kradfahrzeuganhänger ging, zieht ihre Berühmtheit aus der dort erstmalig erfolgenden Anwendung der oben genannten neuen Trichotomie, mit der Art. 34 Alt. 2 AEUV seitdem definiert wird. Von Bedeutung sind zweitens die Äußerung zu einer Verwendungsbeschränkung[2902] und die Nichtübertragung der *Keck*-Ausnahme hierauf,[2903] obwohl Generalanwältin *Kokott* dies in der ebenfalls eine Nutzungsmodalität betreffenden Rs. *Mickelsson & Roos* gefor-

---

[2899] *Stuyck*, EJCL 10 (2012), 343 (354 f.). In *Ascafor* hat der Gerichtshof (in Abweichung zu dem Gesagten) eine unter die Fallgruppe 2 zu subsumierende Konstellation direkt am Marktzugangsmaßstab gemessen (s. b. Fn. 2920 ff.).

[2900] Vgl. *Albin/Valentin*, EuZW 2009, 178 (179); *Oliver*, Fordham Int'l L. J. 33 (2011), 1423 (1462); *Pecho*, LIEI 36 (2009), 257 (264); *Purnhagen*, JZ 2012, 742 (745); *Spaventa*, E. L. Rev. 34 (2009), 914 (919); *Streinz*, EuZW 2012, 511 (512); *Tryfonidou*, E. L. Rev. 35 (2010), 36 (56).

[2901] EuGH (Fn. 2892) – *Kommission/Italien*.

[2902] Dabei handelt es sich aber – was vielfach übersehen wird – nicht um die *erste* Äußerung des Gerichtshofs zu einer Nutzungsmodalität: Schon in dem Urt. v. 10.04.2008, Rs. C-265/06, Slg. 2008, I-2245, Rn. 31–36 (*Kommission/Portugal*) nahm der EuGH Stellung zu einem Verwendungsverbot – dort ging es um das Verbot, Autofenster mit farbigen Folien zu bekleben – und auch dort begründete er das Vorliegen einer Einfuhrbehinderung mit der Erwägung, Verbraucher hätten an diesen Folien kein Interesse mehr, wenn sie sie nicht benutzen dürften. Dagegen hat der Gerichtshof dort noch nicht seine Anhänger-Formel verwandt.

[2903] EuGH (Fn. 2892), Rn. 49–58.

dert hatte[2904]. Der Gerichtshof hat damit einer Erstreckung der *Keck*-Formel auf die Gruppe der Nutzungsmodalitäten eine *ausdrückliche Absage* erteilt, was in der Tatsache zum Ausdruck kommt, dass der EuGH die mündliche Verhandlung zu dem Zweck neu eröffnet hat, sich die Argumente der Kommission und der Mitgliedstaaten zu einer denkbaren Analogisierung der *Keck*-Formel für die Fallgruppe der Verwendungsbeschränkungen anhören zu wollen, wie Legal Secretary *Peter Pecho* von EuGH-Richter *Ján Klučka* berichtet.[2905] Der Gerichtshof stellt entscheidend darauf ab, dass das Verwendungsverbot die Nachfrage nach dem Produkt „verhindert"[2906], weil die Verbraucher „praktisch kein Interesse daran [haben], einen solchen Anhänger zu kaufen"[2907], sodass der Marktzugang versperrt werde[2908].[2909] Obwohl der EuGH sein Ergebnis mit dem *Versperrtsein* des Marktzugangs begründet, stellt er im Rahmen seiner Vorbemerkungen klar, dass auch eine *Behinderung* des Marktzugangs ausreicht, um eine Regelung als Maßnahme gleicher Wirkung i. S. v. Art. 34 Alt. 2 AEUV zu qualifizieren.[2910] Diese weite Fassung des Tatbestands von Art. 34 Alt. 2 AEUV steht im Gegensatz zum *Keck*-Judikat, das – viel enger[2911] und sprachenübergreifend – zwingend noch eine *Versperrung*[2912] (engl.: „prevent"; franz.: „empêcher") des Marktzugangs forderte (in Bezug auf *unterschiedslose* Maßnahmen).

(b) Mickelsson & Roos *(04.06.2009)*[2913], Ascafor *(01.03.2012)*[2914], UAB Vilniaus energija *(20.09.2014)*[2915]

Die nur kurze Zeit später entschiedene Rechtssache *Mickelsson & Roos* bestätigt die dogmatische Wende, die der EuGH im „Anhängerfall" vorgenommen hat.[2916] Mit Blick auf den Verfahrensgegenstand geht *Mickelsson* sogar noch über diesen hinaus, da es in *Mickelsson* nicht um ein Nutzungs*verbot* ging, sondern um eine (sehr erhebliche) Einschränkung der Möglichkeit, Wassermotorräder in schwedischen Gewässern zu verwenden. Wiederum rekurriert

---

[2904] Generalanwältin *Kokott*, Schlussanträge v. 14.12.2006, Rs. C-142/05, Slg. 2009, I-4273, Rn. 42–56 (*Mickelsson & Roos*).

[2905] *Pecho*, LIEI 36 (2009), 257 (262).

[2906] EuGH (Fn. 2892), Rn. 57.

[2907] EuGH (Fn. 2892), Rn. 57.

[2908] EuGH (Fn. 2892), Rn. 58.

[2909] Auch diese Begründung hatte der Gerichtshof bereits in der Rs. *Kommission/Portugal* benutzt, s. in Fn. 2902.

[2910] EuGH (Fn. 2892), Rn. 37.

[2911] Ebenso *Pecho*, LIEI 36 (2009), 257 (263).

[2912] EuGH (Fn. 1954), Rn. 17 (*Keck und Mithouard*).

[2913] EuGH (Fn. 2895) – *Mickelsson & Roos*.

[2914] EuGH (Fn. 2895) – *Ascafor*.

[2915] EuGH, Urt. v. 10.09.2014, Rs. C-423/13, unveröfftl. (*UAB Vilnijaus energija*).

[2916] EuGH (Fn. 2895), Rn. 24 (*Mickelsson & Roos*).

der Gerichtshof auf das *Interesse der Verbraucher* an der Ware, welches aufgrund der Nutzungsbeschränkungen gering sei.[2917] Der Gerichtshof stellt im Ergebnis auf eine *Behinderung* des Marktzugangs ab.[2918] Bemerkenswerterweise zitiert er anders als im Anhängerfall nicht mehr die *Keck*-Rechtsprechung.[2919]

In *Ascafor* ging es um in Spanien importierten Armierungsstahl, der bestimmte technische Spezifikationen aufweisen musste, um im Bausektor verwendet werden zu dürfen. Diese konnten u. a., durch ein Gütezeichen nachgewiesen werden. Ein von einem anderen Mitgliedstaat verliehenes Gütezeichen musste gewisse im spanischen Recht festgelegte (und nicht von der EU harmonisierte) Bedingungen erfüllen. Der Gerichtshof zitiert zunächst die *Dassonville*-Formel[2920] und den dreigliedrigen „Anhänger"-Test[2921]. Sodann rekurriert er auf die *Beschränkung* des Marktzugangs, die darin liege, dass ein EU-ausländisches Gütesiegel nicht anerkannt werde.[2922] Auch verweist er auf die abschreckende Wirkung für die Wirtschaftsteilnehmer.[2923] Der EuGH greift hier auf den *Residualtest* der Marktzugangsbeschränkung zurück, obwohl es in der Sache um eine *Anerkennungssituation* geht. *Ascafor* spricht für die zunehmende Bedeutung des Marktzugangskriteriums, das nun häufiger *unmittelbar* herangezogen wird und in *Ascafor* sogar eine der beiden anderen Fallgruppen der dreigliedrigen Anhängerformel *verdrängt*.[2924] Wie in *Mickelsson* zitiert der Gerichtshof auch nicht mehr die *Keck*-Rspr.

In *UAB Vilniaus energija*[2925] ging es um automatische Geräte, mit deren Hilfe die Heizung reguliert und die Verbrauchsdaten von Warmwasserzählern fernübertragen werden konnten. Nach der litauischen Rechtslage durften die von diesen Geräten übertragenen Daten nur dann zur Erstellung von Rechnungen herangezogen werden, wenn sie einer messtechnischen Überprüfung unterzogen wurden. Wiederum stellt der Gerichtshof nicht auf den Anerkennungsgrundsatz ab, sondern *unmittelbar* auf die darin liegende *Beschränkung des Marktzugangs*.[2926] Die *Schwere* der Beschränkung wird durch verschiedene Umstände *abgemildert*: In *UAB Vilniaus energija* ging es um eine *Nutzungs*beschränkung. *Einfuhr* und *Verkauf* wurden nicht verboten. Das Ge-

---

[2917] EuGH (Fn. 2895), Rn. 26 f. (*Mickelsson & Roos*).

[2918] EuGH (Fn. 2895), Rn. 28 (*Mickelsson & Roos*).

[2919] In der später entschiedenen Rs. *Lahousse & Lavichy* bestätigt der Gerichtshof knapp seine Nutzungsmodalitätenrechtsprechung, EuGH (Fn. 2895), Rn. 44 (*Lahousse & Lavichy*).

[2920] EuGH (Fn. 2895), Rn. 52 (*Ascafor*).

[2921] EuGH (Fn. 2895), Rn. 53 (*Ascafor*).

[2922] EuGH (Fn. 2895), Rn. 56 (*Ascafor*).

[2923] EuGH (Fn. 2895), Rn. 57 (*Ascafor*).

[2924] Ebenso *Stuyck*, in: FS Roth, 625 (630).

[2925] EuGH (Fn. 2915).

[2926] EuGH (Fn. 2915), Rn. 48 (*UAB Vilniaus energija*).

brauchsverbot war zudem ein *bedingtes*: Die Ware durfte nach Durchführung der Messkontrolle bestimmungsgemäß benutzt werden. Schließlich war die Ware auch ohne die Messung *nicht nutzlos*, sie konnte immer noch zur Heizungsregulation eingesetzt werden.

(c) Relevanz der Keck-*Formel* (ANETT *[26.04.2014]*[2927], Pelckmans *[08.05.2014]*[2928], Valev Visnapuu *[12.11.2015]*[2929], Scotch Whisky Association *[23.12.2015]*[2930], Colruyt *[21.09.2016])?*

Einer Reihe von neueren Rechtssachen können Hinweise zur derzeitigen Position des EuGH bezüglich des Verhältnisses des Marktzugangsmaßstabs zur *Keck*-Formel entnommen werden.

In *ANETT* ging es um das an Tabakeinzelhändler adressierte spanische Verbot, Tabakerzeugnisse selber einzuführen, und das Gebot, den Bedarf bei zugelassenen Großhändlern zu decken. Dies galt auch für inländische Tabakerzeugnisse. Entsprechend war Tabakeinzelhändler auch verwehrt, Tabak selbst herstellen. Zunächst zitiert der Gerichtshof die „Anhänger"-Rechtsprechung und die „Anhänger"-Formel[2931] und verneint anschließend explizit das Vorliegen einer faktischen und rechtlichen Diskriminierung.[2932] Sowohl in der Sache als auch in den Formulierungen wird angedeutet, dass der EuGH einem *weiten* Beschränkungsverbot folgt:[2933] Der EuGH verweist darauf, dass die „Art der [vorgeschriebenen] Bedarfsdeckung (…) verschiedene Nachteile"[2934] aufweisen könne: „Wenn somit ein bestimmtes Erzeugnis im Erzeugnissortiment dieser Großhändler nicht enthalten ist, haben die Tabakeinzelhändler keine direkte, flexible und schnelle Möglichkeit, die Nachfrage ihrer eigenen Kunden, die an diesem Erzeugnis interessiert sind, zu befriedigen."[2935] Dabei zitiert und prüft der EuGH an keiner Stelle die *Keck*-Formel. Er spricht von (nach *Keck* irrelevanten[2936]) potenziellen „negativen Auswirkungen"[2937] auf den Marktzugang sowie von dessen Behinderung[2938]

[2927] EuGH (Fn. 2895) – *ANETT*.

[2928] EuGH, Urt. v. 08.05.2014, Rs. C-483/12, unveröfftl. (*Pelckmans*).

[2929] EuGH, Urt. v. 12.11.2015, Rs. C-198/14, unveröfftl. (*Valev Visnapuu*).

[2930] EuGH, Urt. v. 23.12.2015, Rs. C-333/14, unveröfftl. (*Scotch Whisky Association*); vgl. auch Generalanwalt *Bot*, Schlussanträge v. 03.09.2015, Rs. C-333/14, unveröfftl. (*Scotch Whisky Association*).

[2931] EuGH (Fn. 2895), Rn. 33–37 (*ANETT*).

[2932] EuGH (Fn. 2895), Rn. 36 (*ANETT*).

[2933] Vgl. *Horsley*, CMLR 46 (2009), 2001 (2008, 2016); *Pecho*, LIEI 36 (2009), 257 (264).

[2934] EuGH (Fn. 2895), Rn. 38 (*ANETT*).

[2935] EuGH (Fn. 2895), Rn. 39 (*ANETT*).

[2936] Nach EuGH (Fn. 1954), Rn. 17 (*Keck und Mithouard*) wäre nur eine *Versperrung* des Marktzugangs unzulässig.

[2937] EuGH (Fn. 2895), Rn. 42 (*ANETT*).

und hält es (ebenfalls im Widerspruch zu *Keck*) bereits für problematisch, dass Kunden ihre Produkte möglicherweise erst *später*[2939] erhalten. Die verfahrensgegenständliche Regelung könnte zunächst als (gar nicht in den Anwendungsbereich der *Keck*-Ausnahme fallendes) Einfuhrverbot[2940] gedeutet werden. Eine solche Deutung verkennt indes, dass Tabakwaren sehr wohl eingeführt werden dürfen, nur eben über die Großhändler und dass die Konzentration des Tabakgroßhandels auch für inländische Tabakerzeugnisse galt. Die vorliegende Regelung steuert vielmehr in nicht diskriminierender Art und Weise die Absatzmodalitäten der Tabak einführenden Exporteure (wenngleich ein Unterschied zur Rs. *Keck* darin liegt, dass es vorliegend um das Verhältnis „Händler zu Händler" und nicht um die Handelsbeziehung „Händler zu Kunde" geht). Die nicht lediglich auf das Vorliegen eines Einfuhrverbots, sondern auf die ökonomischen Folgen der Regelung abstellende Argumentation des Gerichtshofs (mit dem Eingehen auf die negativen Auswirkungen für die Befriedigung der Kundennachfrage) deutet darauf hin, dass dieser die Regelung ebenfalls nicht als Einfuhrverbot qualifiziert hat. Die Auslegungskriterien, die der Gerichtshof heranzieht, bewegen sich in Richtung der *Dassonville*-Formel. Die *Keck*-Ausnahme scheint damit (insofern sie zu einer Eingrenzung des Maßstabs der Marktzugangsbehinderung führt) zurückgedrängt:[2941] Eine *Versperrung*[2942] des Marktzugangs ist nach neuer st. Rspr. wohl auch dann nicht mehr erforderlich (und mithin eine Marktzugangs*behinderung* hinreichend) für die Qualifikation einer Regelung als Maßnahme gleicher Wirkung, wenn es um eine Verkaufsmodalität geht und eingeführte Waren nicht diskriminiert werden[2943].[2944] Der Gerichtshof nähert sich insgesamt der früheren *Dassonville*- bzw. Vor-*Keck*-Rechtsprechung an und legt eine *wirkungsbezogene* Betrachtungsweise zugrunde.

[2938] EuGH (Fn. 2895), Rn. 43 (*ANETT*).

[2939] EuGH (Fn. 2895), Rn. 40 (*ANETT*).

[2940] Letztlich kann jede importstaatliche Regelung, die auch Importerzeugnisse betrifft, bei Zugrundelegung eines weiten sprachlichen Verständnisses des Begriffes des Einfuhrverbotes als ein mindestens bedingtes und mittelbares Einfuhrverbot gedeutet werden. Letztlich kommt es nicht auf die Bezeichnung, sondern auf die Wirkungen einer Regelung an. Und diese ähneln vorliegend denjenigen der Rs. *Keck*.

[2941] Vgl mit unterschiedlichen Nuancierungen *Frank*, GRUR 2016, 1246 (1248); *Horsley*, CMLR 46 (2009), 2001 (2015 f.); *Kirschner*, 32 m. w. N.; *Lenaerts*, in: Terryn/Straetmans/Colaert, 95 (113); *Mittwoch*, EuZW 2016, 936 (937); vgl. auch *Oliver*, Fordham Int'l L. J. 33 (2011), 1423 (1462); *Stuyck*, EJCL 10 (2012), 343 (354). A.A. wohl *Purnhagen*, JZ 2012, 742 (744 f.).

[2942] EuGH (Fn. 1954), Rn. 17 (*Keck und Mithouard*).

[2943] Auf das Nichtvorliegen einer Diskriminierung hatte der Gerichtshof in *ANETT* explizit hingewiesen, EuGH (Fn. 2895), Rn. 36 (*ANETT*).

[2944] Vgl. *Spaventa*, E. L. Rev. 34 (2009), 914 (923).

In der am 08.05.2014 entschiedenen Rs. *Pelckmans*[2945] bestätigt der EuGH zwar knapp die *Keck*-Rechtsprechung, indem er die verfahrensgegenständliche Maßnahme unter Rekurs auf *Keck* aus Art. 34 Alt. 2 AEUV herausfallen lässt. Doch handelt es sich hier um eine klassische *Ladenöffnungszeitenkonstellation*, bei der auch in der Sache keine Marktzugangsbehinderung gegeben ist. Mithin war ein Aufgeben oder Eingrenzen der *Keck*-Rechtsprechung nicht erforderlich.

Auch in der am 12.11.2015 entschiedenen Rs. *Valev Visnapuu* – dort ging es um zwei diskriminierende Ausnahme- und Erlaubnistatbestände zu einem Handelsmonopol für alkoholische Getränke – prüfte der EuGH ausführlich die *Keck*-Formel. Doch stand auch hier zu keinem Zeitpunkt infrage, dass die offensichtlich marktzugangsbehindernde Regelung gemäß der *Keck*-Ausnahme aus Art. 34 Alt. 2 AEUV herausfällt: Denn sie ist gleich in *dreifacher* Weise diskriminierend ausgestaltet.[2946] Der Gerichtshof sieht die (erste Voraussetzung der) *Keck*-Formel daher (zu Recht) als nicht erfüllt an.[2947] Anders als in *ANETT* muss der Gerichtshof die *Keck*-Formel aber weder aufgeben noch auslassen, um das Vorliegen der (tatsächlich gegebenen) Marktzugangsbehinderung zu bejahen.

Eine erneute Distanzierung von der *Keck*-Judikatur (ähnlich der in *ANETT*) findet sich dann aber wieder in der am 23.12.2015 entschiedenen Rs. *Scotch Whisky Association*, auch wenn die *Keck*-Formel dort (erneut) nicht formal eingeschränkt oder aufgegeben wurde: Obwohl es sich bei der dortigen Mindestpreisregelung für alkoholische Getränke („MPA“) eindeutig um eine Verkaufsmodalität handelt – Mindestpreisregelungen hat der EuGH erst 2009 in *Fachverband der Buch- und Medienwirtschaft* ausdrücklich als Verkaufsmodalität qualifiziert[2948] –, erwähnt der EuGH die *Keck*-Formel nicht und verweist nur auf die *Dassonville*-Formel.[2949] Er stellt darauf ab, dass „die Regelung (…) geeignet [sei,] (…) den Zugang zum britischen Markt zu erschweren“[2950], und zwar „allein deshalb, weil sie verhindert, dass sich niedrigere Gestehungskosten eingeführter Erzeugnisse im Endverkaufspreis nieder-

---

2945 EuGH (Fn. 2928) – *Pelckmans*.

2946 Der *Versandhandel* ist hier generell nicht erlaubnisfähig (EuGH [Fn. 2929], Rn. 125), worin eine faktische Diskriminierung liegt. Die (staatliche) finnische Alkoholgesellschaft *Alko Oy* benötigt auch nicht für die unter die Ausnahmebestimmungen fallenden Getränke eine Erlaubnis (EuGH [Fn. 2929], Rn. 105). Eine der beiden Ausnahmen gilt zudem nur für *in Finnland ansässige* Hersteller alkoholischer Getränke (EuGH [Fn. 2929], Rn. 106, 125).

2947 EuGH (Fn. 2929), Rn. 104 ff. (*Valev Visnapuu*).

2948 EuGH in Urt. v. 30.04.2009, Rs. C-531/07, Slg. 2009, 3717, Rn. 20 (*Fachverband der Buch- und Medienwirtschaft*).

2949 EuGH (Fn. 2930), Rn. 31.

2950 EuGH (Fn. 2930), Rn. 32.

schlagen können"[2951]. Gerade mit dieser Formel („the fact that the competitive advantage resulting from importation is cancelled out, [...] characterises *in itself* the effect of an obstacle to access to the market [Hervorheb. d. *Verf.*]"[2952]) hatte Generalanwalt *Bot* in der maßgeblichen Randnummer 59 (auf die der EuGH explizit verweist) aber seine in Rn. 57 f. ausgeführte Grundposition konkretisiert, wonach das Vorliegen einer Marktzugangsbehinderung auch bei *Verkaufsmodalitäten* nicht das Vorliegen einer *Diskriminierung* voraussetze.[2953] Selbst wenn (zu Recht) davon ausgegangen wird, dass die Regelung wegen des Vorliegens einer Diskriminierung nicht die *Keck*-Kriterien erfüllt hätte, so stellt die Regelung inhaltlich eine Verkaufsmodalität dar, weshalb ein Eingehen des EuGH auf die *Keck*-Formel angezeigt gewesen wäre.

Keine andere Einschätzung (hinsichtlich der hier vertretenen Auffassung, dass die *Keck*-Ausnahme an Bedeutung eingebüßt hat) erscheint auch mit Blick auf die (jüngeren) Judikate *Deutsche Parkinson Vereinigung* v. 19.10.2016[2954] und *Colruyt* vom 21.09.2016[2955] angezeigt.

[2951] EuGH (Fn. 2930), Rn. 32.

[2952] Generalanwalt *Bot* (Fn. 2930), Rn. 59 (*Scotch Whisky Association*).

[2953] Generalanwalt *Bot* (Fn. 2930), Rn. 57 f. (*Scotch Whisky Association*).

[2954] Parallel zur Rs. *Scotch Whisky Association* gelagert ist die kürzlich (am 19.10.2016) entschiedene Rechtssache *Deutsche Parkinson Vereinigung*, Rs. C-148/15, unveröfftl., in der der EuGH die Preisbindung verschreibungspflichtiger Medikamente als Diskriminierung qualifizierte und sich erneut nicht zur *Keck*-Formel äußerte, obwohl eine Verkaufsmodalität vorlag und obgleich Generalanwalt *Szpunar*, Schlussanträge vom 02.06.2016, Rs. C-148/15, unveröfftl., ausdrücklich das Vorliegen einer Verkaufsmodalität problematisierte (Rn. 25). Dies kann als erneutes Distanzierungssignal zu *Keck* gedeutet werden, vgl. *Frank*, GRUR 2016, 1246 (1248); *Mittwoch*, EuZW 2016, 936 (937). Beachtlich ist die (regelmäßig) der Intensität des Wettbewerbseingriffs entsprechende *engmaschige* Rechtfertigungsprüfung (ebenso *Epiney*, NVwZ 2017, 846 [851]).

[2955] In EuGH, Urt. v. 21.09.2016, Rs. C-221/15, unveröfftl. (*Colruyt*) hatte der Gerichtshof über ein an Einzelhändler gerichtetes Verbot zu entscheiden, Tabakwaren unter Preisen zu verkaufen, die unter denjeigen liegen, die der jeweilige Hersteller oder der Importeur auf der Ware durch ein Steuerzeichen angebracht hatte. In seinen Urteilsgründen wiederholt der EuGH hier zunächst die *Keck*-Formel (Rn. 35) und zitiert sodann die „Anhänger"-Formel (Rn. 36). Er qualifiziert die Regelung als nicht diskriminierende Verkaufsmodalität (Rn. 37–39), die keine Maßnahme im Sinne von Art. 34 Alt. 2 AEUV darstelle (Rn. 39 f.). Trotz der im Judikat erfolgten ausdrücklichen Bezugnahmen auf die *Keck*-Formel besteht nach hier vertretener Auffassung weiterhin Grund zu der Annahme, dass die *Keck*-Formel in der Sache *überholt* ist (abgeschwächter: *R. Streinz*, JuS 2017, 566 [568 f.]: „unklar [...], ob und inwieweit [...] aufgegeben"): Eine ausdrückliche Referenz auf das *Keck*-Judikat erfolgt nicht. Das „Anhänger"-Judikat wird hingegen gleich 2 Mal zitiert (Rn. 35 f.). Der zentralen, auch in *Colruyt* in Rn. 35, 39 zitierten Passage des *Keck*-Judikats, wonach nicht diskriminierende Verkaufsmodalitäten, die den Marktzugang behindern (aber nicht versperren), keine Beeinträchtigung von Art. 34 AEUV darstellen, wird in *Colruyt* selbst durch die Bezugnahme auf die „Anhänger"-Formel widersprochen (Rn. 36: unter den Begriff der Maßnahme gleicher Wirkung falle „jede sonstige Maßnahme *(d)* Alands Vindkraft AB *(01.07.2014)*[2956] *und* Essent II *(11.09.2014)*[2957]

In den der Rs. *Preussen Elektra*[2958] ähnlichen Rechtssachen *Alands* und *Essent II* mussten Stromversorger[2959] unter Androhung einer Geldbuße bzw. Sonderabgabe eine bestimmte Anzahl von Zertifikaten über den Ankauf grünen Stroms erwerben, wobei nur solche Erzeuger diese Zertifikate erwerben und an die Versorger weitergeben konnten, die ihren Strom in Schweden (*Alands*) bzw. in der Flämischen Region (*Essent II*) erzeugten. EU-ausländische Erzeuger grünen Stroms konnten dagegen keine Zertifikate erwerben.

Der Sache nach ging es zwar um *diskriminierende* Regelungen.[2960] Doch zitierte und prüfte der EuGH nichtsdestotrotz in beiden Rechtssachen – wie in *Preussen Elektra*[2961] – die *Dassonville*-Formel:[2962] Die Einfuhr EU-ausländischen Stroms löse erstens die Pflicht aus, hierfür eine bestimmte Menge an Zertifikaten zu erwerben.[2963] Zweitens seien die Verpflichteten eher geneigt, von inländischen Grünstromproduzenten Strom einzukaufen, weil sie hier gleichzeitig die von ihnen benötigten Zertifikate erwerben könnten.[2964] Interessanterweise lässt der Gerichtshof in beiden Rechtssachen ausdrücklich eine *mittelbare* und *potenzielle Behinderung* ausreichen: Diese sei „zumindest“ (franz.: „à tout le moins“; engl.: „at least“) gegeben.[2965] Auf die von Generalanwalt *Bot* ausdrücklich betonte Feststellung, dass die Maßnahme jeweils diskriminierend sei, geht der Gerichtshof nicht ein. Der formale

---

[…], die den Zugang zum Markt […] behindert“; ähnl. Einschätzung bei *Epiney*, NVwZ 2017, 846 [851]). Auch lag in der Sache wohl keine (diskriminierungslose) Marktzugangsbehinderung vor (der Preis kann vom Importeur bei der Einfuhr bzw. vom Hersteller *frei* bestimmt werden; beschränkt wird nur der Preiswettbewerb im Hinblick auf Tabakwaren *desselben* Herstellers bzw. Importeurs, nicht hingegen der *herstellerübergreifende* Wettbewerb). Folglich musste sich der EuGH hier (in der Sache) nicht zwischen der 3. Aussage der „Anhänger“-Formel und der *Keck*-Formel „entscheiden“. Nicht unberücksichtigt bleiben sollte die Besetzung der entscheidenden Kammer: Diese entschied in der kleinen Besetzung mit 3 Richtern (*Arabadjiev* [Berichterstatter], *Bonichot*, *Fernlund*).

2956 EuGH, Urt. v. 01.07.2014, Rs. C-573/12, unveröfftl. (*Alands Vindkraft AB*); s. hierzu auch *Ehrmann*, NVwZ 2014, 1080; *Ludwigs*, EuZW 2014, 620.

2957 EuGH, Urt. v. 11.09.2014, Rs. C-204–208/12, unveröfftl. (*Essent II*).

2958 EuGH, Urt. v. 13.03.2011, Rs. C-379/98, Slg. 2001, I-2159 (*PreussenElektra*).

2959 In *Alands* mussten dies auch einige Stromverbraucher tun.

2960 Ebenso *Ludwigs*, EuZW 2014, 620 (627 f.); *ders.*, EuZW 2014, 201 (202); Generalanwalt *Bot*, Schlussanträge v. 28.01.2014, Rs. C-573/12, unveröfftl., Rn. 77 (*Alands Vindkraft AB*); *ders.*, Schlussanträge v. 08.05.2013, Rs. C-204–208/12, unveröfftl., Rn. 83 (*Essent II*).

2961 EuGH (Fn. 2958), Rn. 69.

2962 EuGH (Fn. 2956), Rn. 66; EuGH (Fn. 2957), Rn. 77.

2963 EuGH (Fn. 2956), Rn. 69; EuGH (Fn. 2957), Rn. 85.

2964 EuGH (Fn. 2956), Rn. 71 f.; EuGH (Fn. 2957), Rn. 86 f.

2965 EuGH (Fn. 2956), Rn. 67; EuGH (Fn. 2957), Rn. 83.

und in der Sache verfolgte Prüfungsduktus konzentriert sich allein auf die (unabhängig von einer Diskriminierung gegebene) *Behinderungs*wirkung.[2966]

(2) Zusammenfassung, Interpretation und Schlussfolgerungen in Bezug auf Art. 35 Alt. 2 AEUV

(a) Zusammenfassung und Interpretation der Rspr.

Die jüngere Rechtsprechung hat zu einer enormen *Aufwertung* des *Marktzugangskriteriums* geführt, und zwar in mehrerer Hinsicht: Erstens rekurriert der Gerichtshof nun immer häufiger *unmittelbar* auf das Marktzugangskriterium als Prüfungsmaßstab anstatt auf „Unter-Tests" bzw. Ausprägungen des Marktzugangskriteriums (*Kommission/Italien*, *Ascafor*, *ANETT*, *UAB Vilniaus energija*). Zweitens verfolgt der Gerichtshof einen *extensiveren* Beschränkungsmaßstab (der *sensibler* ist gegenüber Beschränkungen): Es genügt nunmehr bereits eine *Behinderung* (*Mickelsson*, *ANETT*, *Alands*), *Beschränkung* (*Ascafor*, *UAB Vilniaus energija*) oder *Erschwerung* des Marktzugangs (*Scotch Whisky Association*). Auch die Formulierungen, derer sich der EuGH bei der Konkretisierung der „Anhänger"-Formel bedient, sind – insbesondere in jüngerer Zeit – *weit* gefasst (*ANETT*, *Alands*, *Essent II*). Dabei hat der Gerichtshof für die neu aufgekommene Fallgruppe der Nutzungsmodalitäten bzw. -verbote keinen neuen „Unter-Test" als Ausprägung des Marktzugangskriteriums entwickelt, sondern diese ebenfalls *direkt* am Marktzugangskriterium gemessen (*Kommission/Italien* [„*Anhänger*"], *Mickelsson*, *UAB Vilniaus energija*).

Das *Keck*-Kriterium hat dagegen an Bedeutung eingebüßt: Eine (wesentliche) Marktzugangsbehinderung auch durch eine *nicht diskriminierende Verkaufsmodalität* dürfte nach dem heutigen Stand der Rspr. wohl als Maßnahme i. S. v. Art. 34 Alt. 2 AEUV zu qualifizieren sein (*ANETT*, *Scotch Whisky Association*).[2967] Sofern es um eindeutig diskriminierende oder den Marktzugang offensichtlich nicht behindernde Regelungen geht, bei denen die *Keck*-Formel zum *gleichen Ergebnis* führt wie ein Marktzugangstest, zitiert der EuGH weiterhin die *Keck*-Formel (*Pelckmans*, *Valev Visnapuu*, *Colruyt*).

Der EuGH stellt die *Wirkung* einer Maßnahme (auf den Marktzugang) in den Vordergrund und nicht ihre *formale Zugehörigkeit* zu einem bestimmten *Rechtsgebiet* (bzw. eine Einstufung als Verkaufs- oder Nutzungsmodalität). Ob eine Maßnahme dem Schutz (bestimmter) legitimer Interessen des Herkunftsstaates dient, ist für deren Bewertung als marktzugangsbehindernd irrelevant. Z. B. hat der Gerichtshof das Marktzugangskriterium in *Kommission/Italien* und in *Mickelsson* unabhängig davon angewandt, dass es dort um im Grundsatz legitime mitgliedstaatliche Interessen ging.

[2966] Diesen Umstand ebf. hervorhebend *Stuyck*, in: FS Roth, 625 (631).
[2967] S. umf. b. Fn. 2936 ff.

(b) Übertragbarkeit der Rspr. auf Art. 35 Alt. 2 AEUV?

Mit Blick auf die st. Rspr. zu Art. 34 Alt. 2 AEUV sollte die Qualifizierung einer Regelung als Maßnahme i. S. v. Art. 35 Alt. 2 AEUV im Grundsatz ausschließlich von den *Behinderungswirkungen* für die Warenausfuhr abhängen und nicht davon, ob und inwieweit die *mitgliedstaatlichen Kompetenzen* betroffen sind. Wird dies auf ein Wettbewerbsgleichheitsmodell als (systematisch-teleologisches) Grundkonzept übertragen, kommt es für die Bewertung einer Regelung als Maßnahme i. S. v. Art. 35 Alt. 2 AEUV nur darauf an, dass eine (hinreichende) *Wettbewerbsungleichheit* vorliegt (und nicht auf die Betroffenheit der mitgliedstaatlichen Kompetenzen). Dies spricht dafür, auch (hinreichend) wettbewerbsbenachteiligende *Produktionsregelungen* als Maßnahme i. S. v. Art. 35 Alt. 2 AEUV einzustufen (und zwar unabhängig davon, ob diese dem Schutz im Grundsatz legitimer Interessen dienen). Ganze *Fallgruppen* sollten nur ausgeklammert werden, wenn sichergestellt ist, dass *alle* unter diese Fallgruppe subsumierbaren Konstellationen unzureichende Benachteiligungswirkungen für den Export einer Ware entfalten. Dabei zeitigen Verkaufsmodalitäten häufig ganz andere Wettbewerbsgleichheitswirkungen für die Wareneinfuhr als Produktionsregelungen für die Warenausfuhr: Z. B. treffen (importbezogene) Ladenöffnungszeitenregelungen grundsätzlich alle Marktteilnehmer in der gleichen Weise, (exportbezogene) Immissionsschutzregelungen dagegen nicht. So wie der Gerichtshof mit der Fallgruppe der Nutzungsmodalitäten einen in der Warenbiografie *nach* dem eigentlichen Importvorgang (und sogar nach dem *Vertrieb*) angesiedelten Lebenssachverhalt aufgrund der schädlichen Wirkungen auf den Warenimport untersucht, könnten auch unterschiedslose Produktionsregelungen als *vor* dem eigentlichen Exportvorgang angesiedelte Fallgruppe wegen ihrer schädlichen Wirkungen auf den Warenexport einer Beeinträchtigungsprüfung unterzogen werden.

Die Extensivierung des Marktzugangsmaßstabs in Bezug auf Art. 34 Alt. 2 AEUV zeugt von einer *geringeren Toleranz* gegenüber binnenmarktwidrigen Beeinträchtigungen. Um Wertungswidersprüche zu vermeiden, sollte der Gerichtshof daher auch Art. 35 Alt. 2 AEUV (erheblich) *extensiver auslegen* und (bestimmte) *unterschiedslose* Beschränkungen als rechtfertigungsbedürftig qualifizieren.

Der Marktzugangstest impliziert sodann eine gewisse Behinderungs*schwelle*, die eine Maßnahme überschreiten muss, damit sie als Maßnahme i. S. v. Art. 34 Alt. 2 AEUV qualifiziert werden kann.[2968] *Jedwede* potenzielle nachteilige Wirkung genügt nicht. Entsprechend sollte ein Beeinträchtigungsmaßstab auch in Bezug auf Art. 35 Alt. 2 AEUV so konzipiert werden, dass er im Falle bloßer *Bagatellen* nicht erfüllt ist.

[2968] S. zu weiteren Nachw. auch b. Fn. 3129 ff.

Die *freiheitsrechtliche* Qualität des Marktzugangstests spricht dafür, auch Art. 35 Alt. 2 AEUV freiheitsrechtlich zu interpretieren, indem nicht auf ein Wettbewerbsgleichheitskriterium oder ein Diskriminierungsverbot, sondern auf ein *Marktaustrittskriterium* abgestellt wird.[2969] Mit einem Marktaustrittskriterium gemeint ist eine Übertragung des zu Art. 34 Alt. 2 AEUV entwickelten Marktzugangskriteriums auf Art. 35 Alt. 2 AEUV. Die Unterschiede zwischen einer Wettbewerbsgleichheitsauslegung von Art. 35 Alt. 2 AEUV und einem (extensiv interpretierten) Marktaustrittsmaßstab dürften in der Praxis nur gering sein.

(c) Allgemeine Ungeeignetheit des Marktzugangskonzepts

Das Marktzugangskonzept – wie es *in der Rspr.* interpretiert und gehandhabt wird – sollte schon aufgrund seiner *inneren konzeptionellen Schwächen*[2970] nicht auf Art. 35 Alt. 2 AEUV übertragen werden. Zunächst bleibt im Dunkeln, wo die *genaue Grenze* verläuft zwischen Marktzugangsbehinderungen einerseits und sehr geringfügigen (und damit irrelevanten) Beeinträchtigungen der wirtschaftlichen Freiheit andererseits. Der Begriff der Behinderung des Marktzugangs wird nicht definitorisch konkretisiert[2971] und daher auch unterschiedlich interpretiert.[2972]

Die Unbestimmtheit und damit Ungeeignetheit des Marktzugangskriteriums belegen Definitionsversuche wie etwa der von Generalanwalt *van Gerven* in *Torfaen*, nach dem eine Zugangserschwerung vorliege, wenn „aus der Gesamtheit der rechtlichen und wirtschaftlichen Begleitumstände hervorgeht, dass sie die vom Vertrag gewollte wechselseitige wirtschaftliche Durchdringung der inländischen Märkte gefährdet.“[2973] Unklar bleibt, *wie* diese Begleitumstände beschaffen sein müssen und was der Vertrag genau „will“.

[2969] Dies ist aber nach hiesiger Auffassung, wie bereits dargestellt, mit den systematisch-teleologischen Grundlagen und speziell dem Binnenmarktziel unvereinbar (s. b. Fn. 1816 ff.). Darüber hinaus ist der Marktzugangstest (wie nachfolgend gezeigt wird) auch wegen seiner konzeptionellen Defizite abzulehnen (s. b. Fn. 2970 ff.).

[2970] Das Marktzugangskriterium ebf. kritisierend *Barnard*, 21 ff.; *Horsley*, CMLR 46 (2009), 2001 (2014); *Oliver/Enchelmaier*, CMLR 44 (2007), 649 (674); *Oliver/Roth*, CMLR 41 (2004), 407 (414); *Snell*, CMLR 47 (2010), 437 ff.; *Spaventa*, CMLR 41 (2004), 743 (758 f.); *Steindorff*, ZHR 157 (1994), 149 (157); *Stuyck*, EJCL 10 (2012), 343 (354 f.).

[2971] Ebenso *Davies*, Germ. L. J. 11 (2010), 671 (703).

[2972] Ähnlich *Snell/Andenas*, Int'l & Comp. Corp. L. J. 2 (2000), 239 (253); *Stuyck*, EJCL 10 (2012), 343 (354 f.).

[2973] Generalanwalt *van Gerven* (Fn. 1744), Rn. 23 (*Torfaen*). Vgl. zur Unbestimmtheit von Kriterien wie „Marktaufteilung“, „Marktschwelle“ und „Marktzugang“ *Steindorff* in ZHR 158 (1994), 149 (160); ebf. die Unbestimmtheit des Begriffs des Marktzugangs kritisierend *Barnard*, 21 f.; *Davies*, Germ. L. J. 11 (2010), 671 (703); *Eeckhout*, in: De Búrca/Scott, 211 (225); *Horsley*, CMLR 46 (2009), 2001 (2014); *Snell*, CMLR 47 (2010), 437 (467 ff.); *Spaventa*, E. L. Rev. 34 (2009), 914 (923); *Torgersen*, E. B. L. R. 1999, 371 (372).

Jede Regelung, die unternehmerische Verhaltensweisen erschwert oder verbietet, die von dem Grundfreiheitenberechtigten für rentabilitätssteigernd gehalten wird, kann zu einer Reduktion der Transaktionen führen und grammatisch als Marktzugangs*behinderung* bezeichnet werden.[2974] Dieses Ergebnis wäre aber mit dem *Dassonville*-Standard identisch, der doch gerade in *Keck* „überprüft"[2975] und klargestellt und von dessen weiter Terminologie ja gerade Abstand genommen werden sollte.

Es wurde schon darauf hingewiesen, dass das Marktzugangskriterium durch seinen Bezug zum Markt*zugang* bzw. *-austritt* signalisiert, dass die Beschränkungen der Einfuhr eine gewisse Schwere besitzen müssen.[2976] Doch ist Begriff der *Behinderung* so weit und unbestimmt, dass die Eingrenzung des Beschränkungstatbestands, die mit dem Marktzugangsbegriff bezweckt wurde, wieder weitgehend relativiert wird. In dem Wissen um diese Relativierung hat der Gerichtshof dann in *einigen* Fällen eine „Relativierung der Relativierung" vorgenommen, indem er verlangt, dass die Behinderung des Marktzugangs *unmittelbar* oder *erheblich* sein müsse.[2977] Dieses Vorgehen verschlimmert die mit dem Marktzugangsbegriff verbundenen Rechtsunsicherheiten, zumal wenn hierbei nicht einheitlich verfahren wird.

Diese Unsicherheiten werden auch nicht durch eine einheitliche Handhabung *in der Sache* abgemildert (d. h. durch kohärente Ergebnisse): Die EuGH-Judikatur zeigt auch hier Schwankungen.[2978]

Eine Abgrenzung zwischen Verhalten *im* Markt und beim Marktzutritt überzeugt ebenso wenig: Viele Maßnahmen, die erst „auf" dem Markt ansetzen, wirken zurück auf den Zutritt zum Markt.[2979]

Im Ergebnis führt die konzeptionelle Unklarheit dazu, dass der Norminterpret auf eine unsichere *case law-Analyse* zurückverwiesen wird, ohne dass er aus dem Marktzugangskriterium selbständige Schlussfolgerungen ableiten könnte.[2980] Die Definitions- und Konkretisierungsfunktion, die von einer jeden Definition eingelöst werden soll, wird vom Marktzugangskonzept nicht erfüllt.

[2974] Vgl. *Pecho*, LIEI 36 (2009), 257 (263).

[2975] EuGH (Fn. 1954), Rn. 14.

[2976] S. b. Fn. 2968; s. zu weiteren Nachw. auch b. Fn. 3129 ff.

[2977] S. umf. zu Nachw. b. Fn. 3132 ff.

[2978] Vgl. *Jansson/Kalimo*, CMLR 51 (2014), 523 (538); *Weatherill*, ICLQ 61 (2012), 541 (542) jew. m. w. N.

[2979] Vgl. *Barnard*, 23 f.; *Szydło*, CMLR 47 (2010), 753 (778).

[2980] Ähnl. *Stuyck*, EJCL 10 (2012), 343 (355).

bbb) Fallgruppe 1: Diskriminierungsverbot

(1) Rechtsprechung (insbesondere Ker-Optika *[02.10.2010])*

Eine weitere Fallgruppe der dreigliedrigen „Anhänger"-Formel wird durch die „Grundsätze der Nichtdiskriminierung" gebildet.[2981] Der Gerichtshof hält in Bezug auf Art. 34 AEUV weiterhin an einem weiten (faktische wie rechtliche) Diskriminierungen umfassenden Verbot fest (das auch in *Keck* nicht angetastet wurde).[2982] Neuerungen ergeben sich hier nicht. Ein Beispiel für ein Festhalten an dieser st. Rspr. aus der jüngeren Zeit bietet die Rs. *Ker Optika*: Hier hat der Gerichtshof eine mitgliedstaatliche Regelung als Beeinträchtigung von Art. 34 AEUV gewertet, die den Internetvertrieb von Kontaktlinsen zwar unterschiedslos verbot und den Vertrieb auf Fachbetriebe für medizinische Hilfsmittel beschränkte, die aber ausländische Marktteilnehmer stärker betraf, weil Importeure in besonderer Weise auf den *Fernabsatz* als Vertriebsform angewiesen sind. Der EuGH geht also von einer *faktischen Diskriminierung* aus[2983] und knüpft hiermit an alte Rechtsprechungsstränge an, in denen er eine Maßnahme gleicher Wirkung annahm, wenn der Fernabsatz – als wichtigster Vertriebskanal für Warenimporte – in besonderem Maße betroffen war.

(2) Schlussfolgerung in Bezug auf Art. 35 Alt. 2 AEUV

Fraglich ist, ob und wie die mit dem Diskriminierungsverbot des Art. 34 Alt. 2 AEUV erzielten (Wettbewerbsgleichheits-)Wirkungen durch den Einsatz von Art. 35 Alt. 2 AEUV erreicht werden können. Jede Diskriminierung von Warenimporteuren (durch den Importstaat) enthält zugleich eine Wettbewerbsungleichheit (des Warenimporteurs im Verhältnis zu den im Importstaat mit dem Importeur konkurrierenden Händlern und Produzenten).[2984] Für den umgekehrten Fall gilt dies nicht, d. h., nicht jede Diskriminierung von Warenexporteuren durch den Exportstaat (bzw. Herkunftsstaat) stellt zugleich auch eine Wettbewerbsungleichheit (des Warenexporteurs im Verhältnis zu den im Importstaat ansässigen Händlern und Produzenten) dar: Eine Exportdiskriminierung ist nämlich dadurch definiert, dass ein Exporteur gegenüber *im Inland des Exportstaates* tätigen Anbietern durch den Exportstaat benach-

---

[2981] S. b. Fn. 2896.

[2982] Vgl. neben den nachfolgend konkret genannten Judikaten aus der jüngeren Rechtsprechung, die nach dem Anhängerurteil ergangen sind EuGH, Urt. v. 30.04.2009, Rs. C-531/07, Slg. 2009, I-3717 (*Kommission/Österreich*); s. a. EuGH, Urt. v. 06.10.2011, Rs. C-443/10, Slg. 2011, I-9237, Rn. 26 ff. (*Bonnarde*); EuGH, Urt. v. 08.06.2017, Rs. C-296/15, unveröfftl. (*Medisanus*).

[2983] EuGH (Fn. 2895), Rn. 53–56.

[2984] S. schon b. Fn. 1888. Das binnenmarktliche Wettbewerbsgleichheitsgebot spricht in Bezug auf Art. 34 Alt. 2 AEUV folglich für ein (weit ausgelegtes) Verbot von (rechtlichen wie faktischen) Importdiskriminierungen.

teiligt wird. Sofern eine den Export diskriminierende Regelung unter dem Regulierungsniveau des Importstaates liegt, erzeugt sie (grundsätzlich) keine Wettbewerbsungleichheit für den Warenexporteur im Verhältnis zu den im Importstaat tätigen Wettbewerbern.[2985] Sofern mit Art. 35 Alt. 2 AEUV dieselben Wettbewerbsgleichheitseffekte erzielt werden sollen, die in Importfällen durch das Diskriminierungsverbot des Art. 34 Alt. 2 AEUV erreicht werden, muss Art. 35 Alt. 2 AEUV als Wettbewerbsgleichheitsmaßstab ausgelegt werden. Mit importstaatlichen Diskriminierungen gehen aber *zwingend* auch *protektionistische* Wirkungen einher (was bei *export*bezogenen Wettbewerbsungleichheiten nicht immer der Fall ist). Insofern könnte die Auffassung vertreten werden, dass gewisse Differenzen bestehen zwischen einem exportstaatlichen Wettbewerbsgleichheitsmaßstab und einem zielstaatlichen Diskriminierungsverbot. Letztlich kann die Frage, *warum* der Gerichtshof ein importbezogenes Diskriminierungsverbot vertritt (also wegen der Wettbewerbsungleichheiten oder der protektionistischen Wirkungen oder wegen beidem), aber dahinstehen, da der EuGH Art. 34 Alt. 2 AEUV, wie gezeigt,[2986] auch im Sinne eines (in jüngerer Zeit ja extensivierten) Verbots unterschiedsloser (und damit nicht protektionistischer) Beschränkungen interpretiert, das den Diskriminierungsmaßstab komplementiert. Die Anerkennung eines an den Exportstaat adressierten Wettbewerbsgleichheitsmaßstabs wäre vor diesem Hintergrund mit dem hinter Art. 34 Alt. 2 AEUV stehenden Konzept des EuGH vereinbar, denn es ist *zwischen* einem Diskriminierungs- und einem Beschränkungsmaßstab angesiedelt[2987].

ccc) Fallgruppe 2: Anerkennungsgrundsatz

Von der dreigliedrigen *Anhänger*-Formel umfasst wird auch der Grundsatz „der gegenseitigen Anerkennung von Erzeugnissen, die in anderen Mitgliedstaaten rechtmäßig hergestellt und in den Verkehr gebracht wurden“[2988]. Der Anerkennungsgrundsatz bildet seit dem Grundlagenurteil *Cassis de Dijon*[2989] einen festen Bestandteil der Rechtsprechungsdogmatik zu Art. 34 AEUV. Bis heute besitzt er eine erhebliche praktische Bedeutung. Dies belegt ein Blick allein auf die vom 01.01. – 20.03.2014 veröffentlichten Urteile.[2990] Im Folgenden wird zunächst die Auslegung von Art. 34 Alt. 2 AEUV durch die st.

[2985] S. hierzu schon umf. b. Fn. 1884 ff. und b. Fn. 1881 ff.

[2986] S. b. Fn. 2967 ff.

[2987] S. a. b. Fn. 3480 f.

[2988] S. b. Fn. 2896.

[2989] EuGH (Fn. 2882), Rn. 14.

[2990] Vgl. nur EuGH, Urt. v. 20.03.2014, Rs. C-639/11, Slg. 2014, I-0000, Rn. 52 (*Kommission/Polen*); EuGH, Urt. v. 20.03.2014, Rs. C-61/12, Slg. 2014, I-0000, Rn. 57 (*Kommission/Litauen*); EuGH, Urt. v. 16.01.2014, Rs. C-481/12, Slg. 2014, I-0000, Rn. 15–18 (*UAB Juvelta*); s. a. EuGH, Urt. v. 18.10.2012, Rs. C-385/10, unveröfftl., Rn. 22–24 (*Elenca*).

Rspr. dargestellt und interpretiert. Sodann wird analysiert, inwiefern sich aus dieser Judikatur Schlussfolgerungen in Bezug auf Art. 35 Alt. 2 AEUV ableiten lassen.

(1) Zwei hinreichende Bedingungen

Fraglich ist, ob die beiden Teilelemente der Formel „rechtmäßig hergestellt und in den Verkehr gebracht" *kumulativ* vorliegen müssen (also zwei *notwendige* Bedingungen darstellen) oder ob es genügt, dass nur *eine* von beiden gegeben ist (dass sie also zwei *jeweils hinreichende* Bedingungen darstellen). Der Gerichtshof hat in mehreren Judikaten in verschiedener Weise zum Ausdruck gebracht, dass er sich *letzterer* Auffassung anschließt (also der Interpretation i. S. zweier hinreichender Bedingungen): Während er in einigen Rechtssachen zwar wörtlich davon spricht, dass die Ware rechtmäßig hergestellt *und* in den Verkehr gebracht worden ist (wohl, weil die Ware in diesen Rechtssachen beide Voraussetzungen erfüllte),[2991] hat er in anderen, insbesondere *jüngeren* Entscheidungen *sowohl* ein Inverkehrbringen *als auch* ein Herstellen nach der Rechtsordnung des Herkunftsstaates für ausreichend erachtet.[2992] In *Canale Satélite Digital* stellt der Gerichtshof nur darauf ab, dass die Ware in den Verkehr gebracht wurde, bezieht sich also nur auf das zweite Kriterium.[2993] In der 2014 entschiedenen Rechtssache *UAB Juvelta*[2994] genügt das Inverkehrbringen*dürfen*[2995] im Ausfuhrstaat (was der Voraussetzung „rechtmäßig hergestellt" entspricht); und in der ebenfalls 2014 entschiedenen Rs. *UAB Vilniaus energija*[2996] gewährt der Gerichtshof einer Ware Schutz, die „rechtmäßig hergestell[t]" worden ist (ohne dass er das Inverkehrbringen erwähnt). In *O'Byrne* genügt dem EuGH das *Anbieten am Markt* für die Annahme eines Inverkehrbringens i. S. d. *Cassis*-Formel (was ebenfalls mit der Voraussetzung „rechtmäßig hergestellt" übereinstimmt): Sofern die Ware im Herkunftsstaat angeboten wird, setzt ein „Anbieten am Markt" voraus, dass die Inlandsvertriebsstandards des Herkunftsstaates eingehalten werden. Und sofern die Ware in einem anderen Mitgliedstaat (d. h. einem

---

[2991] Vgl. nur EuGH, Urt. v. 16.01.2014, Rs. C-481/12, Slg. 2014, I-0000, Rn. 18 (*UAB Juvelta*); EuGH (Fn. 2882), Rn. 14 (*Cassis*).

[2992] Vgl. nur EuGH, Urt. v. 28.01.2010, Rs. C-333/08, Slg. 2010, I-757, Rn. 76 ff. (*Kommission/Frankreich*); EuGH, Urt. v. 05.03.2009, Rs. C-88/07, Slg. 2009, I-1353, Rn. 83 (*Kommission/Spanien*); EuGH, Urt. v. 05.02.2004, Rs. C-24/00, Slg. 2004, I-1306, Rn. 23, 25 (*Kommission/Frankreich*); vgl. auch *Warburg*, LMuR 2001, 74 (77).

[2993] EuGH, Urt. v. 22.01.2002, Rs. C-390/99, Slg. 2002, I-635, Rn. 29 (*Canale Satélite Digital*).

[2994] EuGH (Fn. 2990).

[2995] EuGH (Fn. 2990), Rn. 15.

[2996] EuGH (Fn. 2915), Rn. 48.

Importstaat) angeboten wird, wird vorausgesetzt, dass die Standards des Importstaates eingehalten werden.[2997]

(2) Fallkonstellationen und Möglichkeiten einer analoge Anwendung

Wenn es somit genügt, dass eine Ware „rechtmäßig hergestellt" (*oder* in den Verkehr gebracht) worden ist, kann sich auch derjenige Produzent auf das Prinzip der gegenseitigen Anerkennung berufen, der seine Waren *direkt* in den Importstaat verkauft, d. h., es ist nicht erforderlich, dass die Ware zunächst an einen im Inland ansässigen Händler vertrieben wird.[2998] Der Anerkennungsgrundsatz schützt sodann auch Waren, die in einem Mitgliedstaat (i. S. d. Anerkennungsgrundsatzes) zwar nicht produziert aber rechtmäßig in den Verkehr gebracht wurden und anschließend in weitere Mitgliedstaaten vertrieben werden.[2999]

Würde der Interpretation der Warenverkehrsfreiheit ein (aus dem Binnenmarktziel abgeleitetes) Wettbewerbsgleichheitsverständnis zugrunde gelegt, müsste der Anerkennungsgrundsatz sodann auf *weitere* Konstellationen erstreckt (bzw. analog angewandt) werden, die von der Rspr. noch nicht erschlossen worden sind. Entsprechende Konstellationen, in denen dies in Betracht käme, sind bereits im Rahmen der Wettbewerbsgleichheitsanalysen ermittelt worden.[3000] Insbesondere sollte nach hier vertretener Auffassung – sofern dies der Exportstaat erlaubt oder der Exporteur nach Art. 35 Alt. 2 AEUV durchsetzen kann – nach den Standards eines *beliebigen* Mitgliedstaates hergestellt und sich gegenüber dem Importstaat auf den (erweiteren) Anerkennungsgrundsatz des Art. 34 Alt. 2 AEUV berufen werden können.[3001]

(3) Voraussetzung der Beachtung der exportstaatlichen Inlandsvertriebsstandards

Der Anerkennungsgrundsatz schützt vor Doppelregulierungen. Sofern der Exporteur exportstaatliche Standards nicht einhalten muss unter Berufung auf Art. 35 Alt. 2 AEUV,[3002] vermag er sich nicht *zugleich* auch auf den Anerkennungsgrundsatz des Art. 34 Alt. 2 AEUV zu berufen: In diesem Fall unterliegt er zwar *formell*, aber nicht *materiell* zwei Rechtsordnungen. Das Anliegen des Anerkennungsgrundsatzes, davor zu schützen, dass eine Ware

---

[2997] Vgl. zu Letzterem nur EuGH, Urt. v. 09.02.2006, Rs. C-127/04, Slg. 2006, I-1330, Rn. 27 f. (*O'Byrne*).

[2998] Ebenso *Koch*, 33 ff.; *Steindorff*, ZHR 148 (1984), 338 (351); implizit *Füller*, 85; *Hoffmann*, 61 f.; *Steindorff*, ZHR 150 (1986), 687 (689); *Streinz*, in: Lebensmittelrechts-Hdb. III Rn. 124; *ders.*, in: Zipfel/Rathke, B. Rn. 54n.

[2999] S. zur analogen Anwendung des Anerkennungsgrundsatzes sogl. b. Fn. 3000 f.

[3000] S. umf. b. Fn. 1889 ff.

[3001] S. hierzu b. Fn. 1890.

[3002] S. b. Fn. 3015 ff.

mehreren Produktstandards genügen muss, ist in diesem Falle nicht tangiert. Der Warenexporteur bzw. -importeur kann sich mithin nicht gleichzeitig auf den *Cassis*-Standard des Art. 34 Alt. 2 AEUV und auf einen „gespiegelten" *Cassis*-Schutz von Art. 35 Alt. 2 AEUV berufen.[3003] Daher sind auch etwaige Befürchtungen[3004] um eine „regulatory gap" für den Fall, dass der Anerkennungsgrundsatz des Art. 34 Alt. 2 AEUV auf Art. 35 Alt. 2 AEUV analog angewandt wird, unbegründet.

Entsprechend zu behandeln sind Fälle, in denen der Exportstaat „seine" Exporteure freiwillig von den für den Inlandsvertrieb (im Exportstaat) geltenden Standards ausnimmt.[3005] Auch hier ist der Schutzzweck des Anerkennungsgrundsatzes des Art. 34 Alt. 2 AEUV nicht berührt, sodass der Importeur vom Importstaat nicht verlangen kann, von importstaatlichen Standards befreit zu werden.

Aus dem Gesagten ergibt sich, dass sich bezüglich einer Importware (gegenüber dem Zielstaat) dann auf den Anerkennungsgrundsatz berufen werden kann, wenn sie den Anforderungen des Exportstaates für einen Vertrieb im Inland (also im Exportstaat) genügt.[3006]

(4) Schutz von Drittlandswaren durch den Anerkennungsgrundsatz[3007]

Nach Auffassung der ganz h.L. gilt das Prinzip der gegenseitigen Anerkennung auch für Drittlandswaren.[3008] Die Lehre folgt darin der st. Rspr.: In der

---

[3003] S. hierzu insges. *Roth*, in: Andenas/Roth, 1 (19 f., 23 f.); *ders.*, ZHR 159 (1995), 78 (92 Fn. 63); *ders.*, in: Tridimas/Nebbia, 33 (41 f.); *Snell/Andenas*, Int'l & Comp. Corp. L. J. 2 (2000), 361 (368, 377).

[3004] *J. P. H. Donner*, SEW 5 (1982), 362 (369); *Dawes*, 8 German L. J., 761 (769); *Snell/Andenas*, Int'l & Comp. Corp. L. J. 2 (2000), 361 (377).

[3005] Vgl. auch *Dauses/Brigola*, in: Dauses, C. I Rn. 125; a.A. *Gundel*, in: Ruffert (Hrsg.), Europäisches Sektorales Wirtschaftsrecht (EnzEuR Bd. 5), § 8 Rn. 6; *Müller-Graff*, in: von der Groeben/Schwarze/Hatje, Art. 34 AEUV Rn. 69.

[3006] Die vorgenannten Schlussfolgerungen decken sich mit den Ergebnissen der Wettbewerbsgleichheitsanalysen, s. umf. b. Fn. 1900 ff.

[3007] Zu mit der Gleichbehandlung von Drittlandswaren zusammenhängenden Problemen auch im Hinblick auf das GATT *Davies*, CYELS 10 (2007/2008), 69 (95 f.); *White*, CMLR 26 (1989), 235 (261 ff.). Die rechtlichen Voraussetzungen, unter denen Drittlandswaren Eingang in den Binnenmarkt finden, werden dagegen nicht von Art. 34, 35 AEUV bestimmt, die nur für den grenzüberschreitenden Warenverkehr zwischen den *Mitgliedstaaten* gelten. Die Ausfuhr in Drittstaaten bestimmt sich vielmehr nach der vereinheitlichten Handelspolitik gem. Art. 207 AEUV, vgl. nur *Schroeder*, in: Streinz, Art. 35 AEUV Rn. 2.

[3008] Wohl h.M., vgl. nur *Dauses/Brigola*, in: Dauses, C. I Rn. 124; *Davies*, CYELS 10 (2007/2008), 69 (95); *Fasshold*, 86 ff.; *Gormley*, Restrictions, 4; *Gundel*, in: Ruffert (Hrsg.), Europäisches Sektorales Wirtschaftsrecht (EnzEuR Bd. 5), § 8 Rn. 6; *Koch*, 34 f.; *Leible*, in: Grabitz/Hilf, 40. Aufl. 2009, Art. 29 EG Rn. 23; *Müller-Graff*, in: von der Groeben/Schwarze/Hatje, Art. 34 AEUV Rn. 68, 286; *Oliver*, YEL 5 (1985), 57 (61); *Steindorff*, ZHR 148 (1984), 338 (351); *Weatherill*, in: ders./Beaumont, 569 Fn. 19; *Wolf-*

Rechtssache *Donnerwolcke*[3009] und in Folgerechtssachen[3010], in denen es um Drittlandswaren ging, hat der Gerichtshof entschieden, dass ein Inverkehrbringen genüge, damit die Ware „den aus den Mitgliedstaaten stammenden Waren endgültig und vollständig“[3011] gleichstehe und Art. 34 AEUV „unterschiedslos für aus der Gemeinschaft stammende Waren und für solche Waren gilt, die, gleich woher sie ursprünglich stammen, in einem Mitgliedstaat in den freien Verkehr gebracht worden sind.“[3012] Drittlandswaren sind dabei alle Waren, die nicht rechtmäßig in einem Mitgliedstaat oder in der Türkei oder einem EFTA-Mitgliedstaat, der Vertragspartei des Abkommens über den Europäischen Wirtschaftsraum ist, hergestellt worden sind.[3013] Der ganz h.M. ist zuzustimmen: Die Art. 34, 35 AEUV („Kapitel 3“) gelten nach Art. 28 II AEUV ohne jede Einschränkung auch für in den Mitgliedstaaten im freien Verkehr befindliche Waren aus Drittstaaten.[3014] Wenn eine Ware Eingang in den Verkehr eines Mitgliedstaates gefunden hat, insbesondere wenn die unionsrechtlichen Erfordernisse für diesen Drittstaatenimport erfüllt und auch die öffentlichen Interessen des Einfuhrmitgliedstaates gewahrt sind, ist nicht ersichtlich, warum es hier ermöglicht werden sollte, den Binnenmarkt zu segmentieren. Die *Interessenlage* ist dieselbe wie bei Waren, die in den Mitgliedstaaten hergestellt und sodann unter Berufung auf den Anerkennungsgrundsatz im Binnenmarkt weitervertrieben wurden: Die Importeure sind gleichermaßen schutzwürdig (u. a. aufgrund der Doppelregulierungsbelastung) und die schutzwürdigen Interessen der Importstaaten in gleicher Weise (potenziell) beeinträchtigt bzw. schützbar (Möglichkeit der Berufung auf einen Rechtfertigungsgrund) wie bei Waren, die in den Mitgliedstaaten hergestellt wurden. Etwaigen (z. B. gesundheitspolizeilichen) Bedenken kann durch Kontrollen im Zielstaat (und somit im Rahmen der Rechtfertigung) Rechnung getragen werden.

---

ram, 145 f.; Mitteilung der Kommission, Nr. C 265 v. 04.11.2003, ABl. 2003, 2-16, Ziffer 2.2; vgl. auch *Dauses*, EuZW 1990, 8 (11). A.A. *White*, CMLR 26 (1989), 235 (259 ff.).

[3009] EuGH, Urt. v. 15.12.1976, Rs. 41/76, Slg. 1976, 1922 (*Donckerwolcke*).

[3010] EuGH, Urt. v. 11.06.1985, Rs. 288/83, Slg. 1985, 1768, Rn. 24 f., 27 (*Kommission/Irland*); EuGH, Urt. v. 07.05.1987, Rs. 193/85, Slg. 1987, 2105, Rn. 26 (*Co-Frutta*); EuGH, Urt. v. 26.10.1989, Rs. 212/88, Slg. 1989, 3526, Rn. 8 (*Levy*); EuGH, Urt. v. 13.07.1994, Rs. C-131/93, Slg. 1994, I-3315, Rn. 9 f. (*Kommission/Deutschland*).

[3011] EuGH (Fn. 3009), Rn. 14/21.

[3012] EuGH (Fn. 3009), Rn. 14/21.

[3013] Vgl. nur Mitteilung der Kommission, Nr. C 265 v. 04.11.2003, ABl. 2003, 2-16, Ziffer 2.2; vgl. auch *Koch*, 34 Fn. 149.

[3014] Ebenso *Weatherill*, in: ders./Beaumont, 569 Fn. 19; vgl. auch *Oliver*, YEL 5 (1985), 57 (61).

(5) Schlussfolgerungen in Bezug auf Art. 35 Alt. 2 AEUV

Das vom Gerichtshof mit dem Anerkennungsgrundsatz des Art. 34 Alt. 2 AEUV verfolgte Ziel, den Grundfreiheitenberechtigten gegen Doppelregulierungen zu schützen,[3015] kann auch über Art. 35 Alt. 2 AEUV erreicht werden, wenn der Anerkennungsgrundsatz auf Art. 35 Alt. 2 AEUV *analog* angewandt bzw. *gespiegelt* wird: Produzenten sollten Waren nach Zielstaatsstandards herstellen und sich die zielstaatlichen Standards vom Herkunftsstaat „anerkennen" lassen dürfen. Es ist kein Grund ersichtlich, warum das Problem der Doppelregulierung bei zwei nacheinander applizierten Standards nur zulasten des *Import*staatrechts und nicht zulasten des *Export*staatrechts aufgelöst werden kann.[3016] Die unterschiedlichen *Zeitpunkte*, an dem die Standards des Import- und Exportstaats ansetzen, sind (entgegen einigen Stimmen in der Literatur[3017]) irrelevant mit Blick auf diese funktionale Begründung.

Der Anerkennungsgrundsatz des Art. 34 Alt. 2 AEUV erlaubt es den Importeuren, die Waren (auch) in dem Mitgliedstaat zu vertreiben, in dem die Produktstandards anerkannt werden, d. h. *im Importstaat*. Entsprechend könnte der auf Art. 35 Alt. 2 AEUV übertragene Anerkennungsgrundsatz dazu ermächtigen, die Waren ebenfalls in dem Mitgliedstaat zu vertreiben, in dem die Produktstandards anerkannt werden, d. h. *im Exportstaat*. Hierbei würde es sich jedoch um einen außerhalb des Schutzbereichs der Grundfreiheiten liegenden[3018] *reinen Inlandssachverhalt* handeln. Die Art. 34, 35 AEUV setzen voraus, dass eine Ware *exportiert* oder *importiert* wird. Selbst wenn hier binnenmarktwidrige Zustände auftreten würden (etwa aufgrund einer durch Art. 34 Alt. 2 AEUV entstandenen Inländerdiskriminierung), könnte diesen nicht unter Rekurs auf die Art. 34, 35 AEUV abgeholfen werden.

cc) Die passive Warenverkehrsfreiheit als Argument für ein Beschränkungsverbot in Bezug auf Art. 35 Alt. 2 AEUV?

Der Gerichtshof gewährt den Schutz der Grundfreiheiten nicht nur Anbietern, sondern auch Nachfragern. In Bezug auf Art. 34 AEUV hat der EuGH dies etwa im Fall *GB-INNO-BM* ausgeführt.[3019] Fraglich ist, ob aus dem in Art. 34 Alt. 2 AEUV verankerten Schutz der passiven Warenverkehrsfreiheit etwas in

---

[3015] S. b. Fn. 3002.

[3016] S. *Roth*, ZHR 159 (1995), 78 (86); *ders.*, in: Tridimas/Nebbia, 33 (39); ebenso *Enchelmaier*, YEL 26 (2007), 115 (144).

[3017] Vgl. nur *Brigola*, EuZW 2009, 479 (483); *Dauses/Brigola*, in: Dauses, C. I Rn. 209; Generalanwalt *Lenz* (Fn. 2442), Rn. 84, 86–88 (*Peralta*). S. i. Ü. d. Nachw. in Fn. 3246.

[3018] S. zur *allgemeinen* Anerkennungswürdigkeit der Voraussetzung eines grenzüberschreitenden Sachverhalts b. Fn. 3705 ff.

[3019] S. zum Fall *GB-INNO-BM* umf. b. Fn. 458 ff.; vgl. für die passive Dienstleistungsfreiheit auch d. Nachw. in Fn. 2436.

Bezug auf die Auslegung von *Art. 35 Alt. 2 AEUV* abgeleitet werden kann.[3020] Eine solche Annahme würde indes verkennen, dass es hier um strukturell *anders gelagerte* Sachverhalte geht. Auch *terminologische* Zusammenfassungen (*Schilling*: „Sitzstaat von Unternehmern und Nachfragern“[3021]) vermögen hieran nichts zu ändern. Art. 34 AEUV adressiert den Zielstaat der Ware, Art. 35 AEUV den Herkunftsstaat. Wenn also ein Beschränkungsverbot anerkannt wird für den „Herkunftsstaat der Verbraucher“, d. h. den Importstaat, handelt der EuGH nur konsequent, da er auch ein Beschränkungsverbot für importstaatliche Maßnahmen anerkennt, die die Importeure betreffen. Es kann keinen Unterschied machen, an *wen* die Maßnahme *adressiert* ist. In beiden Fällen wird der *Importvorgang* behindert (auch wenn es sich im Falle der Nachfragerbehinderung nur um eine mittelbare Importbehinderung handelt). Alles dies ist abschließend aber *allein* aus Art. 34 Alt. 2 AEUV herleitbar und nicht (auch) aus Art. 35 Alt. 2 AEUV. Schlussfolgerungen für Art. 35 Alt. 2 AEUV ergeben sich *hieraus* also nicht.[3022]

b) Die sonstige Grundfreiheitenrechtsprechung zu Zielstaatskonstellationen

aa) Dienstleistungsfreiheit

Fraglich ist, ob der Rechtsprechung zu dienstleistungsbezogenen Zielstaatsbeschränkungen Wertungen entnommen werden können, die sich auf Art. 35 Alt. 2 AEUV übertragen lassen.

aaa) Überblick über die Rechtsprechung

In der Rechtsprechung des Gerichtshofs zu Dienstleistungsimporten war schon früh ein Beschränkungsverbot „angelegt“[3023],[3024] welches der EuGH insbesondere in den 1980ern[3025] ausgebaut und bis heute beibehalten hat.[3026] *Keck* wurde bisher noch nicht auf die Dienstleistungsfreiheit übertragen (ob-

---

[3020] So insbesondere *Schilling*, 134 f.; vgl. auch *Fetsch*, 97; *Roth*, ZHR 159 (1995), 78 (90); *ders.*, ZEuP 1994, 5 (30).

[3021] *Schilling*, 135.

[3022] Soll eine Schlussfolgerung aus der Rspr. zu Art. 34 Alt. 2 AEUV für Art. 35 Alt. 2 AEUV abgeleitet werden, bedarf es eines größeren (und oben bereits durchgeführten, s. unter anderem b. Fn. 2967 ff.) Brückenschlages (der eine Interpretation und Übertragung der der Rspr. zu Art. 34 Alt. 2 AEUV zugrunde liegenden Wertungen auf Art. 35 Alt. 2 AEUV erfordert).

[3023] *Eberhartinger*, EWS 1997, 43 (45); *Hoffmann*, 172 f.; *Roth*, in: Dauses, E. I Rn. 163 Fn. 745 m. w. N.; s. dag. allerd. *Rolshoven*, 212 ff.

[3024] Vgl. nur EuGH (Fn. 1922), Rn. 10/12 (*van Binsbergen*).

[3025] *Roth*, in: Stuyck/Abraham/Terryn, 23 (37).

[3026] Vgl. nur EuGH, Urt. v. 25.07.1991, Rs. C-76/90, Slg. 1991, I-4239, Rn. 12 (*Säger*); s. i. ü. d. umf. Rechtsprechungsdarstellung in der Monografie *Rolshoverns*, 216 ff. m. w. N.; s. a. *Barnard/Snell*, in: Barnard/Peers, 403 (415); *Feiden*, 122 Fn. 480.

wohl dies in der Literatur diskutiert wird[3027]). Der Gerichtshof bedient sich im Bereich der Dienstleistungsfreiheit anderer Techniken, um die Weite des Beschränkungstatbestands einzugrenzen.[3028] In einigen Bereichen prüft der EuGH nur, ob eine Diskriminierung vorliegt.

Wann das Beschränkungsverbot eingreift, kann letztlich nur anhand einer Zusammenfassung der bisher entschiedenen Rechtssachen festgestellt werden.[3029] Materielles Differenzierungskriterium ist – wie schon bei der entsprechenden Herkunftskonstellation – der *Marktzugang*.[3030] Die Grenzen sind dabei unscharf.[3031] Der Beschränkungsrechtsprechung in Zielstaatskonstellationen entspricht auch ein entsprechender Schutz der Nachfragerfreiheit.[3032]

Der Gerichtshof verwendet zwei in ihrer Extensivität leicht voneinander abweichende Formeln zur Kennzeichnung des Beschränkungsverbots:[3033] Nach der ersten an der *Gebhard*-Formel[3034] angelehnten Formulierung verlange die Dienstleistungsfreiheit „die Aufhebung aller Beschränkungen – selbst wenn sie unterschiedslos für inländische Dienstleistende wie für solche aus anderen Mitgliedstaaten gelten –, sofern sie *geeignet* sind, die Tätigkeiten des Dienstleistenden, der in einem anderen Mitgliedstaat ansässig ist und dort rechtmäßig ähnliche Dienstleistungen erbringt, zu unterbinden, zu *behindern* oder *weniger attraktiv zu machen* [Hervorh. d. *Verf.*].“[3035] Die zweite, enger gefasste Formel ist mit der ersten bis auf das Fehlen der Attraktivitätsminderungsvariante („oder weniger attraktiv zu machen“) identisch, umfasst aber wie die erste die Varianten „unterbinden oder (…) behindern“[3036].

Die bisher entschiedenen Rechtssachen lassen sich drei Gruppen zuordnen: Unter eine erste Gruppe fallen *Totalverbote* (wie z. B. das Verbot der Veran-

---

[3027] Vgl. nur *Feiden*, 139 ff.; *Körber*, 332 ff.; *Roth*, in: Dauses, E. I Rn. 170 ff. jew. m. w. N.

[3028] S. b. Fn. 3046 ff.

[3029] Vgl. *Randelzhofer/Forsthoff*, in: Grabitz/Hilf/Nettesheim, Art. 56/57 AEUV Rn. 111 m. w. N.

[3030] Vgl. nur *Randelzhofer/Forsthoff*, in: Grabitz/Hilf/Nettesheim, Art. 56/57 AEUV Rn. 110 f. m. w. N.

[3031] Vgl. nur *Randelzhofer/Forsthoff*, in: Grabitz/Hilf/Nettesheim, Art. 56/57 AEUV Rn. 111; *Roth*, in: Dauses, E. I Rn. 166 jew. m. w. N.

[3032] Nachw. b. *Feiden*, 163 ff.; *Roth*, in: Dauses, E. I Rn. 187–190.

[3033] Vgl. *Randelzhofer/Forsthoff*, in: Grabitz/Hilf/Nettesheim, Art. 56/57 AEUV Rn. 101; s. a. *Leupold* Jura, 2011, 762 (766).

[3034] S. b. Fn. 3074 ff.

[3035] Vgl. nur EuGH, Urt. v. 19.01.2006, Rs. C-244/04, Rn. 30 (*Kommission/Deutschland*) m. w. N.; s. a. kürzlich EuGH (Fn. 1944), Rn. 35 (*Berlington Hungary u. a.*) sowie EuGH, Urt. v. 17.12.2015, Rs. C-342/14, unveröfftl., Rn. 48 (*X-Steuerberatungsgesellschaft*).

[3036] Vgl. nur EuGH, Urt. v. 05.12.2006, Rs. C-94, 202/04, Slg. 2006, I-11455, Rn. 56 (*Cipolla u. a.*); EuGH (Fn. 3026), Rn. 12 (*Säger*).

staltung von Lotterien[3037]) und diesen gleichkommende Vorgaben wie Niederlassungs-[3038] und Wohnsitzerfordernisse[3039], das Vorbehalten einer Tätigkeit für Arbeitnehmer[3040] und Dienstleistungsmonopole[3041] (etwa Fernsehmonopole[3042]).[3043]

Zu einer zweiten Gruppe gehören Zulassungs-, Genehmigungs-[3044] und Qualifikationserfordernisse[3045], die typischerweise bereits im Herkunftsland erfüllt werden und sich daher für den Dienstleistungserbringer als Doppelbelastung (dual burden) darstellen.

Eine dritte Gruppe setzt sich zusammen aus Regelungen, die die Dienstleistung selbst betreffen (sog. inhalts- oder tätigkeitsbestimmende Regelungen[3046]). Hier erkennt der EuGH *nicht durchgehend* ein Beschränkungsverbot an. Es werden vor allem Situationen einbezogen, in denen dual burden auftritt.[3047] Der Gerichtshof hat in einigen Konstellationen auch ein Beschränkungsverbot angewandt, in denen keine Doppelregelung zu gewärtigen war. Dies gilt insbesondere, wenn der Dienstleister seine Dienstleistung (z. B. in jahrelanger Praxis) auf den heimischen Markt ausgerichtet hat und sein Produkt nun an neue regulatorische Bedingungen des Zielmarktes anpassen muss.[3048]

Die vierte Gruppe – in der Lehre bezeichnet als „Rahmenbedingungen"[3049], „Umfeldregelungen"[3050] oder Vorschriften mit „mittelbare[m] Bezug"[3051] – sind nach allgemeiner Ansicht nur einem Diskriminierungsverbot unterworfen. Hierunter fallen etwa allgemeine Vorschriften bezüglich des Grundstück-

---

[3037] EuGH, Urt. v. 24.03.1994, Rs. C-275/92, Slg. 1994, I-1078 (*Schindler*).

[3038] Vgl. nur EuGH, Urt. v. 29.11.2007, Rs. C-404/05, Slg. 2007, I-10242, Rn. 34 (*Kommission/Deutschland*).

[3039] Vgl. nur EuGH, Urt. v. 29.10.1998, C-114/97, Slg. 1998, I-6732, Rn. 47 (*Kommission/Spanien*).

[3040] Vgl. nur EuGH, urt. v. 05.06.1997, Rs. C-398/95, Slg. 1997, I-3113 (*SETTG*).

[3041] Hierbei ist sowohl Existenz als auch Ausübung des Dienstleistungsmonopols (also „ob" und „wie") rechtfertigungsbedürftig, vgl. *Randelzhofer/Forsthoff*, in: Grabitz/Hilf/Nettesheim, Art. 56/57 AEUV Rn. 113–117 m. w. N.

[3042] Vgl. nur EuGH (Fn. 1614), – *ERT*.

[3043] Vgl. nur *Roth*, in: Dauses, E. I Rn. 174 f.; *ders.*, in: Stuyck/Abraham/Terryn, 23 (38) jew. m. w. N.

[3044] EuGH, Urt. v. 18.07.2007, Rs. C-134/05, Slg. 2007, I-6274 (*Kommission/Italien*).

[3045] EuGH, Urt. v. 21.03.2002, Rs. C-298/99, Slg. 2002, I-3163 (*Kommission/Italien*).

[3046] Vgl. nur *Feiden*, 139 ff.; *Randelzhofer/Forsthoff*, in: Grabitz/Hilf/Nettesheim, Art. 56/57 AEUV Rn. 136 ff., 152; *Roth*, in: Dauses, E. I Rn. 176 jew. m. w. N.

[3047] Vgl. nur EuGH, Urt. v. 23.11.1999, Rs. C-369, 376/96, Slg. 1999, I-8498 (*Arblade u. a.*).

[3048] Vgl. wohl z. B. EuGH, Urt. v. 25.07.1991, Rs. C-353/89, Slg. 1999, I-4088, Rn. 44 ff. (*Mediawet*).

[3049] *Roth*, in: Dauses, E. I Rn. 178.

[3050] *Randelzhofer/Forsthoff*, in: Grabitz/Hilf/Nettesheim, Art. 56/57 AEUV Rn. 157.

[3051] *Kluth*, in: Calliess/Ruffert, Art. 56/57 AEUV Rn. 88.

serwerbs.[3052] Sehr aufschlussreich, da ein und dieselbe Ladenöffnungszeitenregelung einmal aus der Perspektive der Warenverkehrsfreiheit und einmal aus der der Dienstleistungsfreiheit beleuchtend, ist insofern die kürzlich entschiedene Rs. *Pelckmans*[3053]. Der Gerichtshof knüpft bezüglich der Warenverkehrsfreiheit an die *Keck*-Formel an und verneint auf dieser Grundlage den Tatbestand.[3054] Bezüglich der Dienstleistungsfreiheit verwendet er Überlegungen, die an die *Keck*-Formel erinnern – letztlich lässt er die Regelung aber als „zu ungewiss und zu mittelbar"[3055] ausscheiden. So verfuhr er schon in *Semeraro Casa Uno* in Bezug auf die Niederlassungsfreiheit.[3056] Er schafft damit in *klassischen Keck*-Konstellationen einen grundfreiheitenübergreifenden *Ergebnis*gleichklang, ohne einen (formalen) *Begründungs*gleichklang. Auch Umfeldregelungen können jedoch in unterschiedslose Beschränkungen umschlagen, wenn ihre Wirkungen für den Dienstleistungserbringer so belastend sind, dass sie einem Totalverbot gleichkommen.[3057]

bbb) Interpretation der Rechtsprechung zu Dienstleistungsimporten

Im Ergebnis erkennt der EuGH in Bezug auf Dienstleistungsimporte zwar formal und in der Sache ein Verbot auch (bestimmter) unterschiedsloser Beschränkungen an, doch scheint es, als ob der Gerichtshof zumindest als *Hintergrundtheorie* häufig ein *weites Diskriminierungsverständnis* zugrunde legt, das in das *Gewand* eines Verbotes unterschiedsloser Beschränkungen *gekleidet* ist: Die einem Verbot unterschiedsloser Beschränkung unterstellten Fallgruppen besitzen im Regelfall ein (faktisch) diskriminierendes Moment, wohingegen die davon ausgeklammerten Fallgruppen (Rahmen- und Umfeldregelungen) regelmäßig kein solches Element aufweisen. Das diskriminierende Moment liegt in den einem Beschränkungsverbot unterstellten Fällen nicht selten in einer *Nichtberücksichtigung faktischer Unterschiede* zwischen einheimischen und EU-ausländischen Dienstleistern durch den Zielstaat. EU-ausländische Dienstleistungserbringer werden etwa nicht nur durch Doppelregelungen benachteiligt, sondern auch durch den Zwang, ihre Dienstleistung an den konkreten Markt anzupassen.[3058] Die Beschränkungsformeln, die auf

---

[3052] EuGH, Urt. v. 30.05.1989, Rs. 305/87, Slg. 1989, I-1473 (*Kommission/Griechenland*).

[3053] EuGH (Fn. 2928).

[3054] EuGH (Fn. 2928), Rn. 24.

[3055] EuGH (Fn. 2928), Rn. 25.

[3056] EuGH, Urt. v. 20.06.1991, C-418/93 u. a., 1991, I-2991, Rn. 10, 28, 32 (*Semeraro Casa Uno*).

[3057] S. hierzu den Fall *Berlington Hungary u. a.* b. Fn. 2685 ff. Der Gerichtshof scheint die dortige Konstellation zwar primär als Exportsachverhalt aufzufassen, doch hält er eine Importbeschränkung für denkbar und differenziert inhaltlich nicht zwischen beiden Konstellationen, s. b. Fn. 2688.

[3058] S. zu Letzterem b. Fn. 3048.

diese tragende Erwägung nicht hinweisen, sondern gemäß ihrem Wortlaut einen liberalisierungsrechtlichen Gehalt transportieren, sollten in ihrem jeweiligen *Fallkontext* rezipiert werden. Der EuGH befreit die Dienstleistungsimporteure durch dieses Vorgehen von einem im *Einzelfall zu erbringenden Nachweis*, dass die Regelung diskriminiert. Dies könnte darin begründet sein, dass der Nachweis einer faktischen Diskriminierung nicht immer leicht erbracht werden kann, was Rechtsunsicherheit begünstigt und einen effektiven Grundfreiheitenschutz gefährdet.

Die Einkleidung des Diskriminierungsverbotes in ein bereichsbezogenes Beschränkungsverbot kann gleichwohl dazu führen, dass Regelungen als Beschränkung eingestuft werden, die zwar *normalerweise* ein diskriminierendes Moment aufweisen, aber nicht im *konkreten Fall.*[3059] Die obige diskriminierungsrechtliche Deutung versagt des Weiteren dort, wo eine Maßnahme bzw. Maßnahmengruppe keine diskriminierenden Momente aufweist und dennoch als Beschränkung qualifiziert wird (wie bei *Verboten* einer bestimmten Dienstleistung).

ccc) Auf Art. 35 Alt. 2 AEUV übertragbare Wertungen?

Dass der Gerichtshof bisweilen[3060] *diskriminierungs*rechtlichen Grundtheorie zuzuneigen scheint,[3061] kann – nach einer Lesart[3062] – für ein (sich auf Dienstleistungsimporte und Warenexporte erstreckendes) Wettbewerbsgleichheitskonzept sprechen (s. hierzu schon die entsprechenden Äußerungen im Kontext der Wareneinfuhrfreiheit[3063]).

Im Übrigen fällt es mit Blick auf den obigen, in Teilen *inkohärenten*[3064] Befund schwer, *konkrete konzeptionelle* Schlussfolgerungen abzuleiten (in Richtung eines Beschränkungs- oder Diskriminierungsverbots oder eines Wettbewerbsgleichheitsgebots). Ganz grundsätzlich belegt die Judikatur als Ganzes aber die relativ hohe Bedeutung, die der Gerichtshof dem Binnenmarktziel im Verhältnis zu den mitgliedstaatlichen Kompetenzen zuspricht. Der Gerichtshof ist nicht nur bereit, bestimmte völlig *diskriminierungsfreie* Beschränkungen als Beeinträchtigung der Dienstleistungsimportfreiheit zu bewerten, auch legt er ein *weites*, in ein Verbot unterschiedsloser Beschrän-

---

[3059] Dies gilt z. B. für den Fall, dass der Herkunftsstaat des Dienstleistungserbringers nur sehr geringe oder keine Regulierungsstandards kennt und der Dienstleistungserbringer seine Dienstleistung folglich ohne Größenverluste an die Standards des Zielstaates anpassen oder von vorneherein auf die zielstaatlichen Standards zuschneiden kann.

[3060] S. zu anders gelagerten Fällen (Dienstleistungsverbote) n. Fn. 3058 und b. Fn. 3037 ff.

[3061] S. b. Fn. 3058.

[3062] S. b. Fn. 2984.

[3063] S. b. Fn. 2984.

[3064] S. b. Fn. 3059.

kungen gekleidetes Diskriminierungskonzept zugrunde.[3065] Der EuGH ist also im Bereich des Dienstleistungsimportes zu weit stärkeren Kompetenzeingriffen bereit als bei Art. 35 Alt. 2 AEUV, obwohl in beiden Konstellationen z. T. ähnlich schädliche Binnenmarktbeeinträchtigungen auftreten. Dies spricht ganz allgemein für eine extensivere Auslegung von Art. 35 Alt. 2 AEUV.

Es ist fraglich, ob die Judikatur, die Umfeld- und Rahmenregelungen des Dienstleistungsimportes von einem Beschränkungsverbot freistellt,[3066] dafür spricht, den Warenexport betreffende Produktionsregelungen von einem (möglichen) Beschränkungsverbot oder von einer Wettbewerbsgleichheitsauslegung auszunehmen. Umfeld- und Rahmenregelungen führen regelmäßig nicht zu einer (faktischen) Diskriminierung des Dienstleistungs*importes* und damit auch nicht zu Wettbewerbsungleichheiten. Anders ist dies bei den Waren*export* betreffenden Produktionsregelungen.[3067] Aus der Judikatur zu Umfeld- und Rahmenregelungen sollte mithin keine Schlussfolgerung bezüglich Art. 35 Alt. 2 AEUV abgeleitet werden.

bb) Niederlassungsfreiheit

Fraglich ist, ob der Rechtsprechung zu niederlassungsbezogenen Zielstaatsbeschränkungen Wertungen entnommen werden können, die sich auf Art. 35 Alt. 2 AEUV übertragen lassen.

aaa) Rechtsprechung

Anders als in herkunftsstaatlichen Konstellationen der Niederlassungsfreiheit (Wegzug)[3068] muss der Gerichtshof in zielstaatlichen Konstellationen (Zuzug) über unterschiedslos beschränkende Regelungen entscheiden, d. h., Regelungen dieser Art kommen in *Zuzugs*konstellationen überhaupt praktisch vor.

Der Gerichtshof folgte in Bezug auf die Niederlassungsfreiheit lange einem reinen Diskriminierungsverbot und modifizierte seine Judikatur erst mit der Rs. *Klopp*[3069].[3070] Sowohl die Rs. *Klopp* als auch die vielfach angeführte Rs. *Vlassopoulou*[3071] können aber konzeptionell wohl noch mit einem weit verstandenen Diskriminierungsverständnis umfangen werden, wenn dieses

---

[3065] S. b. Fn. 3059.

[3066] S. b. Fn. 3049 ff.

[3067] S. b. Fn. 1907.

[3068] S. b. Fn. 2806.

[3069] EuGH, Urt. v. 12.07.1984, Rs. 107/83, Slg. 1984, 2972 (*Klopp*).

[3070] Vgl. nur *Bröhmer*, in: Calliess/Ruffert, Art. 49 AEUV Rn. 23 ff.; *Forsthoff*, in: Grabitz/Hilf/Nettesheim, Art. 49 AEUV Rn. 88 ff.; *Hoffmann*, 173 ff.; *Roth*, in: Dauses, E. I Rn. 77 jew. m. w. N.

[3071] EuGH, Urt. v. 07.05.1991, Rs. C-340/89, Slg. 1991, I-2379 (*Vlassopoulou*).

auch als Pflicht interpretiert wird, ungleiche Sachverhalte ungleich zu behandeln[3072].[3073]

In der Rs. *Gebhard*[3074] kommt dann zumindest formell unmissverständlich ein Beschränkungsverbotsverständnis zum Ausdruck, wenn der Gerichtshof (im Kontext der Niederlassungsfreiheit) verlangt, dass nationale Maßnahmen rechtfertigungsbedürftig sind, die die Ausübung einer Grundfreiheit „behindern oder weniger attraktiv machen können"[3075]. Doch auch die Entscheidung *Gebhard* kann *diskriminierungsrechtlich* begründet werden.[3076]

Diskriminierungsfreie Gehalte kommen zweifelsohne – wie bei der Dienstleistungsfreiheit – bei der Kontrolle *absoluter Verbote* und *Monopole* zum Ausdruck (wie z. B. bei dem griechischen Verbot, Berufsschulen durch Privatpersonen zu gründen und zu führen[3077]).

Weitere Fälle, in denen der EuGH auch an sich diskriminierungslose Regelungen am Maßstab des Beschränkungsverbotes misst, finden sich in der sog. golden shares-Judikatur. Nach Auffassung des Gerichtshofs finde die Niederlassungsfreiheit auf Anteile Anwendung, die die Möglichkeit eröffnen, „einen sicheren Einfluss auf die Entscheidungen dieser Gesellschaft auszuüben und deren Tätigkeiten zu bestimmen"[3078]. Mitgliedstaatliche Regelungen, die dem Staat Sonderrechte einräumen (z. B. das Recht des Bundes und des Landes Niedersachsen, Aufsichtsratsvertreter zu entsenden, wenn nur eine einzige VW-Aktie gehalten wird[3079]), stellen hiernach rechtfertigungsbedürftige Beschränkungen dar. An sich tangierte dies die Rechte von Inländern und EU-Ausländern in gleicher Weise.

[3072] Vgl. *Roth*, in: Dauses, E. I Rn. 77 Fn. 313, 86.

[3073] Ebenso *Bröhmer*, in: Calliess/Ruffert, Art. 49 AEUV Rn. 24 f.

[3074] EuGH, Urt. v. 30.11.1995, Rs. C-55/94, Slg. 1995, I-4186 (*Gebhard*).

[3075] EuGH (Fn. 3074), Rn. 37.

[3076] Vgl. nur *Lackhoff*, Niederlassungsfreiheit, 356 f. Der EuGH (Fn. 3074), spricht in *Gebhard* von den „grundlegenden Freiheiten", deren unterschiedslose Behinderung rechtfertigungsbedürftig sei. Aufgrund der Allgemeinheit der Formulierung könnte trotz des kontextualen Bezuges zur Niederlassungsfreiheit daran gedacht werden, dass der EuGH sich hiermit auf *alle* Grundfreiheiten und insbesondere auch auf Art. 35 Alt. 2 AEUV bezieht. Mit Blick auf die zunehmende Konvergenz der Grundfreiheiten kann dies für die anderen Grundfreiheiten auch eine mehr oder weniger richtige Aussage darstellen. Bezüglich Art. 35 Alt. 2 AEUV indes zeigt die nach dem 30.11.1995 zu Art. 35 Alt. 2 AEUV ergangene (und oben analysierte) Rechtsprechung, dass der Gerichtshof an der *Groenveld*-Formel festhält und diese nicht als Beschränkungsverbot verstanden wissen will.

[3077] EuGH, Urt. v. 15.03.1988, Rs. 147/86, Slg. 1988, 1651 (*Kommission/Griechenland*).

[3078] Vgl. nur EuGH, Urt. v. 23.10.2007, Rs. C-112/05, Slg. 2007, I-9020, Rn. 13 (*Kommission/Deutschland*); weitere Nachw. b. *Forsthoff*, in: Grabitz/Hilf/Nettesheim, Art. 49 AEUV Rn. 100 ff.

[3079] EuGH (Fn. 3078), Rn. 57 ff.; s. zu weiteren Beispielen *Forsthoff*, in: Grabitz/Hilf/Nettesheim, Art. 49 AEUV Rn. 100 ff.

Auch die Fälle der für In- und EU-Ausländer geltenden Zweitniederlassungsverbote[3080] sind als unterschiedslose Regelungen zu betrachten.[3081]

bbb) Interpretation und Schlussfolgerungen zu Art. 35 AEUV

(1) Allgemeine konzeptionelle Parallelbetrachtungen

Ein erheblicher Teil der zur Zielstaatsdimension der Niederlassungsfreiheit ergangenen Judikatur kann (wie bei der Dienstleistungsfreiheit[3082]) *diskriminierungsrechtlich* interpretiert werden. Nichtsdestotrotz hat der Gerichtshof in einigen Fallkonstellationen auch unterschiedslose Regelungen als rechtfertigungsbedürftig angesehen. Auch in Bezug auf mögliche Schlussfolgerungen kann auf die Rspr. zu Dienstleistungsimporten verwiesen werden: Art. 35 Alt. 2 AEUV sollte im Lichte der Rspr. zur Zielstaatsdimension der Niederlassungsfreiheit extensiv(er) ausgelegt werden.

Dass der EuGH (unterschiedslose) Tätigkeitsverbote sowohl bei der Dienstleistungsfreiheit als auch bei der Niederlassungsfreiheit als Beschränkung qualifiziert hat, spricht mit Blick auf Art. 35 Alt. 2 AEUV dafür, auch (unterschiedslose) Produktionsverbote unabhängig vom Vorliegen einer *Wettbewerbsungleichheit* als Maßnahme i. S. v. Art. 35 Alt. 2 AEUV zu qualifizieren.[3083]

(2) Produktionsregelungen

Fraglich ist, ob eine extensive, auch unterschiedslose Produktionsregelungen umfassende Auslegung von Art. 35 Alt. 2 AEUV eine *Umgehung* der Rspr. zur *Ziel*staatsdimension[3084] der Niederlassungsfreiheit darstellt, wonach unterschiedslose Rahmen- und Umfeldregelungen des Zuzugsstaates grundsätzlich keine Beeinträchtigung der Zielstaatsdimension der Niederlassungsfreiheit darstellen.[3085]

[3080] Vgl. etwa EuGH (Fn. 3069).

[3081] Ebenso *Cordewener*, 276 f. m. w. N.

[3082] S. b. Fn. 3058 ff.

[3083] Praktisch wäre eine Prüfung unterschiedsloser Produktionsverbote am Maßstab von Art. 35 Alt. 2 AEUV aber wohl *kaum relevant*: Sofern nur der Herkunftsstaat ein solches Verbot normiert, aber nicht der Zielstaat, könnte hiergegen mit einer Wettbewerbsgleichheitsauslegung von Art. 35 Alt. 2 AEUV vorgegangen werden. Wenn sowohl Herkunfts- als auch Zielstaat ein solches Verbot normieren, kann nach st. Rspr. des EuGH gem. Art. 34 Alt. 2 AEUV gegen das zielstaatliche Verbot vorgegangen werden und im Anschluss gegen das herkunftsstaatliche Verbot gem. Art. 35 Alt. 2 AEUV.

[3084] S. zu der bereits angestellten Analyse der Herkunftsstaatsdimension der Niederlassungsfreiheit b. Fn. 2838 ff.

[3085] Vgl. z. B. *Oliver/Enchelmaier*, CMLR 44 (2007), 649 (686); *VerLoren van Themaat*, RM Themis-4/5 (1980), 378 (398 f.); *ders./Gormley*, Nw. J. Int'l L. & Bus. 3 (1981),

Nach hier vertretener Auffassung stellen sich *dieselben Regelungen* unter Zugrundelegung *derselben Auslegungsprinzipien* aufgrund des *unterschiedlichen Blickwinkels* völlig anders dar.[3086] Zuvorderst unterscheiden sich die *Wettbewerbsgleichheitswirkungen* beider Konstellationen: Unterschiedslose Produktionsregelungen des *Herkunftsstaates* können zu Wettbewerbsungleichheiten für den Warenexporteur führen, dagegen führen unterschiedslose Rahmen- und Umfeldregelungen des *Zielstaates* in der Regel nicht zu Wettbewerbsungleichheiten zwischen dem Niederlassungswilligen und den im Zielstaat bereits Ansässigen. Sofern ausnahmsweise eine Diskriminierung (und eine damit einhergehende Wettbewerbsungleichheit) vorliegt, ist diese nach der Zielstaatsdimension der Niederlassungsfreiheit rechtfertigungsbedürftig.

Auch die *Anwendungsbereiche* beider Grundfreiheiten sind nicht deckungsgleich, d. h. eine Einbeziehung von (den Warenexport betreffenden) Produktions- bzw. (den Niedergelassenen betreffenden) Rahmen- und Umfeldregelungen würde unterschiedliche Personen schützen: Bei der Zielstaatsdimension der Niederlassungsfreiheit liegt ein grenzüberschreitender Sachverhalt nur vor, wenn sich *EU-Ausländer* oder EU-ausländische (Tochter-)Gesellschaften ansiedeln möchten. Dagegen schützt Art. 35 Alt. 2 AEUV vor allem die Produktion von *Inländern*, sofern deren Waren in das EU-Ausland exportiert werden. Würde im Rahmen der Zielstaatsdimension der Niederlassungsfreiheit anerkannt, dass auch unterschiedslose Produktionsbedingungen unter den Beschränkungstatbestand fielen, würde auch der Verkauf in das *Inland* umfasst werden (was [nach h.M.[3087]] mangels eines grenzüberschreitenden Sachverhalts außerhalb des Schutzbereichs von Art. 35 Alt. 2 AEUV läge).

(3) Bedeutung der gesellschaftsrechtlichen Judikatur

Der Zuzug von Gesellschaften wird anders als ihr Wegzug von der Niederlassungsfreiheit geschützt. Beeinträchtigungen bedürfen der Rechtfertigung. Rechts- und Parteifähigkeit sind demgemäß anzuerkennen.[3088] Voraussetzung ist nur, dass die Gesellschaft wirksam nach dem Herkunftsrecht gegründet wurde und auch nach dem Wegzug wirksam bleibt.[3089] In Zuzugskonstellationen weist die Rspr. zu gesellschaftsrechtlichen Niederlassungskonstellationen also keine Besonderheiten auf gegenüber der allgemeinen Rspr. zur Niederlassungsfreiheit.

---

577 (609 f.); vgl. auch Generalanwalt *Tesauro* (Fn. 2164), Rn. 27 (*Hünermund*); *Ackermann*, RIW 1994, 189 (193).

[3086] I. E. ebenso *Lackhoff*, Niederlassungsfreiheit, 141 f.

[3087] S. umf. zum Kriterium des grenzüberschreitenden Sachverhalts b. Fn. 3705 ff.

[3088] *Roth*, in: Dauses, E. I Rn. 115 m. w. N.

[3089] S. hierzu schon b. Fn. 2821.

(4) Centros *als Relativierung von* Daily Mail *und als Wettbewerbsgleichheits-Rechtswahlauslegung?*

Fraglich ist, wie das zur Zielstaatsdimension der Niederlassungsfreiheit ergangene Judikat *Centros* zu deuten ist. In *Centros*[3090] gründete ein dänisches Ehepaar eine Briefkastengesellschaft in Großbritannien, die keinerlei Geschäftstätigkeit entfaltete. Die dänischen Eheleute wollten nun eine Zweigniederlassung in Dänemark gründen. Dies lehnten die dänischen Behörden und die dänischen Gerichte ab, weil es sich tatsächlich um eine Hauptniederlassung handele und der Weg über die Zweigniederlassung zur *Umgehung* der dänischen Kapitalvorschriften beschritten werde.

Der Gerichtshof bestätigt zwar seine st. Rspr., wonach eine missbräuchliche Berufung auf die Grundfreiheiten nach anerkannter Rspr. nicht statthaft sei,[3091] die Gründung einer Zweigniederlassung von einer in einem anderen Mitgliedstaat wirksam gegründeten Gesellschaft falle jedoch nicht hierunter.[3092]

Das Bemerkenswerte am *Centros*-Judikat ist die Tatsache, dass das in *Centros* bestätigte Recht im Verein mit einem entsprechend „liberalen" Gesellschaftsrecht wie dem britischen zu einer Wettbewerbsgleichheits- und Rechtswahlsituation führt, die einem Wettbewerbsgleichheits-Rechtswahlmechanismus zu Art. 35 Alt. 2 AEUV entspricht: Jeder Gründungsinteressierte in der EU kann unter den Voraussetzungen des britischen (und jedes anderen mitgliedstaatlichen) Gesellschaftsrechts eine Gesellschaft gründen und Zweigniederlassungen in seinem Heimatstaat oder in anderen EU-Staaten bilden. Sagt ihm sein jeweiliges Gesellschaftsrecht nicht zu, kann er mithin auf das britische ausweichen.[3093]

Selbst wenn eine Wettbewerbsgleichheits-Rechtswahlauslegung von Art. 35 Alt. 2 AEUV mit dem Wahlmechanismus des *Centros*-Judikats verglichen wird, handelt es sich – trotz *faktischer Ergebnisähnlichkeit* – um normativ-strukturell *völlig anders gelagerte* Fälle, weshalb das *Centros*-Judikat trotz der Ergebnisparallelen nicht ohne Anpassung übertragen werden kann: Bei *Centros* geht es – anders als bei *Daily Mail* – um ein Mobilitätshindernis des *Zielstaates*, nicht des *Herkunftsstaates*. Somit wird das sich auf *Wegzugs*regelungen beziehende *Daily Mail*-Judikat auch nicht angetastet,[3094] obwohl fak-

---

[3090] EuGH (Fn. 1922) – (*Centros*).

[3091] EuGH (Fn. 1922), Rn. 23–25.

[3092] EuGH (Fn. 1922), Rn. 26 f., 29; krit. *Hatzopolous*, CMLR 37 (2000), 43 (64); *José Menéndez*, E. L. J. 15 (2009), 277 (298 f.); zust. *Kjellgren*, in: Andenas/Roth, 245 (264).

[3093] Vgl. zur (faktischen) Brisanz des *Centros*-Judikats *Deakin*, E. L. J. 12 (2006), 440 (449 f.); *Roth*, CMLR 37 (2000), 147 m. w. N.; *ders.*, ICLQ 52 (2003), 177 ff.

[3094] Ebenso *Roth*, CMLR 37 (2000), 147 (150 ff.).

tisch ein ähnliches Ergebnis herbeigeführt wird, wie wenn *Daily Mail* (teilweise) „overruled" worden wäre.[3095]

cc) Arbeitnehmerfreizügigkeit

Fraglich ist, ob aus der Rechtsprechung zur Zielstaatsdimension der Arbeitnehmerfreizügigkeit Wertungen abgeleitet werden können, die auf Art. 35 Alt. 2 AEUV übertragbar sind. Wie bei der Dienstleistungsfreiheit[3096] ist es bei der Zielstaatsdimension der Arbeitnehmerfreizügigkeit schwierig, diskriminierende von unterschiedslosen Regelungen abzugrenzen, zumal Beschränkungsverbotsformeln (wie die *Gebhard*-Formel: „behindern oder weniger attraktiv zu machen"[3097]) vom Gerichtshof auch dann verwendet werden, wenn es der Sache nach um (mittelbare) Diskriminierungen geht.[3098] Mit Blick auf Wohnsitz-, Qualifikations- und Genehmigungserfordernisse gilt das zur Dienstleistungsfreiheit Gesagte[3099] entsprechend:[3100] Im Regelfall weisen diese Fälle *diskriminierende Momente* auf. Nicht diskriminierende Umfeld- und Rahmenregelungen hat der Gerichtshof dagegen nicht als Beeinträchtigung der Zielstaatsdimension der Arbeitnehmerfreizügigkeit gewertet.[3101] Hier kommt es in der Regel auch nicht zu Diskriminierungen. Ein echtes Verbot auch unterschiedsloser Beschränkung kommt jedoch in der Kontrolle von *Totalverboten* (wie im Fall *Lehtonen*[3102]) zum Ausdruck.[3103]

Auch hinsichtlich etwaiger Schlussfolgerungen für Art. 35 Alt. 2 AEUV kann auf die Zielstaatsdimension der Dienstleistungsfreiheit[3104] verwiesen werden:[3105] Das der Rspr. zugrunde liegende Diskriminierungskonzept könnte

---

[3095] Deshalb geht *Körber*, 69 f. davon aus, dass die großzügige *Centros*-Rechtsprechung ihre Wurzeln wohl in der restriktiven *Daily Mail*-Judikatur habe; vgl. auch *Schilling*, 133 Fn. 77.

[3096] S. b. Fn. 3058.

[3097] EuGH, Urt. v. 31.03.1993, Rs. C-19/92, Slg. 1993, I-1689, Rn. 32 (*Kraus*); EuGH, Urt. v. 09.09.2003, C-285/01, Slg. 2003, I-8246, Rn. 95 (*Burbaud*).

[3098] S. m. w. N. *Becker*, in: Ehlers, § 9 Rn. 41. Dass der Gerichtshof ein Verbot auch unterschiedsloser Beschränkungen im Bereich der Arbeitnehmerfreizügigkeit vertritt, wird in der Literatur häufig mit einem Verweis auf Judikate belegt, in denen es um *herkunftsstaatliche* Beschränkungen geht, vgl. nur *Becker*, in: Ehlers, § 9 Rn. 42 f.; *Forsthoff*, in: Grabitz/Hilf/Nettesheim, Art. 45 AEUV Rn. 271 f.

[3099] S. b. Fn. 3037 ff.

[3100] Ebenso *Cordewener*, 277 f.

[3101] Vgl. die Nachw. b. *Forsthoff*, in: Grabitz/Hilf/Nettesheim, Art. 45 AEUV Rn. 285–288.

[3102] EuGH, Urt. v. 13.04.2000, Rs. C-176/96, Slg. 2000, I-2714 (*Lehtonen*).

[3103] Ebenso *Cordewener*, 279 f. Fn. 412; *Körber*, 266 Fn. 69.

[3104] S. b. Fn. 3060 ff.

[3105] Dass der Gerichtshof zurückhaltend vorgeht bei der Qualifizierung unterschiedsloser Beschränkungen als Beeinträchtigung der Arbeitnehmerfreizügigkeit wird im Hinblick auf eine Parallelbetrachtung zu Art. 35 Alt. 2 AEUV dadurch relativiert, dass der EuGH im (nach einer Lesart) für eine Wettbewerbsgleichheitsauslegung sprechen.[3106] Jedenfalls spricht die in der Judikatur zur Zielstaatsdimension der Arbeitnehmerfreizügigkeit zum Ausdruck kommende Gewichtung von Binnenmarktziel und mitgliedstaatlichen Kompetenzen ganz allgemein dafür, Art. 35 Alt. 2 AEUV extensiver auszulegen.[3107] Sodann kann aus der Behandlung der Fallgruppe der Rahmen- und Umfeldregelungen in der Rspr. zur Zielstaatsdimension der Arbeitnehmerfreizügigkeit wiederum[3108] nicht abgeleitet werden, dass unterschiedslose Produktionsregelungen aus Art. 35 Alt. 2 AEUV ausgeklammert werden sollten.

dd) Kapitalverkehrsfreiheit

Fraglich ist, ob der Rechtsprechung zu kapitalverkehrsbezogenen Zielstaatsbeschränkungen Wertungen entnommen werden können, die sich auf Art. 35 Alt. 2 AEUV übertragen lassen.

Auch die vom Gerichtshof abgeurteilten Beschränkungsfälle im Anwendungsbereich der Kapitalverkehrsfreiheit weisen in der Regel ein Moment faktischer Diskriminierung auf.[3109] Dies gilt insbesondere für Fälle von Doppelregulierungen (wie z. B. doppelte Genehmigungserfordernisse[3110]). Bei der Kapitalverkehrsfreiheit scheint sich die Verbindung zu einem diskriminierenden Element aber als *besonders locker* (im Vergleich zu seiner Judikatur zu den anderen Grundfreiheiten) darzustellen.[3111] Für die Fallgruppe der Direktinvestitionen hat der Gerichtshof in eindeutig freiheitsrechtlichem Duktus „festgestellt, dass nationale Maßnahmen als „Beschränkungen" im Sinne von ex-Art. 56 Abs. 1 EG anzusehen sind, wenn sie geeignet sind, den Erwerb von Aktien der betreffenden Unternehmen zu verhindern oder zu beschränken"[3112]. Auch die golden shares-Judikatur kann als Beispiel dafür angeführt werden, dass der Gerichtshof auch unterschiedslose Beschränkungen der Kapitalverkehrsfreiheit untersucht.[3113] Der st. Rspr. zur Kapitalverkehrsfrei-

---

Bereich der (für Art. 35 Alt. 2 AEUV relevanteren) Herkunftsstaatsdimension der Arbeitnehmerfreizügigkeit von einem Beschränkungsverbot ausgeht.

[3106] S. b. Fn. 2984.

[3107] S. b. Fn. 3058 ff.

[3108] S. b. Fn. 3066 f., 3086.

[3109] Ebenso *Bröhmer*, in: Calliess/Ruffert, Art. 63 AEUV Rn. 63; *Follak*, in: Dauses, F. II Rn. 10.

[3110] Vgl. nur EuGH, Urt. v. 07.06.2012, Rs. C-39/11, unveröfftl., Rn. 25 ff. (*VBV – Vorsorgekasse*).

[3111] Vgl. auch *Bröhmer*, in: Calliess/Ruffert, Art. 63 AEUV Rn. 63; s. a. *Snell*, in: Tridimas/Nebbia, 49 (67).

[3112] EuGH, Urt. v. 06.12.2007, Rs. C-463, 464/04, Slg. 2007, I-10433, Rn. 21 (*Federconsumatori u. a.*).

[3113] Der Gerichtshof hält die Kapitalverkehrsfreiheit (und nicht die Niederlassungsfreiheit) für anwendbar, wenn es nicht um einen bestimmenden Einfluss geht, s. b. Fn. 3078.

heit entspräche es daher ebenfalls, wenn der Gerichtshof Art. 35 Alt. 2 AEUV extensiver ausläge.

Im Bereich des Steuerrechts dagegen zeichnet sich der Ansatz des Gerichtshofs durch eine besondere *Zurückhaltung* aus: Der Gerichtshof vertritt hier ein *reines* Diskriminierungsverbot. Es finden sich hier keinerlei beschränkungsrechtliche Anklänge.[3114] Diese Rspr. kontrastiert mit der sonstigen Grundfreiheitenjudikatur: Der Gerichtshof steht *bereichsbezogenen* Sonderjudikaturen grundsätzlich ablehnend gegenüber und stellt auf die *Wirkung* einer Maßnahme ab.[3115] Die abweichende Vorgehensweise des EuGH unterstreicht den besonderen Wert des Steuerrechts für die *Souveränität* der Mitgliedstaaten. Dies könnte dafür sprechen, das Steuerrecht und womöglich noch weitere Gebiete, für die keine Harmonisierungskompetenzen existieren und die als politisch sehr sensibel einzustufen sind, aus dem Beschränkungsverbot von Art. 35 AEUV auszuklammern. Doch sollte ein solches Vorgehen, da von der allgemeinen Grundfreiheitenkonzeptionalisierung des EuGH abweichend, auf wenige Ausnahmen begrenzt bleiben.

c) Grundfreiheitenübergreifendes Fazit zur Rspr. in Zielstaatskonstellationen

Der Rspr. zur *Wareneinfuhr* kommt eine besondere Bedeutung innerhalb einer Konvergenzbetrachtung mit der Zielstaatsdimension der Grundfreiheiten zu. Die jüngere Rspr. zu Art. 34 Alt. 2 AEUV zeugt von einer starken Aufwertung des *Marktzugangskriteriums*: Der Gerichtshof rekurriert nun häufiger *unmittelbar* auf das Marktzugangskriterium als Prüfungsmaßstab anstatt auf „Unter-Tests".[3116] Gleichzeitig legt er einen *extensiveren* Beschränkungsmaßstab zugrunde: Es genügt bereits eine Marktzugangs*behinderung*[3117], *-beschränkung*[3118] oder -erschwerung[3119]. Dies gilt auch in Bezug auf diskriminierungsfreie Verkaufsmodalitäten: Die Eingrenzungen der *Keck*-Formel dürften, *soweit sie mit dem Marktzugangsmaßstab in Widerspruch stehen*, wohl als überholt angesehen werden können. Es wird auch die Tendenz sichtbar, diskriminierungsfreie Konstellationen am Maßstab von Art. 34 Alt. 2 AEUV zu überprüfen, die *weit* vom eigentlichen Transaktionsvorgang (dem Import) *entfernt* sind (wie Verwendungsregelungen). Der EuGH stellt die belastende *Wirkung* einer Maßnahme in den Vordergrund und nicht ihre *formale Zugehörigkeit* zu einem bestimmten *Rechtsgebiet* (bzw. eine Einstu-

---

[3114] S. nur d. umf. Nachw. b. *Haferkamp*, 97 ff.; *Frenz*, Bd. 1, Rn. 3725 ff.; *Ress/Ukrow*, in: Grabitz/Hilf/Nettesheim, Art. 63 AEUV Rn. 158 Fn. 502–505.

[3115] S. b. und in Fn. 1944.

[3116] *Kommission/Italien* (Fn. 2892), *Ascafor* (Fn. 2895), *ANETT* (Fn. 2895), *UAB Vilniaus energija* (Fn. 2915).

[3117] *Mickelsson* (Fn. 2895), *ANETT* (Fn. 2895), *Alands* (Fn. 2956).

[3118] *Ascafor* (Fn. 2895), *UAB Vilniaus energija* (Fn. 2915).

[3119] *Scotch Whisky Association* (Fn. 2930).

fung als Verkaufs- oder Nutzungsmodalität). Ob eine Maßnahme legitime Interessen des Herkunftsstaates schützt, ist für die (tatbestandliche) Bewertung als Marktzugangsbehinderung grundsätzlich irrelevant (und erlangt erst auf der Rechtfertigungsebene an Bedeutung).[3120]

Einer Übertragung der vorgenannten Grundsätze auf Art. 35 Alt. 2 AEUV entspräche es, die Qualifizierung einer Regelung als Maßnahme i. S. v. Art. 35 Alt. 2 AEUV im Grundsatz ausschließlich von den *Behinderungswirkungen* für die Warenausfuhr abhängig zu machen und nicht davon, ob und inwieweit *legitime mitgliedstaatliche Kompetenzen* betroffen sind. Sodann dürften sich die Anwendungsergebnisse einer Wettbewerbsgleichheitsauslegung von Art. 35 Alt. 2 AEUV und eines (extensiv und parallel zum Markt*zugangs*kriterium des Art. 34 Alt. 2 AEUV ausgelegten) Markt*austritts*maßstabs nur geringfügig unterscheiden.

Mit Diskriminierungen von Waren, Kapital, Dienstleistungen, Arbeitnehmern oder Niederlassungswilligen gehen nicht nur protektionistische Wirkungen, sondern stets auch *Wettbewerbsungleichheiten* einher (nämlich des Grundfreiheitenberechtigten im Verhältnis zu den im Zielstaat mit dem Grundfreiheitenberechtigten konkurrierenden Wettbewerbern).[3121] Sofern mit Art. 35 Alt. 2 AEUV dieselben Wettbewerbsgleichheitseffekte erzielt werden sollen, die in Zielstaatskonstellationen mit einem weit ausgelegten Diskriminierungsverbot erreicht werden, müsste Art. 35 Alt. 2 AEUV als weiter *Wettbewerbsgleichheitsmaßstab* ausgelegt werden (ein Verbot von *Ausfuhrdiskriminierungen* würde diese Wirkungen dagegen nicht erzielen).[3122]

Das Verbot unterschiedsloser Beschränkungen, das der EuGH im Bereich der Zielstaatsdimension der *anderen* Grundfreiheiten vertritt (also außerhalb von Art. 34 Alt. 2 AEUV), kann konzeptionell in weiten Teilen mit einem *diskriminierungs*rechtlichen Grundkonzept umfangen werden.[3123] In manchen Fällen ist dies allerdings nicht möglich, etwa in Konstellationen, in denen eine grundfreiheitlich geschützte Betätigung *vollständig verboten* wird.[3124] Aufgrund solcher Inkohärenzen fällt es schwer, der Rspr. *konkrete* konzeptionelle Impulse in Bezug auf Art. 35 Alt. 2 AEUV zu entnehmen (z. B. in Richtung eines Beschränkungs- oder Diskriminierungsverbotes oder eines Wettbewerbsgleichheitsgebotes). Unabhängig vom konzeptionellen Ausgangspunkt kann in der Judikatur jedoch ein Beleg für die große Bedeutung gesehen werden, die der Gerichtshof der Durchsetzung des Binnenmarktziels (via die Grundfreiheiten) beimisst. Dies lässt die restriktive Rspr. zu Art. 35 Alt. 2 AEUV inkohärent erscheinen.[3125]

[3120] S. n. Fn. 2954.

[3121] S. b. Fn. 2984.

[3122] S. b. Fn. 2984.

[3123] S. v. a. b. Fn. 3058 ff.

[3124] S. b. Fn. 3059, 3077, 3103.

[3125] Vgl. nur b. Fn. 3065, 3109 ff.

Dass Rahmen- und Umfeldregelungen innerhalb der Zielstaatsdimension der Personenverkehrsfreiheiten nicht an einem Verbot unterschiedsloser Beschränkung gemessen werden, spricht nicht gegen eine Einbeziehung unterschiedsloser Produktionsregelungen in Art. 35 Alt. 2 AEUV, da warenbezogene Produktionsregelungen ganze andere (nämlich schädliche[re]) Wettbewerbswirkungen entfalten.[3126]

Der im Kontext des Kapitalverkehrs gepflegte Ansatz des EuGH, kein Beschränkungsverbot im Bereich des die Souveränitätsinteressen stark berührenden Steuerrechts anzuwenden,[3127] könnte mit Blick auf Art. 35 Alt. 2 AEUV dafür sprechen, auch in anderen souveränitätssensiblen Bereichen von einem Beschränkungsverbot abzusehen. Als Abweichung von einem wirkungsbezogenen Grundansatz sollte dies nur in wenigen Ausnahmefällen erwogen werden.

6. Spürbarkeits- und sonstige Einschränkungskriterien in der Rechtsprechung

Fraglich ist, welcher (weiteren) *Kriterien* sich der EuGH im Rahmen seiner Grundfreiheitenjudikatur bedient, um die von ihm entwickelten tatbestandlichen Maßstäbe (insbesondere das Marktzugangskriterium) zu *nuancieren* oder *einzugrenzen*. Entsprechende Kriterien stehen in einem engen Zusammenhang mit dem jeweils zugrunde gelegten Tatbestandskonzept. Je enger das tatbestandliche Grundkonzept, desto geringer ist das Bedürfnis nach Einschränkungskriterien und vice versa. Die Ergebnisse der nachfolgenden Untersuchung können an späterer Stelle[3128] herangezogen werden, um zu entscheiden, ob eine Übertragung solcher Kriterien auf Art. 35 Alt. 2 AEUV befürwortet werden sollte.

Innerhalb der bereits angestellten Rechtsprechungsuntersuchungen sind schon verschiedene Techniken zutage getreten, mit deren Hilfe der EuGH den Beeinträchtigungstatbestand eingrenzt. Vielfach wird insbesondere nicht rezipiert, dass dem Marktzugangstest eine gewisse Filterfunktion bereits *immaniert*:[3129] In *Keck*[3130] entwickelt der EuGH das Marktzugangskonzept gerade als Gegenmodell zu dem als zu weit empfundenen bisherigen Stan-

---

[3126] S. b. Fn. 3067, 3086. Dies setzt freilich voraus, dass Wettbewerbswirkungen für relevant gehalten werden.

[3127] S. b. Fn. 3114 f. S. zum Dienstleistungsexport jedoch *Berlington Hungary u. a.* b. Fn. 2692.

[3128] S. umf. b. Fn. 3490 ff.

[3129] Vgl. *Brigola*, EuZW 2012, 248 (250); *Cordewener*, 297 f.; *Davies*, Germ. L. J. 11 (2010), 671 (676); *Feiden*, 42 f.; *Langner*, RabelsZ 65 (2001), 222 (236); *Roth*, in: Terryn/Straetmans/Colaert, 119 (131); Generalanwalt *Jacobs*, Schlussanträge v. 24.11.1994, Rs. C-412/93, Slg. 1994, I-182, Rn. 42 ff. (*Leclerc-Siplec*); Generalanwalt *van Gerven* (Fn. 1744), Rn. 24 (*Torfaen*); schon in Bezug auf die *Dassonville*-Formel von immanenten Grenzen sprechend *Everling*, EuR 1982, 301 (304 f.); *Graf*, 57; s. a. in Fn. 3131.

[3130] EuGH (Fn. 1954), Rn. 13 ff.

dard.[3131] Dabei hat der EuGH auch den Marktzugangstest immer wieder durch einschränkende Formulierungen ergänzt, relativiert oder konkretisiert: In *Alpine Investments*[3132] und *Bosman*[3133] weist er auf die *Unmittelbarkeit* (engl.: „directness") der Beeinflussung des Marktzugangs hin und in *Dior*[3134] auf die *Erheblichkeit* der Erschwerung des Marktzugangs sowie in *Kommission/Italien*[3135] auf die *Erheblichkeit* der Einschränkung der Dienstleistungsfreiheit.[3136] Im Anhängerfall *Kommission/Italien*[3137] sowie in der Rs. *Mickelsson*[3138] betont er den „*erheblichen* Einfluss auf das Verhalten der Verbraucher [Hervorheb. d. *Verf.*]"[3139], während er in *Bonnarde* bereits eine bloße Beeinflussung des „Verhalten[s] der Käufer"[3140] ohne weitere Qualifikation ausreichen lässt, was jedoch einen lapus linguae darstellen könnte.[3141] Schließlich drückt der EuGH seine Auffassung, dass nicht alle freiheitsbeschränkenden Maßnahmen erfasst werden sollen, auch dadurch aus, dass er bisweilen nicht auf eine *Behinderung* des Marktzugangs abstellt, sondern auf dessen *Versperrung*.[3142]

Ein Spürbarkeitskriterium lehnt der Gerichtshof in einigen Rechtssachen ausdrücklich ab. Tatsächlich verwirft er aber nur *makro*ökonomische Spürbarkeitskriterien, d. h. solche, die selbst dann zu einer Verneinung der Spürbarkeit führen, wenn spürbare Beschränkungen im *Einzelfall* vorhanden sind.[3143]

[3131] Das *Keck*-Judikat als implizite Anerkennung eines Spürbarkeitserfordernisses deutend *Fezer*, JZ 1994 (324); wie hier auch *Cordewener*, 297 f.; *Heermann*, 54; *Horsley*, 158; *Tryfonidou*, E. L. Rev. 35 (2010), 36 (50 f.) jew. m. w. N.; Generalanwalt *Jacobs* (Fn. 3129), Rn. 42 ff. (*Leclerc-Siplec*); vgl. auch *Mortelmans*, CMLR 28 (1991), 115 (128); *White*, CMLR 26 (1989), 235 (279 f.); eher krit. *Spaventa*, E. L. Rev. 34 (2009), 914 (923 f.).

[3132] EuGH (Fn. 2488), Rn. 38.

[3133] EuGH (Fn. 2724), Rn. 103.

[3134] EuGH, Urt. v. 04.11.1997, Rs. C-337/95, Slg. 1997, I-6034, Rn. 51 (*Dior*).

[3135] EuGH, Urt. v. 15.01.2002, Rs. C-439/99, Slg. 2002, I-351, Rn. 32 (*Kommission/Italien*).

[3136] Ähnliche Formulierungen finden sich in weiteren Rechtssachen, vgl. EuGH, Urt. v. 21.12.2011, Rs. C-28/09, Slg. 2011, I-13567, Rn. 116 (*Kommission/Österreich*); EuGH, Urt. v. 17.07.2008, Rs. C-500/06, Slg. 2008, I-5785, Rn. 33 (*Dermoestética*) und in EuGH, Urt. v. 28.04.2009, Rs. C-518/06, Slg. 2009, I-3491, Rn. 66, 68, 70 (*Kommission/Italien*).

[3137] EuGH (Fn. 2892).

[3138] EuGH (Fn. 2895).

[3139] EuGH (Fn. 2895), Rn. 56 bzw. Rn. 26.

[3140] EuGH (Fn. 2982), Rn. 30 (*Bonnarde*).

[3141] Vgl. *Weatherill*, ICLQ 61 (2012), 541 [542]).

[3142] EuGH (Fn. 2892), Rn. 58 (*Kommission/Italien* [*Anhängerfall*]); EuGH (Fn. 1954), Rn. 17 (*Keck*).

[3143] Vgl. EuGH, Urt. v. 13.03.1984, Rs. 16/83, Slg. 1984, 1301, Rn. 19 f. (*Prantl*); EuGH (Fn. 1726), Rn. 11–14 (*van de Haar*); EuGH, Urt. v. 05.06.1986, Rs. 103/84, Slg. 1986, 1768, Rn. 18 (*Kommission/Italien*); EuGH, Urt. v. 03.12.1998, Rs. C-67/97, Slg.

Dagegen hat der EuGH eine Beschränkungswirkung in zahlreichen Rechtssachen[3144] auf der Grundlage der *rule of remoteness* („zu ungewiss und zu indirekt") abgelehnt und damit in der Sache *individuelle Spürbarkeitserwägungen* angestellt. Z. B. hat er Maßnahmen in *BASF*[3145] für unbeachtlich erklärt, die er als „Beschränkungen" des freien Warenverkehrs qualifiziert hat.[3146] Und in *Finanzamt Speyer-Germersheim* weist er darauf hin, dass es unerheblich sei, ob eine beschränkende Maßnahme nur einen „begrenzten Zeitrau[m]" gelte, wenn sie nur „erheblich[e] Auswirkungen" zeitige.[3147]

Dass er sich dabei stets ausschließlich auf die *Wahrscheinlichkeit*, nie auf die *Intensität* einer Beschränkung bezogen hat, ist unzutreffend. Beide Fragen können auch praktisch gar nicht voneinander getrennt werden: Die Frage, ob eine Regelung von Marktteilnehmern als abschreckend eingestuft wird, hängt (u. a.) davon ab, mit welcher Wahrscheinlichkeit sie den Marktteilnehmer betrifft. Die Häufigkeit, mit der eine Belastung eintritt, wird auf die Stückkosten umgelegt. Dadurch wird sie *quantifizierbar* und schlägt in eine Frage der Intensität um.[3148] In *Burmanjer*[3149] modifiziert der EuGH den Wortlaut

---

1998, I-8053, Rn. 18–20 (*Bluhme*); s. a. EuGH, Urt. v. 04.04.1974, Rs. 167/73, Slg. 1973, 360, Rn. 43/44 (*Kommission/Französische Republik*); EuGH (Fn. 2438), Rn. 8 (*Corsica Ferries I*); EuGH (Fn. 2810), Rn. 43 (*de Lasteyrie du Saillant*); EuGH, Urt. v. 14.12.2004, C-309/02, Slg. 2004, I-11794, Rn. 68 (*Radlberger Getränkegesellschaft*); vgl. auch EuGH, Urt. v. 18.05.1993, Rs. C-126/91, Slg. 1993, I-2390, Rn. 21 (*Yves Rocher*). Zu derselben Einschätzung gelangend wie hier *Hojnik*, EJLS 6 (2013), 25 (37).

[3144] S. d. nachfolgenden Fn. Vgl. mit Blick auf den Sonderfall des Vergaberechts, bei dem der Gerichtshof davon ausgeht, dass sich unterhalb eines bestimmten Auftragswertes kein EU-ausländisches Unternehmen für den Auftrag interessieren wird und daher entsprechende Verletzungsrügen ebenfalls unter Verwendung der Formel „zu ungewiss und zu indirekt" zurückweist – letztlich geht es hierbei wohl um ein *Wahrscheinlichkeitskriterium* – nur EuGH, Urt. v. 21.07.2005, Rs. C-231/03, Slg. 2005, I-7310, Rn. 20 (*Coname*). Es sei zudem auf Parallelen verwiesen zur Unionsbürgerschaft, bei der der Gerichtshof z. T. das Vorliegen „schwerwiegende[r] Nachteile" verlangt hat, vgl. EuGH (Fn. 2109), Rn. 76 (*Runevič-Vardyn*); EuGH, Urt. v. 02.10.2003, C-148/02, Slg. 2003, I-11635, Rn. 36 (*Garcia Avello*); EuGH, Urt. v. 14.10.2008, Rs. C-353/06, Slg. 2008, I-7639, Rn. 23 f. (*Grunkin und Paul*).

[3145] EuGH, Urt. v. 21.09.1999, Rs. C-44/98, Slg. 1999, I-6286, Rn. 20 f. (*BASF*).

[3146] Ähnlich weist der EuGH in seinem Urt. v. 17.02.2005, Rs. C-134/03, Slg. 2005, I-1198, Rn. 38 (*Viacom Outdoor*) darauf hin, dass eine „Steuer (…), die im Vergleich zum Wert der Dienstleistungen, die ihr unterworfen sind, als niedrig angesehen werden kann" und daher keine Beeinträchtigung der Dienstleistungsfreiheit darstelle.

[3147] EuGH, Urt. v. 22.01.2009, Rs. C-377/07, unveröfftl., Rn. 29 (*Finanzamt Speyer-Germersheim*).

[3148] Vgl. zu Fällen, in denen beides nicht voneinander getrennt werden kann EuGH, Urt. v. 07.03.1990, Rs. C-69/88, Slg. 1990, I-594, Rn. 11 (*Krantz*); EuGH (Fn. 3056), Rn. 32 (*Semeraro Casa Uno*); EuGH, Urt. v. 13.10.1993, Rs. C-93/92, Slg. 1993, I-5018, Rn. 10–12 (*CMC Motorradcenter*); EuGH (Fn. 2444), 23 f. (*Peralta*); EuGH, Urt. v. 05.10.1995, Rs. C-96/94, Slg. 1995, I-2900, Rn. 40 f. (*Centro Servizi Spediporto*); EuGH, Urt. v. 17.10.1995, Rs. C-140–142/94, Slg. 1995, I-3287, Rn. 29 (*DIP*); EuGH, Urt. v.

der rule of remoteness: Hier verlangt er nicht – wie sonst –, dass die Wirkung „zu ungewiss" („too uncertain") sei, sondern er stellt – *präziser* – darauf ab, dass sie zu „unbedeutend" („insignificant") sein müsse.[3150] Der Gerichtshof hat auch Maßnahmen auf der Grundlage der rule of remoteness aus dem Tatbestand ausgeschieden, bei denen zwischen der staatlichen Regelung und der Einfuhr der Ware *mehrere Bedingungen* zwischengeschaltet waren.[3151] Neben der rule of remoteness verwendet der Gerichtshof auch eine Formel, wonach „hypothetisch[e] Ereigni[sse]" eine Grundfreiheit ebenfalls nicht beeinträchtigen könnten.[3152]

Interessanterweise weist der Gerichtshof in vielen Fällen, in denen er eine Maßnahme als zu ungewiss und indirekt aus dem Tatbestand ausscheiden lässt, darauf hin, dass die Maßnahme *nicht diskriminierender* Natur sei.[3153]

30.11.1995, Rs. C-134/94, Slg. 1995, I-4241, Rn. 24 (*Esso Española*); EuGH (Fn. 542), Rn. 11 (*ED*); EuGH (Fn. 2769), Rn. 24 f. (*Graf*); EuGH (Fn. 2928), Rn. 25 (*Pelckmans*); EuGH, Urt. v. 15.06.2010, Rs. C-211/08, Slg. 2010, I-3913, Rn. 72 (*Kommission/Spanien*); EuGH (Fn. 1859), Rn. 81 (*SC Volksbank România*); EuGH, Urt. v. 19.12.2012, Rs. C-577/10, unveröfftl., Rn. 42 (*Kommission/Belgien*). Der wohl eindeutigste Fall einer *individuellen Spürbarkeitsbetrachtung* findet sich in EuGH (Fn. 2573), Rn. 30 f. (*Corsica Ferries III*): Hier stellt der EuGH prozentuale Berechnungen an. Das Wahrscheinlichkeitskriterium spielt in *Corsica Ferries III* dagegen keine Rolle, sondern nur die Frage der Intensität. Und in EuGH (Fn. 258), Rn. 20 (*Bouhelier*) bedient sich der Gerichtshof implizit eines Spürbarkeitskriteriums, wenn er Behinderungen der Ein- und Ausfuhr an Einzelhandelsstellen und Verbraucher für nicht ausreichend erklärt.

3149 EuGH, Urt. v. 26.05.2005, Rs. C-20/03, Slg. 2005, I-4153, Rn. 30 f. (*Burmanjer*).

3150 Insges. zu derselben oder ähnlichen Einschätzung wie hier gelangend *Bachmann*, AcP 210 (2010), 424 (487); *Cordewener*, 297 f.; *Everling*, EuR 1982, 301 (304 f.); *Fezer*, JZ 1994, 623 (624); *Hefermehl/Fezer*, in: Hefermehl/Ipsen/Schluep/Sieben, 8 (104); *Hojnik*, EJLS 6 (2013), 25 ff., 37; *Jansson/Kalimo*, CMLR 51 (2014), 523 ff.; *Langner*, RabelsZ 65 (2001), 222 (234 f.); *Sack*, WRP 1998, 103 (116); *ders.*,WRP 2000, 23 (28); in Bezug auf Diskriminierungen auch *Rolshoven*, 132; *Veelkens*, EuR 1977, 311 (339 f.); differenzierend *Epiney*, in: Ehlers, § 8 Rn. 52 f.; *Mortelmans*, CMLR 38 (2001), 613 (634); Generalanwalt *Tesauro* (Fn. 2164), Rn. 21 (*Hünermund*). Generalanwalt *Jacobs* (Fn. 3129), Rn. 46 (*Leclerc-Siplec*) weist darauf hin, dass der EuGH in den Rs. 16/83 (Fn. 3143), 290/93 und 103/84 (Fn. 3143) über Diskriminierungen entschieden hat und in den anderen Rechtssachen implizite von einem Spürbarkeitskriterium ausgegangen ist. In seinen Schlussanträgen zur Rs. *ED* hat auch Generalanwalt *Cosmas* (Fn. 547), Rn. 53–55 das Spürbarkeitserfordernis gleichgesetzt mit der rule of remoteness.

3151 EuGH (Fn. 3148), Rn. 11 (*Krantz*); EuGH (Fn. 2444), Rn. 23 f. (*Peralta*); EuGH (Fn. 3145), Rn. 20 (*BASF*).

3152 Vgl. EuGH (Fn. 2769), Rn. 24 f. (*Graf*); EuGH (Fn. 3107), Rn. 51 (*Regierung der Communauté française)*; vgl. auch EuGH (Fn. 3143), Rn. 21 (*Yves Rocher*); EuGH (Fn. 3148), Rn. 73 (*Kommission/Spanien*).

3153 Etwa in EuGH (Fn. 3148), Rn. 10 (*Krantz*); EuGH (Fn. 3148), Rn. 10 (*CMC Motorradcenter*); EuGH (Fn. 2444), Rn. 24 (*Peralta*); EuGH (Fn. 3148), Rn. 23 (*Esso Española*); EuGH (Fn. 3148), Rn. 29 (*DIP*); EuGH (Fn. 3148), Rn. 41 (*Centro Servizi Spediporto*); EuGH (Fn. 2573), Rn. 30 f. (*Corsica Ferries III*); EuGH (Fn. 3056), Rn. 32 (*Semeraro*

Gleichzeitig hat er vor allem im Kontext *diskriminierender* Maßnahmen hervorgehoben, dass auch *geringfügige* Behinderungen verboten seien.[3154] Dies spricht dafür, die rule of remoteness oder äquivalente Kriterien grundsätzlich nicht auf diskriminierende Maßnahmen anzuwenden.[3155]

In einigen Rechtssachen[3156] klammert der Gerichtshof Maßnahmen als „zu indirekt und ungewiss" aus Art. 34 AEUV aus, die sich erheblich verteuernd auf Einfuhren ausgewirkt haben. Hier scheint es um ein *normatives*, nach *Themenbereichen* abgrenzendes (und nicht auf die Beschränkungsintensität abstellendes) Kriterium[3157] zu gehen.[3158] In der Rs. *Guarnieri*[3159] z. B. ging es um eine im belgischen Recht normierte Prozesseinrede, wonach eine Prozesspartei die Leistung einer Prozesskostensicherheit gegenüber *ausländischen* Staatsangehörigen verlangen konnte. Der Gerichtshof stellt hier darauf ab, dass die mitgliedstaatliche Regelung „nicht darauf gerichtet [sei], den Warenverkehr zu regulieren"[3160], und überdies von „zwei kumulativen Voraussetzungen"[3161] abhängig sei, weshalb der „Kausalitätszusammenhang zwischen (...) [der] möglichen Beeinträchtigung des innergemeinschaftlichen Handelsverkehrs und der in Rede stehenden unterschiedlichen Behandlung (...) daher nicht als erwiesen gelten"[3162] könne. Für den EuGH scheint maßgeblich zu sein, dass der *Konnex zum Warenverkehr* zu schwach ist, weil die Regelung vom Transaktionsvorgang des Warenimportes als Hauptbezugspunkt des Art. 34 AEUV zu weit entfernt ist. Darauf deutet hin, dass ein erheblicher und quantitativ fassbarer Nachteil gegeben war, der diskriminierenden Charakter besaß und nicht außerhalb jeder Wahrscheinlichkeit lag. Auch

---

Casa Uno); EuGH (Fn. 3146), Rn. 37 f. (*Viacom Outdoor*); EuGH (Fn. 3159), Rn. 16 (*Guarnieri*); EuGH (Fn. 2928), Rn. 24 f. (*Pelckmans*); anders allerd. in EuGH (Fn. 542), Rn. 11 (*ED*) und wohl auch in EuGH (Fn. 3149), Rn. 31 f. (*Burmanjer*).

[3154] EuGH (Fn. 3143), Rn. 43/44 (*Kommission/Französische Republik*); EuGH (Fn. 2438), Rn. 8 (*Corsica Ferries*); EuGH (Fn. 2810), Rn. 43 (*de Lasteyrie du Saillant*); EuGH (Fn. 3143), Rn. 67 f., 73 (*Radlberger Getränkegesellschaft*); EuGH, Urt. v. 14.12.2006, Rs. C-170/05, Slg. 2006, I-968, Rn. 22 (*Denkavit II*).

[3155] Vgl. b. Fn. 3544.

[3156] EuGH (Fn. 3148), Rn. 29 (*DIP*); EuGH (Fn. 3148), Rn. 41 (*Centro Servizi Spediporto*) und EuGH (Fn. 3056), Rn. 32 (*Semeraro Casa Uno*).

[3157] S. umf. zu normativen Kriterien im hiesigen Tatbestandskonzept b. Fn. 3540 ff.

[3158] Vgl. EuGH, Urt. v. 31.03.1982, Rs. 75/81, Slg. 1982, 1212, Rn. 8–10 (*Blesgen*); EuGH, Urt. v. 11. 07.1990, Rs. C-23/89, Slg. 1990, I-3077, Rn. 10 f. (*Quietlynn*) und EuGH, Urt. v. 11.07.1985, Rs. 60, 61/84, Slg. 1985, 2618, Rn. 21 (*Cinéthèque*).

[3159] EuGH, Urt. v. 07.04.2011, Rs. C-291/09, Slg. 2011, I-2685 (*Guarnieri*).

[3160] EuGH (Fn. 3159), Rn. 16.

[3161] EuGH (Fn. 3159), Rn. 16.

[3162] EuGH (Fn. 3159), Rn. 17.

die erste Erwägung, die der EuGH als Begründung vorbringt,[3163] deutet auf *normative* Gründe für die Ablehnung einer Beeinträchtigung hin.[3164]

Die Begriffs- und Konzeptvielfalt in der EuGH-Rechtsprechung ist zu kritisieren: Sie schafft Rechtsunsicherheit. Tatsächlich stecken hinter einem Teil der Inkohärenzen wohl nicht nur begriffliche, sondern *Wertungs*divergenzen. D. h. die Vielfalt der Einschränkungskriterien spiegelt die Uneinigkeit über das *Auslegungsgesamtkonzept* wider, mithin über die Reichweite des Beschränkungsverbots und damit letztlich über die grundlegende unionsverfassungsrechtliche Frage nach dem „rechten" Verhältnis von *Binnenmarktziel* und *mitgliedstaatlichen Kompetenzen.*

7. Überblick über die Auffassungen der Generalanwälte zu Art. 35 Alt. 2 AEUV

Bereits im Kontext der Untersuchung der Rechtsprechung zu Art. 35 Alt. 2 AEUV und der Konvergenzbetrachtungen zu Art. 34 Alt. 2 AEUV und zu den anderen Grundfreiheiten wurden relevante Äußerungen der Generalanwälte im Zusammenhang mit dem jeweiligen Judikat behandelt und generalanwaltliche Stellungnahmen zu Art. 35 Alt. 2 AEUV analysiert. Nachfolgend werden die wesentlichen Positionen und Argumente zusammengefasst.

Entschieden gegen *Groenveld* ausgesprochen haben sich GA *Capotorti* und GA *Trstenjak*: GA *Capotorti* hat sich sowohl in *Groenveld*[3165] als auch in *Oebel*[3166] – hier mit ausführlicher Begründung – gegen die *Groenveld*-Formel gewandt und gefordert, dass auch mittelbare und indirekte Ausfuhrhindernisse erfasst werden müssten[3167].[3168] Gleiches gilt für die (modellanalytisch komplexesten und am besten begründeten) Einlassungen von *Trstenjak* in *Gysbrechts*.[3169]

Doch sollten auch die vielzähligen *beiläufigen* kritischen Stellungnahmen der Generalanwälte nicht unbeachtet bleiben, die belegen, dass es sich bei der *Groenveld*-Judikatur um eine in großen Teilen des „Establishments" (des EuGH) kritisch gesehene *Systemdevianz* handelt, wobei sich die Kritik an der Enge des Diskriminierungsbegriffs entzündet (GA *Gulmann* in *Delhaize*[3170]

[3163] S. b. Fn. 3160.

[3164] Auf der anderen Seite hat der EuGH in *S. und G.* und *Carpenter* auch Regelungen als Beeinträchtigung gewertet, die nur in einem *losen Zusammenhang* standen mit dem Substrat der dort betroffenen Grundfreiheit (der Dienstleistungserbringung), s. b. Fn. 2706.

[3165] S. b. Fn. 273 ff.

[3166] S. b. Fn. 379 ff.

[3167] S. b. Fn. 273 ff. S. a. b. Fn. 382.

[3168] GA *Capotortis* Position deutete sich schon in seinen Schlussanträgen zur Rs. *Bouhelier* an (s. in Fn. 258).

[3169] S. b. Fn. 676 ff.

[3170] S. in Fn. 495.

sowie indirekt GA *Lenz* in *Peralta*[3171] und GA *Slynn* in *Cinéthèque*[3172]) und an der Sinnfälligkeit einer Übertragung von *Groenveld* auf die Dienstleistungsfreiheit (GA *Jacobs* hat in Bezug auf die Herkunftsstaatsdimension der Dienstleistungsfreiheit konstant, entschieden und erfolgreich für einen Beschränkungsstandard argumentiert [*Alpine Investments*[3173], *ARD*[3174] und *Gourmet*[3175]]) und an der Sinnfälligkeit einer Übertragung von *Groenveld* auf die Arbeitnehmerfreizügigkeit (GA *Lenz* in *Bosman*[3176]; GA *Lenz* hat zudem ein Überdenken der *Groenveld*-Judikatur angeregt[3177]). GA *Cosmas* versucht, die *Groenveld*-Formel zu umgehen (*ED*).[3178] Und GA *Elmer* deutet an, dass eine Regelung wie die in *Alpine Investments*, wenn sie in einer Warenexportkonstellation aufträte, auch gegen Art. 35 Alt. 2 AEUV verstieße.[3179]

Von überragender argumentativer Bedeutung ist dabei der Gedanke der *Konvergenz* der Grundfreiheitenjudikatur (GA *Capotorti*;[3180] GA *Trstenjak*;[3181] GA *Jacobs*[3182]; GA *Lenz*[3183]). Bisweilen werden aber auch praktische

---

[3171] Obwohl GA *Lenz* in *Peralta* an der *Groenveld*-Formel festhält, möchte er sowohl faktische Diskriminierungen (s. b. Fn. 2467) als auch (nicht diskriminierende) Totalverbote (s. b. Fn. 2469) als Beeinträchtigung qualifizieren.

[3172] Es war zwar streitig, ob in dem Ausgangsverfahren von *Cinéthèque* auch für die *Ausfuhr* bestimmte Videokassetten betroffen waren. Generalanwalt *Slynn* (Fn. 409), 2614 (*Cinéthèque*) geht aber selbst unter Zugrundelegung einer Ausfuhrkonstellation davon aus, dass die verfahrensgegenständliche Regelung mit Art. 35 AEUV vereinbar wäre, da sie weder nach „Form" noch nach „Inhalt" zwischen Ausfuhren und Inlandsverkäufen unterscheide. Die *Groenveld*-Auslegung stellt er jedoch nicht explizit infrage.

[3173] S. b. Fn. 2525 ff.

[3174] S. b. Fn. 2604 ff.

[3175] S. b. Fn. 2622.

[3176] S. b. Fn. 2758 ff.

[3177] S. b. Fn. 2763.

[3178] S. b. Fn. 554 ff.

[3179] Nach Generalanwalt *Elmer*, Schlussanträge v. 08.06.1995, Rs. C-111/94, Slg. 1995, I-3363, Rn. 27 (*Job Centre*) hat der Gerichtshof in *Alpine Investments* „die Bestimmungen über Dienstleistungen im Licht derselben Grundsätze ausgelegt, die er auf die Bestimmungen über den freien Warenverkehr angewandt hat." Das verfahrensgegenständliche Verbot privater Arbeitsvermittlung in *Job Centre* (EuGH, Urt. v. 19.10.1995, Rs. C-111/94, Slg. 1994, I-3382) verstoße nicht gegen die (Herkunftsstaatsdimension der) Dienstleistungsfreiheit, weil es als Produktionsverbot nicht mit der verfahrensgegenständlichen Regelung in *Alpine Investments*, sondern mit der in *Groenveld* gleichzusetzen sei, weshalb die in *Groenveld* entwickelten Grundsätze maßgeblich seien. Dabei übersieht GA *Elmer*, dass der EuGH die *Groenveld*-Formel auch bei anderen Vermarktungsregelungen angewandt hat (z. B. in *Oebel* [Fn. 355]) und die Regelung in *Alpine Investments* nicht nur in der Sache anders beurteilt wurde, sondern dort auch andere (nämlich extensive[re]) Auslegungs*formeln* herangezogen wurden, v. a. der Marktzugangstest.

[3180] S. b. Fn. 381 ff.

[3181] S. b. Fn. 684 ff.

[3182] S. b. Fn. 2534 ff.

[3183] S. b. Fn. 2760 ff.

Erwägungen angeführt. GA *Jacobs* (in *Alpine*)[3184] und GA *Trstenjak* (in *Gysbrechts*)[3185] stützen sich des Weiteren auf die weite Binnenmarktdefinition des EuGH[3186]. GA *Jacobs* begründet das Vorliegen einer exportstaatlichen Beschränkung der Dienstleistungsfreiheit in *ARD* zudem mit der Existenz einer Wettbewerbsungleichheit.[3187]

Eine Übertragung von *Keck* auf die Herkunftsstaatsdimension der Grundfreiheiten wird durchgängig abgelehnt unter Verweis auf die *herkunftsstaatliche* Natur der Beschränkung und die dann gegebene dual burden (GA *Jacobs* in *Alpine*;[3188] GA *Lenz* in *Bosman*;[3189] GA *Elmer* in *Job Centre*;[3190] GA *Trstenjak* in *Gysbrechts*[3191]).

Im Übrigen ist die *Groenveld*-Formel von Generalanwälten bloß referiert und angewandt worden.[3192] Daraus abzuleiten, dass auf solche Weise vorgehende Generalanwälte ausdrücken wollen, dass sie die *Groenveld*-Formel *befürworten*, wäre wohl eine *überschießende* Interpretation. Denkbar ist auch, dass die *Groenveld*-Formel in diesen Fällen einfach *mechanisch* auf den Fall appliziert wurde (entweder weil die *Groenveld*-Formel überhaupt nicht auf ihre Sachgemäßheit überprüft wurde oder weil eine Rechtsprechungsände-

---

[3184] Vgl. b. Fn. 2531 f.

[3185] Vgl. nur b. Fn. 684.

[3186] Vgl. b. Fn. 1655.

[3187] S. b. Fn. 2604 ff.

[3188] S. in Fn. 2537.

[3189] S. in Fn. 2765.

[3190] Generalanwalt *Elmer* (Fn. 3179), Rn. 27 (*Job Centre*).

[3191] S. b. Fn. 702 ff.

[3192] Vgl. nur Generalanwalt *Tesauro*, Schlussanträge v. 12.01.1994, Rs. C-80/92, Slg. 1994, I-1022, Rn. 9–14 (*Kommission/Belgien*); Generalanwalt *Léger*, Schlussanträge v. 21.10.1999, Rs. C-209/98, Slg. 1999, I-3747, Rn. 110 ff. (*Sydhavnens Sten & Grus*); Generalanwalt *Léger*, Schlussanträge v. 15.05.2003, Rs. C-12/02, Slg. 2003, I-11587, Rn. 21 ff. (*Grilli*); Generalanwalt *Léger* (Fn. 573), Rn. 18 ff. (*Jersey Produce*) bestätigt dabei ausdrücklich, dass er die in der Literatur aufgekommene Kritik wahrgenommen hat (Rn. 22 Fn. 14); Generalanwalt *Cosmas* (Fn. 547), Rn. 53–56 (*ED*) wendet zwar ebenfalls ohne explizite Kritik die *Groenveld*-Formel an und hält sie in der Rs. *ED* für nicht erfüllt, allerdings kritisiert er implizite, wenn er weitreichende(re) Annexrechte zu den Grundfreiheiten aus Art. 18 AEUV und einem allgemeinen Grundsatz effektiven Rechtsschutzes herleitet (auf die Problematik dieses umgehungsartigen Vorgehens weist er selber hin, Rn. 56); auch Generalanwalt *Alber* (Fn. 521), Rn. 47–53 (*Ravil*); Fn. 521, Rn. 70–75 (*Asda*) appliziert und zitiert die *Groenveld*-Formel in unkritischer Weise, allerdings sagt er an einer Stelle, die bloße (nicht diskriminierende) „Verteuerung“ der Ausfuhr spreche für die Qualifizierung der mitgliedstaatlichen Regelung als Maßnahme gleicher Wirkung (Rn. 50 bzw. Rn. 73). Aus den Schlussanträgen von Generalanwalt *Fennelly* in *Corsica Ferries III* (Fn. 2580) kann nicht eindeutig geschlussfolgert werden, wie dieser sich positioniert (s. in Fn. 2589). Generalanwältin *Kokott* (Fn. 716), Rn. 64 (*Iberdrola SA, u. a.*) lehnt eine Beeinträchtigung von Art. 35 AEUV (im Jahr 2013) knapp ab, weil keine faktische Diskriminierung vorliege, und zitiert die entsprechende Passage des Urteils *Gysbrechts*.

rung im Hinblick auf die vielen erfolglosen Versuche anderer Generalanwälte, den EuGH zu einer Änderung seiner Linie zu bewegen, für unwahrscheinlich gehalten wurde).

III. Allgemeine Einwände gegen eine extensive Auslegung

Im Folgenden sollen einige typischerweise im Zusammenhang mit einer Extension von Art. 35 Alt. 2 AEUV vorgebrachte allgemeine Einwände behandelt werden, bei denen es sich teilweise um „Gemeinplätze" handelt. Sie stützen sich zuvorderst auf Absurditätsargumente und weisen dabei auf (angebliche) praktische Unzulänglichkeiten hin.[3193]

1. Fehleinschätzungen des nach Art. 35 Alt. 2 AEUV bestehenden Rechtsschutzes?

Die Gegner einer Beschränkungsverbotsauslegung *Snell* und *Andenas* argumentieren, dass Unternehmen dazu motiviert würden, europarechtlich gegen nationale Regelungen vorzugehen, obwohl dieses Unterfangen im Hinblick auf die weitreichenden Rechtfertigungsmöglichkeiten *aussichtslos* wäre.[3194]

Die Argumentation von *Andenas* und *Snell* begegnet einer Reihe von Einwänden. Einer dieser Einwände wird offensichtlich, wenn das Argument von *Snell* und *Andenas* (wie folgt) *ökonomisch* formuliert wird: Sofern *Andenas* und *Snell* Recht hätten, müsste eine Saldierung der Kosten und Gewinne aller Exportunternehmen, die von Art. 35 Alt. 2 AEUV (nach dessen extensiver Auslegung) Gebrauch machen, *negativ* ausfallen, d. h., Exportunternehmen würden Prozesse anstrengen und damit Kosten auf sich nehmen, denen keine angemessenen Gewinne gegenüberständen, weil Exportunternehmen aufgrund des Eingreifens von Rechtfertigungsgründen (zu viele) von diesen Prozessen verlören. Eine solche Annahme widerspricht *grundlegenden rechts-* und *betriebsökonomischen Annahmen*:[3195] Unternehmen als an Gewinnmaximierung orientierte Organisationseinheiten werden die entstehenden Kosten mit den möglichen Gewinnen ins Verhältnis setzen (im Regelfall

[3193] Auch hierbei handelt es sich (noch) um *Auslegungserwägungen*, d. h. um eine Beleuchtung der Argumente für und gegen eine extensive(re) Auslegung von Art. 35 Alt. 2 AEUV (die auf den bisherigen Auslegungsergebnissen aufbaut). Sofern gewisse Modellannahmen gemacht werden müssen (z. B. diejenige, dass ein Verbot unterschiedsloser Beschränkungen der Warenausfuhr durch ein Spürbarkeitskriterium begrenzt wird) kann dies ebenfalls als Auslegungsanhalt gewertet werden, der für eine solche Modellkonzeption (im Beispiel: ein durch ein Spürbarkeitskriterium begrenztes Verbot unterschiedsloser Beschränkungen) spricht.

[3194] *Snell/Andenas*, Int'l & Comp. Corp. L. J. 2 (2000), 239 (267).

[3195] S. b. Fn. 1034 ff.

nach anwaltlicher Beratung) und Gerichtsprozesse nur dann führen, wenn dieses Vorgehen hinreichende Gewinnchancen verspricht.[3196] Es ist daher kaum plausibel, dass Unternehmen *auf Dauer* aussichtslose Prozesse führen werden.[3197] Es ist auch kein Grund ersichtlich, warum der Ausgang von Gerichtsprozessen speziell bei Art. 35 Alt. 2 AEUV weniger gut eingeschätzt werden können soll als in Bezug auf andere Grundfreiheiten (wenn von dem Klärungsbedürfnis abgesehen wird, das mit einer jeden *Auslegungsänderung* einhergeht).

Sodann dürfte die Annahme verfehlt sein, dass die Geltendmachung einer Verletzung von Art. 35 Alt. 2 AEUV wirklich *aussichtslos* sei: Ein weites Tatbestandskonzept wie das, welches *Snell* und *Andenas* ihrer Argumentation zugrunde legen, würde auch die Fallgruppen der unterschiedslos auf Exporte anwendbaren Produkt- und Vermarktungsregelungen umfassen, für die es, von wenigen Ausnahmen abgesehen, kaum Rechtfertigungsmöglichkeiten geben dürfte[3198]. Hier ist eine Berufung auf Art. 35 Alt. 2 AEUV nicht nur nicht aussichtslos, sondern im Gegenteil höchst *aussichtsreich*. Etwas anderes mag für Produktionsregelungen gelten. Doch auch hier dürften die Chancen nicht so schlecht sein, dass sie als „aussichtslos" bezeichnet werden können: Zwar wird es hier meist um legitime Interessen des Herkunftsstaates gehen (z. B. bei Umweltregelungen). Doch ist fraglich, ob diese auch stets *in verhältnismäßiger Weise* verfolgt werden. Auch im Rahmen der sonstigen Grundfreiheitenjudikatur – dies hat die obige Rechtsprechungsauswertung z. B. im Bereich von Art. 34 Alt. 2 AEUV[3199] oder der Herkunftsstaatsdimension der Dienstleistungsfreiheit[3200] ergeben – geht es häufig um Regelungen, die prinzipiell *legitime Interessen* verfolgen und auf ihre Verhältnismäßigkeit überprüft und in der Folge nicht selten für unverhältnismäßig erklärt werden. Letzte Gewissheit, ob es wirklich aussichtslos ist, eine Verletzung von Art. 35 Alt. 2 AEUV geltend zu machen, wird die Darstellung der eigenen Tatbestands-[3201] und Rechtfertigungskonzeption[3202] verschaffen.

[3196] Es erscheint naheliegend, dass Exportunternehmen in der Zeit nach einer Auslegungsänderung von Art. 35 Alt. 2 AEUV verschiedene „Pilotverfahren" in Gang setzen werden, mit denen sie mögliche Rechtsschutzmöglichkeiten (und Gewinnchancen) ausloten.

[3197] Vgl. auch *von Wilmowsky*, EuR 1996, 362 (367).

[3198] Letztere Vermutung bestätigt sich im Laufe der nachfolgenden Untersuchungen, vgl. zu Analysen zur Legitimität des Schutzes des guten Rufes b. Fn. 4019 ff. und zu Untersuchungen zur Unzulässigkeit fremdnütziger Interessenwahrnehmung b. Fn. 3949 ff.

[3199] Vgl. nur n. Fn. 2967.

[3200] Vgl. nur b. Fn. 2712.

[3201] S. b. Fn. 3538 ff.

[3202] S. b. Fn. 3944 ff.

2. Überlastung des Gerichtshofs?

Dass der EuGH durch eine Extensivierung der Interpretation von Art. 35 Alt. 2 AEUV eine höhere Arbeitsbelastung hat,[3203] darf kein *wertungsmäßig erheblicher* Gesichtspunkt sein. Es ist nicht hinnehmbar, ein an sich (etwa aus systematisch-teleologischen Gründen) anzuerkennendes Recht aufgrund der Erhöhung der *Arbeitsbelastung* aufzuheben und womöglich bei zeitweiser Abnahme der Arbeitsbelastung „wiederaufleben" zu lassen. Die mit einem solchen Vorgehen zwingend verbundene Willkür würde bei (potenziellen) Grundfreiheitenberechtigten wohl auf Unverständnis stoßen, zumal mit Blick auf den (oben festgestellten[3204]) individell schützenden Charakter der Grundfreiheiten.

Es handelt sich des Weiteren um eine *widersprüchliche* Argumentation, wenn die Rechtsprechung zu Art. *34* Alt. 2 AEUV gleichzeitig nicht kritisiert wird. Denn auch eine Beeinträchtigung von Art. 34 Alt. 2 AEUV kann in Bezug auf weite Teile der mitgliedstaatlichen Rechtsordnungen glaubhaft gemacht und eine richterliche Prüfung angestoßen werden: Die europäischen Volkswirtschaften sind – besonders mit Blick auf den *Waren*verkehr – sehr eng miteinander verflochten. Entsprechend hat die Wareneinfuhrfreiheit, gemessen an den sehr hohen Fallzahlen, über viele Jahrzehnte hinweg eine enorme praktische Relevanz entfaltet und tut dies noch immer, wie die Rechtsprechungsauswertung gezeigt hat. Trotz zunehmender Harmonisierung und einer mehr als 40-jährigen Auslegungsgeschichte als Beschränkungsverbot werden bis in die Gegenwart hinein neue Fallgruppen von Art. 34 Alt. 2 AEUV erschlossen. Zudem sind *mittelbare* Auswirkungen der Wareneinfuhrfreiheit (und der Zielstaatsdimension anderer Grundfreiheiten) auf reine *Inlandskonstellationen* zu gewärtigen, die bei der Warenausfuhr nicht auftreten: Selbst wenn die Inländerdiskriminierung – entgegen einigen Stimmen in der Literatur[3205] – für unionsrechtlich zulässig erachtet würde, wird nichtsdestotrotz ein *faktischer* und in einigen Ländern auch nationalverfassungsrechtlicher (etwa auf Art. 3 I GG sowie Art. 12 GG gründender) Druck auf den Zielstaatsgesetzgeber ausgeübt, die Nachteile auszugleichen, die heimische Produkte (bzw. Grundfreiheitenberechtigte) gegenüber EU-ausländischen erleiden.[3206] Folglich besteht auch bei Art. 34 Alt. 2 AEUV

[3203] *Snell/Andenas*, Int'l & Comp. Corp. L. J. 2 (2000), 239 (267 f. m. w. N.); vgl. a. die entspr. Argumentation des EuGH (Fn. 1954) im Fall *Keck* zu Art. 34 Alt. 2 AEUV (Rn. 14).

[3204] S. b. Fn. 2308 ff.

[3205] Vgl. *Epiney*, 339 ff.; *Lackhoff*, 67 ff.

[3206] So übt etwa die Niederlassungsfreiheit Druck aus auf das traditionelle deutsche Institut des Meisterzwangs, vgl. *Dürr*, GewArch 2007, 18; *Rieger*, GewArch 2012, 477 jew. m. w. N. Vgl. zu dem Problemkomplex der Inländerdiskriminierung insgesamt *Everling*, RabelsZ 50 (1986), 193 (221 f.); *Kingreen*, in: *von Bogdandy/Bast*, 705 (719) spricht von „Sogwirkung".

(und bei der Zielstaatsdimension der anderen Grundfreiheiten) die Gefahr, dass die mitgliedstaatlichen Rechtsordnungen weitreichenden Rechtfertigungszwängen unterworfen werden. Waren*ausfuhr*konstellationen können im Einzelfall wohl besser (als Warenimportfälle) von Inlandsfällen abgegrenzt werden.[3207]

Auch kann auf national-verfassungsrechtliche Erfahrungen verwiesen werden, die belegen, dass eine Überlastung des obersten Gerichts keine zwingende Folge von weiten und normhierarchisch auf der obersten Ebene angesiedelten subjektiven Rechten ist: Z. B. kann jede Maßnahme des deutschen Staates, die Verhaltensweisen ganz oder teilweise verunmöglicht, als Eingriff in die allgemeine Handlungsfreiheit des Art. 2 I GG (oder eines spezielleren Freiheitsgrundrechts) angesehen werden. Und doch hat das Bundesverfassungsgericht Wege gefunden, prozessökonomisch mit diesem weiten Maßstab so umzugehen, dass er beibehalten werden kann – und das, obwohl im Vergleich zu den Grundfreiheiten viel weiter reichende Möglichkeiten für den Einzelnen bestehen, Zugang zum Bundesverfassungsgericht zu erhalten (mit Blick auf den Rechtsbehelf der Individualverfassungsbeschwerde).

Die Arbeitsbelastung ist dabei auch abhängig vom *konkreten Tatbestandskonzept*: Ein Verbot unterschiedsloser Beschränkungen (oder ein ähnliches Konzept) muss nicht zwingend extrem weit konzipiert sein, sondern der Tatbestand kann hier auch nur moderat erweitert werden.[3208] Der Gerichtshof könnte die Prozesslast zusätzlich reduzieren (und die Rechtssicherheit erhöhen), indem er möglichst einfach zu handhabende Kriterien entwickelt und z. B. Fallgruppen bildet. Er kann hierbei auch flexibel vorgehen (wie bei Art. 34 Alt. 2 AEUV) und das Tatbestandskonzept *schrittweise* entwickeln, also neue Fälle erst nach und nach einbeziehen und das Tatbestands- und/oder Rechtfertigungskonzept ggf., bei negativen Erfahrungen, wieder verengen (wie in *Keck*).

3. *„Generalrevision" der mitgliedstaatlichen Rechtsordnungen?*

Eng mit der Befürchtung einer Überlastung des Gerichtshofs zusammen hängt auch die Sorge um eine „Generalrevision" der mitgliedstaatlichen Rechtsordnungen. Hierfür wird z. T. angeführt, die geforderte Verknüpfung mit einem grenzüberschreitenden Moment sei so schwach, dass praktisch alle auch rein innerstaatlichen Sachverhalte im Anwendungsbereich der Grundfreiheiten lägen.[3209]

[3207] Hierüber Aufschluss geben wird die Analyse des Grenzübertrittskriteriums, s. b. Fn. 3705 ff.

[3208] Auch diesbezüglich werden die nachfolgenden Darstellungen zum hier vertretenen Tatbestandskonzept Aufschluss geben, s. b. Fn. 3538 ff.

[3209] Vgl. etwa *Ehlers*, in: ders., 4. Aufl., § 7 Rn. 97; *Epiney*, in: Ehlers, § 8 Rn. 57; *Gundel*, JA 2009, 558 (559); *Haratsch/Koenig/Pechstein*, Rn. 872; *Oliver*, 135; *Safari*,

Zunächst kann auf den „Generalrevisionseinwand" entgegnet werden, dass die Möglichkeit einer General*überprüfung* nicht gleichbedeutend ist mit dem Recht auf eine General*aufhebung*, denn beeinträchtigende Regelungen können, je nach Ausgestaltung der Rechtfertigungsanforderungen, ggf. auch in sehr weitreichendem Maß *gerechtfertigt* werden.[3210]

Das Argument könnte nun leicht dahin gehend abgewandelt werden, dass auch eine General*überprüfung* der mitgliedstaatlichen Rechtsordnungen unzumutbar wäre: Bereits die *Prüfung* am Maßstab der Grundfreiheiten enthält nämlich in der Tat einen Eingriff in die mitgliedstaatlichen Kompetenzen. Allerdings kann die Reichweite des Verbots unterschiedsloser Beschränkungen durch verschiedene Kriterien *abstrakt-genereller* wie *konkret-individueller* Art eingegrenzt werden. Eine extrem weite Tatbestandsauslegung stellt nicht die einzige Alternative dar zu einer Diskriminierungsverbotsauslegung von Art. 35 Alt. 2 AEUV. Zumindest konstruktiv erscheinen auch *moderate* Tatbestandsextensionen denkbar. Mit konkret-individuellen Kriterien sind dabei Vorgaben gemeint, die auf die spezielle Situation des jeweiligen Grundfreiheitenberechtigten abstellen und eine Regelung nicht pauschal aus dem Verbot unterschiedsloser Beschränkungen ausklammern. Eine solches Kriterium kann z. B. in einem Spürbarkeitskriterium gesehen werden, das nicht nach den Belastungswirkungen für die Volkswirtschaft fragt, sondern nach denen für den jeweiligen Marktteilnehmer.[3211] Auch das Erfordernis eines grenzüberschreitenden Sachverhalts kann konkret-individuell interpretiert werden, wenn z. B. bestimmt wird, dass sich ein Warenexporteur nur in Bezug auf solche Waren auf Art. 35 Alt. 2 AEUV berufen kann, die mit Sicherheit oder nachweislich exportiert werden. Konkret-individuelle Kriterien führen dabei *in der Praxis* auch zu einer *tatsächlichen* Kompetenzschonung, und zwar selbst dann, wenn diese im Rahmen einer *fallabstrakten* Grundfreiheitenprüfung (z. B. in der Situation, dass der Gesetzgeber Gutachten zur Europarechtskonformität bestimmter Gesetzesvorhaben einholt) irrelevant sind. Denn die weit überwiegende Zahl der Grundfreiheitenverletzungen wird erst *auf Initiative des Grundfreiheitenberechtigten* sichtbar und erst dann Gegenstand rechtlicher Prüfung. Anders als vielfach bei Art. 34 Alt. 2 AEUV machen konkret-individuelle Kriterien bei Art. 35 Alt. 2 AEUV auch insofern Sinn, als Exportsachverhalte von Inlandssachver-

---

ZEuP 2011, 706 (717 f.); *Schöndorf-Haubold*, GPR 2008, 237 (241); *Streinz*, in: Lebensmittelrechts-Hdb. III Rn. 124a; *Tenenbaum*, R. D. C. 2009, 1217 (1223); vgl. auch Generalanwalt *Lenz* (Fn. 2442), Rn. 88 (*Peralta*).

[3210] Vgl. zu unterschiedlichen Konzeptionen des Rechtfertigungstatbestands (mit unterschiedlich weiten Spielräumen) b. Fn. 1885 ff.

[3211] Viele Tatbestandskonzepte und -kriterien greifen sowohl auf der konkreten *als auch* auf der abstrakten Ebene ein. Individuelle Spürbarkeitskriterien z. B. führen zur abstrakt-generellen Tatbestandslosigkeit all jener Normen, die *nie* die Spürbarkeitsschwelle überschreiten.

halten (je nach Interpretation) wirklich *abgegrenzt* werden können (z. B. exportbezogene Produkt- und Vermarktungsregelungen) und auch keine *mittelbaren Wirkungen* entfalten (wie z. B. die mit Art. 34 Alt. 2 AEUV einhergehenden Inländerdiskriminierungen).

Doch nicht nur konkret-individuelle, auch abstrakt-generelle Kriterien führen zu einer Kompetenzschonung. Diese schonen die Kompetenzen sogar (anders als die konkret-individuellen Kriterien) bei *fallabstrakten* Grundfreiheitenprüfungen. Abstrakt-generelle Kriterien sind solche, die eine Regelung *stets* aus dem Tatbestand ausschließen und unabhängig vom Einzelfall sind (z. B. eine Bereichsausnahme vom Verbot unterschiedsloser Beschränkung für das Rechtsgebiet des Steuerrechts).[3212]

Letztlich kann die Reichweite des Kompetenzeingriffs durch eine extensive Auslegung von Art. 35 Alt. 2 AEUV jedoch erst abschließend beurteilt werden, wenn das hier vertretene Auslegungsmodell mit den hier befürworteten abstrakt-generellen und konkret-individuellen Kriterien feststeht.[3213] Dabei hat die obige Analyse zumindest gezeigt, dass eine nur moderate Tatbestandsextension jedenfalls *möglich* ist.

Zudem kann wiederum[3214] darauf verwiesen werden, dass es sich bei der Befürchtung hinsichtlich einer Generalrevision um eine inkohärente, wenn nicht in gleichem Maße in Bezug auf Art. 34 Alt. 2 AEUV vorgebrachte Argumentation handelt, denn die tatbestandliche Weite z. B. eines hypothetisch denkbaren Marktaustrittstests für Art. 35 Alt. 2 AEUV wäre eine ähnliche wie die des Marktzugangstests für Art. 34 Alt. 2 AEUV. Insbesondere in der jüngeren Grundfreiheitenjudikatur – dies hat die Rechtsprechungsauswertung gezeigt – hat der EuGH den Tatbestandsmodellen zu den anderen Grundfreiheiten in vielen Fällen (etwa im Bereich der Herkunftsstaatsdimension der Dienstleistungsfreiheit oder im Rahmen von Art. 34 Alt. 2 AEUV) nur *äußer(st)e* abstrakt-generelle Grenzen gesetzt und zuvorderst konkret-individuelle Kriterien herangezogen (wie die rule of remoteness[3215] oder das Marktzugangskriterium[3216]).

[3212] S. umf. zu den hier vertretenen abstrakt-generellen Einschränkungskriterien b. Fn. 3540 ff.

[3213] S. hierzu b. Fn. 3538 ff.

[3214] S. b. Fn. 3205 ff.

[3215] S. b. Fn. 3144 ff.

[3216] S. b. Fn. 3129 ff.

Dritter Teil

Literaturkonzeptionen und Analysen von Modell- und Prüfungsvarianten

11. Kapitel

Tatbestandskonzeptionen in der Literatur

Im Gegensatz zur bereits angestellten Betrachtung der Literatur, in der es um die Ableitung von interpretationsrelevanten Inhalten speziell aus dem *Binnenmarktziel* ging,[3217] sollen nachfolgend *Tatbestandsmodelle* zu Art. 35 Alt. 2 AEUV dargestellt werden (wobei die Darstellungen zum Binnenmarktmodell der jeweiligen Autoren vorausgesetzt werden und daher nur, soweit tatbestandlich relevant, nochmals angesprochen werden).

Die nachfolgenden Darstellungen orientieren sich an folgenden Gliederungsschwerpunkten: Zunächst werden überblicksweise diejenigen Ansätze dargestellt, die sich zwar für ein Tatbestandsmodell aussprechen, ihre Position aber nicht (substanziiert) begründen. Anschließend sollen Ansätze behandelt werden, sich in vertiefter Form mit der Auslegung von Art. 35 AEUV auseinandersetzen. Hier wird wiederum differenziert nach Ansätzen, die dem EuGH (vollständig oder weitgehend) folgen, und Ansätzen, die eine Reform verlangen. Letztere werden wiederum danach unterteilt, welche Gruppen von Regelungen sie einem Beschränkungsverbot unterstellen wollen (Produkt-, Vermarktungs- und Produktionsregelungen) und ob sie hinsichtlich der Begründung Gemeinsamkeiten oder zumindest Ähnlichkeiten aufweisen.[3218] Der Schwerpunkt der Darstellung liegt darauf, ein umfassendes Bild davon zu gewinnen, welche Argumentationslinien und Konzepte vertreten werden (und Doppelungen in der Darstellung soweit möglich zu vermeiden).

[3217] S. b. Fn. 1313 ff.

[3218] Die Frage, ob bestimmte Ansätze zusammengefasst werden oder nicht, ist eine, die *nicht trennscharf* beantwortbar ist. Es kommt praktisch kaum vor, dass zwei Ansätze sowohl in der Begründung als auch in Bezug auf die Tatbestandskonzeption *identisch* sind. Auf Abweichungen wird in den Fußnoten oder, wenn es um wichtige Bemerkungen geht, am Ende des jeweiligen Gliederungsabschnittes eingegangen.

I. Beiläufige, knapp begründete und/oder bereichsspezifische Stellungnahmen

Zunächst gibt es (insbesondere in der Kommentar- und Lehrbuchliteratur) Autoren, die die Rechtsprechung nur wiedergeben, ohne diese zu bewerten.[3219]

1. Befürworter einer restriktiven Auslegung

Sodann gibt es Autoren, die nur beiläufig auf Art. 35 Alt. 2 AEUV Bezug nehmen und die *Groenveld*-Judikatur undifferenziert und ohne Begründung bestätigen:[3220] Obwohl *Schöne* die erheblichen Behinderungen von unter nachteiligeren rechtlichen Bedingungen hergestellten Produkten hervorhebt, lehnt er eine extensive Auslegung von Art. 35 Alt. 2 AEUV ab und begründet dies damit, dass das Gebot der Wettbewerbsgleichheit nur *innerhalb* eines Staates gelte und nicht für Nachteile, die aus dem *Zusammenwirken mehrerer* Rechtsordnungen resultierten.[3221] Dabei übersieht *Schöne*, dass er sich damit in Widerspruch mit der von ihm explizit nicht kritisierten Rechtsprechung zu Art. 34 Alt. 2 AEUV befindet, die ja Einfuhrbehinderungen auch aus dem Zusammenwirken mehrerer Rechtsordnungen anerkennt.

Plötscher sieht im Hinblick auf Doppelbelastungen (dual burden) zwar das Problem, dass es eigentlich keinen Grund gibt, warum zwar die zielstaatliche, aber nicht die herkunftsstaatliche Maßnahme abgewehrt werden könne. Er entscheidet sich dann aber letztlich – ohne Grund – nur für eine Abwehr der *zielstaatlichen* Maßnahme und mithin für das Herkunftslandprinzip.[3222] Auf der Grundlage des Herkunftslandprinzips[3223] stehen auch *Solbach* und *Steindorff* nur einfuhrbehindernden,[3224] nicht ausfuhrbehindernden Maßnahmen kritisch gegenüber.[3225]

[3219] Vgl. nur *Dashwood/Dougan/Rodger/Spaventa/Watt*, 432–434; *Gimeno-Verdejo*, in: Léger, Art. 29 CE Rn. 1–8.

[3220] Vgl. nur *Bernard*, ICLQ 45 (1996), 82 (106–108); *Daniele*, E. L. Rev. 22 (1997), 191 (198 f.); *J. P. H. Donner*, SEW 5 (1982), 362 ff.; *Heermann*, WRP 1993, 578 (592–594); *Reich/Micklitz*, VuR 2008, 349 (350) unter Verweis auf den grundsätzlichen „nationalen Regelungsvorbehalt".

[3221] *Schöne*, RIW 1989, 450 (452 f.).

[3222] *Plötscher*, 297, 301.

[3223] S. b. Fn. 1469 ff.

[3224] *Steindorff*, ZHR 150 (1986), 687 (690 f., 697); krit. zu *Keck* und daher für eine äußerst restriktive Auslegung des Urteils plädierend in ZHR 158 (1994), 149 (166 f.). Noch 1965 sah *Steindorff* hierfür allerdings nur das Instrument der Rechtsangleichung vor, vgl. *Steindorff*, Gleichheitssatz, 35 ff. Dem „späten" *Steindorff* folgend *Solbach*, 238 ff.

[3225] *Steindorff* erwägt an einer Stelle (ZHR 148 [1984], 338 [353]) eine Neuausrichtung im Sinne eines für Produktregelungen geltenden Beschränkungsverbots. 1994 wiederum neigt er aber der Rechtsprechung zu (ZHR 158 [1994], 149 [167]), s. zu diesem Wandel

Seidel argumentiert in seinem noch vor der *Groenveld*-Judikatur erschienenen Beitrag mit *grammatischen* Erwägungen und verlangt zusätzlich zum Vorliegen einer Ausfuhrbehinderung, dass die Maßnahme die ausgeführten Erzeugnisse gegenüber der inländischen Produktion und den zum Absatz im Inland bestimmten Waren diskriminiere, weil auch das Kontingent, an dem sich die Maßnahme gleicher Wirkung ja orientiere, eine diskriminierende Natur besitze.[3226] Es ist jedoch fraglich, ob dies tatsächlich die Wirkung ist, an der sich Art. 35 Alt. 2 AEUV orientiert, denn mengenmäßigen Beschränkungen wohnt ja auch eine Ausfuhrreduzierung inne. Es könnte sich bei der diskriminierenden Natur mehr um die *Form* als um die Wirkung handeln.[3227] Schließlich erscheint eine allein grammatische Argumentation mit Blick auf die zwischenzeitlich erfolgte Rechtsfortbildung durch den EuGH nicht überzeugend (anders als 1967).

In seiner kurz nach dem *Groenveld*-Judikat veröffentlichten Urteilsanmerkung begrüßt *Wyatt* die Entscheidung des EuGH auf der Grundlage eines anti-protektionistisch ausgerichteten Diskriminierungsverbotes.[3228]

2. *Befürworter einer extensiven Auslegung*

Häufiger sprechen sich Autoren dagegen beiläufig oder mit kurzer Begründung *für* eine erweiternde Auslegung von Art. 35 AEUV aus.[3229] So verweist *Alexander* auf die Inkohärenz der *Groenveld*-Formel mit *Dassonville* und (verfehlterweise) auf das *GMO*-Judikat *van Haaster*.[3230] Auch *Timmermans* hält eine entsprechende Anwendung der *Dassonville-Cassis*-Rechtsprechung auf Art. 35 Alt. 2 AEUV für selbstverständlich.[3231] Die Unklarheit und Inkohärenz der Rspr bemängelt zudem *Jarvis*.[3232] *Ehlers* verweist auf den „Binnenmarktbezug“ von Art. 35 AEUV und die Parallelität mit Art. 34 AEUV und befürwortet ebenfalls eine Anwendung der *Dassonville*-Formel.[3233]

Arndt, *Fischer* und *Fetzer* verlangen unter Berufung auf den Wortlaut von Art. 35 AEUV („*alle* Maßnahmen“) sowie auf die Systematik und das Telos der Norm (insbesondere auf den Grundsatz des freien Marktzugangs) eine Erstreckung von Art. 35 AEUV auch auf „unterschiedslos wirkende Maß-

---

Roth, ZHR 159 (1995), 78 (79); s. a. *Steindorff*, EuR 1988, 19 (21); unkrit. auch *Solbach*, 32–35, 238 ff., der aber ausdrücklich darauf hinweist, dass Art. 35 AEUV nicht Gegenstand seiner Untersuchung sei (*Solbach*, 2).

[3226] *Seidel*, NJW 1967, 2081 (1084).

[3227] Vgl. b. Fn. 865 ff.

[3228] *Wyatt*, E. L. Rev. 5 (1980), 473 (475, 484 f.).

[3229] Im Fließtext nicht explizit genannt, aber dieser Gruppe zugehörig *Zuleeg*, BB 1994, 581 (586).

[3230] *Alexander*, CMLR 17 (1980), 282 (285).

[3231] *Timmerman* , in: Kommission, 259 (294).

[3232] *Jarvis*, 134 f., 152, 434 f.

[3233] *Ehlers*, in: ders., 4. Aufl., § 7 Rn. 30.

nahmen des Ausfuhrstaates“[3234]. *Jarass* hingegen möchte nur unterschiedslose Behinderungen als Beeinträchtigung klassifizieren, die „*Eingriff[e] in den Kernbereich* der Grundfreiheiten (core restriction) [Hervorh. im Original]“[3235] darstellen, d. h. als solche, „die das Verlassen des Herkunftslands generell ausschließen oder gravierend behindern.“[3236]

Basedow möchte es deutschen Einzelhandelsbetrieben in Grenzregionen unter Berufung auf Art. 35 AEUV erlauben, vom Rabattgesetz abzuweichen, weil dieses sie im Konkurrenzkampf mit den ebenfalls in der Grenzregion ansässigen Einzelhandelsunternehmen benachteilige.[3237] Und *Remien* will nur das unlautere Wettbewerbsrecht des *Marktstaates* zur Anwendung berufen.[3238] Auch *Wilde* bezieht sich auf das Wettbewerbsrecht,[3239] wenn er in „konsequente[r]“[3240] Fortführung der Judikatur zu Art. 34 AEUV auch solche Hindernisse als Beeinträchtigung qualifizieren möchte, die zu Wettbewerbsnachteilen für Exporteure führen. Ebenfalls auf Wettbewerbsnachteile stellt – zumindest an *einer* Stelle[3241] – *Weatherill* ab: Eine herkunftsstaatliche Regelung, die strenger sei als ihr Pendant im Zielstaat, stelle eine faktische Diskriminierung[3242] und damit eine Marktzugangsbehinderung dar.[3243]

[3234] *Arndt/Fischer/Fetzer*, Rn. 500.

[3235] *Jarass*, EuR 2000, 705 (711 f.).

[3236] *Jarass*, EuR 2000, 705 (711 f.).

[3237] *Basedow*, ZEuP 1994, 201 (204): Der Gerichtshof solle seine Rechtsprechung „überdenken und strengere nationale Regulierungen unter dem Gesichtspunkt der Ausfuhrbeschränkung würdigen“. Dagegen bleibt seine Position unklar in *Basedow*, RabelsZ 59 (1995), 1 (17). Im letztgenannten Aufsatz (S. 18 f.) möchte *Basedow* Nachfragern kein Recht einräumen, das ein Korrelat zu Art. 35 Alt. 2 AEUV darstellen würde.

[3238] *Remien*, CMLR 38 (2001), 53 (83 ff.).

[3239] *Wilde*, in: Festschrift Rothoeft, 201 (218 f.).

[3240] *Wilde*, in: Festschrift Rothoeft, 201 (218).

[3241] An anderer Stelle befürwortet er dagegen den Ansatz des Gerichtshofs, s. b. und in Fn. 3244 ff. S. zur Binnenmarkttheorie *Weatherills* b. Fn. 1381 ff.

[3242] *Weatherill*, CMLR 33 (1996), 885 (902).

[3243] *Weatherill*, CMLR 33 (1996), 885 (903). Hierfür verweist *Weatherill* (auf 902 ff.) auch insbesondere auf den parallel gelagerten, aber vom EuGH ganz anders entschiedenen Fall in *Alpine Investments*.

II. Ausführlich(er) begründete Stellungnahmen

1. Restriktive Auslegungen

a) Positionen (u. a. Andenas, Beaumont, Bernard, Classen, Eilmansberger, Epiney, Hilson, Hoffmann, Simm, Weatherill)

Nach *Andenas, Beaumont, Bernard, Classen, Eilmansberger, Englisch, Epiney, Hilson, Snell, Strassburger, Weatherill*[3244] und weiteren Autoren solle für Maßnahmen des Warenexportstaates – mit unterschiedlichen Nuancen en détail – grundsätzlich nur ein *Diskriminierungsverbot* gelten.[3245] Die meisten der genannten Autoren begründen dies mit dem vollständigen oder weitgehenden Fehlen von *Doppelbelastungen* (dual burden) in Exportkonstellationen.[3246]

Eine weitere (von *Classen* bemühte) Argumentation ist, dass die Grundfreiheiten keine Wirtschaftsgrundrechte darstellen könnten, was die Existenz der EU-Grundrechte als systematisch abzugrenzender subjektiver Gewährleistungen bewiese.[3247] Zudem müssten die mitgliedstaatlichen Kompetenzen

---

[3244] Interessanterweise kritisiert *Weatherill* in einem von ihm allein verantworteten Beitrag die Auslegung des Gerichtshofs, vgl. CMLR 33 (1996), 885 (902 f.), s. a. b. Fn. 3241 ff. Diese Divergenz kann auch nicht unter Verweis auf die Koautorenschaft bei *Weatherill/Beaumont* ausgeräumt werden, denn *Weatherill* zeichnet sich ausweislich des Vorworts hauptverantwortlich für den Abschnitt in *Weatherill/Beaumont*, der sich auf die Darstellung der Warenexporte bezieht (Abschnitt, IX f.).

[3245] *Barents*, CMLR 18 (1981), 271 (302 f.); *Bernard*, ICLQ 45 (1996), 82 (106–108); *Classen*, EWS 1995, 97 (100 f.); *ders.*, EuR 2004, 416 (419 f., 421 f., 425 f.); *ders.*, EuZW 2015, 854 (857 f.); *Eilmansberger*, JBl. 1999, 345 (355 f.); *ders.*, JBl. 1999, 434 (448 f., 452); vgl. auch *ders.*, EuZW 1991, 691 (691); *Englisch*, 244 f., 268 ff.; *Epiney*, 148 f.; *dies.*, in: Bieber/Epiney/Haag, § 11 Rn. 67 ff.; *dies.*, in: Ehlers, § 8 Rn. 56 ff.; *Puth*, EuZW 2002, 860 (871); *Hilson*, E. L. Rev. 24 (1999), 445 (458 f.); *Snell/Andenas*, Int'l & Comp. Corp. L. J. 2 (2000), 361 (364, 378); *dies.*, Int'l & Comp. Corp. L. J. 2 (2000), 239 (253, 262 f.); *Strassburger*, 35–38, 55 f., 58 ff., 63 ff., 80 f.; *Torgersen*, E. B. L. R. 1999, 371 ff.; *Weatherill/Beaumont*, 604–606.

[3246] *Barents*, CMLR 18 (1981), 271 (302 f.); *Bernard*, ICLQ 45 (1996), 82 (106–108); *Classen*, EWS 1995, 97 (100); *Puth*, EuZW 2002, 860 (871); *Snell/Andenas*, Int'l & Comp. Corp. L. J. 2 (2000), 239 (253 ff.); *dies.*, Int'l & Comp. Corp. L. J. 2 (2000), 361 (364); *Torgersen*, E. B. L. R. 1999, 371 ff.; *Weatherill/Beaumont*, 604–606. Nach *Englisch*, 270 und *Strassburger*, 63 ff., 80 f. können nur *bestimmte* Mehr*fach*belastungen abgewehrt werden, die – insofern grenzen sich *Strassburger* und *Englisch* vom koordinierungsrechtlichen Ansatz *Hoffmanns* (s. b. Fn. 3259 ff.) ab – ganz oder teilweise den *gleichen Inhalt* und die *gleiche Zielsetzung* besitzen (nach *Strassburger*, 59 ff. sei *Alpine Investments* daher falsch entschieden worden), s. a. b. Fn. 1449 ff.

[3247] *Classen*, EuR 2004, 416 f.

geschützt werden.[3248] Eine extensive Auslegung von Art. 35 AEUV führe des Weiteren dazu, dass das grundlegende Versprechen des Herkunftslandprinzips – Zirkulationsfähigkeit der eingeführten Ware im gesamten Binnenmarkt – nicht mehr eingelöst werde.[3249]

Eilmansberger lehnt sich (in seinen zwei weithin rezipierten Aufsätzen[3250]) hingegen stark an die Rechtsprechung und insbesondere das *Keck*-Judikat an. Im Gegensatz etwa zu *Bernard*,[3251] *Classen*[3252] und *Strassburger*[3253] begrüßt *Eilmansberger* die *Alpine Investments*-Entscheidung: Da die Regelung „eine über das Territorium des betreffenden Mitgliedstaats hinausgehende Geltung im Ausland"[3254] beanspruche, könne sie als Diskriminierung gewertet werden und stehe daher im Einklang mit der *Groenveld-Peralta*-Rspr. *Andenas* und *Snell* ergänzen, dass es im *Alpine*-Fall zu einer Doppelbelastung komme.[3255] Sie lehnen sich zudem stark an das Modell des klassischen Systemwettbewerbs an.[3256] Auch hätten die Exporteure ja immer noch das Recht der Standortverlagerung und die Möglichkeit der lobbyistischen Einflussnahme.[3257] *Hilson* verweist auf die Unterschiede zu *Dienstleistungsfällen* und darauf, dass bei der Warenausfuhr im Gegensatz zur Dienstleistungsausfuhr die Interessen des Herkunftsstaates berührt seien, denn die Produktionsstätte könne mögliche Belastungen für die Umwelt des Herkunftsstaates nach sich ziehen und es bestünde die Gefahr, dass die Produkte wieder in den eigenen Staat zurückflössen.[3258]

Hoffmann[3259] und *Simm* stützen sich zwar ebenfalls maßgeblich auf den Gedanken der Vermeidung von Doppelbelastungen und wollen im Übrigen ein Diskriminierungsverbot anerkennen,[3260] doch unterscheiden sie sich von den übrigen Autoren insofern, als sie die Regelungsgewalt für die verschiedenen Regelungsgruppen beim Auftreten von Mehrfachbelastungen strikt und formal zwischen Export- und Importstaat aufteilen wollen: Die Jurisdiktion

---

[3248] *Classen*, EuR 2004, 416 f. Diese Bedenken teilen *Snell/Andenas*, Int'l & Comp. Corp. L. J. 2 (2000), 361 (378) und *Epiney*, 146 f.; *dies.*, in: Bieber/Epiney/Haag, § 11 Rn. 68; *dies.*, in: Ehlers, § 8 Rn. 57.

[3249] *Classen*, EuR 2004, 416 (419 f.); *ders.*, EuZW 2015, 854 (857 f.); *ders.*, in: Oppermann/Classen/Nettesheim, § 22 Rn. 35.

[3250] *Eilmansberger*, JBl. 1999, 345; *ders.*, JBl. 1999, 434; hierbei handelt es sich um die in zwei Teilen abgedruckte, erweiterte Fassung seines Habilitationsvortrages.

[3251] *Bernard*, ICLQ 45 (1996), 82 (107).

[3252] *Classen*, EuZW 2015, 854 (857 f.).

[3253] S. in Fn. 3246.

[3254] *Eilmansberger*, JBl. 1999, 345 (355); *ders.*, JBl. 1999, 434 (450 f.).

[3255] *Snell/Andenas*, Int'l & Comp. Corp. L. J. 2 (2000), 361 (375).

[3256] *Snell/Andenas*, Int'l & Comp. Corp. L. J. 2 (2000), 239 (261).

[3257] *Snell/Andenas*, Int'l & Comp. Corp. L. J. 2 (2000), 361 (377).

[3258] *Hilson*, E. L. Rev. 24 (1999), 445 (458 f.).

[3259] S. zum Binnenmarktkonzept *Hoffmanns* bei Fn. 1441 ff.

[3260] *Hoffmann*, 103.

für Verkehrs*fähigkeits*vorschriften[3261] (Produktregelungen) weisen *Hoffmann* und *Simm* umfassend dem Herkunftsstaat zu,[3262] die für Verkehrs*teilnahme*vorschriften (Vermarktungsregelungen) dem Zielstaat.[3263]

b) Kritik

Das Argument *Classens*, die binnenmarktweite Zirkulationsfähigkeit sei bei einer extensive(re)n Auslegung in Gefahr, geht gegenüber Interpretationsvorschlägen ins Leere, die eine Abwahl der eigenen Rechtsordnung nur für den Fall erlauben, dass gleichzeitig eine andere mitgliedstaatliche Rechtsordnung die abgewählte *ersetzt*.

Die Regelung im *Alpine*-Judikat war, anders als *Eilmansberger* ausführt, nicht diskriminierend: Das cold calling-Verbot galt sowohl für inländische als auch für EU-ausländische Transaktionen. Selbst wenn *Eilmansberger* gemeint hätte, dass der Anbieter in *Alpine faktisch* diskriminiert würde (weil er einer nachteiligeren Regelung unterlag als seine Konkurrenten auf dem Zielmarkt), wäre es wertungswidersprüchlich, dass *Eilmansberger* im *Inland* ansetzende Regelungen, deren Wirkungen den Exporteur im Wettbewerb in gleichem Maße benachteiligen, nicht als Beeinträchtigung werten möchte. *Eilmansberger* vertritt in der Sache daher wohl ein Diskriminierungsverbot für im Inland ansetzende Regelungen (Produkt- und Produktionsregelungen) und ein *Beschränkungsverbot* für Regelungen, die nach der Grenzüberschreitung ansetzen (häufig Vermarktungsregelungen).

Die dual burden-Argumentation (z. B. von *Andenas* und *Snell*) vermag die restriktive Auslegung nicht ganz zu erklären, wie der nachfolgende Wer-

---

[3261] Zum Begriff der Verkehrsfähigkeits- und -teilnahmevorschriften *Hoffmann*, 84.

[3262] *Hoffmann*, 210; *Simm*, 181 ff. Allerdings zweifelt *Simm* dies in Anlehnung an *Roth*, ZHR 159 (1995), 78 (92) für den Sonderfall einer *gerechtfertigten* Zielstaatsbeschränkung an, 181 Fn. 741. *Schöndorf-Haubold*, GPR 2008, 237 (241 ff.), die sich an *Hoffmann* und *Simm* grundsätzlich anlehnt, schränkt dies formal und obskur für den Fall ein, dass der „Zugang zum Markt“ bzw. der „Austritt aus dem heimischen Markt“ behindert werde (243), was aber wohl nicht bereits dann der Fall sei, wenn ein Wettbewerbsnachteil vorliege, der darin liegt, dass der Exporteur seine Produkte nicht auf den Zielmarkt anbieten kann.

[3263] *Hoffmann*, 210; *Schöndorf-Haubold*, GPR 2008, 237 (243); *Simm*, 181 ff. *Waldheim*, 196 ff. nimmt eine ähnliche Aufteilung vor, jedoch zur *Dienstleistungs*freiheit. *Hoffmann* scheint sich auf S. 210 verschrieben zu haben, wenn er dort davon spricht, dass die Zielstaaten die Jurisdiktion für Verkehrsfähigkeitsvorschriften besäßen und dabei auf S. 74 verweist, wo er ausführlich das Gegenteil begründet hat; zudem führt er auf S. 210 f. ein Beispiel zu einer Verkehrs*teilnahme*vorschrift an.

Die Gruppe der Produktionsregelungen behandeln *Hoffmann* und *Simm* überhaupt nicht, nach dem Argumentationsgang *Hoffmanns* und *Simms* würden diese aber eher in die Jurisdiktion des Herkunftsstaates fallen. *Schöndorf-Haubold*, GPR 2008, 237 (243) scheint die Begriffe der Produktregelungen und Produktionsregelungen synonym zu verwenden und will in Bezug auf beide grundsätzlich nur ein Diskriminierungsverbot anwenden.

tungswiderspruch zeigt: Dual burden tritt nämlich über die *Alpine*-Vermarktungskonstellationen hinaus auch im Falle *gerechtfertigter* Warenimportbeschränkungen auf (z. B. weil der Zielstaat ein höheres Schutzniveau in Bezug auf Produktsicherheitsstandards verfolgt). Es ist auch nicht ersichtlich, warum von zwei Produktstandards, die nacheinander – erst im Herkunfts-, dann im Zielstaat – appliziert werden, nur der Zielstaatsstandard eine grundfreiheitsbeeinträchtigende dual burden erzeugt.[3264]

Dass *Epiney* ihre restriktive Interpretation von Art. 35 AEUV damit begründet, dass es sonst zu erheblichen Einschnitten in die mitgliedstaatlichen Kompetenzen käme,[3265] verwundert: Denn in ihrer Habilitationsschrift leitet *Epiney* aus den Grundfreiheiten ein grundsätzliches Verbot der *Inländerdiskriminierung* ab, die in ähnlich starkem Maße in die mitgliedstaatlichen Kompetenzen eingreifen würde. Dies gilt umso mehr, als *Epiney* an einer Stelle ausdrücklich darauf hinweist, dass die mitgliedstaatlichen Interessen auf der *Rechtfertigungsebene* (durch eine Extensivierung der Berufungsmöglichkeiten auf die zwingenden Erfordernisse i. S. e. Erstreckung auf „berechtigte Interessen") zu berücksichtigen seien.[3266] Inkonsequenterweise lehnt sie eine solche Position aber bei Art. 35 AEUV ab. Mit Blick speziell auf die Gruppe der Produktionsregelungen argumentiert *Epiney*, dass derartige Normen „nur mittelbar die Bewegung der so hergestellten Produkte"[3267] beeinflussten, weshalb der „notwendige Bezug zum Waren*verkehr* [Hervorh. im Original]"[3268] zu verneinen sei. Zu kritisieren ist hieran, dass dieses Argument dafür streiten würde, sogar offen diskriminierende Produktionsregelungen hinnehmen zu müssen.

Gegen die Kritik *Hilsons* sprechen mehrere Einwände: Zunächst können mögliche Belastungen für Dritte, die vom Produktionsprozess herrühren, nur gegen Produktions-, nicht gegen Produktvorschriften angeführt werden. Zudem handelt es sich hier nicht um ein Spezifikum der Warenausfuhrfreiheit, auch die Dienstleistungsfreiheit kennt drittbetreffende „Produktionsregelungen", z. B. in Form des Arbeitsschutzrechts.[3269] Zweitens können (bestimmte) Dienstleistungen genauso in den eigenen Markt zurückfließen und sind nicht per se ortsgebunden (z. B. Computerprogramme). Außerdem kann dem Problem, dass Waren wieder auf die einheimischen Märkte zurückfließen, durch (auf das Gebiet des Ursprungsstaates begrenzte und von diesem in Kraft gesetzte) Verkehrsverbote begegnet werden. Drittens ist die Tatsache, dass die Interessen des Mitgliedstaates berührt werden, zwar möglicherweise ein er-

---

[3264] S. b. Fn. 3017 m. w. N. S. zu weiteren Gegenargumenten (gegen die Notwendigkeit einer Doppelregulierung) b. Fn. 3747 ff.

[3265] S. b. und in Fn. 3248 und b. Fn. 1452 ff.

[3266] U. a. *Epiney*, 146, 234 ff., 252 ff.

[3267] *Epiney*, 151; vgl. auch *dies.*, in: Bieber/Epiney/Haag, § 11 Rn. 69.

[3268] *Epiney*, 151; vgl. auch *dies.*, in: Bieber/Epiney/Haag, § 11 Rn. 69.

[3269] S. hierzu schon b. Fn. 2712 ff.

hebliches, aber kein *hinreichendes* Argument, um eine Regelung aus dem Beeinträchtigungstatbestand auszuklammern: Mitgliedstaatliche Interessen werden erstens auf der Rechtfertigungsebene berücksichtigt – die Rechtfertigungsebene wäre funktionslos, wenn diese nie betroffen sein könnten. Zweitens zieht der EuGH – dies hat die Rechtsprechungsauswertung deutlich gemacht – auch in vielen Konstellationen ein Beschränkungsverbot heran, in denen die Interessen eines Mitgliedstaates berührt werden.

An der Position *Hoffmanns* kann kritisiert werden, dass zwar die Wettbewerbsnachteile erkannt werden, die etwa von strengeren Produktregelungen des Herkunftsstaates (Mehrbelastungen) ausgehen und auch für Exportprodukte gelten, er aber gleichwohl *ohne tiefere Begründung* von der Binnenmarktkonformität solcher Regelungen ausgeht.[3270] Insbesondere sieht *Hoffmann* nicht das Kriterium der Marktgleichheit verletzt. Er verweist nur allgemein auf die Möglichkeit zur Rechtsangleichung,[3271] ohne darauf einzugehen, dass auch eine extensivere Auslegung der Warenausfuhrfreiheit den Rechtsangleichungskompetenzen durchaus noch einen erheblichen Anwendungsbereich garantieren würde.[3272]

2. Extensive Auslegungsansätze

a) Sehr extensive Auslegungsansätze

aa) Alle Regelungsgruppen einbeziehende Beschränkungsverbotsauslegungen (u. a. Bleckmann, Gormley, Lackhoff, Streil, Tassikas, von Wilmowsky) *und Wettbewerbsgleichheitsauslegungen* (Grabitz, Rauer)

Eine Gruppe von Autoren (*Bleckmann*,[3273] *Gormley*,[3274] *Lackhoff*,[3275] *Streil*,[3276] *Tassikas*,[3277] *von Wilmowsky*[3278] und andere[3279]) spricht sich für ein

[3270] *Hoffmann*, 87 f.

[3271] *Hoffmann*, 49 f., 88.

[3272] Hier kann an Maßnahmen gedacht werden, die trotz Beschränkungswirkung auf der Grundlage der zwingenden Erfordernisse und der geschriebenen Rechtfertigungsgründe gerechtfertigt werden, sowie an Inländerdiskriminierungen und für Maßnahmen die außerhalb des Anwendungsbereichs der Grundfreiheiten liegen.

[3273] *Bleckmann*, RIW 1985, 917 (920). Der Fokus auf Exportbeschränkungen rührt bei *Bleckmann* daher, dass er Art. 35 AEUV als eine Möglichkeit sieht, wie umgekehrte Diskriminierungen bekämpft werden können, RIW 1985, 917 ff. S. umf. zu *Bleckmanns* Binnenmarkttheorie b. Fn. 1383 ff.

[3274] *Gormley*, Restrictions, 110 f. Dabei zeigen die Fälle, die *Gormley* kritisiert, dass er wirklich ein *umfassendes* Beschränkungsverbot vertritt (erfasst seien z. B. ein Nachtbackverbot sowie die Maßgabe Kühe in engeren Mastboxen zu halten, als dies in anderen EU-Staaten der Fall ist). Die *Dassonville*-Formel befürwortet er – trotz der zwischenzeitlich stattgefundenen Rechtsprechungsänderungen im Anwendungsbereich von Art. 34 AEUV – auch noch *2008*, *Gormley*, Fordham Int'l L. J. 31 (2007), 1637 (1678 f.); vgl. auch *ders.*, in: Arnull/Eeckhout/Tridimas, 189 (202 f.).

umfassendes Beschränkungsverbot aus, das prinzipiell Vermarktungsregelungen, Produktregelungen und auch Produktionsregelungen umfassen solle. Zur Begründung wird (etwa von *Gormley*) auf die Inkohärenz der EuGH-Rechtsprechung verwiesen,[3280] die Verwirrung stifte[3281] und durch die Art. 35 AEUV kaum praktische Bedeutung besitze,[3282] was in Widerspruch zu der Integrationsfinalität der Warenverkehrsfreiheit stehe.[3283]

Dabei sei es (laut *Mattera*) merkwürdig („situation assez paradoxale“[3284]), dass eine Ware – z. B. ein nicht nach dem Reinheitsgebot gebrautes Bier

---

[3275] *Lackhoff*, Niederlassungsfreiheit, 141 Fn. 623; *ders.*, Wirtschaftsverwaltungsrecht, 48 f., 64 f.; *ders./Raczinski*, EWS 1997, 109 (114 f.).

[3276] *Streil*, in: Beutler/Bieber/Pipkorn/Streil, 294–297.

[3277] Ähnl. wie *Gormley* geht *Tassikas* vor, der die *Keck*-Einschränkung kritisiert und ein allgemeines Beschränkungsverbot fordert, *Tassikas*, 204, 241–244; auch nach *Tassikas* fällt die Gruppe der hier sog. Produktionsregelungen wohl unter das in Art. 35 AEUV verankerte Verbot unterschiedsloser Beschränkungen: *Tassikas* verfolgt insgesamt einen *umfassenden* Ansatz und weist auf die nach Art. 35 AEUV bestehende „Freiheit der Wahl des Rechtssystems“ hin, „unter dessen Herrschaft [d]er [Hersteller] produzieren will“ (242 f. Fn. 316). Auch spricht er sich für eine Einbeziehung des Privatrechts und mithin vermarktungsbezogener Regelungen aus (241 f.).

[3278] *Von Wilmowsky*, EuR 1996, 362 (366 f.); *ders.*, 20 ff.; s. a. *ders.*, JZ 1996, 590 (594 f. Fn. 34).

[3279] Auch *Maurer* neigt dem *Dassonville*-Standard zu (45 f.); anders als bei den differenzierten Analysen *Gormleys* und *Tassikas'* scheint *Maurer* allerdings die unterschiedliche Handhabung des EuGH bei Art. 35 AEUV (und speziell das *Groenveld*-Judikat) gar nicht rezipiert zu haben.

Mattera möchte nach eigenem Bekunden die – ja eigentlich auf Einfuhrkonstellationen zugeschnittene – *Cassis de Dijon*-Rechtsprechung übertragen; er konkretisiert dies jedoch im Sinne *Gormleys*, wenn er Beschränkungen für verboten erklärt und nur nach den zwingenden Erfordernisse rechtfertigungsfähig (521 f.). *Mattera* geht wie *Tassikas* auf die hier sog. Produktionsregelungen nicht explizit ein, doch verlangt er eine Verhältnismäßigkeitsprüfung im Sinne der *Cassis*-Rechtsprechung für „réglementations applicables à la production et susceptibles d'entraver l'exportation“ (522).

[3280] *Gormley*, Restrictions, 96–122; *ders.*, in: Arnull/Eeckhout/Tridimas, 189 (202 f.); *ders.*, in: Terryn/Straetmans/Colaert, 277 (283 ff.); ebenso *Mattera*, 511–523; *Tassikas*, 208 ff., 241–244.

[3281] Vgl. nur *Gormley*, EU Law, 450 Fn. 328; *ders.*, Restrictions, 108, 122; ebenso *Mattera*, 520; *Tassikas*, 242 f.

[3282] *Gormley*, Restrictions, 106. Seine Prognose hat sich in der Folgezeit bestätigt, wie die nachfolgende Judikatur in Bezug auf Art. 35 AEUV gezeigt hat.

[3283] *Gormley*, 122; ähnl. *Mattera*, 511 ff.; *Tassikas*, 241–244. Vgl. zum Binnenmarktkonzept *Gormleys*, das sich auf Marktzugangsfreiheit und die Herstellung gleicher Wettbewerbsbedingungen stützt nur *Gormley*, Restrictions, 96–109, 232, 266 f.; *Gormley*, in: Terryn/Straetmans/Colaert, 277 (285); vgl. auch *VerLoren van Themaat/ders.*, Nw. J. Int'l L. & Bus. 3 (1981), 577 ff.; *ders.*, in: Arnull/Eeckhout/Tridimas, 189 (204); vgl. zu seinem Binnenmarktverständnis auch *ders.*, Eur. B. L. Rev. 13 (2002), 517 f.

[3284] *Mattera*, 520.

(sofern angenommen würde, dass die Regelung heute noch in Kraft wäre) – eingeführt, aber nicht wieder ausgeführt werden könnte.[3285]

Eine konzeptionell interessante Variation stellt der Ansatz *Bleckmanns* dar, der bei *entfernteren* Lebenssachverhalten eine *qualifizierte* Beeinträchtigung i. d. S. verlangt, dass der „Zweck der staatlichen Maßnahmen eindeutig auf eine Warenverkehrsbehinderung gerichtet ist oder die Maßnahme einen schweren Eingriff in die Warenverkehrsfreiheit darstellt."[3286]

Auf der Grundlage eines freiheitsrechtlichen Binnenmarktverständnisses („Liberalisierungsgebot"[3287]) kritisiert *von Wilmowsky* sämtliche Tatbestandsausnahmen („Ausnahmebereiche"), sodass auch das Privatrecht umfasst werde und Abschluss-, Inhalts- und Rechtswahlfreiheit garantiert würden.[3288] Produktionsregelungen könnten im Einzelfall erheblich schwerwiegendere Wettbewerbsnachteile nach sich ziehen als Produktregelungen.[3289] Schließlich würde es eine Kontrolle von Produktionsregelungen ermöglichen, im demokratischen Prozess nicht repräsentierte *Inländer* vor starken Interessengruppen zu schützen.[3290]

Lackhoff stützt sich auf das Binnenmarktziel und das System unverfälschten Wettbewerbs[3291] und wendet sich gegen Normen, die die Wettbewerbsfähigkeit der Exporteure minderten.[3292] Er definiert Art. 35 Alt. 2 AEUV jedoch nicht i. S. e. Wettbewerbsgleichheitsmaßstabs, sondern bemüht (überschießend) die *Dassonville*-Formel.[3293] Direkte Steuern betreffende Regelungen möchte *Lackhoff* jedoch ausklammern.[3294] *Streil* möchte *makroökonomische* Regelungen (z. B. Kreditpolitik) und *Sozialvorschriften* (Arbeitsschutz) von Art. 35 AEUV ausnehmen.[3295]

Auch nach *Rauer* sollten sich Produzenten gegen *alle*[3296] Maßnahmen wehren können, die ihnen Wettbewerbsnachteile bescherten.[3297] Allenfalls „reali-

---

3285 *Mattera*, 520 f.

3286 *Bleckmann*, 431.

3287 *Von Wilmowsky*, EuR 1996, 362 (363); *ders.*, 20; s. a. *ders.*, in: Ehlers, § 12 Rn. 6; *ders.*, JZ 1996, 590 (591); *ders.*, RabelsZ 62 (1998), 1 ff.

3288 *Von Wilmowsky*, JZ 1996, 590 ff.; *ders.*, RabelsZ 62 (1998), 1 ff.

3289 *Von Wilmowsky*, EuR 1996, 362 ff., 367; *ders.*, 24.

3290 Siehe hierzu umfassend b. Fn. 1122 und Fn. 2340 ff. m. w. N.

3291 *Lackhoff*, Niederlassungsfreiheit, 100–103, 141 Fn. 623; *ders.*, Wirtschaftsverwaltungsrecht, 47–51, 64 f.; *ders./Raczinski*, EWS 1997, 109 (114). *Lackhoff* in Bezug auf diese Ableitungsgrundlage folgend *Streil*, in: Beutler/Bieber/Pipkorn/Streil, 294–297.

3292 *Lackhoff*, Niederlassungsfreiheit, 100 f. Fn. 422, 141 Fn. 623; *ders.*, Wirtschaftsverwaltungsrecht, 48 f.; *ders./Raczinski*, EWS 1997, 109 (114 f.).

3293 *Lackhoff*, Niederlassungsfreiheit, 141 Fn. 623; *ders.*, Wirtschaftsverwaltungsrecht, 48 f., 64 f.

3294 *Lackhoff*, Wirtschaftsverwaltungsrecht, 49.

3295 *Streil*, in: Beutler/Bieber/Pipkorn/Streil, 294 f.

3296 Dies zeigt sich anhand der von *Rauer*, 183 f. herangezogenen Beispiele.

3297 *Rauer*, 181 f.

tätsfern[e]“[3298] potenzielle Behinderungen sollten ausgeschieden werden.[3299] *Rauer* vertritt (anders als *Lackhoff*) auch *tatbestandlich* einen Wettbewerbsgleichheitstest.[3300] *Grabitz*[3301] äußert sich nur *en passant* zu Art. *35* AEUV und stellt zunächst auf das Vorliegen einer Marktzugangsbehinderung ab.[3302] Eine Marktzugangsbehinderung sei jedoch gegeben, wenn das zu exportierende Produkt infolge einer „zu Wettbewerbsverzerrung führen[den]“[3303] Regulierung „keine oder nur geringe Absatzchancen“[3304] besitze.[3305] Der letzte Teil der Definition zeugt von einem *engeren* Maßstab als dem *Rauers*.

Fasshold hält auf der Grundlage seines Binnenmarktvergleichstests alle Maßnahmen und Regelungen für Beeinträchtigungen von Art. 35 Alt. 2 AEUV, die „die Warenausfuhr zumindest tatsächlich oder potentiell (...) behindern, es sei denn, die Beeinträchtigung ist binnenmarktkonform.“[3306] Binnenmarktkonformität[3307] liege vor, wenn aus der Geltung der Herkunftsregelung/-maßnahme keine Nachteile für das Exportprodukt erwüchsen, die in einem einheitlichen Binnenmarkt nicht gegeben wären. In einem einheitlichen Binnenmarkt würde in Bezug auf rechtliche Bedingungen Wettbewerbsgleichheit herrschen.[3308] Dementsprechend geht *Fasshold* auch davon aus, dass höhere Produktstandards für Exportprodukte vorbehaltlich einer Rechtfertigung unvereinbar sind mit Art. 35 AEUV.[3309] Nicht ganz klar wird, ob *Fasshold* hierunter auch *Produktions*- und *Vermarktungs*vorschriften fassen will,[3310] was aber mit Blick auf den Topos der Wettbewerbsgleichheit naheliegend erscheint.

[3298] *Rauer*, 269.

[3299] *Rauer*, 250–252, 269. Danach seien „solche Behinderungen als zu ungewiss [zu erachten] (...), die auch in einer kaufmännischen Marktanalyse als derart abwegig einzuschätzen sind, dass sie die Entscheidung auf dem Markt tätig zu werden, nicht nachhaltig beeinflussen würden“, *Rauer*, 252.

[3300] *Rauer*, 164.

[3301] S. zu *Grabitz*’ Theoriekonzept umf. b. Fn. 1347 ff.

[3302] *Grabitz*, in: FS Ipsen, 645 (655, 667).

[3303] *Grabitz/Zucker*, NVwZ 1989, 297 (301).

[3304] *Grabitz*, in FS Steindorff, 1229 (1243); *Grabitz/Zacker*, NVwZ 1989, 297 (301).

[3305] Ein von ihm gewähltes Beispiel zeigt (s. b. Fn. 1353 ff.), dass er dabei nicht zwischen verschiedenen *Regelungsgruppen* zu differenzieren scheint, *Grabitz*, in FS Steindorff, 1229 (1243); *Grabitz/Zacker*, NVwZ 1989, 297 (301).

[3306] *Fasshold*, 103. In dem gemeinsamen Beitrag von *Fasshold* und *Sack* in WRP 1987, 519 wird jedoch nicht speziell Bezug genommen auf Art. 35 AEUV.

[3307] S. schon b. Fn. 1458.

[3308] Letztlich ist dieser Ansatz, wie gezeigt (s. n. Fn. 1456), also deckungsgleich mit dem der Wettbewerbsgleichheit.

[3309] *Fasshold*, 102.

[3310] *Fasshold* spricht zwar von „Produktionsregelungen“, der Kontext zeigt aber, dass er hiermit produktbezogene Produktionsregelungen meint, etwa hält er „Bauvorschriften für Fabriken“ für binnenmarktkonform (100).

Auf der Ebene der Kritik muss *von Wilmowskys grundrecht(sähn)lichem* Ansatz widersprochen werden: Das Binnenmarktziel zielt darauf ab, die Exporteure nicht schlechter, aber eben auch nicht *besser*zustellen, als sie in einem hypothetischen Binnenmarkt stünden.[3311]

bb) Eingriffsmodell Weyers

Auf der Grundlage seines Eingriffsmodells[3312] hält es *Weyer* für unzulässig, wenn ein Mitgliedstaat Regelungen ohne Rücksicht darauf aufrechterhalte, dass die Ware für den Export in einen anderen Mitgliedstaat bestimmt sei.[3313] *Weyer* scheint dabei keine Regelungsgruppe ex ante von einer Kontrolle ausnehmen zu wollen (die die genannten Voraussetzungen erfüllt).[3314] Explizit bezieht er sich auf Produktregelungen, Produktionsverbote[3315] sowie die Vermarktungsregelung in *Alpine Investments*[3316]. Im Ergebnis bleibt unklar, wie *Weyer* Produktionsregelungen beurteilen würde, die sich nicht auf die *Produktzusammensetzung* auswirken oder als (ggf. bedingtes) Produktions- bzw. Handelsverbot angesehen werden können. Schließlich spricht sich *Weyer* für die Anerkennungswürdigkeit der (direkten und) analogen Euro-Marketing-Argumentation[3317] aus (*Weyer*: „Einheitlichkeitsprinzip"[3318]),[3319] was nach hier vertretener Auffassung kritisch zu sehen ist.[3320]

b) Extensiver Ansatz Roths (Becker, Cordewener, Enchelmaier, Feiden, Fetsch, Körber, Mojzesowicz, Müller-Graff, Oliver, Nicolaysen, Safari, Schilling, Schubert, Szydło)

aa) Das Roth'sche *Konzept*

Roth (ähnl. bis gleich: *Becker*[3321], *Cordewener*[3322], *Enchelmaier*[3323], *Feiden*[3324], *Fetsch*[3325], *Füller*[3326], *Körber*[3327], *Mojzesowicz*[3328], *Müller-Graff*[3329],

[3311] Vgl. umf. b. Fn. 1818 ff. Es handelt sich hierbei um den bereits angesprochenen hypothetischen Binnenmarkttest (s. b. Fn. 1455 ff. m. w. N.).

[3312] S. schon b. Fn. 1483 ff.

[3313] *Weyer*, 304. Das Vorliegen einer dual burden stellt jedoch keine notwendige Bedingung dar (301 ff.).

[3314] *Weyer*, 292.

[3315] *Weyer*, 304.

[3316] *Weyer*, 307 ff.

[3317] S. zum Begriff und zu Beispielen in der Rspr. vor und bei Fn. 316 ff.

[3318] Vgl. z. B. *Weyer*, 330.

[3319] *Weyer*, 328 ff.

[3320] S. umf. b. Fn. 1908 ff.

[3321] *Becker*, in: Schwarze/Becker/Hatje/Schoo, Art. 35 AEUV Rn. 12 möchte die Anwendung des *Roth*'schen Standards davon abhängig machen, dass die Ware auch *tatsächlich* exportiert wird und verweist zur Begründung darauf, dass die Unternehmen ihre Standortvorteile ausnutzen können sollen.

3322 *Cordeweners* Modell weist systemische Inkohärenzen auf: Einerseits spricht er sich zunächst unabhängig von Art. 35 AEUV für einen *freiheitsrechtlichen Marktzugangsmaßstab* aus (232 f., 249 ff., 282 ff.), der (sich insofern von *Roth* entfernend) nur „Systemstörungen" wie einander widersprechende Produktvorschriften von Export- und Importstaat umfasse (264 ff., 299). Andererseits folgt er in Bezug auf Art. 35 AEUV dem *Roth*'schen Ansatz und will Exporteuren das Recht einräumen ihre Waren (auch bei Fehlen einer Systemstörung) zu den Bedingungen des Zielstaates anbieten zu können (285), und zwar selbst dann, wenn die Verbraucher eine nach Zielstaatsstandards hergestellte Ware bloß bevorzugen (283). Es ist widersprüchlich, dass eine „Verzerrung/Verfälschung der Wettbewerbsbedingungen" (300) für ein Marktzugangshindernis einerseits generell nicht hinreichend, sondern die oben genannte Systemstörung erforderlich sein soll (299), *Cordewener* andererseits die Erfassung einer sich allein durch fehlende Wettbewerbsgleichheit auszeichnenden Konstellation unter Berufung auf *Roth* als marktzugangsbehindernd einstuft. Auch ist eine *freiheitsrechtliche* Interpretation der Grundfreiheiten (s. b. Fn. 1816 ff., s. a. b. Fn. 3939 ff.) ebenso wie das Marktzugangskriterium abzulehnen (s. b. Fn. 2970 ff.).

3323 *Enchelmaier*, CMLR 41 (2004), 825 (830 Fn. 20); *ders.*, Rn. 64; *ders.*, OJLS 24 (2004), 155 (167 f.). Bei vollständigen Produktionsverboten möchte *Enchelmaier* allerdings nur dann ein Beschränkungsverbot eingreifen lassen, wenn das Unternehmen nachweisen kann, dass es schon vor Einführung des Verbots grenzüberschreitende Transaktionen mit den nunmehr verbotenen Waren durchgeführt hat, *Enchelmaier*, Rn. 64.

3324 *Feiden*, 258–263.

3325 *Fetsch*, 96–98.

3326 *Füller* fußt seine Definition für Art. 35 Alt. 2 AEUV auf sein Markteingriffsmodell (s. b. Fn. 1370 ff.) und stellt schon auf der Ebene des *Tatbestandes* maßgeblich auf den *territorialen Bezug* der den Handel berührenden Maßnahme ab (254 ff.). *Extraterritorial wirkende Vermarktungsregelungen* unterfielen infolgedessen ebenso einem Beschränkungstest (258) wie *Verkehrsfähigkeits*vorschriften (ähnlich den Produktregelungen, 258 ff.), wohingegen dies nicht gelte für sog. „Umfeldregelungen" (262 f.).

3327 *Körber*, 33 f., 343. In Bezug auf Vermarktungsregelungen äußert *Körber* sich allerdings widersprüchlich: Auf S. 343 möchte er herkunftsstaatliche Vertriebsregelungen an Art. 35 AEUV messen, auf S. 33 f. behandelt er sowohl Herkunfts- als auch Zielstaatskonstellationen und möchte Produktregelungen generell als beeinträchtigend einstufen und Produktions- sowie Vermarktungsregelungen – u. a. unter Berufung auf die eine Zielstaatskonstellation betreffende Rs. *Keck* – als nicht beeinträchtigend einstufen.

3328 *Mojzesowicz*, 93–95, 177–179. *Mojzesowicz* unterscheidet allerdings neben den Produktregelungen zusätzlich zwischen „Produktionsregelungen" und „Produktionsmodalitäten" und will letztere an einem Beschränkungsverbot messen (178). Auch bespricht sie nicht die Gruppe der Vermarktungsmodalitäten. Worin der Unterschied zwischen beidem besteht, sagt sie nicht. Nicht verständlich erscheint, dass *Mojzesowicz* sich einerseits die *Roth*'sche Analogisierung der *Keck*-Formel in Form der Produktionsregelungen ausdrücklich zu eigen macht (178), andererseits dann aber doch einen eigenen (und nicht näher konkretisierten) Analogieansatz in Form der Gruppe der Produktionsmodalitäten entwickelt, der von den Produktionsregelungen abgegrenzt wird.

3329 *Müller-Graff*, in: von der Groeben/Schwarze/Hatje, Art. 35 AEUV; s. a. *ders.*, EuR-Beiheft 1 2002, 7.

Oliver[3330], *Nicolaysen*[3331], *Safari*[3332], *Schilling*[3333], *Schubert*[3334], *Szydło*[3335] und andere) kommt auf der Grundlage des Binnenmarktgedankens zu dem Ergebnis, dass ein Exporteur überall „zu den Bedingungen des Bestimmungsstaates konkurrieren“[3336] können müsse. Anzustreben sei ein Wettbewerb der *Unter-*

[3330] Nachw. in Fn. 1408. *Oliver* empfiehlt allerdings zur Aufrechterhaltung des guten Rufs (wohl in Anlehnung an das EuGH-Urteil in *Alpine Investments*, Rn. 41 ff.) auf der Grundlage der zwingenden Erfordernisse weitreichende Ausnahmen anzuerkennen, wenn die Regelung dem Ziel diene, den Ruf des betreffenden Wirtschaftssektors zu schützen, was die Relevanz einer Tatbestandsextension seiner Auffassung nach stark relativiere, *Oliver*, in: ders., 138.

[3331] *Nicolaysen* unterscheidet sich von den anderen Autoren darin, dass er auch reine Inlandssachverhalte (Herstellung für und Handel im Inland) unter Art. 35 AEUV subsumiert, mithin keinen grenzüberschreitenden Sachverhalt fordert und dadurch Art. 35 AEUV als Mittel gegen die Inländerdiskriminierung verwendet. Auch greift er bis auf die Gruppe der von *Roth* als Produktionsbedingungen bezeichneten Regelungen keine spezielle Regelungsgruppe heraus und verweist auf die bei Art. 34 AEUV als Quelle potenzieller Beschränkungen anerkannten Regelungen und will damit wohl in der Sache wie *Roth* Produkt- und Vermarktungsregelungen erfassen, EuR 1991, 95 (106 f.).

[3332] *Safari*, ZEuP 2011, 706 (719 f.). *Safari* folgt im Endergebnis der *Roth*'schen Differenzierung und möchte produktbezogene Regelungen und Verkaufsmodalitäten, wenn sie „die Ausfuhr unmittelbar behindern oder verhindern“ einem Beschränkungsverbot unterziehen und „im Übrigen“ nur ein Diskriminierungsverbot anerkennen. In der Begründung weicht sie indes teils erheblich ab: Nicht nur versteht sie den Binnenmarkt wohl beschränkungsrechtlich (719), auch lehnt sie ein dual burden-Argument ab (716 f.). Das von ihr angeführte Argument des Untergrabens des Subsidiaritätsprinzip für die Rechtsangleichung leidet daran, dass ersteres im Bereich der legislativen Binnenmarktkompetenz sowieso keine Rolle spielt (vgl. b. Fn. 1996 f.).

[3333] *Schilling*, 109 ff. *Schilling* grenzt die zu kontrollierenden von den nicht zu kontrollierenden Regelungen danach ab, ob die Herausnahme der Exportproduktion ganz oder zum Teil den mit ihr verfolgten *inländischen* Zweck vereitelt. Sofern also inländische Drittinteressen berührt sind, ist Art. 35 Alt. 2 AEUV nach *Schilling* nicht einschlägig (*Schilling*, 145 ff.), und zwar selbst dann nicht, wenn die Regelung auf die Komposition des Produktes durchschlägt, sich also (auch) als Produktregelung darstellt.

[3334] *Schubert*, 163 ff. Nach *Schubert* gewährten die Art. 34, 35 AEUV ein aus „Herkunftsstaatsprinzip“ und „Destinationsstaatsprinzip“ zusammengesetztes „Günstigkeitsprinzip“ (163 f.). Nach *Schubert* fallen (unterschiedslose) „Produktionsmodalitäten“ dagegen nur raus, wenn sie nicht „binnenmarktrelevant“ seien (165 f.), was im „konkreten Einzelfall“ zu bestimmen sei (166). *Schubert* meint hiermit wohl spürbare Beschränkungen des Marktzugangs sowie Diskriminierungen (vgl. 187).

Bei *Inlandsvertriebskonstellationen* erwägt *Schubert* in Bezug auf Produktregelungen eine über das Günstigkeitsprinzip hinausgehende „*Rechtswahlfreiheit*“ (188).

[3335] S. zu *Szydło* b. Fn. 3352 ff.

[3336] *Roth*, ZHR 159 (1995), 78 (92); ähnl. *Fetsch*, 96 f.; *Körber*, 32–34, 343; *Nicolaysen*, EuR 1991, 95 (106 f.) unter Berufung auf den Topos des Systems unverfälschten Wettbewerbs; *Schilling*, 143; *Schubert*, 163; s. zu *Roths* Bezugnahmen auf den Topos der Wettbewerbsgleichheit b. Fn. 1416 ff.

nehmen, nicht der Mitgliedstaaten.[3337] Ein *Freiheitsrecht* stehe Exporteuren jedoch nicht zu.[3338] Der Ansatz *Roths* hat den stärksten und nachhaltigsten konzeptionellen Einfluss entfaltet.[3339] *Roth* geht fallgruppendifferenzierend vor: Die Beeinträchtigung der Wettbewerbsgleichheit führe bei herkunftsstaatlichen *Produkt*regelungen zum Vorliegen einer Beeinträchtigung.[3340] Wegen Doppelbelastungen (dual burden) bezieht *Roth* auch herkunftsstaatliche *Vermarktungs*regelungen ein.[3341] *Produktions*regelungen (u. a. Bau-, Arbeits-, Sozial-, Gesellschaftsrecht) klammert *Roth* – unabhängig von dem Vorliegen eines Wettbewerbsnachteils – aus, soweit sie nicht produktbezogen und nicht extraterritorial sind.[3342] Hier trete keine dual burden auf.[3343] Zudem

---

[3337] Vgl. nur *Roth*, ZHR 159 (1995), 78 ff. 91 f.; *ders.*, in: Andenas/Roth, 1 (22); s. a. *Müller-Graff*, in: von der Groeben/Schwarze/Hatje, Art. 35 AEUV Rn. 22; *Roth*, Internationales Versicherungsvertragsrecht, 660; s. a. b. Fn. 1403 ff.

[3338] Vgl. nur *Roth*, in: FIW, Bd. 160, 21 (34 f.); *ders.*, in: Tridimas/Nebbia, 33 (34, 44, 46 f.); *ders.*, in: FS Großfeld, 929 (941 f., 944); vgl. in Bezug auf Art. 34 Alt. 2 AEUV *ders.*, CMLR 31 (1994), (853); *ders.*, in: Terryn/Straetmans/Colaert, 119 (125) liberalisierungsrechtliche Anklänge finden sich indes in *Roth*, Internationales Versicherungsvertragsrecht, 650 ff. S. a. *Füller*, 169 ff. A.A. *Schubert*, 186 f.

[3339] S. im Folgenden sowie schon in den Fn. 1411 ff.

[3340] *Roth*, in: Reichert-Facilides/Jessurun d'Oliveira, 59 (65 Fn. 23); *ders.*, Duke J. of Comp. & Int'l L. 2 (1992), 129 (137 Fn. 62); *ders.*, ZHR 159 (1995), 78 (90 f.); *ders.*, in: FS Fikentscher, 723 (733 f.); *ders.*, in: Tridimas/Nebbia, 33 (39); *ders./Oliver*, CMLR 41 (2004), 407 (421); vgl. in Bezug auf produktbezogene Exportbeschränkungen der Dienstleistungsfreiheit auch *ders.*, in: Andenas/Roth, 1 (23 f.). *Roth* folgend *Becker*, in: Schwarze/Becker/Hatje/Schoo, Art. 35 AEUV Rn. 12; *Enchelmaier*, 91 ff. Rn. 64; *Feiden*, 262; *Fetsch*, 98; *Füller*, 258 ff.; *Keßler*, 293 f.; *Körber*, 34, 343; *Mojzesowicz*, 178; *Müller-Graff*, in: von der Groeben/Schwarze/Hatje, Art. 35 AEUV Rn. 21; *Oliver*, CMLR 36 (1999), 783 (802 f.); *ders.*, in: ders., 138; *ders./Enchelmaier*, CMLR 44 (2007), 649 (686); *Schilling*, 126 ff.; *Schubert*, 164; *Szydło*, CMLR 47 (2010), 753 (781–783); s. auch schon vor dem Beitrag *Roths*, *Oliver*, CMLR 19 (1982), 217 (240 f.).

[3341] *Roth*, in: Tridimas/Nebbia, 33 (38); *ders.*, CMLR 47 (2010), 509 (519 f.); *ders./Oliver*, CMLR 41 (2004), 407 (420); *ders.*, in: Schwarze, 313 (325 f.). Hierin *Roth* folgend *Feiden*, 262; *Kort*, JZ 1996, 132 (137); *Oliver*, CMLR 36 (1999), 783 (802 f.); *ders.*, in: ders., 138; *Oliver/Enchelmaier*, CMLR 44 (2007), 649 (686); *Schilling*, 117 ff.; *Szydło*, CMLR 47 (2010), 753 (785 f.); vgl. auch *Füller*, 258; *Schubert*, 165; widersprüchl. *Körber*, 343 einers., 33 f. anderers.; s. auch schon vor dem Beitrag *Roths*, *Oliver*, CMLR 19 (1982), 217 (240 f.).

[3342] *Roth*, ZHR 159 (1995), 78 (87, 93, 95); *ders./Oliver*, CMLR 41 (2004), 407 (421); vgl. auch *Oliver*, CMLR 19 (1982), 217 (240 f.); vgl. in Bezug auf die Produktion betreffende Exportbeschränkungen der Dienstleistungsfreiheit auch *ders.*, in: Andenas/Roth, 1 (22 f.). *Roth* folgend *Becker*, in: Schwarze/Becker/Hatje/Schoo, Art. 35 AEUV Rn. 12; *Enchelmaier*, Rn. 64; *Feiden*, 261; *Fetsch*, 97, 140; *Körber*, 34, 343; *Mojzesowicz*, 178; *Müller-Graff*, in: von der Groeben/Schwarze/Hatje, Art. 35 AEUV Rn. 23 (Fn. 40), 28; *Oliver*, CMLR 19 (1982), 217 (239 f.); *ders.*, in: Dony/De Walsche, 1377 (1396); *ders.*, CMLR 36 (1999), 783 (802 f.); *ders./Enchelmaier*, CMLR 44 (2007), 649 (686 f.); *Schilling*, 123 ff.; *Szydło*, CMLR 47 (2010), 753 (786–788); ähnl. zu von *Roth* sog. „generellen seien sie zu weit vom zwischenstaatlichen Handel entfernt.[3344] Divergierende Produktionsregelungen stellten eine zwingende Folge der föderalen Grundstruktur der Union dar.[3345] Hier seien herkunftsstaatliche Interessen betroffen (anders als bei Produkt- und Vermarktungsregelungen).[3346] Die nationalen Gerichte sollten so weit wie möglich von der „schwierigen und (…) [teils] ungewohnten Aufgabe der Prüfung der Verhältnismäßigkeit“[3347] entlastet werden, auch mit Blick auf den zu gewärtigenden „Verzicht auf Voraussehbarkeit und Rechtssicherheit“[3348]. *Oliver* sekundiert, dass andernfalls Unsicherheiten der Art aufträten, wie sie in der Zeit vor *Keck* für Art. 34 AEUV typisch waren.[3349] *Roth* verweist auf den Spaak-Bericht und den dort seiner Auffassung nach verankerten Gedanken des Wettbewerbs der Rechtsordnungen bzw. der Mitgliedstaaten.[3350] Im Übrigen stehe das Instrument der Rechtsangleichung zur Verfügung.[3351]

Unterschiede[n]“ zwischen den Rechtsordnungen *Nicolaysen*, EuR 1991, 95 (106 f.). Nicht ganz klar ist die Haltung *Schuberts*, 164 f. (s. in Fn. 3334). *Roth* interpretiert die Dienstleistungsfreiheit in Bezug auf Beschränkungen des Herkunftsstaates konvergent, in: Dauses, E. I Rn. 183 ff.; *ders.*, EuR 1987, 7 (17); wohl auch *ders.*, Internationales Versicherungsvertragsrecht, 656. „Umfeldregelungen“ ausklammernd *Füller*, 262 f.

Ein zu seiner Interpretation der Warenausfuhrfreiheit konvergentes Konzept vertritt *Roth* im Bereich der Dienstleistungsfreiheit, bei der herkunftsstaatliche Produkt-, Vertragsanbahnungs- und (extraterritorial angewandte) Vertriebsregelungen am Maßstab des Beschränkungsverbots, Produktions-, Umfeld- und Berufsqualifikationsregelungen dagegen ausschließlich am Maßstab eines Diskriminierungsverbotes gemessen werden sollten, vgl. nur *Roth*, in: Stuyck/Abraham/Terryn, 23 (38 f.); *ders.*, in: Dauses, E. I Rn. 182 ff.; *ders.*, in: Andenas/Roth, 1 (23 f.); *ders.*, in: Honsell, EurVersR Rn. 24. *Roth* folgend: *Körber*, 342.

3343 Zur Bedeutung des dual burden Arguments in Bezug auf Dienstleistungsfreiheit *Roth*, in: Reichert-Facilides, 1 (23); *ders.*, in: Andenas/Roth, 1 (19 f.).

3344 *Roth/Oliver*, CMLR 41 (2004), 407 (421); *ders.*, in: Tridimas/Nebbia, 33 (40 f.). Vgl. auch *Füller*, 213 f.; *Oliver/Enchelmaier*, CMLR 44 (2007), 649 (686 f.).

3345 Vgl. nur *Roth*, CMLR 25 (1988), 35 (82); *ders.*, in: Andenas/Roth, 1 (22 f.); *Füller*, 213 Fn. 93.

3346 *Roth*, in: GS Lüderitz, 635 (655). Ebenso *Körber*, 343; *Schilling*, 123 f.; *Szydło*, CMLR 47 (2010), 753 (788).

3347 *Roth*, in: FIW, Bd. 160, 21 (33); *ders.*, in: FS Großfeld, 929 (947); vgl. zu diesem Aspekt auch *Daniele*, E. L. Rev. 22 (1997), 191 (200); *van Gerven*, in: Dony/De Walsche, 1629 (1637).

3348 *Roth*, in: FS Großfeld, 929 (947).

3349 *Oliver*, in: Dony/De Walsche, 1377 (1396).

3350 Entsprechende Äußerungen stammen freilich noch aus der Zeit vor seinem entscheidenden Beitrag in ZHR 159 (1995), 78 und damit noch vor seine Befürwortung, produktbezogene Regelungen zu überprüfen, vgl. *Roth*, EuR 1987, 7 (17); *ders.*, in: Bulterman et al, 73 f.

3351 *Roth*, in: Dauses, E. I Rn. 183 in Bezug auf die Dienstleistungsfreiheit; vgl. auch *Füller*, 83; *Roth*, EuR 1986, 340 (356 f.); *ders.*, in: Bulterman et al, 73 f.

Szydło (der sich eng an *Roth* anlehnt) geht von einem weit gefassten Marktzugangskriterium für Aktivitäten des Exportstaates aus,[3352] wobei ein Schutz auch noch *nach* Marktzutritt bestehe[3353].[3354] Auszuklammern seien nur zu unbestimmte oder indirekte Beeinträchtigungen[3355] und solche, die nicht über die Wirkungen hinausgehen, die den betrachteten Maßnahmen eigentümlich sind.[3356] Gleiches gelte für Maßnahmen, die weit entfernt seien vom zwischenstaatlichen Handel.[3357] *Szydło* bejaht ein Beschränkungsverbot für Produktionsverbote und Produktregelungen[3358] sowie Marketing-, Vertriebs- und Verkaufsmodalitäten[3359] und lehnt eine Kontrolle der „allgemeinen Bedingungen"[3360] ab, unter denen die Grundfreiheiten ausgeübt werden, beispielsweise Arbeits-, Sozial-, Planungs-, Polizei-, Umwelt- und Steuerrecht.[3361] In solchen Fällen würden die oben genannten Einschränkungsformeln erfüllt sein. Dies sei auch erforderlich, damit die Mitgliedstaaten ihre Sozialpolitiken wirksam verfolgen könnten.[3362] Eine (Rück-)Ausnahme (d. h. ein Beschränkungsverbot) gelte für mit dem „Prozess der Produkterzeugung" verbundene Vorschriften.[3363]

Nach *Müller-Graff* gebe das Binnenmarktziel „allfälligen Anlaß zu überprüfen, inwieweit Exporterschwernissen für Gebietsansässige aus allgemeinen, nicht spezifische Ausfuhrbeschränkungen bezweckenden oder dazu geeigneten einzelstaatlichen Vorschriften unionsrechtlich begegnet werden kann"[3364], wobei sich *Müller-Graff* speziell auf das System unverfälschten Wettbewerbs und die Integrationsfunktion von Art. 35 Alt. 2 AEUV beruft.[3365]

[3352] *Szydło*, CMLR 47 (2010), 753 (764 f., 778): Bereits ein *Erschweren* oder *Unattraktivmachen* des Marktzugangs stelle eine Beeinträchtigung dar.

[3353] *Szydło*, CMLR 47 (2010), 753 (778).

[3354] S. umf. zum abstrakten Modell *Szydłos* b. Fn. 1398 ff.

[3355] *Szydło*, CMLR 47 (2010), 753 (778).

[3356] *Szydło*, CMLR 47 (2010), 753 (787).

[3357] *Szydło*, CMLR 47 (2010), 753 (787).

[3358] *Szydło*, CMLR 47 (2010), 753 (781–783). Insbesondere sei es nicht erforderlich, damit eine Produktregelungen kontrolliert werden kann, dass hier eine dual burden vorliegen müsse.

[3359] *Szydło*, CMLR 47 (2010), 753 (785 f.).

[3360] *Szydło*, CMLR 47 (2010), 753 (786–788).

[3361] *Szydło*, CMLR 47 (2010), 753 (787).

[3362] *Szydło*, CMLR 47 (2010), 753 (788).

[3363] *Szydło*, CMLR 47 (2010), 753 (787).

[3364] *Müller-Graff*, in: von der Groeben/Schwarze/Hatje, Art. 35 AEUV Rn. 31.

[3365] *Müller-Graff*, in: von der Groeben/Schwarze/Hatje, Art. 35 AEUV Rn. 23, 31.

bb) Kritik

Die Ausklammerung von Produktionsregelungen ist kritisch zu sehen – erstens mit Blick auf den Umstand, dass eine der konzeptionellen Grundsäulen des *Roth*'schen Modells für die Anerkennung eines prima facie-Verbots von Produktregelungen – der Wettbewerb zwischen Unternehmen[3366] und das damit einhergehende Konkurrierenkönnen unter gleichen Bedingungen[3367] – in gleichem Maße auch bei Produktionsregelungen tangiert ist.[3368] Gleiches gilt – zweitens – für die Überlegung, dass Unternehmen einem nachteiligen Rechtsregime entfliehen könnten, indem sie in das (EU-)Ausland abwanderten, und für die Erwägung, dass auch noch der Wettbewerb der Mitgliedstaaten und das Instrument der Rechtsangleichung zur Milderung oder Beseitigung von Wettbewerbsungleichheiten zur Verfügung stünden. Diese Aspekte könnten ebenso gegen die Kontrolle exportstaatlicher *Produkt*regelungen angeführt werden. Wird zudem das Instrument der Verhältnismäßigkeitsprüfung infrage gestellt,[3369] müsste dies z. B. auch für die Kontrolle marktzugangsbehindernder (Produkt-)Regelungen des *Import*staates gelten. Ausgeblendet werden dabei auch die Möglichkeiten, den mitgliedstaatlichen Kompetenzen dadurch Rechnung zu tragen, dass die Rechtfertigungsprüfung modifiziert wird. Nicht überzeugend ist auch ein Abstellen darauf, dass es hier zu keiner Doppelregelung (dual burden) komme: Herkunftsstaatliche Produktregelungen, die nicht auf produktbezogene Vertriebsregelungen des Importstaates treffen, betrifft dies in gleichem Maße und können nach *Roth* gem. Art. 35 AEUV dennoch abgewehrt werden.[3370] Auch nach der *Roth*'schen Konzeption ist also das Vorliegen einer dual burden keine *notwendige* Bedingung, sondern nur *ein* Fall einer prima facie unzulässigen Einflussnahme. Eigentlicher Grund für die Kontrolle von Produktregelungen dürfte also das Vorliegen einer Wettbewerbs(un)gleichheit sein.

Kritisch zu sehen ist auch *Szydłos* Begründung für die Herausnahme von Produktionsregelungen: Sowohl der von *Szydło* herangezogene Wettbewerbsgleichheitstopos als auch das Marktzugangskriterium können in gleichem Maße bei Produktionsregelungen erfüllt sein. Die von *Szydło* zitierten Einschränkungsformeln zeigen nur einen *dogmatischen* Weg auf, wie die Abweichung vom Wettbewerbsgleichheits- oder Marktzugangskonzept gerechtfer-

---

[3366] S. b. Fn. 3337.

[3367] S. schon b. Fn. 1416 f.; vgl. auch *Roth*, ZHR 159 (1995), 78 (91); *ders.*, CMLR 47 (2010), 509 (517). In Tridimas/Nebbia, 33 (40) spricht er ohne direkten Bezug zu Produktregelungen sogar davon, dass die Wettbewerbsgleichheit „grundsätzlich" („in principle") gelten solle.

[3368] Vgl. *Enchelmaier*, YEL 26 (2007), 115 (144); vgl. auch *Feiden*, 260.

[3369] S. umf. zur Analyse des Instruments der Verhältnismäßigkeit b. Fn. 1217 ff. und b. Fn. 3425 ff.

[3370] *Roth*, ZHR 159 (1995), 78 (92). S. zu weiteren Gegenargumenten zur Notwendigkeit einer Doppelregulierung b. Fn. 3747 ff.

tigt werden kann. Sie geben jedoch keine *Begründung*. Es muss demnach auf die *hinter* den Einschränkungsformeln stehenden *Wertungserwägungen* abgestellt werden. *Szydło* stellt auf das unbestimmte und für alle Fallgruppen geltende Argument ab, dass die Regelungskompetenzen der Mitgliedstaaten nicht „zu" weit zurückgeschnitten werden dürften. Es ist aber z. B. fraglich, ob nicht eine (teilweise) Berücksichtigung der mitgliedstaatlichen Kompetenzen auf der Rechtfertigungsebene vorzuziehen ist, zumal dann, wenn schwere Wettbewerbsungleichheiten vorliegen. Zudem werden auch bei einer Grundfreiheitenkontrolle in *Importkonstellationen* die mitgliedstaatlichen Kompetenzen (bisweilen stark) berührt (etwa bei der Kontrolle von importstaatlichen Produktregelungen oder – bei der Dienstleistungsfreiheit – von Werberegelungen [wie in *Gourmet*]).[3371] Dass *einige* wettbewerbsbenachteiligende Regelungen (nach Auffassung von *Roth* und *Szydło*) *zu weit entfernt* sind vom zwischenstaatlichen Handel und daher keiner Kontrolle unterzogen werden sollten,[3372] erscheint gleichwohl grundsätzlich zustimmungswürdig.[3373] Doch dürfte eine auf dieser Grundlage erfolgende *vollständige* Ausklammerung von Produktionsregelungen zu restriktiv und zu undifferenziert sein, vor allem weil sie (den soeben genannten und weiteren[3374]) konkurrierenden Auslegungserwägungen ein *zu geringes Abwägungsgewicht* beimisst. Sie orientiert sich auch zu wenig an objektiven Anhaltspunkten in den Verträgen wie die jüngere und jüngste Grundfreiheitenjudikatur sowie die Primärrechts- und Grundfreiheitensystematik.[3375]

c) Extensiver Ansatz Wolframs: *„Zugangslandprinzip"*

Wolfram stützt sich im Rahmen seines Konvergenzansatzes auf das *Bosman*-[3376] und das *Alpine Investments*-Judikat[3377] und erkennt ein freiheitsrechtlich strukturiertes „Zugangslandprinzip"[3378] (Zielstaatsprinzip) an, wonach eine „unmittelbare Beeinflussung des Marktzugangs" durch den Herkunftsstaat

---

[3371] S. umf. zur hiesigen Lösung für Produktionsregelungen b. Fn. 3723 ff.

[3372] *Roth* und *Szydło* beziehen sich hierbei wohl auf (abstrakt-generell wirkende) normative Einschränkungskriterien (s. hierzu b. Fn. 3540 ff.) und nicht auf ein *konkret-individuelles* Grenzübertrittskriterium (s. hierzu b. Fn. 3705 ff.).

[3373] Vgl. umf. b. Fn. 3540 ff.

[3374] S. b. Fn. 3544 ff.

[3375] Dass hier mit den Kriterien der Spezifität und Konnexität im Ergebnis ebenfalls gewisse äußere (auch gebietsbezogene) Grenzen anerkannt werden, ist hierzu kein Widerspruch: Denn diese beziehen sich auf extrem weit von der Exporttransaktion entfernte (und daher nicht mit der Fallgruppe der Produktionsregelungen vergleichbare) Regelungen sowie auf ein Minimum von Gebieten, die von den Verträgen als schutzwürdig ausgewiesen werden, s. umf. (auch zu weiteren Argumenten) b. Fn. 3544 ff. sowie b. Fn. 3760 f.

[3376] EuGH (Fn. 2724).

[3377] EuGH (Fn. 2488).

[3378] Vgl. nur *Wolfram*, 270 ff. Fn. 669.

vorbehaltlich der Rechtfertigung unzulässig sei.[3379] Hierunter fielen Regelungen, durch die die Herstellung und/oder das Inverkehrbringen eines Produktes verboten würde(n)[3380] sowie sog. „Modalitätenregelungen" wie Öffnungszeiten, Vertriebsmethoden und preisbezogene Maßnahmen.[3381] Eine „mittelbare Beeinflussung des Marktzugangs", z. B. durch Verwendungsverbote, sei (wegen der Anerkennung des Herkunftslandprinzips) dagegen auch dann zulässig, wenn diese sich auf das Gebiet des Zielstaates bezöge.[3382]

d) Weniger extensive (meist nur eine Fallgruppe an einem Beschränkungsverbot messende) Ansätze

aa) Brigola, *2009 (ähnl.* Bernard, Khan und Eisenhut, Leible und T. Streinz[3383], Mortelmans[3384], Mühl[3385], R. Streinz[3386], Schroeder[3387], Tesauro[3388], Tryfonidou[3389]): *„Konvergentes" Marktaustrittsrecht*

Brigola und andere[3390] stellen (wie *Wolfram*) auf eine Konvergenzbetrachtung insbesondere mit der Dienstleistungsfreiheit und Art. 34 AEUV ab.[3391] Aus-

---

[3379] *Wolfram*, 271 Fn. 669.

[3380] *Wolfram*, 274 f.

[3381] *Wolfram*, 277 f.

[3382] *Wolfram*, 274 ff. Bereits oben wurde eine freiheitsrechtliche Ausdeutung des Tatbestandsinhaltes von Art. 35 AEUV kritisiert, s. b. Fn. 1816 ff. und b. Fn. 3939 ff.

[3383] Obwohl *Leible* und *T. Streinz* in der Einleitung ihrer kritischen Stellungnahme hervorheben, dass es um einen Wettbewerb der *Unternehmen* gehe, nicht der Mitgliedstaaten, und dass die Exporteure in die Lage versetzt werden sollten, zu den Bedingungen der Zielstaaten konkurrieren zu können (*Leible/T. Streinz*, in: Grabitz/Hilf/Nettesheim, Art. 35 AEUV Rn. 11), legen sie auf der Tatbestandsebene ein eher restriktives Konvergenzmodell zugrunde (a. a. O. Rn. 19), das mit diesen Leitlinien nicht vereinbar erscheint.

[3384] *Mortelmans*, in: Kapteyn/McDonnell/Mortelmans/Timmermans/Geelhoed, 643 f.

[3385] *Mühl* führt in Bezug auf die Ausfuhrdimension der Grundfreiheiten nicht detailliert aus, welche Fallgruppen er einem Beschränkungsverbot unterziehen möchte. Da er jedoch ausdrücklich nicht zwischen Ein- und Ausfuhrfreiheiten differenzieren möchte (342 f.), sondern generell von einem Verbot von Marktzugangsbehinderungen ausgeht (244), könnte er, wie bei den Einfuhrfreiheiten, nur *Produktregelungen* an einem Beschränkungsverbot messen wollen. S. zu *Mühls* Binnenmarktkonzept b. Fn. 1363 ff.

[3386] *Streinz*, Rn. 878 f.; *ders.*, in: Lebensmittelrechts-Hdb. III Rn. 124a.

[3387] *Schroeder*, in: Streinz, Art. 35 AEUV Rn. 4 ff.

[3388] *Tesauro*, Vortrag, 2, 5, 9, 41; *ders.*, YEL 15 (1995), 1 (2, 16); *ders.*, Diritto, 418. In YEL 15 (1995), 1 (2) betont *Tesauro* die Funktion der Grundfreiheiten, *Wettbewerbsgleichheit* zu garantieren.

[3389] *Tryfonidou*, E. L. Rev. 35 (2010), 36 (52 ff.).

[3390] S. die Fußnotennachweise.

[3391] *Brigola*, EuZW 2009, 479 (482 ff.); *ders.*, System, 193 ff.; *ders.*, EuZW 2017, 5 ff.; *Dauses/Brigola*, in: Dauses, C. I Rn. 204 ff.; *Khan/Eisenhut*, in: Vedder/von Heinegg, Art. 35 AEUV Rn. 5; *Leible/T. Streinz*, in: Grabitz/Hilf/Nettesheim, Art. 35 AEUV Rn. 11–13, 17; *Leible*, EuZW 2001, 253 (254 f.); *Mühl*, 342 f.; *Schroeder*, in: Streinz, Art. 35 AEUV Rn. 5 Fn. 17 f.; *Streinz*, Rn. 878 f.; *ders.*, in: Lebensmittelrechts-Hdb. III Rn. 124a; *Tesau-*

gangspunkt ist dabei regelmäßig die *Dassonville*-Formel, wobei einige Vertreter in Analogie zu *Keck* (rechtlich wie faktisch) nicht diskriminierende *Verkaufsmodalitäten* ausklammern möchten. Dieser Maßstab könne als Verbot von Markt*austritts*- bzw. -zugangsbeschränkungen[3392] zusammengefasst werden.[3393] Exportstaatliche *Produktanforderungen* behinderten mangels *dual burden* regelmäßig nicht den Marktaustritt.[3394]

Schroeder bezieht ausdrücklich auch *Produktionsregelungen* in sein Marktzugangskonzept mit ein: Die darin liegende möglicherweise erhebliche Ausweitung sei kein Spezifikum einer Beschränkungsverbotsauslegung des Art. 35 AEUV, sondern genauso bei Art. 34 AEUV gegeben.[3395] *Khan* und *Eisenhut* weisen darauf hin, dass Art. 35 AEUV einem Protektionismusverbot gleichgesetzt werde,[3396] was dem hinter dem bei Art. 34 AEUV durchscheinenden Binnenmarktgrundkonzept zurückbleibt und daher inkohärent sei.[3397]

Brigolas Ansatz setzt sich in der *Sache* nicht mit den Spezifika von Ausfuhrkonstellationen auseinander, sondern bleibt der sprachlichen Ebene der

---

ro, Vortrag, 5, 9, 41; *ders.*, YEL 15 (1995), 1 (16); *ders.*, Diritto, 418; *Tryfonidou*, E. L. Rev. 35 (2010), 36 (52 ff.). Nur zu letzterem Gesichtspunkt *Mortelmans*, in: Kapteyn/McDonnell/Mortelmans/Timmermans/Geelhoed, 643 f. Daneben wird in unspezifischer Weise auf das Binnenmarktziel rekurriert, vgl. nur *Brigola*, EuZW 2009, 479 (483); *Dauses/Brigola*, in: Dauses, C. I Rn. 203. Ebenso *Khan/Eisenhut*, in: Vedder/von Heinegg, Art. 35 AEUV Rn. 5; *Leible/T. Streinz*, in: Grabitz/Hilf/Nettesheim, Art. 35 AEUV Rn. 4, 11.

[3392] Einige Autoren passen den Marktzugangsbegriff semantisch an Exportkonstellationen an, andere nicht, s. hierzu schon b. Fn. 700.

[3393] *Brigola*, EuZW 2009, 479 (483); ebenso *Dietz/T. Streinz*, EuR 2015, 50 (53); *Leible/T. Streinz*, in: Grabitz/Hilf/Nettesheim, Art. 35 AEUV Rn. 17; ähnl. *Schroeder*, in: Streinz, Art. 35 AEUV Rn. 5; *Tesauro*, 41; *ders.*, YEL 15 (1995), 1 (2); undifferenziert ebf. Marktaustrittsbeschränkungen für verboten haltend *Bernard*, CMLR 33 (1996), 633 (638). *Khan/Eisenhut*, in: Vedder/von Heinegg, Art. 35 AEUV Rn. 5 sowie *Mortelmans*, in: Kapteyn/McDonnell/Mortelmans/Timmermans/Geelhoed, 643 f. verlangen zwar eine Übertragung der Rechtsprechung zu Art. 34 AEUV, sie konkretisieren dies aber weder zu einem Verbot von Markt*aus*trittsbeschränkungen noch nehmen sie bestimmte Fallgruppen aus Art. 35 AEUV heraus. *Streinz*, Rn. 878 f.; *ders.*, in: Lebensmittelrechts-Hdb. III Rn. 124a spricht sich zwar für ein Verbot *spezifischer* Marktaustrittsbehinderungen aus, doch scheinen in der *Sache* keine Unterschiede zum Ansatz *Brigolas* zu bestehen; *Tryfonidou*, E. L. Rev. 35 (2010), 36 (52 ff.) fordert unspezifisch ein Verbot von Marktzugangsbeschränkungen und differenziert terminologisch nicht zwischen ihren Ansätzen für Art. 34 AEUV und Art. 35 AEUV.

[3394] *Brigola*, EuZW 2009, 479 (483); *Dauses/Brigola,* in: Dauses, C. I Rn. 209. A.A. angedeut. bei *Leible/T. Streinz*, in: Grabitz/Hilf/Nettesheim, Art. 35 AEUV Rn. 17.

[3395] *Schroeder*, in: Streinz, Art. 35 AEUV Rn. 5. A.A. z. B. *Leible/T. Streinz*, in: Grabitz/Hilf/Nettesheim, Art. 35 AEUV Rn. 17. *Brigola* äußert sich zu dieser Fallgruppe – soweit ersichtlich – überhaupt nicht.

[3396] Diese Deutung scheint im Lichte der Rs. *Gysbrechts* als überholt. In den Fußnoten des Kommentars von *Khan* und *Eisenhut* wird die Rs. *Gysbrechts* auch nicht erwähnt.

[3397] Sinngemäß *Khan/Eisenhut*, in: Vedder/von Heinegg, Art. 35 AEUV Rn. 5.

Art. 34 AEUV-*Formeln* verhaftet[3398] und verkennt die marktaustrittsversperrenden Wirkungen herkunftsstaatlicher Produkt- und Vermarktungsregelungen.

bb) Frenz, Kingreen, Jensch: *Kontrolle nur von Produktregelungen*

aaa) Positionen

Ausgehend von der elementaren Bedeutung, die *Frenz* der Wettbewerbs- und Chancengleichheit als einer der Grundfunktionen der Grundfreiheiten beimisst,[3399] möchte *Frenz* Produktregelungen an einem Beschränkungsverbot messen, wenn das auszuführende Produkt *getrennt* gefertigt wurde.[3400] Bei *gemischten* Produktionen müsse ein *Kompromiss* gefunden werden: Danach könne aus Art. 35 AEUV die Vorgabe abgeleitet werden, dass bei zwischen den Mitgliedstaaten abweichenden Anforderungen diejenigen des Exportstaates allenfalls „leicht“[3401] über denjenigen des Importstaates liegen dürften.[3402]

Art. 34 AEUV und Art. 35 AEUV sollten nach *Kingreen* in einer *Konvergenzbetrachtung* aufgehen.[3403] Art. 35 AEUV verbiete eine Behinderung *des* Marktzugangs, aber keine *nach* dem Marktzugang (sog. „marktregulierende“[3404] Maßnahmen).[3405] Herkunftsstaatliche *Produktregelungen* seien daher zu kontrollieren[3406], nicht diskriminierende herkunftsstaatliche Vermarktungsregelungen dagegen ebenso wie Produktionsregelungen auszuklammern.[3407]

Jensch macht zunächst auf der Theorieebene einander relativierende Äußerungen: Einerseits verlangt er „ungehinderte[n] und chancengleiche[n] Zu-

[3398] Dass zudem der Begriff der Marktzutrittshürde wegen seiner Unbestimmtheit abzulehnen ist, wurde bereits festgestellt und gilt natürlich auch für sein Pendant der Markt*aus*trittshürde, s. b. Fn. 2970 ff.

[3399] S. b. Fn. 1426 ff.

[3400] *Frenz*, Bd. 1, Rn. 1047.

[3401] *Frenz*, Bd. 1, Rn. 1049.

[3402] *Frenz*, Bd. 1, Rn. 1052 f. möchte nicht diskriminierende Vertriebsmodalitäten in Anwendung der *Keck*-Formel pauschal aus Art. 35 AEUV herausfallen lassen. Zu „echten“ Produktionsregelungen äußert sich *Frenz* nicht und will wohl nur *produktbezogene* Produktionsregelungen einem Beschränkungsverbot unterziehen (Rn. 1054–1056).

[3403] *Kingreen*, Struktur, 21 f.: „[S]owohl Art. 28 als auch Art. 29 EGV [sollten] als Schutznormen gegenüber Beschränkungen verstanden werden, die kausal auf dem transnationalen Moment der wirtschaftlichen Betätigung beruhen.“

[3404] *Kingreen*, Struktur, 130 ff. Solche Regelungen sind regelmäßig identisch mit den Vermarktungsmodalitäten i. S. d. *Keck*-Rechtsprechung.

[3405] *Kingreen*, Struktur, 122 f., 127 ff.

[3406] *Kingreen*, Struktur, 127 ff.

[3407] *Kingreen*, in: Calliess/Ruffert, Art. 34–36 AEUV Rn. 129 f. S. zu *Kingreens* Binnenmarktkonzept b. Fn. 1375 ff.

gang zu den Märkten der Mitgliedstaaten“[3408]. Andererseits handele es sich hierbei nur um ein „Ideal“[3409]: Es gehe nicht um die „Beseitigung der Hoheitsgrenzen [, sondern nur um die der] (...) grenzübertrittsspezifischen Behinderungen“[3410]. Auf der Tatbestandsebene verlangt er i. R. v. Art. 35 Alt. 2 AEUV die Kontrolle unterschiedsloser Produktregelungen,[3411] jedoch nicht von „Umfeldregelungen“, worunter er Produktionsregelungen und Vermarktungsregelungen fasst.[3412]

bbb) Kritik

Problematisch ist, dass *Kingreens* tatbestandliches Grundkonzept, das auf das Vorliegen einer Marktzugangsbehinderung abstellt, nicht mit seinen fallgruppenspezifischen Ableitungen und den hinter diesen stehenden Wertungen (z. B. dem föderalen Charakter der Union[3413]) übereinstimmt: Denn eine „Erschwerung des Marktzugangs“[3414] ist bei wettbewerbsbenachteiligenden (aber aus dem Tatbestand ausgeklammerten) Produktionsregelungen oder Vermarktungsregelungen offensichtlich gegeben. An anderer Stelle[3415] macht sich *Kingreen* einen *Wettbewerbsgleichheitsansatz* zu eigen. Die fallgruppenspezifischen Ableitungen sind jedoch dieselben. Hiergegen kann die gleiche Kritik angeführt werden: In den ausgeklammerten Fällen kommt es nämlich ebenfalls zu Wettbewerbsungleichheiten.

Auch *Jensch* konzeptionalisiert die „Gegengewichte“ zu seinem Marktgleichheitsansatz nicht überzeugend. Es bleibt unklar, warum z. B. Vermarktungsregelungen nicht „grenzübertrittsspezifisch“ behindern sollen, Produktregelungen jedoch schon.

3. Nicht kategorisierbarer Ansatz von J. P. H. Donner

J. P. H. Donner führt zunächst (marktfreiheitlich) aus, dass es das Ziel des Verbots der Maßnahmen gleicher Wirkung sei, den Marktmechanismus (von Angebot und Nachfrage) vor allen unzulässigen Einflussnahmen zu schützen.[3416] *J. P. H. Donner* geht jedoch nicht von parallelen oder gleichwertigen Schutzgehalten der Art. 34, 35 AEUV aus, sondern sieht in beiden Bestim-

---

[3408] *Jensch*, 226.

[3409] *Jensch*, 226.

[3410] *Jensch*, 226.

[3411] *Jensch*, 256, 259, 269 f.

[3412] *Jensch*, 256 ff., 271.

[3413] *Kingreen*, Struktur, 122; *ders./Störmer*, EuR 1998, 263 (266).

[3414] Insbesondere stellt *Kingreen* an einer Stelle ausdrücklich darauf ab, ob es trotz der mitgliedstaatlichen Maßnahmen noch wirtschaftlich wäre ein Produkt herzustellen, Struktur, 124.

[3415] *Kingreen*, in: Calliess/Ruffert, Art. 34–36 AEUV Rn. 129 f.

[3416] *J. P. H. Donner*, SEW 5 (1982), 362 (372).

mungen das Recht als verkörpert an, Waren zu handeln und zu verkaufen, die nach dem Recht eines Mitgliedstaates hergestellt oder rechtmäßig aus einem Drittstaat eingeführt wurden.[3417] Art. 35 AEUV beinhalte angeblich ein *reines* Verbot formeller wie materieller Diskriminierung. Unzulässig sei es jedoch, wenn Mitgliedstaaten Interessen des Importstaates (beispielsweise in Bezug auf die Produktsicherheit) verfolgten.[3418] Die zweite Maßgabe erweckt den Anschein, als befürwortete *J. P. H. Donner* also doch ein Beschränkungsverbot, da eine Vielzahl von Produktregelungen die Interessen des Verwenders und mithin – bei Export – die des Zielstaates (bzw. seiner Verbraucher) im Blick haben.

Die Ausführungen von *J. P. H. Donner* erscheinen widersprüchlich: Einerseits wehrt er sich gegen eine Anwendung von Art. 35 AEUV auch auf nicht diskriminierende Regelungen mit dem Argument, dass es sonst zu einem Regulierungsvakuum käme.[3419] Andererseits befürwortet er eine Anwendung von Art. 35 AEUV auf herkunftsstaatliche Regelungen, mit denen die Interessen des Zielstaates geschützt werden sollen.

[3417] *J. P. H. Donner*, SEW 5 (1982), 362 (363, 369).
[3418] *J. P. H. Donner*, SEW 5 (1982), 362 (369 f.).
[3419] *J. P. H. Donner*, SEW 5 (1982), 362 (369).

12. Kapitel

Analysen zu Modell- und Prüfungsvarianten

Bevor das eigene Tatbestandskonzept vorgestellt und konkretisiert werden kann, muss analysiert werden, welche konzeptionellen Alternativen überhaupt zur Verfügung stehen, mit denen die bisherigen und bisweilen abstrakten argumentativen Überlegungen in konkreten Tatbestandsmodellen abgebildet werden können. In diesem Zusammenhang ist zu fragen, welche systematisch-teleologischen Aspekte mit welchen Modellen umgesetzt werden können, welche spezifischen Vor- und Nachteile die jeweiligen Modelle besitzen und welche Zusammenhänge zwischen der Rechtfertigungs- und der Tatbestandsebene bestehen. Die nachfolgenden Überlegungen stehen *zwischen* der (nach diesem Abschnitt vorzunehmenden) Darstellung und Ausdifferenzierung des eigenen Modells und der (bereits erfolgten) Ermittlung und Abwägung der für Art. 35 Alt. 2 AEUV maßgeblichen Auslegungsgesichtspunkte.

I. Vorbemerkungen

Die Betrachtung der Auslegungsgrundlagen hat eine *Vielzahl* von Auslegungsgesichtspunkten hervorgebracht, die z. T. unterdifferenzieren. Der zentrale Konflikt, der dabei von den Grundfreiheiten (ja von den Verträgen insgesamt) moderiert werden muss, ist der zwischen dem Binnenmarktziel in seiner Ausprägung als Wettbewerbsgleichheit und den mitgliedstaatlichen Kompetenzen[3420] (wobei beide Belange in verschiedener Weise in den Verträgen nuanciert und konkretisiert werden). Es ist kein Fall denkbar, in dem eine

[3420] Es sei nochmal darauf hingewiesen, dass die mitgliedstaatlichen Kompetenzen im hier relevanten Sinne nur berührt sind, wenn es nicht um Interessen *des Unternehmens selbst* geht. Dieses nimmt seine Interessen (viel effizienter als es der Herkunftsstaat könnte) selbst wahr. Es fehlt dann am Marktversagen i. S. d. Marktanalogie der Theorie des Rechtssystemwettbewerbs. Gleichzeitig gibt es ein Marktversagen (d. h. der Rechtssystemwettbewerb funktioniert), wenn herkunftsstaatliche *Dritt*interessen berührt sind, siehe u. a. b. Fn. 1218 ff. *Weyer*, 344 f. stellt ähnlich (wie hier, aber nicht identisch) darauf ab, ob die Interessen des *Zielstaates* berührt sind (nicht – wie hier –, ob die des Herkunftsstaates nicht berührt sind). Der Gedanke der Wettbewerbsgleichheit spielt bei ihm jedoch überhaupt keine Rolle.

binnenmarktliche Operativbestimmung angewandt wird und die mitgliedstaatlichen Kompetenzen gleichwohl unberührt bleiben.

Dies bedeutet jedoch nicht, dass mit diesem Dualismus die ganze Komplexität des Auslegungsvorganges sprachlich erfasst würde. Es ist zu betonen, dass die Begriffe „Binnenmarktziel" und „mitgliedstaatliche Kompetenzen" hier und im Folgenden aus darstellungstechnischen Gründen als „Stellvertreterbegriffe" oder „Abkürzungen" für die Vielzahl der bereits beleuchteten und in beide Richtungen weisenden und in sich differenzierten Auslegungsgesichtspunkte benutzt werden.

Diese vielzähligen und -stimmigen Auslegungsgesichtspunkte und die Vielgestaltigkeit potenzieller Warenexportkonstellationen und -regelungen bedingt hinsichtlich der Entwicklung des Beeinträchtigungstatbestandsmodells von Art. 35 Alt. 2 AEUV, dass kein präzises „Über"-Konzept zu entwickeln möglich ist, aus dem die Behandlung einer jeden Fallkonstellation ohne die Vornahme von Wertungen oder Abwägungen und damit ohne besonderen Auslegungsaufwand abgeleitet werden kann. Gleichzeitig ist dem Rechtsinterpreten mit Blick auf den offenen Wortlaut des Art. 35 Alt. 2 AEUV und der Unbestimmtheit des Binnenmarktziels sowie der (allgemeinen und grundfreiheitenspezifischen[3421]) weiten Auslegungsspielräume des EuGH eine erhebliche konzeptionelle Freiheit eingeräumt.

II. Die Stellung der zwei zentralen Topoi innerhalb der Grundfreiheitenprüfung

Fraglich ist, wie die beiden angesprochenen zentralen Topoi (Binnenmarktziel und mitgliedstaatliche Kompetenzen[3422]) mit den einzelnen Elementen der Grundfreiheitenprüfung und den Normen bzw. Normbestandteilen der Art. 34–36 AEUV verknüpft sind. Besondere Aufmerksamkeit soll den Gestaltungsmöglichkeiten und Funktionen der Verhältnismäßigkeitsprüfung zukommen.

1. Zuordnung der beiden Topoi zu den Normen bzw. Normbestandteilen der Art. 34–36 AEUV

Der Binnenmarkt wird zunächst im Rahmen der Warenverkehrsfreiheit offensichtlich durch Art. 34, 35 AEUV geschützt. Hier wird statuiert, dass men-

---

3421 Vgl. nur b. Fn. 894 ff., 939 ff.

3422 Aus Vereinfachungsgründen wird hier ohne weitere Konkretisierung von diesen beiden übergeordneten Topoi gesprochen, obwohl diese natürlich noch in sich ausdifferenziert sind, was die bisherigen Auslegungsuntersuchungen belegen.

genmäßige Ein- und Ausfuhrbeschränkungen sowie alle Maßnahmen gleicher Wirkung grundsätzlich verboten sind.

Die Kompetenzen der Mitgliedstaaten werden erstens dadurch geschützt, dass nicht alle mitgliedstaatlichen Maßnahmen unter einem Grundsatzverbot stehen, sondern nur die oben genannten.

Die Kompetenzen werden auch dadurch geschützt, dass die Mitgliedstaaten sich in bestimmten Fällen auf Rechtfertigungsgründe berufen können gem. Art. 36 S. 1 AEUV.[3423]

Hier wird dann wiederum der Binnenmarkt dadurch geschützt, dass die Mitgliedstaaten bei der Verfolgung eines legitimen Ziels nicht willkürlich diskriminieren und auch nicht „verschleiert" beschränken dürfen.

2. *Verhältnis der beiden Topoi zu den drei Stufen der Grundfreiheitenprüfung*

Nachfolgend wird analysiert, wie die beiden zentralen Topoi (Binnenmarktziel und die mitgliedstaatlichen Kompetenzen) auf den drei Stufen der Grundfreiheitenprüfung geschützt werden bzw. welche Auswirkungen die innerhalb der Grundfreiheitenprüfung zu treffenden Entscheidungen auf die beiden Topoi entfalten.

a) Schutz der mitgliedstaatlichen Kompetenzen

Sofern der Schutzbereich einer Grundfreiheit nicht eröffnet ist oder es am Vorliegen einer Beeinträchtigung fehlt, können die Mitgliedstaaten (mit Blick auf die Grundfreiheiten) frei agieren: Sie können willkürliche, evident ungeeignete oder nicht erforderliche Maßnahme treffen oder zum Schutz der Interessen eines anderen Mitgliedstaates eingreifen.

Die mitgliedstaatliche Regulierungskompetenzen werden *in jedem Fall* (auch) auf der *Rechtfertigungsebene* geschützt. Dies (allein) bedeutet jedoch (noch) nicht, dass sie *nur* auf der Rechtfertigungsebene geschützt werden dürfen oder sollten.

Ein Schutz auf der Rechtfertigungsebene ist darüber hinaus kein absoluter, sondern ein qualifizierter: Den Mitgliedstaaten werden bestimmte Handlungsoptionen verwehrt. Dies zeigt, dass auch die *konkrete Ausgestaltung* der *Rechtfertigungs*prüfung von höchster Bedeutung ist für das Verhältnis des Binnenmarktziels zu den mitgliedstaatlichen Kompetenzen. Je nach Ausgestaltung der Rechtfertigungsprüfung wird das Vorliegen einer Grundfreiheitenbeeinträchtigung *stark relativiert*.

[3423] Vgl. Generalanwalt *Jacobs* (Fn. 2457), Rn. 50 in *Alpine Investments* zur (seiner Auffassung nach hinreichenden) Berücksichtigung der Interessen des Herkunftsstaates durch die Möglichkeit der Rechtfertigung, wenn der Tatbestand der Dienstleistungsfreiheit auch auf unterschiedslose Beschränkungen erstreckt wird; vgl. auch *Trstenjak/Beysen*, EuR 2012, 265 (275).

Weder das Vorliegen einer Beeinträchtigung noch die (damit einhergehende) Notwendigkeit einer Rechtfertigung sagen etwas darüber aus, ob auch im *Ergebnis* ein *Kompetenzverlust* eintritt.

b) Schutz des Binnenmarktzieles

Wird die Anwendbarkeit einer Grundfreiheit oder das Vorliegen einer Beeinträchtigung abgelehnt, erfährt das Binnenmarktziel im Ergebnis *überhaupt keinen* Schutz, auch nicht in Gestalt der Verhältnismäßigkeit.

Ist eine Grundfreiheit anwendbar und wird sie beeinträchtigt, erfolgt der Schutz des Binnenmarktziels durch die *Verhältnismäßigkeitsprüfung* und dadurch, dass nur *bestimmte* Interessen des Herkunftsstaates rechtfertigend wirken.

III. Konzeptionelle Analyse der Beeinträchtigungs- und Rechtfertigungsebene

1. Konzeptionelle Überlegungen zur Rechtfertigungsprüfung (insbesondere zur Verhältnismäßigkeitsprüfung)

Nachfolgend werden die Prüfungsstufe der Rechtfertigung und insbesondere der Kontrollmechanismus der Verhältnismäßigkeitsprüfung analysiert. Eine Neuorganisation der Rechtfertigungsprüfung kann dabei auch Folgewirkungen für *andere Stufen* der Grundfreiheitenprüfung entfalten. Von Interesse sind hier insbesondere Zusammenhänge mit der *Beeinträchtigungsebene.* Eine Modifikation der Rechtfertigungsprüfung kann insbesondere dazu führen, dass dort *neue Prüfungen* erforderlich werden (sofern z. B. nicht spürbare Beeinträchtigungen aus der Rechtfertigungsprüfung ausgeklammert werden sollen, muss auf der Ebene der Beeinträchtigung entschieden werden, ob eine Maßnahme nicht spürbar ist).[3424]

a) Testvarianten

In Analogie zur Handhabung des allgemeinen Gleichheitssatzes durch das Bundesverfassungsgericht oder zur 3-Stufen-Theorie im Bereich der Berufsfreiheit[3425] könnte der EuGH je nach *Beeinträchtigung der Grundfreiheit* oder je nach *Beeinträchtigung der mitgliedstaatlichen Interessen* die *Reichweite seiner Verhältnismäßigkeitsprüfung anpassen.*[3426] Hier kann auf zweierlei Art

[3424] Die nachfolgenden Überlegungen knüpfen an die Erkenntnisse der Rechtssystemwettbewerbsanalysen an, s. b. Fn. 1239 ff.

[3425] *Solbach*, 251 f. m. w. N.

[3426] Vgl. *von Wilmowsky*, EuR 1996, 362 (374).

und Weise vorgegangen werden: Entweder können die Kontrollstandards *von Fall zu Fall* modifiziert werden[3427] oder es kann nach Fallgruppen differenziert werden (z. B. unmodifizierte Verhältnismäßigkeitsprüfung X für alle Fälle der Fallgruppe A und modifizierte Verhältnismäßigkeitsprüfung Y für alle Fälle der Fallgruppe B).[3428] Eine fallgruppenweise Konkretisierung stellt nichts anderes dar, als eine *im Voraus vorgenommene Abwägung* der beiden maßgeblichen Topoi für eine Gruppe von Fallkonstellationen, die wertungsrelevante Übereinstimmungen und Ähnlichkeiten aufweisen. Der Rechtsanwender muss dann nachprüfen, in welche Fallgruppenkategorie der jeweilige Sachverhalt fällt und ob die für diese Fallgruppe maßgeblichen Voraussetzungen (für eine Grundfreiheitenverletzung) erfüllt sind. Anstatt eine modifizierte Verhältnismäßigkeitsprüfung vorzunehmen, könnte in bestimmten Fällen auch auf eine Rechtfertigungsprüfung *verzichtet* werden. Entsprechende Fälle müssten dann schon auf der *Beeinträchtigungsebene* ausgeklammert werden. Auch ein fallgruppendifferenziertes Modell könnte möglicherweise jedoch nicht gänzlich auf Wertungsbegriffe und Abwägungen verzichten (mit Blick z. B. auf Spürbarkeitskriterien oder eine rule of remoteness), die aber ihrerseits wieder durch Leitlinien und Orientierungspunkte ausgefüllt werden können.

aa) Wegfall oder Modifizierung der Teilprüfungen des Verhältnismäßigkeitsgrundsatzes

Denkbar ist zunächst eine, zwei oder alle drei Teilprüfung/-en des Verhältnismäßigkeitstests gänzlich (und ggf. ersatzlos) *wegfallen* zu lassen, also bestimmte mitgliedstaatliche Maßnahmen überhaupt nicht auf ihre Geeignetheit,[3429] Erforderlichkeit und/oder Angemessenheit zu untersuchen. Dies gilt insbesondere für die *dritte* Prüfungsstufe der Verhältnismäßigkeit im engeren Sinne (Angemessenheit).

In Betracht kommt sodann eine *Modifizierung* (der Intensität) der drei Teilprüfungen:[3430] Mitgliedstaatliche Maßnahmen könnten nur *eingeschränkt* auf ihre Geeignetheit, Erforderlichkeit und/oder Angemessenheit überprüft werden. Im Rahmen der Geeignetheit könnten grundsätzlich die Prognosen der mitgliedstaatlichen Stellen zugrunde gelegt werden. Ein Evidenzmaßstab

---

[3427] Hierzu insbesondere *Solbach*, 250 ff., der sich gerade nicht auf einzelne Fallgruppen festlegen möchte.

[3428] S. b. Fn. 3455 zur Diskussion der Frage, welche der beiden Varianten die vorzugswürdige ist.

[3429] *Solbach*, 258 etwa möchte nur untersuchen, ob eine Maßnahme ein legitimes Ziel verfolgt und diesem „förderlich“ ist.

[3430] Z. B. halten *Trstenjak/Beyer*, EuR 2012, 265 (277) die zwingenden Erfordernisse zwar auch auf Diskriminierungen für anwendbar, doch stellen sie auf der Ebene der Verhältnismäßigkeit dann verschärfte Anforderungen.

könnte z. B. mit Blick auf die Geeignetheit darauf abstellen, dass eine Maßnahme offensichtlich ungeeignet ist oder dass es für das Gericht bereits ohne Hinzuziehung eines Sachverständigen ersichtlich ist, dass die Maßnahme das Ziel nicht einmal minimal befördern oder die Wahrscheinlichkeit der Zielerreichung nicht einmal geringfügig erhöhen kann. Sämtliche (auch die nachfolgend dargestellten *prozeduralen*) Kriterien sollten dabei möglichst einfach handhabbar und nachprüfbar sein.

Auch von den allgemeinen Regeln betreffend die Darlegungs- und Beweislast – nach allgemeinen Regeln trägt auf der Beeinträchtigungsebene der Grundfreiheitenberechtigte die Beweislast, auf der Rechtfertigungsebene der Mitgliedstaat – könnte abgewichen werden, indem dem grundfreiheitenberechtigten Exporteur die Beweis- und/oder Darlegungslast auferlegt würde, und zwar sowohl im nationalen Gerichtsverfahren als auch vor dem EuGH. Dies ist auch denkbar in Bezug auf die Kosten, die schon auf der *behördlichen* Ebene entstehen: Einem Exporteur könnten daher entweder Verwaltungskosten im Zusammenhang mit Art. 35 Alt. 2 AEUV nachträglich in Rechnung gestellt oder von vorneherein verlangt werden, dass der Exporteur sein Begehren mit hinreichenden (und finanziell von ihm zu tragenden) Rechtsgutachten, Nachweisen o. Ä. verbindet.[3431] Kommt es zum Gerichtsprozess und obsiegen die nationalen Behörden, müssen die Exporteure die Kosten des gerichtlichen Verfahrens schon nach allgemeinen Grundsätzen tragen.

Eine solche Darlegungs- und Beweislastumkehr wäre auch mit den Verfahrensregeln des Europäischen Gerichtshof vereinbar (die ggf. grundfreiheitenkonform auszulegen wären): Das nationale Gericht kann sich in seinem Vorabentscheidungsersuchen auf den rechtlichen Vortrag der Parteien stützen (soweit es z. B. seine Zweifel bezüglich der Auslegung von Unionsrecht darstellt [Art. 94 VerfO-EuGH]). Im Rahmen des Vorabentscheidungsverfahrens nach Art. 267 AEUV sind die Parteien des Ausgangsrechtsstreits berechtigt, „beim Gerichtshof Schriftsätze einzureichen oder schriftliche Erklärungen ab[zu]geben" (Art. 23 II Satzung-GH). Der EuGH könnte innerhalb des Vorabentscheidungsverfahrens die skizzierten Darlegungs- und Beweislastregeln zugrunde legen bzw. den schon im nationalen Verfahren maßgeblichen Darlegungs- und Beweislastregeln folgen oder auf das Verfahren vor dem nationalen Gericht verweisen (in dem Sinne, dass das Unionsrecht einer nationalen Norm im Falle des Vorliegens eines Sachverhaltes X entgegenstünde, wobei die Prüfung, ob der Sachverhalt gegeben ist, an das vorlegende Gericht verwiesen würde[3432]).[3433]

[3431] S. hierzu schon umf. b. Fn. 1198 ff.

[3432] Vgl. *Zierke*, 25.

[3433] Nach Auffassung von *Tiedje*, in: von der Groeben/Schwarze/Hatje, Art. 49 AEUV Rn. 132 Fn. 266 ergebe sich die Darlegungs- und Beweislast aus dem nationalen Recht.

Im Hinblick auf das Vertragsverletzungsverfahren gem. Art. 258 AEUV trägt die Kommission grundsätzlich die Darlegungs- und Beweislast.[3434] Die Einleitung eines Vertragsverletzungsverfahrens steht nach zustimmungswürdiger st. Rspr. im *Ermessen* der Kommission.[3435] Die Mitgliedstaaten tragen hier somit generell schon nicht die Darlegungs- und Beweislast. Soweit hiervon in bestimmten Fällen eine Ausnahme gemacht wird (etwa in Fällen einer sekundären Darlegungslast der Mitgliedstaaten), könnte hiervon im Bereich des Art. 35 Alt. 2 AEUV eine Rückausnahme gemacht bzw. streng an dem Grundsatz der Darlegungs- und Beweislast der Kommission festgehalten werden.

Zu einer Abschwächung der Rechtfertigungsprüfung führt es auch, wenn der Kanon der im Rahmen der Rechtfertigung legitimerweise verfolgbaren Interessen erweitert und auch auf bedeutende oder gar relevante, aber nicht *zwingende* Allgemeininteressen erstreckt wird: So hat *Epiney* die Einbeziehung von Inländerdiskriminierungen in den Tatbestand der Grundfreiheiten dadurch zu kompensieren versucht, dass sie die Menge der Rechtfertigungsgründe um „kulturpolitisch[e] Belange“[3436] erweitert hat, die über den „Schutz vor (polizeilichen) Gefahren“[3437] hinausgehen und auch „national[e] Eigenarten“[3438] anerkennen.[3439] In dieselbe Richtung weisen Vorschläge, die den Mitgliedstaaten eine *größere Definitionsmacht* für die Konkretisierung anerkannter zwingender Erfordernisse oder geschriebener Rechtfertigungsgründe verleihen wollen. Dies gilt im Besonderen für kulturell geprägte

[3434] Vgl. nur EuGH, Urt. v. 04.10.2007, Rs. C-179/06, Kom./Italien, Slg. 2007, I-8131 Rdnr. 37; EuGH, Urt. v. 25.10.2007, Rs. C-248/05, Kom./Irland, Slg. 2007, I-9261 Rdnr. 66; s. a. *Karpenstein*, in: Grabitz/Hilf/Nettesheim, Art. 114 AEUV Rn. 76.

[3435] EuG, Beschl. v. 12.11.1996, Rs. T-47/96, Slg. 1996, II-1559, Rn. 42 (*SDDDA/Kommission*); EuGH, Beschl. v. 23.05.1990, Rs. C-72/90, Slg. 1990, I-2181, Rn. 13 (*Asia Motor France/Kommission*); s. a. *Cremer*, in: Calliess/Ruffert, Art. 258 AEUV Rn. 41 f. m. w. N.

[3436] *Epiney*, 253.

[3437] *Epiney*, 253.

[3438] *Epiney*, 253.

[3439] Ähnl. – allerd. ohne Bezug zum speziellen Fall der umgekehrten Diskriminierung – auch *Guastaferro*, Jean Monnet Working Paper No. 01/12, 57 ff.; *Rauer* verlangt einschränkend, dass die solchermaßen gewonnene zwingende Erfordernisse von einer gewissen *Allgemeingültigkeit* i. d. S. sein müssen, dass sie in allen Mitgliedstaaten – ggf. auch in abweichender Form – grundsätzlich bekannt und anerkannt sind; *Heimann* erwägt in Anlehnung an die Kohärenz der Steuerregelungen die Anerkennung eines Rechtfertigungsgrundes bezüglich der „Kohärenz des Privatrechts“, i. E. aber abl. *Heimann*, 185 ff.; s. a. *Steindorff*, ZHR 148 (1984), 338 (346 ff.), der allerd. *prozedural* voraussetzt, dass der Mitgliedstaat das Binnenmarktziel und das eigene Regelungsanliegen miteinander mindestens „ernsthaft“ abgewogen haben müssen (347).

Rechtfertigungsgründe wie z. B. dem der „öffentlichen Sittlichkeit“ in Art. 36 S. 1 AEUV.[3440]

Schließlich kommt es in Betracht, konkrete Verhältnismäßigkeitsprüfungen soweit wie möglich von den dezentralen nationalen Gerichten vornehmen und von europagerichtlicher Seite nur abstrakte Leitlinien aufzustellen zu lassen. Hier kommt es zwar zu einer horizontalen, aber – je nach Entscheidungsspielraum der nationalen Gerichte – nur zu einer begrenzten vertikalen Gewaltübertragung.

bb) Prozeduralisierung

Auf die *institutionenökonomischen Ursachen*[3441] exportschädlicher Maßnahmen zugeschnitten wäre eine *prozeduralisierte* Verhältnismäßigkeitsprüfung. Diese stellt eine Alternative dar zur klassischen *Ergebnis*kontrolle. Das Entscheidungs*verfahren* (v. a. Gesetzgebungsverfahren), an dessen Ende ein die Warenausfuhrfreiheit beeinträchtigender Akt steht, müsste hiernach wenigstens *geeignet* sein, ein angemessenes Ergebnis herbeizuführen: Es könnte gefragt werden, ob die jeweiligen nationalen Stellen in einem transparenten Verfahren alle maßgeblichen Interessen zur Kenntnis genommen und bestimmten Interessen begründet der Vorzug gegeben wurde,[3442] ob eine hinreichende (Mindest-)Verfahrensdauer und -intensität gegeben war und ob Alternativen zur die Warenausfuhrfreiheit beeinträchtigenden Maßnahme erwogen wurden.[3443] Dabei könnte auch geprüft werden, ob empirische Annahmen unter Einhaltung wissenschaftlicher Standards ermittelt wurden. Diese Aufzählung ist nicht abschließend. Weitere Pflichten erscheinen denkbar.[3444]

Eine Prozeduralisierung könnte kombiniert werden mit den bereits genannten Modifikationen der Verhältnismäßigkeitsprüfung: So könnte die Darle-

---

[3440] Vgl. *Rauer*, 256 f.

[3441] S. zu diesem institutionenökonomischen Aspekt b. Fn. 1118 ff.

[3442] Vgl. *Scott*, Harvard Jean Monnet Working Paper No. 3/99; s. a. *Reyes y Ráfales*, Rechtstheorie 45 (2014), 35 ff.; *Maduro*, 173 ff. stellt ideentheoretisch auch auf den Prozess ab, indem nur solche Maßnahmen – inhaltlich – vom EuGH überprüft werden, von denen Personen betroffen werden, die bei dem Verfahren, das in die Maßnahme gemündet hat, nicht beteiligt waren. In seiner Dissertation aus dem Jahr 1971 stellt auch *Röhling* (u. a.) darauf ab, ob „den Äußerungen von maßgeblich an der Entstehung einer staatlichen Vorschrift beteiligten Personen die Absicht der Protektion oder Diskriminierung zu entnehmen ist“ (54). Diese Auffassung *Röhlings* verharrt – verständlicherweise – jedoch noch der zur damaligen Zeit besser vertretbaren (und vor allem im deutschen Diskurs vertretenen) Sicht auf Art. 34 f. AEUV, nach der die Warenverkehrsfreiheit zuvorderst ein Protektionismusverbot statuiert. In der heutigen Zeit dürften sich etwaige protektionistische Absichten kaum nachweisen lassen. Krit. *Davies*, JEPP 19 (2012), 76 (81).

[3443] Vgl. zu entsprechenden Anklängen in der EuGH-Judikatur zu den EU-Grundrechten d. Nachw. in Fn. 1230.

[3444] Vgl. *Reyes y Ráfales*, Rechtstheorie 45 (2014), 35 ff. m. w. N.

gungslast für einen angemessenen Ablauf des Verfahrens nicht dem die beeinträchtigende Maßnahme erlassenden Mitgliedstaat, sondern dem Grundfreiheitenberechtigten auferlegt werden. Auch könnte nur ein Plausibilitäts-, Willkür- oder Evidenztest vorgenommen werden. Zudem wäre es möglich, eine intensive prozedurale Überprüfung mit einer materiellen Evidenzkontrolle zu verbinden.

Auch die *Rechtsfolgen* der Feststellung einer Grundfreiheitenverletzung könnten bei einer prozeduralisierten Kontrolle modifiziert werden: Den Mitgliedstaaten könnte eine Frist gesetzt werden, innerhalb derer sie das mangelhafte Verfahren „heilen", d. h. versäumte oder mangelhafte Verfahrensschritte (oder ggf. das gesamte Verfahren) nachholen müssten. Erst wenn dies nicht geschieht, dürften sich die Exporteure auf die Regelungen anderer Mitgliedstaaten berufen oder nun eine materielle Prüfung verlangen.[3445]

b) Leistungsfähigkeit der Verhältnismäßigkeitsprüfung

Fraglich ist, ob die Verhältnismäßigkeitsprüfung als Prüfungsmaßstab – auch in ihren oben skizzierten Facetten und Varianten – hinreichend *leistungsfähig* ist, um den Konflikt zwischen dem Binnenmarktziel und den mitgliedstaatlichen Kompetenzen zu moderieren. Zum Teil wird eingewandt, Verhältnismäßigkeitsprüfungen seien mit bestimmten Schwierigkeiten behaftet und in einigen Ländern bestünden keine (ausreichenden) Erfahrungen mit diesem Prüfungsmaßstab.[3446] Es sei problematisch, dass auch unterinstanzliche Gerichte in den Mitgliedstaaten als „Unionsgerichte erster Instanz"[3447] im Rahmen der Verhältnismäßigkeitsprüfung über die Primärrechtswidrigkeit formeller Gesetze entscheiden müssten.

Zuzugeben ist, dass es sich bei dem Verhältnismäßigkeitsgrundsatz um ein kompetenzinvasives Instrument handelt, dessen Anwendung begründungs- und legitimationsbedürftig ist und bei dem (wie bei anderen gerichtlichen Kontrollmaßstäben) auch Anwendungsfehler auftreten können. Dem Verhältnismäßigkeitsgrundsatz *generell* die Eignung zur Moderation des Konflikts zwischen dem Binnenmarktziel und den mitgliedstaatlichen Kompetenzen abzusprechen, erscheint hingegen erheblich überzogen. Auch über allgemeine Defizite hinausgehende warenausfuhr*spezifische* Mängel sind nicht ersichtlich. Zur Begründung der hier vertretenen Auffassung kann zunächst auf die

---

[3445] Ähnl., aber in ganz anderem Kontext (nämlich dem der Subsidiaritätsprüfung von Sekundärrecht) *Groussot/Bogojević*, in: Azoulai, 234 (251). *Steindorff* möchte die *Angemessenheit* einer Regelung etwa nur dann auf Willkürfreiheit überprüfen, wenn der Mitgliedstaat das Unionsinteresse an freiem Handel und sein eigenes Regelungsanliegen ernsthaft abgewogen habe, *Steindorff*, ZHR 148 (1984), 338 (347).

[3446] S. d. umf. Nachw. in Fn. 3347.

[3447] Vgl. *Bell*, in: Birkinshaw/Varney, 277 (289).

bereits dargestellten[3448] denkbaren Modifikationen der Verhältnismäßigkeitsprüfung verwiesen werden, mit denen einige Defizite beseitigt und andere wenigstens abgemildert werden können (Umkehr der Beweislast; Übertragung der behördlichen und gerichtlichen Kosten auf die Exporteure; Wegfall von Teilprüfungen; Evidenzkontrollen; Prozeduralisierung; Fallgruppenbildung; Auslegungsleitlinien).

Die befürchteten Dysfunktionalitäten dürften auch weniger stark ausgeprägt sein, als dies von Kritikern behauptet wird: Die deutsche Verfassungsgeschichte und die europäische Verfassungsvergleichung belegen, dass mit Verhältnismäßigkeitsstandards, und zwar auch mit gleitenden und abgestuften (vgl. nur die Rechtsprechung des Bundesverfassungsgerichts zur Berufsfreiheit [3-Stufen-Theorie[3449]] und dem allgemeinen Gleichheitssatz[3450]), befriedigende Ergebnisse erzielt und die angestrebten Ziele tatsächlich befördert werden können. Die allgemeine Handlungsfreiheit und die (diese verdrängenden) spezielleren Freiheitsrechte des Grundgesetzes belegen, dass sogar ein Maßstab für *jedes* freiheitsverkürzende staatliche Handeln zu angemessenen Ergebnissen führen kann (was nicht bedeutet, dass ein solcher weiter Maßstab *hier* in Bezug auf Art. 35 Alt. 2 AEUV befürwortet würde). Das deutsche System des Grundrechtsschutzes mit einer institutionell starken Verfassungsgerichtsbarkeit, einem subjektiven Rechtsschutzsystem (Individualverfassungsbeschwerde) und einem breiten materiellen Grundrechtsschutz ist von vielen Ländern, insbesondere in Osteuropa, übernommen worden. Sodann ist der Verhältnismäßigkeitsmechanismus *mehrfach* in der EU-Rechtsordnung aufgegriffen und verankert worden. Es kann hier von einem regelrechten „Siegeszug" gesprochen werden: Nicht nur im Recht der Grundfreiheiten kann auf eine langjährige, sich verdichtende Tradition des Verhältnismäßigkeitsgrundsatzes verwiesen werden, auch als *kompetenzielle* (an den Sekundärrechtsetzer adressierte) Schranke hat der Grundsatz (mit dem Maastrichter Vertrag) Eingang in das Primärrecht gefunden und ist sowohl Bestandteil der ungeschriebenen EU-Grundrechte als auch der Europäischen Grundrechtecharta. Des Weiteren ist er Teil des Schutzes der Europäischen Menschenrechtskonvention (in der Auslegung des EGMR), die nicht nur von den EU-Staaten unterzeichnet wurde, sondern einen weit größeren Kreis an Signatarstaaten besitzt. Schließlich können sogar Länder, in deren Rechtsordnung der Verhältnismäßigkeitsgrundsatz ursprünglich einen Fremdkörper darstellte (wie z. B. das Vereinigte Königreich oder Irland), mittlerweile auf langjährige praktische Erfahrungen im Umgang mit dem Verhältnismäßigkeitsgrundsatz zurückblicken.

[3448] S. b. Fn. 3425 ff.

[3449] S. schon b. und in Fn. 3425.

[3450] Hier wird ein gleitender Maßstab angewandt: von einem Willkürtest bis zu einer strengen, modifizierten Verhältnismäßigkeitsprüfung.

Sodann kann eine möglichst weitgehende Übertragung der Verhältnismäßigkeitsprüfung auf die nationalen Gerichte technischen Fehlern (bei der Beurteilung nationalen Rechts) vorbeugen und den Eindruck einer „Fremdbestimmung aus Brüssel“ abmildern: Die Richter von nationalen Gerichten sind in den lokalen Kulturtraditionen verwurzelt und besitzen eine fundierte Kenntnis über die herrschenden moralischen Überzeugungen in „ihren“ Mitgliedstaaten. Sofern im Rahmen der Verhältnismäßigkeitsprüfung Abwägungen (auch solche impliziter Art) durchzuführen oder fachliche Fragen zu behandeln sind, dürften die Lösungen der nationalen Gerichte auf größere Akzeptanz stoßen. Zudem ist ihre Kenntnis der der Verhältnismäßigkeitsprüfung zu unterziehenden Rechtsnormen und des Rechtssystems, in das diese eingebettet sind, weitaus fundierter. Auf der anderen Seite muss die Einheitlichkeit der Europarechtsanwendung gewährleistet sein, ansonsten entstehen binnenmarktwidrige Wettbewerbsungleichheiten. Auch hier muss zwischen beiden Belangen praktische Konkordanz hergestellt werden.

Dass von einer Verhältnismäßigkeitsprüfung wegen ihrer Nachteile nicht gänzlich abgesehen, sondern eine Rechtfertigungsprüfung durchgeführt wird, stellt sodann die *grundsätzliche Linie des EuGH* dar. In dessen *case law* ist die *Wertung* verkörpert, dass eine Verhältnismäßigkeitsprüfung – bei allen tatsächlichen oder vorgeblichen Anwendungsschwierigkeiten – nicht als von *vorneherein unstatthafter Mechanismus*, sondern im Gegenteil als grundsätzlich taugliches und angemessenes Moderationsinstrument angesehen werden kann. Die Grundfreiheiten bzw. die sie auslegende Rspr. bringen bzw. bringt damit zum Ausdruck, dass in bestimmten Fällen *um des Binnenmarktes* und des Schutzes der grundfreiheitenberechtigten Anbieter und Nachfrager willen gewisse Anwendungsschwierigkeiten und Nachteile *in Kauf genommen* werden. Wenn die Verhältnismäßigkeitsprüfung wegen *allgemeiner* struktureller Defizite kritisiert wird (und nicht wegen warenausfuhrspezifischer), müsste sie daher auch *stets* und somit auch in Bezug auf andere Anwendungsfälle kritisiert werden, in denen ebenfalls legitime mitgliedstaatliche Interessen von der Verhältnismäßigkeitsprüfung betroffen werden (wie z. B. bei der Dienstleistungsfreiheit in Herkunftsstaatskonstellationen[3451]). Hierdurch würde ein fundamentaler Bestandteil der Grundfreiheitendogmatik infrage gestellt und, sofern der Verhältnismäßigkeitsgrundsatz nur in Bezug auf Art. 35 AEUV kritisiert würde, ein Wertungswiderspruch erzeugt.

Kritisch zu sehen ist die Prüfungsstufe der Verhältnismäßigkeit im *engeren* Sinne (Angemessenheit):[3452] Diese verlässt den Bereich der Faktenermittlung

[3451] Vgl. nur b. Fn. 2712 f.

[3452] Vgl. *Solbach*, 258. *Roth*, 316 weist in seiner rechtsvergleichenden Untersuchung zur US-amerikanischen interstate commerce clause insbesondere darauf hin, dass der Verhältnismäßigkeitsgrundsatz i. e. S. vom US-amerikanischen Supreme Court „zwar angedeutet, doch noch für keinen Fall allein tragend geworden“ sei.

und die eher technische Frage der Entwicklung alternativer regulatorischer Lösungen für legitime Ziele, vielmehr verlangt sie, dass der EuGH oder die nationalen Gerichte ihre *Wertungs*entscheidungen in bestimmten Fällen an die Stelle derjenigen z. B. nationaler Parlamente setzen, was legitimatorisch bedenklich ist. Auch ein weiteres Argument spricht hiergegen: Der EuGH billigt den Mitgliedstaaten dabei schon derzeit zu, darüber zu entscheiden, wie hoch der Schutz sein soll, mit dem sie einen bestimmten Belang verfolgen.[3453] Dass zwei Mitgliedstaaten unterschiedliche Auffassungen über die Höhe des Schutzniveaus besäßen, genüge nicht, um die Unverhältnismäßigkeit einer Maßnahme anzunehmen. Diese vom EuGH anerkannte Schutzniveausouveränität impliziert eine Abstandnahme von einer Überprüfung der Verhältnismäßigkeit i. e. S.: Denn wenn die Mitgliedstaaten darüber entscheiden dürfen, wie stark sie einen bestimmten Gemeinwohlbelang verfolgen wollen, dann entscheiden sie auch gleichzeitig darüber, wie viel Gewicht dem Unionsinteresse in Abwägung mit dem nationalen Regelungsinteresse zukommt.

Eine *prozeduralisierte* Kontrolle basiert auf der Überlegung, dass die nationalen Stellen zwar in der Lage sind, fachliche Fragen angemessen zu bewältigen, sie sich aber in einigen Fällen aus politischen Gründen für „irrationale" oder suboptimale Entscheidungen entscheiden wollen (z. B. wegen des Drucks konzentrierter inländischer Gruppeninteressen [z. B. von Umweltverbänden][3454]). Den Mitgliedstaaten wird hier nicht ein bestimmtes Ergebnis vorgegeben, also ihre Entscheidungsfreiheit eingeengt, sondern nur verlangt, dass sie den Prozess der Entscheidungsfindung verantwortungsvoll und hinreichend demokratisch und inklusiv gestalten. Eine Prozeduralisierung kann daher aus demokratischer Sicht als schonendes Kontrollinstrument angesehen werden.

Im Ergebnis sollten die Schwächen von Verhältnismäßigkeitsprüfungen bei deren Handhabung, Durchführung und ggf. Modifikation zwar *berücksichtigt* werden, insbesondere auf Gebieten, in denen wichtige mitgliedstaatliche Kompetenzen in Rede stehen, empfindliche Eingriffe in das demokratische Selbstbestimmungsrecht drohen oder die horizontale Gewaltenteilung erheblich beeinträchtigt wird. Doch rechtfertigt dies weder eine *gänzliche* Abkehr von dem Prüfungsmechanismus des Verhältnismäßigkeitsgrundsatzes, noch sind Besonderheiten von Art. 35 Alt. 2 AEUV ersichtlich, die eine *Sonderstellung* der Warenausfuhr rechtfertigen würden.

Zu entscheiden ist schließlich, ob der Verhältnismäßigkeitsmaßstab *von Fall zu Fall* modifiziert werden sollte (in Abhängigkeit vom Gewicht der

---

[3453] EuGH, Urt. v. 14.02.2008, Rs. C-244/06, Slg. 2008, I-505, Rn. 44 f. (*Dynamic Medien*); vgl. auch EuGH, Urt. v. 14.10.2004, Rs. C-36/02, Slg. 2004, I-9641, Rn. 37 (*Omega*); krit. *Rauer*, 259.

[3454] S. b. Fn. 1118 ff.

betroffenen mitgliedstaatlichen Kompetenzen) oder ob Modifikationen vielmehr *fallgruppenweise* erfolgen sollten: Wird die erste Variante zugrunde gelegt, kann den Besonderheiten des *Einzelfalles* Rechnung getragen werden. Doch ist mit dieser Variante eine gewisse *Rechtsunsicherheit* verbunden, da die Festlegung des Kontrollmaßstabs von einer einzelfallmäßigen Abwägung abhängt. Hierdurch kann in der Rechtspraxis nicht mit Sicherheit prädiziert werden, ob eine Maßnahme zu einer Grundfreiheitenverletzung führt. Sodann ist ein solcher Maßstab schwieriger zu handhaben, damit fehleranfälliger und kostenintensiver. Gleichzeitig ist es schwieriger die Rechtsprechung zu kontrollieren – auch mit Blick auf die meist spärlichen Begründungen des Gerichtshofs. Schließlich würde auch die Einzelfallgerechtigkeit nicht oder nur kaum beeinträchtigt, wenn Fallgruppen so gebildet werden könnten, dass sie – aus normativer Sicht – *hinreichend homogen* wären. Folglich sollte eine Modifikation der Verhältnismäßigkeitsprüfung im Regelfall *fallgruppenweise* erfolgen und nicht von Fall zu Fall.[3455]

2. Konkrete Beeinträchtigungstatbestandsmodelle[3456]

Im Folgenden wird eine Analyse *konkreter* Interpretationskonzepte für den Beeinträchtigungstatbestand von Art. 35 Alt. 2 AEUV vorgenommen.

a) Verhältnis von Auslegungsgrundlagen, Grundfreiheitentheorie und Modell

Die Grenzen zwischen Auslegungsgrundlagen, (Hintergrunds-)Grundfreiheitentheorie und Modell sind fließend: Denkbar ist es, eine Grundfreiheitentheorie als eine Strukturierung von Wertungsgesichtspunkten anzusehen, die zu abstrakt ist, als dass aus ihr ohne weitere Deduktion das Ergebnis für einen konkreten Fall gewonnen werden könnte, d. h., sie bedarf der Konkretisierung. Das Modell wäre dann so konkret, dass es direkt das Ergebnis für eine bestimmte Fallgruppe anzeigt (nach Subsumtion des Sachverhalts), aber gleichzeitig noch so abstrakt, dass es nicht nur einen bestimmten, sondern eine Reihe von Fällen erfasst. Falls erforderlich kann das Modell seinerseits unterdifferenziert und in Subtests für einzelne Fallgruppen aufgespalten werden, falls zu viele konträre Auslegungsgesichtspunkte in Einklang gebracht werden müssen. Und letztlich kann sogar die Subsumtion unter das Modell oder einer der Subtests als Konkretisierung angesehen werden, wenn innerhalb des Modells oder Subtests konträre Auslegungsgesichtspunkte abgebildet sind, die nur im Einzelfall in Einklang gebracht werden können.

[3455] Entsprechend werden die Implikationen des hier vertretenen Beeinträchtigungstatbestandsmodells für die Verhältnismäßigkeitsprüfung *fallgruppenweise* gebildet und dargestellt, s. zur hiesigen Fallgruppendarstellung b. Fn. 3721 ff.

[3456] *Hoffmann* spricht mit gleicher Bedeutung von „Behinderungstatbestand“, 75 Fn. 313.

b) Beschränkungsverbotsauslegungen

Eine Beschränkungsverbotsauslegung[3457] stellt auf die *Belastungswirkung an sich* ab. Für sie ist die Frage, ob auch *andere* Marktteilnehmer belastet werden, grundsätzlich irrelevant. Es kommt nicht auf einen irgendwie gearteten *Vergleich* an.

Unterschiedlich beurteilt wird, wie die Belastung *beschaffen* sein muss: Eine Variante stellt auf die *geschäftliche Freiheit*[3458] ab, also in grundrechtsähnlichem Sinne auf das Verbieten oder Eingrenzen von Handlungsmöglichkeiten – bzw. noch weiter gefasst: auf eine *Beeinflussung* von Handlungsparametern. *Hoffmann* beschreibt sie als „allgemeine Handlungsfreiheit im zwischenstaatlichen Verkehr gegenüber dem Zielstaat“.[3459]

Nach einer anderen transaktionsbezogenen Variante[3460] kommt es darauf an, dass Kosten entstehen oder Gewinne reduziert werden oder – noch extensiver – dass Kosten*risiken* erzeugt bzw. Gewinn*chancen* vermindert werden.[3461] Innerhalb dieses Konzepts ist es möglich, fein zu differenzieren, indem unterschiedliche Intensitätsstufen gebildet werden, z. B. wäre es denkbar, auf das Verringern oder Vernichten von wahrscheinlichen, höchstwahr-

---

[3457] Solche Modellvarianten sind im Laufe der Zeit heftiger Kritik ausgesetzt gewesen; unter Berufung auf „Wortlaut (...), Kompetenzverteilung“ sowie „dem Ziel der Sicherung des Wettbewerbs der nationalen Märkte einschließlich ihrer jeweiligen Regelungssysteme“ wendet sich etwa *Weyer*, 447 f., 415 ff. gegen eine solche Auslegung. Von *Roth* wird dies an einer Stelle für Art. 34 Alt. 2 AEUV erwogen, in: FIW, Bd. 160, 21 (40); mit Blick auf Art. 35 Alt. 2 AEUV lehnt *Roth*, ZHR 159 (1995), 78 (91) eine solche Sichtweise allerdings ausdrücklich ab. Weitere Literaturnachw. (allerdings zu Art. 34 AEUV) bei *Ulmer*, GRUR Int. 1973, 502 (504).

[3458] Vgl. *Füller*, 168 ff. Der EuGH verwendet den Begriff – ausdrücklich ablehnend – im Urteil *Keck et Mithouard* (Fn. 1954), vgl. nur die englische, deutsche und französische Sprachfassung: „commercial freedom“; „geschäftliche Freiheit“; „liberté commerciale“ (Rn. 14).

[3459] *Hoffmann*, 72; *Mühl*, 241 ff. jew. m. w. N.

[3460] Je nach Reichweite *kann* eine solche Interpretation der Warenverkehrsfreiheit mit dem vorgenannten Modell, das auf eine Einschränkung der geschäftlichen Freiheit abstellt, identisch sein, sie muss es aber nicht. Bei einer hinreichend restriktiven Auslegung sind Fallgestaltungen denkbar, in denen die geschäftliche Freiheit zwar beschränkt, eine Kostenbelastung aber (noch) nicht (oder nicht mit ausreichender Gewissheit) gegeben ist. Zu denken ist etwa an eine Konstellation, in der eine geschäftliche Maßnahme verboten ist, die einem bestimmten Unternehmen in einer bestimmten Situation keine Nachteile bringt, weil die verbotene Verhaltensweise für dieses spezielle Unternehmen ökonomisch gar nicht vorteilig wäre. Es könnte etwa an ein Werbeverbot oder an eine Einschränkung der Werbemöglichkeiten für einen Monopolisten gedacht werden, der ein Produkt der Daseinsvorsorge anbietet, wie etwa einen Gas- oder Elektrizitätsversorger, auf dessen Leistung die Abnehmer existenziell angewiesen sind, sodass Werbemaßnahmen auf dessen Absatz ohnehin keine Wirkung entfalten würden; a.A. wohl *Füller*, 168, 171.

[3461] Ähnlich *Füller*, 245. Gegen auf Kosten abstellende Auffassungen *Müller-Graff*, in: von der Groeben/Schwarze/Hatje, Art. 35 AEUV Rn. 15; *Roth*, ZHR 159 (1995), 78 (91).

scheinlichen, potenziellen oder nur hypothetischen Gewinnchancen abzustellen; Gleiches gilt für die Kostenentstehung. Gleichbedeutend und allein sprachlich anders gefasst ist ein Konzept, das darauf abstellt, ob die ausgeführten Warenmengen sich infolge der Maßnahme reduzieren oder reduzieren könnten bzw. ob der Warenaustausch trotz der staatlichen Maßnahme noch ungehindert stattfinden kann.[3462] Die verschiedenen ökonomisch oder freiheitsrechtlich konzipierten Ansätze können auch durch verschiedene Zusätze[3463] extensiviert oder restriktiviert werden.[3464] Dabei kann es sowohl um Kriterien gehen, die auf die *Intensität* einer Behinderung abstellen, als auch um solche, die *normativer* Natur sind. Z. B. können nur spürbare, erhebliche, spezifische, wahrscheinliche und substanzielle Behinderungen oder solche mit einem hinreichenden Bezug zum Substrat der jeweiligen Grundfreiheit (hinreichender lebenssachverhaltlicher Konnex) als Beeinträchtigungen gewertet werden.

c) Diskriminierungsverbotsauslegungen

Eine Diskriminierungsverbotsauslegung[3465] stellt im Anwendungsbereich von Art. 35 Alt. 2 AEUV auf einen Vergleich zwischen Waren ab, die für das EU-Ausland bestimmt sind, und Waren, die für das Inland vorgesehen sind. Sie knüpft daran an, dass entweder der Form und/oder der Wirkung nach die grenzüberschreitenden Sachverhalte schlechter behandelt werden. Das erste Element einer Diskriminierungsverbotsauslegung ist mithin ihre *vergleichen-*

[3462] *Bleckmann*, GRUR Int. 1986, 172 (180 f.). Literaturnachw. zu den insbesondere in der Anfangszeit der europäischen Integration vertretenen Ansichten zu einer „*Eignung* zur *Einfuhr*verringerung [Hervorh. d. Verf.]“ bei *Graf*, 52 Fn. 81; auch auf die Ausfuhr bezogene Nachw. bei *Roth*, Freier Warenverkehr, 42 Fn. 135; *Weyer*, 417 f. Eine Rechtsprechungsübersicht zu „Beschränkungsfällen“ (insbesondere auch im Anwendungsbereich von Art. 34 AEUV), die so definiert werden, findet sich bei *Weyer*, 352–408.

[3463] Letztlich handelt es sich bei der Bezeichnung als Restriktivierungs- oder Extensivierungs-„Zusatz“ um Konstrukte im Sinne des Konstruktivismus: Hiermit wird impliziert, dass es eine „Urform“ einer Beschränkungsverbotsauslegung gibt, die keine solchen Potenzialitäts-, Substanzialitäts- oder Wahrscheinlichkeitsbestandteile enthält. Die Geschichte der Grundfreiheitenwissenschaft beweist jedoch, dass es von Anfang an keine irgendwie geartete „Rohform“ gab und dass die Ansichten, die bereits zu Anfang eine „Eignung“ zur Ein- oder Ausfuhrverringerung ausreichen ließen, bereits Ausdruck (unbewusster oder bewusster) Vorwertungen waren. Es wird darauf hingewiesen, dass der *Verfasser* mit der hier gewählten sprachlichen und gliederungstechnischen Darstellungsform reine Ordnungszwecke verfolgen und keine Vor-Wertungen transportieren will. Die Darstellungsweise beruht mithin allein auf dem im Grundfreiheitenschrifttum Üblichen und soll keinen Wertungen implizieren.

[3464] S. umf. insbesondere auch zu den verschiedenen Arten von denkbaren Einschränkungskriterien vor allem b. Fn. 3490 ff. und b. Fn. 3539 ff.

[3465] Zur hier vertretenen Auffassung bezüglich der Reichweite eines in Art. 35 Alt. 2 AEUV enthaltenen Diskriminierungsverbots s. b. Fn. 3632 ff.

de Natur. Hinzukommen muss zweitens, dass *ein und derselbe Regulierer* für die disparaten Wirkungen verantwortlich ist.[3466] Jedes Diskriminierungsverbot verbietet gleichzeitig auch *bestimmte Beschränkungen*. Ohne (irgend-)eine Beschränkung kann nicht *ungleich beschränkt* werden.

Innerhalb des Diskriminierungskonzepts kann (bekanntlich) differenziert werden zwischen faktischen und rechtlichen Diskriminierungen. Eine trennscharfe Abgrenzung dieser beiden Kategorien ist allerdings nicht immer möglich.[3467] Hier herrscht auch eine große begriffliche Vielfalt: Statt des Begriffs der offenen Diskriminierung werden vielfach auch die Begriffe der formalen, unmittelbaren oder direkten Diskriminierung, statt des Begriffs der faktischen Diskriminierung die der mittelbaren, versteckten, indirekten oder verschleierten Diskriminierung gebraucht.[3468]

aa) Offene Diskriminierungen

Eine offene[3469] Diskriminierung liegt vor, wenn der Tatbestand einer Norm das Vorliegen des verbotenen Differenzierungsmerkmals (bei Art. 35 Alt. 2 AEUV: eine EU-Exporttransaktion) zur Voraussetzung einer negativen (oder: einer *abweichenden*[3470]) Rechtsfolgenanordnung macht.

bb) Faktische Diskriminierungen

Wesentlich problematischer und unschärfer ist die Fallgruppe der faktischen[3471] Diskriminierung. Sie stellt einen Umgehungstatbestand dar. Bei der faktischen Diskriminierung enthält der Tatbestand der Norm das verbotene Differenzierungsmerkmal zwar nicht, durch die Anknüpfung an andere Kriterien wird aber ein Ergebnis hergestellt, das einer offenen Diskriminierung *entspricht*.[3472] Problematisch ist nun, *wann* das Ergebnis dem einer offenen Diskriminierung „entspricht“.[3473]

[3466] S. umf. zur Frage, ob auch eine Wettbewerbsgleichheitsauslegung mit einer Diskriminierungsverbotskonzeption umfangen werden kann, b. Fn. 1885 ff.

[3467] S. b. Fn. 3476 ff. m. w. N.

[3468] Vgl. nur *Mühl*, 102 m. w. N.

[3469] S. zu äquivalent gebrauchten Termini b. Fn. 3468.

[3470] Statt einer *negativen* Rechtsfolgenanordnung könnte auch eine *abweichende* Rechtsfolgenanordnung gefordert werden: Dann müsste nicht mehr der Richter darüber entscheiden, ob es sich bei der abweichenden Rechtsfolgenanordnung um einen *Nachteil* handelt, sondern der *Grundfreiheitsberechtigte* und der Richter würde dann nur über die Rechtfertigung entscheiden.

[3471] S. zu äquivalent gebrauchten Termini b. Fn. 3468.

[3472] Vgl. nur die Nachw. b. *Mühl*, 104.

[3473] S. zur hier vertretenen Auffassung bezüglich der Reichweite des Verbots faktischer Diskriminierung und möglicher Probleme einer weiten Handhabung b. Fn. 3655 ff. und b. Fn. 3646 ff.

Zunächst könnte darauf abgestellt werden, dass bestimmte Typen von Regelungen *generell* dazu neigen, grenzüberschreitende Vorgänge stärker zu belasten als rein inländische. Es kommt dann nicht auf eine Betrachtung im *Einzelfall* an und auch nicht auf ein festes Prozentmaß, sondern auf eine *generalisierende* Betrachtung, die über Fallgruppen konkretisiert wird.[3474]

Alternativ könnte *in jedem Einzelfall* geprüft werden, ob eine Norm hauptsächlich EU-Ausländer betrifft. Es könnte dabei auf Schwellenwerte zurückgegriffen werden, bei deren Überschreitung vom Vorliegen einer faktischen Diskriminierung auszugehen wäre.[3475]

Die Analyse der Rechtsprechung zu Art. 35 Alt. 2 AEUV hat ergeben, dass die Abgrenzung zwischen einer rechtlichen und einer faktischen Diskriminierung im Einzelfall nicht immer eindeutig gelingt, weshalb bisweilen Dissens in der Literatur hinsichtlich der Einordnung eines Falles als faktische oder rechtliche Diskriminierung besteht:[3476] Fraglich ist, *inwiefern* eine rechtliche Diskriminierung bereits *in der Norm angelegt* sein muss: Nach hier vertretener (umstrittener) Auffassung sind auch solche Fälle als rechtliche Diskriminierung anzusehen, in denen der verfahrensgegenständliche Vorgang zwar nicht in der Norm genannt wird, aber bei denen an ein Kriterium angeknüpft wird, das eine Diskriminierung voraussetzt, sodass in *allen* von der Norm erfassten Fällen eine Diskriminierung gegeben ist. Ein solcher Fall liegt etwa bei ausschließlich an inländische Unternehmen vergebenen Genehmigungen oder Monopolrechten vor (z. B. *Inter-Huiles*, *Sydhavnens*)[3477] oder bei der Verleihung eines Qualitätszertifikats, das eine Verarbeitung im Inland voraussetzt (z. B. *Delhaize*, *Belgien/Spanien* [*Rioja*], *Ravil*, *Asda*).[3478] Der Begriff der faktischen Diskriminierung wäre dann für Fälle reserviert, in denen eine Norm ganz überwiegend, *aber eben nicht nur* Grenzüberschreitungsfälle umfasst oder nur unter bestimmten Bedingungen diese Wirkung entfaltet (wie in *Gysbrechts* beim Risiko der Nichtzahlung[3479]). Im Ergebnis kann dahinstehen, ob die genannten Fälle (mit Ausnahme von *Gysbrechts*) als rechtliche oder faktische Diskriminierung bezeichnet werden (folgerichtig hat der EuGH diese Fälle auch unter Zugrundelegung seiner engen *Groenveld*-Auslegung als Beeinträchtigung von Art. 35 Alt. 2 AEUV gewertet), denn die Diskrimi-

---

[3474] Vgl. hierzu nur mit wechselnden Formulierungen, EuGH, Urt. v. 29.10.1980, Rs. 22/80, Slg. 1980, 3428, Rn. 10 (*Boussac*); EuGH, Urt. v. 07.05.1998, Rs. C-350/96, Slg. 1998, I-2537, Rn. 29 (*Clean Car Autoservice*); EuGH, Urt. v. 29.04.1999, C-224/97, 1999, I-2530, Rn. 14 (*Ciola*); vgl. auch *Mühl*, 105 m. w. N.

[3475] Vgl. EuGH, Urt. v. 30.05.1989, Rs. 33/80, Slg. 1989, I-1606, Rn. 12 (*Allué I*); EuGH, Urt. v. 02.08.1993, Rs. C-259, 331, 332/91, Slg. 1993, I-4328, Rn. 12 (*Allué II*); *Mühl*, 106 m. w. N.

[3476] S. b. Fn. 591 ff. m. w. N.

[3477] S. n. Fn. 457.

[3478] S. b. Fn. 470 ff. und b. Fn. 523 ff. jew. m. w. N.

[3479] S. b. Fn. 591 ff. und b. Fn. 763 ff.

nierungsqualität ist in den genannten Konstellationen so stark, dass die Eingriffstiefe in beiden Konstellationen *wertungsmäßig* dieselbe ist.

Wie bei Beschränkungsverbotsauslegungen kann auch bei Diskriminierungsverbotsauslegungen verlangt werden, dass die Ungleichbehandlung eine *qualifizierte* sein muss: Z. B. kann verlangt werden, dass sie mit entsprechend starken Behinderungswirkungen einhergehen oder ein bestimmtes Ausmaß erreichen muss oder dass sie protektionistisch wirkt und – wie bei der *Groenveld*-Formel – ein (substanzieller) Vorteil für den inländischen und ein (substanzieller) Nachteil für den EU-ausländischen Handel gegeben ist.

d) Wettbewerbsgleichheitsmodell

Nach dem Wettbewerbsgleichheitsmodell können Exporteure – freilich immer nur auf der Beeinträchtigungsebene (d. h. vorbehaltlich der Rechtfertigung) und vorbehaltlich etwaiger einschränkender Kriterien (wie z. B. der Spürbarkeit) – gegenüber ihrem Herkunftsstaat verlangen, grundsätzlich *rechtlich* so gestellt zu werden, dass sie (rechtliche) Wettbewerbsgleichheit im Verhältnis zu den im Zielstaat ansässigen Händlern bzw. Produzenten genießen, d. h. sie können verlangen, ihre Waren unter den gleichen rechtlichen Bedingungen herzustellen und in den Zielstaat zu vertreiben wie die zielstaatlichen Händler bzw. Produzenten.[3480]

Nach einem noch weitergehenden Wettbewerbsgleichheitsmodell könnte der Herkunftsstaat dazu verpflichtet werden, es seinen Exporteuren nicht nur zu ermöglichen, zu den Bedingungen des *Zielstaats* zu wirtschaften, sondern darüber hinaus auch zu den Bedingungen *der anderen Herkunftsstaaten*, also zu den rechtlichen (und möglicherweise günstigeren) Bedingungen, denen *Exporteure anderer Mitgliedstaaten* unterliegen.

Wettbewerbsgleichheitsmodelle stellen weder Beschränkungs- noch Diskriminierungsverbotsauslegungen dar. Ein Wettbewerbsgleichheitsmodell stellt (anders als Beschränkungsverbotsauslegungen, aber wie Diskriminierungsverbotsauslegungen) auf einen *Vergleich* ab. Anders als Diskriminierungsverbotsauslegungen geht es aber nicht um den Vergleich von Maßnahmen *ein und desselben* Regulierers bzw. Mitgliedstaates, sondern *verschiedener* Mitgliedstaaten.[3481] Das Wettbewerbsgleichheitsmodell ist daher als Beeinträchtigungstatbestandsmodell *sui generis* anzusehen.

Analog zu Diskriminierungskonzepten kann unterschieden werden zwischen dem Recht auf *formale* oder *rechtliche* Wettbewerbsgleichheit und dem Recht auf *faktische* Wettbewerbsgleichheit. Der Maßstab formaler oder rechtlicher Wettbewerbsgleichheit verlangt, dass dieselben rechtlichen Vorschriften für die Exporteure gelten wie für die auf dem Zielmarkt tätigen (und in

---

[3480] S. zum *hier* vertretenen Wettbewerbsgleichheitskonzept b. Fn. 3664 ff.

[3481] S. umf. zu der Frage, ob alle Wettbewerbsungleichheiten *zugleich* faktische Ausfuhrdiskriminierungen darstellen, b. Fn. 1884 ff.

anderen Exportstaaten oder im Zielstaat ansässigen) Konkurrenten der Exporteure. Der Maßstab faktischer Wettbewerbsgleichheit statuiert, dass faktische Unterschiede zwischen Exporteuren und Zielmarktproduzenten und -händlern berücksichtigt werden, also dass Ungleiches nicht gleichbehandelt wird. Hier kann die Rechtsprechung zu faktischen Diskriminierungen des Waren*importes* (Art. 34 Alt. 2 AEUV) in erheblichem Maße fruchtbar gemacht werden: Z. B. müssen auch die Exportstaaten berücksichtigen, dass Exporteure in besonderer Weise auf den *Fernabsatz* angewiesen sind und dass sie Wettbewerbsnachteilen unabhängig davon unterliegen können, ob eine den Fernabsatz einschränkende Regelung im Herkunfts- und im Zielstaat gilt (also unabhängig vom Bestehen rechtlicher Wettbewerbsgleichheit). Eine Wettbewerbsungleichheit kann ferner aus einem (umfassenden) Werbeverbot (des Export- und des Zielstaates) resultieren, wenn die Zielmarkthändler und -produzenten bereits etabliert sind und daher nicht (in dem Maße) auf Werbung angewiesen sind (wie die Exporteure).

Wie bei den Beschränkungs- und Diskriminierungsverbotsauslegungen können auch bei Wettbewerbsgleichheitsmodellen weiche Einschränkungskriterien verlangt werden.

e) Abwandlungen und Einschränkungen von den Grundmodellen

Es sind Modelle denkbar, die Elemente *mehrerer* Konzepte besitzen („Hybridmodelle"), die z. B. für bestimmte Regelungen (z. B. Produktionsregelungen) ein Diskriminierungsverbot vorsehen und für andere (z. B. Produktregelungen) ein Beschränkungsverbot.

Manche Autoren begrenzen ein (angebliches) Beschränkungsverbot auf Fälle, denen eine Diskriminierung inhärent ist, und wenden „ansonsten" ein Diskriminierungsverbot an. In diesen Fällen handelt es sich in Wirklichkeit um implizite Diskriminierungsverbotsauslegungen.[3482]

Sodann gibt es die Möglichkeit, bestimmte Fallgruppen, denen *typischerweise* ein diskriminierendes Moment innewohnt, an einem „Beschränkungsverbot" zu messen. Dann *wurzelt* dieses „Beschränkungsverbot" in einer Diskriminierung. Es hat sich dann jedoch von einem Diskriminierungsverbot *emanzipiert*. Streng genommen handelt es sich um ein *bereichsweises* Beschränkungsverbot.

Eng verwandt mit den bereits mehrfach angesprochenen weichen Einschränkungskriterien (worunter z. B. Spürbarkeitskriterien fallen) ist die Voraussetzung eines *grenzüberschreitenden Sachverhalts*:[3483] Es muss geprüft werden, welche Verbindungen zu einer Grenzüberschreitung (hier: zum Export) im konkreten Fall erforderlich ist, damit eine Ware gem. Art. 35 Alt.

[3482] Vgl. *Maduro*, in: Rosas/Levits/Bot, 485 (488 f.); *Roth*, in: FIW, Bd. 160, 21 (36 Fn. 102); *Snell/Andenas*, Int'l & Comp. Corp. L. J. 2 (2000), 239 (253).

[3483] S. umf. zur hiesigen Interpretation dieses Kriteriums b. Fn. 3705 ff.

2 AEUV geschützt wird (fraglich ist z. B., ob es ausreicht, dass eine Ware nur *möglicherweise* in das EU-Ausland exportiert wird, oder ob erforderlich ist, dass sie *mit Sicherheit* exportiert wird).[3484]

Zu denken ist auch an abstrakt-generelle Kriterien, die hier im Rahmen der weichen Einschränkungskriterien behandelt werden (darunter fällt z. B. die Frage, ob ein vor dem Export angesiedelter Sachverhalt [wie Produktionsregelungen z. B.] oder ein bestimmtes Rechtsgebiet *generell* aus Art. 35 Alt. 2 AEUV ausgeklammert werden sollten).[3485]

IV. Aus der bisherigen Analyse abgeleitete Modellanforderungen

Den mitgliedstaatlichen Kompetenzen könnte nicht nur *auch*, sondern *abschließend* auf der *Rechtfertigungsebene* Rechnung getragen werden.[3486] Dies würde voraussetzen, dass ein extrem weiter Beeinträchtigungstatbestand zugrunde gelegt würde (denn in dem Fall wäre dann ausschließlich das Binnenmarktziel auslegungsleitend). Damit würde (auf der Beeinträchtigungsebene) ein extrem rechtssicherer[3487] und (richterliche) Willkür ausschließender Prüfungsmaßstab instituiert, der zudem nur minimale Rechtsinformationskosten provozierte. Auf der anderen Seite wäre der damit verbundene Anspruch auf negative Integration vorbehaltlich der Rechtfertigung ein absoluter und die Kontrolle (und damit die Macht) der Gerichte eine totale. Alle

---

[3484] Dagegen wird eine Interpretation des grenzüberschreitenden Sachverhalts als *abstrakt-generelles* Kriterium hier abgelehnt. Diese Funktion übernehmen jedoch parallel liegende andere Auslegungsgesichtspunkte, s. umf. in Fn. 3549 m. w. N.

[3485] S. umf. b. Fn. 3540 ff.

[3486] Vgl. Generalanwalt *Jacobs* (Fn. 2525), Rn 50 (*Alpine Investments*) zur (seiner Auffassung nach hinreichenden) Berücksichtigung der Interessen des Herkunftsstaates durch die Möglichkeit der Rechtfertigung, wenn der Tatbestand der *Dienstleistungs*freiheit auch auf Beschränkungen erstreckt wird; s. auch *Epiney*, 68 f.; *Lackhoff*, Niederlassungsfreiheit, 437–439; *Schilling*, EuR 1994, 50 (61 ff.); *Solbach*, 147; *Streil*, in: Beutler/Bieber/Pipkorn/Streil, 294–297; *Szydło*, CMLR 47 (2010), 753 (768); *Tassikas*, 248; *Valta*, 440 ff., 459 ff.; *Weatherill*, CMLR 33 (1996), 885 (898); *von Wilmowsky*, EuR 1996, 362 (374); andeut. *Klauer*, 87; *Müller-Graff*, ZHR 159 (1995), 34 (73); vgl. auch *Mattera*, 522; *Roth*, in: FS Heldrich, 973 (987); *ders.*, IPRax 2003, 117 (121); feststellend, dass dies der generellen Grundauffassung des EuGH entspricht *Barnard*, in: dies./Odudu, 273 (298). *Rauer*, 211, 269 möchte die mitgliedstaatlichen Interessen *vor allem* auf der Rechtfertigungsebene berücksichtigen, allerd. zu einem (erheblich) geringeren Teil auch auf der Tatbestandsebene.

[3487] Natürlich ist dies nur eine konzeptionelle Möglichkeit der Schaffung von Rechtssicherheit – ein anderer Weg wäre eine *extrem restriktive* Auslegung, bei der das Vorliegen einer Beeinträchtigung im Vorhinein definitiv ausgeschlossen werden kann. Aus systematisch-teleologischer Sicht wäre eine solche Auslegung freilich schwer vereinbar mit dem Binnenmarktziel und der Fallrechtsprechung des EuGH.

sich auf die Warenausfuhr auch nur entfernt, potenziell und/oder gering auswirkenden Rechtsvorschriften der Mitgliedstaaten würden damit den Verhältnismäßigkeitsvorstellungen des EuGH bzw. der mitgliedstaatlichen Gerichte anheimgestellt.

Fraglich ist, ob dem nicht entgegnet werden kann, dass diese Machtfülle auf der Rechtfertigungsebene wieder eingefangen werden kann. Doch sofern dann nicht das *umgekehrte* Ergebnis erzielt wird und jede mitgliedstaatliche Regelung, die irgendwie nicht evident unzulässig erscheint, für *zulässig* erklärt werden soll, müsste die wegen ihrer Nachteile kritisierte Einzelfallprüfung *auf der Rechtfertigungsebene substituiert* werden. Dieses Problem kann abgemildert werden, indem ein Kompromiss auf der Rechtfertigungsebene gefunden wird, wobei dort zwar eine zurückhaltende (also modifizierte), aber keine reine „Scheinprüfung" durchzuführen wäre. Wenn Abgrenzungen auf der Ebene des Beeinträchtigungstatbestands vermieden werden sollen (z. B. zwischen Produkt- und Produktionsregelungen), müsste dieser reduzierte Maßstab aber für *alle* Fallgruppen gelten, und zwar auch für Konstellationen, in denen das Binnenmarktziel *gravierend* betroffen wäre. Dabei ist zu berücksichtigen, dass die Beweis- und Darlegungslastverteilung auf der Beeinträchtigungs- und Rechtfertigungsebene divergierte (was jedoch ebenfalls modifiziert werden könnte). Es muss daher ein *Kompromiss* gefunden werden zwischen Anwendungseinfachheit, Rechtssicherheit und Kontrollierbarkeit der Gerichtsbarkeit einerseits sowie Wertungsgerechtigkeit, Effektivität des Grundfreiheitenschutzes und Berücksichtigung der Auslegungsgrundlagen andererseits. Eine der wichtigsten (und in der Diskussion unterbetonten) Erkenntnisse der konzeptionellen Analyse ist, dass die (allgemeinen und spezifischen) *strukturellen Eigenschaften* und *Begrenzungen von Grundfreiheitenprüfungen* (mit den Unterebenen der Beeinträchtigung und der Rechtfertigung) von fundamentaler Relevanz sind für die Konzeptionierung des Beeinträchtigungstatbestands einer Grundfreiheit. Die *Umsetzbarkeit* eines (der Interpretation einer Grundfreiheit zugrunde liegenden) Auslegungsgesichtspunktes *bestimmt dessen Relevanz für die Konzeptionierung des Beeinträchtigungstatbestands mit*. Die Besonderheiten einer jeden Grundfreiheit dürften dabei dergestalt sein, dass dieser Kompromiss für jede Grundfreiheit *individuell* gefunden werden müsste. Pauschallösungen (für alle Grundfreiheiten) verbieten sich hier. Lassen sich z. B. bestimmte Fallgruppen (etwa Produktionsregelungen und Produktregelungen[3488]), die mit Blick auf das Binnenmarktziel und die mitgliedstaatlichen Kompetenzen unterschiedlich zu beurteilen sind, gut voneinander abgrenzen, spricht dies dafür, auf der Beeinträchtigungsebene zu differenzieren (d. h. zu prüfen, in welche Fallgruppe eine

---

[3488] Hierbei handelt es sich um ein theoretisches Beispiel. Ob dies in Bezug auf diese beiden Fallgruppen tatsächlich der Fall ist, ist im Rahmen der Darstellung des eigenen Modells zu klären, s. b. Fn. 3736 ff.

Konstellation fällt) und an jede der Fallgruppen unterschiedliche Rechtfertigungsstandards anzulegen (und ggf. eine der Fallgruppen ganz von einer Rechtfertigungsprüfung auszunehmen). Unterscheiden sich bestimmte Fallgruppen aus systematisch-teleologischer Sicht nur minimal und ist eine Abgrenzung rechtstechnisch schwierig, sollte dafür plädiert werden, nicht auf der Beeinträchtigungsebene zu differenzieren und einheitliche Rechtfertigungsstandards anzulegen.

Aus systematisch-teleologischer Sicht ist zu betonen, dass die bei der Entwicklung eines eigenen Modells durchzuführende Abwägung zwischen den beiden Topoi nicht so gelagert ist, dass eine starke Betroffenheit des Binnenmarktes immer oder in aller Regel mit einer schwachen Betroffenheit des Regulierungsinteresses des Exportstaates einhergeht und vice versa. Es ist also möglich, dass beide Belange sehr stark betroffen sind (z. B. bei den Marktzugang versperrenden Umweltschutzanforderungen an Produktionsanlagen), aber ebenso, dass der eine schwach und der andere intensiv betroffen ist (z. B. bei Produktregelungen). Mithin kann ein Konzept, das beide Belange auf der Beeinträchtigungsebene zu berücksichtigen sucht, nicht auf eine Regel reduziert werden, die nur die Betroffenheit *eines* Belangs untersucht und dabei gleichzeitig die Betroffenheit eines anderen Belangs *inzident* prüft. Beide Belange müssen daher bei der Fallgruppenbildung berücksichtigt und zum Ausgleich gebracht werden. Hierdurch wird (zunächst einmal nur) der *Konzeptionierungs*vorgang, d. h. die Fallgruppenbildung (und nicht unbedingt der Subsumtionsvorgang), umfangreicher und komplexer. Sofern das Ergebnis der Abwägung beider Belange allerdings nicht in klar abgegrenzte Fallgruppen übersetzt werden kann (etwa weil eine Abgrenzung nicht möglich ist), muss eine Abwägung zwischen dem Binnenmarktziel und den mitgliedstaatlichen Kompetenzen *in jedem Einzelfall* durchgeführt werden, um zu entscheiden, ob eine Maßnahme eine Beeinträchtigung darstellt (und daher einer Rechtfertigungsprüfung unterzogen werden muss). Wiederum ist aber die konzeptionelle Realisierbarkeit der Lösungen zu berücksichtigen.

Sofern das Binnenmarktziel in seiner Ausprägung als Wettbewerbsgleichheitsgebot eine konzeptionelle Grundsäule des Beeinträchtigungstatbestands darstellt, aber eben nicht bei jedem noch so geringen Eingriff in die Wettbewerbsgleichheit eine (die Rechtfertigungsbedürftigkeit einer Maßnahme auslösende) Beeinträchtigung von Art. 35 Alt. 2 AEUV angenommen werden soll, müssen Kriterien entwickelt werden, mit denen dieses Ergebnis erreicht werden kann.[3489] Sofern die mitgliedstaatlichen Kompetenzen überhaupt nicht in legitimer Weise berührt (insbesondere nur vorgeschoben) sind und das Binnenmarktziel erheblich betroffen ist, ist ein *sehr weiter* Beeinträchtigungstatbestand zu befürworten.

[3489] Hier kommen die weichen Einschränkungskriterien in Betracht, s. b. Fn. 3490 ff. und b. Fn. 3539 ff.

V. „Weiche“ Einschränkungskriterien[3490] (insbesondere Spürbarkeitskriterien)

Oben wurde bereits die *st. Rspr.* zu verschiedenen impliziten wie expliziten „weichen“ Einschränkungskriterien dargestellt.[3491] Im Folgenden soll unter-

[3490] Ein Einschränkungskriterium mit unterschiedlichen Bezeichnungen und Bedeutungsnuancen befürwortend *Barnard*, 147; *Chalmers*, ICLQ 42 (1993), 269 (293); *Cordewener*, 293 ff.; *Ebers*, 491; *Engel*, JZ 2005, 940 (941); *Everling*, EuR 1982, 301 (304 f.); *Feiden*, 40 ff.; *Fezer*, JZ 1994, 317 (324); *ders.*, JZ 1994, 623 (624); *Fezer*, WRP 1995, 671 (673); *Fogler-Deinhardstein*, ZfRV 2005, 22 (29 f.); *Greaves,* Fordham Int'l L. J. 29 (2005), 690 (696 f.); *Hatzopoulos*, CMLR 37 (2000), 43 (82); *Horsley*, 165 ff.; *Jansson/Kalimo*, CMLR 51 (2014), 523 (557); *Langner*, RabelsZ 65 (2001), 222 (235 ff.); *Lenaerts*, in: Terryn/Straetmans/Colaert, 95 (115); *Rabe*, in: Schwarze, 41 (51); *Rohe*, RabelsZ 61 (1997), 1 (57); *Rolshoven*, 241; *Roth*, in: Terryn/Straetmans/Colaert, 119 (132 f.); *Sack*, GRUR 1998, 871 (873); *ders.*, WRP 1998, 103 (116 f.); *ders.*,WRP 2000, 23 (28); *Shuibhne*, E. L. Rev. 27 (2002), 408 (416); *Steiner*, CMLR 29 (1992), 749 (772 ff.); *Streil*, in: Beutler/Bieber/Pipkorn/Streil, 297; *Stuyck*, in: Dony/De Walsche, 1477 ff. (1486); *ders.*, EJCL 10 (2012), 343 (355 f.); *Szydło*, CMLR 47 (2010), 753 (768 f., 779); *Thomas*, NVwZ 2009, 1202 (1206 f.); *VerLoren Van Themaat*, in: FS Günther, 373 (384 f.); Generalanwalt *Cosmas* (Fn. 547), Rn. 53–55 (*ED*); Generalanwalt *Darmon*, Schlussanträge v. 12.12.1989, Rs. 69/88, Slg. 1989, I-588, Rn. 11 ff. (*Krantz*), der allerd. an anderer Stelle den Terminus „spürbar“ ablehnt, vgl. Generalanwalt *Darmon*, Schlussanträge v. 15.09.1992, Rs. C-126/91, Slg. 1992, I-2373, Rn. 18 (*Yves Rocher*); ebf. ein Einschränkungskiterium befüwort. Generalanwalt *Fennelly* (Fn. 2774), Rn. 34 (*Graf*); an anderer Stelle differenziert er – allerd. mit Blick auf eine *makroökonomische* Fassung des Spürbarkeitskriteriums –: Generalanwalt *Fennelly*, Schlussanträge v. 16.06.1998, Rs. C-67/97, Slg. 1998, I-8035, Rn. 18 f. (*Bluhme*) und Generalanwalt *Fennelly* (Fn. 2580), Rn. 29 (*Corsica Ferries III*); Generalanwalt *Jacobs* (Fn. 3129), Rn. 42 ff. (*Leclerc-Siplec*); vgl. auch Generalanwalt *van Gerven*, Schlussanträge v. 16.03.1994, Rs. C-401, 402/92, Slg. 1994, I-2201, Rn. 20 (*Tankstation 't Heukse*); kritischer *Müller-Graff*, in: von der Groeben/Schwarze/Hatje, Art. 34 AEUV Rn. 59 f.; *ders.*, EuR 2002 Beiheft 1, 7 (46); differenzierend zwischen einem (anzuerkennenden) Kausalitäts- und einem (abzulehnenden) Substanzerfordernis *Jarass*, EuR 2000, 705 (713); Generalanwältin *Trstenjak* (Fn. 245), Rn. 56 (*Gysbrechts*); differenzierend – häufig zwischen (bejahter) rule of remoteness und (abgelehnter) Spürbarkeit – *Ahlfeld*, 44 ff.; *Becker*, EuR 1994, 162 (170); *Deckert/Schröder*, JZ 2001, 88 (90); *Ehlers*, in: ders., 4. Aufl., § 7 Rn. 105; *Epiney*, in: Ehlers, § 8 Rn. 52 f.; *Répasi*, EuZW 2011, 430 f.; *Schilling*, EuR 1994, 50 (60 ff.); vgl. mit Blick auf den Spezialfall des Vergaberechts Generalanwältin *Stix-Hackl*, Schlussanträge v. 14.09.2006, Rs. C-532/03, Slg. 2006, I-11355, Rn. 86–88 (*Kommission/Irland*) sowie *Kühling/Huerkamp*, NVwZ 2009, 557 (558) und *Wollenschläger*, NVwZ 2007, 388 (391) jew. m. w. N.; eher krit. *Epiney*, NVwZ 1999, 1072 (1077); *Heermann*, 54 f.; *Streinz*, EuZW 2003, 37 (42); vollständig abl. (und höchstens *hypothetische* Auswirkungen ausklammernd) *Drasch*, 26 ff., 98 ff.; *Frenz*, Hb. 1, Rn. 465, 468; *Füller*, 111 ff.; *Jarass*, EuR 1995, 202 (219); *Körber*, 171 ff., 420 ff.; *Mühl*, 324 f.; Generalanwältin *Kokott* (Fn. 3138), Rn. 46 (*Mickelsson & Roos*); Generalanwalt *Tesauro* (Fn. 2164), Rn. 21 (*Hünermund*). S. zur hiesigen Konstruktion b. Fn. 3539 ff.

[3491] S. b. Fn. 3128 ff.

sucht werden, ob und inwiefern solche Kriterien grundsätzlich zu befürworten sind. Im Zentrum stehen dabei *Spürbarkeits*kriterien, also Kriterien, die danach fragen, wie *belastend* eine Maßnahme sein muss, damit sie eine Grundfreiheitenbeeinträchtigung darstellt (wobei es sowohl um die Probabilität als auch um die Quantität der Belastungswirkung geht). Die nachfolgende Untersuchung bildet die Grundlage für die (spätere[3492]) Darstellung der im *hiesigen* Modell befürworteten weichen Einschränkungskriterien. *Normative* Einschränkungskriterien sollen hier dagegen nur *inzident* (und erst später[3493] explizit) behandelt werden: Zwischen beiden Arten von Kriterien (also zwischen Spürbarkeitskriterien und normativen Kriterien) bestehen erhebliche argumentative Parallelen, sodass später auf die nachfolgenden Ausführungen (teil-)verwiesen werden kann (oder eine Abgrenzung möglich wird).

1. Terminologische Vorbemerkungen

In Literatur und Rechtsprechung herrscht in Bezug auf die hier sog. weichen Einschränkungskriterien eine erhebliche terminologische und inhaltliche Vielfalt: Während die Begriffe „zu ungewiss und zu mittelbar" und die Bezeichnung dieser Formel als rule of remoteness wohl als am häufigsten herangezogene Beschreibungen angesehen werden können, sprechen andere Autoren von Kriterien wie „Relevanzregel"[3494], Erheblichkeit[3495] und von anderen Termini[3496]. Nicht nur die gebrauchten Begriffe, auch die Kriterien*inhalte* bzw. *-definitionen* weichen bisweilen (bei gleicher Bezeichnung) voneinander ab.

Doch kann die *terminologische* Frage letztlich dahinstehen:[3497] Fraglich sind allein das „Ob" und der Inhalt etwaiger Einschränkungskriterien. Die ganz h.M. befürwortet – zumindest in irgendeiner Weise (also implizit oder explizit und mit unterschiedlichem Begriffsgebrauch) – Einschränkungskriterien, und auch der EuGH[3498] erkennt weiche Einschränkungskriterien in einigen Judikaten in unterschiedlicher Form an.

Ob weiche Einschränkungskriterien dabei als *Restriktivierungs-* oder *Extensivierungs*kriterien bezeichnet werden, ist eine Frage des *Blickwinkels* bzw. des *Ausgangspunkts* (also ob eine Beschränkung vom jeweiligen Autor

---

[3492] S. b. Fn. 3539 ff.

[3493] S. b. Fn. 3540 ff. Die größte Relevanz besitzen die nachfolgenden Untersuchungen für die Anerkennungswürdigkeit des einzefallbezogenen *Spürbarkeitskriteriums*, s. hierzu b. Fn. 3611 ff.

[3494] *Thomas*, NVwZ 2009, 1202 (1206).

[3495] *Weatherill*, CMLR 33 (1996), 885 (903); vgl. auch *Brigola*, EuZW 2012, 248 (250).

[3496] Z. B. Generalanwalt *Darmon* (Fn. 3490), Rn. 11 ff. (*Krantz*): „merkliche Wirkung" und „außer Zusammenhang" stehen.

[3497] Vgl. auch in Fn. 3611.

[3498] S. b. Fn. 3128 ff.

von vorneherein als einen entsprechenden Schweregrad voraussetzend *gedacht* wird) und letztlich irrelevant.

2. Diskussion

a) Verankerung in der st. Rspr.?

Im Rahmen der Konvergenzbetrachtung wurde bereits festgestellt, dass der Gerichtshof schon jetzt in vielfältiger Weise implizit und explizit Spürbarkeitskriterien oder sonstige Restriktivierungsansätze heranzieht.[3499] Zwar hat er ein Spürbarkeitskriterium in mehreren Judikaten *explizit* abgelehnt. Dabei ging es jedoch um *makro*ökonomische, nicht um *einzelfall*bezogene Spürbarkeitserwägungen.[3500] In anderen Judikaten prüft er erst gar nicht entsprechende Maßnahmen oder qualifiziert sie nicht als eine *erhebliche* Behinderung des Handelsverkehrs bzw. des Markt*zugangs*. Dabei ist dem Konzept des Marktzugangs schon eine gewisse Begrenzung immanent.[3501] In manchen Fällen indiziert der EuGH die begrenzte Reichweite des Konzepts durch die Wahl eines besonderen Verbs: Ausreichend ist dann nicht mehr eine *Behinderung*, sondern dass der Marktzugang *versperrt* wird.[3502] Zudem qualifiziert er die Behinderung adjektivisch durch die Einfügung von Wörtern wie „erheblich".[3503]

Andererseits ist hervorzuheben, dass der EuGH *diskriminierende* Maßnahmen in aller Regel nicht als zu ungewiss und indirekt aus dem Tatbestand ausscheiden lässt.[3504] Zudem stellt die Heranziehung von Spürbarkeitserwägungen die *klare Ausnahme* dar, d. h., die Schwelle, die eine Maßnahme nach st. Rspr. überschreiten muss, um spürbar zu sein und mithin eine Grundfreiheitenbeeinträchtigung darzustellen, ist *niedrig*.

b) Unverhältnismäßigkeit einer Rechtfertigungsprüfung bei minimalen Binnenmarktbeeinträchtigungen

Art. 35 Alt. 2 AEUV stellt ein *scharfkantiges Abwehrrecht* dar: Dem Einzelnen werden subjektive Rechte durch eine unmittelbar anwendbare Norm verliehen. Sofern eine binnenmarktbeeinträchtigende staatliche Maßnahme herkunftsstaatliche Interessen verfolgt, kann der Gerichtshof auf der Grund-

---

[3499] S. b. Fn. 3128 ff.

[3500] S. b. Fn. 3143.

[3501] S. b. Fn. 3129 ff.

[3502] S. b. Fn. 3142.

[3503] S. b. Fn. 3132 ff.

[3504] S. schon d. EuGH-Urteile b. Fn. 2574, 2781 ff. und umf. b. Fn. 3153 ff. Eine Ausnahme bilden die Rs. *ED* (s. b. Fn. 548 ff.) und *Guarnieri* (s. b. Fn. 3159 ff.). In *Guarnieri* ging es allerdings (wohl) um *normative* Gründe, die den EuGH dazu bewogen haben, die rule of remoteness anzuwenden.

lage der Grundfreiheiten – in Abhängigkeit von der Ausgestaltung der Rechtfertigungsprüfung – (empfindlich) in die mitgliedstaatlichen Kompetenzen und den demokratisch-politischen Gestaltungsprimat nationaler Stellen eingreifen. Das bei der Konzeptionierung des Beeinträchtigungstatbestands zu berücksichtigende *Kompetenzinteresse der Mitgliedstaaten*[3505] dürfte daher verletzt sein, wenn sich die Mitgliedstaaten auch für *eindeutige Bagatellen* und *kleinste Binnenmarkthemmnisse* rechtfertigen müssten. Doch dürfte die Grenze, ab der bereits die Qualifikation als Beeinträchtigung und die damit einhergehende Rechtfertigungsprüfung als unverhältnismäßig erscheinen, *sehr hoch* anzusetzen sein mit Blick auf die vielfältigen Möglichkeiten, die Rechtfertigungsprüfung abzumildern und zu modifizieren, d. h. die Spürbarkeit einer Maßnahme (bzw. das Vorliegen einer Beeinträchtigung) sollte, wenn überhaupt, dann nur in *eng begrenzten Ausnahmekonstellationen* abgelehnt werden.

Für die Anerkennungswürdigkeit eines Spürbarkeitskriteriums spricht auch, dass in den Art. 34, 35 AEUV weder Bereichsausnahmen noch klar, detailliert und eng gefasste tatbestandliche Kriterien existieren, die eine entsprechende Garantiefunktion für die mitgliedstaatlichen Kompetenzen ausüben könnten.

Anders könnten Fallgruppen zu behandeln sein, in denen *nie* legitime herkunftsstaatliche Interessen betroffen sind: In solchen Fallgruppen könnte es vorzugswürdig erscheinen, ein Spürbarkeitskriterium generell abzulehnen. De facto wird dann nämlich auf den Exporteur die Aufgabe übertragen, zu entscheiden, ob sich eine bestimmte Regelung für ihn als hinreichend nachteilig darstellt (wohingegen diese Frage bei Anerkennung eines Spürbarkeitskriteriums vom Gericht zu beantworten ist).[3506] Der Exporteur ist nämlich eher in der Lage zu entscheiden, ob eine Regelung seine Interessen beeinträchtigt.

c) Unvermeidbarkeit definitorischer Randunschärfen und Herstellung von Transparenz

Es könnte womöglich eingewandt werden, dass ein so unbestimmtes Kriterium wie das der „Spürbarkeit" einer Maßnahme Rechtsunsicherheit begünstigt, dadurch Prozesse provoziert, kontrollfreie Räume für willkürliches Handeln von Richtern schafft und die Einheitlichkeit der Unionsrechtsanwendung gefährdet.[3507]

[3505] S. b. Fn. 3486 ff. Ebenso *Epiney*, 232; *Hojnik*, EJLS 6 (2013), 25 (41, 43 f.); *Horsley*, 158 f.; *Szydło*, CMLR 47 (2010), 753 (768); *Weyer*, 291 ff. Krit. *Lackhoff*, Niederlassungsfreiheit, 428 unter Verweis auf die Möglichkeit der Rechtfertigung.

[3506] S. a. n. Fn. 3629.

[3507] Vgl. mit unterschiedlichen Nuancierungen *Epiney*, NVwZ 1999, 1072 (1077); *Feiden*, 42 f.; *Heermann*, 55; *Hojnik*, EJLS 6 (2013), 25 (44 f.); *Lackhoff*, Niederlassungsfreiheit, 428 f.; *Mortelmans*, CMLR 28 (1991), 115 (130); *Oliver*, CMLR 36 (1999), 783

Der Einwand der Rechtsunsicherheit überzeugt schon deshalb nicht, weil dies letztlich im gleichen bzw. sogar im noch stärkeren Maß alle diejenigen Ansichten betrifft, die ein Spürbarkeitskriterium *implizit* anerkennen und bei denen dies schon in der Definition enthalten ist (z. B. Betroffenheit des „Markt*zugangs*" oder „*Behinderung*"). Entsprechende Ansätze befürwortende Autoren setzen sich mithin mit sich selbst in Widerspruch. Mit Blick auf die systematisch-teleologischen Grundlagen des Art. 35 Alt. 2 AEUV und die Grundfreiheiten insgesamt dürfte es unmöglich sein, generell (und nicht nur in bestimmten Fällen) auf ein abwägendes Einschränkungskriterium zu verzichten. Eine exakte Grenze zwischen den zulässigen und den nicht mehr zulässigen Maßnahmen lässt sich in der Praxis jedoch nicht ziehen.[3508] Es ist *kein* Kriterium *denkbar*, das Randunschärfen ganz vermeiden kann. Es wird wohl immer einen gewissen kleinen Bereich geben, in dem Unsicherheit darüber besteht, ob eine Maßnahme noch erfasst ist oder nicht, und in dem der eine Rechtsanwender auf der Grundlage derselben Kriterien in Abhängigkeit von seinem Judiz zur Annahme einer Maßnahme gleicher Wirkung gelangt und ein anderer nicht.[3509] Rechtsunsicherheit kann zumindest *reduziert* werden, wenn konkretisierende Unterkriterien oder Fallgruppen gebildet werden und damit zumindest für bestimmte Fälle abstrakt-generell festgelegt wird, welche Fälle mit Sicherheit als nicht spürbar und somit als tatbestandslos anzusehen sind.[3510] Eine weitere Milderung der Rechtsunsicherheit tritt dadurch ein, dass generell *sehr niedrige* Anforderungen gestellt werden und eine relevante Behinderung *im Zweifel* bejaht wird. Auch durch ein stetes Anwachsen des case law kann die Unsicherheit gemindert werden.[3511]

Auf ähnliche Einwände trifft eine Argumentation, die auf den (zutreffenden) Umstand hinweist, dass eine *exakte* ökonomische Analyse aufgrund der allgemeinen Komplexität des Marktgeschehens unmöglich ist.[3512] Diesem Umstand kann sich *keine* Auslegung von Art. 35 Alt. 2 AEUV entziehen, es

---

(792); Generalanwältin *Kokott* (Fn. 3138), Rn. 46 (*Mickelsson & Roos*); vgl. auch *Joliet*, GRUR Int. 1994, 979 (981).

3508 Ebenso *Heermann*, 16; *Mortelmans*, CMLR 28 (1991), 115 (130).

3509 Auch in Bezug auf Art. 101 AEUV bestehen Randunschärfen aufgrund der (nach Auffassung des EuGH) letztlich entscheidenden „Gesamtwürdigung" und dennoch wird das Kriterium dort nicht infrage gestellt, Generalanwalt *van Gerven* (Fn. 1744), Rn. 24 (*Torfaen*). Ähnl. bildet *Davies*, Germ. L. J. 11 (2010), 671 (676) eine Analogie zum Diskriminierungsrecht: Auch dort sind die Richter in der Lage bloß theoretische (und somit stets herleitbare) von tatsächlichen Diskriminierungen abzugrenzen.

3510 Ähnlich *Feiden*, 42 f.; *Snell/Andenas*, Int'l & Comp. Corp. L. J. 2 (2000), 361 (371); Generalanwalt *Jacobs* (Fn. 3129), Rn. 42 ff. (*Leclerc-Siplec*); a.A. *Thomas*, NVwZ 2009, 1202 (1205), der allerd. ein äquivalentes Kriterium anerkennt.

3511 Vgl. *Hojnik*, EJLS 6 (2013), 25 (44 f.).

3512 *Hojnik*, EJLS 6 (2013), 25 (44 f.); *Horsley*, 161; vgl. auch *Davies*, Germ. L. J. 11 (2010), 671 (676).

sei denn, es wird (in unvertretbarer Weise) einer der beiden zentralen systematisch-teleologischen Topoi aufgegeben.

Die einzige Frage ist, ob ein Einschränkungskriterium explizit oder nur implizit anerkannt wird und (wie teilweise in der Rspr.-Praxis) durch unbestimmte Begriffe wie Markt*zugangs*behinderung „versteckt" angedeutet wird. Vorzugswürdig erscheint es, den engen Bereich zwischen Noch-Behinderung und Nicht-mehr-Behinderung *terminologisch selbständig zu fassen* (sofern dies möglich ist mit Blick auf die jeweiligen Auslegungsleitlinien). Der EuGH wäre dann „gezwungen", stets genau auszuführen, woran eine Berufung auf Art. 35 Alt. 2 AEUV scheitert. Je präziser weiche Einschränkungskriterien gefasst und je breiter sie aufgefächert werden können, desto genauer muss sich der Gerichtshof äußern. Hierdurch wird der wissenschaftliche Diskurs erleichtert, die Kontrollierbarkeit des Gerichtshofs gesteigert und die Anwendungseinfachheit erhöht.[3513] Eine Vermischung von normativen Erwägungen und Spürbarkeitserwägungen ist dann nicht mehr möglich.

Es können zudem – entgegen vereinzelten Stimmen in der Literatur[3514] – auch im Rahmen einer einzelfallbezogenen Betrachtungsweise *quantitative* Kriterien verwendet werden,[3515] etwa indem an eine Erhöhung der Stückkosten für einen konkreten Marktteilnehmer angeknüpft wird.[3516]

d) „Zulässigkeit von Grundfreiheitenverletzungen"?

Fraglich ist, ob eine *Grundfreiheitenverletzung* nicht stets unzulässig sein muss, ob also ein „Verstoß" gegen eine Grundfreiheit ungeahndet bleiben darf. *Füller* meint, dies sei dem Staat „prima facie"[3517] verwehrt.

Eine entsprechende Frage ist aber schon *tendenziös gestellt*: Ob ein den unionsrechtlichen Anwendungsvorrang auslösender Normwiderspruch vorliegt, ist schon das Ergebnis der hier infrage gestellten Wertung. Die Frage setzt schon vorher an, nämlich bei der Abschichtung der eine Grundfreiheitenbeeinträchtigung darstellenden staatlichen Maßnahmen von den *keine* Grundfreiheitenbeeinträchtigung (mehr) darstellenden.[3518] Wenn nicht bloße Rechtsunterschiede oder gar die Existenz von Rechtsvorschriften dazu führen sollen, dass eine Maßnahme rechtfertigungsbedürftig ist – und dies ist praktisch unstrittig, weil systematisch-teleologisch unvertretbar –, *muss* ein einschränkendes Kriterium anerkannt werden bzw. muss dem applizierten Test ein solches Kriterium jedenfalls implizite innewohnen.

[3513] Vgl. *Langner*, RabelsZ 65 (2001), 222 (236).
[3514] Vgl. *Hojnik*, EJLS 6 (2013), 25 (37).
[3515] Vgl. auch *Jansson/Kalimo*, CMLR 51 (2014), 523 (527).
[3516] Wie hier *Szydło*, CMLR 47 (2010), 753 (768 f.).
[3517] Exemplarisch *Füller*, 112; vgl. auch *Schilling*, EuR 1994, 50 (60 f.).
[3518] Vgl. *Schilling*, EuR 1994, 50 (60 f.).

e) Parallelbetrachtungen (Wettbewerbsrecht, Art. 114 AEUV, Grundrechte)

Für die Anerkennung eines Einschränkungskriteriums spricht auch die oben angestellte[3519] Parallelbetrachtung des Wettbewerbsrechts mit dem Recht der Grundfreiheiten. Es wurde des Weiteren festgestellt, dass das Vorliegen einer *spürbaren* Wettbewerbsverfälschung auch im Rahmen der Rechtsangleichung nach Art. 114 AEUV erforderlich ist[3520] und dass es daher naheliegt, das Vorliegen einer spürbaren Beeinträchtigung der Wettbewerbsgleichheit auch bei Art. 35 Alt. 2 AEUV zu verlangen.[3521]

Oliver verweist darauf, dass niemand das habeas corpus-Grundrecht (keine Inhaftnahme ohne gerichtliche Prüfung) einer de minimis-Regelung unterwerfen würde. Zudem verweist er auf ein Beispiel, bei dem es um eine Diskriminierung im Anwendungsbereich einer Grundfreiheit geht.[3522]

Beide Beispiele *Olivers* sind jedoch *selektiv* (und daher suggestiv): Denn *Oliver* wählt das suggestive Beispiel einer *Diskriminierung*, für die in der Tat im Grundsatz kein Spürbarkeitskriterium gelten sollte (auch wenn dies rein *konzeptionell* durchaus möglich erscheint[3523]), da Diskriminierungen dem Binnenmarktziel diametral entgegenstehen.[3524] Und auch das habeas corpus-Recht sollte in der Tat ausnahmslos gelten. Beide Fälle sind jedoch strukturell nicht mit einer unterschiedslosen Beschränkung *vergleichbar*. Dabei sind sowohl in der deutschen als auch in der EMRK-Grundrechtsdogmatik vielzählige Fälle bekannt, in denen nach verbreiteter Auffassung kein Grundrechtseingriff vorliegt, obwohl eine mindestens faktische Belastung nachweisbar ist.[3525] Ein Vergleich mit *solchen* Fällen spricht also *für* ein Spürbarkeitskriterium.

f) Primärrechtskonformität staatlicher Regelungen vom „Zufall" abhängig?

Bisweilen wird kritisiert, dass die Zulässigkeit oder Unzulässigkeit einer staatlichen Regelung bei Anerkennung eines Spürbarkeitskriteriums auch von

---

[3519] S. b. Fn. 1764 ff.

[3520] S. b. Fn. 2049 ff.

[3521] S. b. Fn. 2076.

[3522] *Oliver*, CMLR 36 (1999), 783 (791 f.).

[3523] Bei Diskriminierungsmodellen könnte geprüft werden, wie groß die Unterschiede zwischen zwei Konstellationen sein müssen, damit eine Beeinträchtigung anzunehmen ist.

[3524] S. b. Fn. 3627 f.

[3525] Dies ist gerade bei Freiheitsgrundrechten mit weitem Anwendungsbereich der Fall, die regelmäßig durch mittelbar-faktische Eingriffe betroffen werden, vgl. nur *Baumeister*, 100 ff.; *Cremer*, 150 ff. jew. m. w. N. Dazu passt, dass die von *Oliver* angesprochenen habeas corpus-Fälle denknotwendig eine (besonders schwerwiegende) *finale* Freiheitsbeschränkung voraussetzen, die etwa in der deutschen Grundrechtsdogmatik *stets* als Eingriff gewertet würde.

faktischen Einzelfallumständen abhängt oder – m a. W. – vom *Zufall.*[3526] Allerdings handelt es sich hierbei nicht um ein *Proprium* eines Spürbarkeitskriteriums, sondern um eine *grundsätzliche* Eigenschaft der Grundfreiheiten, die *stets* davon abhängen, dass ein konkreter Fall gegeben ist, in dem eine Beeinträchtigung vorliegt, die auch vom Grundfreiheitenberechtigten geltend gemacht wird. Und dass die Aufrechterhaltung einer staatlichen Maßnahme in der Rechtspraxis nicht selten (faktisch) davon abhängig ist, dass ein bestehendes Recht von einer bestimmten Person gegenüber der Behörde und den Gerichten geltend gemacht wird, ist eine *generelle* Eigenschaft von subjektiv-öffentlichen Rechten. Dies gilt selbst dann, wenn Behörden und Parlamente systematisch und *abstrakt* die Vereinbarkeit ihrer Maßnahmen mit subjektiv-öffentlichen Rechten prüfen: Denn praktisch ist die *Rechtsauffassung der Gerichtsbarkeit* die am Ende maßgebliche und nicht die der Behörden, und beide können sich voneinander unterscheiden.

Gegen ein einzelfallbezogenes Spürbarkeitskriterium bzw. ein Kriterium einer gewissen Mindestbelastungsintensität wird des Weiteren angeführt, hier könne das nicht überzeugende Ergebnis auftreten, dass eine Regelung ggf. *für sich genommen* keine hinreichende Belastungsintensität erreiche, wohl aber *in Kumulation* mit anderen ebenfalls für sich genommen nicht spürbaren Regelungen.[3527] Hiergegen ist zweierlei zu erinnern. Erstens erscheint dieser Fall sehr hypothetisch: Werden die Schwellengrenzen und die Darlegungsanforderungen eines (einzelfallbezogenen) Spürbarkeitskriteriums *sehr niedrig* angesetzt, wird eine Maßnahme entweder eine Beeinträchtigung darstellen – oder eben nicht. Zwei eindeutig als Bagatellen einzustufende Belastungen werden im Regelfall auch kumuliert keine hinreichend starke Belastung entfalten. Sodann ist nicht einsichtig, warum das bemängelte Ergebnis untragbar oder widersprüchlich sein soll: Dass eine Kumulation von Regelungen zu einer Beeinträchtigung einer Grundfreiheit führen kann, ist genauso ein Resultat der Ausrichtung der Grundfreiheiten auf den *Einzelfall* wie der (oben angesprochene[3528]) Umstand, dass die Wirksamkeit einer mitgliedstaatlichen Maßnahme in der Praxis von faktischen Umständen des Einzelfalls abhängt (etwa von der Tatsache, dass überhaupt jemand existiert, der Waren produzieren und ggf. exportieren möchte).

[3526] Vgl. auch *Snell/Andenas*, Int'l & Comp. Corp. L. J. 2 (2000), 361 (371 m. w. N.); *Weyer*, 298.

[3527] *Lackhoff*, Niederlassungsfreiheit, 428; vgl. auch EuGH, Urt. v. 08.09.2005, C-544, 545/03, Slg. 2005, I-7736, Rn. 34 (*Mobistar*).

[3528] S. b. Fn. 2046.

g) Ablehnung eines makroökonomischen Spürbarkeitskriteriums

Die individuell schützende Ausrichtung der Grundfreiheiten[3529] ist keinesfalls vereinbar mit einer *volkswirtschaftlichen* Ausrichtung eines Spürbarkeitskriteriums.[3530] Auch *makroökonomisch* unbedeutende Belastungen *einzelner* Unternehmen können wegen ihrer potenziell existenzvernichtenden Wirkung im Einzelfall unzulässig sein. Dies gilt sowohl für unbedeutende Märkte als auch für unbedeutende Marktanteile der betroffenen Marktteilnehmer.[3531] Dasselbe gilt für geografische Anwendungsbereichsbeschränkungen wie im Fall *Bluhme*[3532]. Ähnlich geht auch der EuGH vor.[3533] Folglich kommt nur ein *einzelfallbezogenes* Spürbarkeitskriterium in Betracht.[3534]

3. Stellungnahme und „Konzeptauftrag" für die eigene Modellkonzeption

Die Analyse hat gezeigt, dass diejenigen Ansichten, die Einschränkungskriterien kategorisch ablehnen, nicht nur sachlich nicht überzeugen, sondern auch tatsächlich ebenfalls Einschränkungskriterien anerkennen, allerdings in *impliziter* Art und Weise. Die Unsicherheiten, die mit der Anerkennung abwägend-einschränkender Kriterien einhergehen, betreffen mithin *alle* Ansichten und spiegeln nur das allgemeine Problem wider, dass auf der *Mikro*ebene eine genaue und allgemein-verbindliche Abgrenzung *unmöglich war*, *ist* und *immer sein wird* und bei jedem Rechtsanwender auch anders ausfällt.[3535] Eine totale Ablehnung weicher Einschränkungskriterien erscheint mit Blick auf den jeder Rechtfertigungsprüfung inhärenten Kompetenzeingriff freilich *unvertretbar*. Doch dürfte die Grenze, ab der eine Maßnahme für den Einzelnen spürbar ist, *sehr niedrig* anzusetzen sein. Auch die st. Rspr. des EuGH

[3529] S. b. Fn. 2308 ff.

[3530] Ebenso *Füller*, 112; *Horsley*, 148 f.; *Jansson/Kalimo*, CMLR 51 (2014), 523 (532); *Körber*, 173; *Oliver*, CMLR 36 (1999), 783 (792); wohl auch *Weyer*, 297 f.; s. zur Rspr. auch *Jansson/Kalimo*, CMLR 51 (2014), 523 (538). Krit. *Thomas*, NVwZ 2009, 1202 (1205), der allerdings ein äquivalentes Kriterium anerkennt. Dies wird teilweise auch mit der Ablehnung quantitativer Kriterien begründet (z. B. *Horsley*, 158 f.).

[3531] Diese Differenzierung einführend *Jansson/Kalimo*, CMLR 51 (2014), 523 (531 ff.); s. zu letzterem *Körber*, 173.

[3532] EuGH (Fn. 3143), Rn. 20, 22 (*Bluhme*).

[3533] Vgl. b. Fn. 3143 ff. und b. Fn. 3499 ff. Zur selben Einschätzung gelangend *Jansson/Kalimo*, CMLR 51 (2014), 523 (532).

[3534] Einwände, die ein Spürbarkeitskriterium aufgrund seiner makroökonomischen Fassung ablehnen (etwa *Heermann*, 55; *Oliver*, CMLR 36 [1999], 783 [789]), gehen ins Leere gegenüber einem einzelfallbezogenen Spürbarkeitskriterium.

[3535] Ebenso *Müller-Graff*, EuR 2002 Beiheft 1, 7 (46): Es „treten generell die bekannten, bis heute wenig befriedigend und dogmatisch wahrscheinlich überhaupt nicht zufriedenstellend lösbaren Abgrenzungsfragen auf, ab welchem Grad eine Behinderung (selbst bei diskriminierenden Regelungen) als verbotserheblich anzusehen sein hat."

spricht dafür, dass die Spürbarkeit einer Maßnahme nur in *absoluten Ausnahmefällen* abgelehnt werden sollte.

Sofern weiche Einschränkungskriterien anerkannt werden, sollten diese, soweit möglich, terminologisch aufgeschlüsselt, so präzise wie möglich gefasst und ggf. ihrerseits durch Unterkriterien und Fallgruppenbildungen konkretisiert werden. Hierdurch wird eine größere Transparenz des Rechtsanwendungsvorganges erreicht, welche die Kontrollierbarkeit des Gerichtshofs erhöht und die wissenschaftliche Diskussion erleichtert.

Mit Blick auf ein einzelfallbezogenes Spürbarkeitskriterium erscheinen *quantitative* Momente zwar nicht als prinzipiell ungeeignet, letztlich können aber keine *abstrakt-generellen* quantitativen Schwellenwerte bestimmt werden, bei deren Überschreitung die Spürbarkeit einer Maßnahme stets oder auch nur in der Regel abgelehnt werden sollte. Erforderlich ist hier erneut eine Fallgruppen bildende Rspr. Auch sollte auf eine *Gesamtwürdigung* abgestellt werden. Die damit einhergehenden Rechtsunsicherheiten sind erstens dadurch abzumildern möglich, dass in Bezug auf bestimmte Fallgruppen, in denen legitime herkunftsstaatliche Interessen *nie* berührt sind, auch nie die Spürbarkeit geprüft wird. Sodann dürfte die Rechtsunsicherheit merklich reduziert werden, wenn die Spürbarkeit einer Maßnahme nur *ganz ausnahmsweise* abgelehnt und *im Zweifel* von der Spürbarkeit einer Maßnahme ausgegangen wird.

Eindeutig abzulehnen ist aber eine *volkswirtschaftliche* Spürbarkeitsbetrachtung. Stattdessen ist eine *einzelfallbezogene* Spürbarkeitsanalyse vorzunehmen.

Des Weiteren sollte mit Blick auf die Rechtssicherheit nicht versucht werden, die Schwellenkriterien oder gar das Interpretationskonzept insgesamt zu *psychologisieren* (indem auf die *Wahrnehmung* des Grundfreiheitenberechtigten abgestellt wird).[3536]

Schließlich ist zu erwägen, ob statt der für alle Fallgruppen einheitlichen Kriterien, die in den verschiedenen Fallgruppen nur zu unterschiedlichen *Ergebnissen* führen (aufgrund der faktischen Unterschiede), *gleitende* Kriterien anerkannt werden sollten, die je nach Fallgruppe unterschiedlich hohe Anforderungen stellen und damit eine Anpassung an die hier für maßgeblich erachteten Auslegungsgesichtspunkte erlauben.[3537]

[3536] Vgl. *Jansson/Kalimo*, CMLR 51 (2014), 523 (550 ff.).

[3537] Vgl. *Bleckmann*, 431.

Vierter Teil

Eigene Auslegungskonzeption

13. Kapitel

Abstrakte Eigenschaften des vorgeschlagenen Auslegungsmodells

Nach hier vertretener Auffassung enthält der Beeinträchtigungstatbestand von Art. 35 Alt. 2 AEUV auf der obersten Gliederungsebene einen *viergliedrigen Verbotsmaßstab*: Er umfasst ein Verbot offener wie faktischer Diskriminierung sowie rechtlicher wie faktischer Wettbewerbsungleichheit. Die nachfolgende Darstellung bewegt sich dabei vom *Abstrakten ins Konkrete*. Erste Weichenstellungen ergeben sich aus der Darstellung der hier befürworteten weichen Einschränkungskriterien (Konnexität, Spezifität und Spürbarkeit). Anschließend wird der viergliedrige Verbotsmaßstab entwickelt. Aus dem Kriterium eines grenzüberschreitenden Sachverhalts ergeben sich sodann praktisch relevante Schutzbereichsbegrenzungen. Nach der allgemeinen Modelldarstellung erfolgt eine (möglichst praxis- und anwendungsnahe) Aufschlüsselung des Wettbewerbsgleichheitsgebots in einzelne Fallgruppen.[3538]

Die Konzipierung der *Beeinträchtigungsebene* von Art. 35 Alt. 2 AEUV bildet zwar den *Kern* dieser Arbeit und der nachfolgenden Ausführungen. Doch werden auch ausgewählte Themen behandelt, die auf der *Rechtfertigungs-* und auf der *Schutzbereichsebene* angesiedelt sind: Dabei handelt es sich um Fragen, die in einem *spezifischen Zusammenhang* mit dem Beeinträchtigungstatbestand von Art. 35 Alt. 2 AEUV stehen und/oder von *hoher praktischer* Bedeutung *speziell* für Art. *35* Alt. 2 AEUV sind (und eine extensive Auslegung des Beeinträchtigungstatbestands von Art. 35 Alt. 2 AEUV mithin [stark] *relativieren* würden). Aufgrund des erforderlichen spezifischen Zusammenhangs mit (einer extensiven Auslegung von) Art. 35 Alt. 2 AEUV handelt es sich hierbei um Themenkomplexe, die in der Grundfreiheitenliteratur kaum oder gar keine Aufmerksamkeit erfahren haben oder nur in ganz anderen Kontexten behandelt wurden.

[3538] S. b. Fn. 3736 ff.

I. Drei weiche Einschränkungskriterien: Konnexität, Spezifität und Spürbarkeit

Die drei weichen Einschränkungskriterien legen fest, wann von der konzeptionellen Grundsäule des Wettbewerbsgleichheitsgebots abgewichen werden sollte. Sie geben vor, wie die fallgruppenspezifischen Untertests des Anwendungsmodells zu konstruieren sind, oder sind selbst Bestandteil der das Anwendungsmodell konkretisierenden Fallgruppen (nämlich dann, wenn eine weitere fallgruppenbezogene Konkretisierung der Kriterien nicht möglich oder sinnfällig erscheint).

1. Vorbemerkung

Dabei könnte die Anwendung dieser Kriterien zunächst (unnötig) verkomplizierend erscheinen. Doch diese Überlegung verkennt, dass es dieser Kriterien in „*Normal-* oder *Standardfällen*" gar nicht bedarf, sondern vielmehr eine derart differenzierte Kriterienentwicklung nötig ist, um Abgrenzungsschwierigkeiten in *Grenzfällen* (vor allem bei Produktionsregelungen) modellimmanent bewältigen zu können. Die Güte einer juristischen Definition zeigt sich darin, ob sie eine Bearbeitung *aller* Fälle ermöglicht. Die Kriterien müssen dabei so präzise wie möglich gefasst werden (aber nicht präziser *als* möglich). Es ist davon auszugehen, dass mit fortschreitendem Alter der Europäischen Union und steigender Integrationsdichte die auftretenden Fälle *an Heterogenität und Unkonventionalität hinzugewinnen* werden.[3539]

Gerade die schwierig zu beurteilenden Fallgruppen machen andererseits deutlich, worauf es ankommt und welche *intuitiven* Wertungen dem Gebrauch eines bestimmten Begriffs (in „Standardfällen) zugrunde liegen. Bei der nachfolgenden Darstellung geht es also auch darum, diese intuitiven Wertungen ans Licht zu bringen und so auszuformulieren, dass sie von Wissenschaft und Rechtsprechung kritisch überprüft werden können. Zudem dient dies auch der Vereinfachung der Rechtsanwendung, weil durch jahrelange Rechtsprechung gewonnene Erkenntnis so einfacher zugänglich gemacht wird und nicht jedes Mal ein schwieriger und umständlicher Vergleich mit den bisherigen Fällen durchgeführt werden muss. Sie sind damit „Wertungskürzel" für case law(-Erfahrungen).

Den Normalfällen wird dadurch Rechnung getragen, dass sie im Rahmen der *Fallgruppenbildung* abstrakt-generell in den Beeinträchtigungstatbestand einbezogen oder aus ihm ausgeklammert werden.

[3539] *Cordewener*, 296.

2. Normative Einschränkungskriterien[3540] *der Konnexität und Spezifität*

Fraglich ist, ob und, wenn ja, welche normativen Einschränkungskriterien[3541] anerkannt werden sollten. Entsprechende Kriterien würden bestimmte Regelung(sgrupp)en *abstrakt-generell* aus Art. 35 Alt. 2 AEUV ausklammern, und zwar auch dann, wenn eine solche Regelung(sgruppe) die Wettbewerbsgleichheit in Bezug auf Warenexporte (spürbar) beeinträchtigte. Z. B. könnte ein Kriterium erwogen werden, wonach eine kontrollierte Maßnahme nicht einem bestimmten *Rechtsgebiet* angehören darf (z. B. dem Steuerrecht), oder eines, wonach eine Maßnahme nicht nur mit Kosten verbunden sein, sondern sich auf die Produktion oder das Produkt *auswirken* muss.[3542]

a) Allgemeine Begründung normativer Einschränkungskriterien zu Art. 35 Alt. 2 AEUV

Nachfolgend wird zunächst diskutiert, ob normative Einschränkungskriterien *generell* anerkannt werden sollten. Im Anschluss werden *spezielle* normative Einschränkungskriterien behandelt (die sodann auch *kriterienspezifisch* begründet werden).[3543]

Normative Einschränkungskriterien widersprechen grundsätzlich dem *Wettbewerbsgleichheitsgebot*, das (nach hiesiger Auffassung[3544]) eine *zentrale Gestaltungsvorgabe* für die Konzeptionierung des Beeinträchtigungstatbestands darstellt.[3545] Überdies sind sie nur schwer vereinbar mit der *Grundfreiheitenrechtsprechung*, da der EuGH einen dezidiert *wirkungsbezogenen* Ansatz verfolgt und nur in Ausnahmefällen auf normative Kriterien zurückgreift.[3546] Bestätigt wird dies auch durch den *Wortlaut* des Art. 35 AEUV: Die Maßnahmen in Art. 35 Alt. 2 AEUV knüpfen explizit an die *Wirkung*sgleichheit mit der mengenmäßigen Ausfuhrbeschränkung an. Schließlich kommt es aus *wohlfahrtsökonomischer* Sicht allein auf das Vorliegen (und Auflösen) spürbarer Wettbewerbsungleichheiten an und nicht darauf, wo diese ansetzen, welchem Rechtsgebiet sie angehören oder ob sie von extrem weit vom Exportsachverhalt entfernten Regelungen herrühren. Im Ergebnis sollten norma-

---

[3540] *Müller-Graff*, in: von der Groeben/Schwarze, Art. 34 AEUV Rn. 260 ff. spricht von der „Natur“ einer Regelung.

[3541] Ähnliche Kriterien wurden in der Grundfreiheitenliteratur teilweise mit Vokabeln wie „Mittelbarkeit“, „Indirektheit“ und „Zusammenhang“ umschrieben, vgl. *Langner*, RabelsZ 65 (2001), 222 (236). In einigen vereinzelten, nicht konsistenten Judikaten scheint auch der Gerichtshof entsprechenden Kriterien zuzuneigen, s. b. Fn. 3156 ff.

[3542] S. zu den Maßgaben en détail ab Fn. 3557 ff.

[3543] S. b. Fn. 3557 ff. und b. Fn. 3576 ff.

[3544] S. n. Fn. 3488 und b. Fn. 3489.

[3545] Vgl. *Davies*, Germ. L. J. 11 (2010), 671 (687).

[3546] S. n. Fn. 2875, b. Fn. 3118 ff. und b. Fn. 3156 ff.

tive Einschränkungskriterien im Grundsatz *restriktiv* gehandhabt werden, auf *gewichtigen Gründen* beruhen und nur *äußere* Grenzen setzen.

Fraglich ist, welche Gründe (allgemein[3547]) *für* normative Einschränkungskriterien sprechen und ob sie – wie gefordert – hinreichend gewichtig sind: Wichtigstes Argument für eine Anerkennung solcher Kriterien ist die *spezifische Stellung* von Art. 35 AEUV im (zunehmend feiner) austarierten Integrationsprogramm der Verträge[3548].[3549] Bestimmte Belastungen werden nicht mehr von dessen *Schutzzweck* umfasst:[3550] Bei Art. 35 Alt. 2 AEUV handelt es sich um ein *spezifisches* subjektiv-öffentliches Abwehrrecht, das in einem gewissen Systemkontext steht. Insbesondere stellen die Grundfreiheiten keine „*Direktverweisungen*" auf das Binnenmarktziel dar, das ja gerade nicht unmittelbar anwendbar und Quelle subjektiver Rechte ist, wie die Auslegung gezeigt hat.[3551] Dies tun allein die Operativbestimmungen (wie die Grundfreiheiten). Dabei umfasst jede Grundfreiheit in Zielstaats- und Herkunftsstaatskonstellationen *unterschiedliche Lebenssachverhalte*.[3552] Werden allein die fünf thematisch unterschiedlich ausgerichteten Grundfreiheiten mit Herkunfts- und Zielstaatsdimension betrachtet, ergeben sich insgesamt *10* in die mitgliedstaatliche Regulierungsgewalt eingreifende Gewährleistungen. Somit erlaubt Art. 35 Alt. 2 AEUV nicht das Vorgehen gegen *beliebige* Wettbewerbsungleichheiten, sondern nur gegen *warenexportspezifische*. In einzelnen Entscheidungen hat auch der Gerichtshof äußere normative Grenzen anerkannt.[3553] Besondere Rücksicht sollte genommen werden, wenn die Verträge *konkrete* Belange als wertvoll ausweisen (siehe hierzu sogl.[3554]).

Sodann gibt es eine Reihe *abstrakter* Argumente (die bereits im Kontext der Analyse der Spürbarkeitserwägungen angesprochen wurden[3555] und keine konkreten Grenzen vorgeben): Würde Art. 35 Alt. 2 AEUV – abgesehen vom

---

[3547] Im Anschluss erfolgt auch eine kriterienspezifische Begründung mit weiteren Argumenten.

[3548] Vgl. zu solchen Einschränkungskriterien *Bleckmann*, 431.

[3549] Einige Autoren stellen – parallel – auf das Fehlen eines *grenzüberschreitenden Sachverhalts* ab (s. b. Fn. 3344 und b. Fn. 3357), der aber nach hiesiger Auffassung allein *konkret-individuelle* Bedeutung (für die Schutzbereichsebene) besitzt (s. b. Fn. 3705 ff.). Letztlich kann dieser Streit um die (auch) abstrakt-generelle Bedeutung des Grenzübertrittskriteriums aber *dahinstehen*, da das nachfolgend ausgeführte Argument mit einer solchen Lesart des Grenzübertrittskriteriums *inhaltlich übereinstimmen* dürfte. S. zur Abgrenzung zwischen abstrakt-generellen und konkret-individuellen Kriterien b. Fn. 3211 f.

[3550] Vgl. *Deckert/Schröder*, JZ 2001, 88 (90); *Epiney*, 151; vgl. auch *dies.*, in: Bieber/Epiney/Haag, § 11 Rn. 69.

[3551] S. umf. b. Fn. 1608 ff.

[3552] S. hierzu schon die Konvergenzüberlegungen.

[3553] S. b. Fn. 3156 ff.

[3554] S. b. Fn. 3577 ff.

[3555] S. b. Fn. 3505 f.

Vorliegen einer spürbaren Wettbewerbsungleichheit – keinen Grenzen unterliegen, sondern eine *„unendliche“* Reichweite besitzen, wäre dies weder mit dem Schutz der mitgliedstaatlichen Kompetenzen (und demokratischen Freiräume) vereinbar noch mit der Integrationsorientierung des Art. 35 Alt. 2 AEUV[3556].

b) Das Konnexitätserfordernis: Grundsätzlicher Ausschluss von „Vorfeldregelungen“

Aus der obigen Begründung[3557] ist ableitbar, dass ein Sachverhalt einen *hinreichenden Bezug* zum *Substrat* des Art. 35 Alt. 2 AEUV – der Exporttransaktion – aufweisen muss (Erfordernis der *Konnexität*): Ausreichend sind hiernach nicht bereits (ggf. sehr erhebliche) Wettbewerbsungleichheiten, die sich negativ auf den Export von Waren auswirken. Um rügefähig zu sein, müssen Regelungen m. a. W. *„hinreichend nah“* an der (den *Kernbereich* des Art. 35 Alt. 2 AEUV bildenden) *Exporttransaktion* sein.[3558] Je weiter eine Regelung im Vorfeld der Exporttransaktion liegt, umso *schwächer* ist dieser Bezug. Fraglich ist allein, wo die Grenze *exakt* liegt, ab der Art. 35 Alt. 2 AEUV selbst bei Vorliegen spürbarer Wettbewerbsungleichheiten nicht mehr beeinträchtigt ist. Hier dürfte ein gewisser *Interpretationsspielraum* bestehen. Es könnte hier auch nach betroffenem *Wirtschaftssektor* oder betroffener *Produktionssparte fein differenziert* werden. Die Rspr. muss der *Vielgestaltigkeit* möglicher Anwendungsfälle von Art. 35 Alt. 2 AEUV gerecht werden.

Im Lichte der Grundfreiheitenjudikatur (insbesondere der Rspr. zur Herkunftsstaatsdimension der Dienstleistungsfreiheit[3559] und zur neueren Rspr. bezüglich Art. 34 Alt. 2 AEUV, die das *Keck*-Kriterium wie gezeigt aufgeweicht hat[3560]) sollte diese Grenze nicht beim *Produkt selbst* (d. h. bei den Produktregelungen) liegen. Es sollte auch ein gewisser Bereich *vor* der eigentlichen Exporttransaktion von Art. 35 Alt. 2 AEUV geschützt sein (entsprechend bezieht auch Art. *34* Alt. 2 AEUV einige Regelungen im *„Nachfeld“* des Importsachverhaltes mit ein wie *Vermarktungs-* und *Verwendungsregelungen*). (Exportbezogene[3561]) *Produktionsregelungen* dürften mit Blick auf das (oben dargestellte[3562]) Abwägungsgewicht der einzelnen argumentati-

---

[3556] S. speziell zu dem Gebot, keine „Systeminnovationen“ einzuführen, b. Fn. 2293 und vor Fn. 2295.

[3557] S. b. Fn. 3543 ff.

[3558] Vgl. auch *Davies*, Germ. L. J. 11 (2010), 671 (687); für Art. 34 AEUV *Langner*, RabelsZ 65 (2001), 222 (235).

[3559] S. n. Fn. 2875.

[3560] S. b. Fn. 3156 ff.

[3561] S. hierzu b. Fn. 3706 ff.

[3562] S. b. Fn. 3544 ff.

ven Gesichtspunkte noch hinreichend „nah" an der Exporttransaktion sein (was noch substanziiert wird[3563]).[3564]

Lebenssachverhaltlich noch *vor der Produktion* angesiedelte Regelungen sind dagegen als „Vorfeldregelungen" auszuklammern (wie z. B. allgemeine straßenverkehrsrechtliche Regelungen; bildlich gesprochen endet der Schutz[3565] [jedenfalls in der klassischen *Verarbeitungs*industrie[3566]] „an der Zufahrtsschranke zur Fabrik"). Aus Gründen der Rechtssicherheit sollte hier eine vergleichsweise *strikte* Grenze gezogen werden, auch weil bereits bei Produktionsregelungen schon eine abgeschwächte Rechtfertigungsprüfung zu erwägen ist, die kaum mehr *zusätzlich* und in einer Weise abzuschwächen möglich wäre, die die extreme Entfernung vom Substrat des Art. 35 Alt. 2 AEUV kompensieren könnte.

Eine Ausnahme von der Zulässigkeit (nicht diskriminierender) Vorfeldregelungen könnte anzuerkennen sein, wenn diese *offensichtlich* eine *Umgehung* eines für Art. 35 Alt. 2 AEUV anerkannten Verbots darstellen. Z. B. würde eine Regelung eine Beeinträchtigung von Art. 35 Alt. 2 AEUV darstellen, die es straßenverkehrsrechtlich verbietet, dass eine bestimmte Zutat *transportiert* werden darf. Hier wird die eigentliche Produktregelung vorverlagert, indem der Transport einer Zutat verhindert wird. Kann die Zutat aber nicht zu der Produktion transportiert werden, ist es auch nicht möglich, sie einzusetzen, selbst wenn der eigentliche Einsatz der Zutat zulässig ist. Doch dürfte es sich bei solchen Umgehungsfällen um rein hypothetische Konstellationen handeln.

Die Anforderungen an die Ausklammerung *diskriminierender* Regelungen dürften dagegen noch *höher* sein (da diese – wie bereits mehrfach festgestellt wurde – dem Binnenmarktziel diametral gegenüberstehen und hier daher nur eine geringere Toleranz angemessen ist): Hier muss die Regelung sehr weit vom Produktionsprozess entfernt sein. Zu erklären ist diese Maßgabe damit, dass Art. 35 Alt. 2 AEUV von den anderen Grundfreiheiten und von Art. 18 AEUV abgegrenzt werden muss und, wie bereits ausgeführt,[3567] eben keine Binnenmarktdirektverweisung und kein *allgemeines*, sondern (ein warenexportspezifisches) Diskriminierungsverbot darstellt. Z. B. dürfte eine faktisch

[3563] S. zu einer ausführlichen Zusammenfassung der verschiedenen argumentativen Positionen für und gegen die Einbeziehung unterschiedsloser Produktionsregelungen in den Beeinträchtigungstatbestand von Art. 35 Alt. 2 AEUV b. Fn. 3723 ff.

[3564] A.A. *Epiney*, 151; vgl. auch *dies.*, in: Bieber/Epiney/Haag, § 11 Rn. 69.

[3565] Dies ist nur *ein* hinreichendes Kriterium, wann eine Maßnahme auszuklammern ist. Gemäß dem (nachfolgend darzustellenden, s. b. Fn. 3576 ff.) Spezifitätskriterium sind noch weitere Voraussetzungen zu erfüllen, damit eine Maßnahme einem Produktionsregelungstest unterzogen werden kann.

[3566] S. zur Förderung natürlicher Ressourcen n. Fn. 3609.

[3567] S. b. Fn. 3548 ff.

diskriminierende[3568] Verweigerung einer Sozialleistung, die es einem Bewerber unmöglich macht oder erheblich erschwert, sich auf eine Stelle in einer Warenexportfabrik zu bewerben, keine Beeinträchtigung des Art. 35 Alt. 2 AEUV darstellen. Doch sind wohl auch solche Fälle eher hypothetischer Natur, denn weit im Vorfeld der Produktion wird es wohl kaum zu *warenbezogenen* Diskriminierungen kommen.

Diskriminierende und nicht diskriminierende *Produktregelungen* sind per se hinreichend mit dem Substrat von Art. 35 AEUV verwoben (und folglich konnex), weil sie sich auf die Ware selbst beziehen. Dasselbe gilt für (EU-Auslands- und Inlands-)*Transportregelungen*: Auch hier besteht eine sehr enge Verbindung mit der Warentransaktion als dem Substrat von Art. 35 Alt. 2 AEUV: Ohne Transport kann eine Ausfuhr nicht erfolgen.[3569] Es könnte aber erwogen werden, extrem weit nach der *Vermarktung* ansetzende Regelungen – in Analogie zu den Vorfeldregelungen als sog. *Nachfeldregelungen* – ebenfalls mangels hinreichenden Bezuges zum Substrat von Art. 35 AEUV aus dem Beeinträchtigungstatbestand auszuklammern.[3570] Hiergegen spricht jedoch erstens, dass das Produkt bei solchen Regelungen – anders als bei den Vorfeldregelungen – *existent* und *individualisiert* ist und schon *gehandelt* wurde. In der Regel dürfte es zudem ausschließlich um *zielstaatliche* Interessen gehen (und zwar umso eher, je weiter die Regelung im Nachfeld der Warentransaktion liegt). Dies wird z. B. in der Rs. *ED*[3571] deutlich, in der es um eine nach der Vermarktung ansetzende Regelung ging: Der dortigen Regelung, nach der ein Mahnverfahren nur innerhalb der italienischen Jurisdiktion durchgeführt werden konnte, lag ausweislich der Ausführungen des Vorlagegerichts die Erwägung zugrunde, dass im Ausland wohnende Schuldner nicht rechtzeitig vom Ergehen eines Mahnbescheides Kenntnis erlangen würden, was die Einlegung eines Widerspruchs verunmögliche bzw. stark erschwere.[3572] Da der Schuldner im *ED*-Fall aber im Zielstaat ansässig ist, handelt es sich um einen Belang des Zielstaates. Im *ED*-Fall ist mithin (nach hier vertre-

---

[3568] Die faktische Diskriminierung könnte daher herrühren, dass nur Arbeitnehmer bzw. Bewerber betroffen werden, die in einer Branche arbeiten, die ausschließlich oder weit überwiegend Warenexporte herstellt.

[3569] Vgl. b. Fn. 3917 und 3921.

[3570] „Extrem weit entfernte" Nachfeldregelungen des *Export*staates dürften jedoch in der Praxis (im Gegensatz zu solchen des Importstaates) nur selten vorkommen. Ganz anders liegt es mit Blick auf den Importstaat (Art. 34 Alt. 2 AEUV): Hier kommen eine Vielzahl von Regelungen in Betracht, die erst nach dem Vermarktungsprozess ansetzen und die Einfuhr doch – mittelbar – hemmen können, wie die jüngste Judikatur zu den Verwendungsregelungen (use restrictions) beweist (s. b. Fn. 2901 ff.).

[3571] S. b. Fn. 542 ff.

[3572] EuGH (Fn. 542), Rn. 6.

tener Auffassung) Konnexität gegeben (anderer Auffassung war der Gerichtshof[3573]).[3574]

Das Kriterium der Konnexität bildet eine restriktiv zu handhabende Ausnahme. Exporteure sollten hierzu nur dann Stellung nehmen müssen, wenn die Mitgliedstaaten das Fehlen von Konnexität geltend machen. Im *Zweifel* ist eine Maßnahme – auch zur Vermeidung von Rechtsunsicherheiten[3575] – als konnex zu qualifizieren.

c) Das Kriterium der (Produktions-)Spezifität

Das *hier* sog. Kriterium der „*Spezifität*" oder „*Produktionsspezifität*" (beide Begriffe werden im Folgenden synonym verwandt) besagt, dass es keine hinreichende Bedingung darstellt (damit eine Produktionsregelung anhand von Art. 35 Alt. 2 AEUV kontrolliert werden kann), dass die Maßnahme, die (spürbare) Wettbewerbsungleichheiten für Warenexporteure zur Folge hat, den Lebenssachverhalt der *Produktion* betrifft (also keine Vorfeldregelung darstellt). Sie muss *zusätzlich qualifiziert* sein, also einen bestimmten *engeren* (und nachfolgend zu ermittelnden[3576]) Bezug zur Produktion von Waren besitzen (und damit zu Art. 35 Alt. 2 AEUV). Das Kriterium der (Produktions-)Spezifität besitzt nur Relevanz für die Fallgruppe der *Produktionsregelungen* (Produkt-, Vermarktungs- und Transportregelungen weisen m. a. W. *per se* Spezialität auf).

aa) Begründung

Zunächst ist auf die oben genannten *allgemeinen* Erwägungen zu normativen Einschränkungskriterien zu verweisen.[3577] Oben wurde bereits abstrakt angedeutet, dass es eine wichtige Rolle spielt, wenn die Verträge bestimmte Kompetenzen als besonders bewahrenswert kennzeichnen: Art. 114 II AEUV deutet in Bezug auf das Steuer- und Arbeitsrecht an, dass diese Kompetenzgebiete derzeit für so sensibel erachtet werden, dass eine Harmonisierung nach Art. 114 AEUV für nicht zulässig erachtet wird, und zwar obwohl die Rechtsangleichung ihrerseits nicht nur grundrechtlich gebunden (Art. 6 I

[3573] S. b. Fn. 542 ff.

[3574] S. zu der Frage, warum sich mangels Konnexität in Bezug auf entgangene Massenproduktionsvorteile nicht auf Art. 35 Alt. 2 AEUV berufen werden kann (*Smanor-* und *Oosthoek*-Konstellation), b. Fn. 1908 ff.

[3575] Die mitgliedstaatlichen Kompetenzen werden ausreichend dadurch geschützt, dass die Exporteure die Darlegungs- und Beweislast für das Vorliegen einer spürbaren Wettbewerbsungleichheit tragen und dass auch auf der Rechtfertigungsebene die Möglichkeit besteht, die Darlegungs- und Beweislastverteilung (in Abweichung zu den derzeit nach der EuGH-Rspr. geltenden Regeln) umzukehren.

[3576] S. b. Fn. 3585 ff.

[3577] S. b. Fn. 3543 ff.

Ua. 1 EUV i. V. m. EUGRCh), sondern auch gem. Art. 114 III AEUV an einem „hohen Schutzniveau“ orientiert ist.[3578] Der Grund wird (z. T.) darin gesehen, dass andernfalls das Integrationsprojekt mit Blick auf die immer wieder aufkommenden integrationsskeptischen Strömungen, die kanalisiert werden müssen, gefährdet werden könnte.[3579] Hier wird also für bestimmte Bereiche der Gesetzgebung eine Ausnahme von der grundsätzlich *finalen* Zuschneidung der Kompetenztitel[3580] der Union gemacht. Könnten z. B. unter Berufung auf Art. 35 Alt. 2 AEUV erheblich niedrigere arbeitsrechtliche Vorschriften in Deutschland oder in nordischen Staaten implementiert werden, ohne dass die Mitgliedstaaten hiervon eigenmächtig abweichen könnten, würde dies den Integrationskonsens beschädigen und die Legitimation der Union gefährden. Dies zeigen Reaktionen auf entsprechende politische Initiativen in Ländern mit hohen Schutzstandards. Es sollten hinreichende Spielräume bestehen, in denen sich integrationsfeindliche Stimmungen artikulieren können, und nationale Sonderwege – ggf. unter verschärften Anforderungen – möglich bleiben.

Gleichzeitig kann hieraus e contrario und aus den sektoriellen Spezialbestimmungen in den Art. 114 IV, V,[3581] 191, 192 I, II lit. b,[3582] 194 I lit. c[3583] AEUV geschlussfolgert werden, dass sonstige (unterschiedslose) Produktionsregelungen und insbesondere die in den oben genannten Vorschriften namentlich aufgeführten Bereiche Schutz der Arbeitsumwelt, Umwelt-, Gesundheits-, Ressourcen- und Klimaschutz, Abfall-, Wasser- und Raumrecht sowie (produktionsbezogenes) Energierecht einbezogen sein sollten. In Bezug auf *sonstige* Produktionsregelungen erscheint daher zwar keine *Bereichsausnahme* angemessen, wohl aber eine *reduzierte* Prüfung (auf der Beeinträchtigungs- und der Rechtfertigungsebene), da entsprechende Kontrollen hier meist politische und integrationssensible Kompetenzen tangieren.[3584]

bb) Schlussfolgerungen

Aus den vorgenannten und am Anfang getätigten Überlegungen kann erstens abgeleitet werden, dass nur solche Produktionsregelungen am Maßstab von Art. 35 Alt. 2 AEUV gemessen werden sollten, die eine *erhebliche tatsächliche Modifikation des* (ggf. auch nur geplanten) *Produktionsprozesses* erforderlich machen (wobei es irrelevant ist, ob diese „Modifikationspflicht“

[3578] S. umf. b. Fn. 2058 ff., 2063, 2077 ff. und 2299 ff.

[3579] Hierzu umfassend *Tietje*, in: Grabitz/Hilf/Nettesheim, Art. 114 AEUV Rn. 88, 159 f.; vgl. auch *Rohe*, RabelsZ 61 (1997), 1 (62); *Roth*, CMLR 25 (1988), 35 (85 f.).

[3580] Vgl. nur *Schilling*, YEL 14 (1994), 202 (234 f.).

[3581] S. umf. b. Fn. 2063.

[3582] S. umf. n. Fn. 2088.

[3583] S. umf. n. Fn. 2088.

[3584] S. hierzu auch b. Fn. 2299 ff.

durch die Erfüllung einer rechtlichen Voraussetzung abgewendet werden kann). Dabei ist eine *wirkungsbezogene* Betrachtungsweise zugrunde zu legen.[3585] Die Maßnahme muss *erheblich* in das *lebenssachverhaltliche Produktionsgeschehen* (bzw. bildlich gesprochen: *in die Produktionsfabrik*) *hineinwirken*, sodass bloße *Kostenfolgeeffekte* von sich lebenssachverhaltlich im *Vorfeld* oder *außerhalb* der Produktion auswirkenden Maßnahmen nicht genügen. Eine *Verunmöglichung* bzw. ein *Verbot* der Produktion besitzt a minore ad maius ebenfalls Spezifität.

Besonders kontrollwürdig erscheinen Regelungen, mit denen industriepolitische Intentionen verfolgt werden.[3586] Auf (den Beweis) eine(r) solche(n, auch kaum nachweisbaren) Intention kommt es jedoch nicht an. Demnach können auch Regelungen, denen tatsächlich keine entsprechende Intention zugrunde liegt oder bei denen dies zumindest nicht bekannt ist, in den Fokus geraten. Der *Zweck* der zu kontrollierenden Produktionsregelung muss also nicht auf die Produktionsweise bezogen sein. Kontrolliert werden können auch Regelungen, die aufgrund anderer Ziele, z. B. des Umweltschutzes wegen, erlassen wurden (wie eine Norm, die die Immissionen begrenzt, die von einer Produktionsstätte ausgehen).

In einigen eng begrenzten *Ausnahmefällen* sind nicht diskriminierende Produktionsregelungen *gebietsweise-formal* auszugrenzen aus Art. 35 Alt. 2 AEUV: Im Lichte der (obigen) Auslegungshinweise sollten das *Steuerrecht* und bestimmte Teile des *Arbeits-* und *Sozialrechts* ausgeklammert werden.[3587] Hier besteht m. a. W. die *unwiderlegliche* Vermutung, dass es sich *nicht* um

---

[3585] Vgl. *Roth*, 26; *Szydło*, CMLR 47 (2010), 753 (768 f., 787). Ähnl. – allerd. für die Arbeitnehmerfreizügigkeit und die Niederlassungsfreiheit – *Nettesheim*, NVwZ 1996, 342 (344): Keine Beschränkung, wenn Regelung „Bestandteil eines offenen wirtschaftlichen Ordnungsrahmens" bildet. Vgl. auch *Davies*, Germ. L. J. 11 (2010), 671 (687); *Epiney*, 233; *Streil*, in: Beutler/Bieber/Pipkorn/Streil, 295. Generalanwältin *Trstenjak* (Fn. 245), Rn. 56 (*Gysbrechts*) möchte Produktionsregelungen in ähnlicher Weise – allerd. auf der Grundlage der rule of remoteness – ausnehmen. *Schilling*, 145 ff. grenzt die zu kontrollierenden von den nicht zu kontrollierenden Regelungen danach ab, ob die Herausnahme der Exportproduktion von diesen Regelungen ganz oder zum Teil den mit diesen verfolgten *inländischen* Zweck vereitelt. Sofern also inländische Drittinteressen berührt sind, ist Art. 35 Alt. 2 AEUV nach *Schilling* nicht einschlägig.

[3586] Gemeint ist, dass der Gesetzgeber dem Exporteur „aufzeigt" (und vorschreibt), wie dieser seine Produktionsverfahren gestalten sollte, um „gute" Produkte herzustellen. Hierbei handelt es sich um Kernfragen mikroökonomischer Kompetenz, die schon aus wirtschaftswissenschaftlicher Sicht besser vom einzelnen Unternehmer entschieden werden sollten (der sich ggf. irren und seine Produktion anpassen oder bankrott gehen kann). Der Staat sollte hier allenfalls begleitend und beratend tätig werden.

[3587] Für eine Ausklammerung der direkten Steuern spricht sich *Lackhoff*, Wirtschaftsverwaltungsrecht, 49 aus und für eine Ausgrenzung von Sozialvorschriften (Arbeitsschutz) *Streil*, in: Beutler/Bieber/Pipkorn/Streil, 295.

eine *spezifische* Regelung im obigen Sinne handelt.[3588] In die steuerrechtliche Ausnahme werden auch Steuern einbezogen, die nur für eine bestimmte Produktionssparte erhoben werden. Eine Regelung fällt unter die Ausnahme des Arbeits- und Sozialrechts, wenn einer ihrer *normativen Schwerpunkte* auf dem *sozialen Ausgleich* (etwa zwischen Arbeitgeber und Arbeitnehmer sowie Erwerbslosen und Erwerbstätigen) liegt (wie z. B. das Kündigungsschutzrecht oder das Sozialversicherungsrecht), was *objektiv* zu bestimmen ist (es sei denn der Mitgliedstaat behauptet explizit [wie im Fall *Oebel*[3589]], dass die Regelung keinen normativen Schwerpunkt auf den sozialen Ausgleich legt [auch dann wird also unwiderleglich vermutet, dass Spezifität gegeben ist]). Weitere Maßnahmen(-bündel) sind (derzeit) nicht auf diese Weise auszugliedern.

„[M]akroökonomische"[3590] Maßnahmen wie z. B. solche der Währungspolitik (mit Blick auf die nicht dem Euro-Raum angehörigen Mitgliedstaaten) dürften schon mangels lebenssachverhaltlichen Hineinwirkens in den Produktionsprozess aus Art. 35 Alt. 2 AEUV herausfallen.

Exporteure sollten nur dann zum Vorliegen von Spezifität Stellung nehmen müssen, wenn die Mitgliedstaaten deren Fehlen rügen. Dabei sollten die Mitgliedstaaten zur Kooperation mit den Exporteuren verpflichtet sein, damit letztere ihren Beweispflichten nachkommen können (die Mitgliedstaaten besitzen etwa gewisse Auskunftspflichten [z. B. in Bezug auf die Gesetzesmaterialien]). Die tatsächlichen Kosten hierfür können sie dem Exporteur in Rechnung stellen. Die Anforderungen sollten hier jedoch nicht zu hoch gesetzt werden, vor allem, weil die Abgrenzung zwischen den zu kontrollierenden und den nicht mehr zu kontrollierenden Regelungen nicht immer zweifelsfrei wird erfolgen können, was zu Rechtsunsicherheiten führen könnte (und dem Schutz der mitgliedstaatlichen Interessen durch andere Mechanismen Rechnung getragen werden kann). Im *Zweifel* sollte vom Vorliegen von Spezifität ausgegangen werden. Gerade die Frage, inwieweit eine Maßnahme den Produktionsprozess modifiziert, ist eine, die am besten der diese Maßnahme rügende Exporteur beurteilen kann.

[3588] Dies entspricht auch der Intention des Sekundärrechtsetzers nach Art. 8 Rom I-VO, der dem Arbeitnehmer in Abs. 1, 2 zwingend den Schutz des für ihn günstigen Rechts des Beschäftigungsortes gewährt. Würde einer anderen Auslegung von Art. 35 Alt. 2 AEUV gefolgt, würde sich die Frage der Vereinbarkeit von Art. 8 Rom I-VO mit Art. 35 Alt. 2 AEUV stellen, die dann wiederum davon abhinge, welches Recht der Beschäftigungsstaat gewählt hat. Im Ergebnis würde also Art. 8 Rom I-VO nichts an der primärrechtlichen Lage ändern – nämlich Kontrolle des Rechts des Beschäftigungsortes durch Art. 35 Alt. 2 AEUV –, wenn ein extensiverer Tatbestand von Art. 35 Alt. 2 AEUV zugrunde gelegt würde.

[3589] S. b. Fn. 3602 ff.

[3590] *Streil*, in: Beutler/Bieber/Pipkorn/Streil, 295.

Aufgrund der *Systembezogenheit* des Spezifitätskriteriums und seiner Integrationsorientierung ist die Liste der genannten abstrakt auszuklammernden Gebiete nicht *fixiert*. Die Liste sollte sowohl bei erheblichen Änderungen des spezifischen primärrechtlichen Kontextes angepasst (also erweitert oder reduziert) werden (z. B. wenn Art. 114 II AEUV um weitere Belange erweitert wird) als auch im Fall von relevanten normativen und faktischen Entwicklungen. Dasselbe gilt für die definitorischen Kriterien, nach denen eine Regelung einem der genannten Gebiete zugeordnet wird (z. B. für das Kriterium, dass eine Regelung dem sozialen Ausgleich dienen muss).

Mit dem oben genannten[3591] Wirkungstest (als Unterfall des Spezifitätskriteriums) wird hier (soweit ersichtlich) *neues Terrain* betreten. Entsprechend gibt es hierzu auch noch keine Erfahrungen aus der Praxis, die deutlich machen könnten, ob eine weitere Verfeinerung oder Ergänzung des Modells durch Unterkriterien, Fallgruppen, definitorische Leitlinien o. Ä. angezeigt ist. Würde das hier entwickelte Kriterium (ggf. auch in anderem Kontext) adaptiert, müsste die Praxis aufmerksam beobachtet und (im Hinblick auf mögliche Modellanpassungen) ausgewertet werden. Nachfolgend[3592] seien einige kurze Beispiele betrachtet, in denen das hiesige Spezifitätskriterium (inklusive des Wirkungstests) zu sinnfälligen Ergebnissen führt.

cc) Beispiele (auch aus der Rspr. [Oebel, Holdijk, Groenveld])

Der allgemeine Kündigungsschutz als hochpolitisierte, die Interessen von Arbeitgeber und Arbeitnehmer zum Ausgleich bringende Materie sollte wegen fehlender Spezifität nicht kontrolliert werden (der Kündigungsschutz fällt unter die formale arbeitsrechtliche Ausnahme). Gleiches gilt für die verteilungspolitische Entscheidung, die z. B. mit der Gewerbesteuer getroffen wird (diese fällt unter die formale steuerrechtliche Ausnahme).

Umweltrechtliche CO^2-Vorgaben für die Verarbeitung bestimmter Rohmaterialien besitzen dagegen ebenso Spezifität wie Sicherheitsbestimmungen für den Betrieb von Maschinen und Anlagen. Beide machen Modifikationen des Produktionsprozesses erforderlich. Auch bauordnungs- und bauplanungsrechtliche Regelungen könnten in den Fokus von Art. 35 Alt. 2 AEUV geraten, wenn sie dazu führen, dass Fertigungsstraßen modifiziert werden müssen.

Im Bereich der Nutztierhaltung lassen sich zahlreiche Beispiele für Regelungen finden, bei denen Spezifität zu bejahen ist. Dies gilt etwa für die Regelung im Fall *Holdijk*[3593] (dort ging es um die gesetzlich vorgeschriebene Mindestgröße von Boxen, in denen Mastkälber gehalten werden) oder für eine nationale Regelung, die die Größe und/oder Gestaltung von Hühnerkäfi-

---

[3591] S. b. Fn. 3585 ff.

[3592] S. b. Fn. 3593 ff.

[3593] EuGH (Fn. 114).

gen über das Maß der sekundärrechtlichen Mindestharmonisierung (Art. 13 II RL 1999/74/EG) hinaus begrenzt. Die für Deutschland maßgebliche Tierschutz-Nutztierhaltungsverordnung ging z. B. insofern über die sekundärrechtliche Mindestharmonisierung hinaus, als konventionelle Käfighaltung gem. § 45 IV TierSchNutztV[3594] *mehrere Jahre früher* verboten worden war, als von Art. 5 II RL 1999/74/EG verlangt. Drei Jahre vor Ablauf der Richtlinienvorgabe trat ein Verbot konventioneller Käfighaltung auch in *Österreich* in Kraft (§ 18 III Tierschutzgesetz [Österreich]). Sofern der vom deutschen Bundesrat am 06.11.2015 beschlossene Verordnungsentwurf zur Beendigung der *Kleingruppenhaltung* zum Jahr 2025[3595] von der Bundesregierung angenommen wird, würde auch in dieser Hinsicht über die (derzeitigen) Richtlinienanforderungen hinausgegangen. Nach Auffassung deutscher Bauernverbände entstünden deutschen Hühnerbauern durch die angestrebte Regelung immense Nachteile im innereuropäischen Wettbewerb.[3596] Ein Verbot der Kleingruppenhaltung greift erheblich in die Organisation der Geflügelproduzenten ein (und weist Spezifität folglich auf).

Bedeutend in die Produktionsorganisation von Agrarbetrieben hineingewirkt wird auch bei einem Verbot, bestimmte *Futtermittel* zu verwenden: So hat die Bundesrepublik Deutschland in Reaktion auf die BSE-Krise als (soweit ersichtlich) *einziges* EU-Land das „Verfüttern von Fetten aus Gewebe warmblütiger Landtiere (...) an (...) Wiederkäuer" verboten (§ 18 I 1 Lebensmittel-, Bedarfsgegenstände- und Futtermittelgesetzbuch). Deutsche Bauernverbände beklagen die damit einhergehenden Wettbewerbsnachteile seit Jahren.[3597] In diesem Zusammenhang sei nun ausnahmsweise auch auf die (Un-)Verhältnismäßigkeit der Regelung eingegangen, denn nach Auffassung mehrerer staatlicher Institutionen entbehrt die Regelung aus heutiger wissenschaftlicher Sicht seit Jahren der Grundlage (was das Bedürfnis nach einer auf Art. 35 AEUV gestützten Kontrolle besonders augenfällig macht): Zunächst ist das Bundesamt für Risikobewertung am 20.06.*2012* zu der Auffassung gelangt, dass „die Wiederzulassung der Verfütterung von Fetten (...) an Wiederkäuer nicht zu einer Erhöhung des BSE-Risikos führen"[3598] werde.

[3594] § 45 IV TierSchNutztV wurde vom Bundesverfassungsgericht allerdings später für nichtig erklärt, BVerfG vom 12.10.2010 – 2 BvF 1/07.

[3595] Beschluss des Bundesrates vom 06.11.2015, Ds. 112/15.

[3596] Bayerischer Bauernverband, Pressedienst vom 08.03.2012, Kleingruppenhaltung nur bis 2023?, abgerufen am 19.12.2015 unter http://www.bayerischerbauernverband.de/pd09-10-kleingruppenhaltung.

[3597] Bauernverband Hohenlohe, Wettbewerbsgleichheit ist nicht gegeben; Verfütterungsverbot für tierische Fette muss gelockert werden!, abgerufen am 19.12.2015 unter http://www.bauernverband-hohenlohe.de/unser-bauernverband/positionen/details/wettbewerbsgleicheit-ist-nicht-gegeben-verfuetterungsverbot-fuer-tierische-fette-muss-gelockert-werden.html.

[3598] Bundesinstitut für Risikobewertung, Stellungnahme 023/2012 v. 20.06.2012, S. 4.

Hiermit ist es von seiner früheren Kritik an der Bewertung der Europäischen Behörde für Lebensmittelsicherheit (EFSA) abgewichen, welche das Verfüttern von Tierfetten schon mehrere Jahre vor dem BfR für unbedenklich gehalten hatte. Nachdem nun sowohl höchste nationale als auch europäische Gremien die Verfütterung von Tierfetten für unbedenklich erklärt haben, hat auch das Bundesministerium für Landwirtschaft, Ernährung und Verbraucherschutz reagiert und in einem Gerichtsverfahren geäußert,[3599] dass die Bundesregierung die Absicht hege, § 18 LFBG aufzuheben. In Rahmen dieses Verfahrens zur Rechtslage vor dem 20.06.2012 hat auch das Bundesverfassungsgericht in einem obiter dictum ausgeführt, dass der Bundesgesetzgeber „gehalten sein [könnte], vor dem Hintergrund der [oben genannten] Stellungnahme des Bundesamts für Risikobewertung vom 20. Juni 2012 und der darin enthaltenen veränderten Risikoeinschätzung, § 18 Abs. 1 Satz 1 LFGB dem veränderten Stand der Wissenschaft anzupassen."[3600] Im Ergebnis unterliegen deutsche Rinderbauern seit Mitte 2012 einer nachweislich überflüssigen und von höchsten staatlichen Stellen kritisierten Einschränkung ihrer Produktionsorganisation, die in keinem anderen EU-Land gegeben ist. Deutsche Tierkörperbeseitigungsanstalten, die am Export von Tierfetten interessiert sind, werden sogar mit einem besonders eingriffsintensiven *Produktions-* und *Handelsverbot* belegt: (Der nicht diskriminierende) § 18 II LFGB untersagt ausdrücklich auch die *Ausfuhr* entsprechender Futtermittel in andere Mitgliedstaaten. Der vom Bundesministerium für Landwirtschaft, Ernährung und Verbraucherschutz am 24.04.2015 veröffentlichte „Entwurf eines Vierten Gesetzes zur Änderung des Lebensmittel- und Futtermittelgesetzbuches sowie anderer Vorschriften",[3601] der die Streichung des maßgeblichen § 18 LFGB vorsieht und der Exportbeeinträchtigung abhelfen würde, ist Anfang

---

[3599] Zitiert nach: BVerfG (Kammer) vom 08.04.2012 – 2 BvR 35/12, Rn. 13.

[3600] BVerfG (Kammer) vom 08.04.2015 – 2 BvR 35/12, Rn. 40. Das Bundesverfassungsgericht wurde von einer Importeurin angerufen, die Mischfuttermittel aus Frankreich und den Niederlanden eingeführt hat. Die Importeurin hatte bereits erfolglos vor dem Bundesverwaltungsgericht geklagt (BVerwG vom 28.09.2011 – BVerwG 3 C 26.10) und u. a. eine Verletzung von Art. 34 AEUV gerügt. Das Bundesverwaltungsgericht qualifizierte die Regelung zwar als eine Beeinträchtigung von Art. 34 AEUV, doch hielt es die Regelung für gerechtfertigt (Rn. 22). Das (nur die grundgesetzliche Berufsfreiheit und das grundgesetzliche Recht auf den gesetzlichen Richter überprüfende) Bundesverfassungsgericht bestätigte das Judikat des Bundesverwaltungsgerichts: Es habe sich um eine *Prognoseentscheidung* gehandelt, die auf der Grundlage der *damaligen* Erkenntnisse vertretbar gewesen sei (Rn. 40). Die Zulässigkeit einer *Aufrechterhaltung* des Verbots war hingegen nicht Urteilsgegenstand. Dennoch äußerte das Bundesverfassungsgericht – in einem *obiter dictum* am Ende des Judikats (Rn. 40) – Zweifel an der Zulässigkeit einer Aufrechterhaltung des Verbots mit Blick auf die seit 2012 veränderte wissenschaftlichen Erkenntnislage.

[3601] Abrufbar unter http://www.bmel.de/SharedDocs/Downloads/Service/Rechtsgrundlagen/Entwuerfe/EntwurfViertesGzurAenderungLFGB.pdf?__blob=publicationFile, abgerufen am 19.12.2015.

Februar 2016 (noch?) nicht von der Bundesregierung beschlossen worden (und folglich wurde auch noch kein Gesetzgebungsverfahren in Gang gesetzt).

Das Nachtarbeitsverbot in *Oebel*[3602] wurde von der Bundesregierung explizit *wirtschaftspolitisch* und gerade nicht arbeitspolitisch begründet,[3603] sodass es unter die obige Rückausnahme[3604] fällt, und daher Spezifität besitzt:[3605] Hierdurch wurde stark in die „Produktionsorganisation" der Bäckereien eingegriffen. Die Regelung besaß zudem einen gewichtigen Einfluss auf die Wettbewerbsfähigkeit exportierender deutscher Bäckereien. Diese besaßen einen Wettbewerbsnachteil gegenüber EU-ausländischen Konkurrenten, die keinem solchen Verbot unterlagen. In *Oebel* war dies gerade in Grenzregionen von Bedeutung (worauf im Verfahren auch explizit hingewiesen wurde).[3606]

In *Groenveld* handelt es sich mit Blick auf die Produktion und Ausfuhr von *Pferdefleisch* um ein *Produktionsverbot*,[3607] welches Spezifität aufweist: Es wird nicht nur lebenssachverhaltlich in die Herstellung von Pferdefleisch hineingewirkt, sondern diese wird gänzlich *verunmöglicht.*

Auch Strom stellt nach st. Rspr. eine Ware dar.[3608] Entsprechend sind Vorschriften, die in den Prozess der *Erzeugung* von Energie hineinwirken (und über ggf. existente EU-Mindestanforderungen hinausgehen), ebenfalls an Art. 35 Alt. 2 AEUV zu messen. Spezifität weist z. B. das deutsche Verbot auf, *neue* Kernkraftwerke in Betrieb zu nehmen (§ 7 I 2 Atomgesetz).[3609]

[3602] EuGH (Fn. 355).

[3603] Die verfahrensgegenständliche (deutsche) Maßnahme in *Oebel* hatte nach Aussage der Bundesregierung u. a. das Ziel das wirtschaftliche Überleben kleinerer Bäckereien zu sichern, weil befürchtet wurde, dass diese einen Schichtbetrieb wie in industriellen Großbäckereien nicht aufrechterhalten könnten und daher im Wettbewerb unterliegen würden, EuGH (Fn. 355), Slg.1981, 1994 (1998).

[3604] S. b. Fn. 3589.

[3605] Der der Rs. *Oebel* zugrunde liegende § 5 des Gesetzes über die Arbeitszeit in Bäckereien und Konditoreien in der damals geltenden Fassung hatte ein Nachtback- und Ausfahrverbot zum Gegenstand. Zu bestimmten Zeiten war es folglich nicht erlaubt Bäckereiprodukte herzustellen und/oder auszufahren. Soweit hiervon auch Exportprodukte betroffen werden – etwa bei Bake-off-Erzeugnissen oder in Grenzgebieten –, handelt es sich um eine die Warenausfuhr in das EU-Ausland betreffende Produktionsregelung (s. b. Fn. 357).

[3606] S. b. Fn. 367.

[3607] S. zur Behandlung von Produktionsverboten b. Fn. 3803 ff.

[3608] Vgl. nur EuGH (Fn. 2958), Rn. 70 (*PreussenElektra*); EuGH (Fn. 2956), Rn. 67 (*Alands Vindkraft AB*).

[3609] Eine Vielzahl weiterer und rechtsgebietsübergreifender Fälle finden sich in der z. T. heute noch gültigen Antwort des baden-württembergischen Staatsministeriums aus dem Jahr 2005 auf die Frage der baden-württembergischen CDU-Landtagsfraktion nach deutschen Standards, die über die von EU-Richtlinien gesetzten Mindestanforderungen hinausgehen (Ds. 13/3958).

d) Gewinnung natürlicher Ressourcen als Sonderfall?

Fraglich ist, wie Beeinträchtigungen oder Verbote der Gewinnung bzw. Förderung *natürlicher Ressourcen* zu behandeln sind, die nicht vom Menschen erzeugt bzw. gezüchtet werden, wie dies z. B. in der Landwirtschaft oder etwa in Baumschulen der Fall ist, sondern in der *Natur vorgefunden* werden (z. B. Abbau radioaktiver Substanzen wie Uran; Fällen geschützter Bäume; Bejagung geschützter Tierarten; Förderung von Erdgas, Erdöl und Steinkohle; Nutzung von Fördermethoden wie Fracking). Zu prüfen ist insbesondere, ob es in solchen Fällen an der notwendigen Konnexität mit der Exporttransaktion fehlt.

Vorfeldregelungen wurden oben definiert als Regelungen, die sogar noch *vor* dem *Produktionsprozess* angesiedelt sind. Den paradigmatischen Fall bilden dabei Eingriffe in die *Verarbeitung* von Vorprodukten oder Rohstoffen zu einem fertigen Endprodukt, die innerhalb einer *Fabrik* stattfinden. Mit Blick auf den Export von (unbearbeiteten) Rohstoffen besteht die noch von Art. 35 Alt. 2 AEUV erfasste und maßgebliche „*Produktion*" bereits im *Abbau* bzw. in der *Förderung* der Materialien – etwa, weil eine Verarbeitung nicht notwendig ist oder weil diese im Ausland erfolgt. Die Waren sind hier *unmittelbar* nach der Förderung „exportfertig". Der Vorgang, der *direkt vor* der das Substrat von Art. 35 AEUV bildenden Exporttransaktion angesiedelt ist, ist die *Gewinnung* der Rohstoffe. Die oben gebildete Metapher von der „Grundstücksschwelle der Fabrik" versagt bei Behinderungen der Ressourcengewinnung. Das maßgebliche abstrakte Kriterium der Konnexität muss hier anders, nämlich *wirtschaftssektorspezifisch* konkretisiert werden.

Die obige *fabrikbezogene* Abgrenzung speist sich aus den Erfahrungen in westlichen Industriegesellschaften (und insbesondere aus einer Betrachtung der Wirtschaftsstrukturen in Mitteleuropa [wie in Deutschland oder den Beneluxländern]), in denen die Rohstoffförderung nur einen minimalen Anteil am BIP ausmacht. Eine solche Sichtweise, die Art. 35 Alt. 2 AEUV auf entsprechende hochverarbeitete Endprodukte (wie z. B. Kraftfahrzeuge) beschränkt, ist indes zu eng und erfasst nicht die ganze Vielfalt möglicher Exportsachverhalte in der EU und würde zudem auch die Wirtschaftsteilnehmer in weniger entwickelten Mitgliedstaaten mit größeren (Abhängigkeiten von

---

Eine Regelung wie im Fall *Mary Carpenter* (s. hierzu b. Fn. 2649) würde in entsprechender Anwendung der entwickelten Kriterien *keine* Beeinträchtigung der Herkunftsstaatsdimension der Dienstleistungsfreiheit darstellen (wenn die dortige Maßnahme nicht schon als Vorfeldregelung ausschiede). Da es sich dabei um einen Dienstleistungsfall handelt, passen die hier befürworteten Kriterien, da auf die *Waren*ausfuhr zugeschnitten, nicht direkt und können nur *entsprechend* angewandt werden: Es ist im Ergebnis offensichtlich, dass die Maßnahme nicht hinreichend eng mit dem „Produktions"prozess der Dienstleistung verknüpft ist (also in der hiesigen Diktion wohl eine Konnexität mangelnde Vorfeldregelung darstellt).

ihren) Ressourcenvorkommen benachteiligen. Die Unternehmer in ohnehin wirtschaftlich starken Ländern würden privilegiert. Gleiche Sachverhalte würden also ungleich behandelt. Der Zugang zu Rohstoffen ist dabei von fundamentaler Bedeutung für den Binnenmarkt als Ganzes: Die bereits angesprochenen hoch entwickelten Verarbeitungsindustrien (als EU-ausländische Nachfrager) sind stark abhängig von der Zufuhr von Rohstoffen und können durch Förderverbote (die in anderen Mitgliedstaaten ausgesprochen werden) schwer getroffen werden.

Gegen eine Kontrolle entsprechender Förderverbote und -beschränkungen spricht jedoch, dass die mitgliedstaatlichen Kompetenzen hier erheblich betroffen sein können. Es geht in der Regel um gewichtige legitime Interessen des Herkunftsstaates. Zudem ist der zu exportierende Gegenstand vor dessen Exploitation noch nicht in den Wirtschaftskreislauf eingespeist, sondern noch Teil der Natur. Andererseits können auch fabrikbezogene Regelungen (die in den Maßstab rechtlicher Wettbewerbsgleichheit einbezogen werden) wichtige mitgliedstaatliche Interessen zum Ziel haben. Die angedeutete *naturalistische* Abgrenzung (allein) ist ebenfalls wenig überzeugend: Es wurde bereits mehrfach festgestellt, dass Art. 35 Alt. 2 AEUV grundsätzlich *wirkungsbezogen* ist. Und auch im Bereich der Gewinnung natürlicher Ressourcen kann es zu erheblichen Wettbewerbsungleichheiten kommen. Konnexitätsbezogene Ausgrenzungen bilden die *Ausnahme* und sollten nur in *sehr weit* vom Export entfernten Sachverhalten stattfinden. Die Tatsache, dass die Rohstofferschließung dem Exportvorgang *unmittelbar vorgelagert* sein kann, dürfte im Ergebnis entscheidend für die Einbeziehung in einen Maßstab rechtlicher Wettbewerbsgleichheit sprechen. Um den starken Eingriff in die mitgliedstaatlichen Kompetenzen, der in dieser Kontrolle liegt, zu kompensieren, könnte ausnahmsweise verlangt werden, dass die Maßnahme sich als *besonders* wettbewerbsbenachteiligend erweist, etwa wirtschaftlich einem *Förderungsverbot* gleichkommt (das [so] nicht in anderen Mitgliedstaaten existiert).[3610]

Statt einer „Produktionsspezifität" könnte hier eine „Abbauspezifität" verlangt werden, d. h. mitgliedstaatliche Maßnahmen müssten, um dem Maßstab rechtlicher Wettbewerbsungleichheit zu unterfallen, einen bestimmten Ressourcenabbau gänzlich verbieten oder lebenssachverhaltlich in diesen hineinwirken (und die obige Voraussetzung erfüllen, d. h. wirtschaftlich einem Förderverbot gleichkommen). Z. B. würde ein landesweites Verbot der Fördermethode des Fracking Spezifität aufweisen (wenn die Förderung von Schiefergas dann nicht mehr wirtschaftlich ist und Fracking in anderen Mit-

[3610] Das *Grenzübertrittskriterium* gilt (natürlich) auch für Regelungen, die die Ressourcengewinnung betreffen: Es führt hier dazu, dass sich auch hier nur dann auf den Maßstab rechtlicher Wettbewerbsgleichheit berufen werden kann, wenn der Exporteur sicherstellt, dass alle geförderten Ressourcen *mit Sicherheit exportiert* (oder [im sehr unwahrscheinlichen Fall des Fehlens einer Auslandsnachfrage] überhaupt nicht gehandelt, sondern eingelagert) werden.

gliedstaaten erlaubt ist). Gleiches würde für ein landesweites Verbot der Förderung von Stein- und/oder Braunkohle gelten.

3. *Einzelfallbezogenes Spürbarkeitskriterium*

Nach hier vertretener Auffassung ist in bestimmten Fallgruppen ein im Folgenden näher dargelegtes *Spürbarkeitskriterium*[3611] anzuerkennen: Der sich auf Art. 35 Alt. 2 AEUV berufende Exporteur muss hiernach (in Bezug auf bestimmte, nachfolgend näher charakterisierte Fallgruppen) glaubhaft machen, dass eine Maßnahme ihm gegenüber eine *wettbewerbsbenachteiligende Mindestbelastung*[3612] entfaltet hat oder mit *hinreichender Eintrittswahrscheinlichkeit* entfalten wird. Bloße *Unterschiede zwischen den Rechtsordnungen* des Export- und des Zielstaates genügen (in bestimmten Fallgruppen) mithin nicht. Es müssen aus der Maßnahme auch *gewisse* (nachfolgend näher zu charakterisierende) *Kosten* für den Exporteur resultieren. Nicht gefordert wird dagegen, dass ein als Nachteil identifizierter Umstand *schwer* wiegt. Vielmehr sollen grundsätzlich nur (bezogen auf die Wahrscheinlichkeit) *hypothetische* Belastungen oder (bezogen auf die Intensität) *Bagatellen* ausgeklammert werden. Als allgemeine Richtungsvorgabe gilt, dass die Spürbarkeitsschwelle *niedrig* anzusetzen ist. Der mit einer solchen niedrigen Grenze verbundene Eingriff in die mitgliedstaatlichen Kompetenzen kann relativiert werden, indem dem Exporteur die Darlegungs- und Beweislast auferlegt und die Rechtfertigungsprüfung (erheblich) abgeschwächt wird. Nachdem das Spürbarkeitskriterium oben bereits grundsätzlich dargelegt und diskutiert wurde,[3613] geht es hier um eine exakte Definition und Präzisierung.

Die Konzeptionierung des Spürbarkeitskriteriums wird dabei von einem *vierseitigen Spannungsverhältnis* beherrscht: Erstens muss das Spürbarkeitskriterium zu einer echten tatbestandlichen Einschränkung führen, die die mitgliedstaatlichen Kompetenzen effektiv schützt. Zweitens müssen die Maßgaben *möglichst präzise* und *bestimmt* sein. Sonst würde der Rspr. ein zu großes Ermessen eingeräumt, und die Rechtssicherheit wäre gefährdet. Die

---

[3611] Auf die diesbezüglichen terminologischen „Grabenkämpfe" wird hier mangels praktischer Relevanz nicht weiter eingegangen (andere Autoren präferieren z. B. eine Bezeichnung als rule of remoteness), vgl. *Cordewener*, 297 f.; *Horsley*, 165; *Körber*, 171 (s. a. schon b. Fn. 3497). Insbesondere hat der Gerichtshof ein *als solches bezeichnetes* Kriterium der Spürbarkeit explizit abgelehnt, s. b. und in Fn. 3143. Zudem wird häufig darauf verwiesen, dass das Spürbarkeitskriterium ein quantitatives sei, vgl. nur *Fasshold*, 20 f.; *Lackhoff*, Niederlassungsfreiheit, 428 f. Dies ist allerdings nicht ganz präzise: Der EuGH nimmt letzten Endes eine *Gesamtwürdigung* vor (s. b. Fn. 1772). Zur Umgehung dieser praktisch wenig fruchtbaren Streitigkeiten um Begriffe wird im Folgenden ausschließlich die nachfolgende Bedeutungszuschreibung zugrunde gelegt.

[3612] *Szydło*, CMLR 47 (2010), 753 (768 f.) lässt dagegen bereits ausreichen, dass *überhaupt* quantifizierbare Kostennachteile entstehen.

[3613] S. b. Fn. 1764 ff. und b. Fn. 3490 ff.

Kriterien dürfen die Gerichte dabei drittens *nicht überfordern*, also nicht zu komplex sein und nicht zu unangemessen hohen *Verfahrenskosten* führen. Viertens müssen die Kriterien einen effektiven Schutz des jeweiligen Warenexporteurs gewährleisten. Diese vier Konzeptionierungsziele stehen teilweise in Opposition zueinander, d. h. ein Ziel kann bisweilen nur auf Kosten eines anderen befördert werden. Es ist nicht möglich, alle gleichzeitig voll zu erfüllen. Es ist daher ein Kompromiss zu finden. Hier dürfte (erneut) ein gewisser Interpretationsspielraum existieren.

Sofern die Vereinbarkeit einer Maßnahme mit Art. 35 Alt. 2 AEUV *abstrakt* beurteilt werden soll, ist zu prüfen, ob ein konkreter Fall *denkbar* ist, in dem die Spürbarkeit fehlt. Dies offenbart die Doppelnatur des Spürbarkeitskriteriums: Insofern noch nicht mal ein Fall *denkbar* ist, in dem die Spürbarkeit fehlt, besitzt es eine *abstrakt-generelle* Bedeutung. Insofern es auf den Einzelfall abstellt, eignet ihm *konkret-individuelle* Relevanz.[3614]

a) Glaubhaftmachung der Spürbarkeit im konkreten Fall

Ausgangspunkt ist die Situation eines *konkreten* (und bei einer abstrakten Prüfung: gedachten) Warenexporteurs, der sich auf der Grundlage von Art. 35 Alt. 2 AEUV gegen eine mitgliedstaatliche Maßnahme wehrt. Insofern besteht eine Orientierung am *Einzelfall*. Gleichwohl ist nicht erforderlich, dass ihn die Maßnahme *tatsächlich* von der Ausübung der Grundfreiheit abgeschreckt hat, mithin *kausal* war. Der Exporteur muss vielmehr nur *glaubhaft* machen, dass in seinem Fall eine Situation vorgelegen hat (bzw. noch vorliegt), in der die Maßnahme spürbar gewesen ist (bzw. noch ist).[3615] Aufgrund der Funktion des Spürbarkeitskriteriums, nur *Bagatellen* und *hypothetische* Belastungen auszuklammern, und um den Aufwand der Spürbarkeitsprüfung möglichst gering zu halten, sollten die beweisrechtlichen Voraussetzungen hier nicht zu hoch angesetzt werden. Auch die grammatische Auslegung spricht gegen einen zu restriktiven Test: Sogar Art. 35 Alt. *1* AEUV verlangt keine nachweisliche Ausfuhrreduzierung (und ist auch dann einschlägig, wenn das Kontingent gar nicht ausgeschöpft wird). Durch diese abgesenkten Beweisanforderungen verschwimmen die (oben angesprochenen[3616]) Unter-

---

[3614] S. zur Abgrenzung zwischen konkret-individuellen und abstrakt-generellen Kriterien b. Fn. 3211 f.

[3615] Vgl. auch *Becker*, EuR 1994, 162 (170); *Langner*, RabelsZ 65 (2001), 222 (223); *Müller-Graff*, in: von der Groeben/Schwarze/Hatje, Art. 35 AEUV Rn. 20; *ders.*, in: von der Groeben/Schwarze/Hatje, Art. 34 AEUV Rn. 60, 63, 65; *Reese*, 40; *Répasi*, EuZW 2011, 430 (431); *Roth*, 42 f.; Generalanwältin *Sharpston*, Schlussanträge v. 28.06.2007, Rs. C-212/06, 2007, I-1687, Rn. 65 (*Regierung der Communauté française*); ähnl. auch *Körber*, 167 ff.; krit. *Lackhoff*, Niederlassungsfreiheit, 434 f.

[3616] S. b. Fn. 3614.

schiede zwischen der abstrakt-generellen und der konkret-individuellen Bedeutungsdimension des Spürbarkeitskriteriums.

b) Kursorische Gesamtwürdigung anhand verschiedener ökonomischer Parameter

Zur Beantwortung der Frage, wann die geforderte *wettbewerbsbenachteiligende Mindestbelastung* erreicht ist, sollten die Gerichte nicht dazu verpflichtet werden, umfängliche Marktuntersuchungen anzustellen. Sie sollten nur *kursorisch* prüfen, ob eine wettbewerbsbenachteiligende Mindestbelastung vorliegt. Hier kann nicht auf allgemeine mathematisch quantifizierbare Vorgaben zurückgegriffen werden, sondern es muss eine die wirtschaftlichen Besonderheiten des jeweiligen Marktes berücksichtigende *Gesamtwürdigung* stattfinden. Anhaltspunkte, von denen sich die Gerichte leiten lassen sollten und auf die in der Begründung Bezug genommen werden sollte, sind z. B. die Preistransparenz, die Homogenität der Güter, die Nachfrageflexibilität, die Marktdichte oder die Substituierbarkeit der Güter. Auf sehr umkämpften Märkten mit transparenten Preisen (was regelmäßig bei homogenen Gütern wie z. B. Mineralöl der Fall ist) und geringen Stückpreisen können bereits sehr geringe Kostenerhöhungen um Bruchteile eines Centbetrages, gerechnet auf die Stückkosten, ausreichen, wohingegen die Schwelle auf weniger umkämpften Märkten mit hohen Stückpreisen und intransparenter Preisfindung höher liegen kann (etwa im Bereich von Luxuswaren). Wiederum sollten die Exporteure nur dazu verpflichtet werden, entsprechende Umstände glaubhaft zu machen.[3617] Sofern die Mitgliedstaaten dieses jedoch bestreiten, sollte ihnen der (ggf. auch ausführliche) Gegenbeweis erlaubt werden.

Gemildert werden können etwaige Ermittlungsunsicherheiten auch durch die Vorgabe, eine Maßnahme *im Zweifel* als Beeinträchtigung einzustufen (was mit Blick auf die den Mitgliedstaaten eingeräumte Möglichkeit der Rechtfertigung und einer nur modifizierten Rechtfertigungsprüfung tragbar ist).[3618]

Nicht relevant ist, ob das jeweilige Unternehmen diese Nachteile durch eigene Innovationen oder sonstige Produktionseffizienzen *kompensieren* kann. Eine Wettbewerbsbenachteiligung ist also unabhängig davon, ob das Unter-

---

[3617] Ähnl. *Müller-Graff*, in: von der Groeben/Schwarze/Hatje, Art. 34 AEUV Rn. 63, 65; vgl. auch *Barents*, CMLR 18 (1981), 271 (277).

[3618] Diese Prüfung mag komplex erscheinen; tatsächlich dürften aber wohl viele dieser Kriterien den EuGH schon derzeit anleiten. Der einzige Unterschied der hiesigen Auffassung zu der des EuGH liegt dann darin, dass diese Kriterien hier aufgezählt und möglichst transparent gemacht werden sollen. Dadurch wird die Rechtsfindung rationalisiert, vereinheitlicht und Divergenzen zwischen den Kammern vermieden sowie der wissenschaftliche Diskurs erleichtert. Zudem bietet ein Kanon von Kriterien (der „abgeklappert“ werden kann) die Gewähr, dass bestimmte Aspekte nicht übersehen werden.

nehmen sich tatsächlich auch weiterhin am Markt behaupten kann, weil es bestimmte technische oder organisatorische Vorteile besitzt. Mit anderen Worten: Es besteht eine Wettbewerbsbenachteiligung auch dann, wenn das Unternehmen zur Kompensation der Wettbewerbsnachteile zwar von seinen Vorteilen zehren muss, aber im Ergebnis nicht aus dem Markt gedrängt wird. Eine andere Lösung widerspräche dem Sinn und Zweck von Art. 35 AEUV: Die aus Ungleichheiten herrührenden Effizienzen sollen an die *Verbraucher* weitergegeben werden und den Unternehmen zum Vorteil gereichen.

c) Verhältnis der Wahrscheinlichkeit zum Schadensquantum

Die Stückkostenerhöhung, die eine belastende mitgliedstaatliche Maßnahme zur Folge hat, ergibt sich aus der *Wahrscheinlichkeit*, mit der die Benachteiligung eintritt, und dem *Quantum* der Belastung. Die genaue Stückkostenerhöhung kann mithilfe der Formel errechnet werden: Eintrittswahrscheinlichkeit mal Nachteilsquantum, geteilt durch die Anzahl der produzierten Einheiten.[3619] Selbst dann, wenn die Belastung also gar nicht eintritt, muss der rational agierende Exporteur entsprechende Vorsorge treffen und somit Rückstellungen bilden (z. B. aus Stückpreiserhöhungen).

Der Zusammenhang zwischen Probabilität und Schadensquantität zeigt, dass an sich noch relevante Nachteile unter die Relevanzschwelle absinken können, wenn die Wahrscheinlichkeit nur gering genug ist (etwa scheiden hypothetische Belastungen aus[3620]). Andererseits können gravierende Nachteile auch dann beachtlich sein, wenn die Wahrscheinlichkeit sehr gering ist. Auch wenn der Eintritt eines Nachteils nachgewiesen ist, kann er unbeachtlich sein, wenn das Nachteilsquantum im Bagatellbereich liegt.[3621]

Rechtstheoretisch handelt es sich um eine *dynamische* Verknüpfung von Wahrscheinlichkeit und Nachteilsquantum i. S. e. Typusbegriffs, bei dem beide Unterkriterien in ihren Anforderungen von der Ausprägung des jeweils anderen Kriteriums abhängig sind.[3622] Als generelle Regel lässt sich demnach für festhalten: Je größer die Eintrittswahrscheinlichkeit, desto geringer darf die Belastung ausfallen und vice versa (innerhalb dieses – dies sei erneut betont – grundsätzlich nur niedrige Anforderungen statuierenden Kriteriums).

Eine geringe Wahrscheinlichkeit kann sich dabei auch daraus ergeben, dass eine Belastungswirkung von mehreren – ggf. für sich genommen un-

---

[3619] Je höher die produzierten Stückzahlen, desto mehr nähern sich die Schadenssummen dem mit der Formel berechneten Wert an, weil der Zufall eine geringere Rolle spielt.

[3620] *Müller-Graff*, in: von der Groeben/Schwarze/Hatje, Art. 34 AEUV Rn. 60; *Thomas*, NVwZ 2009, 1202 (1207); EuGH (Fn. 3143), Rn. 21 (*Yves Rocher*).

[3621] Vgl. *Thomas*, NVwZ 2009, 1202 (1206 f.).

[3622] Je stärker das graduelle Kriterium X von zwei Kriterien X und Y erfüllt ist, desto schwächer darf das abstufbare Kriterium Y erfüllt sein, damit der Typusbegriff als gegeben angesehen werden kann. Vgl. zur Kategorie des Typusbegriffs *Puppe*, 58 ff.

wahrscheinlichen – Bedingungen abhängt.[3623] Einigen EuGH-Entscheidungen, in denen der Gerichtshof die rule of remoteness auf die Grundfreiheiten anwendet, liegen solche (mehrfach bedingten) Konstellationen zugrunde.[3624] Auch bei der Kumulation von für sich genommen nicht hinreichend nachteiligen Belastungen, die zusammengenommen den Schwellenwert übersteigen, ist jede einzelne dieser Belastungen als unzulässig zu werten.[3625]

d) Anwendungsergebnisse nach Fallgruppen

Das Spürbarkeitskriterium erscheint nur dort angemessen, wo *typischerweise* legitime herkunftsstaatliche Interessen betroffen sind.

Da es grundsätzlich keine anerkennungswürdige Begründung gibt, den Handel zu diskriminieren (zumal unter Zugrundelegung des hier vertretenen engen Diskriminierungsverständnisses[3626]), sollte mit Blick auf diskriminierende Produktions-, Produkt- und Vermarktungsregelungen grundsätzlich kein entsprechendes Spürbarkeitserfordernis statuiert, sondern *jede* Diskriminierung auf ihre Rechtfertigung überprüft werden.[3627] Hier liegt m. a. W. eine teleologisch begründete, *normative* Spürbarkeit vor. Hierfür lassen sich auch Anhaltspunkte in der Rechtsprechung zur rule of remoteness finden.[3628]

Es erscheint auch nicht sinnfällig, eine Spürbarkeit bei *Produkt-* und *Vermarktungs*regelungen sowie *EU-Auslands-Transport*regelungen[3629] zu verlangen: Hier sind im Grundsatz keine legitimen Interessen des Herkunftsstaates berührt. Den in der Praxis äußerst seltenen Fällen, in denen doch legitime Interessen des Herkunftsstaates betroffen sind, kann ausreichend auf der Rechtfertigungsebene Rechnung getragen werden. Hierdurch werden die Unternehmen davon entlastet, die Spürbarkeit einer Maßnahme darzulegen und glaubhaft zu machen. Dabei handelt es sich nicht nur um eine prozessuale Frage. Vielmehr wird hierdurch de facto auch die Entscheidung der Frage, inwiefern sich Unterschiede zwischen den Rechtsordnungen (als Wettbewerbsungleichheiten) nachteilig auf den Export auswirken, *auf die Exporteure übertragen*. Würde hingegen ein Spürbarkeitskriterium anerkannt, müssten die *Gerichte* Stellung dazu nehmen, ob und inwiefern sich die Belastung

[3623] Vgl. Generalanwalt *Darmon* (Fn. 3490), Rn. 12 f. (*Krantz*).

[3624] S. d. Nachw. in Fn. 3151.

[3625] S. hierzu schon b. Fn. 3527 f.

[3626] S. hierzu sogl. b. Fn. 3632 ff.

[3627] Ebenso wohl *Barents*, CMLR 18 (1981), 271 (276); *Feiden*, 42; *Horsley*, 168; *Körber*, 175; *Mortelmans*, CMLR 38 (2001), 613 (634); *Roth*, in: Baur/Mansel, 47 (52); *ders.*, in: Terryn/Straetmans/Colaert, 119 (132 f.); Generalanwalt *Jacobs* (Fn. 3129), Rn. 42 f. (*Leclerc-Siplec*); a.A. *Sack*, WRP 1998, 103 (117).

[3628] S. zur entsprechenden Rspr. b. und in Fn. 3153 ff.

[3629] Gemeint sind exportstaatliche Maßnahmen, die den Transport im *EU-Ausland* regulieren.

nachteilig auswirkt. Die Exporteure können aber am besten beurteilen, inwiefern sich die Regelung nachteilig auf ihre Geschäfte auswirkt und ob sie die Kosten der Glaubhaftmachung und einer eventuellen Prozessniederlage auf sich nehmen möchten.

Bei Produktionsregelungen sowie bei für das Inland geltenden Transportregelungen stehen regelmäßig legitime Interessen des Exportstaates auf dem Spiel. Zum Schutz der mitgliedstaatlichen Kompetenzen sollte den Unternehmen daher hier „zugemutet" werden, dass ihre Klagemöglichkeiten eingeschränkt werden und dass die Gerichte darüber entscheiden, ob eine Belastung hinreichend hinderlich ist. Aus Praktikabilitätsgründen sollte, wenn einmal eine Spürbarkeit vorlag, deren Vorliegen auch dann angenommen werden, wenn ihre Voraussetzungen *nachträglich entfallen* sind, aber sich *vor* dem Wegfallen der Voraussetzungen auf Art. 35 Alt. 2 AEUV *berufen* wurde: Sonst läge in dieser Unsicherheit wiederum ein relevanter Wettbewerbsnachteil. Auch für die staatlichen Stellen würde sich sonst eine kaum zumutbare Rechtsunsicherheit ergeben.

4. Finalität, Adäquanz und Vorhersehbarkeit irrelevant

Irrelevant ist, ob der grundfreiheitenverpflichtete Urheber der Maßnahme die Behinderungswirkung *beabsichtigt* hat.[3630] Dies ergibt sich schon aus dem Wortlaut von Art. 35 AEUV („gleicher Wirkung"). Mit Blick auf die gebotene funktionelle, wirkungsbezogene Betrachtung sind auch Vorhersehbarkeit und Adäquanz nicht erforderlich.[3631] Für den Grundfreiheitsberechtigten ist die Belastung in allen Fällen dieselbe. Die Grundfreiheiten zielen nicht auf eine „Bestrafung" der Mitgliedstaaten für verpönte Absichten ab, sondern auf die Erzielung funktionaler Vorteile. Die Absichten der Mitgliedstaaten sollten daher nur als Hilfsmittel herangezogen werden, um den *Inhalt* der mitgliedstaatlichen Maßnahmen zu ermitteln.

II. Faktische und offene Diskriminierungen[3632]

Dem Verbot von Diskriminierungen kommt im hier vorgeschlagenen Beeinträchtigungstatbestandsmodell (und in dieser Untersuchung insgesamt) nur eine *stark untergeordnete* Rolle zu, und zwar sowohl hinsichtlich seiner Bedeutung für die *Praxis*, also für die *Reichweite seiner Verbotswirkungen* als

---

[3630] Ebenso *Becker*, EuR 1994, 162 (171); *Deckert/Schröder*, JZ 2001, 88 (90); *Müller-Graff*, in: von der Groeben/Schwarze/Hatje, Art. 34 AEUV Rn. 55; *Vollbrecht*, 121.

[3631] Hierzu umf. *Lackhoff*, Niederlassungsfreiheit, 432 ff.

[3632] S. umf. zu konstruktiven Erwägungen b. Fn. 3465 ff.

auch bezüglich seiner systematisch-teleogischen Legitimation (die sich in der geringen Verbotsreichweite ausprägt).[3633]

Der (hier nur kurz skizzierte und nachfolgend ausführlich dargestellte) Grund für diese untergeordnete Rolle liegt vor allem darin, dass das wichtige Binnenmarktteilgebot der Wettbewerbsgleichheit nach hier vertretener Auffassung in Herkunftsstaatskonstellationen *allein* und vollständig über ein Verbot rechtlicher und faktischer *Wettbewerbsungleichheit* realisiert wird, d. h., systematisch-teleologisch wird das Diskriminierungsverbot nicht vom Binnenmarktteilgebot der Wettbewerbsgleichheit getragen, sondern es dient ausschließlich der Bekämpfung *protektionistischer* Wirkungen. Beides läuft hier (in Herkunftsstaatskonstellationen) nicht parallel (wie in Zielstaatskonstellationen). Die somit allein relevante protektionistische Wirkung *herkunftsstaatlicher* Diskriminierungen ist aber in der Regel – und insbesondere im EU-Binnenmarkt – *äußerst schwach* (im Gegensatz zu derjenigen zielstaatlicher Diskriminierungen). Den beträchtlichen *Rechtsunsicherheiten*, die einem weit ausgelegten Verbot faktischer (Ausfuhr-)Diskriminierung innewohnt, steht hier somit kein ausreichend großer Binnenmarktgewinn gegenüber.

1. Begründung

a) Protektionistische Wirkungen und Zwecksetzungen ausfuhrdiskriminierender Maßnahmen

Ein protektionistischer *Zweck* ist bei Ausfuhrdiskriminierungen nicht immer vorhanden. Z. B ist denkbar, dass stringentere Kontrollen für den Export als für den Inlandsvertrieb angeordnet werden, um die Qualität heimischer Exportprodukte sicherzustellen (wie z. B. in *Bouhelier*[3634]). Zwar könnte argumentiert werden, dies sei eine Schutzbehauptung. Doch kann dieser Einwand nur überzeugen, wenn zumindest protektionistische *Wirkungen* denkbar sind. Fraglich ist also, ob offen oder faktisch diskriminierende Regelungen zumindest *stets* protektionistisch *wirken*: Die protektionistische Wirkung ergibt sich bei Art. 35 Alt. 2 AEUV erstens aus den Fällen, in denen die heimische *Verarbeitungsindustrie* geschützt werden soll, indem sie mit günstigen Vorprodukten oder Roherzeugnissen versorgt und diese Stoffe EU-ausländischen Produzenten vorenthalten werden. Daneben ist denkbar, dass die heimischen Verbraucher durch das künstliche „Wegschneiden“ der *Auslandsnachfrage* und der damit einhergehenden Angebotsvergrößerung bevorteilt werden sollen, weil die Preise für die entsprechenden Produkte in der Heimat (zumin-

[3633] Vor allem wird die Fallgruppe *faktischer* Diskriminierung *eng* ausgelegt. Sie wird allerdings nicht so eng interpretiert, wie dies der EuGH tut in seiner st. vor-*Gysbrechts*-Rspr. zu Art. 35 Alt. 2 AEUV, s. hierzu umf. b. Fn. 591 ff.

[3634] S. b. Fn. 258 ff.

dest vorübergehend) sinken.[3635] Doch handelt es sich hierbei um *sehr geringe*, kaum merkliche protektionistische Vorteile. Zugleich ist zu berücksichtigen, dass das Wegschneiden der Auslandsfrage langfristig durch angebotsseitige *Kapazitätsreduzierungen* kompensiert werden wird und die Produzenten im EU-Ausland infolge des Wegfallens von Konkurrenten möglicherweise größere Marktanteile erwerben (möglich ist allerdings auch, dass Unternehmen aus Drittstaaten die Marktanteile hinzuerwerben). Fraglich ist, ob eine dieser beiden[3636] Wirkungen bei *jeder* die Ausfuhr faktisch und/oder offen diskriminierenden Regelung eintritt.

In Fällen offener Diskriminierung ist denkbar, dass im Inland gar keine Verarbeitungsindustrie vorhanden ist oder – in der zweiten oben genannten Konstellation – keine Nachfrage existiert, die geschützt werden könnte, bzw., dass Entsprechendes im Ausland der Fall ist und im Inland keine Exporteure vorhanden sind, die negativ betroffen sein könnten. In Bezug auf das Fehlen Benachteiligter kann allerdings von einer *latenten* protektionistischen Wirkung gesprochen werden, weil die verfahrensgegenständliche Maßnahme für die soeben genannten Ausnahmekonstellationen sogar *ursächlich* sein könnte, d. h., es könnte gerade deshalb keine inländischen Exporteure und EU-ausländischen Nachfrager geben, weil die offen diskriminierende Maßnahme *in Kraft ist* und einen Export daher unattraktiv macht. Auch in den Fällen, in denen keine inländischen Verbraucher vorhanden sind, besteht zumindest ein protektionistisches *Potenzial*. Dieses hat sich nur noch nicht realisiert. Es muss jederzeit mit protektionistischen Wirkungen gerechnet werden. Freilich ist zu gewärtigen, dass die soeben genannten Konstellationen *sehr unwahrscheinlich* sind. Von seltenen Ausnahmen abgesehen, gehen ausfuhrdiskrimi-

---

[3635] Hierbei handelt es sich zwar nicht um einen klassischen Fall des Protektionismus: Protektionismus ist ein wirtschaftspolitisches Instrument, mit dem eigene Produktionsindustrien – also die *Angebots*seite – geschützt werden sollen. Hierunter fiele nur die Variante, in der heimischen Verarbeitungsindustrien profitieren sollen. Sofern es um den Schutz der eigenen Verbraucher geht, geht es allerdings um ein ähnliches Geschehen: Auch hier werden inländische Personen durch einen wirtschaftspolitischen Eingriff geschützt. Zugleich führt dies zu Nachteilen für EU-ausländische Personen (infolge der Angebotsverknappung im EU-Ausland steigen dort die Preise; andererseits gewinnen EU-ausländische Produzenten Marktanteile hinzu). Die Folgen einer Angebotsverknappung konnten jüngst in der Ukraine-Krise beobachtet werden: Aufgrund der russischen Importrestriktionen für europäische Waren stiegen die Preise für russische Verbraucher und in der EU fielen etwa die Preise für Äpfel.

[3636] Davon, dass diese beiden Konstellationen tatsächlich protektionistischer Art sind, geht wohl auch der EuGH aus mit Blick auf die *Groenveld*-Formel, die ja in ihrem dritten Element nicht nur nach dem Nachteil für die *Produktion* fragt (dies wäre dann der hiesige „Verarbeitungsindustriefall“), sondern es auch ausreichen lässt, wenn der *Handel* anderer Mitgliedstaaten (dies wäre dann der hiesige „sonstige Nachfrager-Fall“) in Mitleidenschaft gezogen wird durch eine spezifische Ausfuhrbeschränkung, EuGH (Fn. 51), Rn. 7 (*Groenveld*).

nierende Wirkungen bzw. Normfassungen folglich mit protektionistischen Effekten einher (oder besitzen zumindest ein entsprechendes Potenzial). Diese Wirkungen werden in aller Regel jedoch *sehr gering* sein.

b) Binnenmarktziel und Loyalitätsgrundsatz gem. Art. 4 III Ua. 2 EUV

Mit Blick auf das Binnenmarktziel und den Loyalitätsgrundsatz (Art. 4 III Ua. 2 EUV) ist fraglich, ob bzw. warum ein Mitgliedstaat die Nachfrager und speziell die Untergruppe der Verbraucher aus anderen Mitgliedstaaten benachteiligen können soll, indem er seinen Exporteuren bei der Ausfuhr Kosten aufbürdet, die er seinen eigenen Bürgern nicht zumutet. Zunächst spricht hiergegen eine einheitliche Binnenmarktbetrachtung, wonach die im Zielstaat sitzenden Nachfrager die Exportwaren zu den gleichen Bedingungen sollen erwerben können wie die Nachfrager im Herkunftsstaat. Sodann erscheint es loyalitätswidrig, die zielstaatlichen Nachfrager Regulierungsbelastungen auszusetzen, die der ausführende Mitgliedstaat seinen eigenen Bürgern nicht zumutet.

c) Wettbewerbsgleichheitsgebot keine Legitimationsgrundlage

Inwiefern offene und faktische Ausfuhrdiskriminierungen auch Wettbewerbsungleichheiten beseitigen, ist letztlich irrelevant, da Wettbewerbsungleichheiten hier schon von einem Wettbewerbsgleichheitskonzept umfasst sind (und dessen Legitimationsgrundlage darstellen). Das Binnenmarktteilgebot der Wettbewerbsgleichheit sollte daher *keine Legitimationsgrundlage* darstellen für ein (ggf. weit ausgelegtes) Verbot faktischer wie rechtlicher Ausfuhr*diskriminierung*. Anders läge es, wenn ein (weit ausgelegtes) Verbot von Ausfuhrdiskriminierungen auch *alle* Fälle erfassen würde, die ein Wettbewerbsgleichheitsmaßstab umfasste. Doch dies ist nicht der Fall: Wie bereits gezeigt, gewährt ein Verbot faktischer Ausfuhrdiskriminierung keinen umfassenden Schutz vor Wettbewerbsungleichheiten.[3637]

Dies verdeutlicht, warum einem Diskriminierungsverbot bei Art. 35 Alt. 2 AEUV eine weitaus unbedeutendere Rolle zukommt als im Zusammenhang mit dem Diskriminierungsverbot des Art. 34 Alt. 2 AEUV, der nach Auffassung des EuGH ebenfalls nicht nur Diskriminierungen verbietet, sondern auch bestimmte unterschiedslose Beschränkungen (Marktzugangsbehinderungen): Bei Art. 34 Alt. 2 AEUV gehen faktische und rechtliche Diskriminierungen *stets* mit einem Verlust an Wettbewerbsgleichheit *und* mit *erheblichen* protektionistischen Wirkungen einher: Wenn zwischen Importeur und Inlandsproduzent faktisch oder rechtlich diskriminiert wird, beeinträchtigt dies die Wettbewerbsgleichheit zwischen diesen beiden, direkt miteinander

[3637] S. umf. b. Fn. 1884 ff.

im Wettbewerb stehenden Gruppen.[3638] Auch der *Gegenstand* eines zielstaatlichen Diskriminierungsverbots und Wettbewerbsgleichheitsgebots ist derselbe (verglichen werden Maßnahmen allein des *Zielstaates*).

Dagegen bezieht sich das Verbot von Ausfuhrdiskriminierungen auf einen Vergleich herkunftsstaatlicher Maßnahmen, wohingegen ein ausfuhrbezogener Wettbewerbsgleichheitsmaßstab sich auf einen Vergleich zwischen der Herkunftsstaats- und der Zielstaatsrechtsordnung (also Maßnahmen zweier Mitgliedstaaten) bezieht. Herkunftsstaatliche Diskriminierungen gehen auch nicht zwingend mit Wettbewerbsungleichheiten einher. Und die impliziten protektionistischen Wirkungen sind meist schwach. Zudem richten sich die protektionistischen Wirkungen nicht gegen den Exporteur (sondern gegen die EU-ausländischen Nachfrager). Vielmehr ist der Exporteur zuvorderst an der Herstellung von Wettbewerbsgleichheit interessiert. Protektionistische Wirkungen interessieren ihn nur, insofern diese gleichzeitig Wettbewerbsungleichheiten darstellen.

Diese Erwägungen sprechen für eine *enge* Auslegung des Verbots von Ausfuhrdiskriminierungen im Zusammenhang mit Art. 35 Alt. 2 AEUV.[3639] Dies gilt umso mehr mit Blick auf die großen Abgrenzungsschwierigkeiten, die mit Verboten faktischer Diskriminierung einhergehen. Das diskriminierende Element sollte daher klar zutage treten.

d) Befunde der Analyse der Rechtsprechung und der grammatischen Auslegung

Es sei hier kurz auf die obigen Befunde der allgemeinen und der warenausfuhrspezifischen Rechtsprechungsanalyse hingewiesen: Mit Blick auf die *allgemeine* Grundfreiheitendogmatik spricht die Rechtsprechung – von einigen Inkohärenzen abgesehen – dafür, *sämtliche* Diskriminierungen zu verbieten.[3640] Der Gerichtshof ist hier (mit Ausnahme von gesellschaftsrechtlichen Wegzugsfällen) stets von einem weiten und vorgangsbezogenen Verbot faktischer wie rechtlicher Diskriminierung ausgegangen und steht hier insbesondere auch Spürbarkeitskriterien oder der „rule of remoteness" skeptisch gegenüber. Auch eine protektionistische Wirkung verlangt der EuGH in st. Rspr. nicht.

Differenzierter ist der Befund in Bezug auf Art. 35 Alt. 2 AEUV: Offene Diskriminierungen sind – sofern keine Absicht vorliegt, Handelsströme zu

---

[3638] Vgl schon b. Fn. 2984 ff.

[3639] Dies könnte als Widerspruch zu dem hier vertretenen „breiten" Wettbewerbsgleichheitskonzept erscheinen. In der Regel laufen beide Tests in Modellkonzeptionen in der Literatur gleich. Diese Tests sind aber meist aus der Anschauung der Erfahrungen in *Importkonstellationen* gewonnen. Durch das Auseinanderfallen der Zwecke in Herkunftsstaatskonstellationen ergibt sich eine ganz andere Sachlage.

[3640] S. vor, b. und nach Fn. 2870 f. sowie b. Fn. 3116 ff.

regeln – über die zweite Alternative des ersten Formelelements erfasst („spezifische Ausfuhrbeschränkung bewirkt"),[3641] und zwar ohne jede weitere Qualifikation.[3642] Mit Blick auf *faktische* Diskriminierung lässt die Rechtsprechung vor *Gysbrechts* nur den Schluss zu, dass faktische Diskriminierungen grundsätzlich *nicht* erfasst sind.[3643] *In Gysbrechts* hat der EuGH nun aber auch faktische Diskriminierungen (ohne jede weitere Qualifikation[3644]) als Maßnahme gleicher Wirkung eingestuft. Die dort zum Ausdruck kommende Weite des Diskriminierungsverbotes stellt zudem einen Anschluss zur allgemeinen Grundfreiheitendogmatik her. Hierdurch können auch faktische Unterschiede einer rechtlich neutral formulierten Norm zu einer faktischen Diskriminierung führen.

Ein Diskriminierungsverbot wäre zwar mit dem Wortlaut der Art. 35 f. AEUV *vereinbar*, aber es lassen sich aus Sicht der grammatischen Auslegung keine *zwingenden* Anhaltspunkte dafür ableiten.[3645]

e) Rechtsunsicherheiten des Tests faktischer Diskriminierung

Im Gegensatz zu offenen Diskriminierungen kann ein Verbot faktischer Diskriminierung in einigen Konstellationen je nach Fassung beträchtliche *Rechtsunsicherheit* hervorrufen.[3646] Indem das Vorliegen einer faktischen Diskriminierung an bestimmte Tatsachen geknüpft wird, wird die faktische Diskriminierung *dynamisiert.* Eine (plötzliche) Änderung der Faktenlage kann zu einer faktischen Diskriminierung führen oder sie wieder auflösen. Wenn für einen Industriezweig z. B. strenge Produktsicherheitsbestimmungen gelten, während der andere Industriesektor nur niedrigen Anforderungen unterliegt, und der erste Industriezweig überwiegend in das EU-Ausland exportiert, könnte schon eine faktische Diskriminierung angenommen werden, wenn beide Sachverhalte hinreichend „gleich" sind.[3647] Diesem Dilemma könnte womöglich entgangen werden, wenn bestimmte Regelungsgruppen typisierend als faktisch diskriminierend eingestuft würden und nicht mehr das Vorliegen einer faktischen Diskriminierung im *Einzelfall* Gegenstand der Betrachtung wäre. Dies könnte damit gerechtfertigt werden, dass in solche Situationen jederzeit eine faktische Diskriminierung eintreten *kann*. Tatsächlich werden bei einer solchen Vorgehensweise aber auch Situationen erfasst,

[3641] S. n. Fn. 581.

[3642] S. umf. b. Fn. 584 ff. und b. Fn. 628 ff.

[3643] S. umf. b. Fn. 591 ff.

[3644] In *Gysbrechts* hat der EuGH sogar nicht nur de facto, sondern auch von der *formalen* Urteilsbegründungsstruktur her deutlich gemacht, dass die weiteren Kriterien der *Gysbrechts*-Formel keine Bedeutung mehr besitzen, s. b. Fn. 741 ff. und 748 f.

[3645] S. umf. b. Fn. 868 ff. und b. Fn. 871 ff.

[3646] Vgl. nur *Tassikas*, 201.

[3647] Vgl. *Roth*, 39.

in denen *derzeit* gar *keine* faktische Diskriminierung, sondern nur eine Beschränkung vorliegt.

Eine weitere Quelle für Rechtsunsicherheiten liegt in der Feststellung, wann zwei Sachverhalte *hinreichend gleich* sind. Zwei miteinander verglichene Sachverhalte sind nie in jeder bis auf eine Hinsicht identisch. Die Anknüpfungspunkte für potenziell Gleiches und Ungleiches sind daher häufig vielzählig. Die Frage, *wie* gleich oder ungleich die zwei betrachteten Sachverhalte sind, ist damit auch eine in hohem Maße *wertungsabhängige* und für den Gesetzgeber und die Behörden nur schwer einschätzbare Frage.[3648] Vor besonders großen Schwierigkeiten steht der Gesetzgeber bei *produktübergreifenden* Vergleichen: Diese können sich schnell als faktisch diskriminierend erweisen, wenn der Gesetzgeber zu unterschiedlichen gesetzlichen Lösungen gelangt ist und das eine Produkt überwiegend exportiert und das andere Produkt überwiegend im Inland verkauft wird. Der Gesetzgeber muss dann ermitteln, ob und inwiefern zwei Produkte in der maßgeblichen Hinsicht gleich sind, indem sie etwa dieselbe Nachfrage bedienen. Anders als beim Wettbewerbsgleichheitskonzept oder bei der offenen Diskriminierung kann er etwaige Unterschiede in der regulatorischen Behandlung nicht einfach am Recht ablesen.

Weitere Zweifel nährt der Umstand, dass zumeist nie *100 %* der benachteiligten Fälle *EU-ausländischer* Natur sind. Die Festlegung der Grenze, *ab wann genau* von einer faktisch diskriminierenden Norm gesprochen werden kann (z. B. 50, 75, 90 %), ist letztlich ermessensabhängig.[3649]

[3648] *Roth*, 39 f.

[3649] Eine weitere Schwierigkeit liegt in der Frage, ob eine faktische Ausfuhrdiskriminierung anhand des Vorhandenseins inländischer oder EU-ausländischer Transaktionen bestimmt werden sollte: Ist eine (die Ausfuhr nicht vollständig unterbindende) ausfuhrprotektionistische Maßnahme „erfolgreich", führt sie dazu, dass die Anzahl der Exporttransaktionen nach und nach *sinkt*. Eine hohe Anzahl inländischer Transaktionen könnte im Gegenteil zeigen, dass eine Maßnahme ganz besonders protektionistisch wirkt. Hieraus kann aber auch nicht der Umkehrschluss gezogen werden: Die bloße Tatsache, dass die meisten betroffenen Sachverhalte inländischer Art sind, bedeutet nicht zwingend, dass die Maßnahme faktisch diskriminiert: Das Binnenmarktziel mit seinen Operativbestimmungen dürfte bestimmte Märkte stärker internationalisiert haben als andere. Etwa könnte aus der Tatsache, dass die unter die Gewerbeordnung fallenden Gewerbetreibenden z. B. zu 80 % deutscher Staatsangehörigkeit wären, nicht abgeleitet werden, dass die Gewerbeordnung diskriminierende Regelungen enthielte. Auf der anderen Seite kann kurz nach oder noch besser: bei Erlass einer benachteiligenden Regelung wohl noch darauf abgestellt werden, wie viele Transaktionen EU-ausländisch sind. Wenn eine Maßnahme erst seit kurzer Zeit in Kraft ist, dürften die Marktanteile wohl nur kaum beeinflusst sein.

f) Fazit

Mit Blick auf die Fallgruppe der *offenen* Diskriminierung erscheint allein ein *per se*-Verbot angemessen: *Jede* offene Diskriminierung wirkt protektionistisch oder besitzt zumindest ein entsprechendes Potenzial. Gleichzeitig treten hier kaum Rechtsunsicherheiten auf: Da die Diskriminierung *im Recht* angesiedelt ist, kann sie auch leicht identifiziert werden. Mithin erscheint es hier nur wenig schädlich, wenn das protektionistische Element schwach ausgeprägt ist.

Das Verbot faktischer Diskriminierung ist dagegen mit großen Rechtsunsicherheiten behaftet. Gewichtige systematisch-teleologische Gründe, die diesen Umstand kompensieren könnten, existieren nicht. Vielmehr geht es auch hier nur um in der Regel schwache protektionistische Wirkungen. Wettbewerbsungleichheiten werden *besser*, *vollständig* und *unmittelbar* über einen *Wettbewerbsgleichheitstest* erfasst und sind daher bei der Bestimmung der Reichweite des Verbots faktischer Diskriminierung außer Acht zu lassen. Das Verbot faktischer Diskriminierung sollte daher *eng* ausgelegt werden. Zudem sollte eine *Fallgruppenbildung* stattfinden, um die Rechtssicherheit des Maßstabs zu erhöhen.

2. Hiesiger Auslegungsmaßstab und Verhältnis zur Groenveld-*Formel*[3650]

Nach hier vertretener Auffassung stellen offene sowie faktische Warenausfuhrdiskriminierungen Maßnahmen gleicher Wirkung i. S. v. Art. 35 Alt. 2 AEUV dar. Nach dem Gesagten kommt es in Bezug auf offene Diskriminierungen nicht darauf an, dass sie in irgendeiner Weise qualifiziert sind. Insbesondere ist es – anders als nach dem dritten Element der *Groenveld*-Formel – nicht erforderlich, im Einzelfall zu prüfen, ob protektionistische Wirkungen entfaltet werden.[3651] Abweichend vom zweiten Formelelement („und damit unterschiedliche Bedingungen für den für den Binnenhandel innerhalb eines Mitgliedstaats und seinen Außenhandel schaffen") ist es auch nicht notwendig, dass faktische und offene Diskriminierung *kumulativ* vorliegen. Oben wurde bereits gezeigt, dass offenen Diskriminierungen per se ein die Han-

---

[3650] Eine ganz wesentliche Rolle bei der Frage, wie die *Groenveld*-Formel künftig ausgestaltet sein sollte, spielt die Tatsache, dass *gleichzeitig* ein Wettbewerbsgleichheitsansatz anerkannt wird, der das binnenmarktliche Wettbewerbsgleichheitsgebot umsetzt. Ohne die Anerkennung des Wettbewerbsgleichheitsansatzes müssten die durch diesen verwirklichten Wertungen auf anderem Wege realisiert werden und, da als einziger „Kanalisierungsweg" des Wettbewerbsgleichheitsgebots dann nur noch das Diskriminierungsverbot zur Verfügung stünde, müsste dieses dann sehr extensiv interpretiert werden.

[3651] Vgl. *Füller*, 282 f.; *Vollbrecht*, 121; Kommission, Stellungnahme im Verfahren *Gysbrechts*, zitiert nach den Schlussanträgen von Generalanwältin *Trstenjak* (Fn. 245), Rn. 21 (*Gysbrechts*).

dels- und Produktions*realität* (zumindest potenziell) prägendes Element innewohnt.[3652]

Da bei faktisch diskriminierenden Regelungen gewisse nicht befriedigend lösbare *Abgrenzungsschwierigkeiten* auftreten, ist das Vorliegen einer faktischen Diskriminierung nach Maßgabe einer *Fallgruppenanalyse* zu bestimmen. Gleichzeitig sollte das Verbot faktischer Diskriminierung aufgrund der Abgrenzungsschwierigkeiten und weil es meist nur um schwache protektionistische Wirkungen geht (und nicht um die Bekämpfung von Wettbewerbsungleichheiten), grundsätzlich *eng* ausgelegt werden. Die Fallgruppenbildung orientiert sich an den nachfolgenden Kriterien. Die hier gebildeten Fallgruppen sind dabei nicht abschließend zu verstehen, sondern sind in der Praxis unter Berücksichtigung der nachfolgenden Kriterien zu ergänzen. Innerhalb der einzelnen Fallgruppen muss case law des EuGH konkrete Orientierungspunkte für Einzelfallentscheidungen durch die nationalen Gerichte schaffen.

Abzustellen ist erstens auf den Diskriminierungsgrad, zweitens auf Art und Umfang der protektionistischen Wirkungen und drittens darauf, wie rechtssicher sich die genannten Kriterien ermitteln lassen. Die Kriterien sind i. S. e. Typusbegriffs[3653] *dynamisch* miteinander *verknüpft*: Je geringer der Diskriminierungsgrad[3654] ausgeprägt ist und je größer die mit der Feststellung des Diskriminierungsgrades verbundenen Rechtsunsicherheiten sind, desto größer müssen die protektionistischen Wirkungen sein. Die Grenzen sind dabei fließend.

Mit Blick auf die protektionistischen Wirkungen fällt es besonders ins Gewicht, wenn die betrachtete Regelung Schutzwirkungen bezüglich der *heimischen Verarbeitungsindustrie* entfaltet. Protektionistische Wirkungen, die sich bei nicht weiter zu verarbeitenden Produkten allein für die *heimischen Verbraucher* ergeben, sind zwar nicht irrelevant, aber erheblich weniger bedeutend. Dennoch ist auch hier grundsätzlich kein Grund ersichtlich, warum die zielstaatlichen Verbraucher sich wohlfahrtsmindernden Belastungen aussetzen müssen, die der Herkunftsstaat seinen eigenen Bürgern nicht zumutet.

Bei der Frage des Diskriminierungsgrades einer Maßnahme spielt es erstens eine Rolle, *wie gleich* der inländische und der Ausfuhrsachverhalt sind. Zweitens ist maßgeblich, wie *sicher* bestimmt werden kann, *dass* der Ausfuhrstaat zwischen Ausfuhr und Inlandshandel differenziert, und drittens, *wie stark* zwischen beiden Sachverhalten differenziert wird. Der Aspekt der

---

[3652] S. b. Fn. 3634 ff.

[3653] S. zum Typusbegriff schon in Fn. 3622.

[3654] Gerade bei schwacher Ausprägung des diskriminierenden Elements kann darüber gestritten werden, ob noch von einem *Diskriminierungs*grad gesprochen werden kann oder ob es nicht um eine *beschränkende* Regelung mit diskriminierenden *Tendenzen* geht.

Rechtssicherheit spielt in Bezug auf die ersten beiden Fragen eine überragende Rolle. Nachfolgend werden einige wichtige Fallgruppen mit den jeweiligen Auslegungsrichtlinien bereits in ihren Grundzügen skizziert.

3. Differenzieller Test faktischer Diskriminierung

a) Örtlich-regionale Verkaufsrestriktionen

Regelungen, die es nur erlauben, *innerhalb einer bestimmten Region oder Anzahl von Kilometern* Waren zu verkaufen (dies ist z. B. gegeben, wenn Händler Waren nur im Radius von 50 km um ihren Geschäftssitz verkaufen), sind in der Praxis *stets* als faktische Diskriminierung zu werten. Sie entsprechen den Wohnsitzanknüpfungen im Bereich der Personenverkehrsfreiheiten. Hier sind die protektionistischen Wirkungen besonders stark. Auch können die diskriminierenden Wirkungen dieser Regelungen leicht identifiziert werden. Etwaigen sachlichen Gründen kann auf der Rechtfertigungsebene Rechnung getragen werden (etwa Umweltmotiven im Abfallrecht).

b) Verkehrsbeschränkungen

Verkehrsbeschränkungen treffen die im Regelfall auf die Überwindung größerer Distanzen angewiesene Ausfuhrindustrie stärker als die reine Inlandsindustrie. Dies gilt im Besonderen für Hauptverkehrsadern in Mittel- und Transitstaaten wie Deutschland (wie im Fall *Schmidberger*[3655]) und für grenznahe Verkehrswege und für Behinderungen, die gerade den Güterverkehr betreffen (wie im Fall *Kommission/Österreich*[3656]). Andererseits werden auch regional und überregional (aber nur im Inland) tätige Unternehmen im Exportstaat in nicht unerheblicher Weise durch schwerwiegende Verkehrsbeschränkungen getroffen. Zur Feststellung einer faktischen Diskriminierung ist abzustellen auf Parameter wie die *Streckenart* (z. B. innerörtlicher Verkehr einerseits und Schnellverkehr andererseits), die *Adressatenrichtung* (z. B. Privatverkehr einerseits und Güterverkehr andererseits) sowie die räumliche Umgebung und die Nutzerzusammensetzung (Grenzverkehr einerseits, ländliche Flächen ohne Gewerbeunternehmen andererseits). Damit ein wirklicher Einfluss auf die Exportwirtschaft vorhanden ist, sollte zudem ein gewisses Gewicht verlangt werden. Dabei spielt es eine Rolle, ob die Verkehrsbehinderung dauerhaft oder vorübergehend ist, ob alternative Möglichkeiten der Beförderung existieren (etwa über die Schiene oder über Ausweichstrecken) und ob der Mitgliedstaat sich mit den Unternehmen ins Benehmen setzt und diese rechtzeitig und gut *informiert.*[3657] Es müssen des Weiteren die den Verkehr überhaupt erst ermöglichenden und somit befördernden (wie z. B. sich im Norm-

---

[3655] EuGH (Fn. 642).

[3656] EuGH (Fn. 643).

[3657] Vgl. EuGH (Fn. 642), Rn. 85 ff. (*Schmidberger*).

bereich haltende Geschwindigkeitsbegrenzungen oder typische Verkehrsregelungsinstrumente wie Lichtzeichenanlagen) von den behindernden Maßnahmen abgegrenzt werden.

c) *Produktübergreifende faktische Ausfuhrdiskriminierung*

Bei produktübergreifenden Vergleichen geht es darum, dass ein überwiegend für den Export hergestelltes Produkt höheren Regulierungsanforderungen unterliegt als ein überwiegend für den Inlandsabsatz hergestelltes, wobei die Produkte nicht identisch aber vergleichbar sein müssen.[3658] Die Annahme einer faktischen Diskriminierung sollte hier nur mit besonderer Zurückhaltung erfolgen. Produktübergreifenden Vergleichen wohnt ein besonderes Unsicherheitspotenzial inne. Dies ist darin begründet, dass es sehr schwierig sein kann, die in der maßgeblichen Hinsicht gleichen von den ungleichen Produkten abzugrenzen, und dass eine zulässige Regelung aufgrund der dynamischen Marktprozesse schnell in eine faktisch diskriminierende umschlagen kann, sodass sich die Rechtslage schnell verändern kann. Auf der anderen Seite erschiene es unerträglich, dass leicht voneinander abweichende Produkte, von denen eines ausschließlich exportiert und das andere allein der Inlandsproduktion zur Verfügung gestellt wird, ohne Grund mit „schikanösen" Regulierungsbelastungen versehen werden können. Als Kompromisslösung erschiene es interessengerecht, grundsätzlich auch produktübergreifende faktische Diskriminierungen für verboten zu erklären, aber zumindest insofern Rechtssicherheit zu schaffen, als das „diskriminierte" Produkt grundsätzlich zu mindestens 75 % ausgeführt werden muss. Kann das ausführende Unternehmen im Einzelfall nachweisen, dass es sich bei dem diskriminierten Produkt um eines handelt, das verarbeitet wird und auf nachgelagerten Wertschöpfungsstufen mit verarbeiteten inländischen Produkten konkurriert, sollte die Grenze auf 50 % abgesenkt werden. Denn dann wirkt die Regelung (besonders gravierend) angebotsprotektionistisch. Für die Feststellung der Vergleichbarkeit zweier Produkte ist es nicht erforderlich, dass beide Produkte zum *gleichen sachlichen Markt* gehören.[3659] Eine Annäherung an die Frage ist möglich, wenn überlegt wird, welches *schutzpolitische Ziel* eine Regulierung verfolgt und ob die beiden Produkte mit Blick auf dieses Ziel unterschiedlich schädlich sind. So kann etwa in Bezug auf umweltpolitische Produktionsregelungen danach gefragt werden, ob das umweltrechtlich strenger regulierte Produkt ähnliche umweltschädliche Wirkungen entfaltet. Etwaigen Unter-

---

[3658] Dabei müssen streng genommen auch *alle weiteren Produkte* (also dritte und vierte Produkte) einbezogen werden, die vergleichbar sind mit dem privilegierten Produkt, d. h. bei der Messung der ausgeführten und in das Inland vertriebenen Prozentzahlen müssen auch diese sonstigen Produkte berücksichtigt werden.

[3659] Dann wäre schließlich auch unwahrscheinlich, dass sich Export und Inlandsabsatz auf jeweils eines der beiden Produkte konzentriert.

schieden kann dann im Rahmen der Verhältnismäßigkeitsprüfung auf der Ebene der Geeignetheit Rechnung getragen und untersucht werden, ob die Regelung inkohärent ist[3660] oder ob es nicht noch andere Unterschiede gibt, die die unterschiedliche Schutzintensität rechtfertigen, wie etwa die arbeitspolitische Bedeutung einer Umweltschutzregelung.[3661]

d) Erschweren oder Verbieten von Fernabsatzgeschäften und Absatzförderungsmethoden

Maßnahmen, die sich besonders negativ auf *Fernabsatzgeschäfte* auswirken, aber unterschiedslos gefasst sind (z. B. vertragliche Neben- und Hauptpflichten; Erschwerungen der Rechtsdurchsetzung), können insofern eine faktische Ausfuhrdiskriminierung darstellen, als Exporteure (wie Importeure) stärker als inländische Unternehmen darauf angewiesen sind, von Fernabsatzgeschäften Gebrauch zu machen. Sie verfügen häufig nicht über ein (effizientes) Vertriebs- und Vertragshändlernetz, sondern müssen z. B. auf Bestellungen per Telefon und Internet zurückgreifen. Gleiches gilt für Werbe- und Absatzförderungsmethoden: Exporteure sind stärker darauf angewiesen, sich den Kunden bekannt zu machen, als die meist inländischen etablierten Wettbewerber. Werbeverbote, die die Größe der Marktanteile „einfrieren", wirken sich so zum Nachteil aus für die meist nicht etablierten Exporteure. Fälle dieser Fallgruppe können sowohl über das Konzept faktischer Diskriminierung (im Verhältnis zu im Inland Vertreibenden) als auch über das Konzept *faktischer* Wettbewerbsgleichheit[3662] (im Verhältnis zu Zielstaatsproduzenten und -händlern) erfasst werden.

e) Rechtliche Wettbewerbsungleichheiten als gleichzeitige faktische Ausfuhrdiskriminierung

Es ist fraglich, ob das Verbot faktischer Diskriminierung *neben* dem Wettbewerbsgleichheitskonzept eingreifen kann und sollte, wenn das Vorliegen einer faktischen Ausfuhrdiskriminierung gestützt wird auf den die Einschlägigkeit des Wettbewerbsgleichheitsmaßstabs begründenden Umstand.[3663] Mit Blick darauf, dass das Diskriminierungsverbot hier allein der Bekämpfung schwacher protektionistischer Wirkungen dient und sämtliche Wettbe-

---

[3660] Die Kohärenzrechtsprechung hat der Gerichtshof insbesondere im Bereich des Glücksspielrechts etabliert.

[3661] So werden z. B. die Ausnahmen von der EEG-Regelung für energieintensive Unternehmen vor dem Beihilfenrecht gerechtfertigt.

[3662] S. umf. b. Fn. 3846 ff.

[3663] S. umf. b. Fn. 1884 ff. Gemeint ist eine Argumentation, die darauf abstellt, dass der Herkunftsstaat den Exporteur faktisch diskriminiert, wenn er ihn denselben Vorschriften unterwirft wie die im Herkunftsstaat sitzenden und ihre Waren in den Herkunftsstaat absetzenden Produzenten und Händler (und damit Ungleiches gleich behandelt).

werbsungleichheiten besser und vollständig von einem Wettbewerbsgleichheitsmaßstab erfasst werden, sollte eine faktische Ausfuhrdiskriminierung, sofern diese auf rechtliche Wettbewerbsungleichheiten gestützt wird, *denselben Einschränkungen* innerhalb der Grundfreiheitenprüfung unterworfen werden, denen ein Wettbewerbsgleichheitsmaßstab *genügen* muss (v. a. mit Blick auf die Kriterien der *Spezifität*, *Konnexität* und *Spürbarkeit*). Dies gilt auch für etwaige Modifikationen auf der Rechtfertigungsebene (etwa bei bestimmten Regelungsgruppen wie Produktionsregelungen). Daher kann der Grundfreiheitenberechtigte seine Rechtsstellung in Bezug auf Wettbewerbsungleichheiten nicht durch ein Ausweichen auf das Verbot faktischer Ausfuhrdiskriminierung verbessern. Der Rechtsanwender kann (und sollte) das gleichzeitige (Nicht-)Vorliegen einer faktischen Ausfuhrdiskriminierung in der Praxis folglich dahinstehen lassen.

III. Befürwortung eines Wettbewerbsgleichheits-Rechtswahlmechanismus

Aus der Gesamtheit der angestellten Auslegungsüberlegungen kann abgeleitet werden, dass die zentrale Frage dieser Untersuchung,[3664] ob der Interpretation von Art. 35 Alt. 2 AEUV (zusätzlich zum eng ausgelegten Diskriminierungsverbot) ein Wettbewerbsgleichheitsmodell zugrunde gelegt werden sollte, zu *bejahen* ist, d. h., Art. 35 Alt. 2 AEUV stellt ein Instrument dar, mit dem grundsätzlich gegen *rechtliche*[3665] *Wettbewerbsungleichheiten* vorgegangen werden kann.

Die Vielzahl der dieses Ergebnis stützenden Auslegungsanhalte kann und soll hier nicht wiederholt werden. In Bezug auf Einzelheiten oder Argumente von untergeordneter Relevanz wird auf die jeweiligen thematischen Kapitel und die Zusammenfassung am Ende verwiesen. Hier sei nur kurz an die *zentralen* Anhaltspunkte erinnert, bei deren Fehlen ein Verbot rechtlicher Wettbewerbsungleichheiten kaum vertretbar oder unvertretbar wäre: Die konkrete[3666] und die abstrakte[3667] Analyse des Systemwettbewerbs haben ergeben, dass Wettbewerbsgleichheit und Systemwettbewerb *kombiniert* werden können, wobei ein (Wettbewerbsgleichheits-)Rechtswahlmechanismus den klassischen Systemwettbewerb nicht *ersetzt*, sondern vielfältig *einbindet*, *nutzt* und *verstärkt* und daher *wohlfahrtsökonomisch vorzugswürdig* ist. Der wichtigste systematisch-teleologische Topos innerhalb der Grundfreiheitenausle-

---

[3664] S. b. Fn. 835 und n. Fn. 957.

[3665] S. zu faktischen Wettbewerbsungleichheiten ab Fn. 3699 ff.

[3666] S. b. Fn. 1176 ff.

[3667] S. b. Fn. 1125 ff.

gung,[3668] das Binnenmarktziel, nimmt dabei das Wettbewerbsgleichheitsgebot auf[3669] und *strahlt* auf die Grundfreiheiten(-auslegung inklusive der Interpretation von Art. 35 Alt. 2 AEUV) *aus*.[3670] Der Weg zu einer daher bereits grundsätzlich naheliegenden Wettbewerbsgleichheitsauslegung wird sodann nicht vom *Wortlaut* der Norm versperrt, sondern die grammatische Auslegung spricht im Gegenteil dafür, jedenfalls in einem Teil der Fälle über ein Verbot der Diskriminierung hinauszugehen,[3671] und zeugt im Übrigen davon, dass dem EuGH weite *Rechtsfortbildungs- und Interpretationsspielräume* eingeräumt werden (bestätigt wird letzterer Befund durch die Entstehungsgeschichte von Art. 35 AEUV und die Geschichte der Änderungsverträge).[3672] Dies erhöht die Bedeutung der binnenmarktfinalen und rechtsökonomischen Erwägungen zusätzlich. Keine gegenläufigen Anhalte lassen sich der Grundfreiheitenjudikatur *als Ganzes* entnehmen (welche angesichts der Unbestimmtheit der Normtexte eine „Wortlautersatzfunktion" einnimmt): Dass der Gerichtshof in seiner st. Rspr. zu Art. 35 Alt. 2 AEUV eine höchst *restriktive* Haltung eingenommen hat[3673] (wobei sich in jüngerer Zeit mit *Gysbrechts* gegenläufige Tendenzen angedeutet haben[3674]), wird durch die extensive *allgemeine* Grundfreiheitenjudikatur (insbesondere zu Art. 34 Alt. 2 AEUV und zur Dienstleistungsfreiheit in Herkunftsstaatskonstellationen) *relativiert*.[3675] Im Rahmen der modell- und prüfungsanalytischen Überlegungen[3676] wurde schließlich deutlich, dass dem entscheidenden Gegengewicht zum Binnenmarktziel – den *mitgliedstaatlichen Kompetenzen* (in ihren verschiedenen Ausprägungen etwa als Begrenzung der positiven Rechtsangleichung gem. Art. 114 II AEUV) – ausreichend auf der Rechtfertigungsebene durch eine entsprechende *Konzeptionierung* des Rechtfertigungs- und Beeinträchtigungstatbestandes Rechnung getragen werden kann. Die zur Verfügung stehenden Spielräume bei der Konzeptionierung der Grundfreiheitenprüfung werden bisweilen nicht erschöpft bzw. nicht ausreichend beachtet.

Im Folgenden werden nun wichtige *allgemeine* Eigenschaften und Einschränkungen des Wettbewerbsgleichheits-Rechtswahlmechanismus in der Rechtspraxis behandelt, bevor dessen *fallgruppenspezifische* Einschränkungen und Konkretisierungen beleuchtet werden.[3677]

[3668] S. b. Fn. 1295 ff.
[3669] S. b. Fn. 1828 ff.
[3670] S. b. Fn. 1858 ff.
[3671] S. u. a. b. Fn. 892.
[3672] S. b. Fn. 894 ff., n. Fn. 926 und n. Fn. 939 f.
[3673] S. umf. b. Fn. 577 ff.
[3674] S. umf. b. Fn. 666 ff.
[3675] S. b. Fn. 2397 ff.
[3676] S. b. Fn. 3420 ff.
[3677] S. b. Fn. 3720 ff.

1. Eigenschaften des Wettbewerbsgleichheitsmaßstabs als Rechtswahlinstrument

Die *sui generis-Qualität* einer Wettbewerbsgleichheitsauslegung (in Abgrenzung zu einem Verbot von unterschiedslosen Beschränkungen und Diskriminierungen)[3678] und die grundlegende Funktionsweise des Rechtswahlmechanismus (und dessen funktionaler Zusammenhang mit einer Wettbewerbsgleichheitsauslegung) sind bereits dargestellt worden.[3679] Der Exporteur kann sich (ganz oder teilweise[3680]) für eine der 28 EU-Rechtsordnungen entscheiden. Die Mitgliedstaaten können dabei in ihrer Funktion als Sitzstaaten der Warenexporteure verlangen (und sich hierfür auf einen Rechtfertigungsgrund berufen), dass die Exporteure etwaige behördliche (Mehr-)Kosten tragen, die infolge der Ausübung des Rechtswahlrechts anfallen.[3681]

Ein echter Rechtswahlmechanismus impliziert, dass bereits bloße *Rechtsunterschiede* ausreichen, damit sich ein Exporteur auf Art. 35 Alt. 2 AEUV berufen kann. Wenn *nachteilige* Rechtsunterschiede gefordert würden – also, dass die heimische Rechtsordnung *strenger* ist als die mit ihr in „Konkurrenz" stehende –, müsste *jemand anders* entscheiden, ob sich aus der konkreten Regelung *Nachteile* ergeben, d. h. nicht der grundfreiheitenberechtigte *Exporteur*, sondern der über den Fall entscheidende *Richter*.[3682] Zudem ist möglich, dass eine Rechtsordnung zwar nicht strenger, aber *anders* ist (und dass bereits aus der Pflicht, eine *bestehende* Geschäftspraktik *abzuändern*, ein Nachteil entsteht, der ohne Vorexistenz dieser Geschäftspraktik nicht bestünde). Es ist somit festzustellen, dass ein Rechtswahlmechanismus mit der Vorgabe in Konflikt gerät, nicht nur Rechts*unterschiede*, sondern auch *nachteilige* Rechtsunterschiede zu verlangen, die auch die oben genannten drei Einschränkungskriterien erfüllen.

Keine Rechtswahl findet freilich statt, wenn die oben dargestellten[3683] drei weichen Einschränkungskriterien (der Konnexität, Spezifität und Spürbarkeit) nicht erfüllt sind. Zu einer Rechtswahl kommt es auch dann nicht, wenn sich der Herkunftsstaat auf einen Rechtfertigungsgrund berufen kann. In diesen Fällen reduziert sich der Wettbewerbsgleichheits-Rechtswahlmechanismus in der Praxis auf das Recht, nicht durch *unverhältnismäßige* Regelungen im Wettbewerb benachteiligt zu werden.

[3678] S. b. Fn. 3480 f.

[3679] S. n. Fn. 957. S. a. zu einer funktionalen Analyse eines Rechtswahlmechanismus im Abschnitt über den Systemwettbewerb b. Fn. 1176 ff. S. zu den wenigen Stimmen, die eine Rolle von Art. 35 Alt. 2 AEUV als Rechtswahlrecht erwogen haben, in Fn. 1149.

[3680] S. b. Fn. 3688 ff.

[3681] S. umf. b. Fn. 1198 ff.

[3682] Vgl. nur b. Fn. 3629.

[3683] S. b. Fn. 3539 ff. (s. a. b. Fn. 3490 ff.).

2. Einseitige und einheitliche Rechtswahl

Der Rechtswahlmechanismus berechtigt den Exporteur zur *einseitigen* Rechtswahl, d. h. die *Vertragspartei* (und Dritte) muss (bzw. müssen) an dieser nicht (in irgendeiner Form) *beteiligt* werden. Die Vertragspartei ist aber *mittelbar* an der Rechtswahl beteiligt, wenn der Exporteur diese vor oder bei Vertragsschluss darüber informiert, dass er von seinem Rechtswahlrecht in Art. 35 Alt. 2 AEUV Gebrauch macht. Zum Schutz zielstaatlicher Interessen darf der Zielstaat daher die (dann anhand von Art. *34* Alt. 2 AEUV zu kontrollierende) Vorgabe machen, dass ein EU-ausländischer Exporteur, wenn er mit einem zielstaatlichen Verbraucher kontrahiert, den Verbraucher und allen staatlichen Stellen zur *Auskunft* verpflichtet ist, wenn er sein herkunftsstaatliches Recht abwählt.[3684] Dies würde den Verbraucher vor Irreführung schützen und dem Zielstaat ermöglichen, einzuschätzen, inwiefern dessen legitime Interessen betroffen werden. Bei der Rechtswahl handelt es sich nicht um einen „Rechtsakt", sondern um die bloß faktische Entscheidung für eine bestimmte Rechtsordnung oder -norm. Freilich dürfen der Herkunfts- und der Zielstaat bestimmte Folgen oder Pflichten an die Rechtswahl knüpfen wie z. B. Auskunftspflichten hinsichtlich des gewählten Rechts, wenn diese dem Schutz legitimer herkunftsstaatlicher bzw. zielstaatlicher Interessen dienen und in verhältnismäßiger Weise ausgestaltet sind (es handelt sich hierbei um gerechtfertigte Eingriffe in die Warenausfuhr- bzw. -einfuhrfreiheit).

Sodann darf sich der Exporteur in Bezug auf ein und dieselbe Regelung (sofern eine bestimmte Frage in der Praxis überhaupt von Herkunfts- *und* Zielstaat geregelt wird) nicht mal auf das herkunftsstaatliche und mal auf das zielstaatliche Recht berufen, sondern muss gegenüber allen Mitgliedstaaten (und sämtlichen Behörden) *dieselbe*, also eine *einheitliche* Rechtswahl treffen, da er sonst *besser* stünde als in einem gedachten Einheitsmarkt bzw. eine Situation herbeiführen würde, die über die Herstellung von Wettbewerbsgleichheit hinausgeht.[3685] Z. B. darf sich der Exporteur nicht gegenüber zielstaatlichen Kontrollen, die die Einhaltung von Produktstandards kontrollieren, darauf berufen, dass er schon im Herkunftsstaat kontrolliert wurde, und dann gegenüber den herkunftsstaatlichen Kontrolle einwenden, dass seine Waren im Zielstaat kontrolliert werden.[3686]

[3684] Vgl. *Schilling*, 138.

[3685] Eine andere und erst nachfolgend behandelte (s. b. Fn. 3688 ff.) Frage ist dagegen, ob ihm in Bezug auf *jede einzelne* Norm ein Rechtswahlrecht zusteht oder ob er sein Recht nur für alle Rechtsnormen in einer bestimmten Weise ausüben kann.

[3686] S. zum Verbot einer kumulativen Anwendung von Art. 34 Alt. 2 AEUV und Art. 35 Alt. 2 AEUV b. Fn. 3002 ff.

Daneben gibt es noch eine Reihe weiterer Sonderkonstellationen, in denen das Rechtswahlrecht mit Blick auf dessen teleologische Ausrichtung auf die Herstellung von Wettbewerbsgleichheit eingeschränkt ist.[3687]

3. „Rosinenpicken": Unterschiedliche Rechtswahlausübungen in Bezug auf unterschiedliche Normen?

Fraglich ist, ob der Exporteur *verschiedene* Rechtswahlen in Bezug auf *unterschiedliche* Rechtsnormen treffen darf, also etwa nach dem Produktionsrecht seines Heimatstaates und nach den Produktregelungen eines anderen Exportstaates herstellen kann oder die Umweltregelungen von Staat A und die Sicherheitsbestimmungen für Produktionsmaschinen von Staat B wählen darf.[3688]

Aus *verwaltungstechnischen* Gründen könnte es dem Exportstaat zwecks besserer Nachvollziehbarkeit und Kontrollierbarkeit (in Bezug auf *legitime herkunftsstaatliche Interessen*) erlaubt sein, hier Einschränkungen (i. S. e. Beschränkung auf eine *themenspezifische* Rechtswahl) vorzunehmen, d. h. dem Exportstaat könnte, wenn er diesbezügliche Einschränkungen des Rechtswahlrechts normiert, ein *Rechtfertigungsgrund* zur Seite gestellt werden.[3689]

Andererseits ist zu gewärtigen, dass eine möglichst *differenzierte* Rechtswahl (d. h. eine Rechtswahl, die nach einzelnen Gesetzen oder möglichst kleinen Gruppen von Gesetzen differenziert) als aus rechtsökonomischer Sicht *vorteilig* bewertet worden ist.[3690]

Der Exportstaat sollte vom Exporteur keine *einheitliche* Rechtswahl verlangen dürfen.[3691] Den Unternehmen sollte es erlaubt sein, nicht nur für jede der in dieser Arbeit gesondert dargestellten[3692] Fallgruppen *eine eigene* Rechtswahl vorzunehmen, sondern auch sich für *ganz bestimmte Regelungen* zu entscheiden (regelungsspezifische Rechtswahl). Den legitimen herkunftsstaatlichen Interessen kann auf der Rechtfertigungsebene hinreichend Rechnung getragen werden, insbesondere darf der Exportstaat dem Exporteur die mit der Rechtswahl einhergehenden Kosten auferlegen.[3693] Dies kann es dem Exporteur sinnvoll erscheinen lassen, keine regelungsspezifische Rechtswahl, sondern eine nach Fallgruppen differenzierende oder gar auf die gesamte

---

[3687] S. umf. zu atypischen Konstellationen oder speziellen Fragen der Anwendungsreichweite b. Fn. 1889 ff. S. a. b. Fn. 2991 ff. zu speziellen Anwendungsfragen im Zusammenhang mit Art. *34* Alt. 2 AEUV.

[3688] S. b. Fn. 1192 ff. und b. Fn. 1210 ff.

[3689] S. b. Fn. 1210 ff.

[3690] S. b. Fn. 1192 ff.

[3691] Gemeint ist damit, dass der Herkunftsstaat einem Exporteur nicht vorschreiben kann, dass er in Bezug auf *sämtliche* Regelungen *nur einmal* wählen darf.

[3692] S. b. Fn. 3723 ff.

[3693] Vgl. hierzu umf. b. Fn. 1198 ff.

Rechtsordnung bezogene Rechtswahl vorzunehmen, weil hierdurch der Verwaltungsaufwand und damit auch die dem Exporteur auferlegbaren Gebühren reduziert werden können.

4. Der „Obertest" zur Herstellung rechtlicher Wettbewerbsgleichheit

Es kann dabei folgender abstrakter „Obertest" als Maßstab rechtlicher Wettbewerbsgleichheit formuliert werden: Eine Maßnahme eines EU-Mitgliedstaates[3694], die einen Waren in das EU-Ausland exportierenden EU-Produzenten (EU^1-EU^2-Exporteur[3695]) betrifft, ist dann als Maßnahme gleicher Wirkung i. S. v. Art. 35 Alt. 2 AEUV[3696] zu qualifizieren, wenn sie sich von der eines anderen Mitgliedstaates ($EU^{2\text{-}28}$ [3697]) unterscheidet und sich spezifisch und mit Konnexität sowie, sofern erforderlich,[3698] spürbar auswirkt. Art. 35 Alt. 2 AEUV ist dabei als Rechtswahlmechanismus ausgestaltet: Es kann sich der eigenen Rechtsordnung nicht entledigt werden, ohne zugleich eine andere Rechtsordnung an deren Stelle zu setzen. Der Exporteur kann aber auch an seiner eigenen Rechtsordnung festhalten (und sich unter Umständen mittels Art. 34 Alt. 2 AEUV gegen die Anwendung der Zielstaatsrechtsordnung wehren).

IV. Faktische Wettbewerbsungleichheit

Eine herkunftsstaatliche faktische Wettbewerbsungleichheit liegt vor, wenn die rechtlichen Rahmenbedingungen zwar für die Exporteure und die im Ziel-

---

[3694] Eine Frage der (hier nicht erörterten, aber theoretisch denkbaren) unmittelbaren oder mittelbaren Drittwirkung ist die nach der Bindung Privater.

[3695] Mit der Bezeichnung „EU^1-EU^2-Exporteur" ist gemeint, dass es sich um einen Exporteur handeln muss, der in einem EU-Mitgliedstaat ansässig ist („EU^1") und in einen anderen EU-Mitgliedstaat („EU^2") exportiert. „EU^1" bezeichnet also den Herkunftsstaat, „EU^2" den Zielmarkt.

[3696] Diese Definition setzt voraus, dass die zwingenden Erfordernisse nicht als immanente Tatbestandsschranken einzuordnen sind, sondern als ungeschriebene Rechtfertigungsgründe. Wenn die *Cassis*-Erfordernisse bzw. *Gebhard*-Gründe nämlich immanente Tatbestandsschranken darstellen würden, würde eine Maßnahme gleicher Wirkung auch dann ausscheiden, wenn sie einem zwingenden Erfordernis dient und in verhältnismäßiger Weise geschützt wird.

[3697] Gemeint sind die Rechtsordnungen der dann noch verbleibenden 27 Mitgliedstaaten.

[3698] Es gelten die angesprochenen (Fn. 3626 ff.) Ausnahmen, also z. B. dass bei Produktregelungen mangels schützenswerter Interessen des Herkunftsstaates und zur Sicherung des Rechtswahlmechanismus keine Spürbarkeit verlangt wird, weil die Exporteure selbst beurteilen sollen, ob sie die Regelung spürbar in ihren Möglichkeiten einschränkt (vgl. speziell hierzu b. Fn. 3629).

staat und in anderen Exportstaaten ansässigen Produzenten gleich sind, aber die herkunftsstaatlichen Exporteure *tatsächlich* benachteiligt werden. Es geht also um die Pflicht, Ungleiches ungleich zu behandeln, und entsprechend um das Verbot, Ungleiches gleich zu behandeln.[3699] Der Unterschied zu faktischen Ausfuhr*diskriminierungen* liegt darin, dass die Vergleichsgruppe nicht die herkunftsstaatlichen Produzenten bilden, die *für das Inland des Herkunftsstaates* produzieren, sondern die zielstaatlichen Produzenten bzw. die Exporteure in den anderen Mitgliedstaaten.

Jedoch kann nicht *jeder* faktische Unterschied, der generell zwischen Zielstaats- und Herkunftsstaatsproduzenten besteht, als Anknüpfungspunkt für eine faktische Wettbewerbsungleichheit herangezogen werden. Es besteht also keine an den Herkunftsmitgliedstaat gerichtete *Gestaltungspflicht*, faktische Nachteile *auszugleichen*. Z. B. können Exporteure grundsätzlich nicht verlangen, dass das *Produktionsumfeld* „allgemein produktionsfreundlich" gestaltet wird (z. B., dass Schulen geschaffen werden, die eine gut ausgebildete Arbeiterschaft „bereitstellen"). Gerade mit Blick darauf, dass das Gebot faktischer Wettbewerbsgleichheit abgekoppelt ist von den Bestimmungen des Zielstaates, ginge eine solche Pflicht zu weit. Das Verbot faktischer Wettbewerbsungleichheit bezieht sich vielmehr auf *Unterlassungspflichten* (Verbote oder Behinderungen). Eine erste Orientierung bieten die zu Art. 34 Alt. 2 AEUV entschiedenen Fällen faktischer Diskriminierung.

Bei einem Verbot faktischer Wettbewerbsungleichheit besteht nicht die Wahl zwischen dem Zielstaats- und dem Herkunftsstaatsrecht (wie beim Konzept rechtlicher Wettbewerbsgleichheit), sondern zwischen dem Status quo und dem Status ohne die faktische Wettbewerbsungleichheit.

1. Konzeptionelle Schwächen

Auch die konzeptionellen Überlegungen zu faktischen *Ausfuhrdiskriminierungen* sind übertragbar, insbesondere, was die Schwierigkeiten für die Rechtssicherheit anbelangt:[3700] Das Verbot faktischer Wettbewerbsungleichheit als rechtlicher Unterlassungspflicht ist von *dynamischen*, sich ändernden faktischen Umständen abhängig. Zudem sind zwei Sachverhalte nie völlig identisch oder unterschiedlich, und es ist eine schwierig im Vorhinein zu

---

[3699] Wenn rechtliche Regelungen des Ziel- und Herkunftsstaates gleich sind (also rechtliche Wettbewerbsgleichheit besteht) und der Exporteur sowohl Adressat der Zielstaats- als auch der Herkunftsstaatsregelungen ist, kann der an den Exportstaat gerichtete Art. 35 Alt. 2 AEUV *allein* nicht die Ungleichbehandlung von Herkunfts- *und* Zielstaat beseitigen, sondern nur die des Herkunftsstaates. Gegen die zielstaatliche Regelung muss der Exporteur dann unter Berufung auf Art. 34 Alt. 2 AEUV vorgehen, wobei er hier – da es meist um legitime Interessen des Zielstaates geht, für die sich der Zielstaat auf einen Rechtfertigungsgrund berufen kann – regelmäßig schlechtere Erfolgschancen besitzt.

[3700] S. b. Fn. 3646 ff.

bestimmende Wertungsfrage, ob die Sachverhalte in den maßgeblichen Aspekten hinreichend gleich sind. Schließlich ist fraglich, wie deutlich die ungleiche Verteilung der Belastung ausgeprägt sein muss.

Eine Reihe von Gründen spricht jedoch dafür, dass die Rechtsunsicherheiten und Anwendungsschwierigkeiten, die mit einem Verbot faktischer Wettbewerbsungleichheit verbunden sind, eher hinnehmbar sind als diejenigen, die mit einem Verbot faktischer Ausfuhrdiskriminierung einhergehen. Das Recht auf faktische Wettbewerbsgleichheit besitzt eine *fundiertere systematisch-teleologische Grundlage*: Exporteure und Zielstaatshändler stehen *stets in direkter Konkurrenz* (anders als [faktische] Ausfuhrdiskriminierungen). Zweitens kann sich in der Praxis weitgehend auf die zu Art. 34 Alt. 2 AEUV ergangene Rechtsprechung gestützt und an den dort entwickelten Fallgruppen orientiert werden.[3701] Drittens geht es bei faktischen Wettbewerbsungleichheiten hauptsächlich um Konstellationen, die die (regelmäßig legitimen) Interessen des *Ziel*staates und nicht die des Herkunftsstaates berühren. Faktische Wettbewerbsungleichheiten betreffen in aller Regel – wie die fallgruppenspezifische Analyse zeigen wird[3702] – *Vermarktungsregelungen*, die sich auf Fernabsatzgeschäfte stärker auswirken oder besonders „Newcomer“ belasten und somit die bestehenden Marktverhältnisse zementieren. Das Konzept faktischer Ungleichheit ist also bei Art. 35 Alt. 2 AEUV mit Blick auf die mitgliedstaatlichen Kompetenzen regelmäßig weitaus weniger problematisch als bei Art. 34 Alt. 2 AEUV.[3703]

2. Weitgehende praktische Irrelevanz

Auch das Verbot faktischer Wettbewerbsungleichheit spielt praktisch nur eine *stark untergeordnete* Rolle: Denn es impliziert eine *faktische Diskriminierung* im *Zielstaat*, gegen die sich mithilfe von *Art. 34 Alt. 2 AEUV* gewehrt werden kann. Nachdem gerichtlich gegen die Regelung im Zielstaat vorgegangen sein würde, wäre es dann aber möglich, sich auf den Test *rechtlicher* Wettbewerbsgleichheit zu stützen. Faktische Wettbewerbsungleichheiten bestehen also nur *so lange*, wie die diskriminierende Regelung im Zielstaat existiert (mit Blick auf den Anwendungsvorrang des Unionsrechts bestehen faktische Wettbewerbsungleichheiten *theoretisch* also *nie*; praktisch existieren sie jedoch schon, nämlich so lange, bis der Anwendungsvorrang von Art.

[3701] Die mehrere Jahrzehnte alte Rechtsprechung zu faktischen *Einfuhr*diskriminierungen sollte grundsätzlich als auch für Art. 35 Alt. 2 AEUV richtungsweisend angesehen werden. Dies sollte aber andererseits auch nicht bedeuten, dass der Zustand „eingefroren“ ist, sondern es können – z. B. angestoßen durch faktische Entwicklungen – später weitere Fallgruppen hinzukommen.

[3702] S. zur faktischen Wettbewerbsungleichheiten in Bezug auf Produktregelungen b. Fn. 3795 ff. und in Bezug auf Vermarktungsregelungen b. Fn. 3846 ff.

[3703] S. in Bezug auf *konkrete Fallgruppen* d. Weiterverweisungen in Fn. 3702.

34 AEUV wegen faktischer Diskriminierung im Zielstaat durchgesetzt wurde). Dies gilt sowohl für die Fallgruppe produktübergreifender Vergleiche bei Produktregelungen als auch für den Hauptfall der Vermarktungsregelungen.[3704]

V. Das Grenzübertrittskriterium als einzelfallbezogenes Tatbestandsmerkmal

Beleuchtet wird im Folgenden *allein* die *konkret-individuelle* Funktion eines Grenzübertrittskriteriums, d. h. seine Rolle als einzelfallbezogenes *Tatbestandsmerkmal* auf der Ebene des *Schutzbereichs* und nicht etwaige *abstrakt-generelle*[3705] Ableitungen (v. a. zur Reichweite des Beeinträchtigungstatbestands; diese sind bereits abschließend im Rahmen der normativen weichen Einschränkungskriterien behandelt worden[3706]). Erforderlich ist hiernach, dass der jeweilige *konkrete Sachverhalt* gewisse grenzübertrittsspezifische Merkmale aufweist. Dass hiermit ausnahmsweise eine auf der Schutzbereichsebene angesiedelte Fragestellung behandelt wird, ist darin begründet, dass diese einen *spezifischen Zusammenhang* aufweist zu (einer extensiven Auslegung von) Art. *35* Alt. 2 AEUV; und ferner würde eine extensive Auslegung des Beeinträchtigungstatbestands von Art. 35 Alt. 2 AEUV – je nach Handhabung – *in der Praxis weitgehend* durch eine entsprechend restriktive Handhabung des Grenzübertrittsmerkmals *relativiert*. Warenexporte sind mit Blick auf das Grenzübertrittskriterium nämlich insofern besonders gelagert, als *im Zeitpunkt der Produktion* – und auf diesen kommt es etwa mit Blick auf Produktionsregelungen und auf die im Stadium der Produktion ansetzenden Produktregelungen an – noch nicht (empirisch) festgestellt werden kann, ob die Ware später *tatsächlich* exportiert wird. Zu einem entsprechenden Zeitpunkt ansetzende Regelungen können den späteren Export *verhindern*

[3704] Sofern die faktische Diskriminierung des Zielstaates trotz Beeinträchtigung von Art. 34 Alt. 2 AEUV gerechtfertigt werden kann, kann sich zwar mittels Art. 35 Alt. 2 AEUV gegen die herkunftsstaatliche faktische Wettbewerbsungleichheit gewehrt werden (wohl erfolgreich, weil es um zielstaatliche Interessen gehen wird), aber praktisch nützt dies dem Exporteur nichts, weil er immer noch an die inhaltlich identische Regelung des Zielstaates gebunden ist.

[3705] S. zur Abgrenzung zwischen abstrakt-generellen und konkret-individuellen Kriterien b. Fn. 3211 f.

[3706] Dabei kann *dahinstehen*, ob auch eine *abstrakt-generelle* Interpretation des Grenzübertrittskriteriums anerkannt werden sollte (s. zu hierfür votierenden Autoren b. Fn. 3344 und b. Fn. 3357): Denn der argumentative Auslegungsgesichtspunkt eines hinreichenden Bezugs zum Substrat von Art. 35 Alt. 2 AEUV (s. hierzu b. Fn. 3548 ff.), der im Rahmen der weichen normativen Einschränkungskriterien herangezogen und berücksichtigt wurde (s. umf. zu diesen Kriterien b. Fn. 3540 ff.), *stimmt* hiermit *inhaltlich überein*.

(oder sogar schon die Herstellung einer Ware). Rechtliche Regelungen in *Warenimportkonstellationen* setzen dagegen die *Existenz einer Ware voraus*. Selbst (im EU-Binnenmarkt kaum vorkommende) importstaatliche Produktionsregelungen setzen an der bereits produzierten und gehandelten und damit bereits importierten Ware an (z. B. Einfuhrverbote für Waren, die durch Kinderarbeit hergestellt wurden).

1. Begründung

Die Grundfreiheiten stellen spezifische Schutzinstrumente für den grenzüberschreitenden Handel dar.[3707] Dafür, dass ein einzelfallbezogener Grenzübertrittsbezug erforderlich ist, spricht zunächst der eindeutige *Wortlaut* der Art. 34, 35 AEUV.[3708] Es lassen sich keine Anhaltspunkte dafür finden, dass der Primärrechtgeber (bzw. mit Blick auf spätere Änderungsverträge: der „Primärrechtänderer") intendiert hat, dass die Grundfreiheiten ihrer spezifische Ausrichtung auf den grenzüberschreitenden Handel verlustig gehen sollten. Trotz der in der Rspr. zu beobachtenden *Aufweichungen* oder gelegentlicher *Nichtprüfungen* des Grenzübertrittskriteriums[3709] hat auch der Gerichtshof die Legitimität eines solchen Kriteriums nie *grundsätzlich* infrage gestellt. Zudem kann auf die schon im Kontext der normativen, weichen Einschränkungskriterien angestellten (und hier daher nur angedeuteten) Überlegungen verwiesen werden:[3710] Die Grundfreiheiten sind keine *Direktverweisungen* auf das gerade nicht unmittelbar anwendbare[3711] Binnenmarktziel. Bei den Grundfreiheiten handelt sich um unmittelbar anwendbare, thematisch spezifische Instrumente, die schon mit Blick auf allgemeine rechtsstaatliche und demokratische Grundsätze begrenzt sein müssen. Gleichzeitig würde es einen massiven Einfall in die mitgliedstaatlichen Kompetenzen darstellen, wenn auf das Vorliegen eines grenzüberschreitenden Sachverhalts verzichtet würde.[3712] Eine solche systemverändernde Rechtsprechungsinnovation wäre auch aus einer integrationsdynamischen Sicht (gerade im Moment) kritisch zu sehen.[3713]

Andererseits ist die Situation beim *Export* von Waren insofern eine besondere, als *bei der Herstellung* der Ware noch nicht sicher beurteilt werden

[3707] Vgl. schon b. Fn. 1897; vgl. i. Ü. nur *Heintzen*, in: Hopt, 316 (319); *Müller-Graff*, EuR 2002 Beiheft 1, 7 (36 f.); *Schilling*, 136 f.; *Valta*, 458. S. a. die Nachw. b. *Enchelmaier*, YEL 26 (2007), 115 (144 Fn. 111). Einen grenzüberschreitenden Sachverhalt nicht für erforderlich haltend *Lackhoff/Raczinski*, EWS 1997, 109 (111 f.) m. w. N.

[3708] S. umf. b. Fn. 860 f.

[3709] Vgl. nur *Jersey Produce* (in Fn. 573); EuGH, Urt. v. 06.06.2000, Rs. C-281/98, Slg. 2000, I-4161 (*Angonese*); s. i. Ü. *Lach*, 107 ff.; *Lippert*, 63 jew. m. w. N.

[3710] S. b. Fn. 3547 ff.

[3711] S. b. Fn. 1608 ff.

[3712] S. b. Fn. 2152.

[3713] Vgl. b. Fn. 2293 und vor Fn. 2295.

kann, ob das Produkt *später* Gegenstand einer grenzüberschreitenden Transaktion sein wird. Auch ein nur im Inland vertriebenes Produkt kann zu einem späteren Zeitpunkt vom ursprünglichen Nachfrager in andere EU-Staaten *weiterverkauft* werden. Sofern bestimmte Produkte von vorneherein vom Inlandshandel ausgeschlossen werden, weil sich auf Art. 35 Alt. 2 AEUV zu dem Zeitpunkt berufen wird, an dem die Produkte hergestellt werden (siehe hierzu sogl.), beeinträchtigt dies die Flexibilität und mithin die Wettbewerbsgleichheit des Warenexporteurs. Das alleinige Abstellen auf das physische (Nicht-)Vorliegen eines grenzüberschreitenden Sachverhalts ist nicht ausreichend, um Probleme solcher Art befriedigend lösen zu können.

Im Ergebnis sollte in *jedem Einzelfall* ein Grenzübertrittsbezug gefordert werden. Fraglich ist, *wie* dieser in Bezug auf *noch nicht existente* Produkte *genau* aussehen muss, ob also bereits ein *möglicher* späterer Export genügt oder ob erforderlich ist, dass die Ware *mit Sicherheit* exportiert werden wird. Hier muss ein *Kompromiss* gefunden werden.

2. Praktische Ableitungen und Zweifelsfälle

a) Schutz auch mittelbar am Export Beteiligter

Sofern der spätere Export *sicher* ist, also die Ware nicht für den Inlandsvertrieb hergestellt wird und auch mit Sicherheit feststeht, dass die Ware nicht in den Inlandsverkehr gelangt (und somit an inländische Verbraucher oder sonstige Endabnehmer), kann sich auch der „*mittelbar Exportierende*“ auf Art. 35 Alt. 2 AEUV berufen – bzw. kann dies *jeder in der Produktions- und Vertriebskette* (sofern die drei weichen Einschränkungskriterien in Bezug auf die jeweilige Regelung erfüllt sind). Die mitgliedstaatlichen Interessen werden in diesem Fall nicht durch das *Produkt* berührt, denn die inländischen Verbraucher kommen mit der Ware erst gar nicht in Kontakt.[3714] Andernfalls würden Unternehmen benachteiligt, die über *keinen eigenen Vertrieb* verfügen. Gleiches gilt für Unternehmer, die nicht alle Teile des Produktes selbst herstellen (was insbesondere bei komplexeren Produkten wie z. B. Kraftfahrzeugen relevant werden kann), sondern diese von *Zulieferern* beziehen. Solche Unternehmer würden ebenfalls benachteiligt, wenn nur sie sich auf Art. 35 Alt. 2 AEUV berufen könnten (nämlich in Bezug auf das Endprodukt), nicht aber ihre Zulieferer. *Kleine* Unternehmen, die auf die Hilfe von Zulieferern angewiesen sind, sollten keinen Nachteil erleiden gegenüber sehr großen Unternehmen, die alle Produktionsschritte selbst vornehmen.

[3714] Etwaigen Ausnahmen ist auf der Rechtfertigungsebene Rechnung zu tragen: Etwa kann sich der Herkunftsstaat in Bezug auf Waren, deren bloßer *Handel* bereits die Interessen des Herkunftsstaates berührt (z. B. Güter, deren Transport gefährlich ist, wie bei Giftstoffen), auf Rechtfertigungsgründe berufen und regulierend tätig werden.

Der Herkunftsstaat ist dann allerdings berechtigt ein „Inlandsendvertriebsverbot“ in Bezug auf (Zuliefer-)Waren auszusprechen, die unter Berufung auf Art. 35 Alt. 2 AEUV hergestellt wurden, d. h. die unter Berufung auf Art. 35 Alt. 2 AEUV produzierte und vermarktete Ware darf nicht an einen *Endabnehmer* im *Inland* abgesetzt werden, sondern nur an Zwischenhändler, die die Ware nicht benutzen, sondern entweder selbst exportieren oder an einen weiteren Zwischenhändler verkaufen, der die Ware exportiert.

b) Bloße Möglichkeit eines späteren Exportes nicht ausreichend

Wenn der spätere Export hingegen *unsicher* ist, also ein Export nur *möglich* oder *wahrscheinlich* erscheint, sollte es (potenziellen) Exporteuren nicht erlaubt sein, sich auf Art. 35 Alt. 2 AEUV zu berufen (relevant wird diese Maßgabe in Bezug auf vor dem Warenexport angesiedelte Transaktionen, Verhaltensweisen oder Regelungen wie Produktionsregelungen): Ansonsten würden auch *rein inländische* Konstellationen in den Genuss des Schutzes von Art. 35 Alt. 2 AEUV gelangen, d. h. Fälle, in denen ausschließlich herkunftsstaatliche Interessen betroffen sind (nämlich immer dann, wenn sich die Prognose, dass die Ware exportiert wird, später als falsch herausstellt). Da es praktisch immer zumindest *eine* oder ein paar Waren gibt, die exportiert werden oder deren späterer Export *möglich* erscheint, würde das Grenzübertrittskriterium *praktisch substanzlos*. Eine effektive gerichtliche Kontrolle eines Tatbestandsmerkmals, welches verlangt, dass eine Ware später *wahrscheinlich* exportiert wird, erscheint praktisch auch *kaum durchführbar*: Der Exporteur müsste nachweisen, dass ein EU-ausländisches Unternehmen am Absatz *interessiert* gewesen ist. Fraglich wäre, wie stark dieses Interesse ausgeprägt sein und ob es durch bestimmte Nachweise belegt werden müsste. In einigen Branchen, in denen die Herstellung eines Produktes nur einen sehr kurzen Zeitraum einnimmt oder in denen große Flexibilität erforderlich ist, weil die Nachfrage stark schwankt (z. B. bei Rohöl oder Gold), dürften solche Nachweise kaum zu leisten sein. Sofern das Tatbestandsmerkmal keine bloße Scheinvoraussetzung darstellen soll, würden (effektive) gerichtliche und behördliche Kontrollen zu erheblicher Rechtsunsicherheit führen und mit hohen Kosten verbunden sein. Zudem betrifft das Merkmal eines grenzüberschreitenden Bezuges Regelungen, die vor der Herstellung eines Produktes ansetzen, d. h. vor allem die *kompetenzinvasive* Fallgruppe der *Produktionsregelungen*. Wird zur Voraussetzung gemacht, dass eine Ware *tatsächlich* exportiert (und sonst gelagert oder vernichtet) wird,[3715] deren Produktion nach Art. 35 Alt. 2 AEUV nur unter abgesenkten Anforderungen stattgefunden hat, würde der beträchtliche Kompetenzeingriff, der darin liegt, dass Produktionsregelungen am Maßstab rechtlicher Wettbewerbsgleichheit ge-

[3715] Vgl. *Becker*, in: Schwarze/Becker/Hatje/Schoo, Art. 35 AEUV Rn. 12.

messen werden, erheblich abgeschwächt (und vice versa). Obwohl unterschiedslose wettbewerbsbenachteiligende Produktionsregelungen, abstrakt betrachtet, immer noch am Maßstab von Art. 35 Alt. 2 AEUV gemessen werden könnten, würden die *Quantität* der Grundfreiheitenprüfungen und der hierin liegende Kompetenzeingriff de facto erheblich reduziert: In der Praxis hängt die praktische Gestaltungskraft der Grundfreiheiten nicht zuletzt davon ab, dass Grundfreiheitenberechtigte ihre Rechte behördlich und vor Gericht geltend machen (was sie aber nur können, wenn der Schutzbereich eröffnet ist [und speziell der notwendige Grenzübertrittsbezug gegeben ist]). Die Einbeziehung von Produktionsregelungen in einen Maßstab rechtlicher Wettbewerbsgleichheit erscheint vor diesem Hintergrund besser vertretbar.

Im Ergebnis sollten etwaige Nachteile, die aus der hier befürworteten Voraussetzung resultieren, dass die Ware *mit Sicherheit* exportiert wird, hingenommen werden. Nachteile liegen darin, dass nicht alle Nachfrager um die Abnahme einer Ware konkurrieren können, die unter Berufung auf Art. 35 Alt. 2 AEUV hergestellt wurde. Im Inland des Exportstaates ansässige Abnehmer werden ausgeschlossen. Der Exporteur büßt Flexibilität ein. Für bestimmte Waren werden sich später womöglich keine Nachfrager finden lassen. Gleichzeitig wird darin häufig eine Wettbewerbsungleichheit liegen, weil Exporteure aus anderen Mitgliedstaaten oder zielstaatliche Hersteller womöglich nicht diesen Einschränkungen unterliegen, sondern ihre Waren sowohl auf dem Inlandsmarkt als auch auf dem Zielstaatsmarkt anbieten können (wenn ihre Waren Zugang zu beiden Märkten erhalten).

c) Notwendigkeit der Aufspaltung in „Inlands-" und „Exportproduktionsstätten"?

Problematisch und fraglich ist des Weiteren, ob und inwiefern sich auch gegenüber Regelungen auf Art. 35 Alt. 2 AEUV berufen werden kann, die Produktionsprozesse und -anlagen betreffen, in denen *sowohl Export- als auch Inlandsprodukte hergestellt* werden; d. h., fraglich ist, ob Produktionsanlagen *aufgespalten* werden müssen in „Exportproduktions-" und „Inlandsproduktionsanlagen", damit die Exportprodukte wahlweise nach den Vorschriften des Zielstaates oder eines anderen Mitgliedstaates hergestellt werden können.[3716]

Das Problem tritt nur auf, wenn es für den Produzenten nicht möglich ist, die jeweilige Regelung in Abhängigkeit davon einzuhalten bzw. nicht einzuhalten, ob die Ware exportiert oder im Inland vertrieben wird. Dies ist der Fall, wenn die Regelung den *gesamten Produktionsprozess* bzw. die *gesamte*

[3716] Dies andeut. *Feiden*, 260; dag. scheint *Frenz*, Hb. 1, Rn. 1046 ff. davon auszugehen, dass sich der Exporteur unter bestimmten Umständen auch bei einer gemeinsamen Produktion auf Art. 35 Alt. 2 AEUV berufen kann, nämlich wenn eine Aufspaltung der Produktion ökonomisch nachteilig ist, also der Exporteur nicht von niedrigeren Exportstandards profitieren würde.

Produktionsanlage betrifft. Typischerweise sind dies *Produktionsregelungen*. Das Problem kann auch bei *Produktregelungen* auftreten. Für *Vermarktungsregelungen* dürfte dieses Problem dagegen keinerlei Relevanz besitzen, weil hier die Inlands- von den Auslandstransaktionen ohne Weiteres abgegrenzt werden können.

Die Problematik sei an einigen Beispielen illustriert: Sofern von einer grundsätzlichen Kontrollierbarkeit des Nachtarbeitverbots in *Oebel* gem. Art. 35 Alt. 2 AEUV ausgegangen wird,[3717] ist fraglich, ob sich nur solche Bäckereien auf Art. 35 Alt. 2 AEUV berufen können, deren Backwaren ausschließlich im EU-Ausland verkauft werden, oder ob es genügt, dass in den jeweiligen Bäckereien *einige* exportierte Backwaren erzeugt werden (ohne dass diese 100 % aller gebackenen Backwaren ausmachen). Sofern letzterer Auffassung gefolgt wird, würden diejenigen Bäckereien (v. a. große, überregional tätige Backunternehmen), die sich erfolgreich[3718] gegen Arbeitszeitbestimmungen auf der Grundlage von Art. 35 Alt. 2 AEUV wehren können, auf dem *Inlandsmarkt* (des Exportstaates) einen *Wettbewerbsvorteil* erhalten gegenüber Bäckereien, die keine Backwaren im EU-Ausland absetzen (und sich nicht auf Art. 35 Alt. 2 AEUV berufen können). Ein weiteres Beispiel bildet z. B. die umweltrechtliche Vorgabe, wonach eine in der Metallindustrie eingesetzte Produktionsmaschine, mit der exportierte und im Inland vertriebene Metalle verarbeitet werden, nur eine bestimmte CO^2-Menge ausstoßen darf. Gedacht werden könnte auch an Vorgaben, welche die Bedienung einer Maschine oder gewisse sicherheitstechnische Vorschriften betreffen: z. B. die Vorgabe einer bestimmten Höchstbetriebstemperatur oder das Tragen von Schutzkleidung bei der Bedienung einer Produktionsmaschine, die sowohl Exportwaren als auch im Inland abgesetzte Waren herstellt.

In all diesen Fällen besteht zumindest insofern ein grenzüberschreitender Bezug, als eben *auch Export*produkte betroffen sind. Andererseits handelt es sich um rein inländische Sachverhalte insofern, als *auch* (rein) *inländische* Transaktionen erfasst werden. Selbst wenn bestimmte prozentuale Grenzen festgesetzt würden, z. B. die Vorgabe, dass im Regelfall mindestens *50,01 %* aller in der Produktionsanlage hergestellten Waren exportiert werden, würden letztlich viele reine Inlandsfälle in den Schutzbereich von Art. 35 Alt. 2 AEUV einbezogen und Produzenten, die Waren exportieren und im Inland vertreiben, zumindest in bestimmtem Umfang ein Sondervorteil gegenüber solchen Produzenten gewährt werden, die *nur* für das *Inland* (des Exportstaates) produzieren. Prozentuale Grenzen eröffnen überdies Missbrauchsmöglichkeiten, denn Produzenten könnten versucht sein, ihre Produktionen so auf

[3717] S. b. Fn. 3602 ff. m. w. N.

[3718] Der Erfolg eines Vorgehens gegen die Arbeitszeitbestimmungen hängt freilich nicht nur von der Weite der Auslegung des Grenzübertrittskriteriums ab, sondern entscheidend ist weiter, dass die Bestimmungen nicht durch einen Rechtfertigungsgrund gedeckt sind.

die Produktionsanlagen zu verteilen bzw. diese so auszulasten, dass der jeweilige Schwellenwert immer knapp erreicht wird und dass ein maximales Kontingent an nach Auslandsstandards produzierten Inlandsprodukten erreicht wird. Auch dürften entsprechende Prozentgrenzen nur schwer behördlich und gerichtlich kontrollierbar sein.

Eine modifizierte, abgeschwächte Rechtfertigungsprüfung (die die abgeschwächte bzw. nur teilweise Ausprägung des Grenzübertrittskriteriums „kompensiert") würde mit Blick auf die nicht ausgeführten Produkte eine materiell unzureichende Prüfung beinhalten, da herkunftsstaatliche Interessen hier voll betroffen wären. Sofern in Bezug auf Produktionsregelungen generell nur eine abgeschwächte Rechtfertigungsprüfung vorgenommen wird, wäre eine im Hinblick auf das Grenzübertrittskriterium erfolgende weitere Abschwächung dieser dann schon abgeschwächten Prüfung von Produktionsregelungen kaum möglich oder praktisch sinnvoll.

Eine diesbezügliche Eingrenzung der Möglichkeiten, sich auf Art. 35 Alt. 2 AEUV zu berufen, würde wiederum den erheblichen Kompetenzeingriff, der darin liegt, dass *Produktionsregelungen* am Maßstab rechtlicher Wettbewerbsgleichheit gemessen werden, abschwächen. Eine Einbeziehung von Produktionsregelungen in den Maßstab rechtlicher Wettbewerbsgleichheit erscheint in diesem Lichte eher vertretbar.

Am interessengerechtesten wäre es daher wohl, bei Art. 35 Alt. 2 AEUV vorauszusetzen, dass die Produktionen – trotz der damit verbundenen Kosten – *aufgespalten* werden oder dass der Einsatz eines Produktionsmittels für die Herstellung von im Inland vertriebenen Produkten *eingestellt* wird, sodass *mit Sicherheit* festgestellt werden kann, welche Waren exportiert und welche im Inland vertrieben werden.

Nichtsdestotrotz auftretende Beeinträchtigungen der Wettbewerbsgleichheit sind hinzunehmen: Produzenten verlieren gegenüber ihren Zielstaatskonkurrenten unter bestimmten Bedingungen Größenvorteile, weil sie diejenigen Teile der eigenen Produktion abtrennen müssen, auf die sich die Divergenzen in den Regulierungsbedingungen beziehen, wohingegen ihre Konkurrenten ihre gesamte (Inlands- und Export-)Produktion *ungetrennt* halten bzw. gemeinsam Export- und Inlandsvertriebsgüter in *derselben* Produktionsstätte bzw. -maschine herstellen können. Der Verlust an Größenvorteilen bezieht sich aber nur auf die Bereiche der Produktion, die von der angegriffenen Regelung betroffen sind. Zudem *muss* nicht getrennt produziert werden, sondern die betroffenen Unternehmen stehen nur vor der *Wahl* zwischen den Vorteilen einer getrennten Produktion mit ggf. niedrigeren Regulierungsbedingungen für den Export (aber dem Verlust von Größenvorteilen) einerseits und einer gemeinsamen Produktion zu den höheren Inlandsstandards (und dem Entstehen von Größenvorteilen) andererseits. Folglich werden die Produzenten – im Verhältnis zum Status quo – *ausschließlich bessergestellt*: Im Status quo besitzen sie nämlich überhaupt keine Wahlmöglichkeit.

Schließlich können die Mitgliedstaaten ihr Regulierungsregime auch für den Inlandsvertrieb abändern und an die Rspr. des EuGH für den Exportvertrieb anpassen (womit sie es ermöglichen würden, dass die Produktionsanlagen von Exportvertrieben nicht aufgespalten werden müssen), sie könnten z. B. zwingende Vorgaben zu dispositivem Recht machen oder ihre Regulierung an die anderer Mitgliedstaaten anpassen. Denn ihre Regulierungsvorstellungen können sie für einen Teil der Produktion (nämlich die Exportproduktion) ggf. sowieso nicht durchsetzen (nämlich bei einer ungerechtfertigten Beeinträchtigung von Art. 35 Alt. 2 AEUV).

Es sollte dem Produzenten aber erlaubt werden, eine *gerichtliche Prüfung* auch dann zu *veranlassen*, wenn er die genannten Voraussetzungen *noch* nicht erfüllt: Das Gericht kann dann die Unanwendbarkeit einer Regelung unter der *Bedingung* feststellen, dass der jeweilige Exporteur die genannten Voraussetzungen erfüllt. Dies erspart dem Exporteur (und den Nachfragern) sich im Ergebnis als nutzlos herausstellende Umstellungskosten.[3719]

[3719] Wie bereits ausführlich dargestellt (s. b. Fn. 1918 ff.), kann sich mangels grenzüberschreitenden Sachverhalts in Bezug auf Reimporte nicht auf Art. 35 Alt. 2 AEUV berufen werden. Es handelt sich hierbei zwar äußerlich aber nicht der Sache nach um einen Fall mit Grenzübertrittsbezug.

14. Kapitel

Fallgruppenspezifische Wettbewerbsgleichheitsmaßstäbe

Die unter den Maßstab rechtlicher Wettbewerbsgleichheit fallenden Konstellationen sind z. T. höchst unterschiedlich. Auch die maßgeblichen Auslegungsgesichtspunkte sind je nach Konstellation in unterschiedlicher Weise berührt. Eine Pauschallösung überzeugt daher nicht.[3720] Es muss *differenziert* werden.[3721] Sofern aber zu differenzieren ist, d. h. unterschiedliche Konstellationen unterschiedlichen Tests unterstellt werden sollen, müssen erstens Kriterien entwickelt werden, anhand derer die Sachverhalte den jeweiligen Untermodellen zugeordnet werden. Zweitens müssen diese Untermodelle konturiert werden. Aufgrund des hier vertretenen extensiven und damit von der st. Rspr. abweichenden Tests[3722] müssen dabei nicht selten Lösungen für Fälle entwickelt werden, die noch nie Gegenstand eines EuGH-Judikats waren und auch in der Literatur – zumindest in allen ihren praktischen Implikationen – noch nicht vorgedacht wurden. In bestimmten hier noch nicht vorhergesehenen Fällen kann es daher sein, dass eine bestimmte Gruppe von Fällen abgespalten und einer eigenständigen, neuen Fallgruppe zugeordnet werden muss. Bei der Bildung von Fallgruppen geht es dabei nicht um eine *physisch-lebenssachverhaltliche* Ähnlichkeit, sondern um eine *wertungsmäßige* Gleichheit (freilich kann eine wertungsmäßige Gleichheit mit einer physisch-lebenssachverhaltlichen einhergehen).

Es wird hier zwischen zwei Obergruppen differenziert, von denen die erste dem *Produktionsregelungstest* und die zweite dem *Produktregelungstest* zu unterziehen ist. Der Produktionsregelungstest ist dabei der dominierende. Zur ersten Obergruppe gehören Produktionsregelungen, Produkteigenschaften beeinflussende Produktionsregelungen, Produktions-, Förder- und Handelsverbote sowie im Inland geltende Transportregelungen. Zur zweiten Obergruppe gehören (formale) Produktregelungen, im EU-Ausland geltende Transportregelungen und Vermarktungsregelungen.

[3720] Der formulierte abstrakte Test (s. b. Fn. 3695 ff.) fasst die wesentlichen Erwägungen zwar zusammen, aber er bedarf noch der Konkretisierung.

[3721] Letztlich geht es hierbei um die Herstellung von Einzelfallgerechtigkeit.

[3722] Bzw. extensiveren als den des EuGH.

I. Produktionsregelungen[3723]

Exportstaatliche Produktionsregelungen dürften die wohl kontroverseste Fallgruppe innerhalb des Maßstabs rechtlicher Wettbewerbsgleichheit bilden:[3724] Hier stehen sich die beiden wichtigsten Argumentationstopoi diametral gegenüber: Im Kontext von exportstaatlichen Produktionsregelungen kann die Wettbewerbsgleichheit einerseits *in gleichem Maße* wie bei den weniger kontroversen exportstaatlichen Produktregelungen betroffen sein. Andererseits sind die legitimen Interessen des Herkunftsstaates hier – im Gegensatz zu exportstaatlichen Produktregelungen – in der Regel (erheblich) betroffen. Der die Grundfreiheiteninterpretation zentral beherrschende Wertungskonflikt ist hier also besonders augenfällig. Vor diesem Hintergrund kommt einer ausgewogenen *Konzeptionierung* des „Produktionsregelungstests" und etwaigen *fein differenzierenden* Auslegungsgesichtspunkten (z. B. systematischer Art) eine zentrale Rolle zu. Gleichzeitig besitzt die Fallgruppe der Produktionsregelungen eine enorme *praktische* Relevanz (wie die Beispiele, die im Kontext des Spezifitätskriteriums behandelt wurden, verdeutlicht haben).[3725]

1. Begriff, Ein-, Aus- und Abgrenzung

Zu differenzieren ist zwischen Regelungen, die aus dem *gesamten Maßstab* rechtlicher Wettbewerbsgleichheit ausgegrenzt werden und den Regelungen, die nur aus der Fallgruppe der *Produktionsregelungen* ausgeklammert (und nicht einem spezielle „Produktionsregelungstest" unterworfen), aber einer *anderen Fallgruppe* des Maßstabs rechtlicher Wettbewerbsgleichheit zugeordnet werden (und daher einem anderen Untertest unterzogen werden wie dem „Produktregelungstest").

Zunächst seien kurz diejenigen Maßnahmen skizziert, die aus dem *gesamten Maßstab* rechtlicher Wettbewerbsgleichheit ausgegrenzt werden und im Bereich oder in der Nähe der Produktion liegen: Hier kann auf die bereits behandelten Kriterien der *Spezifität* und *Konnexität* und auf die (Ausgrenzungs-)Ergebnisse zurückgegriffen werden, die aus diesen Kriterien abgeleitet wurden: Hiernach sind Produktionsregelungen *nicht grundsätzlich* auszuklammern. Gemäß dem *Konnexitätskriterium* fallen alle (nicht diskriminie-

---

[3723] Vgl. zu Stellungnahmen in der Literatur schon u. a. b. Fn. 3273 ff., 1353 ff., 3342 ff.

[3724] Interessanterweise wird auch – allerdings vor dem Hintergrund *einfuhrbezogener* Regelungen – im GATT-Recht kontrovers diskutiert, ob und inwiefern Prozess- und Produktionsmethoden (PPM) von den GATT-Bestimmungen erfasst werden, vgl. nur *Cottier/Oesch*, in: Gaines et al., 141 (166 ff.); *Davies*, CYELS 10 (2007/2008), 69 ff.

[3725] S. vor und b. Fn. 3593 ff. sowie b. Fn. 3717.

renden[3726]) Regelungen aus Art. 35 Alt. 2 AEUV heraus, die lebenssachverhaltlich noch *vor* der *Produktion* angesiedelt sind (Vorfeldregelungen).[3727] Eine Ausnahme gilt nur für *offenkundige Umgehungen*[3728]. Mit Blick auf das *Spezifitätskriterium* fallen (nicht diskriminierende) Regelungen auf den Gebieten des *Steuer-*, *Arbeits-* und *Sozialrechts* grundsätzlich[3729] aus dem Maßstab rechtlicher Wettbewerbsgleichheit heraus. Von den noch verbleibenden Regelungen sind nur diejenigen zu überprüfen, die eine *erhebliche tatsächliche Modifikation des Produktionsprozesses* erforderlich machen.[3730] Konnexität besteht auch in Bezug auf Maßnahmen, die die *Gewinnung natürlicher Ressourcen* beeinträchtigen. Auch hier müssen etwaige Maßnahmen lebenssachverhaltlich in den *Förderprozess* hineinwirken (Spezifität). Exporteure müssen nur dann zur Spezifität und Konnexität einer Regelung Stellung nehmen, wenn die Mitgliedstaaten deren Fehlen geltend machen. Im *Zweifel* ist davon auszugehen, dass eine Maßnahme Konnexität und Spezifität besitzt. Nicht ausgeklammert werden *„Nachfeldfeldregelungen"*.[3731]

Nachdem die Maßgaben skizziert wurden, nach denen eine Maßnahme aus dem gesamten Maßstab rechtlicher Wettbewerbsgleichheit ausgegrenzt wird, geht es nun um eine Zuordnung der verschiedenen Maßnahmen zu den einzelnen hier entwickelten Untertests rechtlicher Wettbewerbsgleichheit. Im Sinne einer Negativdefinition sind all diejenigen Maßnahmen nicht als Produktionsregelungen zu qualifizieren, die Spezifität, Konnexität und das Grenzübertrittskriterium erfüllen und keiner der anderen Fallgruppen unterfallen: Hierzu gehören (formale) Produktregelungen,[3732] EU-Auslandstransportregelungen[3733] und Vermarktungsregelungen[3734].

Gesondert behandelt (und später dargestellt, aber im Ergebnis ebenfalls dem Produktionsregelungstest unterzogen)[3735] werden erstens alle *Warenverbote*, worunter *Produktionsverbote* und (mit Blick auf natürliche Ressourcen) auch *Abbau-* und *Förderverbote* sowie (sich auch auf die Ausfuhr erstrecken-

---

[3726] Hier sind die Anforderungen an das Vorliegen einer Vorfeldregelung *noch höher* (als bei unterschiedslosen Regelungen), s. b. Fn. 3567 f. Es dürfte sich hierbei in der Praxis um eine weitgehend hypothetische Ausnahme handeln.

[3727] S. b. Fn. 3565 ff.

[3728] S. vor Fn. 3567.

[3729] Ob eine Maßnahme unter die arbeits- und sozialrechtliche Gebietsausnahme fällt, muss im Einzelfall anhand spezieller Kriterien ermittelt werden, s. b. Fn. 3589.

[3730] Eine (wettbewerbsbenachteiligende) Verunmöglichung der Produktion besitzt a minore ad maius ebenfalls Spezifität. An späterer Stelle wird diskutiert, ob sie prüfungstechnisch als (bzw. wie eine) Produkt- oder Produktionsregelung zu behandeln ist, s. b. Fn. 3803 ff.

[3731] S. b. Fn. 3570 ff.

[3732] S. b. Fn. 3772 ff.

[3733] S. b. Fn. 3920 ff.

[3734] S. b. Fn. 3818 ff.

[3735] S. umf. b. Fn. 3803 ff.

de) *Handelsverbote* gehören. Dasselbe gilt für Regelungen des Produktionsprozesses, die sich auf die *Produkteigenschaften auswirken.*

2. Einwände gegen die Kontrolle von Produktionsregelungen

Die maßgeblichen Argumente und theoretischen Grundkonzeptionen (speziell die Kriterien der Spezifität und Konnexität[3736]), die eine Einbeziehung von Produktionsregelungen in den Wettbewerbsgleichheitsmaßstab von Art. 35 Alt. 2 AEUV *stützen*, sind bereits – über die gesamte Untersuchung verteilt – diskutiert worden und werden im Folgenden vorausgesetzt. Nachfolgend werden drei gewichtige und häufig geäußerte *Einwände* gegen die Einbeziehung von Produktionsregelungen in den Maßstab rechtlicher Wettbewerbsgleichheit vertieft behandelt.

a) Die (Relevanz der) Berührung legitimer herkunftsstaatlicher Interessen (auch im Spiegel der Rspr.)

Grundsätzlich gilt auch in Bezug auf die Fallgruppe der Produktionsregelungen, dass die durch den Rechtswahlmechanismus erreichte Beförderung der Ziele der Wettbewerbsgleichheit[3737] und des Systemwettbewerbs aus rechtsökonomischer Sicht am vorteilhaftesten ist, wobei jedoch bei der Gruppe der Produktionsregelungen einige wichtige Besonderheiten zu berücksichtigen sind, die für eine gewisse *Abschwächung* der Grundfreiheitenprüfung sprechen: Anders als bei Produktregelungen obliegt der Wahlmechanismus nicht allein denjenigen, die von der Rechtswahl *betroffen* sind, sondern nur den Exporteuren. Betroffene Dritte (z. B. die umliegende Bevölkerung) sind nicht an der Rechtswahl beteiligt.[3738] Ihren Interessen muss anders Rechnung getragen werden (nämlich auf der Rechtfertigungsebene). Die Normierung des Produktionsprozesses berührt die (meist an sich[3739] legitimen) Interessen des Herkunftsstaates. Hier geht es regelmäßig um für die Gesellschaft elementare Ordnungs- und Sozialinteressen. Würden die zielstaatlichen Regelungen einfach an die Stelle der herkunftsstaatlichen gesetzt, würde dies in der Sache

---

[3736] Insbesondere die ihrerseits bereits auf die argumentativen Grundlegungen gestützten Kriterien der Konnexität und Spezifität haben bereits entscheidende Weichenstellungen getroffen, s. b. Fn. 3539 ff.

[3737] Vgl. b. Fn. 1907.

[3738] Zudem gibt es hier auch keine indirekte Substitution durch die Rechtswahl, weil die Interessen der heimischen Bevölkerung mit Blick auf Produktionsregelungen nicht regelmäßig mit denen der Unternehmen übereinstimmen. Fremde Interessen werden nur verfolgt, wenn sie zu eigenen Interessen werden (etwa durch Gesetze oder aufgrund von Angst vor ablehnenden [und geschäftsschädigenden] Verbraucherreaktionen, z. B. bei Ausnutzung von Kinderarbeit).

[3739] Gemeint ist, dass Produktionsregelungen häufig legitime Interessen verfolgen. Eine andere Frage ist, ob sie auch in legitimer (d. h. verhältnismäßiger) *Weise* verfolgt werden.

einen „Import" der im Zielstaat herrschenden soziopolitischen Grundanschauungen bedeuten (vorbehaltlich einer möglichen Rechtfertigung). Es geht hier also nahezu ausnahmslos nicht nur um die Partikularinteressen der Exporteure und der zielstaatlichen Verbraucher und sonstigen Nachfrager. Dies ist der wesentliche Unterschied zu Produktregelungen.[3740] Die Rechtfertigungsprüfung muss so modifiziert und konzipiert werden, dass innerhalb des Verhältnismäßigkeitsmaßstabs nicht nur die Interessen der Exporteure und der zielstaatlichen Abnehmer, sondern auch die der betroffenen Bevölkerung berücksichtigt werden können. Dass dies möglich ist und dass der EuGH eine wirklich fruchtbare Kontrollfunktion ausüben kann, wurde bereits im Rahmen der rechtsökonomischen[3741] und prüfungsanalytischen[3742] Untersuchungen nachgewiesen.

Würde der komplette Ausschluss einer bestimmten Fallgruppe (wie der von Produktionsregelungen) aus dem Beeinträchtigungstatbestand von Art. 35 Alt. 2 AEUV (allein oder hauptsächlich) darauf gestützt, dass hier *herkunftsstaatliche Interessen* berührt sind (was zutrifft), wäre dies auch kaum vereinbar mit der (insbesondere jüngeren) *Fallrechtsprechung* des EuGH: Der Gerichtshof hat seine Beeinträchtigungsstandards in seiner Grundfreiheitenrechtsprechung zu Herkunftsstaatskonstellationen schrittweise und erheblich extendiert, wobei er einen *wirkungsorientierten* Ansatz verfolgt. Dass Regelungen dem Schutz legitimer herkunftsstaatlicher Interessen dienen, ist grundsätzlich abschließend auf der *Rechtfertigungsebene* zu berücksichtigen. Auszuklammern sind allein Fallgestaltungen, die jenseits selbst *äußerster* Grenzen des Tatbestands der jeweiligen Grundfreiheit liegen oder bei denen schädliche Wirkungen *generell ausgeschlossen* sind. Dass Produktionsregelungen grundsätzlich *diesseits* solcher Grenzen liegen (also nicht ausgeschlossen werden sollten), zeigt ein Vergleich mit den Fällen, die der EuGH im Bereich der Herkunftsstaatsdimension der anderen Grundfreiheiten am Beschränkungsverbot gemessen hat: In diesen Fällen ging es um Binnenmarktbeeinträchtigungen *ähnlichen Schweregrades*, die in gleichem Maße in die mitgliedstaatlichen Kompetenzen eingegriffen haben, wobei teilweise Maßnahmen erfasst werden, die nur in einem *lockeren Zusammenhang* mit der eigentlichen grundfreiheitlichen Transaktion (etwa dem Dienstleistungsexport) standen.[3743] Auch bei Art. 34 Alt. 2 AEUV – der Schwestergewährleistung von Art. 35 Alt. 2 AEUV – stellt der EuGH auf die *Wirkung* einer

---

[3740] Dieses Argument spricht jedoch nur für eine Begrenzung der Wettbewerbsgleichheitsauslegung auf Produktregelungen (und einen Ausschluss von Produktionsregelungen). Dieses Argument kann nicht dafür angeführt werden, um *jegliche* Regelungen auszunehmen. In diese Richtung argumentierend *Schilling*, 144 f.

[3741] S. b. Fn. 1217 ff.

[3742] S. b. Fn. 3424 ff.

[3743] S. umf. m. w. N. zu den Ergebnissen der Konvergenzbetrachtung mit der Rspr. zur Herkunftsstaatsdimension der Grundfreiheiten b. Fn. 2870 ff.

Maßnahme ab und nicht darauf, ob sie einem *bestimmten Rechtsgebiet* angehört oder dem *Schutz legitimer Interessen des Herkunftsstaates* dient. Gleichzeitig ist eine *höhere Sensibilität* gegenüber Marktzugangsbeeinträchtigungen festzustellen.[3744] Es wird dort auch die Tendenz sichtbar, diskriminierungsfreie Konstellationen am Maßstab von Art. 34 Alt. 2 AEUV zu überprüfen, die *weit* vom eigentlichen Transaktionsvorgang (dem Import) *entfernt* sind (wie Verwendungsregelungen).

Wie bei den zielstaatlichen Grundfreiheiten könnten die legitimen Interessen auch bei Art. 35 Alt. 2 AEUV auf der Rechtfertigungsebene berücksichtigt und auch eine gleichzeitige Berücksichtigung sowohl des Binnenmarktziels als auch der mitgliedstaatlichen Kompetenzen durch das Moderationsinstrument des ggf. modifizierten Verhältnismäßigkeitsgrundsatzes erreicht werden.

Zudem zeigt ja gerade die Möglichkeit der Rechtfertigung, dass die Berührung inländischer Interessen zumindest keine hinreichende Bedingung dafür darstellen kann, eine Maßnahme als nicht tatbestandsmäßig zu qualifizieren.[3745] Rechtfertigungsgründe greifen ja nur ein, wenn die Beeinträchtigung einer Grundfreiheit ein legitimes Interesse der Mitgliedstaaten berührt. E contrario muss es also Maßnahmen geben, die tatbestandsmäßig sind, obwohl die Interessen der Mitgliedstaaten berührt werden. Fraglich erscheint zwar, ob dies auch von Belang sein kann, wenn – wie bei Produktionsregelungen – derart häufig die mitgliedstaatlichen Interessen berührt werden oder ob Rechtfertigungsgründe nicht vielmehr ein nur *ausnahmsweise* eingreifendes Instrument darstellen sollen, wenn eine Maßnahme eben ausnahmsweise die mitgliedstaatlichen Interessen berührt. Aber auch hier zeigt (die Rechtsprechung zu) Art. 34 Alt. 2 AEUV, dass das *regelmäßige* Berühren der Interessen desjenigen Staates, dessen Maßnahme eine Beeinträchtigung darstellt, kein hinreichendes Argument dafür ist, eine Maßnahme für nicht tatbestandsmäßig zu erklären. Art. 35 Alt. 2 AEUV würde ohne die Einbeziehung von Produktionsregelungen nur eine geringe praktische Relevanz besitzen. Vor allem aber wären die *Rechtfertigungsgründe* in Warenexportkonstellationen – da legitime mitgliedstaatliche Interessen in den anderen Exportkonstellationen kaum beeinträchtigt werden – praktisch weitgehend *überflüssig*, was aus systematischer Sicht problematisch ist und sich nur schwer in die allgemeine Entscheidungspraxis des EuGH einfügt.[3746] Bis auf die Bereichsausnahmen für die Ausübung öffentlicher Gewalt – diese belegen, dass dem

---

[3744] S. umf. m. w. N. zu den Ergebnissen der Konvergenzbetrachtung mit der Rspr. Art. 34 Alt. 2 AEUV b. Fn. 2967 ff.

[3745] Darüber hinaus belegt die Existenz von Rechtfertigungsgründen, dass eine Grundfreiheit auch durch eine Maßnahme beeinträchtigt werden kann, die zu einem Rechtsgebiet gehört, auf dem die Union über keine eigenen Kompetenzen verfügt, s. b. Fn. 887 f.

[3746] S. b. und in Fn. 1944. Vgl. für Produktionsregelungen *Davies*, CYELS 10 (2007/2008), 69 ff.

Primärrechtgeber bewusst war, dass die Grundfreiheiten grundsätzlich *gebietsübergreifend* wirken und dass ein Mittel wie das der Bereichsausnahme überhaupt zur Verfügung steht – werden die mitgliedstaatlichen Kompetenzen nur über das Instrument der Rechtfertigungsgründe geschützt.

b) (Relevanz des) Fehlen(s) einer Doppelregelung (dual burden)

In Bezug auf Produktionsregelungen tritt eine Doppelregulierung (dual burden) von Herkunfts- und Zielstaat (dual burden) kaum auf, was diese z. B. von der Mehrzahl der Produktregelungen unterscheidet.[3747] Wenn die Abwehr von Doppelregulierungen die Kontrolle von (exportstaatlichen wie zielstaatlichen) Beschränkungen legitimiert, könnte die Kontrolle von (exportstaatlichen) Produktionsregelungen nicht begründet werden. Produktionsregelungen werden praktisch ausnahmslos vom Herkunftsstaat und nicht vom Zielstaat erlassen, weshalb es hier nicht zu dual burden-Situationen kommt.

Zu einem (teilweise befürchteten[3748]) Regulierungsvakuum kommt es aber schon deshalb nicht, weil dem Exportstaat – bei Vorliegen eines legitimen Interesses – erlaubt wird, eine *verhältnismäßige* (Ersatz-)Regelung an die Stelle derjenigen zu setzen, die als Verletzung von Art. 35 Alt. 2 AEUV qualifiziert wurde.[3749] Zudem tritt an die Stelle der Herkunftsstaatsregelung eine Regelung des Zielstaates oder eines anderen Mitgliedstaates, auf die sich der Exporteur mithilfe des in Art. 35 Alt. 2 AEUV verkörperten Rechtswahlmechanismus beruft.

Auch bei Art. 34 Alt. 2 AEUV kommt es zudem nicht zwingend auf das Vorliegen einer dual burden an: Erstens verstoßen importstaatliche Diskriminierungen unabhängig von der Regulierung des Herkunftsstaates gegen Art. 34 Alt. 2 AEUV. In der Marktzugangsjudikatur des Gerichtshofs werden zudem auch Regelungen wie Einfuhr*verbote* oder sonstige Marktzugangs*versperrungen* als Beschränkung qualifiziert (vgl. jüngst *Berlington Hungary u. a.*[3750]), bei denen die Tatsache keine Rolle spielt, dass der Importeur ggf. *zusätzlich* (zur Regelung seines Herkunftsstaates) durch eine Regelung des Zielstaates belastet wird (und damit zwei Regelungen unterliegt). Der vor Doppelregulierungen schützende[3751] Anerkennungsgrundsatz, der darauf basiert, dass ein Produkt im Einklang mit der Herkunftsstaatsrechtsordnung

---

[3747] Nach *Roth* bestehe hier u. a. deshalb kein Bedürfnis nach einem strengen Test, vgl. *Roth*, ZHR 159 (1995), 78 (87); *ders.*, in: Tridimas/Nebbia, 33 (41): „[T]here is no need for any intensified judicial scrutiny."

[3748] Dies befürchtend *Snell/Andenas*, Int'l & Comp. Corp. L. J. 2 (2000), 361 (377).

[3749] In Ausnahmefällen könnte erwogen werden, es den Mitgliedstaaten zum Schutz ihrer Politiken zu erlauben, die gerügte Regelung für eine *begrenzte Zeit beizubehalten*, sodass sie genügend Zeit haben, eine neue verhältnismäßige Regelung zu erlassen.

[3750] S. b. Fn. 2685 ff.

[3751] S. b. Fn. 3002 ff.

hergestellt worden ist,[3752] stellt nur einen *Unterfall* des Marktzugangsmaßstabs dar. Eine die *Wirkung* der Maßnahme sowie den Schutz des *Einzelnen* in den Mittelpunkt stellende[3753] Betrachtungsweise (die der Rspr. zugrunde liegt) spricht dagegen, dass das Vorliegen einer dual burden den Grund dafür darstellt, dass eine Maßnahme vom EuGH als Grundfreiheitenverletzung qualifiziert wird. *Verschiedene* Umstände können für eine (nach Auffassung des EuGH) grundfreiheitenverletzende Behinderung der Importeurstätigkeit ursächlich sein. Wird ein bestimmtes Produkt vonseiten des Herkunftsstaates z. B. *extrem niedrigen* Produktstandards unterworfen, die nicht von denjenigen des Importstaates abweichen, besteht zwar *formal* eine dual burden, diese ist aber für den Absatz des Produktes *irrelevant*. Sofern nun darauf abgestellt wird, dass sich der Importeur auf die heimische Rechtsordnung „eingestellt" hat und ihm durch den Export *Anpassungskosten* entstehen, ist wiederum auf Fälle einer Marktzugangs*versperrung* hinzuweisen, bei denen sich nicht die Kosten der *Anpassung* (an die Zielstaatsrechtsordnung) behindernd auswirken, sondern die des Verschließens der Zielstaatsrechtsordnung, und zwar *unabhängig* von der Abweichung von der Herkunftsstaatsrechtsordnung. Der Marktzugang – so wie ihn der EuGH konzeptionalisiert hat – kann aber auch durch Wettbewerbsungleichheiten und damit unabhängig von einer dual burden behindert werden.

Auch die Auslegung der *Herkunftsstaatsdimension* der Grundfreiheiten durch den EuGH kann nicht durch ein dual burden-Konzept erklärt werden: In Fällen wie *ARD*[3754], *Bosman*[3755], *Gourmet*[3756], *Mary Carpenter*[3757] oder *Berlington Hungary u. a.*[3758] wirkt sich allein die Belastung des Herkunftsstaates aus, nicht eine etwaige Kumulierung von Regulierungen.

Zudem würde die Voraussetzung einer dual burden gegen das binnenmarktliche Wettbewerbsgleichheitsgebot verstoßen. Im Ergebnis kann das Fehlen einer dual burden – auch aus Sicht der Grundfreiheitenjudikatur – nicht entscheidend sein für die Qualifizierung (wettbewerbsbenachteiligender) Produktionsregelungen am Maßstab von Art. 35 Alt. 2 AEUV.[3759]

[3752] S. b. Fn. 2988 ff.

[3753] Gemeint ist eine Betrachtungsweise, die den Schutz des grenzüberschreitend wirtschaftenden Individuums in den Mittelpunkt stellt.

[3754] S. b. Fn. 2590 ff.

[3755] S. b. Fn. 2724 ff.

[3756] S. b. Fn. 2606 ff.

[3757] S. b. Fn. 2633 ff.

[3758] S. b. Fn. 2685 ff.

[3759] Krit. zum dual burden-Argument auch *Mojzesowicz*, 102 f.; a.A. *Roth*, in: Tridimas/Nebbia, 33 (41).

c) Widerspruch zu den Kriterien der Spezifität und Konnexität?

Fraglich ist, ob die Begründung für die Einbeziehung von Produktionsregelungen in den Maßstab rechtlicher Wettbewerbsgleichheit mit den Kriterien der *Spezifität* und *Konnexität* (und deren Begründung) vereinbar ist, auf deren Grundlage ja ebenfalls bestimmte Gebiete vom Maßstab rechtlicher Wettbewerbsgleichheit ausgeklammert wurden. Oben wurde insbesondere argumentiert, dass eine Ausklammerung von Produktionsregelungen dem grundsätzlichen *Wirkungsbezug* der Grundfreiheiten widersprechen würde und mit der allgemeinen Systemfremdheit von *Gebietsausnahmen* unvereinbar wäre. Es erscheint fraglich, ob nicht dasselbe in Bezug auf die Gebiete behauptet werden kann, die wegen fehlender Spezifität und Konnexität ausgeklammert wurden.

Bei den (im Wege der Spezifität und Konnexität) ausgeklammerten Gebieten handelt es sich allerdings entweder um *extrem weit* vom Schutzsubstrat des Art. 35 AEUV entfernte Regelungen oder um Maßnahmen, die mit Blick auf den Integrationskonsens besonders schädlich sind. Nun könnte gefragt werden, ob diese Grenzen nicht mehr oder weniger „willkürlich" gesetzt sind und ob die Gründe z. B. für die Ausklammerung von Vorfeldregelungen nicht auch auf Produktionsregelungen zutreffen. Zuzugeben ist, dass die Ziehung der letztendlichen *exakten* Grenze nicht freigesprochen werden kann von *subjektiven Wertungen* und einen zumindest teilweisen *dezisionistischen* Charakter besitzt. Doch wurde sich hier auf mehrere *objektive* Anhalte gestützt, die die Subjektivität dieser Grenzziehung erheblich abschwächen (und auf die bereits im Kontext der Spezifität und Konnexität eingegangen wurde[3760]). Dabei bildet vor allem der *Grenzübertritt* (der Ware) als „Nukleus" der Warenverkehrsfreiheit einen wichtigen *Orientierungs-*, *Vergleichs-* und *Startpunkt* – auch für Übertragungen und Analogien innerhalb der Grundfreiheiten*rechtsprechung*.[3761] Mit Blick auf die im Wege der Spezifität ausgeklammerten Gebiete konnte sich des Weiteren auf verschiedene konkrete *systematische* Anhalte berufen werden.

3. Schlussfolgerungen

Aus dem Gesagten folgt, dass es erstens – anders als bei Produktregelungen – *Rechtfertigungsmöglichkeiten* geben muss, um die Interessen der drittbetroffenen Herkunftsbevölkerung zu schützen. Zweitens sollte den Unternehmen grundsätzlich die Möglichkeit offenstehen, die sie im Wettbewerb benachteiligenden Regelungen zu identifizieren und ein Kontrollverfahren vor den Gerichten einzuleiten (was bedeutet, dass Produktionsregelungen eine

[3760] S. umf. b. Fn. 3540 ff.

[3761] S. b. Fn. 3559 ff.

Beeinträchtigung darstellen können sollten).[3762] Der Wettbewerbsgleichheits-Rechtswahlmechanismus gilt grundsätzlich auch für die Fallgruppe der Produktionsregelungen. In der Praxis wird er in Bezug auf Produktionsregelungen meist „nur" dazu führen, dass herkunftsstaatliche Produktionsregelungen auf ein *verhältnismäßiges Maß* „zurückgestutzt" werden. Zu einer Rechtswahl kommt es nur, wenn die jeweilige Regelung sich als unverhältnismäßig erweist.

Sodann muss den Mitgliedstaaten im Rahmen der Verhältnismäßigkeit drittens die Möglichkeit offenstehen, zu *unterschiedlichen* Lösungsvorschlägen zu gelangen, es darf also nicht nur eine „einzig richtige" Entscheidung geben, sondern es müssen verschiedene Lösungen als zulässig anerkannt werden, wodurch die Mitgliedstaaten ihrerseits den demokratischen Präferenzen ihrer Bevölkerung bestmöglich gerecht werden können und sich der fachbezogenen Problemlösungskompetenz staatlicher Stellen bedient werden kann. Dies muss sowohl für die Höhe des Schutzniveaus gelten als auch für Prognosefragen im Rahmen der Geeignetheit.[3763]

Aufgrund der *grundsätzlichen Legitimität* von Regulierungen des Produktionssektors (die in der Betroffenheit Dritter gründet) sollte es wegen der mit der Grundfreiheitenprüfung einhergehenden Kosten viertens den *Unternehmen* aufgebürdet werden, die Unverhältnismäßigkeit einer Regelung *glaubhaft* zu machen. Es sollte also der Grundsatz durchbrochen werden, dass der Grundfreiheitsberechtigte das Vorliegen einer *Beeinträchtigung* darzulegen und zu beweisen hat und der Mitgliedstaat dann umfänglich das Vorliegen eines *Rechtfertigungsgrundes* darlegen und beweisen muss.[3764] Hierdurch wird die *Kostenlast* der Verhältnismäßigkeitsprüfung zum Teil von den Mitgliedstaaten auf die Unternehmen verlagert und die überlegene ökonomische Ratio der Unternehmen genutzt, die dann beurteilen müssen, ob sich der Kostenaufwand für die Glaubhaftmachung der Unverhältnismäßigkeit der Regelung angesichts des möglichen Nutzens einer Rechtswahl „lohnt". Es gilt dann eine „widerlegliche Vermutung" der Geeignetheit und Erforderlichkeit von (spürbar wettbewerbsbenachteiligenden) Produktionsregelungen, die „erschüttert" werden muss. Die Mitgliedstaaten sollten dann aber im Vorfeld zur *Kooperation* verpflichtet sein, damit diese „Glaubhaftmachungslast" nicht zur unübersteigbaren Hürde wird. Sie müssten den Unternehmen also etwaige den Regelungen zugrunde liegende Informationen, Analysen und wissenschaftliche Untersuchungen zur Verfügung stellen. Die tatsächlichen Kosten für die Herausgabe der Informationen können sie den Unternehmen *in Rechnung* stellen (die diese Kosten ebenfalls in ihr [überlegenes] dezentrales Kal-

[3762] In der Folge wäre auch die Kommission berechtigt, ein Vertragsverletzungsverfahren einzuleiten.
[3763] Vgl. *Valta*, 446.
[3764] Vgl. *Valta*, 442 ff.

kül einstellen können). Wenn den Exporteuren die Glaubhaftmachung gelingt, trifft die Mitgliedstaaten die Pflicht, das Vorbringen der Exporteure zu *entkräften*. Ansonsten liegt eine Grundfreiheitenverletzung vor.

Die Mitgliedstaaten müssen jedoch zumindest darlegen, welches *legitime Ziel* sie mit der jeweiligen Regelung (angeblich) verfolgen (was aber keine „verkappte" Geeignetheitsprüfung darstellen darf). Dies ermöglicht den Unternehmen die Widerlegung der Vermutung der Geeignetheit und Erforderlichkeit. Gleichzeitig sind die hiermit einhergehenden Kosten *gering*.

Oben wurde bereits mehrfach festgestellt, dass die besonders kompetenzinvasive, in hohem Maße legitimationsbedürftige und dem Integrationskonsens grundsätzlich abträgliche *dritte* Teilprüfung der Verhältnismäßigkeit (die Verhältnismäßigkeit im *engeren* Sinne) wegfallen sollte in Bezug auf Konstellationen (wie Produktionsregelungen), in denen es im Grundsatz um herkunftsstaatliche Drittinteressen geht.[3765]

4. Überblick über den „Produktionsregelungstest"

Welche Maßnahmen am Maßstab rechtlicher Wettbewerbsgleichheit zu messen sind und einem „Produktionsregelungstest" unterzogen werden sollten, wurde bereits dargestellt.[3766] Nachfolgend werden nur die (von der allgemeinen Grundfreiheitenprüfung und vom oben dargestellten Wettbewerbsgleichheits-Rechtswahlmechanismus abweichenden) *Besonderheiten* einer Produktionsregelungsprüfung behandelt.

Auf der Tatbestandsebene ist zu fordern, dass die durch Produktionsregelungen bewirkte Wettbewerbsungleichheit *spürbar*[3767] ist (d. h. der sich auf Art. 35 Alt. 2 AEUV berufende Exporteur muss glaubhaft machen, dass eine Maßnahme ihm gegenüber eine wettbewerbsbenachteiligende Mindestbelastung entfaltet hat oder mit hinreichender Eintrittswahrscheinlichkeit entfalten wird). Mit Blick auf den besonderen Fall der *Förderung natürlicher Ressourcen* gilt, dass die Maßnahme nicht nur „Abbauspezifität" aufweisen, sondern sich auch als besonders gravierender Eingriff in die Wettbewerbsgleichheit erweisen, d. h. wirtschaftlich einem *Verbot* gleichkommen muss (das [so] nicht im Zielstaat existiert).[3768]

Die Rechtfertigungsprüfung ist mehrfach abgeschwächt: Die Mitgliedstaaten können unterschiedlich hohe Schutzniveaus festlegen.[3769] Sie dürfen eine Maßnahme zudem auch dann erlassen, wenn die Wissenschaft zu umstrittenen Ergebnissen in Bezug auf deren Geeignetheit gelangt. Die Exporteure

---

[3765] S. n. Fn. 2155, vor Fn. 2296 und b. Fn. 3452.

[3766] S. b. Fn. 3726 ff.

[3767] S. umf. b. Fn. 3611 ff. Praktisch *kostenneutrale* Modifikationsanforderungen an den Produktionsprozess sind demnach ebenfalls unbeachtlich.

[3768] S. zur Behandlung echter, *rechtlicher* Förderverbote vor Fn. 3604.

[3769] S. b. Fn. 3763.

tragen (in Abweichung von der allgemeinen Grundfreiheitendogmatik) die Last, die fehlende Eignung und Erforderlichkeit einer Maßnahme *glaubhaft* zu machen bzw. müssen sie die *generelle Vermutung* erschüttern, dass eine Produktionsregelung geeignet und erforderlich ist. Sie müssen dies allerdings nicht *beweisen*. Die Mitgliedstaaten sind den Exporteuren bei deren Nachweisanstrengungen zur *Kooperation* verpflichtet, wobei sie den Exporteuren die tatsächlich anfallenden Kosten dieser Kooperation in *Rechnung* stellen dürfen.[3770] Die Mitgliedstaaten müssen aber zumindest darlegen, *dass* sie ein legitimes Ziel verfolgen und *welches* dies ist. Gelingt den Exporteuren eine Glaubhaftmachung des Fehlens von Geeignetheit und/oder Erforderlichkeit einer Maßnahme, stehen die Mitgliedstaaten in der Pflicht, das Vorbringen der Exporteure zu *entkräften*. Andernfalls liegt eine Grundfreiheitenverletzung vor. Schließlich *fällt* die dritte Prüfungsstufe der Verhältnismäßigkeit (Angemessenheit) *weg*.[3771]

II. (Formale) Produktregelungen[3772]

Weitaus weniger problematisch (als die Fallgruppe der Produktionsregelungen) ist die Fallgruppe der Produktregelungen. Diese sind unter Zugrundelegung der im Auslegungsteil beleuchteten Prämissen eindeutig und ausnahmslos dem Wettbewerbsgleichheits-Rechtswahlmechanismus zu unterstellen. Zu der Fallgruppe der (formalen) Produktregelungen gehören nicht nur Regelungen, die einen Vertrieb für den Exporthandel in die EU nur erlauben, wenn ein Produkt bestimmte Eigenschaften besitzt (produktbezogene Vermarktungsregelung), sondern auch auf der *Produktionsebene* ansetzende Regelungen, die die Produkteigenschaften formal festlegen.[3773] Verpackungs- und Kennzeichnungsvorschriften fallen ebenfalls unter die Gruppe der Produktregelungen. Dagegen werden sich „bloß" auf die Eigenschaften eines Produktes *auswirkende* Regelungen, die diese nicht auf der Produktions- oder Vertriebsebene *formal* normieren, an späterer Stelle diskutiert (und im Ergebnis wie Produktionsregelungen behandelt).[3774] Dieser Formalitätsbezug führt zu einer erheblichen (aber aufgrund der starken Kompetenzbetroffenheit einer Verhältnismäßigkeitsprüfung notwendigen) Eingrenzung der Fallgruppe der Produktregelungen. Wenn der *Zielstaat* nicht in der Lage ist, seine Produkt-

---

[3770] S. b. Fn. 3764.

[3771] S. b. Fn. 3765 m. w. N.

[3772] Um eine nach Auffassung des EuGH in den Anwendungsbereich von Art. 35 Alt. 2 AEUV fallende Produktregelung ging es in Rs. *Kaasfabriek Eyssen* (Fn. 316). Parallel zu *Kaasfabriek* war die Rs. *Smanor* (Fn. 345) gelagert (obwohl der EuGH hier anders judizierte). Um den Normalfall einer Produktregelung ging es in *Jongeneel Kaas* (Fn. 400).

[3773] S. zu Produktions-, Abbau- und Handels*verboten* b. Fn. 3803 ff.

[3774] S. zu dieser Fallgruppe umf. b. Fn. 3812 ff.

regelungen durchzusetzen und dies etwa auf der Produktionsebene tun muss, kann er sich mit dem Herkunftsstaat ins Benehmen setzen. Letzterer kann sich gegenüber seinen Exporteuren dann auf einen vom Zielstaat *abgeleiteten* Rechtfertigungsgrund berufen, der dann inhaltlich den Maßstäben des Art. *34* Alt. 2 AEUV folgt.

1. Begründung

Auch in Bezug auf Produktregelungen sei im Wesentlichen auf die über die Arbeit verteilten Untersuchungen verwiesen und nur die zentrale Begründung für eine Kontrolle von Produktregelungen hervorgehoben: Dass Produktregelungen so scharf kontrolliert (und die Definition einer Produktregelung so eng gefasst) werden, ist nicht in einer besonders starken Binnenmarktbetroffenheit begründet – diese ist bei Produktionsregelungen nach hiesiger Auffassung genauso gegeben –, sondern in der grundsätzlich nicht gegebenen Betroffenheit der *mitgliedstaatlichen Kompetenzen* des Herkunftsstaates, wohingegen bei Produktionsregelungen mit Blick auf den Produktionsprozess sehr häufig legitime herkunftsstaatliche Drittinteressen betroffen sind. Es wird hier daher kaum zu einer (ja mit verschiedenen strukturellen Nachteilen behafteten) Verhältnismäßigkeits- und Rechtfertigungsprüfung kommen, sondern meist nur zur (auf der Tatbestandsebene angesiedelten) Rechtswahl.[3775] Die oben bereits zur Vorzugswürdigkeit des Wettbewerbsgleichheits-Rechtswahlmechanismus getätigten Überlegungen[3776] besitzen hier demnach volle Gültigkeit, sodass es einer fallgruppenspezifischen Argumentation nicht bedarf. Wenn eine Kontrolle von (unterschiedslosen) *zielstaatlichen* Produktregelungen (am Maßstab von Art. 34 Alt. 2 AEUV) befürwortet wird, gilt dies aus kompetenzieller Sicht *erst recht* für Produktregelungen des Herkunftsstaates der Ware: Denn während dem Binnenmarktziel sowohl Produktregelungen des Herkunfts- als auch des Zielstaates abträglich sind,

---

[3775] Ausnahmen bestehen z. B. in Bezug auf herkunftsstaatliche Maßnahmen, die sicherstellen, dass für den Export bestimmte Produkte nicht doch *unzulässigerweise auf dem Inlandsmarkt* vertrieben werden, etwa durch *Kennzeichnungsvorschriften* (s. hierzu b. Fn. 1930). Auch sonst sind Kennzeichnungsregelungen erlaubt, und zwar unabhängig davon, ob mit ihnen der Schutz des guten Rufes der heimischen Exportwirtschaft angestrebt wird (und dieses Anliegen als legitim bewertet wird), s. b. Fn. 4227 ff. (Bestimmte Voraussetzungen erfüllende) Kennzeichnungsregelungen effektuieren den Wettbewerbsgleichheits-Rechtswahlmechanismus sogar.

[3776] S. zu den Auswirkungen einer extensiven Auslegung von Art. 35 Alt. 2 AEUV auf den Rechtssystemwettbewerb und den allgemeinen funktionalen Wirkungen b. Fn. 1176 ff. (wobei die auf die Rechtfertigung und die Verhältnismäßigkeit bezogenen Ausführungen in den Fn. 1217 ff. bei [den herkunftsstaatliche Drittinteressen nicht berührenden] Produktregelungen unbeachtlich sind). S. zu den Überlegungen, inwiefern der Rechtswahlmechanismus in den einzelnen denkbaren Konstellationen konkret zu mehr Wettbewerbsgleichheit führt b. Fn. 1889 ff.

greift in der Regel nur eine Kontrolle *zielstaatlicher* Produktregelungen in mitgliedstaatliche Kompetenzinteressen ein (nämlich in die des Zielstaates). Denn zielstaatliche Abnehmer und Verbraucher kommen in Kontakt mit den importierten Waren. Exportstaatliche Verbraucher kommen mit den exportierten Waren dagegen nicht in Kontakt (mit Blick auf die hier befürwortete *strenge* Handhabung des Grenzübertrittskriteriums). Aus dieser kompetenzabschichtenden Perspektive spricht sogar *mehr* für eine Beschränkungsverbotsauslegung von Art. *35* Alt. 2 AEUV als für eine von Art. *34* Alt. 2 AEUV.[3777]

2. Anwendungsreichweite und besonders gelagerte Konstellationen

a) Produktregelungen stets Spezifität, Spürbarkeit und Konnexität aufweisend

Der Wettbewerbsgleichheits-Rechtswahlmechanismus kann sich (in Bezug auf Produktregelungen) nur dann voll entfalten, wenn hier keine *spürbare* Wettbewerbsbenachteiligung gefordert wird (bzw. hier von einer stets gegebenen *normativen* Spürbarkeit ausgegangen wird). Denn erst dann ist sichergestellt (wie bereits begründet wurde[3778]), dass eine Rechtswahl schon bei bloßen *Rechtsunterschieden* möglich ist. Ansonsten würde die Rechtswahl von der Spürbarkeit der herkunftsstaatlichen Regelung abhängen. Produktregelungen weisen mit Blick auf den engen thematischen Bezug zur Warenausfuhr und der Nichtbetroffenheit der mitgliedstaatlichen Kompetenzen *stets* Spezifität[3779] und Konnexität[3780] auf. Die Verhältnismäßigkeitsprüfung (die praktisch nicht durchgeführt werden muss, weil es um zielstaatliche Interessen geht) ist *nicht* zu modifizieren.

b) Überblick über besonders gelagerte Fälle

Mit Blick auf besonders gelagerte Fälle kann weitestgehend auf die bereits im Rahmen der konkreten Wettbewerbsgleichheitsanalyse[3781] und im Kontext des Anerkennungsgrundsatzes gewonnenen Ergebnisse[3782] verwiesen werden: Exporteure können keine *totale* Freistellung, d. h. keine Abwehr der Produktregelungen des Herkunftsstaates *und* des Zielstaates verlangen, sondern besitzen „nur" ein *Wahl*recht. Sie können auch die Rechtsordnung eines dritten

[3777] Schließlich spricht für eine Kontrolle von (exportstaatlichen) Produktregelungen auch eine konkrete und eine abstrakte Konvergenzbetrachtung (mit Blick auf Art. 34 Alt. 2 AEUV und die Grundfreiheiten insgesamt), s. speziell zur Spiegelung des Anerkennungsgrundsatzes des Art. 34 Alt. 2 AEUV auf Art. 35 Alt. 2 AEUV b. Fn. 3015 ff.

[3778] Dies wurde bereits oben begründet, s. b. Fn. 3629.

[3779] S. b. Fn. 3576.

[3780] S. b. Fn. 3569.

[3781] S. b. Fn. 1900 ff.

[3782] S. b. Fn. 2988 ff. (auch zu Folgefragen im Zusammenhang mit Art. 34 Alt. 2 AEUV).

Mitgliedstaates (als potenzielle „Konkurrenzexportrechtsordnung") wählen (d. h. ihre Waren nach den Vorschriften eines anderen Mitgliedstaates herstellen).[3783] Wenn ein Importstaat eingeführte Waren von seinen Produktstandards im Wege einer Anerkennungsklausel ausnimmt, ändert dies nichts daran, dass der Exporteur gegenüber seinem Herkunftsstaat verlangen kann, nach den Zielstaatsstandards oder nach den Standards eines dritten Mitgliedstaates herstellen zu dürfen.[3784] Sofern sowohl die Herkunftsstaatsrechtsordnung als auch die Zielstaatsrechtsordnung Export- bzw. Importwaren von ihren für den Inlandsvertrieb geltenden Vorschriften ausnehmen (worin eine Binnenmarktaufspaltung und Wettbewerbsungleichheit zu sehen ist), besitzt der Exporteur vollständige *Freiheit* darüber, wie er sein Produkt gestalten möchte.[3785] Der Exporteur kann sich nicht (unter Berufung auf das Gebot rechtlicher Wettbewerbsgleichheit[3786]) gegen herkunftsstaatliche Produktregelungen wehren, die mit denen im Zielstaat *identisch* sind. In diesem Fall kann er aber verlangen, nach den Produktregelungen eines *dritten* Mitgliedstaates herzustellen.

c) Bindung an Inlandsstandards für den Vertrieb im Herkunftsstaat (Kaasfabriek Eyssen; Smanor) *sowie Reimporte*

Der Verlust von Massenproduktionsvorteilen durch die Bindung an Inlandsstandards für den Inlandsvertrieb im Herkunftsstaat genügt aus Wertungsgründen[3787] trotz der damit verbundenen Wettbewerbsungleichheiten *für den Warenexport*[3788] nicht, um die für den *Inlandsvertrieb* geltenden Produktstandards gem. Art. 35 Alt. 2 AEUV abwählen zu können. In der Rs. *Kaasfabriek Eyssen*[3789] hätte der EuGH daher ebenso wie in der Rs. *Smanor*[3790] klarstellen sollen, dass Art. 35 Alt. 2 AEUV durch die für den Inlandsvertrieb geltenden Produktstandards nicht verletzt wird.[3791] Konkret war somit in *Kaasfabriek Eyssen* keine Maßnahme gleicher Wirkung wie eine mengenmäßige Ausfuhrbeschränkung darin zu sehen, dass niederländische Schmelzkäsehersteller ihrem in den Niederlanden abgesetzten Schmelzkäse kein Nisin zufügen durften. Der mögliche Verlust von Größenvorteilen, der darin liegt, dass der in den Niederlanden und im EU-Ausland verkaufte Schmelzkäse der niederlän-

---

[3783] S. b. Fn. 3678 ff. m. w. N.

[3784] S. b. Fn. 1905. S. zum umgekehrten Fall – also einer Berufung auf Art. 34 Alt. 2 AEUV, obwohl der Herkunftsstaat exportierte Produkte freistellt – b. Fn. 1901 ff.

[3785] S. b. Fn. 1906.

[3786] Etwas anderes kann freilich gelten mit Blick auf das Verbot faktischer und rechtlicher Diskriminierung und das Gebot faktischer Wettbewerbsgleichheit.

[3787] S. b. Fn. 1915 ff.

[3788] S. b. Fn. 1912 ff.

[3789] EuGH (Fn. 316).

[3790] S. b. Fn. 345 ff.

[3791] S. zu parallel gelagerten Vermarktungsfällen b. Fn. 3853 ff.

dischen Schmelzkäsehersteller nicht *einheitlich* mit Nisin versetzt werden konnte, ist somit unschädlich (im Lichte der hiesigen Interpretation von Art. 35 Alt. 2 AEUV). Gleiches gilt im Fall *Smanor*: Dass das Unternehmen *Smanor* in Frankreich produzierte, aber nicht tiefgekühlte und nicht frische Milchprodukte zwar im EU-Ausland, aber nicht in Frankreich unter der Bezeichnung „Joghurt" verkaufen konnte, stellt keine Maßnahme gleicher Wirkung im Sinne von Art. 35 Alt. 2 AEUV dar (mit Blick auf den Verlust an Größenvorteilen, der daraus resultiert).[3792]

Die Mitgliedstaaten sind des Weiteren (sowohl) in ihrer Funktion (als Importstaaten als auch in ihrer Funktion) als Exportstaaten berechtigt, ihre Produktstandards auf *Reimportwaren* anzuwenden.[3793]

d) Befreiung von heimischen Produktstandards nur bei tatsächlichem Export

Von den herkunftsstaatlichen Produktstandards ist nur eine Befreiung in Bezug auf *tatsächlich* exportierte oder für den Export bestimmte, aber nicht in den Inlandsverkehr gelangte Waren möglich. Es ist auch erlaubt, eine nicht nach herkunftsstaatlichen Produktstandards hergestellte Ware an Zwischenhändler zu vertreiben, die sie exportieren (aber nicht nutzen dürfen). In Bezug auf nur möglicherweise exportierte Waren kann sich nicht auf Art. 35 Alt. 2 AEUV berufen werden. Denn in Bezug auf solche Waren ist das Grenzübertrittskriterium nicht erfüllt. Entweder wird eine (unter Berufung auf Art. 35 Alt. 2 AEUV hergestellte) Ware exportiert oder sie muss im Inland gelagert werden (und ist mit einem Verbot des Verkaufs im Inland belegt).[3794]

3. Faktische Wettbewerbsungleichheiten im Zusammenhang mit unterschiedlichen Produkten

Das Gebot faktischer Wettbewerbsgleichheit gilt auch für Produktregelungen: Speziell kann der Fall auftreten, dass ein ganz bestimmtes Produkt im Ziel- und Herkunftsstaat verboten oder mit nachteiligen Regulierungsanforderungen belastet ist und dass dieses Produkt hauptsächlich exportiert bzw. importiert wird und ein *ähnliches* oder *vergleichbares* Produkt im Importstaat nicht diesen Anforderungen bzw. diesem Verbot unterliegt. In einem solchen Fall besteht für die Exporteure zwar rechtliche Wettbewerbsgleichheit, aber keine

---

[3792] Keine durchgreifende Erwägung ist auch die Möglichkeit, die Milcherzeugnisse unter einer anderen Bezeichnung in den Verkehr zu bringen, s. in Fn. 354.

[3793] S. hierzu umf. b. Fn. 1918 ff.

[3794] S. umf. zum Grenzübertrittskriterium b. Fn. 3705 ff. Gemildert wird dieser Umstand durch die Möglichkeit nach den Herkunftslandstandards herzustellen und die Ware später – je nach Nachfragesituation – nach den Herkunftslandstandards in einen anderen Mitgliedstaat gem. Art. 34 Alt. 2 AEUV einzuführen, s. hierzu b. Fn. 1901 ff. S. zu weiteren Folgerungen in Bezug auf Produktregelungen im Rahmen von Art. 34 Alt. 2 AEUV b. Fn. 2988 ff.

faktische.[3795] Mit Blick auf das im Vergleich zu faktischen Diskriminierungen[3796] stärkere systematisch-teleologische Fundament des Gebots faktischer Wettbewerbsgleichheit erscheint es angemessen, von einer faktischen Wettbewerbsungleichheit auszugehen, wenn das als ungleich behandelt gerügte Produkt im Zielstaat zu *über 60 %* (statt 75 %) importiert wird.[3797] Wie bereits oben festgestellt,[3798] wird das Verbot faktischer Wettbewerbsungleichheit aber in der Praxis *kaum* eine Rolle spielen, da in dem Moment, in dem eine faktische Wettbewerbsungleichheit besteht, auch eine faktische Zielstaatendiskriminierung vorliegt, die über Art. 34 Alt. 2 AEUV gerügt werden kann. Sobald dieser zielstaatlichen Diskriminierung abgeholfen ist, kann sich auf das Gebot *rechtlicher* Wettbewerbsgleichheit gestützt werden. Da ohne erfolgreiche Berufung auf Art. 34 Alt. 2 AEUV somit ein Erfolg im Ergebnis nicht möglich sein wird, geht es zuvorderst um die (gem. Art. 34 Alt. 2 AEUV abwehrbare) Maßnahme des *Zielstaates*.

4. Die Behandlung von Produktregelungen am Beispiel der Rs. Jongeneel Kaas[3799]

Gemäß der hier vertretenen Auslegung von Art. 35 Alt. 2 AEUV hätte es den niederländischen Käseproduzenten in *Jongeneel Kaas* (entgegen der Auffassung des EuGH) erlaubt werden müssen, ihren anschließend exportierten Käse mit Eigenschaften zu versehen, die zwar im Import- aber nicht im Exportstaat (den Niederlanden) erlaubt waren.[3800] Sie hätten ihrem exportierten Käse also z. B. – entsprechend der damaligen britischen Rechtslage[3801] – 1 % weniger Fett zusetzen dürfen. Legitime herkunftsstaatliche Interessen, die die Produktvorgaben hätten rechtfertigen können, sind nicht ersichtlich.[3802]

[3795] S. zu faktischen Wettbewerbsungleichheiten b. Fn. 3699 ff.

[3796] S. n. Fn. 3652 ff.

[3797] Dies sei an folgendem Beispiel illustriert: Die Nachfrage nach Produkt P im Staat A wird zu 70 % über Importprodukte und nur zu 30 % über Inlandsprodukte befriedigt. Die Nachfrage nach dem damit vergleichbaren Produkt R hingegen wird zu 70 % über Inlandswaren und nur zu 30 % über Importwaren gedeckt. Folglich besteht nach hiesiger Auffassung in dieser Konstellation eine faktische Wettbewerbsungleichheit.

[3798] S. n. Fn. 3703.

[3799] EuGH (Fn. 105) – *Jongeneel Kaas*; s. zur Fallbesprechung b. Fn. 400 ff.

[3800] Vgl. *Füller*, 260.

[3801] S. b. Fn. 402.

[3802] Dies gilt insbesondere für den Schutz des guten Rufes, s. umf. (zur grundsätzlichen Illegitimität dieses Schutzziels) b. Fn. 4116 ff. Die (nach hiesiger Auffassung ja als Produktregelung einzuordnenden) Vorschriften bezüglich der *Produktkennzeichnung* würden ebenfalls eine Beeinträchtigung von Art. 35 Alt. 2 AEUV darstellen (sofern auch diesbezüglich eine rechtliche Wettbewerbsungleichheit vorgelegen hat [s. n. Fn. 402]). Auf der Rechtfertigungsebene sind die Kennzeichnungsregelungen jedoch (bei Einhaltung bestimmter Vorgaben [s. b. Fn. 1261 ff. und 4188 ff.]) als zulässig zu bewerten.

III. Problematische Abgrenzungsfälle

Nachdem nun auf die wertungsmäßig erheblichen Merkmale von Produkt- und Produktionsregelungen eingegangen wurde, kann im Folgenden diskutiert werden, wie die (bereits mehrfach angesprochenen[3803]) Regelungen zu behandeln sind, deren Einordnung als Produkt- oder Produktionsregelung Schwierigkeiten bereitet.[3804] Hierbei geht es um Produkteigenschaften beeinflussende Regelungen des Produktionsprozesses sowie um (ggf. bedingte) Produktions-, Abbau- und Handelsverbote. Es sei daran erinnert, dass diese Abgrenzung nicht darüber entscheidet, ob die genannten Regelungen *überhaupt* einem Test rechtlicher Wettbewerbsgleichheit unterzogen werden, sondern nur darüber, *welchem* (also dem Produktregelungstest ohne Spürbarkeitserfordernis mit unmodifizierter Verhältnismäßigkeitsprüfung oder dem Produktionsregelungstest mit Spürbarkeitserfordernis und modifizierter Verhältnismäßigkeitsprüfung).

Unter diese beiden Fallgruppen fallen *materiell* zwei Arten von Regelungen, nämlich solche, die die Wertungsmerkmale von *Produktionsregelungen* erfüllen (insbesondere *auch* dem Schutz legitimer herkunftsstaatlicher Interessen dienen), sowie solche, die den Wertungsmerkmalen von *Produktregelungen* genügen (und insbesondere nicht den Schutz legitimer herkunftsstaatlicher Interessen verfolgen). Bei der zuerst genannten Fallgruppe (den Produkteigenschaften beeinflussenden Regelungen des Produktionsprozesses) dürften diejenigen Fälle, die den Produktregelungen äquivalent sind, ungefähr *gleich häufig* sein wie die Fälle, die äquivalent sind zu Produktionsregelungen. Die zweitgenannte Fallgruppe (der Produktions-, Abbau- und Handelsverbote) dürfte dagegen häufiger, aber nicht immer Regelungen umfassen, die den *Produktionsregelungen* äquivalent sind.

Im Folgenden werden zunächst beide Fallgruppen behandelt und anhand von Beispielen veranschaulicht. Sodann werden das prüfungssystematisch komplexe Abgrenzungsproblem und die hier vorgeschlagene Lösung dargelegt.

1. (Bedingte) Produktions-, Abbau- und Handelsverbote

Zunächst ist auf die Situation von Produktions-, Abbau- und Handelsverboten einzugehen, also auf Regelungen, die die Herstellung, den Abbau und/oder den Handel bestimmter Produkte *verbieten*. Für eine Einordnung entsprechender Regelungen als Produktregelungen bzw. für deren Behandlung *wie*

[3803] S. u. a. b. Fn. 3735 f.

[3804] Wegen des Vorliegens von Konnexität und Spezifität ist dagegen klar und bedarf keiner Begründung, dass diese Regelungen *überhaupt* am Maßstab rechtlicher Wettbewerbsgleichheit gemessen werden.

Produktregelungen (wie dieser Vorgang *bezeichnet* wird,[3805] ist inhaltlich irrelevant) spricht erstens, dass sich diese Verbote auf die Nachfrager wie (ungünstige) formale Produktregelungen auswirken – oder sich sogar noch nachteiliger als (ungünstige) formale Produktregelungen auf die Nachfrager auswirken. Der Exporteur kann ein bestimmtes Produkt *überhaupt nicht* anbieten. Zweitens kann mit entsprechenden Verboten das Ziel verfolgt werden, Verbraucher vor gefährlichen oder mangelhaften Produkten zu schützen (was ein illegitimes Ziel wäre, da allein dem *Zielstaat* die Zuständigkeit für das Verbraucherschutzniveau im Zielstaat zufiele). In seltenen Fällen – wie in *Groenveld*[3806] – kann ein Produktionsverbot auch das Ziel verfolgen, den Ruf und damit den Absatz eines *anderen* Produktes zu verbessern (hierbei würde es sich um eine grundsätzlich illegitime industriepolitische Maßnahme handeln[3807] [erlaubt sind allein Kennzeichnungsregelungen]).

Produktions-, Abbau- und Handelsverbote können aber stattdessen oder auch *exportstaatlichen* Interessen dienen – dies dürfte auch der erheblich *häufigere* Grund für die Normierung von Produktions-, Abbau- und Handelsverboten sein: wenn z. B. versucht wird, die von der *Produktion* oder dem *Abbau* einer Ressource ausgehenden Gefahren für die Bevölkerung, die Flora und/oder die Fauna des Exportstaates abzuwenden.[3808] *Handelsverbote* werden wohl nur sehr selten den Interessen des *Herkunftsstaates* dienen (etwa wenn der Gebrauch eines Produktes im EU-Ausland so weitreichende Folgen hat, dass selbst das Inland betroffen ist, beispielsweise bei Umweltbeeinträchtigungen [z. B. durch den Gebrauch radioaktiver Materialien]). Kein Unterschied in der rechtlichen Behandlung ist in Fallkonstellationen zu machen, in denen das Produktions-, Abbau- oder Handelsverbot von der Erfüllung einer rechtlichen Bedingung abhängig ist wie bei *Zulassungs-* und *Genehmigungserfordernissen*. Hier gibt es keine wertungsmäßig erheblichen Unterschiede.

Ein Beispiel für ein *Handelsverbot* stellt etwa das Verbot des Ausführens von aus Tierfetten gewonnenen Futtermitteln für Wiederkäuer gem. § 18 II LFGB dar.[3809] Dieses könnte äquivalent zu einer Produktregelung liegen, wenn es ausschließlich dem Schutz der zielstaatlichen Verbraucher vor BSE-Gefahren dienen sollte. Andererseits erscheint es nicht völlig ausgeschlossen, dass ein BSE-Ausbruch im EU-Ausland Folgen auch für die Rinderzucht im Inland haben könnte (durch eine Ausbreitung der Erreger). Ein weiteres Bei-

---

[3805] Gemeint ist, dass es irrelevant ist, ob entsprechende Regelungen als Produktregelungen bezeichnet werden oder als Regelungen, die parallel liegen zu Produktregelungen und *wie* solche *behandelt* werden sollten.

[3806] EuGH (Fn. 51).

[3807] S. umf. (zur grundsätzlichen Illegitimität von Maßnahmen zum Schutz des guten Rufes) b. Fn. 4116 ff.

[3808] Um (legitime) exportstaatliche Interessen ging es auch bei den Dienstleistungsexportverboten in *ARD* und *Gourmet* (s. b. Fn. 2601 ff. und b. Fn. 2623 ff.).

[3809] S. hierzu vor Fn. 3601.

spiel für ein bedingtes Handelsverbot ist die Rs. *Kommission/Belgien*[3810], in der es um ein Genehmigungserfordernis für den Handel inklusive der Ausfuhr von Sende- sowie Sende- und Empfangsgeräten (von Radio- und Fernsehsendungen) ging. Die belgische Regierung rechtfertigte die Regelung damit, dass die Störungsfreiheit und Vertraulichkeit der Kommunikation staatlicher Organe im *Inland* (z. B. der Armee und der Polizei) gewährleistet werden sollte.[3811] Ob diese Regelung eher äquivalent ist zu einer Produkt- oder zu einer Produktionsregelung, hängt davon ab, ob auch im EU-Ausland betriebene Geräte die genannten inländischen Schutzgüter beeinträchtigen können. Für grenznahe Regionen dürfte dies zu bejahen sein, für weiter entfernte dagegen nicht.

Ein Beispiel für ein *Produktionsverbot*, das äquivalent ist zu einer Produktionsregelung, weil es die Interessen des Exportstaates zu befördern sucht, stellt etwa das Verbot der Inbetriebnahme von Kernkraftwerken in § 7 I 2 AtomG dar.

Ein *Abbauverbot*, das äquivalent ist zu einer Produktionsregelung, könnte etwa im Verbot des Abbaus von Steinkohle gesehen werden (etwa wegen der Gefahren, die für die in der Nähe der Abbaustelle lebenden Bevölkerung gegeben sind [z. B. mit Blick auf eine mögliche Verschmutzung des Grundwassers, wegen Abrutschgefahren für in der Nähe gebaute Gebäude oder wegen möglicher Störungen des Habitats von Tier- und/oder Pflanzenarten]).

Der häufigste Fall von (ausfuhrbezogenen) Produktions- und Handelsverboten dürfte darin liegen, dass es der Exportstaat *versäumt*, den Handel oder die Herstellung von Produkten, deren Verbrauch er mit Blick auf seine eigenen Bürger für bedenklich hält, in Bezug auf den Export vom Verbot auszunehmen.

2. Produkteigenschaften beeinflussende Regelungen des Produktionsprozesses

Fraglich ist, wie den Produktionsprozess modifizierende Regelungen zu behandeln sind, die sich auf die Eigenschaften eines Produktes *auswirken*, aber diese nicht *formal* normieren. Die Situation liegt hier aus Wertungssicht *parallel* zu der von Produktions-, Abbau- und Handelsverboten. Ebenso in diesem Fall können sowohl Regelungen aufgefunden werden, die zu sonstigen (sich nicht auf die Produkteigenschaften auswirkenden) *Produktionsregelungen* äquivalent sind, als auch Regelungen, die äquivalent sind zu *Produktregelungen*. Die Zielsetzungen, die mit entsprechenden Regelungen verfolgt werden, sind ebenfalls dieselben: Einerseits geht es – wie bei (formalen) Produktregelungen – entweder um (illegitime) *industriepolitische* Vorgaben betreffend die Produktionsweise, mit denen z. B. sichergestellt werden soll,

[3810] EuGH (Fn. 426).
[3811] EuGH (Fn. 426), Rn. 11.

dass ein exportiertes Produkt hohe Vertriebschancen hat, oder um (illegitime) Regelungen, die den Schutz *zielstaatlicher* Interessen zum Ziel haben, insbesondere den Schutz (z. B. der Gesundheit) der zielstaatlichen *Verbraucher*. Bei Regelungen, die äquivalent sind zu (sonstigen) Produktionsregelungen, geht es um Vorgaben, die durch eine bestimmte Produktionsweise z. B. die Umwelt des Exportstaates oder die Gesundheit der herkunftsstaatlichen Bevölkerung schützen sollen.

Ein Beispiel für eine sich auf die Produkteigenschaften auswirkende Regelung des Produktionsprozesses, die äquivalent ist zu einer Produktregelung, würde z. B. eine Abwandlung der Regelung in *Groenveld* darstellen, wenn das dortige Produktionsverbot für Pferdefleisch durch die Maßgabe ausgetauscht würde, Pferdefleisch nicht in Fabriken herzustellen, in denen *zugleich* für den Export bestimmtes *Schweine-* und *Rindfleisch* produziert wird. Der Prozess wird hierdurch modifiziert, aber das Ziel dieser (industriepolitischen) Maßnahme – die Förderung des Absatzes exportierter Produkte – ist grundsätzlich illegitim.[3812] Ein anderes Beispiel wäre die Festsetzung einer bestimmten Reihenfolge oder eines bestimmten Ablaufs von Produktionsschritten, der sicherstellen soll, dass das Produkt möglichst hochwertig ist oder zumindest diesen Ruf erwerben soll (z. B. bei Nahrungsmitteln).

Ein Beispiel für eine sich auf die Produkteigenschaften auswirkende Regelung des Produktionsprozesses, die die materiellen Merkmale von Produktionsregelungen besitzt, könnte im bereits behandelten[3813] Verbot des Verfütterns von Tierfetten an Wiederkäuer gesehen werden: Sofern angenommen würde, dass das Verbot tatsächlich das BSE-Risiko gesenkt hätte (was widerlegt wurde[3814]), könnte argumentiert werden, dass das Risiko, dass für den *Inlandsvertrieb* des Exportstaates bestimmte Rinder an BSE erkranken, durch eine Verfütterung an für den *Export* bestimmte Rinder erhöht wird, weil mögliche Erreger auf andere Rinderherden (die zu Rindfleisch für den *Inlandsmarkt* verarbeitet werden) übergreifen. Denn beide Rindergruppen – die exportierten wie die im Inland vertriebenen – werden ja dann *im Exportstaat* gezüchtet und gehalten, woraus eine Übertragung von Erregern resultieren kann.

Nicht unter den hier behandelten Ausnahmefall (sondern unmittelbar unter die Fallgruppe der Produktionsregelungen) fällt z. B. das Nachtbackverbot in *Oebel*,[3815] da es keinen Einfluss auf die Eigenschaften des Produktes entfaltet.

[3812] Der Schutz des guten Rufes stellt grundsätzlich ein illegitimes Ziel dar, s. umf. (auch zur besonderen Situation von [erlaubten] produktbezogenen Kennzeichnungsvorgaben) b. Fn. 4116 ff.

[3813] S. b. Fn. 3597 ff.

[3814] S. b. Fn. 3597 ff.

[3815] S. umf. zur Rs. *Oebel* b. Fn. 355 ff.

3. Prüfungssystematische Problematik und hier vorgeschlagene Behandlung beider Konstellationen

Problematisch ist, dass es keine *lebenssachverhaltlich-technische* Methode gibt, in den beiden oben genannten Konstellationen diejenigen Regelungen, die Merkmale von Produktionsregelungen aufweisen, von denjenigen Maßnahmen abzugrenzen, die Merkmale von Produktregelungen besitzen (anders als bei der Abgrenzung formaler Produktregelungen oder Vermarktungsregelungen von der Fallgruppe der Produktionsregelungen, wo dies möglich ist). Die Regelungen unterscheiden sich allein nach ihrer *Zielrichtung*.

a) Abgrenzbarkeit mittels einer zielbezogenen Vorprüfung?

Nun könnte auf den ersten Blick erwogen werden, genau dieses – die Zielrichtung – zum maßgeblichen Abgrenzungskriterium zu erheben und auf der Beeinträchtigungsebene eine „*Vorprüfung*" durchzuführen, bei der ermittelt wird, ob die jeweilige Maßnahme ein legitimes exportstaatliches Ziel verfolgt. Doch gerade eine solche Vorprüfung scheidet hier aufgrund von folgender Überlegung aus: Die mit einer solchen Vorprüfung einhergehende Überprüfung der Zielrichtung einer Maßnahme ist *gleichbedeutend* mit der auf der *Rechtfertigungsebene* angesiedelten Prüfung des *Vorliegens eines legitimen herkunftsstaatlichen Interesses* und der *Geeignetheit* einer Maßnahme hierzu. Durch die Zuordnung einer Maßnahme zu einer bestimmten Fallgruppe – Produktionsregelungen oder Produktregelungen – soll aber gerade entschieden werden, *wie* die Rechtfertigungsprüfung (inklusive der Überprüfung der beiden genannten Punkte [Vorliegen eines legitimen Interesses, Geeignetheit]) aussehen soll, also ob hier z. B. eine Beweislastumkehr stattfinden oder ob der Gerichtshof nur eine kursorische Prüfung durchführen sollte. Die Vorprüfung stellte eine *versteckte Rechtfertigungsprüfung* im Gewande einer Vorprüfung auf der Beeinträchtigungsebene dar. Würde bei der Vorprüfung eine abgeschwächte Geeignetheitsprüfung vorgenommen, erfolgte m. a. W. stets bei allen oben genannten Zweifelsfällen die Anwendung des *Produktionsregelungstests*. Diese Fälle würden also stets behandelt wie („gewöhnliche") Produktionsregelungen, obwohl der Test, der angelegt wird, ja erst noch durch die Vorprüfung gesteuert werden sollte.

Fraglich ist, ob nicht argumentiert werden kann, dass zwar die Prüfungen eines legitimen Ziels und der Geeignetheit nach vorne verlagert werden, nicht aber die (prüfungssystematisch nach der Geeignetheit angesiedelten) Teilprüfungen der Erforderlichkeit und Angemessenheit. Auch dieses Argument ist aus logischen Gründen nicht stichhaltig: Sofern eine Maßnahme *kein* legitimes herkunftsstaatliches Ziel verfolgt und folglich äquivalent ist zu Produktregelungen, ist die Prüfung *sofort beendet*. Eine (anders als beim Produktionsregelungstest) *unmodifizierte* Erforderlichkeits- und Angemessenheitsprüfung *kann* hier nicht mehr stattfinden. Sofern die Maßnahme ein legitimes

Ziel verfolgt, ist sie äquivalent zu einer Produktionsregelung und wird im Weiteren (zu Recht) dem Produktionsregelungstest mit dessen Modifikationen auf der Rechtfertigungsebene unterzogen (Abschwächung der Prüfung der Erforderlichkeit; Wegfall der Prüfungsstufe der Angemessenheit). Folglich stünde im Ergebnis auch hier die Applikation des Produktionsregelungstests fest.

Mit Blick auf das nach hiesiger Auffassung nur für Produktionsregelungen,[3816] nicht aber für Produktregelungen[3817] geltende Kriterium der Spürbarkeit würde eine zielbezogene Vorprüfung zudem dazu führen, dass zu Produktionsregelungen äquivalente Maßnahmen auf ihre Geeignetheit hin untersucht werden, deren Geeignetheit gemäß dem Produktionsregelungstest mangels Spürbarkeit eigentlich nicht geprüft werden dürfte (dieses Problem tritt nicht auf für natürlich stets spürbare Produktions- und Abbauverbote). Bei zu Produktregelungen äquivalenten Maßnahmen ergeben sich mit Blick auf das Spürbarkeitskriterium keine Änderungen: Die Geeignetheitsprüfung bei Produktregelungen ist nach hiesiger Auffassung nicht von der Spürbarkeit der Maßnahme abhängig.

b) Pauschale Zuordnung zum Produktionsregelungstest

Da somit sowohl eine *zielbezogene* Vorprüfung als auch eine *lebenssachverhaltlich-technische* Abgrenzung als Zuordnungsmechanismen ausscheiden, müssen die oben genannten Regelungen entweder *pauschal* dem Produktregelungstest oder dem Produktionsregelungstest unterzogen werden: Eine pauschale Zuordnung zum Produktregelungstest scheidet in jedem Fall in Bezug auf Produktions-, Handels- und Abbauverbote aus, mit denen in der weit überwiegenden Zahl der Fälle legitime herkunftsstaatliche Interessen verfolgt werden. Doch auch mit Regelungen des Produktionsprozesses, die sich auf die Eigenschaften eines Produktes auswirken, wird nicht selten das Ziel verfolgt, legitime herkunftsstaatliche Belange zu erreichen. Gleichzeitig sind die praktischen Nachteile, den für Produktionsregelungen geltenden Test auch auf Regelungen zu applizieren, die der Sache nach eigentlich Produktregelungen darstellen, *gering*: Bei entsprechenden Regelungen besteht nämlich evident kein legitimes herkunftsstaatliches Drittinteresse, das der Herkunftsstaat im Rahmen der Rechtfertigung anführen könnte, sodass es dem Exporteur in der Regel ohne große Mühen gelingen dürfte, glaubhaft zu machen, dass die jeweilige Regelung nicht dem (vom Exportstaat) angeführten Belang dient. Im Ergebnis ist somit eine Fehlzuordnung von Produktregelungen (bzw. von parallel zu diesen liegenden Regelungen) zur Fallgruppe der Produktionsregelungen weit weniger schädlich als eine Fehlzuordnung von Produktionsregelungen (bzw. von parallel zu diesen liegenden Regelungen) zu

---

[3816] S. umf. b. Fn. 3611 ff.
[3817] S. b. Fn. 3629.

Produktregelungen. Hieraus folgt, dass die Zuordnung einer Fallgruppe zum Produktregelungstest nur dann erfolgen sollte, wenn Produktionsregelungen (bzw. parallel zu diesen liegende Regelungen) hier nur extrem *selten* auftreten. Da dies aber, wie bereits gezeigt, nicht der Fall ist, sollten *beide* problematischen Fallgruppen (Produkteigenschaften beeinflussende Regelungen des Produktionsprozesses sowie [ggf. bedingte] Produktions-, Abbau- und Handelsverbote) dem *Produktionsregelungstest* unterstellt werden.

Folglich ist nun z. B. eine Regelung, die den Herstellungsprozess einer (mit Sicherheit exportierten) Ware steuert und keinen legitimen Belang des Herkunftsstaates verfolgt (z. B. die rechtsverbindliche Festlegung der Gärtemperatur bei der Bierherstellung), prüfungssystematisch wie eine Produktionsregelung zu behandeln (mit der Folge, dass sie spürbar sein muss und nur abgeschwächten Rechtfertigungsanforderungen unterliegt), obwohl es sich mit Blick auf ihre wertungserheblichen Eigenschaften um eine Regelung handelt, die äquivalent ist zu einer Produktregelung (mangels Vorliegen eines legitimen herkunftsstaatlichen Interesses verletzt die Regelung Art. 35 Alt. 2 AEUV [in Bezug auf exportierte Waren]).

4. Zwischenergebnis

Produkteigenschaften beeinflussende Regelungen des Produktionsprozesses sowie (ggf. bedingte) Produktions-, Abbau- und Handelsverbote sind generell am Produktionsregelungstest zu messen, d. h. wie Produktionsregelungen zu behandeln bzw. als solche anzusehen.

5. Exkurs: Möglichkeiten der Rekonzeptionierung je nach Erfahrungen in der Praxis

Sofern sich im Zuge der Applikation des rechtlichen Wettbewerbsgleichheitsmaßstabs herausstellen sollte, dass einige der hier unter die Fallgruppe der Produktregelungen subsumierten oder wie diese behandelten Regelungen doch in einigen Fällen legitime Interessen des Exportstaates verfolgen, kommen prüfungskonzeptionell folgende Alternativen für eine Rekonzeptionierung in Betracht: Sofern die entsprechenden Regelungen ohne Abgrenzungsprobleme aus der Fallgruppe der Produktregelungen ausgeklammert werden können, sind sie als eigenständige und neue Fallgruppe dem Produktionsregelungstest zu unterziehen; in Bezug auf die restlichen Produktregelungen, die keinen legitimen herkunftsstaatlichen Interessen dienen, ändert sich nichts. Sofern es nicht möglich ist, diese Regelungen (ohne Abgrenzungsprobleme) aus der Fallgruppe der Produktregelungen auszuklammern, ist Folgendes zu erwägen: Werden legitime herkunftsstaatliche Interessen nur *extrem selten* beeinträchtigt, ist zu erwägen, ob eine (sehr seltene) „Fehlgruppierung" (von „eigentlichen" Produktionsregelungen zur Gruppe der Produktregelungen) nicht hingenommen werden sollte. Denn die Vielzahl derjenigen Regelungen, die keine relevanten herkunftsstaatlichen Interessen verfolgen (also klassische Produktregelungen), sämtlich dem Produktionsregelungstest zu unterziehen, erschiene in diesem Falle unverhältnismäßig. Abgemildert werden kann die Anwendung des Produktregelungstests dadurch, dass nach der Prüfung und Bejahung der (Verhältnismäßigkeitsteilprüfung der) Geeignetheit einer Maßnahme (zur Verfolgung eines legitimen Ziels) im Weiteren der *Produktionsregelungstest* herangezogen wird (mit der Folge des Wegfalls der Stufe der Angemessenheit und einer modifizierten Erforderlichkeitsprüfung). Sofern es sich nicht um extrem seltene, sondern *bisweilen* auftretende Konstellationen handelt (und eine Ausgrenzung als neue Fallgruppe wiederum nicht möglich ist), ist zu überlegen, die Fallgruppe der Produktregelungen (zur Gänze) *aufzulösen* und *alle* Produktregelungen dem Produktionsregelungstest zu unterziehen. Die *Praxisanwendung* muss hier abgewartet werden.

IV. Vermarktungsregelungen

Sowohl die Begründung als auch die Anwendung[3818] des Wettbewerbsgleichheits-Rechtswahlmechanismus in Bezug auf Vermarktungsregelungen weist große Parallelen zur (Behandlung der) Fallgruppe der Produktregelungen auf.

1. Abgrenzung und Definition

Unter die Fallgruppe der Vermarktungsregelung fällt jede Regelung, die an eine *bereits existente* Ware anknüpft (und nicht an die Produktion und das Vorfeld der Produktion) und keine Transportregelung[3819] oder produktbezogene Vermarktungsregelung[3820] darstellt.[3821] Zur Gruppe der Vermarktungsregelung gehören Werbeverbote und -regulierungen. Abgrenzungsschwierigkeiten zu produktbezogenen Vermarktungsregelungen sind hier wenig(er) schädlich, da der Produktregelungstest auch auf Vermarktungsregelungen Anwendung findet. Dies gilt auch für sehr weit vom eigentlichen Transaktionsprozess entfernte und *nach* der Vermarktung ansetzende Regelungen wie z. B. (eher hypothetische) herkunftsstaatliche Verwendungsregelungen (oder die Regelung in der Rs. *ED*[3822]), d. h., es gibt hier keine zu Vorfeldregelungen (der Produktion) äquivalente Ausklammerung von „Nachfeldregelungen".[3823] Meist regeln Vermarktungsregelungen, unter welchen Bedingungen ein Produkt vermarktet werden kann – also wie, wo, wann und wer es vertreiben

[3818] S. b. Fn. 3781 ff.
[3819] S. v. Fn. 3911.
[3820] S. v. Fn. 3773.
[3821] S. zu Anwendungsbeispielen b. Fn. 3826 ff.
[3822] S. b. Fn. 3570 ff.
[3823] S. b. Fn. 3570 ff.

kann. Vermarktungsregelungen können auch einen Lebenssachverhalt betreffen, der zeitlich *vor* dem Handel oder gar der Produktion angesiedelt ist (etwa eine Werbeaktion vor Ladeneröffnung). Sie setzen aber eine (irgendwann einmal) *fertige Ware* voraus (eine Werbeaktion impliziert eine irgendwann einmal fertige Ware, die [bei erfolgreichen Werbebemühungen] verkauft werden kann). Mit Blick auf die oben wiedergegebene Definition geht es hierbei nicht nur um Vermarktungsregelungen im *streng grammatischen* Sinne. So fallen auch zivilprozessuale oder vertragsrechtliche Regelungen wie in *Gysbrechts*[3824] und *ED*[3825] hierunter. Verpackungs- und Kennzeichnungsvorschriften stellen dagegen stets *Produktregelungen* dar.

2. Beispiele aus der Praxis (Alsthom, Oosthoek, Alpine Investments analog, Gysbrechts, ED)

Der EuGH hat bereits über mehrere Arten von Vermarktungsregelungen entschieden: Ein Beispiel für eine *Werbe- und Absatzförderungsbestimmung*, die eine Vermarktungsregelung darstellt, ist in *Oosthoek*[3826] zu finden. Dort ging es um ein Zugabeverbot. Auch das (allein unter dem Gesichtspunkt der Dienstleistungsfreiheit vom EuGH beurteilte) Verbot des cold calling in *Alpine Investments*[3827] hätte eine rechtlich wettbewerbsbenachteiligende Vermarktungsregelung dargestellt, wenn es um den Absatz von *Waren* und nicht um eine Dienstleistung gegangen wäre.

Vertragsrechtliche Regelungen[3828] aller Art, die vom Herkunftsstaat auf den Export angewandt werden, gehören ebenfalls zu der Gruppe der Vermarktungsregelungen. Hierunter fällt die Regelung in der Rs. *Alsthom*[3829], in der es um das auch in grenzüberschreitenden Konstellationen geltende Verbot der Haftungsfreizeichnung hinsichtlich versteckter Mängel bei Verkauf von einem gewerblichen Verkäufer ging. Hierzu gehört auch der Fall *Gysbrechts*[3830] mit dem (ebenso für grenzüberschreitende Käufe geltenden) Verbot, beim Verbraucherfernabsatz Zahlung und Kreditkartendaten vor Ablauf der Rücktrittsfrist zu verlangen.

In *ED* ging es um ein italienisches Unternehmen, das sich gegen eine italienische Bestimmung gewehrt hatte, welche das italienische Mahnverfahren nur innerhalb der italienischen Jurisdiktion erlaubte.[3831] In *ED* liegt (wie ge-

---

[3824] S. b. Fn. 666 ff.

[3825] S. b. Fn. 542 ff.

[3826] S. b. Fn. 331 ff.

[3827] S. b. Fn. 2488 ff.

[3828] S. umf. zu der Frage, ob dem Privatrecht und/oder dem Internationalen Privatrecht eine Sonderrolle zukommen sollte b. Fn. 3863 ff.

[3829] EuGH (Fn. 412).

[3830] S. b. Fn. 666 ff.

[3831] EuGH (Fn. 542).

zeigt[3832]) Konnexität vor. Auch *zivilprozessuale* Regelungen können mithin als Vermarktungsregelung am Maßstab rechtlicher Wettbewerbsgleichheit zu messen sein.

Die Beispiele sind ein Beleg für die *Vielgestaltigkeit* (nicht nur der Regelungsinhalte, sondern auch der geregelten Interessenkonflikte) von Vermarktungsregelungen.

3. Begründung und Reichweite

a) Beeinträchtigung legitimer herkunftsstaatlicher Interessen und Wettbewerbsungleichheiten

Die Argumentation verläuft hier größtenteils parallel derjenigen zu den Produktregelungen.[3833] Die Heterogenität und Vielgestaltigkeit von Vermarktungsregelungen gestaltet es schwierig, *genau* einzuschätzen, wie häufig und in welchen Fällen es zur Berührung legitimer herkunftsstaatlicher Interessen kommt. In der *weit überwiegenden* Zahl der Fälle dürften aber keine herkunftsstaatlichen Drittinteressen beeinträchtigt werden. V. a. Verbraucherschutzmaßnahmen stellen „klassische" Vermarktungsregelungen dar (*Gysbrechts*, *Alpine Investments*). Gerade diese Maßnahmen ähneln aber *Produktregelungen*. Für die Interessen der zielstaatlichen Verbraucher ist nämlich allein der *Zielstaat* verantwortlich.[3834] Je weiter eine Regelung dabei im *Nachfeld* der Warentransaktion ansetzt, umso eher geht es um rein zielstaatliche Interessen und nicht um herkunftsstaatliche Belange. Gleichzeitig sind die ansonsten häufig mitnormierten Interessen des *exportierenden Unternehmens* unbeachtlich (m. a. W. handelt es sich nicht um *legitime* herkunftsstaatliche Interessen): Denn Exportunternehmen sind besser dazu geeignet, zu entscheiden, welches Vorgehen ihre geschäftlichen Interessen am meisten befördert. Folglich genügt auch die jeder Verbraucherschutzregelung immanente *Mitregelung* der Exporteursinteressen nicht, um eine Regelung des Exportstaates zu rechtfertigen.

[3832] S. b. Fn. 3570 ff.

[3833] S. daher zu Querverweisen auf den Auslegungsteil b. Fn. 3775 ff.

[3834] Vgl. *Schilling*, 120 m. w. N.; s. a. *Roth*, ZEuP 1994, 5 (31); *ders.*, in: GS Lüderitz, 635 (642, 655). Entsprechend weist auch Art. 6 Rom-I-VO die Regelungszuständigkeit für das Vertragsrecht bei Verbraucherverträgen grundsätzlich dem *Zielstaat* zu (*Roth*, CMLR 47 [2010], 509 [518]). Dies sollte allerdings nicht mit einer praktischen Irrelevanz von Vermarktungskonstellationen im Rahmen von Art. 35 Alt. 2 AEUV gleichgesetzt werden: Etwa können bestimmte verbraucherschützende Regelungen – wie in *Gysbrechts* (Fn. 159) und in *Alpine Investments* (Fn. 2488) – nicht nur privatrechtliche Rechte zu verleihen suchen, sondern auch im Wege des öffentlichen und des Strafrechts verfolgt werden. Zudem kann es in bestimmten Fällen zu einer Verweisung auf das Herkunftsstaatsrecht kommen. Vgl. auch umf. b. Fn. 823 ff.

Zugleich kann es auch bei Vermarktungsregelungen zu *Wettbewerbsungleichheiten* kommen. Dies ist (in Bezug auf Vermarktungsregelungen) nicht nur, aber vor allem der Fall, wenn der Exporteur nicht nur an zielstaatliche, sondern auch an herkunftsstaatliche Vermarktungsregelungen gebunden ist (eine Wettbewerbsungleichheit liegt natürlich auch dann vor, wenn der Exporteur nur an die herkunftsstaatlichen Standards gebunden ist, aber diese *strenger* sind als die anderer Mitgliedstaaten). Zielstaatliche Vermarktungsregelungen verstoßen in der Regel nicht gegen Art. 34 Alt. 2 AEUV. Das gilt selbst bei Zugrundelegung des vom EuGH in derzeit st. Rspr. auf Art. 34 Alt. 2 AEUV angewandten Marktzugangsmaßstabs. Selbst dann, wenn (bestimmte) Vermarktungsregelungen eine Marktzugangsbehinderung darstellen (die *Keck*-Rechtsprechung ist jüngst relativiert worden[3835]), dürften zielstaatliche Marktzugangsbehinderungen nämlich jedenfalls *gerechtfertigt* sein, wenn und weil es hierbei um legitime sozial-, wirtschafts- und ordnungspolitische Interessen des Zielstaates geht. Dann stellen sich herkunftsstaatliche Vermarktungsregelungen aber als (im Grundsatz ja illegitime) *Doppel-* bzw. als eine *zusätzliche* Belastung dar.[3836] Ein level playing field kann dann nur durch ein Aufheben der im Grundsatz ja keine legitimen Interessen verfolgenden *herkunftsstaatlichen* Vermarktungsregelungen und eine alleinige Bindung an das (im Grundsatz legitime Interessen verfolgende) Zielstaatenrecht geschaffen werden.

(Herkunftsstaatliche) Vermarktungsregelungen besitzen einen besonders engen Bezug zum Substrat von Art. 35 Alt. 2 AEUV: Sie regeln unmittelbar Abschluss, Inhalt und/oder Durchführung der Warenexporttransaktion. Sie setzen typischerweise zu einem Zeitpunkt an, an dem die Ware bereits *individualisiert* ist und an dem ihr(e) Export(-bestimmung) schon feststeht.

b) Konvergenzargumentation

Es ist kein Grund ersichtlich, warum Werbebeschränkungen nur im Rahmen der Dienstleistungsfreiheit, aber nicht im Rahmen der Warenverkehrsfreiheit (vorbehaltlich der Rechtfertigung) unzulässig sein sollen (gem. der st. Rspr.): Z. B. ist nicht einleuchtend, dass cold calling-Praktiken bei Finanzprodukten eine Beeinträchtigung der Dienstleistungsfreiheit darstellen,[3837] mit Blick auf den Vertrieb von Waren aber keine Beschränkung darstellen sollen. Einen Wertungswiderspruch stellt auch dar, wenn das „Outsourcing" von Absatzförderungstechniken an ein Dienstleistungsunternehmen etwas an der Reichweite des grundfreiheitlichen Schutzes dieser Tätigkeiten ändert. Genau dies

---

[3835] S. b. Fn. 2927 ff.

[3836] Es sei freilich daran erinnert, dass das Vorliegen einer dual burden nur *einen* Fall einer Wettbewerbsungleichheit ist, aber keine *notwendige* Bedingung darstellt, s. b. Fn. 3747 ff.

[3837] S. b. Fn. 2489 ff. m. w. N.

ist aber der Fall, wenn nur ein Diskriminierungsverbot im Rahmen von Art. 35 Alt. 2 AEUV anerkannt wird.[3838] Sogar aus der (überholten[3839]) *Keck*-Judikatur, die die Dichotomie von Produkt- und Vermarktungsregelungen noch betonte (und nicht nach der neuen Rspr., die allein das Marktzugangskriterium in den Vordergrund stellt und *Keck* begrenzt hat), kann nicht abgeleitet werden, dass herkunftsstaatliche Vermarktungsregelungen von einem weitergehenden Verständnis von Art. 35 Alt. 2 AEUV ausgeklammert werden sollten. Denn *herkunftsstaatliche* Vermarktungsregelungen entfalten eine ganz andere Wirkung als zielstaatliche Vermarktungsregelungen (worauf oben schon hingewiesen wurde[3840]): Während in Zielstaatskonstellationen alle Marktteilnehmer derselben Regelung unterliegen und mithin eine rechtliche Wettbewerbsgleichheit existiert, werden herkunftsstaatliche Vermarktungsregelungen nur auf einen *Teil* der Marktteilnehmer (nämlich diejenigen, die Waren aus dem besagten Staat exportieren) angewandt, was rechtliche Wettbewerbsungleichheit bewirkt.

c) Zwischenergebnis und Schlussfolgerungen

Die Argumentation verläuft hier (ganz überwiegend) parallel zu der bei Produktregelungen. Ein Spürbarkeitskriterium sollte (wie bei Produktregelungen) verworfen werden:[3841] Ob das Verbot einer Vermarktungspraktik die Marktchancen eines Exporteurs in erheblicher Weise schmälert, kann am besten *von diesem selbst* entschieden werden und nicht von einem Gericht (dem die Entscheidung über die Spürbarkeit einer Maßnahme überantwortet wäre). Für eine Einschränkung des Wettbewerbsgleichheits-Rechtswahlmaßstabs besteht mit Blick auf die selten berührten herkunftsstaatlichen Drittinteressen kaum ein Bedürfnis.

Gewerblichen Unternehmen ist eine *umfassende Rechtswahl* zu ermöglichen (und zwar aus Sicht beider Dimensionen der Warenverkehrsfreiheit): Sie können sich entweder auf der Grundlage der (direkten) Euro-Marketing-Argumentation gegen das Recht des Zielstaates wenden (gem. Art. 34 Alt. 2 AEUV), weil dieses sie faktisch diskriminiert (da sie nicht an ihren üblichen Vorgehensweisen, insbesondere hinsichtlich der Gestaltung der Verträge, festhalten können), oder sie können das Recht des Zielstaates (oder eines anderen Mitgliedstaates) gem. Art. 35 Alt. 2 AEUV wählen, da sie unter

---

[3838] S. a. die ähnl. Argumentation *Roths*, in: FIW, Bd. 160, 21 (34) zum Outsourcing von Werbemethoden an Dienstleistungserbringer mit Blick auf (die *Keck*-Rspr. zu) Art. *34* Alt. 2 AEUV.

[3839] S. b. Fn. 2927 ff.

[3840] S. zu Nachw. aus der Literatur b. und in Fn. 2519 ff. sowie zu entspr. Stellungnahmen in der Generalanwaltschaft b. Fn. 3188 ff.

[3841] S. b. Fn. 3629.

denselben Wettbewerbsbedingungen anbieten möchten.[3842] Beide Staaten – der Herkunfts- wie der Zielstaat – können auf der Rechtfertigungsebene auch keine legitimen Interessen vorbringen, da die Unternehmen besser geeignet sind, ihre Interessen bestmöglich zu befördern. In *Alsthom* waren alle Parteien des Ausgangsverfahrens *gewerbliche* Personen. Nach hier vertretener Auffassung hätte *Sulzer* und *Alsthom* daher eine umfassende Rechtswahl auf der Grundlage von Art. 35 Alt. 2 AEUV ermöglicht werden müssen.[3843] *Sulzer* und *Alsthom* hatten nach hier vertretener Auffassung folglich gem. Art. 35 Alt. 2 AEUV das Recht, die französische Regelung abzuwählen, nach der bei gewerblichen Verträgen unwiderleglich vermutet wird, dass der Verkäufer versteckte Mängel kannte. Im praktischen Ergebnis kam es hierauf jedoch nicht an, da die französische Haftungsregelung *dispositiv* war.[3844]

Ob (vermarktungsbezogene) zivilrechtliche Regelungen anders (als sonstige Vermarktungsregelungen) behandelt werden sollten, wird unten näher untersucht und wäre auch, wenn überhaupt, dann nur für dieses Gebiet von Bedeutung (es sei denn, die Besonderheiten betreffen das Gebiet des Zivilrechts nicht in systematischer Weise, sondern nur ausnahmsweise).[3845]

Aufgrund der bereits angesprochenen Vielgestaltigkeit von Vermarktungsregelungen kann es zu einem späteren Zeitpunkt möglicherweise erforderlich erscheinen, eine Reihe strukturell gleich gelagerter und legitime herkunftsstaatliche Interessen verfolgender Konstellationen (aus der Fallgruppe der Vermarktungsregelungen) *auszuklammern* und dem Produktionsregelungstest zuzuordnen. Die Praxiserfahrungen mit dem Wettbewerbsgleichheits-Rechtswahlmechanismus müssen fortlaufend *beobachtet* werden. Eine nützliche Rolle kann hier auch die Rechtswissenschaft spielen, indem sie den Wettbewerbsgleichheits-Rechtswahlmechanismus systematisch auf bestimmte Rechtsgebiete anwendet und ermittelt, inwiefern legitime herkunftsstaatliche Interessen betroffen werden. Die Liste legitimer Ziele des Herkunftsstaates kann ggf. *erweitert* bzw. *erweiternd ausgelegt* werden.

4. Vermarktungsregelungen und faktische Wettbewerbsgleichheit

Ein Verbot faktischer Wettbewerbsungleichheit greift ein, wenn zwar keine rechtliche Wettbewerbsungleichheit besteht (also die mitgliedstaatlichen Rechtsordnungen nicht voneinander abweichen), aber der Exporteur faktisch benachteiligt wird im Vergleich zu seinen Konkurrenten in den anderen Mit-

---

[3842] Entsprechend erlaubt auch Art. 3 Rom-I-VO eine umfassende Rechtswahl (sofern nicht – wie etwa bei Verbraucherverträgen – eine zwingende Anknüpfung an das Recht des Verbrauchersitzes erfolgt).

[3843] I. E. zust. von *Wilmowsky*, 23; a.A. *Füller*, 258 f.

[3844] S. b. Fn. 423. S. umf. zur Frage der Behinderungswirkung dispositiven Rechts b. Fn. 3899 ff.

[3845] S. b. Fn. 3863 ff.

gliedstaaten.[3846] Der Test faktischer Wettbewerbsgleichheit ist jedoch (dies ist oben bereits ausgeführt worden) von praktisch stark *untergeordneter* Bedeutung:[3847] In dem Moment, in dem eine faktische Wettbewerbsungleichheit hier besteht, ist nämlich auch eine *zielstaatliche faktische Diskriminierung* gegeben. Ist die zielstaatliche Regelung aber aufgehoben (aufgrund ihrer Unvereinbarkeit mit Art. 34 Alt. 2 AEUV), besteht eine *rechtliche* Wettbewerbsungleichheit (auf der Grundlage von Art. 35 Alt. 2 AEUV). Der Test faktischer Wettbewerbsungleichheit besitzt praktische Relevanz somit nur so lange, wie die zielstaatliche Regelung existiert. Die nachfolgenden Fälle sind daher vor allem solche, die im Rahmen von Art. 34 Alt. 2 AEUV als faktische *Diskriminierung* behandelt werden müssen.

Fraglich ist, wie der Fall zu behandeln ist, dass *sowohl* der Herkunfts- *als auch* der Zielstaat ein *Verbot* von Verkaufsförderungsmaßnahmen festlegen. Dieses kann zu *faktischer* Wettbewerbsungleichheit führen. Von einem Verbot von Verkaufsförderungsmaßnahmen profitieren die bereits *Etablierten*, d. h. eben regelmäßig die im Zielstaat ansässigen Unternehmen. Sie bedürfen keiner Werbung. Sie können ihre Waren weiterhin absetzen (auch wenn es für sie schwierig wird, neue Marktanteile hinzuzugewinnen), wohingegen die regelmäßig nicht etablierten Exportunternehmen meist keine Absatzchancen mehr besitzen (unter der Geltung eines solchen Verbots). Dadurch kommt es zu einem „Marktabschluss", d. h., die Erschließung eines neuen, EU-ausländischen Marktes wird verunmöglicht. Mit dieser – vom Gerichtshof im Rahmen der Wareneinfuhrfreiheit entwickelten[3848] – Argumentation kann also auch im Rahmen der Warenausfuhrfreiheit hergeleitet werden, dass *komplette Werbeverbote* für die Exporttätigkeit grundsätzlich auch mit Blick auf Art. 35 Alt. 2 AEUV im Regelfall eine Beeinträchtigung darstellen.

Widersprüchlich könnte erscheinen, dass sich totale (im Herkunfts- wie im Zielstaat geltende) *Produktions*verbote weitaus schwerwiegender auswirken als totale *Werbe*verbote und sich der Produzent nur gegen letztere wehren kann. Eine solche Auffassung übersieht aber den zwischen beiden Maßnahmen bestehenden *wertungsmäßigen* Unterschied, da Binnenmarktstörungen nur bei Werbeverboten eintreten, wohingegen bei Produktionsverboten der Binnenmarkt nicht gestört wird (sofern dieser nicht liberalisierungsrechtlich, sondern – wie hier – i. S. e. Wettbewerbsgleichheitsgebots interpretiert wird).

Eine faktische Wettbewerbsungleichheit geht allerdings nicht *zwingend* einher mit einem Verbot der Absatzförderung. Sie ist abhängig von bestimmten (im Regelfall aber wohl gegebenen) Voraussetzungen, die im Einzelfall geprüft werden müssen. Die etablierten Händler müssen zunächst wirklich die *Mehrheit* ausmachen. Mit Blick auf die Marktanteilsverteilungen ist auf die

---

[3846] Vgl. schon b. Fn. 3699.
[3847] S. n. Fn. 3703.
[3848] S. hierzu umf. *Roth*, in: FIW, Bd. 160, 21 (39 f.) m. w. N.

bereits zu Produktregelungen ausgearbeiteten Grundsätze zu verweisen:[3849] Unter „überwiegend" sind Marktanteile inländischer Produzenten von mindestens 60 % zu verstehen.

Wenn eine *neue* Ware auf den Markt kommt und die Werbung für diese direkt vom Herkunfts- und Zielstaat verboten wird, dann fehlt es wohl meist an einer faktischen Wettbewerbsungleichheit, weil sich auf dem Zielmarkt noch nicht die inländischen Händler etabliert haben. Wenn Werbung ausnahmsweise überhaupt *keine Relevanz* besitzt für den Absatz eines spezifischen Produktes, mangelt es ebenfalls an einer faktischen Wettbewerbsungleichheit.

Eine Situation, in der dem Exporteur keine *wirksamen* Werbemittel zur Verfügung stehen, ist genauso zu behandeln wie die Situation, in der dem Exporteur *überhaupt* keine Werbemittel zur Verfügung stehen. Das bedeutet jedoch nicht, dass dem Exporteur auch die (seiner Auffassung nach) *effektivste* Werbemethode zur Verfügung stehen muss[3850] oder dass er *alle* Werbemethoden nach seinem Belieben nutzen können muss. Er muss nur über mindestens *eine* effiziente Methode verfügen.

Genauso zu behandeln ist die Konstellation, in der zwar an sich wirksame Werbemittel zur Verfügung stehen, diese aber für den *Fernabsatz* nicht oder schlechter geeignet sind, als diejenigen, die dem Inlandsabsatz zur Verfügung stehen. Typischerweise vom Fernabsatz genutzte Werbemittel dürfen demnach nicht sehr strengen Auflagen unterliegen, während typischerweise von Inlandshändlern genutzte Werbemethoden sehr milden Regulierungen unterliegen. Hierunter fällt insbesondere eine inkohärente Regulierung, wie z. B. Verbote von an Kinder gerichtete Werbung im Fernsehen,[3851] die aber zulässig ist, wenn sie auf Plakaten oder in örtlich ausgegebenen Prospekten erfolgt. Dasselbe gilt für die starke Regulierung von Vertragsklauseln oder Vertragsdurchsetzungsmethoden, die gerade im Fernabsatz von Bedeutung sind. Hierunter könnte etwa das in *Gysbrechts*[3852] behandelte Verbot fallen, die Kreditkartennummer vor Ablauf der Rücktrittsfrist abzufragen, wenn nicht gleichzeitig alternative Methoden zur Verfügung stehen, die sicherstellen, dass der Käufer seiner Kaufpreisverpflichtung nachkommt.

[3849] Vgl. b. Fn. 3795 ff.

[3850] In EuGH (Fn. 331), Rn. 15 (*Oosthoek*) hat der EuGH dagegen ausgeführt, dass ein Marktteilnehmer eine Beeinträchtigung von Art. 34 Alt. 2 AEUV damit begründen kann, dass ihm der Einsatz einer Marketingstrategie im Importstaat verwehrt wird, die er für „besonders wirkungsvoll hält", vgl. hierzu *Franzen*, 154 ff.; *Füller*, 131 ff.; *Körber*, 200 ff.; *Weyer*, 236 ff.; *Wolf*, 90 ff. S. zur Nachfolgerechtsprechung d. Nachw. bei *Weyer*, 237 ff.

[3851] Vgl. etwa den Sachverhalt in EuGH (Fn. 2742) – *De Agostini und TV Shop*.

[3852] S. b. Fn. 666 ff.

5. Behinderung von Euro-Marketing im Inland des Exportstaates (Oosthoek)*?*

Im Rahmen seiner Rechtsprechung zu Art. 34 Alt. 2 AEUV hat der Gerichtshof u. a. in *Yves Rocher*[3853] und *Oosthoek*[3854] anerkannt, dass ein Importeur sich auch dann auf die Wareneinfuhrfreiheit berufen kann, wenn er eine *einheitliche Werbestrategie* („Euro-Marketing"), derer er sich mitgliedstaatsübergreifend bedient, abändern muss.[3855] Der EuGH hat eine *Übertragung*[3856] dieser Argumentation auf Art. 35 AEUV (und den Inlandsvertrieb im Exportstaat) in *Oosthoek* in Ermangelung eines ausreichenden „Zusammenhangs"[3857] mit der Ausfuhr abgelehnt.[3858] Anders als bei der Gruppe der Produktregelungen[3859] ist hier (wie bereits gezeigt[3860]) schon zweifelhaft, ob es überhaupt zu Wettbewerbsungleichheiten kommt. Letztlich kann die Frage des Vorliegens einer Wettbewerbsungleichheit aber dahinstehen, weil eine Abwahl von für das *Inland* geltenden Vermarktungsstandards über Art. 35 Alt. 2 AEUV wie bei Produktregelungen[3861] jedenfalls aus *Wertungsgründen* (wie bereits ausgeführt[3862]) klar abzulehnen ist. Somit ist dem Gerichtshof (im Ergebnis) darin zuzustimmen, dass ein für den Verkauf im Inland geltendes Zugabeverbot selbst dann keine Maßnahme gleicher Wirkung i. S. v. Art. 35 Alt. 2 AEUV darstellt, wenn es Kosten verursacht, die daraus resultieren, dass sich im In- und EU-Ausland unterschiedlicher Vermarktungspraktiken bedient werden muss (*Oosthoek*).

[3853] EuGH (Fn. 3143) – *Yves Rocher*.

[3854] S. b. Fn. 336.

[3855] Vgl. *Basedow*, RabelsZ 59 (1995), 8; *Keßler*, 340; *Roth*, in: FIW, Bd. 160, 21 (38 f.); Generalanwalt *Tesauro* (Fn. 2164), Rn. 22 (*Hünermund*). Zu einer Beibehaltung auch nach dem *Keck*-Judikat *Basedow*, ZEuP 1994, 201 (203 f.); *Roth*, CMLR 31 (1994), 845 (854 f.). Der EuGH hat bei Art. 35 Alt. 2 AEUV bisher wohl nur in der eine Produktregelung betreffenden Rs. *Kaasfabriek Eyssen* (Fn. 316) eine Beschränkung mit einer solchen Argumentation hergeleitet, obwohl er schon mehrfach über Konstellationen zu entscheiden hatte, in denen der Inlandsvertrieb anders geregelt war als der Export, vgl. nur die eine Vermarktungsregelung betreffende Rs. *Oosthoek* (Fn. 331) und die eine Produktregelung zum Gegenstand habende Rs. *Smanor* (Fn. 345) sowie die ein Genehmigungserfordernis zur Voraussetzung machende Rs. *Kommission/Belgien* (Fn. 426).

[3856] Diese Fallgruppe liegt parallel zu dem schon bei Produktregelungen behandeltem Problem, s. b. Fn. 3787 ff.

[3857] EuGH (Fn. 331), Rn. 9.

[3858] S. b. Fn. 337 ff.

[3859] S. b. Fn. 1912 f.

[3860] S. n. Fn. 1914.

[3861] S. b. Fn. 3787 ff.

[3862] S. ausf. n. Fn. 1915 f.

6. Sonderbehandlung des (vermarktungsbezogenen[3863]) nationalen Sachprivatrechts und des Internationalen Privatrechts?

In der Literatur wird das (internationale) Privatrecht allgemein als Materie behandelt, die aufgrund ihres Systemcharakters und ihres damit einhergehenden Bedürfnisses nach innerer Kohärenz eine besondere Stellung innerhalb der Grundfreiheiten(-prüfung) besitzt (bzw. besitzen sollte).[3864] Ob das Privatrecht einer *Bereichsausnahme* unterfallen sollte, erscheint zweifelhaft.[3865] Anderes kann freilich für die *Art und Weise* der Grundfreiheitenprüfung gelten. Die komplexe Diskussion zur (adäquaten) Behandlung des internationalen Privatrechts und des nationalen Sachprivatrechts innerhalb der Grundfreiheitenprüfung soll hier nicht in all ihren Schattierungen nachgezeichnet werden.[3866] Vielmehr sollen einige grundsätzliche Anwendungsperspektiven und mögliche Probleme der Anwendung speziell des auf die *Ausfuhr* bezogenen Wettbewerbsgleichheits-Rechtswahlmechanismus skizziert werden: Die Diskussion ist bislang ganz überwiegend aus Sicht der *Einfuhr*freiheiten (zuvorderst Art. *34* AEUV) geführt worden. Dies ist verständlich, und zwar nicht nur mit Blick auf die restriktive *Groenveld*-Judikatur, sondern auch aufgrund des Umstands, dass es bei grenzüberschreitenden Warentransaktionen häufiger um (legitime) Interessen des *Ziel*staates geht (der Herkunftsstaat ist insbesondere nicht berechtigt, die Interessen seiner gewerblichen Exporteure an deren Statt wahrzunehmen). Vor allem das *Verbraucher*schutzrecht ist Sache des *Zielstaates*. Mit Blick auf eine Grundfreiheitenkontrolle des Sachprivatrechts des Exportstaates ist zudem hervorzuheben, dass die maßgeblichen international-privatrechtlichen Bestimmungen vielfach auf das Recht des Zielstaates verweisen (z. B. in Art. 6 I Rom-I-VO).[3867] In der Diskussion geht

---

[3863] Es geht hierbei um die klassischen *vermarktungsbezogenen* Gebiete des Privatrechts, wie sie sich etwa aus den Beispielen b. Fn. 3826 ff. ergeben. Produktionsbezogene Privatrechtsregelungen sind dem Produktionsregelungstest zu unterziehen (wenn sie dessen Voraussetzungen erfüllen und insbesondere Spezifität und Konnexität aufweisen).

[3864] Vgl. nur *Heiderhoff*, ZJS 2008, 25 (27 f.); *Klauer*, 436; *Roth*, in: Honsell, EurVersR Rn. 31 ff. jew. m. w. N.

[3865] Ebf. ablehnend *Bachmann*, AcP 210 (2010), 424 (487); *Fezer*, JZ 1994, 623 (624 f.); *Fogler-Deinhardstein*, ZfRV 2005, 22 (26 ff.); *Heimann*, 115 ff.; *Klinke*, in: Liber Amicorum Klaus Schurig, 105 (117); *Körber*, 830 f.; *Kroll-Ludwigs*, 263 ff.; *Langner*, RabelsZ 65 (2001), 222 (237 ff.); *Remien*, CMLR 38 (2001), 53 (81 ff.); *Roth*, in: Honsell, EurVersR Rn. 33; *ders.*, VersR 1993, 129 ff.; *ders.*, in: Canaris et al., 847 (860 ff.); *ders.*, Internationales Versicherungsvertragsrecht, 691, 695 f.; *von Wilmowsky*, JZ 1996, 590 (591); *ders.*, RabelsZ 62 (1998), 1 (3 ff.) möchte auf der Grundlage seines liberalisierungsrechtlichen Ansatzes (s. b. Fn. 3287) eine umfassende Abschluss-, Inhalts- und Rechtswahlfreiheit anerkennen.

[3866] Dies soll den vielzähligen Spezialabhandlungen vorbehalten bleiben wie z. B. denjenigen von *Drasch*, *Fetsch*, *Franzen*, *Körber*, *Schilling* und *von Wilmowsky*.

[3867] Irrelevant ist es indes nicht; ebenso *Klinke*, in: Festschrift Schurig, 105 [118]): Abgesehen von der *faktischen* Wirkung von *öffentlich*-rechtlichen Regelungen auf privatrechtes vor allem um vertragsrechtliche und dem Recht des unlauteren Wettbewerbs zugehörige Vorschriften. Aber auch das Sachen- und Deliktsrecht können betroffen sein.

a) Diskussion

Das Privatrecht sollte grundfreiheitenrechtlich nur dann anders behandelt werden, wenn es *besondere Merkmale* aufweist, die eine solche Andersbehandlung rechtfertigen. Solche besonderen Merkmale können entweder darin liegen, dass das Privatrecht keine (hinreichend) schädlichen Wirkungen auf die Grundfreiheitenausübung (d. h. die Wettbewerbsgleichheit der Warenexporteure) entfaltet und/oder die Natur und Art der betroffenen mitgliedstaatlichen Kompetenzen eine besondere Behandlung rechtfertigen. Sofern die formale Qualifizierung einer Maßnahme als privatrechtlich oder öffentlichrechtlich *nicht* mit solchen Unterschieden einherginge, wäre sie irrelevant.[3868] Vertragssystematisch ist daran zu erinnern, dass Bereichsausnahmen zum Schutz der mitgliedstaatlichen Kompetenzen eine eindeutige *Ausnahme* innerhalb der Grundfreiheitendogmatik und -systematik darstellen und daher nur als *Ultima Ratio* in Betracht kommen. Privatrechtliche Vermarktungsregelungen weisen – soweit ersichtlich stets – Spezifität und Konnexität auf.

Der Gerichtshof hat in einer Reihe von Urteilen implizit und explizit zur Kontrollierbarkeit privatrechtlicher Regelungen am Maßstab von Art. 34, 35 AEUV Stellung genommen:[3869] In dem zur Wareneinfuhrfreiheit ergangenen Judikat *CMC Motorradcenter* prüft der Gerichtshof eine deutsche privatrechtliche Regelung (vorvertragliche Aufklärungspflicht). Nachdem der EuGH zunächst feststellt, dass die Regelung *nicht diskriminierend* ausgestaltet ist,[3870] verwirft er eine Maßnahme gleicher Wirkung, weil die Warenver-

---

liche Beziehungen (s. in Fn. 3834) und der wenigen Fälle, in denen das Recht des Herkunftsstaates zur Anwendung berufen wird, könnte auch an den – freilich eher unwahrscheinlichen – Fall gedacht werden, dass harmonisierte international-privatrechtliche Regelungen wie die Rom-I-VO vom Unionsgesetzgeber aufgehoben oder vom Gerichtshof für nichtig erklärt werden. Dann würde nationales IPR wiederaufleben oder neu erlassen werden und – je nach Inhalt – einer Kontrolle nach Art. 35 Alt. 2 AEUV zu unterziehen sein. Art. 35 Alt. 2 AEUV stellt in diesen Fällen also eine negativ-integrierende *Reservegewährleisstung* dar.

Mit Blick auf im Innenbereich der EU applizierbare EU-Koordinierungsnormen kommt auch eine Applikation von Art. 35 Alt. 2 AEUV in seiner Ausprägung als rechtliches und faktisches Wettbewerbsgleichheitsgebot in Betracht, z. B. wenn ein Verweis auf ein restriktives Herkunftsrecht zu Wettbewerbsungleichheiten führt, vgl. *Kuipers*, Germ. L. J. 12 (2011), 1681 (1695).

[3868] Ansonsten bestünde die Gefahr der Umgehung grundfreiheitlicher Vorgaben, vgl. *Roth*, in: Honsell, EurVersR Rn. 33.

[3869] Vgl. zur Dienstleistungsfreiheit auch EuGH, Urt. v. 24.10.1978, Rs. 15/78, Slg. 1978, 1972 (*Koestler*).

[3870] EuGH (Fn. 3148), Rn. 10 (*CMC Motorradcenter*).

kehrsbehinderung nicht aufgrund der Aufklärungspflicht drohe, sondern aufgrund des Verhaltens, auf das sich die Aufklärungspflicht beziehe.[3871] Die von der Aufklärungspflicht ausgehenden Wirkungen seien daher zu ungewiss und zu mittelbar (rule of remoteness).[3872] Der EuGH erkennt damit implizite an, dass privatrechtlichen Regelungen keine irgendwie geartete Sonderstellung zukommt, die per se dazu führen würde, dass sie aus dem Anwendungsbereich ausklammert werden müssten.[3873] In der Rs. *Alsthom*[3874] hält der EuGH die verfahrensgegenständliche Norm zwar im Ergebnis für zulässig, jedoch nicht wegen deren Zugehörigkeit zum Privatrecht, sondern nur, weil diese keine spezifische Ausfuhrbeschränkung bewirke oder bezwecke.[3875] Auch die Rs. *Alsthom* spricht für eine Einbeziehung privatrechtlicher Regelungen in die Grundfreiheiten. Auch die das nationale Verfahrensrecht betreffende Rs. *ED*[3876] kann mit Blick auf die dort verwandte Begründung wohl nicht als generelle Abstandsnahme von der Kontrolle verfahrensrechtsrechtlicher Regelungen gedeutet werden: Das Urteil in *ED* schließt Verfahrensrecht gerade nicht kategorisch von der Grundfreiheitenkontrolle aus, sondern stellt einzelfallbezogen auf die fehlende Spürbarkeit der Maßnahme ab.[3877] Allerdings erscheint es nicht abwegig, dass der EuGH in einer Vielzahl von Fällen, in denen das Verfahrensrecht die Durchsetzung warenvertraglicher Ansprüche behindert, möglicherweise von fehlender Spürbarkeit ausgehen wird. Auch in der Rs. *Gysbrechts* hat der EuGH trotz der privatrechtlichen Natur der verfahrensgegenständlichen Regelung keine irgendwie geartete Sonderbehandlung anerkannt.[3878] Die Rechtsprechung des EuGH spricht im Ergebnis dafür, auch Privatrecht am Maßstab der Grundfreiheiten zu kontrollieren.[3879] In einigen Rechtssachen hat der EuGH jedoch angedeutet, im Grundsatz nur eine *zurückhaltende* Kontrolle vornehmen zu wollen.[3880]

Zu berücksichtigen ist weiter, dass das Zivilrecht sich nicht in der bloßen *Förderung* und *Ermöglichung* privater Transaktionen erschöpft, sondern auch *sozialpolitische* Zielsetzungen verfolgt (etwa im Arbeits-, Verbraucherschutz- und Mietrecht). Entsprechende Konstellationen sind einer Kontrolle und Ra-

---

[3871] EuGH (Fn. 3148), Rn. 11 (*CMC Motorradcenter*).

[3872] EuGH (Fn. 3148), Rn. 9–12 (*CMC Motorradcenter*).

[3873] Wie hier *Fezer*, JZ 1994, 623 (624 f.); *Fogler-Deinhardstein*, ZfRV 2005, 22 (24); wohl auch *Heimann*, 123 f.

[3874] EuGH (Fn. 412).

[3875] S. b. Fn. 422.

[3876] EuGH (Fn. 542).

[3877] S. b. Fn. 552.

[3878] S. b. Fn. 781.

[3879] Ebenso *Rott*, 56.

[3880] Ebenso *Heimann*, 124; *Klinke*, in: Liber Amicorum Klaus Schurig, 105 (115); *Stuyck*, in: FS Roth, 625 (631) jew. m. w. N.

tionalisierung durch die Grundfreiheiten zugänglich.[3881] Das Privatrecht weist in diesen Fällen Übereinstimmungen mit *öffentlich*-rechtlichen Normen auf.[3882] Dies zeigt sich auch daran, dass sich viele Fälle in der Praxis finden lassen, in denen ein und derselbe Belang in Staat A mit den Mitteln des öffentlichen Rechts und in Staat B mithilfe des Privatrechts durchgesetzt wird.[3883]

Da es bei *Art. 35 Alt. 2 AEUV* nur um das Privatrecht des *Herkunftslandes* geht, kann auch nicht das Argument überzeugen, dass die Grundfreiheitenprüfung privatrechtlicher Regelungen dazu führt, dass sich der *wirtschaftlich potentere, rechtsberatene* Vertragspartner durchsetzt:[3884] Die Interessen der (eben regelmäßig „schwächeren") Verbraucher werden vom *Zielstaat* durch das zielstaatliche Recht wahrgenommen (und dem Zielstaat steht es sowohl offen, über eine zwingende Anknüpfung das eigene Recht obligatorisch zu machen, als auch völlige Dispositions- und Rechtswahlfreiheit einzuräumen und nur Informationspflichten zu statuieren).[3885] Wenn der Zielstaat wiederum seine Kontrolle in das Herkunftsland der Ware vorverlagern möchte, kann er sich mit dem Herkunftsstaat ins Benehmen setzen, der sich dann auf einen abgeleiteten Rechtfertigungsgrund berufen kann (ausnahmsweises legitimes Wahrnehmen der [ihrerseits legitimen oder illegitimen] Interessen eines anderen Mitgliedstaates kraft Ermächtigung[3886]).

Fraglich ist, ob der (grenzüberschreitende) Transaktionen fördernde Charakter des Privatrechts eine Ausklammerung privatrechtlicher Regelungen begründen kann: Sofern dieses rechtssicher, bestimmt und durchsetzbar ausgestaltet ist, sind die Akteure eher gewillt Tauschgeschäfte abzuschließen.[3887] Die rechtsökonomische Analyse hat allerdings gezeigt, dass die im *Exportstaat* ansässige Seite – die der Exporteure – zu *präferenzgerechteren* Lösun-

---

[3881] Allerdings handelt es sich hierbei um einen hauptsächlich in Importkonstellationen relevant werdenden Aspekt, da der Herkunftsstaat ja im Regelfall gerade nicht relevante, eigene (soziale oder sonstige) Interessen geltend machen kann.

[3882] *Fogler-Deinhardstein*, ZfRV 2005, 22 (26); *Schilling*, 230 ff.; *von Wilmowsky*, JZ 1996, 590 (592); s. a. *Heimann*, 116 f.

[3883] Vgl. d. Beispiele bei *Heimann*, 116 f.

[3884] Vgl. *Heiderhoff*, ZJS 2008, 25 (28).

[3885] Hier uneingeschränkt das für den anderen Teil unbekannte Vertragsrecht des Herkunftslandes anzuwenden – also dieses nicht gem. Art. 35 Alt. 2 AEUV zu kontrollieren – kann in bestimmten Fällen gar eine Benachteiligung des Schwächeren bedeuten, vgl. *Roth*, in: FS Sonnenberger, 591 (604 f.). Eine Ausnahme – Zuständigkeit des Herkunftsstaates – ist zu machen, wenn das „Interesse herauswandert", d. h. der Verbraucher in einen anderen Mitgliedstaat reist, um dort einen Vertrag abzuschließen, s. umf. zur Rechtfertigungsfähigkeit entsprechender kollisionsrechtlicher Regelungen des Herkunftsstaates b. Fn. 4071 ff.

[3886] Vgl. zu dieser Ausnahme vom grundsätzlichen Verbot der fremdnützigen Interessenwahrnehmung b. Fn. 4107 ff.

[3887] Vgl. *Heimann*, 118; *Roth*, in: Canaris et al., 847 (861 f.); *Schilling*, 232 f.; *von Wilmowsky*, JZ 1996, 590 (591 ff.).

gen gelangt als staatliche Stellen: Sie sind besser geeignet, zu beurteilen, ob eine Regelung ihre Interessen fördert und einen Austausch erst ermöglicht oder nicht und daher besser durch eine nach ihrer Auffassung effizientere Norm eines anderen Mitgliedstaates ausgetauscht werden sollte. Wiederum reduziert sich die Förderungsfunktion des Privatrechts also auf die im *Zielstaat* ansässigen Akteure (i. S. e. „Schwächerenschutzes"[3888]), für deren Schutz der Exportstaat nicht zuständig ist.

Der Herkunftsstaat muss dem Exporteur nur gewisse Möglichkeiten der Durchsetzbarkeit seiner Ansprüche aufgrund des beim Staat liegenden Gewaltmonopols verschaffen. Es müssen also Zivilgerichte und Vollstreckungsorgane und gewisse Formen der zwischenstaatlichen Zusammenarbeit existieren, die diese Dienste auch in Bezug auf grenzüberschreitende Transaktionen gewährleisten. Ausnahmsweise dürfte sich eine *Pflicht* zur Bereitstellung ganz grundlegender Institutionen aus Art. 35 Alt. 2 AEUV ableiten lassen. Ansprüche dieser Art sind jedoch in ihrer Reichweite stark *begrenzt*. Die Mitgliedstaaten sollten hier – schon aus Gründen der Budgethoheit – sehr weite Gestaltungsspielräume besitzen. Sie sind nicht zur Zurverfügungstellung *optimaler* Durchsetzungsmöglichkeiten verpflichtet. Es muss nur eine gewisse, ganz grundlegende *Mindesteffektivität* gewährleistet sein.

Obgleich es gute Gründe dafür geben mag, das *zielstaatliche* Privatrecht keiner Grundfreiheitenprüfung zu unterziehen (was hier nicht abschließend beurteilt werden kann), treffen sie jedenfalls auf das *Herkunftslandrecht* aufgrund der gänzlich andersartigen Interessenlage nicht zu. Vom Mittel einer für das Privatrecht geltenden *Bereichsausnahme* sollte daher in Bezug auf Art. 35 Alt. 2 AEUV Abstand genommen werden. Sofern ausnahmsweise doch relevante herkunftsstaatliche Interessen betroffen sind, kann den besonderen Bedürfnissen des Privatrechts auf der Rechtfertigungsebene Rechnung getragen werden, indem dessen besonderes Kohärenzbedürfnis[3889] und seine Förderungsfunktion als legitime Ziele berücksichtigt und den Mitgliedstaaten bei der Ausgestaltung ihrer Privatrechtssysteme *weite Spielräume* eröffnet werden. Dabei genügt es nicht, dass sich der Mitgliedstaat bloß auf ein *allgemeines* Kohärenzbedürfnis beruft, sondern er muss genau und ausführlich darlegen, inwiefern die Annahme einer Beschränkung im konkreten Fall zu Systemproblemen führt. Dies ist in aller Regel nicht der Fall.[3890]

[3888] Vgl. zum Begriff *von Wilmowsky*, JZ 1996, 590 (596).

[3889] *Fogler-Deinhardstein*, ZfRV 2005, 22 (31); andeut. *Langner*, RabelsZ 65 (2001), 222 (240); abl. *Heimann*, 185 f.

[3890] Vgl. nur *Fogler-Deinhardstein*, ZfRV 2005, 22 (26); *von Wilmowsky*, JZ 1996, 590 (591).

b) Auf einzelne Rechtsgebiete bezogene Überlegungen

aa) Produktionsbezogenes Privatrecht

Sofern es um *produktionsbezogenes* Privatrecht geht, z. B. um das Arbeitsrecht, ergeben sich von den betroffenen Interessen her keinerlei Unterschiede gegenüber sonstigen Produktionsregelungen (auch nicht in der rechtlichen Behandlung). Die Kriterien der Spezifität und Konnexität führen allerdings zu einer merklichen Eingrenzung der zu kontrollierenden privatrechtlichen Regelungen (etwa in Bezug auf das genannte Arbeitsrecht). Auch das Erfordernis eines Grenzübertrittsbezugs schränkt die Fälle merklich ein. Im Übrigen – d. h. bei *Vorliegen* von Spezifität und Konnexität – ist eine abweichende Behandlung privatrechtlicher Produktionsregelungen nicht angezeigt (diese sind also dem Produktionsregelungstest zu unterziehen).

bb) Schuldvertragstypen und sachenrechtliche Institute?

Vertragsrechtliche Regelungen betreffen in der Regel *konkrete* Warenexporttransaktionen und regeln den eigentlichen *Austauschvorgang*. Sie können daher ganz erhebliche Auswirkungen auf bereits *individualisierte* Exporttransaktionen entfalten. Warenexporteure dürfen mit Blick auf Art. 35 Alt. 2 AEUV nicht zur Nutzung *spezieller Vertragsmodelle* gezwungen werden. Auch hier gilt, dass die Exporteure am besten entscheiden können, welche vertraglichen Arrangements ihren Interessen am ehesten dienen. Der Herkunftsstaat kann und sollte sich hier *milderer* Mittel bedienen und seinen Exporteuren Musterverträge zur Verfügung stellen sowie Beratungsmöglichkeiten anbieten (wie dies z. B. Großbritannien tut).

Mit Blick auf das *Sachenrecht* ist die Rechtslage *komplexer*:[3891] Aus der *Groenveld*-Formel ergibt sich zunächst, dass der Herkunftsstaat seine sachenrechtlichen Rechtsinstitute in diskriminierungsfreier Weise auch dem Exporteur zur Verfügung stellen muss, etwa dann, wenn ein Sicherungsmittel im Herkunftsstaat verbleibt oder zumindest in diesem begründet werden soll. Schwieriger ist die Situation dagegen in Bezug auf sachenrechtliche Institute *anderer* Mitgliedstaaten, die der Exporteur *vor* Verbringung der Ware über die Grenze begründen möchte. Vor allem eine (noch im Exportstaat stattfindende) Bestellung von *Sicherungsrechten* an der zu *exportierenden Ware*[3892] könnte dabei in der Praxis relevant werden (z. B. verschiedene Formen des

---

[3891] Umf. *von Wilmowsky*, 97 ff.

[3892] S. zu Alternativen zu sachenrechtlichen Sicherungsrechten bei *von Wilmowsky*, 100 m. w. N. S. allg. zur Grundfreiheitenkonformität von Mobiliarsicherheiten bei *Rott*, 40 ff. m. w. N.

Eigentumsvorbehaltes).[3893] Fraglich ist, ob der Exportstaat dem Exporteur erlauben muss, Sicherungsrechte an der verkauften Ware zu begründen, die der Rechtsordnung des Exportstaates fremd und nur in anderen Mitgliedstaaten (vor allem im Zielstaat) bekannt und zulässig sind, und zwar zu einem Zeitpunkt, an dem sich die Ware noch im Exportstaat befindet. Dies widerspräche der kollisionsrechtlichen lex rei sitae (für Deutschland: § 43 I EGBGB)[3894] i. V. m. dem sachenrechtlichen numerus clausus.[3895] Doch kann es hier für den Exporteur (z. B. in Staat A) zu *Wettbewerbsungleichheiten* kommen, wenn konkurrierende Exporteure in anderen Mitgliedstaaten (Staat B und C z. B.) Sicherungsrechte begründen und in den Zielstaat (D) „mitnehmen" können (etwa weil Exportstaat B und Zielstaat D ein Sicherungsrecht kennen, das in einem anderen Exportstaat unbekannt ist und nicht begründet werden kann). Auch die Möglichkeit, das Sicherungsrecht unmittelbar nach *Überqueren* der Landesgrenze (z. B. im Zielstaat) zu begründen, könnte für den Exporteur immer noch mit Nachteilen verbunden sein. Die darin liegende Beeinträchtigung der Wettbewerbsgleichheit dürfte *gerechtfertigt* sein mit Blick auf den Schutz des Rechtsverkehrs, der Publizität, der Durchführung etwaiger Insolvenzverfahren und mit Blick auf den Schutz nicht am Geschäft beteiligter Dritter.[3896] Ohne dies hier näher zu vertiefen, erscheint nämlich nicht ausgeschlossen, dass hier (ausnahmsweise) auch die (im Rahmen von Art. 35 Alt. 2 AEUV allein maßgeblichen) Interessen des *exportstaatlichen Rechtsverkehrs* beeinträchtigt sein könnten (z. B. mit Blick auf ein mögliches Insolvenzverfahren im Exportstaat), wenn der Exporteur exportstaatliche Sicherungsrechte durch für ihn günstige, aber dem Exportstaat unbekannte Sicherungsrechte ersetzen möchte. Es kommt insbesondere zu einem Verlust an Rechtssicherheit und Transparenz (in Bezug auf die Eigentums- und Vermögensverhältnisse der Exporteure).

[3893] Diese Konstellation ist natürlich auch und vor allem aus *Importsicht* problematisch, weil im Exportstaat begründete Rechte nach Überqueren der Landesgrenze *untergehen* könnten.

[3894] Sämtliche Mitgliedstaaten folgen grundsätzlich der lex rei sitae, vgl. *Brinkmann*, 469.

[3895] Vgl. zur Problematik, insbesondere aus Sicht von Art. 34 Alt. 2 AEUV, nur *Brinkmann*, 8; *Körber*, 626; *Kroll-Ludwigs*, 289; *Roth*, ZEuP 1994, 5 (23 ff.); *Schilling*, 236 ff.; *von Wilmowsky*, 97 ff. jew. m. w. N.

[3896] S. zu möglichen Rechtfertigungsgründen mit Blick auf die *Einfuhr* von Waren *Brinkmann*, 469 f.; *Kroll-Ludwigs*, 289 ff.; *Légrádi*, 297; *Schilling*, 238.

cc) Produkthaftungs- und Deliktsrecht?

Delikts- und Produkthaftungsrecht dienen den grundsätzlich im *Zielstaat* gelegenen Geschädigteninteressen (vor allem Verbraucherinteressen).[3897] Es kann auch hier zu Wettbewerbsungleichheiten kommen, die eine Applizierung des Wettbewerbsgleichheits-Rechtswahlmechanismus rechtfertigen.[3898] Legitime *herkunftsstaatliche* Interessen können ausnahmsweise tangiert sein, wenn das herkunftsstaatliche Deliktsrecht nicht nur den Kompensations- und Ausgleichsgedanken verfolgt (wie grundsätzlich das deutsche Deliktsrecht), sondern (wie das US-amerikanische Recht) auch *Straf*zwecken dient, was abhängig ist von der konkreten Ausgestaltung des jeweiligen nationalen Deliktsrechts, es ist eine Frage des Einzelfalls.

c) Behinderungswirkung dispositiven und kollisionsrechtlich abdingbaren Rechts?

Die Frage, ob dispositives und kollisionsrechtlich abdingbares Recht ebenfalls beeinträchtigend wirkt (der EuGH äußert sich in *Alsthom*[3899] wohl ablehnend),[3900] stellt sich unter Zugrundelegung des hier vertretenen Modells in der *Praxis gar nicht erst* (mit Blick auf herkunftsstaatliche Regelungen): Damit eine Vorschrift gegen Art. 35 Alt. 2 AEUV verstößt, muss der Exporteur die Norm abwählen und von seinem Rechtswahlrecht Gebrauch machen. Da der Exporteur allen Seiten zur Auskunft darüber verpflichtet ist, ob er sich auf Art. 35 Alt. 2 AEUV beruft,[3901] wird auch der andere Teil hiervon Kenntnis erlangen. Wenn er sich auf Art. 35 Alt. 2 AEUV in Bezug auf dispositives und/oder kollisionsrechtlich abdingbares Recht beruft und der andere Teil damit nicht einverstanden ist, kommt es gar nicht erst zum Vertragsschluss. Wenn der andere Teil nicht mit der Rechtswahl einverstanden ist, wird er natürlich auch nicht damit einverstanden sein, das dispositive Recht sachrechtlich oder kollisionsrechtlich abzubedingen (was ja zu dem gleichen Ergebnis führte). Am *praktischen Ergebnis* ändert also die Möglichkeit der Abdingbarkeit nichts. Allerdings könnte formal davon *gesprochen* werden, dass umfassende Abdingbarkeit einer Grundfreiheitenverletzung entgegensteht.[3902] Nicht außer Acht gelassen werden sollte dabei, dass der andere Teil ja durch das Recht des Zielstaates geschützt wird. Der Zielstaat kann insbesondere auch die Maßgabe aufstellen, dass ein EU-ausländisches Unterneh-

---

[3897] Entsprechend beruft Art. 4 I Rom-II-VO das Recht des Staates zur Anwendung, in dem der Schaden eintritt, was regelmäßig der Importstaat sein wird.

[3898] Vgl. *Roth*, ZEuP 1994, 5 (31); *ders.*, in: GS Lüderitz, 635 (655).

[3899] S. b. Fn. 423 ff.

[3900] Vgl. *Bachmann*, AcP 210 (2010), 424 (487); *Fogler-Deinhardstein*, ZfRV 2005, 22 (27 f.); *Langner*, RabelsZ 65 (2001), 222 (227 f.).

[3901] S. b. Fn. 3684.

[3902] Vgl. *Fetsch*, 394.

men, wenn es mit einem innerstaatlichen Verbraucher kontrahiert, diesen vorher darüber informieren muss, wenn es das herkunftsstaatliche Recht (z. B. in AGB) abwählt.

d) Keine Bereichsausnahme für das Internationale Privatrecht

Auch in Bezug auf das internationale Privatrecht gibt es keinen Grund für die Anerkennung einer irgendwie gearteten Bereichsausnahme.[3903] Die Belastung liegt *allein* in der *Sach*norm, wenn keine kollisionsrechtliche Gestaltung denkbar ist, die zu einer Nichtverletzung der Grundfreiheiten führen würde.[3904] Dagegen liegt die Belastung in der Kollisionsnorm, wenn eine Nichtverletzung durch eine entsprechende Gestaltung der Kollisionsnorm möglich wäre.[3905] Gerade in Bezug auf Exportsachverhalte bietet sich vielfach eine kollisionsrechtliche Freistellung[3906] von inländischen Normen an, wenn, wie bei den meisten (formalen) Produkt-, Vermarktungsregelungen und den für das EU-Ausland geltenden Transportregelungen, herkunftsstaatliche Drittinteressen nicht berührt sind.

e) Dilemma zielstaatlicher Rechtsinformationskosten und herkunftsstaatlicher (höherer) Sachrechtskosten

Aus dem hier vertretenen Rechtswahlrecht ergibt sich auch eine Lösung für das Dilemma zwischen Rechtsinformationskosten und Sachrechtskosten,[3907] wenn das herkunftsstaatliche Recht strenger ist, aber das zielstaatliche Recht eben (wie immer) unbekannt ist und auf das Herkunftslandrecht verweist, wodurch der Exporteur sachrechtlich diskriminiert wird: Dadurch, dass der Exporteur *wählen* kann, kann er die Kosten, die für ihn von einer unbekannten Rechtsordnung ausgehen (Rechtsinformationsosten) mit denjenigen ins Verhältnis setzen, die von der nachteiligen Herkunftsrechtsordnung emanieren. Wenn er schon mehrere Transaktionen getätigt hat, also informiert ist, besitzt er überhaupt keine Rechtsinformationskosten und kann auf das (mildere) Zielstaatsrecht zurückgreifen. Er ist also in der Lage, die im Einzelfall für ihn richtige Entscheidung zu treffen.

7. Der für Vermarktungsregelungen geltende Test im Überblick

Auch für Vermarktungsregelungen gilt der Produktregelungstest. Sofern ein Exportunternehmen folglich einer wettbewerbsbenachteiligenden Vermark-

---

[3903] *Roth*, in: Baur/Mansel, 47 (52 ff.); *ders.*, RabelsZ 55 (1991), 624 ff.
[3904] *Roth*, in: Baur/Mansel, 47 (57 f.).
[3905] *Roth*, in: Baur/Mansel, 47 (57 f.).
[3906] Vgl. *Roth*, in: Baur/Mansel, 47 (58).
[3907] Vgl. hierzu umf. *Roth*, in: GS Lüderitz, 635 (655 f.).

tungsregelung (im oben definierten Sinn[3908]) unterliegt, darf das Unternehmen (vorbehaltlich der Rechtfertigung) von seinem Rechtswahlrecht Gebrauch machen. Die Vermarktungsregelung muss nicht spürbar sein.[3909] Die Exporteure entscheiden also selbst darüber, ob eine Vermarktungsregelung ihre Vermarktungschancen so erheblich beeinträchtigt, dass sie von ihnen als Behinderung empfunden wird. Auch Nachfeldregelungen und (international-)privatrechtliche Normen sind in den Test einzubeziehen. Da zielstaatliche Vermarktungsregelungen häufig legitime Interessen verfolgen, wird sich der Rechtswahlmechanismus bei Vermarktungsregelungen *im praktischen Ergebnis* häufig darin erschöpfen, dass der Exporteur „nur" an die (jedenfalls gerechtfertigten) Zielstaatsregelungen gebunden ist und sich vom Recht des Exportstaates – sofern es denn (international-privatrechtlich) überhaupt einen Anwendungsanspruch erhebt – befreien lassen kann.[3910]

Auf der Rechtfertigungsebene gilt (wie bei Produktregelungen) grundsätzlich der volle Verhältnismäßigkeitsstandard. Der EuGH sollte hier aber in Bezug auf das (internationale) *Privatrecht* dessen besondere Eigenschaften gebührend *berücksichtigen* und insbesondere einen Rechtfertigungsgrund der *Kohärenz des nationalen Privatrechts* anerkennen. Eine Berufung hierauf muss aber *substanziiert* werden.

Rechtswissenschaft und Praxis sollten aufmerksam begleitet und ggf. Fälle dem Produktionsregelungstest zugeordnet werden, in denen der Herkunftsstaat *in der Regel* herkunftsstaatliche Interessen verfolgt (wenn Interessen des Exportstaates dagegen nur *ausnahmsweise* verfolgt werden, ist dies unschädlich). Alternativ können auch einzelne Fälle, bei denen die Geeignetheit der Maßnahme (zur Verfolgung eines legitimen Ziels) bejaht wurde (und bei denen mithin nachweislich ein legitimes herkunftsstaatliches Interesse gegeben ist), nur einer abgeschwächten Erforderlichkeitsprüfung unterzogen und/oder die Prüfungsstufe der Angemessenheit ausgelassen werden.

V. Transportregelungen

Unter die Gruppe der Transportregelungen fallen alle herkunftsstaatlichen Regelungen, die den Transport im Inland und EU-Ausland regulieren. Die Abgrenzung zu anderen Regelungsgruppen gelingt hier vergleichsweise trennscharf. Dabei wird hier aus wertungstechnischen Gründen lebenssachverhaltlich differenziert zwischen für den Transport im *Inland* und im *EU-*

[3908] S. b. Fn. 3819 ff.

[3909] S. b. Fn. 3841.

[3910] Die Warenein- und -ausfuhrfreiheit werden hier dann in der Praxis nur eine gewisse Rationalisierung der Zielstaatsregelungen und eine Abwehr der für den Export geltenden Herkunftslandbestimmungen bewirken.

Ausland geltenden Regelungen. Für das Inland geltende Transportregelungen sind nach Maßgabe des *Produktionsregelungstests* zu behandeln, für das EU-Ausland geltende Transportregelungen nach Maßgabe des *Produktregelungstests*.

1. Begründung und Wirkung des Wettbewerbsgleichheits-Rechtswahlmechanismus

a) Inlandstransport

Den Inlandstransport betreffende Regelungen weisen wertungstechnisch erhebliche Übereinstimmungen auf mit der Gruppe der *Produktionsregelungen*:[3911] Hier sind praktisch immer Interessen des Herkunftsstaates betroffen. Die Verhältnismäßigkeitsprüfung hat hier nur noch die Funktion, zu klären, ob es sich um *legitime* Interessen handelt und ob sie *in zulässiger Weise* verfolgt wurden. Denn die Folgen und/oder die Durchführung des Transports im Inland treffen wie die Produktionsregelungen im Regelfall die Interessen von nicht an der Rechtswahl beteiligten Dritten (z. B. in Form von Umweltbelastungen durch den Transport gefährlicher Güter[3912] oder durch ein hohes Verkehrsaufkommen[3913], Tierschutzverletzungen,[3914] Demonstrationsrechtbeeinträchtigungen[3915]).

Dennoch kann auch hier die Wettbewerbsgleichheit (auch in schwerer Weise) betroffen sein. Zudem existiert die Ware bereits. Der Transportvorgang ist gleichzeitig sehr eng mit dem Substrat von Art. 35 Alt. 2 AEUV – der Ausfuhrtransaktion – verbunden. Ein erhebliches Erschweren oder gar Verbieten des Transportes einer Ware macht ihren Verkauf praktisch oder tatsächlich unmöglich. Der Transportvorgang weist daher stets Spezifität[3916] und Konnexität[3917] auf.

Bereichsausnahmen sind dem Unionsrecht fremd,[3918] und der EuGH stellt auch in seiner sonstigen Judikatur nicht auf die Art einer Regelung, sondern auf deren Wirkung ab bei der Feststellung von Beeinträchtigungen. Das Fehlen einer dual burden ist irrelevant.[3919]

Im Ergebnis sollte aufgrund der regelmäßig betroffenen Interessen des Herkunftslandes der hier für Produktionsregelungen entwickelte modifizierte Test gewählt werden.

[3911] S. b. Fn. 3723 ff.
[3912] S. b. Fn. 3928 f.
[3913] EuGH (Fn. 643), Rn. 22 (*Kommission/Österreich*).
[3914] EuGH (Fn. 652), Rn. 21 (*Monsees*).
[3915] EuGH (Fn. 642), Rn. 76 ff. (*Schmidberger*).
[3916] Vgl. b. Fn. 3576.
[3917] S. b. Fn. 3569.
[3918] Vgl. b. Fn. 3543 ff. u. b. Fn. 3746.
[3919] S. b. Fn. 3747 ff.

b) Transport im EU-Ausland

Den Transport im EU-Ausland betreffende Regelungen weisen dagegen große Übereinstimmungen mit der Gruppe der *Produktregelungen* auf: In der Praxis dürfte es nahezu ausnahmslos um *zielstaatliche* Interessen gehen. Zudem handelt es sich um einen Bereich, der typischerweise vom Zielstaat geregelt wird. Sofern ein Exportstaat also EU-Auslandstransportregelungen normiert, beeinträchtigt er die Wettbewerbsgleichheit der betroffenen Exporteure. Für exportstaatliche Regelungen, die den Transport im EU-Ausland regulieren, dürfte es im Regelfall keine Legitimation geben. Daher sollte auch kein Spürbarkeitserfordernis Anwendung finden.[3920] Mit Blick auf die Kriterien der Spezifität und des hinreichenden Bezuges zum geschützten Lebenssachverhalt gibt es dagegen keine Abweichungen zu den Inlandstransportregelungen.[3921] Sofern ausnahmsweise einmal doch herkunftsstaatliche Interessen betroffen sind, kann dem auf der Rechtfertigungsebene Rechnung getragen werden. Im Ergebnis ist der Produktregelungstest zu applizieren. Wie bei der Fallgruppe der Vermarktungsregelungen[3922] führt der Wettbewerbsgleichheits-Rechtswahlmechanismus hier in der Regel „nur" dazu, dass Wettbewerbsgleichheit mit den Zielstaatsherstellern hergestellt wird. Denn die zielstaatlichen Regelungen werden in der Regel legitime Interessen verfolgen und daher nicht gem. Art. 34 Alt. 2 AEUV aufhebbar sein.

2. Beispiele aus der EuGH-Rechtsprechung (Oebel; Monsees; Dusseldorp; *C-112/00; C-320/03)*

a) Oebel, *14.07.1981*[3923]

In *Oebel* ging es um eine inlandsbezogene Transportregelung: Das Transportverbot dient nach den Angaben der deutschen Regierung der effektiven Kontrolle und Durchsetzung des Nachtbackverbots,[3924] welches (vorgeblich) zum Ziel hatte, die Gesundheit der inländischen Arbeitnehmer zu schützen.[3925] Bei den vorgetragenen Interessen handelt es sich also um *herkunftsstaatliche* Belange (womit die Regelung die typischen Merkmale einer Inlandstransportregelung aufweist). Andererseits ist glaubhaft angezweifelt worden, dass und ob das Nachtarbeitsverbot wirklich der Gesundheit dient (und nicht dem *ökonomischen* Schutz kleiner Bäckereien, die zu einem Schichtbetrieb nicht in der Lage sind).[3926] Sollte dies stimmen, ist es fraglich,

---

[3920] S. b. Fn. 3629.
[3921] S. b. und in Fn. 3916 f.
[3922] S. b. Fn. 3910.
[3923] EuGH (Fn. 355).
[3924] Zitiert nach EuGH (Fn. 355), Rn. 18.
[3925] Zitiert nach Tatbestand, EuGH (Fn. 355), Slg. 1980, 1994 (2003).
[3926] Zitiert nach Tatbestand, EuGH (Fn. 355), Slg. 1980, 1994 (2001 f.).

ob ein dergestalt „legitimiertes" Nachtback- und -ausfahrverbot gerechtfertigt werden kann, das exportierende deutsche Großbäckereien auf Märkten in anderen Mitgliedstaaten im Wettbewerb benachteiligt und die Wohlfahrt von EU-ausländischen Verbrauchern schmälert. Dies gilt erst recht, wenn die deutschen Großbäckereien sicherstellen, dass Backprodukte, die im Schichtbetrieb hergestellt wurden, auch tatsächlich exportiert werden.

b) Dusseldorp, *25.06.1998*[3927]

In der Rs. *Dusseldorp*[3928] erwägt der EuGH kurz (und verwirft dies anschließend wieder), ob die Unterbindung einer Gefahr für das Inland, die vom Transport gefährlicher Abfälle herrührte, einen Rechtfertigungsgrund begründete.[3929]

c) Monsees, *11.05.1999*[3930]

Zunächst handelt es sich bei der dem Fall *Monsees* zugrunde liegenden Regelung insofern um eine *Inlandstransportregelung*, als Transportrestriktionen für das Inland festgelegt werden (Transport zum nächstgelegenen Schlachthof und Höchstdauer sowie Maximalreichweite). Hier sind eindeutig herkunftsstaatliche Interessen betroffen (fraglich ist wiederum nur, ob sie in legitimer Weise wahrgenommen wurden).

Das im Inland greifende Verbot verunmöglicht den Transport *ins* und folglich auch *im* EU-Ausland. Hierdurch werden zielstaatliche Interessen betroffen. Fraglich ist nun, ob hier aber auch herkunftsstaatliche Interessen berührt sind,[3931] denn der Herkunftsstaat könnte *moralisch verantwortlich* sein für die Behandlung im Zielstaat:[3932] Dadurch, dass er es zulässt, dass die Tiere die Grenze passieren, macht er sich „mitschuldig" an einer möglicherweise verwerflichen Behandlung der Tiere im Zielstaat. Um jedoch nicht einfach sozio-kulturelle Abweichungen ausreichen zu lassen, sollte es im jeweiligen Fall schon um einen wirklichen, erheblichen moralischen Missstand gehen.[3933] Grundsätzlich müssen die Mitgliedstaaten aber auf der Grundlage des Loyalitätsgrundsatzes davon ausgehen, dass ein ausreichender Tierschutz und somit ein elementarer öffentlicher Rechtsgüterschutz generell und d. h. auch im EU-Ausland gewährleistet ist. Das Gegenteil sollte die von ihnen zu bewei-

[3927] EuGH, Urt. v. 25.06.1998, Rs. C-203/96, Slg. 1998, I-4111 (*Dusseldorp*).

[3928] S. zum Sachverhalt b. Fn. 4028 ff.

[3929] EuGH (Fn. 3927), Rn. 46 f.

[3930] EuGH (Fn. 653).

[3931] Vgl. zu einer genauen Abgrenzung der Betroffenheit in- und EU-ausländischer Interessen umf. b. Fn. 4065 ff.

[3932] S. zu dieser Ausnahme vom Verbot der fremdnützigen Interessenwahrnehmung umf. b. Fn. 4093 ff.

[3933] S. zu dieser Voraussetzung umf. b. Fn. 4098 ff.

sende Ausnahme sein. Folglich ist der Produktregelungstest der adäquate, weil er den Herkunftsstaat dazu zwingt, sich voll für den (auch) *extraterritorialen* Anwendungsbereich seiner Regelung rechtfertigen zu müssen. Die vorliegende Regelung erweist sich dabei als unverhältnismäßig: Es ist dem Tierschutz in vielen Fällen weniger abträglich, wenn die Tiere im EU-Ausland geschlachtet werden, nämlich immer dann, wenn ein Schlachthof im EU-Ausland näher ist.[3934]

d) „Durchfuhrfälle": Schmidberger *v. 12.06.2003*[3935], Kommission/Österreich *v. 15.11.2005*[3936]

In den beiden Vertragsverletzungsverfahren gegen Österreich ging es um Autobahnbehinderungen in Österreich, also um offensichtliche Inlandstransportregelungen. Es waren in beiden Fällen eindeutig herkunftsstaatliche Interessen betroffen: In *Kommission/Österreich* bezweckte die österreichische Regierung eine Reduzierung der Luftverschmutzung durch die Sperrung eines viel genutzten Autobahnabschnittes für einen Teil des Güterverkehrs,[3937] es ging dort also um den Schutz der österreichischen Umwelt und die Gesundheit von Menschen, Tieren und Pflanzen. *Schmidberger* lag eine Autobahnsperrung wegen einer Demonstration zugrunde, mithin ging es dort um die Rechte der demonstrierenden Versammlungsteilnehmer.[3938]

VI. Keine Anerkennung einer Exportfreiheit

Freiheitliche Gehalte sollten – abgesehen von derjenigen Freiheit, die mit der Schaffung von Wettbewerbsgleichheit als *relativer* Freiheit einhergeht – nicht anerkannt werden. Zunächst ist darauf hinzuweisen, dass der EuGH die Grundfreiheiten in verschiedenen Judikaten tatsächlich freiheitsrechtlich ausgelegt hat und insbesondere dem Marktzugangsgedanken – sofern er denn nicht diskriminierungsrechtlich *formuliert* wird – freiheitsrechtliche Gehalte immanent sind.[3939] *Versperrungen* des Marktzugangs versagt der EuGH dabei regelmäßig seine Anerkennung.[3940]

Schon im Rahmen der Binnenmarktbetrachtungen wurde aber festgestellt, dass das *Binnenmarktziel* – abgesehen von ganz grundsätzlichen Gehalten

---

[3934] Anders läge es nur, wenn sich der Zielstaat weigern würde, eine solche Maßgabe aufzustellen oder zu befolgen.

[3935] EuGH (Fn. 643).

[3936] EuGH (Fn. 642).

[3937] EuGH (Fn. 642), Rn. 22.

[3938] EuGH (Fn. 643), Rn. 76 ff.

[3939] S. b. Fn. 2872 f., Fn. 2969 und b. Fn. 3123 ff.

[3940] Vgl. auch *Shuibhne*, E. L. Rev. 27 (2002), 408 (412).

wie der Abwehr einer Planwirtschaft – keine freiheitlichen Gehalte enthält, weil – auch vor dem Hintergrund des Gesamtgefüges der Verträge – Regulierung an sich in vielfältiger Weise akzeptiert, gar (als selbstverständlich) vorausgesetzt und vielmehr die *Gleichheit* der Wettbewerbsbedingungen zwischen den einzelnen Marktteilnehmern angestrebt wird.[3941] Außerhalb von Harmonisierungsmaßnahmen steht es den Mitgliedstaaten genauso frei, ihren Handel zu liberalisieren wie ihn zu regulieren. Neben einer Binnenmarktbetrachtung und einer systematischen Gesamtbetrachtung der Verträge spricht hiergegen auch eine die EU-Grundrechte berücksichtigende Auslegung.[3942]

Exportregulierungsbelastungen sollten daher nicht unter Rekurs auf Art. 35 Alt. 2 AEUV abgewehrt werden können, d. h. sie stellen keine Beeinträchtigung bzw. keinen Eingriff in die Warenausfuhrfreiheit dar (Ausschluss auf der Beeinträchtigungsebene), es sei denn sie führen zu einer Wettbewerbsungleichheit für den Exporteur. Aber auch echte Produktions- und/oder Handelsverbote (als „Marktaustritts*versperrungen*") sind nach hiesiger Auffassung zulässig im Lichte von Art. 35 Alt. 2 AEUV (wenn sie nicht eine Wettbewerbsungleichheit darstellen).[3943]

[3941] S. b. Fn. 1828 ff.

[3942] S. b. Fn. 2382 ff.

[3943] Vgl. *Shuibhne*, E. L. Rev. 27 (2002), 408 (412); *Wyatt*, E. L. Rev. 5 (1980), 473 (475). A.A. (auf der Grundlage der *Groenveld*-Formel) Generalanwalt *Lenz* in *Peralta* (Fn. 2442), s. b. Fn. 2469; ebenso wohl *Weiler*, in: Craig/de Búrca, 349 (371 f.); ebf. zur a.A. tendierend *Weyer*, 448.

Bezüglich letzterer Maßnahmen sei jedoch darauf hingewiesen, dass eine Auslegung von Art. 35 Alt. 2 AEUV in dem Sinne, dass er (nicht wettbewerbsbenachteiligenden) Export- sowie (auf den Export anwendbaren) Handels- und Produktionsverboten entgegensteht, *eher* mit den Auslegungsgrundlagen vertretbar erscheint als eine Auslegung von Art. 35 Alt. 2 AEUV in dem Sinne, dass dieser auch (nicht wettbewerbsbenachteiligenden) aber „*kleineren*" Regulierungsbelastungen entgegensteht.

Der oben angesprochene Extrem- und Ausnahmefall der Einführung einer Planwirtschaft ist hiervon zu unterscheiden und im Übrigen auch direkt unter Rückgriff auf das Binnenmarktziel (und nicht auf die Grundfreiheiten) zu bewältigen, s. hierzu b. Fn. 1816.

15. Kapitel

Folgefragen auf der Rechtfertigungsebene

Bereits oben wurden für *bestimmte* Fallgruppen einige Modifikationen der Rechtfertigungsprüfung vorgeschlagen.[3944] Auch ist der Verhältnismäßigkeitsgrundsatz als rechtlicher Mechanismus untersucht worden.[3945] Im Folgenden soll es um einige im Rahmen dieser Arbeit noch nicht thematisierte und auf der Rechtfertigungsebene angesiedelte Fragen gehen, die sich speziell im Kontext (einer extensiven Auslegung) von Art. 35 Alt. 2 AEUV ergeben (und somit in der Literatur wenig[er] Aufmerksamkeit erfahren haben).[3946]

Zentral sind zwei Fragestellungen: Fraglich ist, ob und wann der Exportstaat Art. 35 Alt. 2 AEUV beeinträchtigende Maßnahmen unter Berufung auf anderen Mitgliedstaaten zugeordnete Belange rechtfertigen kann[3947] und ob der gute Ruf der heimischen Exportindustrie ein schützenswertes Rechtsgut darstellt (speziell vor dem Hintergrund der ebenfalls zu problematisierenden grundsätzlichen Unbeachtlichkeit ökonomischer Erwägungen in der Recht-

---

[3944] Insbesondere innerhalb des Produktionsregelungstests, s. b. Fn. 3775 ff.

[3945] S. b. Fn. 3424 ff.

[3946] In Bezug auf die *allgemeinen* Fragen und Probleme des Rechtfertigungstatbestands sei auf die spezielle Kommentar- und Monografieliteratur verwiesen. Eine häufig im Fokus stehende Frage ist dabei, ob auch diskriminierende Maßnahmen unter Berufung auf die zwingenden Erfordernisse gerechtfertigt werden können, wobei die h.M. davon ausgeht, dass faktische im Gegensatz zu offenen Diskriminierungen rechtfertigungsfähig sind (bisweilen wird auch noch zwischen verschiedenen Gemeinwohlzielen unterschieden, von denen nur bestimmte auch diskriminierende Regelungen rechtfertigen könnten wie z. B. der Umweltschutz), vgl. nur *Ahlfeld*; *Feiden*, 263 ff.; *Fremuth*, EuR 2006, 866 ff.; *Frenz*, Hb. 1, Rn. 546 ff.; *Herdegen*, § 14 Rn. 5; *Müller-Graff*, EuR-Beiheft 1 2002, 7 (54 f.); *Rolshoven*, 250, 253 ff.; *Roth*, CMLR 47 (2010), 509; *ders.*, WRP 2000, 979 jew. m. w. N.; in diesem Zusammenhang sei daran erinnert, dass der EuGH in *Gysbrechts* (s. b. Fn. 785 ff.) eine faktisch diskriminierende Maßnahme unter Berufung auf die zwingenden Erfordernisse gerechtfertigt hat und in *Dusseldorp* möglicherweise sogar davon ausgegangen ist, dass eine offen diskriminierende Regelung unter Heranziehung der zwingenden Erfordernisse gerechtfertigt werden kann, EuGH (Fn. 3927), Rn. 44, vgl. *Notaro*, E. L. Rev. 25 (2000), 467 (478–480); *ders.*, CMLR 36 (1999), 1309 (1317 ff.); *van Calster*, E. L. Rev. 25 (2000), 335 (349 f.); *ders.*, E. L. Rev. 24 (1999), 178 (183).

Es wird hier zudem davon ausgegangen, dass die zwingenden Erfordernisse jedenfalls Anwendung finden auf Wettbewerbsungleichheiten, s. in Fn. 4116.

[3947] S. b. Fn. 3949 ff.

sprechung des EuGH).[3948] Sofern beides nicht möglich ist, entfaltet der Wettbewerbsgleichheits-Rechtswahlmechanismus in Art. 35 Alt. 2 AEUV in der Praxis viel weiter reichende Wirkungen.

I. Der Schutz der Interessen anderer Mitgliedstaaten als Rechtfertigungsgrund

Nach der wohl h.M. können und sollen Mitgliedstaaten Beeinträchtigungen der Grundfreiheiten im Grundsatz nicht unter Berufung auf die Interessen eines anderen Mitgliedstaates rechtfertigen.[3949] Die Frage geht jedoch noch weiter (weshalb die hier verwandte Überschrift bewusst gewählt wurde): Es geht auch um Konstellationen, in denen ein Mitgliedstaat fremdmitgliedstaatliche Interessen *unabsichtlich* (und womöglich auch unvermeidbar) mitregelt. Es geht also nicht nur um den „bevormundenden" Mitgliedstaat (jedoch liegt

---

[3948] S. b. Fn. 4116 ff.

[3949] Vgl. mit unterschiedlichen Differenzierungen en détail *Bleckmann*, Rn. 1046; *Davies*, Germ. L. J. 11 (2010), 671 (698); *Epiney*, in: Ehlers, § 8 Rn. 78 f.; *Everling*, NVwZ 1993, 209 (211); *Fetsch*, 200 ff.; *Füller*, 254 ff.; *Grundmann*, in: ders., 1 (18); *Körber*, 236 ff., 343; *Lackhoff*, Niederlassungsfreiheit, 132; *Leible/T. Streinz*, in: Grabitz/Hilf/Nettesheim, Art. 36 AEUV Rn. 5; *Müller-Graff*, in: von der Groeben/Schwarze/Hatje, Art. 36 AEUV Rn. 37–39; *Notaro*, E. L. Rev. 25 (2000), 467 (472); *Oliver*, CMLR 34 (1997), 666 (671); *Roth*, ZHR 159 (1995), 78 (94); *ders.*, in: Stuyck/Abraham/Terryn, 23 (28 f.); *ders.*, in: Honsell, EurVersR Rn. 24; *ders.*, in: Canaris et al., 847 (863 f.); *ders.*, CMLR 47 (2010), 509 (516 ff.); *ders.*, in: Dauses, E. I Rn. 201; *ders.*, RabelsZ 55 (1991), 623 (661 f.); *ders.*, in: Bulterman et al., 73 (82 f.); *Schilling*, 140; *Szydło*, CMLR 47 (2010), 753 (783 f.); *Tassikas*, 243 Fn. 316; *von Wilmowsky*, 15 ff., 64; *ders.*, RabelsZ 62 (1998), 1 (24); Generalanwalt *Trabucchi*, Schlussanträge v. 20.06.1974, Rs. 8/74, Slg. 1974, 855, Rn. 5 (*Dassonville*); *ders.*, Rs. 3, 4, 6/76, Slg. 1976, 1316 (1327) – *Kramer*; Generalanwalt *Léger*, Schlussanträge v. 20.06.1995, Slg. 1995, I-2556, Rn. 31 ff. (*Hedley Lomas*); *ders.*, Schlussanträge v. 15.07.1997, Rs. C-1/96, Slg. 1998, I-1251, Rn. 87 (*Compassion*); vgl. auch *J. P. H. Donner*, SEW 1982, 362 (370); *Roth*, in: FS Großfeld, 929 (946); *ders.*, Internationales Versicherungsvertragsrecht, 670; Kommission in *Koestler*, Urt. v. 24.10.1978, Rs. 15/78, Slg. 1978, 1972 (1976 f.); s. a. d. Nachw. b. Fn. 3953 ff. A.A. *Davies*, CYELS 10 (2007/2008), 69 (77 ff.); *Kort*, JZ 1996, 132 (138 f.); krit. wohl auch *Classen*, EuR 2004, 416 (421 f.); weitreichende Ausnahmen anerkennend auch *de Vries*, NTER 2009, 121 (128). Die Kompetenzverteilung nur für die Konzeption der *Tatbestandsebene* berücksichtigend *Weyer*, 308 f., 332 f., 344.

Eine wertungsmäßig völlig andere Frage ist dagegen, ob es den Mitgliedstaaten erlaubt sein sollte, außerhalb ihres Hoheitsgebietes aber *nicht in einem anderen Mitgliedstaat* gelegene Interessen zu schützen, womit Interessen in Drittstaaten sowie Interessen, die in keinem Staat liegen (z. B. auf hoher See), gemeint sind. Hier kann nicht davon gesprochen werden, dass das Unionsrecht eine Kollision von Interessen zwischen seinen Mitgliedern adressiert, vgl. *Notaro*, E. L. Rev. 25 (2000), 467 (487 f.) und etwa die Konstellation in EuGH, Urt. v. 08.02.1996, Rs. C-149/94, Slg. 1996, I-322 (*Vergy*).

auf ihm das Hauptaugenmerk). Diese Frage ist von der bereits beantworteten und bejahten[3950] abzugrenzen, ob die Zuordnung der regulierten Interessen zu den Mitgliedstaaten schon bei der Gestaltung des *Tatbestands* eine Rolle spielen sollte.[3951] Es geht vielmehr um den häufig vernachlässigten[3952] Aspekt, ob auch auf der *Rechtfertigungsebene* entsprechende Erwägungen angeführt werden können („internationale Rechtfertigungsfähigkeit").

Jede staatliche Überprüfung der Verletzung einer Grundfreiheit durch eine mitgliedstaatliche Maßnahme enthält, sofern eine Beeinträchtigung festgestellt und in das Stadium der Rechtfertigungsprüfung eingetreten wird, zugleich eine (mindestens implizite) Aussage darüber, ob der Mitgliedstaat auch *international* dafür zuständig ist, den von ihm angeführten Belang zu schützen. Die Frage ist deshalb so relevant für Art. 35 Alt. 2 AEUV, weil die Betroffenheit eigener Interessen bei Ausfuhrkonstellationen im Gegensatz zu Einfuhrkonstellationen nicht selbstverständlich ist. Produkt- und vermarktungsbezogene Regelungen betreffen typischerweise gerade nicht die Interessen des Herkunfts-, sondern die des Zielstaates.

1. Tendenzen in der EuGH-Rechtsprechung

Fraglich ist, ob der EuGH der Meinung folgt, wonach „fremde Interessen", außer in den genannten Ausnahmekonstellationen, unbeachtlich sind. Im Zentrum der hiesigen Analyse steht dabei die Behandlung dieser Frage in Warenausfuhrkonstellationen.

a) Bauhuis, *25.01.1977*

In der Rs. *Bauhuis*[3953], in der es um im Exportstaat erhobene Gebühren für im Zielstaat durchgeführte Gesundheitskontrollen von ausgeführten Tieren ging (die nicht auf in das Inland verkaufte Tiere erhoben wurden[3954]), hat der EuGH anerkannt, dass der Ausfuhrstaat Kontrollen im Interesse des Einfuhrlandes durchführen darf.[3955] Er erkennt damit ausdrücklich die Befugnis an,

---

[3950] S. umf. b. Fn. 2149 ff.

[3951] Z. B. ob aufgrund einer „Zuständigkeit" des Zielstaates für Vermarktungsregelungen hier außerhalb von faktischen oder direkten Diskriminierungen eine Bereichsausnahme für Art. 34 Alt. 2 AEUV i. d. S. anerkannt werden sollte, dass nicht diskriminierende Vermarktungsregelungen per se keine Beeinträchtigung von Art. 34 Alt. 2 AEUV darstellen können.

[3952] *Roth*, CMLR 47 (2010), 509 (516); *Schilling*, 140 Fn. 103.

[3953] EuGH (Fn. 248) – *Bauhuis*.

[3954] Folglich handelte es sich um eine ausfuhrdiskriminierende Maßnahme.

[3955] EuGH (Fn. 248), Rn. 43–47; ebenso Generalanwalt *Reischl*, Schlussanträge v. 23.11.1976, Rs. 46/76, Slg. 1976, 21 (25) – *Bauhuis*; a.A. wohl Kommission, EuGH (Fn. 248), S. 10 (*Bauhuis*); vgl. *von Wilmowsky*, 16 f. Zu Recht vertritt die Kommission in *van den Burg* daher auch die Auffassung in *Bauhuis* sei ein Einschreitendürfen anerkannt worden. Generalanwalt *van Gerven* argumentiert in Rn. 7 seiner Schlussanträge zur Rs.

auch fremde Interessen zu schützen, wenn bestimmte Voraussetzungen gegeben sind.[3956] Der Kontrollmaßstab der dann ja in den Exportstaat vorverlagerten Einfuhrkontrolle ändert sich hierdurch nicht.[3957]

b) Kommission/Niederlande, *12.07.1977*

In der Rs. *Kommission/Niederlande*[3958] ging es um ein Vertragsverletzungsverfahren, das die Kommission gegen die Niederlande eingeleitet hat, weil die Erhebung von „Gebühren für die phytosanitäre Untersuchung von Pflanzen und bestimmten Erzeugnissen pflanzlichen Ursprungs"[3959] bei der Ausfuhr nach ihrer Auffassung eine unzulässige Abgabe mit zollgleicher Wirkung darstellte.

Der Gerichtshof betont, dass die Maßnahme den freien Warenverkehr sogar fördere, weil sie Einfuhrkontrollen obsolet mache.[3960] Zugrunde liegt der pflanzengesundheitlichen Untersuchung das Internationale Pflanzenschutzabkommen vom 6. Dezember 1951, dessen Artikel V jeden Mitgliedstaat dazu verpflichte, die erforderlichen Maßnahmen zu treffen, damit ein Pflanzengesundheitszeugnis ausgestellt werde, das den Bestimmungen der anderen Vertragsstaaten genügt.[3961] Der EuGH weist darauf hin, dass das Abkommen eine ähnliche Funktion erfülle wie entsprechende sekundärrechtliche Vorschriften der Gemeinschaft und verweist dafür auf den entsprechend gelagerten Fall *Bauhuis*.[3962]

Aus der Rs. *Kommission/Niederlande* kann – wie im Fall *van den Burg*[3963] – geschlussfolgert werden, dass das Sekundärrecht es erlauben kann, dass ein Mitgliedstaat zugunsten der Interessen anderer Mitgliedstaaten eingreifen darf. Zudem kann abgeleitet werden, dass ein Mitgliedstaat auch dann im Interesse eines anderen Mitgliedstaates tätig werden darf, wenn letzterer ersteren hierzu *ermächtigt* hat (vorliegend über den gemeinsamen Abschluss eines internationalen Abkommens).

---

van den Burg (Slg. 1990, I-2151) daher verfehlt, wenn er auf eine angeblich zugrunde liegende Richtlinie verweist: Diese galt nur für Rinder und Schweine und nicht für die allein in den Rn. 43 ff. der Rs. *Bauhuis* (Fn. 248) behandelten *anderen* Tiere.

3956 Tatbestandlich ist nicht klar, ob der EuGH die Maßnahme als eine im Sinne von Art. *34* Alt. 2 AEUV oder Art. *35* Alt. 2 AEUV qualifiziert: Er spricht nur von Maßnahmen mit gleicher Wirkung.

3957 EuGH (Fn. 248), Rn. 43–47 (*Bauhuis*).

3958 EuGH, Urt. v. 12.07.1977, Rs. 89/76, Slg. 1977, 1355 (*Kommission/Niederlande*).

3959 EuGH (Fn. 3958), Rn. 1.

3960 EuGH (Fn. 3958), Rn. 8/13.

3961 EuGH (Fn. 3958), Rn. 8–17.

3962 EuGH (Fn. 3958), Rn. 8/13.

3963 S. umf. b. Fn. 3974 ff.

c) Inter-Huiles, 10.03.1983

Auch in *Inter-Huiles*[3964] bestätigt der Gerichtshof den Grundsatz, wonach die Mitgliedstaaten fremde Interessen nicht eigenmächtig wahrnehmen und regulieren können: Der EuGH geht davon aus, dass der Herkunftsstaat des Altöls einem (möglichen) nicht Zielstaat vorschreiben darf, ob und, wenn ja, welche Unternehmen dieser seinerseits dazu berechtigt, Altöl einzusammeln und zu verwerten.[3965] Hiernach ist es Mitgliedstaaten also nicht erlaubt, in die Interessensphären anderer Mitgliedstaaten eigenmächtig einzugreifen und diese zu regulieren.[3966]

d) Kommission/Dänemark, *04.12.1986*

In *Kommission/Dänemark*[3967] unterlagen Versicherer einem Genehmigungserfordernis, wenn sie ihre Tätigkeit auf das Ausland erstrecken wollten. Selbst wenn davon ausgegangen würde, dass das Erfordernis zielstaatliche Interessen betroffen hätte – z. B. mit Blick auf die Interessen potenzieller zielstaatlicher Verbraucher –, könnte *Kommission/Dänemark* aufgrund des im Fall einschlägigen Sekundärrechts nicht als Beleg dafür angeführt werden, dass der EuGH eine fremdnützige Interessenwahrnehmung für zulässig erachtet: Das Sekundärrecht wirkt hier wie eine *zielstaatliche Genehmigung*[3968].[3969]

[3964] EuGH (Fn. 434) – *Inter-Huiles*. S. dort auch zum Sachverhalt.

[3965] EuGH (Fn. 434), Rn. 14. Der EuGH folgt hierin den Schlussanträgen von Generalanwalt *Rozès* (Fn. 436), 579 f. (*Inter-Huiles*). Zur selben Einschätzung wie hier hinsichtlich der Auffassung des EuGH gelangend *Fetsch*, 222; *von Wilmowsky*, 17.

[3966] Missverständlich daher *Davies*, CYELS 10 (2007/2008), 69 (77), nach dem dies nicht grundsätzlich („not on principle") vom EuGH negiert, sondern nur für den Fall abgelehnt worden sei, dass der Schutz fremder Interessen wegen des Eingreifenkönnens des Zielstaates nicht erforderlich („necessary") gewesen sei (Übersetzung d. *Verf.*). Dabei ist gerade die Situation, dass der Zielstaat nicht in der Lage ist, einzugreifen, obwohl er dies möchte, eine *besondere*. Wenn der EuGH ein Eingreifen somit nur in dieser Ausnahmekonstellation zulässt, erkennt er (entgegen *Davies*) die fremdnützige Interessenwahrnehmung im *Grundsatz* also *nicht* an. *Davies*' Auffassung wird – wenn überhaupt – nur durch das Judikat *Dusseldorp* gestützt (s. b. Fn. 4028 ff.). Aber auch dort ist dies zweifelhaft (s. b. Fn. 4028 ff.).

[3967] EuGH (Fn. 2483). S. i. Ü. zu *Kommission/Dänemark* b. Fn. 2483 ff.

[3968] S. zu diesem Ausnahmefall der zulässigen Wahrnehmung der Interessen anderer Mitgliedstaaten b. Fn. 4107 ff.

[3969] Vgl. *von Wilmowsky*, 17 Fn. 48.

e) Nertsvoederfabriek, *06.10.1987*

Das Urteil *Nertsvoederfabriek*[3970] deutet darauf hin, dass der EuGH einer fremdnützigen Interessenwahrnehmung kritisch gegenübersteht:[3971] Es sei nicht notwendig, dass der Herkunftsstaat eine Verwertung im EU-Ausland verbiete, „wenn bei der Abholung und dem Transport im nationalen Hoheitsgebiet die in der Regelung aufgestellten gesundheitlichen Voraussetzungen beachtet werden."[3972] Konkret scheint er davon auszugehen, dass es Sache des *Importstaates* (nicht des Exportstaates) von Abfällen sei, darüber zu entscheiden, ob und wenn ja welche Betriebe auf welche Weise die Abfälle *im Importstaat beseitigten*,[3973] während es Sache des Herkunftsstaates ist, *Abholung* und *Transport* im Exportstaat zu regeln.

f) van den Burg, *23.05.1990*

In *van den Burg*[3974] ging es um eine Verletzung von Art. 34 Alt. 2 AEUV durch ein tierschutzpolitisch motiviertes niederländisches Einfuhrverbot für schottische Moorhühner, deren Tötung und Handel in Großbritannien erlaubt war. Fraglich war allein die Rechtfertigung der Maßnahme. Es ist insgesamt schwer herauszudestillieren, ob und, wenn ja, welche Ausführungen des EuGH den spezifischen Merkmalen jener der Rs. zugrunde liegenden *Richtlinie* oder den *allgemeinen Grundsätzen der Grundfreiheiten* geschuldet sind. Allein Letzteres würde eine Generalisierung im Sinne der Grundfreiheitendogmatik erlauben.

Das Urteil weist Parallelen zur Rs. *Compassion* auf:[3975] In beiden Rechtssachen ging es um eine Mindestharmonisierung: Die Ausfuhr und Vermarktung der tierischen Waren war im konkreten Fall zwar grundsätzlich erlaubt.[3976] Durch die Normierung von Ausnahmebestimmungen gewährte die Richtlinie den Mitgliedstaaten jedoch die Möglichkeit, hiervon abzuweichen.

Der EuGH war der Auffassung, dass es einem Mitgliedstaat nicht erlaubt sei, für die Tierart einen höheren Schutz festzusetzen als denjenigen, den der Mitgliedstaat festlegt, aus dem die tierische Ware stammt (und auf dessen

---

[3970] EuGH (Fn. 118) – *Nertsfoederfabriek*. S. zum Sachverhalt von *Nertsfoederfabriek* b. Fn. 118 ff.; s. zur Frage, ob der EuGH Art. 35 AEUV in *Nertsfoederfabriek* i. S. e. Diskriminierungsverbotes interpretiert, b. Fn. 445 ff.

[3971] *Everling*, NVwZ 1993, 209 (211); ebenso *De Sadeleer*, 306 f.

[3972] EuGH (Fn. 118), Rn. 16 (*Nertsfoederfabriek*).

[3973] Erst Recht keinen Rechtfertigungsgrund scheint demnach die Tatsache der *Ausfuhr* an sich zu liefern, s. zum abfallrechtlichen Nähekriterium und den möglichen Gründen für seine Irrelevanz in *Nertsfoederfabriek* und *Inter-Huiles* (EuGH [Fn. 434]) *Frank*, 189 ff.

[3974] EuGH, Urt. v. 23.05.1990, Rs. 169/89, Slg. 1990, I-2160 (*van den Burg*).

[3975] Vgl. b. Fn. 4017 ff.

[3976] Und damit ist nach allgemeinen Grundsätzen ja auch der Weg zu Art. 36 S. 1 AEUV versperrt.

Gebiet die Moorhühner mithin getötet wurden).[3977] Fraglich ist nun aber, ob er dies mit der *Richtlinie* begründet, dass also die Ausnahmebestimmung ein Abweichen nur im eigenen Hoheitsgebiet erlaubt, oder ob der EuGH davon ausgeht, dass die Richtlinie diesbezüglich nicht abschließend ist und eine Einschränkung der Warenverkehrsfreiheit *generell nicht* mit dem Schutz extraterritorialer Interessen begründet werden kann. Es scheint (zumindest nach eigenem Bekunden), als stelle der EuGH entscheidend auf Ersteres ab: Die Richtlinie enthalte eine „abschließende Regelung"[3978]. Der EuGH legt die Richtlinie sodann ausführlich aus.[3979] Er geht davon, dass die Ausnahmebestimmungen dem Schutz bestimmter in den Anhängen der Richtlinie genannter Vogelarten dienen, worunter erstens die Gruppe der Zugvogelarten fällt sowie zweitens die Gruppe derjenigen Vogelarten, die vom Aussterben bedroht sind, wozu das Schottische Moorschneehuhn nicht gehöre.[3980] „Nach alledem gibt Artikel 14 der Richtlinie einem Mitgliedstaat nicht die Befugnis"[3981], die verfahrensgegenständliche Maßnahme zu ergreifen. Im Ergebnis rekurriert der EuGH also ausdrücklich *allein* auf die eine abschließende Regelung treffende Richtlinie.[3982]

Wie in der Rs. *Compassion*[3983] erschiene allerdings eine Reduktion der Äußerungen des EuGH auf die spezielle Richtlinie zu oberflächlich. Nach den Äußerungen des EuGH bräuchte er gar nicht zu betonen, dass es um eine *extraterritoriale* Anwendung der eigenen Vorstellungen geht (was er aber tut[3984]). Die Ausnahmebestimmung würde hiernach generell die Befugnis versagen, Schottische Moorhühner von der Regelung auszunehmen. Wenn der EuGH moralischen Bedenken eine so gewichtige Rolle einzuräumen bereit wäre, dass diese es den Mitgliedstaaten erlauben würden, die Ein- oder Ausfuhr von nicht mit den eigenen ethischen Vorstellungen übereinstimmenden Gütern zu verbieten, hätte er *wohl auch die Ausnahmebestimmung der Richtlinie* anders ausgelegt. In der Rs. *van den Burg* deutet sich an, dass der EuGH *generell* gegen den Schutz fremdstaatlicher Interessen zu sein scheint.[3985]

Auf der Ebene der Kritik ist dem EuGH darin zuzustimmen, dass der Schutz von Tieren zunächst einmal demjenigen Staat obliegt, in dem sich die Tiere befinden. Allerdings geht es beim Belang des Tierschutzes auch um

---

[3977] EuGH (Fn. 3974), Rn. 15.

[3978] EuGH (Fn. 3974), Rn. 9.

[3979] EuGH (Fn. 3974), Rn. 10 ff.

[3980] EuGH (Fn. 3974), Rn. 11–13. Vgl. Generalanwalt *van Gerven* (Fn. 3955), Rn. 9 (*van den Burg*); ebenso *van Calster*, E. L. Rev. 25 (2000), 335 (351).

[3981] EuGH (Fn. 3974), Rn. 15.

[3982] *Davies*, CYELS 10 (2007/2008), 69 (78); *Janssens*, 96.

[3983] Vgl. b. Fn. 4024 f.

[3984] EuGH (Fn. 3974), Rn. 15 f.

[3985] Ebenso Generalanwalt *Léger* (Fn. 3949), Rn. 37 (*Hedley Lomas*).

einen *moralischen Belang* und damit um die Möglichkeit der „Mitschuld" des Einfuhrstaates als *eigenes* Interesse: Es ist nicht so, dass sich der Zielstaat nicht „mitschuldig" an der Tötung der Moorhühner machen würde, „nur" weil er die Einfuhr akzeptieren würde (oder m. a. W., dass das Verbot nicht geeignet i. S. von verhältnismäßig mit Blick auf die Verbesserung des Tierschutzes in Schottland wäre): *Die Erhöhung der Nachfrage führt zu häufigeren Tötungen im Exportstaat.*[3986] Folglich ist die diesbezügliche Auffassung des EuGH abzulehnen. Aber selbst dann, wenn die Nachfrage nicht erhöht würde, könnte nichtsdestotrotz aufgrund der moralischen Betroffenheit ein eigener Belang als berührt angesehen werden: Das Profitieren von (nach Ansicht eines Mitgliedstaates) unmoralischen Verhaltensweisen könnte als seinerseits unmoralisch bewertet werden.

g) Richardt, *04.10.1991*

In *Richardt*[3987] ging es um ein luxemburgisches Durchfuhrverbot für „Waren strategischer Art"[3988] (also mit militärischer Verwendbarkeit), die von Frankreich in die UdSSR geliefert werden sollten. Obwohl der Rechtssache ein nach der Verordnung 222/77 ausgestellter Versandschein zugrunde liegt, stützt der EuGH seine Feststellungen auf den aus der Warenverkehrsfreiheit abgeleiteten Grundsatz der Warendurchfuhr und seine Ausnahme in Art. 36 AEUV.[3989] Der EuGH betont wie in der Rs. *Werner*,[3990] dass der Rechtfertigungsgrund der öffentlichen Sicherheit sowohl die innere als auch die äußere Sicherheit umfasst.[3991] Der EuGH erkennt ausdrücklich an, dass die Durchfuhr von Waren strategischer Art die äußere Sicherheit eines Mitgliedstaates gefährden kann.[3992]

Zunächst erscheint die Rs. *Richardt* wenig „spektakulär": Dass die Lieferung von Rüstungsgütern an Drittstaaten (insbesondere in die UdSSR!) zu einer Gefährdung der äußeren Sicherheit anderer, insbesondere geografisch nah gelegener Mitgliedstaaten (wie Luxemburg) führt, erscheint offensichtlich. Allerdings bestehen Parallelen zu anderen Fällen der Berührung der Interessen *mehrerer* Staaten,[3993] z. B. zu stark umweltverpestenden Mitteln, die sich auf die Umwelt im Durchfuhrstaat auswirken können.[3994] Der Fall

---

[3986] Diese tatsächliche Einschätzung teilend Generalanwalt *van Gerven* (Fn. 3955), Rn. 9 (*van den Burg*); a.A. wohl *von Wilmowsky*, 15.

[3987] EuGH, Urt. v. 04.10.1991, Rs. C-367/89, Slg. 1991, I-4645 (*Richardt*).

[3988] EuGH (Fn. 3987), Rn. 1.

[3989] EuGH (Fn. 3987), Rn. 14, 18.

[3990] S. b. Fn. 4015.

[3991] EuGH (Fn. 3987), Rn. 22.

[3992] EuGH (Fn. 3987), Rn. 22 f.

[3993] S. hierzu umf. b. Fn. 4083 ff.

[3994] Es gibt auch Unterschiede. Diese sind aber nach hier vertretener Auffassung nicht entscheidend: Es handelt sich bei (Kriegs-)Waffen um Güter, die typischerweise zur Er-

Richardt verdeutlicht, dass die Interessen *mehrerer* Mitgliedstaaten häufig berührt werden und dass es den Mitgliedstaaten erlaubt sein sollte, in Fällen manifester Eigeninteressenbetroffenheit trotz der Betroffenheit der Interessen anderer Mitgliedstaaten *auf ihrem Territorium* einzugreifen und damit möglicherweise auch die Politik anderer Mitgliedstaaten zu „konterkarieren". Zudem – dies wurde vom EuGH allerdings nicht angesprochen – hätte hier wohl auch gut ein Eingreifendürfen Luxemburgs aus moralischen Gründen[3995] vertreten werden können, z. B. dann, wenn und weil es eine strikte Waffenverbotspolitik vertritt, und zwar auch dann, wenn seine eigenen Sicherheitsinteressen evident nicht berührt gewesen wären.

h) Alpine Investments, *10.05.1995*

In Bezug auf ein Verbot des cold calling, das auch für im EU-Ausland beworbene und vertriebene Finanzprodukte galt, erkennt der EuGH in *Alpine Investments*[3996] an, dass es nicht Aufgabe des Herkunftsstaates sei, *Verbraucher in anderen Mitgliedstaaten* zu schützen.[3997] Der Gerichtshof bringt damit zum Ausdruck, dass er eine fremdnützige Interessenwahrnehmung grundsätzlich für unzulässig erachtet.[3998]

An anderer Stelle weist der EuGH darauf hin, dass es für den Zielstaat nicht möglich sei, die cold calling-Praktiken, die von einem Unternehmen in einem anderen Mitgliedstaat vorgenommen werden, effektiv zu kontrollieren oder zu verhindern (was angezweifelt werden könnte[3999]).[4000] Daraus könnte

---

zeugung von Wirkungen in anderen Mitgliedstaaten hergestellt werden. Das Ausmaß der Gefährdung ist hier regelmäßig höher als dasjenige, das vom Transport umweltschädlicher Güter ausgeht. Zudem dürfte das Interesse geschmälert sein, wenn der Transport an einen Drittstaat geht. Auf der anderen Seite bestehen Gemeinsamkeiten insofern, als es auch umweltschädliche Güter gibt, die sich mit sehr großer Wahrscheinlichkeit auf andere Mitgliedstaaten auswirken können. Zudem handelt es sich zwar einerseits um einen Transport in einen Drittstaat. Andererseits geht es aber auch um das Interesse des Herkunftsstaates, der ein Mitgliedstaat ist (Frankreich), dem der Durchfuhrstaat als Mitgliedstaat nach dem Loyalitätsgrundsatz verpflichtet ist.

[3995] S. umf. hierzu b. Fn. 4093 ff.

[3996] EuGH (Fn. 2488) – *Alpine Investments*.

[3997] EuGH (Fn. 2488), Rn. 43 f.

[3998] Zur selben Einschätzung gelangend *Hatzopoulos*, CMLR 32 (1995), 1427 (1443); *Körber*, 236 ff.; *Roth*, CMLR 47 (2010), 509 (517); dag. zur gegenteiligen Einschätzung gelangend *Kort*, JZ 1996, 132 (138 f.). Krit. zur Judikatur des Gerichtshofs *Classen*, EuR 2004, 416 (421 f.).

[3999] *Körber*, 237 f., *Remien*, CMLR 38 (2001), 53 (84) und *Von Wilmowsky*, 19 Fn. 57 weisen darauf hin, dass der Zielstaat Unterlassungsansprüche begründen und zivilrechtliche Nichtigkeit der geschlossenen Verträge anordnen könnte.

Zudem beachtet eine solche Argumentation nicht (oder muss diese Tatsache zumindest zuvor klarstellen), dass herkunftsstaatliche Maßnahmen nur dann ein etwaiges abzuleiten sein, dass der Herkunftsstaat in bestimmten Fällen auch zum Schutz der Interessen anderer Mitgliedstaaten einschreiten kann, nämlich dann, wenn diese nicht in der Lage sind, ihre Interessen effektiv wahrzunehmen.

i) Hedley Lomas, *23.05.1996*

In *Hedley Lomas*[4001] verweigerte das englische und walisische Ministerium für Landwirtschaft, Fischerei und Ernährung Genehmigungen für zur Ausfuhr nach Spanien bestimmte lebende Schlachttiere, weil die Tiere dort nicht im Einklang mit den in der Richtlinie 74/577/EWG niedergelegten Bestimmungen geschlachtet würden.[4002] Der EuGH qualifiziert die Maßnahme ausdrücklich als *mengenmäßige Ausfuhrbeschränkung* und nicht als Maßnahme gleicher Wirkung.[4003]

In Bezug auf die Möglichkeit der Rechtfertigung führt der Gerichtshof aus, dass es einem Mitgliedstaat nicht erlaubt sei, einseitig Maßnahmen zu erlassen, um der Nichtbeachtung gemeinschaftsrechtlicher Vorschriften durch einen anderen Mitgliedstaat Rechnung zu tragen.[4004] Die Mitgliedstaaten seien einander zu gegenseitigem Vertrauen verpflichtet.[4005] Sie dürften nicht ihrerseits mit Vertragsverletzungen auf ebensolche antworten und werden von den Verträgen auf die Einleitung eines Vertragsverletzungsverfahrens und eine Anzeige bei der Kommission verwiesen.[4006]

Obwohl der EuGH dies nicht explizit feststellt, handelt es sich bei der Pflicht zu gegenseitigem Vertrauen wohl um einen Ausfluss aus dem Loyalitätsgebot (gem. Art. 4 III Ua. 1 EUV).[4007] Aus *Hedley Lomas* folgt, dass der Rechtfertigungsgrund der eigenen moralischen Mitverantwortlichkeit für ein im Zielstaat stattfindendes Verhalten[4008] immer dann nicht mehr zur Verfügung steht, wenn es um ein Verhalten geht, das *unionsrechtlich geregelt*

Verbot im Zielstaat „effektuieren“ können, *wenn auch der Zielstaat ein Verbot des cold calling anordnet und dieses nicht etwa erlauben möchte.*

[4000] EuGH (Fn. 2488), Rn. 48.

[4001] EuGH, Urt. v. 23.05.1996, Rs. C-5/94, Slg. 1996, I-2064 (*Hedley Lomas*); vgl. auch Generalanwalt *Léger* (Fn. 3949) – *Hedley Lomas.*

[4002] Vgl. EuGH (Fn. 4001), Rn. 3.

[4003] EuGH (Fn. 4001), Rn. 17; vgl. *Barnard*, 72.

[4004] EuGH (Fn. 4001), Rn. 20.

[4005] EuGH (Fn. 4001), Rn. 19.

[4006] Generalanwalt *Léger* (Fn. 3949), Rn. 26 ff. (*Hedley Lomas*).

[4007] Ebenso Generalanwalt *Léger* (Fn. 3949), Rn. 33 (*Hedley Lomas*); *van Calster*, E. L. Rev. 25 (2000), 335 (350). Darüber hinaus *könnte* eine Rolle gespielt haben, dass das Vereinigte Königreich letztlich nicht hat nachweisen können, dass in Spanien Verstöße begangen wurden, vgl. Generalanwalt *Léger* (Fn. 3949), Rn. 24 f. (*Hedley Lomas*).

[4008] Vgl. zu dieser „unechten“ Ausnahme vom grundsätzlichen Verbot fremdnütziger Interessenwahrnehmung umf. b. Fn. 4093 ff.

ist.[4009] Damit wird der Anwendungsbereich dieser Ausnahme vom Verbot fremdnütziger Interessenwahrnehmung erheblich begrenzt. Interessant ist – wie *Davies* und *Schilling* zu Recht anmerken[4010] –, dass der EuGH die Maßnahme nicht mit dem *grundsätzlichen* Argument ablehnt, dass es eben um zielstaatliche Interessen gehe, sondern dass er auf die *Richtlinie* rekurriert. Auch die Tatsachen, dass die Verletzungen nicht erwiesen, sondern sogar zweifelhaft waren, und der EuGH dies ausdrücklich betont, wecken Zweifel daran, dass der EuGH der Auffassung ist, fremdnütziges Tätigwerden sei *generell* unzulässig (um eine Grundfreiheitsbeeinträchtigung zu rechtfertigen). Letztlich kann es der EuGH in *Hedley Lomas* „erfolgreich vermeiden", sich hierzu äußern zu müssen.[4011]

Da mittels des Loyalitätsgrundsatzes argumentiert wurde, erscheint *darüber hinaus* ableitbar, dass Mitgliedstaaten *generell* – auch bei Nichtbestehen eines Gemeinschaftsrechtsaktes – gezwungen sind, davon auszugehen, dass gewisse ethische Mindeststandards von den anderen Mitgliedstaaten eingehalten werden, sodass sie, wenn sie nichtsdestotrotz einschreiten (und sich insbesondere auf einen Rechtfertigungsgrund berufen), einer Rechtfertigungs- und Beweispflicht unterliegen.

j) Werner, *17.10.1995*

Die Rs. *Werner*[4012] erscheint zunächst, im hiesigen Kontext, unbedeutend: Es geht um die Ausfuhr von Dual-Use-Erzeugnissen in *Dritt*länder. Allerdings ist die maßgebliche Verordnung dem Recht der Warenverkehrsfreiheit teilweise nachgebildet, und die Ausgangssituation ist dergestalt beschaffen, dass der Fall einer normalen Ausfuhrkonstellation zwischen zwei Mitgliedstaaten ähnelt: Aufgrund der Nichterteilung einer nach dem deutschen Außenwirtschaftsgesetz erforderlichen Genehmigung konnte die *Werner GmbH* bestimmte Dual-Use-Güter nicht wie gewünscht nach Libyen ausführen. Dies stand nach Auffassung des EuGH prima facie im Widerspruch zu Artikel 1 der VO 2603/69.[4013] Interessanterweise enthielt die Verordnung in Artikel 11 eine Ausnahmebestimmung, wonach Mitgliedstaaten von dem Verbot in solchen Fällen befreit wurden, in denen ihre Sicherheit in Gefahr war.[4014] Hier-

---

[4009] Hier steht dem Mitgliedstaat nur noch die Möglichkeit offen, zu argumentieren, dass der Unionsrechtsakt primärrechtswidrig, insbesondere nicht EU-grundrechtskonform ist.

[4010] *Davies*, CYELS 10 (2007/2008), 69 (78); *Schilling*, 140 Fn. 103.

[4011] Treffend *Oliver*, CMLR 34 (1997), 666 (670): „The existence of a Directive in effect enabled the Court to skirt around the delicate problem of whether it is ever open to a Member State to impose its own values on other Member States by the use of restrictions on imports, exports or goods in transit."

[4012] EuGH, Urt. v. 17.10.1995, Rs. C-70/94, Slg. 1995, I-3218 (*Werner*).

[4013] EuGH (Fn. 4012), Rn. 19–23.

[4014] EuGH (Fn. 4012), Rn. 24.

unter subsumierte der EuGH auch Gefährdungen für die äußere Sicherheit, wobei er auf Parallelen zu Art. 36 AEUV hinwies.[4015] Der EuGH gesteht Deutschland nun das Recht zu, die Ausfuhr mit dem Argument zu unterbinden, „die Sicherheit eines Staates" könne „immer weniger isoliert betrachtet werden, da sie eng mit der Sicherheit der internationalen Gemeinschaft insgesamt und ihrer verschiedenen Teile verknüpft" sei.[4016] Über den konkreten Fall hinaus kann hieraus abgeleitet werden, dass der EuGH Eingriffen in die Interessen anderer Mitgliedstaaten nicht ablehnend gegenübersteht, wenn diese Eingriffe gleichzeitig und tatsächlich *auch* dem Schutz der Interessen des eingreifenden Mitgliedstaates dienen. Der EuGH schichtet dabei nicht etwa *geografische* Kompetenzbereiche (nach dem Ort der Schadensquelle) ab, sondern er verfolgt (zu Recht) einen *wirkungs*bezogenen Ansatz. Auch ist die „Nebenwirkung", dass gleichzeitig die Interessen eines weiteren Staates mitbetroffen werden – erneut sei auf das caveat hingewiesen, dass es um einen *Dritt*staat ging –, wohl unschädlich. Dass der EuGH hier implizit von der Unzulässigkeit fremdnütziger Interessenwahrnehmung ausgeht, erscheint indes als zu weitgehend mit Blick auf die eindeutige Verordnungsbestimmung.

k) Compassion, *19.03.1998*

In *Compassion*[4017] wird einmal mehr deutlich, dass der EuGH der fremdnützigen Interessenwahrnehmung skeptisch gegenübersteht und dass er von diesem Grundsatz keine Ausnahme machen möchte, wenn es um eine moralische (Mit-)Verantwortlichkeit oder (Mit-)„Schuld" des Exportstaates für legale, aber im Ausfuhrstaat auf erhebliche ethische Bedenken stoßende Verhaltensweisen im Importstaat geht. *Compassion* ist parallel zu *Hedley Lomas*[4018] gelagert (und zitiert *Hedley Lomas* auch mehrfach). *Compassion* liegt ein tierschutzpolitisch motivierter Ausfuhrstopp von Rindern zugrunde: Die Behandlung der Tiere im Zielstaat widersprach den ethischen Vorstellungen des Exportstaates. Wie in *Hedley Lomas* gab es auch hier eine Richtlinie, die die Ziele der Rechtfertigungsnorm (Art. 36 AEUV) umsetzte. Das Vorliegen einer mengenmäßigen Ausfuhrbeschränkung (gem. Art. 35 Alt. 1 AEUV) war unstrittig. Der EuGH betont wie in *Hedley Lomas*, dass die Mitgliedstaaten nicht mehr zum Schutz eines Zieles einschreiten dürften, das schon *Gegenstand einer Harmonisierungsmaßnahme* ist.[4019] Hinsichtlich der Einhaltung

---

[4015] EuGH (Fn. 4012), Rn. 25.
[4016] EuGH (Fn. 4012), Rn. 26.
[4017] EuGH, Urt. v. 19.03.1998, Rs. C-1/96, Slg. 1998, I-1281 (*Compassion*).
[4018] S. b. Fn. 4001 ff.
[4019] EuGH (Fn. 4017), Rn. 47.

der Harmonisierungsbestimmungen seien die Mitgliedstaaten verpflichtet, *einander gegenseitig zu vertrauen.*[4020]

Im Unterschied zu *Hedley Lomas* bemängelte der Ausfuhrstaat hier nicht, dass eine bestehende Harmonisierungsmaßnahme vom Zielstaat nicht eingehalten würde, sondern dass ein (von der eigenen Bevölkerung für notwendig gehaltenes) Abweichen von dieser (Mindest-)Harmonsierung nicht in Bezug auf *ausgeführte* Tiere möglich war. Der EuGH betont, dass die Mitgliedstaaten ausschließlich für ihr *eigenes* Gebiet von der Richtlinie abweichende Bestimmungen erlassen könnten.[4021] Insofern liegt die Rechtssache parallel zu *van den Burg.*[4022] Nach Auffassung des EuGH sollte die in der Richtlinie aufgestellte GMO die infolge der unterschiedlichen Vorschriften auftretenden Handelsstörungen ja gerade auflösen. Letztlich rekurriert der EuGH damit entscheidend auf die die GMO konstituierende *Richtlinie* und nicht auf allgemeine (Grundfreiheiten-)Grundsätze.[4023]

Dies würde die Aussage des EuGH auf eine rein sekundärrechtliche reduzieren. Es ist aber wohl davon auszugehen, dass der EuGH auch eine Aussage hinsichtlich der *Grundfreiheiten* getroffen hat.[4024] Es erscheint nur schwer vorstellbar, dass der EuGH die Entscheidung so getroffen hätte, wenn die Mitgliedstaaten die Ausfuhr in andere EU-Länder *sonst sehr wohl* aus moralischen Gründen hätten behindern dürfen. Wenn der EuGH von der grundsätzlichen Legitimität dieser Position überzeugt gewesen wäre, hätte er die Richtlinie vielmehr entsprechend weit ausgelegt, um einen Ergebniseinklang mit den Grundfreiheiten herzustellen. Auch insofern ergeben sich Parallelen zu *Hedley Lomas.*[4025] Zudem verfängt das Argument, die Richtlinie solle die durch die unterschiedlichen Rechtsordnungen auftretenden Handelsstörungen gerade beseitigen, nicht: Den Mitgliedstaaten wird ja zumindest *für ihr eigenes Gebiet* anheimgestellt, ob sie Ausnahmebestimmungen erlassen wollen. Insofern werden also Handelshemmnisse in Kauf genommen. Es muss also einen Grund geben, warum die Mitgliedstaaten *gerade bei der Ausfuhr in andere EU-Staaten* keine Handelshemmnisse schaffen dürfen. Dem EuGH kann es somit nicht um die Vermeidung einer vermeintlichen Systemdurchbrechung gegangen sein, sondern um die extraterritoriale Interessenwahrnehmung.

Von Bedeutung sind sodann die Stellungnahmen zum Rechtfertigungsgrund der *moralischen Verantwortlichkeit* des Exportstaates[4026]: Der EuGH äußert sich hierzu nur oberflächlich und qualifiziert sie sprachlich ab, wenn er

---

[4020] EuGH (Fn. 4017), Rn. 47.

[4021] EuGH (Fn. 4017), Rn. 60–62.

[4022] S. hierzu umf. b. Fn. 3974 ff.

[4023] Ebenso *Janssen*, 96; *Schilling*, 140 Fn. 103.

[4024] *Davies*, CYELS 10 (2007/2008), 69 (78).

[4025] S. b. Fn. 4010.

[4026] S. hierzu umf. b. Fn. 4093 ff.

sie als bloße „Reaktionen eines Teils der öffentlichen Meinung“[4027] bezeichnet, womit er gewichtige moralische Bedenken mit jeder anderen Mehrheitsmeinung gleichsetzt. Aus den Aussagen des EuGH kann somit geschlussfolgert werden, dass er dem Gedanken moralischer Verantwortlichkeit skeptisch gegenübersteht und hieraus kein eigenes Interesse des Herkunftsstaates ableitet.

l) Dusseldorp, *25.06.1998*

In *Dusseldorp* ging es um die Ausfuhr von Abfällen (Ölfiltern), die zur Verwertung bestimmt waren.[4028] Die verfahrensgegenständliche niederländische Maßnahme legte fest, dass eine Ausfuhr der Abfälle nur zulässig war, wenn die Verwertung des Abfalls im EU-Ausland *hochwertigerer* Art war.[4029] *Gleichwertige* Verwertung erzielende Anlagen im EU-Ausland wurden also gegenüber niederländischen Anlagen benachteiligt. Nach der Feststellung, dass es sich bei der Regelung um eine offene Diskriminierung handelt,[4030] betont der EuGH auf der Ebene der Rechtfertigung, dass vom *Transport* der Abfälle keine gesundheitlichen Gefahren für die niederländische Bevölkerung drohen.[4031]

Auf den ersten Blick scheint der EuGH prinzipiell keine Einwände dagegen zu haben, dass die Niederlande einen Belang eines anderen Mitgliedstaats schützen wollten: Er erklärt die niederländische Regelung nur für *nicht erforderlich*, weil der durch die Verwertung in Deutschland erreichte Umweltschutz und der niederländische *gleichwertig* seien.[4032] Der EuGH könnte damit gemeint haben, dass ein dem niederländischen Regime nicht gleichwertiger Schutz die Niederlande berechtigen würde, fremde Interessen wahrzunehmen.[4033]

Auf der anderen Seite könnte argumentiert werden, dass die Belastung der Umwelt unmittelbar auf das Hoheitsgebiet der Niederlande *zurückwirkt* und die Niederlande daher einen ihren Vorstellungen nicht entsprechenden Umweltschutz in einem anderen Mitgliedstaat dadurch behindern kann, dass sie Abfallausfuhren dorthin verhindert.[4034] Da der EuGH sich hier nicht ausführlich äußert, kann dessen Position nicht mit Sicherheit bestimmt werden.

[4027] EuGH (Fn. 4017), Rn. 66.

[4028] EuGH (Fn. 3927), Rn. 2.

[4029] EuGH (Fn. 3927), Rn. 41.

[4030] EuGH (Fn. 3927), Rn. 42. Dabei zitiert der EuGH die *Groenveld*-Formel in ihrer um die Hälfte des dritten Elements reduzierten Fassung, EuGH (Fn. 3927), Rn. 40.

[4031] EuGH (Fn. 3927), Rn. 46 f.

[4032] EuGH (Fn. 3927), Rn. 46–48.

[4033] *Davies*, CYELS 10 (2007/2008), 69 (77 Fn. 23); *De Sadeleer*, 307.

[4034] Vgl. hierzu b. Fn. 4083 ff.

m) Gysbrechts, *16.12.2008*

In *Gysbrechts*[4035] hat es der EuGH kommentarlos für zulässig erachtet, dass der Exportstaat das Verbraucherschutzniveau im Zielstaat vorgibt und mithin in kritikwürdiger Weise ohne Vorliegen eines eigenen (legitimen[4036]) Interesses in die Interessen des Zielstaates eingreift.[4037] Da der EuGH diese Frage überhaupt nicht problematisiert, scheint es allerdings, als habe der EuGH diesen Aspekt schlichtweg übersehen.

n) Nationale Raad van Dierenkwekers en Liefhebbers, *19.06.2008*

Einen zunächst ähnlich wie die Rs. *van den Burg*[4038] gelagert erscheinenden, aber bei genauerer Betrachtung doch entscheidend andersartigen Fall stellt die Rs. *Nationale Raad van Dierenkwekers en Liefhebbers*[4039] dar: Anders als in der Rs. *van den Burg* geht es nicht um tote Tiere für den Verzehr, sondern darum, wie lebende Tiere gehalten werden sollen. Das Argument der belgischen Regierung zielt darauf ab, dass durch das Verbot der Einfuhr und Haltung von Tieren, die durch Privatpersonen nicht tierschutz- und artgerecht gehalten werden können, eine Tierschutzverletzung *auf belgischem Boden* verhindert werden soll. Folglich geht es um ein Interesse des Zielstaates. Dasselbe gilt für die moralische Verantwortlichkeit Belgiens, die durch eine Erlaubnis einer artwidrigen Haltung in Belgien entstünde. Der Fall *Nationale Raad van Dierenkwekers en Liefhebbers* betrifft also keine Wahrnehmung extraterritorialer Interessen.

o) Zwischenergebnis

Grundsätzlich scheint der Gerichtshof davon auszugehen, dass ein Grundfreiheiteneingriff nicht gerechtfertigt werden kann, wenn ein Mitgliedstaat nur deshalb in eine Grundfreiheit eingreift, um die Interessen eines anderen Mitgliedstaates zu schützen, es sei denn letzterer Mitgliedstaat hat den Exportstaat hierzu ermächtigt (*Nertsfoederfabriek*[4040]; *Compassion*[4041]).[4042] Auch im Falle (gewichtiger) ethischer Bedenken scheint der EuGH hiervon keine Ausnahme anzuerkennen (*Compassion*[4043]). Doch es deuten sich auch gegenläufi-

---

[4035] EuGH (Fn. 159).

[4036] Die Interessen des Exporteurs können nicht als Rechtfertigungsgrund herangezogen werden, sondern sind von diesem selbst wahrzunehmen.

[4037] S. schon b. Fn. 814 f. m. w. N.

[4038] EuGH (Fn. 3974).

[4039] EuGH, Urt. v. 19.06.2008, Rs. 219/07, Slg. 2008, I-4475 (*Nationale Raad van Dierenkwekers en Liefhebbers*).

[4040] Vgl. b. Fn. 3970 ff.

[4041] S. b. Fn. 4024 f.

[4042] Ähnl. *Janssens*, 61 f.

[4043] S. b. Fn. 4026 f.

ge Tendenzen an:[4044] In *Dusseldorp*[4045] hat der Gerichtshof jedenfalls in Bezug auf Umweltbelastungen festgestellt, dass der Herkunftsstaat Ausfuhren unterbinden darf, wenn die Behandlung im Zielstaat nicht in gleichem Maße umweltschonend ist, womit er eine fremdnützige Interessenwahrnehmung nicht grundsätzlich verworfen hat.[4046] Und in *van den Burg* deutet er an, dass das Ergebnis anders hätte ausfallen können, wenn es um eine gefährdete Spezies gegangen wäre.[4047] Auch das Urteil *Hedley Lomas*-Judikat weckt an einigen Stellen Zweifel, ob der EuGH fremdnütziges Tätigwerden generell ablehnt.[4048] Und in *Gysbrechts* hat er sogar *wortlos* einen Schutz zielstaatlicher Interessen für zulässig erachtet.[4049]

2. Anhaltspunkte für eine Unzulässigkeit fremdnütziger Interessenwahrnehmung

Fraglich ist, welche Argumente für die (nach hier vertretener Auffassung zu bejahende) Unzulässigkeit fremdnütziger Interessenwahrnehmung sprechen: Sofern kein sekundäres Unionsrecht existiert, stehen die Mitgliedstaaten in der Verantwortung. Zur Begründung kann auf die bereits zur Interpretation der Tatbestandsebene erörterten Anknüpfungspunkte im Primärrecht verwiesen werden.[4050] Diese implizieren, dass einzelne Belange einzelnen Mitgliedstaaten und manche Belange auch mehreren oder allen Mitgliedstaaten zugeordnet sind, d. h., aus der Nichtzuständigkeit der Union ergibt sich eine *fragmentierte* Zuständigkeitsordnung. Aus der *allgemeinen Zuständigkeitsordnung der Union* kann geschlussfolgert werden, dass eine fremdnützige Interessenwahrnehmung *grundsätzlich verboten* ist.

Aus der Verpflichtung der Mitgliedstaaten zu *gegenseitiger Unterstützung* und *Loyalität* (Art. 4 III Ua. 1 EUV) lässt sich ableiten, dass die Mitgliedstaaten sich – im Einklang mit dem primären Unionsrecht – dabei unterstützen sollen, dass jeder Mitgliedstaat seine Politik gerade auch in Fällen der Grenzüberschreitung wirksam umsetzen kann.[4051] Der Loyalitätsgrundsatz verpflichtet die Mitgliedstaaten dabei, wenn sie ausnahmsweise durch ihr Handeln die Interessen eines anderen Mitgliedstaates in legitimer Weise berüh-

---

[4044] *De Sadeleer*, 306; *De Vries*, NTER 2009, 121 (129), *Notaro*, E. L. Rev. 25 (2000), 467 (487) und *Schilling*, 140 Fn. 103 kommen daher zu dem Schluss, über die Haltung des Gerichtshofs könne keine eindeutige Aussage getroffen werden.

[4045] S. b. Fn. 4028 ff.

[4046] Ebenso *Davies*, CYELS 10 (2007/2008), 69 (77); *van Calster*, E. L. Rev. 25 (2000), 335 (351).

[4047] Vgl. *van Calster*, E. L. Rev. 25 (2000), 335 (351).

[4048] S. b. Fn. 4010 f.

[4049] S. b. Fn. 4035 ff.

[4050] Anknüpfungspunkte sind z. B. wiederum der Kompetenztrias und der Schutz der nationalen Identität; vgl. auch *Roth*, in: FS Fikentscher, 723 (732).

[4051] Vgl. *Notaro*, E. L. Rev. 25 (2000), 467 (472).

ren, mit Blick auf die legitimen Interessen der anderen Mitgliedstaaten möglichst *interessen- und kompetenzschonend vorzugehen*, soweit dies ohne eine Beeinträchtigung der eigenen Interessen möglich ist oder soweit eine rücksichtslose Durchsetzung der eigenen Interessen offensichtlich unverhältnismäßig erscheint.[4052] Dieses Anliegen kann mittels der Grundfreiheiten – als *Operativbestimmungen* der grundlegenden Vertragsbestimmungen – befördert werden. Die Grundfreiheiten können die Rolle eines Scharniers einnehmen, mit dessen Hilfe die fragmentierte Zuständigkeitsordnung aufeinander abgestimmt werden kann.

Mit einer ähnlichen Argumentation kann darauf abgestellt werden, dass die Grundfreiheiten das Ziel haben, *Störungen des innerunionalen Handels* abzubauen. Dass nur bestimmte mitgliedstaatliche Maßnahmen bestehen bleiben dürfen, damit der innerunionalen Handel reibungslos funktioniert, führt also zur Notwendigkeit, bestimmten Mitgliedstaaten in bestimmten Situationen das Recht auf ein Eingreifenkönnen zu versagen. Fraglich ist allein, *wie* die Störungen aufgelöst werden sollten, d. h. welches Recht (*welchen* Staates) also gerechtfertigt werden darf und wann Handelsstörungen nichtsdestotrotz hingenommen werden müssen. Hier müssen Abgrenzungskriterien entwickelt werden.

Auch mit Blick auf den *Normtext* von *Art. 36 S. 1 AEUV* könnte eine Zulässigkeit fremdnütziger Interessenwahrnehmung naheliegen: Dieser spricht ausdrücklich von Ausfuhrverboten und -beschränkungen zum Schutz der dort genannten Interessen.[4053] Es ist allerdings erstens nicht klar, ob sich die dort adressierten *Ausfuhrverbote* und *-beschränkungen* auf *alle* dort genannten Schutzgüter beziehen oder nur auf bestimmte wie z. B. den Schutz nationalen Kulturguts,[4054] das ein rein *eigenes* Interesse darstellt. Selbst wenn der Verweis so verstanden würde, dass auch fremde Güter geschützt werden können, wäre es möglich, dass es sich hierbei nichtsdestotrotz nur um die *ausnahmsweise* zulässigen Fälle der *genehmigten* Fremdinteressenwahrnehmung handelt. Aus Art. 36 S. 1 AEUV kann somit weder etwas für noch gegen eine Interessenwahrnehmung abgeleitet werden.[4055] Allerdings ist die Argumentation möglich, dass Ausnahmen vom Grundsatz der Art. 34, 35 AEUV *eng* zu handhaben sind und dass im Zweifel – ein solcher besteht nach dem Gesagten ja hier – keine Rechtfertigung anzunehmen ist.[4056]

[4052] S. zu entsprechenden konkreten Ausnahmefällen b. Fn. 4091 und b. Fn. 4102.

[4053] Entspr. argumentierend *Roth*, in: FS Fikentscher, 723 (733) und die Kommission in ihren Ausführungen zur Rs. *van den Burg*, zit. nach EuGH, Sitzungsbericht, Rs. C-169/89, Slg. 1989, I-2144 (2149) – *van den Burg*.

[4054] Auf dieses Beispiel verweisend *Roth*, in: FS Fikentscher, 723 (733).

[4055] Im Ergebnis ebenso Generalanwalt *van Gerven* (Fn. 3955), Rn. 7 (*van den Burg*); *Notaro*, E. L. Rev. 25 (2000), 467 (472).

[4056] Vgl. *Notaro*, E. L. Rev. 25 (2000), 467 (472).

Der EuGH scheint in der Rs. *Alpine* darauf abzustellen, dass und ob der Schutz fremder Interessen *erforderlich* ist.[4057] Diese Begründung versagt jedoch, wenn einer der beiden regulierenden Mitgliedstaaten eine Maßnahme für erforderlich hält, die der andere ablehnt.[4058] Dann bedarf es einer Kompetenzzuweisung. Aus dem Grundsatz der Verhältnismäßigkeit, dem das Erforderlichkeitsgebot innewohnt, können aber einige erste Anhaltspunkte abgeleitet werden, *wie* die Kompetenzverteilung vorzunehmen ist, etwa dann, wenn zwei Mitgliedstaaten einen Schutz für notwendig halten, aber nur ein Mitgliedstaat hierzu praktisch in der Lage ist.[4059] Dann muss sich der andere Mitgliedstaat einer Maßnahme enthalten, wenn diese sich als sinnlose zusätzliche Belastung darstellt.[4060]

Der in letzter Zeit zunehmend in der EuGH-Rechtsprechung in den Vordergrund tretende[4061] (und durch die jüngsten europapolitischen Krisen bedrohte) *Grundsatz gegenseitigen Vertrauens* kann ebenfalls nicht herangezogen werden, um das Verbot fremdnütziger Interessenwahrnehmung zu begründen, da dies voraussetzt, dass das *gleiche* Schutzniveau verfolgt wird. Bei der fremdnützigen Interessenwahrnehmung geht es aber gerade auch um Fälle, in denen *unterschiedliche* Schutzniveaus gewählt werden. Gerade in diesen Fällen ist eine fremdnützige Interessenwahrnehmung aber problematisch, weil das Schutzniveau des einen Mitgliedstaates durch einen anderen Mitgliedstaat präjudiziert wird.

Sofern dem jeweiligen Interesse abschließend durch eine Harmonisierungsmaßnahme Rechnung getragen worden ist, verbietet der Loyalitätsgrundsatz (Art. 4 III Ua. 1 EUV), dass ein Mitgliedstaat aufgrund eines tatsächlich oder moralisch von der Harmonisierungsmaßnahme abweichenden Verhaltens in einem anderen Mitgliedstaat Maßnahmen ergreift. Dies ergibt sich aus der Rechtsprechung des Gerichtshofs in den Rs. *van den Burg*[4062], *Hedley Lomas*[4063] und *Compassion*[4064].

[4057] S. b. Fn. 3999 f.

[4058] Andeut. *Roth*, in: FS Fikentscher, 723 (736).

[4059] *Von Wilmowsky*, 16; Generalanwalt *Léger* (Fn. 3949), Rn. 33, 46 (*Hedley Lomas*).

[4060] *Von Wilmowsky*, RabelsZ 62 (1998), 1 (24 f.). Diese Verpflichtung ist aber naturgemäß nur bei der (noch zu entwickelnden) unechten Ausnahme 1 (s. b. Fn. 4093 f.) und der (noch darzustellenden) echten Ausnahme 2 (s. b. Fn. 4111 ff.) von Relevanz. Dies liegt daran, dass eine moralische Verantwortlichkeit für das Geschehen im Zielstaat (unechte Ausnahme 2) ja impliziert, dass der Zielstaat gerade nicht eingreift. Auch im Fall der echten Ausnahme 1 (Beauftragung durch den Herkunftsstaat) ergäbe diese Verpflichtung keinen Sinn, weil der Zielstaat hier ja gar nicht oder nur viel schlechter in der Lage ist zu kontrollieren und daher ja gerade von einer Kontrolle absehen und diese in den Herkunftsstaat verlagern möchte.

[4061] Vgl. nur EuGH, Gutachten v. 18.12.2014, Gutachten 2/13, unveröfftl., Rn. 168; EuGH, Urt. v. 21.12.2011, Rs. C-411/10, Slg. 2011, I-13991, Rn. 78 f. (*N.S.*).

[4062] S. b. Fn. 3978 ff.

[4063] S. b. Fn. 4004 ff.

Aus den verschiedenen Anhaltspunkten in den Verträgen lässt sich ableiten, dass jeder Mitgliedstaat natürlich berechtigt ist, seine eigenen Interessen wahrzunehmen. Dies gilt auch, wenn die Interessen mehrerer Mitgliedstaaten betroffen sind. Er muss dabei aber auf die legitimen Regelungsanliegen der anderen Mitgliedstaaten Rücksicht nehmen. Regelt ein Mitgliedstaat Belange eines anderen Mitgliedstaates, obwohl er keinen legitimen Grund für seine Regelung vorweisen kann, ist seine Maßnahme, sofern sie eine Beeinträchtigung einer Grundfreiheit darstellt, unzulässig.

3. Kriterien für die Abgrenzung von Regelungsansprüchen

Oben wurde festgestellt, dass das Primärrecht an mehreren Stellen zwar das Bedürfnis aufzeigt, die Kompetenzbereiche der Mitgliedstaaten abzuschichten, aber andererseits nur rudimentäre Anhaltspunkte zur Verfügung stellt, *wie* diese Abgrenzung im Einzelnen vorzunehmen ist. Dies wird im Folgenden (für die Fälle der Ausfuhr) versucht.

a) Hauptabgrenzungskriterium: Ort des regulierten oder durch Regulierung geschützten Interesses

Das Hauptabgrenzungskriterium ist *grundsätzlich* das des *Ortes* des regulierten oder durch eine Regulierung geschützten Interesses (sofern überhaupt ein „Ort" des Interesses bestimmt werden kann).[4065] Zuständig ist m. a. W. grundsätzlich derjenige Mitgliedstaat, in dem das Interesse „liegt". Wenn Rechtsgüter verletzt werden oder werden könnten oder betroffen werden oder werden könnten, kommt es also grundsätzlich darauf an, *wo* sich diese Rechtsgüter zur Zeit der Schädigung bzw. des unmittelbaren Gefahreintritts bzw. des Betroffensein oder -werdens *befanden*. Hiervon gibt es jedoch einige im Folgenden nachzuzeichnende Ausnahmen.

b) Zu den einzelnen Konstellationen im Anwendungsbereich von Art. 35 Alt. 2 AEUV

Es können hier nicht alle denkbaren Fälle für alle Grundfreiheiten dargestellt und durchgespielt werden.[4066] Es geht hier speziell um diejenigen Fälle, die mit Blick auf *Art. 35 Alt. 2 AEUV* problematisch und/oder bedeutsam sind.

[4064] S. b. Fn. 4019 f.

[4065] Ebenso *von Wilmowsky*, 16; vgl. auch *Fetsch*, 222 f. in Bezug auf Umwelt-, sowie Tier- und Gesundheitsschutz.

[4066] Dies muss Spezialarbeiten vorbehalten bleiben, vgl. hierzu etwa die sehr ausführliche Darstellung bei *Fetsch*, 200 ff.

aa) Relevanz der Exporteursinteressen?

Es könnte argumentiert werden, dass ja die Interessen der Exporteure – z. B. ihr Gewinninteresse – im Inland gelegen ist und dass dieses z. B. von Produkt- und Vermarktungsregelungen mitbeeinflusst wird, welche die Verbraucher im Zielstaat betreffen. Deshalb könnte der Herkunftsstaat dazu befugt sein, diese auch für Exportprodukte zu normieren. Mit dieser Argumentation könnte eine internationale Rechtfertigungsfähigkeit für *alle* den Exporteur betreffenden Regelungen begründet werden (also z. B. auch für Produktionsregelungen, Produktregelungen, Vermarktungsregelungen).

Mit Blick allein auf den internationalen Ort des Interesses ist die Argumentation korrekt. Indes handelt es sich nicht um ein *legitimes* Interesse. Die Exporteure nehmen ihre *eigenen* Interessen – worauf hier ja schon mehrfach hingewiesen wurde – *effektiver* wahr.

Dieser Aspekt ist aber von Relevanz für die Interessen der *anderen*, nicht an der konkret betrachteten Ausfuhrtransaktion beteiligten *Exporteure*, die (bzw. deren Ruf) womöglich durch die Exporttätigkeit des nach den Zielstaatsregelungen herstellenden Exporteurs beeinflusst werden. Auch diesbezüglich ist die internationale Zuständigkeit des Herkunftsstaates mit Blick auf den grundfreiheitlichen Rechtfertigungstatbestand eröffnet, und hier kann der Regelung ihre Effektivität nicht mit dem Argument abgesprochen werden, die Exporteure könnten ja selbst entscheiden, welche Regelung für sie die beste sei, denn jeder Exporteur kann faktisch ja nur über seine eigenen Transaktionen entscheiden. Doch handelt es sich auch hierbei (mit Ausnahme von Kennzeichnungsregelungen) um ein (grundsätzlich) illegitimes Interesse.[4067]

bb) Produktregelungen

Die im Zielstaat ansässigen Verbraucher und sonstigen Abnehmer kommen mit der exportierten Ware in Kontakt. Regelungen, welche die Wareneigenschaften normieren, betreffen mithin *zielstaatliche* Interessen. (Formale) *Produktregelungen* des Herkunftsstaates können also nicht mit dem Schutz der Nachfragerinteressen im Zielstaat gerechtfertigt werden.[4068] Hierunter fallen z. B. Produktregulierungen im Lebens- und Arzneimittelbereich und im Besonderen Qualitätsstandards, die die zielstaatlichen Verbraucher schützen sollen, aber auch Anforderungen etwa an Industriemaschinen, die deren Umweltverträglichkeit sicherstellen sollen.[4069]

Hier kann es aber durchaus auch vorkommen, dass der Zielstaat den Herkunftsstaat mit der Kontrolle seiner Produktregelungen *beauftragt*, weil er selber eine Kontrolle *nicht* oder *nicht so wirksam* wie der Herkunftsstaat

---

[4067] S. b. Fn. 4116 ff.

[4068] Ebenso *Fetsch*, 214; *Roth*, in: FS Fikentscher, 723 (726 f.).

[4069] Vgl. zu diesem Beispiel *Roth*, in: FS Fikentscher, 723 (727).

vornehmen kann, z. B. weil sich eine gesundheitsschädliche Substanz im (vom Zielstaat kontrollierbaren) fertigen Endprodukt nicht mehr nachweisen lässt (ohne das Gerät zu beschädigen), wohl aber während der (vom Herkunftsstaat kontrollierbaren) Produktionsphase.[4070]

Von der grundsätzlichen Unzulässigkeit exportstaatlicher Produktregelungen sollte auch dann eine Ausnahme gemacht werden, wenn das Interesse – hier der Verbraucher bzw. sonstige Abnehmer – zumindest zeitweilig aus dem Inland „herauswandert"[4071], um einen Transaktionsvorgang, auf den sich die Regulierung erstreckt und der grundfreiheitlich geschützt ist, *vor Ort im EU-Ausland* zu tätigen.[4072] Gleichzeitig sollte der Ansässigkeitsstaat des Verbrauchers (der Zielstaat des „Exporteurs") auch nicht dessen Kauf im EU-Ausland mit dem Argument beeinträchtigen können, dessen Gesundheit müsse geschützt werden, wenn der Verbraucher den Kauf körperlich vor Ort im EU-Ausland tätigt. Dann ist der Herkunftsstaat des „Exporteurs" zuständig. Folglich darf der Herkunftsstaat den Verkauf des „Exporteurs" regulieren (z. B. denjenigen eines grenznahen Supermarktes), der Waren an EU-ausländische Verbraucher verkauft, die in den Herkunftsstaat des Exporteurs reisen und dort vor Ort den Kaufvertrag abschließen. „Industriepolitik" im Interesse des Exporteurs bleibt gleichwohl unzulässig, da der Exporteur seine Interessen selbst besser wahrnehmen kann (es handelt sich hierbei um eine unzulässige ökonomische Rechtfertigung[4073]).[4074]

cc) Vermarktungsregelungen

Für *Vermarktungsregelungen* gilt zunächst dasselbe wie für Produktregelungen: Auch die durch Vermarktungsregelungen geschützten Interessen liegen im Grundsatz ausschließlich im Zielstaat (und sind international nicht rechtfertigungsfähig) oder können vom Exportstaat nicht in legitimer Weise zugunsten des Zielstaates verfolgt werden (wenn auf die Interessen des verkaufenden Exporteurs abgestellt wird). Dies gilt etwa für verbraucherschützende Werbung (z. B. ein Verbot von an Kinder gerichteter Werbung oder ein Verbot von Drogen anpreisender Werbung) oder für Verbote und Regulierungen, die den lauteren Wettbewerb und somit die im Zielstaat ansässigen Wettbe-

---

[4070] S. zu dieser ausnahmsweisen Zulässigkeit der Fremdinteressenwahrnehmung b. Fn. 4107 ff.

[4071] Gemeint ist, dass diejenige *Person*, die über das Interesse die *Verfügungsgewalt* besitzt, das Interesse verlegt.

[4072] Vgl. *Fetsch*, 211 ff.; *von Wilmowsky*, 62 f.; *ders.*, RabelsZ 62 (1998), 1 (22).

[4073] S. b. Fn. 4164 ff.

[4074] S. n. Fn. 4066. Eine andere und später behandelte Frage ist, ob hierbei zum Schutz des guten Rufs des Exporteurs eingegriffen werden darf, s. umf. b. Fn. 4116 ff.

werber und zumindest mittelbar auch die Verbraucher schützen sollen (z. B. das cold calling-Verbot im *Alpine*-Fall[4075]).[4076]

Wie bei Produktregelungen ist auch hier denkbar, dass der Zielstaat den Herkunftsstaat mit der Wahrnehmung seiner Interessen beauftragt, weil letzterer aus praktischen Gründen hierzu besser in der Lage ist.[4077]

Eine weitere Ausnahme gilt, wenn das Interesse (insbesondere der Verbraucher oder sonstige Nachfrager) aus dem Inland herauswandert.[4078] Dann ist der Herkunftsstaat zuständig und darf im Interesse des anderen Teils regulieren. Gleich bleibt, dass nicht im Interesse des verkaufenden Exporteurs reguliert werden darf.[4079] Dieses wäre zwar international rechtfertigungsfähig, aber kein legitimes Anliegen. Andererseits kann sich der Exporteur auf dieser Grundlage nicht (unter Berufung auf Art. *34* Alt. 2 AEUV) dagegen wehren, dass der *Ziel*staat (also der Ansässigkeitsstaat des Verbrauchers) die Werbetätigkeit auf seinem Gebiet reguliert: Hier ist die Entscheidung des Verbrauchers, auf das Gebiet des Zielstaates zu reisen und dort einzukaufen, noch nicht abgeschlossen. Der Entscheidungsprozess ist noch offen, und der Verbraucher kann sich auch für ein Produkt in seinem Ansässigkeitsstaat entscheiden. Hier darf der Zielstaat, aber nicht der Herkunftsstaat regulieren (dessen extraterritoriale Regelungen wären hier also unzulässig). Es geht (noch) um seine Interessen. Folglich handelte Luxemburg im Fall *GB-Inno*[4080] international legitim.[4081] Mit Blick auf Art. 35 Alt. 2 AEUV gilt hier eine Rückausnahme: Der Herkunftsstaat handelt in diesem Fall international *nicht* gerechtfertigt. Wäre das Verbot im Fall *GB-Inno* umgekehrt von *Belgien* für die Werbung auf *luxemburgischem* Boden erlassen worden, wäre es mit Art. 35 Alt. 2 AEUV nicht vereinbar gewesen.

dd) Verbote, Produktionsregelungen und sich auf die Eigenschaften eines Produktes auswirkende Produktionsregelungen

Zum Schutz von im Inland gelegenen Rechtsgütern und Interessen, die durch die *Produktionsweise* (also durch Produktionsregelungen) tangiert werden, darf der Herkunftsstaat tätig werden. Hierunter fallen z. B. der Schutz vor Lärmimmissionen und sonstigen gesundheits- und/oder wohlergehensschädlichen Einwirkungen in der Umgebung einer Produktionsstätte und der Schutz der Tiere um das Gebiet der Produktionsstätte.

[4075] S. b. Fn. 4140 ff.
[4076] Vgl. m. umf. w. N. *Fetsch*, 213 f.; s. a. *Körber*, 236 ff.
[4077] S. b. Fn. 4070.
[4078] S. umf. b. Fn. 4071 f.
[4079] S. b. Fn. 4074.
[4080] EuGH (Fn. 458).
[4081] Vgl. *Fetsch*, 212 ff. Der Gerichtshof geht in *GB-Inno* nicht auf diese Frage ein.

Bei sich auf die Produkteigenschaften auswirkenden Produktionsregelungen sowie Produktions-, Förder- und Handelsverboten[4082] hängt die Legitimität des Eingriffs von der Argumentation des Herkunftsstaates im Einzelfall ab: Rechtfertigt er die Regelung mit in seinem Gebiet gelegenen Interessen und Rechtsgütern, ist dies international rechtfertigungsfähig. Beruft er sich auf den Schutz der Verbraucher und der sonstigen Nachfrager im Zielstaat, ist der Schutz nicht international rechtfertigungsfähig.

ee) Unechte Ausnahme 1: Mehrere oder alle Staaten betreffende Interessen

Es gibt Schadensquellen, deren Wirkungsort (bzw. Betroffenheitsort) sich nicht klar abgrenzen lässt, die also nicht „an der Grenze Halt machen" und somit die Interessen *mehrerer* oder gar *aller* Länder betreffen.[4083] Die betroffenen Mitgliedstaaten sollten hier auch dann eingreifen können, wenn Interessen anderer Länder berührt sind und die Schadensquellen außerhalb des eigenen Hoheitsgebietes im EU-Ausland liegen.[4084] Die Beeinflussung fremdstaatlicher Interessen ist hierbei ein unvermeidbarer „Kollateralschaden". Hierzu gehört insbesondere die Umwelt:[4085] Die Klimaerwärmung betrifft unabhängig vom Standort des Emittenten *alle* Länder (auch wenn sie manche stärker [z. B. – mit Blick auf mögliche Überschwemmungen – Schottland und die Niederlande] und manche weniger stark beeinträchtigt). Sofern Rückwirkungen auf den Ausfuhrstaat aber ausgeschlossen werden können, sollte der Exportstaat dagegen nicht zum Eingreifen befugt sein.[4086] Gleichzeitig gibt es Interessen, die schon in mehreren Mitgliedstaaten *gelegen* sind. Das gilt etwa für einen durch mehrere Länder fließenden Fluss[4087] (wie bei dem Fall der im EFTA-Staat Schweiz durch das Unternehmen Sandoz verursachten Verseuchung des Rheins mit entsprechenden Folgen auch für den auf deutschem Staatsgebiet liegenden Flussabschnitt). Konkret folgt aus der Betroffenheit eigener Interessen für die Ausfuhr von Abfällen oder sonstigen (insbesondere umwelt-)schädlichen Stoffen nach hier vertretener Auffassung, dass die Ausfuhr verboten werden kann, wenn die Stoffe in einer Weise verarbeitet, vernichtet oder gelagert werden, die unter dem

[4082] S. umf. zu diesen beiden Fallgruppen b. Fn. 3803 ff.

[4083] Vgl. *Davies*, CYELS 10 (2007/2008), 69 (75); *Fetsch*, 223; *von Wilmowsky*, RabelsZ 62 (1998), 1 (24 f.).

[4084] Vgl. *de Sadeleer*, 302; *De Vries*, NTER 2009, 121 (128); *Fetsch*, 223; *Müller-Graff*, in: von der Groeben/Schwarze/Hatje, Art. 36 AEUV Rn. 39; s. a. *Körber*, 237 Fn. 649.

[4085] Eine ähnliche Konstellation liegt auch in der oben behandelten Rs. *Werner* vor (s. b. Fn. 4012 ff.).

[4086] Unter dem Gesichtspunkt moralischer Verantwortung des Herkunftsstaates kann sich in Einzelfällen allerdings dennoch eine Eingriffsbefugnis ergeben (s. hierzu b. Fn. 4094 ff.). Jedoch muss es dann um moralische Bedenken von einiger Erheblichkeit und nicht bloß um divergierende sozio-kulturelle Anschauungen gehen (vgl. b. Fn. 4098 ff.).

[4087] *Fetsch*, 232.

Schutzniveau des Herkunftsstaates liegt und nicht nur marginale Rückwirkungen auf den Herkunftsstaat (und sein Klima, Boden etc.) entfalten kann.[4088] Auch darf ein Transitstaat nach hier vertretener Auffassung ein Durchfuhrverbot wie in der Rs. *Richardt*[4089] erlassen, und zwar nicht nur wegen potenziell beim Transport erfolgender Schäden, sondern wegen der im Zielstaat entfalteten Rückwirkungen auf den Transitstaat. In dieselbe Richtung weist auch die Billigung des Ausfuhrverbots von Dual-Use-Gütern in der Rs. *Werner*.[4090]

Auch hier gilt, dass bei einer zulässigen Mitregulierung der Interessen anderer Mitgliedstaaten auf deren legitime Interessen *so weit wie möglich* Rücksicht zu nehmen ist.[4091] Daneben begrenzt auch der Grundsatz der Verhältnismäßigkeit die Regulierungsoptionen der Mitgliedstaaten. Nimmt ein anderer Mitgliedstaat das eigene Interesse durch die legitime Verfolgung seines Interesses wahr, muss der zweite aus Gründen der Erforderlichkeit von einer zusätzlich behindernden Regelung absehen.[4092] Es ist allerdings einschränkend zu fordern, dass es nicht um eine irgendwie geartete *virtuelle* Betroffenheit eigener Interessen geht, sondern um eine *substanzielle*. Dies bedeutet, dass bezüglich der Betroffenheit der eigenen Interessen eine gewisse *Mindestwahrscheinlichkeit* und *-intensität* gegeben sein muss.

ff) Unechte Ausnahme 2: Moralische Verantwortung

Eine eigene Betroffenheit liegt auch dann vor, wenn auf fremdem Territorium gelegene Interessen beeinträchtigt werden und der Herkunftsstaat bzw. seine Rechtssubjekte hierfür *moralisch verantwortlich* sind (z. B. Vorschubleisten zu oder Ausnutzen von [zumindest subjektiv empfundenen] Tierwohlbeeinträchtigungen wie in den Rs. *van den Burg*,[4093] *Hedley Lomas*[4094] und *Compassion*[4095] oder bei der Lieferung eines Mittels, das für die Vollstreckung der Todesstrafe verwandt wird).[4096] Obwohl der Ort des beeinträchtigten Rechts-

---

[4088] A.A. *Everling*, NVwZ 1993, 209 (211).

[4089] S. umf. b. Fn. 3987 ff.

[4090] S. umf. b. Fn. 4012 ff.

[4091] S. zum allgemeinen Grundsatz b. Fn. 4052.

[4092] *Von Wilmowsky*, RabelsZ 62 (1998), 1 (24 f.); s. a. schon b. Fn. 4060 ff.

[4093] S. b. Fn. 3974 ff. und insbesondere b. Fn. 3986.

[4094] S. b. Fn. 4001 ff. Allerdings hat der EuGH das Problem dort nicht behandelt, weil eine abschließende Harmonisierungsmaßnahme vorlag.

[4095] S. b. Fn. 4018 ff.

[4096] *Davies*, CYELS 10 (2007/2008), 69 (75, 77 f.); vgl. auch *Epiney*, in: Ehlers, § 8 Rn. 78 f.; *Notaro*, E. L. Rev. 25 (2000), 467 (489). A.A. Generalanwalt *Léger* (Fn. 3949), Rn. 31 ff. (*Hedley Lomas*). *Oliver*, CMLR 34 (1997), 666 (671) geht wohl auf ähnlicher Grundlage davon aus, dass extreme Gefahren für das menschliche Leben und die Gesundheit auch eine Eingriffsbefugnis für in anderen Ländern gelegene Rechtsgüter begründen. *Fetsch*, 230 f. spricht in den hier unter „moralische Verantwortlichkeit" subsumierten gutes nicht im Herkunftsland ist, ist die moralische Verantwortlichkeit ein *eigenständiges*, schutzwürdiges Interesse des Herkunftsstaates. Es ist also zu differenzieren zwischen der Verletzung des Interesses selbst und der moralischen Verantwortlichkeit hierfür. Nur Letzteres taugt als Rechtfertigungsgrund für das Verhalten des Herkunftsstaates. Der EuGH hat in der Rs. *Compassion* allerdings angedeutet, dass er dieser Ausnahme vom Verbot fremdnütziger Interessenwahrnehmung eher skeptisch gegenübersteht.[4097]

Einschränkend ist jedoch zu fordern, dass es hier nicht bloß um divergierende sozio-kulturelle Anschauungen gehen darf, sondern um *erhebliche moralische Bedenken*.[4098] Andernfalls würde das grundsätzliche Verbot der fremdnützigen Interessenwahrnehmung ausgehöhlt. Zu solchen *qualifizierten* ethischen Motiven gehört sicherlich der Schutz von Menschenleben[4099] oder das Retten einer vom Aussterben bedrohten Tierart.[4100] Hierunter dürften allgemein alle Einwirkungen fallen, die zu einem schweren und gesundheitsschädlichen Eingriff in die körperliche Integrität eines Lebewesens führen oder dieses sogar der Gefahr des Todes aussetzen. Die Frage, *wann genau* ein *erhebliches* ethisches Interesse gegeben ist, wird in Grenzfällen sicher zu Abgrenzungsschwierigkeiten führen. Um nicht doch eine Fremdbestimmung unter dem Deckmantel angeblicher moralischer Interessen zu ermöglichen,

---

Fällen wohl von „universalen" Interessen, die allen Mitgliedstaaten oblägen; vgl auch *Müller-Graff*, in: von der Groeben/Schwarze/Hatje, Art. 36 AEUV Rn. 39; ähnl. auch *Roth*, in: FS Fikentscher, 723 (738). Der Begriff der Universalität (und ähnliche Begriffe) ist, weil irreführend, abzulehnen: Sie implizieren, dass das Interesse allen zu eigen ist. Hier (und auch bei *Fetsch*) wurden unter die schützenswerten Interessen nur solche gefasst, bei denen eine irgendwie geartete *konkrete* (persönliche oder geografische) Anknüpfung (des regulierenden Mitgliedstaates) gegeben ist. Diese ist aber nur dann „universell", wenn das Interesse einen Kontakt zu den *eigenen* Belangen aufweist. Das ist z. B. bei tierschutzrechtlichen Fällen aber eben nur der Fall, wenn sich der argumentativen Brücke der *eigenen moralischen Verantwortlichkeit* bedient wird. Das Rechtsgut der Gesundheit der in einem bestimmten Gebiet lebenden Tiere ist und bleibt Sache desjenigen Staates, der die Hoheitsgewalt über das Gebiet ausübt. Die „Beihilfe" zu erheblich unethischem Handeln begründet dagegen eine *eigene* Verantwortlichkeit. Vorzugswürdig wäre daher eine Verwendung des Begriffs des universellen Interesses ausschließlich in Bezug auf die oben bereits angesprochenen Interessen, die zu allen oder mehreren Mitgliedstaaten eine *tatsächliche Verknüpfung* aufweisen, etwa mit Blick auf das Ozonloch, das die Lebensbedingungen für die Menschen aller Mitgliedstaaten verschlechtert (s. hierzu umf. b. Fn. 4083 ff.).

[4097] S. b. Fn. 4026 f.

[4098] *Fetsch*, 231 spricht in ähnlichem Zusammenhang von „unwiderrufliche[n] Verletzungen" für „besonders wertvolle Rechtsgüter".

[4099] Vgl. Generalanwalt *Jacobs*, Schlussanträge v. 18.05.1995, Rs. C-70/94, Slg. 1995, I-3191, Rn. 59 (*Werner*).

[4100] Vgl. hierzu erneut die von *Roth*, in: FS Fikentscher, 723 (738) sog. Fallgruppe des „universalen Interesse[s]", unter die er dieselben Beispiele subsumiert (*Roth* darin folgend *Fetsch*, 230 f.).

sollte als allgemeine Leitlinie gelten, dass solcherlei Fälle insgesamt *restriktiv* gehandhabt werden. *Einen* Anhaltspunkt können internationale Ächtungsverträge bilden, zu deren Signatarstaaten der jeweilige Herkunftsstaat gehört.[4101] Auch hier gilt, dass bei einer zulässigen Mitregulierung der Interessen anderer Mitgliedstaaten auf deren legitime Interessen weitestgehend *Rücksicht* zu nehmen ist.[4102] Sofern dem Belang durch eine Harmonisierungsmaßnahme abschließend Rechnung getragen worden ist, kann nicht in Abweichung hiervon einseitig eine Maßnahme getroffen werden.[4103] Auf dieser argumentativen Grundlage hat der EuGH die moralischen Bedenken in *van den Burg*,[4104] *Hedley Lomas*[4105] und *Compassion*[4106] verworfen.

4. (Echte) Ausnahme 1: Ausdrückliche Beauftragung durch den Zielstaat

Zielstaaten können ein begründetes Interesse daran haben, dass der Herkunftsstaat ihre Interessen schützt, z. B. weil dieser besser mit den lokalen Gegebenheiten vertraut ist und somit *wirksamer* agieren kann oder weil eine bestimmte Maßnahme regelungstechnisch oder faktisch überhaupt nur an einer bestimmten Stufe des Wertschöpfungsprozesses (im Herkunftsstaat) durch staatliche Behörden kontrolliert werden kann oder dies erheblich kostengünstiger ist.[4107] Dann kann eine „Beauftragung" durch den Zielstaat erfolgen.[4108] Der Zielstaat besitzt in diesen Fällen nämlich die umfassende Hoheit über „Ob" und „Wie" der Regelung eigener Belange. Die Ausfuhrbeschränkung des Herkunftsstaates ist dann gerechtfertigt, wenn dieselbe Kontrolle durch den *Zielstaat* als *Einfuhrbeschränkung* ebenfalls gerechtfertigt wäre. Dann ist allerdings eine *Anpassung des Prüfungsmaßstabs* vorzunehmen: Es ist Art. *34* Alt. 2 AEUV anzuwenden. Die Einfuhrkontrolle wird nämlich nur in den Exportstaat vorverlagert.[4109] Eine solche gegenseitige Ermächtigung kann auch durch den Abschluss eines *internationalen Abkommens* geschehen, in dem sich die Mitgliedstaaten gegenseitig zu bestimmten

---

[4101] Vgl. zu Letzterem *Epiney*, in: Ehlers, § 8 Rn. 79. Vgl. auch den Hinweis des EuGH (Fn. 4039), Rn. 27.

[4102] S. zum allgemeinen Grundsatz b. Fn. 4052.

[4103] Vgl. schon b. Fn. 4062 ff.

[4104] S. b. Fn. 3978 ff.

[4105] S. b. Fn. 4004 ff.

[4106] S. b. Fn. 4019 f.

[4107] Vgl. nur *Classen*, EuR 2004, 416 (422); *Epiney* in: Ehlers, § 8 Rn.75; *Kort*, JZ 1996, 132 (139); *Körber*, 237; *Leible/T. Streinz*, in: Grabitz/Hilf/Nettesheim, Art. 36 AEUV Rn. 5; *Müller-Graff*, in: von der Groeben/Schwarze/Hatje, Art. 36 AEUV Rn. 38; *Reich*, EuZW 1995, 407 (408); *Roth*, CMLR 47 (2010), 509 (518 f.); *von Wilmowsky*, 18 f.; EuGH (Fn. 3953), Rn. 46/47 (*Bauhuis*); vgl. auch *Lackhoff*, Niederlassungsfreiheit, 132.

[4108] In bestimmten Fällen wird der Loyalitätsgrundsatz dazu führen, dass aus dem *Recht* eine *Pflicht* zum Einschreiten erwächst, vgl. von *Wilmowsky*, 18 f.

[4109] Vgl. EuGH (Fn. 248), Rn. 43–47 (*Bauhuis*); ebenso *Fetsch*, 230 m. w. N.

Eingriffen ermächtigen oder sogar verpflichten wie im Fall *Kommission/Niederlande*[4110].

5. (Echte) Ausnahme 2: Konkludente Beauftragung sowie vermutet gewollte Wahrnehmung fremder Interessen

Fraglich ist, ob zwingend ein *irgendwie bedeutungsvoller Akt der Zustimmung* hinzukommen *muss* (wenn keiner der obigen beiden unechten Ausnahmen gegeben ist), damit ein Mitgliedstaat im Interesse eines anderen Mitgliedstaates agieren *kann*, oder ob der Herkunftsstaat auch in *weiteren* Fällen tätig werden kann.[4111]

Problematisch ist dabei, dass der Zielstaat zwar sein Interesse nicht nur nicht schützen *kann*, sondern womöglich auch gar nicht *will* oder zumindest nicht *in der Weise* will, wie dies der Herkunftsstaat tut. Eine entsprechende Ausnahme darf also kein Einfallstor darstellen für „Bevormundungsversuche" durch den Exportstaat.

Hier wird daher vorgeschlagen, in den oben genannten Fällen an sich berechtigter Fremdinteressenverfolgung zu verlangen, dass der Zielstaat *für sein eigenes Staatsgebiet* gleiche[4112] Regelungen erlassen hat. Dann kann auch davon ausgegangen werden, dass er mit der Normierung des Herkunftsstaates einverstanden ist.[4113] Andernfalls *muss* nach hier vertretener Auffassung (mit Ausnahme der nachfolgend behandelten Evidenzsituationen[4114]) ein Ermächtigungsakt, der auch informeller Natur sein kann, hinzukommen.

Eine Ausnahme hiervon gilt mit Blick auf das Loyalitätsgebot des Art. 4 III EUV[4115] in Fällen, in denen eine Betroffenheit der zielstaatlichen Interessen *evident* ist (z. B. unkontrollierter Verkauf „harter" Betäubungsmittel wie Kokain). Hier auf eine Beauftragung zu verweisen, erschiene rechtsmissbräuchlich und treuwidrig. Da solcherlei Situationen aber eben evident sind, wird dieser Fall in der Praxis extrem selten auftreten: Da die Mitgliedstaaten solche Gefahren unter keinen Umständen dulden wollen, werden sie diese auch sofort mit regulatorischen Mitteln zu bekämpfen suchen. Dann aber liegt eine gleichartige Regelung vor, die eine Beauftragung ersetzt, sodass es auf die Evidenzausnahme nicht ankommt. Das Evidenzkriterium sollte daher äußerst *restriktiv* gehandhabt werden, um nicht das grundsätzliche Verbot fremdnütziger Interessenwahrnehmung zu unterlaufen.

[4110] S. b. Fn. 3958 ff.

[4111] Für Letzteres sprechend EuGH (Fn. 3953), Rn. 46/47 (*Bauhuis*).

[4112] Die Regelungs*technik* muss natürlich nicht identisch sein.

[4113] Ähnl. *Fetsch*, 230; vgl. auch *Roth*, ZHR 159 (1995), 78 (94 Fn. 67).

[4114] S. sogl. b. Fn. 4115.

[4115] Vgl. *Davies*, CYELS 10 (2007/2008), 69 (77); *Snell*, 98.

II. Der Schutz des guten Rufes als Rechtfertigungsgrund?

Fraglich ist, ob sich die Herkunftsstaaten auf einen Rechtfertigungsgrund „Schutz des guten Rufes der heimischen Exportwirtschaft“ berufen können, was die verpflichtende Erstreckung ihrer Inlandsstandards auf exportierte Produkte angeht.[4116]

Würde es nur um den guten Ruf bzw. Erfolg desjenigen Unternehmens gehen, das sich auf Art. 35 Alt. 2 AEUV beruft (etwa durch eine auf die Produktzusammensetzung bezogene Qualitätsvorgabe wie in der Rs. *Jongeneel Kaas*[4117]), könnte der Schutz des guten Rufes ohne Weiteres als illegitimes Ziel abgelehnt werden, da dies eine ökonomisch ineffiziente und bevormundende Industriepolitik darstellt. Das Problem liegt jedoch darin, dass die Interessen im Herkunftsstaat ansässiger *Dritter* berührt sind: Sofern Verbraucher aus ihrer Sicht „schlechte“ Produkte nicht nur mit dem konkret verkaufenden Unternehmen, sondern mit der gesamten Produktion des Herkunftsstaates assoziieren, wirkt sich die Rechtswahl des Exporteurs auch auf dritte Exporteure im Herkunftsstaat aus. Auf der anderen Seite liegt ein Problem darin, dass die Mitgliedstaaten praktisch bei jeder Regelung, die ihre Exportindustrie betrifft, anführen können, es gehe ihnen um den Schutz des guten

---

[4116] Es wird nachfolgend vorausgesetzt, dass einhergehend mit einer extensive(re)n Auslegung von Art. 35 Alt. 2 AEUV auch die ungeschriebenen zwingenden Erfordernisse zur Rechtfertigung von Ausfuhrbehinderungen zur Verfügung stehen und der Schutz des guten Rufes – *sofern* dieser nachfolgend als legitim qualifiziert wird – hierunter fallen würde (der Gerichtshof hat sogar bei den *diskriminierenden* Regelungen in *Dusseldorp* [s. b. Fn. 4028 ff.] und in *Gysbrechts* [s. b. Fn. 785] die zwingenden Erfordernisse herangezogen. Nur eine solche Auslegung trägt auch den legitimen und nicht umfassend von Art. 36 S. 1 AEUV berücksichtigten Interessen der Mitgliedstaaten Rechnung. Zudem würde dies eine Konvergenz zu den anderen Grundfreiheiten darstellen, die die Berufung auf die zwingenden Erfordernisse jedenfalls in Bezug auf unterschiedslose Beschränkungen ausnahmslos zulassen); wie hier *Frenz*, Hb. 1, Rn. 1051.

Den Schutz des guten Rufes bereits als illegitimes Ziel abl. *Kerber/van den Bergh*, Marburg Papers, 1 (15 f.); *Körber*, 234 f.; *Szydło*, CMLR 47 (2010), 753 (784); Generalanwalt *Capotorti* (Fn. 245), 3419 f. (*Groenveld*) und wohl auch *Roth*, ZHR 159 (1995), 78 (93 f.); krit. auch *Hatzopoulos*, CMLR 32 (1995), 1427 (1443 f.); *ders.*, CMLR 37 (2000), 43 (79); *Remien*, CMLR 38 (2001), 53 (85); als legitimes Ziel wohl anerkennend, aber mangels Erforderlichkeit auf der Grundlage der labeling-doctrine verwerfend wohl *Alexander*, CMLR 17 (1980), 282 (285) und *Schilling*, 138. Beidem aufgeschlossen gegenüberstehend *Benedict*, B. U. Int'l L. J. 21 (2003), 373 (393 f.) und wohl auch *Oliver*, in: ders., 138 ff. Den Schutz des guten Rufes als legitimes Ziel anerkennend, aber sich nicht zur labeling-doctrine äußernd *Gormley*, in: Terryn/Straetmans/Colaert, 277 (284, 290); vgl. zur Auffassung des EuGH sogl. b. Fn. 4119 ff. Zum Schutz des guten Rufes der exportierenden Unternehmen schon die Tatbestandsebene enger fassen wollend *Snell/Andenas*, Int'l & Comp. Corp. L. J. 2 (2000), 239 (260); *dies.*, Int'l & Comp. Corp. L. J. 2 (2000), 361 (376).

[4117] S. hierzu b. Fn. 4136 ff. m. w. N.

Rufes. Dies würde dazu führen, dass der Wettbewerbsgleichheitsmechanismus auf der Rechtfertigungsebene *leerläuft.*[4118]

Nach einer Analyse der diese Frage berührenden Rechtsprechung wird nachfolgend abstrakt zu der Frage Stellung genommen, ob und inwiefern der Schutz des guten Rufes (nicht an der Rechtswahl beteiligter Exportunternehmen) als legitimes Ziel anerkennungswürdig sein sollte. Inzident ist darauf einzugehen, inwieweit ökonomische Motive als Rechtfertigungsgründe generell unzulässig sind. Schließlich ist hilfsweise oder für den Fall, dass der Schutz des guten Rufes als Rechtfertigungsgrund anerkannt wird, zu prüfen, ob potenzielle Maßnahmen den Verhältnismäßigkeitsgrundsatz verletzen würden. Eine besondere Rolle spielen dabei *Kennzeichnungsregelungen*, die von den Mitgliedstaaten zwar ebenfalls zum Schutz des guten Rufes erlassen werden, aber darüber hinaus auch weitere, systematisch-teleologisch und rechtsökonomisch sogar *erwünschte* Funktionen übernehmen (bzw. sich z. T. sogar als Voraussetzung für einen wirklich voll funktionierenden Wettbewerbsgleichheitsmechanismus darstellen). Sie führen zur Unverhältnismäßigkeit von Eingriffen in den Produktions- und Vermarktungsprozess.

1. (Beispiele aus der) EuGH-Rechtsprechung

In der Praxis werden zum Schutz des guten Rufes meist Regelungen festgesetzt, die darauf abzielen die Eigenschaften eines Produktes zu beeinflussen oder zumindest den Verbraucher dahin gehend zu überzeugen, dass dieser mit dem Produkt bestimmte (positive) Eigenschaften verbindet (*Bouhelier*[4119], *Jongeneel Kaas*[4120], *Groenveld*[4121]). Es können hier aber auch Vermarktungs- und Produktionsstandards zum Einsatz kommen: Hiermit wird z. B. auf ethisch bewusste Käufer reagiert, die keine Waren aus Ländern kaufen wollen, in denen Arbeitnehmer ausgebeutet werden („fair-trade“), oder die darauf achten, dass die an der Produktion beteiligten Arbeitnehmer hoch qualifiziert sind. Bei Vermarktungspraktiken bestehen gewisse strukturelle Gegebenheiten, die dazu führen, dass Qualitätsregelungen hier seltener auftreten.[4122] In *Alpine Investments*[4123] ging es um ein (zumindest zunächst[4124]) dem Reputationsschutz der heimischen Finanzindustrie dienendes Verbot bestimmter Vermarktungspraktiken. Eine Sonderrolle spielen die Verarbeitungsfälle *Delhaize*[4125], *Belgien/Spanien* (*Rioja*)[4126], *Asda*[4127] und *Ravil*[4128]: Den Verfahren

---

[4118] *Oliver*, in: ders., 138 f.
[4119] EuGH (Fn. 258) – *Bouhelier.*
[4120] EuGH (Fn. 105) – *Jongeneel Kaas.*
[4121] EuGH (Fn. 51) – *Groenveld.*
[4122] S. vor Fn. 4220.
[4123] EuGH (Fn. 2488) – *Alpine Investments.*
[4124] S. b. Fn. 4140 ff.
[4125] EuGH (Fn. 128) – *Delhaize.*

lagen diskriminierende Kennzeichnungen zugrunde, die die Qualität des Produktes garantieren sollten und voraussetzten, dass eine Verarbeitung im Inland stattfindet. Sie verdeutlichen das Potenzial, aber auch die Gefahren, die von einem fehlerhaft (weil diskriminierend) ausgestalteten Kennzeichnungssystem ausgehen können.

Eine der frühesten Rechtssachen, in denen ein Mitgliedstaat eine seiner Regelungen vor dem Gerichtshof mit dem Schutz des guten Rufes der heimischen Exportindustrie begründete, ist die Rs. *Bouhelier*: Hier wollten die französischen Behörden bei der Ausfuhr von Uhren sicherstellen, dass gewisse Qualitätsstandards eingehalten wurden, weshalb sie Ausfuhrkontrollen vornahmen. Der Gerichtshof muss in *Bouhelier* nicht zur Legitimität des Ziels Stellung nehmen, da es sich schon um eine (willkürliche) Diskriminierung handelt, die sogar nach Art. 36 AEUV unzulässig ist.[4129] Interessanterweise äußert sich der Gerichtshof nichtsdestotrotz und lehnt die Maßnahme aufgrund ihrer diskriminierenden Natur mit der Formulierung „so wünschenswert sie [die Qualitätspolitik, d. *Verf.*] auch sein möge“[4130] ab. Der EuGH scheint somit von der *Legitimität* dieser Politik auszugehen. Auf der anderen Seite fällt dieses Urteil aus dem Jahr 1977 in eine Zeit, in der die Grundfreiheitendogmatik noch nicht so ausgereift war wie heute – insbesondere was den Beschränkungstatbestand anbelangt, der auf der Rechtfertigungsebene widergespiegelt wird.

Das niederländische Verbot der Herstellung von Pferdefleisch in *Groenveld*[4131] sollte verhindern, dass niederländische Exporteure Ausfuhrrückgänge erleiden oder von den Zielstaaten gar mit Einfuhrverboten belegt würden, wenn es in den Niederlanden erlaubt wäre, Pferdefleischwaren in denselben Anlagen herzustellen, in denen auch andere Fleischsorten verarbeitet werden. Der EuGH scheint den Schutz des guten Rufes nicht für ein unzulässiges Ziel zu halten und erklärt ausdrücklich, dass die Verfolgung dieses Ziels nicht der Rechtmäßigkeit der Maßnahme „entgegensteh[e]“[4132]. Obwohl der EuGH die Legitimität des Ziels prüfungssystematisch aufgrund der Verneinung schon des *Tatbestands* nicht bewertet (und bewerten muss), wäre es (wie in *Jongeneel Kaas*[4133]) lebensfremd, anzunehmen, dass die restriktive Tatbestandskonzeptionierung, die in *Groenveld* zum Ausdruck kommt, nicht in einem Zusammenhang stünde mit der Frage, ob der EuGH das angeführte

4126 EuGH (Fn. 129) – *Belgien/Spanien* (*Rioja*).
4127 EuGH (Fn. 478) – *Asda*.
4128 EuGH (Fn. 477) – *Ravil*.
4129 EuGH (Fn. 258), Rn. 13/15. Vgl. *VerLoren van Themaat*, SEW 1980, 141 (142).
4130 EuGH (Fn. 258), Rn. 13/15.
4131 EuGH (Fn. 51) – *Groenveld*.
4132 EuGH (Fn. 51), Rn. 8 (*Groenveld*).
4133 S. b. Fn. 4138.

Ziel für legitim hält.[4134] Insbesondere unterlag der Gerichtshof in *Groenveld* noch nicht dem (in späteren Rechtssachen vorhandenen) Druck, sich im Falle der Bejahung des Tatbestands in Widerspruch zu seiner eigenen st. Rspr. zu setzen. Im Gegenteil, der EuGH *distanziert* sich in *Groenveld* sogar von seiner bisherigen Rechtsprechung.[4135] Beides spricht dafür, dass der EuGH von der Legitimität des Ziels ausgeht.

In *Jongeneel Kaas*[4136] ging es um eine Produktzusammensetzungs- und Kennzeichnungsregelung, die die Qualität des exportierten Käses sicherstellen sollte.[4137] Der EuGH musste die Legitimität des Ziels, eine Qualitätspolitik zu verfolgen, wiederum nicht im Rahmen der Rechtfertigung beurteilen, weil die Maßnahme schon auf der Tatbestandsebene ausgeschieden wurde. Dies könnte, wie in der Rs. *Groenveld*[4138], als Zeichen gedeutet werden, dass der EuGH eine solche Politik wohl für zulässig erachtet, weil er sonst schon den Tatbestand erweiternd ausgelegt hätte. Zudem stand dem Gerichtshof die mitgliedstaatliche Motivation (der Qualitätspolitik) auch unmittelbar vor Augen, wie seine klar affirmativen Äußerungen hierzu belegen.[4139]

In *Alpine Investments*[4140] führt der EuGH aus, dass der *gute Ruf* des heimischen Finanzsektors ein legitimes Interesse darstellen könne.[4141] Dabei weist er jedoch darauf hin, dass „die Finanzmärkte eine bedeutende Rolle bei der Kapitalbeschaffung für die Wirtschaftsteilnehmer spielen und daß ihr ordnungsgemäßes Funktionieren angesichts der spekulativen Natur und der Komplexität der Warenterminverträge weitgehend von dem Vertrauen abhängt, das sie bei den Kapitalanlegern genießen."[4142] Die Funktionsfähigkeit des Finanzsystems führt der EuGH zwar *nicht ausdrücklich* als legitimes Interesse an. Aufgrund der obigen Ausführungen ist allerdings davon auszugehen, dass die Anerkennung des Schutzes des guten Rufs als legitimes Interesse hierdurch stark *mit*motiviert, wenn nicht sogar *allein* hierdurch moti-

---

[4134] Vgl. *Roth*, in Bulterman et al., 73 (78); *VerLoren van Themaat*, SEW 1980, 141 (142); vgl. auch *Roth*, ZHR 159 (1995), 78 (82).

[4135] Vgl. *Roth*, in Bulterman et al., 73 (78).

[4136] EuGH (Fn. 105).

[4137] Vgl. zum Sachverhalt n. Fn. 105; s. umf. zur Besprechung der Rechtssache am Maßstab von Art. 35 Alt. 2 AEUV und b. Fn. 400 ff.

[4138] S. b. Fn. 4134.

[4139] EuGH (Fn. 105), Rn. 23: „Die Mitgliedstaaten können rechtmäßigerweise zur Förderung des Absatzes eine Qualitätspolitik verfolgen, selbst wenn ihre Erzeuger dadurch dem Risiko eines Preiswettbewerbs von Herstellern aus den anderen Mitgliedstaaten ausgesetzt werden, die nicht den gleichen Qualitätsanforderungen unterworfen sind."

[4140] EuGH (Fn. 2488) – (*Alpine Investments*).

[4141] EuGH (Fn. 2488), Rn. 42–44.

[4142] EuGH (Fn. 2488), Rn. 42.

viert war.[4143] Dafür spricht auch die ausführliche Stellungnahme von Generalanwalt *Jacobs*.[4144] Zudem spricht der EuGH an späterer Stelle von dem Ziel „der Gewährleistung der Integrität (…) [der] Finanzmärkte“[4145].[4146] Der Schutz des guten Rufes ist nach dieser Lesart nicht selbst (legitimer) Zweck, sondern nur *Mittel* zur Verfolgung eines legitimen Ziels.[4147] In *Alpine Investments* zeigt sich, dass der EuGH gegenüber Maßnahmen aufgeschlossen ist, die mit dem Ziel erlassen wurden, die *Funktionsfähigkeit des Binnenmarktes* zu schützen (statt diesen zu unterlaufen), wobei der EuGH solche Maßnahmen nicht auf ihre tatsächliche *ökonomische Plausibilität* hin untersucht (auch nicht im Wege einer Evidenzkontrolle). Dass sich mögliche missbräuchliche Praktiken im Ausland auch auf die Integrität des Finanz- und Wirtschaftssystems im Inland auswirken, erscheint auch plausibel mit Blick auf die hohe internationale Vernetzung der Finanzmärkte.[4148]

In den (parallel liegenden und weitgehend auch parallel entschiedenen) Rs. *Belgien/Spanien* (*Rioja*)[4149], *Delhaize*[4150], *Asda*[4151] und *Ravil*[4152] musste nach dem jeweiligen mitgliedstaatlichen Recht auch die marktfähige *Verarbeitung* des Produkts *in einer bestimmten Region* stattfinden, damit die Produkte eine bestimmte *Qualitätsbezeichnung* erhalten konnten (denominacion de origen calificada; Parmaschinken; Grana Padano). Hervorzuheben ist, dass es hier – anders als in den zuvor genannten Rechtssachen – nicht um zwingende *Produktmodifikationen* oder gar *-verbote* ging. Die nachfolgend dargestellten *affirmativen* Äußerungen des Gerichtshofs (zum Schutz des guten Rufes als legitimes Ziel) sollten nicht *kontextunabhängig* gedeutet und generalisiert werden (es ging um *Kennzeichnungs*regelungen). Der EuGH kritisiert das Vorbringen Spaniens, die Regelung in *Delhaize* diene der Qualitätsförderung,[4153] nicht als illegitim, sondern weist nur auf die nicht erwiesene *Eignung* der „Lokalisierung der Abfülltätigkeiten“[4154] zur Erreichung dieses Ziels hin. In *Rioja* stellt der EuGH dagegen mehrfach fest, dass eine Rege-

---

[4143] Ähnl. *Hatzopoulos*, CMLR 32 (1995), 1427 (1443); nach *Kort*, JZ 1996, 132 (138) sei dies der *alleinige* Grund. *Roth*, in: Bulterman et al., 73 (79) ist wohl so zu verstehen, als gehe es dem Gerichtshof um beides.

[4144] Generalanwalt *Jacobs* (Fn. 2525), Rn. 73, 75–77 (*Alpine Investments*).

[4145] EuGH (Fn. 2488), Rn. 49.

[4146] Krit. zur Heranziehung des Schutzes des guten Rufes als legitimes Ziel *Kort*, JZ 1996, 132 (138); *Remien*, CMLR 38 (2001), 53 (85); *Szydło*, CMLR 47 (2010), 753 (784).

[4147] Vgl. umf. b. Fn. 4207 ff.

[4148] Das Verbot des cold calling in *Alpine Investments* war nach hiesiger Auffassung jedoch unverhältnismäßig, s. vor Fn. 4220.

[4149] EuGH (Fn. 129).

[4150] EuGH (Fn. 128).

[4151] EuGH (Fn. 478) – *Asda*.

[4152] EuGH (Fn. 477) – *Ravil*.

[4153] EuGH (Fn. 128), Rn. 22 (*Delhaize*).

[4154] EuGH (Fn. 128), Rn. 23 (*Delhaize*).

lung, deren Ziel es ist, die spezifischen (Qualitäts-)Eigenschaften des Rioja-Weines zu schützen, ein legitimes Anliegen verfolge.[4155] Dieses helfe dabei, die Absatzchancen des Produktes zu sichern und trittbrettfahrende dritte Produzenten von einer rufschädigenden Nutzung der Ursprungsbezeichnung abzuhalten.[4156] Der Gerichtshof lehnt dabei eine Kennzeichnungslösung des Inhalts ab, dass Weine unabhängig davon, ob sie innerhalb oder außerhalb der Region (insbesondere im EU-Ausland) abgefüllt worden sind, die denominación erhalten müssen und dass auf dem Produkt angegeben werden muss, wo der Wein abgefüllt wurde. Er begründet dies damit, dass die Unternehmen in der Region Rioja „über eine spezielle Erfahrung und vor allem eine vertiefte Kenntnis der spezifischen Eigenarten des betreffenden Weines verfügen“[4157] und dass die Unternehmen im EU-Ausland nicht denselben hohen Kontrollen unterlägen.[4158] Der Ruf der Weine mit der denominación würde daher durch schlechtere EU-ausländische Produkte geschädigt.[4159]

Der in beiden Urteilen vorgefundene Grundansatz ist eindeutig zu kritisieren: Es sollten hier die Interessen *sämtlicher* Hersteller berücksichtigende Lösungen gefunden werden.[4160] Als milderes Mittel kommen insbesondere *Alternativkennzeichnungen* in Betracht: Es könnte als Ausfluss des in Art. 35 Alt. 2 AEUV verankerten *Diskriminierungsverbotes* gesehen werden, dass die Mitgliedstaaten für abtrennbare und in sich geschlossene Prozesse des Herstellungsvorganges, bei denen nachfolgende Prozesse im EU-Ausland wahrgenommen werden können, *eigene* Schutzbezeichnungen zur Verfügung stellen müssen, wenn sie nicht die Unzulässigkeit des *Gesamtsystems* gefährden wollen. Sofern es das spanische Recht nicht erlauben würde, dass ein EU-ausländisches Unternehmen dem Regelungsausschuss Rioja beitritt und entsprechende Kontrollen bei sich durchführen lässt, um die denominación de origen calificada zu erlangen,[4161] hätte der EuGH Spanien deshalb und hierzu verurteilen müssen. Spanien muss dabei *alles Zumutbare* tun, damit äquivalente Kontrollen auch im EU-Ausland durchgeführt werden können. Der in den Rs. *Asda* und *Ravil* gegebene Hinweis, es wäre „kaum vorstellbar, dass die Vertreter der Inhaber der Bezeichnung solche Kontrollen in den anderen

---

[4155] EuGH (Fn. 129), Rn. 49 ff. (*Belgien/Spanien*).

[4156] EuGH (Fn. 129), Rn. 54 f. (*Belgien/Spanien*).

[4157] EuGH (Fn. 129), Rn. 65 f. (*Belgien/Spanien*).

[4158] EuGH (Fn. 129), Rn. 67 (*Belgien/Spanien*). Ebenso Generalanwalt *Saggio* (Fn. 502), Rn. 29 f. (*Belgien/Spanien*).

[4159] EuGH (Fn. 129), Rn. 77 (*Belgien/Spanien*). Ebenso Generalanwalt *Saggio* (Fn. 502), Rn. 36 (*Belgien/Spanien*).

[4160] Dabei wird in der Praxis kein allzu großer Unterschied liegen zwischen erstens einer relativierenden Kennzeichnung der denominacion und zweitens einer Alternativkennzeichnung.

[4161] Dem scheint so zu sein, vgl. die umf. Darstellung der Rechtslage in Spanien bei EuGH (Fn. 133), Rn. 2 ff. (*Belgien/Spanien*).

Mitgliedstaaten wirksam einrichten könnten“[4162], überzeugt in dieser Pauschalität nicht. Es könnte z. B. erwogen werden, dass sich auch eine Reihe *geografisch nahe gelegener* EU-ausländischer Verarbeitungsunternehmen zusammenschließen und entsprechende Kontrollen vornehmen. Auch könnte an EU-ausländische Verarbeitungsunternehmen gedacht werden, die in *Grenzgebieten* zum Herstellungsgebiet angesiedelt sind. Es ist auch nicht ersichtlich, warum EU-ausländisches Kontrollpersonal nicht entsprechend geschult werden kann.

Während die Rs. *Alpine Investments* noch Raum für Spekulationen eröffnet, weisen die warenausfuhrbezogenen Rechtssachen *Groenveld* und *Jongeneel Kaas indirekt* darauf hin, dass der EuGH zumindest nicht bereit ist, sein Dogma von der engen (tatbestandlichen) Auslegung von Art. 35 Alt. 2 AEUV zugunsten einer Sichtweise aufzugeben, die den Schutz des guten Rufes als unzulässig qualifiziert. Auch wenn der EuGH nicht explizit zu der Frage Stellung nehmen muss, so scheint seinen Überlegungen und Ausführungen doch die Annahme zugrunde zu liegen, dass Maßnahmen zum Schutz des guten Rufes *zulässig* sind. Auch in der sehr früh – noch vor *Groenveld* entschiedenen – Rechtssache *Bouhelier* kommt zum Ausdruck, dass der EuGH von der Unbedenklichkeit solcher Zielsetzungen ausgeht. Deren Bedeutung wird indes dadurch gemindert, dass hier die Grundfreiheitendogmatik noch nicht ausdifferenziert war, was insbesondere mit Blick auf die Tatsache von Bedeutung ist, dass Beeinträchtigungstatbestand und Rechtfertigungstatbestand in einer engen Beziehung miteinander stehen und aus Wertungsgründen miteinander interagieren. Nicht generalisiert, sondern vor dem Hintergrund des sehr spezifischen Kontextes sollte die „Verarbeitungssaga“[4163] betrachtet werden: Der EuGH hat den Schutz des guten Rufes auf der Rechtfertigungsebene hier zwar ausdrücklich als legitimes Ziel behandelt. Dort ging es aber ausschließlich um *Kennzeichnungsregelungen* und nicht um „harte“, in den Produktionsprozess eingreifende Regelungen. Kennzeichnungsregelungen besitzen aber – auch nach hier vertretener Auffassung – eine (nachfolgend näher darzustellende) *Sonderstellung*.

Die Erwägungen des EuGH sind insgesamt von dem Topos durchzogen, dass die ausfuhrbezogenen Regelungen den Absatz der exportierten Produkte *ankurbeln* könnten. Die Mitgliedstaaten haben dies mehrfach vorgebracht, und der EuGH ist diesem Vorbringen nicht entgegengetreten. Es offenbart sich hier eine gewisse Scheu des EuGH, ökonomische Erwägungen auch abseits des klassischen Einfuhrprotektionismusdiskurses zu berücksichtigen. Nachfolgend zu erwägen ist, ob die Position des EuGH nicht auf der Grundlage eines ausdifferenzierteren und weiter gehenden ökonomischen Grundkonzepts weiterentwickelt werden kann.

[4162] EuGH (Fn. 477), Rn. 60 (*Ravil*); EuGH (Fn. 478), Rn. 75 (*Asda*).

[4163] S. b. Fn. 4149 ff.

2. Stellungnahme

Da der Schutz des guten Rufes keinen *selbständigen* (ideellen) Wert besitzt – das Ziel wird in den Verträgen nicht explizit normiert –, muss er (wie jedes andere Konzept auch) *rechtsökonomisch* und *funktional* begründet werden und sich auch in das dieser Arbeit zugrunde gelegte *Binnenmarktkonzept* einfügen.

a) Als „ökonomischer Rechtfertigungsgrund" unbeachtlich?

Der gute Ruf der heimischen Exportwirtschaft wird von den Mitgliedstaaten aus *wirtschaftlichen* Motiven geschützt. Gemeinhin gilt in Literatur[4164] und Rspr.[4165] aber der Grundsatz, dass Beschränkungen einer Grundfreiheit grundsätzlich nicht mit ökonomischen Zielsetzungen gerechtfertigt werden können. Auf der anderen Seite gibt es zu diesem Grundsatz eine vom EuGH entwickelte differenzierte Kasuistik. Fraglich ist, wie sich die mitgliedstaatlichen Bestrebungen zum Schutz des guten Rufes in diese Dogmatik einfügen.

Der Gerichtshof hat vergleichsweise früh damit begonnen, eine st. Rspr. zu entwickeln, nach der ökonomische Zwecke nicht als zulässige Ziele im Rahmen der Rechtfertigung verfolgt werden können (eingeleitet durch das am 19.12.1961 ergangene Urteil in der Rs. *Kommission/Italien*[4166]). Problematisch ist dabei, dass die Abgrenzung in der Rspr. zwischen unzulässigen und zulässigen ökonomischen bzw. zwischen ökonomischen und nicht ökonomischen Zielsetzungen bisweilen unklar ist.[4167] Tatbestands- und Rechtfertigungsebene stehen hierbei in einem noch komplexeren Verhältnis als sonst: Evident ist die simple Tatsache, dass der EuGH nicht zu einer auf der Rechtfertigungsebene angesiedelten Frage Stellung nehmen kann, wenn diese bereits mangels Tatbestandsmäßigkeit aus der Grundfreiheitenprüfung herausgefallen ist. Auf der anderen Seite ist gerade diese tatbestandliche Entscheidung eine, die auch schon die Rechtfertigungsebene *im Blick* hat. Deutlich wird dies in Bezug auf den Schutz des guten Rufes: Formal betrachtet könn-

---

[4164] Vgl. mit unterschiedl. Differenzierungen nur *Ahlfeld*, 59, 272 ff.; *Barents*, CMLR 18 (1981), 271 (278 f.); *Epiney*, § 8 Rn. 68–73; *Frenz*, Bd. 1, Rn. 1077 ff.; *Gormley*, 66 f., 229; *Hatzopolous*, CMLR 37 (2000), 43 (78 ff.); *Körber*, 233 f.; *Kort*, JZ 1996, 132 (138); *Mortelmans*, CMLR 38 (2001), 613 (635 ff., 648); *Müller-Graff*, in: von der Groeben/Schwarze/Hatje, Art. 36 AEUV Rn. 33 ff.; *Roth*, in: Honsell, EurVersR Rn. 20; *ders.*, in: Bulterman et al., 73 ff.; *ders.*, in: Durner, 71 (84); *Schweitzer*, EuZW 2012, 765 (767) jew. m. w. N.; differenzierend *Valta*, 464.

[4165] EuGH, Urt. v. 22.10.2013, Rs. C-105 bis 107/12, unveröfftl., Rn. 51 ff. (*Essent*); s. a. d. Nachw. in Fn. 4173.

[4166] EuGH, Urt. v. 19.12.1961, Rs. 7/61, Slg. 1961, 699 (719 f.) – *Kommission/Italien*; vgl. auch EuGH, Urt. v. 10.07.1984, Rs. 72/83, Slg. 1984, I-2730, Rn. 35 (*Campus Oil*).

[4167] *Roth*, in: Bulterman et al., 73 (77).

ten die in den Rs. *Groenveld*[4168] und *Jongeneel*[4169] getätigten und oben analysierten Äußerungen des EuGH zum Schutz des guten Rufes als unbeachtlich abgetan werden, da sie nicht im Rahmen der Rechtfertigungsprüfung getätigt worden sind. Tatsächlich spricht die Tatbestandslösung in *Groenveld* und *Jongeneel* aber auch dafür, dass der EuGH diesen Zielsetzungen nicht gänzlich unaufgeschlossen gegenübersteht. Ökonomische Zielsetzungen tangieren unmittelbar den *Existenzgrund* und das (nicht immer ausgesprochene) *Funktionskonzept* der Grundfreiheiten (und insbesondere der tatbestandlichen *Interpretation* der Grundfreiheiten).

Entscheidend ist, dass sich das Verbot der Verfolgung ökonomischer Zielsetzungen auf der Rechtfertigungsebene somit als *Verlängerung* des der Tatbestandsebene zugrunde gelegten Modells darstellt.[4170] Auf der Meta-Ebene ergibt sich Folgendes: Wenn beurteilt werden soll, ob der EuGH – oder der jeweilige Rechtsinterpret auf der Grundlage eines abweichenden Tatbestandsmodells – einen ökonomisch geprägten Rechtfertigungsgrund anerkennen sollte, kommt es darauf an, ob der konkrete Fall den *Wertungen* zuwiderliefe, die schon für die Kreierung des (eigenen oder fremden) *Tatbestandsmodells* maßgebend waren.[4171] Eine erste Schlussfolgerung ist daher, dass auf diejenigen rechtsökonomisch-funktionalen Erwägungen zurückzugreifen ist, die für das hiesige Tatbestandsmodell maßgebend waren.[4172] Diese sollten auf der Argumentationsebene die entscheidende Rolle spielen. Vor diesem Hintergrund leuchtet unmittelbar ein, warum Schwierigkeiten, die daraus resultieren, dass die ökonomische Ratio gerade Platz greift – etwa der *Bankrott*

[4168] S. b. Fn. 4131 ff.

[4169] S. b. Fn. 4136 ff.

[4170] Freilich gibt es auch hier Inkohärenzen und, aufgrund der Schwierigkeiten die genaue Zielsetzung einer Rechtsprechung richter- und kammerübergreifend zu konkretisieren, auch unterschiedliche Äußerungen im Laufe der Zeit. Ein sehr gutes Beispiel für eine schwankende Rechtsprechung im Spannungsfeld verschiedener, z. T. legitimer Ziele bildet die Judikatur zu Mindestlöhnen, Arbeitnehmerentsendung und hiergegen stattfindenden Arbeitskampfmaßnahmen, vgl. umf. *Roth*, in: Bulterman et al., 73 (73 ff., 81 ff., 86 ff.), der insbesondere die beiden kontroversen Rechtssachen EuGH (Fn. 2810) – *Viking* und EuGH, Urt. v. 18.12.2007, Rs. C-341/05, Slg. 2007, I-11845 (*Laval*) damit erklärt, dass ihr natürliches Eigeninteresse verfolgende Privatsubjekte trotz ihrer ausnahmsweisen Bindung an die Grundfreiheiten (ökonomische) Ziele verfolgen dürfen, die Mitgliedstaaten (so) nicht offenstehen (wie *Roth Körber*, 235 Fn. 636).

[4171] Ähnl. *Ahlfeld*, 276 f.; andeut. *Epiney*, § 8 Rn. 74 m. w. N.; *Müller-Graff*, in: von der Groeben/Schwarze/Hatje, Art. 36 AEUV Rn. 34; Generalanwalt *Alber* (Fn. 521), Rn. 97 ff. (*Asda*).

[4172] Entsprechend hat der EuGH (Fn. 4165) in der Rs. *Essent* im Zusammenhang mit der Verfolgung ökonomischer Ziele darauf hingewiesen, dass das mit der Regelung verfolgte Ziel des Schutzes des unverfälschten Wettbewerbs (Rn. 56) „auch vom AEU-Vertrag verfolgt“ werde und in letzter Instanz dem Verbraucherschutz diene, der als zwingendes Erfordernis anerkannt sei (Rn. 58).

nicht wettbewerbsfähiger einheimischer Unternehmen beim Wegfall von Einfuhrbehinderungen –, nicht durch den Einsatz handelsbehindernder Maßnahmen bekämpft werden können.[4173] Hier sei mit Blick auf Art. 35 Alt. 2 AEUV etwa daran gedacht, dass die Wahl von EU-ausländischen Produktregelungen zu Umsatzeinbußen für einen anderen großen einheimischen Exporteur führt, der z. B. technisch zu dieser Umstellung (noch) nicht in der Lage ist, und dass der Exportstaat diesen durch den Einsatz wirtschaftspolitischer Mittel schützen möchte. Gleichzeitig wird klar, warum es im Lichte der Rechtfertigungsgründe gestattet ist, dass ökonomische Politiken in Fällen für zulässig erklärt werden, in denen sie sich als Mittel zum Zwecke der Erreichung nicht ökonomischer und für sich genommen schutzwürdiger Ziele darstellen.[4174]

Aus der Rechtsprechung lässt sich keine *generelle* Aversion gegen den Einsatz ökonomischer oder ökonomisch begründeter Instrumente ableiten. Der EuGH bezieht sich bei seinem Grundsatz der Unzulässigkeit ökonomischer Ziele vor allem auf *klassische* Paradigmen der internationalen Handelstheorie (wie auf das Verbot von Einfuhrprotektionismus).[4175] Entsprechend hat der EuGH z. B. Preiskontrollregelungen für verboten erklärt, die protektionistische Wirkungen hatten.[4176] Auch die Entwicklung der labeling-doctrine mit dem entsprechenden Leitbild des mündigen Verbrauchers kann als Weg gewertet werden, wie der EuGH einer Aushöhlung seines tatbestandlichen Einfuhrschutzes zuvorgekommen ist (dies zeigt, dass das Verbraucherleitbild eben nicht nur das Produkt empirisch-behavioristischer [mithin rein faktischer] Erkenntnisse ist [i. S. e. wissenschaftlichen Überholtseins der Wirtschaftspolitik der Mitgliedstaaten], sondern ihm liegen auch eine *Wirtschaftsphilosophie* und *Wertungen* zugrunde, die auf den Schutz des innerunionalen Handels abzielen).[4177]

[4173] EuGH (Fn. 4166), Rn. 35 (*Campus Oil*); EuGH, Urt. v. 29.01.1985, Rs. 231/83, Slg. 1985, 315, Rn. 30–32 (*Cullet*); EuGH, Urt. v. 28.03.1995, Rs. 324/93, Slg. 1995, I-596, Rn. 36 (*Evans Medical*); *Epiney*, § 8 Rn. 70 m. w. N.; *Frenz*, Bd. 1, Fn. 1078; *Müller-Graff*, in: von der Groeben/Schwarze/Hatje, Art. 34 AEUV Rn. 34; *Roth*, in: Bulterman et al., 73 (74).

[4174] Vgl. in Bezug auf ein Privatsierungsverbot für Stromnetze EuGH (Fn. 4165), Rn. 52 ff. (*Essent*); vgl. in Bezug auf die Versorgung mit Erdöl EuGH (Fn. 4166), Rn. 34 f. (*Campus Oil*); vgl. in Bezug auf Gesundheitsdienstleistungen EuGH (Fn. 4173), Rn. 37 (*Evans Medical*); EuGH, Urt. v. 12.07.2001, Rs. C-157/99, Slg. 2001, I-5509, Rn. 72 (*Smits und Peerboms*); s. i. Ü. d. Nachw. b. *Barents*, CMLR 18 (1981), 271 (289); *Epiney*, § 8 Rn. 71; *Frenz*, Bd. 1, Fn. 1080; *Müller-Graff*, in: von der Groeben/Schwarze/Hatje, Art. 36 AEUV Rn. 36; *Roth*, in: Bulterman et al., 73 (79 ff.); *ders.*, in: Durner, 71 (84).

[4175] Vgl. *Leible/T. Streinz*, in: Grabitz/Hilf/Nettesheim, Art. 36 AEUV Rn. 3.

[4176] EuGH, Urt. v. 24.01.1978, Rs. 82/77, Slg. 1978, 26, Rn. 11–15 (*van Tiggele*); s. a. EuGH, Urt. v. 05.12.2006, Rs. C-94, 202/04, Slg. 2006, I-11455 (*Cipolla*).

[4177] S. b. Fn. 4205 f.

Gerade weil es aber vielfältige – verdeckte wie nicht verdeckte[4178] – Fälle der *zulässigen* Verfolgung ökonomischer Interessen gibt, sollte es der EuGH in Zukunft unterlassen, die Illegitimität eines Ziels schlicht mit der Begründung (oder eher: mit der *Bezeichnung*) abzulehnen, es handele sich um ein ökonomisch geprägtes Interesse, sondern ausführlich darlegen, auf Grundlage welchen übergreifenden *funktional-teleologischen Rahmen- und Binnenmarktkonzepts* diese Zielverfolgung nach seiner Auffassung unschlüssig sei.[4179] Für diese Arbeit folgt daraus, dass aus dieser Wendung alleine keine Schlüsse gezogen werden sollten, sondern dass das dem hiesigen Tatbestandsmodell zugrunde gelegte teleologisch-rechtsökonomische Grundkonzept auch für die Interpretation der *Rechtfertigungsebene* (und die Frage, welche Ziele als legitim eingestuft werden) maßgeblich sein sollte.

b) Problem: Nachteilige Auswirkungen auf nicht an der Rechtswahl beteiligte Unternehmen

Dass zielstaatliche Verbraucher möglicherweise irregeführt werden und sich nicht mehr darauf verlassen können, dass Waren aus einem für die hohe Qualität seiner Produkte bekannten Staat dessen Standards auch tatsächlich erfüllen,[4180] ist aus Sicht des Herkunftsstaates grundsätzlich unbeachtlich: Für die Behebung von Informationsproblemen[4181] bei den zielstaatlichen Verbrauchern ist der Exportstaat (wie gezeigt) international nicht zuständig (auf der Rechtfertigungsebene).[4182]

Es ergeben sich aber nicht nur Auswirkungen auf zielstaatliche Interessen, sondern auch auf exportstaatliche Belange. Mit Blick auf die Interessen des von Art. 35 Alt. 2 AEUV Gebrauch machenden Exporteurs mangelt es jedoch (trotz internationaler Zuständigkeit) an der *Legitimität* eines mitgliedstaatlichen Eingreifens (da der Exporteur seine Interessen effektiver wahrnehmen kann). Relevant sind jedoch die Interessen von *anderen* Exporteuren, die an der Rechtswahlentscheidung *nicht beteiligt* sind. Für die Unternehmen ist es nachteilig, wenn ein Verbraucher oder sonstiger Nachfrager Wert darauf legt, dass ein bestimmtes Produkt den ggf. hohen Regulierungsanforderungen seiner Herkunftsrechtsordnung genügt, und dieses nicht mehr sichergestellt ist, weil Exporteure gem. Art. 35 Alt. 2 AEUV von den hohen Exportstan-

---

[4178] Es sei nochmal auf die in Fn. 4170 zitierte Rechtsprechung verwiesen.

[4179] Vgl. *Ahlfeld*, 272 f.; *Hatzopolous*, CMLR 37 (2000), 43 (79); *Müller-Graff*, in: von der Groeben/Schwarze/Hatje, Art. 36 AEUV Rn. 34.

[4180] *Snell/Andenas*, Int'l & Comp. Corp. L. J. 2 (2000), 361 (376).

[4181] Vgl. hierzu umf. *Fetsch*, 211 ff.

[4182] Oben ist bereits festgestellt worden (Fn. 4083 ff.), dass Maßnahmen des Herkunftsstaates hier nur in *Ausnahmefällen* gerechtfertigt sind, etwa wenn der Zielstaat den Herkunftsstaat ausnahmsweise *beauftragt* oder wenn gleichzeitig legitime Interessen des *Herkunftsstaates* betroffen sind.

dards abweichen können.[4183] Verunsicherte Verbraucher werden nicht nur weniger Produkte von Exporteuren erwerben, die die „schlechten“ oder unter niedrigeren Regulierungsanforderungen hergestellten Produkte produzieren, sondern *alle* Exporteure des jeweiligen Mitgliedstaates werden dann weniger Produkte absetzen. Eine solche Situation provoziert zudem Trittbrettfahrer: Einzelne Unternehmen könnten in einem sonst nur teure und hochqualitative Güter exportierenden Land von dem guten Ruf und den hohen Qualitätsstandards der anderen Unternehmen profitieren, ohne diese Standards selbst einzuhalten und die Kosten für deren Beachtung zu tragen (Externalisierung der Reputationskosten).[4184]

aa) Unternehmen sind besser in der Lage herauszufinden, was den guten Ruf befördert?

Die Mitgliedstaaten handeln bei einer Politik des Schutzes des guten Rufes in *Vertretung* ihrer Exportunternehmen und anstelle der Verbraucher.[4185] Sie müssen z. B. herausfinden und entscheiden, welche die Verbraucherpräferenzen sind und spontan auf Präferenzänderungen und technische Innovationen reagieren. Diese Aufgabe ist eine, die genuin dem *Markt* und dessen *dezentralen Entscheidungsteilnehmern* obliegen sollte. Die Verbraucher können ihre Präferenzen unmittelbar mitteilen, ohne dass der Staat als „paternalistischer Mittler“ eingreifen muss.[4186]

Hiergegen könnte nun aber eingewandt werden, dass die einzelnen Exportunternehmen nicht aus *eigener* Kraft die oben genannten[4187] Probleme beheben können (externe Kosten; Trittbrettfahrerproblematik). Kaum überzeugend ist es dann, darauf abzustellen, dass sich die Exportunternehmen in ihrer *Gesamtheit* auch *freiwillig* organisieren und selbst verpflichten könnten. Dass hierbei keine Exporteure als Trittbrettfahrer ausscheren, also dass wirklich *alle* Exporteure „mitmachen“, ist äußerst unwahrscheinlich. Selbst wenn den Unternehmen durchweg guter Wille unterstellt würde und diese ihre Kosten nicht auf andere Unternehmen abwälzen wollten, haften alle Unternehmen für das Missmanagement eines oder nur weniger Unternehmen, weil das Prinzip, dass jedes Unternehmen nur seine Kosten trägt und nur das erhält, was es durch seine Leistung erwirtschaftet hat, außer Kraft gesetzt ist. Außerdem

---

[4183] Vgl. *Oliver*, 138 f.; *Roth*, in: Bulterman et al., 73 (79); *Snell/Andenas*, Int'l & Comp. Corp. L. J. 2 (2000), 239 (260); *dies.*, Int'l & Comp. Corp. L. J. 2 (2000), 361 (376).

[4184] S. a. b. Fn. 1243.

[4185] S. zu einem Vorbringen, das Qualitätspolitik mit dem Argument rechtfertigt, die Verbraucher könnten so mit hochqualitativen Gütern versorgt werden (in einer Einfuhrkonstellation) EuGH, Urt. v. 14.09.2006, Rs. C-158, 159/09, Slg. 2006, I-8156, Rn. 23 (*Alfa Vita Vassilopoulos*).

[4186] Vgl. *Roth*, in: Terryn/Straetmans/Colaert, 119 (143).

[4187] S. b. Fn. 4183 f.

dürfte die Organisation einer solchen Koordination teuer(er) und umständlich(er) sein. Wenn es einen Weg gäbe, den Unternehmen und Verbrauchern (und damit dem Markt) die Entscheidung zu überlassen und gleichzeitig den Schutz des guten Rufes zu gewährleisten, wäre dies klar vorzuziehen. Nur dies entspricht auch dem Schutz des Einzelnen, der von den Grundfreiheiten bezweckt wird. Genau dies kann aber durch *Produktkennzeichnungen* erreicht werden.

bb) Möglichkeit der Kennzeichnung (labeling)

Das wohl entscheidende Gegenargument gegen die Zulässigkeit von Maßnahmen, die zum Schutz des guten Rufes der heimischen Exportindustrie in die Produktions- und Vermarktungsprozesse eingreifen, ist die Möglichkeit, Produkte entsprechend der labeling-doctrine zu *kennzeichnen*.[4188] Die ökonomische Sinnfälligkeit von Kennzeichnungen wurde oben schon ausführlich analysiert:[4189] Die Kennzeichnung von Produkten mit dem Inhalt, dass diese nach den rechtlichen Standards eines bestimmten Mitgliedstaates hergestellt wurden, versetzt die Verbraucher instand, eine informierte Kaufentscheidung auch in Bezug auf solche Standards zu treffen, die dem Produkt nicht offensichtlich anhaften. Zudem werden sie durch das Label „Made in“[4190] nicht mehr in die Irre geführt, wenn der Wettbewerbsgleichheits-Rechtswahlmechanismus dazu führt, dass nicht mehr garantiert ist, dass ein Produkt den rechtlichen Anforderungen seines Herkunftsstaates entspricht. Das labeling bietet also die Grundlage dafür, dass sich die ökonomische Effizienz des Wettbewerbsgleichheits-Rechtswahlmechanismus voll entfalten kann.[4191] Im Rahmen der Verhältnismäßigkeitsprüfung führt die Möglichkeit der Kennzeichnung grundsätzlich dazu (wie noch genauer zu zeigen ist), dass jede den Schutz des guten Rufes bezweckende „harte“ Regelung (die also in den Produktions- oder Vermarktungsprozess eingreift) als nicht erforderlich und damit unverhältnismäßig ausscheidet.[4192] Dabei müssen mitgliedstaatliche Kennzeichnungsvorgaben (wie bereits gezeigt[4193]) natürlich *ihrerseits* verhältnismäßig sein. Die rechtsökonomischen Analysen haben schließlich ergeben, dass es im praktischen Ergebnis wohl nur wenig Unterschied machen

---

[4188] S. umf. b. Fn. 4213 ff.

[4189] S. umf. b. Fn. 1245 ff.

[4190] Dass das Herkunftslabel „Made in...“ für die Entscheidung der Verbraucher eine große Rolle spielt, gilt in der Wirtschaftstheorie als empirisch gesichert, vgl. nur *Haucap/Wey/Barmbold*, JITE 153 (1997), 510 (511 f., 528) m. w. N.

[4191] S. schon b. Fn. 1244 ff.

[4192] S. zu einer regelungsgruppenspezifischen Stellungnahme umf. b. Fn. 4213 ff.

[4193] S. hierzu umf. b. Fn. 1261 ff. Sofern die Labelingregelungen diese Maßgaben einhalten, ist die Möglichkeit eines „labelings des labelings“, weil widersprüchlich, intransparent und irreführend oder zumindest unnötig umständlich, kein milderes Mittel, vgl. b. Fn. 539 f.

wird, ob ein verpflichtendes Kennzeichnungssystem vorgeschrieben oder den Unternehmen erlaubt wird, selbst zu entscheiden, wie sie ihre Produkte kennzeichnen wollen.[4194] Jedenfalls sollte in der Situation einer *Neueinführung* des Wettbewerbsgleichheits-Rechtswahlmechanismus den Mitgliedstaaten aber zunächst die Möglichkeit eingeräumt werden, Kennzeichnungs*pflichten* zu statuieren.[4195]

cc) Normative Überlegungen

aaa) Unvereinbarkeit mit EU-Wirtschaftsverfassung

Dass eine den Schutz der Qualität oder des guten Rufes bezweckende *Industriepolitik* mit der Binnenmarktverfassung unvereinbar ist, wird z. B. in *Bouhelier* augenfällig: Dort wird ausdrücklich vorgebracht, dass es bei der Ausfuhrkontrolle um die Förderung des technischen Fortschritts gehe und um Leistungs- und Qualitätssteigerung,[4196] also um klassische industriepolitische Ziele, für deren Verfolgung im Binnenmarkt dezentral die *Unternehmen* und *Verbraucher* (d. h. der Markt) zuständig sind. Mit der oben ausführlich beschriebenen[4197] EU-Wirtschaftsverfassung ist ein solches Vorgehen – im *innerunionalen* Verkehr – nicht vereinbar. Es handelt sich hierbei um eine *Wertungs*erwägung. Wenn Verbraucher entlang „nationaler Grenzen" denken und Gruppen von Unternehmen „in Sippenhaft nehmen" und diese diskriminieren, weil sie in einem bestimmten Mitgliedstaat ihren Sitz haben, entspricht dies nicht dem Bild des *Unternehmenswettbewerbs*, das im Binnenmarktkonzept angelegt ist.[4198] Dies gilt umso mehr mit Blick auf den Diskriminierungsgrundsatz und den Gedanken der Wettbewerbsgleichheit. Dem Binnenmarktkonzept würde es vielmehr entsprechen, wenn *Unternehmen* mit ihren *Marken* um die Verbraucher konkurrierten. Das *beste* Unternehmen – dasjenige mit dem wahrscheinlich präferenzgerechtesten Angebot – soll sich durchsetzen, und es sind die Verbraucher, die darüber entscheiden sollen. Die Mitgliedstaaten dürften und müssten andernfalls genuin *unternehmenspolitische* Funktionen wahrnehmen, z. B. Entscheidungen über Produktgestaltung oder Marketing treffen.[4199]

[4194] S. b. Fn. 1250 ff.

[4195] S. n. Fn. 1254. Diese Bewertung kann sich jedoch mit der Zeit ändern. Hier sind die Erfahrungen in der Praxis abzuwarten.

[4196] Zit. nach dem Tatbestand des Urteils *Bouhelier*, Slg. 1977, 198.

[4197] S. b. Fn. 1486 ff.

[4198] Es sei der Klarstellung halber darauf hingewiesen, dass dies nicht zwingend ein deregulatorisches Grundkonzept voraussetzt (welches hier ja abgelehnt wird). Der Wettbewerbsgleichheitsgedanke erlaubt regulatorische staatliche Eingriffe. Er verlangt lediglich die Beseitigung von Wettbewerbsungleichheiten im innerunionalen Verkehr.

[4199] S. a. schon v. Fn. 4187.

bbb) Mit zum Tatbestandsmodell gewonnenen Auslegungsergebnissen unvereinbar

Die Unvereinbarkeit mit den von ihm als solche identifizierten systematisch-teleologischen (und die Gestaltung des Tatbestandes bestimmenden) Grundlagen ist es, die den EuGH dazu veranlasst hat, ökonomische Gründe für grundsätzlich unzulässig zu erklären.[4200] Die Verträge haben sich für einen *bestimmten* ökonomischen Wohlfahrtsförderungsweg entschieden. Dies muss sich auch auf der *Rechtfertigungsebene widerspiegeln*. Da der interpretative Befund nach hier vertretener Auffassung für die Anerkennung eines Wettbewerbsgleichheits-Rechtswahlmechanismus spricht, ist es nur konsequent, wenn der Rechtfertigungsgrund des Schutzes des guten Rufes (hier) nicht anerkannt wird.[4201] Der Rechtswahlmechanismus in Art. 35 Alt. 2 AEUV mit den festgestellten positiven ökonomischen Eigenschaften würde blockiert.[4202] Das auf der Tatbestandsebene Gewährte (und Gewollte) läuft auf der Rechtfertigungsebene nämlich leer, wenn die Mitgliedstaaten immer dann, wenn sie um den Schutz des guten Rufes ihrer Exportwirtschaft fürchten, zu freiheitsbeschränkenden Maßnahmen greifen dürfen.[4203] Es geht dabei nicht etwa einfach um eine Durchsetzung der Tatbestandslösung „um jeden Preis", sondern darum, dass die Argumente, die für eine erweiterte Auslegung des Tatbestands angeführt wurden, auch hier Gültigkeit beanspruchen, d. h. bei der Auslegung der Rechtfertigungsebene gleichfalls zu berücksichtigen sind.

Problematisch ist auch, dass die Mitgliedstaaten bei praktisch jeder exportregulierenden Maßnahme den Schutz des guten Rufes als Ziel anführen können (ähnlich wie bei den Schutz von Verbrauchererwartungen dienenden Produktregelungen wie beim Reinheitsgebot für Bier) – unabhängig davon, ob es ihnen wirklich hierum geht oder es sich dabei um eine bloße Schutzbehauptung handelt. Den Mitgliedstaaten müsste hier nämlich ein weitgehendes Ermessen eingeräumt werden. Es lässt sich nur schwer messen, ob die Verbraucher der Einhaltung einer bestimmten Rechtsnorm ein hohes Gewicht für ihre Kaufentscheidung beimessen.[4204] Die Mitgliedstaaten müssten dann auch dazu berechtigt sein, Eigenschaften zu regulieren, bei denen *nicht ganz sicher* ist, ob sie sich auf den guten Ruf auswirken werden. Zudem müsste ihnen eine Schutzniveauautonomie gewährt werden, d. h., es müsste ihnen anheimgestellt werden, ob sie ein hohes oder ein niedriges Schutzniveau verfolgen wollen.

[4200] S. b. Fn. 4170 ff.

[4201] Sei es mit der (unzutreffenden) Heuristik „ökonomisch" oder mit der weniger „griffigen" Begründung, dass dies den systematisch-teleologischen Grundlagen widerspricht.

[4202] Vgl. auch *Körber*, 234 f.

[4203] Vgl. schon b. Fn. 4118.

[4204] Vgl. zur Subjektivität dieser Aussage *Hatzopoulos*, CMLR 32 (1995), 1427 (1444 Fn. 71).

dd) Übertragung der labeling-doctrine auf Exportkonstellationen

Dass der EuGH der *labeling-doctrine* eine so starke Stellung im Rahmen von Art. 34 Alt. 2 AEUV eingeräumt hat,[4205] liegt nicht zuletzt daran, dass er den europaweiten Wettbewerb schützen wollte und dass ein weitgehender Teil des tatbestandlich qua Art. 34 Alt. 2 AEUV Gewährten auf der Rechtfertigungsebene leerliefe, wenn er vom unmündigen, schlecht informierten und/oder kaum bis gar nicht entscheidungsfähigen Verbraucher ausginge. Hiermit erlaubte er den Mitgliedstaaten nämlich nicht, Gewohnheiten und somit bestimmte auf dem heimischen Markt übliche Produktzusammensetzungen festzuschreiben. Der EuGH hat hiermit – eine mehr oder weniger gut verdeckte – *Abwägungsentscheidung* zugunsten des freien Warenverkehrs in Importfällen getroffen. Er hat beide Ziele gemäß ihrer Bedeutung in den Verträgen abgewogen und dieser Abwägung auf der Tatbestands- *und* der Rechtfertigungsebene zum Erfolg verholfen.[4206]

Es ist nur konsequent, wenn hier ein entsprechendes Tatbestandsmodell gewählt und auch diesem ein (Abwägungs-)Wert beigemessen wird. Dieser müsste jedenfalls abgewogen werden mit den Vorteilen einer Qualifikation des Schutzes des guten Rufes als legitimes Ziel. Und wenn der Warenverkehrsfreiheit in Bezug auf Einfuhren Vorrang gewährt wird, sollte dies konsequenterweise auch in Bezug auf Ausfuhren stattfinden, d. h. auch hier sollte der Schutz des Wettbewerbs vorgehen.

ee) Zwischenergebnis

Mit Ausnahme von (gewisse Voraussetzungen erfüllenden) Kennzeichnungspflichten ist der Schutz des guten Rufes kein Ziel, das eine Beschränkung der Ausfuhr zu legitimieren vermag.

3. Ausnahmen vom Grundsatz der Unzulässigkeit einer Verfolgung des Schutzes des guten Rufes?

Wenn (wie in *Alpine Investments*[4207]) tatsächlich die Stabilität des niederländischen Finanzsystems gefährdet ist, weil das Vertrauen der EU-ausländischen Verbraucher in niederländische Finanzprodukte wegen der Zulässigkeit von cold calling beschädigt wird, so handelt es sich um ein *niederländisches* und somit um ein erhebliches *Dritt*interesse, das zulässigerweise verfolgt werden darf (vorbehaltlich der Beachtung des Grundsatzes der Verhältnismäßigkeit). Wichtig ist dann aber die Unterscheidung, dass es nicht

---

[4205] S. b. und in Fn. 4212 f.

[4206] Es zeigt sich hiermit erneut die Wahrheit der oben dargelegten Meta-Erkenntnis, dass die Rechtfertigungsebene sich als Fortsetzung der der Tatbestandsebene zugrunde liegenden Wertungen erweist, s. b. Fn. 4170.

[4207] Vgl. b. Fn. 4141 ff.

um den Schutz des guten Rufes (als *unmittelbar* legitimierendem Zweck) geht, sondern darum, dass dieser nur *Mittel* zu dem legitimen Zweck des Schutzes der Stabilität des Finanzsystems ist.[4208] Hierin bestehen Parallelen zu der oben betrachteten Rechtsprechung des EuGH, wonach ökonomische Ziele nicht selbst Zweck sein, sondern nur als Mittel zur Verfolgung eines zulässigen Zwecks angestrebt werden dürfen.[4209] Diese Judikatur kann generalisiert werden: Wann immer der Schutz des guten Rufes als Mittel angestrebt wird, um ein hiermit verbundenes anerkennungswürdiges Ziel zu verfolgen, ist dies mit Art. 35 Alt. 2 AEUV vereinbar.[4210] Folglich handelt es sich hierbei nicht um eine *Ausnahme* von der Nichtanerkennungswürdigkeit des Schutzes des guten Rufes als legitimes Ziel im Rahmen der Rechtfertigung. Auch hier muss freilich der Verhältnismäßigkeitsgrundsatz beachtet werden, sodass sich des milderen Mittels der Kennzeichnung in Fällen bedient werden muss, in denen dies möglich ist.[4211]

4. Verhältnismäßigkeit von den Schutz des guten Rufes bezweckenden Maßnahmen

Für den Fall, dass der Schutz des guten Rufes entgegen der hier vertretenen Auffassung als legitimes Ziel anerkannt wird, ist eine Verhältnismäßigkeitsprüfung vorzunehmen (und mit Blick auf die labeling-doctrine insbesondere eine Untersuchung der Erforderlichkeit). Zunächst sind all diejenigen Regelungen als unverhältnismäßig zu qualifizieren, bei denen sich die Tatsache, dass das Produkt in einem bestimmten Herkunftsland (teil-)produziert wurde, nicht auf die Attraktivität des Produktes auswirkt, bzw. bei denen die Verbraucher diesem Merkmal keine Relevanz für ihre Kaufentscheidung zusprechen. In diesem Fall mangelt es der Regelung an der Geeignetheit. Hierbei dürfte es sich aber nur um einen sehr seltenen Fall handeln.

a) Fehlende Erforderlichkeit von Produkt- und Produktionsregelungen gemäß der labeling-doctrine

Parallel zu der vom EuGH[4212] für Art. 34 Alt. 2 AEUV geschaffenen „labeling-doctrine“[4213] ist auch in Bezug auf die Produkt- und Produktionsrege-

[4208] S. b. Fn. 4141 ff.

[4209] Vgl. b. und in Fn. 4174.

[4210] Vgl. *Szydło*, CMLR 47 (2010), 753 (784).

[4211] S. umf. vor Fn. 4220.

[4212] Vgl. zur labeling-doctrine nur die Aussagen des EuGH in Urt. v. 14.07.1994, Rs. C-17/93, Slg. 1994, I-3553, Rn. 19 f. (*van der Veldt*); EuGH, Urt. v. 22.10.1998, Rs. C-184/96, Slg. 1998, I-6219, Rn. 22 ff. (*Kommission/Frankreich*); w. Nachw. b. *Schilling*, 139 f. Fn. 101.

lungen in Art. 35 Alt. 2 AEUV ein labeling als vorzugswürdig anzusehen: Wenn die Mitgliedstaaten der Auffassung sind, dass „ihr Produktportfolio" im Hochqualitätssegment (mit Blick auf dritte Exporteure) durch die den Unternehmen eingeräumte Möglichkeit bedroht wird, abweichende niedrigere Standards zu applizieren, ist es den Mitgliedstaaten im Rahmen der Rechtfertigung als milderes Mittel vorzugeben, nur eine entsprechende Kennzeichnungspflicht einführen zu dürfen.[4214] Dies geht von der Vermutung der Mündigkeit der zielstaatlichen Verbraucher i. d. S. aus, dass diese bei ausreichender Information in der Lage sind, eine präferenzgerechte Entscheidung zu treffen. Die Entscheidung, ob es sich für die Unternehmen dann noch lohnt, eine „schlechtere" Rechtsordnung heranzuziehen – sie könnten dann auch gegebenenfalls darauf hinweisen, dass ihre Produkte z. B. hohen deutschen oder skandinavischen Standards entsprechen[4215] – und ihre Produkte ihr gemäß (und ggf. anders als für das Inland) zu etikettieren, kann dann den Unternehmen überlassen werden.[4216]

Die zu Art. 34 Alt. 2 AEUV entwickelte labeling-doctrine wurzelt dabei weniger in empirischen Feststellungen (i. d. S., dass Verbraucher in der Praxis *tatsächlich* keine unklugen Entscheidungen treffen und der „Normalverbraucher" nun einmal gewisse Kompetenzen besitzt), sondern in (unausgesprochenen) *Wertungen*: Der über Art. 34 Alt. 2 AEUV gewährte Importschutz liefe leer, wenn zum Schutz der (wenigen) uninformierten und stark

[4213] Vgl. nur *Heimann*, 197 ff.; *Roth*, in: FS E. Lorenz, 631 (653 f.); *Roth*, in: FS Sonnenberger, 591 (612); *Schilling*, 139 f. Fn. 101; *Unberath/Johnston*, CMLR 44 (2007), 1237 (1249 ff.) jew. m. w. N.

[4214] Ebenso *Alexander*, CMLR 17 (1980), 282 (285); *Kerber/van den Bergh*, Marburg Papers, 1 (16); *dies.*, in: Lianos/Odudu, 121 (137 f.); *Schilling*, 138; Kommission in der Rs. *Groenveld*, zit. nach dem Tatbestand des *Groenveld*-Urteils, Slg. 1979, 3410 (3413); vgl. auch *Snell/Andenas*, Int'l & Comp. Corp. L. J. 2 (2000), 361 (376 Fn. 74); s. a. schon b. Fn. 1243 ff. Dass das Herkunftslabel „Made in..." für die Entscheidung der Verbraucher eine große Rolle spielt, gilt als empirisch gesichert, s. in Fn. 4190.

[4215] Zu letzterem *Snell/Andenas*, Int'l & Comp. Corp. L. J. 2 (2000), 361 (376 Fn. 74), die als Beispiel anführen, dass deutsche Bierbrauer schon jetzt auf ihren Produkten damit werben, dass die Produkte nach dem deutschen Reinheitsgebot hergestellt wurden; ebenso *Snell*, 106 f. Fn. 414.

[4216] Entsprechende Maßnahmen scheinen ausnahmslos nicht erforderlich zu sein (gerade mit Blick auf die starke Rolle der labeling-doctrine im Rahmen der Warenverkehrsfreiheit). *Schilling*, 138 f. schlägt vor, in den seltenen Ausnahmefällen, in denen ein labeling nicht funktioniere, herkunftsstaatliche Beschränkungen ausnahmsweise doch zuzulassen zum Schutz des guten Rufes. Dies überzeugt natürlich nur, wenn nicht – wie hier – schon der Belang an sich als illegitim abgelehnt wird. Es sind aber auch keine Fälle ersichtlich, in denen die labeling-doctrine versagt und der gute Ruf gleichzeitig beschädigt würde.

Roth, ZHR 150 (1995), 78 (94) spricht von „Waren ‚zweiter Wahl'" und verlangt anstelle des Topos vom Wettbewerb der Rechtsordnungen einen „Ersatztopos" (Begriffswahl d. *Verf.*) in Form eines „Wettbewerb[s] der Unternehmen"; ähnl. *Kerber/van den Bergh*, Marburg Papers, 1 (16).

unmündigen Verbraucher bestehende Konsumgewohnheiten durch Produkt- und Vermarktungsstandards zementiert[4217] werden könnten.[4218] Dass also in bestimmten Situationen möglicherweise *kein* gleichwertiger Schutz gewährleistet wird (also kein *absoluter* Verbraucherschutz), wird demnach – *entgegen* jener der Erforderlichkeitsprüfung (im engeren Sinne) zugrunde liegenden Prämisse – vom EuGH akzeptiert. Daher handelt es sich eigentlich um eine Verwerfung der mitgliedstaatlichen Regelung als *unangemessen*, also als unverhältnismäßig stricto sensu.[4219] Ähnlich kann die Übertragung der labeling-doctrine auf Art. 35 Alt. 2 AEUV mit der hierdurch möglichen Optimierung des unionalen Ausfuhrhandels (und den damit einhergehenden begrüßten Folgeeffekten) begründet werden, der ansonsten durch vorgeschobene reputationsschützende Maßnahmen unterlaufen werden könnte. Auch hier müsste dann die Abwägung zugunsten der Warenverkehrsfreiheit erfolgen.

b) Verhältnismäßigkeit der den Schutz des guten Rufes verfolgenden Vermarktungsregelungen

In einigen Fällen wird bei Vermarktungsregelungen eine vorherige Verbraucherinformation nicht möglich sein. Dies ist der Fall, wenn der gute Ruf durch eine Regelung geschützt werden soll, die bereits eine (bestimmte) *Kontaktaufnahme* mit dem Verbraucher zu unterbinden sucht (wie im Falle des cold calling). In dem Moment, in dem das cold calling stattgefunden hat, ist der Schutzzweck des Verbots nämlich vereitelt, und der Verbraucher kann sich nicht mehr wirksam vor dieser Praxis schützen, indem er mit dem Unternehmen aufgrund der Information (durch die „Kennzeichnung") erst gar nicht in Kontakt kommt. Wenn der Verbraucher den Kontakt aber gar nicht vermeiden kann, dann kann der gute Ruf eines bestimmten Herkunftslandes ihn auch nicht zur Unterlassung oder Tätigung der jeweiligen Disposition veranlassen. Wenn die Vermarktungsregelung einen Teil des Transaktionsgeschehens in einem Stadium erfasst, in welchem der Verbraucher dagegen in der Lage ist, eine eigene Entscheidung zu treffen, greift die labeling-doctrine mit der Folge fehlender Erforderlichkeit ein. Sehr wohl kann der gute Ruf aber in Bezug auf *zukünftige* Transaktionen geschädigt bzw. durch eine entsprechende Regelung geschützt werden. Verbraucher könnten aus einer ein niedriges Schutzniveau verfolgenden Regelung schlussfolgern, dass *auch weitere* Regelungen in dem betreffenden Land nur ein niedriges Schutzniveau bieten. Auch in diesen Fällen ist aber das Mittel der *Kennzeichnung* das *mildere* (im Vergleich zu einem Verbot), mit der Folge der fehlenden Erforderlichkeit

---

[4217] Vgl. zu dieser Wendung EuGH (Fn. 1896), Rn. 32 (*Kommission/Deutschland* [*Reinheitsgebot Bier*]).

[4218] Vgl. *Roth*, in: Terryn/Straetmans/Colaert, 119 (141); *Unberath/Johnston*, CMLR 44 (2007), 1237 (1250 f.).

[4219] Vgl. *Roth*, in: Terryn/Straetmans/Colaert, 119 (142).

einer anderen Maßnahme: Im *Alpine*-Fall könnten die Niederlande verlangen, dass der Dienstleister (z. B. telefonisch zu Beginn des cold calling-Gesprächs) darauf hinweist, dass er sich einer fremden Rechtsordnung bedient hat.[4220]

c) Ausnahmen von der gleichen Eignung einer Kennzeichnung

Eine Ausnahme von der Vorzugswürdigkeit einer Kennzeichnungsregelung könnte nur für den Fall anzuerkennen sein, in dem die Wahrheit der Kennzeichnung (d. h. das tatsächliche Vorliegen der mit der Kennzeichnung signalisierten Eigenschaften) nur oder zumindest eher sichergestellt werden kann, wenn *alle* Betriebe gesetzlich auf eine bestimmte Produktionsweise verpflichtet werden (und nicht nur die Betriebe, die diese Produktionsweise auch anwenden *möchten*). Wenn eine solche gesetzlich vorgegebene Produktionsweise aber *in gleicher Weise unterlaufen* werden kann wie eine Kennzeichnung, ist die Maßnahme nicht erforderlich. Folgendes Beispiel soll dies verdeutlichen: In der Rs. *Groenveld*[4221] wurde explizit auf Probleme bei der Kontrolle der maßgeblichen gesundheitspolizeilichen Vorschriften hingewiesen.[4222] Wenn ein *landesweites* Verbot der fabrikmäßigen Verarbeitung von Pferdefleisch nun leichter durchzusetzen oder – empirisch belegbar – eine niedrigere Missbrauchsquote festzustellen wäre als im Falle einer Kennzeichnungspflicht, wäre das Verbot der Herstellung von Pferdefleisch nicht gleich, sondern besser geeignet als eine Kennzeichnungspflicht. Doch scheint die Missbrauchsgefahr auch hier in beiden Fällen gleich hoch zu sein. Dies würde zur Folge haben, dass die eingriffsintensivere Maßnahme des Verbotes der Herstellung von Pferdefleisch nicht erforderlich wäre und die Niederlande (im Fall *Groenveld*) nur eine Kennzeichnungsregelung erlassen dürften.

d) Verhältnismäßige Ausgestaltung von Kennzeichnungsvorgaben

Auch Kennzeichnungsregelungen unterliegen dem Verhältnismäßigkeitsgrundsatz. Hier sollte eine *strenge* an funktionalen Grundsätzen orientierte Geeignetheits- und Erforderlichkeitsprüfung vorgenommen werden.[4223] Stets ist zu prüfen, ob nicht als milderes Mittel eine *freiwillige* (Nicht-)Kennzeichnung durch die Exportunternehmen in Betracht kommt.[4224] Ein (gesetzlich vorgegebenes, nicht freiwilliges) Kennzeichnungssystem muss sodann, um geeignet zu sein, die Interessen *aller* Exportunternehmen berücksichtigen. Es muss auf den Grundsätzen der *Transparenz*, *Wahrheit*

[4220] Vgl. b. Fn. 4211.
[4221] EuGH (Fn. 51).
[4222] Vgl. Tatbestand der Rs. *Gysbrechts*, Slg. 1979, 3410 (3411)
[4223] S. b. Fn. 1261 ff.
[4224] S. b. Fn. 1250 ff.

und *Nichtdiskriminierung* basieren und darf insbesondere nicht jene Hersteller privilegieren, die nach der Exportstaatsrechtsordnung produzieren.[4225] Auch nicht benachteiligt werden sollten Produzenten, die nachgelagerte Verarbeitungsprozesse im EU-Ausland durchführen lassen.[4226]

5. Ergebnis: Zulässigkeit von Kennzeichnungsregelungen

Kennzeichnungsregelungen wurden im Rahmen der ökonomischen Analyse als vorteilhaft identifiziert.[4227] Auch aus systematisch-teleologischer Sicht sind sie zu befürworten, weil sie den Wettbewerbsgleichheits-Rechtswahlmechanismus teilweise erst ermöglichen und effektuieren.[4228] Sie sind daher – unabhängig davon, ob mit ihnen der Schutz des guten Rufes angestrebt wird – für *zulässig* zu erachten. Selbst wenn der Schutz des guten Rufes also als legitimes Ziel anerkannt würde, führte eine *kohärente* Anwendung der (in der EuGH-Rspr. ein eigenes normatives Gewicht besitzenden[4229]) labeling-doctrine zu dem Ergebnis, dass in den Produktions- oder Vermarktungsprozess eingreifende Regelungen aufgrund der Möglichkeit einer Kennzeichnung generell *nicht erforderlich* wären. Die Statuierung von Kennzeichnungspflichten durch die Mitgliedstaaten stellt ihrerseits einen Eingriff in Art. 35 Alt. 2 AEUV dar, der verhältnismäßig sein und gewisse Grundsätze beachten muss.

[4225] S. b. Fn. 1263 ff.

[4226] S. b. Fn. 4160 ff.

[4227] S. umf. b. Fn. 1244 ff. und b. Fn. 4188 ff.

[4228] S. umf. b. Fn. 4189 f. Ob an dem Dogma festgehalten wird, dass der Schutz des guten Rufes unzulässig ist, und die Kennzeichnungsregelung unter eine eigene Kategorie eingeordnet wird oder ob Kennzeichnungsregelungen als Ausnahme vom Grundsatz der Illegitimität des Schutzes des guten Rufes angesehen werden, kann dahinstehen.

[4229] S. b. Fn. 4217 ff.

Zusammenfassung

Im Rahmen dieser Zusammenfassung werden die wesentlichen Argumentationslinien skizziert und wichtige Ergebnisse dargestellt.[4230]

I. Rechtsprechung zu Art. 35 AEUV

1. Rechtsprechung im Kontext Gemeinsamer Marktorganisationen (GMO)

Die Aussage, der EuGH wende bei Vorliegen einer Gemeinsamen Marktorganisation (GMO) die *Dassonville*-Formel außerhalb die *Groenveld*-Formel an, ist eine unzutreffende Simplifizierung, die an einigen Stellen formal, aber nie inhaltlich zutrifft. Der hierin angeblich liegende Widerspruch ist somit keiner. Der Gerichtshof hat die *Dassonville*-Formel und die Art. 34, 35 AEUV herangezogen, um seine Rechtsprechung bezüglich des mitgliedstaatlichen Zuständigkeitsverlustes (bloß) zu *begründen*. Die Art. 34, 35 AEUV und die *Dassonville*-Formel waren eine (bloße) *Begründungshilfe*. Sie besitzen keine *eigenständigen* normativen Inhalte im Bereich GMO. Dies zeigt sich daran, dass der Gerichtshof einen *engeren* Maßstab als den der (allgemeinen[4231]) *Dassonville*-Formel wählt, wenn er dies aufgrund von Systematik und Zielsetzung *(allein) der GMO* für gerechtfertigt hält; und umgekehrt auch einen *breiteren* Maßstab als den der (allgemeinen) *Dassonville*-Formel, wenn er der Auffassung ist, dass dies der hinter der *GMO* stehenden Intention am besten Rechnung trägt. Maßgeblich ist also die GMO, nicht die *Dassonville*-Formel (und die Art. 34, 35 AEUV). Bei der Heranziehung der Art. 34, 35 AEUV im Kontext GMO nutzt der EuGH die *Dassonville*-Formel zur Begründung *unterschiedlich strenger* Maßgaben aus den GMO. Im Kontext einer GMO kann somit alleine aus der Zitierung der *Dassonville*-Formel in

---

[4230] Hierfür war eine Begrenzung, Auswahl und Komprimierung des Darzustellenden notwendig. Für ein umfassendes Verständnis der Gedanken- und Argumentationsführung ist eine Lektüre der jeweiligen Abschnitte unabdingbar.

Ausführliche Literaturnachweise und Querverweise finden sich in den jeweils zusammengefassten Kapiteln.

[4231] Gemeint ist der *Dassonville*-Maßstab, der außerhalb GMO, also im Kontext der „reinen“ Grundfreiheitenapplikation herangezogen wird.

einem Urteil nicht geschlossen werden, *welchen* seiner GMO-Maßstäbe der EuGH heranziehen wird. Der EuGH stützt diese Rspr., wonach die GMO-VO die Art. 34, 35 AEUV modifizieren können, auf Art. 38 II AEUV, was aus mehreren (u. a. normhierarchischen) Gründen kritisch zu sehen ist. Für das Verständnis der Art. *34, 35* AEUV ist die GMO-Judikatur daher *bedeutungslos*. Es handelt sich nicht um eine *Grundfreiheiten*judikatur. Materiell allein maßgeblich ist die GMO-Dogmatik, wie sie in der EuGH-Judikatur ausgebaut wurde, sowie das Sekundärrecht der jeweiligen GMO-VO. Die „GMO-Judikatur" erzeugt Rechtsunsicherheit und ist aus legitimatorischer Sicht bedenklich. Durch die *Vielzahl* der vom EuGH entwickelten Argumentationsfiguren gewinnt er erhebliche *Ergebnisflexibilität*. Hierdurch kann er sich sowohl über sekundärrechtliche als auch über primärrechtliche Wertungen hinwegsetzen und *sein* Verständnis von einem „effizienten" Unionsrecht durchsetzen. Je entschiedener er dabei vorgeht und je größer die auszufüllenden Lücken, desto mehr *inhaltliche* Entscheidungen muss er treffen.

2. Rechtsprechung außerhalb Gemeinsamer Marktorganisationen (GMO)

Bevor der EuGH die *Groenveld*-Formel in st. Rspr. herangezogen hat, hat er bei der Interpretation von Art. 35 Alt. 2 AEUV die *Dassonville*-Formel zugrunde gelegt und daher Maßnahmen als von Art. 35 Alt. 2 AEUV umfasst angesehen, die „geeignet sind, den innergemeinschaftlichen Handel unmittelbar oder mittelbar, tatsächlich oder potentiell zu behindern"[4232]. In der Zeit vor dem Ergehen des *Groenveld*-Judikats hat der EuGH aber keine einzige *unterschiedslose* Ausfuhrbeschränkung als Maßnahme i. S. v. Art. 35 Alt. 2 AEUV qualifiziert.

In der Rs. *Groenveld* vom 08.11.1979 entwickelte der Gerichtshof die „*Groenveld*-Formel", wonach sich Art. 35 AEUV „auf nationale Maßnahmen [bezieht], die *spezifische* Beschränkungen der Ausfuhrströme bezwecken oder bewirken und damit unterschiedliche Bedingungen für den Binnenhandel innerhalb eines Mitgliedstaats und seinen Außenhandel schaffen, so dass die nationale Produktion oder der Binnenmarkt des betroffenen Staates zum Nachteil der Produktion oder des Handels anderer Mitgliedstaaten einen besonderen Vorteil erlangt [Hervorheb. d. *Verf.*]"[4233]. Auch nach der damit verbundenen Einführung der *Groenveld*-Formel als Definition von Art. 35 Alt. 2 AEUV hat der Gerichtshof – abgesehen von seinen atypischen und beiläufigen (und daher nicht generalisierbaren) Äußerungen in *Oebel* und *Kaasfabriek Eyssen* – keine unterschiedslose Regelung mehr als Maßnahme gleicher Wirkung i. S. v. Art. 35 Alt. 2 AEUV bewertet. Die Durchfuhrrechtsprechung stellt hierzu keine Ausnahme dar, da es sich um eine von der Ausfuhrrechtsprechung abzugrenzende *Sonderjudikatur* handelt. Sehr Ähnliches gilt für

---

[4232] EuGH (Fn. 258), Rn. 16/17 (*Bouhelier*).

[4233] EuGH (Fn. 51), Rn. 7 (*Groenveld*).

die Fallgruppe faktischer Diskriminierung: Auch hier hat der Gerichtshof eine *sehr restriktive* Linie verfolgt und nur solche Maßnahmen als faktische Diskriminierungen qualifiziert, die einer rechtlichen Diskriminierung praktisch gleichkamen (gemeint sind damit die sich auf wirtschaftliche Ausschließlichkeitsrechte beziehenden Fälle *Inter-Huiles*; *Nertsvoederfabriek*; *Sydhavnens*). Nirgends hat der EuGH jedoch ein Verbot faktischer Diskriminierung mit der *Reichweite* anerkannt, wie er dies im Bereich der *sonstigen* Grundfreiheitenjudikatur oder in *Gysbrechts* getan hat. Entsprechend hat er Wettbewerbsnachteile für Exporteure stets für unbeachtlich erklärt. Mit Blick auf einzelne Elemente der *Groenveld*-Formel hat er die Bezweckensalternative des ersten Formelelements in der Tat als eine echte Ausfuhrbeschränkungs*absicht* gedeutet, und für die Bewirkensalternative hat er keine faktische, sondern – in der Terminologie der allgemeinen Grundfreiheitendogmatik – eine *offene* Diskriminierung verlangt. Das *zweite* Element der *Groenveld*-Formel scheint praktisch *bedeutungslos* zu sein, obwohl die Urteilspraxis hier inkohärent ist. Dasselbe gilt für das *dritte* Formelelement.

Das Urteil in der Rs. *Gysbrechts* stellt eine (zurückhaltend kommunizierte, aber in der Sache eindeutige) *historische Zäsur* in der Dogmatik zu Art. 35 Alt. 2 AEUV dar. Der Gerichtshof beschreibt seine Gerichtspraxis in *Gysbrechts retrospektiv* und im *Perfekt*, was einzigartig ist in der Rechtsprechungsgeschichte zu Art. 35 Alt. 2 AEUV: „Hierbei sind nationale Maßnahmen (…) [die die *Groenveld*-Voraussetzungen erfüllen] als Maßnahmen mit gleicher Wirkung wie eine mengenmäßige Ausfuhrbeschränkung *eingestuft worden* [Hervorheb. d. *Verf.*].“[4234] Der Gerichtshof löst sich sodann nicht nur von der dreigliedrigen *Groenveld*-Struktur und verwirft dabei insbesondere das dritte Element. Er erkennt nun auch ausdrücklich ein selbständiges Verbot *faktischer* Diskriminierung an, und zwar mit einer *Reichweite*, die der des Verbots faktischer Diskriminierung gemäß der *allgemeinen* Grundfreiheitendogmatik entspricht. Die bisherige st. Rspr. ist folglich überholt, wonach nur solche faktischen Diskriminierungen Maßnahmen gleicher Wirkung i. S. v. Art. 35 Alt. 2 AEUV darstellen können, die in ihrer Wirkung einer *offenen* Diskriminierung gleichkamen. Der EuGH stellt darauf ab, dass die Folgen der verfahrensgegenständlichen verbraucherschutzrechtlichen Regelung „im Allgemeinen beim grenzüberschreitenden Direktverkauf an die Verbraucher, insbesondere über das Internet, schwerwiegender“[4235] seien. Und „[s]elbst wenn ein Verbot wie das im Ausgangsverfahren in Rede stehende für alle inländischen Wirtschaftsteilnehmer gilt, betrifft es tatsächlich jedoch die Ausfuhren, d. h., wenn die Waren den Markt des Ausfuhrmitgliedstaats verlassen, stärker als den Absatz der Waren auf dem inländischen Markt. Daher stellt (…) [das Verbot] eine Maßnahme mit gleicher Wirkung wie eine men-

---

[4234] EuGH (Fn. 159), Rn. 40 (*Gysbrechts*).
[4235] EuGH (Fn. 159), Rn. 42 (*Gysbrechts*).

genmäßige Ausfuhrbeschränkung dar."[4236] Die unzähligen praktischen Implikationen dieser Judikatur sind wohl noch nicht ganz von der Praxis erfasst worden. Die mit *New Valmar* bestätigte *Gysbrechts*-Judikatur könnte den Beginn einer weiter reichenden Rechtsprechungsänderung darstellen, die der EuGH Schritt für Schritt konturiert und vertieft.

II. Grammatische und entstehungsgeschichtliche Analyse

Die Orientierung von Art. 35 Alt. 2 AEUV an den Wirkungen von Art. 35 Alt. 1 AEUV spricht dafür, jedenfalls in einem Teil der Fälle über ein Verbot der Diskriminierung hinauszugehen und auch unterschiedslose Maßnahmen gleicher Wirkung zu erfassen. Was das Umfasstsein diskriminierender Regelungen angeht, ergibt die grammatische Auslegung kein eindeutiges Ergebnis. Diese wären aber jedenfalls mit der grammatischen Auslegung *vereinbar*. Nicht schlüssig ist der Befund in Bezug auf die *genaue Reichweite* des Verbots (bestimmter) unterschiedlicher Beschränkungen nach Art. 35 Alt. 2 AEUV. Der Begriff der Maßnahmen gleicher Wirkung wie mengenmäßige (Ein- bzw. Ausfuhr-)Beschränkungen eröffnet damit Raum für *verschiedene* Interpretationsvarianten. Diese unbestimmte Textfassung könnte als *Delegation* der Konkretisierungs- und Weiterentwicklungsbefugnisse an die Unionsorgane und insbesondere an den EuGH zu deuten sein. Zudem bedeutet die unbestimmte Fassung nach hier vertretener Auffassung, dass primär *systematisch-teleologische* Auslegungsaspekte für das Verständnis von Art. 35 Alt. 2 AEUV entscheidend sein sollten. Die Art der in Art. 36 S. 1 AEUV aufgezählten Rechtsgüter lassen den Schluss zu, dass die Warenverkehrsfreiheit auch auf Gebieten Anwendung findet, auf denen die EU nicht über eine Rechtssetzungskompetenz verfügt.

Mit Blick auf die *Entstehungsgeschichte* lassen sich nur wenige Schlussfolgerungen ableiten: Zunächst sollten keine Erkenntnisse daraus abgeleitet werden, dass der Normtext des Art. 35 AEUV nicht verändert wurde, und auch nicht daraus, dass der die Art. 34, 35 AEUV zu einem Artikel zusammenfassende Art. III-153 VV als Teil des gescheiterten Verfassungsvertrags erst abgelehnt und dann nicht vom Lissabonner Vertrag aufgegriffen wurde. Was aber nach hiesiger Ansicht geschlussfolgert werden kann, ist erstens ganz grundsätzlich, dass die *weiten Rechtsfortbildungs-* und *Auslegungsbefugnisse* bezüglich der Grundfreiheiten, die sich der Gerichtshof im Laufe der Zeit angeeignet hat, bestätigt wurden. Zweitens kann die Grundfreiheitendogmatik als *System*, als *Ganzes* in der Reichweite ihrer praktisch spürbaren Abwehrwirkungen ebenfalls als bestätigt angesehen werden, was eine Rechtsprechungsänderung der von diesem *System* abweichenden Ausnahmejudika-

[4236] EuGH (Fn. 159), Rn. 43 (*Gysbrechts*).

tur zu Art. 35 Alt. 2 AEUV als legitim erscheinen ließe. Wird nun ein Vergleich des GATT mit dem unionalen Primärrecht in Bezug auf den Schutz des freien Warenverkehrs vorgenommen, zeigt sich in den Art. 34, 35 AEUV eindeutig die Grundlage für ein *extensiveres* und *funktionalistisches* Binnenmarktverständnis mit einem auf der *Wirkung* liegenden Fokus, welches nicht auf die *Form* oder den *Zweck* einer Maßnahme abstellt und welches Ein- und Ausfuhr *gleichwertig* schützt. Judicial activism ist in Bezug auf das Unionsrecht zudem eher möglich mit Blick auf die ambitionierteren und integrationsfinalen politischen Ziele der EU und ihre größere institutionelle Leistungsfähigkeit.

III. Wirtschaftstheoretische Untersuchungen

1. Außenhandelstheorie, Wettbewerbstheorie und Neue Politische Ökonomie

Wirtschaftstheoretischen Untersuchungen bietet sich eine Vielzahl von Anwendungsfeldern im Rahmen der Grundfreiheiten. Allerdings implizieren entsprechende Untersuchungen auch Risiken. Auch heute wird nach herrschender Auffassung die Hypothese für gültig erachtet, dass Freihandel allokationseffizienter ist als eine Abschottung nationaler Märkte. Gerade die EU hat eine Vielzahl von Instrumenten entwickelt, mit denen sie den klassischen Problemen des Freihandels effektiv begegnen kann, bzw. sind bestimmte Probleme hier in weit geringerem Maße ausgeprägt, z. B. aufgrund der größeren volkswirtschaftlichen Konvergenz der an der Wirtschaftsunion beteiligten Länder. Dabei stellt sich der Wettbewerbsgleichheits-Rechtswahlmechanismus nicht als eine Unterminierung oder Derogation vom Freihandel dar, sondern er ist vielmehr eine *Weiterentwicklung* des Freihandelsmodells. Er knüpft an außenhandels- und wettbewerbstheoretische Modellkonzeptionen an und setzt einen von Protektionismus freien Handel voraus. Er *verstärkt* die positiven wettbewerblichen Wirkungen, was nach den Ergebnissen der wettbewerbstheoretischen Analyse zu begrüßen ist. Die wettbewerbstheoretische Analyse verdeutlicht gleichzeitig, dass eine dezentrale Planung der Güter- und Faktorallokation gegenüber einer zentralen Planung (wie etwa einer positiven Harmonisierung) – von den Fällen des Marktversagens abgesehen – vorzuziehen ist.

Eine wichtige Verständnisgrundlage für die weiteren Analysen bietet die public choice-Theorie der Neuen Politischen Ökonomie: Diese erklärt nicht nur, warum Bevölkerungen moderner demokratischer Staaten ihren eigenen Interessen schaden, indem sie protektionistische Politiken unterstützen, sondern sie zeigt auch auf, warum es zu nicht protektionistischen, aber *exportschädlichen* Politiken kommt (u. a. Informationsdefizite, Lobbyismus). Auf der Grundlage dieser theoretischen Analysen kann (besser) entschieden werden, ob und wann der Wettbewerbsgleichheits-Rechtswahlmechanismus mit seinen spezifischen, insbesondere auch institutionellen Charakteristika (etwa der Einbeziehung der Gerichtsbarkeit) eine *bessere Alternative* darstellt als der politisch-demokratische Prozess.

2. *(Rechts-)Systemwettbewerb und Wettbewerbsgleichheits-Rechtswahlmechanismus*

Zu analysieren sind die *konkreten* Wirkungen eines Wettbewerbsgleichheits-Rechtswahlmodells auf der Grundlage von Art. 35 Alt. 2 AEUV. Interdisziplinäre Wissenschaft konzentriert sich meist verfehlterweise auf die *allgemeinen* (bereits bekannten) Wirkungen des Freihandels und auf simplifizierte, v. a. die Rechtfertigungsebene in all ihrer Komplexität (und Modifizierbarkeit) ausblendende Grundfreiheitenmodelle. Eine fundamentale Erkenntnis, die aus den hier durchgeführten Untersuchungen gewonnen werden konnte, ist, dass Wettbewerbsgleichheit und Systemwettbewerb auf der Grundlage des Wettbewerbsgleichheits-Rechtswahlmechanismus *kombiniert* werden können. Dabei ist die Wettbewerbsgleichheit des Wettbewerbsgleichheits-Rechtswahlmechanismus nicht gleichzusetzen mit (Systemwettbewerb ausschließender) *Vollharmonisierung*, sondern sie umfasst eine *eigene abweichende* Art der Wettbewerbsgleichheit. Wettbewerbsgleichheit besteht hier im Ausgangspunkt insofern, als alle Exporteure gegenüber ihrem Herkunftsstaat das gleiche Recht besitzen, (vorbehaltlich einschlägiger Rechtfertigungsgründe) aus den 28 verschiedenen mitgliedstaatlichen Rechtsordnungen die für sie günstigsten rechtlichen Rahmenbedingungen *auszuwählen*. Will ein Exporteur eine andere Rechtsordnung wählen als die des Herkunfts- oder Zielstaates, muss er dabei nicht nachweisen, dass er mit einem auf demselben Zielmarkt tätigen Exporteur in Konkurrenz steht, „dessen“ Rechtsordnung er wählen will.[4237]

Die (aufgrund von Komplexität und Umfang hier nur andeutbare) Analyse des Systemwettbewerbs hat ergeben, dass der Wettbewerbsgleichheits-Rechtswahlmechanismus dem klassischen Rechtssystemwettbewerb *überlegen* ist, wobei letzterer nicht ersetzt, sondern vielfältig *eingebunden*, *genutzt* und *verstärkt* wird. Dort, wo der Rechtswahlmechanismus nicht greift, etwa bei Vorliegen eines Rechtfertigungsgrundes oder bei Tatbestandslosigkeit, lebt der klassische Rechtssystemwettbewerb wieder auf. Dort, wo der Rechtswahlmechanismus eingreift, beseitigt er weder die *Informationsfunktion* noch die *Anreizfunktion* des klassischen Rechtssystemwettbewerbs, sondern verstärkt beide Funktionen: Aus den Rechtswahlen der Exporteure kön-

---

[4237] Gemeint ist der Fall, dass der in EU-Staat A ansässige Exporteur X nach EU-Staat B exportieren möchte, wobei er sich auf die Produktstandards von EU-Staat C beruft, obwohl auf dem Markt von B (derzeit) kein Exporteur aus EU-Staat C seine Waren anbietet und mithin kein konkretes Wettbewerbsverhältnis zu einem Exporteur aus C besteht.

nen nämlich *regelungsspezifische Informationen* abgeleitet werden. Auch gehen von diesen *regelungsspezifische Anreize* aus. Und es kommen nicht nur diejenigen Unternehmen in den Genuss einer besonders vorteilhaften rechtlichen Gestaltung, die in dem Land ansässig sind, das diese rechtliche Gestaltung „anbietet", sondern auch die in anderen Mitgliedstaaten ansässigen Exporteure, die sich auf die entsprechende Rechtsordnung berufen, und zwar ohne dass sie hierfür ihre Produktionsstätten verlegen müssten (was nutzlose Umzugs- und Anpassungskosten verursachen würde).

Ein die Rechtswahl ausschließender und zum Wiederaufleben des klassischen Rechtssystemwettbewerbs führender Rechtfertigungsgrund ist anzuerkennen, wenn *relevante herkunftsstaatliche Interessen* betroffen sind und in verhältnismäßiger Weise verfolgt werden (wobei der Test der Verhältnismäßigkeit den normativen Bedürfnissen und rechtsökonomischen Erkenntnissen anzupassen ist). Zu den im Rahmen der Rechtfertigungsprüfung *irrelevanten* Interessen gehören die Interessen der die Rechtswahl vornehmenden *Exporteure* und die Interessen der *zielstaatlichen* Bevölkerung (die sich selbst durch zielstaatliche Regelungen schützen kann [ggf. eingeschränkt durch Art. 34 Alt. 2 AEUV]). Zu den *relevanten* herkunftsstaatlichen Interessen gehören solche von *nicht an der Rechtswahl beteiligten* Personengruppen (z. B. von niedrige[re]n Umweltstandards betroffene Anwohner).

Bezogen auf konkrete Regelungsgruppen bedeutet dies, dass bei *Produkt-* und *Vermarktungsregelungen* eine *extensive* Auslegung i. S. breiter Rechtswahlmöglichkeiten (ohne tatbestandliche Einschränkungen wie z. B. ein Kriterium der Spürbarkeit) erfolgen und im Grundsatz kein Rechtfertigungsgrund anerkannt werden sollte (da hier [in aller Regel] keine legitimen Interessen des Herkunftsstaates, sondern nur die Interessen der *Exportunternehmer* und der *zielstaatlichen* Bevölkerung betroffen sind, sodass die aufgezeigten rechtsökonomischen Vorteile der Rechtswahl im Vordergrund stehen). Anderes gilt in Bezug auf die Gruppe der *Produktionsregelungen*: Hier betrifft die Rechtswahl Personen, die nicht an der Rechtswahl beteiligt waren und deren Interessen im Regelfall sogar den Interessen der Exporteure *zuwiderlaufen* (niedrige Produktionskosten „vs" hohe Produktionsstandards [wie Umweltschutz, Fabriksicherheit etc.]). Weil der rechtsökonomische Befund in Bezug auf die Gruppe der Produktionsregelungen somit ein kontroverser ist, müssen weitere den Schutz der mitgliedstaatlichen Kompetenzen bezweckende Auslegungsgesichtspunkte bei der Frage berücksichtigt werden, ob und inwiefern der EuGH Produktionsregelungen kontrollieren sollte. Aus der rechtsökonomischen Analyse folgt jedoch, dass der Gerichtshof möglichst in einer Weise eingebunden (und die Tatbestands- und Rechtfertigungsprüfung in einer Weise konzipiert) werden sollte, die seine *spezifischen Problemlösungskompetenzen* und *-inkompetenzen* berücksichtigt. Seine spezifische Kompetenz liegt in seiner *politischen Neutralität* und *geringeren Korrumpierbarkeit*, wohingegen der nationale Gesetzgeber und die nationalen Behörden besser ausgestattet sind zur Lösung *komplexer fachlicher* Fragen. Gleichzeitig nimmt der EuGH die Rolle eines Vertreters der Interessen der zielstaatlichen Waren*abnehmer* (insbesondere der zielstaatlichen *Verbraucher*) und der herkunftsstaatlichen Exporteure ein, wobei er hierbei nicht aus eigener Initiative tätig wird, sondern nur und erst auf Verlangen der Exporteure. Mit dem *Ingangsetzen* eines Verfahrens bekräftigen die Exporteure dabei ihre Auffassung, dass die Regelung, die sie gerichtlich prüfen lassen wollen, ihre Interessen nicht hinreichend berücksichtigt. In Bezug auf die Gruppe der Produktionsregelungen sind zwei Schlussfolgerungen aus dem Gesagten für die weitere Konzeptionierung der Grundfreiheitenprüfung von Art. 35 Alt. 2 AEUV zu ziehen: Es ist zu erwägen, ob auf der Ebene des Beeinträchtigungstatbestands nicht gewisse Einschränkungskriterien anerkannt werden sollten (wie die Schaffung eines Spürbarkeitskriteriums z. B.). Zweitens ist zu überlegen, ob den Mitgliedstaaten auf der Ebene der *Rechtfertigung* nicht weitreichende *Spielräume* (z. B. i. S. e. Reduzierung der Geeignetheitsprüfung auf einen Evidenzmaßstab und des Rechts, unterschiedliche *Schutzniveaus* festzulegen) und eine *Einschätzungsprärogative* eingeräumt und die *Beweislast* hier nicht zumindest teilweise den *Exporteuren* aufgebürdet werden sollte.

IV. Binnenmarktorientierte Auslegung

Wie die Art. 34, 35 AEUV ist auch der Binnenmarktgedanke entscheidend geprägt von seiner *Unbestimmtheit*, was abermals die Auslegungsfreiheit des EuGH (auch in Bezug auf die Grundfreiheiten) verstärkt (mit Blick auf Art. 35 Alt. 2 AEUV sind somit sowohl die Operativnorm als auch ihr wichtigster Auslegungstopos hochgradig unbestimmt). Diese Unbestimmtheit kann gleichzeitig als Delegation der Auslegungskompetenz an den EuGH interpretiert werden. Die Auslegung des Binnenmarktziels ist stark abhängig von Sozialisation, rechtspolitischem Standpunkt und soziokulturellen und -ökonomischen Vorverständnissen und -prägungen. Das Gebot wissenschaftlicher Transparenz erfordert die Kenntlichmachung dieses für die Grundfreiheiteninterpretation bedeutsamen Umstandes: Was zuvorderst *rechtspolitisch* erwünscht ist, sich aber keineswegs (zwingend) aus den Verträgen ergibt, muss als solches gekennzeichnet werden. Sonst verschwimmen die Grenzen zur Rechtspolitik oder die Grundfreiheiteninterpretation erschöpft sich darin, die praktisch „am sinnvollsten“ erscheinende Auslegung „aufzufinden“.

Das von *Grabitz* übernommene Konzept *Ipsens* einer Zieltrias von *Marktfreiheit*, *Marktgleichheit* und *System unverfälschten Wettbewerbs* ist zur ideentheoretischen Grundlage einer Vielzahl von nach *Grabitz* erschienenen Monografien und Aufsätzen zur Dogmatik der Grundfreiheiten geworden und hat damit wohl den stärksten Einfluss auf den (vor allem deutschen) Grundfreiheitendiskurs ausgeübt, zumal der deutsche ordoliberale Ansatz entscheidende Impulse entfaltet hat in Bezug auf die Verfassung der EWG. Über Einzelheiten bestand und besteht gleichwohl Dissens, speziell, was den Grad der Ausprägung von Marktfreiheit und Marktgleichheit anbelangt. *Umfassende* Wettbewerbsgleichheit (auch im Verhältnis Exporteur – Zielstaatskonkurrenten) wird dabei nur von *wenigen* Autoren anerkannt. Einige Autoren, die Wettbewerbsgleichheit nicht als einen Interpretationsanhalt ansehen, nehmen aber im Fall von (bestimmten) Wettbewerbsungleichheiten eine (gleichzeitige) Beeinträchtigung der Marktfreiheit an (z. B. Umschlagen in Marktzugangsbehinderung). Auch aus der bisweilen vertretenen Theorie des hypothetischen Binnenmarktvergleichs kann ein Wettbewerbsgleichheitsgebot rekonstruiert werden.

Dadurch, dass der Binnenmarkt an die Stelle des Gemeinsamen Marktes getreten ist, sollte ausgedrückt werden, dass der Binnenmarkt die vorher im Gemeinsamen Markt verankerten Inhalte und Unterziele absorbiert. Die Analyse der vorbereitenden und begleitenden Dokumente zu den Verträgen und der politischen Rahmenbedingungen hat ergeben, dass der Binnenmarkt wohlfahrtsökonomischen Traditionen auf der Grundlage klassischer Außenhandelstheorien folgt, wobei der Friedenszweck mittelbare, aber gewichtige Bedeutung besitzt. Die Verträge sind von Anfang an als *offenes* Recht *im Werden* projektiert worden mit dem Ziel, über die Schaffung einer *Schicksalsgemeinschaft* eine *Föderation* zu gründen. Wird dies berücksichtigt, erscheint die Unbestimmtheit der Warenverkehrsfreiheit und des Binnenmarktziels *demokratietheoretisch* weniger problematisch. Die betrachteten Dokumente lassen keine definitiven Schlüsse auf den Inhalt des Binnenmarktzieles oder die Art. 34 f. AEUV zu. Ihre spätere herausgehobene Bedeutung wurde von den Beteiligten nicht antizipiert. An einzelnen Stellen wird der Gedanke der Wettbewerbsgleichheit hervorgehoben, aber nicht als überwölbendes Prinzip und auch nur in spezifischen Kontexten. Es bleibt unklar, wie weit die Beseitigung rechtlicher Wettbewerbsverzerrungen gehen soll. Die wenigen konkreten Hinweise deuten aber im Grundsatz darauf hin, dass es generell nicht um Wohlfahrtsoptimierung schlechthin geht, sondern um eine Beseitigung der *spezifischen* Wohlfahrtsnachteile, die aus der *Zersplitterung der Rechtsordnungen und Märkte resultieren*, d. h. darum, ein „level playing field" zu schaffen (gleiche Wettbewerbsbedingungen). Eines der Hauptanwendungsfelder der Warenverkehrsfreiheit könnte darin gesehen werden, als *flexibel einsetzbares Reserveinstrument zur Bekämpfung (plötzlich) auftretender Rechtszersplitterungen in Übergangszeiten* in einem dynamischen vom technischen Fortschritt geprägten Umfeld in Fällen zu fungieren, in denen der Unionsgesetzgeber noch nicht eingeschritten ist.

Vor allem der mangelnden Bestimmtheit wegen ist eine *unmittelbare Anwendbarkeit* des Binnenmarktziels mit Blick auf die Mitgliedstaaten abzulehnen und in Bezug auf die Unionsorgane nur ganz ausnahmsweise anzuerkennen. Das Binnenmarktziel besitzt aber *Auslegungsrelevanz* (auch nach Auffassung der h.L. und des EuGH). Die aus der Unbestimmtheit resultierenden Gefahren sind hier durch mehrere Faktoren abgemildert. Dennoch sollten die Steuerungswirkungen des Binnenmarktziels trotz seiner *überragenden* Bedeutung für die Auslegung der Grundfreiheiten *begrenzt* werden und Rechtsprechungsänderungen nur *schrittweise* erfolgen, wobei sich soweit wie möglich an *konkrete Norminhalte* angelehnt werden sollte. Der Gerichtshof hat den Binnenmarkt in st. Rspr. als *Einheitsmarkt* definiert, der an die Stelle nationaler Teilmärkte trete und in dem *alle Hemmnisse* des innerunionalen Handels zu beseitigen seien, worin ein freiheitsrechtlicher Anklang erblickt werden könnte. Freilich hat er dies nie *wörtlich* verstanden. De facto hat der EuGH das Binnenmarktziel *nicht* definiert.

Das System unverfälschten Wettbewerbs steht trotz seiner Streichung aus ex-Art. 3 I lit. g EG im Primärrechtrang, weil es in das gem. Art. 51 EUV primärrechtlich verbindliche Protokoll Nr. 27 Eingang gefunden hat. Die Verlegung in das Protokoll besitzt primär *politische*, nicht rechtliche Relevanz. Das System unverfälschten Wettbewerbs strahlt als *abstrakter Binnenmarktteilgehalt* auf die (Interpretation der) Grundfreiheiten aus und zielt auf die Herstellung eines unter *gleichen Wettbewerbsbedingungen stattfindenden Unternehmenswettbewerbs* ab. Die Parallelbetrachtung zu den *operativen* Wettbewerbsvorschriften wiederum hat ergeben, dass trotz *partieller Zielparallelität* (hinsichtlich des Binnenmarktziels und des Systems unverfälschten Wettbewerbs) aufgrund der Unterschiede zwischen beiden Normengruppen eine Übertragung von Wertungen nur im *Einzelfall* in Betracht kommt. Der primärrechtlich (seit den 1990er Jahren) stetig verstärkte Schutz der mitgliedstaatlichen Kompetenzen (z. B. durch Subsidiaritätsgrundsatz, Schutz nationaler Identität etc.) wirkt dagegen nur *extern* auf das Binnenmarktziel ein und führt zu einer Ziel*abwägung* bei der Interpretation von Operativbestimmungen wie Art. 35 Alt. 2 AEUV. Er ist somit zur Bestimmung des Inhalts des *Binnenmarktzieles* ungeeignet.

Die in den Verträgen aufzufindenden Charakterisierungen des Binnenmarktes belegen, dass dieser (weiterhin) auf der *Marktwirtschaft* als Güterallokationsmodus basiert. Güter werden auf der Grundlage *privater* Angebots- und Nachfragetätigkeit alloziert. Die Etablierung einer *Planwirtschaft* sowohl durch die Europäische Union und als auch durch einen Mitgliedstaat wäre daher primärrechtswidrig, weil sie dem Binnenmarkt jede Grundlage entzöge. Von diesem Extremfall abgesehen geht der Binnenmarkt von der grundsätzlichen *Zulässigkeit* von Regulierung aus (marktfreiheitliche Gehalte sind daher abzulehnen).

Es geht vielmehr um die Beseitigung der *spezifischen* Nachteile, die sich beim Wirtschaften *über mehrere Rechtsordnungen hinweg* ergeben (was mit Blick auf Art. 35 Alt. 2 AEUV gegen die Anerkennung einer *Exportfreiheit* spricht). Im Ideal des Binnenmarktes sollen sich nur die natürlichen (und nicht die rechtlichen) Standortvorteile sowie die betriebswirtschaftlichen Effizienzen im Marktergebnis abbilden und von allen genutzt werden. Marktteilnehmer sollen nicht schlechter, aber eben auch nicht besser stehen, als sie in einem echten Binnenmarkt stünden.

Entsprechend ist dem Binnenmarktziel ein auf *Gleichheit der rechtlichen Rahmenbedingungen im grenzüberschreitenden Verkehr* gerichtetes *Auslegungsgebot* immanent, das sich, soweit nicht derogiert, durch die gesamte Struktur der europäischen Wirtschaftsintegration zieht und als spezifisch unionsrechtliches Wohlfahrtskonzept angesehen werden kann. Als Auslegungsgebot wirkt es nur über und ist eingegrenzt durch die das Binnenmarktziel umsetzenden *Operativbestimmungen* und ihre Derogationsnormen (und ist gerade nicht unmittelbar anwendbar, was seine Bedeutung relativiert). Dass *totale* Wettbewerbsgleichheit praktisch nicht hergestellt werden kann, ist unschädlich. Ausreichend ist, dass faktische und rechtliche Wettbewerbsungleichheiten *in pragmatischer Weise* beseitigt, d. h. soweit wie möglich gemildert werden.

Konsequenterweise strahlt der Binnenmarktteilgehalt der Wettbewerbsgleichheit auch auf die *Grundfreiheiten* aus, die die zentralen Binnenmarktoperativbestimmungen darstellen. Das Wettbewerbsgleichheitsgebot kann sich – speziell in seiner Wirkungsvariante als Rechtswahlmechanismus für Exportfälle – somit in Bezug auf Art. 35 Alt. 2 AEUV sowohl auf objektiv-teleologische Erwägungen stützen (mit Blick auf die wirtschaftstheoretischen Voruntersuchungen) als auch auf den systematisch-teleologischen Haupttopos (das Binnenmarktziel). Die konkrete Ausformung des Beeinträchtigungstatbestandes von Art. 35 Alt. 2 AEUV ist damit jedoch noch nicht abschließend präjudiziert: Aufgrund der Einbettung des Binnenmarktzieles in die primärrechtliche Wirtschaftsverfassung und der speziellen Stellung von Art. 35 Alt. 2 AEUV in den Verträgen (z. B. mit Blick auf das Verhältnis von Art. 35 Alt. 2 AEUV zur Rechtsangleichung oder zu den EU-Grundrechten) ist das Auslegungsergebnis noch von weiteren Auslegungserwägungen abhängig. Der Rechtssystemwettbewerb ist dagegen *kein* primärrechtliches Ziel. Sofern sich der Rechtssystemwettbewerb als den Unionszielen abträglich erweist, sollte folglich nicht mehr an ihm festgehalten werden. Als wirtschaftstheoretische Erwägung kann der Rechtssystemwettbewerb *Berücksichtigung* finden im Rahmen *funktionaler* Auslegungsüberlegungen.

V. Konkrete Wettbewerbsgleichheitsanalysen

Der Maßstab grenzüberschreitender Wettbewerbsgleichheit *indiziert* diejenigen Konstellationen, in denen der Beeinträchtigungstatbestand von Art. 35 Alt. 2 AEUV erfüllt sein sollte. Ausnahmen von den auf dieser Grundlage gefundenen Ergebnissen sollten *begründungsbedürftig* sein. Offene Diskriminierungen des Herkunftsstaates (d. h. herkunftsstaatsseitige Differenzierungen zwischen Export und Inlandsvertrieb) können zu *mittelbaren* Wettbewerbsungleichheiten[4238] für die heimische Exportindustrie führen, müssen es aber nicht. Ein Warenexporte einbeziehendes Verbot offener Ausfuhrdiskriminierung kann somit nicht allein auf das Bestehen einer Wettbewerbsungleichheit gestützt werden. Ein Verbot *faktischer* Ausfuhrdiskriminierung ist insgesamt nicht geeignet, als *Substitut* für einen *rechtlichen Wettbewerbsgleichheitsmaßstab* zu fungieren: Es deckt nicht sämtliche Fälle ab, die von einer Wettbewerbsgleichheitsauslegung umfasst würden, und ist in der Anwendung auch umständlicher.

Die Herstellung rechtlicher Wettbewerbsgleichheit auf den Zielmärkten trägt dazu bei, dass sich das *effizienteste* Unternehmen im Binnenmarkt durchsetzt.[4239] Mit Blick auf das Zusammenspiel des (in Art. 34 Alt. 2 AEUV verankerten) Anerkennungsgrundsatzes und des (in Art. 35 Alt. 2 AEUV niedergelegten) Rechts, nach der Zielstaatsordnung herzustellen, ist es nur konsequent, den Exporteuren *unmittelbar* und *stets* zu erlauben (unter Berufung auf Art. 35 Alt. 2 AEUV), ihre Ware nach einer *beliebigen* EU-Rechtsordnung herzustellen und auszuführen. Hierfür spricht auch das Wettbewerbsgleichheitsgebot. Es kann sich daher stets auf alle 26 potenziellen „Konkurrenz"-Rechtsordnungen, auf die Zielstaatsrechtsordnung und die Herkunftsstaatsrechtsordnung berufen werden. Die Wettbewerbsgleichheitsanalyse spricht dafür, in den Wettbewerbsgleichheits-Rechtswahlmechanismus auch die kontroverse Fallgruppe der *Produktionsregelungen* einzubeziehen.

Hinsichtlich des *Inlandsvertriebs* („umgekehrtes Euro-Marketing") sollte sich trotz der dann fortbestehenden Wettbewerbsungleichheiten nicht auf Art. 35 Alt. 2 AEUV berufen werden können. Dass der Exporteur seine Produktion aufspalten muss (in eine Inlands- und eine EU-Auslandsproduktion), ist kein Gegenargument gegen eine allgemeine Wettbewerbsgleichheitsauslegung für Art. 35 Alt. 2 AEUV (die Inlandsfälle nicht einbezieht): Exporteure erhalten durch letztere eine zusätzliche Handlungsoption. Sie können auch weiterhin an einer einheitlichen Produktion nach den ggf. teureren Herkunftslandstandards festhalten. Es ist den Mitgliedstaaten ebenfalls zu erlauben,

---

[4238] Der Begriff der Wettbewerbsungleichheiten wird hier grundsätzlich so gebraucht, dass er sich auf das Verhältnis Exporteur – Konkurrent auf dem Zielmarkt bezieht, wohingegen sich der Begriff der Diskriminierung immer auf das Verhältnis Exporteur – Konkurrent (des Exporteurs) im Herkunftsstaat bezieht. Mit mittelbaren Wettbewerbsungleichheiten wird hier ein ausnahmsweises *mittelbares* Wettbewerbsverhältnis der Exporteure zu im Herkunftsstaat ansässigen Produzenten bezeichnet, die ihre Waren im Herkunftsstaat absetzen.

[4239] Der Begriff der Effizienz bezieht dabei auch Vorteile mit ein, die aus günstigeren Standortbedingungen herrühren, wie z. B. eine bessere Infrastruktur oder günstigere physikalische Bedingungen (z. B. viel Wind bei Windkraft).

Reimporte zu verbieten. In Fällen, in denen einer oder mehrere Mitgliedstaaten Sonderregelungen für Import- oder Exportprodukte vorsehen, kann der Exporteur bzw. Importeur verlangen, stets so gestellt zu werden, wie er stünde, wenn diese Sonderregimes nicht existierten. Er darf indes keine Sondervorteile, sondern nur Wettbewerbsgleichheit für sich in Anspruch nehmen. Etwaige fortbestehende Wettbewerbsungleichheiten vermögen nichts am Ergebnis der Vorzugswürdigkeit einer Wettbewerbsgleichheits-Rechtswahlauslegung zu ändern: Denn die hier geprüfte Auslegung führt zur *Milderung* von Wettbewerbsungleichheiten, ohne dass *neue* Ungleichheiten durch sie erzeugt würden.

VI. Der Schutz mitgliedstaatlicher Kompetenzen in der Systematik der Verträge

1. Kompetenztrias

Aus dem Grundsatz begrenzter Einzelermächtigung lassen sich keine fein justierenden Schlussfolgerungen, sondern nur grobe Richtlinien und äußere Grenzen ableiten. Wird der Grundsatz der begrenzten Einzelermächtigung *direkt* auf die Auslegung der Grundfreiheiten angewandt, besagt er die Selbstverständlichkeit, dass der EuGH nur im Rahmen der Verfahren tätig werden darf, die ihm sowieso zugewiesen sind, und negativ-integrierend nur dort vorgehen kann, wo ihm dies die Grundfreiheiten erlauben. Wann dies aber genau der Fall ist, sagt es nicht. Eine umfassende Bereichsausnahme für alle diejenigen Kompetenzbereiche, in denen der Union keine Legislativkompetenz übertragen wurde, ist abzulehnen. Doch dürfen die der Rechtssetzung gesetzten Grenzen nicht *generell* und *systematisch* umgangen werden. Es ist auch nicht zulässig, dass die Grundfreiheiten *dasselbe* Ergebnis herbeiführen wie die Kompetenznormen und diese *vollständig* obsolet machen.

Nach hier vertretener Auffassung ist eine direkte Anwendung des Subsidiaritätsgrundsatzes auf die Auslegung des Unionsrechts aus systematischen und funktionalen Gründen abzulehnen. Auch das Vorliegen der Tatbestandsmerkmale des Tätigwerdens und der geteilten Zuständigkeit ist zweifelhaft. Selbst wenn der Subsidiaritätsgrundsatz trotz dieser Einwände für anwendbar gehalten und vom Vorliegen einer Maßnahme und einer geteilten Zuständigkeit ausgegangen würde, wären die Voraussetzungen des Subsidiaritätsgrundsatzes mangels ausreichender (hier: gleichwertiger) Zielverfolgung durch die Mitgliedstaaten nicht erfüllt. An allen Stellen der Analyse scheint hindurch, dass der Subsidiaritätsgrundsatz auf die *Erzeugung* und nicht auf die *Interpretation* von Recht zugeschnitten ist und in Bezug auf letztere keine sinnvolle Funktion einnehmen kann. Auch ein Analogieschluss in Richtung auf eine allgemeine Pflicht zur kompetenzschonenden Auslegung ist abzulehnen:

Weder ist ersichtlich, dass der Primärrechtgeber diese Frage übersehen hat, noch ist eine Vergleichbarkeit der Interessenlage gegeben. Bei Art. 5 III EUV handelt es sich um einen *spezifischen Kontrollmechanismus* (für die Rechtssetzung), der nur die *Art* und *Weise* der Zielerfüllung steuert und nicht das zu verfolgende *Ziel* infrage stellt.

Der kompetenzielle Verhältnismäßigkeitsgrundsatz als bereits aus verschiedenen Anwendungskontexten bekannter Maßstab stößt mit Blick auf die Auslegung von Art. 35 Alt. 2 AEUV zunächst auf weniger konzeptionelle Schwierigkeiten als der Subsidiaritätsgrundsatz und setzt insbesondere keine ausschließliche Zuständigkeit voraus. Jedoch ist auch er auf die Rechts*setzung* zugeschnitten. Eine direkte Anwendung des Verhältnismäßigkeitsgrundsatzes auf die Grundfreiheiteninterpretation ist fruchtlos: Geeignetheits-, Erforderlichkeits- und Angemessenheitsprüfung verlangen die Durchsetzung von Maximen, die sowieso schon (aus anderen Gründen) für die Auslegung (der Grundfreiheiten) maßgeblich sind.

2. Parallelbetrachtungen mit der Rechtsangleichung

Die mit Blick auf eine Parallelbetrachtung mit den Vorschriften über die Rechtsangleichung gezogenen Schlussfolgerungen sollten nicht als zwingend angesehen werden. Aufgrund der fehlenden Deckungsgleichheit von Art. 114 AEUV und Art. 35 AEUV sowie der teilweisen Widersprüchlichkeit und Komplexität der Aspekte handelt es sich um *Anhaltspunkte*, die mit weiteren Interpretationsanhalten abgewogen werden müssen. Die beiden Vorschriften greifen *in unterschiedlicher Weise* in die mitgliedstaatlichen Kompetenzen ein. Insgesamt betrachtet entfaltet keine der beiden Vorschriften klar restriktivere Wirkungen für die mitgliedstaatlichen Kompetenzen als die andere. Folgende Einzelbeobachtungen stechen dabei heraus: Zunächst lässt sich der Anwendungsbereich von Art. 35 Alt. 2 AEUV leicht so konstruieren, dass er sich mit dem von Art. 114 AEUV überschneidet, indem etwa im Rahmen von Art. 35 Alt. 2 AEUV eine *spürbare Beeinträchtigung der Wettbewerbsgleichheit* verlangt wird. Zweitens umfasst Art. 114 AEUV Inländerdiskriminierungen, die von Art. 35 Alt. 2 AEUV nicht erfasst werden. Drittens verlangt Art. 114 AEUV ein im *Ermessen* stehendes gesetzgeberisches *Tätigwerden* und stellt keinen nur noch gerichtlich geltend zu machenden *Automatismus* dar (wie Art. 35 Alt. 2 AEUV), worin ein zusätzlicher *Kontrollmechanismus* der Mitgliedstaaten gesehen werden kann. Viertens klammert Art. 114 AEUV ausweislich seines Absatzes 2 bestimmte Gebiete i. W. e. Bereichsausnahme aus, wohingegen die Grundfreiheiten nach st. Rspr. grundsätzlich keine Bereichsausnahmen besitzen. Fünftens findet bei Art. 114 AEUV eine *Rechtsangleichung* statt (in deren Rahmen sowohl höhere als auch niedrigere Standards als die der Mitgliedstaaten festgesetzt werden können), wohingegen Art. 35 Alt. 2 AEUV – bei Zugrundelegung des Wettbewerbsgleichheits-Rechtswahlmechanismus – nur eine Rechtswahl zwischen den mitgliedstaatlichen Rechtsordnungen ermöglicht und bei Vorliegen legitimer Interessen eine *Verhältnismäßigkeitsprüfung* zur Folge hätte, in deren Rahmen unterschiedliche Schutzniveaus erlaubt wären. Sechstens bestehen *erheblich* weniger Rechtfertigungsmöglichkeiten in Bezug auf Art. 114 AEUV als in Bezug auf Art. 35 Alt. 2 AEUV. Siebtens kann aus Art. 114 III AEUV abgeleitet werden, dass der Primärrechtgeber davon ausgeht, dass die Rechtsangleichung auch und vor allem der Ausräumung von *gerechtfertigten* Beeinträchtigungen der Grundfreiheiten dient und damit, in Bezug auf die Grundfreiheiten, von einer *weiten* Anwendungsbereichs- und Beeinträchtigungsebene ausgeht. Achtens werden die in Art. 114 III-V AEUV aufgezählten Gegenstände nicht (i. W. e. Bereichsausnahme) ausgeklammert, sondern „nur" unter gesteigerten Schutz gestellt.

Aus dem Vorgesagten kann geschlussfolgert werden, dass eine *Annäherung* der Voraussetzungen (i. d. S., dass das Erfordernis einer *spürbaren Wettbewerbsungleichheit* auf Art. 35 Alt. 2 AEUV übertragen wird) naheliegt. Zudem spricht einiges für eine Herausnahme der Gebiete in Art. 114 II AEUV (Steuerrecht, Arbeitsrecht) auch aus Art. 35 Alt. 2 AEUV. E contrario kann in Art. 114 II AEUV ein Anhalt gesehen werden, dass *sonstige* Produktionsregelungen, die nicht in Art. 114 II AEUV genannt werden, in Art. 35 Alt. 2 AEUV einbezogen werden sollten. Die Betrachtung der *bereichsspezifischen* Rechtsangleichungs- und -setzungsermächtigungen verfestigt dieses Bild ebenso wie Art. 114 III-V AEUV: Die in Art. 114 III-V AEUV genannten Gebiete werden zwar besonders geschützt, doch besteht für die dort genannten Interessen keine Bereichsausnahme. Diese Interessen scheinen daher nicht so schutzwürdig zu sein, dass sie aus Art. 35 Alt. 2 AEUV ausgeklammert werden sollten.

3. Gesamtbetrachtung der Kompetenzverteilung zwischen Mitgliedstaaten und Union

Die Europäische Union ist mit Blick auf ihre föderale Struktur insgesamt als *Staatenverbund* und noch nicht als *Bundesstaat* zu charakterisieren. Während eine Betonung der mitgliedstaatlichen Kompetenzen zu Beginn der europäischen Einigung für unnötig gehalten wurde, weil deren Wahrung selbstverständlich war, hat die Ausweitung der Unionskompetenzen (auch durch die EuGH-Rechtsprechung) den Fokus verschoben und dazu geführt, dass fortwährend neue Sicherungsmechanismen in die Verträge eingefügt wurden, die die mitgliedstaatlichen Kompetenzen schützen sollten. Zudem sind offizielle Stellen, akademische Öffentlichkeit(en) und die Bevölkerungen heutzutage viel stärker für Kompetenzeingriffe sensibilisiert. Die wohl wichtigste Schlussfolgerung aus der Gesamtbetrachtung der Kompetenz(-schutz-)ordnung lautet, dass der Binnenmarktteilgehalt der Wettbewerbsgleichheit und die mitgliedstaatlichen Kompetenzen *abgewogen* werden müssen bei der Konkretisierung der Prüfungsebenen von Art. 35 AEUV, wobei nicht nur die Rechtfertigungsebene, sondern auch die diesbezüglich bisweilen vernachlässigte *Beeinträchtigungsebene* darauf hin untersucht werden sollte, ob sie eine entsprechende Berücksichtigung zulässt. Auch weitere Extensionen der (Auslegung der) Grundfreiheiten sollten nur *behutsam* erfolgen.

Unabhängig davon, ob ein Diskriminierungs- oder Beschränkungstest befürwortet wird, sollte nicht jede noch so geringe Belastung zur Rechtfertigungsbedürftigkeit mitgliedstaatlicher Maßnahmen führen. Bereits die bloße *Prüfung* am Maßstab von Art. 35 Alt. 2 AEUV stellt – unabhängig von ihrem Ergebnis – einen erheblichen Eingriff in die mitgliedstaatlichen Kompetenzen dar und ist mit einem *Irrtumsrisiko* belastet. Hierfür müssen geeignete Korrektivkriterien gefunden werden. Tatbestandliche Anhalte lassen sich auch aus dem im Loyalitätsgrundsatz (Art. 4 III EUV) verankerten Rücksichtnahmegebot ableiten, das auch im Verhältnis der Mitgliedstaaten *untereinander* gilt und den Exportstaat dazu anhält, die Wirkungen seiner Regulierungen in anderen Staaten mitzuberücksichtigen.

Auf der Rechtfertigungsebene sollten Intensität und Struktur der Verhältnismäßigkeitsprüfung auch von der Eingriffstiefe in die mitgliedstaatlichen Kompetenzen abhängig gemacht werden. Aus Gründen der Rechtssicherheit könnte dabei fallgruppenweise vorgegangen werden. Speziell die Teilprüfung der Verhältnismäßigkeit im *engeren* Sinne führt in bestimmten Fällen dazu, dass legitime mitgliedstaatliche Interessen, obwohl in geeigneter und erforderlicher Weise verfolgt, nicht (auf einem bestimmten Schutzniveau) geschützt werden können. Bei der Frage der Verhältnismäßigkeit im engeren Sinne geht es nicht um die (*Sach-*)*Rationalität* einer Regelung, sondern um eine *Wertungs- und Abwägungsfrage*. Besonders problematisch ist dies im Falle der kompetenzinvasiven und -sensiblen Fallgruppe der Produktionsregelungen. Es ist zu erwägen, ob die Teilprüfung der Verhältnismäßigkeit im engeren Sinne nicht restriktiv gehandhabt (oder auf bestimmten Kompetenzfeldern völlig abgeschafft) werden sollte.

4. Integrationsdynamische Auslegung

Während integrationsdynamische Erwägungen auch herangezogen werden können, um die Evolution des Primärrechts ohne jeden normativen Anspruch zu *beschreiben*, geht es hier um eine Heranziehung als *Auslegungsmethode*. Der EuGH sollte die Rolle eines Integrationsmotors aus legitimatorischen und in der Gewaltenteilung wurzelnden Gründen sowie aufgrund der stärkeren europapolitischen Bewusstheit der Bevölkerung, der gestiegenen Handlungsfähigkeit der politischen Organe und der größeren Ausdifferenziertheit und Reflektiertheit der rechtlich-institutionellen Strukturen der EU nicht mehr einnehmen. Es gibt keinen „Überschuss" mehr an nicht eingelöster Integrationsfinalität. In den Vordergrund rückt für den Gerichtshof die Aufgabe *klassischer* Rechtsfortbildung.

Gleichwohl sind für eine integrationsfinale Auslegung sprechende Anhalte nicht vollständig aus den Verträgen getilgt worden, wie die Präambeln von AEUV und EUV sowie Art. 1 II EUV belegen. Das Unionsprimärrecht ist zudem auf *Interpretationsflexibilität* und eine vorsichtige Berücksichtigung des *institutionellen*, *politischen* und *gesellschaftlichen Umfeldes* angewiesen. Dies hängt auch mit der dem Integrationsprojekt inhärenten *Instabilität* zusammen, die in der kulturellen Heterogenität sowie Interessendiversität gründet. Die jüngere Integrationsgeschichte belegt, dass der Integrationsgrad in materiell-funktionaler Hinsicht trotz wiederholter, signifikanter Rückschläge wie dem Scheitern des Verfassungsvertrages fortlaufend erhöht worden ist. Den Grundfreiheiten eignet (auch aufgrund ihrer Ausrichtung auf das Binnenmarktziel) eine besondere *Offenheit* für die integrationsdynamische Auslegungsmethode. Sie haben sich in der Praxis bewährt und besitzen einen hohen Wirkungsgrad. Die Auswirkungen einer bestimmten Normauslegung auf Stabilität und Prosperität des europäischen Integrationsprojekts sind für dessen Fortbestand von grundlegender Bedeutung, weshalb eine funktional vorteilhafte, ökonomisch überzeugende Auslegung auch im Lichte integrationsdynamischer Erwägungen vorzugswürdig erscheint. Aufgrund der erheblichen Unsicherheiten, die mit einer integrationsdynamischen Auslegung verbunden sind, sollte von dieser nur in *zurückhaltender* Weise Gebrauch gemacht werden. Vor allem aber zeichnet sie sich durch *Zweiseitigkeit* aus: Es sollten nicht nur *kompetenzerweiternde*, sondern auch *kompetenzschonende* Impulse in der Primärrechtsinterpretation abgebildet werden, sodass die integrationsdynamische Auslegungsmethode je nach Befund für eine *restriktive* oder für eine *extensive* Normauslegung herangezogen werden kann.

Es könnte in der gegenwärtigen Situation fraglich erscheinen, ob eine extensive(re) Auslegung von Art. 35 Alt. 2 AEUV (etwa i. S. e. Wettbewerbsgleichheits-Rechtswahlmechanismus) mit einer integrationsdynamischen Betrachtungsweise vereinbar ist. Doch stellt eine erweiternde Auslegung von Art. 35 Alt. 2 AEUV keine (integrationsdynamisch wohl unzulässige) Systemabweichung, sondern eine zulässige Rechtsfortbildung dar. Vielmehr bildet die *Groenveld*-Judikatur eine *Systemdevianz*. Die Unterschiede zwischen der *Gysbrechts*-Auslegung und der Wettbewerbsgleichheits-Rechtswahlauslegung sind erheblich geringer als die zwischen *Groenveld* und einer Wettbewerbsgleichheits-Rechtswahlauslegung. Außerdem ist das extensivere Verständnis von Art. 35 Alt. 2 AEUV, das der EuGH in *Gysbrechts* zugrunde gelegt hat, überwiegend auf Zustimmung gestoßen. Für einen effektiven und umfassenden Schutz der Exporteure muss es hinreichende *dezentrale* Kontrollmechanismen geben, da weder Vertragsverletzungsverfahren noch die unionalen Legislativorgane einen ausreichenden Schutz gewährleisten können. Eine integrationsdynamische Betrachtung bestätigt des Weiteren die bereits im Rahmen der Rechtsangleichung gewonnenen Erkenntnisse in Bezug auf politisch sensible Materien – insbesondere in Bezug auf die Steuergesetzgebung sowie das Arbeitnehmerschutz- und Sozialrecht: Diese sollten entweder einer Bereichsausnahme oder einer größere Spielräume eröffnenden Rechtsfertigungsprüfung unterzogen werden. Das Anwachsen der Unionskompetenzen könnte es des Weiteren rechtfertigen, verstärkt die *Unionsorgane* in den Fokus einer Grundfreiheitenkontrolle zu nehmen.

VII. Grundfreiheitenschutz um der Marktteilnehmer willen

Die Grundfreiheiten besitzen (über die Stellung als subjektive Rechte hinaus) eine *individuell schützende Dimension*, d. h., der Einzelne wird – innerhalb der Auslegungsgrenzen – auch *um seiner selbst willen* geschützt und nicht nur als *Instrument* des Binnenmarktziels. Daher sollte in Bezug auf die materiell-rechtliche Reichweite der Grundfreiheiten diejenige Auslegung gewählt werden, die dem Einzelnen am effektivsten schützt. Es handelt sich hierbei jedoch nicht um eine absolute, sondern um eine abwägungsfähige Auslegungsleitlinie. Es sollte dabei nicht zwischen den Warenverkehrs- und den Personenverkehrsfreiheiten differenziert werden. Geschützt werden sowohl die Anbieter als auch die Nachfrager. Der Schutz des Individuums als Auslegungsmaxime führt aufgrund der Binnenmarktfinalität der Grundfreiheiten letztlich zu einer größeren interpretativen Bedeutung des Binnenmarktziels. Die individuell schützende Dimension der Grundfreiheiten gründet in der Integrationsfinalität der Grundfreiheiten.

VIII. Demokratische Bedenklichkeit extensiver Grundfreiheitenauslegung

Sowohl der primärrechtliche Schutz der Demokratie (mit der Betonung der Bürgernähe) als auch der Grundsatz des institutionellen Gleichgewichts sprechen gegen eine zu weitreichende Übertragung (national-)parlamentarischer Entscheidungskompetenzen auf den Gerichtshof. Andererseits sprechen eine Reihe primärrechtlicher Erwägungen für eine gerichtliche Kontrollkompetenz wie die offene Formulierung des Art. 35 AEUV und des Binnenmarktziels (was als Delegation der Konkretisierungskompetenz gedeutet werden kann) sowie die (im Einklang mit den jeweiligen nationalverfassungsrechtlichen Bestimmungen [etwa durch Parlamentsvorbehalt] ratifizierten) Änderungsverträge, die die rechtsfortbildende (und teils schwankende) Grundfreiheitenjudikatur nicht korrigiert haben. Legitimatorischen Bedenken kann des Weiteren dadurch Rechnung getragen werden, dass die Verhältnismäßigkeitsprüfung auf typische Defizite des parlamentarisch-demokratischen Entscheidungsprozesses zugeschnitten wird und möglichst keine Werturteile korrigiert werden. Zudem kann (europaparlamentarisch verantwortetes) Sekundärrecht erlassen werden. Die Entmachtung von Parlamenten durch eine Kontrolle über die (Verfassungs-)Gerichtsbarkeit besitzt (zumindest in bestimmten Kontexten) eine lange Tradition und kann (unter bestimmten Bedingungen) ein angemessenes Mittel zur Wahrung der Interessen der Bevölkerung darstellen. Schließlich kann auf die demokratische Nichtrepräsentation der zielstaatlichen Verbraucher im Exportstaat abgestellt werden. Der EuGH als supranationale Instanz könnte sicherstellen, dass deren Interessen angemessen berücksichtigt werden. Dass die Interessen der zielstaatlichen Verbraucher und der Exporteure im Regelfall gleichlaufen, ist dabei kein durchschlagendes Gegenargument, da die Exporteure die zielstaatlichen Verbraucher jedenfalls nicht mit dem *Gewicht* vertreten können, das letzteren mit Blick auf ihre Bedeutung zukommen müsste. In diesem Licht stellt sich eine Verhältnismäßigkeitsprüfung als Kompromiss dar zwischen den (nicht repräsentierten) Interessen der zielstaatlichen Verbraucher und der exportstaatlichen Exporteure einerseits sowie der exportstaatlichen Bevölkerung andererseits. Im Ergebnis unterliegt eine horizontale Gewaltübertragung – auch auf dem Weg der Supranationalisierung – einer (output-)Legitimierungslast und muss gewisse äußere Grenzen wahren. Unzulässig ist es insbesondere, wenn der EuGH wichtige exportstaatliche Drittinteressen einer engen Verhältnismäßigkeitsprüfung unterzieht, primär Werturteile fällt oder seine Dogmatik nicht behutsam weiterentwickelt, sondern plötzliche, gravierende Änderungen vornimmt.

IX. Systematische Auslegung

1. Parallelbetrachtung mit den EU-Grundrechten

Die Normengruppen der Grundfreiheiten und der EU-Grundrechte stehen mit Blick auf die berechtigten und verpflichteten Personenkreise sowie den Eingriffs- und Beeinträchtigungstatbestand teilweise nebeneinander und überlappen sich teilweise. Die Zwecksetzung beider Regimes unterscheidet sich. Würde der (hier als unvertretbar angesehenen) Auslegung der Grundfreiheiten als Freiheitsgrundrechte gefolgt werden, stellten viele oder – bei Nichtanerkennung der Voraussetzung eines grenzüberschreitenden Sachverhalts – *alle* Maßnahmen, die zu einem Eingriff in die Art. 15, 16, 17 EUGRCh führten, zugleich auch eine Beeinträchtigung der Grundfreiheiten dar. Die Art. 15, 16, 17 EUGRCh wären dann (je nach Auslegung ganz oder in weiten Teilen) *überflüssig*. Dass das gleichzeitige Vorliegen eines Grundfreiheiten-

und EU-Grundrechteeingriffs eine „gegenseitig[e] Schutzverstärkung“[4240] bewirkt, erscheint zwar theoretisch plausibel, aber in der Praxis kaum relevant.

Es ist nicht nur aus theoretischer, sondern auch aus praktischer Sicht *nicht* irrelevant, ob eine Grundfreiheitenverletzung auf der Tatbestands- oder auf der Rechtfertigungsebene abgelehnt wird. Wenn der Tatbestand einer Grundfreiheit erfüllt ist, ist auch der Anwendungsbereich der EU-Grundrechte gem. Art. 51 I 1 EUGRCh eröffnet. Hieraus kann aber keinesfalls die Vorgabe abgeleitet werden, dass die Grundfreiheiten eng ausgelegt werden sollten: Denn dies wäre eine *sachfremde*, nicht systematisch-teleologisch gestützte Erwägung. Die Frage der Anwendbarkeit der EU-Grundrechte muss allein im Rahmen der Auslegung der *EU-Grundrechte* entschieden werden.

Im Übrigen bleibt es bei der Parallelität und teilweisen (Nicht-)Überschneidung und damit *Nullaussage* eines Vergleichs der Grundfreiheiten mit den EU-Grundrechten (in Bezug auf deren jeweilige Auslegung und Anwendbarkeit). Die Verbindung zwischen beiden Normengruppen ist demnach primär eine *tatsächliche*.

2. Konvergenzbetrachtung

Eine Konvergenzbetrachtung verlangt keine Übertragung der Rechtsanwendungs*ergebnisse*, sondern nur der die Rechtsanwendung steuernden *Konzepte* bzw. *Auslegungsprinzipien*. Die Fallrechtsprechung muss daher ausgewertet, gedeutet und interpretiert werden. Die der Rspr. zu den anderen Grundfreiheiten zugrunde liegenden Auslegungsprinzipien können sodann auf Art. 35 Alt. 2 AEUV übertragen werden. Es werden mehrere Auffassungen zum Gedanken der Konvergenz vertreten: Einige Autoren weisen dem Konzept eine bloß *didaktische* bzw. *deskriptive* Bedeutung ohne jeden argumentativen Wert zu. Andere qualifizieren den Konvergenzgedanken als *selbständiges* Argument. Drittens – und hier präferiert – kann der Konvergenzgedanke nicht als selbständiges, sondern nur als *unselbständiges* Argument herangezogen werden: Ein Konvergenzargument geht dann nicht über die Summe seiner argumentativen Teile hinaus. Sind zwei Normen (in den jeweils entscheidungserheblichen Merkmalen) gleich strukturiert und werden sie auf gleiche Sachverhalte angewandt, gebieten schon *allgemeine Grundsätze der systematischen Auslegung* sowie das Gebot der *Gleichheit vor dem Gesetz* die Vermeidung von Wertungswidersprüchen. Auf diese Erwägungen sollte jedoch *unmittelbar* Bezug genommen werden, anstatt „Konvergenz“ einzufordern. Eine Ablösung von diesen Erwägungen könnte sonst zu Fehlern in der Argumentation führen. Ein Konvergenzargument kann auf drei Wegen entkräftet werden: Entweder wird der Konvergenz der Wert als Argument abgesprochen

---

[4240] *Frenz*, NVwZ 2011, 961 (965); *ders.*, Bd. 1, Rn. 82 f.; vgl. auch *Jarass*, 2. Aufl. 2013, Ein. Rn. 26.

und/oder die zu übertragende Rechtsprechung anders interpretiert und/oder es wird auf Unterschiede in den zu vergleichenden Situationen abgestellt.

Abzugrenzen ist eine (abzulehnende echte) Konvergenzargumentation von einer Heranziehung der EuGH-Judikatur als *Fallrechtsprechung*: Die selbstreferenzielle Argumentationstechnik und die auf selbst entwickelte Inhalte aufbauende Grundfreiheitendogmatik des EuGH können als *case law-ähnlich* beschrieben werden. Innerhalb der Rechtsprechung kommt der Frage, ob eine Auslegung auf die bisherige Rechtsprechung gestützt werden kann, ein erheblicher *argumentativer Wert* zu, der primärrechtlich auch in bestimmtem Umfang begründbar ist. Freilich darf die Fallrechtsprechung nicht in ihrer Bedeutung überhöht und als *alleiniger* Auslegungsanhalt behandelt werden. Die Abweichung von einer gefestigten und kohärenten Rechtsprechung bedarf somit gewichtiger Gegenargumente. Bei einer in sich – oder ggf. auch grundfreiheitenübergreifend – *widersprüchlichen* Rechtsprechung sind die Anforderungen dagegen niedriger.

a) Fazit in Herkunftsstaatskonstellationen

Der EuGH hat ein Verbot vorgangsbezogener Diskriminierung für alle Grundfreiheiten anerkannt. Während er in der Anfangszeit noch angedeutet hatte, das Verbot der (faktischen) Diskriminierung eng zu fassen und die *Groenveld*-Formel in Exportkonstellationen auf andere Grundfreiheiten übertragen zu wollen, hat er später einen *erheblich weiteren* Diskriminierungsbegriff zugrunde gelegt, nach dem keine protektionistischen Wirkungen erforderlich sind.

Mit den Grundlagenentscheidungen *Alpine Investments* und *Bosman* aus dem Jahr 1995 hat der Gerichtshof erstmalig ein herkunftsstaatsadressiertes Beschränkungsverbot auf dem Gebiet der Dienstleistungsfreiheit und Arbeitnehmerfreizügigkeit zur Anwendung gebracht. Nachfolgende Rechtsprechung hat diese Judikatur schrittweise ausgebaut und extensive(re) Formulierungen verwandt (z. B. in *ARD*, *Gourmet*, *Mary Carpenter*; *Bosman*, *Graf*, *Bernard*). Während der EuGH anfangs z. B. noch eine *unmittelbare* Beeinflussung des Marktzugangs gefordert hat (*Bosman*, *Alpine*), hielt er es später u. a. für ausreichend, dass das Gebrauchmachen von der Grundfreiheit (i. S. d. *Gebhard*-Formel) *weniger attraktiv gemacht* werde (*Bernard*, *Sea Life*, *Hungary Berlington u. a.*). Er hat zudem Fälle erfasst, die in einem nur *losen Zusammenhang* zu der eigentlichen Dienstleistungs- bzw. Arbeitserbringung stehen und dem Tatbestand insgesamt nur *zurückhaltend Grenzen* gesetzt. Dabei ist der Gerichtshof im Bereich von Dienstleistungsfreiheit und Arbeitnehmerfreizügigkeit grundsätzlich nicht bereit, Fallgruppen *generell* von einem Beschränkungsverbot auszunehmen, und zwar auch dann nicht, wenn diese (erheblich) in die mitgliedstaatlichen Kompetenzen eingreifen.

Nicht über unterschiedslose Beschränkungen entscheiden musste der Gerichtshof im Bereich der Niederlassungsfreiheit. Gleichwohl umfassen die zugrunde gelegten Auslegungsformeln nach ihrem natürlichen Wortsinn auch unterschiedslose Beschränkungen und stimmen mit denjenigen Formeln überein, die der EuGH im Kontext der Dienstleistungsfreiheit und der Arbeitnehmerfreizügigkeit sowie der zielstaatsadressierten Niederlassungsfreiheit heranzieht. Entsprechend ist der Gerichtshof auch im Bereich der Kapitalverkehrsfreiheit vorgegangen. In dem noch zum Sekundärrecht ergangenen, aber auf das Primärrecht übertragbaren Judikat *Veronica* spricht sich der EuGH zudem für die Rechtfertigungsbedürftigkeit unterschiedsloser Kapitalverkehrsbeschränkungen vonseiten des Herkunftsstaates aus.

Dagegen hat der Gerichtshof keine st. Rspr. etabliert, nach der das Vorliegen einer Wettbewerbsungleichheit eine *notwendige* oder *hinreichende* Bedingung (für eine Beschränkung) darstellt, und in *Peralta* hat er eine entsprechende Argumentation sogar explizit abgelehnt. Doch es lassen sich in der Rspr. auch Hinweise dafür finden, nach denen das Vorliegen einer Wettbewerbsungleichheit mindestens einen *Anhaltspunkt* für das Vorliegen einer Beschränkung darstellen kann.

Diese Grundfreiheitenrechtsprechung zu Herkunftsstaatskonstellationen spricht in ihrer Gesamtheit im Grundsatz für eine *extensive(re) Auslegung* des Tatbestandes von Art. 35 Alt. 2 AEUV i. S. e. Einbeziehung auch *unterschiedsloser* Beschränkungen. Ex ante sollten dabei grundsätzlich keine Fallgruppen aus dem Tatbestand ausgeklammert, sondern ein *wirkungs*bezogener Ansatz gepflegt werden. Dass Regelungen dem Schutz legitimer herkunftsstaatlicher Interessen dienen, ist grundsätzlich abschließend auf der *Rechtfertigungsebene* zu berücksichtigen. Auszuklammern sind allein Fallgestaltungen, die jenseits selbst *äußerster* Grenzen liegen. In Betracht kommen hier *normative* Kriterien wie das einer hinreichenden thematischen Nähe zur Herstellung und Ausfuhr einer Ware sowie Spürbarkeitserwägungen, nach denen die Beschränkungsintensität einer Maßnahme eine Bagatellgrenze überschreiten muss. Sodann kann geschlussfolgert werden, dass die Existenz einer Wettbewerbsungleichheit einen *Anhaltspunkt* dafür darstellen kann, dass eine Maßnahme i. S. v. Art. 35 Alt. 2 AEUV vorliegt.

b) Fazit in Zielstaatskonstellationen

Der Rspr. zur *Wareneinfuhr* kommt eine besondere Bedeutung innerhalb einer Konvergenzbetrachtung mit der Zielstaatsdimension der Grundfreiheiten zu. Die jüngere Rspr. zu Art. 34 Alt. 2 AEUV zeugt von einer starken Aufwertung des *Marktzugangskriteriums*: Der Gerichtshof rekurriert nun häufiger *unmittelbar* auf das Marktzugangskriterium als Prüfungsmaßstab anstatt auf „Unter-Tests". Gleichzeitig legt er einen *extensiveren* Beschränkungsmaßstab zugrunde: Es genügt bereits eine Marktzugangs*behinderung* oder *-beschränkung*. Dies gilt auch in Bezug auf diskriminierungsfreie Verkaufsmodalitäten: Die Eingrenzungen der *Keck*-Formel dürften, *soweit sie mit dem Marktzugangsmaßstab in Widerspruch stehen*, wohl als überholt angesehen werden können. Es wird auch die Tendenz sichtbar, diskriminierungsfreie Konstellationen am Maßstab von Art. 34 Alt. 2 AEUV zu überprüfen, die *weit* vom eigentlichen Transaktionsvorgang (dem Import) *entfernt* sind (wie Verwendungsregelungen). Der EuGH stellt die belastende *Wirkung* einer Maßnahme in den Vordergrund und nicht ihre formale Zugehörigkeit zu einem bestimmten *Rechtsgebiet* (bzw. eine Einstufung als Verkaufs- oder Nutzungsmodalität). Ob eine Maßnahme legitime Interessen des Herkunftsstaates schützt, ist für die Bewertung als Marktzugangsbehinderung grundsätzlich irrelevant.

Einer Übertragung der vorgenannten Grundsätze auf Art. 35 Alt. 2 AEUV entspräche es, die Qualifizierung einer Regelung als Maßnahme i. S. v. Art. 35 Alt. 2 AEUV im Grundsatz ausschließlich von den *Behinderungswirkungen* für die Warenausfuhr abhängig zu machen und nicht davon, ob und inwieweit *legitime mitgliedstaatliche Kompetenzen* betroffen sind. Sodann dürften sich die Anwendungsergebnisse einer Wettbewerbsgleichheitsauslegung von Art. 35 Alt. 2 AEUV und eines (extensiv und parallel zum Markt*zugangs*kriterium des Art. 34 Alt. 2 AEUV ausgelegten) Markt*austritts*maßstabs nur geringfügig unterscheiden.

Mit Diskriminierungen von Waren, Kapital, Dienstleistungen, Arbeitnehmern oder Niederlassungswilligen gehen nicht nur protektionistische Wirkungen, sondern stets auch *Wettbewerbsungleichheiten* einher (des Grundfreiheitenberechtigten im Verhältnis zu den im Zielstaat mit dem Grundfreiheitenberechtigten konkurrierenden Wettbewerbern). Sofern mit Art. 35 Alt. 2 AEUV dieselben Wettbewerbsgleichheitseffekte erzielt werden sollen, die in Zielstaatskonstellationen mit einem weit ausgelegten Diskriminierungsverbot erreicht werden, müsste Art. 35 Alt. 2 AEUV als weiter *Wettbewerbsgleichheitsmaßstab* ausgelegt werden (ein Verbot von *Ausfuhrdiskriminierungen* würde diese Wirkungen dagegen nicht erzielen).

Das Verbot unterschiedsloser Beschränkungen, das der EuGH im Bereich der Zielstaatsdimension der *anderen* Grundfreiheiten (also außerhalb von Art. 34 Alt. 2 AEUV) vertritt, kann konzeptionell in weiten Teilen mit einem *diskriminierungs*rechtlichen Grundkonzept umfangen werden. In manchen Fällen ist dies allerdings nicht möglich, etwa in Konstellationen, in denen eine grundfreiheitlich geschützte Betätigung *vollständig verboten* wird. Aufgrund solcher Inkohärenzen fällt es schwer der Rspr. *konkrete* konzeptionelle Impulse in Bezug auf Art. 35 Alt. 2 AEUV zu entnehmen (z. B. in Richtung eines Beschränkungs- oder Diskriminierungsverbotes oder eines Wettbewerbsgleichheitsgebotes). Unabhängig vom konzeptionellen Ausgangspunkt kann in der Judikatur jedoch ein Beleg für die hohe Bedeutung gesehen werden, die der Gerichtshof der Durchsetzung des Binnenmarktziels (via die

Grundfreiheiten) beimisst. Dies lässt die restriktive Rspr. zu Art. 35 Alt. 2 AEUV inkohärent erscheinen.

Dass Rahmen- und Umfeldregelungen innerhalb der Zielstaatsdimension der Personenverkehrsfreiheiten nicht an einem Verbot unterschiedsloser Beschränkung gemessen werden, spricht nicht gegen eine Einbeziehung unterschiedsloser Produktionsregelungen in Art. 35 Alt. 2 AEUV, da warenbezogene Produktionsregelungen ganze andere (nämlich schädlichere) Wettbewerbswirkungen entfalten.

Der im Kontext des Kapitalverkehrs gepflegte Ansatz des EuGH, kein Beschränkungsverbot im Bereich des die Souveränitätsinteressen stark berührenden Steuerrechts anzuwenden, könnte mit Blick auf Art. 35 Alt. 2 AEUV dafür sprechen, auch in anderen souveränitätssensiblen Bereichen von einem Beschränkungsverbot abzusehen. Als Abweichung von einem wirkungsbezogenen Grundansatz sollte dies nur in wenigen Ausnahmefällen erwogen werden.

c) Rechtsprechung zu einschränkenden Kriterien

Obwohl der EuGH ein *makro*ökonomisches Spürbarkeitskriterium mehrfach explizit ablehnte, hat er in zahlreichen Rechtssachen Beschränkungswirkungen für den *einzelnen Grundfreiheitenberechtigten* auf der Grundlage der rule of remoteness ausgeschlossen („zu ungewiss und zu indirekt"). Zudem ist bereits dem *Marktzugangstest* eine gewisse Beschränkungsschwelle *immanent*, die der EuGH in einigen Rechtssachen konkretisiert und qualifiziert hat (indem er z. B. eine *Unmittelbarkeit* oder *Erheblichkeit* der Behinderung des Marktzugangs gefordert hat). Dass der EuGH sich dabei ausschließlich auf die *Wahrscheinlichkeit* und nie auf die *Intensität* bezogen hat, ist unzutreffend. Beides kann praktisch auch gar nicht voneinander getrennt werden. Der EuGH verwendet also einen *einzelfallbezogenen de minimis-Test. Diskriminierende* Maßnahmen werden dagegen nur sehr selten als zu ungewiss und zu indirekt ausgeschieden. Nach der Rspr. darf wohl auch der *Konnex*, die *Nähebeziehung* zum Substrat der Grundfreiheit (der Warenexporttransaktion), nicht zu schwach ausgeprägt sein. Insgesamt weist die Rspr. leichte Inkohärenzen auf, hinter denen tatsächlich Wertungsdivergenzen stehen.

d) Auffassungen der Generalanwaltschaft zur Auslegung von Art. 35 Alt. 2 AEUV

Entschieden gegen *Groenveld* ausgesprochen haben sich GA *Capotorti* und GA *Trstenjak*: GA *Capotorti* hat sich sowohl in *Groenveld* als auch in *Oebel* – hier mit ausführlicher Begründung – gegen die *Groenveld*-Formel gewandt und gefordert, dass auch mittelbare und indirekte Ausfuhrhindernisse erfasst werden müssten. Gleiches gilt für die (modellanalytisch komplexesten und am besten begründeten) Einlassungen von *Trstenjak* in *Gysbrechts*. Doch sollten auch die vielzähligen *beiläufigen* kritischen Stellungnahmen der Generalanwälte nicht unbeachtet bleiben, die belegen, dass es sich bei der *Groenveld*-Judikatur um eine in großen Teilen des „Establishments" (des EuGH) kritisch gesehene *Systemdevianz* handelt, wobei sich die Kritik an der Enge des Diskriminierungsbegriffs entzündet (GA *Gulmann* in *Delhaize* sowie indirekt GA *Lenz* in *Peralta* und GA *Slynn* in *Cinéthèque*) und an der Sinnfälligkeit einer Übertragung von *Groenveld* auf die Dienstleistungsfreiheit (GA *Jacobs* hat in Bezug auf die Herkunftsstaatsdimension der Dienstleistungsfreiheit konstant, entschieden und erfolgreich für einen Beschränkungsstandard argumentiert [*Alpine Investments*, *ARD* und *Gourmet*]) sowie an der Sinnfälligkeit einer Übertragung von *Groenveld* auf die Arbeitnehmerfreizügigkeit (GA *Lenz* in *Bosman*; GA *Lenz* hat zudem ein Überdenken der *Groenveld*-Judikatur angeregt). GA *Cosmas* versucht, die *Groenveld*-Formel zu umgehen (*ED*). Und GA *Elmer* deutet an, dass eine Regelung wie die in *Alpine Investments*, wenn sie in einer Warenexportkonstellation aufträte, auch gegen Art. 35 Alt. 2 AEUV verstieße. Von überragender argumentativer Bedeutung ist dabei der Gedanke der *Konvergenz* der Grundfreiheitenjudikatur (GA *Capotorti*; GA *Trstenjak*; GA *Jacobs*; GA *Lenz*). Bisweilen werden aber auch praktische Erwägungen angeführt. GA *Jacobs* (in *Alpine*) und GA *Trstenjak* (in *Gysbrechts*) stützen sich des Weiteren auf die weite Binnenmarktdefinition des EuGH. GA *Jacobs* begründet das Vorliegen einer exportstaatlichen Beschränkung der Dienstleistungsfreiheit in *ARD* zudem mit der Existenz einer Wettbewerbsungleichheit. Eine Übertragung von *Keck* auf die Herkunftsstaatsdimension der Grundfreiheiten wird durchgängig abgelehnt unter Verweis auf die *herkunftsstaatliche* Natur der Beschränkung und die dann gegebene dual burden (GA *Jacobs* in *Alpine*; GA *Lenz* in *Bosman*; GA *Elmer* in *Job Centre*; GA *Trstenjak* in *Gysbrechts*). Im Übrigen ist die *Groenveld*-Formel von den Generalanwälten bloß *referiert* und *angewandt* worden. Daraus abzuleiten, dass auf solche Weise vorgehende Generalanwälte ausdrücken wollen, dass sie die *Groenveld*-Formel *befürworten*, wäre aber wohl eine überschießende Interpretation. Denkbar ist auch, dass die *Groenveld*-Formel in diesen Fällen einfach *mechanisch* auf den Fall appliziert wurde (entweder weil die *Groenveld*-Formel überhaupt nicht auf ihre Sachgemäßheit überprüft oder weil eine Rechtsprechungsänderung für unwahrscheinlich gehalten wurde im Hinblick auf die vielen erfolglosen Versuche anderer Generalanwälte, den EuGH zu einer Änderung seiner Linie zu bewegen).

X. Gegen eine extensive Auslegung angeführte Gemeinplätze

Auf praktische oder systematische Absurdität abstellende Argumente, die gegen eine extensive Auslegung von Art. 35 Alt. 2 AEUV angeführt werden, überzeugen bei näherer Betrachtung nicht: Dies gilt sowohl für das Argument, Unternehmen würden in der Zukunft einer Fehlwahrnehmung ihrer gerichtlichen Chancen unterliegen, als auch für Hinweise auf die dann erhöhte Arbeitsbelastung des EuGH. Unbegründet sind auch Befürchtungen einer „Generalrevision" der mitgliedstaatlichen Rechtsordnungen.

XI. Auffassungen in der Literatur

In der Literatur sind erheblich weniger Stellungnahmen zu Art. 35 Alt. 2 AEUV zu finden als zum als „übertheoretisiert" und „überbearbeitet" geltenden Art. 34 Alt. 2 AEUV. Das Gros der Meinungsäußerungen zu Art. 35 Alt. 2 AEUV erfolgt *en passant* (im Kontext anderer Grundfreiheiten, der Grundfreiheiten insgesamt oder der Inländerdiskriminierung). Soweit ersichtlich ist Art. 35 Alt. 2 AEUV bislang nur *einmal* monografisch bearbeitet worden. Wenige Autoren beschäftigen sich *vertieft* mit Art. 35 Alt. 2 AEUV. Diese *kritisieren* in der Mehrzahl die traditionelle *Groenveld*-Auslegung: Hauptkritikpunkte sind, dass die *Groenveld*-Formel überflüssige Elemente aufweise, dass die Rspr. mit Blick auf die sonstige Grundfreiheitenjudikatur inkohärent sei und dass sie dem Binnenmarktziel widerspreche. Die meisten (häufig *unionsverfassungsrechtlich* argumentierenden) Autoren, die ihre Grundfreiheitenkonzeptualisierung auf ein diese überwölbendes und austheoretisiertes Binnenmarktkonzept stützen (was meist eine konvergente Auslegung aller Grundfreiheiten impliziert), stützen sich auf die *Ipsen-Grabitz'*schen Teilgehalte von Marktfreiheit und -gleichheit, wobei meist einer der beiden Teilgehalte in Bezug auf die Direktivkraft für unterschiedslose Ausfuhrbeschränkungen dominiert. Von großem, wenn nicht größtem Einfluss für die Modellkonzeptionalisierung waren und sind der *Roth'*sche Ansatz und dessen Differenzierungen. *Roths* Ausklammerung von Produktionsregelungen wird überwiegend gefolgt. Nicht wenige Autoren wollen nur *Produktregelungen* kontrollieren. Einige sprechen sich für eine Kontrolle nur von *Vermarktungsregelungen* aus (wobei dies nicht wenige Autoren mit einer Analogie zum *Keck*-Judikat begründen). Ein sich in der Minderheit befindendes, aber nicht unbeachtliches Lager von Autoren spricht sich für ein sehr weites Beschränkungsverbot aus, das auch *Produktionsregelungen* einbezieht, wobei einige Autoren jedenfalls für bestimmte Politikfelder (wie das Steuerrecht) eine Ausnahme anerkennen wollen. Am wenigsten Unterstützung in der Literatur erfährt die klassische, enge *Groenveld*-Rechtsprechung. Ein reines (zumeist auch restriktiv interpretiertes) Diskriminierungsmodell wird ebenfalls nur von einer Minderheit vertreten. Wirkmächtig waren und sind bis heute auch das Herkunftslandprinzip und – vor allem im englischsprachigen Raum – „dual burden"-Argumentationen.

XII. Modell- und prüfungsanalytische Vorüberlegungen

Die bisherigen teilweise abstrakten argumentativen Überlegungen müssen in konkrete Konzepte und für den Einzelfall maßgebliche Entscheidungsrichtlinien übersetzt werden. Dazu sind die verschiedenen konzeptionellen Optionen mit ihren Vor- und Nachteilen und ihre Zuordnung zu systematisch-teleologischen Auslegungserwägungen zu untersuchen. Dabei sind der Beeinträchtigungs- *und* der Rechtfertigungstatbestand zu beleuchten. Die *Umsetzbarkeit* eines Auslegungsgesichtspunktes bestimmt dessen Relevanz für die Konzeptionierung des Beeinträchtigungstatbestands mit. Es muss daher ein *Kompromiss* gefunden werden zwischen Anwendungseinfachheit, Rechtssicherheit und Kontrollierbarkeit der Gerichtsbarkeit einerseits sowie Wertungsgerechtigkeit, Effektivität des Grundfreiheitenschutzes und Berücksichtigung der Auslegungsgrundlagen andererseits. Der zentrale Konflikt, der von den Grundfreiheiten (ja von den Verträgen insgesamt) moderiert werden muss, ist der zwischen dem Binnenmarktziel in seiner Ausprägung als Wettbewerbsgleichheitsgebot und den mitgliedstaatlichen Kompetenzen (wobei beide Belange in verschiedener Weise in den Verträgen nuanciert und konkretisiert werden). Die Vielzahl und Vielstimmigkeit der relevanten Auslegungsgesichtspunkte und die Vielgestaltigkeit potenzieller Warenexportkonstellationen und -regelungen bedeutet für die Konzeptionierung des Beeinträchtigungstatbestands von Art. 35 Alt. 2 AEUV, dass kein „Über"-Konzept entwickelt werden kann, aus dem die Behandlung einer jeden Fallkonstellation ohne die Vornahme einer Wertung oder Abwägung und mit möglichst geringem Auslegungsaufwand abgeleitet werden kann. Doch legen die bisherigen Auslegungsüberlegungen den Schluss nahe, dass eine Beeinträchtigung von Art. 35 Alt. 2 AEUV im Regelfall vorliegt, wenn die Wettbewerbsgleichheit *gewichtig* betroffen ist in Bezug auf den Warenexport. Allerdings dürfte dies mit Blick auf (die) die mitgliedstaatlichen Kompetenzen (schützenden Auslegungsgesichtspunkte) nicht ausnahmslos gelten. Es müssen daher Kriterien entwickelt werden, mit denen dieses Ergebnis erreicht werden kann.

Die Komplexität des Auslegungsvorganges kann durch eine auf *Fallgruppen* zurückgreifende Konkretisierung des Tatbestandskonzepts reduziert werden. Eine fallgruppenweise Konkretisierung des Beeinträchtigungstatbestands stellt nichts anderes dar, als eine *im Voraus vorgenommene Abwägung* der beiden genannten Topoi für eine Gruppe von Fallkonstellationen, die *wertungsrelevante Übereinstimmungen* und *Ähnlichkeiten* aufweisen. Der Rechtsanwender muss bei der Prüfung eines konkreten Falls am Maßstab von Art. 35 Alt. 2 AEUV nur noch nachprüfen, in welche Fallgruppenkategorie die jeweilige Konstellation fällt und ob die für diese Fallgruppe maßgeblichen Voraussetzungen (für eine Grundfreiheitenverletzung) erfüllt sind. Auch ein fallgruppendifferenziertes Modell kann womöglich nicht gänzlich auf

Wertungsbegriffe und Abwägungen verzichten (z. B. auf Spürbarkeitskriterien oder eine rule of remoteness), die aber ihrerseits wieder durch Leitlinien und Orientierungspunkte ausgefüllt werden können. Beide Topoi sind dabei nicht so gelagert, dass eine starke Betroffenheit des Binnenmarktes immer oder in aller Regel mit einer schwachen Betroffenheit des Regulierungsinteresses des Exportstaates einhergeht und vice versa. Beide Belange müssen daher bei der Fallgruppenbildung berücksichtigt und zum Ausgleich gebracht werden.

Sofern das Ergebnis der Abwägung beider Belange allerdings nicht in klar abgegrenzte Fallgruppen „gegossen" werden kann (weil etwa eine Abgrenzung nicht möglich ist), muss eine Abwägung zwischen dem Binnenmarktziel und den mitgliedstaatlichen Kompetenzen *in jedem Einzelfall* durchgeführt werden, um zu entscheiden, ob eine Maßnahme eine Beeinträchtigung darstellt (und daher einer Rechtfertigungsprüfung unterzogen werden muss).

1. Die Rechtfertigungsprüfung

Bisweilen wird unterschätzt, welche enorme Bedeutung die genaue Konzeptionierung der Rechtfertigungsprüfung besitzt und welche vielfältige Möglichkeiten hier bestehen, den legitimen mitgliedstaatlichen Interessen in einer Weise Rechnung zu tragen, die auch die Leistungsgrenzen gerichtlicher Kontrollen beachtet. Der Verhältnismäßigkeitsgrundsatz stellt zwar ein kompetenzinvasives Instrument dar, dessen Anwendung begründungs- und legitimationsbedürftig ist und gewisse methodische Kompetenzen aufseiten des Rechtsanwenders voraussetzt. Doch kann ihm nicht die *generelle* Eignung zur Moderation des Konflikts zwischen dem Binnenmarktziel und den mitgliedstaatlichen Kompetenzen abgesprochen werden. Spezifische Schwächen der Verhältnismäßigkeitsprüfung müssen freilich *berücksichtigt* werden (sowohl bei der Konzeptionierung der Verhältnismäßigkeitsprüfung als auch bei der Frage, auf welche Fälle diese erstreckt werden soll), insbesondere auf Gebieten, in denen wichtige mitgliedstaatliche Kompetenzen in Rede stehen, empfindliche Eingriffe in das nationale Selbstbestimmungsrecht drohen und die horizontale Gewaltenteilung erheblich beeinträchtigt wird. Die Rechtfertigungsprüfung kann in vielfältiger Weise modifiziert werden: Zunächst können die bestehenden Rechtfertigungsgründe extensiv ausgelegt oder neue Rechtfertigungsgründe hinzugefügt werden. Sodann kann die Verhältnismäßigkeitsprüfung intensiviert oder abgeschwächt werden: Z. B. kann die Beweis- und Darlegungslast *umgekehrt* oder es können eine, zwei oder alle Prüfungsstufen der Verhältnismäßigkeit ausgelassen werden; auch könnte ihr Test*inhalt modifiziert* werden (i. S. e. Plausibilitäts-, Willkür- oder Evidenztests). In Betracht kommt des Weiteren eine *prozedurale* Prüfung: Ein Entscheidungsverfahren, an dessen Ende ein die Warenausfuhrfreiheit beeinträchtigender Akt steht, müsste hiernach so gestaltet sein, dass es nicht grundsätzlich ungeeignet wäre, ein grundfreiheitenkonformes Ergebnis herbeizuführen (also z. B. transparent, ausreichend intensiv, von hinreichender Dauer, alle maßgeblichen Interessen mindestens zur Kenntnis nehmend sowie mit einer Begründung versehen). Ergebnis- und Prozesskontrolle können auch *kombiniert* werden, sodass eine Ergebniskontrolle z. B. nur dann durchgeführt wird, wenn ein prozessualer Mangel vorliegt.

2. Beeinträchtigungstatbestandsmodelle

Beschränkungsverbotsauslegungen können entweder *subjektbezogen* (Einschränkung persönlicher Freiheit) oder *transaktionsbezogen* (Entstehen von Kosten/-risiken oder Verminderung von Gewinnen/-chancen) operationalisiert werden. Diskriminierungsverbotsauslegungen stellen bei Art. 35 Alt. 2 AEUV auf einen *Vergleich* von für das EU-Ausland sowie für das Inland bestimmten Waren ab und knüpfen daran an, dass grenzüberschreitende Sachverhalte entweder der Form und/oder der Wirkung nach *durch ein und denselben* Regulierer schlechter behandelt werden. Dabei wird – mit variierender Terminologie – zwischen rechtlicher und faktischer Diskriminierung unterschieden. Sowohl die Schwelle hin zur faktischen Diskriminierung als auch die Abgrenzung zwischen rechtlicher und faktischer Diskriminierung ist mit Unsicherheiten behaftet und umstritten. Eine Diskriminierungsanalyse kann typisierend oder durch Einzelfallbetrachtungen vorgenommen werden. Als dritte Kategorie kommen *Wettbewerbsgleichheitstests* in Betracht. Sie bilden einen Testmechanismus *sui generis*: Sie unterscheiden sich von Beschränkungsverbotsauslegungen darin, dass eine Belastungswirkung an sich nicht genügt, sondern ein *Vergleich* vorgenommen werden muss. Auch von Diskriminierungsverbotsauslegungen sind sie abzugrenzen: Sie stellen nicht auf den Vergleich von Maßnahmen *ein und desselben* Regulierers ab (z. B. auf zwei Maßnahmen des Ziel- oder des Herkunftsstaates). Verglichen werden Maßnahmen *verschiedener* Staaten. Der Wettbewerbsgleichheitstest unterscheidet zwischen rechtlicher und faktischer Wettbewerbsgleichheit. Schließlich sind hybride Modelle denkbar, die z. B. für bestimmte Fälle ein Diskriminierungs- und für andere ein Beschränkungsverbot vorsehen. Alle drei Testmodi können durch weiche Einschränkungskriterien qualifiziert werden, die auf die *Intensität* einer Beschränkung, Diskriminierung oder Wettbewerbsungleichheit abstellen oder auf *normative* Kriterien wie einen hinreichenden Bezug zum geschützten, grenzüberschreitenden Lebenssachverhalt oder – bei Diskriminierungen – eine protektionistische Qualität.

3. Analyse „weicher" Einschränkungskriterien (insbesondere Spürbarkeitskriterien)

Die Analyse hat gezeigt, dass diejenigen Ansichten, die Einschränkungskriterien kategorisch ablehnen, nicht nur sachlich nicht überzeugen, sondern auch tatsächlich ebenfalls Einschränkungskriterien anerkennen, allerdings *implizite*. Die Unsicherheiten, die mit der Anerkennung abwägend-einschränkender Kriterien auf der Beeinträchtigungsebene einhergehen, betreffen mithin *alle* Ansichten und spiegeln nur das allgemeine Problem wider, dass auf der *Mikro*ebene eine genaue und allgemein-verbindliche Abgrenzung *unmöglich* war, ist und immer sein wird und bei jedem Rechtsanwender auch anders ausfallen wird. Sofern weiche Einschränkungskriterien anerkannt werden, sollten diese, soweit möglich, *terminologisch aufgeschlüsselt* und so präzise wie möglich gefasst und ggf. ihrerseits durch Unterkriterien und Fallgruppenbildungen konkretisiert werden. Hierdurch wird eine größere Transparenz des Rechtsanwendungsvorganges erreicht, die die Kontrollierbarkeit des Gerichtshofs erhöht und die wissenschaftliche Diskussion erleichtert.

Mit Blick auf ein einzelfallbezogenes Spürbarkeitskriterium spielen *quantitative* Momente zwar durchaus eine gewichtige Rolle, letztlich können aber keine *abstrakt-generellen* quantitativen Schwellenwerte festgelegt werden, bei deren Überschreitung stets oder auch nur in der Regel die Spürbarkeit einer Maßnahme abgelehnt werden sollte. Erforderlich ist hier erneut eine Fallgruppen bildende Rspr. Es sollte auf eine *Gesamtwürdigung* abgestellt werden. Die damit einhergehenden Rechtsunsicherheiten können erstens dadurch abgemildert werden, dass in Bezug auf bestimmte Fallgruppen, in denen legitime herkunftsstaatliche Interessen *nie* berührt sind, auch nie geprüft wird, ob eine Maßnahme spürbar ist. Sodann dürfte die Rechtsunsicherheit dadurch reduziert werden können, dass die Spürbarkeit einer Maßnahme nur ganz *ausnahmsweise* abgelehnt und im Zweifel von der Spürbarkeit einer Maßnahme ausgegangen wird. Eine gänzliche Ablehnung einzelfallbezogener Spürbarkeitskriterien erscheint dagegen *unvertretbar* mit Blick auf den jeder Rechtfertigungsprüfung immanenten Eingriff in die mitgliedstaatlichen Kompetenzen.

Eindeutig abzulehnen ist auch die von vielen mit einer auf die Grundfreiheiten bezogenen Spürbarkeitsprüfung gleichgesetzte *volkswirtschaftliche* Betrachtung. Stattdessen ist eine *einzelfallbezogene* Spürbarkeitsbetrachtung durchzuführen. Es kommt darauf an, ob die Belastung *im konkreten Fall* spürbar ist. Des Weiteren sollte mit Blick auf die Rechtssicherheit nicht versucht werden, die Schwellenkriterien oder gar das Interpretationskonzept insgesamt zu *psychologisieren* (indem auf die *Wahrnehmung* des Grundfreiheitenberechtigten abgestellt wird). Schließlich ist zu erwägen, ob statt einheitlicher Kriterien für alle Fallgruppen, die in den verschiedenen Fallgruppen (aufgrund der faktischen Unterschiede) nur zu unterschiedlichen *Ergebnissen* führen, *gleitende* Kriterien anerkannt werden sollten, die je nach *Fallgruppe* unterschiedlich hohe *Anforderungen* stellen und damit eine Anpassung an die hierfür als maßgeblich erachteten Auslegungsgesichtspunkte erlauben.

XIII. Eigenes Auslegungsmodell

Nach hier vertretener Auffassung enthält der Beeinträchtigungstatbestand von Art. 35 Alt. 2 AEUV (auf der obersten Gliederungsebene) einen *viergliedrigen Verbotsmaßstab*: Er umfasst ein Verbot offener wie faktischer Diskriminierung sowie rechtlicher wie faktischer Wettbewerbsungleichheit. Sofern keine Diskriminierung oder Wettbewerbsgleichheitsbeeinträchtigung gegeben ist, liegt keine Beeinträchtigung von Art. 35 Alt. 2 AEUV vor. Dies gilt auch für Export*verbote.* M. a. W. existiert keine *Exportfreiheit* (im wörtlichen Sinn).

1. Die drei weichen Einschränkungskriterien (Konnexität, Spezifität, Spürbarkeit)

Die drei weichen Einschränkungskriterien legen fest, wann von der konzeptionellen Grundsäule der Wettbewerbsgleichheit abgewichen und wie die fallgruppenspezifischen Untertests des Anwendungsmodells gestaltet werden sollten. Die hier befürworteten drei „weichen" Kriterien gewinnen gerade in *Grenzfällen* und in Bezug auf *Produktionsregelungen* an Bedeutung.

Normative Kriterien sollten im Grundsatz *restriktiv* gehandhabt werden, auf *gewichtigen* Gründen beruhen und nur *äußere* Grenzen setzen. Wichtigstes Argument für die Anerkennung solcher Kriterien ist die spezifische *Stellung* von Art. 35 AEUV im austarierten Integrationsgesamtprogramm der Verträge. Art. 35 AEUV stellt gerade keine *„Direktverweisung"* auf das Binnenmarktziel dar, sondern richtet sich nur gegen *warenexportspezifische* Wettbewerbsungleichheiten. Hieraus sind zwei normative Kriterien abzuleiten: Erstens muss ein *hinreichender Bezug zum Substrat* von Art. 35 Alt. 2 AEUV (der Warenexporttransaktion) existieren (Konnexitätskriterium), weshalb grundsätzlich *Vorfeldmaßnahmen* (nicht aber Nachfeldmaßnahmen[4241]) auszuklammern sind. Vorfeldmaßnahmen sind definiert als lebenssachverhaltlich *vor dem Produktionsprozess* angesiedelte Maßnahmen (mit Blick auf die Verarbeitungsindustrie endet der Schutz, bildlich gesprochen, „an der Zufahrtsschranke zur Fabrik"). (Praktisch wohl weitgehend irrelevante) Ausnahmen hiervon bestehen nur für *offensichtliche Umgehungen* oder *Diskriminierungen* (im letzteren Fall wird eine noch zurückhaltendere Konnexitätsgrenze anerkannt).

Das zweite normative Kriterium der (hier sog. Produktions-)*Spezifität* besitzt nur für die Fallgruppe der *Produktionsregelungen* Bedeutung. Die jeweilige Regelung muss eine *erhebliche tatsächliche Modifikation des Produktionsprozesses* erforderlich machen bzw. *lebenssachverhaltlich erheblich in*

[4241] Gemeint ist das „Nachfeld" der Vermarktung, d. h. nach der Vermarktung ansetzende Maßnahmen.

das Produktionsgeschehen (der „Produktionsfabrik“) *hineinwirken.* Bloße *Kostenfolgeeffekte* von sich lebenssachverhaltlich im *Vorfeld* oder *außerhalb* der Produktion auswirkenden Maßnahmen genügen nicht. Nicht diskriminierenden Regelungen auf den Gebieten des *Steuer-*, *Arbeits-* und *Sozialrechts* mangelt es *generell* an Spezifität. Eine Regelung fällt unter die Ausnahme des Arbeits- und Sozialrechts, wenn einer ihrer *normativen Schwerpunkte* auf dem *sozialen Ausgleich* liegt (es sei denn, der Mitgliedstaat behauptet explizit, dass die Regelung keinen normativen Schwerpunkt auf den sozialen Ausgleich legt). Die Liste der (drei) abstrakt auszuklammernden Gebiete sowie das genannte Wirkungskriterium sind nicht *fixiert*, sondern integrationsdynamisch anzupassen an (relevante) faktische und normative Entwicklungen.

Konnexität besteht auch in Bezug auf Maßnahmen, die die *Gewinnung natürlicher Ressourcen* beeinträchtigen oder verbieten. Die Maßnahme muss aber lebenssachverhaltlich in den Förderprozess hineinwirken bzw. diesen modifizieren (i. S. e. „Abbauspezifität“) und sich als *besonders wettbewerbsbenachteiligend* erweisen, etwa wirtschaftlich einem *Förderungsverbot* nahekommen (das [so] nicht in anderen Mitgliedstaaten existiert).

Exporteure sollten zur Spezifität und Konnexität nur dann Stellung nehmen müssen, wenn die Mitgliedstaaten deren Fehlen geltend machen. Im *Zweifel* ist davon auszugehen, dass eine Maßnahme Konnexität und Spezifität besitzt. Die Mitgliedstaaten sind zur Kooperation mit den Exporteuren verpflichtet (etwa durch das Zurverfügungstellen von Gesetzesmaterialien). Die tatsächlichen Kosten für diese Kooperation können sie den Exporteuren in Rechnung stellen.

Drittens greift in bestimmten Fallgruppen (nämlich bei unterschiedslosen Produktions- und Inlandstransportregelungen) ein *Spürbarkeitskriterium* ein. Bei der Konzeptionierung des Spürbarkeitskriteriums sind vier teilweise im Widerspruch zueinander stehende Ziele zu berücksichtigen. Konkret verlangt das Spürbarkeitskriterium, dass der sich auf Art. 35 Alt. 2 AEUV berufende Exporteur *glaubhaft* macht, dass eine Maßnahme ihm gegenüber eine wettbewerbsbenachteiligende *Mindestbelastung* entfaltet hat oder mit *hinreichender Eintrittswahrscheinlichkeit* entfalten wird. Es sollen grundsätzlich nur (bezogen auf die Wahrscheinlichkeit) *hypothetische* Belastungen oder (bezogen auf die Intensität) *Bagatellen* ausgeklammert werden. Die Spürbarkeitsschwelle ist grundsätzlich *niedrig* anzusetzen, wobei vom Gericht nur eine *kursorische* Prüfung vorzunehmen und die Spürbarkeit *im Zweifel* zu bejahen ist. Auf allgemeine mathematisch-quantifizierbare Vorgaben kann nicht zurückgegriffen werden. Es muss eine die Besonderheiten des jeweiligen Marktes berücksichtigende *Gesamtwürdigung* stattfinden (die sich an bestimmten Parametern orientieren sollte). Die mit einer Maßnahme einhergehende Stückkostenerhöhung kann errechnet werden aus der Eintrittswahrscheinlichkeit, multipliziert mit dem Nachteilsquantum, geteilt durch die Anzahl der produzierten Einheiten. Sofern Spürbarkeit erforderlich und eine Maßnahme erst einmal auch als spürbar wettbewerbsbenachteiligend qualifiziert worden ist, ist zur Vermeidung von Rechtsunsicherheit auch für die Zukunft (und auch bei Änderung der Umstände) eine Rechtswahl zu ermöglichen.

2. Das Verbot von Ausfuhrdiskriminierungen

Das Diskriminierungsverbot ist im Rahmen des hier befürworteten Modells von *erheblich untergeordneter* Bedeutung, und zwar sowohl, was die *Reichweite seiner Verbotswirkungen* (und damit die Bedeutung in der Praxis) betrifft, als auch, was seine (schwache) systematisch-teleologische Legitimation anbelangt. Offene wie faktische Ausfuhrdiskriminierungen stellen Maßnahmen i. S. v. Art. 35 Alt. 2 AEUV dar (letztere allerdings mit einer Reihe von Einschränkungen). Offene Ausfuhrdiskriminierungen können leicht und rechtssicher identifiziert werden. Dass das protektionistische Element dabei in einigen Fällen schwach ausgeprägt sein kann, erscheint daher nicht schädlich.

Faktische Diskriminierungen stellen den Rechtsanwender dagegen vor mehrere Probleme: Erstens treten hier nicht selten (unlösbare) *Abgrenzungsschwierigkeiten* auf. Zweitens dient das Verbot faktischer Ausfuhrdiskriminierung (nach der hiesigen Konzeption) nur der Beseitigung in der Regel *schwacher* protektionistischer Wirkungen und nicht der Bekämpfung von Wettbewerbsungleichheiten (letztere werden *besser*, *vollständig* und *unmittelbar* über einen *Wettbewerbsgleichheitsmaßstab* beseitigt). Das Verbot faktischer Diskriminierung sollte daher *eng ausgelegt* werden. Zweitens sollte hier Rechtssicherheit durch *Fallgruppenbildung* erzielt werden. Die Fallgruppenbildung sollte sich an *vier dynamisch verbundenen Kriterien* orientieren: Es kommt erstens darauf an, wie *sicher* sich bestimmen lässt, dass vorwiegend Ausfuhrströme und nicht nur Inlandsströme betroffen sind; zweitens darauf, wie *ähnlich* sich beide Konstellationen sind; drittens ist zu beachten, wie stark *differenziert* wird; und viertens, wie groß die *protektionistischen Wirkungen* sind und welche *Form* sie besitzen (d. h., es ist zu beachten, ob sie auf die Verarbeitungsindustrie oder „nur“ auf die Nachfrager bezogen sind). Die hiesige Fallgruppenbildung ist dabei nicht abschließend, sondern kann (unter Berücksichtigung der genannten Kriterien) erweitert werden.

Eine erste Fallgruppe bilden Regelungen, die bestimmen, dass Waren nur *innerhalb eines gewissen räumlichen Radius* verkauft werden können. Eine zweite Gruppe bilden bestimmte *Verkehrsbeschränkungen*, insbesondere von Hauptverkehrsadern sowie von grenznahen Verkehrswegen und sonstigen gerade den Güterverkehr betreffenden Behinderungen. Hier ist eine umfassende (wenngleich strukturierte) Einzelfallbetrachtung vorzunehmen. Eine dritte *restriktiv* zu handhabende Gruppe bilden *produktübergreifende* Diskriminierungen, bei denen ein überwiegend für den Export produziertes Produkt mit höheren Regulierungsanforderungen belastet ist als ein überwiegend für den Inlandabsatz hergestelltes, wobei die beiden Produkte vergleichbar sein müssen. Der vierte Anwendungsfall bezieht sich auf das Erschweren oder Verbieten von Fernabsatzgeschäften und Absatzförderungsmethoden. Ob eine Wettbewerbsungleichheit gleichzeitig eine faktische Diskriminierung darstellt (fünfter Anwendungsfall), kann in der Praxis dahinstehen, da das Diskriminierungsverbot hier ausnahmsweise denselben Einschränkungen unterworfen sein sollte wie der Wettbewerbsgleichheitsmaßstab.

3. Der hier vertretene Wettbewerbsgleichheits-Rechtswahlmechanismus

Die bisherigen Auslegungsüberlegungen stützen in ihrer Gesamtheit einen Wettbewerbsgleichheits-Rechtswahlmechanismus. Ein Rechtswahlmechanismus in Reinform ermöglicht eine Abwahl der exportstaatlichen Rechtsnormen bereits bei bloßen *Rechtsunterschieden*. Der Exporteur kann sich eine der derzeit 28 Rechtsordnungen „aussuchen". Sofern die drei weichen Einschränkungskriterien einschlägig sind, findet allerdings ebenso wenig eine Rechtswahl statt, wie wenn eine Regelung gerechtfertigt ist. Der Exporteur muss eine *einheitliche* Rechtswahl gegenüber allen Mitgliedstaaten (und deren Behörden) treffen. Der Zielstaat darf auch festlegen, dass der Exporteur allen staatlichen Stellen und den zielstaatlichen Abnehmern zur *Auskunft* darüber verpflichtet ist, welches Recht er (ge)wählt (hat).

Der Herkunftsstaat darf das Rechtswahlrecht aufgrund verwaltungstechnischer Erfordernisse in der Praxis *thematisch einschränken* (also die Rechtswahl auf thematisch zusammenhängende „Gruppen" von Regelungen bzw. Rechtsgebieten reduzieren) und dem Exporteur etwaige behördliche Mehrkosten auferlegen, die mit der Durchsetzung des Rechtswahlrechts einhergehen. Für entsprechende mitgliedstaatliche „Eingriffe" ist ein Rechtfertigungsgrund anzuerkennen. Um die rechtsökonomisch als vorteilhaft ermittelten Wirkungen zu bewahren, sollte das Rechtswahlrecht jedoch nicht auf *eine einzige* Wahl, d. h. die Wahl nur einer Rechtsordnung reduziert werden. Es muss möglich bleiben, unterschiedliche Rechtsordnungen mindestens für die hier gebildeten *Fallgruppen* auszuwählen.

Herkunftsstaatliche faktische Wettbewerbsungleichheit liegt vor, wenn die geltenden rechtlichen Rahmenbedingungen zwar für die Exporteure und die im Zielstaat (bzw. in anderen Exportstaaten) ansässigen Produzenten identisch sind, aber die herkunftsstaatlichen rechtlichen Rahmenbedingungen die Exporteure *tatsächlich* benachteiligen. Es besteht jedoch keine *Gestaltungspflicht faktische Nachteile auszugleichen* (z. B. Weiterbildungsmöglichkeiten zu schaffen für die Qualifikation der in Exportunternehmen eingesetzten Arbeitnehmer), sondern es geht nur um *Unterlassungspflichten*. Da sich auf der Grundlage des Verbots faktischer *Einfuhr*diskriminierung aus Art. 34 Alt. 2 AEUV gegen die zielstaatliche Regelung gewehrt werden kann und der Test *rechtlicher* Wettbewerbsgleichheit (in Art. 35 Alt. 2 AEUV) nach erfolgreicher Berufung auf Art. 34 Alt. 2 AEUV einschlägig ist, besitzt das Verbot faktischer Wettbewerbsgleichheit aber *praktisch kaum Bedeutung.*

4. Das Grenzübertrittskriterium

Art. 35 Alt. 2 AEUV erfordert in jedem Einzelfall einen grenzüberschreitenden Bezug. Eine genuine Schwierigkeit von Exportkonstellationen liegt darin, dass im Zeitpunkt der Produktion bisweilen noch gar nicht beurteilt werden kann, ob die herzustellende Ware später tatsächlich exportiert wird und ein grenzüberschreitender Bezug vorliegt. Gleichzeitig besteht das Bedürfnis, in den Produktionsprozess eingreifende Regelungen zu kontrollieren (wegen deren ggf. exportverhindernden Wirkungen). Sofern *sicher* ist, dass eine Ware exportiert wird, kann sich *jeder in der Produktions- und Vertriebskette* auf Art. 35 Alt. 2 AEUV berufen (also auch die Zulieferer, deren Vorprodukte in mit *Sicherheit* exportierte Produkte eingebaut werden). Sofern *nicht* sicher ist, dass die Ware auch tatsächlich später exportiert (bzw. bei fehlender Nachfrage ggf. vernichtet oder eingelagert) wird, ist eine Berufung auf Art. 35 Alt. 2 AEUV trotz der damit verbundenen Aufspaltung des Binnenmarktes *stets unzulässig*. Eine Berufung auf Art. 35 Alt. 2 AEUV ist auch in Bezug auf *Produktionsanlagen* unzulässig, in denen *sowohl* Export- *als auch* im Inland vertriebene Produkte hergestellt werden. Der Exporteur sollte eine gerichtliche Prüfung aus praktischen Gründen aber bereits veranlassen können, *bevor* er die obigen Voraussetzungen erfüllt. Das Gericht kann dann die Unanwendbarkeit einer Regelung unter der *Bedingung* feststellen, dass der jeweilige Exporteur die genannten Voraussetzungen (später) erfüllt.

5. Fallgruppendifferenzierung

Es wird hier zwischen zwei Obergruppen differenziert, von denen die erste dem *Produktionsregelungstest* und die zweite dem *Produktregelungstest* zu unterziehen ist. Der Produktionsregelungstest ist dabei der dominierende. Zur ersten Obergruppe gehören Produktionsregelungen, Produkteigenschaften beeinflussende Produktionsregelungen, Produktions-, Förder- und Handelsverbote sowie im Inland geltende Transportregelungen. Zur zweiten Obergruppe gehören (formale) Produktregelungen, im EU-Ausland geltende Transportregelungen und Vermarktungsregelungen.

a) Abgrenzung und Definition der Fallgruppen

Nach der hier vertretenen Konzeption sollten unterschiedliche Arten von Regelungen *unterschiedlich strengen* Grundfreiheitenprüfungen unterzogen werden. Die Zuordnung setzt (gedanklich und prüfungssystematisch) voraus, dass der Maßstab rechtlicher Wettbewerbsgleichheit überhaupt einschlägig ist (und also die Kriterien der Spezifität, Konnexität und des Grenzübertrittsbezugs erfüllt sind). Die anschließende Zuordnung zum jeweiligen „Untertest" erfolgt *fallgruppenweise*. Die erste Fallgruppe bilden Produktionsregelungen. Diese sind (negativ) definiert als alle Regelungen, die am Maßstab rechtlicher Wettbewerbsgleichheit zu messen sind (also die genannten drei Kriterien erfüllen) und nicht unter eine der anderen Fallgruppen fallen. (Bedingte sowie unbedingte) *Produktions-*, *Handels-* und *Förderverbote* sind wie Produktionsregelungen zu behandeln.[4242]

Der Fallgruppe der Produktregelungen sind nicht nur Regelungen zuzuordnen, die einen Export*vertrieb* in die EU nur dann erlauben, wenn ein Produkt bestimmte Eigenschaften besitzt (produktbezogene Vertriebsregelungen), sondern auch auf der *Produktionsebene* ansetzende formale Festlegungen der Produkteigenschaften. Auch *Verpackungs-* und *Kennzeichnungsvorschriften* stellen Produktregelungen dar. Dagegen sind sich „bloß" auf die Produkteigenschaften *auswirkende* Regelungen, die diese nicht *formal* auf der Produktions- oder Vertriebsebene normieren, wie (oder als) *Produktionsregelungen* zu behandeln.

Als Vermarktungsregelung ist jede Regelung anzusehen, die an eine *bereits existente* Ware anknüpft und keine Transportregelung oder produktbezogene Vermarktungsregelung darstellt. Einbezogen werden auch sehr weit von der Transaktion entfernte Regelungen („Nachfeldregelungen") sowie (international-)privatrechtliche Bestimmungen und Werberegulierungen und -verbote. Abgrenzungsschwierigkeiten zu produktbezogenen Vermarktungsregelungen sind wenig schädlich, da der Produktregelungstest auch auf Vermarktungsregelungen Anwendung findet.

Unter die Gruppe der Transportregelungen fallen alle herkunftsstaatlichen Regelungen, die den Transport im Inland und EU-Ausland regulieren. Die Abgrenzung zu anderen Regelungsgruppen gelingt hier vergleichsweise leicht und trennscharf. Dabei wird hier aus wertungstechnischen Gründen differenziert zwischen für den Transport im Inland und im EU-Ausland geltenden Regelungen. Für das Inland geltende Transportregelungen sind nach Maßgabe des Produktionsregelungstests zu behandeln, für das EU-Ausland geltende Transportregelungen nach Maßgabe des Produktregelungstests.

b) Der Produktionsregelungstest

Der die Grundfreiheiteninterpretation *zentral beherrschende Wertungskonflikt* zwischen dem Binnenmarktziel und den mitgliedstaatlichen Kompetenzen wird bei Produktionsregelungen besonders augenfällig. Die Frage, ob Produk-

---

[4242] Das *Grenzübertrittskriterium* gilt (natürlich) auch hier: Es führt dazu, dass sich nur dann auf den Maßstab rechtlicher Wettbewerbsgleichheit berufen werden kann, wenn der Exporteur sicherstellt, dass alle geförderten Ressourcen *mit Sicherheit exportiert* (oder [im sehr unwahrscheinlichen Fall des Fehlens einer Auslandsnachfrage] überhaupt nicht gehandelt, sondern eingelagert) werden.

tionsregelungen in den Wettbewerbsgleichheitsmaßstab von Art. 35 Alt. 2 AEUV einbezogen werden sollten, ist von enormer *praktischer Relevanz*. Der Wettbewerbsgleichheits-Rechtswahlmechanismus gilt grundsätzlich – trotz des damit verbundenen Eingriffs in die mitgliedstaatlichen Kompetenzen – auch für die Fallgruppe der Produktionsregelungen. In der Praxis wird er in Bezug auf Produktionsregelungen meist „nur" dazu führen, dass herkunftsstaatliche Produktionsregelungen auf ein *verhältnismäßiges Maß* „zurückgestutzt" werden. In den seltenen Fällen, in denen der Herkunftsstaat keine legitimen herkunftsstaatlichen Interessen anführen kann bzw. diese nicht in verhältnismäßiger Weise verfolgt, kommt es im praktischen Ergebnis aber auch hier zu einer Rechtswahl.

Nach dem hiesigen „Produktionsregelungstest" muss eine Produktionsregelung, um eine Verletzung von Art. 35 Alt. 2 AEUV darzustellen, mehrere *hohe* Hürden übersteigen: Auf der Tatbestandsebene ist zu fordern, dass die durch Produktionsregelungen bewirkte Wettbewerbsungleichheit *spürbar* ist. Mit Blick auf den besonderen Fall der *Förderung natürlicher Ressourcen* gilt, dass die Maßnahme nicht nur „Abbauspezifität" aufweisen, sondern sich auch als besonders gravierender Eingriff in die Wettbewerbsgleichheit erweisen, d. h. wirtschaftlich einem *Verbot* gleichkommen muss.

Die Rechtfertigungsprüfung ist mehrfach abgeschwächt: Die Mitgliedstaaten können unterschiedlich hohe Schutzniveaus festlegen. Sie dürfen eine Maßnahme zudem auch dann erlassen, wenn die Wissenschaft zu umstrittenen Ergebnissen in Bezug auf deren Geeignetheit gelangt. Die Exporteure tragen (in Abweichung von der allgemeinen Grundfreiheitendogmatik) die Last, die fehlende Eignung und Erforderlichkeit einer Maßnahme *glaubhaft* zu machen bzw. die *generelle Vermutung* zu erschüttern, dass eine Produktionsregelung geeignet und erforderlich ist. Sie müssen dies allerdings nicht *beweisen*. Die Mitgliedstaaten sind den Exporteuren bei deren Nachweisanstrengungen zur *Kooperation* verpflichtet, wobei sie den Exporteuren die tatsächlich anfallenden Kosten dieser Kooperation in *Rechnung* stellen dürfen. Die Mitgliedstaaten müssen aber zumindest darlegen, *dass* sie ein legitimes Ziel verfolgen und *welches* dieses ist. Gelingt den Exporteuren eine Glaubhaftmachung der fehlenden Eignung und Erforderlichkeit einer Maßnahme, unterliegen die Mitgliedstaaten der Pflicht, das Vorbringen der Exporteure zu *entkräften*. Andernfalls liegt eine Grundfreiheitenverletzung vor. Schließlich *fällt* die dritte Prüfungsstufe der Verhältnismäßigkeit (Angemessenheit) *weg*.

c) Der Produktregelungstest

Die Produktregelungsdefinition ist durch das (oben genannte) *Formalitätserfordernis* eng gefasst. Nur wenn *sicher* ist, dass eine Maßnahme eine (formale) Produktregelung darstellt, ist sie der *strengen* vollen Verhältnismäßigkeitsprüfung zu unterziehen. Wenn sich eine Regelung „nur“ auf die Eigenschaften eines Produktes *auswirkt*, wird sie dem weniger strengen Produktionsregelungstest unterworfen. Der Wettbewerbsgleichheits-Rechtswahlmechanismus kann hier – im Kontext von Produktregelungen – in seiner *Reinform* wirken (Konnexität, Spezifität und [normative] Spürbarkeit sind hier *stets* gegeben): Der Exporteur kann die Produktregelungen des Exportstaates durch die Produktregelungen einer der 27 anderen EU-Rechtsordnungen ersetzen. Der Verhältnismäßigkeitsmechanismus wird nicht (wie bei Produktionsregelungen) modifiziert. In der Praxis kommt es aber regelmäßig erst gar nicht zu einer Verhältnismäßigkeitsprüfung (mangels legitimer herkunftsstaatlicher Interessen). Bezüglich der Behandlung besonders gelagerter Konstellationen ist auf die konkreten Wettbewerbsgleichheitsanalysen zu verweisen.

d) Vermarktungsregelungen

Vermarktungsregelungen besitzen erhebliche wertungsmäßige Parallelen zur Fallgruppe der *Produktregelungen*. Auch für Vermarktungsregelungen gilt daher der *Produktregelungstest*. Ein nicht unerheblicher Unterschied liegt freilich in der *Vielgestaltigkeit* von Vermarktungsregelungen. In einigen wenigen Konstellationen kommt es (anders als bei Produktregelungen) zur Berührung legitimer herkunftsstaatlicher Interessen. Rechtswissenschaft und Praxis müssen aufmerksam begleitet und ggf. Fälle dem Produktionsregelungstest zugeordnet werden, in denen der Herkunftsstaat *in der Regel* herkunftsstaatliche Interessen verfolgt (wenn Interessen des Exportstaates dagegen nur *ausnahmsweise* verfolgt werden, ist dies unschädlich).

Auf der Tatbestandsebene gibt es keine Abweichungen vom Produktregelungstest (auch nicht in Bezug auf *privatrechtliche* Vermarktungsregelungen). Mit Blick auf die regelmäßig legitimen zielstaatlichen Regelungen bedeutet dies im *praktischen Ergebnis* häufig „nur“, dass der Exporteur – ohne ggf. vom Recht des Exportstaates behindert zu werden – nach den *Regelungen des Zielstaates* anbieten darf (anstelle eines Rechtswahlrechts).

In Bezug auf die Rechtfertigungsebene gilt grundsätzlich ebenfalls der volle Verhältnismäßigkeitsstandard (wie bei Produktregelungen). Der EuGH sollte hier aber in Bezug auf das (internationale) *Privatrecht* dessen besondere Eigenschaften gebührend *berücksichtigen* und insbesondere einen Rechtfertigungsgrund der *Kohärenz des nationalen Privatrechts* anerkennen. Eine Berufung hierauf muss aber *substanziiert* werden. Denkbar erscheint auch, Einzelfälle, bei denen die Geeignetheit der Maßnahme (zur Verfolgung eines legitimen Ziels) bejaht wurde (und bei denen mithin nachweislich ein legitimes herkunftsstaatliches Interesse gegeben ist), nur einer abgeschwächten Erforderlichkeitsprüfung zu unterziehen und/oder die Prüfungsstufe der Angemessenheit auszulassen.

Faktisch wettbewerbsbenachteiligende Vermarktungsregelungen stellen das *Totalverbot* von Werbung sowie das Verbot *wirksamer* Werbemittel dar, wenn die *etablierten* Marktteilnehmer überwiegend *inländischer* Herkunft sind. Auch dürfen die (typischerweise) vom Export genutzten Mittel nicht *weniger* wirksam sein als die (typischerweise) vom Import genutzten. Keine Beeinträchtigung von Art. 35 Alt. 2 AEUV stellen den Inlandsvertrieb betreffende Vermarktungsregelungen – wie den Inlandsvertrieb betreffende Produktregelungen – dar.

Ob eine Norm international-privatrechtlich oder zivilrechtlich *dispositiv* ist, ist auf der Grundlage des hier vorgeschlagenen Tatbestandsmodells *praktisch* irrelevant.

XIV. Rechtfertigungsebene

Aufgrund der extensiven Tatbestandsauslegung von Art. 35 Alt. 2 AEUV ergeben sich zwei *spezifische* Probleme *herkunftsstaatlicher* Regulierung auf der Rechtfertigungsebene, die hier vertieft behandelt werden: die Verfolgung extraterritorialer Interessen und der Schutz des guten Rufes der Exportindustrie.

1. Fremdnützige Interessenwahrnehmung

Die zur (absichtlichen wie unabsichtlichen) fremdnützigen Interessenwahrnehmung (mal mehr, mal weniger explizit) Stellung nehmende Rechtsprechung (insbesondere im Kontext von Art. 35 Alt. 2 AEUV) wurde analysiert. Nach Auffassung des Gerichtshofs kann sich der Exportstaat im Grundsatz nicht auf einen Rechtfertigungsgrund berufen, wenn er tätig wird, um die Interessen anderer Mitgliedstaaten zu schützen. In Einzelfällen allerdings ist er allerdings hiervon abgewichen und hat konträre Andeutungen gemacht.

Eine exportstaatliche Maßnahme kann nach hier vertretener Auffassung grundsätzlich nicht damit gerechtfertigt werden, sie diene dem Schutz extraterritorialer Interessen. Dies gilt aber nicht ausnahmslos: Hier werden zwei *unechte* (eigene moralische Verantwortlichkeit des Herkunftsstaates; Betroffenheit mehrerer oder aller Mitgliedstaaten [inklusive des Herkunftsstaates]) und zwei *echte* Ausnahmen befürwortet (ausdrückliche Beauftragung durch den Zielstaat; konkludente Beauftragung und erlaubtes Tätigwerden in Evidenzsituationen). Zudem wird eine Auslegungsregel vorgeschlagen, mit deren Hilfe festgestellt werden kann, wann der Zielstaat den Herkunftsstaat konkludent beauftragt (nämlich: inhaltlich gleiche Regelung des Zielstaates) und wann ausnahmsweise auch ohne konkludente oder ausdrückliche Beauftragung eine Fremdinteressenwahrnehmung zulässig und wohl sogar geboten ist (in Evidenzsituationen). Sofern die Mitgliedstaaten zum Schutz extraterritorialer Interessen tätig werden, sind sie nicht frei in ihrer Mittelwahl, sondern müssen sich an bestimmten *Leitlinien* orientieren (Rücksichtnahmegebot; Verhältnismäßigkeitserfordernis).

2. Schutz des guten Rufes

Die Frage, inwieweit Maßnahmen gerechtfertigt werden können, die den Schutz des guten Rufes der heimischen Exportindustrie bzw. heimischer Exportwaren zum Ziel haben, ist von *fundamentaler* Bedeutung für (eine extensive Auslegung von) Art. 35 Alt. 2 AEUV (und damit für diese Untersuchung insgesamt): Eine erweiternde Auslegung des Beeinträchtigungstatbestandes von Art. 35 Alt. 2 AEUV bliebe in der *Praxis* regelmäßig *folgenlos*. Der Schutz des guten Rufes ist nur *vereinzelt* vom EuGH geprüft worden. Die wenige hierzu ergangene Rechtsprechung zeugt von *Neutralität* und teilweise sogar *Akzeptanz* entsprechende Ziele verfolgender Regelungen.

Die damit in Zusammenhang stehende Rspr. zur Verfolgung *genereller ökonomischer* Ziele ist z. T. inkohärent und kann gerade nicht auf die simple Heuristik reduziert werden, ökonomische Zielvorgaben seien *generell* unzulässig. Der Rspr. des EuGH liegt der Gedanke zugrunde, dass auf der *Rechtfertigungsebene* nicht die Ziele unterlaufen werden dürfen, die mit dem jeweiligen *Tatbestandsmodell* angestrebt werden (dies gilt nicht nur für die Ebene des legitimen Ziels, sondern in begrenztem Umfang auch für die Verhältnismäßigkeitsprüfung). Rechtfertigungsgründe dürfen mithin kein Verhalten erlauben oder befördern, das der Binnenmarktverfassung (bzw. der eigenen Interpretation der selbigen) widerspricht. Hieraus hat der EuGH in Bezug auf Art. 34 Alt. 2 AEUV die labeling-doctrine und das Verbot entwickelt, vor der Pleite stehende heimische Unternehmen wegen mangelnder Wettbewerbsfähigkeit im EU-Markt zu schützen. Im Übrigen ist die Rechtfertigungsdogmatik (zu) stark auf die Fallgruppe des *Einfuhrprotektionismus* konzentriert. Das Konzept, das seiner Tatbestandsinterpretation zugrunde liegt (insbesondere die extensive Auslegung i. S. e. Marktzugangskonzepts), wird leider auf der Rechtfertigungsebene – auch in Importfällen – nicht konsequent durchgesetzt.

Der Schutz der Interessen der *nicht an der Rechtswahl beteiligten* Exporteure erscheint zunächst legitim. Dennoch kann sich ein solches Anliegen letztlich nicht durchsetzen, weil die Einräumung eines entsprechenden Rechtfertigungsgrundes erstens den tatbestandlichen Wettbewerbsgleichheits-Rechtswahlmechanismus (und die hinter diesem stehenden Wertungen) *leerlaufen* lassen würde. Die Anerkennung des Schutzes des guten Rufes als legitim widerspräche insbesondere dem Gedanken des *Unternehmenswettbewerbes* und würde zu einer Aufteilung „guter" und „schlechter" Unternehmen entlang nationaler Grenzen führen. Dies widerspricht dem die nationalen Teilmärkte ersetzenden *Binnenmarkt*gedanken. Die Argumente liegen hier parallel zu den Gründen, die für die Entwicklung des Leitbildes eines mündigen, durchschnittlich informierten Verbrauchers gemäß der labeling-doctrine maßgebend waren. Das stärkste Gegenargument gegen entsprechende Maßnahmen dürfte aber in der Möglichkeit einer Kennzeichnung liegen, die dazu führt, dass es Eingriffen in den Produktions- und/oder Vermarktungsprozess an der nötigen Erforderlichkeit fehlt. Den Mitgliedstaaten ist es zu erlauben, den Exporteuren Kennzeichnungspflichten aufzuerlegen (obwohl auch das System einer *Selbstregulierung* durch die Unternehmen nicht per se ungeeignet erscheint). Mitgliedstaatliche Kennzeichnungsvorgaben und -systeme müssen aber gewisse *Grundsätze* einhalten, um ihrerseits verhältnismäßig zu sein (u. a. Transparenz-, Wahrheits- und Nichtdiskriminierungsgebot).

Literaturverzeichnis

Acierno, Silvia: The Carpenter judgment: fundamental rights and the limits of the Community legal order, E. L. Rev. 28 (2003), 398.

Ackermann, Thomas: Europäisches Kartellrecht, in: Riesenhuber, Karl (Hg.), Europäische Methodenlehre: Handbuch für Ausbildung und Praxis, 3. Aufl., Berlin et al. 2015, 473.

Ackermann, Thomas: Warenverkehrsfreiheit und „Verkaufsmodalitäten": Zu den EuGH Entscheidungen „Keck" und „Hünermund", RIW 1994, 189.

Ahlfeld, Martin: Zwingende Erfordernisse im Sinne der Cassis-Rechtsprechung des Europäischen Gerichtshofs zu Art. 30 EGV: Anwendungsbereiche – Einzelstaatliche Regelungsspielräume – Quellen, Baden-Baden 1997, zugl. Diss. Göttingen, 1996.

Albin, Silke: Das Subsidiaritätsprinzip in der EU: Anspruch und Rechtswirklichkeit, NVwZ 2006, 629.

Albin, Wolf/Valentin, Florian: Nutzungsverbot als gerechtfertigte Marktzugangssperre: Anm. zu EuGH (Große Kammer), *Urteil* vom 10. 2. 2009 - C-110/05 Kommission/Italien, EuZW 2009, 178.

Alexander, Willy: Anm. zu Case 2/78, *Commission of the European Communities* v. *Kingdom of Belgium*. Judgment of 16 May 1979, (1979) E.C.R. 1761. Case 15/79, *P. B. Groenveld B.V.* v. *Produktschap voor Vee en Vlees*. Preliminary Ruling of 8 November 1979 requested by the *College van Beroep voor het Bedridjsleven*, The Hague, not yet published., CMLR 17 (1980), 282.

Alexy, Robert: Theorie der Grundrechte, Baden-Baden 1985.

Alter, Karen J.: The European Court's Political Power: Selected Essays, Oxford 2009.

Alter, Karen J.: Tipping the Balance: International Courts and the Construction of International and Domestic Politics, Working Paper No. 10-003, Buffet Center for International and Comparative Studies, Working Paper Series (zitiert als: *Alter*, Buffet Working Paper).

Andenas, Mads/Tilmann, Gütt/Pannier, Matthias: Free Movement of Capital and National Company Law, E. B. L. R. 16 (2005), 757.

Arendts, Martin: Anm. zu EuGH, *Urteil* 12.06.2014 – C-156/13 Digibet und Albers, MMR 2014, 556.

Armstrong, Kenneth: Mutual Recognition, in: Barnard, Catherine/Scott, Joanne (Hg.), The Law of the Single: European Market: Unpacking the Premises, Oxford et al. 2002, 225.

Arndt, Hans-Wolfgang: Warenverkehrsfreiheit innerhalb der Europäischen Union: der Fall „Keck" - EuGH, JuS 1994, 121.

Arndt, Hans-Wolfgang: Warenverkehrsfreiheit und nationale Verkaufsbeschränkungen: Anmerkungen zum Urteil des EuGH vom 24. November 1993, ZIP 1993, 1813 – Keck und: Mithouard, ZIP 1994, 188.

Arndt, Hans-Wolfgang/Fischer, Kristian/Fetzer, Thomas: Europarecht, 10. Aufl. 2010, Heidelberg et al.

Arnull, Anthony: The Americanization of EU Law Scholarship, in: ders./Eeckhout, Piet/Tridimas, Takis, Continuity and Change in EU Law, Essays in Honour of Sir Francis: Jacobs, New York 2008, 415.

Bachmann, Gregor: Nationales Privatrecht im Spannungsfeld der Grundfreiheiten, AcP 210 (2010), 424.

Ballerstedt, Kurt: Übernationale und nationale Marktordnung: Eine montanrechtliche Studie, Tübingen 1955.

Bannas, Günter/Kohler, Berthold: Die Bundeskanzlerin im F.A.Z.-Gespräch: „Russland wendet sich wieder altem Denken zu", FAZ.net v. 16.05.2014, abgerufen am 12.01.2016 unter http://www.faz.net/-gpf-7pdrc.

Barents, René: New Developments in Measures Having Equivalent Effect, CMLR 18 (1981), 271.

–: Noot zaak 15/79 Groenveld, in: Mortelmans, Kamiel/Stuyck, Jules, Annotaties Hof van Justitie EG, Zwolle 1995, 445.

Barnard, Catherine: Derogations, Justifications and the Four Freedoms: Is State Interest Really Protected?, in: dies./Odudu, Okeoghene, The Outer Limits of European Union Law, Portland 2009, 273.

–: Fitting the remaining pieces into the goods and persons jigsaw?, E. L. Rev. 26 (2001), 35.

–: Social Dumping Revisited: Lessons from Delaware, E. L. Rev. 25 (2000), 57.

–: The substantive law of the EU: the four freedoms, Third Edition, New York 2010.

Barnard, Catherine/Deakin, Simon: Market Access and Regulatory Competition, in: Barnard, Catherine/Scott, Joanne (Hg.), The Law of the Single European Market: Unpacking the Premises, Oxford et al. 2002, 197.

Barnard, Catherine/Snell, Jukka: Free movement of legal persons and the provision of services, in: Barnard, Catherine/Peers, Steve (eds.), European Union Law, Oxford 2014, 403.

Baron von Lijnden, Constantin: Interview mit *Thomas von Danwitz* v. 25.11.2013, Richter am EuGH: Ein (fast) unerreichbares Amt, Seite 2, abgerufen am 27.03.2015 unter http://www.lto.de/recht/job-karriere/j/richter-eugh-thomas-von-danwitz-auswahlverfahren/2/.

Basedow, Jürgen: Das Sozialmodell von Lissabon: Solidarität statt Wettbewerb?, EuZW 2008, 225.

–: Der kollisionsrechtliche Gehalt der Produktfreiheiten im europäischen Binnenmarkt: favor: offerentis, RabelsZ 59 (1995), 1.

–: Fällt das Rabattgesetz?, ZEuP 1994, 201.

–: Zielkonflikte und Zielhierarchien im Vertrag über die Europäische Gemeinschaft, in: Due, Ole et al. (Hg.), Festschrift für Ulrich Everling, Bd. I, Baden-Baden 1995, 49.

Bast, Jürgen/Rödel, Florian: Wohlfahrtstaatlichkeit und „soziales Europa" im Kontext der Euro-Krise, EuR 2013 Beiheft 1, 5.

Battis, Ulrich/Gusy, Christoph: Einführung in das Staatsrecht, Berlin, Boston 2011.

Bauernverband Hohenlohe: Wettbewerbsgleichheit ist nicht gegeben; Verfütterungsverbot für tierische Fette muss gelockert werden!, abgerufen am 19.12.2015 unter http://www.bauernverband-hohenlohe.de/unser-bauernverband/positionen/details/wettbewerbsgleicheit-ist-nicht-gegeben-verfuetterungsverbot-fuer-tierische-fette-muss-gelockert-werden.html.

Baumann, Wolfgang: Ökonomie und Recht – Ökonomische Effizienzjurisprudenz, RNotZ 2007, 297.

Baumeister, Peter: Der Beseitigungsanspruch als Fehlerfolge des rechtswidrigen Verwaltungsakts, Tübingen 2006, zugl. Habil. Mannheim 2003.
Baur, Jürgen F.: Der Europäische Binnenmarkt – normative Grundlagen (Teil 1), JA 1992, 65.
–: Der Europäische Binnenmarkt – normative Grundlagen (Teil 2), JA 1992, 97.
Bayerischer Bauernverband: Pressedienst vom 08.03.2012, Kleingruppenhaltung nur bis 2023?, abgerufen am 19.12.2015 unter http://www.bayerischerbauernverband.de/pd09-10-kleingruppenhaltung.
Becker, Ulrich: Arbeitnehmerfreizügigkeit, in: Ehlers, Dirk (Hg.), Europäische Grundrechte und Grundfreiheiten, 4. Aufl., De Gruyter Recht, Berlin, Boston 2014, § 9 Rn. 1 ff.
–: Von „Dassonville" über „Cassis" zu „Keck" - Der Begriff der Maßnahmen gleicher Wirkung in Art. 30 EGV, EuR 1994, 162.
–: Voraussetzungen und Grenzen der Dienstleistungsfreiheit, NJW 1996, 179.
Behrens, Peter: Der Wettbewerb im Vertrag von Lissabon, EuZW 2008, 193.
–: Die Konvergenz der wirtschaftlichen Freiheiten im europäischen Gemeinschaftsrecht, EuR 1992, 145.
Bell, John: Chapter 14, The Role of European Judges in an Era of Uncertainty, in: Birkinshaw, Patrick/Varney, Mike (Hg.), The European Union Legal Order after Lisbon, Alphen aan: den Rijn 2010, 277.
Benedict, Michael Ryan: Souring *La Dolce Vita*? Has European Union Regulation Ruined Italian Cuisine Or Is There Hope Yet For Traditional Products?, 21 B. U. Int'l L. J. (2003), 373.
Bergé, Jean-Sylvestre/Robin-Olivier, Sophie : Droit européen: Union européenne Conseil de l'Europe, 2. A., Paris 2011.
Bergel, Jean-Louis: Orgins, Scope and Meaning of effet utile, in: Tichý, Luboš/Potacs, Michael/Dumbrovský, Thomáš (eds.), Charles University in Prague 2014, 9.
Bergmann, Jan (Hg.): Handlexikon der Europäischen Union, 5. Aufl., Baden-Baden 2015.
Bernard, Nicolas: Discrimination and Free Movement in EC law, ICLQ 45 (1996), 82.
–: The Future of European Economic Law in the Light of the Principle of Subsidiarity, CMLR 33 (1996), 633.
Bernhard, Peter: „Keck" und „Mars" – die neueste Rechtsprechung des EuGH zu Art. 30 EGV, EWS 1995, 404.
Berramdane, Abdelkhaleq/Rossetto, Jean: Droit Institutionell de l'Union Européenne, Paris 2005.
Beutler, Bengt/Bieber, Roland/Pipkorn, Jörn/Streil, Jochen (Hg.): Die Europäische Union: Rechtsordnung und Politik, 4. Aufl., Baden-Baden 1993.
Bickenbach, Christian: Das Subsidiaritätsprinzip in Art. 5 EUV und seine Kontrolle, EuR 2013, 523.
Bieber, Roland/Epiney, Astrid/Haag, Marcel: Die Europäische Union: Europarecht und Politik, 10. Aufl., Baden-Baden 2013.
Bieling, Jürgen: Die Globalisierungs- und Weltordnungspolitik der Europäischen Union, Wiesbaden 2010.
Biondi, Andrea: Subsidiarity in the Courtroom, in: ders./Eeckhout, Piet/Ripley, Stefanie (Hg.), EU Law After Lisbon, New York 2012, 213.
Bittner, Claudia: Europäisches und internationales Betriebsrentenrecht: Grenzüberschreitende betriebliche Altersversorgung im Spannungsfeld von europäischen und internationalen Betriebsrentenrecht, Tübingen 2000, zugl. Habil. Freiburg 1999.
Bizer, Kilian: Die Ökonomik der Verhältnismäßigkeitsprüfung, Diskussionsbeiträge zur Institutionenanalyse, Darmstadt, Nr. 99-1.

Blanke, Hermann-Josef: The Economic Constitution of the European Union, in: ders./Mangiameli, Stelio (Hg.), The European Union after Lisbon: Constitutional Basis, Economic Order and External Action, Berlin, Heidelberg 2012, 369.

Bleckmann, Albert: Das Verbot der Wettbewerbsverfälschung im EWG-Vertrag, in: Lessmann, Herbert et al. (Hg.), Festschrift für Rudolf Lukes: zum 65. Geburtstag, Köln, Berlin, Bonn, München, 1989, 271.

–: Die Ausnahmen der Dienstleistungsfreiheit nach dem EWG-Vertrag, EuR 1987, 28.

–: Die Personenverkehrsfreiheit im Recht der EG – vom Gleichheitssatz zur Verankerung absoluter Rechte –, DVBl 1986, 69.

–: Die Rolle der richterlichen Rechtsschöpfung im Europäischen Gemeinschaftsrecht, in: Lüke, Gerhard et al. (Hg.), Rechtsvergleichung, Europarecht und Staatenintegration: Gedächtnisschrift für Léon-Constantin-Jean Constantinesco, Köln et al. 1983, 61.

–: Die umgekehrte Diskriminierung (discrimination à rebours) im EWG-Vertrag, RIW 1985, 917.

–: Europarecht: Das Recht der Europäischen Gemeinschaft, 5. Aufl., Köln et al. 1990.

–: Zu den Auslegungsmethoden des Europäischen Gerichtshofs, NJW 1982, 1177.

–: Zum Begriff des Gemeinsamen Marktes im EWG-Vertrag, MDR 1986, 5.

–: Zur Problematik der Cassis de Dijon-Rechtsprechung des Europäischen Gerichtshofs, GRUR Int. 1986, 172.

Bleckmann, Moritz: Nationale Grundrechte im Anwendungsbereich des Rechts der Europäischen Union: Die Kooperation des Grundrechtsschutzes in der Europäischen Union unter Berücksichtigung der besonderen Ausprägungen des nationalen Grundrechtsschutzes, Tübingen 2011, zugl. Diss. Köln 2009/2010 (zitiert als: *M. Bleckmann*).

Blum, Ulrich: Einführung, in: Ulrich Blum et al. (Hg.), Grundlagen der Volkswirtschaftslehre, 2. Aufl., Berlin, Heidelberg 2003, 1.

Bode, Ingolf: Die Diskriminierungsverbote im EWG-Vertrag, Diss. Göttingen 1968.

Böttcher, Winfried/Krawczynski, Johanna: Subsidiarität für Europa, Münster 2002.

Böttger, Ulrich: Ansätze für eine ökonomische Analyse des Subsidiaritätsprinzips des EG Art. 5 Abs. 2, Berlin 2004, zugl. Diss. HU Berlin 2001/2002.

von Bogdandy, Armin/Schill, Stephan: Die Achtung der nationalen Identität unter dem reformierten Unionsvertrag: Zur unionsrechtlichen Rolle nationalen Verfassungsrechts und zur Überwindung des absoluten Vorrangs, ZaöRV 70 (2010), 701.

Borchert, Manfred: Außenwirtschaftslehre: Theorie und Politik, 7. Aufl., Wiesbaden 2001.

Borchardt, Klaus-Dieter: Die rechtlichen Grundlagen der Europäischen Union, 4. Aufl., Wien 2010.

Bornkamm, Joachim: Anm. zu EuGH 24.11.1993 Rechtssache C-267/91 und C-268/91 "Keck und Mithouard", GRUR Int. 1994, 297.

von Borries, Reimer: Das Subsidiaritätsprinzip im Recht der Europäischen Union: Deutscher Landesbericht für den XVI. FIDE-Kongreß 1994 in Rom, EuR 1994, 263.

Bourgeois, Hendrik: Schutz vor Investoren, Gastkommentar, Handelsblatt v. 30.04.2014, Nr. 83, S. 48 (zitiert als: *Bourgeois*, Handelsblatt v. 30.04.2014, S. 48).

Braun, Vera: Die Wegzugsfreiheit als Teil der Niederlassungsfreiheit, Frankfurt a. M. 2010, zugl. Diss. Göttingen 2009.

Brigola, Alexander: Art. 35 AEUV von Groenveld bis New Valmar – Abschied eines Fremdkörpers im Gebäude des freien Warenverkehrs, EuZW 2017, 5.

–: Das System der EG-Grundfreiheiten: Vom Diskriminierungsverbot zum spezifischen Beschränkungsverbot, München 2004, zugl. Diss. Erlangen-Nürnberg (zitiert als: *Brigola*, System).

–: Die Figur der Marktaustrittsbeschränkungen als Korrelat der Figur der Marktzugangsbeschänkungen – Zur Kohärenz der EG-Grundfreiheiten anlässlich des Urteils des EuGH vom 16.12.2008 – C-205/07 – Gysbrechts u. a., EuZW 2009, 479.

Brinkmann, Moritz: Kreditsicherheiten an beweglichen Sachen und Forderungen: Eine materiell-, insolvenz- und kollisionsrechtliche Studie des Rechts der Mobiliarsicherheiten vor dem Hintergrund internationaler und europäischer Entwicklungen, Tübingen 2011, zugl. Habil. Köln 2009.

Britz, Gabriele: Bedeutung der EMRK für nationale Verwaltungsgerichte und Behörden Erweiterte Bindungswirkung nach EuGH, Slg. 2002, I-6279 - Carpenter?, NVwZ 2004, 173.

Brühl, Jannis: Das Milliarden-Geschäft, Süddeutsche Zeitung v. 30.04.2014, Nr. 99, 21.

Bubrowski, Helene/Mussler, Werner: Knallhafte Scheinverhandlungen, FAZ v. 30.01.2016, Nr. 25, 8.

Buchsteiner, Jochen: Das Beste beider Welten, FAZ v. 03.02.2016, Nr. 28, 2.

Büter, Clemens: Außenhandel: Grundlagen internationaler Handelsbeziehungen, Berlin, Heidelberg, 3. Aufl. 2013.

Bundesamt für Risikobewertung: Stellungnahme 023/2012 v. 20.06.2012.

Burgi, Martin: Die Zukunft des Vergaberechts, NZBau 2009, 609.

Busse, Nikolas: Camerons Spiel, FAZ v. 30.01.2016, Nr. 25, 10.

–: In Camerons Hand, FAZ v. 03.02.2016, Nr. 28, 1.

Calliess, Christian: Grenzen und Perspektiven des europäischen Richterrechts, NJW 2005, 929.

–: Subsidiaritäts- und Solidaritätsprinzip in der Europäischen Union: Vorgaben für die Anwendung von Art. 5 (ex-Art. 3b) EGV, 2. Aufl., Baden-Baden 1999.

Calliess, Christian/Ruffert, Matthias (Hg.): EUV/AEUV – Das Verfassungsrecht der Europäischen Union mit Europäischer Grundrechtecharta, Kommentar, 6. Aufl., München 2011.

Canor, Iris: The Role of the Preamble to the Treaty in the European Court of Justice's Jurisprudence – "...an ever closer union among the peoples of Europe", in: Meng, Werner/Ress, Georg/Stein, Torsten (Hg.), Europäische Integration und Globalisierung, Baden-Baden 2011, 87.

Carbonara, Emanuela/Parisi, Francesco: Bargaining for Legal Harmonization: Jurisdictional Competition and Legal Obsolescence, in: Eger, Thomas et al. (Hg.), Internationalisierung des Rechts und seine ökonomische Analyse – Internalization of the Law and its Economic Analysis, Festschrift für Hans-Bernd Schäfer zum 65. Geburtstag, Wiesbaden 2008, 339.

Carstens, Karl: Die errichtung des gemeinsamen Marktes in der Europäischen Wirtschaftsgemeinschaft, Atomgemeinschaft und Gemeinschaft für Kohle und Stahl, ZaöRV 18 (1957/1958), 459.

Caspar, Johannes: Das europäische Tabakwerbeverbot und das Gemeinschaftsrecht, EuZW 2000, 237.

Castro Oliveira, Á.: Workers and Other Persons: Step-By-Step From Movement to Citizenship – Case Law 1995–2001, CMLR 39 (2002), 77.

Cecchini, Paolo: Europa '92: Der Vorteil des Binnenmarktes, Baden-Baden 1988 (zitiert als: Cecchini-Bericht.

Chalmers, Damian: Free Movement of Goods within the European Community: An Unhealthy Addiction to Scotch Whisky?, ICLQ 42 (1993), 269.

–: Repackaging the internal market – the ramifications of the Keck judgment, E. L. Rev. 19 (1994), 385.

Chang, Ha-Joon: Economics: The User's Guide – A Pelican Introduction, Strand et al. 2014.

Christl, Claudius: Wettbewerb und internationaler Handel: eine Analyse ihrer Interdependenzen und institutionellen Voraussetzungen im Rahmen einer internationalen Wettbewerbsordnung, Tübringen 2001, zugl. Diss. Bayreuth 1999.

Classen, Claus Dieter: Auf dem Weg zu einer einheitlichen Dogmatik der EG-Grundfreiheiten, EWS 1995, 97.

–: Die Grundfreiheiten im Spannungsfeld von europäischer Marktfreiheit und mitgliedstaatlichen Gestaltungskompetenzen, EuR 2004, 416.

Classen, Claus Dieter: Verbote im Binnenmarktrecht, EuZW 2015, 854.

Coase, R. H.: The Problem of Social Cost, J. L. & Econ. 3 (1960), 1.

Comité Intergouvernemental Créé par la Conférence de Messine.

Rapport de Chefs aux Delégation aux Minstres des Affaires Etrangères, Brüssel 1956 (zitiert als: Spaak-Bericht).

Connor, Tim: "Market Access" or Bust? Positioning the Principle Within the Jurisprudence of Goods, Persons, Services, and Capital, Germ. L. J. 13 (2012), 679.

Cordewener, Axel: Europäische Grundfreiheiten und nationales Steuerrecht: „Konvergenz" des Gemeinschaftsrechts und „Kohärenz" der direkten Steuern in der Rechtsprechung des EuGH, Köln 2002, zugl. Diss. Bonn, 2001.

Cottier, Thomas/Oesch, Matthias: Direct and indirect discrimination in WTO and EU Law, in: Gaines, Sanford E./Egelund Olsen, Birgitte/Engsig Sørensen, Karsten (Hg.), Liberalising Trade in the EU and WTO: A Legal Comparison, Cambridge 2012, 141 (zitiert als: *Cottier/Oesch*, in: Gaines et al., 141).

Craig, Paul: Subsidiarity: A Political and Legal Analysis, JCMS 50 (2012), 72.

Craig, Paul/de Búrca, Gráinne: EU Law: Text, Cases, Materials, 5th edition, Oxford et al. 2011.

Cremer, Wolfram: Freiheitsgrundrechte, Tübingen 2003, zugl. Habil. Rostock 2002.

Da Cruz Vilaça, José Luís: On the Application of *Keck* in the Field of Free Provision of Services, in: Andenas, Mads/Roth, Wulf-Henning (Hg.), Services and Free Movement in EU Law, Oxford 2004, 25.

Daniele, Luigi: Non-discriminatory restrictions to the free movement of persons, E. L. Rev. 22 (1997), 191.

Dann, Philipp: Parlamentarische Legitimation der Binnenmarkt- und Wettbewerbspolitik der EU, EuR 2013 Beiheft 1, 93.

von Danwitz, Thomas: Europäisches Verwaltungsrecht, Berlin Heidelberg 2008.

von Danwitz, Thomas: Funktionsbedingungen der Rechtsprechung des Europäischen Gerichtshofs, EuR 2008, 769.

Dashwood, Alan: The Relationship Between the Member States and the European Union/European Community, CMLR 41 (2004), 355.

Dashwood, Alan/Dougan, Michael/Rodger, Barry/Spaventa, Eleanor/Wyatt, Derrick: Wyatt and Dashwood's European Union Law, Oxford, Portland Oregon 2011.

Dauses, Manfred A.: Die rechtliche Dimension des Binnenmarktes, EuZW 1990, 8.

–: Handbuch des EU-Wirtschaftsrechts, Band 1, Loseblatt, 38. Ergänzungslieferung, München, Stand: September 2015.

–: The System of the Free Movement of Goods in the European Community, Am. J. Comp. L. 33 (1985), 209.

Davies, Gareth: Activism relocated. The self-restraint of the European Court of Justice in its national context, JEPP 19 (2012), 76.

–: European Union internal market law, 2nd ed, London 2003.

–: Constitutional Disagreement in Europe and the Search for Pluralism, Eric Stein Working Paper No. 1/2010.
–: Subsidiarity: The Wrong Idea, in the Wrong Place, at the Wrong Time, CMLR 43 (2006), 63.
–: Understanding Market Access: Exploring the Economic Reality of Different Conceptions of Free Movement Law, Germ. L. J. 11 (2010), 671.
–: 'Process and Production Method'-based Trade Trestrictions in the EU, CYELS 10 (2007/2008), 69.
Dawes, Anthony: A freedom reborn? The new yet unclear scope of Article 29 EC, E. L. Rev. 34 (2009), 639.
–: Importing and exporting poor reasoning: worrying trends in relation to the case law on the free movement of goods, 8 Germ. L. J. (2007), 761.
–: Libre circulation des marchandises (arrêt „Gysbrechts"), RDUE 2009, 139.
Deakin, Simon: Juridical Ontology: The Evolution of Legal Form, HSR 40 (2015), 1.
Deakin, Simon: Legal Diversity and Regulatory Competition: Which Model for Europe?, E. L. J. 12 (2006), 440.
–: Legal Evolution: Integrating Economic and Systemic Approaches, Review of Law and Economics 7 (2011), 659.
–: Two Types of Regulatory Competition: Competitive Federalism Versus Reflexive Harmonisation. A Law and Economics Perspective on Centros, CYELS 2 (1999), 231.
De Búrca, Gráinne: Europe's *raison d'etre*, in: Kochenov, Dimitry/Amtenbrink Faian (Hg.), The European Union's Shaping of the International Legal Order, Cambridge 2013, 21.
–: Unpacking the Concept of Discrimination in EC and International Trade Law, in: Barnard, Catherine/Scott, Joanne (Hg.), The Law of the Single European Market: Unpacking the Premises, Oxford et al. 2002, 181.
Deckert, Martina R./Schröder, Werner: Anm. zu EuGH, Urt. v. 27. 1. 2000 – C-190/98 Volker Graf ./. Filzmoser Maschinenbau GmbH, JZ 2001, 88.
Dederer, Hans Georg: Weiterentwicklung des Gentechnikrechts – GVO-freie Zonen und sozioökonomische Kriterien für die GVO-Zulassung: Eine Untersuchung der Regelungsspielräume und ihrer europa- und welthandelsrechtlichen Grenzen, Berlin 2010.
Dederichs, Mariele: Die Methodik des Gerichtshofs der Europäischen Gemeinschaften, EuR 2004, 345.
Defossez, Alexandre: Arrêt *Gysbrechts*: le droit de rétractation du consommateur face au droit communautaire, REDC 2009, 549.
–: L'histoire d'une divergence et d'une possible réconciliation: l'article 29 CE, CDE 2009, 409.
–: La comptabilité de l'article 89 de la loi sur les pratiques de commerce avec l'article 29 du Traité CE, RDC 2009, 389.
De Sadeleer, Nicolas: EU Environmental Law and the Internal Market, Oxford 2014.
De Vries, S.A.: „Goods Revisited": Nieuwe inzichten in de rechtspraak over het vrij verkeer van goederen, NTER 2009, 121.
Di Fabio, Udo: Grenzen der Rechtsfortbildung in Europa, Referate im Rahmen der Vortragsreihe „Rechtsfragen der Europäischen Integration", Bonn, den 06. Februar 2012, Heft 199 (zitiert als: *Di Fabio*, ZEW-Vortrag).
Dietz, Sara/Streinz, Thomas: Das Marktzugangskriterium in der Dogmatik der Grundfreiheiten, EuR 2015, 50.
Dörr, Dieter: Anm. zu EuGH, Urteil vom 28. 10. 1999 – Rs. C 6/98, EuZW 2000, 84.

–: Die Warenverkehrsfreiheit nach Art. 30 EWG-Vertrag – doch bloß ein Diskriminierungsverbot?, RabelsZ 54 (1990), 677.

Dörr, Dieter/Zorn, Nicole: Die Entwicklung des Medienrechts, NJW 2001, 2837.

Donner, J. P. H.: Articles 30-36 EEC in general: Dutch national report FIDE Congress Dublin 1982, SEW 5 (1982), 362.

Dougan, Michael: The Convention's draft Constitutional Treaty: bringing Europe closer to its lawyers?, E. L. Rev. 28 (2003), 763.

Drasch, Wolfgang: Das Herkunftslandprinzip im internationalen Privatrecht: Auswirkungen des europäischen Binnenmarktes auf Vertrags- und Wettbewerbsstatut, Baden-Baden 1997, zugl. Diss. Augsburg 1996.

Dreher, Meinrad: Wettbewerb oder Vereinheitlichung der Rechtsordnungen in Europa, JZ 1999, 105.

Drexl, Josef: Wettbewerbsverfassung, in: von Bogdandy, Armin/Bast, Jürgen (Hg.), Europäisches Verfassungsrecht: Theoretische und dogmatische Grundzüge, 2. Aufl., Berlin, Heidelberg 2009, 905.

–: WTO und Privatrecht, in: Ott, Claus/Schäfer, Hans-Bernd (Hg.), Vereinheitlichung und Diversität des Zivilrechts in transnationalen Wirtschaftsräumen, Tübingen 2002, 333.

Drezner, Daniel W.: All Politics is Global, Princeton University Press 2007.

Dürr, Wolfram: Verhältnismäßigkeit der Meisterpflicht im Handwerk – Beschluss des BVerfG vom 05.12.2005 –, GewArch 2007, 18.

Ebenroth, Carsten Thomas: Neue Ansätze zur Warenverkehrsfreiheit im Binnenmarkt der Europäischen Union, in: Erdmann, Willi/Gloy, Wolfgang/Herber, Rolf (Hg.), Festschrift für Henning Piper, München 1996, 133.

Eberhartinger, Michael: Konvergenz und Neustrukturierung der Grundfreiheiten, EWS 1997, 43.

Ebers, Martin: Rechte, Rechtsbehelfe und Sanktionen im Unionsprivatrecht, Tübingen 2016, zugl. Habilitation Berlin 2016.

Eeckhout, Piet: Constitutional Concepts for Free Trade in Services, in: De Búrca, Grainne/Scott, Joanne (Hg.), The EU and the WTO: Legal and Constitutional Issues, Oxford and Portland 2001, 211.

–: Recent Case-law on Free Movement of Goods: Refining Keck and Mithouard, E. B. L. R. 1998, 267.

Efstratiou, Pavlos-Michael: Richterrechtliche Vorgaben zum Grundsatz der Verfahrensautonomie der Mitgliedstaaten beim indirekten Vollzug des Unionsrechts, in: Karakostas, Ioannis K./Riesenhuber, Karl (Hg.), Methoden- und Verfassungsfragen der Europäischen Rechtsangleichung, Berlin, New York 2011, 99.

Egger, Alexander: Anm. zu EuGH, Urteil vom 11. 7. 2002 - Rs. C-60/00 Mary Carpenter/Secretary of State for the Home Department, EuZW 2002, 606.

Ehle, Dietrich/Meier, Gerd: EWG-Warenverkehr, Außenhandel – Zölle – Subventionen, Köln 1971.

Ehlers, Dirk: Allgemeine Lehren, in: Ehlers, Dirk (Hg.), Europäische Grundrechte und Grundfreiheiten, 3. Aufl., Berlin 2009, § 7 Rn. 1 ff.

–: Allgemeine Lehren, in: Ehlers, Dirk (Hg.), Europäische Grundrechte und Grundfreiheiten, 4. Aufl., Berlin, Boston 2014, § 7 Rn. 1 ff.

–: Allgemeine Lehren der Unionsgrundrechte, in: Ehlers, Dirk (Hg.), Europäische Grundrechte und Grundfreiheiten, 3. Aufl., Berlin 2009, § 14 Rn. 1 ff.

–: Allgemeine Lehren der Unionsgrundrechte, in: Ehlers, Dirk (Hg.), Europäische Grundrechte und Grundfreiheiten, 4. Aufl., Berlin, Boston 2014, § 14 Rn. 1 ff.

–: Wirtschaft als Gegenstand des öffentlichen Rechts, in: Ehlers/Fehling/Pünder (Hg.), Besonderes Verwaltungsrecht, Band 1, Öffentliches Wirtschaftsrecht, 3. Aufl., Heidelberg et al. 2012, 1.

Ehrmann, Markus: Anm. zu EuGH (Große Kammer), Urt. v. 1.7.2014 – C-573/12 (Ålands Vindkraft AB/Energimyndigheten), NVwZ 2014, 1080.

Eichel, Benjamin: Transferentschädigungen für Berufsfußballspieler – Neue Erkenntnisse für die Behandlung des Sports im Europarecht durch „Bosman II"?: Anmerkung zu EuGH, Rs. C-325/08, Olympique Lyonnais SASP/Olivier Bernard, Newcastle UFC, EUR 2010, 685.

Eidenmüller, Horst: Effizienz als Rechtsprinzip: Möglichkeiten und Grenzen der ökonomischen Auslegung des Rechts, 3. Aufl., Tübingen 2005.

Eilmansberger, Thomas: Die Liberalisierung des Hypothekarkredits in der EWG, EuZW 1991, 691.

–: Zur Reichweite der Grundfreiheiten des Binnenmarktes (1. Teil), JBl. 1999, 345.

–: Zur Reichweite der Grundfreiheiten des Binnenmarktes (2. Teil), JBl. 1999, 434.

Emiliou, Nicholas: Subsidiarity: an effective barrier against "the enterprises of ambition"?, E. L. Rev. 17 (1992), 383.

Enchelmaier, Stefan: Anm. zu Case C-469/00, Ravil S.a.r.l. v. Bellon Import S.a.r.l. and Biraghi SpA, [2003] ECR I-5053 (Full Court); Case C-108/01, Consorzio del Prosciutto di Parma and Salumificio S. Rita SpA v. Asa Stores Ltd. and Hygrade Foods Ltd., Judgments of 20 May 2003, [2003] ECR I-5121 (Full Court)., CMLR 41 (2004), 825.

–: Europäisches Wirtschaftsrecht, Stuttgart 2005.

–: Four Freedoms, How Many Principles?, OJLS 24 (2004), 155.

–: The ECJ's Recent Case Law on the Free Movement of Goods: Movement in All Sorts of Directions, YEL 26 (2007), 115.

Engel, Christoph: Anm. zu EuGH, Urteil v. 9. 2. 1995 – C-412/93 *Leclerc Siplec/TF 1 Publicité SA*, JZ 2005, 940.

–: Öffentliches Wirtschaftsrecht aus Sicht der ökonomischen Theorie, in: Ehlers/Fehling/Pünder (Hg.), Besonderes Verwaltungsrecht, Bd. 1, 3. Aufl., Heidelberg et al. 2012, 40.

Engelkamp, Paul/Sell, Friedrich L.: Einführung in die Volkswirtschaftslehre, Berlin, Heidelberg, 6. A. 2013.

Englisch, Joachim: Wettbewerbsgleichheit im grenzüberschreitenden Handel, Tübingen 2008, zugl. Habil. Köln, 2007.

Epiney, Astrid: Die Rechtsprechung des EuGH im Jahr 2008: Unionsbürgerschaft, Grundfreiheiten und Gleichstellungsrecht, NVwZ 2009, 1139.

–: Die Rechtsprechung des EuGH im Jahr 2010: Grundfreiheiten und Gleichstellungsrecht, NVwZ 2011, 1425.

–: Die Rechtsprechung des EuGH im Jahr 2016: Unionsbürgerschaft, Diskriminierungsverbot und Grundfreiheiten, NVwZ 2017, 846.

–: Freiheit des Warenverkehrs, in: Ehlers, Dirk (Hg.), Europäische Grundrechte und Grundfreiheiten, 4. Aufl., De Gruyter Recht, Berlin, Boston 2014, § 8 Rn. 1 ff.

–: Neuere Rechtsprechung des EuGH in den Bereichen des institutionellen Rechts und der Grundfreiheiten, NVwZ 1999, 1072.

–: Neuere Rechtsprechung des EuGH in den Bereichen institutionelles, allgemeines Verwaltungsrecht, Grundfreiheiten, Umwelt- und Gleichstellungsrecht, NVwZ 2002, 1429.

–: Umgekehrte Diskriminierungen: Zulässigkeit und Grenzen der discrimination à rebours nach europäischem Gemeinschaftsrecht und nationalem Verfassungsrecht, Köln et al. 1995, zugl. Habil. Mainz 1994.

Erhard, Ludwig: Zit. nach Stenographische Berichte der 200. Sitzung des zweiten Deutschen Bundestages vom 21.03.1957, 11342.

Ernst, Wolfgang: Wechselwirkungen zwischen Handelspolitik und Integration, in: Festschrift für Hans von der Groeben, Mestmäcker, Joachim/Möller, Hans/Schwarz, Hans-Peter (Hg.), Baden-Baden 1987, 93.

Europäische Kommission: Der freie Warenverkehr: Leitfaden zur Anwendung der Vertragsbestimmungen über den freien Warenverkehr, Luxemburg 2010.

–: Pressemitteilung (IP/15/5699) vom 23.09.2015.

–: Standard-Eurobarometer 83, Frühjahr 2015: Die Öffentliche Meinung in der Europäischen Union, Erste Ergebnisse, Juli 2015.

–: Standard-Eurobarometer 84, Herbst 2015: Die Öffentliche Meinung in der Europäischen Union, Erste Ergebnisse, Dezember 2015.

–: Stellungnahme der Kommission vom 26.07.2007 zur Rs. Gysbrechts, Aktenzeichen JURM(07) 12039 - MvB/hve, abgerufen am 04.04.2017 unter http://ec.europa.eu/dgs/legal_service/submissions/c2007_205_obs_fr.pdf

Eurostat: International Trade, 2012-2013, abgerufen am 12.01.2016 unter http://ec.europa.eu/eurostat/statistics-explained/index.php/File:International_trade,_2012-13_YB14-de.png.

Evans, A.C.: Economic Policy and the Free Movement of Goods in EEC Law, ICLQ 32 (1983), 577.

Everling, Ulrich: Durchführung und Umsetzung des Europäischen Gemeinschaftsrechts im Bereich des Umweltschutzes unter Berücksichtigung der Rechtsprechung des EuGH, NVwZ 1993, 209.

–: Europäische Integration und Wettbewerb der Rechtsordnungen in der Rechtsprechung des Gerichtshofs der Europäischen Gemeinschaften, in: Hopt, Klaus (Hg.), Europäische Integration als Herausforderung des Rechts, Veröffentlichungen der Hanns Martin Schleyer-Stiftung; Bd. 32, Essen 1991, 41.

–: Rechtsvereinheitlichung durch Richterrecht in der Europäischen Gemeinschaft, RabelsZ 50 (1986), 193.

–: Reflections on the Structure of the European Union, CMLR 29 (1992), 1053.

–: Richterliche Rechtsfortbildung in der Europäischen Gemeinschaft, JZ 2000, 217.

–: Vertragsverhandlungen 1957 und Vertragspraxis 1987 – dargestellt an den Kapiteln Niederlassungsrecht und Dienstleistungen des EWG-Vertrages –, in: Festschrift für Hans von der Groeben, Mestmäcker, Joachim/Möller, Hans/Schwarz, Hans-Peter (Hg.), Baden-Baden 1987, 111.

–: Zur Funktion des Gerichtshofs bei der Rechtsangleichung in der Europäischen Gemeinschaft, in: Lessmann, Herbert et al. (Hg.), Festschrift für Rudolf Lukes: zum 65. Geburtstag, Köln, Berlin, Bonn, München 1989, 359.

–: Zur Funktion der Rechtsangleichung in der Europäischen Gemeinschaft – Vom Abbau der Verzerrungen zur Schaffung des Binnenmarktes –, in: Capotorti, F. et al., Du droit interntional au droit de l'integration: Liber Amicorum Pierre Pescatore, Baden-Baden 1987, 227 (zitiert als: *Everling*, in: Liber Amicorum Pescatore, 227).

–: Zur neueren EuGH-Rechtsprechung zum Wettbewerbsrecht, EuR 1982, 301.

Fasshold, Dagobert: Freier Warenverkehr in der EG und nationale Absatzregelungen, Diss. Mannheim 1986.

Fauré, Michael: Towards a Maximum Harmonization of Consumer Contract Law?!?, Maastricht J. Eur. & Comp. L. 15 (2008), 433.

Feiden, Sonja: Die Bedeutung der „Keck"-Rechtsprechung im System der Grundfreiheiten: Ein Beitrag zur Konvergenz der Freiheiten, Berlin 2003, zugl. Diss. Bonn 2001.

Fernandez Martin, Jose Maria: Re-defining obstacles to the free movement of workers, E. L. Rev. 21 (1996), 313.

Fetsch, Johannes: Eingriffsnormen und EG-Vertrag: die Pflicht zur Anwendung der Eingriffsnormen anderer EG-Staaten, Tübingen 2002, zugl. Diss. Bonn 2001.

Fezer, Karl-Heinz: Anm. zu EuGH, 13. 10. 1993 – C-93/92 CMC Motorradcenter GmbH/Pelin Baskiciogullari, JZ 1994, 623.

–: Das wettbewerbsrechtliche Irreführungsverbot als ein normatives Modell des verständigen Verbrauchers im Europäischen Unionsrecht – Zugleich eine Besprechung der Entscheidung Mars des EuGH vom 6. Juli 1995 – Rechtssache C 470/93, WRP 1995, 671.

–: Europäisierung des Wettbewerbsrechts, JZ 1994, 317.

Fleischer, Holger: Europäische Methodenlehre: Stand und Perspektiven, RabelsZ 75 (2011), 700.

Fogler-Deinhardstein, Heinrich: Gerichtliche Europäisierung des Vertragsrechts, ZfRV 2005, 22.

Frank, Christian: Anforderungen des EuGH an die Rechtfertigung nationaler Einfuhrbeschränkungen: Zugleich Besprechung von EuGH „Deutsche Parkinson Vereinigung“, GRUR 2016, 1246.

Frank, Oliver: Nähe und Autarkie in der Abfallentsorgung: Europarechtliches Spannungsfeld zwischen Umweltschutz und Binnenmarkt, Münster et al. 2003, zugl. Diss. Köln 2001.

Franck, Jens-Uwe: Vom Wert ökonomischer Argumente bei Gesetzgebung und Rechtsfindung für den Binnenmarkt, in: Riesenhuber (Hg.), Europäische Methodenlehre: Handbuch für Ausbildung und Praxis, 3. Aufl., Berlin et al. 2015, 70.

Franzen, Martin: Privatrechtsangleichung durch die Europäische Gemeinschaft, Berlin, New York 1999, zugl. Habil. FU Berlin, 1998/1999.

Fremuth, Michael: „Cassis de Dijon“ – Zu der dogmatischen Einordnung zwingender Erfordernisse, EuR 2006, 866.

Frenz, Walter: Annäherung von europäischen Grundrechten und Grundfreiheiten, NVwZ 2011, 961.

–: Grundfreiheiten und Grundrechte, EuR 2002, 603.

–: Handbuch Europarecht, Bd. 1: Europäische Grundfreiheiten, 2. Aufl., Berlin et al. 2012 (zitiert als: *Frenz*, Bd. 1).

–: Handbuch Europarecht, Bd. 6: Institutionen und Politiken, Berlin et al. 2011 (zitiert als: *Frenz*, Bd. 6).

Frenz, Walter/Ehlenz, Christian: Rechtsangleichung über Art. 114 AEUV gem. Art. 5 EUV nach Lissabon, EuZW 2011, 623.

Friedrich-Ebert-Stiftung: EU vor Bewährungsprobe – Was erwarten, worum sorgen sich die Bürger? Eine repräsentative 8-Länderstudie der Friedrich-Ebert-Stiftung, durchgeführt von policy matters, abgerufen am 15.02.2016 unter http://library.fes.de/pdf-files/id/ipa/12328.pdf (zitiert als: FES-Studie).

Frobenius, Tilmann: „Cartesio“: Partielle Wegzugsfreiheiten für Gesellschaften in Europa, DStR 2009, 487.

Füller, Jens Thomas: Grundlagen und inhaltliche Reichweite der Warenverkehrsfreiheiten nach dem EG-Vertrag, Baden-Baden 2000, zugl. Diss. Berlin, 1998.

Fuhrmeister, Yvonne: Das Umpacken von Arzneimitteln im Spannungsverhältnis zwischen Markenrecht und Warenverkehrsfreiheit, Frankfurt a. M. 2008, zugl. Diss. Mannheim 2007.

Gaines, Sanford E./Egelund Olsen, Birgitte/Engsig Sørensen, Karsten: Comparing to trade liberalisation regimes, in: Gaines, Sanford E./Egelund Olsen, Birgitte/Engsig Sørensen,

Karsten (Hg.), Liberalising Trade in the EU and WTO: A Legal Comparison, Cambridge 2012, 1.

Gebauer, Jochen: Die Grundfreiheiten des EG-Vertrags als Gemeinschaftsgrundrechte, Berlin 2004, zugl. Diss. Bielefeld 2002/2003.

Gehardt, Michael: Europa als Rechtsgemeinschaft: Der Beitrag des Bundesverfassungsgerichts, ZRP 2010, 161.

Gerken, Lüder/Rieble, Volker/Roth, Günther H./Stein, Torsten/Streinz, Rudolf: „Mangold" als ausbrechender Rechtsakt, München 2009.

Giesen, Richard/Ricken, Oliver: Vermittlungsgutscheine für grenzüberschreitende Arbeitsvermittlung, NZA 2007, 318.

Glöckner, Jochen: "Cold Calling" und europäische Richtlinie zum Fernabsatz - ein trojanisches Pferd im deutschen Lauterkeitsrecht, GRUR Int. 2000, 29.

Glöckner, Jochen: Grundverkehrsbeschränkungen und Europarecht – Zugleich ein Beitrag zum Anwendungsbereich der Kapitalverkehrsfreiheit, EuR 2000, 592.

Gormley, Laurence William: Competition and Free Movement: Is the Internal Market the Same as a Common Market?, E. B. L. R. 13 (2002), 517.

–: EU Law of Free Movement of Goods and Customs Union, Oxford et al. 2009 (zitiert als: *Gormley*, EU Law).

–: Free Movement of Goods and Pre-emption of State Power, in: Arnull, Anthony/Barnard, Catherine/Dougan, Michael/Spaventa, Eleanor, A Constitutional Order of States? Essays in EU Law in Honour of Alan Dashwood, Oxford et al. 2011, 365.

–: Prohibiting Restrictions On Trade Within The EEC: The Theory And Application of Articles 30-36 Of The EEC Treaty, Diss. Den Haag, 1985 (zitiert als: *Gormley*, Restrictions).

–: Restrictions on Export and Consumer Protection, in: Terryn, Evelyne/Straetmans, Gert/Colaert, Veerle (eds.), Landmark Cases of EU Consumer Law: In Honour of Jules Stuyck, Cambridge 2013, 277.

–: Silver Threads Among the Gold... 50 Years of the Free Movement of Goods, Fordham Int'l L. J. 31 (2007), 1637.

–: The Definition of Measures Having Equivalent Effect, in: Arnull, Anthony/Eeckhout, Piet/Tridimas, Takis, Continuity and Change in EU Law, Essays in Honour of Sir Francis Jacobs, New York 2008, 189.

Grabitz, Eberhard: Das Recht auf Zugang zum Markt nach dem EWG-Vertrag, in: Stödter, Rolf/Thieme, Werner (Hg,), Hamburg, Deutschland, Europa: Festschrift für Hans Peter Ipsen zum 70. Geburtstag, Tübingen 1977, 645.

–: Gemeinschaftsrecht bricht nationales Recht, Hamburg 1966, zugl. Diss. Hamburg.

–: Über die Verfassung des Binnenmarktes, in: Bauer et al. (Hg.), Festschrift für Ernst Steindorff zum 70. Geburtstag 13. März 1990, Berlin, New York 1990, 1229.

Grabitz, Eberhard/von Bogdandy, Armin: Vom Gemeinsamen Markt zum Binnenmarkt – Statik und Dynamik des Europäischen Marktes, JuS 1990, 170.

Grabitz, Eberhard/Hilf, Meinhard/Nettesheim, Martin (Hg.): Das Recht der Europäischen Union, Loseblatt, 57. Ergänzungslieferung, München, Stand: August 2015.

Grabitz, Eberhard/Zacker, Christian: Die neuen Umweltkompetenzen der EWG, NVwZ 1989, 297.

Graf, Michael: Der Begriff „Maßnahmen gleicher Wirkung wie mengenmäßige Einfuhrbeschränkungen" in dem EWG-Vertrag, Mönchengladbach 1972, zugl. Diss. Münster, 1970.

Greaves, Rosa: A Commentary on Selected Opinions of Advocate General Jacobs, Fordham Int'l L. J. 29 (2005), 690.

–: Advertising restrictions and free movement of goods and services, E. L. Rev. 23 (1998), 305.

Griller, Stefan: Wirtschaftsverfassung und Binnenmarkt, in: Griller, Stefan/Kneihs, Benjamin/Madner, Verena/Potacs, Michael (Hg.), Wirtschaftsverfassung und Binnenmarkt: Festschrift für Heinz-Peter Rill zum 70. Geburtstag, Wien 2010, Wirtschaftsverfassung und Binnenmarkt, 1.

Grimmel, Andreas: Der Kontext als Schlüssel für ein angemessenes Verständnis der Integration durch Recht in Europa – am Beispiel der aktuellen Grundrechtsrechtsprechung des EuGH, EuR 2013, 146.

Grohmann, Uwe/Gruschinske, Nancy: Beschränkungen des Wegzugs von Gesellschaften innerhalb der EU – die Rechtssache Cartesio, EuZW 2008, 463.

Groussot, Xavier/Bogojević, Sanja: Subsidiarity as a Procudural Safeguard of Federalism, in: Azoulai, Loïc (Hg.), The Question of Competence in the European Union, Oxford et al. 2014, 234.

Grundmann, Stefan: „Inter-Instrumental-Interpretation“: Systembildung durch Auslegung im Europäischen Unionsrecht, RabelsZ 75 (2011), 882.

–: Das Thema Systembildung im Europäischen Privatrecht – Gesellschafts-, Arbeits- und Schuldvertragsrecht, in: ders. (Hg.), Systembildung und Systemlücken in Kerngebieten des Europäischen Privatrechts: Gesellschafts-, Arbeits- und Schuldvertragsrecht, Tübingen 2000, 1.

Grundmann, Stefan/Riesenhuber, Karl: Die Auslegung des Europäischen Privat- und Schuldvertragsrechts, JuS 2001, 529.

Grunwald, Jürgen: Das Energierecht der Europäischen Gemeinschaften: EGKS-EURATOM-EG, Grundlagen – Geschichte – Geltende Regelungen, Berlin 2003.

Gulmann, Claus: Some remarks on free movement and discrimination, rodríguez Iglesias, Gil Carlos et al., Mélanges en hommage à Fernand Schockweiler, Baden-Baden 1999, 169.

Gundel, Jörg: Anwendung der Keck-Formel auf Beschränkungen der Warenausfuhr gem. Art. 29 EGV, JA 2009, 558.

–: Lebensmittelrecht, in: Ruffert, Matthias (Hg.), Enzyklopädie Europarecht Bd. 5: Europäisches Sektorales Wirtschaftsrecht, Baden-Baden 2013, § 8 (zitiert als: *Gundel*, in: Ruffert (Hrsg.), Europäisches Sektorales Wirtschaftsrecht (EnzEuR Bd. 5), § 8 Rn. x).

Guastaferro, Barbara: Beyond the Exceptionalism of Constitutional Conflicts: The Ordinary Functions of the Identity Clause, Jean Monnet Working Paper No. 01/12, abgerufen am 12.01.2016 unter http://jeanmonnetprogram.org/wp-content/uploads/2014/12/JMWP01Guastaferro.pdf.

Häde, Ulrich : Die Wirtschafts- und Währungsunion im Vertrag von Lissabon, EuR 2009, 200.

Haferkamp, Ute: Die Kapitalverkehrsfreiheit im System der Grundfreiheiten des EG-Vertrags, Baden-Baden 2003, zugl. Diss. Bonn 2002.

Haft, Fritjof: Einführung in das juristische Lernen – Unternehmen Jurastudium –, 6. Aufl. Bielefeld 1997.

Halberstam, Daniel: The bride of Messina: constitutionalism and democracy in Europe, E. L. Rev. 30 (2005), 775.

Hallstein, Walter: Der Schuman-Plan, Frankfurter Universitätsreden Heft 5, Nachschrift des am 28. April 1951 in der Aula der Johann Wolfgang Goethe-Unisversität Frankfurt am Main, Mertonstraße 17, gehaltenen Vortrages, Frankfurt am Main und Butzbach 1951 (zitiert als: *Hallstein*, Schuman-Plan).

–: Erklärung der Bundesregierung, zit. nach Stenographische Berichte der 200. Sitzung des zweiten Deutschen Bundestages vom 21.03.1957, 11327.

–: Wirtschaftliche Integration als Faktor politischer Einigung, Berlin 1961 (zitiert als: *Hallstein*, Wirtschaftliche Integration).

Hanika, Heinrich: Europäisches Arzneimittelrecht: Die pharmazeutische Industrie in Europa auf dem Weg zur Vollendung des Binnenmarktes für Arzneimittel, MedR 2000, 63.

Haratsch, Andreas/Koenig, Christian/Pechstein, Matthias: Europarecht, 9. Aufl., Tübingen 2014.

Harte-Bavendamm, Henning/Henning-Bodewig, Frauke (Hg.): Gesetz gegen den unlauteren Wettbewerb (UWG), mit Preisangabenverordnung, Kommentar, 3. Aufl., München 2013.

Hartmann, Bernd J.: Öffentliches Haftungsrecht: Ökonomisierung – Europäisierung – Dogmatisierung, Tübingen 2013, zugl. Habil. Münster 2011.

Hassemer, Michael: Heteronomie und Relativität in Schuldverhältnissen: Zur Haftung des Herstellers im europäischen Verbrauchsgüterkaufrecht, Tübingen 2007, zugl. Habil. München 2006.

Hatje, Armin: Wirtschaftsverfassung im Binnenmarkt, in: von Bogdandy, Armin/Bast, Jürgen (Hg.), Europäisches Verfassungsrecht: Theoretische und dogmatische Grundzüge, 2. Aufl., Berlin, Heidelberg 2009, 801.

Hatje, Armin/Kindt, Anne: Der Vertrag von Lissabon – Europa endlich in guter Verfassung?, NJW 2008, 1761.

Hatzopoulos, Vassilis: Anm. zu Case C-384/93, *Alpine Investments BV* v. *Minister van Financiën*, Judgment of 10 May 1995, nyr, CMLR 32 (1995), 1427.

–: Recent Developments of the Case Law of the ECJ in the Field of Services, CMLR 37 (2000), 43.

Haucap, Justus/Wey, Christian/Barmbold, Jens F.: Location Choice as a Signal for Product Quality: The Economics of „Made in Germany“, JITE 153 (1997), 510.

Hayek, Friedrich August von: The Fatal Conceit: The Errors of Socialism, London 1988, reprinted 1998.

Heermann, Peter W.: Auswirkungen der Europäischen Rechtsentwicklung auf das deutsche Wettbewerbsrecht oder Wohin steuert das deutsche Werberecht nach der Entscheidung des EuGH vom 07. 03. 1990 in Sachen "GB-INNO-BM ./. Confédération du commerce Luxembourgeois"?, WRP 1993, 578.

–: Warenverkehrsfreiheit und deutsches Unlauterkeitsrecht, München 2004.

Hefermehl, Wolfgang/Fezer, Karl-Heinz: Der Schutz der Marke im Gemeinsamen Markt, in: Hefermehl, Wolfgang/Ipsen, Hans Peter/Schluep, Walter R./Sieben, Günter (Hg.), Nationaler Markenschutz und freier Warenverkehr in der Europäischen Gemeinschaft, München 1979, 8.

Heiderhoff, Bettina: Der Einfluss des europäischen Rechts auf das nationale Privatrecht, ZJS 2008, 25.

Heiduk, Günther S.: Außenwirtschaft: Theorie, Empirie und Politik der interdependenten Weltwirtschaft, Heidelberg 2005.

Heimann, Josef: Zwingender Verbraucherschutz und Grundfreiheiten im Bereich der Finanzdienstleistungen, Karlsruhe 2005, zugl. Diss. Bonn 2005.

Heintzen, Markus: Inländerdiskriminierung im Gemeinsamen Markt – dargestellt am Beispiel der Rechtsanwaltschaft, in: Hopt, Klaus J. (Hg.), Europäische Integration als Herausforderung des Rechts: Mehr Marktrecht – weniger Einzelgesetze, Essen 1991, 316.

Herdegen, Matthias: Europarecht, 17. Aufl., München 2015.

Hertig, Gérard: The European Community, Int'l Rev. L. & Econ. 11 (1991), 331.

Herzog, Roman/Gerken, Lüder: Stoppt den Europäischen Gerichtshof, FAZ v. 08.09.2008, Nr. 210, 8.

von Heydebrand und der Lasa, Hans-Christoph: Free movement of foodstuffs, consumer protection and food standards in the European Community: has the Court of Justice got it wrong?, E. L. Rev. 16 (1991), 391.

Heydt, Volker: Der Einfluss der Grundfreiheiten des EG-Vertrages auf das nationale Steuerrecht der Mitgliedstaaten und ihre Doppelbesteuerungsabkommen, in: Lehner, Moris et al. (Hg.), Münchener Schriften zum Internationalen Steuerrecht Heft 23: Grundfreiheiten im Steuerrecht der EU-Staaten, München 2000, 25.

Hilf, Meinhard/Pache, Eckhard: Das Bosman-Urteil des EuGH, NJW 1996, 1169.

Hilson, Christopher: Discrimination in Community free movement law, E. L. Rev. 24 (1999), 445.

Hindelang, Steffen: The Free Movement of Capital and Foreign Direct Investment, Oxford et al. 2009, zugl. Diss. Tübingen.

Hinarejos, Alicia: Economic and monetary union, in: Barnard, Catherine/Peers, Steve (eds.), European Union Law, Oxford 2014, 567.

Hödl, Sascha Oliver: Die Beurteilung von verkaufshindernden Maßnahmen im Europäischen Binnenmarkt: Neue Interpretationsansätze zu Art. 30 EGV auf der Grundalge der Keck-Entscheidung, Baden-Baden 1997, zugl. Diss. Graz 1996.

Hoffmann, Ekkehard: Die Abwägung konfligierender Interessen in Recht und Wohlfahrtsheorie, in: van Aaken, Anne/Schmid-Lübbert, Stefanie, Beiträge zur ökonomischen Theorie im öffentlichen Recht, Wiesbaden 2003, 135.

Hoffmann, Michael: Die Grundfreiheiten des EG-Vertrags als koordinationsrechtliche und gleichheitsrechtliche Abwehrrechte, Baden-Baden 2000, zugl. Diss. Trier, 1999.

Hojnik, Janja: De Minimis Rule within the EU Internal Market Freedoms: Towards a More Mature and Legitimate Market?, EJLS 6 (2013), 25.

Holm, Bernhard/Liebermann, Frank: Fernzulassung von Fahrzeugen?, SVR 2008, 161.

Hopt, Klaus J.: Europäisches Kapitalmarktrecht – Rückblick und Ausblick, in: Grundmann, Stefan (Hg.), Systembildung und Systemlücken in Kerngebieten des Europäischen Privatrechts: Gesellschafts-, Arbeits- und Schuldvertragsrecht, Tübingen 2000, 307.

Horsley, Thomas: Anm. zu Case C-110/05, *Commission v. Italy*, Judgment of the Court (Grand Chamber) of 10 February 2009; Case C-142/05, *Åklagaren v. Percy Mickelsson and Joakim Roos*, Judgment of the Court (Second Chamber) of 4 June 2009; Case C-265/06, *Commission v. Portugal*, Judgment of the Court (Third Chamber) of 10 April 2008, [2008] ECR I-2245., CMLR 46 (2009), 2001.

–: Space to Breathe: Subsidiarity, the Court of Justice and EU Free Movement Law, zugl. Diss. Edinburgh 2011, abgerufen am 27.04.2014 unter https://www.era.lib.ed.ac.uk/bitstream/1842/6390/1/Horsley2012.pdf.

–: Subsidiarity and the European Court of Justice: Missing Pieces in the Subsidiarity Jigsaw, JCMS 2012, 267.

Hoyer, Stephan: Unternehmensnachfolge und Wegzugsbesteuerung, Frankfurt a. M. 2013, zugl. Diss. Trier 2012.

Huber, Peter M.: Unitarisierung durch Gemeinschaftsgrundrechte – Zur Überprüfungsbedürftigkeit der ERT-Rechtsprechung, EuR 2008, 190.

Hüther, Michael/Hafemann, Klaus: Öffentliche Güter, Wettbewerb, Kompetenzverteilung – ökonomische Analysen zum Föderalismus, in: Härtel (Hg.), Handbuch Föderalismus – Föderalismus als demokratische Rechtsordnung und Rechtskultur in Deutschland, Europa und der Welt, Bd. I, Heidelberg et al. 2012, § 14 Rn. 1 ff.

Immenga, Ulrich: Freier Warenverkehr und technische Handelshemmnisse – Bemerkungen aus Anlaß des Urteils des EuGH vom 28.1.1986, in: Lessmann, Herbert et al. (Hg.), Festschrift für Rudolf Lukes: zum 65. Geburtstag, Köln, Berlin, Bonn, München 1989, 393.

Information Service High Authority of The European Community for Coal and Steel Luxembourg: The Brussels Report on the General Common Market, 1956.

Ipsen, Hans Peter: Europäisches Gemeinschaftsrecht, Tübingen 1972 (zitiert als: *Ipsen*, Europäisches Gemeinschaftsrecht).

–: Haager Kongreß für Europarecht und Bericht über die aktuelle Entwicklung des Gemeinschaftsrechts, NJW 1964, 339.

Ismer, Roland: Wirtschaftstheorie statt wirtschaftlicher Betrachtungsweise – Zur Rolle der Ökonomik im Steuerrecht, in: dies./Schmid-Lübbert, Stefanie, Beiträge zur ökonomischen Theorie im öffentlichen Recht, Wiesbaden 2003, 69.

Jacob, Marc: Precedents and Case-based Reasoning in the European Court of Justice: unfinished business, Cambridge et al. 2014.

Jahn, Joachim: Europarichter überziehen ihre Kompetenzen, NJW 2008, 1788.

Janda, Constanze: Arzneimittelrecht, in: Ruffert, Matthias (Hg.), Enzyklopädie Europarecht Bd. 5: Europäisches Sektorales Wirtschaftsrecht, Baden-Baden 2013, § 9 (zitiert als: *Janda* in Ruffert (Hrsg.), Europäisches Sektorales Wirtschaftsrecht (EnzEuR Bd. 5), § 9 Rn. x).

Janssens, Christine: The Principle of Mutual Recognition in EU Law, Oxford 2013, zugl. Diss. Antwerpen 2011.

Jansson, Max S./Kalimo, Harri: De Minimis Test Meets „Market Access“: Transformations in the Substance – and the Syntax – of EU Free Movement Law?, CMLR 51 (2014), 523.

Jarass, Hans D.: Charta der Grundrechte der Europäischen Union unter Einbeziehung der vom EuGH entwickelten Grundrechte, der Grundrechtsregelungen der Verträge und der EMRK, Kommentar, 2. Aufl., München 2013.

–: Die Bindung der Mitgliedstaaten an die EU-Grundrechte, NVwZ 2012, 457.

–: Elemente einer Dogmatik der Grundfreiheiten, EuR 1995, 202.

–: Elemente einer Dogmatik der Grundfreiheiten II, EuR 2000, 705.

Jarvis, Malcolm A.: The Application of EC Law by National Courts: The Free Movement of Goods, Oxford 1998.

Jensch, Olaf: Die Warenausfuhrfreiheit des EG-Vertrages, Berlin 2005, zugl. Diss. Halle-Wittenberg, 2004.

Jessen, Jens: TTIP: Eine Wahnsinnstat, ZEIT ONLINE v. 12.06.2014, abgerufen am 31.07.2014 unter http://www.zeit.de/2014/24/ttip-freihandelsabkommen-demokratie.

Jickeli, Joachim: Der Binnenmarkt im Schatten des Subsidiaritätsprinzips: Erste Weichenstellungen in der Rechtsprechung, JZ 1995, 57.

Joerges, Christian: Unity in Diversity as Europe's Vocation and Conflicts Law as Europe's Constitutional Form, LSE „Europe in Question' Discussion Paper Series, LEQS Paper No. 28/2010 (zitiert als: *Joerges*, LSE Paper).

Joliet, René: Das Recht des unlauteren Wettbewerbs und der freie Warenverkehr, GRUR Int. 1994, 1 .

–: Der freie Warenverkehr: Das Urteil Keck und Mithouard und die Neuorientierung der Rechtsprechung, GRUR Int. 1994, 979.

José Menéndez, Agustin: The European Democratic Challenge: The Forging of a Supranational *Volonté Générale*, E. L. J. 15 (2009), 277.

Jürgens, Fabian: Die Kompetenzabgrenzung zwischen der Europäischen Union und den Mitgliedstaaten: Analyse und Bewertung der vertraglichen Ausgestaltung und der Anwendung der europarechtlichen Kompetenznormen durch die Gemeinschaftsorgane vor dem Hintergrund eines materiellen Kompetenzverständnisses, München 2010, zugl. Diss. München 2010.

Jungbluth, David: Überformung der grundgesetzlichen Wirtschaftsverfassung durch Europäisches Unionsrecht?, EuR 2010, 471.

Kaczorowska, Alina: European Union law, 3rd ed., Oxford et al. 2013.

Kafsack, Hendrik: Europas Zerreißprobe, FAZ Online v. 16.01.2016, abgerufen am 18.01.2016 unter http://www.faz.net/-gqg-8cf1h.

Kahl, Wolfgang/Schwind, Manuel: Europäische Grundrechte und Grundfreiheiten – Grundbausteine einer Interaktionslehre, EuR 2014, 170.

Kanitz, Ralf/Steinberg, Philipp: Grenzenloses Gemeinschaftsrecht? Die Rechtsprechung des EuGH zu Grundfreiheiten, Unionsbürgerschaft und Grundrechten als Kompetenzproblem, EuR 2003, 1013.

Kapteyn, P. J. G./McDonnell, A. M./Mortelmans, K. J. M./Timmermans, C. W. A./Geelhoed, the late L. A.: The Law of the European Union and the European Communities, Aalphen an den Rijn 2008 et al.

Kelber, Markus: Die Transferpraxis beim Vereinswechsel im Profifußball auf dem Prüfstand, NZA 2001, 11.

Keßler, Jutta: Das System der Warenverkehrsfreiheit im Gemeinschaftsrecht – Zwischen Produktbezug und Verkaufsmodalitäten –, Berlin 1997, zugl. Diss. HU Berlin, 1996.

Kerber, Wolfgang: Interjurisdictional Competition Within the European Union, Fordham Int'l L. J. 23 (1999), 217 .

–: Rechtseinheitlichkeit und Rechtsvielfalt aus ökonomischer Sicht, in: Grundmann, Stefan (Hg.), Systembildung und Systemlücken in Kerngebieten des Europäischen Privatrechts: Gesellschafts-, Arbeits- und Schuldvertragsrecht, Tübingen 2000, 67.

–: Transnational commercial law, multi-level legal systems, and evolutionary economics, in: Zumbansen, Peer/Calliess, Gralf-Peter (Hg.), Law, Economics and Evolutionary Theory, Cheltenham et al. 2011, 297.

Kerber, Wolfgang/van den Bergh, Roger: Mutual recognition in the global trade regime: lessons from the EU experience, in: Lianos, Ioannis/Odudu, Okeoghene (Hg.), Regulating Trade in Services in the EU and the WTO: Trust, Distrust and Economic Integration, Cambridge 2012, 121.

–: Unmasking Mutual Recognition: Currend Inconsistencies and Future Chances, Marburg Papers on Economics – Marburger Volkswirtschaftliche Beiträge, No. 11-2007 (zitiert als: *Kerber/van den Bergh*, Marburg Papers, 1).

Kern, Konrad: Überseering – Rechtsangleichung und gegenseitige Anerkennung: Eine Untersuchung zum Wettbewerb der Gesetzgeber im Europäischen Gesellschaftsrecht, Berlin 2004, zugl. Diss. Augsburg 2003.

Kieninger, Eva-Maria: Europäische Vertragsrechtsvereinheitlichung aus rechtsökonomischer Sicht, in: Eger, Thomas et al. (Hg.), Internationalisierung des Rechts und seine ökonomische Analyse – Internalization of the Law and its Economic Analysis, Festschrift für Hans-Bernd Schäfer zum 65. Geburtstag, Wiesbaden 2008, 353.

–: Wettbewerb der Privatrechtsordnungen im Europäischen Binnenmarkt: Studien zur Privatrechtskoordinierung in der Europäischen Union auf den Gebieten des Gesellschafts- und Vertragsrechts, Tübingen 2002, zugl. Habil. Hamburg 2001.

Kingreen, Thorsten: Die Struktur der Grundfreiheiten des Europäischen Gemeinschaftsrechts, Berlin 1999 (zitiert als: Struktur).

–: Grundfreiheiten, in: von Bogdandy, Armin/Bast, Jürgen (Hg.), Europäisches Verfassungsrecht: Theoretische und dogmatische Grundzüge, 2. Aufl., Berlin, Heidelberg 2009, 705.

–: Grundrechtsverbund oder Grundrechtsunion? – Zur Entwicklung der subjektiv-öffentlichen Rechte im europäischen Unionsrecht –, EuR 2010, 338.

–: In love with the single market? Die EuGH-Entscheidungen Alimanovic zum Ausschluss von Unionsbürgern von sozialen Grundsicherungsleistungen, NVwZ 2015, 1503.

–: Keine neue Frische in der Rechtsprechung zu den Grundfreiheiten: Der EuGH und das aufgebackene Brot, EWS 2006, 488.

–: Theorie und Dogmatik der Grundrechte im europäischen Verfassungsrecht, EuGRZ 2004, 570.

Kingreen, Thorsten/Störmer, Rainer: Die subjektiv-öffentlichen Rechte des primären Gemeinschaftsrechts, EuR 1998, 263.

Kirchner, Andreas: Dynamik der Geschlossenheit: Eine Theoriefigur der späten Moderne und ihre Entfaltung bei Hans Blumenberg, Wiesbaden 2012, zugl. Diss. München 2010.

Kirchner, Christian: Die ökonomische Theorie, in: Riesenhuber (Hg.), Europäische Methodenlehre: Handbuch für Ausbildung und Praxis, 2. Aufl., Berlin, New York 2010, 132.

–: Ein Regelungsrahmen für Rechtseinheitlichkeit und Rechtsvielfalt in der Gemeinschaft, in: Grundmann, Stefan (Hg.), Systembildung und Systemlücken in Kerngebieten des Europäischen Privatrechts: Gesellschafts-, Arbeits- und Schuldvertragsrecht, Tübingen 2000, 99.

–: Justifying Limits to Party Autonomy in the Internal Market – Mainly Consumer Protection, in: ders./Grundmann, Stefan/Weatherill, Stephen (eds.), Party Autonomy and the Role of Information in the Internal Market, Berlin et al. 2001, 165.

–: Zur konsequentialistischen Interpretationsmethode: Der Beitrag der Rechtswissenschaft zur reziproken methodischen Annäherung von Ökonomik und Rechtswissenschaft, in: Eger, Thomas et al. (Hg.), Internationalisierung des Rechts und seine ökonomische Analyse – Internalization of the Law and its Economic Analysis, Festschrift für Hans-Bernd Schäfer zum 65. Geburtstag, Wiesbaden 2008, 37.

Kirschner, Julia: Grundfreiheiten und nationale Gestaltungsspielräume: Eine Analyse der Rechtsprechung des EuGH, München 2014, zugl. Diss. München 2013.

Kischel, Uwe: Die Kontrolle der Verhältnismäßigkeit durch den Europäischen Gerichtshof, EuR 2000, 380.

Kjellgren, Anders: On the Border of Abuse: the Jurisprudence of the European Court of Justice on Circumvention, Fraud, and Abuses of Community Law, in: Andenas, Mads/Roth, Wulf-Henning (Hg.), Services and Free Movement in EU Law, Oxford 2004, 245.

Klauer, Irene: Die Europäisierung des Privatrechts: Der EuGH als Zivilrichter, Baden-Baden 1998, zugl. Diss. St Gallen 1997.

Kleier, Ulrich F.: Freier Warenverkehr (Art. 30 EWG-Vertrag) und Diskriminierung inländischer Erzeugnisse, RIW 1988, 623.

Klinke, Ulrich: Europa und Zivilrecht heute – Eine Skizze, in: Michaels, Ralf/Solomon, Dennis (Hg.), Liber Amicorum Klaus Schurig, München 2012, 105.

Kluth, Winfried/Rieger, Frank: Die gemeinschaftsrechtlichen Grundlagen und berufsrechtlichen Wirkungen von Herkunftslandprinzip und Bestimmungslandprinzip – Eine Analyse am Beispiel von Diensteleistungs- und Berufsanerkennungsrichtlinie – GewArch 2006, 1.

Knauff, Matthias: Daseinsvorsorge im Vertrag von Lissabon, EuR 2010, 725.

Koch, Jessica: Entwicklung, Funktionsweise und Durchsetzung des Prinzips der gegenseitigen Anerkennung im innergemeinschaftlichen Warenverkehr – unter besonderer Einbeziehung der Verordnung zur Anwendung nationaler technischer Vorschriften –, Göttingen 2010, zugl. Diss. Göttingen 2009.

Köcher, Renate: Die Deutschen und Europa, Wirtschaftswoche vom 27.10.2014, Nr. 44, 39.

Koenig, Christian/Braun, Jens-Daniel/Capito, Ralf: Europäischer Systemwettbewerb durch Wahl der Rechtsregeln in einem Binnenmarkt für mitgliedstaatliche Regulierungen?, EWS 1999, 401.

Koenig, Christian/Engelmann, Christina/Sander, Clauda: Parallelhandelsbeschränkungen im Arzneimittelbereich und die Freiheit des Warenverkehrs, GRUR Int. 2001, 919.

Körber, Torsten: Grundfreiheiten und Privatrecht, Tübingen 2004, zugl. Habil. Göttingen, 2003.

v. Komorowski, Alexis: Der allgemeine Daseinsvorsorgevorbehalt des Art. 106 Abs. 2 AEUV, EuR 2015, 310.

Koopmans, T.: The Quest for Subsidiarity, in: Curtin, Deirdre/Heukels, Ton, Institutional Dynamics of European Integration: Essays in Honour of Henry G. Schermers, Vol. II, Dordrecht et al. 1994, 43.

Kort, Michael: Schranken der Dienstleistungsfreiheit im europäischen Recht, JZ 1996, 132.

Korte, Stefan: Standortfaktor Öffentliches Recht – Föderalismus zwischen Integration und Wettbewerb, Tübingen 2016, zugl. Habil. Berlin 2013.

Kovar, Robert: Annotation, JDI 1981, 111.

Kraekel, Britta: Der Abbau von Maßnahmen kontingentgleicher Wirkung als Instrument zur Marktöffnung: Europäischen Gemeinschaften und MERCOSUR im Vergleich, München 1997, zugl. Diss. TU Dresden 1996.

Krajewski, Markus: Konstitutionelle Ökonomie des GATT/WTO-Rechts, in: van Aaken, Anne/Schmid-Lübbert, Stefanie, Beiträge zur ökonomischen Theorie im öffentlichen Recht, Wiesbaden 2003, 1.

–: Wirtschaftsvölkerrecht, 3. Aufl., Heidelberg et al. 2012.

Krisch, Nico: The Case for Pluralism in Postnational Law, LSE Law, Society and Economy Working Papers 12/2009.

Kröger, Michael: Historischer Deal: Mitterrand forderte Euro als Gegenleistung für die Einheit, SPIEGEL ONLINE v. 25.09.2010, abgerufen am 01.08.2014 unter http://www.spiegel.de/politik/ausland/historischer-deal-mitterrand-forderte-euro-als-gegenleistung-fuer-die-einheit-a-719608.html.

Kroll-Ludwigs, Kathrin: Die Rolle der Privatautonomie im europäischen Kollisionsrecht, Tübingen 2013, zugl. Habil. Bonn 2011.

Kühling, Jürgen/Huerkamp, Florian: Ausschreibungsverzicht und Europäische Grundfreiheiten – Das Vergaberecht in der (Wirtschafts-)Krise, NVwZ 2009, 557.

Künzler, Adrian: Effizienz oder Wettbewerbsfreiheit? Zur Frage nach den Aufgaben des Rechts gegen private Wettbewerbsbeschränkungen, Tübingen 2008, zugl. Diss. Zürich 2008.

Kuipers, Jan-Jaap: Towards a European Approach in the Cross-Border Infringement of Personality Rights, Germ. L. J. 12 (2011), 1681.

Kugelmann, Dieter: Werbung als Dienstleistung, EuR 2001, 363.

Kutscher, Hans: Thesen zu den Methoden der Auslegung des Gemeinschaftsrechts, aus der Sicht eines Richters, in: Gerichtshof der Europäischen Gemeinschaften: Begegnung von Justiz und Hochschule am 27. und 28. September 1976, Luxemburg 1976, I-4.

Lach, Andreas: Umgekehrte Diskriminierungen im Gemeinschaftsrecht, Frankfurt am Main 2008, zugl. Diss. Potsdam 2007.

Lackhoff, Klaus: Deutsches Wirtschaftsverwaltungsrecht und die Grundfreiheiten der Art. 30, 34, 48, 52, und 59 EGV, Baden-Baden 1994, zugl. Magisterarbeit Saarbrücken, 1994 (zitiert als: *Lackhoff*, Wirtschaftsverwaltungsrecht).

–: Die Niederlassungsfreiheit des EGV – nur ein Gleichheits- oder auch eine Freiheitsrecht?, Berlin 2000, zugl. Diss. Münster 1998 (zitiert als: *Lackhoff*, Niederlassungsfreiheit).

Lackhoff, Klaus/Raczinski, Bernd: Umgekehrte Diskriminierung, EWS 1997, 109.

Lange, Knut Werner: Die Anwendung des europäischen Kartellverbots auf staatliche Eingriffe in das Marktgeschehen, EuR 2008, 3.

Langner, Olaf: Das Kaufrecht auf dem Prüfstand der Warenverkehrsfreiheit des EG-Vertrags, RabelsZ 65 (2001), 222.

Lazer, David: international coordination of regulation, Durlauf, Steven N./Blume, Lawrence E. (Hg.), The New Palgrave Dictionary of Economics Online, Palgrave Macmillan 2009 (zitiert als: *Lazer*, in: Palgrave, abgerufen am 15.04.2014).

Léger, Philippe (Hg.): Commentaire article par article des traités UE et CE, Basel et al. 2000.

Légrádi, Katalyn: Mobiliarsicherheiten in Europa, Berlin 2012, zugl. Diss. Erlangen-Nürnberg 2012/2013.

Leible, Stefan: Anm. zu EuGH, Urteil vom 8. 3. 2001 - Rs. C-405/98, EuZW 2001, 253.

Leisner, Walter Georg: Die subjektiv-historische Auslegung des Gemeinschaftsrechts: Der „Wille des Gesetzgebers in der Judikatur des EuGH", EuR 2007, 689.

Lenaerts, Koen: Exploring the Limits of the EU Charter of Fundamental Rights, EuConst 8 (2012), 375.

–: Market Access and Proportionality, in: Terryn, Evelyne/Straetmans, Gert/Colaert, Veerle (eds.), Landmark Cases of EU Consumer Law: In Honour of Jules Stuyck, Cambridge 2013, 95.

Leupold, Bettina: Die Dienstleistungsfreiheit des Europäischen Unionsrechts, Jura 2011, 762.

Lianos, Ioannis/Gerard, Damien M. B.: Shifting narratives in European economic integration: trade in services, pluralism and trust, in: Lianos, Ioannis/Odudu, Okeoghene, Regulating Trade in Services in the EU and the WTO: Trust, Distrust and Economic Integration, Cambridge 2012, 173.

Lippert, André: Der grenzüberschreitende Sachverhalt im Unionsrecht: Eine Analyse anhand der Rechtsprechung des Europäischen Gerichtshofs zu den Kontrollkompetenzen, Tübingen 2013, zugl. Diss. FU Berlin 2012.

Luczak, Jan-Marco: Die Europäische Wirtschaftsverfassung als Legitimationselement europäischer Integration: Ein Beitrag zur wirtschaftsverfassungsrechtlichen Analyse des EG-Vertrages unter Einbeziehung der Änderungen des Unionsrechts durch den Vertrag von Lissabon, Berlin 2009, zugl. Diss. München WS 2007/2008.

Ludwigs, Markus: Anm. zu EuGH (Große Kammer), Urt. v. 1.7.2014 – C-573/12 (Ålands Vindkraft AB/Energimyndigheten), EuZW 2014, 620.

–: Die Förderung erneuerbarer Energie im doppelten Zangengriff des Unionsrechts, EuZW 2014, 201.

Lutter, Marcus: Die Auslegung angeglichenen Rechts, JZ 1992, 593.

MacGowan, Nicholas/Quinn, Mary: Could Article 30 impose obligations on individuals?, E. L. Rev. 12 (1987), 163.

Maduro, Miguel Poiares: Europe and the Constitution: *What if this is as good as it gets?*, Webpapers on Constitutionalism & Governance beyond the State, Year 2000 No. 5 (zitiert als: *Maduro*, Webpaper).

Maduro, Miguel Poiares: Harmony and Dissonance in Free Movement, in: Andenas, Mads/Roth, Wulf-Henning (Hg.), Services and Free Movement in EU Law, Oxford 2004, 41.

–: Reforming the Market or the State? Article 30 and the European Constitution: Economic Freedom and Political Rights, E. L. J. 3 (1997), 55.

–: Revisiting the Free Movement of Goods in a Comparative Perspective, in: Rosas, Allan/Levits, Egil/Bot, Yves (editorial committee), The Court of Justice and the Construction of Europe: Analyses and Perspectives on Sixty Years of Case-law – Le Cour de Justice et la Construction de l'Europe: Analyses et Perspectives de Soixante Ans de Jurisprudence, The Hague 2013, 485.

–: The importance of being called a constitution: Constitutional authority and the authority of constitutionalism, Int'l J. Constit. L. 3 (2005), 332.

–: We The Court: the European Court of Justice and the European Economic Constitution – a Critical Reading of Article 30 of the EC Treaty, Oxford 2002.

Mager, Ute: Anm. zu EuGH, Urteil v. 11. 7. 2002 – C-60/00 Mary Carpenter, JZ 2002, 204.

Majone, Giandomenico: Rethinking the Union of Europe Post-Crisis: Has Integration Gone Too Far?, Cambridge 2014.

Marx, Friedhelm: Funktion und Grenzen der Rechtsangleichung nach Art. 100 EWG-Vertrag, Köln et al. 1976, zugl. Diss. Münster 1974.

Mattera, Alfonso: Le marché unique européen: ses règles, son fonctionnement, 2e édition, Paris 1990.

Matthies, Heinrich: Art. 30 EG-Vertrag nach Keck, in: Due, Ole et al. (Hg.), Festschrift für Ulrich Everling, Bd. I, Baden-Baden 1995, 804.

Mayer, Franz C.: Die Rückkehr der Europäischen Verfassung? Ein Leitfaden zum Vertrag von Lissabon, ZaöRV 2007, 1141.

–: Rebels Without a Cause? A Critical Analysis of the German Constitutional Court's OMT Reference, Germ. L. J. 15 (2014), 111.

Meier, Gert: Lebensmittelrechtlicher Gesundheitsschutz im Gemeinsamen Markt: Eine Entschärfung der „umgekehrten Diskriminierung" heimischer Unternehmen?, RIW 1987, 841.

Mengozzi, Pieralberto: Il ribadimento di un approccio ispirato ad un principio personalistico nella giurisprudenza comunitaria relativa alla protezione dei consumatori, Studi int. eur., 2009, 201.

Menon, Anand/Weatherill, Stephen: Transnational Legitimacy in a Globalising World: How the European Union Rescues its States, West Eur. Polit. 31 (2008), 397.

Mestmäcker, Ernst-Joachim: Herausforderungen der Wirtschafts- und Währungsunion, EuR 2011 Beiheft 2, 7.

–: Marktversagen und Staatsversagen in der Europäischen Union, in: Grundmann, Stefan (Hg.), Systembildung und Systemlücken in Kerngebieten des Europäischen Privatrechts: Gesellschafts-, Arbeits- und Schuldvertragsrecht, Tübingen 2000, 53.

Meyer, Andreas: Europäscher Binnenmarkt und produktspezifisches Werberecht, GRUR Int. 1996, 697.

Michaelis, Jochen: Internationaler Handel, in: Blümle, Gerold/Francke, Hans-Hermann, Volkswirtschaftslehre, Band I, 3. A. 2008, 279.

Michl, Walther: Anm. zu EuGH (Dritte Kammer), *Urt.* v. 12.06.2014 – C-156/13 (Digibet Ltd ua/Westdeutsche Lotterie GmbH & Co OHG), EuZW 2014, 630.

Micklitz, Hans-W./Reich, Norbert: Crónica de una Muerte Anunciada: The Commission Proposal for a „Directive on Consumer Rights“, CMLR 46 (2009), 471.

Mittwoch, Anne-Christin: Nationale Preisbindungsregelungen auf dem Prüfstand: Die Warenverkehrsfreiheit im Lichte der aktuellen DocMorris-Entscheidung, EuZW 2016, 936.

Moench, Christoph: Der Schutz des freien Warenverkehrs im Gemeinsamen Markt: Zur Auslegung der Art. 30, 34, 36 EWG in der Rechtsprechung des EuGH, NJW 1982, 2689.

Mojzesowicz, Karolina: Möglichkeiten und Grenzen einer einheitlichen Dogmatik der Grundfreiheiten, Baden-Baden 2001, zugl. Diss. Frankfurt/Oder, 2000.

Molitor, Bernhard: Deregulierung in Europa, in: Due, Ole et al. (Hg.), Festschrift für Ulrich Everling, Bd. I, Baden-Baden 1995, 875.

Montag, Frank/von Bonin, Andreas: Die Entwicklung des europäischen Gemeinschaftsrechts bis Ende 2002, NJW 2003, 2712.

Monti, Mario: Eine neue Strategie für den Binnenmarkt: Im Dienste der Wirtschaft und Gesellschaft Europas, Bericht an den Präsidenten der Europäischen Kommission José Manuel Barroso, 9.05.2010, abgerufen am 13.01.16 unter http://ec.europa.eu/internal_market/strategy/docs/monti_report_final_10_05_2010_en.pdf (zitiert als: Monti-Bericht).

Moravcsik, Andrew: The Choice for Europe: Social Purpose & State Power From Messina to Maastricht, Oxford 1999.

Mortelmans, Kamiel: Article 30 Of The EEC Treaty And Legislation Relating To Market Circumstances: Time To Consider A New Definition?, CMLR 28 (1991), 115.

–: The Common Market, the Internal Market and the Single Market, What's In A Market?, CMLR 35 (1998), 101.

–: Towards Convergence in the Application of the Rules on Free Movement and on Competition, CMLR 38 (2001), 613.

Möschel, Wernhard: Kehrtwende in der Rechtsprechung des EuGH zur Warenverkehrsfreiheit, NJW 1994, 429.

Möschel, Wernhard: Zum Subsidiaritätsprinzip im Vertrag von Maastricht, NJW 1993, 3025.

Möstl, Markus: Grenzen der Rechtsangleichung im Europäischen Binnenmarkt: Kompetenzielle, grundfreiheitliche und grundrechtliche Schranken des Gemeinschaftsgesetzgebers, EuR 2002, 318.

Mühl, Axel: Diskriminierung und Beschränkung, Berlin 2004, zugl. Diss. Bayreuth, 2003.

Mülbert, Peter O.: Privatrecht, die EG-Grundfreiheiten und der Binnenmarkt: Zwingendes Privatrecht als Grundfreiheitenbeschränkung im EG-Binnenmarkt, ZHR 159 (1995), 2.

Müller, Markus M.: Wirtschaftspolitik, in: Gabriel, Oscar/Kropp, Sabine (Hg.), Die EU-Staaten im Vergleich, 3. Aufl. 2008, Wiesbaden, Wirtschaftspolitik, 690.

Müller, Thomas: Wettbewerb und Unionsverfassung: Begründung und Begrenzung des Wettbewerbsprinzips in der europäischen Verfassung, zugl. Habil. Innsbruck 2012, Tübingen 2014.

Müller-Graff, Peter Christian: Binnenmarktauftrag und Subsidiaritätsprinzip, ZHR 159 (1995), 34.

–: Binnenmarktziel und Rechtsordnung: Binnenmarktrecht, Bergisch-Gladbach, Köln 1989 (zitiert als: *Müller-Graff*, Binnenmarktziel).

–: Das verschleierte Antlitz der Lissabonner Wirtschaftsverfassung, ZHR 173 (2009), 443.

–: Der Raum der Freiheit, der Sicherheit und des Rechts in der Lissabonner Reform, EuR 2009 Beiheft 1, 105.

–: Die Rechtsangleichung zur Verwirklichung des Binnenmarktes, EuR 1989, 107.

–: Die Verdichtung des Binnenmarktrechts zwischen Handlungsfreiheiten und Sozialgestaltung, EuR 2002 Beiheft 1, 7.

–: Drittwirkung der Grundfreiheiten und Grundrechte im Recht der Europäischen Union, Referate im Rahmen des Symposiums „Rechtsfragen der Europäischen Integration", Bonn den 03. Dezember 2012 (zitiert als: *Müller-Graff*, ZEW-Vortrag).

–: Europäisches Gemeinschaftsrecht und Privatrecht – Das Privatrecht in der europäischen Integration, NJW 1993, 13.

Von Münch, Ingo: Australien als juristisches Experimentierfeld, NJW 1996, 3324.

Nettesheim, Martin: Die europarechtlichen Grundrechte auf wirtschaftliche Mobilität (Art. 48, 52 EGV), NVwZ 1996, 342.

–: Normhierarchien im EU-Recht, EuR 2006, 737.

Neumann, Manfred: Wettbewerbspolitik: Geschichte, Theorie und Praxis, Wiesbaden 2000.

Neuner, Jörg: Die Rechtsfortbildung, in: Riesenhuber (Hg.), Europäische Methodenlehre: Handbuch für Ausbildung und Praxis, 3. Aufl., Berlin et al. 2015, 245.

Nicolaysen, Gert: Europarecht I: Die Europäische Integrationsverfassung, Baden-Baden 2002 (zitiert als: *Nicolaysen*, Europarecht I).

–: Inländerdiskriminierung im Warenverkehr, EuR 1991, 95.

Notaro, Nicola: Anm. zu Case C-203/96, Chemische Afvalstoffen Dusseldorp BV and Others v. Minister van Volkshuisvesting, Ruimtelijke Ordening en Milieubeheer, Judgment of the Sixth Chamber of the Court of 25 June 1998, [1998] ECR I-4075, CMLR 36 (1999), 1309.

Notaro, Nicola: The new generation case law on trade and environment, E. L. Rev. 25 (2000), 467.

Nowak, Carsten: Binnenmarktziel und Wirtschaftsverfassung der Europäischen Union vor und nach dem Reformvertrag von Lissabon, EuR 2009 Beiheft 1, 129.

Nowak, Carsten: Wettbewerb und soziale Marktwirtschaft in den Regeln des Lissabonner Vertrags, EuR 2011, Beiheft 2, 21.

Nusser, Julian: Die Bindung der Mitgliedstaaten an die Unionsgrundrechte, Tübingen 2011, zugl. Diss. Trier 2010.

Obert, Anne: Die Buchpreisbindung in Deutschland und im Vereinigten Königreich – Eine vergleichende Untersuchung mit Blick auf die europarechtliche Situation, GRUR Int. 1999, 1017.

Oeter, Stefan: Bundesstaat, Föderation, Staatenverbund – Trennlinien und Gemeinsamkeiten föderaler Systeme, ZaöRV 2015, 733.

Ohne Verfasser: Cameron will Freizügigkeit einschränken, FAZ Online v. 10.11.2016, abgerufen am 18.01.2016 unter http://www.faz.net/-gq4-8a0l4.

–: Editorial Comments: Europeanization of Private Law – Part 2, CMLR 35 (1998), 1013.

–: EU erwägt Geld als Druckmittel, tagesschau.de vom 27.10.2015, abgerufen am 02.12.2015 unter http://www.tagesschau.de/ausland/fluechtlinge-eu-121.html.

–: Slowakei klagt gegen EU-Flüchtlingsverteilung, FAZ Online v. 02.02.2015, abgerufen am 02.12.2015 unter http://www.faz.net/-gpf-8avg6.

–: Slowakische Republik kündigt Klage an, FAZ Online v. 23.09.2015, abgerufen am 02.12.2015 unter http://www.faz.net/-i98-886hj.

–: Ungarn reicht Klage gegen EU-Flüchtlingsverteilung ein, abgerufen am 12.01.2015 unter http://dw.com/p/1HGx0.

Oliver, Peter: Anm. zu Case C-5/94, The Queen v. Ministry of Agriculture, Fisheries and Food ex parte Hedley Lomas (Ireland), [1996] ECR I-2553, CMLR 34 (1997), 666.
–: Could the Wording of the Court's Judgements Be Improved?, EuZW 2001, 257.
–: Goods and Services: Two Freedoms Compared, in: Dony, Marianne/De Walsche, Aline (Hg.), Mélanges en Hommage à Michel Waelbroeck, Volume II, Brüssel 1999, 1377.
–: Measures Of Equivalent Effect: A Reappraisal, CMLR 19 (1982), 217.
–: Non-Community Nationals and the Treaty of Rome, YEL 5 (1985), 57.
–: Of Trailers and Jet Skis: Is the Case-Law on Article 34 TFEU Hurtling in a New Direction?, Fordham Int'l L. J. 33 (2011), 1423.
–: Oliver on Free Movement of Goods in the European Union, Oxford and Portland, Oregon, Fifth Edition 2010 (zitiert als: *Autor*, in: Oliver).
Oliver, Peter/Enchelmaier, Stefan: Free movement of goods: Recent developments in the case law, CMLR 44 (2007), 649 (683).
Oliver, Peter/Martínez Navarro, Martín: Free movement of goods, in: Barnard, Catherine/Peers, Steve (eds.), European Union Law, Oxford 2014, 325.
Ophüls, C.F.: Grundzüge europäischer Wirtschaftsverfassung, ZHR 124 (1962), 136.
Oppermann, Thomas/Classen, Claus Dieter/Nettesheim, Martin: Europarecht: Ein Studienbuch, 6. Aufl., München 2014.
Ose, Ludwig: Beihilfen und Maßnamen gleicher Wirkung wie mengenmäßige Beschränkungen im Recht der EWG: Ein Versuch zur Abgrenzung, Diss. Saarbrücken 1976.
Palacio González, José: The principle of subsidiarity: (a guide for lawyers with a particular community orientation), E. L. Rev. 20 (1995), 355.
Parisi, Francesco: Commentary B on Breton and Salmon, in: Breton, Albert/Trebilcock, M.J. (Hg.), Bijuralism: an economic approach, Hampshire et al. 2006, 65.
Parisi, Francesco/Ribstein, Larry E.: Choice of law, in: Newman, Peter (Hg.), The New Palgrave Dictionary of Economics and the Law, Bd. 1 (1998), 236.
Payandeh, Mehrdad: Constitutional Review of EU Law After *Honeywell*: Contextualising the Relationship Between the German Constitutional Court and the EU Court of Justice, CMLR 48 (2011), 9 .
Pecho, Peter: Good-Bye Keck?: A Comment on the Remarkable Judgment in *Commission v. Italy*, C-110/05, LIEI 36 (2009), 257.
Pechstein, Matthias: Entscheidungen des EuGH: Kommentierte Studienauswahl, 8. Aufl., Tübingen 2014.
Pechstein, Matthias/Drechsler, Carola: Die Auslegung und Fortbildung des Primärrechts, in: Riesenhuber, Karl (Hg.), Europäische Methodenlehre: Handbuch für Ausbildung und Praxis, 3. Aufl., Berlin et al. 2015, 125.
Pernice, Ingolf: Der Vertrag von Lissabon – Ende des Verfassungsprozesses der EU, EuZW 2008, 65.
Persch, Sven: Der EuGH und die Besonderheiten des Sports im Arbeitsrecht, NZA 2010, 986.
Pießkalla, Michael: Anm. zu EuGH, Urteil vom 16. 12. 2008 – C-210/06 CARTESIO Oktató és Szolgáltató bt, EuZW 2009, 75.
Pingel, Isabelle (Hg.): De Rome à Lisbonne: Commentaire Article Par Article Des Traités UE et CE, 2e ed., Basel 2010.
Plötscher, Stefan: Der Begriff der Diskriminierung im Europäischen Gemeinschaftsrecht: Zugleich ein Beitrag zur einheintlichen Dogmatik der Grundfreiheiten des EG-Vertrages, Berlin 2003, zugl. Diss. Bayreuth 2001/2002.

Portuese, Aurélien: The Case for a Principled Approach to Law and Economics: Efficiency Analysis and General Principles of EU Law, in: Mathis, Klaus (ed.), Law and Economics in Europe: Foundations and Applications, Heidelberg et al. 2014, 275.

Posner, Richard A.: Economic analysis of law, 1st ed., New York 1973.

Potacs, Michael: Effet utile als Auslegungsgrundsatz, EuR 2009, 465.

Potacs, Michael/Mayer, Claudia: Effet Utile as a Method of Interpretation, in: Tichý, Luboš/Potacs, Michael/Dumbrovský, Thomáš, Charles University in Prague 2014, 17.

Prete, Luca: Of Motorcycle Trailers and Personal Watercrafts: the Battle over *Keck*, LIEI 35 (2008), 133.

Puppe, Ingeborg: Kleine Schule des juristischen Denkens, 3. Aufl., Göttingen 2014.

Purnhagen, Kai: Anm. zu EuGH, Urteil v. 26. 4. 2012 – C-456/10 ANETT ./. Administracion del Estado, JZ 2012, 742.

Puth, Sebastian: Die unendliche Weite der Grundfreiheiten des EG-Vertrags (Anmerkungen zum Urteil des EuGH vom 11. Juli 2002 in der Rs. C-60/00, *Carpenter*), EuR 2002, 860.

Quick, Reinhard: Exportselbstbeschränkungen und Artikel XIX GATT, Köln et al. 1983, zugl. Diss. Mannheim 1982/1983.

Rabe, Hans-Jürgen: Garantien und Sicherungen des freien Warenverkehrs im Lichte der neuesten Rechtsprechung des EuGH – Cassis de Dijon und die Folgerechtsprechung, in: Schwarze, Jürgen (Hg.), Das Wirtschaftsrechts des Gemeinsamen Marktes in der aktuellen Rechtsentwicklung, Baden-Baden 1983, 41.

Rabe, Hans-Jürgen: Zur Metamorphose des Europäischen Verfassungsvertrages, NJW 2007, 3153.

Ranacher, Christian/Frischhut, Markus: Handbuch Anwendung des EU-Rechts mit Judikatur (EuGH, VfGH, VwGH, OGH), Wien 2009.

Rathke, Kurt-Dietrich/Sosnitza, Olaf (Hg.): Zipfel/Rathke: Lebensmittelrecht, Loseblatt-Kommentar aller wesentlichen Vorschriften für das Herstellen und Inverkehrbringen von Lebensmitteln, Futtermitteln, kosmetischen Mitteln, sonstigen Bedarfsgegenständen sowie Tabakerzeugnissen, 161. Ergänzungslieferung, München, Stand: Juli 2015.

Rauer, Nils: Zwischen Binnenmarkt und Wahrung nationaler Identität: Das Verbot nichttarifärer Handelshemmnisse in der EU, Wiesbaden 2003, zugl. Diss. Gießen, 2003.

Rebhahn, Robert: Effet Utile – Towards a General Principle of Law?, in: Tichý, Luboš/Potacs, Michael/Dumbrovský, Thomáš, Charles University in Prague 2014, 147.

Reese, Ulrich: Grenzüberschreitende Werbung in der Europäischen Gemeinschaft – unter besonderer Berücksichtigung der Auswirkungen des Gemeinschaftsrechts auf das deutsche Recht des unlauteren Wettbewerbs –, München 1994, zugl. Diss. Bonn 1992.

Regan, Donald H.: Judicial Review of Member-State Regulation of Trade within a Federal or Quasi-Federal System: Protectionism and Balancing, „Da Capo", Mich. L. Rev. 99 (2001), 1853.

Regenfus, Thomas: Die „doppelte Analogie" – Erscheinungsformen und Voraussetzungen, JA 2009, 579.

Reich, Norbert: Anmerkung [zum Urteil des EuGH vom 24.11.1993 in den Rechtssachen Keck und Mithouard], ZIP 1993, 1815.

–: Binnenmarkt als Rechtsbegriff, EuZW 1991, 203.

–: Competition Between Legal Orders: A New Paradigm of EC Law, CMLR 29 (1992), 861.

–: How proportionate is the proportionality principle? – Some critical remarks on the use and methodology of the proportionality principle in the internal market case law of the

ECJ –, paper presented at the Oslo conference on "The Reach of Free Movement", 18-19 May 2011? (zitiert als: *Reich*, Oslo paper).
–: Parallelimporte von Arzneimitteln nach dem Recht der Europäischen Gemeinschaft, NJW 1984, 2000.
Reich, Norbert/Micklitz, Hans-Wolfgang: Vollharmonisierung durch die Hintertür – Zur Kritik der Schlussanträge der Generalanwältin Trstenjak in der Rs. Gysbrechts, C-205/07, v. 17.07.2008, VuR 2008, 349.
Reimer, Franz: Ziele und Zuständigkeiten: Die Funktionen der Unionszielbestimmungen, EuR 2003, 992.
Remien, Oliver: European Private International Law, The European Community And Its Emerging Area of Freedom, Security and Justice, CMLR 38 (2001), 53.
–: Grenzen der gerichtlichen Privatrechtsangleichung mittels der Grundfreiheiten des EG-Vertrages, JZ 1994, 349.
–: Zwingendes Vertragsrecht und Grundfreiheiten des EG-Vertrages, Tübingen 2003, zugl. Habil. Hamburg 1999/2000.
Reyes y Ráfales, Francisco Joel: Das Umschlagen von Rationalitätsdefiziten in Verfassungsverletzungen am Beispiel des Atomausstiegs: Zugleich ein Beitrag zur „Verfassungspflicht zu optimaler Gesetzgebungsmethodik", Der Staat 52 (2013), 597 (599 f.).
–: 6 Jahre „Anhänger-Rechtsprechung" zu Art. 34 Alt. 2 AEUV (insbesondere *Lahousse, Ker Optika, Guarnieri, Alands, Essent II, ANETT, Pelckmans*), DVBl 2015, 268.
–: Mindestrationalität im inneren Gesetzgebungsverfahren als Verfassungspflicht, Rechtstheorie 45 (2014), 35.
–: Überblick über die ökonomische Analyse des Rechts und ihre Applikationsmöglichkeiten auf die Europäischen Grundfreiheiten, BRJ 2014, 41.
Ribhegge, Hermann: Europäische Wirtschafts- und Sozialpolitik, Berlin, Heidelberg 2007.
Riecke, Torsten: Handelsblatt-Interview mit Paul A. Samuelson, „Wir sollten das Tempo der Globalisierung drosseln", Handelsblatt vom 20.09.2004, abgerufen am 14.12.2013 unter http://www.handelsblatt.com/politik/international/handelsblatt-interview-mit-paul-a-samuelson-wir-sollten-das-tempo-der-globalisierung-drosseln/2403184.html.
Rieger, Frank: Europäischer Binnenmarkt noch nicht vollendet – Bundesverwaltungsgericht sieht keine verfassungswidrige Inländerdiskriminierung im Handwerk, GewArch 2012, 477.
Riese, Christoph/Noll, Paul: Europarechtliche und verfassungsrechtliche Aspekte der Inländerdiskriminierung, NVwZ 2007, 516.
Riesenhuber, Karl: Auslegung und Rechtsfortbildung, in: Karakostas, Ioannis K./Riesenhuber, Karl (Hg.), Methoden- und Verfassungsfragen der Europäischen Rechtsangleichung, Berlin, New York 2011, 41.
–: Diskussionsbericht zu den Referaten von Mestmäcker, Kerber und Kirchner, in: Grundmann, Stefan (Hg.), Systembildung und Systemlücken in Kerngebieten des Europäischen Privatrechts: Gesellschafts-, Arbeits- und Schuldvertragsrecht, Tübingen 2000, 115 (zitiert als: *Riesenhuber*, Diskussionsbericht, 115).
–: Die Auslegung, in: Riesenhuber (Hg.), Europäische Methodenlehre: Handbuch für Ausbildung und Praxis, 3. Aufl., Berlin, New York 2015, 199.
–: Europäisches Vertragsrecht, 2. Aufl. 2006 Berlin.
Rigaux, Anne: Nouvelle définition des mesures d'effet équivalent à l'exportation, Europe 2009, 28.
Ritzer, Christoph/Ruttloff, Marc: Die Kontrolle des Subsidiaritätsprinzips: Geltende Rechtslage und Reformperspektiven, EuR 2006, 116.

Rodrigues, Stéphane: Chronique de Jurisprudence Communautaire: Marché intérieur – Marchandises, Services et Capitaux, CDE 2009, 217 .

Röhling, Eike: Überbetriebliche technische Normen als nichttarifäre Handelshemmnisse im Gemeinsamen Markt, Köln et al. 1972, zugl. Diss. Münster 1971.

Rösler, Hannes: Primäres EU-Verbraucherrecht: Vom Römischen Vertrag bis zum Vertrag von Lissabon, EuR 2008, 800.

Röthel, Anne: Die Konkretisierung von Generalklauseln, in: Riesenhuber, Karl (Hg.), Europäische Methodenlehre: Handbuch für Ausbildung und Praxis, 3. Aufl., Berlin 2015, 225.

Rolshoven, Michael: „Beschränkungen" des freien Dienstleistungsverkehrs, Berlin 2002, zugl. Diss. TU Dresden, 2001.

Rogall, Holger: Volkswirtschaftslehre für Sozialwissenschaftler, Wiesbaden, 2. A. 2013.

Rohe, Mathias: Binnenmarkt oder Interessenverband? Zum Verhältnis von Binnenmarktziel und Subsidiaritätsprinzip nach dem Maastricht-Vertrag, RabelsZ 61 (1997), 1.

Rosas, Allan/Armati, Lorna: EU Constitutional Law: An Introduction, 2nd revised edition, Oxford 2012.

Rosenboom, Alexander: Das Herkunftslandprinzip im europäischen Dienstleistungsrecht, Bremen 2003, zugl. Diss. Bremen 2003.

Ross, Malcolm : Article 59 and the marketing of financial services, E. L. Rev. 20 (1995), 507.

Rossi, Lucia Serena: Does the Lisbon Treaty Provide a Clearer Separation of Competences between EU and Member States?, Biondi, Andrea/Eeckhout, Piet/Ripley, Stefanie (Hg.), EU Law After Lisbon, New York 2012, 85.

Roth, Wulf-Henning: „Centros": Viel Lärm um Nichts?, Besprechung der Entscheidung EuGH WuZW 1999, 216 – Centros Ltd ./. Ervervs- og Selskabsstyrelsen, ZGR 2000, 311.

–: „Das Wandern ist des Müllers Lust...": Zur Auswanderungsfreiheit für Gesellschaften in Europa, in: Lorenz, Stephan/Trunk, Alexander/Eidenmüller, Horst/Wendehorst, Christiane/Adolff, Johannes (Hg.), FS Heldrich, München 2005, 973.

–: Altruistische Interessenwahrnehmung im Binnenmarkt – Eine Skizze –, in: Großfeld, Bernhard/Sack, Rolf, Möllers, Thomas M. J., Drexl, Josef/Heinemann, Andreas, Festschrift für Wolfgang Fikentscher zum 70. Geburtstag, Tübingen 1998, 723.

–: Anm. zu Case C-76/90, *Manfred Säger* v. *Dennemeyer & Co, Ltd.*, Judgment of 25 July 1991 (not yet reported), CMLR 30 (1993), 145.

–: Anm. zu Case C-204/90, *Hans-Martin Bachmann* v. *Belgian State*, Judgment of 28 January 1992, not yet reported, CMLR 30 (1993), 387.

–: Anm. zu Case C-267, 268/91, *Bernard Keck and Daniel Mithouard,* Judgment of 24 November 1993; Case C-292/92, *Ruth Hünermund et al* v. *Landesapothekerkammer Baden-Württemberg*, Judgment of 15 December 1993, CMLR 31 (1994), 845.

–: Anm. zu Case C-19/92, *Dieter Kraus* v. *Land Baden-Württemberg*, Judgment of 31 March 1993, CMLR 30 (1993), 1251.

–: Anm. zu Case C-212/97, *Centros Ltd* v. *Erhvervsog Selskabsstyrelsen*, Judgment of 9 March 1999. Full Court., CMLR 37 (2000), 147 .

–: Anm. zu Case C-381/98, *Ingmar GB Ltd* v. *Eaton Leonard Echnologies Inc.* judgment of the Court (Fifth Chamber) of 9 November 2000. [2000] ECR I-9305, CMLR 39 (2002), 369.

–: Anm. zu Case C-168/00, *Simone Leitner* v. *TUI Deutschland GmbH & Co. KG*, Judgment of 12 March 2002 (Sixth Chamber), ECR 2002, I-2631, CMLR 40 (2003), 937.

–: Anm. zu Case C-205/03 P, *Federación Española de Empresas de Tecnología Sanitaria (FENIN)* v. *Commission*, Judgment of the Grand Chamber of 11 July 2006, [2006] ECR I-6295, CMLR 44 (2007), 1131.
–: Anm. zu Case C-205/07, *Lodewijk Gysbrechts*, *Santurel Inter BVBA*, Judgement of the Court of Justice (Grand Chamber) of 16 Dezember 2008, CMLR 47 (2010), 509.
–: Article 59 EEC-Treaty and its Implications for Conflicts Law in the Field of Insurance Contracts, in: Reichert-Facilides, Fritz/Jessurun d'Oliveira, Hans Ulrich (Hg.), Deventer 1993, 59.
–: Das Allgemeininteresse im europäischen Internationalen Versicherungsvertragsrecht, VersR 1993, 129.
–: Der Einfluss der Grundfreiheiten auf das internationale Privat- und Verfahrensrecht, in: Baur, Jürgen F./Mansel, Heinz-Peter (Hg.), Systemwechsel im europäischen Kollisionsrecht: Fachtagung der Bayer-Stiftung für deutsches und internationales Arbeits- und Wirtschaftsrecht am 17. und 18. Mai 2001, 47.
–: Der Einfluß des Europäischen Gemeinschaftsrechts auf das Internationale Privatrecht, RabelsZ 55 (1991), 623.
–: Die Freiheiten des EG-Vertrages und das nationale Privatrecht, ZEuP 1994, 5.
–: Die Grundfreiheiten im Verfassungsentwuf, in: Schwarze, Jürgen (Hg.), Der Verfassungsentwurf des Konvents: Verfassungsrechtliche Grundstrukturen und wirtschaftsverfassungsrechtliches Konzept, Baden-Baden 2004, 313.
–: Die Grundfreiheiten und das Internationale Privatrecht – das Beispiel Produkthaftung –, in: Schack, Haimo (Hg.), Gedächtnisschrift für Alexander Lüderitz, 635.
–: Die Harmonisierung des Dienstleistungsrechts in der EWG, EuR 1986, 340.
–: Die Harmonisierung des Dienstleistungsrechts in der EWG (Schluß), EuR 1987, 7.
–: Die „horizontale" Anwendbarkeit der Warenverkehrsfreiheit, EWS 2013, 16.
–: Die Niederlassungsfreiheit zwischen Beschränkungs- und Diskriminierungsverbot, in: Schön/Wolfgang, Flume, Werner/ Jakobs, Jakobs/ Picker, Eduard/Wilhelm, Jan (Hg.), Gedächtnisschrift für Brigitte Knobbe-Keuk, Köln 1997, 729.
–: Die Sitzverlegung vor dem EuGH: Anmerkungen zu den Vorlage des AG Heidelberg vom 3. März 2000 – HRB 831, ZIP 2000, 1617 (in diesem Heft) und des BGH vom 30. März 2000 – VII ZR 370/98, ZIP 2000, 967, ZIP 2000, 1597.
–: Dienstleistungsfreiheit und Allgemeininteresse im europäischen internationalen Versicherungsvertragsrecht, in: Reichert-Facilides, Fritz (Hg.), Aspekte des internationalen Versicherungsvertragsrecht im europäischen Wirtschaftsraum: Referate und Diskussionsberichte eines deutsch-österreichisch-schweizerischen Kolloquiums, Tübingen 1994, 1.
–: Diskriminierende Regelungen des Warenverkehrs und Rechtfertigung durch die „zwingenden Erfordernisse" des Allgemeininteresses, WRP 2000, 979.
–: Drittwirkung der Grundfreiheiten, in: Due, Ole/Lutter, Marcus/Schwarze, Jürgen (Hg.), Festschrift Everling, Bd. II, Baden-Baden 1995, 1232 (zitiert als: *Roth*, in: FS Everling II, 1232).
–: Economic Justifications and the Internal Market, in: Bulterman, M./Hancer, L./McDonell, A./Sevenster, H., Views of European Law from the Mountain, Liber Amicorum Piet Jan Slot, Alphen aan den Rijn et al. 2009, 73.
–: EEC Treaty Article Fifty-Nine and Its Implications for Conflicts Law in the Field of Insurance Contracts, Duke J. of Comp. & Int'l L. 2 (1992), 129.
–: Europäische Verfassung und europäische Methodenlehre, RabelsZ 75 (2011), 787.
–: Europäisches Recht und nationales Recht, in: Canaris, Claus Wilhelm et al. (Hg.), 50 Jahre Bundesgerichtshof: Festgabe aus der Wissenschaft, München 2000, 847.

–: Europäisches Versicherungsrecht, in: Honsell, Heinrich (Hg.), Berliner Kommentar zum Versicherungsvertragsgesetz: Kommentar zum deutschen und österreichischen VVG, Berlin et al. 1999, 2379 ff. (zitiert als: *Roth*, in: Honsell, EurVersR Rn. x).
–: Export of Goods and Services within the Single Market: Reflections on the Scope of Articles 29 and 49 EC, in: Tridimas, Takis/Nebbia, Paolisa (Hg.), european union law for the twenty-first century, European Union Law for the Twenty-First Century: Rethinking the New Legal Order, Volume 2, Internal Market and Free Movement Community Policies, Oxford and Portland Oregon 2004, 33.
–: Free Movement of Goods, Market Access and Consumer, in: Terryn, Evelyne/Straetmans, Gert/Colaert, Veerle (eds.), Landmark Cases of EU Consumer Law: In Honour of Jules Stuyck, Cambridge 2013, 119.
–: Freier Warenverkehr nach Keck, in: Hübner, Ulrich/Ebke, Werner F., Festschrift für Bernhard Großfeld zum 65. Geburtstag, Heidelberg 1999, 929.
–: Freier Warenverkehr und nationale Regelungsgewalt in einem Gemeinsamen Markt: Europäische Probleme und amerikanische Erfahrungen, München 1977, zugl. Diss. München, 1975 (zitiert als: *Roth*, Freier Warenverkehr).
–: From *Centros* to *Ueberseering*: Free Movement of Companies, Private International Law, and Community Law, ICLQ 52 (2003), 177.
–: Grenzüberschreitender Rundfunk und Dienstleistungsfreiheit, ZHR 140 (1985), 679.
–: Grundfragen im künftigen internationalen Verbrauchervertragsrecht der Gemeinschaft, Coester, Michael et al. (Hg.), Festschrift für Hans Jürgen Sonnenberger zum 70. Geburtstag: Privatrecht in Europa – Vielfalt, Kollision, Kooperation, München 2004, 591.
–: Grundfreiheiten des Gemeinsamen Marktes für kulturschaffende Tätigkeiten und kulturelle Leistungsträgeer, ZUM 1989, 101.
–: Internationales Gesellschaftsrecht nach *Überseering* (zu EuGH, 5. 11. 2002 – Rs. 208/00 – Überseering BV / Nordic Construction Company Baumanagement GmbH (NCC), IPRax 2003, 65), IPRax 2003, 117.
–: Internationales Versicherungsvertragsrecht: Das Versicherungsverhältnis im internationalen Vertragsrecht – Zugleich ein Beitrag zum Schutz des schwächeren Vertragspartners im IPR unr zur Dienstleistungsfreiheit in der Europäischen Gemeinschaft, Tübingen 1985, zugl. Habil. München 1983 (zitiert als: *Roth*, Internationales Versicherungsvertragsrecht).
–: Internationales Versicherungsvertragsrecht in der Europäischen Union – Ein Vorschlag zu seiner Neuordnung, in: Wandt, Manfred/Reiff, Peter/Looschelders, Dirk/Bayer, Walter (Hg.) Kontinuität und Wandel des Versicherungsrechs: Festschrift für Egon Lorenz zum 70. Geburtstag, Karlsruhe 2004, 631.
–: Lebensversicherungen aus europäischer Perspektive, in: Stiftung Gesellschaft für Rechtspolitik, Trier, Institut für Rechtspolitik an der Universität Trier, Bitburger Gespräche: Jahrbuch 2006/II, 109 (zitiert als: *Roth*, in: Bitburger Gespräche 2006/II, 109).
–: Möglichkeiten und Grenzen eines einheitlichen Binnenmarktes für Arzneimittel, EuR 2007 Beiheft 2, 9.
–: Privatautonomie und die Grundfreiheiten des EG-Vertrags, in: Beuthien, Volker/Fuchs, Maximilian/Roth, Herbert/Schiemann, Gottfried/Wacke, Andreas, Perspektiven des Privatrechts am Anfang des 21. Jahrhunderts, Festschrift für Dieter Medicus zum 80. Geburtstag am 9. Mai 2009, Köln 2009, 393.
–: Rückzug des Europäischen Gerichtshofs vom Binnenmarktkonzept?, in: Schriftenreihe des Forschungsinstituts für Wirtschaftsverfasssung und Wettbewerb e. V. in Köln, Köln 1994, Band 160, 21.

–: The European Court of Justice's Case Law on Freedom to Provide Services: Is Keck Relevant?, in: Andenas, Mads/Roth, Wulf-Henning (Hg.), Services and Free Movement in EU Law, Oxford 2004, 1.

–: The European Economic Community's Law on Services: Harmonisation, CMLR 25 (1988), 35.

–: The Internal Market for Financial Services: Legal Aspects, in: Stuyck, Jules/Abraham, Filip/Terryn, Evelyne (Hg.), Financial Services and Financial Markets in Europe: Chances and Adjustments: Fortis bank Chair Lectures 1998-1999, Leuven 2000, 23.

–: Unionsrechtliche Zulässigkeit einer kommunalen Wertstoffsammlung?, in: Durner, Wolfgang (Hg.), Auf dem Weg zum Wertstoffgesetz: Umweltrechtstag Nordrhein-Westfalen am 10. Dezember 2013 in Bonn, 71.

–: Wettbewerb der Mitgliedstaaten oder Wettbewerb der Hersteller? – Plädoyer für eine Neubestimmung des Art. 34 EGV –, ZHR 159 (1995), 78.

Roth, Wulf-Henning/Oliver, Peter: The Internal Market and the Four Freedoms, CMLR 41 (2004), 407.

Rott, Thilo: Vereinheitlichung des Rechts der Mobiliarsicherheiten: Möglichkeiten und Grenzen im Kollisions-, Europa-, Sach- und Vollstreckungsrecht unter Berücksichtigung des US-amerikanischen Systems der Kreditsicherheiten, Tübingen 2000, zugl. Diss. Freiburg 1999.

Rühl, Giesela: Staat und Effizienz: ökonomische Grundlagen des internationalen Privatrechts, Tübingen 2011, zugl. Habil. Hamburg 2010.

Runia, Peter/Wahl, Frank/Geyer, Olaf/Theveßen, Christian: Marketing: Eine prozess- und praxisorientierte Einführung, 2. Aufl., München 2007.

Russi, Luigi: Economic Analysis of Article 28 EC after the *Keck* Judgment, Germ. L. J. 7 (2005), 479.

Sack, Rolf: Auswirkungen der Art. 30, 36 und 59 ff. EG-Vertrag auf das Recht gegen den unlauteren Wettbewerb, GRUR 1998, 871.

–: Die Beurteilung irreführender Werbung für Importfahrzeuge aus EG-Staaten nach EG-Recht, WRP 2000, 23.

–: Staatliche Regelungen sogenannter „Verkaufsmodalitäten und Art. 30 EG-Vertrag, EWS 1994, 37.

–: Staatliche Werbebeschränkungen und die Art. 30 und 59 EG-Vertrag, WRP 1998, 103.

Sack, Rolf/Fasshold, Dagobert: Die Reichweite von Art. 30 EWGV und der Binnenmarktvergleich, WRP 1993, 519.

Säcker, Franz Jürgen/Rixecker, Roland: Münchener Kommentar zum Bürgerlichen Gesetzbuch, 6. Aufl., München 2015.

Safari, Anja: Verbraucherschutz im Fernabsatz: Vorabentsscheidungsersuchen im Strafverfahren gegen *Lodewijk Gysbrechts* und *Santurel Inter BVBA*, ZEuP 2011, 706.

Salzberger, Eli M.: Law and Economic in the 21st Century, in: Eger, Thomas et al. (Hg.), Internationalisierung des Rechts und seine ökonomische Analyse – Internalization of the Law and its Economic Analysis, Festschrift für Hans-Bernd Schäfer zum 65. Geburtstag, Wiesbaden 2008, 23.

Sánchez González, Paz: TJCE – Sentencia de 16.12.2008, *Gysbrechts Y Santurel Inter*, C-205/07 – Protecction de los consumidores en materia de contratos a distancia – Prohibición de exigencia de anticipo o de pago durante el plazo de la resolucion del contrato, RDCE 33 (2009), 635.

Sauerbruch, Florian: Das Freigabeverfahren gemäß § 246a Aktiengesetz, Wiesbaden 2008, zugl. Diss. Hamburg 2008.

Saydé, Alexandre: One Law, Two Competitions: An Enquiry into the Contradictions of Free Movement Law, CYELS 13 (2010-2011), 365.

Schäfer, Albert: Sehnsucht nach Grenzen, FAZ Online v. 07.01.2016, abgerufen am 18.01.2016 unter http://www.faz.net/-gpg-8c44m.

Schäfer, Hans-Bernd/Ott, Claus: Lehrbuch der ökonomischen Analyse des Zivilrechts, 5. Aufl., Berlin, Heidelberg 2012.

Schaller, Werner: Anm. zu EuGH, Urteil v. 25. 3. 2004, C-71/02 – Herbert Karner Industrie-Auktionen ./. Troostwijk, JZ 2005, 193.

Schellhaaß, Horst M.: Das Europäische Arbeitsrecht aus ökonomischer Perspektive, in: Grundmann, Stefan (Hg.), Systembildung und Systemlücken in Kerngebieten des Europäischen Privatrechts: Gesellschafts-, Arbeits- und Schuldvertragsrecht, Tübingen 2000, 401.

Scheuing, Dieter H.: Zur Grundrechtsbindung der EU-Mitgliedstaaten, EuR 2005, 162.

Schilling, Katrin: Binnenmarktkollisionsrecht, Berlin 2006, zugl. Diss. Halle 2005.

Schilling, Theodor: A New Dimension of Subsidiarity: Subsidiarity as a Rule and a Principle, YEL 14 (1994), 203.

–: Gleichheitssatz und Inländerdiskriminierung, JZ 1994, 8.

–: Rechtsfragen zu Art. 30 EGV – Zugleich eine Anmerkung zum EuGH-Urteil vom 24.11.1993 in den verbundenen Rechtssachen C-267 und C-268/91 –, EuR 1994, 50.

Schinkels, Boris: „Horizontalrichtlinie" und kollisionsrechtlicher Verbraucherschutz – zugleich ein Beitrag zum Verhältnis von Art. 3 Abs. 4 und 6 Abs. 2 Rom-1-VO, in: Stürner (Hg.), Vollharmonisierung im Europäischen Verbraucherrecht, München 2010, 113.

–: Urteilsanmerkung zum Urteil v. 16.12.2008, C-205/07, Slg. 2008, I-9947, LMK 2009, 275639.

Schladebach, Marcus: Der Einfluß des europäischen Umweltrechts auf die kommunale Bauleitplanung, Berlin 2000, zugl. Diss. HU-Berlin 1999.

Schliesky, Utz: Öffentliches Wirtschaftsrecht, 4. Aufl. 2014, Heidelberg et al.

Schmahl, Stefanie: Die mitgliedstaatliche Daseinsvorsorge im Spannungsfeld zum europäischen Binnenmarkt, GewArch 2011, 96.

Schmid, Josef: in: Gabriel, Oscar/Kropp, Sabine (Hg.), Die EU-Staaten im Vergleich, 3. Aufl. 2008, Wiesbaden, Der Wohlfahrtsstaat in Europa – Divergenz und Integration, 711.

Schmid-Lübbert, Stefanie: Constitutional Economics and the Federal Constitution of the European Union, in: van Aaken, Anne/Schmid-Lübbert, Stefanie, Beiträge zur ökonomischen Theorie im öffentlichen Recht, Wiesbaden 2003, 25.

Schmidhuber, Peter M./Hitzler, Gerhard: Die Verankerung des Subsidiaritätsprinzips im EWG-Vertrag - ein wichtiger Schritt auf dem Weg zu einer föderalen Verfassung der Europäischen Gemeinschaft, NVwZ 1992, 720.

Schmitt von Sydow, Helmut: Anm. zu EuGH, Urt. v. 15.12.1971, Rs. 51-54/71, NJW 1972, 1022.

Schneider, Uwe H.: Europäische und internationale Harmonisierung des Bankvertragsrechts – Zugleich ein Beitrag zur Angleichung des Privatrechts in der Europäischen Gemeinschaft, NJW 1991, 1985.

Schödermeier, Martin: Die Ernte der "Maissaat": Einige Anmerkungen zum Verhältnis von Art. 30 und 85 EWG-Vertrag, GRUR Int. 1987, 85.

Schöndorf-Haubold: Paradigmenwechsel in der Dogmatik der Warenverkehrsfreiheit: Anermekung zu den Schlussanträgen der Generalanwältin Verica Trstenjak in der

Rechtssache C-205/07 vom 17.7.2008 – *Strafverfahren gegen Lodewijk Gysbrechts und Santurel Inter BVBA*, GPR 2008, 237.

Schöne, Franz-Josef: Die „umgekehrte Diskriminierung" im EWG-Vertrag nach der Rechtsprechung des Europäischen Gerichtshofs: Dargestellt am Beispiel der Dienstleistungsfreiheit nach Art. 59ff. EWG-Vertrag, RIW 1989, 450.

Schorkopf, Frank: Beweislast im Recht des freien Warenverkehrs: Die erneuerte *Cassis*-Formel als Schnittmenge von Binnenmarktrecht und GATT, EuR 2009, 645.

Schroeder, Werner: Anm. zu EuGH, Urteil v. 15. 12. 1995 – C-415/93, *ASBL u. a./Bosman*, JZ 1996, 254.

–: Neues zur Grundrechtskontrolle in der Europäischen Union, EuZW 2011, 462.

Schubert, Jens M./Jerchel, Kerstin: Das europäische Arbeitsrecht (2009/2010), EuZW 2010, 687.

Schubert, Thure: Der Gemeinsame Markt als Rechtsbegriff: die allgemeine Wirtschaftsfreiheit des EG-Vertrages, München 1999, zugl. Diss. München 1997.

Schütze, Robert: European Constitutional Law, Cambridge 2012.

Schulte Westenberg, Hendrik: Zur Bedeutung der Keck-Rechtsprechung für die Arbeitnehmerfreizügigkeit, Tübingen 2009, zugl. Diss. Münster 2008.

Schulze, Reiner/Zuleeg, Manfred/Kadelbach, Stefan (Hg.): Europarecht: Handbuch für die deutsche Rechtspraxis, 2. Aufl., Baden-Baden 2006.

Schwartz, Ivo E.: 30 Jahre EG-Rechtsangleichung, in: Mestmäcker, Ernst-Joachim/Möller, Hans/Schwarz, Hans-Peter, Eine Ordnungspolitik für Europa: Festschrift für Hans von der Groeben zu seinem 80. Geburtstag, Baden-Baden 1987, 333.

–: Rechtsangleichung und Rechtswettbewerb im Binnenmarkt – Zum europäischen Modell, EuR 2007, 194.

Schwarze, Jürgen: Das Recht als Integrationsinstrument, in: Capotorti, Francesco et al. (Hg.), Du droit international au droit de l'integration: Liber Amicorum Pierre Pescatore, Baden-Baden 1987, 637.

–: Der Reformvertrag von Lissabon – Wesentliche Elemente des Reformvertrages, EuR-Beiheft 1 2009, 9.

–: Die Abwägung von Zielen der europäischen Integration und mitgliedstaatlichen Interessen in der Rechtsprechung des EuGH, EuR 2013, 253.

–: Die Wahrung des Rechts durch den Gerichtshof der Europäischen Union, Referate im Rahmen der Vortragsreihe „Rechtsfragen der Europäischen Integration", Bonn, den 27. Januar 2014, Heft 208 (zitiert als: *Schwarze*, ZEW-Vortrag).

–: Medienfreiheit und Medienvielfalt im Europäischen Gemeinschaftsrecht, ZUM 2000, 779.

Schwarze, Jürgen/Becker, Ulrich/Hatje, Armin/Schoo, Johann (Hg.): EU-Kommentar, 3. Aufl., Baden-Baden 2012.

Schwemer, Rolf-Oliver: Die Bindung des Gemeinschaftsgesetzgebers an die Grundfreiheiten, Frankfurt am Main 1995, zugl. Diss. Göttingen 1994.

Schwintowski, Hans-Peter: Freier Warenverkehr im Europäischen Binnenmarkt – eine Fundamentalkritik an der Rechtsprechung des EuGH zu Art. 28 EGV, in: Grundmann, Stefan (Hg.), Systembildung und Systemlücken in Kerngebieten des Europäischen Privatrechts, 457.

–: Freier Warenverkehr im Europäischen Binnenmarkt – eine Fundamentalkritik an der Rechtsprechung des EuGH zu Art. 28 EGV, RabelsZ 64 (2000), 38.

Scott, Joanne: On Kith and Kine (and Crustaceans): Trade and Environment in the EU and WTO, Harvard Jean Monnet Working Paper No. 3/99, abgerufen am 14.01.2014 unter http://www.jeanmonnetprogram.org/archive/papers/99/990301.html.

Seidel, Martin: Der EWG-rechtliche Begriff der „Maßnahme gleicher Wirkung wie eine mengenmäßige Beschränkung“, NJW 1967, 2081.

Seiler, Christian: Der souveräne Verfassungsstaat zwischen demokratischer Rückbindung und überstaatlicher Einbindung, Tübingen 2005, zugl. Habil. Heidelberg 2003.

Semmelmann, Constanze: General Principles in EU Law between a Compensatory Role and an Intrinsic Value, E. L. J. 19 (2013), 457.

Shuibhne, Niamh Nic: The Coherence of EU Free Movement Law: Constitutional Responsibility and the Court of Justice, Oxford et al. 2013.

Simm, Marion: Der Gerichtshof der Europäischen Gemeinschaften im föderalen Kompetenzkonflikt: Kontinuität und Neubesinnung vor und nach „Maastricht“, Baden-Baden 1998, zugl. Diss. Freiburg, 1997.

von Simson, Werner: „Das Recht“ in den Europäischen Gemeinschaften, in: Festschrift für Hans von der Groeben, Mestmäcker, Joachim/Möller, Hans/Schwarz, Hans-Peter (Hg.), Baden-Baden 1987, 391.

Sinn, Hans-Werner: The selecion principle and market failure in systems competition, J. Pub. Econ. 66 (1997), 247.

Skouris, Vassilios: Das Verhältnis der Grundfreiheiten zu den Gemeinschaftsgrundrechten, RdA 2009, 25.

Slot, Piet Jan: Algemene regels vrij verkeer nu ook van toepassing op uitvoerverboden, Ars aequi 2009, 753.

Snell, Jukka: And Then There Were Two: Products and Citizens in Community Law, in: Tridimas, Takis/Nebbia, Paolisa (Hg.), european union law for the twenty-first century, European Union Law for the Twenty-First Century: Rethinking the New Legal Order, Volume 2, Internal Market and Free Movement Community Policies, Oxford and Portland Oregon 2004, 49.

–: Goods and Services in EC Law: A Study of the Relationship Between the Freedoms, New York 2002.

–: The Internal Market and the Philosophies of Market Integration, in: Barnard, Catherine/Peers, Steve (eds.), European Union Law, Oxford 2014, 300.

–: The Legitimacy of the Free Movement Case Law: Process and Substance, in: Adams, Maurice/de Waele, Henri/Meeusen, Johan/Straetmans, Gert (Hg.), Judging Europe’s Judges: The Legitimacy of the Case Law of the European Court of Justice, Oxford 2013, 109.

–: The Notion Of Market Access: A Concept Or A Slogan?, CMLR 47 (2010), 437.

–: Varieties of Capitalism and the Limits of European Economic Integration, CYELS 13 (2010/2011), 415.

Snell, Jukka/Andenas, Mads: How Far? The Internal Market and Restrictions on the Free Movement of Goods and Services: Part 1, Int’l & Comp. Corp. L. J. 2 (2000), 239.

–: How Far? The Internal Market and Restrictions on the Free Movement of Goods and Services: Part 2, Int’l & Comp. Corp. L. J. 2 (2000), 361.

Solbach, Thomas: Staatliche Regelungen von Verkaufsmodalitäten als Maßnahmen gleicher Wirkung wie mengenmäßige Einfuhrbeschränkungen im Sinne des Artikels 30 EGV, München 1996, zugl. Diss. Passau 1996.

Spaventa, Eleanor: Anm. zu C-388/95, Belgium v. Spain, Full Court, Judgment of 16 May 2000, nyr, CMLR 38 (2001), 211.

–: From *Gebhard* to *Carpenter*: Towards a (non-)Economic European Constitution, CMLR 41 (2004), 743.

–: Leaving Keck behind? The free movement of goods after the rulings in Commission v Italy and Mickelsson and Roos, E. L. Rev. 34 (2009), 914.

Statistisches Bundesamt: Deutscher Außenhandel: Export und Import im Zeichen der Globalisierung, Ausgabe 2015, Wiesbaden 2015 (zitiert als: Statistisches Bundesamt, Deutscher Außenhandel, Ausgabe 2015).

Stein, Torsten: Anm. zu EuGH, Urteil vom 12.12.2006 – C-380/03, EuZW 2007, 54.

Stein, Ursula: Systembildung durch privatautonome Rechtssetzung und ihre Grenzen im Europäischen Binnenmarkt, in: Grundmann, Stefan (Hg.), Systembildung und Systemlücken in Kerngebieten des Europäischen Privatrechts: Gesellschafts-, Arbeits- und Schuldvertragsrecht, Tübingen 2000, 669.

Steindorff, Ernst: Der Gleichheitssatz im Wirtschaftsrecht des Gemeinsamen Marktes, Vortrag gehalten vor der Berliner Juristischen Gesellschaft am 24. Juni 1964, Berlin 1965.

–: Gemeinsamer Markt als Binnenmarkt, ZHR 150 (1986), 687.

–: Mehr staatliche Identität, Bürgernähe und Subsidiarität in Europa?, ZHR 163 (1999), 395.

–: Probleme des Art. 30 EWG-Vertrag, ZHR 148 (1984), 338.

–: Reichweite der Niederlassungsfreiheit, EuR 1988, 19.

–: Unlauterer Wettbewerb im System des EG-Rechts, WRP 1993, 139.

–: Unvollkommener Binnenmarkt, ZHR 158 (1994), 149.

Steiner, Anna: Grenzschließungen würden Europa 110 Milliarden Euro kosten, FAZ Online v. 03.02.2016, abgerufen am 15.02.2016 unter http://www.faz.net/-gqe-8d4rn.

Steiner, Josephine: A round-up of recent cases – of shoes and ships and sealing wax, E. L. Rev. 13 (1988), 336.

Steiner, J.: Drawing The Line: Uses And Abuses Of Article 30 EEC, CMLR 29 (1992), 749.

Steinke, Kirsa: Die Übertragbarkeit der Keck-Rechtsprechung des EuGH auf die Niederlassungsfreiheit, Frankfurt a. M. 2009, zugl. Diss. Göttingen 2009.

Stennot, R.: Noot, Zaak C-205/07, Gysbrechts en Santurel Inter, SEW 2009, 402.

Stöbener, Patricia Sarah/Stöbener, Angela Regina/Wendel, Matthias: Rechtsprechungswegweiser Europarecht 2012: Aktuelle EuGH-Rechtsprechung mit Prüfungsrelevanz (Teil 2), Jura 2012, 671.

Stotz, Rüdiger: Die Rechtsprechung des EuGH, in: Riesenhuber (Hg.), Europäische Methodenlehre: Handbuch für Ausbildung und Praxis, 3. Aufl., Berlin et al. 2015, 491.

Strassburger, Benjamin: Die Dogmatik der EU-Grundfreiheiten: Konkretisiert anhand des nationalen Rechts zur Dividendenbesteuerung, Tübingen 2012, zugl. Diss. Mainz, WS 2011/2012.

Streinz, Rudolf (Hg.): Beck'sche Kurz-Kommentare, Bd. 57, EUV/AEUV, Vertrag über die Europäische Union und Vertrag über die Arbeitsweise der Europäischen Union, 2. Aufl., München 2012.

–: Das Verbot des Apothekenversandhandels mit Arzneimitteln Eine „Verkaufsmodalität" im Sinne der Keck-Rechtsprechung?, EuZW 2003, 37.

–: Der Vertrag von Lissabon – eine Verfassung für Europa, FPR 2010, 481.

–: Die Rolle des EuGH im Prozess der Europäischen Integration – Anmerkungen zu gegenläufigen Tendenzen in der neueren Rechtsprechung, AöR 135 (2010), 1.

–: Effet Utile and the Four Freedoms, in: Tichý, Luboš/Potacs, Michael/Dumbrovský, Thomáš, Charles University in Prague 2014, 29.

–: Europarecht, 9. Aufl., Heidelberg et al. 2012.

–: Europarecht: Staatliche Preisregulierung für Tabakerzeugnisse im Lichte der EU-Grundfreiheiten und des EU-Kartellrechts, Anm. zu EuGH, Urt. v. 21.9.2016 – C-221/15, JuS 2017, 566

–: Freier Warenverkehr - Alkoholwerbeverbot tatsächlich diskriminierende Verkaufsmodalität. Rechtfertigung durch Gesundheitsschutz, JuS 2001, 807.

–: Lebensmittelrechtshandbuch, München, 34. Ergänzungslieferung, April 2013 (zitiert als: *Verfasser*, in: Lebensmittelrechts-Hdb).

Streinz, Thomas: Warenverkehrsfreiheit: Nationales Verbot der Einfuhr von Tabakerzeugnissen für Einzelhändler europarechtswidrig – Anm. zu EuGH (Dritte Kammer), *Urt.* v. 26. 4. 2012 – C-456/10 (Asociación Nacional de Expendedores de Tabaco y Timbre [ANETT]/Administración del Estado), EuZW 2012, 511.

Stuyck, Jules: Anm. zu Case C-47/90, Etablissements Delhaize Frères et Compagnie Le Lion SA v.Promalvin SA & AGE Bodegas Unidas SA, Judgment of 9 June 1992, CMLR 30 (1993), 847.

–: Anm. zu Case C-71/02, *Herbert Karner Industrie-Auktionen GmbH* v. *Troostwijk GmbH*, Judgment of the Fifth Chamber of 25 March 2004, CMLR 41 (2004), 1683.

–: Divergence and Convergence in the Case Law of the Court of Justice of the EU on Import and Export Restrictions, in: Ackermann, Thomas/Köndgen, Johannes, Festschrift für Wulf-Henning Roth zum 70. Geburtstag, München 2015, 625.

–: Is Keck still alive and kicking?, EJCL 2012, 343.

–: Libre Circulation et Concurrence: Les Deux Piliers du Marché Commun, in: Dony, Marianne/De Walsche, Aline (Hg.), Mélanges en Hommage à Michel Waelbroeck, Volume II, Brüssel 1999, 1477.

–: Unfair Terms, in: Howells, Geraint/Schulz, Reiner (eds.), München 2009, 115.

Szydło, Marek: Export Restrictions Within The Structure Of Free Movement of Goods. Reconsideration Of An Old Paradigm, CMLR 47 (2010), 753.

Tassikas, Apostolos: Dispositives Recht und Rechtswahlfreiheit als Ausnahmebereiche der EG-Grundfreiheiten, Tübingen 2004, zugl. Diss. Frankfurt a. M. 2002.

Teichmann, Christoph: Binnenmarktkonformes Gesellschaftsrecht, Berlin 2006, zugl. Habil. Heidelberg 2004.

Tenenbaum, Aline: L'interprétation des mesures d'effet equivalent à des restrictions quantitatives à l'exportation visées par l'articles 29 du Traité CE, applicables à un contrat de vente de marchandises par internet: un début de revirement, R. D. C. 2009, 1217.

Ter Stegen, Marcus: Eine neue Kompetenzordnung für die EU: Die Reformüberlegungen des Konvents zur Zukunft Europas, EuZW 2003, 325.

Terryn, Evelyne: Verbod om het nummer van de betaalkaart van de consument te vragen strijdig met artikel 29 EG, DCCR 2008, 111.

Tesauro, Giuseppe: Diritto dell'Unione Europea, Settima Edizione, Milan 2012 (zitiert als: *Tesauro*, Diritto).

–: The Community's Internal Market in the light of the Recent Case-law of the Court of the Court of Justice, YEL 15 (1995), 1.

–: The Internal Market of the EC in the Light of the Recent Case-Law of the Court of Justice, Referat im Rahmen der Vortragsreihe „Europa vor der Regierungskonferenz 1996", Zentrum für Europäisches Wirtschaftsrecht, Vorträge und Berichte Nr. 65, herausgegeben von den Mitgliedern des Zentrums, Bonn, 29. Januar 1996 (zitiert als: *Tesauro*, Vortrag).

Thalmann, Peter: Zur Auslegung von Art. 263 Abs. 4 AEUV durch Rechtsprechung und Lehre – Zugleich ein Beitrag zur begrenzten Reichweite von Art. 47 Abs. 1 GRC wie auch zur Rolle der historischen Interpretation primären Unionsrechts, EuR 2012, 452.

Thiedemann, Anke: WTO und Umwelt: Die Auslegung des Art. XX GATT in der Praxis der GATT/WTO-Streitbeilegungsorgane, Münster 2005, zugl. Diss. Hamburg 2004.

Thum, Marcel: Politische Ökonomie, in: Blum et al. (Hg.), Grundlagen der Volkswirtschaftslehre, 2. Aufl., Berlin, Heidelberg 2003, 101.

Thomas, Stefan: Die Relevanzregel in der europäischen Grundfreiheitendogmatik: Zur Frage eines Spürbarkeitserfordernisses bei der Beeinträchtigung von Grundfreiheiten, NVwZ 2009, 1202.

Thym, Daniel: Zum Wandel der Kriterien europäischer Entscheidungsfindung: Vom Binnenmarkt zur politischen Union, in: dies./Schmid-Lübbert, Stefanie, Beiträge zur ökonomischen Theorie im öffentlichen Recht, Wiesbaden 2003, 47.

Tichý, Luboš: Effet Utile as an Arbitrary Instrument of the CJEU? Differences Between its Application in Private and Public Law, in: Tichý, Luboš/Potacs, Michael/Dumbrovský, Thomáš, Charles University in Prague 2014, 39.

Timmermans, Christian W.A.: Kapitel I – Der Freie Warenverkehr, in: Kommission der Europäischen Gemeinschaften (Hg.), Dreißig Jahre Gemeinschaftsrecht, 259 (zitiert als: *Timmermans*, in: Kommission, 259).

Torgersen, Ole-Andreas: The Limitations of the Free movement of Goods and the Freedom to Provide Servieces – in Search of a Common Approach, E. B. L. R. 1999, 371.

Toth, A.G.: The Authority of Judgments of the European Court of Justice: Binding Force and Legal Effects, YEL 4 (1984), 1.

–: Is subsidiarity justiciable?, E. L. Rev. 19 (1994), 268.

Tridimas, Takis: The Court of Justice and judicial activism, E. L. Rev. 21 (1996), 199.

–: The General Principles of EU Law, Second Edition, New York 2006.

Trstenjak, Verica/Beysen, Erwin: Das Prinzip der Verhältnismäßigkeit in der Unionsrechtsordnung, EuR 2012, 265.

Trüdinger, Eva-Maria: in: Gabriel, Oscar/Kropp, Sabine (Hg.), Die EU-Staaten im Vergleich, 3. Aufl. 2008, Wiesbaden, Die Europäische Integration aus Sicht der Bevölkerung: Akzeptanz trotz Vielfalt?, 215.

Trüe, Christian: Das System der EU-Kompetenzen vor und nach dem Entwurf eines Europäischen Verfassungsvertrages, ZaöRV 2004, 391.

Tryfonidou, Alina: Further steps on the road to convergence among the market freedoms, E. L. Rev. 35 (2010), 36.

–: The Outer Limits of Article 28 EC: Purely Internal Situations and the Development of the Court's Approach through the Years, in: Barnard, Catherine/Odudu, Okeoghene (Hg.), The Outer Limits of European Union Law, Portland 2009, 197.

Ulmer, Peter: Zum Verbot mittelbarer Einfuhrbeschränkungen im EWG-Vertrag, GRUR Int. 1973, 502.

Unberath, Hannes/Johnston, Angus: The Double-Headed Approach of the ECJ Concerning Consumer Protection, CMLR 44 (2007), 1237.

Usher, John A.: Anm. zu Case C-376/98, *Germany* v. *European Parliament and Council* (*tobacco advertising*). Judgment of the Full Court of 5 October 2000, [2000] ECR I-8419, CMLR 38 (2001), 1519.

Vaitkevičiūtė, Agnė: Nefiskalinių (netarifinių) eksporto apribojimų Europos Bendrijos vidaus rinkoje draudimas, Jurisprudencija 2006 10 (88), 49.

Valta, Stefanie: Grundfreiheiten im Kompetenzkonflikt, Berlin 2013, zugl. Diss. Heidelberg, SS 2011.

Van Aaken, Anne: How To Do Constitutional Law and Economics: A Methodological Proposal, in: Eger, Thomas et al. (Hg.), Internationalisierung des Rechts und seine ökonomische Analyse – Internalization of the Law and its Economic Analysis, Festschrift für Hans-Bernd Schäfer zum 65. Geburtstag, Wiesbaden 2008, 52.

–: Normative Grundlagen der ökonomischen Theorie im öffentlichen Recht, in: dies./Schmid-Lübbert, Stefanie, Beiträge zur ökonomischen Theorie im öffentlichen Recht, Wiesbaden 2003, 89.

Van Calster, Geert: Case Comment: Court criticises restrictions on free movement of waster, E. L. Rev. 24 (1999), 178.

–: Export restrictions – a watershed for Article 30, E. L. Rev. 25 (2000), 335.

Van Cleynenbreugel, Pieter: Droit matériel de l'Union Européenne: Libertés de circulation et marché interieur, Bruxelles 2017

Van den Bergh, Roger: Towards a European Private Law: To Harmonise or not to Harmonise, that is the Question, in: Schäfer, Hans-Bernd/Lwowski, Hans-Jürgen (Hg.), Konsequenzen wirtschaftsrechtlicher Normen, Festschrift für Claus Ott zum 65. Geburtstag, 327.

van Gerven, Walter: Constitutional Aspects of the European Court's Case-Law on Articles 30 and 36 EC as Compared with the U.S. Dormant Commerce Clause, in: Dony, Marianne/De Walsche, Aline (Hg.), Mélanges en Hommage à Michel Waelbroeck, Volume II, Brüssel 1999, 1629.

Van Suntum, Ulrich: Die unsichtbare Hand – ökonomisches Denken gestern und heute, 3. Aufl., Berlin, Heidelberg 2005.

Vedder, Christoph/von Heinegg, Wolff Heintschel (Hg.): Europäisches Unionsrecht: EUV, AEUV, Europäische Grundrechte-Charta, Handkommentar, Baden-Baden 2012.

Veelken, Winfried: Maßnahmen gleicher Wirkung wie mengenmäßige Beschränkungen: Die Rechtsprechung des Gerichtshofs der Europäischen Gemeinschaften zum Begriff der Maßnahme gleicher Wirkung wie mengenmäßige Beschränkungen im Sinne der Artikel 30 ff. EWG-Vertrag – eine Zwischenbilanz, EuR 1977, 311.

VerLoren van Themaat, Pieter: Berichten van de redactie, SEW 1980, 141.

–: De artikelen 30-36 van het EEG-verdrag, Rechtsgeleerd magazijn Thems: tidjschrift voor pbliek- en privatrecht (RM Themis)-4/5 (1980), 378.

–: Die Aufgabenverteilung zwischen dem Gesetzgeber und dem Europäischen Gerichtshof bei der Gestaltung der Wirtschaftsverfassung der Europäischen Gemeinschaften, in: Festschrift für Hans von der Groeben, Mestmäcker, Joachim/Möller, Hans/Schwarz, Hans-Peter (Hg.), Baden-Baden 1987, 425.

–: Zum Verhältnis zwischen Artikel 30 und Artikel 85 EWG-Vertrag, in: Gutzler, Helmut et al. (Hg.), Wettbewerb im Wandel – Eberhard Günther zum 65. Geburtstag, Baden-Baden 1976, 373.

VerLoren van Themaat, Pieter/Gormley, Laurence F.: Prohibiting Restriction of Free Trade within the Community: Articles 30-36 of the EEC Treaty, Nw. J. Int'l L. & Bus. 3 (1981), 577 ff.

Vogel, Anne: Wettbewerb der Rechtsformen – Vergleich von Unternehmergesellschaft (haftungsbeschränkt), Private Limited Company und Europäischer Privatgesellschaft, in: Scherzberg, Arno (Hg.), 10 Jahre Staatswissenschaftliche Fakultät, Berlin/Boston 2012, 218.

Vollbrecht, Andre: Warenverkehrslenkung nach dem Außenwirtschaftsgesetz im Rahmen des Europäischen Gemeinschaftsrechts, Heidelberg 1987, zugl. Diss. Göttingen 1986.

Von der Groeben, Hans/Schwarze, Jürgen (Hg.): Kommentar zum Vertrag über die Europäische Union und zur Gründung der Europäischen Gemeinschaft, 6. Aufl., Baden-Baden 2003.

Von der Groeben, Hans/Schwarze, Jürgen/Hatje, Armin (Hg.): Kommentar zum Vertrag über die Europäische Union und zur Gründung der Europäischen Gemeinschaft, 7. Aufl., Baden-Baden 2015.

Voßkuhle, Andreas: Der europäische Verfassungsgerichtsverbund, NVwZ 2010, 1.

Wälde, Klaus: Wachstum, in: Blum et al. (Hg.), Grundlagen der Volkswirtschaftslehre, 2. Aufl., Berlin, Heidelberg 2003, 189.

Wagener, Hans-Jürgen/Eger, Thomas: Europäische Integration: Wirtschaft und Recht, Geschichte und Politik, 3. Aufl., München 2014.

Wagner, Gerhard: The Economics of Harmonization: The Case of Contract Law, CMLR 39 (2002), 995.

Wagner, Helmut: Europäische Wirtschaftspolitik: Perspektiven einer Europäischen Wirtschafts- und Währungsunion (EWWU), 2. Aufl., Berlin, Heidelberg 1998.

Wagner, Susanne A.: Die Folgen eines Wegfalls der Zulassung des im Einfuhrstaat zugelassenen Arzneimittels für den Parallelimport am Beispiel Deutschlands, PharmR 2001, 174.

Waldheim, Stephan J.: Dienstleistungsfreiheit und Herkunftslandprinzip: Prinzipielle Möglichkeiten und primärrechtliche Grenzen der Liberalisierung eines integrierten europäischen Binnenmarktes für Dienstleistungen, Göttingen 2008, zugl. Diss. Münster, 2008.

Warburg, Michael: Rechtliche Grundlagen für das Herstellen und Inverkehrbringen von Nahrungsergänzungsmitteln, LMuR 2001, 74.

Wasserer, Simone: Massnahmen gleicher Wirkung wie Ausfuhrbeschränkungen bleiben Diskriminierungsverbote, ELR 2009, 136.

Weatherill, Stephan: After Keck: Some Thoughts On How To Clarify The Clarification, CMLR 33 (1996), 885.

–: Competence and Legitimacy, in: Barnard, Catherine/Odudu, Okeoghene (Hg.), The Outer Limits of European Union Law, Portland 2009, 17.

–: EU Consumer Law and Policy, 2nd edition, Cheltenham et al. 2013 (zitiert als: *Weatherill*, Consumer Law).

–: Free Movement of Goods, ICLQ 61 (2012), 541.

–: Measures of consumer protection as impediments to exports of goods, ERCL 2009, 149.

–: Recent Case Law Concerning The Free Movement Of Goods: Mapping The Frontiers Of Market Deregulation, CMLR 36 (1999), 51.

–: Recent developments in the law governing the free movement of goods in the EC's internal market, ERCL 2006, 90.

–: The Limits of Legislative Harmonization Ten Years after *Tobacco Advertising*: How the Court's Case Law has become a "Drafting Guide", Germ. L. J. 12 (2011), 827.

–: Why Harmonise?, in: Tridimas, Takis/Nebbia, Paolisa, European-Union Law for the Twenty-First Century: Rethinking the New Legal Order, Vol. 2: Internal Market and Free Movement Community Policies, Oxford et a. 2004, 11.

Weatherill, Stephen/Beaumont, Paul: EU Law, Third revised edition, London 2004.

Weatherill, Stephen/Micklitz, Hans-W.: Consumer Policy in the European Community: Before and after Maastricht, J. Consum. Policy 16 (1993), 285.

Weiler, J.H.H.: Journey to an Unknown Destination: A Retrospective and Prospective of the European Court of Justice in the Arena of Political Integration, JCMS 31 (1993), 417.

–: The Constitution of the Common Market Place: Text and Context in the Evolution of the Free Movement of Goods, in: Craig, Paul/De Búrca, Grainne (Hg.), The Evolution of EU Law, Oxford 1999, 349.

–: The Transformation of Europe, Yale L.J. 100 (1991), 2403.

Weiss, Friedl: Herausforderungen des Binnenmarktrechts durch das Welthandelsrecht: Der Begriff des Marktzugangs in der Spruchpraxis von EuGH und GATT/WTO Streitbeilegungsorganen, EuR 2002 Beiheft 1, 155.
Weiß, Wolfgang: Grundrechtsschutz durch den EuGH: Tendenzen seit Lissabon, EuZW 2013, 287.
–: Öffentliche Daseinsvorsorge und soziale Dienstleistungen: Europarechtliche Perspektiven, EuR 2013, 669.
Wendel, Matthias: Renaissance der historischen Auslegungsmethode im europäischen Verfassungsrecht? Überlegungen zur Tragweite der historischen Auslegungsmethode infolge des jüngsten EU-Reformprozesses, ZaöRV 2008, 803.
Wenneras, Pal/Boe Moen, Ketil: Selling arrangements, keeping Keck, E. L. Rev. 35 (2010), 387.
Wernicke, Stephan: Die gewandelte Bedeutung des Art. 106 AEUV: Aus den Apokryphen zum Kanon der Wirtschaftsverfassung, EuZW 2015, 281.
Weyer, Hartmut: Das Subsidiaritätsprinzip: Rechtliche Schranke für die Rechtsprechung zum freien Warenverkehr und für die Verbraucherschutzgesetzgebung?, in: Scholz, Rupert (Hg.), Europäische Integration – Schon eine „Union des Rechts“? Zwischen Erfolgsbilanz und Balanceverlust/V. Kongreß Junge Juristen und Wirtschaft, 29-31 Mai in Essen., Köln 1996, 1906.
–: Freier Warenverkehr, rein innerstaatliche Sachverhalte und umgekehrte Diskriminierung, EuR 1998, 435.
–: Freier Warenverkehr und nationale Regelungsgewalt in der Europäischen Union: eine Analyse des Anwendungsbereiches der Art. 30-36 EG-Vertrag auf der Grundlage der Rechtsprechung des EuGH, Berlin 1997, zugl. Diss. Köln, 1996.
White, Eric L.: In Search of the Limits to Article 30 of the EEC Treaty, CMLR 26 (1989), 235.
Wieland, Joachim: Der EuGH im Spannungsverhältnis zwischen Rechtsanwendung und Rechtsgestaltung, NJW 2009, 1841.
Wiesmeth, Hans: Mikroökonomische Grundlagen, in: Blum et al. (Hg.), Grundlagen der Volkswirtschaftslehre, 2. Aufl., Berlin, Heidelberg 2003, 21.
Wilde, Harro: Europäisches und nationales Recht des unlauteren Wettbewerbs, in: Engel, Christoph/Weber, Helmut (Hg.), Festschrift für Dietrich Rothoeft zum 65. Geburtstag, München 1994, 201.
von Wilmowsky, Peter: Ausnahmebereiche gegenüber EG-Grundfreiheiten?, EuR 1996, 362.
–: EG-Freiheiten und Vertragsrecht, JZ 1996, 590.
–: EG-Vertrag und kollisionsrechtliche Rechtswahlfreiheit, RabelsZ 62 (1998), 1.
–: Europäisches Kreditsicherungsrecht: Sachenrecht und Insolvenzrecht vor dem EG-Vertrag, Tübingen 1996, zugl. Habil. Frankfurt 1994.
–: Freiheit des Kapital- und Zahlungsverkehrs, in: Ehlers, Dirk (Hg.), Europäische Grundrechte und Grundfreiheiten, 4. Aufl., De Gruyter Recht, Berlin, Boston 2014, § 12 Rn. 1 ff.
Wils, Wouter P. J.: The search for the rule in Article 30 EEC: much ado about nothing?, E. L.Rev. 18 (1993), 475.
Winkelmüller, Michael/Kessler, Hans-Wolfram: Anm. zu EuGH, Urt. v. 05.06.2007 – Rs. C-170/04, EuZW 2007, 404.
Wolf, Thomas: Die Grundsätze der Rechtsprechung des EuGH im Bereich des Rechts gegen den unlauteren Wettbewerb, Diss. Würzburg 2001.

Wolfram, Jens: Die mitgliedstaatsgerichteten Verbotstatbestände der Binnenmarktfreiheiten, Baden-Baden 2012, zugl. Diss. Potsdam 2010.

Wollenschläger, Ferdinand: Das EU-Vergaberegime für Aufträge unterhalb der Schwellenwerte, NVwZ 2007, 388.

Woods, Lorna: Free movement of goods and services within the European community, Aldershot 2004.

Woods, Lorna/Watson, Philippa: Steiner & Woods EU Law, 11th edition, Oxford 2012.

Wuermeling, Joachim: Vom Binnenmarkt zu Wirtschaftspatriotismus, integration 2006, 229.

Wurm, Clemens A.: Der Schuman-Plan, Frankreich und Europa, in: Hohls, Rüdiger/Schröder, Iris/Siegrist, Hannes (Hg.), Festschrift für Hartmut Kaelble zum 65. Geburtstag, Europa und die Europäer: Quellen und Essays zur modernen europäischen Geschichte, München 2005, 448.

Wyatt, Derrick: Current Survey: Quantitative restrictions and measures having equivalent effect, E. L. Rev. 5 (1980), 473.

Würfel, Christine: Europarechtliche Möglichkeiten einer Gesamtharmonisierung des Urheberrechts, Karlsruhe 2005, zugl. Diss. Freiburg, SS 2005.

Zapka, Klaus: Binnenmarkt ohne Wohlfahrt? Zu den institutionellen Perspektiven eines europäischen Gemeinwohls, Heidelberg 2012.

Zazoff, Julien: Der Unionsgesetzgeber als Adressat der Grundfreiheiten, Baden-Baden 2011, zugl. Diss. Hamburg 2009.

Zierke, Katayun: Die Steuerungswirkung der Darlegungs- und Beweislast im Verfahren vor dem Gerichtshof der Europäischen Union, Tübingen 2015, zugl. Diss. Göttingen 2013.

Zimmer, Daniel/Naendrup, Christoph: Das Cartesio-Urteil des EuGH: Rück- oder Fortschritt für das internationale Gesellschaftsrecht? NJW 2009, 545.

Zuleeg, Manfred: Die Verfassung der Europäischen Gemeinschaft in der Rechtsprechung des Europäischen Gerichtshofs, BB 1994, 58.

Sachregister

Abstrakte Eigenschaften des vorgeschlagenen Auslegungsmodells 623 ff.
Allgemeine Einwände gegen eine extensive Auslegung 555 ff.
Alpine Investments 3, 121, 127, 251, 445, 448, 452 ff., 468 ff., 480 ff., 488 ff., 496, 509 f., 548, 553, 566 ff., 575 ff., 582, 591, 608, 698 f., 729, 749 ff., 763
Ausfuhrprotektionismus 186 ff.
Außenhandels- und Wettbewerbstheorie 175 ff.

Begriff der Maßnahmen gleicher Wirkung 140 ff.
Binnenmarktorientierte Auslegung 233 ff.
- Friedenspolitische Rahmenfunktion des Binnenmarktziels 260 ff.
- *Ipsen-Grabitz'sche* Zieltrias 241 ff.
- Kein Deregulierungsgebot 311 f.
- Normtheoretische Qualität des Binnenmarktziels 275 ff.
- Soziale Marktwirtschaft 291 f.
- Stellung des Binnenmarktziels innerhalb der Grundfreiheitenprüfung 590 ff.
- System unverfälschten Wettbewerbs 293 ff.

Bosman 3, 121, 351, 356 f., 456, 472, 486 ff., 509, 548, 553 f., 582, 680

Case law-ähnlicher Charakter der Grundfreiheiten, *siehe* Fallrechtsprechung
Cassis de Dijon 49 ff., 65, 108, 129, 142, 249, 288, 331 ff., 364, 369, 390, 512, 527 ff., 565, 572

Dassonville 11, 16, 19 ff., 28, 31 ff., 40 ff., 46 ff., 58, 63, 65, 99, 100, 101, 105 ff., 112 f., 128 f., 242, 305, 390, 512, 516 ff., 525, 547, 565, 571 ff., 584, 722
Demokratietheoretische Bedenken 420 ff.
Diskriminierungsverbot 143 f., 603 ff., 645 ff.
- Faktische Diskriminierungen 51 ff., 118 f., 327 ff., 604 ff., 650 ff., 654 ff.
- Offene Diskriminierungen 325 f.

Eigene Auslegungskonzeption 621 ff.
Euro-Krise 400
Euro-Marketing 56, 57, 59, 60, 97, 336, 339, 344, 575, 701, 705
Exportfreiheit 311, 323, 333, 426, **719 f.**

Fallrechtsprechung 442 ff.
Flüchtlingskrise 401 f., 407
Folgefragen auf der Rechtfertigungsebene 721 ff.
Fremdnützige Interessenwahrnehmung, *siehe* Schutz der Interessen anderer Mitgliedstaaten als Rechtfertigungsgrund

Gemeinsame Marktorganisationen 17 ff.
Generalanwälte (Auffassungen zu Art. 35 AEUV) 48 ff., 105 ff., **552 ff.**
Grenzüberschreitender Sachverhalt, *siehe* Grenzübertrittskriterium
Grenzübertrittskriterium 665 ff.
Groenveld 48 ff.
Grundfreiheiten und (internationales) Privatrecht 706 ff.
Gysbrechts 103 ff.

Historische Auslegung 146 ff.
– Gründungs- und Begleitdokumente 262 ff.
– Vergleich mit dem GATT 148 ff.

Individualschutzteleologie der Grundfreiheiten 417 ff.
Integrationsdynamische Auslegung 388 ff.
– jüngere normative Integrationsgeschichte 397 ff.

Keck et Mithouard 11, 31, 77, 107 ff., 120, 122, 128 f., 136, 156, 337, 348, 366, 398, 404, 432, 436 f., 456 ff., 464 ff., 488 ff., 512 ff., 533, 535, 545 ff., 554, 557 f., 564, 568, 572, 576, 579, 584 f., 602, 627, 700 f., 705
Kompetenztrias 345 ff.
– Grundsatz der begrenzten Einzelermächtigung 346 ff.
– Kompetenzieller Verhältnismäßigkeitsgrundsatz 361 ff.
– Subsidiaritätsgrundsatz 348 ff.
Konvergenz der Grundfreiheiten 438 ff.

labeling-doctrine, *siehe* Produktkennzeichnung
Lissabonner Vertrag 152 ff., 235, 258, 293, 295, 350, 368, 392, 397 ff.
Literaturmeinungen
– zu Art. 35 Alt. 2 AEUV 563 ff.
– zum Binnenmarktziel 238 ff.

Marktzugangskonzept 111, 120 f., 251 f., 311, 524 f., 547, 581, 584
Mengenmäßige Ausfuhrbeschränkungen 138 ff.
Mitgliedstaatliche Kompetenzen (Bedeutung für die Grundfreiheitenauslegung) 345 ff., 376 ff., 590 ff., 666 ff., 676 ff.
Modell- und Prüfungsvarianten 589 ff.

New Valmar 128 f.

Ökonomische Analyse des Rechts 159 ff., 170 ff.
– Bedeutung innerhalb der Grundfreiheitenprüfung 172 ff.
Ökonomische Ziele als Rechtfertigungsgrund 755 ff.

Parallelbetrachtungen zu den EU-Grundrechten 429 ff.
Parallelbetrachungen zu den Rechtsangleichungskompetenzen 364 ff.
Polit-ökonomische Analyse von Exportregulierungen 185 ff.
Produkteigenschaften beeinflussende Regelungen des Produktionsprozesses 692 f.
Produktions-, Abbau- und Handelsverbote 690 ff.
Produktionsregelungen 231 f., 674 ff.
Produktkennzeichnungen 87, 223, 226, 689, 764 ff.
Produktregelungen 230 f., 684 ff.
Protektionismus, *siehe* Ausfuhrprotektionismus

race to the bottom 183, 191, 201 f., 228 f.
Rechtsfortbildungsspielräume des EuGH 9 ff.
Rechtsprechungsanalyse
– Funktionen der 11 f.
– zu Art. 34 AEUV 511 ff.
– zu Art. 35 AEUV außerhalb Gemeinsamer Marktorganisationen 45 ff.
– zu Art. 35 AEUV im Kontext Gemeinsamer Marktorganisationen 15 ff.
– zur Arbeitnehmerfreizügigkeit in Exportkonstellationen 485 ff.
– zur Arbeitnehmerfreizügigkeit in Importkonstellationen 543 f.
– zur Dienstleistungsfreiheit in Exportkonstellationen 445 ff.
– zur Dienstleistungsfreiheit in Importkonstellationen 533 ff.
– zur Kapitalverkehrsfreiheit in Exportkonstellationen 504 ff.
– zur Kapitalverkehrsfreiheit in Importkonstellationen 544 f.
– zur Niederlassungsfreiheit in Exportkonstellationen 499 ff.

– zur Niederlassungsfreiheit in Importkonstellationen 538 f.
Rechtssystemwettbewerb 193 ff., 215, 220 ff., 319 ff., 589, 685
– kein Teilgehalt des Binnenmarktzieles 319 ff.
– Transaktionskosten von Unternehmen und staatlichen Stellen 208 ff.
– und der Wettbewerbsgleichheits-Rechtswahlmechanismus 203 ff.
Reimporte 339 ff., 672, 687

Schutz der Interessen anderer Mitgliedstaaten als Rechtfertigungsgrund 722 ff.
Schutz des guten Rufes von Unternehmen als Rechtfertigungsgrund 222 ff., 748 ff.

Transportregelungen 715 ff.

Verhältnismäßigkeitsprüfung 215 ff., 592 ff.
Vermarktungsregelungen 230 f., 697 ff.

Weiche Einschränkungskriterien 547 ff., 611 ff., 624 ff.
– Finalität, Adäquanz, Vorhersehbarkeit 645
– Konnexität 627 ff.
– Spezifität 630 ff.
– Spürbarkeit 640 ff.
Wettbewerbsgleichheits-Rechtswahlmechanismus 1 ff., 161 f., 657 ff.
– Aus dem Binnenmarktziel ableitbares Wettbewerbsgleichheitsgebot 284 ff., 312 ff.
– Besonders gelagerte Konstellationen 333 ff.
– Faktische Wettbewerbsungleichheiten 343, 607, 662 ff., 688 f., 702 ff.
– Fallgruppenspezifische Wettbewerbsgleichheitsmaßstäbe, 673 ff.
– Rechtsordnungswahlrecht 214, 329 ff., 659 ff.
– und der Anerkennungsgrundsatz (des Art. 34 AEUV) 527 ff.
– Wettbewerbsgleichheitsanalysen des Warenexports 325 ff.
– Wettbewerbsgleichheitsmodell 119 f., 133, 606 f.
Wirtschaftstheoretische Untersuchungen, *siehe* Ökonomische Analyse des Rechts
Wortlaut von Art. 35 AEUV und systematische Normtextanalyse 137 ff.

Studien zum europäischen und deutschen Öffentlichen Recht

herausgegeben von
Christian Calliess und Matthias Ruffert

Die Schriftenreihe *Studien zum europäischen und deutschen Öffentlichen Recht* (EuDÖR) widmet sich den Verbindungen zwischen dem nationalen und dem europäischen Recht. Das Öffentliche Recht ist in Bewegung. Vor allem die europäische Integration stellt überkommene Strukturen und Denkmuster in Theorie und Dogmatik vor neue Herausforderungen. Nicht zuletzt der Vertrag von Lissabon etabliert neuartige Verbundstrukturen im Verfassungs- und Verwaltungsrecht. Die Reihe EuDÖR setzt sich zum Ziel, diesen Prozess mit aktuellen Forschungsarbeiten rechtswissenschaftlich zu begleiten.

ISSN: 2192-2470
Zitiervorschlag: EuDÖR

Alle lieferbaren Bände finden Sie unter *www.mohr.de/eudoer*

Mohr Siebeck
www.mohr.de